LANGUEDOC-ROUSSILLON

RALF NESTMEYER

Languedoc-Roussillon – Die Vorschau 14

Languedoc-Roussillon – Hintergründe & Infos 18

Landschaft und Geographie	20	Verwaltung	31
Klima und Reisezeit	22	Brauchtum, Feste und kulturelle Veranstaltungen	32
Flora, Fauna und Naturschutz	25		
Wirtschaft und Bevölkerung	28	Geschichte	35
Politik	30	Literaturtipps	59

Anreise 63

Mit dem Auto oder Motorrad	63	Preise	69
Mit dem Zug	68	Weitere Anreisemöglichkeiten	69

Unterwegs in der Region 70

Mit dem eigenen Fahrzeug	71	Mit dem Taxi	73
Mit der Bahn	72	Mit dem Schiff	74
Mit dem Bus	73	Mit dem Fahrrad	75

Übernachten 76

Hotels	76	Jugendherbergen	82
Ferienhäuser und -wohnungen	80	Camping	82

Essen und Trinken 84

Südfranzösische Tafelfreuden	84	Wein	89

Outdoor, Sport und Strände 92

Angeln und Fischen	92	Pétanque („Boule")	95
Baden	93	Reiten	96
Canyoning	93	Segeln und Surfen	96
Drachenfliegen und Gleitschirmfliegen	93	Skifahren	96
		Strände	96
FKK	93	Tauchen	97
Golf	94	Tennis	97
Kanu- und Wildwassersport	94	Wandern und Bergsteigen	97
Klettern	94		

Wissenswertes von A bis Z 98

Adressen	98	Fotografieren	99
Diplomatische Vertretungen	98	Geld	99
Dokumente	98	Gesundheit	99
Feiertage	99	Haustiere	100

Heißluftballons	100	Rauchen	105
Information	101	Reisegepäckversicherung	105
Internet	101	Rugby	105
Jagd	102	Sprache und Sprachkurse	105
Kriminalität	102	Stierkampf	107
Landkarten	103	Strom	107
Märkte	103	Telefonieren	107
Menschen mit Behinderung	103	Thalassotherapie	107
Notruf	103	Trinkgeld	108
Öffnungszeiten	104	Waldbrände	108
Post (La Poste)	104	Zeitungen/Zeitschriften	108
Radio	104	Zollbestimmungen	109

Languedoc-Roussillon – Reiseziele   110

Ardèche und Cèze   112

Gorges de l'Ardèche	113	Goudargues	128
Vallon-Pont-d'Arc	118	Cornillon	129
La Route des Gorges de l'Ardèche	122	Montclus	129
		Lussan	130
Saint-Martin-d'Ardèche	123	Château d'Allègre	131
Gorges de la Cèze	125	Saint-Ambroix	131
Bagnols-sur-Cèze	125	Barjac	131
Chartreuse de Valbonne	127	Labastide-de-Virac	132
La Roque-sur-Cèze	128	Orgnac l'Aven	133

Im Tal der Rhône   134

Pont-Saint-Esprit	135	Villeneuve-lès-Avignon	139
Vénéjan	138	Beaucaire	145
Saint-Laurent-des-Arbres	139		

Petite Camargue   150

Saint-Gilles	152	Aigues-Mortes	159
Vauvert	156	La Grande-Motte	163
Le Cailar	157	Le Grau-du-Roi	164
Lunel	157	Port-Camargue	167

Rund um Nîmes und Uzès   168

Uzès	169	Castillon-du-Gard	183
Pont du Gard	179	Nîmes	184
Collias	182	Sommières	202

Cevennen _____ 206

Nordcevennen _____ 212

Mende	212	Gorges du Tarn	231
Umgebung von Mende	216	Ispagnac	233
Langogne	216	Sainte-Enimie	234
Châteauneuf-de-Randon	217	Saint-Chély-du-Tarn	235
Lanuéjols	217	La Malène	236
Marvejols	218	Les Vignes	237
La Canourgue	220	Le Rozier/Peyreleau	238
Rund um den Mont Lozère	222	Chaos de Montpellier-le-Vieux	239
Le Pont-de-Montvert	223	Causse Méjean	240
La Garde-Guérin	225	Millau	242
Villefort	226	Roquefort-sur-Soulzon	246
Génolhac	226	Gorges de la Jonte	247
Florac	227	Meyrueis	247

Südcevennen _____ 250

Alès	250	Causse du Larzac	270
Château de Portes	256	Sainte-Eulalie-de-Cernon	270
Rousson	256	La Cavalerie	271
Vézénobres	256	La Couvertoirade	271
Anduze	257	Le Caylar	272
La Bambouseraie de Prafrance	261	Le Vigan	272
Mas Soubeyran	262	Ganges	273
Saint-Jean-du-Gard	263	Gorges de la Vis	276
Saint-Germain-de-Calberte	265	Cirque de Navacelles	276
Mont Aigoual	266	Sauve	277
Gorges de la Dourbie	267	Saint-Hippolyte-du-Fort	278
		Saint-Martin-de-Londres	280

Hérault _____ 282

Montpellier	283	Pézenas	321
Umgebung von Montpellier	302	Abbaye de Valmagne	326
Palavas-les-Flots	302	Saint-Pons-de-Mauchiens	326
Maguelone	304	Paulhan	327
Carnon-Plage	305	Montagnac	327
Castries	305	Caux	327
Sète	306	Château-Abbaye de Cassan	327
Bassin de Thau	313	Château de Grézan	327
Agde und Cap d'Agde	317	Margon	327

Béziers	328
Umgebung von Béziers	339
Sérignan	339
Valras-Plage	339
Oppidum d'Ensérune	341
Capestang	342
Quarante	342
Abbaye de Fontcaude	342
Murviel-lès-Béziers	343
Lodève	344
Saint-Michel-de-Grandmont	347
Lunas	347
Lerab Ling	347
Saint-Guilhem-le-Désert	348
Clermont-l'Hérault	352
Villeneuvette	353
Cirque de Mourèze	354
Salasc	354
Lac du Salagou	355
Haut Languedoc	356
Bédarieux	356
Villemagne-l'Argentière	357
Hérépian	357
Lamalou-les-Bains	358
Gorges de Colombières	361
Gorges d'Héric	361
Bardou	363
Olargues	364
Roquebrun	366
Saint-Pons-de-Thomières	366
La Salvetat-sur-Agout	368
Minerve	368

Aude – im Katharerland   370

Narbonne	374
Die Küste vor Narbonne	385
Gruissan	385
Montagne de la Clape	388
Narbonne-Plage	389
Hinterland von Narbonne	389
Bize-Minervois	389
Le Somail	390
Abbaye de Fontfroide	392
Südlich von Narbonne	393
Sigean	393
Réserve africaine de Sigean	394
Port-la-Nouvelle	394
Peyriac-de-Mer	395
Bages	395
Carcassonne	396
Nördlich von Carcassonne	407
Conques-sur-Orbiel	407
Villeneuve-Minervois	407
Gorges du Clamoux	407
Gouffre Géant de Cabrespine	408
Lastours	408
Mas-Cabardès	408
Cascade de Cupserviès	409
Caunes-Minervois	409
Rieux-Minervois	410
Siran	410
Castelnaudary	411
Umgebung von Castelnaudary	415
Saint-Papoul	415
Bram	415
Fanjeaux	415
Montolieu	416
Saissac	417
Abbaye de Villelongue	418
Limoux	418
Alet-les-Bains	421
Lagrasse	422
Villerouge-Termenès	425
Cucugnan	426
Château de Quéribus	427
Château de Peyrepertuse	428
Duilhac	429
Gorges du Verdouble	429

Gorges de Galamus	430	Axat	434
Pic de Bugarach	431	Puivert	435
Padern	431	Chalabre	436
Tuchan	431	Montségur	437
Durban-Corbières		Mirepoix	439
Quillan	432	Rennes-le-Château	440
Lapradelle/Puilaurens	434	Musée des Dinosaures	442
		Arques	442

Roussillon und Pyrenäen _____ 444

Vallée de la Têt	446	Perpignan	486
Ille-sur-Têt	446	Rund um Perpignan	500
Prades	450	Südlich von Perpignan	500
Molitg-les-Bains	452	Cabestany	500
Abbaye de Saint-Michel-de-Cuxa	453	Elne	502
Villefranche-de-Conflent	454	Les Albères	504
Olette	457	Saint-Génis-des-Fontaines	504
Corneilla-de-Conflent	458	Saint-André-de-Sorède	505
Vernet-les-Bains	459	Sorède	505
Abbaye de Saint-Martin-du-Canigou	462	Saint-Martin-de-Fenollar	505
		Prieuré Santa Maria del Vilar	505
Pic du Canigou	463	Le Perthus	506
Les Aspres	466	Fort de Bellegarde	506
Thuir	466	Nördlich von Perpignan	506
Castelnou	466	Salses-le-Château	506
Prieuré de Serrabone	467	Fitou	507
		Tautavel	507
Cerdagne	468	Cirque de Vingrau	508
Mont-Louis	469	Côte Radieuse	508
Font-Romeu	471	Leucate	508
Llívia	472	Port-Leucate	509
Dorres	473	Port-Barcarès	509
Llo	473	Canet Plage	509
Capcir	474	Saint-Cyprien-Plage	510
Formiguères	475	Côte Vermeille	510
Lac des Bouillouses	476	Argelès-sur-Mer	511
Vallée du Tech	477	Collioure	514
Céret	477	Port-Vendres	520
Amélie-les-Bains	480	Banyuls-sur-Mer	522
Arles-sur-Tech	481	Cerbère	524
Prats-de-Mollo	484	Port Bou	525

Kleiner Wanderführer 526

Wanderung 1	Zum Pont du Gard[GPS]	529
Wanderung 2	Auf dem Sentier des Menhirs[GPS]	530
Wanderung 3	Über den Schluchten des Tarn und der Jonte[GPS]	531
Wanderung 4	Durch das Chaos de Montpellier-le-Vieux[GPS]	533
Wanderung 5	Zu den Przewalski-Pferden[GPS]	534
Wanderung 6	Durch das Chaos de Nîmes-le-Vieux[GPS]	535
Wanderung 7	Zur Quelle der Vis[GPS]	536
Wanderung 8	Auf den Pic Saint-Loup[GPS]	538
Wanderung 9	Durch den Cirque de l'Infernet zur Eremitage Notre-Dame-de-Grâce[GPS]	538
Wanderung 10	Auf dem Sentier Cathare zum Château de Quéribus[GPS]	540
Wanderung 11	Circuit du Moulin de Ribaute[GPS]	541
Wanderung 12	Auf den Pic de Bugarach	543
Wanderung 13	Durch die Gorges de la Carança[GPS]	543
Wanderung 14	Vom Lac des Bouillouses zum Pic Carlit[GPS]	545

[GPS] Mittels GPS kartierte Wanderung. Waypoint-Dateien zum Downloaden unter: www.michael-mueller-verlag.de/gps

Speiselexikon	548
Etwas Französisch	553
Register	556

Kartenverzeichnis

Übersicht Languedoc-Roussillion		vordere Umschlagklappe	
Agde	319	Hérault	286/287
Alès	252/253	Lodève	345
Ardèche und Cèze	115	Massif du Canigou	465
Aude	372/373	Mende	215
Beaucaire	148/149	Millau	244
Béziers	332/333	Montpellier	292/293
Carcassone	402/403	Narbonne	378/379
Castelnaudary	412/413	Narbonne – Kathedrale	383
Céret	479	Narbonne/Küste	387
Collioure	516/517	Nîmes	190/191
Départements	33	Nordcevennen	210/211
Florac	229	Perpignan	492/493
Gard	170/171	Perpignan/Küste	501
Haut Languedoc	358/359	Petite Camargue	153

Pézenas	323	Sommières	204
Prats-de-Mollo	485	Südcevennen	254/255
Pyrenäen	446/447	Tal der Rhône	137
Saint-Gilles – Eglise Saint-Gilles: Westfassade	154/155	Uzès	174/175
		Weinanbaugebiete	91
Sète	311		

Zeichenerklärung für die Karten und Pläne

- Autobahn
- Hauptverkehrsstraße
- Landstraße
- Nebenstraße
- Piste
- Wanderweg
- Bahnlinie
- Berggipfel
- Höhle
- Aussichtspunkt
- Burg
- Kirche, Kapelle
- Kloster
- Wasserfall
- Badestrand
- Information
- Parkplatz
- Telefon
- Post
- Bushaltestelle
- Taxistandplatz
- Flughafen
- Campingplatz

Alles im Kasten

Das Land der Troubadours	44	Denim – eine amerikanische Karriere	186
Das Nachleben der Katharer	48	Wasser ist nicht gleich Wasser	200
Der Krieg der Winzer	54	Lawrence Durrell und die Magie des Südens	205
Abstecher nach Lyon	67	Auf den Spuren von Robert Louis Stevenson durch die Cevennen	209
Von den Beschwerden des Reisens	68	Hauptmann Merle bevorzugt die Nacht	213
Freiheit für die Beine!	78	Alfred Döblins Schicksalsreise	216
Unterkunftstipps von anno dazumal	81	Die Bestie des Gévaudan	220
Okzitanisch – eine tote Sprache?	106	Aubrac – menschenleere Einöde	221
Grotte Chauvet: Eine sixtinische Kapelle der Urzeit	121	Parc National des Cévennes	230
Ein El Dorado für Höhlenliebhaber	122	Romantischer Zivildienstleistender statt Kreuzritter?	234
Ein Konterrevolutionär	127	Die Legende der heiligen Enimie	235
Die Rhône als Grenze?	136	Mongolische Einwanderer in den Cevennen	241
Das Motto der Kartäuser: gemeinsam einsam	143	Durch das Hugenottenland nach Saint-Jean-du-Gard	258
Ein Messebesuch mit Folgen	146	Mit der Dampfeisenbahn von Saint-Jean-du-Gard nach Anduze	264
Straßen für die Ewigkeit	156	José Bové, der Asterix von Millau	269
Das Massaker von Aigues-Mortes	162	Seide – der Goldfaden der Cevennen	279
Course Camarguaise – Stierkampf auf Französisch	165		
Ausgedehntes Badevergnügen	167		
Berühmte Dichter in Uzès	172		
Wandern und Baden am Gardon	181		
Sintflut in Nîmes	185		

Montpelliers schöne Frauen	285
Eine Universitätsstadt mit 800-jähriger Tradition	288
Aufstieg und Fall des Jacques Cœur	302
Georges Brassens – ein Volksheld aus Sète	307
Molière in Pézenas	322
Held der Résistance: Jean Moulin	336
Die Vision des Paul Riquet	338
Canal du Midi	340
Wandern am Canal du Midi	342
Abschwören oder Scheiterhaufen	369
Wandern durch das Katharerland	371
Proteste einer unerwünschten Minderheit	376
37,2° am Morgen	386
Die heilige Kunst der Zisterzienser	391
Die Dame Carcas und das Schwein	397
Austreten mit Henry Miller	398
Viollet-le-Duc – der Prophet der Gotik	405
Ein Klassiker: Cassoulet aus Castelnaudary	414
Sentier Sculpturel Mayronnes	424
Mit dem Zug durch das Katharerland	435
Die Endura – freiwillig auf den Weg zu Gott	437
Auf der Suche nach dem verlorenen Schatz	441
Das traurige Schicksal der schönen Königstochter Pyrène	448
Der Festungsbaumeister des Sonnenkönigs	455
Le Petit Train Jaune	456
Ein glücklicher Wanderer	460
Taillades Fluidaltheorie	464
Mit religiöser Inbrunst: Die Karfreitagsprozession von Perpignan	488
„Geistige Ejakulationen" im Bahnhof von Perpignan	499
Konzentrationslager im sonnigen Süden	512
Raubtiere in Collioure	515

Vielen Dank! Der Autor dankt Patricia de Pouzilhac, Mélanie Boisset, Aurélie Mailhac, Laurent Château, Caroline Ducasse, Elisabeth Robert, Françoise Cros, Pascale Gimenez und Brigitte Donnadieu sowie für Tipps und Briefe von: Charly Amend, Dr. Bruno Bartscher, Matthias Bauer, Britta Baumann, Sabine Becht, Axel Becker, Ruth Bipp, Harald Bittner, Detlef Bluhm, Martin Blust, Stefan Böhm, Andreas Bonnat, Dr. Gislinde Bovet, Andrea Bremer, Johannes Brenner, Silvia Bürer, Dorothea und Reiner Cattarius, Brigitta Derenthal, Georg Derks, Philomena Desax-Simeon, Petra Deutsch, Heinz Dörr, Jochen Eberle, Olga Feger, Sybille Feith, Dr. Thomas Gall, Achim Ginsberg, Mechtild Gunkel, Barbara Granderath, Kuno Gurtner, Hendrik Justi, Wolfgang Hänisch, Christian Haider, Christine Heinkele, Jan Peter Henkels, Viola Hoyer, Frank Hummel, Axel Holst, Claudia Horst, Olaf Hopfgarten, Simon Jörg, Frederiko Jones, Petra Jung, Dr. Monika Kepples, Nadin Klomke, Lisa Kniesburgers, Tilmann Köhler, Helene Körner, Stefan Kotzur, Monika Krämer, Renate Krath, Dominik Krill, Evelyn Kröger, Karin Künstner, Stefan Kuhlen, Fabian und Dr. Katrin von Laffert, Dirk Lange, Sabine Lauble, Toralf Laue, René Lemaire, Christian Lenneis, Andrea Lindner-Dieroff, Rosemie Mailänder, Sonja Meschede, Anne Möbert, Hildegard und Hans-Dietrich Münstermann, Jürgen Münzer, Monika Neuner, Susanne Neynaber, Julia Niedermeyer, Klaus Nitz, Roswitha Och, Elke und Claude Olinger, Ursula und Klaus Oplik, Angelika, Orth, Roland Otte, Dr. Georg Pahlke, Udo Parnitzke, Dorothee Patzwahl, Margit Pfefferkorn, Anja Pielhau, Heide Rehbock, Joseph Reich, Klaus Reiß, Wolfgang Röhrig, Bernd Schenk, Jörg Schlecht, Clemens Schmahl, Dr. Christoph Schmidt, Uwe Schmidt, Isabel Schmidt-Mappes, Marian Schneider, Uwe Schumacher, Christian Schuster, Nanette von Schwanenflügel, Silvia Schwer, Horst Siegel, Dieter Sindlinger, Prof. Dr. Hubert Speidel, Stefanie Spitzner, Dr. Christl und Kurt Stark, Fiete Stegers, Dr. Ronald in der Stroth, Michael Take, Rainer Thoma, Katrin und Jens Thomas, Dr. Gérard Turbanisch, Dieter Vogel, Paul Vogt, Elfriede Voller, Prof. Dr. Friedrich Ernst Wagner, Robert Weber, Ildiko Weiß, Joseph Weiß, Barbara Wellner, T. Wend, Clemens-Walter Werner, Anja Wessel, Andreas Wiegel, Alexander Willig, Stephan Winiger, Rainer Winkler, Achim von Winterfeldt, Georg Wittmann, sowie Rainer Ziegler.

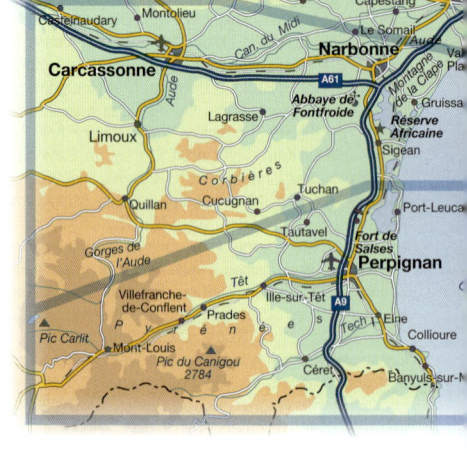

Wohin im Languedoc und Rouss

① Ardèche, Cèze → S. 112 und das Tal der Rhône → S. 134

Die Schluchtenlandschaften der Ardèche und der Céze bilden einen phantastischen Auftakt einer Reise durch die Region Languedoc-Roussillon. Besonders lohnend ist es, die zahlreichen Windungen der Gorges de l'Ardèche mit einem Kanu zu erkunden. Beide Flüsse münden in die Rhône, die die natürliche Grenze zur Provence darstellt. Mächtige Festungen wie in Villeneuve-lès-Avignon und Beaucaire erinnern an die kriegerische Vergangenheit.

② Petit Camargue → S. 150

Die Petit Camargue ist das Land der weißen Pferde, der auf und ab stolzierenden Flamingos und der schwarzen Stiere. Dem einzigartigen Charme des sumpfigen Schwemmlandes mit seinen reetgedeckten Hirtenhäusern kann man sich nur schwer entziehen. Kulturell locken die Abteikirche Saint-Gilles sowie die Kreuzfahrerstadt Aigues-Mortes mit ihren unzerstörten Festungsmauern.

③ Rund um Nîmes und Uzès → S. 168

Wer sich für die grandiosen Hinterlassenschaften der Römer interessiert, wird vom Département Gard begeistert sein. In Nîmes gilt es einen Tempel und eine Arena zu bewundern, zudem erhebt sich unweit der Bilderbuchkleinstadt Uzès der Pont du Gard, eines der prachtvollsten antiken Baudenkmäler der Welt.

④ Cevennen → S. 206

Die Cevennen sind ein faszinierender Gebirgszug und zugleich eine nur spärlich besiedelte Region, in der Massentourismus ein Fremdwort geblieben ist. Wanderungen über die mächtigen Granitkuppen sowie die ausgedörrten Hochplateaus der Causses sind ebenso reizvoll wie eine Kanutour auf dem Gorges du Tarn. Die südlichen Ausläufer der Cevennen sind schon mediterran geprägt, so dass sogar Wein und Oliven angebaut werden können.

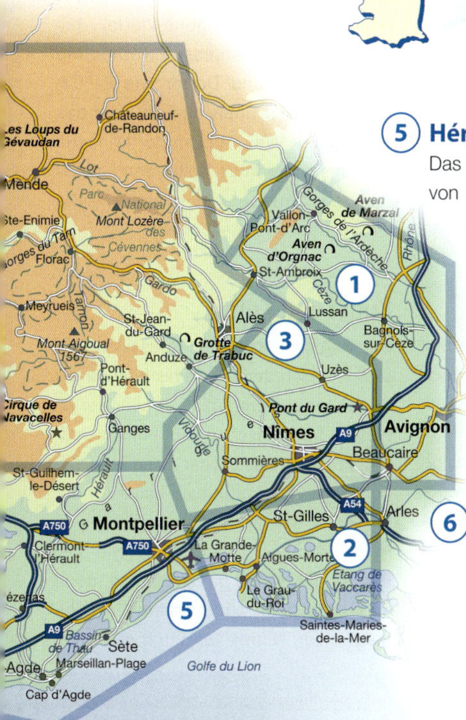

5) Hérault → S. 282

Das Département Hérault ist geprägt von Gegensätzen: Strände und Badetrubel an der Küste kontrastieren mit der Einsamkeit des Haut Languedoc. Die quirlige Universitätsstadt Montpellier gehört ebenso zu den Höhepunkten wie die Austernbänke am Bassin de Thau oder das über dem Canal du Midi thronende Béziers mit seiner mächtigen Kathedrale.

6) Aude → S. 370

Das Département Aude gilt als Katharerland. Hier findet man die schönsten Burgen und Ruinen Südfrankreichs, allen voran Carcassonne, das als mittelalterliche Traumstadt schlechthin gilt, aber auch eindrucksvolle Klöster wie die Zisterzienserabtei Fontfroide. Narbonne gefällt mit seiner Kathedrale und seinen antiken Hinterlassenschaften, zudem gibt es langgestreckte Strände und das ungewöhnliche Gruissan-Plage mit seinen Stelzenhäusern.

7) Roussillon und Pyrenäen → S. 444

Die mächtigen Pyrenäen mit ihren markanten Gipfeln wie dem Pic de Canigou sind eine ideale Wanderregion und markieren die südliche Grenze der Region. Wer einen Badeurlaub bevorzugt, findet entlang der Küste kilometerlange Sandstrände. Und in den Altstadtgassen von Perpignan ist das katalanische Flair allgegenwärtig.

Languedoc-Roussillon

Reizvolle Städte und Dörfer

Nicht nur die benachbarte Provence, auch das Land zwischen Pyrenäen, Cevennen und dem Mittelmeer besitzt eine urbane Tradition, die bis in die Römerzeit zurückreicht. In Narbonne und vor allem in Nîmes ist diese große Vergangenheit noch deutlich zu spüren. Freunde des Mittelalters werden an dem Städtchen Carcassonne, das schon Walt Disney inspiriert hat, ihre helle Freude haben, und Perpignan darf sich stolz rühmen, früher die Residenz der mallorquinischen Könige gewesen zu sein. Zu den eindrucksvollsten Festungsstädten zählen der Kreuzfahrerhafen Aigues-Mortes, eine mittelalterliche Planstadt, sowie Villefranche-de-Conflent, ein Bollwerk aus der Zeit des Sonnenkönigs Ludwig XIV. Zum Pflichtprogramm gehören auch Uzès und Sommières, die mit kleinstädtischem Flair bezaubern und einen Gegensatz zum quirligen Montpellier mit seinem postmodernen Antigone-Viertel bilden. Nicht zu vergessen verträumte kleine Städte und Dörfer wie La Canourgue, Saint-Chély-du-Tarn oder das für seinen Wein bekannte Minerve. Wer ans Meer fährt, sollte den Fischereihafen Sète und das katalanische Banyuls-sur-Mer besuchen.

Kunst und Kultur

Die Region Languedoc-Roussillon, die sich westlich der Rhône bis hinunter zu den Pyrenäen erstreckt, ist eine der ältesten französischen Kulturlandschaften. Freunde klassischer Altertümer finden nirgendwo außerhalb Italiens mehr römische Bauten vor als in Südfrankreich; manche Monumente wie der Pont du Gard sind gar einzigartig, doch auch das sehr gut erhaltene Amphitheater von Nîmes vermittelt einen un-

„Romanik und moderne Kunst"

vergesslichen Eindruck von der Baukunst der Römer. Sieht man von der Antike ab, so hat vor allem die Romanik ihre Spuren im Languedoc und noch stärker im Roussillon hinterlassen. Berühmt für ihre Formensprache sind die Wallfahrtskirche Saint-Gilles sowie das Kloster Saint-Guilhem-le-Désert und die Abbaye de Fontfroide. Fantastisch ist auch die Ingenieursleistung des zum UNESCO-Weltkulturerbe zählenden Canal du Midi, der sich mit seinen Platanenalleen und Schleusen wie ein überdimensionales Landschaftskunstwerk von Castelnaudary bis ans Meer erstreckt. Liebhaber der Modernen Kunst pilgern nach Céret und Collioure, wo sich Matisse und Derain vom klaren Licht der Côte Vermeille inspirieren ließen und der Fauvismus das Licht der Welt erblickte. Das schönste Kunstmuseum und zugleich der schönste postmoderne Bau ist das Carrée d'Art in Nîmes, das Norman Foster dem römischen Tempel Maison Carrée kongenial gegenüberstellte.

Einzigartige Landschaft

Den großen Reiz der Region Languedoc-Roussillon machen die geographischen Kontraste aus, die auf engem Raum vereint sind. Eingegrenzt von den sich im Norden erhebenden Höhenzügen der Cevennen und den alpinen Gipfeln der Pyrenäen, erstreckt sich eine Vielfalt von Landschaften: Da gibt es die kargen Plateaus der Causses mit ihren formenreichen Tropfsteinhöhlen, die trockene Garrigue-Landschaft nördlich von Nîmes und die sumpfige Kleine Camargue neben den ausgedehnten Weinfeldern des Hérault und den dichten Wäldern der Montagne Noir. Faszinierend sind

Languedoc-Roussillon

auch viele Naturdenkmäler, so die Cirque de Navacelles, ein imposanter Felskessel, der durch den veränderten Lauf der Vis entstanden ist, oder das bizarre Felsenmeer Montpellier-le-Vieux. Zudem haben zahlreiche Flüsse, beispielsweise der Tarn, die Cèze und der Hérault, sich ein tiefes Bett in das Gestein gegraben und reizvolle Panoramen hinterlassen. Wanderfreunde finden im Haut Languedoc und in anderen Gebirgszügen ein reiches Betätigungsfeld. Ein National- sowie ein Regionalpark helfen, den Erhalt der mediterranen Flora und Fauna langfristig zu sichern. Die Vegetation ist nicht nur vom Mittelmeer geprägt: In der Bambouseraie de Prafrance bei Anduze glaubt man sich nach Asien versetzt, mehrere Meter hoch ragen hier mächtige Bambusstauden in den Himmel.

Sonne und Wasser

Mehr als 200 Küstenkilometer warten im Sommer alljährlich auf die sonnenhungrigen Nord- und Mitteleuropäer. Wie Perlen auf einer Schnur reihen sich die Badeorte vom Delta der Camargue bis zur spanischen Grenze. Fast alle Küstenabschnitte besitzen eine hervorragende Wasserqualität, das einzige Manko sind manche auf dem Reißbrett entworfene Tourismuszentren, denen es an Charme fehlt. Doch Platz gibt es genug: Die Plage de l'Espiguette ist der zweitlängste Sandstrand der Camargue und bietet reichlich Bademöglichkeiten jenseits der organisierten Strandfreuden.

Überall an der Küste finden sich ausgewiesene Strandabschnitte, an denen Mann und Frau alle Hüllen fallen lassen können. Wer nach Cap d'Agde fährt,

„Fast 200 Kilometer Sandstrand"

muss sich nicht einmal beim Einkaufen oder auf dem Postamt mit Textilien bekleiden. Den Süßwasserfans sei der Lac de Salagou oder einer der zahlreichen Flüsse wie Cèze, Hérault oder Vis empfohlen. Besonders pittoresk ist natürlich das Baden unterhalb des berühmten Pont du Gard oder in einer der zerklüfteten Schluchtenlandschaften wie den Gorges de Galamus.

Aktivurlaub für Groß und Klein

Languedoc und Roussillon sind geradezu ideal für einen Aktivurlaub: Kanutouren auf der Ardèche und dem Tarn, Wanderungen durch die Pyrenäen und über die Höhenzüge der Cevennen oder eine gemütliche Bootstour auf dem Canal du Midi – alles ist möglich. Wer sich lieber den kulturellen Highlights zuwendet, darf einen Abstecher nach Montpellier und Nîmes nicht versäumen. Sandburgen bauen und im Meer planschen gehört für Kinder zu den Lieblingsbeschäftigungen im Sommer, wird mit der Zeit dann aber doch etwas langweilig. Bestens auf den kindlichen Aktionsdrang zugeschnitten ist ein Bootsausflug entlang der Côte Vermeille oder eine Tour mit dem Hausboot auf dem Canal du Midi. Kids, die abenteuerliche Herausforderungen lieben, werden noch monatelang von einer Kanufahrt schwärmen. Das Interessante am Meer sind neben den Badefreuden natürlich die Meeresbewohner. Da man weder vom Boot noch vom Strand aus viele Fische zu Gesicht bekommt, darf ein Besuch in einem der zahlreichen Aquarien nicht fehlen. Faszinierend für die Kleinen ist auch eine Besichtigung des Schildkrötentals bei Sorède.

Der Canal du Midi bei Le Somail

Hintergründe & Infos

Landschaft und Geographie	20	Geschichte	35
Klima und Reisezeit	22	Literaturtipps	59
Flora, Fauna und Naturschutz	25	Anreise	63
Wirtschaft und Bevölkerung	28	Unterwegs in der Region	70
Politik	30	Übernachten	76
Verwaltung	31	Essen und Trinken	84
Brauchtum, Feste und kulturelle Veranstaltungen	32	Outdoor, Sport und Strände	92
		Wissenswertes von A bis Z	98

Wegweisend

Landeskunde & Reisepraktisches

Landschaft und Geographie

Das Landschaftsbild des Languedoc und Roussillon ist sehr vielfältig: Tief eingeschnittene Täler und karge Hochebenen im Norden, üppige Obstplantagen im Hinterland von Perpignan und ausgedehnte Weinkulturen im Hérault, ganz im Süden ragen die Gipfel der Pyrenäen empor, die bis weit in den Frühsommer hinein schneebedeckt sind.

Vom Delta der Rhône bis zur spanischen Grenze erstreckt sich die Mittelmeerküste der Region und öffnet sich wie ein Amphitheater zum Golfe du Lion. Das Mündungsgebiet der Rhône, die kaum besiedelte **Camargue**, steht naturgemäß dem Meer am nächsten und bildet zwischen Großer und Kleiner Rhône gewissermaßen ein Dreieck. Als eines der größten Feuchtgebiete Europas stellt die Camargue ein wahres Refugium für seltene Wasser- und Wattvögel dar. Touristen schätzen vor allem die ausgedehnten Sandstrände. In Küstennähe schließt sich eine von Überschwemmungsbereichen geprägte Landschaft an, in welcher sich vor Jahrtausenden die so genannten **Etangs** gebildet haben. Die größten Salzseen, beispielsweise der Etang de Leucate oder das Bassin de Thau, weisen beachtliche Ausmaße auf. Die kleineren Salzlagunen sind oft von weiten Grasflächen umgeben und sind daher nur zu Fuß zu erreichen. Doch kein Etang gleicht dem anderen: Während einige hochgradig salzig und von Algen überwuchert sind, besitzen andere erstaunlich frisches, klares Wasser und eine reizvolle Uferzone.

Languedoc-Roussillon erleben

Der überwiegende Teil der Küste des Languedoc besteht aus ausgedehnten, oft mehr als 100 Meter breiten Sandstränden, die zum Baden geradezu einladen; nur an den Caps ändert sich das Landschaftsbild: Das schwarze Cap d'Agde ist beispielsweise der Ausläufer eines erloschenen Vulkans und wird gerne als „schwarze Perle des Languedoc" bezeichnet. Ganz im Süden hinter Argelès wird das Küstenprofil der **Côte Vermeille** felsiger, teilweise fallen die Klippen schroff ins Meer ab und bilden kleine idyllische Buchten, während an den Hängen die grünen Weinberge mit der rötlich schimmernden Erde herrlich kontrastieren.

Schließlich darf eine Landschaft nicht vergessen werden, die im eigentlichen Sinne gar keine ist: Das **Mittelmeer**. *Fernand Braudel* (1902–1985), einer der renommiertesten französischen Historiker, der die Fachwelt 1947 mit seinem bahnbrechenden Werk „Das Mittelmeer und die mediterrane Welt in der Epoche Philipp II." begeisterte, charakterisierte die Bedeutung des Mittelmeers für Südfrankreich folgendermaßen: „Sein Leben ist mit dem Land verbunden, seine Dichtkunst mehr als nur zur Hälfte ländlich, seine Seeleute können sich mit dem Wechsel der Jahreszeiten auch zu Bauern wandeln; es ist das Meer der Weinberge und Olivenbäume ebenso wie das Meer der langrudrigen Galeeren und der Galeonen der Kaufleute, und seine Geschichte lässt sich ebenso wenig vom Land, das es umgibt, trennen wie der Ton von den Händen des Töpfers, der ihn formt."

Einen krassen Gegensatz zur lieblichen mediterranen Landschaft bilden die **Cevennen** mit ihren beiden höchsten Erhebungen, dem Mont Lozère (1699 Meter) und dem windumtosten Mont Aigoual (1567 Meter). Geographisch gesehen stellen die Gipfel der zum Massif Central gehörenden Cevennen eine Wetter- und Wasserscheide dar. Durch die reichhaltigen Niederschläge entspringen hier mehrere Flüsse, so der zum Atlantik zustrebende Tarn sowie Vidourle, Hérault, Ardèche und Gardon, die ins Mittelmeer münden. Größtenteils liegen die Cevennen im Département Lozère, dessen nördliche Teile weit in das südliche Zentralmassiv hineinragen. In den tief eingeschnittenen, Gorges genannten Schluchten, wie den Gorges du Tarn, ist nur wenig Platz für Ackerland, so dass im Laufe der Jahrhunderte ausgedehnte Terrassenkulturen mit Stützmauern, Treppen und Wasserkanälen angelegt wurden, um Gemüse und Wein anbauen zu können. Geographisch besonders eindrucksvoll sind die **Causses**, kaum besiedelte steinige Hochebenen, in deren porösem Kalkstein sich riesige Höhlen verbergen. Ganz im Nordwesten des Département Lozère erhebt sich das **Aubrac**, ein mehr als 1.200 Meter hohes vulkanisches Hochplateau mit kahlen Kuppen, das größtenteils als Rinder- und Schafweide genutzt wird. Nach Südwesten setzt sich das Massif Central als Montagne Noire und in den Monts de l'Espinouse fort. Weite Teile dieses über 1000 Meter aufragenden, waldreichen Granitgebirges mit seinen Steineichen-, Buchen-, Tannen- und Fichtenwäldern wurden zum Parc Régional du Haut Languedoc erklärt und stehen unter Naturschutz.

Zwischen Narbonne und Carcassonne breitet sich zu beiden Seiten des Flusses Aude eine Ebene aus, durch die auch der Canal du Midi hindurchführt; sie gilt als die Kornkammer der Region. Vor Urzeiten war das fruchtbare Schwemmland eine Sumpflandschaft. Weiter südlich erheben sich die steinigen Berge **Corbières**, ein bekanntes Weinanbaugebiet. Ganz im Süden liegt das **Roussillon**, das von den **Pyrenäen** abgeschlossen wird; das zweithöchste Gebirge Europas bildet eine „natürliche" Grenze zu Spanien. Unter den zahlreichen Gipfeln der *Pyrénées Roussillon* sticht der markante Pic du Canigou hervor. Er ist der Namenspate des gesamten Gebirges; die an der Costa Brava siedelnden Griechen nannten ihn *Pyrene*, da er die

Bergketten des Fenouillèdes, des Albères und der Aspres wie eine Pyramide überragt. Teilweise vollzieht sich im Roussillon der Wechsel von der mediterranen Landschaft hin zur alpinen sehr abrupt. Innerhalb kürzester Zeit weicht die steinige Heidelandschaft grünen Wiesen und dichten, hohen Nadelwäldern. Im Westen, dem Département Pyrénées Orientales, erstreckt sich eine weite, von Granitmassen umragte Hochebene: die **Cerdagne**. Dank ihrer geschützten Lage sowie aufgrund ihrer fetten Weiden und der fruchtbaren Getreidefelder bildete die Cerdagne im Mittelalter das Herz einer eigenen Grafschaft. Das benachbarte, von dichten Tannenwäldern eingerahmte **Capcir** ist schon wesentlich stärker vom Gebirgsklima geprägt und eine beliebte Wintersportregion. Deutlich mildere Temperaturen und eine mediterrane Flora findet man in den beiden breiten sich zur Küste hin öffnenden Tälern der Têt und des Tech. Ersteres wird auch als **Conflent** bezeichnet und präsentiert sich als ein wahrer Obstgarten, während das vom Tech durchflossene **Vallespir** große Weiden und ausgedehnte Buchen- und Kastanienwälder besitzt.

Klima und Reisezeit

Dank eines gemäßigten Klimas erstreckt sich die Reisezeit in Südfrankreich von März bis Oktober. Den Dichter Jean Racine quälte 1662 bei einem Aufenthalt in Uzès die furchtbare sommerliche Hitze, die er kaum auszuhalten wusste: „Die Luft ist so heiß wie in einem Backofen und diese Hitze hält den Tag so gut wie die Nacht über an."

Die Region Languedoc-Roussillon ist geprägt von einem milden, mediterranen Klima, selbst im Winter zeigt sich die Küste zwischen Perpignan und Montpellier von ihrer angenehmsten Seite. Das Thermometer klettert hier häufig auf Werte über 10 °C, selbst 20 °C sind keine Seltenheit. Die Temperaturen im Hinterland sowie in den höheren Lagen verleiten im Winterhalbjahr allerdings kaum zum Sonnenba-

Stillleben am Mont Lozère

den, die Berggipfel der Pyrenäen liegen bis weit in das Frühjahr hinein unter einer Schneedecke begraben. An der Küste beginnt der Frühling schon im Februar mit der Blüte der Mandel- und Mimosenbäume, im hügeligen Landesinneren erst Wochen oder Monate (Cevennen) später. Der Sommer zeichnet sich vor allem durch seine trockene Hitze aus. Der Herbst wird dagegen geprägt von plötzlich einsetzenden, heftigen Regenschauern, die des Öfteren zu Überschwemmungen führen. Bei dem katastrophalen Hochwasser im September 2002 fielen in 24 Stunden mehr Niederschläge als in einem Jahr in Paris! Über das ganze Jahr gesehen, ist die Region Languedoc-Roussillon aber ein von der Sonne verwöhnter Landstrich: Durchschnittlich scheint sie zwischen 2400 und 2600 Stunden pro Jahr. Bis weit in den Herbst hinein sorgt ihre Kraft für angenehme Temperaturen. Schneebedeckte Dörfer und Straßen sind in den flacheren Regionen selbst im Winter extrem selten. Ausnahmen sind allerdings möglich: So kam es Ende Februar 2001 zu einem

Herrlich baden am Oberlauf des Tarn

folgenreichen Wintereinbruch in Südfrankreich. Der Schnee lag im Languedoc stellenweise bis zu 70 Zentimeter hoch und bedeckte Olivenhaine, Zypressen und Zedern mit einer weißen Haube. Die Stromversorgung brach zusammen und mehr als 4000 Autofahrer mussten die Nacht in ihrem Wagen verbringen.

Und schließlich wäre da noch der **Mistral**, ein durch das Rhônetal kommender Fallwind, dessen starke Böen Spitzengeschwindigkeiten von über 100 Stundenkilometer erreichen können. Innerhalb von Stunden sorgt der Mistral, der am häufigsten im Frühjahr weht, zwar für einen empfindlichen Temperatursturz von rund 10 °C, zum Ausgleich zeigt sich aber der Himmel in strahlendem Blau, die Fernsicht ist überwältigend. Dieses Schauspiel begeisterte bereits Vincent van Gogh: „Wenn der Mistral weht, ist das hier freilich alles andere als ein ‚mildes Land', denn der Mistral ist sehr aufreizend. Aber wie wird man dafür entschädigt, wenn ein windstiller Tag ist! Welche Leuchtkraft der Farben, welch reine Luft, welch stille Beschwingtheit." Die Kraft des Mistral ist noch für eine andere Charakteristik der Region verantwortlich: Die südfranzösischen Kirchtürme besitzen keine schiefergedeckten Dächer, weil diese dem Wind nicht standhalten könnten. Die Glocken baumeln daher zumeist in einem Käfig unter freiem Himmel. Weiter in Richtung Westen bestimmt der aus den Cevennen kommende **Tramontane** das Klima. Ähnlich wie der Mistral bewirkt auch dieser Fallwind, dass die Wolken verschwinden und der Himmel sein schönstes Blau präsentiert. Das Gegenstück zum Mistral und Tramontane ist der **Autan**, ein turbulenter, aber warmer Südostwind, der von der Mittelmeerküste bis in die Gegend von Toulouse und dem Tarn weht.

	Perpignan				Mont Aigoual (1567 m)		
	Ø Lufttemperatur (Min./Max. in °C)		Ø Niederschlag (in mm), Ø Tage mit Niederschlag >= 1 mm		Ø Lufttemperatur (Min./Max. in °C)		Ø Niederschlag (in mm), Ø Tage mit Niederschlag >= 1 mm
Jan.	4,4	12,3	62	6	-3,6	0,8	216	13
Febr.	5,1	13,4	41	4	-3,6	0,7	168	12
März	7,0	15,7	38	4	-2,4	2,4	135	11
April	8,9	17,6	49	6	-0,8	4,2	180	12
Mai	12,4	21,3	49	6	3,4	8,8	173	12
Juni	16,1	25,3	33	5	6,7	12,7	108	9
Juli	18,8	28,8	14	3	9,9	16,4	59	7
Aug.	18,8	28,4	32	4	10,1	16,3	78	7
Sept.	15,6	25,1	48	4	7,2	12,7	167	9
Okt.	11,9	20,4	68	5	3,5	8,1	289	13
Nov.	7,6	15,6	49	4	-0,7	3,9	244	13
Dez.	5,3	13,2	62	6	-2,4	2,3	228	13
Jahr	11,0	19,8	547	56	2,3	7,5	2046	133

Daten: Météo France

Reisezeit: Die Saison in der Region Languedoc-Roussillon beginnt an Ostern und endet im Oktober. Die günstigste Reisezeit variiert je nach Interessenlage. Die Monate April, Mai und Juni eignen sich vorzüglich für einen Entdeckungsurlaub, aber auch für Besichtigungen der bekannten Sehenswürdigkeiten sowie für Streifzüge durch die in der Hochsaison überlaufenen Tourismuszentren. Zudem zeigt sich im **Frühling** die gesamte Region in ihrer schönsten Blütenpracht. Die Wassertemperaturen erreichen allerdings erst im Juni die magische 20-Grad-Grenze. Im Juli und August, wenn die Franzosen Ferien machen, platzt die Küstenregion aus allen Nähten. Die Hotels und Campingplätze sind im **Sommer** restlos ausgebucht, die Strände überfüllt, die Kellner gestresst und die Preise klettern teilweise in schwindelerregende Höhen. Einzig im Hinterland geht es im Juli und August etwas geruhsamer zu. Allerdings lähmen die hohen Temperaturen hier den Drang zur Aktivität. Im September und Oktober kehrt dann allmählich wieder Ruhe ein, die Abende werden kühler, tagsüber heizt die Sonne aber noch kräftig ein. Wasserratten kommen bei Temperaturen um die 20 °C noch immer auf ihre Kosten. Das Wetter ist im **Herbst** allerdings nicht mehr so beständig, mit heftigen Regenschauern muss vor allem in der zweiten Septemberhälfte gerechnet werden. Hierbei ist erhöhte Aufmerksamkeit geboten: Die wolkenbruchartigen Regenschauer sorgen in kürzester Zeit für meterhohe Flutwellen, da der ausgedörrte Garrigueboden steinhart ist und kein Wasser aufnehmen kann; die großen Unwetterkatastrophen von 1988, 1992 und 2002 forderten allein in Nîmes und Umgebung mehrere Todesopfer. Dennoch ist das Languedoc eine vergleichsweise niederschlagsarme Region, so werden in Perpignan durchschnittlich nur 547 Millimeter Niederschläge pro Jahr gemessen. Der **Winter** wird in den letzten Jahren wieder als Reisezeit entdeckt. Dank der Kraft der südlichen Sonne kann man selbst im Januar noch häufig im Freien sitzen und Kaffee trinken oder – als Kontrastprogramm für Aktivsportler – die Pisten in den

Skigebieten der Pyrenäen hinunterwedeln oder mit den Langlaufskiern durch die Loipen der Cevennen touren. Ein Tipp: Wer in der Küstenregion im Winter ein Quartier sucht, sollte darauf achten, dass das Hotel über eine Heizung verfügt. Nachts können die Temperaturen nämlich empfindlich kalt werden.

Wettervorhersagen von Météo France nach Region oder Département geordnet können Sie im Internet unter www.meteo.fr abrufen.

Flora, Fauna und Naturschutz

Languedoc und Roussillon können nicht unbedingt als letztes Refugium für bedrohte Tier- und Pflanzenarten bezeichnet werden. Dennoch findet sich hier eine außerordentliche Bandbreite mediterraner Pflanzen; Tierfreunde werden hingegen eher im heimischen Zoo auf einen Steinbock treffen als in den Pyrenäen.

Besonders charakteristisch für den Süden Frankreichs ist die **Garrigue**, eine typische mediterrane Landschaft mit immergrünen Zwergsträuchern, die vor allem auf trockenen, felsigen Kalkböden prächtig gedeihen und beispielsweise nördlich von Nîmes vorzufinden sind. Der Platz zwischen den Sträuchern wird von den berühmten *Herbes de Provence* genutzt: Thymian, Rosmarin, Oregano, Majoran, Estragon, Fenchel, Basilikum und Salbei verbreiten ihren unwiderstehlichen Duft, Zistrosen setzen bunte Akzente. Vielerorts ist die Garrigue bedingt durch zahlreiche Waldbrände von der **Aleppokiefer**, einer sich schnell ausbreitenden Pionierpflanze, verdrängt worden. Ein weiterer typisch mediterraner Baum ist die immergrüne Steineiche, die sich an den Südhängen der Cevennen besonders wohl fühlt. Weiter nördlich in Richtung Massif Central dominiert die **Kastanie**, der „Brotbaum der Cevennen"; sie ist eine der wenigen Baumarten, deren Wurzeln im Schiefergestein der Berghänge Halt finden. Über Jahrhunderte hinweg ernährte sich die Bevölkerung von der Frucht der Kastanie, sie wurde geröstet oder zu Mehl gemahlen, um daraus Brot zu backen. Ein altes okzitanisches Sprichwort besagt: „Der Mensch braucht die Kastanie und die Kastanie braucht den Menschen." Erst durch die regelmäßige Pflege wird die Kastanie zu einer produktiven Naturpflanze. Es dauert ungefähr 15 Jahre, bis eine Kastanie das erste Mal Früchte trägt, nach weiteren 25 Jahren erreicht sie ihre volle Produktivität (rund 35 Kilogramm pro Baum), die dann bis zu 100 Jahre anhält. Die Ernte beginnt traditionell nach Allerheiligen.

Ein wirtschaftlich ebenfalls sehr bedeutendes Gewächs ist der auch heute noch häufig anzutreffende **Maulbeerbaum**. Seit dem frühen 18. Jahrhundert wurde er in großem Maßstab gepflanzt, da seine Blätter das wichtigste Futter zur Aufzucht der Seidenraupen bildeten. Knapp zwei Jahrhunderte lang stellte die Seidenherstellung den bedeutendsten Wirtschaftszweig der Cevennen dar. Über 1450 Metern beginnt dann eine subalpine Zone mit ausgedehnten Grassteppen, in deren Nischen Moose oder der Insekten fressende Sonnentau vorzufinden sind. In den Hochlagen der Pyrenäen lassen sich die im satten Gelb blühende Pyrenäen-Lilie oder der purpurne Pyrenäen-Steinbrech entdecken. Typisch für die Bergwelt sind auch der blassblaue Rittersporn, die Alpenrose und der Enzian. Sieht man jedoch von dem Département Lozère und den höheren Regionen der Pyrenäen ab, so ist die Vegetation im

Languedoc-Roussillon deutlich vom mediterranen Klima geprägt. Neben Weinreben wird die Landschaft von Oliven- und Feigenbäumen als typischen Pflanzen des Südens bestimmt. Selbst Zitrusfrüchte gedeihen am Küstensaum zwischen Perpignan und der spanischen Grenze. An manchen Stellen duldet das „Imperium der Sonne" allerdings nur trockenes Kraut: Thymian, Serpolet, Rosmarin und unendlich weite, dornige Felder von Brombeersträuchern. Ende September zeigt sich die Flora von ihrer lebendigeren Seite: wilde Feigen, Quitten und die obligatorischen Brombeeren fallen satt und reif auf den steinigen Boden. Typisch sind auch die genügsamen Kieferngewächse, die markante Schirmpinie und die Zypresse.

Hinzu kommen zahlreiche Pflanzenarten, die ursprünglich nicht in Frankreich heimisch waren. Während die Olivenbäume und die Weinstöcke bereits in griechischer Zeit eingebürgert worden sind, führten die Engländer im 19. Jahrhundert zahlreiche exotische Pflanzen ein. Am auffälligsten sind wahrscheinlich die diversen Palmenarten, die einige Strandpromenaden zieren; sie stammen zumeist aus dem Südosten der USA (Washingtonia und Sabal-Palme) oder von den Kanarischen Inseln (Kanarische Dattelpalme). Doch auch Kakteen und anderen Sukkulenten, wie beispielsweise der Agave, bekommt das milde Küstenklima prächtig.

Weniger vielfältig ist es um die Fauna bestellt. Die französische Jagdleidenschaft hat dazu geführt, dass kein Großwild, sondern nur noch Rebhühner, Fasane, Hasen und Füchse in der freien Natur anzutreffen sind. Eine Ausnahme bilden die in den nördlichen Cevennen wieder angesiedelten Wölfe, die allerdings in einem umzäunten Terrain leben. Von den größeren Tieren ist neben den schwarzen Stieren und den weißen Camarguepferden vor allem der **Rosaflamingo** als Symboltier der Camargue zu nennen. Die Population der fast ausschließlich in Gruppen auftretenden Vögel zählt zwischen 25.000 und 50.000 Tiere. Mit dem auffällig nach unten gebogenen klobigen Schnabel durchseiht der Flamingo das Wasser der flachen Lagunen und filtert kleine Krebstiere heraus, darunter den Salinenkrebs *Artemia salina*, dessen Farbstoff Canthaxanthin die rosa Färbung des Gefieders verursacht. Gleich hinter den Dünen tummeln sich im seichten Binnengewässer allerlei Vogelarten wie Reiher, Rohrdommeln, Blauracken und bunte Bienenfresser. Neben Bussarden

Der Rosaflamingo ist das Symboltier der Camargue

Flora, Fauna und Naturschutz 27

Mont Aigoual: Beliebte Viehweide

und Habichten sollte man den Himmel im Tal der Jonte sowie den Pyrenäen nach den dort lebenden Gänsegeiern absuchen. Im Hochgebirge kann man auf die Pyrenäen-Gämse oder – mit sehr viel Glück – auf einen Steinbock treffen.

Wie ein Damoklesschwert schwebt alljährlich in den heißen Sommermonaten die **Waldbrandgefahr** über der Region Languedoc-Roussillon. Unterstützt durch starke Winde, vernichtet die sich schnell ausbreitende Feuerwalze wertvolles Busch- und Heideland. Angepasste Pflanzenarten überstehen die Brandkatastrophe zwar relativ gut, die Auswirkungen auf die Tierwelt sind jedoch fatal. Es dauert Jahrzehnte, bis sich die Landschaft von den Folgen erholt hat. Den Behörden gelingt kaum, die drohende Waldbrandgefahr in den Griff zu bekommen. Dies liegt allerdings nicht nur an der groben Fahrlässigkeit mancher Einheimischer und Touristen, sondern auch an der kriminellen Natur des einen oder anderen Bauunternehmers, der auf diesem Wege erfolgreich versucht, an billiges Bauland heranzukommen. Zwar wurde 1990 per Gesetz die Bebauung von verbranntem Grund und Boden für mehrere Jahre untersagt, doch fallen nach wie vor im Sommer zigtausend Hektar Wald durch Brandstiftung den Flammen zum Opfer.

Aber nicht nur die Waldbrandgefahr macht umfassende Naturschutzmaßnahmen erforderlich. Die natürlichen Ressourcen des Landes werden besonders durch die ständig anwachsende Bebauung bedroht. Um der Nachwelt eine möglichst intakte Umwelt und kulturelle Tradition zu erhalten, wurden im Süden Frankreichs bisher zwei große **Naturschutzgebiete** eingerichtet. Eine als besonders schützenswert eingestufte Region wurde sogar schon 1970 zum Nationalpark erklärt: der 900 Quadratkilometer große *Parc National des Cévennes*. Hinzu kommen der *Parc Naturel Régional du Haut-Languedoc*, der *Parc Naturel Régional de la Narbonnaise en Méditerranée*, der *Parc Naturel Régional des Pyrénées Catalanes* und der sich westlich an das Département Lozère anschließende *Parc Naturel Régional des Grands Causses*. Um das Gleichgewicht der Natur hat sich das in Montpellier ansässige Conservatoire National du Littoral seit Jahren verdient gemacht. Die gemeinnützige Organisation kauft unbebaute Flächen zwischen den Badeorten auf. Schilder mit dem Zeichen der Distel und der Aufschrift *Espace Naturel Protégé* zeigen an, dass das jeweilige Areal unter besonderem Schutz steht.

Wirtschaft und Bevölkerung

Das Languedoc und das Roussillon gehören zu den französischen Regionen, deren küstennahe Städte in den letzten Jahren vom wirtschaftlichen Aufschwung profitieren konnten. Die Bedeutung der traditionellen Landwirtschaft nimmt weiter ab; die fortschreitende Entvölkerung der Cevennen gehört zu den Folgen dieser Entwicklung.

Die traditionelle Ökonomie des Languedoc beruhte auf einer Trias: Weizen, Strauchkulturen (Oliven, Mandeln, Wein) und kleine Viehzucht (Schafe). Die Strauchpflanzen passen sich dem kargen, steinigen und trockenen Boden an; die Frühjahrsregen begünstigen den Weizen, und im Herbst lässt der Regen die Sträucher der Heide und der Garrigue emporschießen, so dass dort das Kleinvieh weiden kann. So viel zur Tradition. Fakt ist, dass die **Landwirtschaft** in den letzten Jahrzehnten auch im Languedoc und Roussillon viel von ihrer einstigen Bedeutung eingebüßt hat, wenngleich der traditionelle Wein- und Weizenanbau sowie die Ölbaumkulturen an der Küste und im Hinterland weiterhin florieren. Knapp ein Drittel der Gesamtfläche der Region Languedoc-Roussillon wird derzeit landwirtschaftlich genutzt, wobei kleinbetriebliche Strukturen dominieren. Mehr als die Hälfte aller Betriebe bewirtschaften weniger als fünf Hektar, etwa ein Drittel weniger als zwei Hektar Nutzfläche. Überwiegend handelt es sich dabei um Nebenerwerbswirtschaften, denn selbst bei intensiver Nutzung sind solche Betriebe nicht lebensfähig.

Der umsatzstarke **Obst- und Gemüseanbau** wird hauptsächlich im fruchtbaren Schwemmland der Rhône, entlang des Canal du Midi sowie in den Tälern und Ebenen des Roussillon betrieben. Klimatisch günstige Bedingungen sorgen für eine besonders frühzeitige Ernte, wie beispielsweise bei den Äpfeln aus dem Conflent und den Kirschen von Céret, die bereits im April auf den Markt kommen. Bereits im 19. Jahrhundert wurde die Anbaufläche auf der Grundlage eines verzweigten Kanalsystems beträchtlich ausgedehnt. Port-Vendres ist inzwischen der drittgrößte Obsthafen am Mittelmeer. Dies blieb nicht ohne Folgen für die Agrarlandschaft: Im östlichen Languedoc ist die ehemals nur extensive Nutzung – beispielsweise als Winterweidefläche für Schafherden – einem intensiven Obst- und Gemüseanbau gewichen (71.000 Hektar werden derzeit bewässert). Apropos Tierhaltung: Wie überall in Südfrankreich überwiegt auch im Languedoc-Roussillon die Schafzucht. Auf neun Schafe kommen ungefähr drei Rinder und ein Schwein. Die genügsamen Schafe liefern neben ihrer Wolle vor allem Fleisch und Milch, die fast ausschließlich zur Käseherstellung („Roquefort") genutzt wird. Als typisch mediterrane Kulturpflanze genießt der **Olivenbaum** zwar ein hohes Ansehen, doch nachdem mehrere Frostperioden Mitte der fünfziger Jahre zahlreiche Bäume dahinrafften, widmen sich immer weniger Bauern schwerpunktmäßig den Ölbaumkulturen. Der Anteil Frankreichs am Weltmarkt beträgt heute magere 0,2 Prozent. Wesentlich bedeutender ist der Weinbau: Das Languedoc besitzt bekanntlich mehrere große **Weinanbaugebiete** (siehe auch Kapitel Essen und Trinken), deren Gesamtfläche rund 500.000 Hektar Land bedeckt; keine andere französische Region produziert größere Mengen des beliebten Rebensaftes.

Ähnlich verhält es sich mit der **Fischerei**. Die Küchenchefs preisen zwar gerne ihre „fangfrischen" Produkte an, doch nicht jeder Fisch, der einem im Languedoc-Roussillon vorgesetzt wird, ist tatsächlich auch im Mittelmeer geschwommen. Die Bedeutung der Fischerei ist in den überfischten Küstengewässern schon seit Jahren stark rückläufig. Auf knapp 100.000 Tonnen – hauptsächlich Thunfisch, Makrelen und Sardinen – wird die jährliche Ausbeute geschätzt, hinzu kommen noch rund 30.000 Tonnen Austern und Muscheln, die größtenteils in Salzseen gezüchtet und „geerntet" werden. Der führende Fischereihafen der Region ist Sète, wo fast jeder zweite Fisch umgeschlagen wird, der vor der Küste ins Netz ging, darauf folgt Le-Grau-du-Roi, dessen Schwerpunkt die Treibnetzfischerei ist.

Die von Mitterrand mit Nachdruck verfolgte Politik der Dezentralisierung bewirkte auch im Languedoc einen wirtschaftlichen Aufschwung, allen voran konnte davon die **Hightech-Industrie** profitieren. Die Standorte Nîmes, Alès und Montpellier wurden als *route des hautes technologies* zusammengefasst und werben international um Investoren. Allein IBM in Montpellier zählt mittlerweile 3500 Beschäftigte, so dass sich die Stadt gerne als französische Variante des Silicon Valley bezeichnet.

Zudem ist der **Tourismus** in den letzten Jahrzehnten zu einem der bedeutendsten französischen Wirtschaftszweige aufgestiegen. Eine wichtige Rolle spielen dabei die Küsten des Languedoc und Roussillon, die sich inzwischen zur zweitbeliebtesten Ferienregion der Franzosen entwickelt haben; davon zeugen auch die rund 300.000 Zweitwohnsitze *(résidences secondaires)*. Rund 15 Millionen Menschen verbringen hier alljährlich ihre „schönsten Tage". Statistisch gesehen kommt nur einer von vier Urlaubern aus dem Ausland; deutschsprachige Touristen geben meist noch immer den Küsten der Provence und Côte d'Azur den Vorzug. Auch in der Region Languedoc-Roussillon gibt es beträchtliche Unterschiede, was die Touristengunst betrifft. So verbringen die meisten Reisenden ihren Urlaub an den Küsten des Dépar-

tement Hérault und im Département Pyrénées-Orientales, während laut Statistik weniger als sechs Prozent das Département Lozère als Ferienregion wählen.

Das Languedoc ist allerdings ein touristischer Spätentwickler: Erst als die Badeorte der Côte d'Azur in den sechziger Jahren aus allen Nähten zu platzen drohten, „entdeckten" die Raumplaner der gaullistischen Regierung die fast unverbauten Sandstrände des Languedoc. Statt auf Individualität setzte man auf modernes Flair, Sonne, Strand und Meer. Bevor die Bagger loslegen konnten, musste allerdings noch eine – umgerechnet 15 Millionen Euro teure – Schlacht gegen die Mücken gewonnen werden. Der Einsatz von DDT-Kanonen erschien schon damals vielen als ökologischer Sündenfall. Selbst in Kreisen der Regierung wurde das Vorgehen abgelehnt und als Ausdruck hemmungsloser Kommerzialisierung empfunden. Anschließend mussten Trinkwasser hergeleitet, Stromanschlüsse verlegt, Straßen und Brücken errichtet, Deiche aufgeschüttet und Bauland planiert werden. Dann stampften die Bauträger innerhalb weniger Jahre zahlreiche futuristische Feriensiedlungen aus dem Boden, darunter auch das berühmt-berüchtigte La Grande-Motte, das zu den größten Urlaubsstädten Europas gezählt wird, sowie Cap d'Agde, wo man die Utopie einer Fischerstadt mit angegliedertem Nudistenzentrum verwirklichte. Unter wirtschaftlichen Gesichtspunkten war das Projekt ein voller Erfolg, doch zurück blieben eine vielerorts zersiedelte Küste samt zerstörten Naturressourcen. Weniger kritische Zeitgenossen sind wiederum der Regierung dankbar, dass sie das brachliegende Ödland in einen – vor allem in finanzieller Hinsicht – blühenden Garten verwandelt hat.

Mit einer **Bevölkerungsdichte** von rund 93 Einwohnern pro Quadratkilometer gehört die Region Languedoc-Roussillon zu den durchschnittlich besiedelten Gegenden Frankreichs, wobei die meisten Menschen in den Küstengebieten leben. Dies ist weniger auf wirtschaftliche Gründe zurückzuführen, als vielmehr auf die besondere mediterrane Lebensqualität, die seit Jahren unverändert hoch im Kurs steht. Seit 1982 nahm die Bevölkerung der Region um mehr als 17 Prozent auf derzeit knapp über 2,5 Millionen zu, seriösen Prognosen zufolge sollen es bis 2030 sogar über 3,1 Millionen sein. Der Grund ist einfach: Jeder dritte Franzose wird dann älter als 60 Jahre sein, und nicht wenige davon werden sich den Wunsch erfüllen, ihren Lebensabend im sonnigen Süden zu verbringen.

In dem am dichtesten besiedelten Département Hérault leben heute über eine Million Menschen – davon 253.000 in Montpellier –, während das bäuerliche Département Lozère nur eine Bevölkerung von 77.000 Einwohnern aufweist – dies entspricht 15 Einwohnern pro Quadratkilometer! Die meisten Menschen leben in der Region Languedoc-Roussillon heute in den Städten; trotz dieser steten Abwanderung in die Großstädte und die Küstenregion liegt die Arbeitslosenquote im Lozère mit rund zwölf Prozent noch immer deutlich über dem nationalen Durchschnitt.

Politik

Lange Zeit galt der Südosten Frankreichs als linke Bastion, doch seit den achtziger Jahren hat sich das Wählergefüge deutlich verschoben: Die rechtsradikalen Rattenfänger des Front National verzeichnen einen regen Zulauf.

Im Südosten Frankreichs haben zwei besondere politische Strömungen ihre Heimat: Auf der einen Seite die eher unbedeutenden Vertreter einer linken okzitanischen **Regionalpolitik**, die vehement gegen den Pariser Zentralismus eintreten; sie empfinden ihre Politik gar als Fortsetzung des antikolonialen Kampfes der Völker der Dritten Welt. Auf der anderen Seite ist in der Region der **Rechtsradikalismus** à la Jean-Marie Le Pen stark vertreten. Bei den Wahlen zum Regionalparlament im Jahr 2010 sowie bei den Kommunalwahlen 2014 konnte der rechtsradikale Front National sich mit 17,9 Prozent als drittstärkste politische Kraft behaupten.

Problematisch ist nach wie vor die Lage der aus Nordafrika stammenden Bevölkerung. Auch in der zweiten und dritten Generation sehen sich die „rona" (*rapatriés d'origine nord-africaine*) mit Vorurteilen und Schwierigkeiten bei der Arbeitsplatzsuche konfrontiert. Statistischen Erhebungen zufolge haben schon vier von fünf Algerienfranzosen Diskriminierungen bei der Bewerbung um einen Arbeitsplatz erlebt. Finden sie einen Job, dann handelt es sich meist um schlecht bezahlte, unterqualifizierte Tätigkeiten.

Chirac – ein kleines Dorf am Rand der Cevennen

Bei einer durchschnittlichen Arbeitslosenquote von über 40 Prozent nimmt es daher nicht wunder, wenn es zu großen Protestaktionen kommt, wie in den Jahren 1991 und 1997 in Narbonne geschehen.

Verwaltung

Infolge der Revolution wurde Frankreich 1790 in zahlreiche kleine Verwaltungseinheiten, die so genannten **Départements**, eingeteilt, denen allerdings erst durch das Reformgesetz von 1982/83 mehr Entscheidungsmöglichkeiten zugestanden wurden. Neben den alten Zuständigkeiten, wie beispielsweise der für die Départementstraßen und Sozialwohnungen, erhielten die Départements durch die Reform auch die Verantwortung für den größten Teil des Sozial-, Gesundheits- und Transportwesens, den Schulbereich sowie für Kultur und Sport. Die amtierenden Generalräte der Départements sind ein fast reiner Männerzirkel, nur knapp zehn Prozent der gewählten Volksvertreter sind weiblichen Geschlechts. Dies ist jedoch für Frankreich nicht untypisch; was die Anzahl von Frauen in den Parlamenten angeht, so sind in der Europäischen Union nur noch in Griechenland weniger Frauen vertreten. Neben den 101 Départements (fünf davon in Übersee) gibt es seit 1964 noch 27 so genannte Regionen (fünf davon ebenfalls in Übersee), an deren Spitze erst ein Regionalpräfekt (*préfect de région*) stand, dessen Amt heute der gewählte Präsident des Generalrats ausübt.

Die wesentlichen Aufgabengebiete der Regionen betreffen die Wirtschaft, Bildungs- und Kulturpolitik sowie das gymnasiale Schulwesen. Finanziell ist die Regionalverwaltung schwächer gestellt als die Verwaltung der Départements, deren Budget dreimal größer ist. Die Region **Languedoc-Roussillon** ist mit einer Fläche von 27.376 Quadratkilometern die achtgrößte Frankreichs und in fünf Départements unterteilt: Gard (30), Lozère (48), Hérault (34), Aude (11) sowie Pyrénées Orientales (66); zudem werden die angrenzenden Teile der Départements Tarn (81), Garonne (31), Aveyron (12) und Ardèche (07) touristisch ebenfalls häufig der Region Languedoc-Roussillon zugerechnet. Jedes französische Département besitzt eine eigene, in alphabetischer Reihenfolge vergebene Nummer; sie ist auch (inzwischen freiwilliger) Bestandteil des Autokennzeichens und bildet die ersten beiden Nummern der jeweiligen Postleitzahl.

Brauchtum, Feste und kulturelle Veranstaltungen

Im Midi haben sich neben den zahllosen Dorffesten und Stierkämpfen auch mehrere Veranstaltungen mit internationalem Renommee etabliert. An erster Stelle zu nennen ist sicherlich das „Festival Danse" in Montpellier. Zwar ist das ganze Jahr etwas geboten, doch reiht sich vor allem im Juli und August ein spektakuläres Fest an das andere. Da es zu Verschiebungen kommen kann, ist es ratsam, sich beim Tourismusbüro der jeweiligen Stadt noch einmal wegen der genauen Termine zu erkundigen.

Februar/März Jeden Sonntag ziehen die Narren beim *Karneval* durch die Straßen von Limoux. Am letzten Sonntag des Monats wird unter großem Geschrei eine lebensgroße Puppe auf dem Marktplatz verbrannt.

April *Semaine Sainte:* Die legendäre Karfreitagsprozession der Bruderschaft des Blutes in Perpignan ist ein eindrucksvoller Beweis für die katalanischen Wurzeln der Region gerade in religiöser Hinsicht.

Jazz-Frühling in Nîmes (Anfang April).

In Cap d'Agde steigen beim *Cerfvolantissimo* die schönsten Drachen der Welt.

Ende April findet in La Franqui der *Mondial du Vent* statt, ein viel besuchter Wettbewerb im Kite-Surfen (www.mondial-duvent.com).

Escale à Sète: Alle zwei Jahre (2016, 2018 etc.) werden Mitte April die maritimen Traditionen des Hafenortes mit als 100 historischen Segelbooten in Erinnerung gerufen. www.escaleasete.com.

Mai Auf dem Aubrac wird mit der *Fête de la Transhumance* (um den 25. Mai) der traditionelle Viehauftrieb gefeiert.

Juni Während der *Pfingst-Feria* steht Nîmes vier Tage lang Kopf. Auch wer dem Thema Stierkampf nichts abgewinnen kann, wird von der ausgelassenen Stimmung begeistert sein.

Kostenlose Open-air-Konzerte in allen Städten gibt es bei der *Fête de la musique* (21. Juni).

Von Ende Juni bis Anfang Juli gastieren beim *Festival Danse* in Montpellier die angesehensten Vertreter des zeitgenössischen Tanzes. Ungefähr zeitgleich findet in Montpellier das *Theaterfestival Printemps des Comédiens* statt.

Brauchtum, Feste und kulturelle Veranstaltungen

Ab Mitte Juni werden in Perpignan vier Wochen lang beim *Les Estivals* klassische Konzerte und Theateraufführungen veranstaltet.

Ebenfalls Mitte Juni treffen sich in Uzès vier Tage lang moderne Tanzformationen zum *Festival Uzès Danse*.

Am 24. Juni flackert das Johannisfeuer (*Feux de la Saint-Jean*) auf dem Gipfel des Canigou.

Juli

Beim *Festival de la Cité* in Carcassonne beleben Musik, Oper, Tanz und Theater vier Wochen lang die alten Festungsmauern. Am Nationalfeiertag (14. Juli) erleuchtet ein riesiges Feuerwerk den Himmel über der Cité.

In Montpellier liegt der Schwerpunkt des *Festival de Radio France et de Montpellier* auf der Musik, vor allem Klassik und Jazz (zweite Julihälfte).

Ebenfalls in der zweiten Julihälfte finden in Uzès die *Nuits Musicales* mit Klassik- und Barockmusik statt.

Freiluftkonzerte im Wald bieten die *Soirées du Villaret* in Bagnolsles-Bains.

Festival de Beaucaire mit mittelalterlichem Markt, Feuerwerk und Musik (ab 21. Juli).

Das *Festival de Béziers* stellt klassische Musik und Operetten in den Mittelpunkt (dritte Juliwoche).

Von Ende Juli bis Mitte August wird in der bei Prades gelegenen Abtei Saint-Martin-du-Canigou das *Festival Pablo Casals* mit Kammermusik veranstaltet.

August *Weinmesse* in Uzès am ersten Augustwochenende.

In Carcassonne treffen sich in der ersten Augusthälfte die Liebhaber des *Mittelalterlichen Festivals* zu Ritterturnieren und dergleichen mehr.

Mitte August bietet die *Féria de Béziers* Musik, Tanz und natürlich „Stierkampf".

Ende August erinnert die *Fête de Saint Louis* in Aigues-Mortes an den Aufbruch des Heiligen Ludwigs zu den Kreuzzügen.

Beim *Festival International de danses de Sardanes* wird am dritten Augustwochenende in Céret katalanische Folklore gezeigt und musikalisch begleitet.

September *Visa pour l'image:* In der ersten Septemberhälfte findet in Perpignan das Internationale Festival der Foto-Reportage mit zahlreichen kostenlosen Ausstellungen statt.

Saint-Gilles ehrt seinen Stadtheiligen am 1. September mit der *Fête de Saint-Gilles.*

Oktober Im Oktober treffen sich die Cineasten in Montpellier zum *Festival International du Cinéma méditerranéen.*

Felder wie Tortenstücke: Etang de Montady

In der Librairie Ancienne in Le Somail stehen 50.000 Bücher

Geschichte

Von den Anfängen bis zur antiken Kolonisation

Die vom Klima verwöhnte französische Mittelmeerküste und das zugehörige Hinterland müssen schon in Urzeiten eine besondere Anziehungskraft ausgeübt haben: Nicht grundlos gehört die Region zu den ältesten Siedlungsgebieten der Menschheitsgeschichte. In Lunel-Viel im Département Hérault wurden in der Höhle von Mas des Caves Spuren einer etwa 700.000 Jahre alten Feuerstelle entdeckt sowie Hüttenböden, deren Alter auf 300.000 bis 400.000 Jahre geschätzt werden. Auch das älteste bislang bekannte menschliche Fossil Frankreichs wurde im Languedoc-Roussillon gefunden, und zwar handelt es sich um einen 1949 in einer Höhle bei Montmaurin im Département Pyrénées-Orientales entdeckten Unterkiefer, der mindestens 400.000 Jahre alt sein dürfte. Besonders spektakulär war der in den 1970er-Jahren gemachte Fund eines menschlichen Schädels im gleichen Département beim Dorf Tautavel. Der „Tautavel-Mensch", der vor mehr als 400.000 Jahren lebte, konnte eindeutig als Homo erectus identifiziert werden und besaß wahrscheinlich schon die Fähigkeit zu sprechen. Doch das sind nicht die einzigen Beweise für unsere Vorfahren im Languedoc-Roussillon: Im Aven d'Orgnac, einer Höhle in der Ardèche-Region, wurden beispielsweise 350.000 Jahre alte menschliche Zeugnisse entdeckt.

Auf einem kulturell wesentlich höheren Niveau standen die Menschen, die vor rund 35.000 Jahren die **Höhlenmalereien** in der Grotte Chauvet im Département Ardèche geschaffen haben. Angesichts der vollendeten Maltechnik der mehr als 400 Gemälde – Wildpferde, Büffel, Rhinozerosse, Löwen und Mammuts –, die 1994 in der Höhle gefunden wurden, sprechen Fachleute ehrfürchtig von einer

In den Cevennen gibt es noch unzählige Menhire und Dolmengräber zu entdecken

„Sixtinischen Kapelle der Vorzeit". Im Jungpaläolithikum war Südfrankreich eine Steppenlandschaft, die im jahreszeitlichen Wechsel von großen Tierherden (Pferd, Ren, Wisent, Mammut, Wollnashorn) durchzogen wurde. Die Tierherden bildeten die Lebensgrundlage für die Menschen und prägten deren – religiöse? – Vorstellungswelt, wie sich in der Grotte von Chauvet anschaulich nachvollziehen lässt. Mit dem Ende der letzten Eiszeit (Würm IV) vor rund 10.000 Jahren verschwanden diese Herden.

Auch das wahrscheinlich älteste Bauerndorf Frankreichs – Spuren von Getreideanbau konnten eindeutig nachgewiesen werden – wurde in Courthézon im Rhônetal zwischen Orange und Avignon ausgegraben. Es handelt sich um eine Gruppe von Hütten mit jeweils rund fünfzehn Quadratmetern Grundfläche, die mehr als 6500 Jahre alt sind. In den nächsten beiden Jahrtausenden begannen Ackerbauern, die Täler Südfrankreichs Stück für Stück zu kultivieren, während die Viehzüchter den Sommer mit ihren Herden auf den Höhen verbrachten. Weitere Zeugnisse der Frühgeschichte sind die neolithischen Kupferminen, die bei Cabrières im Département Hérault entdeckt wurden, und Funde, die bei Grabungen bei Amélie-les-Bains in der Grotte von Montbolo zu Tage gefördert wurden.

In der gesamten Region Languedoc-Roussillon stößt man immer wieder auf so genannte **Dolmengräber**, in denen oft Dutzende von Skeletten gefunden wurden. Ein Dolmen – „Steintisch" – besteht aus mehreren senkrecht aufgestellten Tragsteinen, auf denen ein oder zwei Decksteine ruhen. Zu den wichtigsten frühgeschichtlichen Kulturzeugnissen im Languedoc gehören außerdem die **Menhirstatuen**, wie beispielsweise in Collorgues und Castlenau-Valence im Département Gard, die durch die Andeutung von Brüsten sowie durch Gesicht, Halsschmuck, Arme und Beine als weibliche Gestalten charakterisiert sind. Auch am Abri Meunier bei Saint-Martin-d'Ardèche findet man ein Menhirpaar, in diesem Fall ein männliches und ein weibliches Steinmal. Die zweitbedeutendste französische Fundstätte von Megalithen befindet sich am Westhang des Mont Lozère in rund 1000 Meter Höhe, zahlreiche Menhire kann man im Haut Languedoc nördlich von Saint-Pons-de-Thomières bewundern.

Griechen und Kelten

Im Zuge der griechischen Kolonisation, die die **Griechen** zuvor schon an die Küsten Kleinasiens, Süditaliens und Siziliens geführt hatte, gründeten die Bewohner der ionischen Stadt Phokaia im Jahre 620 v. u. Z. *Massalia* oder *Massilia*, das heutige Marseille. In den nächsten Jahrzehnten entstanden an der französischen Mittelmeerküste weitere griechische Städte, darunter auch die Kolonie *Agatha*, das heutige Agde, sowie *Illiberis* (Elne) und *Cauco Illiberis* (Collioure). Die Griechen waren es auch, die den Olivenbaum und den Rebstock im Languedoc heimisch machten und die Region damit nachhaltig in den mediterranen Kulturraum eingliederten.

Im Rahmen einer lang anhaltenden Expansionsbewegung drangen die ursprünglich in Süddeutschland beheimateten **Kelten** zwischen den Jahren 600 und 400 vor unserer Zeitrechnung in den Mittelmeerraum vor und errichteten dort zahlreiche *Oppida* genannte Siedlungen. Ein Grund für diese Wanderungsbewegung war das Absinken der durchschnittlichen Jahrestemperatur um 2 °C, das ein Schrumpfen der Ackerbauzone in Nordeuropa bewirkte. Im Languedoc trafen die Kelten auf die vor ihnen aus Spanien eingewanderten *Iberer* sowie auf eine *ligurische Bevölkerung*, deren Einflussgebiet über das Rhônedelta hinaus bis ins heutige Département Hérault reichte. Es kam zu kriegerischen Auseinandersetzungen, die aber letztendlich eine Verschmelzung der Volksgruppen nach sich zogen, wobei die kulturell überlegenen Kelten dominierten. Je näher die Kelten an der Küste siedelten, desto mehr gerieten sie unter den Einfluss der Griechen, die dort verschiedene Kolonien gegründet hatten. Zahlreiche Keramikfunde sind ein Beleg für die engen Handelskontakte. Zinn wurde von Britannien „durch die Länder der Kelten bis Marseille und Narbonne verfrachtet" (Diodor). Aus strategischen Gründen errichteten die Kelten ihre Oppida auf leicht zu verteidigenden Hügeln. Im Languedoc zeugen beispielsweise die Ruinen des Oppidum de Nages oder des Oppidum d'Ensérune noch von der keltischen Vergangenheit. In gewisser Hinsicht schufen die keltischen Oppida wie man sie beispielsweise bei Gaujac findet die Voraussetzung für eine schnelle und problemlose Verbreitung einer umfassenden städtischen Zivilisation durch die Römer.

Römische Provinz

Als Marseille im 2. Jahrhundert vor unserer Zeitrechnung von den Salyern, einem kelto-ligurischen Volksstamm, angegriffen wurde, suchte die Stadt bei den verbündeten Römern um Hilfe nach. Die **Römer** erkannten sofort die Möglichkeiten, die ihnen dieser Mittelmeerabschnitt offerierte. Es lockte nicht nur der Gedanke, dass die römischen Kaufleute hier neue Absatzmärkte finden konnten, vielmehr waren sie daran interessiert, die natürliche Landverbindung zwischen der bereits eroberten iberischen Halbinsel und Italien in ihren Besitz zu bringen. Die Römer standen den Griechen erfolgreich militärisch bei; doch zogen sie danach nicht wieder ab, sondern gründeten unterhalb des noch heute zu besichtigenden

Oppidum d'Entremont die Stadt *Aquae Sextiae*, das heutige Aix-en-Provence. Teile Südfrankreichs wurden im Jahre 121 v. u. Z. schließlich zur römischen Provinz – daher auch der Name Provence – erklärt und zügig romanisiert, wenngleich der jahrhundertealte griechische Einfluss noch lange Zeit spürbar blieb.

Die Römer hatten zudem im Kampf gegen die aus Nordgallien eindringenden Teutonen eine harte Bewährungsprobe zu bestehen. Im Jahre 105 v. u. Z. mussten sie bei *Arausio* (Orange) eine schwere Niederlage hinnehmen. Erst drei Jahre später konnten die Römer ihre Herrschaft durch den triumphalen Sieg des römischen Feldherrn *Caius Marius* über eine nach Süden vorgestoßene Streitmacht der Teutonen bei Aquae Sextiae endgültig festigen. Sie unterwarfen die keltisch-ligurischen Stämme und überzogen die **Provincia Gallia Narbonensis**, die sich zwischen den Alpen und den Pyrenäen entlang des Mittelmeers sowie im Norden bis zu den Cevennen und an den Genfer See erstreckte, mit einem Netz prachtvoller Bauten, die teilweise heute noch erhalten sind. Man denke nur an das Theater von Orange oder den Pont du Gard – zwei Monumente, die zweifellos zu den schönsten römischen Bauwerken überhaupt gezählt werden dürfen. Keine andere französische Region besitzt auch nur annähernd so viele Denkmäler aus der römischen Epoche. Die französische Mittelmeerküste wurde zu einem „Nährboden der europäischen Zivilisation" (Stendhal). Vor allem während der langen Regierungszeit des *Kaisers Augustus* (27 v. u. Z. bis 14 u. Z.) stand die noch junge Provinz in der kaiserlichen Gunst: Neben dem schon bestehenden Aquae Sextiae (Aix-en-Provence) und Narbo Martius (Narbonne) wurden aus strategischen Überlegungen heraus Baeterrae sowie die Coloninia Julia Carcaso und die Colonia Claudia Luteva (Béziers, Carcassonne und Lodève) gegründet, die bis heute ihre Zentrumsfunktion bewahren konnten; der politische Schwerpunkt der Provinz lag in der Küstenregion beiderseits der Via Domitia. Obwohl auch im Landesinneren Städte wie Javols existierten, gibt es – sieht man einmal von dem Mausoleum von Lanuéjols ab – in den Cevennen keine nennenswerten archäologischen Hinterlassenschaften aus der Antike.

Pont du Gard: formvollendete Zweckarchitektur

Römische Provinz

Nach römischem Vorbild wurden die meisten gallischen Städte planmäßig angelegt, konnten sich aber nach außen frei entfalten, da sie nicht wie keltische Oppida befestigt waren. Die Straßen bildeten ein rechtwinkliges Netz, zwei Hauptstraßen teilten die Stadt in vier gleich große Viertel. Selbstverständlich besaßen alle Städte die für römische Gründungen typischen Bauten: Tempel, Amphitheater, Triumphbögen und Thermen. Bereits Plinius nannte die von einem Prokonsul regierte Gallia Narbonensis „Italien ähnlicher als einer Provinz".

Die keltische Bevölkerung ging innerhalb weniger Generation vollkommen im römischen Kulturkreis auf. Man nahm römische Eigennamen an, die unaussprechlich gewordenen keltischen Namen verschwanden, die Kinder gingen zur Schule, die Toten wurden nach römischer Sitte bestattet, auf die Grabsteine kamen Inschriften, welche die

Nekropolen der Abbaye de St-Roman

römischen Götter anriefen. Die führenden Männer aus den neu gegründeten Städten, deren Einwohnerschaft sich zum großen Teil aus der alteingesessenen Bevölkerung und angesiedelten Veteranen zusammensetzte, nahmen bald wichtige Funktionen im politischen Leben des Römischen Reiches ein: Aus ihren Reihen kamen angesehene Senatoren; Domitius Afer, ein glänzender Redner aus Nemausus (Nîmes), wurde einmal, Valerius Asiaticus aus Vienna sogar zweimal zum Konsul ernannt. Carcassonne und Nîmes, das zu den flächenmäßig größten Städten des Römischen Weltreiches gehörte, besaßen das latinische Recht; deshalb wurde den Stadtmagistraten das römische Bürgerrecht verliehen. Auch wirtschaftlich blühte die Region auf: Ein Zentrum für Gebrauchskeramik, das große Teile Galliens und des Weströmischen Reiches belieferte, befand sich beispielsweise in Graufesenque, südlich von Millau. Zwei Jahrhunderte lang produzierte man hier Teller, Schalen und Vasen aus der berühmten *terra siglillata*. Dies war eine ziegelrote Keramik, die mit Stempeln oder Siglen verziert wurde.

Die zwei Jahrhunderte nach Augustus Tod im Jahre 14 unserer Zeitrechnung gelten als die eigentliche Blütezeit der Provincia Gallia Narbonensis. Es folgte eine lange Periode des Friedens und der wirtschaftlichen Prosperität. Die Entwicklung des Handels und die Erschließung des Hinterlandes wurden von der Rhône stark begünstigt. Schon der berühmte Geograph Strabon, ein Zeitgenosse von Augustus, hat in seinen „Erdbeschreibungen" die Vorzüge des Rhônetals gepriesen: „Die Rhône bildet einen langen Wasserweg ins Landesinnere, und zwar für schwere Frachten und für weite Strecken des Landes; denn sie hat Nebenflüsse, die schiffbar sind und die schwersten Lasten tragen." Doch bereits seit der Mitte des 3. Jahrhunderts kündigten Alemanneninvasionen das Ende der römischen Herrschaft über Südfrankreich an. Selbst Diocletian und Constantin konnten den Niedergang nicht aufhalten.

> „Provinz Narbonensis heißt der Teil Galliens, der vom Mittelmeer bespült wird, früher *Braccata* genannt. Von Italien trennen sie der Fluss Var und die für das Römische Reich höchst segensreiche Kette der Alpen, vom übrigen Gallien aber im Norden die Gebirge Cevennen und Jura. Was die Entwicklung der Landwirtschaft, das kulturelle und soziale Niveau ihrer Bewohner und die Fülle des Reichtums anbelangt, kann diese Provinz es mit jeder anderen aufnehmen."
>
> *Plinius der Ältere*

Ungefähr zeitgleich mit dem zunehmenden Machtverfall des Römischen Reiches breitete sich das **Christentum** im späten 2. und 3. Jahrhundert in Südfrankreich aus; die ältesten bekannten christlichen Gemeinden entstanden allerdings nicht im Languedoc, sondern in Lyon und Vienne. Ein Grund für die schnelle Ausbreitung lag sicherlich im Wesen des Christentums begründet: Es unterschied sich von den anderen zeitgenössischen Religionen dadurch, dass es einen Gott als alleinigen und allmächtigen Schöpfer kannte, dessen Wille sich dem Menschen durch das geschriebene Wort offenbarte; es handelte sich um einen ganz und gar persönlichen Gott, der dem demütigen Menschen gnädig gestimmt war und ihn erlösen wollte; das Christentum war eine Lehre, die jedem zuteil werden konnte und sich überregional an alle Völker wandte; zudem war für einen Christen die Menschwerdung Gottes in Christus ein einmaliger geschichtlicher Vorgang, der nicht wie in anderen, eine Erlösung kennenden Religionen nur als angekündigter Mythos existierte. Zu diesen „inneren" Gegebenheiten gesellten sich im 3. Jahrhundert noch andere, „äußere" Faktoren: die politischen Machtverhältnisse und Herrschaftsstrukturen dieser Zeit. Das aufstrebende Christentum wurde unweigerlich mit dem römischen Kaisertum konfrontiert. Es existierte ein Spannungsverhältnis, dessen günstige Konstellation das Christentum intuitiv erfasste. Dem einen wahren Glauben stand das eine endgültige Reich gegenüber, dem einen Gott der eine Kaiser. Die Ausdehnung des Christentums beruhte letztlich auf Absorption; kriegerische Konfrontationen mit dem Römischen Reich wurden vermieden, da man die Möglichkeit erkannte, dass sich das Verhältnis der beiden „Mächte" von einem konfrontativen zu einem kooperativen wandeln könnte, wie es dann auch im konstantinischen Zeitalter geschehen ist. Es ist schwer vorstellbar, was gewesen wäre, wenn dem Christentum ein den Traditionen nach reich ausdifferenziertes, relativ labiles Staatensystem hellenistischen Typs gegenübergestanden hätte. So konnten die Christen bei ihrer Ausdehnung auf die römischen Strukturen zurückgreifen, die römischen Verwaltungseinheiten überlebten beispielsweise in der Aufteilung in Diözesen, Provinzen und Bistümer.

Zu Beginn des 5. Jahrhunderts gab es in Gallien bereits 113 Bischofssitze, von denen aber bei weitem nicht alle bis in unsere Tage erhalten geblieben sind. Zur Provinz Narbonensis I. gehörten neben dem Erzbistum Narbonne die Bistümer Toulouse, Béziers, Nîmes und Lodève. Als wegweisend für die weitere Entwicklung des Christentums in Gallien erwies sich die Entscheidung des heiligen Honoratius, sich 410 mit ein paar Anhängern auf eine kleine, dem heutigen Cannes vorgelagerte Insel zurückzuziehen und dort ein Kloster zu gründen, das alsbald zu einem Zentrum des religiösen Lebens in Gallien und darüber hinaus werden sollte. Die zahlreichen, in Südfrankreich abgehaltenen Konzile unterstreichen die wichtige Rolle, die Gallien damals im abendländischen Christentum spielte. Zu den seltenen historischen

Zeugnissen des frühen Christentums im Languedoc gehören die in Narbonne gemachten Funde aus der Nekropole St-Paul.

Spätantike und frühes Mittelalter

Auch nach dem Zusammenbruch des Weströmischen Reiches blieb die spätrömische Verwaltungsstruktur und Wirtschaftsordnung in Südfrankreich weitgehend intakt. Das lag unter anderem am schnellen Herrscherwechsel: Die **Westgoten**, die 462 Narbonne erobert hatten, gründeten unter der Führung von Eurich (König von 466–484) zwischen der Loire und Südspanien das größte und dauerhafteste germanische Herrschaftsgebiet, das fast drei Jahrhunderte Bestand hatte. Die Westgoten bildeten dabei die Führungsschicht, doch kam es recht schnell zu einer Verschmelzung mit der einheimischen Bevölkerung. So gut wie möglich versuchten die christlichen Westgotenkönige an die römische Tradition anzuknüpfen. Die südfranzösischen Städte erholten sich relativ schnell von den durch die Völkerwanderung ausgelösten Invasionen des 5. Jahrhunderts. Narbonne und Nîmes besaßen eine hohe Bevölkerungsdichte und dienten weiterhin nicht nur als administrative und kirchliche Zentren, sondern blieben auch wichtige Handels- und Gewerbestandorte. Wie archäologische Funde gezeigt haben, waren es vor allem die Töpfereien und Webereien sowie das Kunstschmiedehandwerk, die mit Gewinn betrieben wurden. Darüber hinaus zählten die südfranzösischen Mittelmeerhäfen Marseille, Narbonne und Fos im 6. Jahrhundert zu den wichtigsten Wirtschaftszentren des Mittelmeerraumes. Gehandelt wurde hauptsächlich mit Luxuswaren: Edle Gewürze, feine Textilien, Schmuck, Edelsteine und Papyrus wurden umgeschlagen und gelangten auf den bewährten Römerstraßen entlang der Rhône bis in den Norden Frankreichs.

Romanische Kapitelle im Roussillon

Seit dem Ende des 5. Jahrhunderts drangen die auf Expansion bedachten **Franken** wiederholt von Nordwesten bis zur Rhônemündung vor. Aber erst im Jahre 537 war den Franken ein langfristiger Erfolg vergönnt. Nach dem Sturz von Theodahad verdrängten sie die Ostgoten aus den Gebieten links der Rhône und konnten dadurch erstmals einen festen Zugang zum Mittelmeer gewinnen. Die Franken profitierten ungemein von dieser Mittelmeerpforte: Über die Rhônetalstraße gelangte die geistige und materielle Kultur der Mittelmeerländer ins fränkische Gallien. Aquitanien geriet ebenfalls unter die fränkische Oberherrschaft. Einzig in Septimanien (Gotien), wie der Bogen zwischen den Pyrenäen und der Rhône noch lange Zeit – in Erinnerung an Caesar, der in Béziers die Veteranen der

VII. Legion (*Legio septimo*) angesiedelt hatte – genannt wurde, konnten sich die Westgoten mit Erfolg behaupten.

Erst im 8. Jahrhundert erwuchs den Franken und Westgoten eine tödliche Bedrohung am südwestlichen Zipfel ihres Reiches: Die **Mauren**, die Spanien erobert hatten, gingen über die Pyrenäen und stießen nach Gallien vor. Im Jahre 720 kam Narbonne unter die Herrschaft des Halbmonds, fünf Jahre später fiel auch das gut befestigte Carcassonne. Narbonne fungierte als Hauptstützpunkt der islamischen Eroberer. Von hier aus wurden jahrzehntelang die Städte Südfrankreichs angegriffen – so das von Herzog Eudo von Aquitanien erfolgreich verteidigte Toulouse, aber auch Arles und Avignon. Erst als im Jahre 732 ein arabisches Heer, das über Tours nach Portiers vorgedrungen war, von dem karolingischen Hausmeier *Karl Martell* und seinen Waffengenossen vernichtend geschlagen wurde, brach die Invasion zusammen. Zwei Jahrzehnte später setzte Karl Martells Sohn *Pippin*, genannt der Kleine, nach und eroberte Nîmes, Maguelone und Béziers. Im festungsartig ausgebauten Narbonne wurde 759 die arabische Garnison von der westgotischen Bevölkerung niedergemetzelt, die sich im Gegenzug ihre angestammten Rechte und Gesetze von Pippin zusichern ließ; Septimanien war wieder fest in christlicher, wenngleich in fränkischer Hand. Um zukünftige Übergriffe von der iberischen Halbinsel besser abwehren zu können, gründete schließlich *Karl der Große* 795 die spanische Mark, die von den Pyrenäen bis zum Ebro reichte und das Roussillon mit einschloss. Um den durch zahllose Kriege entvölkerten Landstrich wirtschaftlich wieder zu beleben, wendeten die Franken das Prinzip der *Aprision* an. Unkultivierte Ländereien gingen nach 30 Jahren in den Besitz desjenigen über, der das Land bestellt und bebaut hatte. Selbst der christliche Glaube musste neu etabliert werden: Nachdem der Bischofssitz von Elne nahezu ein Jahrhundert lang verwaist gewesen war, konnte im Jahre 783 mit Wenedarius erstmals wieder ein Kirchenfürst geweiht werden.

Doch die arabische Bedrohung war damit noch nicht endgültig gebannt: Seit dem 9. Jahrhundert wurden die europäischen Mittelmeerküsten immer wieder von den aus Nordafrika stammenden **Sarazenen** heimgesucht und verwüstet. Auch zahlreiche südfranzösische Städte wurden angegriffen und geplündert; es dauerte mehr als eineinhalb Jahrhunderte, bis die Araber, die ihren Hauptstützpunkt in der Festung Fraxinetum – eine im Hinterland von Saint-Tropez gelegene Höhenburg – aufgeschlagen hatten, von den Küsten vertrieben werden konnten. Die Schäden durch die arabischen Eroberungsstreifzüge waren katastrophal: Nîmes und Marseille vegetierten in wirtschaftlicher Bedeutungslosigkeit dahin, und auch Narbonne und Carcassonne blieben von dem Niedergang nicht verschont. Dennoch darf nicht vergessen werden, dass Südfrankreich der überlegenen Kultur der Araber unendlich viel verdankt: neben dem größten Teil der damals bekannten griechischen Literatur – sie wurde zuerst aus dem Arabischen übersetzt – sind es vor allem die Fortschritte der Naturwissenschaften und Medizin, aber auch Luxusartikel wie Seidestoffe, Zucker, Papier und Musikinstrumente, die später beim Minnesang eine wichtige Funktion hatten.

Die Vertreibung der Sarazenen begünstigte den nun einsetzenden wirtschaftlichen Aufschwung. Das anbrechende neue Jahrtausend brachte auch für das Languedoc eine Vielzahl von Veränderungen mit sich: Die Bevölkerung wuchs beständig, die Dreifelderwirtschaft wurde begründet, das Geldwesen breitete sich aus und man begann zu entdecken, dass die Arbeit einen Wert darstellt, der gemessen und getauscht werden kann; ein tiefgreifender ökonomischer Aufschwung und Wandel hatte das

Abendland erfasst. Bisher unberührte Landstriche wurden erschlossen und urbar gemacht, Dörfer und Städte gegründet; der Handel mit Luxusgütern erwachte, das Wirtschaftsleben erfuhr vielseitige neue Impulse. Das Languedoc wurde zusammen mit der Provence zu einem wichtigen Umschlagplatz zwischen Okzident und Orient. Der Historiker *Georges Duby* sprach von der „Permanenz des Handelsverkehrs, ... der sich vom Rhônetal bis zum islamischen Spanien erstreckte und den an jeder Etappe, in jeder Stadt eine mächtige jüdische Kolonie markierte – Überbleibsel der großen Handelskolonien der Spätantike". Gehandelt wurden höherwertige „Güter", beispielsweise Sklaven oder orientalische Kunsthandwerkserzeugnisse, außerdem lokale Waren wie Weizen und Salz. Auch ein politischer Umschwung setzte ein: Bedingt durch den Bedeutungsverlust der königlichen Zentralmacht, konnten im 10. Jahrhundert in vielen Teilen Frankreichs regionale Würdenträger eine weitgehend autonome Herrschaft begründen, so auch in der Cerdagne und im Roussillon, die sich zu mächtigen eigenständischen Grafschaften entwickelten.

Die Veränderungen und Umwälzungen, die diese Aufbruchstimmung nach der Jahrtausendwende mit sich brachte, gingen an den Menschen nicht spurlos vorüber; der Mensch des 11. Jahrhunderts bewertete seine Person mit neuen Maßstäben. Er begann jetzt Spannungen und eine innere Zerrissenheit bei sich wahrzunehmen, die zu „Versuchungen" führten, welche in den Jahrhunderten zuvor nicht thematisiert worden waren. In der zeitgenössischen Vorstellung wurde die Welt immer älter und älter: Der Jahrtausendwechsel sorgte entsprechend für Endzeitstimmung und beunruhigte die gesamte Christenheit; die Angst vor dem Weltenrichter beherrschte vor dem Jahr 1000 und besonders vor dem Jahr 1033 das Denken und Fühlen. Das nun folgende Jahrhundert war dann aber ein Jahrhundert des Aufbruchs; die mittelalterliche Feudalgesellschaft bildete sich langsam heraus, die Klöster gewannen verstärkt an Macht und Einfluss, wenngleich sich im eigentlichen Klosterleben ein neuer Wunsch nach kontemplativer Einsamkeit widerspiegelte. Im Jahr 1098 wurde in Cîteaux der Zisterzienserorden gegründet, eine stark auf Expansion zielende religiöse Gemeinschaft. In den nächsten Jahrzehnten kam es zu unzähligen Tochtergründungen, in der Region Languedoc-Roussillon entstanden die Filiationen Fontfroide und Valmagne – zwei überaus beeindruckende Klosterbauten, deren auf nüchterne Eleganz fußende Ausstrahlung man sich auch heute nur schwer entziehen kann. Der romanische Stil verbreitete sich im 11. Jahrhundert von den Ostpyrenäen und dem Languedoc ausgehend über ganz Frankreich und fand besonders im Roussillon seinen Ausdruck in zahlreichen filigranen Skulpturen und Plastiken.

Troubadours, Kreuzfahrer und Katharer

Zwischen dem Millennium und dem Ausbruch der Pest, dem Schwarzen Tod, (1348) kam es im Languedoc zu einer außergewöhnlichen Bevölkerungsexplosion, verbunden mit Rodungen im großen Stil. Vorangetrieben von denn Klöstern Psalmody, Saint-Gilles und Fourquevaux wurde zuerst der sumpfige Boden zwischen Nîmes, der Rhône und dem Meer mit Hilfe von Kanälen trockengelegt und in anbaufähigen Boden verwandelt. Gleichzeitig wurden die südlichen Ausläufer der Cevennen urbar gemacht, um Weinstöcke und Olivenbäume pflanzen zu können. Innerhalb von zwei Jahrhunderten entstanden mehr als 500 Bastiden oder befestigte Gehöfte. Ab dem 11. Jahrhundert bürgerte sich die Bezeichnung Languedoc ein – ein Hinweis, dass sich die Region mit der hier gesprochenen *langue d'oc* kulturell-sprachlich deutlich vom übrigen Frankreich unterschied.

Das Land der Troubadours

Eine der herausragendsten kulturellen Leistungen des Hochmittelalters war zweifelsohne der Gesang der Troubadours, welcher zu Beginn des 12. Jahrhunderts in Südfrankreich entstand und eines seiner Zentren im Languedoc hatte. Hier kultivierte der Adel bewusst eine ästhetische Lebensform, zu der höfische Zucht, feine Umgangsformen sowie die Freude an Schönheit und Geselligkeit gehörten. Knapp zwei Jahrhunderte blieben die Darbietungen der Troubadours die prägende musikalische und poetische Erscheinungsform im Abendland (in Deutschland als Minnegesang). Zumeist waren es Angehörige des niederen Adels, die als Troubadours von Hof zu Hof zogen und diese lyrische Gesangskunst bis zur Vervollkommnung betrieben. Im Zentrum der höfischen Liebeslyrik stand die Sehnsucht nach einer unerreichbaren Dame, wobei dieses Verlangen oft auf die Gattin des Lehnsherrn projiziert wurde. Die Troubadours blieben dabei an die Ideale der aristokratischen, ritterlichen Standeskultur und des höfischen Lebens gebunden, zu denen Stetigkeit und Treue genauso wie Zucht und Ehre gehörten. Der Name der Angebeteten wurde nie genannt, da die Betreffende vor der Gesellschaft verborgen bleiben sollte. Die Vorstellung von einer erotischen Beziehung zwischen der Angebeteten und dem Troubadour ist ein Produkt späterer Zeiten. Wie die Lieder geklungen haben, weiß man nur vage, denn in der Regel sind nur die Texte, nicht aber die Noten des Minnegesangs überliefert.

Formalrechtlich gehörte das Territorium zwischen der Rhône und den Pyrenäen zum Westfränkischen Reich und daher ab 987 zum Königreich der Kapetinger, doch praktisch erkannte der Adel des Languedoc die kapetingische Lehnshoheit bis ins 13. Jahrhundert kaum an. Zudem bewahrte sich der Graf von Barcelona in dem ganzen Gebiet von Roussillon bis Montpellier einen starken Einfluss. Die größte weltliche Macht im Süden Frankreichs hatten die Grafen von Toulouse inne, die wie souveräne Herren über ein ausgedehntes Territorium geboten, das im Westen an Aquitanien grenzte. Noch von den Karolingern mit dem Titel Markgrafen von Septimanien geehrt, lagen sie mit den Grafen von Barcelona in ständigem Kampf um die Herrschaft über die Mittelmeerküste, Narbonne und Montpellier. Letztere stiegen 1162 zu Königen von Arágon auf und leisteten dem französischen König fortan keinen Lehnseid mehr. Mehr noch: Arágon beanspruchte die Oberherrschaft über die Vizegrafschaft Carcassonne und alle Güter des Grafen von Toulouse. Auch das Roussillon fiel 1172 als Erbschaft an das Königreich Arágon, und Perpignan wurde zur Regierungshauptstadt. Gleichzeitig erstarkte das Bürgertum unter der Führung des stadtsässigen Adels. In Béziers (1131), Montpellier (1141) und Toulouse (1176) wurden „Konsulate" gebildet, ein kommunaler Gerichtshof eingerichtet und die bischöfliche Gewalt Stück um Stück beschnitten. Die okzitanische Kultur war damals von einem hohen Maß an Toleranz geprägt, unter der Bevölkerung von Nîmes, Montpellier und Narbonne war ein relativ hoher jüdischer Anteil.

Im 12. Jahrhundert gründeten die **Katharer** im Languedoc ihre eigene Kirche. Häufig werden sie auch als Albigenser bezeichnet, da sie 1165 in dem südlich von Albi gelegenen Lombers ihre Glaubenswelt in einem Rededuell mit einigen katholischen Bischöfen ausbreiteten. Geprägt von einem streng religiösen und ethischen Dualismus (Kampf des bösen Teufels gegen den guten Gott), widersetzten sie sich dem

Troubadours, Kreuzfahrer und Katharer 45

römischen Papst ebenso wie dem König von Frankreich. Die „Katharer", auf die das deutsche Wort „Ketzer" zurückgeht, verstanden sich als die „Reinen", die mit dem Schmutz der Welt, also Geld und Macht, nichts zu tun haben wollten. Dabei war der Katharismus im Gegensatz zum Katholizismus „kein logisch geschlossenes System, das dank der folgerechten Weiterführung einer sorgsam gehüteten Tradition alle Bereiche religiösen Lebens von der Metaphysik bis zur Organisation in einem strengen Bogen umfasste", stellte der bekannte deutsche Mediävist Arno Borst fest. Grundregeln der katharischen Religion sind das Fastengebot, das Verbot zu töten – die Katharer verschmähten jegliche tierische Nahrung, also auch Butter und Eier – sowie die uneingeschränkte sexuelle Enthaltsamkeit: Die Zeugung war in ihren Augen ein Werk des Bösen, da sie die fleischliche Hülle und somit das Gefängnis der Seele nach sich ziehe. Das katharische Aufbegehren gegen die christliche Ordnung und die Grundlagen der Feudalgesellschaft beantwortete der Papst zu Beginn des 13. Jahrhunderts mit der Einrichtung der Inquisition; allerdings führte letztendlich weniger das harte Vorgehen der Inquisitoren als die Anerkennung der Bettelorden zum Scheitern des Katharismus.

Militärischer Anführer der Katharer war *Graf Raimund VI. von Toulouse*, der wie ein Souverän agierte. Als der mächtigste Adlige Südfrankreichs auch noch in Glaubensdingen unverhohlen seinem Partikularismus frönte – er war bereits 1207 von Papst Innozenz III. gebannt worden –, war das Maß für den französischen König endgültig voll. Obwohl sich Graf Raimund zwei Jahre später unterwarf und öffentlich Buße tat, zog ein nordfranzösisches Kreuzfahrerheer unter der Führung von *Simon de Montfort* ins Languedoc und hinterließ eine Spur der Zerstörung. Genau genommen ging es den „Kreuzfahrern" weniger um den Kampf gegen die Häresie als um die Eroberung reicher Ländereien. Nach der Besetzung von Béziers wurden sämtliche 20.000 Bewohner, Katholiken wie Katharer, Männer, Frauen und Kinder, von den Kreuzfahrern abgeschlachtet, denn

Troubadour – Liebe auf Distanz

– so schürte der Abt Arnaud-Amaury das Massaker – „der Herr kennt die Seinen". Unter dem Kreuz war alles erlaubt und daher musste nicht einmal ein Mindestmaß an mittelalterlicher Kriegsordnung eingehalten werden.

Die von den einheimischen Chronisten als Eroberer empfundenen Kreuzritter konnten sich dauerhaft im Languedoc festsetzen; der der Ketzerei verdächtige südfranzösische Adel wurden enteignet, die Bevölkerung mit Gewalt auf den Pfad des rechten Glaubens zurückgeführt. Im August 1209 wurde der erste Ketzer auf dem Scheiterhaufen verbrannt, zigtausend weitere sollten bald folgen. Über Jahre wogte der Krieg hin und her, Burgen wurden zerstört und wieder aufgebaut. Zeitweise ergriff auch der König von Arágon gegen die Kreuzfahrer Partei, da er der Lehnsherr der Vizegrafschaft Béziers-Carcassonne war und nicht tatenlos zusehen wollte, wie seine Territorien verwüstet wurden. Allerdings vergeblich:

Pedro (Peter) II. von Arágon fiel am 12. September 1213 auf dem Schlachtfeld. Schließlich billigte das IV. Laterankonzil 1215 die Absetzung des Grafen von Toulouse und überantwortete dessen Besitztümer dem „tapferen und katholischen" Simon de Montfort, der mittlerweile ebenfalls den Titel eines Grafen führte. Raimund VI. von Toulouse ließ sich nicht einschüchtern und hatte zusammen mit seinem Sohn *Raimund VII.* den Mut, dem Grafen von Montfort weiterhin die Stirn zu bieten. Dieses Mal mit Erfolg: Am 24. Juni 1218 fiel Simon de Montfort bei der Belagerung von Toulouse, von einem Steinbrocken getroffen. Doch die Freude (*Montfort – es mort!*) währte nur kurz, ein neues Kreuzfahrerheer zog wenige Monate später gen Süden. Als die königlichen Ritter erneut ein Massaker – diesmal an den Einwohnern von Marmande – verübten, gingen die Katharer 1218 in die Offensive und eroberten mehrere Städte im Languedoc zurück, allen voran Castelnaudary. Schließlich nahm 1226 der französische König *Ludwig VIII.* höchstpersönlich an einem neuen Kreuzzug teil, getrieben von dem Wunsch, seine Krondomäne nach Süden hin zu erweitern. Vordergründig ging es natürlich um den Kampf gegen die Ungläubigen und schon bald loderten im Languedoc die Scheiterhaufen wieder auf. Graf Raimund VII. konnte sich auf Dauer gegen die Übermacht der Kreuzfahrer nicht behaupten; im Januar 1229 unterwarf er sich dem französischen König – dies war seit drei Jahren

Ludwig der Heilige

der noch minderjährige *Ludwig IX.* –, woraufhin ihm eine Rumpfgrafschaft belassen wurde. Raimund musste im Vertrag von Meaux die kapetingische Lehnshoheit anerkennen, sich darüber hinaus zur Bekämpfung des Ketzertums verpflichten und seine Erbtochter Alphons von Portiers, einem Bruder Ludwig IX., zur Frau geben.

Dies war nicht nur das Ende der **Albigenserkriege**, sondern auch das Ende der bis dahin in großer Blüte stehenden okzitanischen Kultur. Zukunftsweisend war, dass sich die Kapetinger durch die Unterwerfung des Grafen von Toulouse dauerhaft im

Troubadours, Kreuzfahrer und Katharer 47

Süden Frankreichs festsetzten und der französischen Krone, die damals weder über Montpellier noch über Marseille verfügte, einen direkten Zugang zum Mittelmeer verschaffen konnten. Da der Hafen von Saint-Gilles versandet war, ließ Ludwig IX., besser bekannt als Ludwig der Heilige, nur wenige Kilometer entfernt einen neuen Stützpunkt bauen: Aigues-Mortes. Von der auf einem planmäßigen Grundriss errichteten Hafenstadt brach der tief religiöse König am 2. Juli 1270 zu seinem zweiten Kreuzzug ins Heilige Land auf, um wenige Wochen später in Tunis von der Ruhr dahingerafft zu werden.

Trotz aller Rückschläge gaben sich die Katharer noch nicht geschlagen; sie hatten noch genügend Rückhalt in der Bevölkerung und verschanzten sich in abgelegenen Festungen wie Montségur oder gingen ihrem Glauben im Verborgenen nach. Um die Reste der Ketzerei auszurotten, führte die Kirche ein Sondergericht ein, die **Inquisition**. Dabei entwickelte sie für ihre Zwecke ein spezielles juristisches Verfahren, das von einem Richter angeordnet werden konnte, der durch eine Anzeige, ein öffentliches Gerücht oder die Entdeckung eines handfesten Beweismittels auf ein Verbrechen oder eine Straftat hingewiesen worden war. Der Inquisitionsprozess fand im Geheimen ohne Zeugen und ohne Rechtsbeistand für den Angeklagten statt, der im Falle einer Denunziation die Namen seiner Ankläger nicht erfuhr. Da das Verfahren darauf abzielte, von dem Beschuldigten ein Geständnis zu erhalten, wurde der Gebrauch der Folter zur unumgänglichen Praxis. War das Urteil gefällt, so überließ die Kirche den Verurteilten dem weltlichen Gericht. Ludwig dem Heiligen gebührt die zweifelhafte Ehre, 1233 als erster französischer König die Hinrichtung von verurteilten Häretikern angeordnet zu haben.

Doch im Languedoc kehrte noch längst keine Ruhe ein. In den nächsten Jahrzehnten befehdeten sich die verfeindeten Parteien weiter bis aufs Blut. Trencavel, der Sohn des einstigen Vizegrafen von Béziers, unternahm 1240 von den Pyrenäen aus einen erneuten Vorstoß, von den Franzosen sein angestammtes Territorium zurückzuerobern. Ein vergeblicher Versuch, doch entbrannte dadurch ein neuer Kleinkrieg; eine Burg nach der anderen fiel in die Hände der Franzosen, darunter auch im März 1244 die als uneinnehmbar geltende Festung Montségur. Mehr als 200 Katharer bestiegen lieber den Scheiterhaufen als ihrem Glauben abzuschwören. Weitere elf Jahre später waren mit Quéribus und Puilaurens die letzten beiden von den Aufständischen gehaltenen Burgen in französischem Besitz. Endgültig aber war das „Ketzerwesen" noch nicht besiegt: Zahlreiche Katharer lebten im Untergrund weiter oder flohen aus Angst vor Verfolgung in die Lombardei oder nach Katalonien.

Am 11. Mai 1258 schlossen Jakob I. von Arágon und der französische König Ludwig IX. in Corbeil einen Friedensvertrag. Der König von Arágon verzichtete unter anderem auf die Gebiete von Carcassonne, Peyrepertuse, Minervois sowie auf die Grafschaften Toulouse und Saint-Gilles, Ludwig IX. auf die spanische Mark, das Roussillon und Besalú. Einzig der Streit um Montpellier konnte nicht beigelegt werden, so dass zukünftige Konflikte vorprogrammiert waren. Als 1282 in Palermo eine Revolte gegen die Franzosen ausbrach und sich Pedro III. von Arágon zum König von Sizilien krönen ließ, war der Krieg zwischen Frankreich und Arágon nicht mehr abzuwenden. Im Mai 1285 drang eine französische Streitmacht ins Roussillon ein und überquerte die Pyrenäen, doch, nachdem Philipp III. am 5. Oktober auf dem Rückmarsch in Perpignan starb, mussten die Kapetinger ihre Expansionspläne begraben, und man kehrte stillschweigend zu den alten Besitzverhältnissen zurück.

Das Nachleben der Katharer

Noch Jahrhunderte nach dem Tode des letzten Katharers wird die religiöse Bewegung nicht nur touristisch genutzt, sondern die Katharer inspirieren durch ihre asketische Lebensführung, ihre Demut und ihre festen Glaubensüberzeugungen, von denen sie sich auch angesichts des Scheiterhaufens nicht lösten, auch viele moderne Sinnsuchende.

Die Katharer haben weder Kirchen noch Kultstätten hinterlassen; selbst in den historischen Dokumenten sprechen sie nicht selbst, sondern nur durch ihre Inquisitoren. Einzig die Dörfer und Burgen, wo sie gelebt haben, kann man heute besuchen. Dieser Umstand rief wiederholt Mystiker und Okkultisten auf den Plan. Französische Wagnerianer interpretierten den „Parsifal" gar als die Geschichte der Belagerung von Montségur. Eine große Wirkung entfaltete die 1933 von *Otto Rahn* (1904–1939) veröffentlichte Abhandlung „Kreuzzug gegen den Gral", welche einen Zusammenhang mit der Gralslegende herstellte. Darin werden die Hauptfiguren des Parzivalepos als Fürsten der Geschlechter von Toulouse und Carcassonne identifiziert. Rahn, der seit 1929 im Languedoc nach den Spuren der Katharer forschte, war eine eigenartige Persönlichkeit. Aus Frankreich vertrieben, trat er 1936 in die SS ein und wirkte in einer Forschungsabteilung von Himmlers Zentrale, bevor er 1939 unter seltsamen Umständen am Wilden Kaiser in Österreich erfror.

Hunger und Hugenotten

Das 15. Jahrhundert war eine Epoche des wirtschaftlichen Niedergangs verbunden mit einem Bevölkerungsrückgang, der schon durch die Folgen der Pest eingeleitet worden war. Im Frühjahr 1348 sprang die Seuche von Marseille auf das Landesinnere über und erfasste das Languedoc mit voller Härte. Von beispielsweise 140 Brüdern des Dominikanerklosters von Montpellier blieben nur acht am Leben; noch schlimmer traf es die Franziskaner in Carcassonne, die allesamt dahingerafft wurden. Die Küstenregionen boten einen traurigen Anblick: Häfen wurden wegen mangelnder Arbeitskräfte aufgegeben. Die aufwendig angelegten Entwässerungsgräben des Landes wurden sich selbst überlassen, füllten sich mit stehendem Wasser und wurden zu einer Brutstätte für die Anophelesmücken, die Überträger der Malariakrankheit.

Auch im Hinterland hatte die Entvölkerung beängstigende Zustände erreicht, die Hälfte des bebaubaren Bodens lag brach; die Menschen mussten ihre Ernte bewachen, um sie vor Verheerungen von Rotwild und Wildschweinen zu schützen. Der Wald dehnte sich nach allen Seiten aus und verkleinerte das zur Verfügung stehende Weideland. In den Cevennen waren die Landesherren nicht mehr in der Lage, den wilden Tieren Einhalt zu gebieten, so dass 1361 den Bauern das Recht gewährt wurde, Bären, Wildschweine und Rehe zu jagen. Doch nicht genug: Ebenfalls im Jahre 1361 zogen marodierende Söldnerhorden, die so genannte *Grande Compagnie*, durch das Rhônetal und verheerten das Languedoc, ohne dass die königlichen Truppen dagegen etwas ausrichten konnten. Die Lage spitzte sich weiter zu: Armut, Hunger, der allgemeine Überdruss und die weiterhin erhobenen Steuern begünstigten politische Revolten. Als Johann von Berry als königlicher Generalstatt-

Hunger und Hugenotten 49

halter im Languedoc eingesetzt wurde, brachen 1378/79 in Le Puy, Nîmes, Montpellier und Alès offene Unruhen aus, der Aufstand in Béziers folgte zwei Jahre später. Banden von Aufständischen, *Tuchins* genannt, verunsicherten die Landstraßen und brachten das Wirtschaftsleben weitgehend zum Erliegen, indem sie die Abschaffung der Steuern und den Tod der Reichen forderten. Die Hungersnot prägte die nächsten Jahrzehnte: Noch 1459 erklärten die Provinzialstände des Languedoc, dass in den ländlichen Gebieten noch immer bitterste Not herrsche und in den letzten zehn Jahren jeder dritte Landbewohner verhungert sei. Bedingt durch hohe Abgaben, Grund- und Pachtzinsen führten die Bauern – im Gegensatz zur Stadtbevölkerung – weiter ein recht elendes Leben.

Eine Zunahme der Bevölkerung lässt sich erst wieder zu Beginn des 16. Jahrhunderts nachweisen, die durch Einwanderungen und einen Rückgang der Infektionskrankheiten wie der Pest zu erklären ist. Im Languedoc „vermehren sich die Menschen wie Mäuse in einer Scheune", vermerkte ein zeitgenössischer Chronist. Gleichzeitig dehnte sich die landwirtschaftliche Fläche aus, es wurden vor allem Olivenbäume gepflanzt sowie Weizen- und Hirsefelder angelegt. Dem Weinbau kam aufgrund von Transportproblemen nur eine lokale Bedeutung zu. Außerdem stand der Wein im Ruf von minderer Qualität zu sein und war, da man damals das Geheimnis der Späternte noch nicht kannte, nur wenige Monate haltbar. Ein besonders beliebtes Nahrungsmittel war die Cevennen-Kastanie. Das Languedoc war zu diesem Zeitpunkt eine fast ausschließlich landwirtschaftlich geprägte Region. Nîmes und Montpellier, die einzigen größeren Städte, besaßen nur etwa 10.000 Einwohner.

Das 16. Jahrhundert ist aber auch das Zeitalter der **Glaubenskriege**. Spätestens um die Mitte des Jahrhunderts zeichnete sich ab, dass Europa, jener in vieler Hinsicht so einheitliche und von dauerhaften Strukturen geprägte Kontinent, in seinen Grundfesten bedroht war: Die „eine", universelle christliche Kirche des Mittelalters bestand nicht mehr! Die durch Luther und Calvin ausgelösten reformatorischen Bestrebungen waren auf einen fruchtbaren Boden gefallen, zukünftige Konflikte schienen vorprogrammiert. Während sich die Kriegswogen im Heiligen Römischen Reich Deutscher Nation durch den Augsburger Religionsfrieden (1555) vorerst glätteten, spitzten sich im benachbarten Frankreich die Auseinandersetzungen zwischen den Katholiken und den „Hugenotten" – der Name leitet sich vermutlich von „aignos" („Eidgenossen") ab – genannten Calvinisten zu: Um sich besser gegen gewaltsame Übergriffe schützen zu können, bauten die Reformierten sogar ein eigenes Heerwesen auf. Im März des Jahres 1560 kam es zu den ersten reformierten Aufständen in Nîmes und Annonay; Vorboten eines Religionskrieges, der über 40 Jahre währen sollte.

Faktisch hatten die Hugenotten jedoch keine andere Wahl, als zu den Waffen zu greifen. Ohne einen schlagkräftigen militärischen Arm wären sie mit Sicherheit innerhalb weniger Jahre von der katholischen Seite vernichtet worden, die sich öffentlich zu einer rigorosen Verfolgung der „Ketzer" bekannt hatte. Im Zuge der Auseinandersetzungen schreckten die Katholiken auch nicht vor heimtückischen Mordanschlägen zurück, wie in der so genannten **Bartholomäusnacht**, in der 1572 fast die gesamte hugenottische Elite niedergemetzelt worden war; die Hugenotten, die vor allem in der Provence, im Languedoc sowie zwischen Navarra und Nantes ihre Hochburgen besaßen, richteten ihre Aktionen nicht nur gegen Personen, sie zerstörten auch Kirchen und katholische Kultstätten. Von Anfang an ging es bei diesem Bürgerkrieg aber nicht nur um die Auslegung des einzig wahren Glaubens, vielmehr stritten die konkurrierenden Adelsparteien um ihren Einfluss auf das schwache französische Königshaus.

Die hugenottischen Ideale, die ihrem Ursprung und ihrem Prinzip nach rein religiös waren, bewirkten auch einen massiven Eingriff in die traditionellen Besitzverhältnisse. Das Hauptaugenmerk richtete sich auf die kirchlichen Landgüter, von deren Verkauf man sich eine Veränderung der gesellschaftlichen Kräfteverhältnisse erhoffte. Allerdings profitierten von diesen Umwälzungen weniger die Bauern als vielmehr die finanzstarken Städter, die in den nächsten beiden Jahrhunderten einen großen Teil des flachen Landes erwerben konnten.

Das Roussillon fiel durch den **Pyrenäenvertrag** von 1659, der das Ende der spanischen Vormachtstellung dokumentiert, zusammen mit der Cerdagne endgültig an Frankreich. Der Vertrag war ein postumer Erfolg für Kardinal Richelieu, denn sein Nachfolger Kardinal Mazarin hatte Richelieus Ziel, die Pyrenäen als natürliche Grenze des französischen Königreichs festzuschreiben, vollendet. Doch man wollte lieber auf Nummer sicher gehen und beauftragte den berühmten Festungsbaumeister Vauban, ein ganzes System neuer Grenzbauwerke zu entwerfen: Perpignan, Villefranche-de-Conflent, Mont-Louis, Prats-de-Mollo und Port-Vendres hießen die neuen Bollwerke, die allerdings auch die anfangs sehr rebellisch eingestellte katalanische Bevölkerung in Schach halten sollten. Verwaltungstechnisch erhielt das Roussillon einen Sonderstatus und war direkt der Zentralregierung unterstellt. Wirtschaftlich ging es durch die Maßnahmen *Colberts* in ganz Südfrankreich bergauf. Colbert, der Finanzminister von Ludwig XIV., begründete die merkantilistische Wirtschaftspolitik und verbesserte die Infrastruktur durch den Bau von Straßen und Kanälen. Im Languedoc-Roussillon ging die Einrichtung zahlreicher Seide-, Lederwaren- und Textilmanufakturen auf seine Initiative zurück. Der Export von Luxusgütern entwickelte sich zum treibenden Motor der französischen Wirtschaft.

Im Zeitalter des **Absolutismus** mussten die Städte im Languedoc und Roussillon eine höhere Steuerlast aufbringen und zudem erhebliche Abstriche bezüglich ihrer politischen Rechte hinnehmen. Die Kardinäle Richelieu und Mazarin schränkten nacheinander in ihrer Funktion als leitende Minister des französischen Königs die Vorrechte des Adels ein, die Burgen von Beaucaire und Les Baux wurden geschleift. Der Konflikt verschärfte sich, als *Ludwig XIV.* den französischen Thron bestieg und den öffentlichen Druck auf die Hugenotten erneut erhöhte. Vergeblich rebellierte die Bevölkerung gegen die Allmacht Ludwig XIV., besser bekannt als der „Sonnenkönig". Ein 1660 ausgebrochener Aufstand war schnell unter Kontrolle, und der von jugendlichem Elan getriebene König zog am 2. März als strahlender Sieger in Marseille ein. Doch Ludwig XIV. ging noch weiter: Zwischen 1661 und 1685 erließ er mehr als 300 Verordnungen mit dem einzigen Ziel, die Reformierten bei ihrer Religionsausübung zu schikanieren. So durften beispielsweise „Beisetzungen generell nur am Morgen vor Tagesanbruch oder am Abend bis zum Eintritt der Nacht im Beisein von nicht mehr als zehn Personen erfolgen". Einen neuen Höhepunkt erreichten die Religionsstreitigkeiten, als Ludwig XIV. im Juli 1685 die gefürchtete „Dragonade" einsetzte: Um zu erreichen, dass ein gewisser Anteil – zumeist zwei Drittel – der protestantischen Bevölkerung eines Ortes konvertierte, wurden in den Häusern der Hugenotten königliche Soldaten einquartiert, die während dieser Zeit von den Hauseigentümern verpflegt und besoldet werden mussten. Um ihrem Auftrag Nachdruck zu verleihen, sorgten die „gestiefelten Missionare" zudem mit ununterbrochenem Trommelwirbel für Psychoterror, und wenn dies immer noch nicht genügte, „amüsierten" sie sich mit den Frauen und Töchtern ihrer unfreiwilligen Gastgeber. Die Methode hatte Erfolg: Allein in Nîmes wuchs die katholische Bevölkerung innerhalb von nur drei Tagen um mehr als 10.000 Seelen.

Hunger und Hugenotten

Der Kohlebergbau in den Cevennen ist längst eingestellt

Am 18. Oktober 1685 widerrief Ludwig XIV. im **Edikt von Fontainebleau** das den Hugenotten 1598 zugesicherte Privileg der Glaubensfreiheit (Edikt von Nantes), da sich „der bessere und größere Teil Unserer Untertanen von der besagten vorgeblich reformierten Religion" losgesagt hatte. Innerhalb weniger Monate setzte ein wahrer Massenexodus ein, rund 300.000 Hugenotten flohen aus dem französischen Königreich, in erster Linie in die Schweiz, in die Niederlande und nach Preußen. Die katholische Kirche sollte die bestehende monarchische Ordnung legitimieren und die kulturelle Stütze der ständischen Gesellschaft und des Staates bilden.

Analog zu den anderen Landesteilen Frankreichs hatte auch das Languedoc unter der größten Massenemigration der französischen Geschichte zu leiden, da die Hugenotten zum wirtschaftlich aktivsten Teil der Bevölkerung zählten. Manche Städte wie das Textilzentrum Uzès erholten sich von diesem Schlag nicht mehr und fielen der Bedeutungslosigkeit anheim. Vor Ort wurde die Hugenottenverfolgung von der mächtigen Lobby der Bischöfe gelenkt, die aus der Provinzialversammlung eine Kriegsmaschine gegen die Reformierten machten. Die zurückgebliebenen Hugenotten sahen sich einem totalen Unterdrückungsfeldzug ausgeliefert. Durch Erntekrisen und Steuerlasten verarmt, mussten sie nun auch noch den verhassten Kirchenzehnt entrichten. Religiöse Versammlungen konnten nur im Geheimen stattfinden, teilweise traf man sich nachts unter freiem Himmel in den Bergen. Die Gläubigen bezeichneten den Ort dieser religiösen Zusammenkünfte symbolisch als *Désert* („Wüste"). Als die Hugenotten weiterhin mit staatlicher Gewalt gezwungen wurden, ihrem Glauben abzuschwören, kam es ab 1688 in den Cevennen zu blutigen Aufständen der Bevölkerung, die durch religiöse Fanatiker, wie dem in den Niederlanden lebenden Jurieu, zusätzlich aufgestachelt worden war. Durch die Ermordung des *Abbé du Chayla*, der die Protestanten allzu gerne mit Hilfe von Folterwerkzeugen vom richtigen Glauben überzeugte, spitzten sich die Auseinandersetzung noch einmal zu. Von 1702 bis 1704 währten die Kämpfe, die als **Camisardenkriege** in die Geschichtsbücher Eingang fanden. Etwa 2000 Camisarden – der

Name leitete sich von ihrem weißen Hemd (*camiso*) ab – verwickelten die königliche Armee in einen verlustreichen Guerillakampf, den sie anfangs nur mit Mistgabeln und Dreschflegeln führten. Ihre Ortskenntnis ausnutzend, konnten sich die Camisarden in den Bergen versteckt halten, zudem hatten sie einen großen Rückhalt in der Bevölkerung. Erst als die Soldaten des Königs plündernd und brandschatzend durch die Cevennen zogen und selbst die Zivilbevölkerung nicht mehr verschonten, brach die Revolte mit der Verhaftung und Ermordung von Roland, dem charismatischen Führer der Aufständischen, zusammen. Die Hugenotten konnten bis zum Toleranzedikt von 1787 ihre religiösen Zusammenkünfte endgültig nur noch heimlich im Wald oder in Höhlen abhalten. Bei Entdeckung drohte den Priestern der Tod, die Männer mussten ihr Leben als Galeerensklaven fristen und die Frauen wurden ins Gefängnis gesteckt wie die berühmte Marie Durand. Letztere wurde als 15-Jährige inhaftiert und schmachtete 38 Jahre in der Tour de Constanze (Aigues-Mortes), bevor man sie 1768 endlich begnadigte.

Es gibt keine andere französische Region, in der das Alltagsleben so sehr vom Calvinismus durchdrungen war, wie in den Cevennen. Die religiöse Bekehrung ist so vollständig gewesen, dass sie – einmalig in Frankreich –, das folkloristische Erbe völlig verdrängt hat. Die traditionellen Volkslieder verschwanden und wurden ersetzt durch die Psalmen, mit denen noch heute die bäuerliche Bevölkerung ihre Kinder in den Schlaf wiegt. Selbst das Französische, die Kultur der *langue d'oïl*, fand mit Hilfe der Bibel und der protestantischen Schriften Eingang in die okzitanischen Cevennen.

Das 18. Jahrhundert war für das Languedoc ein Zeitalter der Stagnation und des Niedergangs. Die Wirtschaft lag danieder, gewaltige Steuerlasten führten zu Unruhen, Missernten und Hungersnöte gehörten zum Alltag. Zu diesen steten Problemen gesellten sich noch verschiedene Katastrophen: So erlagen in den Jahren 1720 und 1721 allein in Marseille rund 40.000 Menschen einer gewaltigen **Pestepidemie** – es war das letzte Mal, dass Europa vom „Schwarzen Tod" heimgesucht werden sollte –, die sich auch in den Städten und Dörfern des Languedoc ausbreitete. Dabei kam es zu irrationalen Widerständen: Als der Marschall de Berwick den Befehl erhalten hatte, den nördlichen Teil des Bas-Languedoc zu isolieren und damit eine weitere Ausbreitung der Pest zu verhindern, griffen die Stände des Languedoc ein und zeichneten das Schreckgespenst einer durch die Barrieren hervorgerufenen Hungersnot. Damit erreichten sie schließlich fatalerweise die Aufhebung der Maßnahme. Erst gegen Ende des 18. Jahrhunderts setzte eine Phase der wirtschaftlichen Prosperität ein, die sich zuerst auf die Seidenraupenzucht und die Textilindustrie gründete, später kam dann noch der Bergbau hinzu.

Revolution und Napoléon

Innerhalb der relativ kurzen Zeitspanne von Mai bis Oktober 1789 brach das *Ancien Régime* in Frankreich völlig zusammen. Am 14. Juli 1789 erfolgte der Sturm auf die Bastille – ein symbolischer Akt, der diesen Niedergang auf spektakuläre Weise besiegelte. Übrigens paarte sich an diesem Tag revolutionäre Leidenschaft mit der Unzufriedenheit des einfachen Volkes: Am 14. Juli war das Brot teurer als jemals zuvor im 18. Jahrhundert! In Marseille waren die kleinen Leute schon im März wegen der Brotpreise auf die Straße gegangen, bewaffnete Bauern zogen marodierend umher und in der Haute-Provence ließen ganze Dörfer ihrem Unmut freien Lauf. Die revolutionäre Stimmung fiel in den Provinzstädten auf einen fruchtbaren Boden: In Nîmes erklärten die Bürger am 20. Juli beispielsweise, sie würden „die Agenten der Despotie und die Provokateure der Aristokratie als schändliche Verbrecher und Vaterlandsverräter" betrachten; alle der Armee unterstehenden Männer von Nîmes wurden aufgefordert, den Befehl zu verweigern, sobald man von ihnen verlangen würde, das Blut ihrer Mitbürger zu vergießen. Bekanntermaßen wurde 1792 die Monarchie abgeschafft, das Königspaar wenig später sogar hingerichtet.

Mit ihrem politischen Glaubensbekenntnis **„Freiheit, Gleichheit, Brüderlichkeit"** sorgten die französischen Republikaner in den ersten Jahren der Revolution für eine bahnbrechende Umwälzung des französischen Staatssystems, von deren politischen und gesellschaftlichen Folgen die Welt bis heute geprägt wird. Jeder Franzose sollte nun an vor dem Gesetz gleich sein; die Privilegien des Adels und des Klerus wurden genauso abgeschafft wie das Zunftwesen. Konsequenterweise erhielten die französischen Juden bereits wenige Monate nach der Französischen Revolution die vollen Bürgerrechte, jenseits des Rheins mussten die Juden bis 1848, mancherorts gar bis 1868 auf ihre politische Gleichstellung warten. (Einzig

Denkmal für die Revolutionäre von Banyuls-sur-Mer

die französischen Frauen hatten sich bis 1945 zu gedulden, ehe sie das Wahlrecht erhielten.) Das Steuersystem wurde vereinheitlicht, der Kirchenzehnte abgeschafft, das Land in neue Verwaltungsbezirke, die noch heute bestehenden Départements, eingeteilt, das Bildungssystem reformiert und die Gewerbefreiheit eingeführt. Besitztümer der Kirche wurden konfisziert, jahrtausendealte Bistümer verschwanden von der Landkarte und Klöster wurden aufgelöst. Der Konflikt kulminierte, als Papst Pius VII. die religiösen Verhältnisse heftig kritisierte; Frankreich brach daraufhin die diplomatischen Beziehungen mit dem Heiligen Stuhl ab.

Bereits im Schatten der Revolution begann der Aufstieg Napoléon Bonapartes vom Leutnant zum Kaiser der Franzosen. Sein europäisches Machtstreben wurde allerdings nach der Schlacht bei Waterloo (1815) auf dem Wiener Kongress endgültig beendet. Ein Jahrhundert voller revolutionärer Unruhen und Phasen der Restauration begann. Am Ende des 19. Jahrhunderts stand ein umfangreiches französisches Kolonialreich, in politischer Hinsicht herrschte die so genannte Dritte Republik. Wirtschaftlich hatte das Languedoc seit 1860 unter der Seidenraupenkrankheit zu leiden, hinzu kamen die Tintenkrankheit der Kastanien in den Cevennen und die Reblausepidemie.

Der Krieg der Winzer

In der zweiten Hälfte des 19. Jahrhunderts wurde im Languedoc damit begonnen, Wein in großem Stil anzubauen, und zwar billigen Wein für den Massenkonsum; es war in erster Linie die reiche Bourgeoisie aus den Städten, die in der Hoffnung auf schnelle Gewinne riesige Brachflächen in Weinfelder umwandelte. Einen ersten wirtschaftlichen Rückschlag mussten die Weinbauern 1875 hinnehmen, als eine Reblausepidemie Tausende in den finanziellen Ruin trieb. Die wirksamste Bekämpfung bestand darin, das Land unter Wasser zu setzen, die befallenen Weinstöcke auszureißen und durch kalifornische Rebstöcke zu ersetzen. Dadurch sank der Ertrag in den folgenden Jahren um die Hälfte. Erst allmählich verbesserte sich die Lage der Weinbauern wieder. Doch bereits zu Beginn des 20. Jahrhunderts drohte die nächste Katastrophe: Eine jahrelange Überproduktion löste einen starken Preisverfall aus; der südfranzösische Wein ließ sich kaum mehr absetzen. Hinzu kamen billige Importe aus Algerien, die den Weinpreis weiter in den Keller sacken ließen. Rund 500.000 Winzer und Landarbeiter nagten am Hungertuch und wussten nicht, wie sie über die Runden kommen sollten. Da keine Verbesserung ihrer Situation in Sicht schien und die Pariser Regierung untätig blieb, probten die kleinen Grundbesitzer 1907 den Aufstand: Straßen wurden blockiert, Telefonleitungen gekappt. Die Regierung setzte das im Languedoc stationierte Militär ein, doch weigerten sich viele Soldaten, gegen ihre Landsleute gewaltsam vorzugehen. Erst als weitere 30.000 Soldaten aus Nordfrankreich abkommandiert wurden, kehrten wieder Ruhe und Ordnung ein. Die Anführer wurden zu Gefängnisstrafen verurteilt, die meuternden Soldaten als Strafbataillon nach Tunesien geschickt.

Zwischen den Weltkriegen

Nach dem Ersten Weltkrieg begannen politische Ideologien in ganz Europa an Bedeutung zu gewinnen. In Frankreich kam es auf nationaler Ebene zwischen 1931 und 1939 zu 19 verschiedenen Regierungen unter elf verschiedenen Ministerpräsidenten. Für eine zusätzliche Belastung sorgte die Weltwirtschaftskrise. Auch im Languedoc brachten Wahlen die antiklerikalen Demokraten an die Macht. Unter den Winzern, Kleinbauern und Kleinbürgern hatte die Kirche nur noch wenig Einfluss, die politische Führungsschicht bestand größtenteils aus Juristen, Professoren und anderen Vertretern des Bildungsbürgertums. Nachdem die aus Kommunisten, Sozialisten, Sozialrepublikanern und Radikalen bestehende *Volksfront* bei den nationalen Wahlen im Mai 1936 einen spektakulären Erfolg erzielen konnte und mit Léon Blum den Ministerpräsidenten stellte, traten in ganz Frankreich rund zwei Millionen Arbeiter in den Ausstand. Mit Erfolg, denn schon bald erfüllten die Unternehmerverbände zahlreiche Forderungen der Streikenden: Die Arbeiter erhielten nicht nur Lohnerhöhungen zwischen 7 und 15 % sowie Tarifverträge, per Gesetz wurde darüber hinaus die wöchentliche Arbeitszeit von 48 auf 40 Stunden reduziert und allen Arbeitnehmern erstmals 15 bezahlte Urlaubstage zugestanden. 1937 brach jedoch die Volksfrontregierung bereits wieder auseinander. Gleichzeitig war auch in Frankreich das braune Gedankengut auf dem Vormarsch. Wiederholt kam es bei Demonstrationen rechtsgerichteter Parteien zu blutigen Zwischenfällen.

In den Cevennen steht ein Denkmal für die Résistancekämpfer

Niederlage, Vichy und Résistance

Nach der Machtergreifung Hitlers in Deutschland wurde Frankreich und vor allem Südfrankreich, das bis November 1942 zur unbesetzten Zone gehörte, für wenige Jahre zum Sammelbecken für politisch und ethnisch Verfolgte. Besonders für die deutsche *Exilliteratur* war der Süden das gelobte Land: „Wenn ich ... von Paris mit dem Nachtzug zurückkomme, des Morgens das blaue Ufer wiedersah, die Berge, das Meer, die Pinien und Ölbäume, wie sie die Hänge hinaufkletterten, wenn ich die aufgeschlossene Behaglichkeit der Mittelmeermenschen wieder um mich fühlte, dann atmete ich tief auf und freute mich, dass ich mir diesen Himmel gewählt hatte, unter ihm zu leben", schrieb Lion Feuchtwanger in seinem autobiographischen Buch „Der Teufel in Frankreich". Lange konnte sich Feuchtwanger allerdings nicht an der Mittelmeersonne erfreuen, spätestens im Mai 1940 war es mit der trügerischen Ruhe vorbei. Nach Kriegsbeginn wurde Marseille zu einer Drehscheibe für deutsche, österreichische und italienische **Emigranten**. Weit mehr als tausend Verfolgte erhielten vom amerikanischen *Emergency Rescue Committee*, das von Varian Fry geleitet wurde, die zur Ausreise notwendigen Pässe, Visa und Finanzmittel. Wer Pech hatte oder weniger bekannt war, landete dagegen schnell in einem der berüchtigten Internierungslager wie Les Milles bei Aix-en-Provence oder in den weniger bekannten Lagern in Sérièges (Hérault), in Saint-Cyprien (Pyrénées-Orientales) oder Le Vernet in der Nähe von Ariège, wo unter anderem der Schriftsteller *Gustav Regler*, der Maler *Felix Nussbaum* sowie die Reichstagsabgeordneten *Rudolf Breitscheid* (SPD) und *Franz Dahlem* (KPD) interniert waren. In einem Zeltlager bei Nîmes waren 1940 zeitweise mehrere deutsche Schriftsteller interniert, darunter *Lion Feuchtwanger* und der Publizist *Wilhelm Herzog*, der sich an einen anderen bekannten Zeitgenossen folgendermaßen erinnerte: „Im Château Saint-Nicolas bei Nîmes, wo wir zu je achtzehn in Zelten untergebracht waren, vegetierte neben mir *Franz Hessel*, der vorzügliche Übersetzer Balzacs, ein schüchterner, feiner Mensch." Wenige Wochen später erlag Hessel den Entbehrungen des Exils.

Zu den Gefangenen von Saint-Nicolas gehörte auch der Jurist und Journalist *Alfred Kantorowicz*, dem es 1940 gelang, aus dem Lager zu fliehen. Wieder andere wie *Heinrich Mann, Franz Werfel* oder *Walter Benjamin* wagten mit Hilfe der jüdischen Journalistin *Lisa Fittko* die Flucht von Cerbère auf kleinen Pfaden über die Pyrenäengrenze ins sichere Port-Bou. Besonders tragisch verlief die Flucht von Benjamin, der seinem Leben in Port-Bou ein Ende setzte, da er befürchtete, die Spanier könnten ihn an die französischen Behörden ausliefern.

Am 10. Mai 1940 begann die **deutsche Offensive** gegen Frankreich; in einem „Blitzkrieg" überwand Hitlers Armee die französischen Stellungen. Die Nazis marschierten in kürzester Zeit in Paris ein, der gesamte Norden des Landes befand sich in deutscher Hand. Am 22. Juni wurde in Compiègne der Waffenstillstand unterzeichnet; nur der Südosten Frankreichs blieb als unbesetzte Zone vorerst vom direkten deutschen Zugriff verschont. Im Juli 1940 wurden Marschall Pétain in **Vichy** von der Nationalversammlung die Regierungsvollmachten übertragen. Pétain und seine Mitstreiter versuchten, einer antiquierten, „nationalen Revolution" den Weg zu ebnen; „Gott, Familie und Vaterland" sollten von nun an wieder den französischen Lebensmittelpunkt bilden, Scheidungen wurden erschwert, Abtreibungen mit drastischen Strafen belegt, republikanisch gesinnte Würdenträger rigoros der Macht enthoben, Freimaurerlogen aufgelöst, Kommunisten bedroht und antisemitischen Ressentiments freier Lauf gelassen. Ohne deutschen Druck wurden die „Juden französischer Nationalität" diskriminiert und systematisch vom öffentlichen Leben ausgeschlossen. Am 24. Oktober verkündete Pétain im Rundfunk, das Vichy-Regime habe sich zur *Collaboration d'Etat* mit Deutschland entschlossen.

Allmählich begann sich der Widerstand gegen die Regierung Pétain zu formieren. Einige wenige überzeugte Hitlergegner hatten ihren Unmut mit Sabotageakten und Protesten schon kurz nach der Kapitulation Frankreichs zum Ausdruck gebracht, aber erst in der zweiten Hälfte des Jahres 1941 wurden die Widerstandsaktionen koordinierter und wirkungsvoller. Nach dem Angriff Hitlers auf die Sowjetunion brachten die Kommunisten ihre Untergrunderfahrungen ein und wurden zum militärisch schlagkräftigsten Arm der **Résistance**. Mit der sich im weiteren Kriegsverlauf immer deutlicher abzeichnenden Niederlage Deutschlands nahm auch die Zahl der Résistancekämpfer zu. Viele politisch Verfolgte fanden in den schwer zugänglichen Gebieten der Cevennen Zuflucht; sie wurden von den Bürgermeistern und Pfarrern gedeckt, die ihnen selbstlos falsche Papiere und Geburtsurkunden ausstellten. Zuletzt dürften 100.000 bis 200.000 Personen am aktiven Widerstand beteiligt gewesen sein. Auch Deutsche wie der ehemalige KPD-Reichstagsabgeordnete *Otto Kühne* organisierten die militärische Ausbildung der Partisanen mit. Kühne, der am 24. August 1944 federführend an der Befreiung von Nîmes beteiligt war, wurde sogar zum ersten Stadtkommandanten ernannt. Viele deutsche Kämpfer glaubten, ihre politischen Ideale nach dem Ende des Krieges besser in Ostdeutschland verwirklichen zu können – ein Grund, weshalb die Erinnerung an ihre Taten in der Bundesrepublik fast vollkommen in Vergessenheit geraten ist. An dieser Stelle muss auch *Jean Moulin* gewürdigt werden: Der in Béziers geborene Anführer der Résistance rief im Mai 1943 den nationalen Widerstandsrat (*Conseil national de la Résistance*) ins Leben, der ein linkes politisches Programm vertrat, das sich an den Sozialisten und Kommunisten orientierte. Moulin fiel den Nazis wenig später in die Hände; er wurde mehrfach gefoltert und starb am 8. Juli 1943 beim Transport nach Deutschland. Seine sterblichen Überreste überführte man 1964 in den französischen Ruhmestempel, das Pariser Panthéon.

Nach dem Einmarsch der Alliierten in Nordafrika (November 1942) hob Hitler die in den Waffenstillstandsvereinbarungen von Compiègne festgelegte „freie" Zone in Südfrankreich auf; die französische Flotte versenkte sich daraufhin selbst im Hafen von Toulon, um nicht in die Hände der Nazis zu fallen. Für ein knappes Jahr fungierten italienische Soldaten als Besatzer, bevor nach der Kapitulation Italiens die Deutschen an ihre Stelle traten. Von Anfang an sahen sich die Deutschen mit Gerüchten einer bevorstehenden Invasion an der französischen Mittelmeerküste konfrontiert; in Toulon und Marseille wurden deutsche Truppen zusammengezogen, um eine Landung der Alliierten zurückschlagen zu können. Doch die Alliierten konzentrierten sich anfangs auf ihre Luftüberlegenheit und überzogen den Küstenstreifen ab dem 28. April 1944 mit beständigen Bombenangriffen, zahlreiche Häuser in Marseille, Toulon und Avignon wurden über Nacht in Schutt und Asche gelegt. Am 6. Juni begann die alliierte Großoffensive in der Normandie; als zwei Monate später, am 15. August 1944, **alliierte Landungstruppen** an einem rund 50 Kilometer breiten Küstenabschnitt im Osten Toulons die Eroberung Südfrankreichs in Angriff nahmen, waren die Würfel schon gefallen. Innerhalb weniger Wochen wurden alle größeren Städte Südfrankreichs mit tatkräftiger Unterstützung der Résistance zurückerobert, am 12. September trafen in Châtillon-sur-Seine die Invasionstruppen aus der Normandie und der Mittelmeerküste zusammen; die Befreiung Frankreichs war abgeschlossen.

Nachkriegszeit

Eine Abrechnung mit den Kollaborateuren erfolgte nur oberflächlich. Zwar wurden im Zuge der Befreiungskämpfe rund 10.000 Franzosen hingerichtet, doch zahlreiche Mitläufer und Nutznießer des Vichy-Regimes kamen äußerst glimpflich davon. In Südfrankreich traten bei diesen Auseinandersetzungen auch klassenkämpferische Aspekte hervor. So richteten sich die Aktionen der kommunistisch geprägten Widerstandsbewegung häufig gegen Industrielle, Geistliche und bürgerliche Parteifunktionäre. Der Übergang zur politischen Normalität fand im Oktober 1945 statt, als die Franzosen eine Nationalversammlung wählten, deren Auftrag es war, eine neue Verfassung zu erarbeiten. Nach dem kurzen Zwischenspiel der Vierten Republik, die durch den Militärputsch von Algier ein Ende fand, wurde Charles de Gaulle am 21. Dezember 1958 zum Staatspräsidenten der **Fünften Republik** gewählt.

Bevor der 1963 getroffene Beschluss der französischen Regierung, die touristisch „brachliegende" Küste des Languedoc in ein riesiges Ferienzentrum zu verwandeln, verwirklicht werden konnte, musste noch ein schwerer Kampf gewonnen werden: Die Küste galt als unbewohnbar, waren hier doch mehr als 40 verschiedene Mückenarten beheimatet, darunter die *Aedes caspius*, die um das Fünffache zunehmen, wenn sie sich am Blut von Mensch und Tier satt gesaugt haben. Der Staat kaufte das wertlose Land im großen Stil auf und setzte Hubschrauber ein, die speziell zur Mückenbekämpfung ausgerüstet wurden. Eine wahre chemische Apokalypse ging über der Küste nieder, der zum „Erstaunen" der Verantwortlichen auch zahlreiche ungefährliche Insekten und Kleintiere zum Opfer fielen. Sechs Sommer lang fand die „Opération Démoustication" statt, dann herrschte Friedhofsruhe; das drohende Singen der Moskitos war verstummt.

Wenig später wurde der Süden Frankreichs mit den Auswirkungen dieses weltpolitischen Ereignisses konfrontiert: Das Ende des algerischen Unabhängigkeitskrieges hatte den massenhaften Zuzug von Algerienfranzosen, den so genannten *Pieds-Noirs* („Schwarzfüße"), zur Folge. Rund 1,5 Millionen seit Generationen in Nordafrika ansässiger Franzosen wurden quasi über Nacht an die Häfen ihres Mutterlandes gespült. Ein Großteil der Pieds noirs blieb in der französischen Mittelmeerregion, ähnelten die klimatischen Bedingungen hier noch am ehesten der verlorenen Heimat. Anfänglich wurden die Algerienfranzosen verächtlich behandelt und geschnitten, doch gelang es ihnen meist recht schnell, Fuß zu fassen. Vor allem in der Landwirtschaft und im Fischfang entfalteten die Einwanderer eine ungeahnte Dynamik, von der die gesamte Region profitierte. Schwerer hatten es dagegen diejenigen Algerier, die vor 1962 freiwillig in der französischen Armee gedient hatten und daher als *Harkis* („Verräter") die Rache ihrer Landsleute zu fürchten hatten; aus Angst um ihr Leben flohen sie nach Frankreich. Dort mussten sie die bittere Erfahrung machen, dass die Franzosen alles andere als erfreut waren, sie wieder zusehen. Anfangs wurden die *Harkis* in Durchgangslagern – beispielsweise in Saint-Maurice-L'Ardoise im Département Gard – interniert, bevor sie in den ghettoähnlichen Siedlungen der Großstädte unterkamen. So notierte Wolfgang Koeppen Anfang der 1960er-Jahre seine Eindrücke über zwei junge Araber: „Ihre europäischen Anzüge wirkten ärmlich und saßen schäbig auf den mageren Körpern; die Anzüge waren dreckig, sie waren zerrissen. Die Augen der jungen Leute schienen scheu zu blicken. Die beiden Araber erinnerten an verprügelte Hunde. Sie liefen wie Wild durch einen Wald von Jägern. Aber sie waren ein Wild, das die Jäger in diesem Wald ausgesetzt hatten." Und der aus Algerien stammende Mehdi Charef, der durch „Tee im Harem des Archimedes" bekannt geworden ist, lässt ein Kapitel seines Romans „Harki" in Port-Vendres spielen. In Port-Vendres betraten die Harkis erstmals französischen Boden und wurden auf die verschiedenen Durchgangslager verteilt. Auf eine Anerkennung oder eine Entschädigung warten die Harkis bis heute vergeblich.

An einem Autobahnrastplatz wachen diese Kreuzritter des 20. Jahrhunderts

Literaturtipps

Urlaubszeit ist oft auch Lesezeit. Wer im Languedoc und Roussillon weilt, sollte entsprechend gerüstet sein. Die Zahl der Bücher und Romane, die in Südfrankreich spielen ist immens, so dass die folgende Auflistung nur ein paar Anregungen geben kann.

Belletristik

Baier, Lothar: Jahresfrist. Fischer Taschenbuch, Frankfurt 1991. Der Kritiker und Essayist Lothar Baier beschreibt einfühlsam seine Gedanken und Erfahrungen, die ihn im Laufe eines Jahres beim Herrichten eines verfallenen Bauernhauses im Département Ardèche begleitet haben. Anspruchsvolle Alternative zu Peter Mayles „Mein Jahr in der Provence". Leider nur noch antiquarisch erhältlich.

Bailey, Rosemary: Life in a Postcard. Bentam Taschenbuch, London 2002. Die englische Schriftstellerin erfüllte sich einen Traum, als sie 1997 auswanderte und seitdem in einer ehemaligen Abtei am Fuße der Pyrenäen lebt.

Byatt, Antonia S.: Geschichten von Feuer und Eis. Insel Verlag, Frankfurt 2002. Sehr poetische Erzählungen der Booker-Preisträgerin, die zur Hälfte im Languedoc spielen.

Carrière, Jean: Der Sperber von Maheux. rororo Taschenbuch, Reinbek. Nicht mehr lieferbar. Der vielfach ausgezeichnete Roman schildert eindrucksvoll das archaische, entbehrungsreiche Leben in den kargen Höhen der Cevennen.

Chamson, André: Der aus einer protestantischen Cevennen-Familie stammende Chamson – er war lange Zeit Mitglied der Académie Française – hat in zahlreichen Büchern über das Leben der Menschen in den Cevennen geschrieben. Am bekanntesten ist „L'Auberge de l'Abîme" (dt. „Die Herberge in den Cevennen"). Leider ist derzeit kein einziges Buch von Chamson in deutscher Übersetzung lieferbar.

Charef, Mehdi: Harki. Beck & Glückler, Freiburg 1991. Charef, bekannt geworden als Autor von „Tee im Harem des Archimedes", schildert das Schicksal der Algerier, die vor der Unabhängigkeit ihres Landes in der französischen Armee gedient hatten; von ihren eigenen Landsleuten als Verräter gehasst, flüchteten sie 1962 nach Frankreich.

Casals, Pablo: Licht und Schatten auf einem langen Weg. Fischer Taschenbuch, Frankfurt 1997. Interessante Lebenserinnerungen des berühmten Violincellisten, der mehrere Jahre in Prades lebte. Nur noch antiquarisch.

Cortázar, Julio und Dunlop, Carol: Die Autonauten auf der Kosmobahn. Eine zeitlose Reise Paris-Marseille. Suhrkamp 1996. Fantastische „Expedition" über die 65 Parkplätze der Autoroute du Soleil.

Daudet, Alphonse: Briefe aus meiner Mühle und Die wundersamen Abenteuer des Tartarin von Tarascon. Diogenes 2005. Die zwei gegen Ende des 19. Jahrhunderts geschriebenen Klassiker der provenzalischen Literatur stammen aus der Feder des 1840 in Nîmes geborenen Daudet. Im Zentrum beider Bücher steht der Typus des eitlen und prahlerischen Südfranzosen, der mit Bauernlist und Humor das Leben meistert. Bekannt ist auch die im Languedoc spielende Predigt des Pfarrers von Cucugnan.

Djian, Philippe: Betty Blue – 37,2° am Morgen. Diogenes Taschenbuch 2000. Der Roman um eine wahnsinnige Liebe wurde später von Jean-Jacques Beinex verfilmt, wobei er die Anfangsszenen in Gruissan-Plage bei Narbonne drehte.

du, Die Rhône. Ein Fluss und seine Dichter. Das im Februar 1997 erschienene Heft der anspruchsvollen Schweizer Kulturzeitschrift „du" geht entlang der Rhône auf literarische Spurensuche.

Durrell, Lawrence: Avignon-Quintett (Monsieur, Livia, Constance, Sebastian, Fünfauge). Rowohlt Taschenbücher, Reinbek 1989 ff. Fantasievolle Romanbücher des berühmten englischen Romanciers, die weitgehend in Südfrankreich spielt.

Feuchtwanger, Lion: Der Teufel in Frankreich. Taschenbuch Aufbau Verlag 2000. Ergreifende Schilderung der Zustände im Internierungslager Les Milles sowie im Zeltlager Saint-Nicolas bei Nîmes.

Fittko, Lisa: Mein Weg über die Pyrenäen, 1940/41. dtv, München 1985. Exilliteratur. Leider nicht mehr lieferbar.

Friedmann, Susanne: Ein Dorf in den Cevennen. Knaur Verlag. Vergriffen.

Georget, Philipp: Dreimal Schwarzer Kater. Knaur Taschenbuch 2014. Einen Mord und zwei rätselhafte Vermisstenfälle gilt es in diesem Roussillon-Krimi zu lösen.

Goodman, Richard: Mein Garten in der Provence. Herder Verlag, Freiburg 2007. Entgegen dem Titel erzählt das Buch von einem amerikanischen Aussteiger, der sich in einem Dorf im Département Gard niedergelassen hat.

Grote, Alexandra von: Die Stille im 6. Stock. Fischer Taschenbuch, Frankfurt 2002. Packender Romanthriller, der während der Fußballweltmeisterschaft 1998 in einem Krankenhaus in Nîmes spielt.

Hemingway, Ernest: Der Garten Eden. rororo Taschenbuch, Reinbek 1999. Schauplatz des 1946 verfassten und postum erschienenen Romans ist der historische Fischerhafen Le Grau-du-Roi im Delta der Camargue.

Hope, Christopher: Signs of Heart. London 2000. Die Geschichte von „Love and Death in the Languedoc" – so der Untertitel der Sommerlektüre – ist nur als englisches Taschenbuch (Picador) erhältlich.

Houellebecq, Michel: Elementarteilchen. List Taschenbuch 2001. Ein Kapitel von Houellebecqs Skandalroman spielt im frivolen Cap d'Agde.

Imhasly, Pierre: Rhône Saga. Stroemfeld/Roter Stern, Basel 1996. Anspruchsvolle poetische Annäherung an einen großen Fluss.

James, Henry: Eine kleine Frankreichtour. Paul List Verlag, München 1986. Der amerikanische Schriftsteller Henry James, ein moderner Klassiker, lässt sich von den großen Sehenswürdigkeiten nur wenig beeindrucken, vielmehr liebt er es, seinen Reisebericht mit herber Kritik zu würzen. Nicht mehr lieferbar.

Koeppen, Wolfgang: Reisen nach Frankreich. Suhrkamp Taschenbuch, Frankfurt 1998. Das wohl schönste Reisebuch Koeppens. Eine literarische Hommage an Frankreich und seine südlichen Regionen.

Massé, Ludovic: Katalanischer Wein. Roman über den Weinkrieg im Languedoc. Nur in Bibliotheken.

McEwan, Ian: Schwarze Hunde. Diogenes Verlag, Zürich 1996. Einem Thriller ähnlich erzählt dieser Roman ein tragisches Ereignis, das sich nach dem Zweiten Weltkrieg in den Cevennen rund um Saint-Maurice-de-Navacelles ereignet hat.

Modick, Klaus: Ins Blaue. rororo Taschenbuch, Reinbek 1997. Heiter und leicht erzählte Sommergeschichte, die im Studentenmilieu der 80er-Jahre spielt. Ein Pärchen verbringt paradiesische Urlaubstage in einer Landkommune, die in dem am Rand der Cevennen gelegenen Tal der Dourbie lebt. Derzeit vergriffen.

Mosse, Kate: Die Frauen von Carcassonne. Droemer, München 2014. Ereignisreicher Roman um ein paar Frauen, die sich 1942 der Résistance anschließen und Widerstand gegen die Besatzer leisten.

Nestmeyer, Ralf (Hg.): Provence und Côte d'Azur, ein literarisches Landschaftsbild. Insel Verlag, Frankfurt 2002. Vielschichtige Anthologie mit Texten berühmter und unbekannter Autoren.

Roquette, Max: Grünes Paradies. München 1983. Die auf Okzitanisch geschriebenen Erzählungen kreisen um den sozioökonomischen u. kulturellen Verfall des bäuerlichen Languedoc. Nur noch in Bibliotheken.

Simon, Claude: Die Trambahn. DuMont, Köln, 2002. Der Nobelpreisträger Claude Simon (1985) erinnert sich an seine Jugend in Perpignan. Ein Alterswerk von hohem sprachlichem Niveau.

Simon, Claude: Der Wind. DuMont Verlag, Köln 2001. Ein weiterer in Südfrankreich angesiedelter Klassiker.

Soler, Jordi: Das Bärenfest. Knaus Verlag, München 2011. Historisch-literarische Spurensuche in den französischen Pyrenäen, die ihren Ausgang in den Vertreibungen des Spanischen Bürgerkrieges hat.

Sommerschuh, Jens-Uwe: Carcassonne. Aufbau Taschenbuch, Berlin 2001. Skurriler Roman mit einem Schuss Erotik, Abenteuer und Mystik. Als Schauplatz dient allerdings größtenteils die Provence.

Stendhal: Reisen in Südfrankreich (Mémoires d'un Touriste). dtv zweisprachig, München 1991. Auszug aus Stendhals Reisetagebuch von 1836–38.

Stevenson, Robert Louis: Reise mit dem Esel durch die Cevennen. Eugen Diederichs Verlag, Frankfurt 1986. Stevensons Schilderung seiner berühmten Wanderung durch die Cevennen. Derzeit nur antiquarisch oder auf Englisch erhältlich.

Tieck, Ludwig: Der Aufruhr in den Cevennen. Rowohlt Verlag, Reinbek 1990 (Taschenbuch). Klassiker aus dem letzten Jahrhundert. Ludwig Tieck schildert mit der Unterdrückung der protestantischen Bauern im Département Ardèche ein trauriges Kapitel aus der Zeit des Hugenottenkonflikts. Leider nicht mehr lieferbar.

Vanderbeke, Birgit: Ich sehe was, was du nicht siehst., Birgit Vanderbeke erzählt mit subtiler Ironie von den alltäglichen Schwierigkeiten einer Frau, die zusammen mit ihrem Sohn in Südfrankreich eine neue Heimat sucht und findet. Die sonderbare Karriere der Frau Choi. Skurrile Geschichte einer Chinesin, die mit ihrem koreanischen Restaurant ein Dorf im Languedoc in Atem hält. Beide Bücher sind als Fischer Taschenbuch erschienen.

Reiseliteratur

Aue, Walter: Die Augen sind unterwegs. Anabas Verlag, Frankfurt 2000. Literarische Spurensuche in Frankreichs Süden.

Bauner, Hans Georg: Literarischer Führer Frankreich. Insel Verlag, Frankfurt 2002.

Durrell, Lawrence: In der Provence. Schöffling & Co, Frankfurt 1998. Liebeserklärung an eine Landschaft. Dreißig Jahre bis zu seinem Tod lebte der große Romancier in dem Städtchen Sommières bei Nîmes.

Gréus, Ralf: Mit dem Wohnmobil ins Languedoc und Roussillon. WOMO Verlag, Mittelsdorf. Auf zahlreichen Touren durch die Region werden Übernachtungsplätze, Parkplätze sowie Sehenswürdigkeiten vorgestellt.

Hammes, Manfred: Erzähl' mir vom Süden. Wunderhorn Verlag, Heidelberg 2005. Eine literarische Reise durch Südfrankreich mit vielen Anregungen zum Weiterlesen.

Hartmann, Moritz: Tagebuch einer Reise durch Languedoc und Provence. Societäts-Verlag, Frankfurt 1971. Historischer Bericht einer 1851 unternommenen Reise durch Südfrankreich. Nur noch in Bibliotheken.

Hynek, Françoise/Urban-Halle, Peter: Jahreszeiten in der französischen Küche. Wagenbach Verlag 2013. Zu einer kulinarischen Reise mit 77 Rezepten laden die Autoren mit ihrem Buch ein. Ansprechende Rezepte, ein wenig Landeskunde und literarische Anspielungen machen die Lektüre zu einem Vergnügen.

Liehr, Günter: Süd-Frankreich. Rowohlt Taschenbuch, Reinbek 1990. Aus der Reihe „Anders reisen". Fundierte Hintergrundberichte. Nur noch antiquarisch erhältlich.

Nestmeyer, Ralf: Provence und Côte d'Azur. Literarische Reisebilder aus dem Midi. Klett-Cotta Verlag, Stuttgart 2005. Stimmungsvolle Einführung in die Literatur Südfrankreichs. Nur noch antiquarisch erhältlich.

Tucholsky, Kurt: Ein Pyrenäenbuch. rororo Taschenbuch, Reinbek 1957 ff. Lesenswerter Klassiker, der bis dato mehr als 250.000-mal verkauft worden ist. Die Region Roussillon wird allerdings nur am Rande gestreift.

Geschichte und andere Sachbücher

Baier, Lothar: Französische Zustände. Fischer Taschenbuch, Frankfurt 1986. Tiefgründige Annäherung an Frankreich mit den Schwerpunkten Politik und intellektuelles Leben. Nur noch in Bibliotheken erhältlich.

Baier, Lothar: Die große Ketzerei. Verfolgung und Ausrottung der Katharer durch Kirche und Wissenschaft. Wagenbach Verlag 1991.

Borst, Arno: Die Katharer. Herder Verlag 2000. Standardwerk zur Geschichte der Katharer aus der Feder eines der renommiertesten Mediävisten Deutschlands. Leider nicht mehr lieferbar.

Botermann, Helga: Wie aus Galliern Römer wurden. Klett-Cotta Verlag, Stuttgart 2005. Umfassende Darstellung der Lebenswelt im antiken Südfrankreich, wobei die Integration der Kelten in das römische Wertesystem mit vielen Beispielen geschildert wird.

Braudel, Fernand/Duby, Georges/Aymard, Maurice: Die Welt des Mittel-meers. Fischer Taschenbuch, Frankfurt 1993. Hommage an eine Kulturlandschaft.

Cabanel, Patrick: Histoire des Cévennes. Presses Universitaires de France, 2009. Preisgünstiges kleines Taschenbuch der „Que sais-je?"-Reihe von einem Geschichtsprofessor aus Toulouse.

Chauvet, Jean-Marie/Brunel Deschamps, Eliette/Hillaire, Christian: Grotte Chauvet. Jan Thorbecke Verlag, Sigmaringen 1995. Opulenter Bildband über die steinzeitliche Höhlenkunst im Tal der Ardèche. In vielen Bibliotheken.

Davis, Natalie Zemon: Die wahrhaftige Geschichte von der Wiederkehr des Martin Guerre. Wagenbach Verlag, Berlin 2004. Die rätselhafte (Verwechslungs-)Geschichte vom Verschwinden und Wiederauftauchen eines Bauern im Languedoc, eingebettet in eine spannende Beschreibung des Alltags im 16. Jahrhundert.

Literaturtipps

Durliat, Marcel: Romanisches Roussillon. Echter Verlag Würzburg 1988. Ein weiteres, nur noch in Bibliotheken vorzufindendes Standardwerk zur Romanik in Südfrankreich.

Erhardt, Klaus und Friedl, Werner: Bardou. Ein Pionierleben im Haut Languedoc. Anabas Verlag, Frankfurt 2005. Illustre Beschreibung eines „Aussteigers", der ein verfallenes Dorf im Languedoc wieder mit Leben erfüllt hat. Mit vielen Abbildungen.

Fry, Varian: Auslieferung auf Verlangen. Fischer Taschenbuch, Frankfurt 1994. Varian Fry, der einstige Organisator des Hilfskomitees, berichtet über die Rettung deutscher Emigranten aus Marseille in den Jahren 1940/41.

Götze, Karl Heinz: Französische Affairen. Fischer Taschenbuch, Frankfurt 1995. Kenntnisreiche Annäherung an die französische Mentalität.

Grandjonc, Jacques/Grundtner, Theresia (Hg.): Zone der Ungewissheit. Rowohlt Taschenbuch, Reinbek 1993. Umfangreiche Abhandlung über das Thema Exil und Internierung in Südfrankreich von 1933–44.

Große, Ernst Ulrich/Lüger, Heinz-Helmut: Frankreich verstehen. Wissenschaftliche Buchgesellschaft, Darmstadt 1993. Fundierte Einführung in die aktuellen politischen, gesellschaftlichen und kulturellen Verhältnisse Frankreichs, erweitert durch interessante Vergleiche mit der Bundesrepublik.

Harpprecht, Klaus: Mein Frankreich. Eine schwierige Liebe. Rowohlt, Reinbek 1999. Amüsanter Streifzug durch die Politik und Lebenskultur Frankreichs aus der Feder eines intimen Kenners.

Hinrichs, Ernst (Hg.): Kleine Geschichte Frankreichs. Reclam, Stuttgart 1994. Preisgünstiger und kompakter Überblick für Fachleute und interessierte Laien.

Le Roy Ladurie, Emmanuel: Die Bauern des Languedoc. dtv, München 1990. Am Beispiel der Bauern des Languedoc zeigt Emmanuel Le Roy Ladurie, einer der renommiertesten französischen Historiker, die Entstehung des Kapitalismus im Europa der Frühen Neuzeit.

Le Roy Ladurie, Emmanuel: Histoire du Languedoc. Presses Universitaires de France, 2010. Das preisgünstige Taschenbuch gibt auf 125 Seiten einen Einblick in die Geschichte des Languedoc.

Le Roy Ladurie, Emmanuel: Montaillon. Ein Dorf vor dem Inquisitor 1294–1324. Ullstein Taschenbuch, Berlin 2000. Ein überaus plastisches Bild der mittelalterlichen Lebenswelt im ländlichen Südfrankreich, dargestellt anhand der Protokolle eines Inquisitionsgerichtes.

Loring, Marianne: Flucht aus Frankreich 1940. Fischer Taschenbuch, Frankfurt 1996. Interessanter Bericht einer Zeitzeugin über die Vertreibung deutscher Sozialdemokraten aus dem Exil, inbegriffen längerer Aufenthalte im Languedoc. Nur noch antiquarisch erhältlich.

Loth, Wilfried: Geschichte Frankreichs im 20. Jahrhundert. Fischer Taschenbuch, Frankfurt 1996. Informiert kompetent über die Grundzüge der modernen französischen Geschichte.

Roquebert, Michel: Die Geschichte der Katharer. Reclam, Stuttgart 2012. Eindrucksvolle Gesamtdarstellung der Kreuzzüge und der Inquisition im Languedoc.

Meyer, Ahlrich: Die deutsche Besatzung in Frankreich 1940–1944. Wissenschaftliche Buchgesellschaft, Darmstadt 2000. Anschauliche Darstellung des Terrors, den die deutschen Besatzer im Zweiten Weltkrieg in Frankreich ausübten.

Nestmeyer, Ralf: Alles Mythos! 16 populäre Irrtümer über Frankreich. Theiss Verlag 2014. Von den Galliern über Napoleon und die Französische Revolution werden hier bekannte Stereotypen der französischen Geschichte auf den Prüfstand gestellt und hinterfragt.

Schmid, Silvana: Loplops Geheimnis, anabas Verlag, Frankfurt 2003. Interessante Annäherung an die kurze Zeitspanne, in der Max Ernst zusammen mit Leonora Carrington in Saint-Martin-d'Ardèche lebte und arbeitete.

Schnieper, Claudia und Robert: Südliches Frankreich. Reiseführer Natur. Tecklenborg Verlag, 2001. Ein Reiseführer für Naturfreunde.

Suchanek-Fröhlich, Stefan: Kulturgeschichte Frankreichs. Kröner Verlag, Stuttgart 1966. Umfassend, aber seit langem vergriffen.

Vanderbeke, Birgit: Gebrauchsanweisung für Südfrankreich. Piper Verlag, München 2011. Die seit zwei Jahrzehnten in Südfrankreich lebende Schriftstellerin hat ein heiteres Buch über die Eigenarten des südfranzösischen Savoir-vivre verfasst. Leider scheint sie das Languedoc nicht zu mögen, obwohl sie das Languedoc östlich der Rhône ansiedelt …

Die schönste Autobahnbrücke der Welt: Viaduc de Millau

Anreise

Mit dem Auto oder Motorrad

Das eigene Fahrzeug ist nach wie vor die beliebteste Anreiseform, da vor Ort so die größte Flexibilität gewährt ist. Zudem sind die französischen Autobahnen weit weniger frequentiert als in Deutschland.

Für Österreicher, Schweizer und Süddeutsche ist die An- und Abreise mit dem eigenen motorisierten Fahrzeug durchaus in einem Tag zu bewältigen; wer jedoch in Norddeutschland wohnt bzw. aus Kostengründen oder des gemächlichen Tempos wegen nur Landstraßen benutzen will, sollte eine Übernachtung einplanen. Ein Beispiel für die zu bewältigenden Entfernungen: Von Köln nach Nîmes sind es via Lyon rund tausend Kilometer; benutzt man durchgehend die Autobahn, müssen für die Anreise zwischen elf und zwölf Stunden veranschlagt werden.

Allgemeine Hinweise für Frankreichfahrer

Alkohol am Steuer: Wie in Deutschland und den meisten anderen Ländern Europas gilt es auch in Frankreich eine Grenze von 0,5 Promille.

Autobahngebühren: Die Gebühren sind an den mit *Péage* angekündigten Mautstellen entweder bar (Kleingeld bereithalten!) oder mittels Kreditkarte (Eurocard, Visa oder Amex) zu entrichten. Darüber hinaus gibt es ein System der elektronischen Erfassung von Mautgebühren (Télépéage), für das speziell markierte Fahrspuren („t") zur Verfügung stehen. Seit 2014 kann das System auch von Touristen genutzt werden. Dazu besorgt man sich den mit einem Chip ausgestatteten Pass Liber-t, aktiviert ihn und bringt ihn an der Windschutzscheibe an (vor der Durchfahrt gibt der Chip einen Piepton aus, die Ampel schaltet auf Grün und die Schranke öffnet sich). Bestellen kann man den Pass online unter www.bipandgo.com/de bzw. www.tollticket.com. Von Saarbrücken bis ins Languedoc summieren sich die Autobahngebühren beispielsweise auf etwa 55 €. Als Richtgröße kann man davon ausgehen, dass der Autobahnkilometer etwa 7 Cent kostet. Bis auf eine Brückenmaut für den Viaduc de Millau ist die von Clermont-Ferrand über Millau nach Béziers führende A 75 (*La Méridienne*) kostenlos. Auch rund um die größeren Städte werden in der Regel keine Gebühren erhoben. Ein Tipp: An den mit CB für *Carte Bancaire* (Kreditkarten) ausgewiesenen Spuren sind oft erheblich kürzere Schlangen als an den Bargeld-Schaltern. Auf das Ticket sollte man gut aufpassen; wer es nicht vorweisen kann, muss den höchsten theoretisch möglichen Preis entrichten.

Benzin und **Gas**: An jeder Tankstelle in Frankreich erhält man *Gazole* (Diesel), *95 Oktan, sans plomb* (Normal bleifrei) und *98 Oktan, sans plomb* (Super bleifrei). In den ländlichen Regionen kann es häufiger passieren, dass die kleineren Tankstellen von 12 bis 15 Uhr geschlossen sind und zudem keinen Tankautomaten besitzen. Am teuersten sind auch in Frankreich die Tankstellen an den Autobahnen; billiger sind die Tankstellen bei den großen Supermärkten; dort wird allerdings keinerlei Service geboten. Die Preisunterschiede zu den Markentankstellen können jedoch bis zu 12 Cent pro Liter betragen. Die Homepage www.carbu.fr ermöglicht einen Vergleich, wo man im jeweiligen Département günstig tanken kann. Wer über einen Gastank verfügt, kann sich vorab auf www.gas-tankstellen.de über die Lage der entsprechenden Tankstellen informieren.

Bußgelder: Zwischen Deutschland, Österreich, Frankreich und Italien gibt es ein „Vollstreckungsabkommen", mit dessen Hilfe Verkehrssünder auch in ihren Heimatländern zu Bußgeldern herangezogen werden können. Voraussetzung ist allerdings, dass das Bußgeld mindestens 40 € beträgt.

Ausgezapft …

Fahrzeugpapiere: Der nationale Führerschein und der Fahrzeugschein genügen vollauf; die internationale Grüne Versicherungskarte ist zwar nicht mehr Pflicht, sie kann aber bei Unfällen sehr hilfreich sein.

Kreisverkehr: Der im deutschsprachigen Verkehrsraum relativ seltene Kreisverkehr (*round point*) erfreut sich in Frankreich als Alternative zur ampelgesteuerten Kreuzung großer Beliebtheit, wobei das bereits im Kreisverkehr befindliche Fahrzeug fast immer Vorfahrt hat. Nur wenn kein Verkehrsschild die Vorfahrt regelt, gilt rechts vor links.

Pannenhilfe: Auf den Autobahnen kann die Pannenhilfe über die Notrufsäulen angefordert werden, bei Unfällen hilft der Polizeinotruf, ✆ 17.

Parken: Bevor man seine Blechkarosse am Straßenrand abstellt, sollte man sich vergewissern, dass das Auto nicht in einer gelben Zone (Streifen am Straßenrand) steht – dies bedeutet nämlich strengstes Parkverbot. Blaue Zonen weisen darauf hin, dass man eine Parkscheibe *(disque)* verwenden muss; das Parken in einer Zone mit der Beschriftung *Payant* ist kostenpflichtig.

Reparaturen: Wer mit einem Peugeot, Renault oder Citroën unterwegs ist, hat überhaupt keine Probleme, denn die französischen Autohersteller unterhalten in nahezu jeder Stadt eine eigene Vertragswerkstatt. Das soll nicht heißen, dass ein Renaultmechaniker nicht auch einen Opel Astra reparieren kann, aber spezielle Ersatzteile und Vertragswerkstätten für deutsche, italienische und japanische Autos gibt es in der Regel nur in den größeren Städten. Günstig sind die Werkstätten von www.speedy.fr.

Manchmal geht die französische Liebe zum Kreisverkehr etwas weit

Sicherheitsweste: Seit dem 1. Juli 2008 sind in Frankreich eine signalfarbene Sicherheitsweste und ein Warndreieck Pflicht. Die Weste muss bei einem Unfall oder einer Panne sofort angezogen werden.

Tempolimit: Während auf den französischen Autobahnen eine Höchstgeschwindigkeit von 130 Stundenkilometern (bei Nässe 110 Stundenkilometer) erlaubt ist, darf auf Schnellstraßen mit zwei Fahrbahnen in jeder Richtung nicht mehr als 110 Stundenkilometer (bei Nässe 100 Stundenkilometer) und auf Landstraßen nicht schneller als 90 Stundenkilometer (bei Nässe 80 Stundenkilometer) gefahren werden. Innerhalb geschlossener Ortschaften gilt die bekannte Geschwindigkeitsbegrenzung von 50 Stundenkilometern. Führerscheinneulinge, die ihren Schein noch kein ganzes Jahr besitzen, dürfen auf allen Straßen 90 Stundenkilometer nicht überschreiten. Geblitzt wird vor allem mit festen Radaranlagen. Bei Verstößen werden satte Geldbußen verhängt (ab 90 €).

Anfahrtsrouten

Nach Wohnort bieten sich mit dem eigenen Fahrzeug verschiedene Anreisewege an. Abgesehen von den persönlichen Interessen (z. B. Zwischenstopp am Gardasee oder Montblanc, Einkaufsbummel in Mailand etc.) stellen die jeweilige Reisezeit, die anfallenden Kosten sowie die Zielregion die Hauptentscheidungskriterien dar. Prinzipiell gilt: Wer die Landstraße wählt, spart Geld, verliert aber viel Zeit.

> „Der Mensch des Nordens kann in Frankreich seine Sehnsucht nach dem Mittelmeer stillen", schreibt Ernst Robert Curtius und weiß auch, warum es ihm hier so leicht fällt: „Im Unterschied zu Deutschland braucht er hier nicht die Alpen zu überqueren, um das Ufer des Binnenmeeres zu erreichen …"

Anfahrt via Frankreich

Wer auf der **Autobahn** in die Region Languedoc-Roussillon fahren will, entschließt sich aus Kostengründen zumeist dafür, erst bei Mulhouse (Mühlhausen) die Grenze zu überqueren. Für die Strecke von Mulhouse bis Nîmes sind zwar immer noch knapp über 50 € an Gebühren – Motorradfahrer reisen rund 40 Prozent billiger – fällig, aber schneller und nervenschonender als auf der Autobahn geht es nun einmal nicht. Für Rheinländer bietet es sich selbstverständlich auch an, über Saarbrücken, Metz und Nancy gen Süden zu fahren. Bis auf ein kurzes Teilstück vor Dijon verläuft die Autobahn durchgehend.

Die ersten Autobahnabschnitte bis Beaune sind relativ wenig befahren, danach verdichtet sich der Verkehr. Zusammen mit den Reisenden aus dem Großraum Paris geht es ab Lyon auf der vielbesungenen *Autoroute du Soleil* (A 7) nach Süden. Unbedingt vermeiden sollte man diese Anreiseroute allerdings an den beiden berüchtigten Wochenenden (um den 14. Juli und 1. August), an denen scheinbar alle Franzosen in die Ferien aufbrechen, gigantische Staus sind dann vorprogrammiert. Vor Avignon zweigt die A 9, auch *La Languedocienne* genannt, in Richtung Nîmes und weiter in Richtung Montpellier und Perpignan ab. Der Rundfunksender *FM 107,7* gibt Verkehrshinweise.

Das 1998 zwischen Dijon und Lyon eröffnete Autobahnteilstück (A 39) erleichtert die Anreise von Deutschland erheblich, da dadurch das berüchtigte Dreieck von Beaune umgangen werden kann. Zudem verspricht die Kulisse des französischen Jura mehr Abwechslung auf der Fahrt. Hierzu zweigt man – von Mühlhausen (A 36) kommend – bei Dole nach Süden ab, um über Bourg-en-Bresse in Richtung Lyon zu fahren. Ein Wermutstropfen: Wie (fast) alle französischen Autobahnen ist auch die A 39 mautpflichtig. Lohnenswert ist auch ein Abstecher durch das Massif Central. Diese Anreisevariante hat zudem den Vorteil, dass die A 75 (La Méridienne), die von Clermont-Ferrand über Millau nach Béziers führt, bis auf eine Brückenmaut gebührenfrei ist. Reisende, deren Ziel die Cevennen sind, können auch von Lyon auf der A 47 bis Saint-Etienne fahren, um anschließend auf der N 88 bis nach Mende weiterzureisen.

Auf den **Nationalstraßen** (*Route Nationale*) geht es ebenfalls – außer an den Tagen, an denen alle fahren – gut und zügig voran; es besteht bei der Anreise über Mulhouse zudem die Möglichkeit einer Abkürzung (N 83) von Besançon über Lons-le-Saunier und Bourg-en-Bresse nach Lyon. Die dreispurigen – die mittlere Spur kann von beiden Fahrtrichtungen zum Überholen genutzt werden – Nationalstraßen im Rhône-Tal befinden sich über weite Strecken in einem ausgezeichneten Zustand. Zu bedenken bleibt allerdings, dass die Anreise erheblich länger dauert, da die zahlreichen Ortsdurchfahrten zeitraubend sind. Dafür kann man die gesparten Autobahngebühren von rund 50 € auch bequem in ein günstigen Doppelzimmer in einem durchschnittlichen Hotel investieren.

Der **Routenplaner** www.viamichelin.fr gibt Informationen zur schnellsten, kürzesten oder touristisch interessantesten Anreisevariante.

Anfahrt via Schweiz

Da allein schon die Autobahnvignette für die Schweiz mit umgerechnet rund 40 sfr (ca. 34 €) zu Buche schlägt, summieren sich die Autobahngebühren bis Nîmes auf insgesamt knapp 70 €. Es rechnet sich aus Zeitgründen nicht, den Kauf der ein Jahr gültigen Autobahnvignette zu umgehen und die Schweiz auf Landstraßen zu durchqueren. Je nach Reiseziel führen viele Wege durch die Eidgenossenschaft: Zumeist wird die Route Lindau-Zürich-Bern-Genf gewählt. Vom Genfersee geht es dann weiter über Annecy und Grenoble nach Süden. Wer Zeit hat, kann einen Abstecher zum Mont Blanc unternehmen.

Abstecher nach Lyon

Die meisten Reisenden brausen heute auf der Autobahn an Lyon vorbei, ohne der 1998 von der UNESCO zum Weltkulturerbe ernannten Altstadt einen Kurzbesuch zu widmen.

Von den Römern gegründet, stieg Lugdunum innerhalb weniger Jahre zur Hauptstadt der Provinz Gallia Iugdunensis auf. Mit einer Ausdehnung von mehr als 140 Hektar war es größer als Paris, Köln oder Verona. Im Mittelalter musste Lyon allerdings hinter Paris zurückstecken. Erst im Laufe des 15. Jahrhunderts setzte ein enormer wirtschaftlicher Aufschwung ein; die Stadt wurde zu einem Zentrum des Textilgewerbes und des Handels. Im 16. Jahrhundert wurde hier Frankreichs erster literarischer Salon wurde gegründet, und Rabelais, der als Arzt am städtischen Hôtel Dieu praktizierte, veröffentlichte seine Satiren von Pantagruel und Gargantua. Zu den eindrucksvollsten Zeugen jener Epoche gehört das sich auf dem rechten Ufer der Saône erstreckende Vieux Lyon. Mit seinen rund 300 denkmalgeschützten Häusern gilt es als das großartigste Renaissance-Viertel Frankreichs. Zu dem Ensemble gehören zwar auch spätgotische und klassizistische Bauwerke, darunter die Cathédrale Saint-Jean mit ihrer filigranen Fensterrosette. Doch am faszinierendsten sind die Renaissancebauten mit ihren fein gearbeiteten Loggien und Wendeltreppen. Hoch über der Saône und über Vieux Lyon erhebt sich die Kirche Nôtre-Dame-de-Fourvière, die als „Zwillingsschwester" von Sacré-Cœur gerühmt wird.

Vom Fourvière-Viertel führt ein Straßentunnel hinüber nach Pentes de la Croix Rousse. Einst lebten und arbeiteten hier mehr als 60.000 Weber in den dicht aneinander gedrängten Häusern, deren charakteristisches Merkmal die hohen Decken – damit die Jacquard-Webstühle Platz hatten – und die schmalen „Traboules" sind. Das Wort *Traboules* bezeichnet ein Gewirr von Gängen und Stiegen, die Haus mit Haus und Gasse mit Gasse verbinden, und so einen geschützten Transport der Waren ermöglichten. Während der Weberunruhen in den 1830er-Jahren sowie im Zweiten Weltkrieg dienten die Traboules als Fluchtwege für Kämpfer der Résistance. In jenen Jahren war Lyon das Zentrum der französischen Widerstandsbewegung; ihr Führer Jean Moulin wurde hier 1943 verhaftet und von der Gestapo zu Tode gefoltert.

Eingeschlossen von der Rhône und der Saône, präsentiert sich Lyon im Viertel La Presqu'île von seiner repräsentativsten Seite. Optischer Fixpunkt im Norden der Halbinsel ist das Hôtel de Ville an der Place des Terreaux mit der riesigen Fontaine de Bartoldi; die Figuren des Brunnens symbolisieren die dem Meer zustrebenden Flüsse. Die breiten Einkaufsstraßen des Viertels sind von prachtvollen Bürgerhäusern gesäumt und führen zur Place Bellecour, einem der größten und schönsten Plätze Frankreichs.

Anfahrt via Italien

Österreicher ist die Anreise über Italien zumeist die günstigste Möglichkeit. Wiener fahren über Graz, Villach und Venedig nach Verona, die anderen über den Brenner. Für Reisende aus Bayern, die nach Südfrankreich wollen, ist die Anreise via Brenner ebenfalls zu empfehlen. Über Verona und Piacenza geht es dann zügig durch die Poebene. Noch vor Alessandria zweigt die Autobahn nach Genua ab. Von Genua geht es weiter auf der tunnelreichen Küstenstrecke bis zur französischen Grenze. Zwischen Brenner und Nîmes betragen die Autobahngebühren insgesamt mehr als 65 €. Die italienischen Landstraßen zu benutzen, ist ebenfalls zeitraubend; entlang der Küste von Genua nach Ventimiglia benötigt man zudem ein besonders strapazierfähiges Nervenkostüm. Wer die Seealpen zum Ziel hat, sollte über Alessandria, Asti und Cuneo die Grenze zu Frankreich beim Col de Tende überqueren.

Achtung: Bei Anfahrt durch Österreich ist die Vignettenpflicht auf Autobahnen zu beachten: 10-Tages-Vignette 8,50 €, 2-Monats-Vignette 24,80 €, Jahresvignette 82,70 €.

Mit dem Zug

Es gibt zwei alternative Anreiserouten: Über Frankreich geht es zumeist schneller, die Zugfahrt durch Italien schont hingegen etwas die Reisekasse.

Bis in die zweite Hälfte des 19. Jahrhunderts hinein war eine Reise in den vom Klima verwöhnten Süden Frankreichs ein ziemlich beschwerliches Unterfangen; mit der Postkutsche rhôneabwärts zu reisen, brachte die Entbehrungen einer tagelangen Fahrt über holprige, schlecht ausgebaute Straßen mit sich, mit der Gefahr, dass ein Achsenbruch die Reise an der nächsten Biegung beenden würde.

Von den Beschwerden des Reisens

„Reisen im Postwagen", so vermerkte Johann Georg Heinzmann 1793 in seinem „Rathgeber für junge Reisende", „ermatten eben so sehr den Geist, als sie für den Körper schädlich sind. Wer nur ein paar Tage und eine Nacht im Postwagen gefahren ist, wird zu allen muntern Gesprächen nicht mehr fähig seyn, und alles was um und neben ihm vorgeht, fängt ihm an gleichgültig zu werden. Das unbequeme enge Sitzen, oft bey schwüler Luft, das langsame Fortrutschen mit phlegmatischen und schlafenden Postknechten, der oft pestilenzialische Gestanck unsauberer Reisegesellschaften, das Tobackdampfen und die zottigen schmutzigen Reden der ehrsamen bunten Reisekompagnie, lassen uns bald des Vergnügens satt werden, und verursachen schreckliche Langeweile und gänzliches Übelbefinden in allen Gliedern. Wer acht Tage so gefahren ist, wird fast ein ganz andrer Mensch geworden seyn; wunderlich, träge, gelähmt am ganzen Körper, wachend wird er schlafen, die Augen eingefallen, das Gesicht aufgedunsen, die Füße geschwollen; der Magen ohne Appetit, das Blut ohne Spannkraft; der Geist abwesend und zerstreut, und wie im Taumel redend."

Erst die Erfindung der Eisenbahn und der Ausbau des Eisenbahnnetzes revolutionierten das Transportwesen; in „Windeseile" fuhren die immer luxuriöser werdenden Züge über Paris an die französische Mittelmeerküste. Der Privatzug der englischen Königin Victoria war mit Seide ausgekleidet und im Louis-Seize-Stil möbliert; allmorgendlich standen die Räder allerdings eine Stunde still: Ihre königliche Hoheit wollte sich nämlich in Ruhe ankleiden und die Männer des Begleittrosses sollten Gelegenheit haben, sich ohne Verletzungsgefahr zu rasieren. Ein dem Orientexpress vergleichbarer Klassiker war der wegen seiner blau-gold lackierten Schlafwagen *Train Bleu* genannte Zug, der von Calais zur Côte d'Azur rollte. Heute heißt das Zauberwort im französischen Eisenbahnwesen **TGV** (*Train à Grande Vitesse*) – jedoch nur, wenn man über Paris anreist. Der Hochgeschwindigkeitszug (Reservierungspflicht!) bewältigt die Strecke zwischen dem Pariser Gare de Lyon und Montpellier elfmal täglich in sagenhaften 3:15 Stunden, dabei wird eine Höchstgeschwindigkeit von 270 Stundenkilometern erreicht. Seit März 2012 startet auch ein TGV von Frankfurt nach Marseille (7:45 Stunden), eine weitere Verbindung zwischen Basel und Marseille folgte.

Preise

Für spezielle Strecken gibt es an bestimmten Terminen gelegentlich Sondertarife. -
Der InterRail-Ein-Land-Pass ist mit 147 € für drei Tage eventuell eine Alternative.

Ermäßigungen Die Deutsche Bahn vermarktet günstige Angebote unter der Bezeichnung „Europa Spezial" (www.bahn.de/p/view/angebot/international/europaspezial/frankreich.shtml). Lohnend sind die Sondertarife für den TGV oder die Fahrt nach Paris. Eine gute Übersicht bietet: www.tgv-europe.com. Zudem gibt es für BahnCard-Besitzer mit **RailPlus** weitere 25 Prozent – auf dem Netz der französischen Staatsbahnen allerdings nur für Jugendliche unter 26 Jahren sowie Senioren über 60 Jahren. Kinder müssen im Ausland dagegen den halben Fahrpreis bezahlen.

Reiseauskunft der Deutschen Bahn (bundeseinheitliche Rufnummer ✆ 0180/5996633, 0,14 € pro Minute) bzw. www.bahn.de, www.oebb.at, www.sbb.ch, www.voyages-sncf.com.

Fahrradmitnahme

Im internationalen Bahnverkehr mit Frankreich ist eine Fahrradmitnahme nur in speziell gekennzeichneten Zügen (TGV) möglich. Man benötigt hierzu eine internationale Fahrradkarte für 10 €.
ADFC (Allgemeiner Deutscher Fahrrad-Club), Postfach 107747, D-28077 Bremen, ✆ 0421/346290, www.adfc.de; **DB-Radfahrer-Hotline**, ✆ 0180/6996633; **SNCF**, ✆ 0033/892353536.

Weitere Anreisemöglichkeiten

Mit dem Flugzeug

Die Flughäfen von Marseille (*Marignane*), Perpignan (*Rivesaltes*) und Montpellier werden regelmäßig direkt von Deutschland und der Schweiz aus angeflogen. Kleinere Regionalflughäfen gibt es bei Nîmes sowie bei Carcassonne. Die Anreise mit dem Flugzeug beträgt etwa 1:30 Stunden (Direktflug).

> Wer sich um die CO_2-Emission seines Fluges sorgt, kann eine Spende in Höhe der Umweltbelastung für Klimaprojekte leisten: www.atmosfair.de bzw. www.myclimate.org.

Tarifdschungel: Das Tarifsystem auf dem Flugreisemarkt ist nicht gerade übersichtlich, auf der Suche nach den günstigsten Verbindungen kann man leicht Stunden im Internet verbringen. Nur eins steht fest: In der Businessclass ist es am teuersten. Günstiger ist es immer dann, wenn man sich langfristig auf das Hin- und Rückflugdatum festlegen kann. In der Regel kostet ein Hin- und Rückflug mindestens 300 €, der Flugpreis kann aber leicht auch 1000 € betragen.

Flugverbindungen nach **Marseille** (MRS) sind von Berlin, Düsseldorf, Frankfurt, Genf, München, Stuttgart und Zürich möglich. Ryanair fliegt zudem in Marseille den Low-Cost-Terminal „MP2" an, beispielsweise von Düsseldorf (Weeze). Wer mit der Air France reist, wird häufig in Paris das Flugzeug sowie den Flughafen wechseln müssen – eine zeitraubende Prozedur. So auch auf dem Flug von Frankfurt nach Montpellier. Eine Alternative für Reisende aus Südwestdeutschland: Aktuelle Angebote der Air France von Strasbourg oder Mulhouse prüfen, die deutlich günstiger sind! Erst unlängst hat die Billigfluglinie Ryanair eine Verbindung zwischen Frankfurt/Hahn und **Montpellier** eingerichtet (mindestens einmal täglich). Die Preise variieren (einfach ab 49 €), doch in der Regel kostet ein Hin- und Rückflug etwa 160 €. Zudem fliegt Ryanair von verschiedenen europäischen Destinationen (z. B. London-Stansted) nach Carcassonne sowie nach Perpignan.

www.ryanair.com; www.air-france.de:, www.lufthansa.de.

Unterwegs in der Region

Die Cevennen und die Pyrenäen lassen sich am besten mit dem eigenen Fahrzeug erkunden, da das öffentliche Nahverkehrsnetz sehr weitmaschig ist. Besser geht es entlang der Küste und zwischen den großen Städten.

Die Region Languedoc-Roussillon verfügt über ein sehr gut ausgebautes Straßennetz. Auch mit dem öffentlichen Busverkehr kommt man in Südfrankreich recht weit. Schwierig wird es nur, wenn man in entlegenere Gegenden und in die Bergregionen fahren möchte. Im Küstenbereich bietet es sich an, die guten Bahnverbindungen zu nutzen. Damit sind schon die gängigsten Möglichkeiten der Fortbewegung kurz skizziert. Eine außergewöhnliche Reisealternative stellt das Schiff dar. Auf dem Canal du Midi kann man gemütlich mit einem Hausboot herumschippern. Will man jedoch möglichst viel vom Land sehen, bieten sich das eigene Fahrzeug sowie Bahn und Bus als wichtigste Transportmittel an.

Rar geworden: historische Wegweiser

Das **Trampen** ist nicht sonderlich geeignet, um Südfrankreich zu bereisen. Die Autos der Touristen sind meist zu voll, um einen Tramper samt Gepäck unterzubringen, die Einheimischen fahren in der Regel nur zum nächsten Dorf; zudem verdienen sie nicht gerade das Prädikat „tramperfreundlich". Am ehesten werden noch Wanderer mitgenommen, die wieder zum Ausgangspunkt zurück wollen. Wer weitere Strecken zurücklegen

Wanderer, kommst Du nach Carcassonne …

möchte, kann sich auch bei den in größeren Städten anzutreffenden Mitfahrzentralen (*Allostop*) nach einer Mitnahmemöglichkeit erkundigen.

Das **Wandern** stellt dagegen eine gute Möglichkeit dar, die Region Languedoc-Roussillon ganz individuell zu durchstreifen. Insgesamt sind Wanderwege mit einer Gesamtlänge von mehr als 6000 Kilometern markiert. Besonders gut ausgeschildert sind die Fernwanderwege (*Sentiers de **G**rande **R**andonée, GR*), eine Wanderkarte mit großem Maßstab erleichtert die Orientierung. Besonders interessant ist der durch die Pyrenäen führende GR 10. Wir haben eine ansprechende Auswahl an Wanderungen für Sie zusammengestellt, Sie finden diese im Teil „Kleiner Wanderführer" am Ende des Buches → S. 526.

Mit dem eigenen Fahrzeug

Da die abgeschiedenen Landstriche der Cevennen und der Pyrenäen mit öffentlichen Verkehrsmitteln nur sehr schwer – wenn überhaupt – zu erreichen sind, erkunden die meisten Touristen den Süden Frankreichs mit dem eigenen Fahrzeug. Motorradfreaks kommen angesichts der kurvenreichen Straßen voll auf ihre Kosten.

Das Straßennetz in der Region Languedoc-Roussillon bereitet im Allgemeinen keine Probleme, nur in den Pyrenäen und in den Cevennen ist es aufgrund der geographischen Gegebenheiten weitmaschiger. Besonders gut ausgebaut sind die mit N-Nummern markierten Nationalstraßen, während die mit einer D-Nummer versehenen Département-Straßen schmäler und gelegentlich auch etwas holprig sind.

Das Fahrverhalten der Franzosen entspricht der mediterranen Mentalität: Größtenteils wird sehr forsch, unter häufiger Benutzung der Hupe gefahren, allerdings weniger rechthaberisch als in Deutschland. Glücklicherweise leiden die

Mautstation: bezahlen und weiter in den Süden

Franzosen in der Regel nicht an den cholerischen Anfällen mancher mitteleuropäischer Autofahrer.

Autoverleih: In allen größeren Städten der Region, insbesondere in den Touristenzentren, sind international bekannte Verleihagenturen sowie kleine örtliche Vermieter zu finden. Dies gilt selbstverständlich auch für die großen Bahnhöfe. Grundvoraussetzungen für das Mieten eines Leihwagens sind ein Mindestalter von 21 Jahren und der einjährige Besitz des Führerscheins. Ebenso notwendig ist eine Kreditkarte, ohne die es inzwischen nicht mehr möglich ist, ein Auto zu leihen. Zumeist ist es preisgünstiger, schon im Heimatort einen Wagen bei den internationalen Verleihfirmen im Voraus zu buchen. Die französische Bahn (SNCF) mit den Rail-and-drive-Angeboten sowie die Fluggesellschaften mit den Fly-and-drive-Angeboten halten ebenfalls preiswerte Alternativen bereit.

Mit der Bahn

Entlang der Küste ist die Bahn ein gleichwertiges Verkehrsmittel, das sich wegen der häufigen Verbindungen auch motorisierten Touristen für Ausflüge anbietet. Ruckzuck ist man in Montpellier oder Perpignan, ohne dass man sich über Parkplätze, Strafzettel oder Autoaufbrüche Gedanken machen muss.

Im Großen und Ganzen beschränkt sich das Eisenbahnnetz im Süden Frankreichs aber auf Verbindungen zwischen den größeren Städten, ausgesprochen gut kommt man im Tal der Rhône, zwischen Narbonne und Toulouse sowie entlang der Küste voran. Auch die Hauptorte der Cevennen lassen sich mit der Eisenbahn hervorragend erkunden. Die landschaftlich reizvolle Strecke von Nîmes über Alès nach Mende und Marvejols wird mehrmals täglich bedient. Die Fahrkarten werden am Schalter ausgegeben, Tickets für kürzere Strecken löst man an den bereitstehenden

Automaten. Kinder bis vier Jahre fahren kostenlos, von vier bis zwölf Jahren ist der halbe Fahrpreis zu entrichten. Über Verbindungen kann man sich auch vorab im Internet informieren (www.voyages-sncf.com). Lohnend ist der Kauf der „Carte Vialiberté", die in den Ferien und an den Wochenenden 50 Prozent Rabatt und innerhalb der Woche 25 Prozent Rabatt auf den normalen Fahrpreis bei Fahrten mit dem TER (Regionalexpress) gewährt. Die Karte kostet 25 € einmalig, ist ein Jahr lang gültig und erlaubt die Mitnahme von bis zu drei Personen, die jeweils auch 50 Prozent Rabatt auf alle Fahrpreise erhalten.
www.voyages-scnf.com; www.ter-sncf.com/Languedoc. Landesweite Auskunft in Frankreich: ✆ 3635 oder 0892353535 (0,34 €/Min.)

Eine landschaftlich überaus reizvolle Strecke soll hier besonders hervorgehoben werden:
Der von Villefranche-de-Conflent bis nach La-Tour-de-Carol verkehrende **Petit Train Jaune**. Bis zu siebenmal pro Tag legt die Schmalspurbahn die rund 60 Kilometer lange Strecke zurück und passiert auf ihrem Weg tiefe Schluchten und brausende Wasserfälle. Unterwegs bietet sich mehrfach die Gelegenheit zu einem Zwischenstopp. Beispielsweise in Mont-Louis, das sich hervorragend als Ausgangspunkt für Wanderungen durch den Wald von Barres und zum Pic de Carlit eignet.

Mit dem Bus

Die öffentlichen Busverbindungen sind eine wichtige Ergänzung zur Eisenbahn, denn im Hinterland verkehren Züge nur auf wenigen Strecken. Alle größeren sowie viele kleinere Orte sind aber an das öffentliche Busnetz angeschlossen.

Die Orte im Hinterland werden meist nicht häufiger als zweimal täglich vom Linienverkehr bedient, an Sonn- und Feiertagen fahren so gut wie keine Busse über Land. Wichtig ist es auch, sich nach dem Abfahrtsort zu erkundigen, da nicht alle Busse von der *Gare routière*, dem Busbahnhof, abfahren. In den größeren Städten wie Nîmes, Narbonne, Montpellier und Perpignan erleichtern städtische Buslinien die Besichtigungstour. Im Reiseteil dieses Buches sind bei fast allen Orten die wichtigsten öffentlichen Verkehrsverbindungen zu den umliegenden Städten genannt, die Angaben bezüglich der Häufigkeit beziehen sich in der Regel auf einen normalen Werktag. Wer am Sonn- oder Feiertag reisen möchte, muss bedenken, dass die Busse wesentlich seltener fahren.

Ein nützlicher Hinweis: Bei den Bahnhöfen der Region Languedoc-Roussillon ist ein kostenloser Fahrplan (*Guide régional des Transports*) erhältlich, der einen Überblick über die wichtigsten regionalen Zug- und Busverbindungen bietet. Im Département Pyrénées-Orientales kostet jede Busfahrt nur 1 €, egal, wie weit.

Mit dem Taxi

Taxis sind immer dann nützlich, wenn man mit Bussen und Bahn nicht mehr weiter kommt oder aber Zeit sparen möchte. Taxis können entweder auf offener Straße angehalten werden, oder man steigt an einem mit „T" gekennzeichneten Taxistand zu. Wird ein Taxi über eine Taxizentrale bestellt oder am Bahnhof bzw. Flughafen bestiegen, kommt zum Fahrpreis eine Anfahrtspauschale hinzu. Alle Gepäckstücke über fünf Kilogramm werden zusätzlich berechnet (jeweils 1 €). Zehn Prozent Trinkgeld gelten als angemessen.

Mit dem Schiff

Unter Freizeitkapitänen steht der Süden Frankreichs hoch im Kurs. Im Takt des Dieselmotors kann man gemächlich vor sich hin dösen und dabei die Landschaft des Midi genießen. Schon Stendhal schwärmte: „Man sieht das Land besser als von der Postkutsche aus."

Herausragend ist der 1996 von der UNESCO zum „Weltkulturerbe" erklärte **Canal du Midi**, der vom Mittelmeer bis nach Toulouse führt. Der im 17. Jahrhundert errichtete Kanal ist eine geradezu ideale Wasserstraße, die man auch ohne große Vorkenntnisse (Führerschein frei!) mit dem **Hausboot** durchschippern kann. Alternativstrecken sind der Rhône-Kanal vom Bassin de Thau über Sète bis zur Kleinen Camargue oder der Canal de Robin, der Narbonne mit dem Mittelmeer verbindet. Schneller als 10 bis 12 km/h geht es nicht voran. Die einzige Anforderung an das Navigationsvermögen stellen die Schleusen dar, mit deren Hilfe die Höhenunterschiede überwunden werden müssen. Eine halbstündige Einweisung samt Probefahrt genügt, und schon begibt man sich ausgerüstet mit einer detailreichen Flusskarte auf große Fahrt.

Die gut ausgestatteten Hausboote – sie erinnern an schwimmende Wohnwagen – gibt es in verschiedenen Größen, geeignet für 2 bis 12 Personen. In der Praxis empfiehlt es sich, großzügig zu kalkulieren, damit mehrere Reisende nicht zu dicht aufeinander sitzen. In der Kombüse stehen meist Gasherd und Kühlschrank bereit, und auch das Badezimmer ist voll funktionstüchtig, so dass man auf die tägliche Dusche nicht verzichten muss; Toiletten befinden sich ebenfalls an Bord. Oben befindet sich ein Führerstand mit Schiebedach, draußen verläuft rund um das „Sonnendeck" ein schmaler Laufsteg. Als praktisch erweist sich die Mitnahme eines Fahrrads, da man dann mobil ist, um Sehenswürdigkeiten links und rechts des Canal du Midi besichtigen zu können. Die meisten Vermieter haben daher auch Fahrräder in ihrem Programm. Zum Joggen oder Spazierengehen eignen sich die Treidelpfade ebenfalls hervorragend. Die Dörfer und Städte entlang des Kanals haben sich auf die Bedürfnisse der Hausboot-Touristen eingestellt. An den Halteplätzen sind Restaurants und Weinkeller geöffnet.

Lohnend: Bootstouren

Eine allgemeine Informationsbroschüre zu den Städten und Dörfern entlang des Kanals ist beim *Comité Régional du Tourisme du Languedoc-Roussillon* erhältlich (www.sunfrance.com).

Weitere Hinweise: Der Canal du Midi und der Canal de la Robine sind von März bis Oktober bis auf fünf Feiertage jeden Tag geöffnet. Einen gewissen zeitlichen Rahmen geben die Öffnungszeiten der Schleusen vor: 8–12.30 und 13.30–19.30 Uhr (Informationen unter www.canalmidi.com).

Die **Preise** variieren je nach Größe und Ausstattung des Schiffes sowie nach der Reisezeit und bewegen sich zwischen 800 und 3000 € pro Woche. Hinzu kommen in der Regel noch eine Betriebskostenpauschale, Fahrradmiete, Einwegzuschlag und Endreinigung. Bootsvermieter gibt es in fast jedem kleineren Ort am Kanal. In der Hochsaison empfiehlt sich eine rechtzeitige Reservierung. Hier eine Auswahl von Anbietern für Hausbootferien:

Le Boat (Crown Blue Line), B.P. 1201, Le Grand Bassin, 11400 Castelnaudary, ✆ 0033/0468944240 bzw. ✆ 06101/5579175 (in Deutschland, Theodor-Heuss-Str. 53–63, 61118 Bad Vilbel), www.leboat.com.

Castel Nautique, Port de Bram, B.P. 25, 11150 Bram, ✆ 0033/0468767334, www.castelnautique.com.

Mit dem Fahrrad

Es ist sicher nicht jedermanns Sache, die Pyrenäen oder die Cevennen mit dem Fahrrad zu erklimmen, wer aber die sportliche Herausforderung liebt, findet hier sicherlich das geeignete Terrain. Gemächlicher radelt es sich entlang der Rhône und an der Küste – allerdings nur, wenn die Sonne nicht erbarmungslos herunterbrennt.

Zwar ist Frankreich das Land der *Tour de France*, doch Franzosen, die eine ausgedehnte wochenlange Radtour mit Gepäck und allem Drum und Dran unternehmen, trifft man nur selten an – deutschsprachige Touristen schon eher. Zum Vergnügen wird eine Radtour durch den Südosten Frankreichs allerdings nur für gut trainierte Radfahrer; die häufigen und starken Steigungen sowie die sommerliche Hitze zehren schnell an der Substanz. Einfache Touren für Genussradler finden sich entlang der Kanäle. Neben dem Canal du Midi, den man auf seiner gesamten Länge (240 Kilometer) entlang radeln kann, bietet sich auch der Canal de la Robine von Narbonne nach Port-la-Nouvelle (22 Kilometer) an.

In mehr als 2000 Regionalzugverbindungen, die im Fahrplan durch ein Fahrradsymbol gekennzeichnet sind, ist das kostenlose Mitführen von Fahrrädern im Gepäckwagen bzw. -abteil möglich. Hinweis für größere Gruppen: In einigen Nahverkehrszügen können nur maximal drei Fahrräder befördert werden. In den meisten größeren Städten bieten private Verleiher ihre Dienste an. Die Preise variieren je nach Mietdauer, Saison und gewähltem Drahtesel. Wer sich ein Mountainbike ausleihen möchte, muss sich nach einem *vélo tout terrain* oder abgekürzt *VTT* erkundigen. Organisierte Radtouren bieten die deutschen Veranstalter France Ecotours und Wikinger Reisen an:

France Ecotours, www.france-ecotours.com; www.wikinger-reisen.de.

Hinweis: Radfahrer müssen in Frankreich seit 2008 nachts sowie bei schlechter Sicht (Nebel, Regen) auch am Tag außerhalb geschlossener Ortschaften eine Warnweste tragen. Wer gegen die Warnwestenpflicht verstößt, riskiert eine Geldbuße in Höhe von 35 €.

Alt, aber mit Charme

Übernachten

Im Juli und August sind fast alle Orte an der französischen Mittelmeerküste bis auf das letzte Bett ausgebucht. Kein Wunder, denn alljährlich verbringen zwischen 85 und 90 Prozent aller Franzosen ihren Urlaub im eigenen Land. Glück hat man dann nur in den abgelegenen Dörfern des Hinterlandes.

Von regionalen Verschiebungen abgesehen, bieten Languedoc und Roussillon die gesamte Unterkunftspalette an: Von der Nobelherberge über das gediegene Schlosshotel bis hin zur einfachen, familiär geführten Herberge auf dem Land ist alles vorhanden; Campingfreunden steht ebenfalls eine Vielzahl von hervorragenden Plätzen zur Auswahl. Was das Preisspektrum der Unterkünfte betrifft, gilt als Faustregel: Manch einer gibt für eine Nacht im Luxushotel mehr Geld aus als andere für ihren gesamten Ferienaufenthalt. Zweifellos ist der Südosten Frankreichs keine günstige Urlaubsregion, doch soll dies nicht heißen, dass man sein Haupt – vor allem im Hinterland – nicht auch preiswert betten kann. Das gesamte Erscheinungsbild der Küstenregion ist durch die lange Fremdenverkehrstradition geprägt worden; in vielen Orten verbreiten ausgedehnte Feriensiedlungen eine nicht zu leugnende Monotonie. Wer im Juli und August verreist, sollte – falls eines der beliebten Tourismuszentren an der Küste angesteuert wird – unbedingt rechtzeitig reservieren. Gleiches gilt für einen Pfingstbesuch in Nîmes, da dort während der Feria jede halbwegs passable Besenkammer schon Monate im Voraus ausgebucht ist.

Hotels

Wie überall in Frankreich sind die Hotels in fünf mit Sternen gekennzeichnete Kategorien eingeteilt. Die **Klassifizierung** reicht vom Luxushotel über die gehobene

Mittelklasse bis hin zum durchschnittlichen Zwei-Sterne-Hotel und dem einfachen Ein-Stern-Hotel. Die Sterne beziehen sich nur auf den Komfort, nicht auf die Preise. Doch sollte man sich nicht allzu sehr von diesen Kategorien leiten lassen, ein niedriger eingestuftes Hotel kann einem höheren durchaus an Sauberkeit, Ausstattung und Flair überlegen sein. Ein Kriterium für ein Drei-Sterne-Hotel ist beispielsweise, dass die Badezimmer mit einem Föhn ausgestattet sind und das Frühstück auf Wunsch im Zimmer serviert wird; ein Zimmer in einem Vier-Sterne-Hotel muss mindestens 16 Quadratmeter groß sein und ab zwei Stockwerken einen Aufzug besitzen. Neben den klassifizierten Hotels gibt es Beherbergungsbetriebe ohne Stern – dies muss aber keineswegs bedeuten, dass die Ausstattung schlechter wäre als die eines Ein-Stern-Hotels. Wer sich gerne mit eigenen Augen von der Lage und Ausstattung des Zimmers überzeugen möchte, sollte ruhig fragen, ob er sich das angebotene Zimmer erst einmal in Ruhe ansehen kann. In der kälteren Jahreszeit ist es ratsam, sich vorab zu erkundigen, ob das erwünschte Zimmer über eine Heizung (*chauffage*) verfügt (häufig handelt es sich um Elektroheizungen, Zentralheizungen sind nicht sehr weit verbreitet).

Die **Preise** sind von mehreren Faktoren abhängig: Neben der Ausstattung der Zimmer spielt die Reisezeit sowie die Lage des Hotels eine Rolle: Hotels an der Küste sind oft deutlich teurer als im Hinterland. Während der Hauptreisezeit (Ende Juni bis Anfang September) ziehen die Übernachtungspreise deutlich an, bei längeren Aufenthalten lässt sich über einen Preisnachlass verhandeln. Die Hotels sind verpflichtet, die aktuellen Preise am Eingang, an der Rezeption sowie in den Zimmern auszuhängen. Das folgende grobe Schema soll als Orientierungshilfe dienen:

Ein Doppelzimmer ohne Frühstück kostet in einem Ein-Stern-Hotel 40–60 €, in einem Zwei-Sterne-Hotel 50–110 €, in einem Drei-Sterne-Hotel 80–170 €; ein Zimmer in einem Vier-Sterne-Hotel ist nicht unter 100 € zu bekommen. In den wenigen Fünf-Sterne-Hotels ist preislich beinahe alles möglich.

Zahlreiche Berghütten in den Pyrenäen sind auf Wanderer eingestellt

Die Franzosen unterscheiden zwischen einem Zimmer mit zwei Betten (*une chambre à deux lits*) und einem Zimmer mit einem Französischen Bett (*une chambre avec un grand lit*); Letzteres ist in der Regel etwas günstiger. Allerdings ist das Französische Bett in der Regel nur 135 oder 140 Zentimeter breit, so dass sich eine gewisse nächtliche Nähe fast zwangsläufig einstellt. Hinzu kommt, dass es nur eine Zudecke gibt und man anstelle von zwei Kopfkissen (*oreiller*) mit einer fürchterlichen Bettwurst (*traversin*) Vorlieb nehmen muss. Wer also nicht als Liebespaar unterwegs ist, sollte darauf Wert legen, ein Zimmer mit zwei Betten zu reservieren. Einzelreisende werden häufig benachteiligt, da zumeist für das Zimmer bezahlt wird, gleichgültig, ob man alleine oder zu zweit im Bett liegt. Wenn überhaupt, ist ein Einzelzimmer nur unwesentlich günstiger als ein gleich ausgestattetes Zweibettzimmer, dafür kann man sich dementsprechend ausbreiten ...

Freiheit für die Beine!

Auch wenn die Franzosen seit der Revolution die Freiheit zu einem Bürgerrecht erhoben haben, gilt diese Freiheit nicht für die Beine in einem französischen Bett. Die Franzosen stopfen nämlich die Zudecke rundherum unter die Matratze, wodurch das Ganze einem überdimensionalen Schlafsack ähnelt, der nur am Kopfende einen Einschlupf freilässt. Wer gerne mal ein Bein ins Freie streckt, muss das nächtliche Gefängnis erst einmal zerstören. Doch vergeblich. Das Hotelpersonal wird nicht müde, den ursprünglichen Zustand wieder herzustellen, denn ein Bett mit allseitig freiem Zugang ist für einen Franzosen scheinbar ein nicht akzeptabler Zustand.

Da in den Zimmerpreisen nur in seltenen Fällen das **Frühstück** (*petit déjeuner*) inbegriffen ist, erscheint es günstiger und authentischer, sein Croissant im nächsten Café zu ordern; trotz Fortschritten ist das Frühstücksangebot nach wie vor ein Schwachpunkt im französischen Hotelgewerbe. Wenn für Tee oder Kaffee, ein Glas Orangensaft, Brötchen und Croissant, die mit Butter und abgepackter Marmelade bestrichen werden können, zwischen 5 und 12 € berechnet werden, hinkt das Preis-Leistungsverhältnis entschieden. In der Regel kann man davon ausgehen, dass für ein Frühstück zwischen 10 und 15 Prozent des Übernachtungspreises veranschlagt werden.

Besitzt das jeweilige Hotel ein eigenes Restaurant, wird es gerne gesehen, wenn die Gäste dort auch zu Abend essen. Allerdings ist die preislich zumeist günstige Halbpension nicht verpflichtend. Eine Ausnahme besteht während der Hochsaison, manche Hoteliers an der Küste und in touristisch beliebten Regionen wie beispielsweise den Gorges du Tarn vermieten ihre Zimmer dann nur in Verbindung mit Halbpension.

Hotelketten und -vereinigungen

Die zahlreichen Häuser der Hotelketten (Ibis, Novotel, Mercure, Campanile, Nuit d'Hôtel, Climat de France, Hotel Premiere Class etc.), die zumeist in Gewerbegebieten an den Autobahnausfahrten und Nationalstraßen zu finden sind, eignen sich zwar nicht für einen Ferienaufenthalt, sind aber zum Übernachten auf der Durchreise geradezu ideal.

Formule-1-Hotels: Am preisgünstigsten sind die rund 300 französischen Formule-1-Hotels (www.hotelformule1.com). Man kann zwar über die „Hotelcontainer" verächtlich die Nase rümpfen, aber der Einheitspreis von ca. 39 € pro Zimmer (1–3 Personen) und Nacht ist unschlagbar. Jedes Zimmer besitzt ein Doppel- und ein Etagenbett, Farbfernseher mit Weckeinrichtung sowie ein Waschbecken. Für das wenig berauschende Selbstbedienungsfrühstück (keine Pflicht) werden 5 € berechnet. Duschen und Toiletten sind Gemeinschaftseinrichtungen. Wegen der großen Nachfrage empfiehlt sich eine Reservierung (Achtung: Die Rezeptionen sind nur von 6.30–10 Uhr und von 17–22 Uhr besetzt). Eine aktuelle Informationsbroschüre mit den Adressen und Telefonnummern aller Formule-1-Hotels liegt in den Hotels aus. Für ungefähr 48 € verfügen die Hotels (z. B. Premiere Class, Ibis Budget) sogar über eine eigene Dusche und ein eigenes WC im Zimmer.

Relais & Châteaux: Hinter diesem Namen verbirgt sich ein erlesener Kreis exklusiver Hotels, wie der Name bereits andeutet häufig in Schlössern oder anderen historischen Gemäuern.
www.relaischateaux.com.

Châteaux et Hotels de France: Dies ist ein Zusammenschluss von unabhängigen Hotels mit stilvollem Ambiente. Entweder handelt es sich dabei um Schlosshotels oder um besonders charmante Beherbergungsbetriebe in ländlichen Regionen, die preislich meist im Drei- oder Vier-Sterne-Bereich angesiedelt sind.
www.chateauxethotels.com.

Hotels & Preference: Ausgesuchte individuelle Hotels mit viel Flair.
Hotels & Preference, 9, rue des grands Champs, F-75020 Paris, ✆ 0033/0178949040, www.hotelspreference.com.

Relais du Silence: Zu dieser Kategorie gehören individuelle Hotels, die sich durch eine ruhige Lage abseits großer Verkehrsstraßen auszeichnen.
Relais du Silence, www.relaisdusilence.com.

Logis (Logis de France): Gemütliche, nicht allzu teure Hotels verbergen sich hinter diesem Namen; es handelt sich zumeist um familiär geführte Unterkünfte der

Ein Pool darf selbstverständlich nicht fehlen ...

Zwei-Sterne-Klasse mit angegliedertem Restaurant, das sich auf die Zubereitung lokaler Spezialitäten versteht.

Logis, 83, avenue d'Italie, F-75013 Paris, ℡ 0033/0145848384, www.logishotels.com.

Chambres d'hôtes: In kleineren Städten und Dörfern werden häufig auch Gästezimmer (*Chambres d'hôtes*) mit Frühstück vermietet. Sie sind vergleichbar mit dem englischen *bed and breakfast*. Diese rund 4500 in der Region Languedoc-Roussillon angebotenen Unterkunftsmöglichkeiten bieten viel Kontakt zu den Gastgebern, Sprachkenntnisse vorausgesetzt; manche von ihnen sind (Nebenerwerbs-)Landwirte, andere haben sich erst unlängst in Südfrankreich niedergelassen und freuen sich über Kontakte zu Reisenden. Obwohl in einem *Chambres d'hôtes* höchstens fünf Gästezimmer angeboten werden dürfen, leben manche Vermieter hauptsächlich von diesen Einnahmen. Für ein Doppelzimmer sind dabei je nach Komfort zwischen 50 und 80 € (inkl. Frühstück) zu veranschlagen. Gelegentlich gibt es auch sehr luxuriöse Zimmer in historischen Gemäuern, zu denen fast selbstverständlich ein Swimmingpool gehört. Der große Komfort lässt dann auch einen Preis von über 120 € für das Doppelzimmer als gerechtfertigt erscheinen. Diese Luxusvariante wirbt auch gerne unter der Bezeichnung *Maison d'hôtes* oder *Demeure d'hôtes*. Gelegentlich erwartet die Gäste ein landestypisches Abendmenü im Kreise des Gastgeber (*Table d'hôtes*), das zum Preis von 25–35 € oft auch die Getränke beinhaltet. Zudem gibt es noch die *Gîtes ruraux*, Unterkünfte (Ferienwohnungen oder Häuser) in ländlicher Umgebung, die zumeist wochenweise vermietet werden.

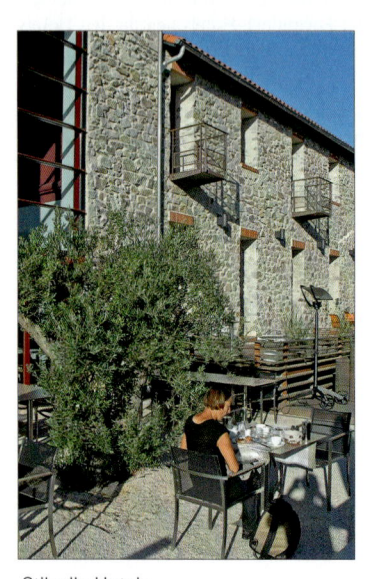

Stilvolle Hotels

Maison des Gîtes de France et du Tourisme Vert, 59, rue Saint Lazare, 75439 Paris Cedex 09, ℡ 0033/0149707575, www.gites-de-france.fr.

Weitere Anbieter: www.chambres-hotes.org; www.chambresdhotes.org; www.fleursde-soleil.fr; www.chambres-hotes.fr; www.chambresdhotes.fr.

Gîte d'étape: Diese speziell auf Wanderer eingestellten Unterkünfte trifft man vor allem in den ländlicheren Regionen an. Zumeist erfolgt die Unterbringung in Mehrbettzimmern; da nicht immer Bettwäsche und Handtücher gestellt werden, sollte man sich über die Serviceleistungen zuvor informieren oder sicherheitshalber einen Hüttenschlafsack im Gepäck mitführen. Der Standard ist unterschiedlich und wird mit Ähren statt mit Sternen angegeben.

www.gite-etape.com.

Ferienhäuser und -wohnungen

Frankreich besitzt das dichteste Netz von Ferienhäusern und -wohnungen in ganz Europa. Das Angebot ist schier unüberschaubar und reicht von pompösen Villen über modern ausgestattete Appartements in einer luxuriösen Ferienanlage (Swimmingpool und diverse Freizeitaktivitäten inbegriffen) bis zum einfachen, schnuckeligen Bauernhaus.

Zusätzlich zu den reich bebilderten Katalogen der professionellen Agenturen – hier finden sich vor allem in der Nebensaison verlockende Angebote – kann man sich auch an das Tourismusbüro des jeweiligen Ferienortes wenden. Jedes *Syndicat d'Initiative* bzw. *Office de Tourisme* hält gewöhnlich eine Liste der zur Verfügung stehenden *Studios*, *Meublées*, *Résidences* oder *Appartements* bereit und verschickt diese auf Anfrage. Treten mit privaten Vermietern allerdings Probleme auf, ist es oft sehr schwierig bis unmöglich, eventuelle Regressansprüche geltend zu machen. Die **Mietdauer** beträgt normalerweise eine bis mehrere volle Wochen, wobei als An- und Abreisetag der Samstag gilt. In der Nebensaison lässt sich die Mietdauer aber oft individuell regeln.

Unterkunftstipps von anno dazumal

„Wer irgendwo Winterstation macht, prüfe genau die zu wählende Wohnung und ziehe den Arzt zu Rate, ehe er den unentbehrlichen Mietkontrakt unterzeichnet. Die Wohnung muss vor allen Dingen trocken und nach Süden gelegen, der in der Regel steinerne Fußboden muss mit dicken Teppichen versehen sein. Fenster und Thüren müssen gut schließen. Kamine und Öfen sind auf ihre Güte (insbesondere ob sie nicht rauchen) zu prüfen, denn sie sind in der kältesten Zeit unentbehrlich. Der Deutsche, weit eher als der weniger luftscheue Engländer, versieht es jedoch häufig darin, dass er viel zu früh im Vorwinter zu heizen anfängt, die Zimmer zu stark erwärmt und sich länger, als es für die Gesundheit erforderlich ist, in ihnen aufhält. An der Riviera ist es geradezu zur Unsitte geworden, dass die Kranken die Morgenstunden, oft die beste Zeit zum Luftgenuss, versäumen und erst gegen Mittag ihr Zimmer verlassen"; mit diesen praktischen Ratschlägen versehen, schickte der Baedecker 1902 seine Leser in den Süden Frankreichs.

Die von Lage und Ausstattung abhängigen **Preise** schwanken je nach Saison beträchtlich, in der Hauptsaison wird meist das Doppelte verlangt. In der Regel sind Wohnungen oder Häuser entlang der Küste teurer als im Hinterland. Einen wichtigen Preisfaktor stellen auch die Nebenkosten dar. Strom, Wasser, Heizung, Bettwäsche (*draps*) und die Endreinigung (*nettoyage final*) lassen den Mietpreis schnell um 50 € steigen. Das Preis- und Leistungsspektrum ist enorm: Einfache, kleine Ferienwohnungen kosten je nach Saison pro Woche zwischen 300 und 800 €, für eine große, luxuriöse Villa mit Swimmingpool werden im August pro Woche 2000 € und mehr berechnet – dafür ist dann aber auch die Haushälterin im Preis inbegriffen …

Professionelle Agenturen Alpimar, Wendelsteinweg 1, 85738 Garching, ✆ 089/32946840, www.alpimar.com.

Cuendet, Gotenring 11, 20937 Hamburg, ✆ 0800/1800114. www.cuendet.de.

E-Domizil, Eschborner Landstr. 41–51, 60489 Frankfurt/Main, ✆ 0800/33664945, www.e-domizil.de.

France Vacances & Vins, Hirschbergweg 4, D-82140 Olching, ✆ 08142/487091, www.france-vancances.de.

Gîtes de France, 59, rue Saint Lazare, F-75009 Paris, ✆ 0033/0149707575, www.gites-de-france.fr.

Inter Chalet, Heinrich-von-Stefan-Str. 25, D-79021 Freiburg, ✆ 0761/210077, www.interchalet.com.

Lagrange, Schwabstr. 47, D-70197 Stuttgart, ✆ 0711/611118, www.lagrange-holidays.de.

Marion Kutschank Feriendomizile, Schlesierstr. 10, D-79117 Freiburg, ✆ 0761/ 67766, www.ferienhaus.com.

RB-Tours, Postfach 1115, D-83247 Marquartstein, ✆ 08641/63081, www.rb-tours.de.

Tui Ferienhaus, ✆ 0421/8999-425, www.tui-ferienhaus.de.

Jugendherbergen

In Südfrankreich existiert ein halbwegs dichtes Jugendherbergsnetz. Eine Übernachtung in einer *Auberge de Jeunesse* setzt auch in Frankreich den Besitz eines internationalen Jugendherbergsausweises voraus, eine Altersbegrenzung gibt es hingegen nicht. Der internationale Jugendherbergsausweis kann entweder beim Deutschen Jugendherbergswerk oder seinem französischen Pendant erworben werden. Die französischen Jugendherbergen sind in vier, durch Tannen gekennzeichnete Kategorien eingeteilt. Die Preise der Herbergen variieren je nach Ausstattung; eine Übernachtung kostet derzeit zwischen 13 € und 22 €, das Frühstück (*petit déjeuner*) ist meist inbegriffen, ansonsten werden ca. 4 € zusätzlich berechnet, ein warmes Abendessen kostet in der Regel 10 €. Der Jugendherbergsschlafsack ist bei zwei Übernachtungen im Preis inbegriffen.

Jugendherbergen findet man beispielsweise in Nîmes, Montpellier, Sète, Carcassonne, Quillan und Perpignan. Manche Häuser bieten ihren Gästen Preisnachlässe für diverse Freizeitaktivitäten an; in den Sommermonaten kann eine rechtzeitige Reservierung hilfreich sein. Aktuelle Verzeichnisse zu den Jugendherbergen hält neben dem jeweiligen Landesverband auch das Französische Fremdenverkehrsamt bereit:

Deutsches Jugendherbergswerk, Bismarckstr. 8, Postfach 1455, 32756 Detmold, ✆ 05231/99360, www.djh.de.

Fédération Unie des Auberges de Jeunesse (FUAJ) Centre National, 27, rue Pajol, 75018 Paris, ✆ 0033/0144898727, www.fuaj.org.

Camping

Bei mehr als 9000 Campingplätzen in ganz Frankreich treffen Camper besonders im Süden des Landes auf nahezu ideale Voraussetzungen. Allein die Region Languedoc-Roussillon besitzt mehr als tausend klassifizierte Campingplätze und damit mehr als jede andere in Frankreich. Einen Platz zu finden, bereitet außerhalb der Hochsaison keine Schwierigkeiten; an manchen Abschnitten der französischen Mittelmeerküste sind die Plätze gar wie Perlen aneinander gereiht. Trotz dieses riesigen Angebots sind im Juli und August viele Anlagen hoffnungslos überfüllt. Bis auf wenige Ausnahmen haben alle Campingplätze von Juni bis Ende September geöffnet, manche sogar das ganze Jahr über.

Ein Hinweis: Auch wer ohne eigenes Zelt oder Motorhome nach Südfrankreich reist, findet auf komfortablen Zeltplätzen, die sich auch gerne als *Hôtels de plein air* bezeichnen, Übernachtungsmöglichkeiten vor. Neben voll ausgestatteten Hauszelten werden oft auch Wohnwagen, Chalets und Bungalows vermietet.

Wildzelten ist hingegen wegen der Waldbrandgefahr verboten, ein Verstoß wird streng geahndet. Wer abseits der öffentlichen Plätze campen will, holt sich am besten beim Grundstückseigentümer die Erlaubnis. Besitzer von Wohnmobilen werden oft Schwierigkeiten haben, ihr Fahrzeug auf einem Parkplatz in Strandnähe abzustellen, da die Gemeinden, um kostenloses Übernachten zu verhindern, durch

Camping 83

Höhenbarrieren nur niedrigen Fahrzeugen die Zufahrt ermöglichen. Leute, die am Strand schlafen, sind ungern gesehen; in den touristischen Orten muss man damit rechnen, von der Polizei am frühen Morgen recht rüde geweckt zu werden.

Die französischen Campingplätze sind ähnlich den Hotels mittels Sternen in fünf Kategorien eingeteilt. Die Anzahl der Sterne spiegelt einzig den Standard der Ausstattung wider, sie sagt nichts darüber aus, ob die Campinganlage in einer reizvollen Landschaft liegt bzw. ob die Plätze schattig sind. Manch schlichter *Camping Municipal* ist daher einem Fünf-Sterne-Luxus-Platz mit Swimmingpool, Tennisplatz und allabendlicher Animation an Atmosphäre bei weitem überlegen. Prinzipiell gilt: Ausstattung und Preise nehmen mit der Zahl der Sterne zu:

* Sanitäre Minimalausstattung, oft nur Kaltwasserduschen. Unbewachte Anlage.

** Das Campingareal ist für gewöhnlich gut erschlossen und parzelliert, Warmwasserduschen und individuelle Waschbecken mit Steckdosen sowie ein Kinderspielplatz sind zumeist ebenfalls vorhanden.

*** Komfortabler, rund um die Uhr bewachter Campingplatz mit kleinem Lebensmittelgeschäft. Die Stellplätze besitzen einen eigenen Stromanschluss. Ein Kinderspielplatz gehört zur Grundausstattung, häufig stehen ein Swimmingpool sowie ein Tennisplatz zur Verfügung.

**** und **** Luxus-Camping mit fast obligatorischem Swimmingpool und diversen Sport- und Animationsangeboten (Disco etc.). Die sanitäre Ausstattung lässt nichts zu wünschen übrig. Die Geschäfte ähneln gelegentlich kleinen Supermärkten, ein Restaurant – oftmals eine Pizzeria – ist ebenso vorhanden.

Camping à la ferme: Camping auf dem Bauernhof; eine kleine Wiese, wenig sanitärer Komfort, aber viel Flair. Aufgrund der geringen Stellplatzzahl sind diese Campingmöglichkeiten im praktischen Teil des Reiseführers nur selten aufgeführt. Hinweistafeln beachten!

Preise: Zwei Personen mit Auto und Zelt bzw. einem Wohnmobil müssen für eine Übernachtung auf einem komfortablen Vier-Sterne-Platz 20 bis 30 €, in der Hochsaison gar bis 40 € zahlen, auf einem bescheidenen Ein-Stern-Platz kostet die Nacht zwischen 8 und 12 €. Die Preisangaben bei den Beschreibungen der jeweiligen Campingplätze beziehen sich – wenn nicht anders angegeben – auf zwei Erwachsene, ein Auto und ein Zelt in der Hauptsaison.

Lodge mit viel Komfort

Altertümliches Café in Sigean

Essen und Trinken

Südfranzösische Tafelfreuden

Die Küche des Languedoc ist deutlich mediterran geprägt. Im Roussillon sind hingegen die katalonischen Einflüsse unverkennbar. In den Cevennen und im hügeligen Hinterland wird gerne eher deftig aufgetischt und mit Butter gekocht. Zu den bekanntesten Spezialitäten der Region gehört das Cassoulet.

Die Zutaten haben es bereits angedeutet: In mancherlei Hinsicht ist die Küche des Languedoc eng mit der der Provence verbunden, denn im gesamten Midi setzen die Köche gerne Rosmarin, Thymian, Majoran, Oregano, Estragon, Fenchel, Basilikum und Salbei zur Verfeinerung ihrer Gerichte ein. Zum Aperitif oder als Beilage werden gerne eine *Brandade de Morue* oder eine *Tapenade* gereicht. Erstere ist eine würzige Stockfischpaste, abgerundet mit Knoblauch, Sahne und Öl, letztere eine Olivenpaste mit Sardellen; beide werden auf geröstete Brotscheiben gestrichen. Hervorragend mundet auch ein *Aligot*: Das sämige Kartoffelpüree wird mit dem landestypischen *Tome*-Käse, Butter, Sahne und einem Hauch Knoblauch zubereitet. Die *Brandade de Morue* wird aber auch zusammen mit einem grünen Salat als Hauptgericht serviert. Die Gemüsebeilagen sind dank der hervorragenden klimatischen Bedingen sehr vielfältig, auch Spargelliebhaber müssen sich nicht im Verzicht üben: Von den Anbaugebieten in der Petit Camargue sowie rund um Beaucaire werden alljährlich 20.000 Tonnen des königlichen Gemüses exportiert – allerdings fast ausschließlich die grüne Variante. Zum Salzen verwendet man gerne Meersalz aus der Camargue, besonders beliebt ist das *Fleur de Sel*, denn die in Handarbeit von der Wasseroberfläche abgeschöpfte „Salzblume" zeichnet sich durch einen besonders milden Geschmack aus.

Neben Gemüsegerichten wie *Ratatouille* – ein aus Auberginen, Paprika, Zucchini, Zwiebeln und viel Knoblauch bestehender Eintopf – spielen **Meeresfrüchte** und **Fisch** traditionell eine große Rolle: Da die Fanggründe des Mittelmeeres heute nicht mehr sehr ergiebig sind, wird Atlantikfisch importiert. Das Spektrum der angebotenen Fischgerichte ist daher noch immer sehr vielfältig: Es reicht von Edelfischen, die vorzugsweise gegrillt werden, über Sardinen und Austern (*Huîtres*) aus dem Bassin de Thau bis hin zu Seeigeln (*Oursins*). Gelegentlich werden die Muscheln auch über dem Holzfeuer gegrillt (*Brasucade*). Beliebt ist ein Fischragout, das im Languedoc als Bourride und im Roussillon als Zarzuela serviert wird. In Salzlake eingelegte Anchovis aus Collioure sind ein wesentlicher Bestandteil der katalanischen Küche. Gelegentlich werden sie mit Oliven oder einer Sardellenpaste gefüllt, doch munden sie mit purem Olivenöl oder Kapern am besten. Wer ein Faible für Süßwasserfische hat, wird sich an leckeren Forellen erfreuen können, die in den Flüssen der Pyrenäen oder des Département Lozère gefangen werden.

Je weiter vom Mittelmeer entfernt, desto deftiger und fleischbetonter wird die Küche im Languedoc. Esskastanien, das traditionelle Essen der Armen, gibt es in den Cevennen zwar noch gegrillt oder als Püree, doch bevorzugt man heutzutage deftige Schinken und Würste. Jenseits der „Oliven-Demarkationslinie" wird vorzugsweise mit Butter und Sahne gekocht. Mit Glück bekommt man selbst ausgefallene Wildgerichte wie ein Mufflon vorgesetzt. Nicht jedermanns Sache ist sicherlich eine *Cargolade*, denn es handelt sich dabei um ein Schneckenragout, das mit viel *Aïoli* (Knoblauchmayonnaise) gegessen wird. Eine traditionelle katalanische Spezialität sind *Boules de Picolat*, delikate Fleischklöße mit Pilzen und Olivensoße, oder ein aus Grünkohl und Kartoffeln bestehendes *Trinxat*, zu dem wie in der Cerdagne üblich gerne Lammwürstchen serviert werden. Häufig wird auch eine *Daube* angeboten, ein in Rotwein geschmortes Rindfleischragout. Ein südfranzösischer Klassiker ist natürlich das *Cassoulet*, das die Bürger von Castelnaudary erfunden haben wollen, doch gibt es ebenso schmackhafte Varianten aus Carcassonne und Toulou-

Spezialität: gesalzene Fische

se. Das Cassoulet ist ein deftiges, bäuerliches Gericht, dessen Hauptbestandteile dicke weiße Bohnen, Würstchen, Enten- oder Gänsekonfit sind.

> „Ich habe beinahe eine Vergiftung durch den Knoblauch erlitten, den sie ihren Ragouts und allen Soßen beimengen; und nicht nur allein das, der Geruch haftet sowohl den Schlafkammern als auch jedem Menschen an, dem man sich nähert."
>
> *Tobias Smollett, „Reise durch Frankreich und Italien" (1763)*

Im Gegensatz zur Normandie und anderen französischen Regionen hat das Languedoc keine großen **Käsesorten** hervorgebracht. Milchkühe sind rar, so dass hauptsächlich Schafs- oder Ziegenkäse (*Chèvre*) angeboten wird. Eine Ausnahme bildet der *Roquefort*, ein über Monate hinweg gereifter Schafkäse, der mit grünblauem Edelschimmelpilz überzogen ist. Einziger „Wermutstropfen": Das namensgebende Städtchen Roquefort-sur-Soulzon liegt wenige Kilometer außerhalb der Grenzen der Region Languedoc-Roussillon. Weitere beliebte Käsesorten sind der *Pélardon*, ein kleiner Ziegenkäse aus den Cevennen sowie die *Tome*, ein Käse aus Kuhmilch, dem vier bis sechs Monate Zeit zum Reifen gelassen wird.

Abschließend noch ein Wort zu den alkoholfreien Getränken. Im Languedoc gibt es zahlreiche Heilquellen und hervorragende **Mineralwässer**. Allen voran ist natürlich *Perrier* mit seiner bauchiggrünen Flasche zu nennen, dessen südwestlich von Nîmes gelegenen Abfüllanlagen auch besichtigt werden können. Weitere bekannte Mineralwässer sind das aus den Gorges du Tarn stammende *Quézac*, das reich an Mineralien und natürlicher Kohlensäure ist und in einer blauen Plastikflasche abgefüllt wird, sowie das in Lamalou-les-Bains sprudelnde *Vernière*, *Salvetat* aus dem Haut Languedoc sowie *Alét* aus den Pyrenäen. In Supermärkten sowie in Restaurants sind die lokalen Mineralwässer in der Regel erhältlich.

Wer die Abwechslung liebt, findet in den größeren Städten mehrere Restaurants mit internationaler Küche, wobei die nordafrikanischen, vietnamesischen und thailändischen Lokale auf kulinarische Weise an die koloniale Vergangenheit Frankreichs erinnern. Selbstverständlich gibt es in allen Städten zahl-

Brotvariationen

reiche Fastfood-Lokale, doch soll dieses Thema hier dezent ausgespart bleiben. Ein kleines Lob verdienen aber die auf fast allen Märkten zu findenden Hähnchengrillstationen und die mobilen Pizzastände. Ein französisches *Poulet* ist ein paar hundert Gramm schwerer als die deutschen Grillhähnchen, zudem werden sie zumeist mit einer leckeren Bratensoße mit etwas Gemüse eingepackt. Eine französische Pizza kann es zwar nicht ganz mit einer neapolitanischen aufnehmen, sie schmeckt aber dennoch sehr gut, vor allem dann, wenn man ihr mit dem allgegenwärtigen Pizzaöl (*Huile de pizza*) einen zusätzlichen scharfen Pepp gibt.

Die französische Küche hat ihren Preis

Ein durchschnittliches Menü mit Vorspeise, Hauptgericht und einem Dessert schlägt mit mindestens 15 € zu Buche, in der Regel wird man mit 18 bis 40 € rechnen müssen. Es gibt nur wenige ländliche Restaurants, die diese 15-Euro-Grenze abends unterschreiten. Wer hingegen in edlem Ambiente über vier oder fünf Gänge hinweg dinieren möchte, wird leicht das Doppelte los. Die Preisspannen der bekannten Gourmetrestaurants bewegen sich ab 40 € aufwärts. A la carte zu bestellen, lohnt sich nur in den seltensten Fällen, meist ist eine selbst zusammengestellte, dreigängige Mahlzeit mindestens eineinhalb mal so teuer wie ein vergleichbares Menü. Deutlich günstiger sind die Preise für ein Mittagsmenü, in sehr touristischen Regionen ist allerdings Vorsicht angebracht, da sie oft nicht halten, was sie versprechen. Ein Tipp für alle, die mit einer eher knapp bemessenen Reisekasse unterwegs sind, aber anspruchsvolle Gaumenfreuden nicht missen möchten: Statt 15 € für ein langweiliges 08/15-Menü ohne Wein auszugeben, empfiehlt es sich, an Werktagen zur Mittagszeit in einem guten Restaurant zu tafeln – die Rechnung für ein Mittagsmenü oder Tagesgericht (*Plat du Jour*) fällt dann nämlich nur unwesentlich höher aus, die Qualitätsunterschiede können jedoch beachtlich sein (oft ist sogar ein Glas oder ein Viertel Wein inbegriffen). Hinweis: Die für mittags angegebenen Preise beziehen sich fast immer auf Werktage.

Andere Länder, andere Sitten

Frankreichliebhaber haben es schon immer gewusst: Die französische Küche ist etwas ganz Besonderes! Im November 2010 wurde die stilbildende Folge von Apéritif, Vorspeise, Hauptgericht, Nachtisch, Käse und Kaffee von der UNESCO als „immaterielles Weltkulturerbe" geadelt.

Die französischen **Essgewohnheiten** unterscheiden sich in vielerlei Hinsicht von denen ihrer deutschsprachigen Nachbarländer. Das Frühstück (*Petit Déjeuner*) beispielsweise fällt wie in allen romanischen Ländern eher karg aus, eine Schale Milchkaffee (*Café au Lait*) und ein Croissant genügen den meisten Franzosen bis zum Mittagessen (*Déjeuner*). Auch pflegen die Franzosen in der Regel später als die Deutschen zu essen. Mittags füllen sich die Restaurants erst ab 12.30 Uhr, mit dem Abendessen (*Dîner*) wird kaum vor 19.30 Uhr begonnen, wobei es in ländlichen Gebieten durchaus vorkommen kann ,dass man ab 14 oder 21 Uhr nichts mehr zu essen bekommt. Zum Essen sollte man viel Zeit mitbringen, da sich ein Menü mit drei oder vier Gängen leicht über zwei Stunden erstrecken kann. Aus diesem Grund werden die Tische in guten Restaurants pro Abend nur einmal vergeben. Wer mittags nur schnell eine Kleinigkeit zu sich nehmen will, ist daher in einem

Café, einem Bistro oder einer Brasserie besser aufgehoben. Im Restaurant gebietet die französische Höflichkeit, dass der Gast nicht einfach den nächstbesten freien Tisch ansteuert, sondern sich am Eingang geduldet, bis ihm ein Platz angeboten wird; eigene Wünsche können selbstverständlich geäußert werden. Die Bedienung wird mit Madame beziehungsweise Monsieur angesprochen. Wer dem Wirt etwas mitteilen will, wendet sich an den *Patron*. In der Hochsaison ist vor allem abends eine Reservierung dringend zu empfehlen – man erspart es sich, mit hungrigem Magen und dem Hinweis „*Complet!*" abgewiesen zu werden. Im Restaurant wird erwartet, dass man sich zumindest für ein dreigängiges Menü entscheidet, mittags kann man allerdings – falls angeboten – problemlos nur das Tagesgericht (*Plat du Jour*) ordern. Vegetarier haben es oft schwer, da die ländliche Küche des Languedoc sehr fleischlastig ist. Nur wenige Restaurants bieten spezielle Vegetariermenüs an.

Obwohl eine Karaffe mit einfachem Leitungswasser (*l'eau plate*) – das leider oftmals stark nach Chlor schmeckt – sowie Brot (zumeist in Scheiben geschnittenes *Baguette*) kostenlos zu jedem Essen gereicht werden, bestellen die Franzosen zum Wein oft noch ein stilles (*Vittel*, *Evian* etc.) oder kohlensäurearmes Mineralwasser (*Badoit*, *San Pellegrino* etc.); am meisten Kohlensäure enthält das an seiner grünen Glasflasche leicht zu erkennende *Perrier*.

Ein geflügeltes deutsches Sprichwort behauptet zwar, Käse schließe den Magen, die Franzosen lassen auf den Käsegang aber meist noch ein Dessert oder Obst folgen. Zum Ausklang genehmigt man sich häufig einen kleinen Kaffee ohne Milch.

Die Rechnung (*Addition*) wird erst nach Aufforderung gebracht, wobei man dies diskret andeutet oder höflich darum ersucht: „L'addition, s'il vous plaît!" In Frankreich ist es nicht üblich, getrennt zu bezahlen. Wer also in einer größeren Gruppe Essen geht, sollte sich vorher absprechen, wer die Rechnung begleicht, und erst hinterher den Betrag aufteilen. Die Bedienung ist im Restaurant zwar ausnahmslos im Preis inbegriffen (*Service compris*), zwischen fünf und zehn Prozent **Trinkgeld** (*Pourboire*) sind je nach Zufriedenheit dennoch angemessen; sich Minimalbeträge herausgeben zu lassen, gilt als unhöflich. Das Bedienungspersonal ist wegen seines geringen Grundlohns auf Trinkgeld angewiesen, das man üblicherweise nach der Bezahlung auf dem Tisch zurücklässt.

Hinweis: Ein Speise- und Getränkelexikon finden Sie im Anhang, am Ende dieses Reiseführers.

Wein

Neben den Amphitheatern und Tempeln zählt der Weinbau zu den herausragendsten kulturellen Hinterlassenschaften der Griechen und Römer. Die in Gallien lebenden Römer betrieben den Weinbau mit solchem Eifer, dass Kaiser Domitian eine Ausdehnung der Weinfelder untersagte, um die heimischen Weine vor der Konkurrenz zu schützen.

Die Zeiten ändern sich bekanntlich: Heute versuchen die französischen Weinbauern, ihre Produkte durch ein Gütesiegel (**A.O.C.** = *Appellation d'Origine Contrôlée*), das eine bestimmte Herkunft garantiert, zu schützen. Dies bedeutet aber nicht, dass ein Landwein ohne A.O.C.-Siegel automatisch von minderwertiger Qualität sein muss. Genauso wenig verspricht jeder A.O.C.-Wein höchsten Trinkgenuss. Das Languedoc hat mit einem schweren Erbe zu kämpfen, galten doch die Weine jahrzehntelang als Massenprodukte minderer Qualität. Seitdem der Weinbau gegen Ende des 19. Jahrhunderts als Monokultur auf riesigen Flächen betrieben wurde, setzten die Winzer auf Masse statt Klasse. Erst seit den 1980er-Jahren hat ein Umdenken stattgefunden, das dem Wein aus dem Languedoc zu einem verbesserten Ansehen verholfen hat. Ein großes Lob verdienen die **Biowinzer**. Ohne ihr anfangs belächeltes Engagement – zumeist Ausländer und Neulinge in der Branche – wäre der Aufschwung des südfranzösischen Weinbaus ausgeblieben. Mittlerweile setzen auch viele eingesessene Winzerfamilien auf den ökologischen Anbau und verzichten bewusst auf Kunstdünger, Herbizide und andere Gifte. Der Lohn ist nicht ausgeblieben: Die Qualität ihrer Rebensäfte hat sich deutlich verbessert. Dennoch gibt es einige qualitativ schlechte Tafelweine, die als **Vin de Table** in den Handel kommen.

Diese gelegentlich auch als *Vins ordinaires* bezeichneten Weine stammen teilweise von Rebsorten, die für einen Qualitätswein nicht zugelassen sind (*Carignan, Aramon* etc.), und werden häufig mit Weinen aus anderen Regionen verschnitten. Die zweitniedrigste französische Qualitätsstufe ist der **Vin de Pays**, der aus hochwertigen Rebensorten gewonnen wird, aber nur einer Ertragsbeschränkung von 90 Hektolitern pro Hektar Rebfläche unterliegt (zum Vergleich: bei A.C.-Weinen beträgt die Menge nur etwa 50 Hektoliter pro Hektar), so dass auch Trauben minderer Qualität gepresst werden. Unter diesen preiswerten Landweinen (*Vin de Pays de l'Hérault, Vin de Pays des Côtes de Lézignan* etc.) findet sich so mancher gute im Holzfass ausgebaute Tropfen, doch leider auch viel Massenware mit einem niedrigen Alkoholgehalt, der bei einem Rotwein teilweise unter elf Volumenprozent liegt. Kein Wunder, wenn man bedenkt, dass 80 Prozent aller französischen Landweine aus dem Languedoc stammen, obwohl das Languedoc nur ein Drittel der gesamten französischen Rebfläche besitzt. Übrigens dürfen beide, der Vin de Pays genauso wie der Vin de Table, mit Rohrzucker angereichert werden. Diese „Chaptalisation" ist nicht anzeigepflichtig und wird daher nicht auf dem Etikett vermerkt.

Doch zurück zu den Qualitätsweinen. Es gibt rund ein Dutzend verschiedener Apellationen in der Region Languedoc-Roussillon. Die bekanntesten der **Appellation Contrôlée** (A.C.) sind Costières de Nîmes, Tavel, Coteaux du Languedoc, Minervois, Fitou, Corbières, Côtes du Roussillon und – zumeist von besserer Qualität – Côtes du Roussillon-Villages. Der rund um Tuchan im Département Aude angebaute *Fitou* war beispielsweise 1948 der erste Wein im Languedoc-Roussillon der mit der Appellation Contrôlée ausgezeichnet wurde. In den 1960er-Jahren galt der tanninreiche Fitou lange Zeit als Geheimtipp in Pariser Restaurants, später avancierte er zum Modewein, inzwischen hat er aber wieder von seinem einstigen Glanz verloren. Der Fitou wird hauptsächlich aus Grenache Noir, Mourvèdre und Syrah hergestellt, der Ertrag ist auf 30 Hektoliter pro Hektar begrenzt. Zudem muss er mindestens zwölf Volumenprozent Alkohol besitzen und muss mindestens neun Monate im Fass lagern, bevor er in den Handel kommt. Noch höher klassifiziert –

Beliebt: regionale Spezialitäten

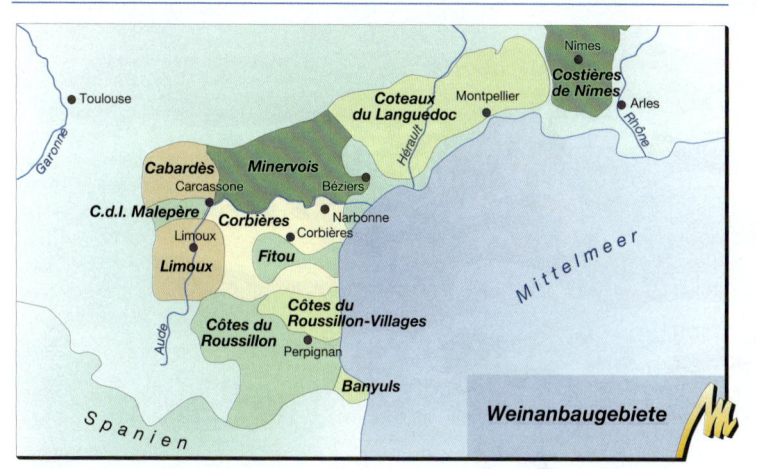

und daher lückenloser kontrolliert – sind die A.O.C.-Weine (**Appellation d'Origine Contrôlée**), die auch Untergebiete, einzelne Lagen, Weingüter oder Bewertungen (*cru* oder *grand cru*) der zuvor genannten Appellationen nennen. Je nach Anbaugebiet werden die Weine aus verschiedenen Rebsorten, beispielsweise Syrah, Mourvèdre und Cabernet Sauvignon, „gemischt" und zu einem kraftvollen Roten konzipiert. Hervorragende Roséweine sind der *Tavel*, benannt nach dem kleinen, gleichnamigen Dorf im Tal der Rhône, sowie *Saint Chinian* und *Listel*. Vor allem der Tavel ist ein körperreicher, äußerst gehaltvoller Wein, der für einen Rosé ungewöhnlich gut altert.

Eine Spezialität aus Limoux ist die *Blanquette de Limoux*, ein moussierender Schaumwein, der zu 90 Prozent aus der Rebsorte Mauzac gewonnen wird und während seiner Reifezeit ähnlich dem Champagner gerüttelt werden muss. Die Erträge sind begrenzt, die Qualität ist daher trotz des vergleichsweise günstigen Preises relativ hoch. Beliebte süße Dessertweine sind der *Muscat de Lunel*, der *Muscat de Rivesaltes* und der *Muscat de Frontignan*, den bereits Thomas Jefferson, der dritte Präsident der Vereinigten Staaten, geschätzt haben soll. Ein ebenfalls ausgezeichneter V.D.N.-Süßwein (**Vins Doux Naturels**) ist der *Banyuls*, der nach zweieinhalbjähriger Fasslagerung zum *Banyuls Grand Cru* veredelt wird. Vor dem Essen wird gerne *Byrrh*, ein Aperitif aus Wein und Süßwein getrunken, der in Thuir hergestellt wird, während in den Cevennen gerne ein aus Sekt und Kastanienlikör bestehender *Castagnou* gereicht wird. Marseillan wiederum ist bekannt für seinen *Noilly Prat*. Dieser aromatische Wermut ist gewissermaßen der französische Martini, allerdings würziger und herber, so dass er oft auch in der Küche verwendet wird, beispielsweise bei einem *Lapin au Noilly Prat*.

Wer Wein kaufen möchte, sollte dies unbedingt direkt beim Produzenten tun. Dies hat nicht nur den Vorteil, dass man den Wein probieren kann, auch das Preisniveau liegt deutlich unter den üblichen Marktpreisen. Hinweisschilder (*Dégustation*) laden zu kostenlosen Verkostungen bei Winzern und Kooperativen ein. Ein kleiner Hinweis zu den Jahrgängen: Bis auf den Jahrgang 2002 sind alle Jahrgänge seit 1998 zu empfehlen, wobei die Weine von 1998 und 2003, 2005 bis 2008 gemeinhin als „herausragend" eingestuft werden.

Rafting: kontrolliertes Abenteuer

Outdoor, Sport und Strände

Die Möglichkeiten, sich sportlich zu betätigen, sind beinahe grenzenlos. Die Palette reicht vom Bungeejumping und anderen extremen Sportarten (Canyoning) bis hin zum ganz „gewöhnlichen" Tennisspielen. Wassersport genießt an der Küste selbstverständlich einen hohen Stellenwert, während die Pyrenäen und die Hochebenen der Grands Causses eine ideale Wanderregion sind.

Angeln und Fischen

Im Oktober 1995 ging in der Nähe von Arles in einem Nebenarm der Rhône einem deutschen und einem französischen Fischer der dickste Süßwasserfisch an die Angel, der jemals gefangen wurde: Die beiden Petrijünger zogen nach einem einstündigen Kampf einen 2,5 Meter langen und rund 100 Kilogramm schweren Wels aus dem Wasser, fotografierten ihn und schenkten ihm daraufhin wieder die Freiheit!

Am Meer erfreut sich das Fischen ebenfalls einer großen Beliebtheit, eine Erlaubnis ist nicht erforderlich. Gelegentlich werden auch Hochseefischtouren organisiert. Wer seine Angel allerdings in einem der vielen Flüsse und Seen auswerfen will, muss bei den Kommunen oder der *Association de Pêche et Pisciculture* des jeweiligen Départements einen Angelschein erwerben. Ein zwei Wochen gültiger Ferien-Fischereischein für alle Seen und Wasserläufe eines Départements kostet etwa 20 €; dafür darf man dann unbegrenzt viele Saiblinge, Barsche, Forellen und Zander aus dem Wasser holen. Beliebt bei den Anglern ist das Département Lozère und dort insbesondere der Fluss Le Bès, ein Seitenarm der Truyère, sowie die für ihre schmackhaften Forellen bekannten Bäche und Seen des Aubrac.

Fédération de la Lozère pour la Pêche et la Protection du Millieu Aquatique, 12, avenue Paulin Daudé, 48000 Mende Cédex, ✆ 0466653611, www.lozerepeche.com.

Baden

Die Badeorte der Region Languedoc-Roussillon wurden mehrfach von der EU mit dem „Blauen Pavillon" ausgezeichnet, der die Sauberkeit der Strände würdigt. Insgesamt befindet sich jeder dritte der in Frankreich ausgezeichneten Strände im Languedoc-Roussillon, womit die Region landesweit an der Spitze der Statistiken liegt. Die insgesamt 214 Kilometer lange Küste, die sich von der Camargue bis zur Côte Vermeille erstreckt, bietet viel Abwechslung: Schier endlose Sandstrände lassen sich genauso wie einsame Felsbuchten entdecken. Die meisten Touristen und Einheimischen bevorzugen ein erfrischendes Bad im Meer (siehe Strände), auch wenn es an den Stränden zeitweise sehr lebhaft zugeht. Wer jedoch lieber im Süßwasser schwimmt, dem sei beispielsweise der Stausee von Salagou empfohlen. Ideal ist auch ein Bad im Fluss, so in der Ardèche oder im Gardon. Abkühlung im wahrsten Sinne des Wortes bieten zudem mehrere Gebirgsflüsse, wie beispielsweise der Héric oder der Oberlauf der Aude in den Pyrenäen. Viele Städte und Orte besitzen zwar ein eigenes Freibad (*Piscine en Plein Air*), doch sind aus unverständlichen Gründen zumeist nur in den Monaten Juli und August in Betrieb und haben darüber hinaus oft sehr reglementierte Tagesöffnungszeiten. Ihre Ausmaße entsprechen zudem nur in den seltensten Fällen deutschen Verhältnissen.

Canyoning

Bereits seit mehreren Jahren erfreut sich diese Sportart in Frankreich eines regen Zuspruchs. Man seilt sich zumeist in einen engen Canyon ab und folgt dem Lauf des Flusses. Auf dem Weg entlang der steil aufragenden Felsformationen muss man sich immer wieder abseilen, stellenweise von Felsvorsprüngen in dunkle Wasserlöcher hinabspringen und gefährliche Strudelwannen überwinden, bevor sich irgendwann wieder eine Möglichkeit bietet, der Schlucht zu entsteigen.

Da die wenigsten wagemutigen Touristen die für das *Canyoning* notwendige Ausrüstung und das entsprechende technische Know-how mitbringen, bieten mehrere Veranstalter organisierte Canyon-Tagestouren mit spektakulären Höhepunkten an (beispielsweise in den Cevennen bei Florac). Wer sich mit einer Gruppe auf eigene Faust auf den Weg machen will, braucht einen speziellen Neoprenanzug, einen Helm, rutschfeste Profilschuhe, einen wasserdichten Rucksack sowie einen Sitzgurt und Abseilgerätschaften. Ohne die nötige Erfahrung ist allerdings davon abzuraten, eine unbekannte Schlucht zu erkunden. Bei drohender Gewittergefahr oder vorausgegangenen starken Regenfällen sollte man ebenfalls keinerlei Risiko eingehen.

Drachenfliegen und Gleitschirmfliegen

Mit einem Drachenflieger (*Deltaplane*) oder Hängegleiter (*Parapente*) über die Cevennen zu schweben, ist ein faszinierendes Erlebnis. Besonders an den Bruchkanten der Causses, beispielsweise bei Florac, herrscht eine sehr günstige Thermik. Der eigenen Sicherheit wegen ist es dringend anzuraten, vor dem Flug die voraussichtlichen Wetterverhältnisse beim französischen Wetterdienst (✆ 0436681014, www.meteofrance.com) einzuholen.

FKK

An Frankreichs Mittelmeerküste tummeln sich zahlreiche FKK-Freunde, „Oben ohne" ist ohnehin nirgendwo tabu. Das nimmt nicht wunder, beanspruchen doch die bei Hyères gelegenen Porquerolles-Inseln, dass 1931 hier das erste FKK-Feriendorf Europas ins Leben gerufen wurde. Der Tradition entsprechend steht das bei Cap d'Agde gelegene Heliopolis in dem Ruf, Europas größtes Nudistenzentrum zu sein. Man muss allerdings keineswegs entsprechende Anlagen besuchen, um nackt baden zu können: Entlang der französischen Mittelmeerküste finden sich zahlreiche abgelegene Stellen, an denen man problemlos alle Hüllen fallen lassen kann. Beliebte Strände befinden sich in Port Leucate, Narbonne-Plage, Sérignan-Plage sowie an der Plage de l'Espiguette in der Camargue. Um niemanden zu provozieren, sollte man sich an Stränden, die nicht speziell für Nudisten ausgewiesen sind (*Naturistes*), danach richten, wie es die Strandnachbarn handhaben.

Achtung: Nacktbaden kann mit Bußgeld geahndet werden. FKK-Anhänger können Informationen zu speziellen Ferienzentren und Klubs bei der *Fédération Française du Naturisme* anfordern.

Fédération Française du Naturisme, 65, rue de Tocqueville, F-75017 Paris, www.ffn-naturisme.com.

Golf

Wer seinen Golfschläger dabeihat, der findet in der Region Languedoc-Roussillon mehr als 20 Golfplätze, darunter mehrere 18-Loch-Anlagen:

Comité Régional du Tourisme Languedoc-Roussillon, L'Acropole, 954, avenue Jean Mermoz, CS79507, F-34960 Montpellier, Cedex 2, ✆ 0033/0467200220, www.sunfrance.com.

Kanu- und Wildwassersport

Mehrere Flüsse in der Region Languedoc-Roussillon bieten sich zur Erkundung mit dem Kanu an, beispielsweise Ardèche, Tarn, Gardon, Hérault oder die Aude. An allen Flüssen findet man zahlreiche Verleihfirmen, der Tagespreis für ein Kanu und den Rücktransport von zwei Personen liegt bei 50 €. Es gibt auch Gewässer, die nur für geübte **Kajaksportler** zu empfehlen sind, so die Dourbie, den Oberlauf der Aude und den Tech. In Banyuls-sur-Mer werden auch Kajaktouren auf dem Meer angeboten.

Fédération Française de Canoe-Kajak, 87, quai de la Marne, 94330 Joinville-le-Pont, ✆ 0033/0145110850, www.ffck.org.

Beliebt ist auch das **Wildwasserschwimmen**: Mit Flossen, Neoprenanzug und -stiefeln sowie einem schildartigen Schwimmbrett ausgerüstet, stürzen sich Wagemutige in die Fluten. Noch ein Hinweis: Der Wildwassersport ist von Dezember bis Februar gesetzlich verboten – die Wassertemperaturen dürften im Winter aber sowieso nur wenige locken.

Sehr populär ist auch das **Rafting**. Ausgerüstet mit Sturzhelm, Schwimmweste und einem Neoprenanzug stürzt man sich in einem Schlauchboot in reißende Flüsse und Stromschnellen, so beispielsweise in dem Flüsschen Aude bei Quillan. Zumeist bilden sechs oder acht Personen zusammen mit einem erfahrenen Begleiter ein Team.

Klettern

Bei Sportkletterern und Alpinisten steht Südfrankreich dank mehrerer großer **Klettergebiete** und der Bandbreite der Schwierigkeitsgrade dort hoch im Kurs. Sehr beliebt sind der Cirque de Vingrau, etwa 20 Kilometer nordwestlich von Perpignan, sowie die Montagne de la Clape bei Narbonne, die mehr als 350 Routen in Schwierigkeitsgraden von 3c bis 8c aufweisen. Entsprechende Ausbildung und Ausrüstung sind Voraussetzung.

Eine Alternative zum Sport- und Alpinklettern bieten **Klettersteige** (in Frankreich *Vie ferrate* aus dem Italienischen), die man in den Pyrenäen vorfindet. Auch für diese mit Trittstufen, Eisenstiften und Stahlseilen versehenen Wege im Fels gilt: Ohne Erfahrung und die richtige Ausrüstung sollte man sie keinesfalls begehen.

Pétanque („Boule")

„Pétanque ist das schönste Spiel, das Menschen je erfunden haben", schwärmte der französische Schriftsteller und Filmregisseur Marcel Pagnol in den höchsten Tönen. Der Lieblingssport der Südfranzosen ist keineswegs ein Spiel mit jahrhundertelanger Tradition. Erst 1910 wurde Pétanque von einem älteren Herrn namens Jules Le Noir an der Strandpromenade von La Ciotat erfunden. Jules Le Noir litt so sehr an Rheuma, dass er seinem geliebten Boulespiel, bei dem der Ball mit Anlauf rund 20 Meter weit geworfen wird, nicht mehr nachgehen konnte. Zwangsweise „erfand" er eine gemäßigtere Version, die sich in kürzester Zeit in ganz Südfrankreich verbreitete und das alte Boulespiel (*Longue*) dort fast vollkommen verdrängte.

Spielregeln: Gespielt wird in zwei Mannschaften mit je zwei oder drei Spielern; jeder Spieler besitzt drei Kugeln. Ziel ist es, die knapp 900 Gramm schweren Eisenkugeln möglichst nahe an das 6–10 Meter entfernte *Cochonnet* („Schweinchen"), eine kleine Holzkugel, heranzuwerfen, wobei die so genannten *Tireurs* versuchen, gut platzierte gegnerische Kugeln „herauszuschießen". Die Mannschaft, deren Kugel am nächsten zum „Schweinchen" liegt, darf solange pausieren, bis der Gegner diese Position wieder innehat beziehungsweise keine Kugeln mehr besitzt. Am Ende des Spiels bekommt die siegreiche Mannschaft so viele Punkte, wie sie Kugeln vor den gegnerischen in nächster Nähe des *Cochonnet* platzieren konnte. Die

Mannschaft, die zuerst 13 Punkte gesammelt hat, gewinnt die Partie. Wer mehr zur Geschichte und den Spielregeln wissen oder Boulekugeln bestellen möchte, wendet sich an: www.laboulebleue.fr.

Reiten

Südfrankreich hoch zu Ross zu erkunden, ist eine überaus reizvolle Alternative zum Wandern und Fahrradfahren. Die Angebote für Anfänger und Fortgeschrittene sind relativ groß und reichen vom einfachen Spazierritt bis zu ausgedehnten Reiterferien. Es muss kein Traum bleiben, die Sumpflandschaft der Kleinen Camargue auf dem Rücken eines Pferdes zu durchstreifen. Auch in den Pyrenäen, beispielsweise im Conflent und in der Cerdagne, werden Reitwanderungen organisiert. Am besten wendet man sich an die jeweiligen Tourismusbüros.

Segeln und Surfen

Zahlreiche Segel- und Surfschulen bieten in den internationalen Fremdenverkehrsorten ihre Dienste an; auch Surfbretter sind dort zahlreich vorhanden (rund 15 € Ausleihgebühr für den halben Tag). Und eines ist sicher: Es hat seinen Reiz, das Segeln an der französischen Mittelmeerküste zu lernen. Segelkurse dauern in der Regel ein bis zwei Wochen. Freizeitkapitäne können zwischen 25 Sporthäfen wählen, die über eine Kapazität von 22.000 Anlegeplätzen verfügen. Zumeist liegen die Häfen weniger als 15 Seemeilen auseinander – ideale Bedingungen für entspannte Tagestouren.
Fédération Française de Voile, www.ffvoilelr.net.

Skifahren

Skifahren in Südfrankreich ist alles andere als abwegig. Nicht nur in den französischen Pyrenäen, wo die Lifte bis auf 2600 Meter hinaufreichen, sondern auch an den südlichen Ausläufern des Massif Central gibt es gut präparierte Pisten. Zu den beliebtesten Wintersportorten im Département Pyrénées-Orientales gehören Font-Romeu sowie Les Anglés. Snobs kommen im Frühjahr auf ihre Kosten: Bis zum frühen Nachmittag über die Pisten wedeln, rein ins Auto und knapp zwei Stunden später Après-Ski unter Palmen ... Langlauffreunde können sich auch im Winter im Haut Languedoc und am Mont Lozère sowie am Mont Aigoual austoben.

Die Broschüre „Montagnes" mit Informationen zu den verschiedenen Pisten im Languedoc-Roussillon ist unter folgender Adresse erhältlich:
Comité Régional du Tourisme Languedoc-Roussillon, L'Acropole, 954, avenue Jean Mermoz, CS79507, F-34960 Montpellier, Cedex 2, ✆ 0033/0467200220, www.sunfrance.com.

Strände

Größtenteils dominieren in der Region Languedoc-Roussillon kilometerlange Sandstrände, an denen sich selbst in der Hochsaison ein ruhiges Plätzchen findet. Liebhaber einsamer Buchten kommen an der Côte Vermeille genauso auf ihre Kosten wie diejenigen, die sich lieber an Privatstränden mit mondäner Atmosphäre in der Sonne aalen. Die an den häufig frequentierten Stränden gehissten Fahnen weisen auf mögliche Gefahren (grün, orange, rot) und die Wasserqualität (blau, gelb) hin. Zusätzlich dient eine Kennzeichnung der 300-Meter-Zone der allgemeinen Sicherheit. Zwar sind in Frankreich alle Urlauber vor dem Sonnengott gleich, doch bedeutet das im Alltag nur, dass dem Gesetz zufolge ein Spaziergang am Meer überall möglich sein muss. Manche sind aber „gleicher" und können sich für den stolzen Preis von bis zu 25 € pro Tag eine Liege mit Sonnenschirm und Windschutz leisten ... Informativ: www.plagesmed.fr.

Tauchen

Vor allem die felsigen Küstenabschnitte der Côte Vermeille sind reizvolle Reviere für Taucher und Schnorchler. Wer im Reisegepäck keinen Platz für Taucherbrille, Schnorchel und Flossen hat, dem sei als Ersatz zu einer guten Schwimmbrille geraten. Einen 400 Meter langen Unterwasserpfad (*Sentier sous-marin*) gibt es in Cap d'Agde. Tauchen will gelernt sein: Daher sollte man sich ohne speziellen Tauchkurs nicht in die Tiefe wagen. Tauchschulen und Nachfüllstationen für Pressluftflaschen finden sich z. B. in Collioure und Sète. Last, but not least: Unterwasserjagd bitte nur mit der Kamera betreiben!

Tennis

Die Freunde des „weißen Sports" finden in jedem größeren Küstenort Tennisplätze vor. Zahlreiche Hotels der gehobenen Mittelklasse sowie komfortable Campingplätze halten ebenfalls Spielmöglichkeiten für Urlauber bereit. In der Saison ist eine Reservierung dringend zu empfehlen. Die Preise sind von der Tageszeit und der Exklusivität der Anlage abhängig.

Wandern und Bergsteigen

Languedoc und Roussillon sind geradezu ideale Wandergebiete. Von der einfachen Küstenwanderung bis hin zu Hochgebirgstouren in den Pyrenäen bietet die Region etwas für jeden Geschmack. Wer die höheren Lagen der Cevennen oder Pyrenäen erkunden will, sollte derartige Wanderungen nur mit der richtigen Ausrüstung unternehmen und auf einen Wetterumschwung vorbereitet sein. Feste Wanderschuhe und ein ausreichender Wetter- bzw. Regenschutz sind daher Pflicht! Nützlich sind bei schwierigen Bergwanderungen auch Teleskopstöcke, die beim Abstieg die Gelenke entlasten. Hochgebirgswanderungen in den Pyrenäen lassen sich nur in den Sommermonaten (Juli bis September) unternehmen. Weite Teile der Region lassen sich auf einem der gut ausgeschilderten Fernwanderwege (*Sentiers de Grande Randonnée*) erschließen. Insgesamt steht wanderlustigen Reisenden ein ausgeschildertes Wegenetz von mehr als 4000 Kilometern zur Verfügung. Es gibt zudem mehrere regionale Wanderführer (Topo-Guide) der *Fédération Française de la Randonnée Pédestre* (FFRP), die im gut ausgestatteten Zeitschriftenhandel (*Maison de la Presse*) zu finden sind. Deutschsprachige Wanderführer gibt es vom Rother Verlag (www.rother.de), so den Band „Cevennen – Ardèche" und den Band „Languedoc – Roussillon". Wer hauptsächlich in den Départements Pyrénées-Orientales und Aude wandern will, findet auf einer privat betriebenen Homepage mehr als 100 ausführlich beschriebene Wanderungen mit Karten und GPS-Tracks (www.werner-eckhardt.de). Sehr praktisch zum Wandern sind die Karten der blauen Serie des IGN (*Institut géographique national*), auf denen dank des Maßstabs von 1:25.000 auch die kleinsten Wege eingezeichnet sind.

Ein Gesamtverzeichnis der französischen Fernwanderwege (Grande Randonnée) mit Karte und den jeweiligen Stationen sowie Telefonnummern der Wanderherbergen findet man im Internet unter der Adresse www.gr-infos.com. Fédération Française de la Randonnée Pédestre: www.ffrandonnee.fr.

Kein Frankreichurlaub ohne Cafébesuch

Wissenswertes von A bis Z

Adressen

Die Franzosen geben grundsätzlich die Hausnummer vor dem Straßennamen an. Ein Beispiel: *55, rue de la Gare*. Besitzt das Haus zusätzlich einen Nebeneingang, so lautet dessen Anschrift *55 bis, rue de la Gare*; ein zweiter Nebeneingang würde mit *55 ter* markiert sein. Die gängige Abkürzung für Avenue lautet „av.", für Boulevard „bd.".

Diplomatische Vertretungen

Deutschland: Deutsche Botschaft, 13–15, av. Franklin-D.-Roosevelt, 75008 Paris, ✆ 0142 997800, ✉ 0143597418, www.paris.diplo.de. Deutsches Konsulat, 338, av. du Prado, 13295 Marseille Cédex 8, ✆ 0491167520, ✉ 0491 165438. www.marseille.diplo.de.

Österreich: Österreichische Botschaft, 6, rue Fabert, 75007 Paris, ✆ 0145559566, ✉ 0145 556365. Österreichisches Generalkonsulat, 27, cours Pierre-Puget, 13006 Marseille, ✆ 0491 530208, ✉ 0491537151.

Schweiz: Schweizer Botschaft, 142, rue de Grenelle, 75007 Paris, ✆ 0125556700. Schweizer Botschaft, 7, rue d'Arcole, 13006 Marseille Cédex 6, ✆ 04915 33665.

Dokumente

Für Bürger aus der Bundesrepublik Deutschland und Österreich genügt ein gültiger Personalausweis, für Schweizer die Identitätskarte, doch hat sich in der Praxis die zusätzliche Mitnahme des Reisepasses bewährt. Für Kinder unter 16 Jahren reicht ein Kinderpass. Mit dem internationalen Studentenausweis erhalten Berechtigte diverse Vergünstigungen. Bei Verlust kann es sich als nützlich erweisen, eine Kopie des Führerscheins oder Ausweises mitzuführen.

Feiertage

Banken, Büros und die meisten Geschäfte, aber auch fast alle Museen und Sehenswürdigkeiten haben an den beweglichen Feiertagen wie beispielsweise **Ostermontag**, an lokalen Festtagen sowie an folgenden Tagen geschlossen:

1. Januar	Neujahr	15. August	Mariä Himmelfahrt
1. Mai	Tag der Arbeit	1. November	Allerheiligen
8. Mai	Waffenstillstand 1945	11. November	Waffenstillstand 1918
14. Juli	Nationalfeiertag	25. Dezember	Weihnachten

Fotografieren

Wer in Schlössern, Kirchen oder Museen Fotografieren möchte, sollte sich zuvor erkundigen, ob dies erlaubt ist. Wegen der teilweise extremen Lichtverhältnisse erweist sich ein UV- oder Polarisationsfilter als nützlich.

Geld

Zwar zahlt auch Frankreich mit dem Euro, die kleinere Einheit, der Cent, wird hier aber noch vielerorts wie zu den Zeiten des Franc Centime genannt. **Kreditkarten** – vor allem Eurocard und Visa – sind weit verbreitet; sie werden von den meisten, jedoch nicht von allen Hotels und Restaurants angenommen. Leider akzeptieren die Fahrscheinautomaten der SCNF keine deutschen Kreditkarten, das gleiche Problem stellt sich bei den Automaten der Tankstellen. Bei den immer seltener werdenden **Reiseschecks** beträgt die Tauschgebühr zumeist ein Prozent. Wegen der umständlichen Prozeduren am Bankschalter erweist sich eine **ec-Karte mit Geheimzahl** oder eine Kreditkarte als sehr hilfreich, denn Geldautomaten sind überall vorzufinden. Wer Geld mit seiner Kreditkarte abhebt, muss in der Regel mit zwei Prozent des Betrags bzw. mindestens 5 € Gebühren rechnen. Inhaber von **Postsparbüchern** können mit der Postbank SparCard 3000plus Geld abheben.

> **Sperrnummer für Bank- und Kreditkarten**: 0049 116116. Diese einheitliche Sperrnummer gilt mittlerweile für eine Reihe von deutschen Banken, ausgenommen der Hypobank, der Postbank und der Deutschen Bank: www.sperrnotruf.de.

Gesundheit

Zwischen Deutschland sowie zwischen Österreich und Frankreich besteht ein gegenseitiges Versicherungsabkommen. Bei einem Arztbesuch ist eine Europäische Krankenversicherungskarte hilfreich; dennoch muss der Arztbesuch erst einmal bar bezahlt werden. Die Rechnung beziehungsweise die Quittungen der Apotheke

Der typische Trödelladen im Dorf ist im Verschwinden begriffen

werden dann später der heimischen Krankenversicherung zur Erstattung vorgelegt. Wegen der umständlichen Prozedur und des teilweise hohen Eigenanteils – abgerechnet wird nämlich nach dem französischen System – empfiehlt es sich, vor der Reise eine **Auslandskrankenversicherung** abzuschließen. Sie garantiert freie Arzt- und Krankenhauswahl und übernimmt die Kosten für Behandlung, Medikamente, einen ärztlich verordneten Rücktransport und die Überführung im Todesfall. Die Versicherungen bieten Jahrespolicen für Einzelpersonen (ab 5 €) und Familien (ab 15 €) an.

Fast jedes größere Dorf besitzt eine eigene, mit einem grünen Kreuz gekennzeichnete **Apotheke** (*Pharmacie*). Außerhalb der normalen Öffnungszeiten (ca. 9–12.30 Uhr und 14–18.30 Uhr) informiert ein Hinweisschild, welche Apotheke gerade Nacht- oder Sonntagsdienst hat. Häufig findet man an der Apotheke auch einen **Kondomautomaten** (*Préservatifs*). Wer einen Zeltaufenthalt in oder am Rande der Camargue plant, sollte nicht vergessen, ausreichend **Mückenschutzmittel** mitzunehmen.

Haustiere

Katzen und Hunde unter drei Monaten dürfen nicht mitgenommen werden. Ältere Tiere benötigen einen EU-Heimtierausweis und seit Juli 2011 einen Mikrochip, ein tierärztliches Zeugnis sowie den Nachweis einer Tollwutschutzimpfung, die mindestens einen Monat, aber weniger als ein Jahr zurückliegen muss. Wer seinen vierbeinigen Liebling mit auf Reisen nimmt, wird feststellen, dass die Franzosen Hunden in der Regel sehr aufgeschlossen begegnen.

Heißluftballons

Für Kenner und Liebhaber gehört es zu den größten Erlebnissen, mit einem Heißluftballon lautlos über die Hügel, Felder und Buchten des Languedoc zu schweben.

Allerdings betragen die Kosten für eine 60-minütige Fahrt rund 230 € pro Person. Es gibt verschiedene Anbieter, so die Firma Les Montgolfières du Sud in Uzès, die ihre Ballone über den Pont du Gard schickt.

Les Mongolfières du Sud SARL, 64, rue Sigalon, 30700 Uzès, ✆ 0033/0466372802. www.sudmontgolfiere.com.

Information

Die **französischen Fremdenverkehrsämter** (*Atout France*) halten auf Anfrage Prospektmaterial bereit und helfen vor Reiseantritt mit allgemeinen Auskünften gerne weiter:

In **Deutschland**: Atout France, Postfach 100128, 60001 Frankfurt/M., www.rendezvousenfrance.com.

In **Österreich**: Atout France, Lugeck 1–2, 1010 Wien, ✆01/5032892. www.rendezvousenfrance.com.

In **der Schweiz**: Atout France, Rennweg 42, Postfach 3376, 8021 Zürich, www.rendezvousenfrance.com.

In der Region **Languedoc-Roussillon**: Comité Régional du Tourisme Languedoc-Roussillon, L'Acropole, 954, avenue Jean Mermoz, CS79507, F-34960 Montpellier, Cedex 2, ✆ 0033/0467200220, www.sunfrance.com.

Die **Départements** verfügen zudem über eigene Tourismusbüros (*Comité Départemental du Tourisme*):

CDT de l'Ardèche, 4, cours du Palais, F-07000 Privas, ✆ 0033/0475640466, www.ardeche-guide.com.

CDT de l'Aude, Allée Raymond Courrière, F-11855 Carcassonne Cédex 09, ✆ 0033/0468116600 www.audetourisme.com.

CDT du Gard, 3, rue Cité Foulc, B.P. 122, F-30010 Nîmes Cédex 4, ✆ 0033/046636 9630, www.tourismegard.com.

CDT de l'Hérault, Avenue des Moulins, B.P. 3067, F-34034 Montpellier, ✆ 0033/0825340034, ww.herault-tourisme.com.

CDT de Lozère, 14, boulevard Henri Bourrillon, B.P. 4, F-48002 Mende Cédex, ✆ 0033/0466656000, www.lozere-tourisme.com.

CDT des Pyrénées-Orientales, 16, avenue des Palmiers, B.P. 540, F-66005 Perpignan Cédex, ✆ 0033/0468515253, www.tourisme-pyreneesorientales.com.

Die Fremdenverkehrseinrichtungen der Städte und Ortschaften (*Office de Tourisme*) versenden auf Anfrage ebenfalls gerne Prospekte. Die jeweiligen Adressen sowie Homepage und Telefonnummern sind im Reiseteil bei den einzelnen Orten angegeben.

Internet

Inzwischen verfügen die meisten Hotels im Languedoc-Roussillon (und sogar Campingplätze) über einen drahtlosen, leider nicht immer kostenlosen Zugang zum Internet. In Frankreich spricht man dabei nicht von WLAN, sondern wie im Englischen von Wi-Fi (*Wireless Fidelity*). Fast alle Cafés locken inzwischen ihre Gäste mit einem kostenlosen Zugang ins world wide web.

Wer sich bereits vorab beim Surfen im Internet über die Region Languedoc-Roussillon informieren möchte, kann dies unter folgenden Adressen tun:

www.rendezvousenfrance.com: Diese Internetadresse führt Sie zur offiziellen Website des französischen Tourismus. Besonders empfehlenswert: die Rubriken „Praktische Infos" und „Urlaubstipps".

www.frankreich-sued.de: interessante Informationen und Fotos zu zahlreichen Orten in Südfrankreich.

www.botschaft-frankreich.de: allgemeine Informationen zu Frankreich.

www.sunfrance.com: die offizielle Seite der Region Languedoc-Roussillon mit vielen praktischen Hinweisen. Auch auf deutsch: http://de.sunfrance.com.

www.frankreich-info.de: viele Infos zu Frankreich.

www.gard-tourismus.com: Das Département Gard hat eine interessante deutsche Homepage.**www.canalmidi.com:** zahlreiche Infos zum Canal du Midi.

www.cathares.org: alles über das Land der Katharer.

Jagd

Die Jagd ist der französische Nationalsport schlechthin. Mehr als eine Million Franzosen haben eine Flinte im Schrank stehen, die sie alljährlich zur Jagdsaison hervorholen. Sie lassen sich auch nicht durch Proteste von Naturschützern und Tierfreunden von ihrem Freizeitvergnügen abhalten, denn die Jagd ist ein *Droit républicain*. Hierzu muss man wissen, dass es seit der Revolution von 1789 nicht nur den Adligen, sondern auch den „einfachen Leuten" gestattet ist, mit einer Flinte durch den Wald oder über die Felder zu ziehen. Besonders beliebt ist die Jagd auf Zugvögel, die alljährlich zu Hunderttausenden vom Himmel geholt werden. Das gesellschaftliche Gewicht der französischen Jäger sollte nicht unterschätzt werden..

Kriminalität

Die Kleinkriminalität ist ein großes Problem in Südfrankreich. Alljährlich werden Tausende von Diebstählen zur Anzeige gebracht. Vor allem am Strand und in den großen Städten wie Montpellier oder Perpignan empfiehlt es sich, die allseits bekannten Verhaltensregeln zu beachten: im geparkten Auto keine Wertsachen zurücklassen, das Handschuhfach offen lassen, damit erst gar keine Spekulationen aufkommen können, und beim Stadtbummel Pass, Kreditkarten und Geld lieber „unsichtbar" am Körper tragen.

Markttag in Florac

Landkarten

Die gebräuchlichste Landkarte für die Region Languedoc-Roussillon ist die Michelin-Karte *Regional* Nr. 526 im Maßstab 1:200.000. Sie ist allerdings etwas umständlich gefaltet. Ergänzend empfiehlt sich auch die Reihe *Local*, die zumeist im Maßstab 1:150.000 erscheint: 339 Gard und Hérault, 344 Aude und Pyrenées-Orientales, 330 Lozère. Für alle Karten französischen Ursprungs gilt: Sie sind im Urlaubsland günstiger als im heimischen Buchhandel. Als Alternative empfiehlt sich daher die etwas teurere Straßenkarte Blatt 10 von Kümmerly + Frey, welche die gesamte Region abdeckt, jedoch in einem geringfügig kleineren Maßstab (1:250.000) gezeichnet ist.

Für Aktivurlauber bieten sich die Reliefkarten aus der grünen Reihe (1:100.000) des Nationalen Geographischen Instituts (IGN) an. Sehr praktisch zum Wandern ist die blaue Serie des IGN, dank des Maßstabs von 1:25.000 sind auch die kleinsten Wege eingezeichnet.

Märkte

Der Besuch eines Wochenmarktes gehört zu den schönsten Eindrücken einer Reise durch die Region Languedoc-Roussillon. Noch bevor sich der erste Kunde nähert, stapeln sich leere Kisten und Pappkartons im Rinnstein. Salate, Kräuter und Gemüse werden zu bunten Kaskaden aufgebaut. Der Duft von reifem Rohmilchkäse und frischen Meeresfrüchten lässt einem das Wasser im Mund zusammenmenlaufen. Es gibt Stände, die Dutzende von Honigsorten und Olivenöle aus verschiedenen Herkunftsregionen anbieten, aber auch Textilien und gebrauchte Klamotten sind zu finden.

Bei den praktischen Informationen zu jedem Ort sind daher die Markttage aufgeführt, bei größeren Städten auch die Straße beziehungsweise der Platz, wo der Markt stattfindet.

Menschen mit Behinderung

Wer mit einem Handicap unterwegs ist, steht bei manchen Hotels und Restaurants im wahrsten Sinne des Wortes vor unüberwindbaren Hindernissen. Hilfe bietet eine kostenpflichtige Broschüre, die von der *Association des Paralysés de France* herausgegeben wird. Personen mit Schwerbehinderten-Ausweis sollten in Museen und eintrittspflichtigen Sehenswürdigkeiten (Klöster, Schlösser, bei Veranstaltungen etc.) ihren Ausweis vorzeigen. In den meisten Fällen gibt es einen reduzierten Eintrittspreis für die betreffende Person, manchmal auch für den Begleiter. Hier finden Sie Informationen zu behindertengerecht ausgestatteten Hotels und problemlos zugänglichen Restaurants.

A.P.F., Délégation de Paris, 22, rue du Père Guérin, F-75013 Paris, ☎ 0033/ 0140786900. www.apf.asso.fr.

Notruf

Im Falle eines Falles gilt der in ganz Frankreich zu verwendende Notruf: ☎ **17** für die **Polizei** (*Police*) und ☎ **18** für die **Feuerwehr** (*Sapeurs-Pompiers*) sowie die in allen EU-Ländern geltende Notrufnummer 112 (Polizei, Feuerwehr und Sanitäter).

Öffnungszeiten

In Frankreich gibt es keine gesetzlich vorgeschriebenen Öffnungszeiten; man kann aber davon ausgehen, dass die meisten Geschäfte zwischen 9 und 12 sowie zwischen 14.30 und 19 Uhr geöffnet haben. Große Supermärkte schließen gar erst um 21 oder 22 Uhr. Die Mittagspause wird, abgesehen von den großen Supermarchés (*Carrefour*, *Géant Casino* etc.) und Großstadtgeschäften, strikt eingehalten. Viele Geschäfte haben montags ganz oder vormittags geschlossen, dafür kann man sich auch am Sonntagvormittag mit Lebensmitteln und Brot eindecken. Der Samstag gilt als ganz normaler Werktag.

Für **Banken** gelten andere Öffnungszeiten. Sie haben in der Regel von Montag bis Freitag von 9 bis12 und 14 bis 16 Uhr geöffnet, mancherorts ist montags kein Publikumsverkehr möglich. Die **Post** macht nicht nur zumeist eine Stunde früher auf und zwei Stunden später zu, sondern sie öffnet auch am Samstagvormittag ihre Pforten. Wer einen **Museumsbesuch** zwischen Mittwoch und Sonntag in der Zeit von 10–12 oder 14–17 Uhr plant, steht bei größeren Museen nur selten vor verschlossenen Türen. Fast alle Museen haben an einem Tag der Woche, zumeist Montag oder Dienstag, geschlossen.

Traditionelles Anchovisgeschäft

Achtung: Im Gegensatz zu Deutschland sind die gesetzlichen Feiertage in Frankreich nicht für einen Museumsbesuch geeignet, denn auch das Museumspersonal legt dann einen freien Tag ein.

Post (La Poste)

Auch in Frankreich wurde die alte Post (P.T.T.) aufgesplittet und *La Poste* widmet sich heute nur noch dem Brief- und Paketdienst. Briefmarken sowie Telefonkarten (*Télécarte*) sind auf allen französischen Postämtern sowie in den **Bureaux de Tabac** erhältlich. Das Porto für eine Postkarte (*Carte postale*) oder einen Brief (*Lettre*) bis 20 g beträgt 0,77 €. Die hellgelben Briefkästen besitzen zumeist zwei Einwurfschlitze, einen für die jeweilige Stadt oder die nähere Umgebung, den anderen (*Autres destinations*) für den Rest der Welt.

Radio

Wie in Deutschland wird der französische Rundfunk von zahlreichen kommerziellen Lokalsendern bestimmt. Das Programm zeichnet sich in gewohnter Weise durch wenig Wortbeiträge, viel Werbung und aktuelle Chartmusik aus. Leider ist der Empfang sehr schlecht, so dass man im Hinterland oft schon froh sein kann, einen Sender zu finden, dessen Programm nicht mit einem Rauschen unterlegt ist.

Wer an Nachrichten aus Deutschland interessiert ist, kann täglich von 8 bis 9 und von 19 bis 20 Uhr die Deutsche Welle auf der Mittelwellenfrequenz 702 empfangen. Als praktisch für die An- und Abreise erweist sich das auf 107.7 FM ausgestrahlte *Radio Traffic*; der Verkehrsfunksender berichtet jede Viertelstunde über den aktuellen Verkehrsfluss in Südfrankreich, zur vollen und halben Stunde wird der Service durch Informationen in englischer Sprache ergänzt.

Rauchen

Seit 2008 ist auch in Frankreich das Rauchen in Bars, Restaurants und Diskotheken verboten. Wer trotzdem raucht, soll 75 € Strafe zahlen, der Verantwortliche der betreffenden Einrichtung das Doppelte. Um Jugendlichen den Zugang zu Zigaretten zu erschweren, gibt es in Frankreich keine Zigarettenautomaten. Tabakwaren kauft man im *Bureau de Tabac*, das häufig einem Lokal angeschlossen ist.

Reisegepäckversicherung

Sicherheitsbewusste fahren nur mit Reisegepäckversicherung ins Ausland, andere betrachten diese als einen übertriebenen Luxus. Wie auch immer man es persönlich hält, Tatsache ist, dass Autoaufbrüche in Südfrankreich zur Tagesordnung gehören, allein in der Kleinstadt Uzès ereignen sich alljährlich zwischen 800 und 900! Wohl dem, der rechtzeitig eine Versicherung abgeschlossen hat. Hierzu ein Preisbeispiel: Wer sein Gepäck im Wert von 1500 € für 24 Tage versichern will, muss mit rund 30 € rechnen. Kaum teurer ist dann allerdings die Kombination mit einer Reiseunfall- und Reisekrankenversicherung. Achtung: Tritt ein Schadensfall ein, muss dieser polizeilich dokumentiert werden, da sonst keine Schadensregulierung erfolgen kann.

Rugby

Das 1823 in der englischen Stadt gleichen Namens erfundene Rugby-Spiel genießt in Südfrankreich einen hohen Stellenwert und wird gelegentlich als „Nationalsport" bezeichnet. Selbst kleinere Städte und Dörfer besitzen eine eigene Mannschaft, deren Erfolg stark vom Zusammenspiel und der kompromisslosen Einsatzfreude abhängig ist. Gespielt wird in zwei Mannschaften mit je 15 oder je 13 Spielern, die versuchen, den ovalen Ball hinter das gegnerische Tor zu legen oder über die drei Meter hohe Torlatte zu schießen. Der Ball darf nur nach hinten geworfen werden, bei Angriffen muss er getragen oder getreten werden, wobei es für Versuche und Treffer unterschiedliche Punktzahlen gibt. Die im Département Hérault gelegene Stadt Béziers gilt als Rugby-Hochburg. Das städtische Rugbyteam *l'ASB* hat bis dato elf französische Meistertitel gewonnen und ist damit das mit Abstand erfolgreichste Team des Landes. Über die Rugby League kann man sich auch im Internet unter www.francerugby.fr informieren.

Sprache und Sprachkurse

Mit Deutsch und Englisch kommt man in Südfrankreich nicht sehr weit. Ein großer Teil der Bevölkerung besitzt entweder gar keine oder nur mäßige Fremdsprachenkenntnisse. Da erschwerend hinzukommt, dass sich Franzosen – auch wenn sie es können – im eigenen Land nur ungern des Englischen bedienen, ist es ratsam, sich zumindest Grundkenntnisse in Französisch anzueignen. Dies hilft bei der Suche nach einer Unterkunft und erleichtert die alltäglichen Einkäufe beim Bäcker und im Lebensmittelgeschäft ungemein. Allein der Versuch, sich in der Landessprache verständlich zu machen, wird wohlwollend zur Kenntnis genommen. Pluspunkte lassen sich auch durch den häufigen Gebrauch von *S'il vous plaît* sammeln. Denn im Gegensatz zu Deutschland gilt es in Frankreich als unhöflich, das Wörtchen *bitte* zu vergessen. Wer um eine Auskunft nachsucht, sollte ein freundliches *Pardon*, dem ein *Madame* oder *Monsieur* folgt, nicht vergessen. Im ehemaligen Roussillon (Département des *Pyrénées Orientales*) kann man sich auch mit Katalanisch verständigen, das dort noch von einer Minderheit von knapp 200.000 Menschen gesprochen wird.

Französisch lernen unter südlicher Sonne, vielleicht verbunden mit ausgiebigen Streifzügen durch die Region – ganz nebenbei lässt sich so das Angenehme mit dem Nützlichen verbinden. Zahlreiche private Anbieter von Sprachkursen machen sich auf diesem Markt Konkurrenz, aber auch die Universitäten von Montpellier und Toulouse veranstalten Sommersprachkurse für Ausländer. Ein Preisvergleich lohnt sich: Die Angebote schließen manchmal Unterkunft und Verpflegung ein. Das Maison de la France sowie das Comité Régional du Tourisme in Montpellier halten entsprechendes Informationsmaterial bereit. In Montpellier ist beispielsweise das Institut Linguistique Adenet (ILA) zu empfehlen. Leserin Britta Baumann lobte die „kleinen Gruppen, hilfsbereiten Lehrer und das gute Preis-Leistungs-Verhältnis".

Institut Linguistique Adenet, 33, grand rue Jean Moulin, 340000 Montpellier, ✆ 0033/ 0467606783, www.ila-france.com. Sehr informativ ist darüber hinaus die Website www.sprachkurse-weltweit.de, über die man auch Informationen zu Sprachschulen im Süden Frankreichs erhält.

Okzitanisch – eine tote Sprache?

Frankreich war lange Zeit kein einheitliches Sprachgebilde. Spätestens die Ortsschilder erinnern daran, dass neben dem Französischen noch eine andere Sprache existiert (hat). Das Okzitanische mit seinen vielen Dialekten hat sich nach der Völkerwanderung aus dem Vulgärlatein entwickelt und wurde in Abgrenzung zur alt- bzw. mittelfranzösischen *langue d'oil* auch *langue d'oc* genannt (jeweils nach dem Wort für „ja" aus lat. *hoc*, das sich im Okzitanischen zu *oc*, in den frühen Stufen des Französischen dagegen zu *oil* entwickelt hatte). Im Zeitalter der Troubadours und Minnesänger erreichte das Okzitanische einen glanzvollen Höhepunkt und seine größte Ausdehnung, die sich von den Pyrenäen und der Gascogne bis zu den Seealpen erstreckte. Als König Franz I. 1539 die im Norden Frankreichs gesprochene *langue d'oil* zur Amtssprache erhob, wurde das Okzitanische wie andere Regionalsprachen (Bretonisch, Katalanisch etc.) immer mehr zurückgedrängt. Vor allem in gebildeten Kreisen setzte sich alsbald das Französische durch. Noch Racine jammerte darüber, dass er südlich von Valence nichts mehr von dem verstehe, was gesprochen wird. „Ich schwöre ihnen", schrieb er an La Fontaine, „dass ich hier genauso einen Dolmetscher brauche wie ein Moskowiter in Paris." Erst die Revolution von 1789 und die Einführung der allgemeinen Schulpflicht – Französisch war als einzige Unterrichtssprache zugelassen – bewirkten, dass die Regionalsprachen endgültig an Bedeutung verloren. Im Namen der Region „Languedoc" ist die Bezeichnung *langue d'oc* allerdings noch immer gegenwärtig.

Stierkampf

Zum Leidwesen zahlreicher Tierschützer, wird neben der unblutigen *Course Camarguaise* auch die Tradition des blutigen Spanischen Stierkampfs im Languedoc-Roussillon gepflegt. Trotz großer Proteste werden derzeit noch in knapp einem Dutzend Städten der Region (Nîmes, Alès, Céret, etc.) Stiere in der Arena getötet. Die *Fédération des Luttes pour l'Abolition de la Corrida* kämpft seit Jahren gegen diesen seit dem 18. Jahrhundert aus Spanien eingeführten Brauch: www.flac-anticorrida.org.

Strom

Normalerweise 220 Volt Wechselstrom. Da die französischen Steckdosen einer anderen Norm unterliegen, werden flache Eurostecker oder Adapter benötigt, die vor Ort in Supermärkten oder im Fachhandel erhältlich sind.

Telefonieren

Um den Kauf einer Telefonkarte (*Télécarte*) kommt man kaum herum, da die meisten Münzfernsprecher in den letzten Jahren auf Telefonkarten umgestellt wurden (Karten sind mit 50 oder 120 Einheiten erhältlich).

Bei den meisten Telefonzellen ist es möglich, sich zurückrufen zu lassen (die Nummer ist am Apparat angegeben). Angesichts der Roaming-Preise kann sich für Vieltelefonierer durchaus eine französische Prepaid-Karte für das Handy lohnen. Diese sind ebenso wie in Deutschland in vielen Shops in den Innenstädten zu bekommen.

Achtung: Wenn Sie von Deutschland aus in Frankreich anrufen, dann entfällt die Null der Ortskennzahl. In diesem Buch werden alle Telefonnummern, die bei der Vorbereitung des Urlaubs von Deutschland, Österreich und der Schweiz aus von Bedeutung sind, mit der nationalen Vorwahl und der jeweiligen Ortskennzahl (einschließlich der Null) aufgeführt, damit Sie die Nummern leichter auf die innerfranzösische Nutzung übertragen können.

Vorwahlen aus Frankreich nach Deutschland: 0049; nach Österreich: 0043; in die Schweiz: 0041.

Vorwahl nach Frankreich von D, A, CH: jeweils 0033

Hinweis: Die französischen Telefonnummern wurden vor Jahren auf ein zehnstelliges Nummernsystem umgestellt. Der Südosten Frankreichs bekam die Ziffern 04, die bei allen Telefonnummern in diesem Reiseführer angegeben sind. Bei einem Anruf aus dem Ausland nach Frankreich entfällt allerdings die „0" vor der „4": also nur 00334.

Thalassotherapie

Entlang der Küste taucht häufig der Hinweis *Thalassothérapie* auf. Es handelt sich dabei um eine antike Kur- und Heilform, die seit längerem wieder von größeren Kureinrichtungen gepflegt wird. *Thalassa* nannten die Griechen das Meer, dem auch Platon zuschrieb, alle Leiden vom Menschen abzuwaschen. In dieser Tradition nutzt die Thalassotherapie das Urelement Salzwasser, aus dem alles irdische Leben stammt, zur Linderung und Heilung von Gebrechen und zur Regeneration von Körper und Geist. Heute beruft man sich unter anderem auf die Erkenntnisse des Biologen René Quinton, der 1897 die organische Übereinstimmung zwischen Blutplasma und Meereswasser nachwies. Die Bäder im warmen Meerwasser werden ergänzt durch verschiedene Massagen, Gymnastik, Algen-Packungen, physiotherapeutische Programme und – gegebenenfalls – eine Diät.

Trinkgeld

Im Restaurant ist die Bedienung in der Regel im Preis inbegriffen (*Service compris*). Dennoch sollte man je nach Zufriedenheit zwischen fünf und zehn Prozent Trinkgeld (*Pourboire*) geben; sich Minimalbeträge herausgeben zu lassen, gilt als unhöflich. Bedenken sollte man auch, dass Friseure, Taxifahrer, Fremdenführer und Zimmermädchen Trinkgeld nicht nur zu schätzen wissen, sondern teilweise auch darauf angewiesen sind.

Waldbrände

Jahr für Jahr sorgen in den Sommermonaten große Flächenbrände für Schlagzeilen. Ein Funke genügt, und die ausgedörrten südfranzösischen Landschaften gehen – wie 1999 in der Nähe von Toulon geschehen – in Windeseile in Flammen auf. Um Waldbrände zu vermeiden, ist es daher strengstens verboten, bei Wanderungen und Ausflügen glimmende Zigaretten oder glühende Streichhölzer wegzuwerfen – obwohl sich dies eigentlich von selbst verstehen sollte. Untersagt ist es auch, ein offenes Feuer zu entfachen sowie Glas liegen zu lassen (Selbstentzündungsgefahr!). Wildcampen in Gebieten mit Waldbrandgefahr wird verständlicherweise mit drastischen Geldstrafen geahndet.

Zeitungen/Zeitschriften

Die überregionalen deutschsprachigen Tages- und Wochenzeitungen (Süddeutsche Zeitung, Frankfurter Allgemeine Zeitung, gelegentlich auch Neue Zürcher Zeitung, Spiegel, ZEIT) sind im Sommer in den größeren Städten sowie touristischen Zentren in der Regel noch am Erscheinungstag in den gut sortierten *Maisons de la Presse* erhältlich. Im Hinterland sowie in der Nebensaison werden die Zeitungen zumeist mit einem Tag Verzögerung ausgeliefert. Deutschsprachige Zeitungen sind manchmal auch in den *Bureaux de Tabac* zu finden; dort liegen auch die renommierten überregionalen französischen Zeitungen aus. Umfassende politische und kulturelle Berichterstattung bietet *Le Monde*. *Le Figaro* wird vor allem vom rechts-konservativen Bürgertum gelesen, während sich *Libération* als linksorientierte Tageszeitung etabliert hat. Hinzu gesellen sich Wochenmagazine wie *L'Express*, *Le Point* und *Nouvel Observateur* sowie *Canard Enchaîné*, eine satirische Wochenzeitung mit gut recherchierten Artikeln.

Die meistgelesenen Tageszeitungen der Region sind der in Montpellier heraus-

Postkarte statt Email?

Byrrh ist der beliebteste Aperitif der Region

gegebene *Midi Libre* (auf der letzten Seite wird eine farbige regionale Wetterkarte abgedruckt!) mit einer Auflage von 220.000 Stück sowie *L'Hérault du Jour, La Dépêche du Midi* und die hauptsächlich im Roussillon erscheinende Zeitung *L'Indépendant*. Wer des Französischen mächtig ist, findet in diesen regionalen Presseorganen zahlreiche Hinweise zu aktuellen Veranstaltungen und bekommt einen Einblick in die Regionalpolitik. Das journalistische Niveau dieser Regionalzeitungen ist allerdings nicht gerade überwältigend. Ein schönes Magazin mit tollen Fotografien ist das alle zwei Monate erscheinende Reisejournal *Pyrénées Magazine*, das die Bergregion aus unterschiedlichen Perspektiven beleuchtet und seine Leser mit gut recherchierten Wandertipps versorgt.

An verschiedenen Kiosken ist mit der *Riviera-Côte d'Azur-Zeitung* auch eine regionale, deutschsprachige Zeitschrift erhältlich. Für 3 € werden jeden Monat locker aufbereitete Informationen zu Sehenswürdigkeiten, Kultur, Lifestyle und Wirtschaft geboten, die auch das Languedoc betreffen. Als sehr nützlich können sich bei Bedarf die Veranstaltungstermine erweisen. Internet: www.rczeitung.com.

Zollbestimmungen

Seit dem 1. Januar 1993 existieren an den Binnengrenzen der Europäischen Union keine mengenmäßigen Ein- und Ausfuhrbeschränkungen mehr. Sollten die Grenzbehörden allerdings den Verdacht hegen, dass mit den mitgeführten Waren ein reger Handel betrieben wird, werden die Betreffenden zur Versteuerung herangezogen. Als Richtmenge gelten 800 Zigaretten bzw. 400 Zigarillos, 200 Zigarren oder 1 Kilo Tabak, 10 Liter Spirituosen sowie 90 Liter Wein und 110 Liter Bier. Für Schweizer bzw. Schweizdurchreisende gelten die üblichen Mengenbeschränkungen: 50 Gramm Parfüm oder 0,25 Liter Eau de Toilette, 1 Liter Spirituosen oder 2 Liter Wein, 200 Zigaretten oder 100 Zigarillos oder 50 Zigarren oder 250 Gramm Tabak.

Katharerdorf Minerve

Languedoc-Roussillon

Ardèche und Céze	112	Hérault	282
Im Tal der Rhône	134	Haut Languedoc	356
Petite Camargue	150	Aude	370
Rund um Nîmes und Uzès	168	Roussillon und Pyrenäen	444
Cevennen	206		

Cascades du Sautadet

Ardèche und Cèze

Ardèche und Cèze gehören aufgrund ihrer landschaftlichen Reize zu den interessantesten Flüssen Südfrankreichs. Besonders spektakulär sind die Gorges de l'Ardèche, deren Erkundung – egal ob mit dem Kanu oder zu Fuß – nicht versäumt werden sollte.

Die sanft gewellten Plateaus rund um Ardèche und Cèze sind bedeckt mit Weinstöcken und Lavendelfeldern, Buschwerk, undurchdringlichem Gestrüpp und der für das trockene Klima typischen Vegetation mit Judasbäumen, immergrünen Eichen, Buchs und Wacholder. Die Menschen hatten wegen der Durchlässigkeit der Kalkböden stets unter Wassermangel zu leiden. Da sich auf den Hochflächen keine großen Reichtümer erwirtschaften ließen, ist die Region bis heute dünn besiedelt. Viele Menschen konnte das karge Land nicht ernähren, das Leben in den bis heute kaum verbauten Dörfern war vergleichsweise schwer. Die Einsamkeit suchten hingegen die Mönche, die sich in die Chartreuse de Valbonne zurückzogen, um sich dort einem gottesfürchtigen Leben zu widmen.

Neben den beiden Flüssen stehen mehrere spektakuläre Höhlen, die das Sickerwasser in das Kalkplateau gegraben hat, hoch in der Gunst der Reisenden. Besonders spektakulär ist der riesige Aven d'Orgnac sowie die für ihre Felszeichnungen berühmte Grotte Chauvet, die von der UNESCO zum Weltkulturerbe ernannt wurde, allerdings aus konservatorischen Gründen nicht besichtigt werden kann – dafür wurde 2015 ein spektakulärer Nachbau der Höhle eröffnet..

Ardèche und Cèze

Gorges de l'Ardèche

Die einzigartige Schluchtenlandschaft der Ardèche steht bei Südfrankreichfans hoch im Kurs. In seinem Unterlauf hat sich der Fluss ein tiefes Bett mit zahlreichen Windungen gegraben, das man am besten mit dem Kanu erkundet. Das touristische Zentrum der Ardèche ist das am nördlichen Ende des Canyons gelegene Vallon-Pont-d'Arc.

Die Ardèche entspringt im Massiv von Mazan auf einer Höhe von 1467 Metern. Insgesamt erstreckt sich die Ardèche von ihrer Quelle bis zur Mündung in die Rhône über eine vergleichsweise sehr kurze Distanz von 119 Kilometern. Während sie an ihrem Oberlauf als reißender Gebirgsfluss zu Tale stürzt, hat sie sich in ihrem Unterlauf ein tiefes Bett in den weißen Kalkstein gegraben. Teilweise fallen die Schluchten bis zu 300 Meter steil bergab. Buschwerk und Bäume bedecken noch die kleinsten Felsabsätze und Terrassen. Von den Aussichtspunkten bietet sich ein grandioser Panoramablick auf die engen Windungen und weiten Mäander des Flusses. Im Hochsommer fließt die Ardèche hier gemächlich vor sich hin, doch nach heftigen Regenfällen – besonders im Herbst und Winter – schwillt der Wasserstand stark an: Schwankungen von 2,5 bis zu 7500 Kubikmetern wurden pro Sekunde gemessen! Im September 1890 ist die Ardèche mit solcher Wucht in die Rhône geströmt, dass sie den Deich am östlichen Rhôneufer unter sich begraben hat.

> „Einen ganzen Tag lang, vom Oberlauf der Ardèche bis zum Rhônetal, berauschte mich die Metamorphose der Landschaft. Das Blau des Himmels wurde lichter, der Boden trockener, der Geruch des Farns ertrank im Duft des Lavendels, die Erde nahm glühende Farben an: Ocker, Rot, Violett. Die ersten Zypressen tauchten auf, die ersten Ölbäume. Mein Leben lang empfand ich gleiche tiefe Erregung, wenn ich aus dem gebirgigen Herzen eines Landes zum Mittelmeerbecken kam."
>
> *Simone de Beauvoir, In den besten Jahren.*

Das touristische Hauptinteresse gilt dem Unterlauf des Flusses mit seinen eindrucksvollen Schluchten. Im Jahre 1980 wurden die Gorges de l'Ardèche zum Naturschutzgebiet (*La Réserve Naturelle des Gorges de l'Ardèche*) erklärt, eine dringend notwendige Entscheidung, denn bis zu diesem Zeitpunkt leiteten die Städte Aubenas, Ruoms und Vallon-Pont-d'Arc ihre Abwässer ungeklärt in den Fluss! Insgesamt umfasst das Naturschutzgebiet eine Fläche von 1570 Hektar mit seltener Flora und Fauna, darunter Dachs, Iltis, Steinmarder, Biber, Perleidechse und der so genannte Bonelli-Adler. Die Klarheit des Wassers ist zum Teil auch fünfzehn großteils unterirdischen Quellen zu verdanken, aus denen sich die Ardèche speist.

Für eine Erkundung mit dem Auto eignet sich die den Schleifen der Ardèche folgende, 1968 angelegte Panoramastraße (D 290); sie bietet zwar ein Dutzend imposanter Ausblicke auf das türkisfarbene Wasserband, die ganze Schönheit der knapp 40 Kilometer langen Schlucht erschließt sich aber am besten auf einer Kajak- oder Kanufahrt beziehungsweise auf einer Wanderung entlang des Flusses. Auf einer Bootstour passiert man rund 25 Stromschnellen mit unterschiedlichem Schwierigkeitsgrad, die auf den Karten der Verleiher eingetragen sind. Zumeist lassen sich die Stromschnellen daran erkennen, dass sich am Ufer immer eine große Zuschauergemeinde versammelt, die sich das Ungemach der anderen Kanufahrer nicht entgehen lassen will. Wer sich vor den schwierigsten Stellen ängstigt, sollte rechtzeitig das Ufer ansteuern und das Kanu auf dem Land an der Stromschnelle vorbeitragen. In den Sommermonaten tummeln sich an schönen Tagen ein paar Tausend Menschen in den Gorges. Bei diesem immensen „Verkehrsaufkommen" ist es schwer vorstellbar, dass die Schlucht erst 1912 von Jean Désert und Pierre Monneret erstmals mit dem Kajak durchfahren worden ist. Die Begeisterung für das tolle Landschaftsszenario hat auch ihre Schattenseiten: Leider gibt es zahlreiche schwarze – oder „dreckige"? – Schafe unter den Kanutouristen: Jeden Morgen sammelt ein Kanu den Müll auf, den die Abenteuerlustigen achtlos zurückgelassen haben. Im Hochsommer sind es täglich bis zu fünf Müllsäcke mit Plastikflaschen, Konservendosen und anderem Unrat. Dass man kein offenes Feuer macht, sollte sich eigentlich von selbst verstehen.

Hinweis: Nach heftigen Regenfällen am Oberlauf der Ardèche kann es vorkommen, dass der Fluss durch die mitgespülte Erde braun gefärbt ist. Es dauert dann unter Umständen mehrere Tage, bis sich die Ardèche wieder „regeneriert" hat.

Praktische Anmerkungen

Eine Bootsfahrt von Vallon-Pont-d'Arc nach Saint-Martin-d'Ardèche lässt sich trotz der 32 Kilometer Entfernung durchaus in einem Tag – je nach Wasserstand in 7 bis

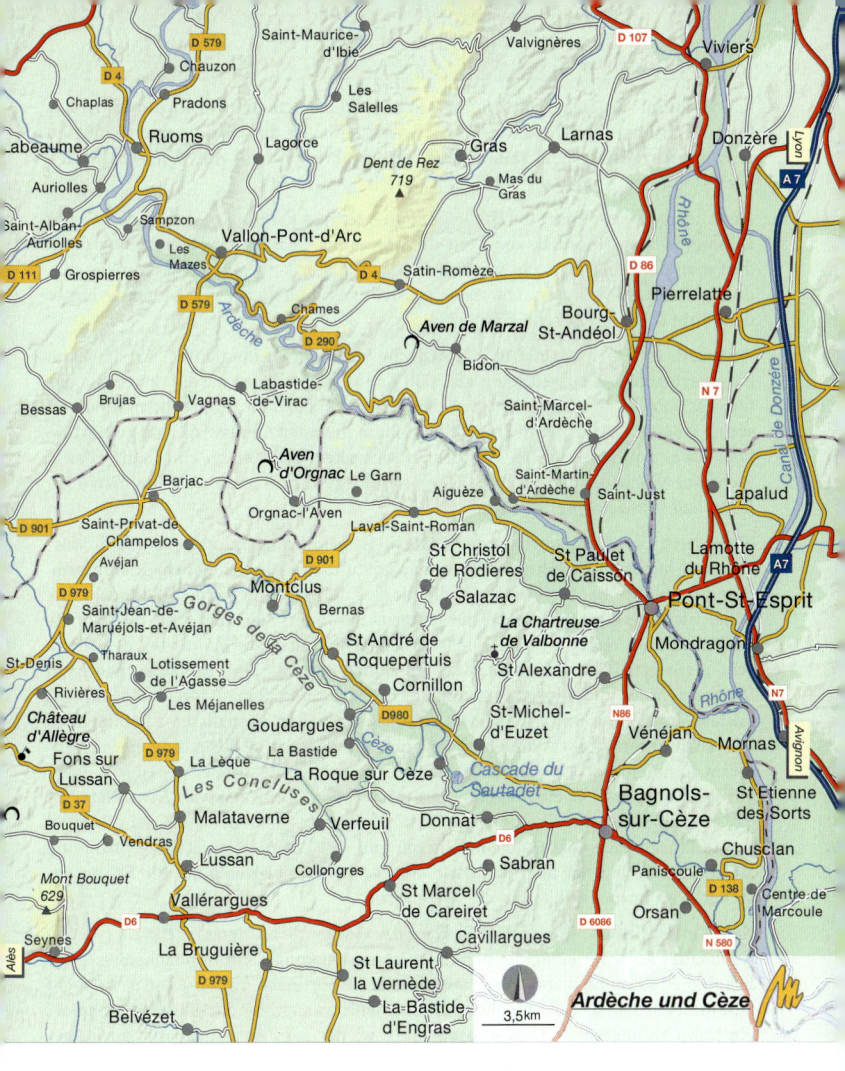

10 Stunden – bewältigen; rund 90 Prozent aller Kanufahrer legen die Strecke in einem Tag zurück. Um bei niedrigem Wasserstand die Tour nicht in Stress ausarten zu lassen, empfiehlt es sich, vor 9 Uhr zu starten. Erholsamer ist es natürlich, sich ein Kanu für zwei Tage auszuleihen und in der Schlucht zu biwakieren.

Die Verleiher holen ihre Boote ab dem späten Nachmittag wieder am Strand von Sauze, kurz vor Saint-Martin-d'Ardèche ab und bringen sie samt Besatzung zum Ausgangspunkt zurück, die Kanus bzw. Kajaks werden auf einem Spezialanhänger transportiert. Bei der Kanumiete erhält man ein oder zwei Plastiktonnen, in denen Kleidung, Essen und Trinken wasserdicht verstaut werden können. Sie sollten zudem mit einem Riemen am Boot festgemacht werden. Alles was lose im Kanu liegt (Sonnenbrillen, Trinkflaschen etc.), ist im Falle des Kenterns unwiederbringlich verloren. Aus Sicherheitsgründen sollte man die Schwimmweste unbedingt anlegen. Achtung: Kinder – und selbstverständlich auch die Erwachsenen – müssen schwimmen können und mindestens sieben Jahre alt sein. Auf Wunsch werden auch Helme für Kinder zur Verfügung gestellt.

Als Alternative zur Fahrt durch die gesamten Gorges kann man auch nur das sechs Kilometer lange Teilstück von Pont-de-Salavas bis Chames bewältigen. Allerdings darf man den Ausstieg nicht versäumen, da es später keine Möglichkeit mehr gibt, die Schlucht zu verlassen. Die Ausstiegsstelle befindet sich zwei Kilometer hinter dem Pont d'Arc am linken Flussufer.

Reisezeit: Im Hochsommer ist die Ardèche vollkommen überlaufen. An manchen Sommertagen sind es weit mehr als 3000 Kanus oder Kajaks, die auf dem Fluss unterwegs sind. Häufig kommt es vor den Stromschnellen zu regelrechten Verkehrsstaus. Wessen Urlaub dennoch auf die Monate Juli oder August fällt, hat zwei Möglichkeiten, um dem größten Ansturm zu entgehen: Zum einen empfiehlt es sich, nicht am Wochenende durch die Gorges zu fahren, zum anderen sollte man auf - jeden Fall sehr zeitig aufbrechen.

Sicherheit: Eine Kanufahrt auf der Ardèche ist bei normalem oder niedrigem Wasserstand leicht zu bewältigen. Allerdings sollte man sich darüber im Klaren sein, dass nur geübte Kanufahrer durch die Gorges de l'Ardèche paddeln können, ohne dabei nicht wenigstens einmal zu kentern. Besonders geeignet sind die Monate Mai, Juni und September, im Hochsommer schrammen die Kanus bei dem dann sehr niedrigen Wasserstand allzu oft am Boden entlang. Eine Fahrt bei niedrigem Wasserstand ist zudem anstrengender, da die Strömung dementsprechend geringer ausfällt. Im Winter und Frühjahr ist eine Kajaktour nur Spezialisten zu empfehlen. Bei bestimmten Wasserständen ist eine Erkundung auch in Begleitung eines erfahrenen Kanulehrers (*Moniteur*) möglich. Wer auf Nummer sicher gehen will, kann vor den mit Stufe 3 eingestuften Stromschnellen (*Charlemagne*, *Dent Noir*, *La Toupine de Gournier*, *Rapide de la Pastière*) das Ufer ansteuern und sein Boot an der Gefahrenstelle vorbeitragen. Generell gilt, sich niemals einfach der Strömung zu überantworten, die man dann wie am *Dent Noir* zielstrebig auf die Felsen zusteuert. Am besten wählt man die „Innenbahn".

Kanuverleihfirmen: Es gibt am Oberlauf der Gorges de l'Ardèche mehr als zwanzig Kanu- und Kajakverleiher, die sich in Preis und Leistung nicht unterscheiden – Billiganbieter sind unbeliebt – und beim Rücktransport nach Vallon-Pont-d'Arc sogar zusammenarbeiten. Falls möglich, so empfiehlt es sich, bereits am Campingplatz ein Kanu zu mieten, da man so problemlos wieder zum Ausgangspunkt zurückgebracht wird. Als Alternative kann man auch bei einem der rund zehn Kanuverleiher in Saint-Martin-d'Ardèche ein Boot leihen. Dies hat den Vorteil, dass die Tour wieder am Ausgangsort endet, wo das eigene Auto wartet. Wer vorab Kanus für eine größere Gruppe reservieren will, kann sich beispielsweise an die folgenden Verleiher wenden:

Base Nautique du Pont d'Arc, Yves Charmasson, Route des Gorges, Vallon Pont-d'Arc, ✆ 0475371779, www.canoe-ardeche.com. **Azur Canoe**, Roue des Gorges, Vallon Pont d'Arc, ✆ 0475880022, www.azurcanoe.com.

Kanu oder Kajak: Kanu (*canoë*) oder Kajak (*kajak*) – dies ist die Grundentscheidung vor einer Fahrt durch die Gorges de l'Ardèche. Leichter zu handhaben ist das oben offene Kanu, welches man aus den Indianerfilmen kennt. Sportlicher ist natürlich die Kajakvariante. Ungeübten ist allerdings von einem Kajak abzuraten, da dieses wesentlich leichter kentert als ein Kanu. Letzteres füllt sich hingegen schneller mit Wasser und muss entleert werden, denn sonst lässt es sich nur schwer steuern. Ein Kanu hat zudem den Vorteil, dass noch eine dritte Person (Kind) auf einem Steg in der Mitte sitzend mitfahren kann. Bei der Auswahl eines Kanus sollte man darauf achten, ein neueres Modell zu bekommen, bei dem Heck und Bug geschlossen sind, so dass sich dort kein Wasser ansammeln kann.

Kosten: Die Kosten für ein Kanu (Zweier) liegen bei bis zu 50–60 €, für ein Kajak (Einer) werden 30 € pro Tag berechnet. Für das sechs Kilometer lange Teilstück bis Chames werden je nach Saison 30–36 € für zwei Personen berechnet. Wer in der Schlucht übernachten will und daher zwei Tage unterwegs ist, muss mit mindestens 90 € pro Kanu rechnen. Kanulehrer begleiten Gruppen mit bis zu 16 Personen, wofür pro Person und Tag nochmals 15 € zu veranschlagen sind. Die Preise variieren je nach Saison, im Juli und August ist es mit Voranmeldung etwas günstiger.

Baden vor dem Pont d'Arc

Übernachten: Noch vor drei Jahrzehnten konnte man irgendwo in den Gorges unter freiem Himmel übernachten und sich am Lagerfeuer wärmen, doch haben strengere Umweltschutzbestimmungen dazu geführt, dass man hierzu einen der von Mitte April bis Ende September geöffneten Zeltplätze aufsuchen muss. Eine Reservierung ist bei beiden vorgesehenen Biwakplätzen (Gaud und Gournier, jeweils am linken Flussufer) Pflicht und sollte an den Sommerwochenenden rechtzeitig erfolgen, da die Übernachtungsmöglichkeiten begrenzt sind. Eine Reservierung nehmen die Kanuvermieter sowie der Point Infos in Vallon-Pont-d'Arc entgegen und kostet pro Nacht und Person 7 €, wofür neben Trinkwasser auch die jeweiligen sanitären Anlagen genutzt werden dürfen; die Übernachtung im Rundzelt erhöht den Preis auf 8 €. www.gorgesdelardeche.fr.

Achtung: Es ist verboten, mehr als zwei Nächte auf einem Biwakplatz zu verbringen. Wer sich ohne Erlaubnis irgendwo ein schönes Plätzchen zum Übernachten sucht, muss damit rechnen, bei Kontrollfahrten erwischt zu werden. Verstöße werden mit einer Geldstrafe von 150 € pro Person geahndet.

Wandern: Die Biwakplätze stehen selbstverständlich auch den Wanderfreunden zur Verfügung. Es empfiehlt sich, die Wanderung durch die Gorges de l'Ardèche in zwei Tagesetappen zu bewältigen. Sportliche Naturen können die Wanderung aber auch in einem Tag bewältigen. In Chames beginnend, beläuft sich die Gesamtstrecke auf 25 Kilometer, wofür rund zehn Stunden reine Wanderzeit anzusetzen sind. Zweimal muss die Ardèche an einer Furt (*Guè*) überquert werden – ein Unterfangen, dessen Schwierigkeitsgrad sich am jeweiligen Wasserstand orientiert und in der Regel nur zwischen Juni und September gut möglich ist. Zumeist verläuft der Weg am Ufer entlang, bei schwierigen Felsstellen helfen montierte Eisengeländer.

Hinweis für die Rückfahrt: Von Sauze nach Chames oder Vallon sollte man bei Canoës Service (✆ 0475880000) einen Platz im Bus reservieren (6 € pro Person).

Vallon-Pont-d'Arc

2000 Einwohner

In den Sommermonaten ergießen sich wahre Touristenmassen über den kleinen, nur wenige hundert Meter von der Ardèche entfernten Ort. Fast jeder der zum Kanu- oder Kajakfahren an die Ardèche fährt, kommt nach Vallon-Pont-d'Arc, um hier einzukaufen.

Rund um den 2000-Einwohner-Ort sind Dutzende Kanuverleiher, Campingplätze, Restaurants und Hotels zu finden. Vom beschaulichen Flair des einstigen Obstbauerndorfes ist so nicht mehr allzu viel übrig geblieben. Abends trifft man sich in den Straßencafés auf der Place de la Résistance. Der namensgebende Pont d'Arc liegt ein Stück flussabwärts und ist ein von der Natur geschaffener steinerner Triumphbogen, der die Ardèche in einer Breite von 60 Metern überspannt. Für Nicht-Kanufahrer sind die „Strände" vor und nach dem Pont d'Arc zum Baden besonders geeignet.

Im Mittelalter befand sich das Dorf Vallon auf dem Chastellas, einem Hügel westlich des heutigen Ortes. Die Ruinen einer Burg sind dort noch zu sehen. Erst im 14. Jahrhundert zogen die Menschen hinunter in die Ebene und errichteten ihr neues Dorf rund um eine dem hl. Saturnin geweihte Kapelle. Nachdem die Burg auf dem Chastellas in den Religionskriegen 1628 von den Protestanten gestürmt und zerstört worden war, zwang Ludwig XIII. die Aufständischen, eine hohe Geldstrafe zu entrichten und in Fronarbeit ein neues Schloss inmitten von Vallon zu errichten.

Basis-Infos

Information Office de Tourisme, 1, place de l'Ancienne Gare, 07150 Vallon-Pont-d'Arc, ✆ 0475880401, www.vallon-pont-darc.com.

Verbindungen Der nächstgelegene Bahnhof befindet sich in Pierrelatte im Tal der Rhône. 1-mal tgl. Busverbindungen mit Montélimar (✆ 0475880355, 1 Std. Fahrzeit) sowie in der Hochsaison 2-mal tgl. mit Avignon (✆ 0475350902, Fahrzeit 2 Std.); in der Nebensaison nur werktags ein Bus. Im Juli und Aug. auch Busverbindungen mit Pierrelatte (SNCF-Bahnhof).

Point Infos sur la Réserve Naturelle des Gorges de l'Ardèche Zahlreiche Infos zu den Gorges de l'Ardèche, Reservierung von Biwakschlafplätzen. Tgl. 9–16 Uhr geöffnet. Place de l'Ancienne Gare, ✆ 0475 880041, www.gorgesdelardeche.fr/reservenaturelle.php.

Post Gegenüber dem Office de Tourisme.

Markt Donnerstagvormittag.

Fahrradverleih Central Location, rue du Miarou Galerie, ✆ 0475880257.

Klettern In Salavas befindet sich ein empfehlenswertes, gut ausgeschildertes Klettergebiet (bezeichnet als „Site d'Escalades"), Westhang, schattig bis ca. 15 Uhr, d. h. auch im Sommer zu genießen (ein Lesertipp von Martina Fabritius).

Höhlenerkundungen Einen halben oder ganzen Tag mit Begleitung durch die unterirdische Welt organisiert: Les Guides de bonne Compagnie, ✆ 0624381856, www.ardeche-guides.com.

Übernachten & Essen

Hotels *** **Clos des Bruyeres**, ruhiges, modernes Hotel unterhalb des Ortes, unweit der Ardèche. Freundliche Zimmer mit einem leichten provenzalischen Touch. Nett ist der Swimmingpool, auch Restaurantbetrieb (Menüs ab 19 €). WLAN vorhanden. DZ je nach Lage und Saison 104–124 € (inkl. Frühstück). Route des Gorges, ℡ 0475371885, www.closdesbruyeres.fr.

*** **Belvedère**, kleines Logis-Hotel beim Pont d'Arc. Im Rahmen eines Besitzerwechsels wurden 2011 die Zimmer renoviert und ein neuer beheizter Pool angelegt. Das Ergebnis begeistert: modern und ansprechend gestaltet ist das alte Hotel nicht wiederzuerkennen! Im Restaurant gibt es Menüs zu 20, 28 und 38 €. Kostenloses WLAN. Von Ende Okt. bis Ende März Betriebsferien. Zimmer je nach Lage und Saison 60–99 €; Frühstück 8,50 €. Route des Gorges, ℡ 0475880002, www.le-belvedere-hotel.com.

》》》 Mein Tipp: Lodge du Pont d'Arc, die mit Abstand traumhafteste Unterkunft in den Gorges! Direkt am Ufer der Ardèche gelegen, bietet diese erst 2011 von einem netten jungen Paar (Corinne und Romain) eröffnete Herberge vier tolle Zimmer mit Terrasse im Haupthaus sowie sieben ungewöhnliche Lodges, worunter man sich sehr komfortable Zelte mit Doppelbett, Toilette, Waschbecken und einer offenen Badewanne vorstellen muss. Auf den zugehörigen Terrassen und dem hauseigenen „Strand" kann man herrlich entspannen und den Tag verträumen. Zudem kann man sich gleich direkt im Hotel Kanus ausleihen und lospaddeln (25–38 € p. P.). Auf Vorbestellung gibt es ein Pique Nique (12 €). Kostenloses WLAN. DZ 115–125 €, Lodges 125–165 € (jeweils inkl. Frühstück). Abends speist man auf der Terrasse, es gibt ein täglich wechselndes, niveauvolles Menü zu 25 und 30 € (nur für Hausgäste, in der NS Freitag- und Samstagabend, im Juli und Aug. tgl. außer Sa). Auch Barbecue am Strand möglich (ab 25 €). Von Nov. bis März Betriebsferien. Route du Pont d'Arc (4 km östl., rund 300 m vor dem Pont d'Arc), ℡ 0475872442, www.prehistoric-lodge.com. 《《《

** **Chez Berneron**, das traditionsreiche Hotel (seit 1937 in Familienbesitz) wurde unlängst renoviert und bietet wohl das beste Preis-Leistungs-Verhältnis im Ort. Mitten im Zentrum gelegen gibt es hinter dem Haus auch einen Swimmingpool. Das zugehörige Restaurant ist gut, aber nicht billig (Menüs zu 29,50 und 38,50 €). DZ je nach Saison 95 €, mit Balkon 125–150 € (inkl. Frühstück). 6, rue du Miarou, ℡ 0475880212, www.hotel-ardeche.com.

** **Le Manoir du Raveyron**, zentrales, sehr angenehmes Hotel in einem alten Haus mit einem lauschigen Garten. Im Restaurant speist man unter einem steinernen Gewölbe. Nov. bis Mitte März geschlossen. Kostenloses WLAN. 14 Zimmer von 75–115 € inkl. Frühstück (die günstigeren Zimmer in einer Dependance). Rue Henri Barbusse, ℡ 0475880359, www.manoir-du-raveyron.com.

** **Hôtel des Sites**, das kleine Hotel mit der ockerfarbenen Fassade findet man in dem am anderen Ufer gelegenen Örtchen Salavas. Von Ostern bis Okt. geöffnet. Kostenloses WLAN. 14 Zimmer (je nach Ausstattung, teilweise mit Terrasse) zu 52–72 €; Frühstück 6,50 €. 705, route de Barjac, ℡ 0475880085, www.hoteldessites.com.

Restaurants/Nachtleben Le Chelsea, beliebtes Restaurant mit großem, schattigem Garten und lockerer Atmosphäre, viel jüngeres Publikum. Umfangreiche Salatauswahl, lecker ist das Zanderfilet. Menü zu 21 und 30 €. Hauptgerichte und Salate um die 12–20 €. Von Okt. bis März geschlossen. Boulevard Peschère-Alizon, ℡ 0475880140.

Point d'Interrogation, Vallon Pont d'Arc ist sicherlich der falsche Ort für kulinarische Höhenflüge. Annehmbar ist aber das Angebot in diesem Lokal. Im Inneren ein stimmungsvolles Gewölbe mit Kamin, außen sitzt man auf buntem Mobiliar in einer engen Gasse. Menü 16 €. Es gibt auch Pizza. 3, rue du Château, ℡ 0475371772.

Le 14, einladende Crêperie bzw. Saladerie in einem schmucken Haus aus dem 19. Jh. samt Vorgarten. Kostenloses WLAN, von April bis Sept. geöffnet. 14, boulevard Peschère-Alizon, ℡ 0475947855.

Le Dundee, Nachtschwärmer treffen sich in der einzigen Diskothek in der Gegend. Quartier le Gallieux.

Camping Obwohl es knapp 50 Campingplätze am Ufer der Ardèche gibt, sind diese im Hochsommer zumeist überfüllt. Günstiger und weniger überlaufen ist beispielsweise der städtische Campingplatz von Ruoms, 8 km flussaufwärts. Außerdem aus der Größe des Angebots:

***** **L'Ardèchois**, der komfortabelste und teuerste Platz der Region, für all jene, die auch beim Campen einen Hauch Luxus bevorzugen. Tennisplätze und ein beheizter Swimmingpool sind vorhanden. Von Mitte April bis Sept. geöffnet. 2 Pers. mit Zelt und Auto mind. 33 €, in der Hochsaison 55 €. Route des Gorges, ✆ 0475880663, www.ardechois-camping.com.

*** **Du Pont d'Arc**, wie der Name schon andeutet, in unmittelbarer Nähe zum Pont d'Arc. Auf dem terrassierten Gelände tummeln sich größtenteils Gäste jüngeren Alters. Eine Kneipe samt Bar und Laden vervollständigen das Angebot. Kanuvermietung, 120 Stellplätze. Route des Gorges, ✆ 0475880064, www.campingdupontdarc.com.

*** **La Plage des Templiers**, auf dem einzigen Campingplatz inmitten der Gorges de l'Ardèche muss man die Hüllen fallen lassen. Doch der in der Nähe der Schleife der Tempelritter gelegene FKK-Platz genießt seit Jahrzehnten Kultstatus. Nur für Zelte! WLAN, Restaurant und kleiner Supermarkt vorhanden. Hauszelte werden ab 60 € pro Tag vermietet. Von Mitte Mai bis Mitte Sept. geöffnet. Knapp 30 km von Vallon-Pont-d'Arc entfernt, ✆ 0475042858, www.camping-templiers-ardeche.com.

** **Des Tunnels**, kleiner (100 Stellplätze) und günstiger als die meisten Plätze am Fluss, dafür muss man Abstriche beim Komfort machen. Viel Schatten durch große Bäume. Kostenloses WLAN. Von April bis Sept. geöffnet. Stellplatz inkl. 2 Pers. je nach Saison 15–20 €. Route des Gorges, ✆ 0475880022, www.ardeche-vacance.com.

** **Des Grottes**, s. Saint-Martin-d'Ardèche.

Sehenswertes

Expo Grotte Chauvet-Pont d'Arc (Caverne du Pont d'Arc): Die erst im Dezember 1994 von drei Höhlenforschern entdeckte Grotte Chauvet (Grotte ornée) mit ihren 20.000 Jahre alten Felszeichnungen gilt in der Fachwelt als einzigartig. Um die Zeichnungen vor Zerstörung zu bewahren, ist die Höhle für die Öffentlichkeit gesperrt. Bevor voraussichtlich im Jahr 2015 außerhalb des Ortes eine 51 Millionen Euro teure und 3000 Quadratmeter große Nachbildung der Höhle (Caverne du Pont d'Arc) samt Kopien der berühmten Felszeichnungen eröffnet wird, dient die

Mauerwerk ohne Putz ist typisch für die ländliche Architektur der Region

Vallon-Pont-d'Arc 121

Ausstellung als Zwischenlösung. Anhand von Fotos und einem Film lässt sich dennoch ein guter Eindruck von der Grotte Chauvet gewinnen.
Rue du Miarou. Ostern bis Mitte Nov. tgl. außer Mo 10–12 und 14–17.30 Uhr, Juni bis Aug. tgl. außer Mo 10–13 und 15–19 Uhr. Eintritt 5 €, erm. 2,50 €. www.prehistoireardeche.com bzw. www.lacavernedupontdarc.org.

Château Mairie: Das Schloss von Vallon dient seit 1846 als Rathaus der Gemeinde. Es beherbergt sieben im 17. Jahrhundert gefertigte Tapisserien aus Aubusson mit Darstellungen aus der Zeit der Kreuzzüge.
Mo–Fr 9–12 und 14–17 Uhr. Eintritt 2,50 €, erm. 2 €.

Le Chastellas (Vallon historique): Nur unweit vom heutigen Vallon liegen die Ruinen des alten Dorfes und der in den Religionskriegen zerstörten Burg. Ein lohnendes Ziel für einen kurzen Spaziergang.

Grotte Chauvet: Eine sixtinische Kapelle der Urzeit

Sicherlich wäre die Behauptung übertrieben, man müsse ins Tal der Ardèche fahren, um die Wiege der Menschheit kennen zu lernen; wer aber einen Blick auf die „Morgenröte der Zivilisation" werfen will, kommt um einen Abstecher nach Südfrankreich nicht umhin. Am 18. Dezember 1994 entdeckten die Höhlenforscher Eliette Brunel Deschamps, Christian Hillaire und Jean-Marie Chauvet in der Nähe des Pont d'Arc im Tal der Ardèche eine Grotte, deren Wände mit faszinierenden Tierdarstellungen verziert sind. Den Entdeckern stockte angesichts ihres Fundes regelrecht der Atem! Zwar wurden in Frankreich schon mehrfach Tierdarstellungen in prähistorischen Höhlen – so in Lascaux – entdeckt, doch gehören die Zeichnungen aus der **Grotte Chauvet** (Grotte ornée) zu den schönsten der Welt. Entlang der insgesamt etwa 500 Meter langen Gänge finden sich Auerochsen, Bisons, Riesenhirsche, Wisente, Steinböcke, Mammute, Rentiere, Pferde, Bären, mähnenlose Höhlenlöwen und immer wieder Nashörner. Insgesamt mehr als 420 Tierdarstellungen – zumeist Zeichnungen, aber auch Gravuren – wurden gezählt, darunter die einzige bis dato bekannte Darstellung eines Uhus in der paläolithischen Kunst. Außergewöhnlich sind die zeichnerischen Fähigkeiten der Steinzeit-Picassos. So verleihen beispielsweise geschickt gesetzte Schattierungen den Darstellungen viel Plastizität. Wissenschaftlichen Untersuchungen zufolge entstanden die Bilder wahrscheinlich vor 35.000 Jahren. Da die Höhle ein stabiles Raumklima (13,5 °C bei 99 % Luftfeuchtigkeit) aufweist, blieben die Malereien in einem hervorragenden Zustand erhalten.

Über die Bedeutung der im Licht von kleinen, mit Fett gespeisten „Lampen" – wobei ein Wacholderzweig als Docht diente – angefertigten Gemälde ist viel spekuliert worden. Fest steht nur, dass die Höhlen niemals bewohnt waren, jedenfalls nicht von Menschen. Zahlreiche Knochenfunde lassen darauf schließen, dass sich wiederholt Höhlenbären zum Winterschlaf hierher zurückgezogen haben. Als besonders rätselhaft gilt der Fund eines Bärenschädels, der auf einem Gesteinsblock drapiert war, gerade so, als wären in der Höhle mysteriöse Kulthandlungen vollzogen worden. Im Jahre 2014 wurde die auch als Grotte ornée bezeichnete Höhle von der UNESCO zum Weltkulturerbe ernannt. www.lagrottechauvetpontdarc.com

Umgebung

Labeaume: Das kleine, rund zwölf Kilometer nordwestlich von Vallon gelegene Labeaume zählt zu den schönsten Dörfern der Region. Malerisch schmiegen sich die alten Häuser an das Ufer der Beaume, manche scheinen gar aus dem Felsen herauszuwachsen. Die Kieselstrände des kleinen Flüsschens laden zum Sonnenbaden ein.

> ### Ein El Dorado für Höhlenliebhaber
>
> Die Ardèche-Region ist eines der größten zusammenhängenden Höhlengebiete Europas. Auf den Hochflächen zwischen den Tälern ist der Untergrund vielerorts verkarstet, so dass das Regenwasser problemlos in den verwitterten Kalkstein eindringen und im Laufe der Zeit unterirdische Höhlenräume auswaschen konnte. Höchstwahrscheinlich ist nur ein kleiner Bruchteil dieser unterirdischen Welt bislang entdeckt worden. Durch das eindringende Wasser löste sich der Kalk in Kalziumhydrogenkarbonat auf. Im Laufe der Zeit entstanden so nicht nur ein weitläufiges Höhlensystem, sondern auch oftmals bizarre Tropfsteinbildungen, ein besonderes Kennzeichen dieses Prozesses. Durch die Umkehr der den Kalkstein auflösenden chemischen Reaktion entstehen die von der Decke hängenden Stalaktiten und die von unten emporwachsenden Stalagmiten. Geht dieser Prozess ungestört von statten, so wachsen die Tropfsteine mit einer Geschwindigkeit von wenigen Millimetern pro Jahr zu Säulen zusammen. Andere Höhlen sind trichter- oder wannenförmig eingebrochen, was zur Bildung so genannter Dolinen führte. Deutlich sieht man einen solchen Einbruchschacht beispielsweise bei dem Aven d'Orgnac.

La Route des Gorges de l'Ardèche

Für motorisierte Reisende bietet sich eine Fahrt auf der D 290 von Vallon-Pont-d'Arc nach Saint-Martin-d'Ardèche an. Wer auf der knapp 40 Kilometer langen Panoramastraße an allen Aussichtspunkten einen kurzen Stopp einlegt, ist eine gute Stunde unterwegs, da die Straße sehr kurvenreich ist. Beim Besuch einer Tropfsteinhöhle dehnt sich die Tour leicht zu einem Halbtagesausflug aus. Im Hochsommer ist die Panoramastraße samt Parkplätzen zudem hoffnungslos verstopft, die Autokolonnen bewegen sich nur Stoßstange an Stoßstange fort. Drei interessante Zwischenstopps beziehungsweise Abstecher bieten sich an:

Grotte de la Madeleine

Die 1887 von einem Schäfer entdeckte Grotte de la Madeleine liegt direkt an der D 290 zwischen Vallon-Pont-d'Arc und Saint-Martin-d'Ardèche. Zu sehen sind mehr als 25 unterirdische „Säle", die mit prachtvollen Tropfsteingebilden aufwarten können.

April bis Okt. tgl. 10–18 Uhr, Juli und Aug. 9–19 Uhr. Eintritt 9 €, erm. 6,75 €. www.grottemadeleine.com.

Grotte de Saint-Marcel

Obwohl schon 1838 von einem Jäger entdeckt, ist die Tropfsteinhöhle erst vor wenigen Jahren für die Öffentlichkeit zugänglich gemacht worden. Von dem insgesamt 40 Kilometer langen Höhlensystem ist ein 600 Meter langer Abschnitt im Rahmen einer 45-minütigen Führung zugänglich.

15. März bis 15. Nov. tgl. 10–18 Uhr, Juli und Aug. bis 19 Uhr, Okt. bis Mitte Nov. nur bis 17 Uhr. Eintritt 9 €, erm. 5,50 €. www.grottesaintmarcel.com.

Aven de Marzal

Wer den imposanten Aven de Marzal besichtigen möchte, muss die Panoramastraße verlassen und fünf Kilometer in nordöstlicher Richtung fahren. Die 1892 „entdeckte" Höhle von Marzal, deren Eingang später verschüttet und vergessen wurde, ist seit 1949 wieder für die Öffentlichkeit zugänglich. Benannt ist die Höhle nach dem Forstaufseher Marzal, der 1810 erschlagen und von seinen unbekannten Mördern mit seinem Hund in einen Schacht der Höhle geworfen wurde. Seine Leiche wurde erst 1892 von dem Höhlenforscher Martel gefunden. Heute führt eine imposante Treppenleiter hinunter in das unterirdische Höhlensystem, das für sein außergewöhnliches Farbenspiel – manche Kalkformationen sind schneeweiß, andere ockerbraun – bekannt ist.

Zur Höhle gehören auch ein „Museum der unterirdischen Welt" mit Ausrüstungsgegenständen von Höhlenforschern sowie der benachbarte prähistorische „Zoo" (*Zoo Préhistorique*), von dessen Dinosauriern, Mammuts und anderem urzeitlichen Getier Kinder scheinbar unwiderstehlich angezogen werden.

April bis Okt. Führungen um 11.30, 14, 15, 16 und 17 Uhr, im Juli und Aug. jede Stunde, im März und Nov. nur So. Eintritt 9 €, erm. 6 €. Der Zoo Préhistorique de Marzal ist von April bis Okt. tgl. von 10.30–18 Uhr, im Juli und Aug. bis 19.30 Uhr sowie im März und Nov. So 10.30–18 Uhr geöffnet. Eintritt 8,50 €, erm. 5,40 €. Kombiticket 15,50 €. www.aven-marzal.fr.

Saint-Martin-d'Ardèche

800 Einwohner

Saint-Martin liegt am Ende der Gorges de l'Ardèche, dementsprechend viel Betrieb herrscht in den Sommermonaten. Das Dorf empfiehlt sich als Alternativstandort zu Vallon-Pont-d'Arc. Wer mit dem Kanu die Gorges erkunden will, wird von den Verleihern am Morgen nach Vallon gebracht und kann dann gemütlich seinem „Heimathafen" entgegenpaddeln.

In den Jahren 1937 bis 1940 lebte der große surrealistische Maler *Max Ernst* mit seiner Muse *Leonora Carrington* in Saint-Martin-d'Ardèche, bevor er 1941 über Marseille nach New York ins sichere Ausland emigrieren konnte. Das am Ortsrand oben im Quartier Les Alliberts gelegene Haus (nordöstlich des Zentrums), in dem er einige seiner bedeutendsten Werke schuf, steht heute unter Denkmalschutz und wird von einem haushohen „Loplop"-Relief geschmückt. Da es sich in Privatbesitz befindet, kann es nur von außen besichtigt werden. Das Office de Tourisme hält aber ein interessantes Faltblatt sowie Filmmaterial zu Max Ernst bereit.

Ein attraktiver Badeplatz befindet sich am Ufer der Ardèche, etwa einen Kilometer flussaufwärts (Plage de Sauze). Auch auf einer Kurzwanderung in die Gorges de l'Ardèche lassen sich auf dem linken Flussufer mehrere gute Badestellen entdecken.

Information Office de Tourisme, place de l'Eglise, 07700 Saint-Martin-d'Ardèche, ℅ 0475 987091, www.ot-stmartin-ardeche.com.

Verbindungen Busverbindungen mit Montélimar und Avignon. Nächster Bahnhof in Pierrelatte.

Kanuvermietung Es gibt in Saint-Martin rund ein Dutzend Kanu- und Kajakverleiher.

Die Preise entsprechen denen in Vallon: Die Kosten für ein Kanu (Zweier) liegen bei ca. 50–60 €, für ein Kajak (Einer) werden mindestens 30 € pro Tag berechnet. Wer in der

Schlucht übernachten will und daher zwei Tage unterwegs ist, muss mit 90 € pro Kanu rechnen. Anbieter u. a.: Patou Bateau, ✆ 0475046512, www.patou-bateau.com.

Markt Mittwoch- und Sonntagvormittag.

Übernachten & Essen ** L'Escarbille, ruhiges und dennoch zentral gelegenes Logis-Hotel mit schönem Pool und gutem Restaurant (Menüs ab 20,90 €). Alle Zimmer besitzen vor der Eingangstür eine kleine „Terrasse" mit zwei Stühlen. Es gibt auch Pauschalarrangements mit zwei Tagen Halbpension und einer Kanufahrt. Leser lobten die Küche! DZ je nach Saison 78–88 €, 3- oder 4-Bett-Zimmer mit Mezzanine 98–132 €

(jeweils inkl. Frühstück). ✆ 0475046437, www.hotel-restaurant-lescarbille.com.

** Bellevue, ein weiteres Logis-Hotel im Ort, unweit der Brücke. Etwas günstiger, aber ebenfalls mit Pool (hinter dem Haus). Kostenloses WLAN. DZ je nach Saison 72–79 € (inkl. Frühstück). ✆ 0475046672, www.hotel-bellevue-restaurant.com.

》》 Lesertipp: Chambres d'hôtes Carole et Steve's Chambres d'Hôtes, diese Privatunterkunft mitten im Ort ist ein Lesertipp von Ulrike Heitholt, die die drei liebevoll eingerichteten Zimmer lobte. Das Frühstück ist inklusive und sehr üppig! Serviert wird es auf der Terrasse mit einem wunderbaren Blick auf die fast weißen Steilhänge des Flusses. Je nach Saison kosten die beiden kleineren Zimmer 60/70 €, das größere 70/80 € (jeweils inkl. Frühstück). Abendessen 28 € inkl. Wein. Rue des Placettes, ✆ 0475987368, mobil 07742671422, www.chambres-hote-ardeche.com. 《《

Camping **** Des Gorges, gut ausgestatteter Campingplatz am Ufer der Ardèche. Zudem steht eine große, beheizte Badelandschaft zur Verfügung. WLAN. Von Mitte April bis Mitte Okt. geöffnet. Sauze, ✆ 0475046109, www.camping-des-gorges.com.

》》 Mein Tipp: * Des Grottes, sehr kleiner, einfacher und spartanisch eingerichteter Platz am Ufer der Ardèche. Die große Attraktion ist ein schöner Sandstrand (FKK-Möglichkeit) direkt am Flussufer, der auch von den Kanufahrern gerne angesteuert wird. Um hierher zu gelangen, fährt man an Sauze vorbei in die Gorges hinein, bevor es nach 4 km gegenüber der Grotte de Saint-Marcel auf einer sehr holprigen Schotterpiste hinunter geht (fahrerisches Können erforderlich, für Wohnmobile ungeeignet). Viel Schatten, viel Flair, sehr einfache Ausstattung. Von April bis Ende Sept. geöffnet. Route des Gorges, ✆ 0475041465. 《《

Das ehemalige Haus von Max Ernst

Umgebung

Aiguèze: Direkt gegenüber von Saint-Martin-d'Ardèche thront das beschauliche mittelalterliche Dorf auf einem Felsen über der Ardèche. Sieht man einmal von der unlängst rekonstruierten Pfarrkirche samt barockem Interieur und den Resten einer Burg ab, so hat Aiguèze keine nennenswerten Sehenswürdigkeiten zu bieten.

Übernachten & Essen **》》 Lesertipp:** * Le Rustic Hotel, das freundliche Hotel inmitten des Ortes ist ein Lesertipp von Michael Take. Restaurant mit großer, schattiger Terrasse. Zimmer (teilweise mit Balkon) ab 56 €, es werden aber auch

Studios und Appartements (ab 440 € pro Woche, in der Nebensaison auch tageweise) vermietet; Frühstück 6,60 €. ✆ 0466 821126, www.rustic-hotel.com. ⋘

Les Jardins du Barry, komfortable Ferienwohnungen am Dorfrand, mit Garten und Swimmingpool. Zimmer für 2 Pers. ab 90 €. ✆ 0466821575, www.lesjardinsdubarry.com.

Camping ** Les Cigales, an der Straße nach Saint-Martin. Passable Anlage mit beheiztem Swimmingpool. Auch Mobilhome-Vermietung. Von April bis Sept. geöffnet. ✆ 0466821852, www.camping-cigales.fr.

Gorges de la Cèze

Die Gorges de la Cèze sind zwar nicht so spektakulär wie die Gorges de l'Ardèche, doch lohnen die Schluchten sich für einen Abstecher allemal. Die Cèze entspringt am Mont Lozère in den Cevennen, sprudelt gemächlich durch Heide- und Garrigue-Landschaften, Lavendelfelder und tiefe Schluchten, bevor sie nach knapp 100 Kilometern bei Codolet in die Rhône mündet. Einen Vergleich mit den teilweise reißenden Fluten der Ardèche kann die Cèze nicht standhalten, fließt sie doch eher ruhig dahin. Mehr als für Kanu- und Kajakfahrer ist die Cèze ein El Dorado für die Anhänger der Freikörperkultur. Im mittleren Teil des Flusses finden sich zahllose FKK-Zeltplätze. Und wer mit Wassersport nichts im Sinn hat, dem bieten sich mehrere schöne Dörfer und Tropfsteinhöhlen zur Besichtigung an.

Bagnols-sur-Cèze

18.500 Einwohner

Das am Unterlauf der Cèze gelegene Bagnols-sur-Cèze ist die größte Stadt im nördlichen Teil des Départements Gard. Landesweit bekannt ist der Ort für den nahen Atommeiler von Marcoule und ein bedeutendes Kunstmuseum.

In römischer Zeit war Bagnols noch ein beliebtes Thermalbad, *Bagnolea* genannt, im Mittelalter ein landwirtschaftliches Zentrum mit einem überregional bekannten Markt, später verschaffte die Seidenfabrikation der Stadt ein respektables Auskommen. Rund um den historischen Marktplatz (Place Mallet) mit seinen Arkaden lassen sich noch einige stattliche Bürgerhäuser aus dem 17. und 18. Jahrhundert bewundern.

Das verschlafene Kleinstadtleben fand ein Ende, als der französische Staat in den 1950er-Jahren das nur acht Kilometer entfernte Marcoule als Standort eines Atommeilers auserkor. Anfangs waren die Stadtväter begeistert: Die Aussicht auf Arbeitsplätze und eine klingelnde Gemeindekasse vernebelten den Blick für die Gefahren der Nuklearindustrie. Innerhalb weniger Jahrzehnte vervierfachte sich die Bevölkerung, neue Wohnviertel wurden aus dem Boden gestanzt und Bagnols wuchs zur drittgrößten Stadt des Départements Gard heran. Doch mittlerweile überwiegt die Skepsis: Ein geschärftes Umweltbewusstsein führte zur Gründung ökologisch ausgerichteter Bürgerbewegungen.

Information Office de Tourisme, Espace Saint Gilles, avenue Leon Blum, 30200 Bagnols-sur-Cèze, ✆ 0466895461, www.tourisme-bagnollsurceze.com.

Verbindungen Tgl. 2–3 Busverbindungen nach Pont-Saint-Esprit sowie nach Uzès und Nîmes.

Markt Jeden Mittwochvormittag wird ein großer Markt im Stadtzentrum abgehalten.

Fahrradverleih La Roue Libre, Avenue Léon Blum, ✆ 0466899179, www.larouelibre30.fr.

Kino Casino, Rue du Casino, ✆ 0466896047.

Schwimmbad Piscine Guy-Coutel, Place Flora-Tristan, mit 50-m-Becken, von Mai bis Aug. geöffnet. Eintritt 2,70 €.

Übernachten & Essen **** Château de Montcaud, luxuriöses Hotel in einem Schloss aus dem 19. Jh., 7 km westl. von Bagnols bei Sabran. Umgeben von einem großen Park mit Pool bietet das Hotel beste Bedingungen für erholsame Ferientage, vorausgesetzt man muss sich keine Sorgen um den Preis machen. Das ausgezeichnete Restaurant Les Jardins de Montcaud bietet Menüs ab 45 €, von Mo bis Fr gibt es ein Mittagsmenü für 23 €. Von April bis Okt. geöffnet. Doppelzimmer ab 230 €; Frühstück 23 €. Hameau de Combe, route d'Alès, ✆ 0466896060, www.chateau-de-montcaud.com.

** **Le Saint Georges**, empfehlenswerte, familiäre Herberge (Logis) mit Terrasse und einem guten Restaurant in einem 60er-Jahre-Bau rund 500 m von der Altstadt entfernt. Das Restaurant ist nur für Hotelgäste geöffnet. Kostenloses WLAN. Die nüchternen Zimmer kosten zwischen 57 € und 67 €; Frühstück 8 €. 210, avenue Roger Salengro, ✆ 0466895365, www.hotel-lesaintgeorges.com.

Camping **** Les Genêts d'Or, kleiner, einladender Platz (120 Stellplätze), direkt am Flussufer (Bademöglichkeiten), 2 km vom Ortszentrum entfernt. Restaurant, kleiner Laden und Swimmingpool vorhanden. Zelte stehen auf zumeist graswachsenem Waldboden. Von Mitte April bis Ende Sept. geöffnet. Route de Carmignan, ✆ 0466 895867, www.camping-genets-dor.com.

La Grigonette des 5 Continentes, direkt unter den Arkaden am schönsten Platz der Stadt mit Straßenterrasse wird man hier zu einer kulinarischen Weltreise eingeladen. Menüs zu 13,50 €. So und Mi geschlossen, nur Fr und Sa am Abend geöffnet. 18, place Mallet, ✆ 0466891453. www.lagrignottedes5continents.com.

Sehenswertes

Musée d'Art Moderne (Musée Albert André): Die einzigartige städtische Sammlung – untergebracht im zweiten Stock des Rathauses – ist dem glücklichen Umstand zu verdanken, dass sich der Maler *Albert André* auf Zureden des mit ihm befreundeten Auguste Renoir 1918 entschloss, den vakanten Posten des Museumsdirektors zu übernehmen. Da André über beste Kontakte zu den renommiertesten zeitgenössischen Künstlern verfügte, gelangte das Museum zum Nulltarif zu einem überaus wertvollen Fundus impressionistischer Gemälde. Obwohl 1977 bei einem Einbruch sechzehn Bilder, darunter Werke von Dufy, Matisse, Monet, Pissarro und Renoir, aus dem schlecht gesicherten Rathaus gestohlen wurden, ist ein Besuch des

Wasserspiele am Marktplatz von Bagnols

Kunstmuseums immer noch überaus lohnenswert. Ausgestellt sind Zeichnungen und Gemälde von Cézanne, Dufy, Signac, Renoir, van Dongen, Marquet; Gaugin, Pierre Bonnard und Camille Claudel.
Place Mallet. Tgl. außer Mo 10–12 und 14–18 Uhr. Im Feb. geschlossen. Eintritt frei!

Musée d'Archéologie Léon Alègre: Das archäologische Museum besitzt einen reichen Fundus aus der Frühgeschichte (Oppidum Saint Vincent de Gaujac) und galloromanischer Zeit. Außerdem gibt es einen kurzen Abriss zur Geschichte von Bagnols.
24, avenue Paul Langevin. Di, Do und Fr 10–12 und 14–18 Uhr. Im Feb. geschlossen. Eintritt frei!

Ein Konterrevolutionär

Einer der bedeutendsten Söhne der Stadt ist der heute nur noch Literaturhistorikern bekannte *Antoine Comte de Rivarol*, der am 26. Juni 1753 als ältestes von sechzehn Kindern in der Rue Antoine-de-Rivarol (Gedenktafel am Haus Nr. 25) geboren wurde. Der Bischof von Uzès ermöglichte dem aus ärmlichen Verhältnissen stammenden Rivarol das Theologiestudium, ohne ihn an die Kirche binden zu können. Rivarol ging als Journalist nach Paris, wo er vor allem durch seine vorzügliche Konversation brillierte – Voltaire sprach von ihm als „Français par excellence". Trotz seiner kleinbürgerlichen Herkunft engagierte sich Rivarol gegen die Abschaffung des Königtums. In verschiedenen Schriften kämpfte er gegen die Herrschaft des Dritten Standes, dem er vorwarf, die Masse könne im Aufruhr nichts als Hinrichtungen vollziehen. Am 13. April 1801 starb der Konterrevolutionär als Emigrant in Berlin.

Umgebung der Cèze

Auch in der weiteren Umgebung der Gorges de la Cèze finden sich einige kleine Orte, die durchaus sehenswert sind. Mittelalterliche Bauwerke und idyllisch gelegene Dörfer bestimmen hier das Bild. Ein wichtiger Höhepunkt, den man auf keinen Fall versäumen sollte, ist die Tropfsteinhöhle Aven d'Orgnac.

Chartreuse de Valbonne

Etwa fünf Kilometer nördlich der Cèze trifft man auf das Kloster Chartreuse de Valbonne. Bereits im Jahre 1203/04 von Guilhem de Vénéjan gegründet, wurde das Kartäuserkloster von den Religionskriegen und den Wirren der Revolution stark in Mitleidenschaft gezogen. Im 19. Jahrhundert begann dann der Wiederaufbau des Klosters, das von seinen Ausmaßen an ein kleines Dorf erinnert. Seit 1926 beherbergte das Ensemble ein Institut für Tropenkrankheiten, heute ist im Kloster ein Zentrum zur beruflichen Rehabilitation psychisch Kranker und Behinderter untergebracht. Eine Besichtigung der Kartause samt Kreuzgang ist nur im Rahmen einer einstündigen Führung möglich. Ein 1500 Hektar großer Wald bietet viele Wandermöglichkeiten.

Öffnungszeiten Juli und Aug. tgl. 10–13 und 14–19 Uhr, sonst Mo–Sa 9–12 und 13.30–17.30 Uhr, So 10–13 und 14–19 Uhr. Eintritt 5 €, erm. 2,50 €.

Übernachten In der **Kartause** werden 13 ehemalige Klosterzellen zu einem ausgesprochen attraktiven Preis (45–60 €) vermietet. Abends werden für die Gäste auch Menüs (13–18 €) angeboten. ☏ 0466904103, www.chartreusedevalbonne.com.

Malerisches La Roque-sur-Cèze

La Roque-sur-Cèze

Das kleine, für den Autoverkehr gesperrte Dorf thront auf einem Felsen hoch über der Cèze. Gerade einmal 200 Einwohner zählt der Ort, viele Häuser werden als Zweitwohnsitz genutzt. Zu Füßen des Dorfes führt der Pont Charles-Martel, eine Brücke aus dem 13. Jahrhundert, über die Cèze. Ein kleines Stück flussabwärts (700 Meter) trifft man auf die **Cascades du Sautadet**, einen sich seinen Weg durch Felsbarrieren bahnenden Wasserfall. Da es in den letzten Jahren immer wieder zu Unfällen gekommen ist (30 Tote seit 1960), sollte man mit größter Vorsicht auf den Felsen herumturnen. Unterhalb des Wasserfalls wird der Fluss wieder ruhiger, an mehreren Stellen kann man im Sommer ein kühles Bad nehmen und sich am steinigen Ufer in der Sonne aalen.

**** **Les Cascades**, kleiner Platz mit Pool und Bar auf einer Anhöhe über den Wasserfällen. Eigener Strand am Flussufer. Von April bis Mitte Okt. geöffnet. ✆ 0466827297,, www.campinglescascades.com.

Goudargues   1000 Einwohner

Nördlich von La-Roque-sur-Cèze, ebenfalls direkt am Fluss, liegt Goudargues. Der Ort wird auch als Venedig des Département Gard (*Venise Gardoise*) gepriesen. Schattige Platanen und eine eingefasste, durch die Stadt sprudelnde Quelle sorgen für ein heiteres mediterranes Flair. Selbst im öffentlichen Waschhaus sprudelt das Wasser glasklar im gefliesten Becken. Überall findet man Cafés und Restaurants. Keimzelle des Ortes war eine im 9. Jahrhundert von Benediktinermönchen gegründete Abtei. Die einstige Klosterkirche ist einer der wenigen romanischen Sakralbauten der Region. Sehenswert ist das Portal, im Kapitelsaal finden häufig Ausstellungen statt.

Information Office de Tourisme, 30630 Goudargues, 4, route de Pont St Esprit, ✆ 0466 823002, www.tourisme-ceze-ardeche.com.

Essen & Trinken La Galantine, beliebtes Restaurant im Zentrum mit großer Straßenterrasse. Die ansprechende Küche (Kaninchenschlegel!) wurde auch von Restaurantführern gelobt. Mittagsmenü ab 13,50 €, sonst 23,50, 28,50 und 41 €. Montag und Samstagmittag geschlossen. Place de la Marie, ✆ 0466822239. www.restaurantlagalantine.fr.

Nat et Lau, eine weitere ansprechende Alternative mit schöner Terrasse am Fluss (grüne Markise). Menüs zu 16,20 und 26 €, beispielsweise mit einem Meeresfrüchtesalat und gegrilltem Lachs. Abends Menüs zu 16 und 24 €. ✆ 04666822694.

Camping *** La Grenouille, schöne, mit Hecken parzellierte Anlage in unmittelbarer Dorfnähe. Swimmingpool, kostenloses WLAN. Von Ende April bis Mitte Sept. geöffnet. ✆ 0466822136,, www.camping-la-grenouille.com.

Cornillon

Gegenüber von Goudargues, über dem nördlichen Ufer der Céze, erhebt sich ein markanter Hügel, der von dem Dörfchen Cornillon gekrönt wird. Eine Burgruine, Reste der Befestigungsmauern und kleine, verwinkelte Straßen sorgen für viel Flair. Und mitten im Ort befindet sich eines der schönsten Hotels der Region.

Übernachten & Essen *** La Vieille Fontaine, geschmackvoll eingerichtetes Hotel mit herrlich gelegenem Swimmingpool (15 x 7 m). Im Restaurant werden auch ausgezeichnete Fischgerichte, beispielsweise *Pavé de lotte aux morelles*, serviert. Menüs zu 40 und 60 €. Nov. bis Anfang März Betriebsferien, das Restaurant hat in der Nebensaison mittags geschlossen. Die acht mit alten Möbeln bestückten Doppelzimmer kosten je nach Ausstattung 105, 120 oder 155 € (die teureren mit Balkon oder Terrasse); Frühstück 10 €; Halbpension 35 €. ✆ 0466822056, www.lavieillefontaine.net.

Montclus

In Deutschland wäre Montclus längst mit einer Medaille beim Wettbewerb „Unser Dorf soll schöner werden" ausgezeichnet worden. Abseits der Hauptverkehrswege befindet sich Montclus an einer Sackstraße in einer Schleife der Céze. Ein Dutzend alte Häuser, eine Kirche und ein kleines, verfallenes Schloss samt mittelalterlichem Burgturm (Donjon) – mehr hat Montclus nicht zu bieten, und dennoch lohnt sich ein kurzer Abstecher.

Goudargues Stadtbild ist geprägt von Wasser und Platanen

Übernachten & Essen *** **La Magnanerie de Bernas**, nicht direkt in Montclus, sondern im benachbarten Weiler Bernas (2 km östl.) wurde eine ehemalige Seidenraupenzüchterei in ein traumhaftes Hotel verwandelt und uns von einem Leser empfohlen. 15 komfortable Zimmer, großteils mit herrlicher Aussicht auf die Cèze. Im zugehörigen Restaurant mit schöner Terrasse tafelt man für 33–46 € pro Menü. Relaxen kann man an einem ungewöhnlich geformten Swimmingpool, der von einem Brückchen zweigeteilt wird und eine Länge von 18 m zum sportlichen Schwimmen einlädt. DZ je nach Ausstattung und Lage 70–135 €; Frühstück 12,50 €; Halbpension 41,50 €. ☎ 0466823736, www.magnanerie-de-bernas.com.

Lussan

500 Einwohner

Lussan, etwa 25 Kilometer westlich von Bagnols-sur-Cèze, ist sicherlich eines der schönsten Dörfer im Languedoc. Der mauerbewehrte Ort liegt auf einem Hügel, alte Häuser stehen dicht gedrängt und werden von einem Schloss (16. Jahrhundert) überragt. Mit anderen Worten: Hier scheint die dörfliche Idylle noch vollkommen intakt zu sein. Trotz dieser Idylle verirren sich glücklicherweise nur wenige Touristen hierher. Das zu Füßen von Lussan gelegene Château de Fan ist der Stammsitz der Familie des Schriftstellers André Gide.

Übernachten & Essen ** **La Petite Auberge de Lussan**, das preiswerte Hotel gefällt durch seine einladende Atmosphäre. Mitten im Ortszentrum in einem Haus aus dem 16. Jh. mit schöner Straßenterrasse. Wöchentlich wechselnde Karte, Menü zu 29,90 €, zwei Gänge 24,50 €. Englisch sprechende Leitung, WLAN. Schmucke Zimmer mit schönen Bädern für 90 €; Frühstück 8 €. Place des Marronniers, ☎ 0466729553, www.auberge-lussan.com.

Le Bistrot de Lussan, nette Herberge mit schöner, schattiger Restaurantterrasse. Einfache DZ 47 €; Frühstück 6,50 €. Menüs zu 18,90 und 22,90 €. Di Ruhetag. Kostenloses WLAN. Place Jules Ferry, ☎ 0434 048685, www.lebistrotdelussan.fr.

Buis de Lussan, eine weitere einladende Unterkunft mitten im Dorf. Netter Garten mit Whirlpool. Abends gibt es ein Menü auf Vorbestellung (25 €). WLAN. Die vier farbenfrohen Zimmer werden für 82 € (inkl. Frühstück für zwei Personen) vermietet. Rue de Ritournelle, ☎ 0466728893, http://buisdelussan.free.fr.

Mas les Espalisses, direkt unterhalb des Dorfes vermieten die holländischen Besitzer in einem traditionellen Anwesen mit Pool drei sehr schöne Ferienwohnungen für 600–1425 € pro Woche (je nach Ausstattung und Saison). Route de Verfeuil, ☎ 0466729783, www.maslesespalisses.com.

Les Concluses, in der ein paar Kilometer östl. gelegenen Ortschaft Verfeuil wird mediterrane Küche serviert, ergänzt von ein paar eigenen Kreationen (Tabesson, Cailloux). Schattige Terrasse. Menüs zu 19,90 € (mittags), 24,40 und 28,80 €. Bis auf Juli und Aug. Sonntagabend und Mo Ruhetag. ☎ 0466729078, www.restaurantlesconcluses.fr.

Wandern: Ein reizvolles Ziel sind die ein paar Kilometer nordöstlich gelege-

Château de Lussan

nen **Gorges de l'Aiguillon**, die sich an einem **Les Concluses** genannten Abschnitt auf wenige Meter verengen, am „Portail" rücken die Felswände gar auf wenige Meter zusammen. Der Aiguillon, ein Zufluss der Cèze, ist in den Sommermonaten allerdings zumeist ausgetrocknet, doch bieten sich mehrere markierte Wanderwege zur Erkundung der schönen Landschaft an. Zum „Portail" läuft man etwa eine knappe Stunde (Wandertafel am Parkplatz).

Château d'Allègre

Folgt man der D 37 weiter Richtung Nordwesten, gelangt man zum Château d'Allègre. Heute zeugen nur noch Ruinen von der mächtigen, im 12. Jahrhundert errichteten Burg, die majestätisch am Wegesrand steht. Das Dorf **Allègre** besitzt das einzige Thermalbad (*Thermes de Fumades*) des Département Gard.

Saint-Ambroix   3300 Einwohner

Das kleine Städtchen am Ufer der Cèze schmiegt sich an einen markanten freistehenden Kalkfelsen (*Dugas*). Im Mittelalter wurden viele Häuser in den Fels gegraben. Wie die lokale Tradition der Seidenraupenzucht beweist, liegt Saint-Ambroix schon im Einzugsbereich der Cevennen, wo dieses Gewerbe schon seit Jahrhunderten betrieben wird. Wer sich für Tropfsteinhöhlen interessiert, kann die fünf Kilometer nördlich gelegene Grotte de la Cocalière besuchen.

Information Office de Tourisme, Place de l'Ancien Temple, 30500 Saint-Ambroix, ✆ 0466243336, www.ot-saintambroix.fr.

Grotte de la Cocalière Von Mitte März bis Okt. tgl. 10–12 und 14–17 Uhr, im Juli und Aug. tgl. 10–18 Uhr geöffnet. Eintritt 9,50 €, erm. 7,50 €. www.grotte-cocaliere.com.

Übernachten & Essen ⟫⟫ Lesertipp: **Mas de Vigneredonne**, das ländliche Anwesen, 5 km nördl. von Saint-Ambroix ist ein Lesertipp und besonders für Motorradfahrer geeignet. Lilo Riedl vermietet vier Zimmer und eine Suite. Abendessen 27 €. Zimmer 90 €, Suite 110 € (inkl. Frühstück).

Les Avelas. Route St-Paul-le-Jeune, ✆ 0475 391704, www.vigneredonne.com. ⟪⟪⟪

⟫⟫⟫ **Mein Tipp:** *** **La Bastide des Senteurs**, schönes Landhotel in Saint-Victor-de-Malcap (3 km östl. von Saint-Ambroix) mit nur 14 klimatisierten Zimmern, davon neun im Hauptgebäude, teilweise mit offenem Mauerwerk. Schöne Bäder. Ausspannen kann man auf der Terrasse am herrlichen Pool mit Panoramablick. WLAN. Das von Michelin ausgezeichnete Restaurant gehört zu den besten der Region. Menüs von 36 bis 73 €. Samstagmittag bleibt die Küche kalt. DZ 72–185 €; Frühstück 12 €. ✆ 0466 602445, www.bastide-senteurs.com. ⟪⟪⟪

Barjac   1400 Einwohner

Das zwischen Cèze und Ardèche gelegene Städtchen lebt vor allem von den Touristen, die in den Sommermonaten durch die teilweise überwölbten Gassen schlendern und die schmucken Natursteinhäuser mit reich verzierten Portalen bewundern. Bereits im Mittelalter zu einer gewissen Bedeutung gelangt, erlebte Barjac in der Renaissance eine lang anhaltende Blütezeit, von der auch das Schloss im Ortszentrum zeugt, dessen Donjon wohl ins 12. Jahrhundert datiert. In einer alten Seidenfabrik auf einem Hügel in der Nähe von Barjac lebte von 1993 bis 2008 übrigens einer der bedeutendsten Künstler Deutschlands: Die Rede ist von *Anselm Kiefer*, der durch seine mythologischen Materialbilder berühmt wurde. Sein Anwesen „La Ribaute" soll in Zukunft von der Fondation Guggenheim verwaltet und für Besucher geöffnet werden.

Information Office de Tourisme, place Charles Guynet, 30430 Barjac, ✆ 0466245344, www.tourisme-barjac.com. Hier gibt es auch Broschüren mit Wandertipps.

Verbindungen Tgl. eine Busverbindung nach Avignon bzw. Vallon Pont d'Arc.

Markt Freitagvormittag.

Post Place de la Liberté.

🌿**Einkaufen** Panier naturel, netter Öko-laden mitten im Ortszentrum. Tgl. außer So 9.30–12 und 15–19 Uhr. ∎

Übernachten & Essen **** Le Mas du Terme, etwas abseits des Ortes inmitten von Weinbergen. Angenehme, ländliche Logis-Herberge – ein Landhaus aus dem 18. Jh. – mit großem, beheiztem Pool und Fahrradverleih. Die Zimmer wurden unlängst renoviert und zeitlos modern eingerichtet. WLAN. Von Ostern bis Mitte Nov. geöffnet. Stilvoll eingerichtete Zimmer je nach Saison und Ausstattung 90–199 €; Frühstück 15 €. Route de Bagnols, ☏ 0466 245631, www.masduterme.com.

**** **La Bastide d'Iris**, modernes Landhotel mit Pool, ein paar Kilometer nördlich in Vagnas. Den Zimmern fehlt es an Patina, nicht aber an Komfort. Kostenloses WLAN. Zimmer 94–118 €, es werden auch Suiten ab 184 € vermietet; Frühstück 13,50 €. ☏ 0475 884477, www.labastidediris.com.

La Sérénité, komfortable Chambres d'hôtes mit viel Flair und verspieltem Dekor, direkt im Zentrum von Barjac in einem Haus aus dem 18. Jh. Doppelzimmer je nach Ausstattung 80 € bzw. 135 € inkl. Frühstück. Place de la Mairie, ☏ 0466245463, www.la-serenite.fr.

Buzz, mitten in einer schmalen Altstadtgasse mit netten, roten Metallstühlen. Zur Abwechslung gibt es hier Burger und Salate (ab 12 €). Grand-Rue-Jean-Moulin, ☏ 0466 544005, www.resto-buzz.fr.

🌿**Nature & Thé**, in der Altstadt gibt es auch ein kleines Bio-Restaurant mit Salon de Thé. Menüs zu 14,50 € oder vier Tapas für 12 €. Straßenterrasse. Rue Salavas, ☏ 0466247768, www.nature-the.com. ∎

Camping *** **La Buissière**, schattige Anlage, 2 km östlich des Ortes in einem Wald. Gute Ausstattung, Laden, Swimmingpool. Von April bis Sept. geöffnet. Route d'Orgnac, ☏ 0466245452, www.camping-la-buissiere.com.

**** **Domaine de la Sablière**, gut ausgestatteter FKK-Platz mit Pool. Idyllische Lage am Ufer der Cèze. Von April bis Anf. Okt. geöffnet. Bei Saint-Privat-de-Champclos (5 km südöstl. von Barjac), ☏ 0466245116, www.villagesabliere.com.

Verträumtes Zentrum: Barjac

Labastide-de-Virac

Der kleine, verschlafene Weiler nördlich von Barjac war einst eine Hochburg der Aufständischen während der Camisardenkriege. Inmitten des Dorfes erhebt sich die Burg der einstigen Herren von Roure, die besichtigt werden kann. Heute sind die Katzen die wahren Herrscher des Ortes, in jeder Gasse wimmelt es geradezu von den lautlos dahin schleichenden Vierbeinern.

Château des Roure: Das den Ort dominierende Château stammt aus dem 15. Jahrhundert. Bis zum Jahre 1917 wurde in dem Schloss eine Seidenraupenzucht betrieben, eine Ausstellung zeigt den ganzen Entwicklungszyklus der Seidenraupe von der Eiablage bis zum Einspinnen. Die informative Audioführung ist auch auf Deutsch erhältlich.

Château des Roure Geöffnet Ostern bis Sept. tgl. außer Mi 14–18 Uhr, im Juli und Aug. 10–19 Uhr. Eintritt 6,50 €, erm. 4,60 €. www.chateaudesroure.com.

Übernachten Le Mas des Roches, schöne, ländliche Herberge; neben Zimmern werden auch wochenweise kleine Häuser vermietet. Den Gästen steht ein Swimmingpool zur Verfügung. Lage: knapp 2 km südöstl. des Ortes an der D 217. Ganzjährig geöffnet. Zimmer ab 48 € (Frühstück 6 €), Haus je nach Größe und Saison ab 440 €. ☎ 0475386312, www.masdesroches.com.

Orgnac l'Aven

Der kleine Ort östlich von Barjac steht ganz im Schatten seiner berühmten Höhle. Nur wenige Busse machen hier einen zusätzlichen Zwischenstopp, die meisten fahren gleich bis zur Tropfsteinhöhle durch.

Aven d'Orgnac: Von vielen wird die 1935 von dem Höhlenforscher *Robert de Joly* – sein Herz wird in einer Urne in der Höhle aufbewahrt – entdeckte Tropfsteinhöhle als die schönste Höhle im Ardèche-Gebiet gepriesen. Heute ist eine Erkundung nicht mehr beschwerlich: Mit einem Aufzug gelangt man direkt in die Tiefen der Grotte hinunter. Im Jahre 2000 wurde sie sogar zum *Grand Site National* ernannt. Gewaltig sind auch die Dimensionen des weitläufigen Höhlensystems: Die bis zu 50 Meter hohen, rötlich schimmernden Säle umfassen eine Fläche von drei Hektar! Zu bewundern gibt es auch den größten Stalagmiten Frankreichs, der eine Höhe von 24 Metern und mehr als 10 Meter Durchmesser aufweist.

Musée Regional de Préhistoire: Das Museum lädt zu einer Zeitreise in die Frühgeschichte der Menschheit ein. Zahlreiche Fundstücke (primitive Töpferarbeiten, Speerspitzen etc.) sowie Filme illustrieren das Leben unserer prähistorischen Ahnen. Die Dauerausstellung umfasst einen Zeitraum von 350.000 Jahren – so alt sind die ältesten menschlichen Spuren im Aven d'Orgnac – und zeigt anschaulich, wie sich Werkzeuge und Kulturtechniken weiterentwickelten.

Information Office de Tourisme, 07150 Orgnac-l'Aven, ☎ 0475386167, www.orgnac.com.

Aven d'Orgnac Geöffnet Febr. bis Juni und Sept. 9.30–17.30 Uhr, Juli und Aug. 9.30–18 Uhr, Okt. und Nov. 9.30–12 und 14–17.30 Uhr. Führungen (1 Std.) finden im Sommer statt, sobald eine Gruppe zusammengekommen ist (relativ häufig). Im Febr. und März nur um 10.30, 11.30, 14.15, 15.30 und 16.45 Uhr. Eintritt 10,60 €, erm. 8,20 € bzw. 6,60 € (Kombiticket mit Musée Regional). Im Juli und Aug. werden auch dreistündige Exkursionen (*Randonnée souterraine*) durch die Unterwelt angeboten. Kosten 25 €.

Musée Regional de Préhistoire Geöffnet April bis Juni und Sept. 10–19 Uhr, Juli und Aug. 10–19.30 Uhr, im Winterhalbjahr 10–12.30 und 14–18 Uhr. Eintritt 10,60 €, erm. 8,20 € bzw. 6,60 € (Kombiticket mit Höhle).

Übernachten & Essen ** Hôtel de l'Aven, passables Hotel (Logis) direkt im Ortszentrum. Es gibt einen Swimmingpool. Das Restaurant bietet regionale Spezialitäten. Kostenloses WLAN. Von Nov. bis Mitte März Betriebsferien. 25 Zimmer ab 65 €; Frühstück 8 €. Place de la Mairie, ☎ 0475 386180, www.aven-sarrazin.com.

Camping *** Domaine d'Orgnac, passable Anlage mit viel Schatten direkt beim städtischen Freibad. Nur von Juni bis Aug. geöffnet. ☎ 0475386368, www.orgnacvillage.com.

Imposant: Die Chartreuse in Villeneuve-lès-Avignons

Im Tal der Rhône

Bereits die Römer schätzten die Rhône und ihre weiterführenden Nebenflüsse als geeignete Wasserwege; auch mit schweren Frachten beladen, konnten römische Schiffe weit ins Innere Galliens vorstoßen. Jahrhundertelang war die Rhône außerdem die natürliche Grenze zwischen dem Languedoc und der Provence.

Die Rhône ist zwar „nur" der zweitlängste, dafür aber mit Abstand der wasserreichste Fluss Frankreichs. Schon in römischer Zeit war das breite Flusstal ein beliebtes Siedlungsgebiet, wie die Gründungen von Orange, Avignon und Arles eindrucksvoll beweisen. Auf den entlang der Rhône verlaufenden römischen Handelsstraßen wurden zudem edle Gewürze, feine Textilien, Schmuck, Edelsteine und Papyrus in den Norden Frankreichs transportiert; im Mittelalter gelangte die geistige und materielle Kultur der Mittelmeerländer auf der gleichen Route in das fränkische Gallien. Die Rhône fungierte gewissermaßen als „TGV" des vorindustriellen Zeitalters: „Die Rhône schießt mit äußerster Geschwindigkeit hinab", notierte ein Reisender, der im Mai 1704 von Lyon nach Avignon fuhr, „und ist deshalb für alle, die in den Languedoc und die Provence wollen, sehr bequem."

Das fruchtbare Schwemmland der Rhône – im Französischen übrigens männlich, *le Rhône* – ist seit jeher aber auch ein traditionelles Obst- und Gemüseanbaugebiet. Leider hat das breite Tal mit seiner gut ausgebauten Infrastruktur heute durch zahlreiche Industrieansiedlungen weitgehend seinen Reiz eingebüßt. Die Rhône, dieser „wilde, aus den Alpen herabstürmende Stier", wie der große französische

Im Tal der Rhône

Historiker Jules Michelet einmal sagte, ist längst durch Kanäle, Deiche, Schleusen und Kraftwerke domestiziert worden. Besonders um die Wasserqualität ist es schlecht bestellt, da auch fünf Kernkraftwerke (Cruas-Meysse, Montélimar, Pierrelatte etc.) ihr Kühlwasser in den Fluss einleiten. Kein anderer französischer Fluss wird intensiver von der Nuklearindustrie genutzt als die Rhône. Doch ein wenig Hoffnung ist in Sicht: Seit ein paar Jahren treten Bürgerinitiativen vehement für eine Verbesserung der gegenwärtigen Situation ein, die unter umweltpolitischen Gesichtspunkten als katastrophal bezeichnet werden muss.

Pont-Saint-Esprit   9500 Einwohner

Für diejenigen, die entlang der Rhône nach Südfrankreich reisen, ist Pont-Saint-Esprit das Tor zum Languedoc. Der Ort erhielt seinen Namen durch eine Brücke, die im Mittelalter eine der wichtigsten Verbindungen zwischen den beiden Ufern der Rhône bildete.

Die Römer hatten nur zwei Brücken über die Rhône geschlagen, eine steinerne in Vienne und eine hölzerne in Arles. Erst im Mittelalter kamen durch das Engagement der Bruderschaften frommer Brückenbauer drei weitere Übergänge hinzu, darunter die fast 900 Meter lange Brücke bei Pont-Saint-Esprit. Die erste provisorische Brücke soll so schmal gewesen sein, dass sie nur von Fußgängern benutzt werden durfte. Gleichzeitig ging von der Brücke eine große Gefahr für flussabwärts fahrende Kähne aus: Bedingt durch eine starke Strömung schnellten die Schiffe wie Pfeile den Strom hinab und zerschellten allzu oft an den dicht beieinander stehenden Pfeilern der Brücke. Kein Fluss-Schiffer näherte sich dieser Stelle ohne eine gewisse Sorge (in der wasserarmen Zeit waren die Kies- und Sandbänke hingegen kaum verdeckt, an rund 70 Tagen im Jahr kam die Schifffahrt gänzlich zum Erliegen). Der Dichter Frédéric Mistral hat den Pont Saint-Esprit als „la porte sainte de la Provence, la porte triomphale de la terre d'amour" gepriesen. Und Stendhal hatte „die Ehre, unter dem äußerst übel beleumundeten Pont Saint-Esprit hindurchzufahren". In seinen *Mémoires d'un Touriste* berichtete er, wie sein „Schiff diese Brücke in schneller Fahrt passiert hat und gleich danach in einem Winkel von vielleicht fünfzig Grad zu seiner ursprünglichen Richtung nach rechts gesteuert wurde. Nicht mehr als einen Fuß von uns entfernt lag nämlich eine Sandbank, die nur wenige Zoll aus dem Wasser ragte, auf der wir aber bei unserer hohen Geschwindigkeit gestrandet wären." – Erlebnisse, die der Vergangenheit angehören, denn heute führt die „Brücke zum Heiligen Geist" über ein weitgehend wasserleeres Flussbett, da der größte Teil des Rhône-Wassers durch den Kanal von Donzère-Mondragon geleitet wird, um die Turbinen des Kraftwerks von Bollène anzutreiben.

Die Rhône als Grenze?

Die Rhône ist in vielerlei Hinsicht weniger die wichtigste Wasserstraße Südfrankreichs als eine Grenze gewesen, und dies nicht nur zwischen der Provence und dem Languedoc. Bereits im Vertrag von Verdun (843) diente die Rhône bei der Aufteilung des Frankenreiches unter die Söhne Ludwigs des Frommen als Grenzfluss zwischen Westfranken, das Karl der Kahle erhielt, und Lotharingien, das dem ältesten Sohn Lothar zugesprochen wurde. Noch bis 1789 wurden die Rhône und ihre Inseln vom französischen König als Eigentum der Krone betrachtet. Auffallend sind die zahlreichen Doppelstädte, die sich jeweils gegenüberliegend auf beiden Uferseiten ansiedelten, wie Villeneuve-lès-Avignon und Avignon oder Tarascon und Beaucaire. Dies veranlasste den Historiker Fernand Braudel zur Annahme, „dass es für die Händler und Anwohner vielleicht beinahe wichtiger war, den Fluss zu überqueren, als ihn abwärts oder aufwärts zu fahren". Die Kontraste und Gegensätze zwischen beiden Ufern fanden ihren Niederschlag in zahlreichen Querelen, Feindschaften und gerichtlichen Konflikten. Selbst in der Gegenwart bleibt die Rhône als mentale Grenze wahrnehmbar.

Pont-Saint-Esprit ging aus einem kleinen Fischerdorf hervor, dessen Männer sich schon im frühen Mittelalter als Schiffer auf der Rhône verdingten. Ein erster wirtschaftlicher Aufschwung machte sich bemerkbar, als im 12. Jahrhundert eine Messe begründet wurde, durch den Bau der Rhône-Brücke erhielt Pont-Saint-Esprit dann endgültig eine wichtige strategische Bedeutung. In der Altstadt sind noch zahlreiche mittelalterliche Häuser erhalten, darunter das Maison des Chevaliers mit zwei romanischen Fenstern. Besonders einladend wirkt die Place St-Pierre. An dem sich zur Rhône hin öffnenden Platz liegen auch drei schmucke Kirchen: die ehemalige Klosterkirche St-Pierre-de-Prieuré, die im Flamboyant-Stil erneuerte Pfarrkirche St-Saturin sowie die Chapelle St-Jean.

Information Office de Tourisme, 1, avenue Kennedy, 30130 Pont-Saint-Esprit, ☏ 0466 394445, www.tourisme-gard-rhodanien.com.

Verbindungen Tgl. 2 bis 3 Busverbindungen über Bagnols-sur-Cèze nach Nîmes (1:30 Std.).

Fahrradverleih Evasion Cycles, avenue Gaston, ☏ 066394163.

Markt Am Samstagvormittag auf den Alleen Frédéric-Mistral und Jean-Jaurès. Einer der schönsten und größten Märkte der Region!

Le Garn
Saint-Martin-d'Ardèche
Aiguèze
Saint-Just
Lapalud
Lyon
Saint Pierre
Bouchet
Orgnac-l'Aven
Laval-Saint-Roman
Suze-la-Rousse
Bollène
St Christol de Rodieres
St Paulet de Caisson
Lamotte du Rhône
A7
D 901
Issirac
Ste-Cécile-les-Vignes
Montclus
Salazac
Pont-St-Esprit
Rochegude
Bernas
La Chartreuse de Valbonne
D 8
St André de Roquepertuis
Mondragon
Les Farjons
St Alexandre
Cornillon
N7
Rhône
D 976
D980
St-Michel-d'Euzet
N86
La Galle
Goudargues
Vénéjan
Sérignan du Comtat
Mornas
La Bastide
Cèze
La Roque sur Cèze
Cascade du Sautadet
Piolenc
St Etienne des Sorts
Bagnols-sur-Cèze
Camaret sur Aigues
Verfeuil
Donnat
D6
Chusclan
Sabran
Paniscoule
Collongres
Orange
D 138
Centre de Marcoule
St Marcel de Careiret
Orsan
D 6086
Cavillargues
N 580
La Bruguière
Caderousse
A7
St Laurent la Vernède
l'Ardoise
N7
Tresques
D 238
A9
La-Bastide d'Engras
Connaux
Le Pin
St-Paul-les-Fonts
Montfaucon
St Geniès de Comolas
Châteauneuf-du-Pape
Gaujac
D 23
Palus
Vallabrix
D 6086
St Victor -la-Coste
D 17
St-Quentin-la-Poterie
Roquemaure
St-Victor des Oules
Pouzilhac
St-Laurent-des-Arbres
Truel
D 980
Lirac
D 981
Sauveterre
D 979
St Siffret
Pajaut
Flaux
Valliguières
Uzès
Tavel
N 580
Sorgues
St Maximin
Rochefort-du-Gard
D 6086
D 907
Argilliers
Castillon du Gard
St Hilaire d'Ozilhan
Sagriès
Villeneuve-lès-Avignon
D 981
A9
Sanilhac
Le Pontet
Collias
D 6100
Pont du Gard
La Fontaine du Buis
Gardon
Remoulins
Avignon
Gorges du Gardon
Domazan
Saze
D 3
St Bonnet du Gard
Montfavet
Durance
Fournès
La Grillette
Marseille
Poux
Lédenon
Sernhac
D 427
Barbentane
Théziers
Cabrières
Aramon
Rognonas
Roque d'Acier
Montfrin
Bégude Blanche
Les Fontilles
Châteaurenard
St Gervasy
D 2
Rhône
Bezouce
La Crau
Meynes
Mézoargues
Boulbon
Graveson
Marguerittes
Comps
Eyragues
Nîmes
A9
Abbaye de Saint-Romain
D 35
Maillane
Redessan
D 970
D 80
D 999
D 571
Rodilhan
Jonquières St Vincent
Canal du Vigueirat
Tarascon
St-Rémy-de-Provence
Manduel
Beaucaire
Bouillargues
Laurade
D 6113
St-Étienne-du-Grès
A54
D 38
Bonnafoux
Garons
D 15
Le Balandran
Mas de Ranguy
Lansac
3 km
Tal der Rhône
Aéronautique Navale de Nîmes-Garons
Bellegarde
Arles
Fontvieille

Veranstaltungen Fest der „Papetourtes" (mittelalterliches Straßenfest mit Spielen und historischen Szenen).

Übernachten & Essen *** **De la Bourse**, unspektakuläres Hotel im Dorfzentrum, die Zimmer sind aber gut ausgestattet und besitzen einen Laminatfußboden, besonders schön sind die Zimmer 207, 208 und 209, die über eine eigene Terrasse verfügen. Kostenloses WLAN. DZ je nach Saison und Ausstattung 60–95 €; Frühstück 8,50 €. 6, place de la République, ✆ 0466 392044, www.hoteldelabourse.com.

** **Mas de l'Olivier**, dieses am südlichen Ortsende gelegene Hotel erinnert ein wenig an ein Kettenhotel. Das große Plus ist der Garten mit Swimmingpool (Mitte Mai bis Ende Sept.). Kostenloses WLAN. Die geräumigen, aber unpersönlichen Zimmer (alle mit Bad) kosten je nach Saison 66–87 €; Frühstück 9 €. 138, avenue du Général de Gaulle, ✆ 0466891238, www.mas-olivier.com.

Sehenswertes

Pont Saint-Esprit: Mit dem Bau der berühmten Brücke mit ihren 25 Bögen wurde im letzten Drittel des 13. Jahrhunderts begonnen, die Fertigstellung erfolgte erst im Jahre 1309. Obwohl die Brücke im Laufe der Geschichte mehrfach verändert wurde, ist sie noch immer ein beeindruckendes mittelalterliches Baudenkmal. Verschwunden sind beispielsweise die Brückenköpfe sowie zwei Türme, die einst in der Mitte der Brücke standen. Als die ursprünglich nur 4,35 Meter breite Brücke dem Verkehrsaufkommen nicht mehr gewachsen war, wurde sie 1860 verbreitert, wozu das Mauerwerk auf der Nordseite erneuert werden musste. Neben den unregelmäßigen Abständen zwischen den Bögen – bedingt durch das Flussbett – fällt auf, dass die Baumeister den Pont Saint-Esprit der Strömung entgegenwölbten, um die Wucht des Hochwassers abzumildern.

Musée d'Art sacré: Das im Maison des Chevaliers, einem stattlichen Gebäude aus dem 12. Jahrhundert, untergebrachte Museum besitzt eine umfassende Sammlung sakraler Kunst, die – so die Eigenwerbung – „eine kulturelle und nicht-katechetische Annäherung an das religiöse Gefühl des christlichen Abendlandes vorschlägt". Fast ebenso eindrucksvoll sind die prächtig ausgestatteten Räumlichkeiten des Museums: Die bemalten Wände und wertvollen Holzdecken geben einen Eindruck vom Reichtum der Kaufmannsfamilie Piolenc, in deren Besitz das Haus jahrhundertelang war.

2, rue Saint-Jacques. Tgl. außer Mo 10–12 und 14–18 Uhr, im Sommer 10–19 Uhr. Eintritt frei!

Musée Paul-Raymond: Das im ehemaligen Rathaus eingerichtete Museum ist den Werken von Benn (1905–1989) gewidmet. Der in Russland geborene Künstler stand Cocteau nahe, seine Werke spielen häufig mit biblischen Motiven.

Place de l'Ancienne-Mairie. Tgl. außer Sa und Mo 10–12.30 und 15–18.30 Uhr, in der NS 14–18 Uhr. Eintritt frei!

Vénéjan

Das kleine, noch immer authentische Dorf mit seinem Schloss und seiner Windmühle schmiegt sich an einen Hügel, der einen herrlichen Blick auf das Tal der Rhône bis hinüber zum Mont Ventoux bietet.

Übernachten & Essen »» **Lesertipp:** ** **Lou Caleou**, das Logis-Hotel ist ein Lesertipp von Raphaela Egloff, die ihre Empfehlung salopp mit „einfach, aber gut" begründete. Das Restaurant besitzt eine schattige Terrasse, Menüs zu 13 € (mittags), sonst 20, 25 und 30 €. WLAN vorhanden. DZ 65–69 €; Frühstück 11 €, Halbpension ab 56 € p. P. Route de Bagnols, ✆ 0466 792516, http://auberge-loucaleou.com. ««

Saint-Laurent-des-Arbres   2150 Einwohner

Das kleine Dorf im Tal der Rhône, gut 25 Kilometer südlich von Pont-Saint-Esprit, steht seit jeher ganz im Banne der Bischöfe von Avignon, die den gesamten Ort im Jahre 1255 von einer Familie namens Sabran erwarben. Die imposanteste Sehenswürdigkeit ist die Kirche, die mit ihren Schießscharten und Zinnenkränzen eher an eine mittelalterliche Burg als an ein Gotteshaus denken lässt. Im 14. Jahrhundert, als die *Grande Compagnie* immer wieder plündernd durch Südfrankreich zog, haben die Päpste die Kirche regelrecht zur Festung ausbauen lassen, zudem wurde das gesamte Dorf seither von einer Stadtmauer geschützt. An die wehrhafte Vergangenheit des Ortes erinnern zudem der Donjon neben der Kirche sowie die Tour de Ribas, die aber beide wahrscheinlich noch aus dem 12. Jahrhundert stammen. Wie für einen romanischen Bau typisch, besitzt die Laurentiuskirche nur ein einschiffiges Langhaus, das Innere wurde allerdings 1888 bei einer missglückten Restaurierung stark verändert, wobei man auch das Untergeschoss eines ursprünglich freistehenden Turmes mit einbezog.

Office de Tourisme, B.P. 15, Tour Ribas, 30126 Saint-Laurent-des-Arbres, ℡ 0466 501010, www.saint-laurent-des-arbres.com.
Markt: Freitagvormittag.

Mächtig: Der Wehrturm

Villeneuve-lès-Avignon   12.000 Einwohner

Im Schatten von Avignon gelegen, wird ein Besuch von Villeneuve-lès-Avignon oft „vergessen". Ein Fehler – besitzt die 12.000-Einwohner-Stadt doch eine Vielzahl bedeutender kulturhistorischer Sehenswürdigkeiten.

Schon von weitem erinnern das Fort Saint-André mit seinen imposanten Mauern und den markanten Zwillingstürmen sowie der Tour Philippe-le-Bel daran, dass Villeneuve-lès-Avignon eine bedeutende Grenzfestung zur Provence war. Die Rhône ist seit jeher die östliche Grenze des Languedoc. Heute markiert der Fluss die Grenze zwischen den Départements Gard und Vaucluse. Die größte Attraktion von Villeneuve-lès-Avignon ist das mustergültig renovierte Kartäuserkloster Val de Bénédiction. Seit in das ehrwürdige Kloster ein Kulturzentrum von internationaler Bedeutung eingezogen ist, hat sich Villeneuve-lès-Avignon nicht nur in Schriftstellerkreisen einen Namen erworben. Ein attraktives Sommerfestival sorgt außerdem für zusätzliche kulturelle Impulse.

Für eine Besichtigung des mittelalterlichen Villeneuve-lès-Avignon sollte man sich mindestens einen halben Tag Zeit lassen. Wer kleine charmante Dörfer liebt, dem sei noch ein Spaziergang durch das nahe **Les Angles** empfohlen.

Geschichte

Die Keimzelle von Villeneuve-lès-Avignon war die Ortschaft Bourg-Saint-André, die sich um ein im Frühmittelalter gegründetes Kloster entwickelte. Lehensrechtlich unterstand das Benediktinerkloster den Grafen von Toulouse. Zur Zeit der Albigenserkriege erhob Avignon Ansprüche auf Bourg-Saint-André und das Kloster, doch der französische König *Ludwig VIII.*, der zuvor den Grafen Raymond VII. von Toulouse in seine Schranken verwiesen hatte, erklärte das Kloster kurzerhand zu seinem Herrschaftsbereich. Den französischen Königen ging es dabei nicht nur um einen Zuwachs ihrer Macht, vielmehr bauten sie den Ort zu einem militärischen Vorposten aus, da ihr Territorium bis dato nur auf Nord- und Mittelfrankreich beschränkt war. Es kam zu einer kriegerischen Auseinandersetzung: Nach drei Monaten Belagerung eroberte Ludwig VIII. Avignon und ließ zur Strafe die Stadtmauern schleifen. Um dem königlichen Herrschaftsanspruch mehr Gewicht zu verleihen, gründete *Philipp der Schöne* 1292 zu Füßen des Hügels Saint-André eine „neue Stadt" (*Ville neuve*). Die Rivalität zwischen den beiden Städten endete, als Avignon zur päpstlichen Residenz aufstieg. Mehr noch: Kardinäle und Prälaten ließen sich Sommerpaläste am gegenüberliegenden Rhôneufer errichten; Kardinal Pierre Aubert, der wenig später als *Innozenz VI.* zum Papst gewählt wurde, gründete das Kartäuserkloster Val de Bénédiction. Villeneuve-lès-Avignon erlebte eine glanzvolle Epoche; der Aufschwung hielt auch an, nachdem die Päpste Avignon verlassen hatten. Garanten für die mit gewissen Abstrichen bis zum Ausbruch der Französischen Revolution anhaltende Blütezeit waren die Gunst der französischen Könige, Steuerprivilegien, die Attraktivität des Flusshafens sowie der Reichtum der beiden Klöster.

Basis-Infos

Information Office de Tourisme, 1, place Charles David, 30400 Villeneuve-lès-Avignon, ℡ 0490256133, www.tourisme-villeneuvelezavignon.fr.

Verbindungen Tagsüber Busverbindungen im 30-Min.-Takt nach Avignon von der Place Charles David, ℡ 0490820735. Im Sommer zudem mehrmals tgl. Schiffsverbindungen nach Avignon.

Veranstaltungen *Rencontres Internationales d'Eté*, Theater-, Tanz- und Musikfestival im Kartäuserkloster (Juli und Aug.).

Markt Donnerstagvormittag auf der Place Charles David; Samstagvormittag auf der Place Jean Jaurès. Zudem findet Samstagvormittag ein Trödelmarkt auf der Place Charles David statt.

Post Boulevard Jules Ferry.

Stadtführungen Von Okt. bis Mai jeden Sa um 14.30 Uhr. Weitere Auskunft im Office de Tourisme.

Wandern Ein 5 km langer Botanischer Wanderpfad beginnt in der Nähe der Tour Philippe-le-Bel.

Schwimmen Das Freibad (Juni bis Mitte Sept.) ist gleich neben dem städtischen Campingplatz. Chemin Saint Honoré. Eintritt 5 €, erm. 3,50 €. Im Winter geht man in das benachbarte Hallenbad.

Tennis Complex sportif de la Laune, ℡ 0490257392.

Reiten Equipage du Lozet, ℡ 0490253897, www.centreequestrelozet.com.

Übernachten & Essen

Hotels ***** Le Prieuré, die Nobelherberge (Relais et Châteaux) mit wohlfeilem Gourmetrestaurant wurde unlängst renoviert. Die 26 Zimmer (ab 150 €, Frühstück 27 €) sowie zehn Suiten ab 450 € sind in zeitgenössischen Design gestaltet und lassen keinen Wunsch offen. Sehr schöne Bäder! Im großzügigen Garten stehen den Gästen ein Swimmingpool und zwei Tennisplätze zur Verfügung. Ausgezeichnetes Restaurant,

Villeneuve-lès-Avignon

Menüs ab 40 € (mittags inkl. Wein), sonst 78, 98 und 118 €. Das Restaurant ist Sonntagabend, Mo und Di geschlossen. Und wenn dieser Reiseführer einmal auf der Spiegel-Bestseller-Liste steht, macht der Autor hier vier Wochen Urlaub. Von Nov. bis März Betriebsferien. 7, place du Chapitre, ✆ 0490159015, www.leprieure.com.

*** **L'Atelier**, gut ausgestattetes Hotel mit antiquiertem Touch in einem angeblich von einem Kardinal errichteten Haus aus dem 16. Jh. Bereits das Treppenhaus mit dem eindrucksvollen offenen Kamin weckt Hoffnungen, die nicht enttäuscht werden. Lage: mitten im Ortszentrum, unweit der Kirche. Ausgezeichnetes Preis-Leistungs-Verhältnis. Die schönsten Zimmer mit Terrasse zum Garten sind natürlich die teuersten: 87–121 € je nach Saison und Ausstattung, zur Festivalzeit im Juli gibt es einen Aufschlag von ca. 20 %. Das Frühstück (9,50 €) wird im Sommer im lauschigen Hinterhof serviert. 5, rue de la Foire, ✆ 0490250184, www.hoteldelatelier.com.

** **Cube Hotel**, etwas außerhalb des Ortes an der Rhône gelegen, ist das Boutique-Hotel optisch ein nicht gerade ansprechender Betonbau, dafür gibt es auf dem Dach eine tolle Panoramaterrasse und die Zimmer sind modern und ansprechend. Kostenloses WLAN. Die Preise variieren stark nach Lage und Ausstattung (Balkon), EZ ab 49 €, DZ 59–95 €, für einen Blick auf die Rhône muss man mindestens 95 € ausgeben (lohnt sich aber). Impasse du Rhône, ✆ 0490255229, www.cubehotel.fr.

Les Jardins de la Livrée, das mitten im Zentrum in einer ruhigen Seitenstraße gelegene Chambres d'hôtes ist eine wahre Oase. Die vier Zimmer gehen auf den Hof oder zum Garten hin, wo ein kleiner Swimmingpool lockt. Das auf mediterrane Küche ausgerichtete Restaurant mit seiner Gartenterrasse steht jedem offen. Menüs zu 18 € (mittags) und 30 €. Das Restaurant hat Sonntagabend und Mo geschlossen. WLAN. DZ je nach Ausstattung und Reisezeit 74–114 € inkl. Frühstück. 4bis, rue Camp-de-Bataille, ✆ 0490260505, www.la-livree.oxatis.com.

Jugendherberge Centre YMCA, südl. der Stadt mit Blick auf die Rhône und Avignon. Eigenes Freibad! WLAN. Von Nov. bis März geschlossen. Übernachtung je nach Ausstattung ab 19 €, bei längerem Aufenthalt wird Halbpension erwartet. 7 bis, chemin de la Justice, ✆ 0490254620, www.ymca-avignon.com.

Camping **** **L'Ile des Papes**, große Anlage mit viel Komfort (mehrere Schwimmbecken) auf einer kleinen Rhôneinsel neben einem hässlichen Staudamm. Wenig Schatten. Bungalowvermietung. Fahrradvermietung. Manko: keine Busverbindung und außerhalb der Stadt gelegen. ✆ 0490151590, www.campeoles.fr.

*** **De la Laune**, städtischer Campingplatz mit 130 Stellplätzen, Grasboden und ausreichend Schatten. Gepflegte Sanitäreinrichtungen. Kostenloser Zugang zum städtischen Schwimmbad. Von April bis Mitte Okt. geöffnet. Chemin Saint-Honoré, ✆ 0490257606, www.camping-villeneuvelezavignon.com.

🍃 **Aubergine**, ansprechendes Bistroambiente mit schönen Tischen und einer herrlichen Straßenterrasse mitten auf dem Dorfplatz. Plat du Jour 11 € (Di Bio), Mittagsmenü zu 14,50 €, Abendmenü für 24 €. 15, rue de la République, ✆ 0490900564. ∎

Donnerstag ist Markttag

Tipp: Kulturinteressierte, die mehr als eine Sehenswürdigkeit von Villeneuve-lès-Avignon besichtigen wollen, sollten am nächsten Kassenhäuschen den *Passeport pour l'Art* erwerben. Für 11 € berechtigt der Pass zum Besuch folgender Sehenswürdigkeiten: Chartreuse de Val de Bénédiction, Fort Saint-André, Tour Philippe-le-Bel, Collégiale Notre-Dame et Cloître und Musée Pierre-de-Luxembourg.

Sehenswertes

Chartreuse de Val de Bénédiction: Bereits im Eingangsfoyer lässt sich unschwer erkennen, dass die Chartreuse keine „normale" Sehenswürdigkeit sein kann. Das moderne Design gibt einen Hinweis auf eine weitere Nutzung des Klosters: 1991 wurde in der Kartause das *Centre national des écritures du spectacle* eingerichtet. Die einzelnen Kartausen stehen seither französischen Dramatikern und Drehbuchautoren für Arbeitsaufenthalte zur Verfügung. Zum kulturellen Rahmenprogramm gehören zudem Seminare, Proben und Sommerbegegnungen, die unter dem Titel *Rencontres d'Eté* viele Besucher anlocken.

Doch zurück zum eigentlichen Klosterbau: Gegründet wurde das Kartäuserkloster 1352 von Kardinal Pierre Aubert, dem späteren *Papst Innozenz VI.*; bereits wenige Jahre später besaß das Kloster zwei Kreuzgänge, um die sich die Wohnungen der Mönche gruppierten. Nachdem 1372 ein dritter Kreuzgang folgte, galt die Kartause als größte Frankreichs. Bis in das 18. Jahrhundert hinein erfreute sie sich eines ausgezeichneten Rufes, den Wirren der Revolution hatten die Mönche allerdings nichts entgegenzusetzen: Das Kloster wurde aufgelöst, der Besitz verstreut. Doch schon

Die Kartause kann auf eigene Faust erkundet werden

1835 wurde dem Verfall aufgrund einer Intervention des Schriftstellers *Prosper Mérimée* Einhalt geboten; ab 1905 begann der Staat mit den Restaurierungsarbeiten.

Das Motto der Kartäuser: gemeinsam einsam

Die Kartause von Villeneuve ist ein Musterbeispiel für einen neuen Klostertypus, der das Gemeinschaftsleben mit dem Leben in der Isolation architektonisch sehr geschickt verknüpft. Entsprechend den Vorstellungen des Ordensgründers, des heiligen Bruno, waren die Kartäuser ein Einsiedlerorden, doch gab es auch klösterliche Elemente. Rund um einen riesigen Klosterhof waren die Häuser der Mönche angeordnet. Die Mönche trafen sich im Chor, im Kapitelsaal sowie im Refektorium (Speisesaal) zu bestimmten liturgischen Übungen bzw. Festtagsmählern. Bei den gemeinsamen Gottesdiensten war tägliche Anwesenheit Pflicht, das Refektorium wurde nur sonntags aufgesucht, der Kapitelsaal an Festtagen, in der Weihnachts-, Oster- und Pfingstwoche, beim Tod eines Ordensbruders sowie bei der Wahl eines neuen Ordensoberen. Ansonsten verbrachte der Mönch den ganzen Tag in seiner Zelle, nur gestört von einem anonymen Diener, der ihm sein karges Mahl durch ein Klappfenster hereinreichte. Nach den Ordensstatuten muss ein Kartäusermönch „sorgfältig darüber wachen, dass er keine Gründe schafft, die Zelle zu anderen Zwecken zu verlassen als zum Besuch der regelmäßigen, gemeinsamen Andachten; vielmehr muss er seine Zelle als ebenso notwendig für sein Seelenheil erachten, wie es das Leben im Wasser für die Fische und der Schafpferch für die Schafe ist. Je länger er in seiner Zelle bleibt, desto mehr wird er sie lieben, vorausgesetzt, er beschäftigt sich zuchtvoll und nützlich mit Lesen, Schreiben, Psalmensingen, Gebet, Meditation, Kontemplation und Arbeit, wohingegen er die Zelle rasch unerträglich finden wird, wenn er sie häufig und ohne Not verlässt."

Der Rundgang durch das Kloster führt den Besucher zuerst in die 1358 geweihte **Klosterkirche**, die sich mit abgebrochenem Chor heute als Ruine präsentiert. In einer Seitenkapelle befindet sich das **Grabmal von Papst Innozenz VI.**, dem Klostergründer. Der benachbarte Kreuzgang führt zu zwei Kartausen, die besichtigt werden können. Beide Kartausen muten zwar nicht gerade asketisch an, doch der Lebensstil der Kartäuser gründete sich nicht auf die räumliche Qualität der Unterkunft, sondern auf den Akt der freiwilligen Selbsteinschließung. Die Kartäuserbewegung war die letzte große Einsamkeitssuche, die das Abendland erfasste. Gewissermaßen als Verlängerung des ersten Kreuzgangs folgt ein zweiter, größerer Kreuzgang, an dessen nordwestlicher Ecke sich das Waschhaus und das **Gefängnis** anschließen. Imponierend ist die ausgefeilte Anordnung der Isolationszellen: Jeder Gefangene, der mit seinem Glauben haderte, konnte mit Blick auf den Altar beten. Außerdem wurde der Raum auch als Krankenstation genutzt. Einen letzten Höhepunkt stellen die Fresken in der **Refektoriumskapelle** dar. Die Ähnlichkeit mit den Fresken des Papstpalastes lassen vermuten, dass hier ebenfalls *Matteo Giovanetti* am Werk war. Um in den dritten Kreuzgang (*Cloître St. Jean*) zu gelangen, muss man wieder in Richtung Eingang zurückgehen. Inmitten des Kreuzgangs wurde im 18. Jahrhundert eine barocke Brunnenrotunde errichtet.

April bis Sept. 9–18.30 Uhr, Okt. bis März 9.30–17.30 Uhr (Sa und So 10–17 Uhr). Eintritt 8 €, erm. 5,50 €. Für EU-Bürger bis 26 Jahren ist der Eintritt frei! www.chartreuse.org.

Fort Saint-André: Die mächtigen Mauern des Fort Saint-André erinnern an das unruhige 14. Jahrhundert, als die so genannten *Grandes Compagnies* raubend und brandschatzend durch das Land zogen. Zum Schutz vor den bis zu mehreren tausend Mann starken Räuberhorden wurde das auf dem Hügel gelegene Dorf mit einem Mauergürtel und den mächtigen **Tours Jumelles** umgeben. Die halbrunden Zwillingstürme, die den Festungseingang flankieren, können bestiegen werden; vom Dach der Türme bietet sich ein grandioser Blick auf Avignon. Das weitläufige Areal innerhalb der Mauern ist heute bis auf ein paar Häuser, ein romanisches Kirchlein und die **L'Abbaye Saint-André** größtenteils unbebaut. Die inmitten der Festung liegende ehemalige Benediktinerabtei zählt zu den ältesten in Südfrankreich. Das Kloster befindet sich heute in Privatbesitz; die herrlichen ausgedehnten Gartenanlagen können besichtigt werden, die einstigen Abteigebäude hingegen nicht.

Tours Jumelles April bis Sept. 10–13 und 14–18 Uhr, im Winter tgl. außer Mo 10–13 und 14–17 Uhr. Eintritt 5,50 €, erm. 4 €. Für EU-Bürger bis 26 Jahren ist der Eintritt frei!

L'Abbaye Saint-André April bis Sept. tgl. außer Mo 10–12.30 und 14–18 Uhr, im Winter tgl. außer Mo 10–12 und 14–17 Uhr. Eintritt 5,50 €, erm. 4 €.

Tour Philippe-le-Bel: Der nach seinem Erbauer Philipp dem Schönen benannte Turm diente einst als Brückenkopf des Pont Saint-Bénézet, um den Zugang zum rechten Rhôneufer abzusichern.

Die Zwillingstürme des Fort Saint-André

Zwar war der 1307 vollendete Turmbau nur ein Teil eines ausgefeilten Befestigungssystems, doch sind heute von den anderen Mauern und Gebäuden kaum Spuren erhalten. Der Turm selbst wurde 1360 nochmals um zwölf Meter auf eine Gesamthöhe von 39 Meter aufgestockt, der kleine Turmaufsatz stammt gar erst aus dem 17. Jahrhundert.

April bis Sept. tgl. außer Mo 10–12.30 und 14–18.30 Uhr, Okt. bis März tgl. außer Mo 10–12 und 14–17 Uhr, von Dez. bis Feb. geschlossen. Eintritt 2,30 €.

Saint-Pons (Collégiale Notre-Dame et Cloître): Die ehemalige Kollegiats- und heutige Pfarrkirche stammt aus der ersten Hälfte des 14. Jahrhunderts; sie gilt als die erste südfranzösische Kirche, die auf einem einschiffigen, querhauslosen Grundriss errichtet worden ist; der Chor wurde erst nachträglich hinzugefügt. An die Nordseite der Kirche grenzt ein kleiner Kreuzgang mit spitz zulaufenden gotischen Arkaden, der im Sommer auch für Aufführungen genutzt wird.

April bis Sept. tgl. außer Mo 10–12.30 und 14–18.30 Uhr, Okt. bis März tgl. außer Mo 10–12 und 14–17 Uhr. Im Feb. geschlossen. Eintritt frei!

Musée Pierre-de-Luxembourg: Liebhaber alter Meister werden an dem sich über drei Etagen erstreckenden städtischen Museum großen Gefallen finden, besitzt es doch mehrere bedeutende Kunstwerke aus der Zeit des 14. bis 16. Jahrhunderts, darunter beispielsweise die „Marienkrönung" von *Enguerrand Quarton* und die „Madonna mit dem Kinde", eine schön gearbeitete Elfenbeinschnitzfigur.

April bis Sept. tgl. außer Mo 10–12.30 und 14–18.30 Uhr, Okt. bis März tgl. außer Mo 10–12 und 14–17 Uhr. Eintritt 3,30 €, erm. 2,30 €.

Beaucaire

15.500 Einwohner

Beaucaire, das von einer mächtigen Burg überragt wird, ist die alte Rivalin von Tarascon und fungierte jahrhundertelang als Vorposten des französischen Königs, um das rechte Rhôneufer zu sichern. Einst durch seine Handelsmesse berühmt geworden, führt Beaucaire heute ein verschlafenes Kleinstadtdasein.

Obwohl viele Altstadtgassen etwas heruntergekommen sind, lohnt sich ein kurzer Spaziergang: Beaucaire besitzt eine sehr alte Bausubstanz mit schmucken Bürgerhäusern – Zeugen des vergangenen Reichtums. Sehenswert sind auch die Barockkirche Notre-Dame-des-Pommiers mit ihrer konvex gewölbten Fassade sowie das stattliche, dreiflügelige Rathaus, das im klassizistischen Stil errichtet wurde. Besonders anziehend wirkt die verschlafen wirkende Gegend um die Place de la République und die Rue de la République. Jean-Paul Rappeneau fand hier die geeignete Kulisse zur Verfilmung von Jean Gionos Roman „Der Husar auf dem Dach". Heute leben hier größtenteils Einwanderer aus den Maghrebstaaten. Die Straßennamen erinnern noch an die einstigen Gewerbe. So wurde beispielsweise in der Rue des Marseillais Öl und Seife verkauft, in der Rue des Bijoutiers waren die Schmuckhändler zu Hause und in der Rue de Beaujolais die Weinhändler, während die Salzhändler in der Rue du Vieux Salin ihren Geschäften nachgingen. Nach Süden hin wird die Altstadt vom Hafenbecken des Canal du Rhône à Sète begrenzt.

Über den Dächern von Beaucaire

Geschichte

Wie Tarascon sicherte das antike *Ugernum* den mittelalterlichen Grenzverlauf ab. So wurde auf beiden Seiten der Rhône eine mächtige Burg als mahnendes Signal errichtet. Der Name des Ortes erinnert noch heute an den „schönen Felsen" (*beau caire*), auf dem Raymond VI., der Graf von Toulouse, während der Albigenserkriege eine Burg bauen ließ, die der französische König Ludwig VIII. 1229 zusammen mit der zugehörigen Ortschaft von der Stadt Avignon erwarb. Berühmt geworden ist Beaucaire vor allem durch seine in ganz Europa bekannte Handelsmesse (*Foire de la Sainte-Madeleine*), die alljährlich am 21. Juli eröffnet wurde. Die wahrscheinlich 1217 gegründete Messe muss aufgrund der ihr gewährten Steuerfreiheiten ein wahres Paradies für Käufer und Verkäufer gewesen sein, Besucherzahlen von 300.000 sind überliefert, scheinen aber übertrieben. Auf den zum Fluss hin offenen Platz tummelten sich Gaukler und Akrobaten, Huren und Zuhälter alljährlich im Juli zu Hunderten, selbst aus Deutschland und dem Orient reisten die Händler an. Ihren Höhepunkt erlebte die Messe im 17. und 18. Jahrhundert, bevor das geschäftige Treiben im Revolutionszeitalter ein jähes Ende fand.

Ein Messebesuch mit Folgen

Der berühmte französische Schriftsteller Henri Beyle, besser bekannt unter seinem Pseudonym *Stendhal*, fand 1837 in Beaucaire „kaum jene verbitterten Mienen voller Traurigkeit und Missgunst, ... wie sie in den Straßen von Lyon oder Genf so häufig sind". Seine Begeisterung wurde allerdings durch eine bittere Erfahrung getrübt: „Am Tage meiner Ankunft bei der Messe war ich wie aus den Wolken gefallen von dem unglaublichen Getöse, dass ich, wenn ich mich recht erinnere, mehrere Stunden lang nicht wusste, wie mir geschah; jeden Augenblick schüttelte mir irgendein Bekannter die Hand und gab mir seine Anschrift. In allen Straßen, auf der Festwiese und am Ufer der Rhône drängt sich unaufhörlich die Menge; fortwährend drückt jemand mit dem Ellebogen, um sich vorzudrängen, man schiebt und stößt sich gegenseitig, jeder eilt seinen Geschäften nach ... Von einer solchen Menschenmenge, einem solchen Gewühl kann man sich in Paris keine Vorstellung machen. Nach stundenlangem neugierigen Herumbummeln erholte ich mich dann von meinem Erstaunen: Ich wollte mein Taschentuch ziehen – und es war verschwunden, ebenso wie der übrige Inhalt meiner Taschen." ...

Information Office de Tourisme, 24, cours Gambetta, B.P. 61, 30301 Beaucaire, ✆ 046-6592657, www.ot-beaucaire.fr. Ein kleiner Prospekt informiert über Stadtführungen, ein anderer enthält Wandervorschläge (*Balades et Randonnées*).

Verbindungen Tgl. zwei Zugverbindungen nach Nîmes, Tarascon und Avignon. Häufig Busverbindungen mit Avignon, Nîmes und Tarascon, ✆ 0466292729.

Markt Donnerstag- und Sonntagvormittag in der Markthalle sowie in der Rue Gambetta.

Veranstaltungen Das *Festival de Beaucaire* mit mittelalterlichem Markt (Ende Juli, beginnend am 21.) erinnert an die berühmte Messe von Beaucaire. Drachenfest (*Fête du Drac*) mit Straßenumzug am ersten Juniwochenende.

Übernachten & Essen *** Les Doctrinaires **3**, das am Canal du Rhône et Sète gelegene Hotel ist traditionell das erste Haus am Platz und residiert in einem stattlichen Gebäude aus dem 17. Jh. Im wohlfeilen Restaurant wird klassische französische Küche unter schönem altem Gewölbe serviert. Menüs zu 24, 33 und 47 €. Mo und Di bleibt die Küche kalt. Gediegene Zimmer, je nach Ausstattung 55–85 €; Frühstück 10 €. 6, quai Général de Gaulle, ✆ 0466592370, www.hoteldoctrinaires.com.

*** **Le Robinson** 1, ein Logis-Hotel, etwas außerhalb an der Straße nach Comps neben einem kleinen Bachlauf. Swimmingpool und Tennisplatz vorhanden. Im Restaurant gibt es Menüs zu 25, 36 und 43 €. Kostenloses WLAN. 1960er-Jahre-Bau mit Zimmern von 78 bis 96 €; Frühstück 10 €. Route de Remoulins, ✆ 0466592132, www.hotel-robinson.fr.

Domaine des Clos 5, dieser einstige Bauernhof ist eine ideale Adresse für alle, die das Landleben schätzen. Schöne Zimmer, sieben an der Zahl, dazu zwei Suiten und Appartements. Tolle Atmosphäre, einen großen Pool sowie Garten gibt es auch. Es werden auch Appartements vermietet. Kinderfreundlich! Kostenloses WLAN. An der Straße nach Bellegarde, etwa 7 km südwestl. von Beaucaire. DZ je nach Ausstattung 125–155 € (inkl. Frühstück). Route de Bellegarde, ✆ 0466011461, www.domaine-des-clos.com.

Le Soleil 4, einfaches, aber beliebtes Restaurant direkt am Kanal. Schöne Straßenterrasse (ebenso wie das Restaurant Vintage nebenan). Menüs zu 12,50 € (mittags inkl. einem Viertel Wein), 16,80 und 22 €. Lecker war der Zander in Champagnersoße. 30, quai du Général-de-Gaulle, ✆ 0466592852.

Einst lebte das Ungeheuer Drac in der Rhône

L'Epicerie de Cécile 2, nettes Café am schönsten Platz der Altstadt. Di–So nur mittags geöffnet. Menü 15,50 €. Place de la République, ✆ 0480040904.

Sehenswertes

Château: Nachdem 1632 die Burg auf Befehl Ludwig XIII. in Anschluss an die Religionskriege geschleift worden war, lassen sich heute nur noch einige Mauerzüge und der weithin sichtbare dreieckige Donjon bewundern (schöner Rundblick). Vergangen sind die Zeiten, als Beaucaire eine der bedeutendsten Burgen in Südfrankreich war und als Musterbeispiel für die königliche Militärarchitektur gerühmt wurde. Die romanische Kapelle wurde bereits im 19. Jahrhundert restauriert.
Tgl. 10–12 und 14–18 Uhr. Eintritt frei!

Musée August-Jacquet: Das auf der Burg untergebrachte Museum zeigt römische sowie mittelalterliche Fundstücke und informiert über die berühmte Messe von Beaucaire, Exponate zur regionalen Volkskunst (Möbel, Keramik etc.) vervollständigen die Dauerausstellung.
April bis Okt. 10–12 und 14–18 Uhr, im Winter 10–12 und 14–17 Uhr. Eintritt 5 €, erm. 3,60 bzw. 2 €.

Notre-Dame-des-Pommiers: Die ehemalige Stiftskirche wurde 1734 von Jean-Baptiste Franque und G. Rollin im barocken Stil erbaut, vom Vorgängerbau zeugt nur noch ein Relieffries mit Szenen der Passion an der östlichen Außenmauer. Die konvex nach vorne geschwungene Fassade erinnert an die sizilianischen Barockkirchen von Ragusa und Módica, die Säulen weisen eine korinthische und eine ionische Ordnung auf. Sehr ungewöhnlich: Aus Platzgründen wurde der Kirchenchor nicht nach Osten ausgerichtet, sondern zeigt nach Norden.

Place de la République: Die Place de la République, vormals Place Vieille, gilt mit ihren Schatten spendenden Platanen als der schönste Platz der Stadt. Auf dem Platz steht seit 1988 eine Skulptur, die an die Sage des in der Rhône hausenden Ungeheuers erinnert.

Mas Gallo Romain des Tourelles: Der Gutshof liegt drei Kilometer westlich der Stadt und gibt einen Einblick in den antiken Weinbau. Zu sehen sind die Rekonstruktion eines galloromanischen Weinkellers mit Pressen, Kesseln und Amphoren. Kostproben werden gereicht.

April bis Juni tgl. 10–12 und 14–18 Uhr, Juli und Aug. 10–12 und 14–19 Uhr, Sonntagvormittag geschlossen, im Winter tgl. außer So 14–17.30 Uhr. Eintritt 5,50 €, bis 18 Jahre frei! www.tourelles.com.

Umgebung

Abbaye de St-Roman: Die auf einem Felsen über dem Rhônetal – herrliche Aussicht! – gelegene Abtei geht auf eine frühmittelalterliche Gründung zurück. Vor der Besichtigung muss man einen kurzen Aufstieg zurücklegen: Vom bewachten Parkplatz aus führt ein gut ausgebauter Weg in einer Viertelstunde zum Eingang der Abtei. Nachdem das Kloster in den Religionskriegen von den Mönchen aufgegeben worden war, erfolgte ab 1538 der Umbau in eine Burg. Die Burg wurde im 19. Jahrhundert weitgehend zerstört, so dass nur noch wenige Spuren vorhanden sind. Eindrucksvoll lassen die Ruinen erkennen, dass die gesamte Klosteranlage in den Fels hineingeschlagen wurde. Die Besichtigung beginnt in der Kapelle, in der ein in den Stein geschlagener Abtstuhl noch deutlich zu erkennen ist. Zu dem Areal gehört noch eine Nekropole mit etwa 150 Gräbern, in denen nicht nur Mönche, sondern auch Frauen und Kinder ihre letzte Ruhestätte gefunden haben.

April bis Sept. tgl. außer Mo 10–13 und 14–18 Uhr, Juli und Aug. bis 19 Uhr, im Winter So und Feiertage 14–17 Uhr. Eintritt 5,50 €, erm. 4,50 €, unter 18 Jahren frei! www.abbaye-saint-roman.com.

Beaucaire 149

Beaucaire

Übernachten
1 Le Robinson
3 Les Doctrinaires
5 Domaine des Clos

Essen & Trinken
2 L'Epicerie de Cécile
3 Les Doctrinaires
4 Le Soleil

Im Tal der Rhône → Karte S. 137

Montfrin: Das wenige Kilometer nördlich von Beaucaire gelegene Städtchen geht auf eine römische Gründung zurück (*Monsfernius*). Einst wurde der Ort von einer Burg beherrscht, von der heute nur noch der wuchtige Donjon zeugt. Die Anlage wurde später als Château im klassizistischen Stil wieder errichtet und diente von 1942 bis 1944 der 2. deutschen Fliegerdivision als Hauptquartier. Für kunsthistorisch Interessierte bietet sich eine Besichtigung der romanischen Pfarrkirche an. Das im typisch schlichten Stil der Romanik gehaltene Gotteshaus besitzt ein Tympanonrelief, dessen ikonographisches Programm von dem nahen Saint-Gilles beeinflusst ist.

Camping *** BelleRive, nette Anlage (100 Stellplätze), direkt am Gardon. Es werden auch Chalets und Safari-Lodges vermietet. Von April bis Sept. geöffnet. Cours Antelme, ✆ 0466572079, www.campingbellerive.fr.

Pferdeparadies Camargue

Petite Camargue

In den klischeehaften Vorstellungen ist die Camargue noch immer das Land der weißen Pferde, der auf und ab stolzierenden Flamingos, der schwarzen Stiere und der Gardians, doch auch die Industrieanlagen von Fos, ungelöste Umweltprobleme und die erst jüngst entstandenen Touristenzentren bei Grande-Motte gehören zur Camargue.

Jean Giono, der aus der hügeligen Haute-Provence stammende Dichter, hat in seinem Buch „Louis, Sohn der Camargue" eine sehr einfühlsame Huldigung an das Mündungsgebiet der Rhône verfasst: „Die Camargue", so schreibt Giono, „ist ein Deltagebiet, der Ablageplatz eines Flusses und sein Schlupfwinkel. Bis hierhin fließt er rasch, findet keine Zeit, nachdenkliche Betrachtungen anzustellen. Bis hierhin lebt er. In diesem Delta aber geht es mit ihm zu Ende; hier wird er sich im Meer verlieren, und dagegen sträubt er sich, er schlendert, teilt und windet sich her und hin; er überlegt, zögert und besinnt sich. Alles, was er hierhin entführt hat, nimmt er nun vor, mischt es durcheinander und lässt es sich verwandeln, und darauf ist er stolz. Was er seinen Ufern entrissen hat, wird zu Lehm, Humus, Sand. Was er vorher tötet, versucht er hier wieder entstehen zu lassen; was in ihm umgekommen ist, erweckt er zu neuem Leben. Das Samenkorn, das er ungestüm davontrug, hier hätschelt er es, hier hegt er es und lässt es keimen."

Zwei Jahrtausende lang wurde diese von den Armen der Rhône begrenzte Landschaft gemieden, das sumpfige, von Stechmücken bevölkerte Delta war als Siedlungsgebiet alles andere als verlockend. Die Griechen haben die Region kaum beachtet, die Römer unternahmen die ersten Versuche, das Rhônedelta zu kultivieren.

Petite Camargue

Wahrscheinlich leitet sich der Name *Camargue* von einem aus Arles stammenden römischen Großgrundbesitzer namens Aulus Annius Camars ab. Bis über das Mittelalter hinaus bevölkerten nur ein paar Stier- und Pferdeherden mit ihren Gardians, wie die „Cowboys" genannt werden, das monotone Sumpfgebiet; größere Erhebungen gibt es nicht, der höchste Punkt der Camargue misst gerade einmal 4,50 Meter, die tiefste Stelle liegt gar 1,60 Meter unter dem Meeresspiegel. Abgesehen von Les Saintes-Maries-de-la-Mer und Aigues-Mortes gab es keine größeren Ortschaften, nur hier und da ein kleines ländliches Anwesen. Gerade dieser relativen wirtschaftlichen Nutzlosigkeit ist es jedoch zu verdanken, dass die Camargue zum Refugium einer einmaligen Tier- und Pflanzenwelt werden konnte. Im 17. Jahrhundert setzte dann eine intensivere landwirtschaftliche Nutzung ein; damals war die Camargue noch keine statische Landschaft mit festen geographischen Grenzen, so lag Les Saintes-Maries-de-la-Mer im Mittelalter beispielsweise etwa zwei Kilometer weit im Landesinneren.

Es ist traurig, aber wahr: Erst durch die ab 1857 gebaute Digue à la Mer und die Eindämmung der beiden Rhônearme wurde es möglich, den Küstenverlauf weitgehend zu sichern. Seither hat das Schwemmland aber seine wilde, ungezügelte Kraft verloren, die bis dato vergessene Brackwasserlandschaft musste erstmals tiefe Eingriffe in ihr intaktes Ökosystem hinnehmen. Infolge dieser weitreichenden Baumaßnahmen wurde die Camargue nicht mehr mit Meerwasser überschwemmt; das Delta büßte seinen charakteristischen Salzgehalt ein, Teile der Region verwandelten sich gar in staubtrockene Steppenlandschaften, so dass künstliche Bewässerungsmaßnahmen eingeleitet werden mussten.

Heute fühlen sich alljährlich rund eine Million Touristen vom spröden Charme des sumpfigen Schwemmlandes, den reetgedeckten *Cabanes* (Hirtenhäuser), der ursprünglichen Natur und den fantastischen Stränden angezogen. Stilecht ist natürlich eine Erkundung des Gebietes auf dem Rücken eines gutmütigen Camarguepferdes. Die verhältnismäßig kleinen, aber sehr ausdauernden Pferde können die Nüstern schließen und sich daher auch von Gräsern ernähren, die unter der Wasseroberfläche wachsen. Typisch für die Wasserlandschaft sind auch die rosafarbenen Flamingos: Nirgendwo sonst in Südeuropa leben mehr Flamingos. Ihr außergewöhnlicher Schnabel erlaubt ihnen, Wasser einzusaugen und das nahrhafte Plankton mit einem Lamellensystem herauszufiltern.

> **Hinweis:** Der größte Teil der Camargue gehört zur Provence, in diesem Reisehandbuch wird nur die zum Languedoc gehörende so genannte Petite Camargue beschrieben, die sich westlich der Petit Rhône erstreckt. Die provenzalische Camargue wird ausführlich in dem im Michael Müller Verlag erschienenen Provence-Reisehandbuch behandelt.

Saint-Gilles   12.000 Einwohner

Für kunsthistorisch interessierte Reisende gehört ein Besuch von Saint-Gilles zum Pflichtprogramm. Die Westfassade der ehemaligen Abteikirche gilt als eine der bedeutendsten romanischen Sehenswürdigkeiten in ganz Südfrankreich.

Saint-Gilles entwickelte sich aus einer auf dem Weg nach Santiago de Compostela gelegenen Pilgerstation. Der christlichen Legende zufolge wurde der Ort in der Mitte des 7. Jahrhunderts durch den in der Nähe lebenden Eremiten Gilles (Aegidius) selbst zum Wallfahrtsort. Die Anziehungskraft des Heiligen war so groß, dass der Ort in seiner mittelalterlichen Glanzzeit rund 40.000 Einwohner gezählt haben soll. Im Gefolge der Pilgerscharen ließen sich zahlreiche Händler und Geldwechsler in Saint-Gilles nieder, die die Stadt zu einem der wichtigsten mittelalterlichen Finanzplätze am Mittelmeer machten. Das an einem schiffbaren Nebenarm der Rhône gelegene Saint-Gilles ging auch als jener Ort in die Geschichte ein, in dem sich am 1. Dezember 1095 erstmals ein weltlicher Fürst verpflichtete, das Kreuz zu nehmen, um die heiligen Stätten zu befreien. *Raimund IV.*, seines Zeichens Graf von Toulouse, war der einflussreichste Anführer des Kreuzritterheeres, das im Juli 1099 Jerusalem eroberte. Nach Frankreich zurückzukehren, war ihm nicht vergönnt: Raimund starb 1105 bei der Belagerung von Tripolis.

Soviel zur Vergangenheit: Wer heute nach Saint-Gilles kommt, findet ein etwas verschlafenes Landstädtchen vor,

Wie aus einem mittelalterlichen Bilderbuch

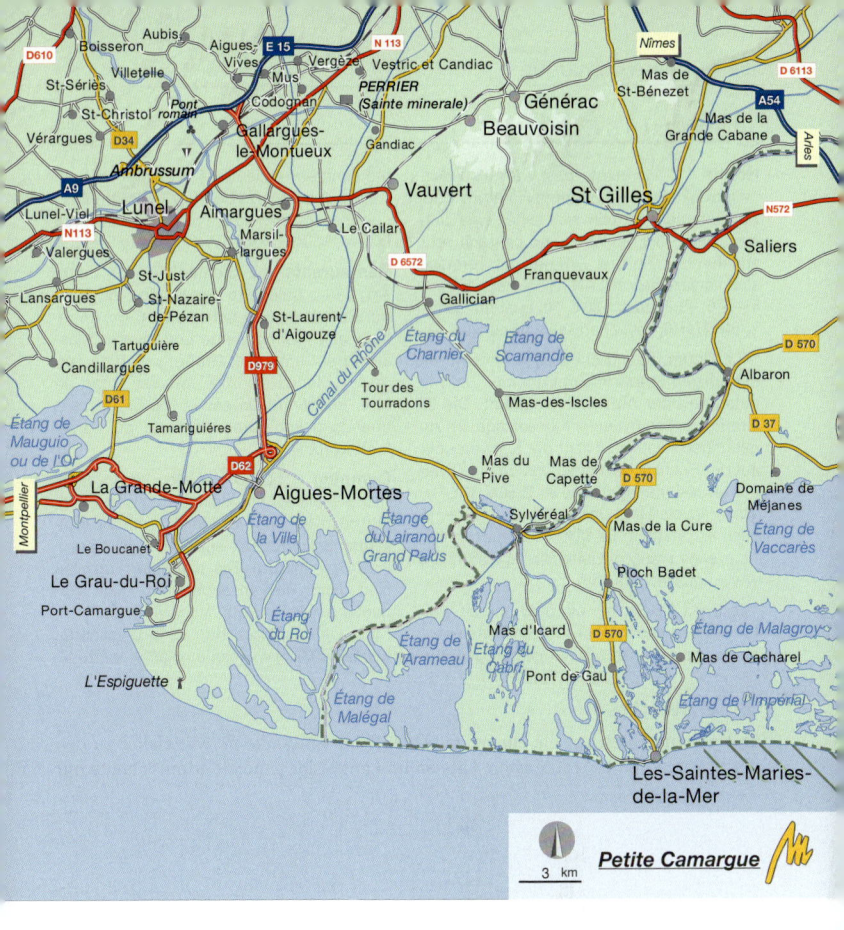

das sich ohne das eindrucksvolle Westportal seiner Kirche sicher nicht für einen Zwischenstopp eignen würde.

Basis-Infos

Information Office de Tourisme, 1, place Frédéric Mistral, 30800 Saint-Gilles, ✆ 0466 873375, www.tourisme.saint-gilles.fr.

Verbindungen Tgl. rund acht Busverbindungen nach Nîmes. Die Busse halten am Boulevard de Chanzy.

Parken Großer kostenloser Parkplatz im Stadtzentrum an der Rue Gambetta.

Post Rue Gambetta.

Markt Donnerstag- und Sonntagvormittag auf der Avenue Emile-Cazelles.

Veranstaltungen *Fête de Saint-Gilles* am 1. Sept.

Kino Le Fémina, avenue Griffeuille, ✆ 0466 873920.

Schwimmbad Städtisches Schwimmbad an der Route de Nîmes. Eintritt 3,50 €.

Reiten Centre Equestre, L'Eperon de Saint-Gilles, Mas Fourniquet, route de Nîmes, ✆ 0466872301. www.centre-equestre-eperon.com.

Bootsverleih Hausboote für Touren durch die Camargue vermietet: Crown Blue Line, 2, quai du Canal, ✆ 0466872266, www.leboat.de.

Übernachten & Essen

Hotels *** Héraclée, das wahrscheinlich unspektakulärste Drei-Sterne-Hotel im ganzen Département, teilweise sehr kleine Zimmer. Dafür ruhig gelegen und preislich sehr annehmbar. Die drei Zimmer mit Terrasse sind vorzuziehen. WLAN. DZ je nach Saison 67–72 €; Frühstück 8,50 €. 30, quai du Canal, ✆ 0466874410, www.hotel-saintgilles.com.

** Le Cours, freundliches Logis-Hotel in einer ruhigen Straße im Zentrum, nur fünf Minuten von der Abteikirche entfernt. Die 32 Zimmer locken mit einer Klimaanlage. Im zugehörigen Restaurant liegt der Schwerpunkt auf der Fischküche (Lotte, Dorade etc.), Menüs ab 14 € (mittags) bzw. ab 16,60 €. WLAN. Von März bis Mitte Dez. geöffnet. Zimmer je nach Ausstattung 59–85 €; Frühstück 9,10 €. 10, avenue François Griffeuille, ✆ 0466873193, www.hotel-lecours.com.

* Le Saint Gillois, nur ein paar Häuser weiter um die Ecke in einer ruhigen Gasse liegt dieses kleine Hotel mit nur sieben gepflegten Zimmern – allerdings nicht mehr als ein Ausweichquartier. Von März bis Mitte Dez. geöffnet. Zimmer 45 €; Frühstück 6 €. 1, rue Neuve, ✆ 0466873369. www.lesaintgillois.fr.

Restaurants Le Clement IV, das direkt am Kanal gelegene Restaurant ist auch bei Einheimischen sehr beliebt. Im Angebot: viele Fischgerichte und diverse Klassiker der Camargue. Große, schattige Terrasse. Menüs ab 25 €, *Moules frites* ab 11 €. Im Winter So sowie Mo–Do jeweils abends geschlossen. 36, quai du Canal, ✆ 0466870066.

Camping *** La Chicanette, kleiner Platz (100 Stellplätze) mit kleinem Schwimmbad, nur 50 m von der Ortsmitte entfernt (Einkaufsmöglichkeiten), auffallend viel französisches Publikum. Die einzelnen Parzellen sind durch Hecken abgetrennt. Auch Vermietung von Chalets. Von Mitte April bis Mitte Okt. geöffnet. Rue de la Chicanette, ✆ 0466872832, www.campinglachicanette.fr.

Sehenswertes

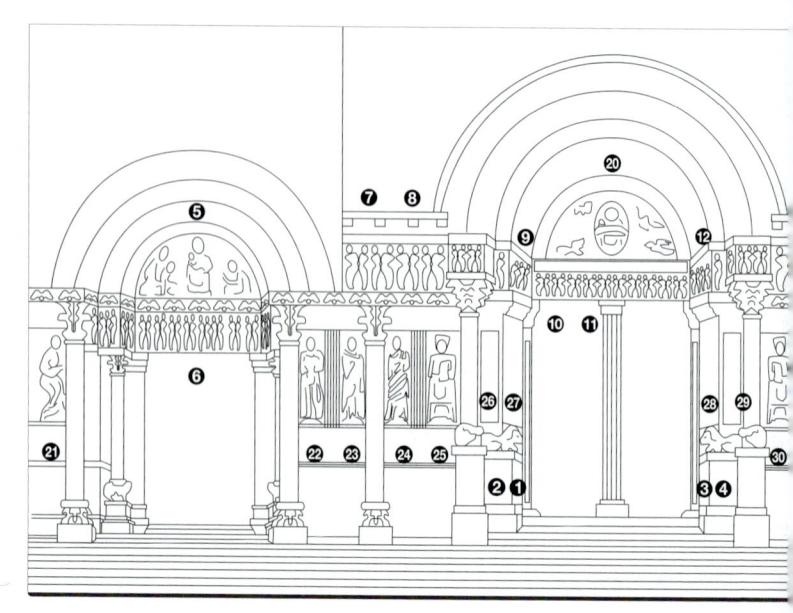

Eglise Saint-Gilles: An die ehemalige Abtei Saint-Gilles, die im Mittelalter zu den mächtigsten und bedeutendsten Abteien im Languedoc gehörte, erinnert heute nur noch die Klosterkirche. Ursprünglich direkt dem Papst unterstellt, gelangte die Abtei durch eine Schenkung in der zweiten Hälfte des 11. Jahrhunderts unter die Obhut des Cluniazenserordens, der auch den Neubau der Pilgerkirche im Stile einer Basilika vorantrieb. Nachdem die Abteikirche und die angrenzenden Gebäude in den Religionskriegen schweren Schaden genommen hatten, entschloss man sich, den Chor und den hinteren Teil des Langhauses abzutragen und die Kirche zu verkleinern. Die Reste der Grundmauern sind noch hinter der Kirche zu sehen. Erhalten geblieben ist glücklicherweise die **Westfassade** mit ihrem überaus reichen Skulpturenschmuck. Der Blickfang der Westfassade sind die drei rundbogigen Portale, deren mittleres die beiden anderen überragt. In der zweiten Hälfte des 12. Jahrhunderts entstanden, erinnert ihre Formensprache an römische Triumphbögen, das ikonographische „Programm" ist dem Alten und Neuen Testament entnommen. Die von Säulen und Tympana eingerahmten Flachreliefs und Skulpturen gliedern die Heilsgeschichte in mehrere Szenen und Zyklen (Anbetung der Heiligen Drei Könige, Kreuzigung etc.).

Eindrucksvoll ist auch ein Besuch der **Krypta**, deren Zugang heute an der Südseite der Kirche liegt; die aus dem 11. Jahrhundert stammende Krypta präsentiert sich als weiträumige Unterkirche, welche die gleichen Ausmaße wie die Oberkirche besitzt. Die flach gespannten Gewölbe waren für den unbekannten Baumeister sicherlich eine Herausforderung, musste die Krypta doch die zahllosen Gläubigen aufnehmen, die alljährlich zu den Gebeinen des Saint Gilles pilgerten. Hinter der Kirche ist noch eine **Wendeltreppe** zu besichtigen, die einst an der Nordwand des abgetragenen Chores stand. Die Wendeltreppe gilt als ein Meisterwerk des mittelalterlichen Steinmetzhandwerks.

Tgl. 9–12 und 14–17 Uhr, Juli und Aug. tgl. 9–12 und 15–19 Uhr. Führung durch die Krypta und das Treppenhaus: 6 €, erm. 5 € (inkl. Museum).

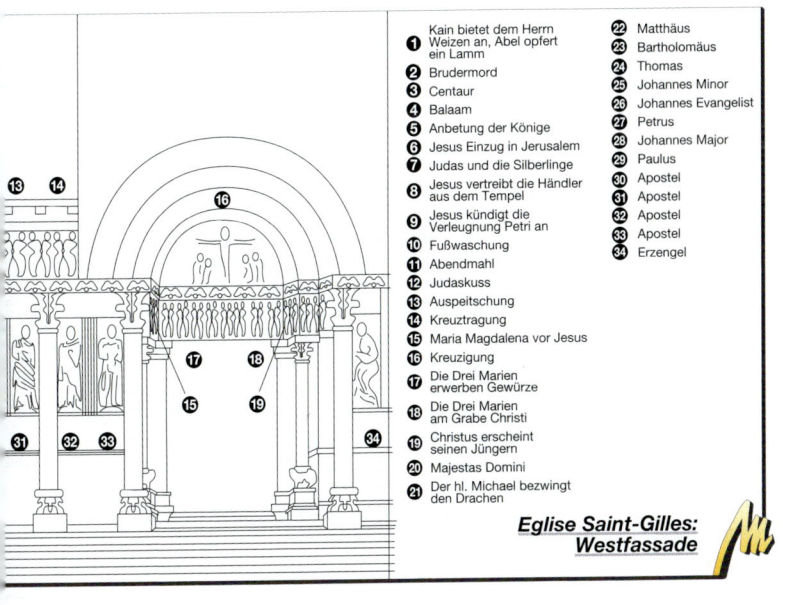

❶ Kain bietet dem Herrn Weizen an, Abel opfert ein Lamm
❷ Brudermord
❸ Centaur
❹ Balaam
❺ Anbetung der Könige
❻ Jesus Einzug in Jerusalem
❼ Judas und die Silberlinge
❽ Jesus vertreibt die Händler aus dem Tempel
❾ Jesus kündigt die Verleugnung Petri an
❿ Fußwaschung
⓫ Abendmahl
⓬ Judaskuss
⓭ Auspeitschung
⓮ Kreuztragung
⓯ Maria Magdalena vor Jesus
⓰ Kreuzigung
⓱ Die Drei Marien erwerben Gewürze
⓲ Die Drei Marien am Grabe Christi
⓳ Christus erscheint seinen Jüngern
⓴ Majestas Domini
㉑ Der hl. Michael bezwingt den Drachen
㉒ Matthäus
㉓ Bartholomäus
㉔ Thomas
㉕ Johannes Minor
㉖ Johannes Evangelist
㉗ Petrus
㉘ Johannes Major
㉙ Paulus
㉚ Apostel
㉛ Apostel
㉜ Apostel
㉝ Apostel
㉞ Erzengel

Eglise Saint-Gilles: Westfassade

Musée Maison Romane: Im Geburtshaus von Papst Clemens IV. sind zahlreiche archäologische Fundstücke ausgestellt. Erweitert wird die Ausstellung durch ornithologische und ethnologische Exponate. Zudem geben Fotos und Gerätschaften Einblicke in die ländliche Alltagskultur der Camargue. Die Fassade mit ihren Zierfriesen und den durch schlanke Säulchen geteilten Fenstern weist noch romanische Stilelemente auf.

Tgl. außer So 9–12 und 14–17.30 Uhr. Eintritt 2 €, erm. 1 €. Kombiticktet mit Krypta 6 €, erm. 5 €.

Umgebung von Saint-Gilles

Vauvert
11.000 Einwohner

Der nächste größere Ort im Westen von Saint-Gilles ist Vauvert, das in Frankreich durch die Redensart „Va au diable Vauvert!" bekannt ist, was so viel heißt wie „Scher dich zum Teufel!". Vauvert kann auf galloromanische Wurzeln zurückblicken und war im Mittelalter eine bedeutende Stadt mit einer großen jüdischen

Straßen für die Ewigkeit

Die **Via Domitia** war die älteste und zugleich wichtigste Landverbindung der Römer von Italien nach Südfrankreich. Benannt wurde die um 122 v. u. Z. geschaffene Verbindung nach dem Prokonsul *Domitius Ahenobarbus*. Über den Mont-Genèvre-Pass kommend, strömten zahllose Soldaten, Händler und Kuriere der Provinz Gallia Narbonensis entgegen. Wichtige Etappenstationen waren Sisteron, Apt, Cavaillon, Nîmes und Narbonne. Dem berühmten griechischen Geographen *Strabon* zufolge „ist diese Strecke im Sommer ausgezeichnet; sie ist jedoch im Winter und Frühjahr infolge Überschwemmungen durch die Wasserläufe ein Sumpfloch, das man teils durch Fähren, teils über Holz- und Steinbrücken überquert".

Auch über 2000 Jahre später ist die von den römischen Straßenbauern geschaffene Trasse an mehreren Stellen deutlich zu erkennen. Manche Meilensteine stehen sogar noch an ihrer ursprünglichen Stelle, am auffälligsten sind aber die Brücken, so der Pont Romain westlich des Städtchen **Gallargues-le-Montueux**, in dessen Nähe sich noch ein 200 Meter langes Teilstück mit dem ursprünglichen Kopfsteinpflaster mit tiefen Spurrillen erhalten hat (Hinweisschildern zum teilweise ausgegrabenen **Oppidum de Ambrussum** folgen). Alle 25 bis 35 Kilometer standen Herbergen (*Mansiones*) bereit, alle 10 bis 15 Kilometer konnte man an einfachen Haltestationen (*Mutationes*) die Pferde wechseln. Größtenteils verläuft die Straße in einem Abstand von rund 20 Kilometern zur Küste. Die Via Domitia erleichterte wie alle bedeutenden römischen Straßen nicht nur den Händlern ihren Weg, sondern sie diente im Krisenfall der Truppenbeförderung und der schnellen Nachrichtenübermittlung. Ihre Bedeutung für die Kultivierung des Languedoc ist daher nicht zu unterschätzen (Für die „Anwohner" war der Bau der Via Domitia übrigens alles andere als eine Freude: Die Römer konfiszierten nicht nur den benötigten Boden, sie wälzten auch die Bau- und Unterhaltskosten auf die Einheimischen ab.) Erst gegen Ende des 18. Jahrhunderts gelang es den europäischen Staaten, mit dem Bau von Chausseen die römische Reise- und Botengeschwindigkeit zu steigern.

Gemeinde samt renommierter Schule, die in der Tradition kabbalistischer Mystik stand. Unter dem Einfluss des bedeutenden Lehrmeisters *Abraham ben David*, auch bekannt als Rabbi von Posquières, hatte diese Schule eine überregionale Ausstrahlung. Heute ist das im Weinanbaugebiet Costières de Nîmes gelegene Vauvert ein gefälliger Marktflecken mit engen Gassen. Reizvolle Ziele in der Umgebung von Vauvert sind **Gallician** und **Franquevaux**, zwei typische kleine Camargue-Dörfer.
Office de Tourisme, Place Ernest Renan, 30600 Vauvert, 0466882852, www.vauvert.com.
Markt Mittwochvormittag.

Le Cailar
2000 Einwohner

Das Städtchen ist ein weiteres Stierkampfzentrum am Rande der Petite Camargue. Allerdings mit viel Charme! Reste der Stadtmauer und viele alte Häuser sind zu bewundern. Sehenswert ist vor allem die romanische Kirche Saint-Etienne, deren älteste Teile aus dem 10. Jahrhundert stammen.

Lunel
24.000 Einwohner

Das bereits in römischer Zeit gegründete Landstädtchen ist bekannt für seine Stierzucht und den Muscat de Lunel, einen delikaten, süßen Dessertwein. Das historische Zentrum mit seinen Torbögen und Arkaden besitzt viele reizvolle Facetten.

Auf den Speisekarten, auf den Plakatwänden und im Herzen der Einwohner – überall ist der Stier (*Taureau*) präsent. Mehrmals jährlich finden in der Arena von Lunel die unblutigen *Courses Camarguaises* wie auch die archaischen *Corridas* statt. Lunel zählt übrigens zu den ältesten Städten Südfrankreichs. Der Legende nach wurde der Ort im Jahre 68 unserer Zeitrechnung von Juden gegründet, die Kaiser Vespasian aus Jericho vertrieben hatte. Wie dem auch immer sei, überliefert ist, dass im Mittelalter in Lunel eine bedeutende jüdische Gemeinde existierte; die ortsansässigen Rabbiner übersetzten wichtige philosophische Werke von Aristoteles und Averroes, zudem widmeten sie sich der euklidischen Geometrie. Als Philipp der Schöne im Jahre 1306 die Juden aus Frankreich vertreiben ließ, endete das blühende Gemeindeleben abrupt.

Eine Synagoge ist zwar nicht mehr erhalten, dennoch lohnt das mittelalterliche Zentrum einen ausgedehnten Bummel, vor allem an den lebhaften Markttagen.

Die Markthalle von Lune

Petite Camargue

Sehenswert sind die aus dem 13. Jahrhundert stammende Passage Voûté des Caladons mit ihren Arkaden, die Kirche Notre-Dame-du-Lac, deren Glockenturm im Spätmittelalter noch als Wachtturm diente. Berühmt ist auch die im alten Rathaus untergebrachte Bibliothek (18. Jahrhundert), die mehr als 5000 kostbare Werke besitzt, darunter Originalschriften von Petrarca, Boccaccio und Pascal.

Verschwunden ist übrigens auch der Gasthof Pont-de-Lunel, in dem *Jean-Jacques Rousseau* im September 1737 abgestiegen war und welchen er später in seinen *Confessions* („Bekenntnisse") als das seinerzeit „geschätzteste (Wirthaus) in Europa" pries.

Basis-Infos

Information Office de Tourisme, 16, cours Gabriel Péri, B.P. 68, 34402 Lunel Cédex, ℡ 0467710137, www.ot-paysdelunel.fr.

Verbindungen Häufige Zug- und Busverbindungen mit Montpellier und Nîmes (℡ 0467060378) sowie Busverbindungen nach Saint-Gilles. Im Juli und Aug. auch nach La Grande-Motte.

Veranstaltungen *Fête de Lunel* in der zweiten Juliwoche.

Markt Donnerstagvormittag mit Obst und Gemüse, großer Markt am Sonntagvormittag. Am Samstagvormittag findet zudem ein Trödelmarkt statt. Jeweils auf der Esplanade Roger Damour. Zudem werden tgl. außer Mo in den Markthallen Köstlichkeiten aus der Region feilgeboten.

Musée Médard Die ehemalige Bibliothek von Louis Médard besitzt 5000 kostbare Werke, darunter ein Werk des Decamerone von Boccaccio. Mi–Fr 14–18 Uhr, Sa 10–18 Uhr. Eintritt frei! 43, place des Martyrs. www.museemedard.fr.

Schwimmen Hallenbad Aqualuna, 451, venue Louis Médard, ℡ 0467878330.

Weingut Cave de Vérargues, route de Lunel-Viel, ℡ 0467860009.

Übernachten

Hotel *** Domaine du Grand Malherbes, historischer Landsitz 5 km östl. von Lunel (unweit von Aimargues). Mehrere charmante Zimmer, Im Garten lockt ein Pool. DZ 88–148 €; Frühstück 10 €. Route des plages, ℡ 0466885952, www.grandmalherbes.com.

** **Lou Garbin**, traditionsreiches Familienhotel mit Restaurant in Saint-Laurent d'Aigouze (6 km südöstl. von Lunel). Ordentliche, aber unspektakuläre Zimmer, Garten mit zwei Pools. WLAN vorhanden. Nur von März bis Mitte Okt. geöffnet. DZ 85–110 €, Frühstück 10 €. 210, avenue des Jardins, ℡ 0467881274, www.lou-garbin.com.

Restaurants À Table, kleines, modernes Lokal gegenüber der Markthalle. Leichte, sommerliche Küche, in einem einladenden Ambiente. Hauptgerichte rund 11 €. Kleine Straßenterrasse. Mo–Sa 11.30–19 Uhr, Fr und Sa auch abends geöffnet. 62, cours Gabriel Péri, ℡ 0467732695.

Le Bistrot de Caro, hier ist es etwas zünftiger, wie schon die rot-weißen Tischdecken andeuten. Man sitzt in einem geschützten Innenhof, serviert wird bodenständige Kost, so ein Fricassée von der Blutwurst. Mi Ruhetag. 128, cours Gabriel Péri, ℡ 0467151455.

Camping ** Pont de Lunel, schattiges Areal im Osten der Stadt, allerdings an zwei viel befahrenen Straßen gelegen und recht laut. Es werden auch Mobilheime vermietet. Von Mitte März bis Ende Sept. geöffnet. Route de Nîmes, chemin Vas Viala, ℡ 0467711022, www.camping-du-pontdelunel.com.

Sehenswertes

Site d'Ambrussum: Nordöstlich von Lunel in der Nähe von Villetelle befindet sich die gallo-romanische Ausgrabungsstätte von Ambrussum sowie eine römische

Brücke (Pont Ambroix), die schon Gustave Courbet gemalt hat. Direkt neben dem Oppidum wurde im Sommer 2011 ein Museum eröffnet, das mit Hilfe von interaktiven Displays, Bildern und Skizzen sowie anhand archäologischer Funde an die Via Domitia und das antike Erbe erinnert.

Museum im Juli und Aug. Di–So 10–12.30 und 14.30–19 Uhr, sonst Di–So 14–17.30 Uhr (April bis Juni und Sept. auch 10–12.30 Uhr). Eintritt frei! Das Gelände selbst ist immer frei zugänglich. www.ambrussum.fr.

Aigues-Mortes

8500 Einwohner

Am westlichen Rand der Camargue ragen die genau so kühnen wie abweisenden Mauern von Aigues-Mortes empor. Von König Ludwig dem Heiligen als eine Art Militärstützpunkt für die Kreuzzüge ins Heilige Land gegründet, ist Aigues-Mortes schon längst vom Meer abgeschnitten, die einstigen Fahrrinnen sind versandet.

Aigues-Mortes hat durch seine ungewöhnliche Lage an Reiz sicherlich gewonnen. Die kühne, abweisend wirkende Stadtmauer mit ihren Zinnen erscheint geheimnisvoll, fast irreal. Nur gelegentlich ist das Mauergeviert von Türmen unterbrochen. Würden nicht so viele Touristen durch die rechtwinklig verlaufenden Gassen flanieren, könnte man sich leicht vorstellen, ein Kreuzritter käme gleich um die nächste Ecke gebogen.

Entstanden ist Aigues-Mortes aus einer Zwangslage heraus: Der französische *König Ludwig IX.* (1226–1270), der wegen seiner exaltierten Frömmigkeit später den Zunamen „der Heilige" erhielt, besaß keinen Zugang zum Mittelmeer und war daher bei seinen kriegerischen Unternehmungen auf die Unterstützung der provenzalischen und italienischen Hafenstädte angewiesen. Um diesem Umstand abzuhelfen, erwarb Ludwig im Jahre 1246 aus klösterlichem Besitz einen wenig attraktiven, sumpfigen Landstrich im Mündungsgebiet der Petit Rhône, den er als Ausgangsbasis für seine Kreuzzüge nutzen wollte. Der Name *Aigues-Mortes*, der soviel wie „Totes Wasser" bedeutet, erinnert noch an die wenig gesundheitsfördernden Sümpfe. Die strategische Lage von Aigues-Mortes war sehr günstig: Weder von der See- noch von der Landseite aus war die Stadt angreifbar, zu schmal waren die Zugänge. Dennoch unterlief Ludwig dem Heiligen ein verhängnisvoller, jedoch vermeidbarer Fehler: Er hätte sich an die Empfehlungen des berühmten römischen Baumeisters Vitruv erinnern sollen; dieser hatte eindringlich davor gewarnt, einen Hafen im Mündungsgebiet eines Flusses anzulegen, der in ein gezeitenloses Meer fließt. Die Folgen stellten sich nur wenige Jahrzehnte später ein: Bereits im 14. Jahrhundert begann der Hafen von Aigues-Mortes zu versanden. Als die Provence, und damit Marseille, 1481 an Frankreich fiel, hatte Aigues-Mortes seine politische Daseinsberechtigung verloren; die Stadt wurde „aufgegeben" und sank zur Bedeutungslosigkeit herab. Dank dieser „glücklichen" Entscheidung hat Aigues-Mortes sein spätmittelalterliches Aussehen bis in unsere Tage bewahren können.

Übrigens war Ludwig dem Heiligen auch auf seinen beiden Kreuzzügen kein Glück beschieden: 1248 geriet er in ägyptische Gefangenschaft und erlangte nur durch ein hohes Lösegeld seine Freiheit zurück. Bei seinem zweiten Kreuzzug (1270) kam er nicht einmal mehr in das Heilige Land: Er starb unterwegs in Tunis an den Folgen der Pest.

Basis-Infos

Information Office de Tourisme, Place Saint-Louis, B.P. 32, 30220 Aigues-Mortes, ✆ 0466537300, www.ot-aiguesmortes.fr. Hier gibt es auch Informationen und Termine zu Reit- und Bootsausflügen durch die Camargue.

Parken Rund um die Stadtmauer gibt es zahlreiche gebührenpflichtige Parkplätze.

Bahnhof Route de Nîmes, ✆ 0466537474. Tgl. vier Busverbindungen mit Nîmes und Le Grau-du-Roi. Busverbindungen mit Montpellier.

Markt Mittwoch- und Sonntagvormittag auf der Avenue Frédéric Mistral.

Kino Marcel Pagnol, rue Victor Hugo, ✆ 0466537499, www.cinema-aigues-mortes.fr.

Post Rue Baudin.

Literatur Jacques Le Goff: Ludwig der Heilige. Klett-Cotta Verlag 2000.

Veranstaltungen Fête de la Saint-Louis, mittelalterliches Straßenfest am letzten Augustwochenende.

„Aigues-Mortes bewegte mich in Natur ebenso sehr wie in den Beschreibungen von Barrès, und lange verweilten wir am Fuße der Festungsmauer und lauschten auf die Nacht und ihre Stille. Zum ersten Mal schlief ich unter einem Moskitonetz. Zum ersten Mal sah ich, als wir nach Arles hinauffuhren, Baumwände aus Zypressen, die der Mistral gebeugt hatte, und lernte die wahre Farbe des Olivenbaums kennen."

Simone de Beauvoir, In den besten Jahren.

Übernachten & Essen

Hotels *** Les Templiers, mitten im Herzen der Altstadt befindet sich das geschmackvollste Hotel der Stadt mit wunderschönem, begrüntem Innenhof mit Palmen und einem kleinen Swimmingpool. Kostenloses WLAN. Provenzalisches Flair, schöne Zimmer. Von Nov. bis Feb. geschlossen. Zimmer je nach Ausstattung 125–190 €; Frühstück 12 €. 23, rue de la République, ✆ 0466536656.

*** Hostellerie des Remparts, komfortables, unlängst renoviertes Hotel in unmittelbarer Nähe der Tour de Constance. Manche Zimmer besitzen gar einen steinernen Kamin. Kostenloses WLAN, Restaurant vorhanden. Zimmer je nach Saison und Ausstattung 80–165 €; Frühstück 12 €. 6, place Anatole France, ✆ 0466538277, www.remparts-aiguesmortes.fr.

*** Les Arcades, mitten in der Altstadt liegt dieses nette Hotel mit seinen großzügigen Zimmern in einem altehrwürdigen, wuchtigen Steingebäude, teilweise mit schönen, alten Holzdecken. Kleiner Pool vorhanden. Kostenlos Parkplatz und WLAN. DZ 105–160 €; Frühstück 10 €. 23, boulevard Gambetta, ✆ 0466538113, www.les-arcades.fr.

*** Saint-Louis, ein Hotel mit Flair und Atmosphäre. Ebenfalls mitten im Herzen der Altstadt. DZ 87–113 €; Frühstück 10 €. 10, rue A. Courbet, 0466537268. www.lesaintlouis.fr.

L'Escale, einfache Unterkunft ohne Charme, die dafür halbwegs den Geldbeutel schont. Außerhalb der Stadtmauern, direkt vor der Tour de Constance. DZ 40–68 €; Frühstück 5,50 €. Avenue Tour de Constance, ✆ 0466537114, http://escale-hotel.fr.

Restaurants Le Galion, in einem alten Gemäuer tafelt man unter wuchtigen Holzbalken. Ausgezeichnete Küche, so das Ragout mit Jakobsmuscheln und Lachs. Menüs von 24 bis 30 €. In der Nachsaison Mo Ruhetag. 24, rue Pasteur, ✆ 0466538641.

Le Café de Bouzigues, das kleine Restaurant zaubert wahre kulinarische Höhenflüge auf den Tisch, wobei der Koch seine Menüs für 15 bzw. 17 € (mittags) sowie 27 und 32 € nach den saisonalen Zutaten ausrichtet. Im Sommer sitzt man im Innenhof, bei kälteren Temperaturen im liebevoll bunt eingerichteten Speisesaal. Frisches, jugendliches Flair. In der NS Mi Ruhetag. 7, rue Pasteur, ✆ 0466539395, www.cafede bouzigues.com.

Camping ***** La Petite Camargue, großes Areal (550 Stellplätze) mit weiter Badelandschaft. Sehr komfortable Ausstattung. Kostenloser Bus-Shuttle zum 3 km entfernten Strand. Von Mitte April bis Ende Sept. geöffnet. ✆ 0466539898.www.yellohvillage-petite-camargue.com.

Mas de Plaisance, für alle, die einen individuellen Platz vorziehen: die französische Variante von Camping auf dem Bauernhof (Camping à la ferme). Nur sechs Stellplätze, Kinderspielplatz. Von April bis Sept. geöffnet. ✆ 0466539284.

Sehenswertes

Tour de Constance: Als erste befestigte Bastion ließ Ludwig der Heilige einen fast 40 Meter hoch aufragenden Turm errichten, den er auch als Wohn- und Leuchtturm nutzte. Der Turm, der aus einem wahren Gewirr von Gängen und Treppen zu bestehen scheint, ist ein eindrucksvolles wehrtechnisches Monument. Zu loben ist der unbekannte Baumeister: Trotz der militärischen Vorgaben und einer Mauerstärke von sechs Metern vermochte er, auch hohen ästhetischen Ansprüchen gerecht zu werden. Im 17. Jahrhundert wurde der wehrtechnisch bedeutungslos gewordene Turm in ein Staatsgefängnis umgewandelt. Nach der Aufhebung des Edikts von Nantes (1685) diente der Turm vor allem der Inhaftierung standhafter Hugenotten. Die berühmteste Gefangene war eine gewisse *Marie Durand*: Als Fünfzehnjährige inhaftiert, wurde sie erst 1768, nach 38-jähriger Haft, begnadigt. Angeblich soll sie das Wort *register* (resister = widerstehen) in den Stein geritzt haben. Trotz der Entbehrungen der Gefangenschaft lebte Marie Durand noch acht Jahre, bevor sie in ihrem Geburtshaus starb.

Die Tour de Constance ist in die Stadtmauer integriert

Von der Aussichtsplattform bietet sich ein grandioser Blick auf Aigues-Mortes und das flache Umland. Vom Turm aus hat man zudem die Möglichkeit, einen Teil des auf der Stadtmauer verlaufenden Wehrgangs abzuschreiten.
Von Mai bis Aug. tgl. 10–19 Uhr, Sept. bis April 10–17 Uhr. Achtung: Kassen schließen jeweils 45 Min. vorher. Eintritt 7,50 €, erm. 4,50 €. Für EU-Bürger unter 26 Jahren ist der Eintritt frei!

Stadtmauer: Erst unter Ludwigs Sohn Philipp III. wurde in Aigues-Mortes mit dem Bau einer wehrhaften Mauer begonnen; vollendet wurde die Stadtmauer durch Ludwigs Enkel Philipp den Schönen (1285–1314). Die durch 15 Türme unterbrochenen Befestigungsanlagen von Aigues-Mortes zählen zu den besterhaltenen spätmittelalterlichen Bollwerken Europas. Allein die Maße sind beeindruckend: Die elf Meter hohe Mauer umschließt ein unregelmäßiges Viereck, dessen Längsseiten 567 Meter bzw. 496 Meter messen, die Schmalseiten 301 Meter und 269 Meter. Ursprünglich war die Mauer noch zusätzlich durch einen Graben gesichert, der jedoch im letzten Jahrhundert aufgeschüttet worden ist.

Tour Carbonnière: Als böte die Stadtmauer nicht ausreichend Schutz, sicherte man den einzigen Zugang zur Stadt noch mit einem imposanten quadratischen Turm. Die Durchgänge des zwei Kilometer vor Aigues-Mortes errichteten Tour Carbonnière ließen sich mit doppelten Fallgittern versperren.

Das Massaker von Aigues-Mortes

Frankreich hat eine lange Tradition als Einwanderungsland. Und so wie sich heute der Hass und Missmut der Nationalisten des Front National gegen Schwarze, Araber und andere ethnische Minderheiten richtet, so waren es Ende des 19. Jahrhunderts die Italiener, die in die Rolle des Sündenbocks gedrängt wurden, als sie zu Zigtausenden in ihrem Nachbarland nach Arbeit Ausschau hielten. Obwohl sie als Kanal- oder Salinenarbeiter jene Arbeiten verrichteten, für die sich meist keine Franzosen fanden, waren sie alles andere als beliebt. Bereits 1881 kam es in Marseille zu den ersten gewalttätigen Auseinandersetzungen, die ihren traurigen Höhepunkt in Aigues-Mortes im August 1893 finden sollten, wo sich in den Salinen zur Erntezeit zahlreiche italienische Tagelöhner verdingten. Fremdenfeindlichkeit und der Ärger über das angebliche Lohndumping der Italiener führten zu einem in der jüngeren südfranzösischen Geschichte einzigartigen Pogrom. Erst kam es zu Schlägereien, dann eskalierte der rassistische Terror, der über zwei Tage währen sollte. Mehr als 300 französische Nationalisten rotteten sich mit Schlagstöcken bewaffnet zusammen und griffen die in Holzbaracken hausenden Italiener an. Der Mob kannte keine Gnade – die offizielle Bilanz sprach von acht Toten und 50 Verletzten, während die englische *Times* von 50 Toten und 150 Verletzen zu berichten wusste.

Umgebung von Aigues-Mortes

Salins du Midi: Die an der D 979 zwischen Aigues-Mortes und Le Grau-du-Roi gelegenen **Salinenfelder** zählen neben denen von Salin-du-Giraud zu den größten Europas. Das in den Salins du Midi gewonnene Salz ist von ausgezeichneter Qualität und findet hauptsächlich als Speisesalz Verwendung. Um Meersalz zu gewinnen, muss das normalerweise 3,6 Gramm Salz pro Liter enthaltende Mittelmeerwasser durch mehrere Verdunstungsbecken geleitet werden; es wird dabei mit Chlor und Sodium gesättigt, bis sich der Salzgehalt auf 260 Gramm pro Liter erhöht hat. Anschließend kann es mit rechenartigen Werkzeugen „geerntet" werden. Zur Erntezeit (Ende August bis Oktober) ähneln die zu Hügeln aufgeschütteten Salzberge einer kargen Winterlandschaft. Die jährliche Ausbeute der Salins du Midi beträgt mehr als 400.000 Tonnen!

Eine Besichtigung (1 Std.) der Salinenfelder ist mit einem Bummelzug möglich. Von April bis Ende Aug. um 10.30, 11, 11.30 und 14, 15 und 16 Uhr, im Hochsommer auch um 10, 12, 13.30, 14.30, 16.30, 17.30 und 18 Uhr. Kosten 9 €, erm. 7 €. www.visitesalinsdecamargue.com.

La Grande-Motte

8500 Einwohner

La Grande-Motte („Die große Scholle") ist gewissermaßen ein moderner Gegenentwurf zur mittelalterlichen Planstadt Aigues-Mortes. Touristen sind die Kreuzfahrer des 20. und 21. Jahrhunderts. Schon von weitem ist die Pyramidensilhouette der Feriensiedlung am Horizont auszumachen.

Was in den 1960er-Jahren noch als avantgardistisches Vorzeigeobjekt gepriesen wurde – als Architekt zeichnete sich *Jean Balladur* verantwortlich – sieht man heute mit zurückhaltender Skepsis. Zwar sind jene Zeiten längst vergangen, als die Gegner des Projekts das Ortsschild mit „La Grande Merde" überpinselten, doch so richtig ins Herz will die gigantische Feriensiedlung samt Yachthafen niemand schließen, obwohl der Küstenort mit seinen geschwungenen und pyramidenähnlichen Bauwerken inzwischen zum „Patrimoine du XXe siècle" ernannt wurde.

Futuristische Ferienappartements

Die Arbeiten am Hafen begannen 1965 und schon drei Jahre später konnte man die ersten Feriengäste begrüßen. Da die Betonkästen trotz ihrer programmatischen Namen (*Chéops* oder *Inka*) keine Atmosphäre aufkommen lassen, veranstaltet man als Kontrastprogramm alljährlich ein Folklorefestival. Nichtsdestotrotz herrscht kein Leerstand in La Grande-Motte, die Betten sind mindestens so häufig ausgebucht wie an anderen Stellen der französischen Mittelmeerküste. Im Hochsommer leben rund 120.000 Menschen in La Grande-Motte, das so für wenige Wochen zur zweitgrößten Stadt des Départements Gard mutiert. Der Ort erfreut sich regen Zuspruchs vor allem jüngeren Publikums, dementsprechend hoch geht es in den Diskotheken und Kneipen zu. Zwei Golf- und unzählige Tennisplätze sowie ein Yachthafen mit 1400 Liegeplätzen vervollständigen das touristische Angebot.

Petite Camargue

Westlich des Ortes erstreckt sich hinter den Dünen bis nach **Carnon-Plage** ein schöner Strandabschnitt, der allerdings unter der nahen D 59 leidet und im Hochsommer überfüllt ist. Das Baden an der **Plage de l'Est**, auch **Plage de l'Epi** genannt, ist wegen unberechenbarer Strömungen nicht ungefährlich.

Information Office de Tourisme, place de la Mairie, 34280 La Grande-Motte, ✆ 0467 564200, www.ot-lagrandemotte.fr bzw. www.lagrandemotte.com.

Markt Sonntagvormittag auf der Place du Marché.

Übernachten & Essen ⟫⟫ Mein Tipp: *** Le Méditerranée, dieses nur 200 m vom Strand entfernte Hotel mit 37 Zimmern hebt sich deutlich vom tristen Einerlei der in Grande Motte vorherrschenden Beherbergungsindustrie ab. Fast alle Zimmer wurden von regionalen Künstlern in bunten Farben und teilweise mit marokkanischen Anklängen gestaltet. Schöner Pool, gutes Restaurant und WLAN vorhanden. DZ je nach Saison und Ausstattung 115–135 €; Frühstück 12 €. 277, allée du Vaccarès, ✆ 0467 565338, www.hotellemediterranee.com. ⟪⟪

⟫⟫ **Lesertipp:** La Plage des Bikinis, unter den vielen Strandlokalen, die zwischen Mai und Sept. zwischen La Grande Motte und Villeneuve les Maguelonne aufgebaut werden, empfahl uns Rainer Thoma dieses: „Eine sehr lockere und angenehme Atmosphäre, nicht übertrieben schick oder arrogant, viel Holz und Bambus, Liegen und unaufdringlicher Service." Auf der Karte finden sich zahlreiche Salate, Nudel- und Fischgerichte. Gehobenes Preisniveau. Esplanade Jean Baumel, ✆ 0467561040, www.plage-des-bikinis.com. ⟪⟪

Camping **** Lous Pibols, großer, komfortabel ausgestatteter Platz mit Swimmingpool, knapp 700 m vom Meer entfernt. Von April bis Sept. geöffnet. Allée des Campings, ✆ 0467565008.

Le Grau-du-Roi

8100 Einwohner

Im Gegensatz zu La Grande-Motte kann Le Grau-du-Roi auf eine Ortsgeschichte verweisen, die bis ins 16. Jahrhundert zurückreicht. Die „Kanalmündung des Königs" besitzt daher auch ein historisch gewachsenes Zentrum mit engen Gassen und einem netten Hafen. Das markanteste Gebäude ist der Leuchtturm aus dem Jahre 1828.

Lange Zeit war Le Grau-du-Roi als Fischereihafen nur von regionaler Bedeutung. Einen Aufschwung erlebte der Ort durch die Eisenbahn, die Le Grau-du-Roi als Hausstrand von Nîmes etablierte. In der Folge entstand ein Viertel mit stattlichen Sommerresidenzen (*Station Balnéaire*), und auch die Fischer konnten ihre Fänge besser absetzen. Kein Geringerer als *Ernest Hemingway* hat den Fischerhafen 1946 in seinem Roman „Der Garten Eden" literarisch verewigt: „Sie lebten damals in Le Grau-du-Roi, ihr Hotel lag an einem Kanal, der sich von der befestigten Stadt Aigues-Mortes zum Meer hinzog ... Ein Pier erstreckte sich in die sanfte blaue See, und sie angelten von diesem Pier aus, schwammen nahe am Strand und halfen den Fischern täglich beim Einholen des langen Netzes, mit dem die Fische auf den breiten abfallenden Strand gezogen wurden ... In jenen Jahren kamen nur sehr wenige Leute im Sommer ans Mittelmeer, und nach Le Grau-du-Roi kam kein Mensch, von ein paar Leuten aus Nîmes abgesehen."

Die Zeiten haben sich geändert, Hemingway würde seinen Augen nicht mehr trauen: Heute ist Le Grau-du-Roi ein beliebter Ferien- und Fischerort – der zweitbedeutendste an der französischen Mittelmeerküste –, in dessen Umgebung viele Campingplätze zu finden sind. Ruhe sucht man allerdings vergeblich: Jahr für Jahr pilgern mehr als 200.000 Besucher durch das historische Fischerdorf mit seinem 18 Meter hohen Leuchtturm.

Course Camarguaise – Stierkampf auf Französisch

Es gibt Riten und kulturelle Gewohnheiten, die über Jahrtausende hinweg tradiert werden. In Südeuropa beispielsweise besitzt der Stierkult einen quasi religiösen Status, der sich heute vor allem im Stierkampf offenbart. Auch im Rhônedelta, das lange Zeit zur Grafschaft Barcelona gehörte, wird diese Tradition durch die beliebte *Course Camarguaise* noch immer gepflegt. Doch unterscheidet sich der südfranzösische Stierkampf von der spanischen Corrida in dem wichtigen Punkt, dass der Stier die Arena lebendig verlässt und daher, falls er sich angriffslustig zeigt, mehrmals zum Kampf antritt. Die schwarzen Stiere mit ihren lyraförmigen Hörnern, die neben den weißen Pferden und den rosafarbenen Flamingos zum typischen Bild der Camargue gehören, werden übrigens von den *Manadiers* eigens für den unblutigen provenzalischen Stierkampf gezüchtet. Im Alter zwischen drei und fünf Jahren sehen die Stiere zum ersten Mal eine Arena von Innen. Nur wenn sich ein Tier als zu sanft erweist, endet es als kulinarische Spezialität, beispielsweise als *Gardiane*, einem in Rotwein köchelnden Stierragout. In den letzten Jahren hat die Begeisterung für die Course Camarguaise so sehr zugenommen, dass geübte *Razeteurs* wie Gérald Rado damit ihren Lebensunterhalt verdienen können. Rado, der seit seinem 14. Lebensjahr nach der Cocarde jagt, gehört zu den bekanntesten Razeteurs in Südfrankreich. Mehrmals pro Monat ziehen die modernen Gladiatoren in der Saison, die an Ostern beginnt und bis weit in den Spätherbst dauert, unter dem Jubel der Zuschauer in die Arena von Nîmes ein; sie tragen weiße Polohemden und haben einzig die *Cocarde*, den zwischen den Hörnern des Stieres angebrachten Kopfschmuck, im Visier.

Wenn der Stier zum Kampf bereit ist, senkt er seinen Kopf, wirft mit den Vorderhufen Sand nach hinten, um urplötzlich seine mehr als 300 Kilo geballte Muskelkraft in Bewegung zu setzen. Die von allen Seiten auf das schwarze Ungetüm losstürmenden Razeteurs versuchen auf möglichst elegante Weise, die Cocarde mit einem Eisenkratzer (*Crochet*) zu entwenden, ohne vom Stier verletzt zu werden. Gelingt es einem von ihnen sogar, die an den Hörnern befestigten Bänder zu durchtrennen, tobt die Arena. Insgesamt dauert ein „Kampf" höchstens 15 Minuten. Die Razeteurs wetteifern um verschiedene Geldpreise: So wird der Mut des Razeteurs, der zuerst den Stier berührt, mit einer Extraprämie belohnt. Erweist sich der Stier als besonders temperamentvoll und ausdauernd, verkündet der Sprecher, dass der zumeist von lokalen Unternehmen gesponserte Preis für die Cocarde gestiegen ist. Konnte die Cocarde bis kurz vor Schluss noch nicht erobert werden, wird der Geldpreis in der letzten Minute erneut erhöht, um die Spannung und den Anreiz für die Razeteurs noch einmal zu steigern.

Manchmal gelingt es den Razeteurs erst in der sprichwörtlich letzten Sekunde, sich vor den Hörnern des Stiers in Sicherheit zu bringen, indem sie sich mit einem atemberaubenden Hechtsprung über die rote Barriere retten. Verständlich, dass die meisten Verletzungen, die die Helden der Arena erleiden, neben Fleischwunden vor allem Knochenbrüche und Prellungen sind. Ohne Blessuren kommt kaum einer durch die Saison. Der Lohn der Angst ist ein Salär von umgerechnet mehr als 50.000 € pro Jahr sowie Blicke voll ehrfürchtiger Bewunderung.

Basis-Infos

Information Office de Tourisme, 30, rue Michel Rédarés, B.P. 46, 30240 Le Grau-du-Roi, ✆ 0466516770, www.vacances-en-camargue.com. Hier ist auch eine kleine Broschüre (*VTT Parcours Loisirs*) für Mountainbike-Touren durch die Petite Camargue erhältlich.

Verbindungen Tgl. vier Zugverbindungen über Aigues-Mortes nach Nîmes, ✆ 0466 514093. Zudem tgl. etwa zehn Busse über Aigues-Mortes nach Nîmes sowie nach Port-Camargue, ✆ 0466292729.

Veranstaltungen Fête de la Saint-Pierre (Mitte Juni). **Fête locale**, tägliche **Course Camarguaise** in der Arena (kein Eintritt!) mit anschließender Bandido durch die Straßen von Le Grau du Roi, alles dreht sich in dieser Zeit um den Stier (zwei Wochen, Mitte Sept.).

Fahrradverleih Loca 2 Roues, Avenue Jean Lasserre, ✆ 0622176600.

Markt Jeden Di, Do und Sa auf der Place de la République.

Kino Cinema Vog, 96, rue des Iris, ✆ 0466 514105. www.cinemavog-legrauduroi.com.

🍃 **Einkaufen** Maison Méditerranéenne des Vins, Domaine de l'Espiguette. Weine, Olivenöle und Bioprodukte lokaler Erzeuger, www.maisondesvins-lespiguette.com. ∎

Baden Der beliebteste Strand ist die Plage du Boucanet, die sich nach Westen hin erstreckt. Ein Freizeitbad mit Riesenrutschen (Aquarama) befindet sich hinter dem Strand.

Übernachten & Essen

Hotels *** Le Spinaker, sehr angenehmes Hotel in Port Camargue (s. u.) mit komfortablen Zimmern und von April bis Okt. beheiztem Pool. Im Winter Betriebsferien. Von Gourmetführern gelobtes Restaurant. Zimmer je nach Saison 109–149 €; Frühstück 14 €. Pointe de la Presqu'île, ✆ 0466 533637, www.spinaker.com.

** Hôtel Bellevue et d'Angleterre, traditionsreiches Hotel (seit 1870) direkt am Hafen, Zimmer teilweise mit schönem Blick auf das bunte Treiben. Je nach Saison kosten die unspektakulären Zimmer 55–66 € (ohne Dusche) bzw. 65–85 €; Frühstück 7 €. Quai Colbert, ✆ 0466514075, www.hotel-angleterre-grau-du-roi.com.

Le Provençal, eine Gasse dahinter gelegen, spielt dieses Restaurant mit den provenzalischen Farben. Gutes Preis-Leistungs-Verhältnis, so beim Pavé de Torreau.

Der Leuchtturm steht an der Hafeneinfahrt von Le Grau-du-Roi

Menüs zu 18,90 und 30,90 €, Flasche Wein ab 14 €. WLAN. Fünf unlängst renovierte Zimmer ab 87 €; Frühstück 8,50 €. 45, rue des Combattants, ☎ 0466514168. www.hotel-leprovencal-grauduroi.com.

Restaurants Le Cabanon, Leser empfahlen dieses Restaurant direkt am Yachthafen, das sich auf Muscheln spezialisiert hat und nicht nur beim Menü Cabanon ein ausgezeichnetes Preis-Leistungs-Verhältnis bietet. Menüs ab 14,90 € (mittags). In der NS nur Do–So geöffnet. 4, avenue de l'Hermione, ☎ 0466530815.

Le Dauphin, eine ausgezeichnete Adresse für Fisch und Meeresfrüchte mitten im Zentrum. Menü 19,50 €. 40, quai General de Gaulle, ☎ 0466539144. www.restaurantledauphin.fr.

Grand Café de Paris, beliebter abendlicher Treffpunkt mit Blick auf den Hafenkanal. Im Winter geschlossen. Für den Hunger gibt es diverse Tapas. Bis 2 Uhr geöffnet. Quai Colbert, ☎ 0466514001.

Camping **** Les Jardins de Tivoli, hervorragend ausgestatteter Platz, nur 600 m vom Meer entfernt. Drei große Swimmingpools mit Wasserrutsche, Restaurant und kleiner Supermarkt. Von April bis Sept. geöffnet. Route de l'Espiguette, ☎ 0466539700, www.lesjardinsdetivoli.com.

** Camping de l'Espiguette, der ideale Campingplatz für Wasserratten, denn er liegt in unmittelbarer Meeresnähe. Statt eines Pools gibt es eine ganze Badelandschaft mit Riesenrutschen, Stegen und Robinsoninseln. Mit 2200 Stellplätzen allerdings gigantisch groß. Von Mitte April bis Ende Okt. geöffnet. Route de l'Espiguette, ☎ 0466514392, www.campingespiguette.fr.

Ausgedehntes Badevergnügen

Die **Plage de l'Espiguette** gehört zu den schönsten Stränden des Languedoc. Der naturbelassene Strand fast ohne Infrastruktur liegt sechs Kilometer südöstlich von Le Grau-du-Roi. Beim Phare de l'Espiguette, einem 27 Meter hohen Leuchtturm, muss man sein Fahrzeug auf einem gebührenpflichtigen Parkplatz abstellen, bevor man zu dem von den Dünen abgegrenzten Strand gelangt. Neben einem extra ausgewiesenen FKK-Abschnitt gilt die Devise: Je weiter man sich vom Parkplatz nach Osten hin entfernt, desto ungestörter ist das Badevergnügen.

Port-Camargue

Port-Camargue ist eine weitere moderne Feriensiedlung der 1970er-Jahre. Wie der Name schon andeutet, lag der Schwerpunkt der Planungen auf dem Hafen. Mit knapp 4500 Anlegeplätzen ist Port-Camargue einer der größten Yachthäfen des Mittelmeers! Glücklicherweise haben sich die Architekten zurückgehalten, so dass ein weitgehend unaufdringlicher Ort entstanden ist. Einzig die Orientierung fällt in dem von Ferienresidenzen und Appartementhäusern dominierten Areal schwer. Einen längeren Aufenthalt lohnt der Ort nicht. Für Kinder ist ein Besuch des Meerwasseraquariums (*Le Palais de la Mer*) von Interesse; dort tummeln sich in mehreren Becken Seeteufel, Thunfische, Haie und Delphine. Zum Baden fährt man am besten zum Plage de l'Espiguette.

Information Office de Tourisme, Carrefour 2000, ☎ 0466517168, www.vacances-en-camargue.com. Tgl. von Ostern bis Sept. geöffnet.

Verbindungen Tgl. drei Busverbindungen mit Le Grau-du-Roi und von dort weiter nach Nîmes.

Le Palais de la Mer Das Aquarium bietet einen eindrucksvollen Einblick in die Unterwasserwelt. Besonders spektakulär sind das Haifischbecken (21 m lang, 8 m breit und 4 m tief) sowie das Seehund- und Robbenbecken. Juli und Aug. 9.30–23.30 Uhr, Mai, Juni und Sept. 9.30–19.30 Uhr, sonst 9.30–18.30 Uhr. Eintritt 13,50 €, erm. 10 €. www.seaquarium.fr.

Formvollendet: Pont du Gard

Rund um Nîmes und Uzès

Das Herzstück des Département Gard ist geprägt durch ausgedehnte Garrigue-Landschaften mit karger Vegetation, die durchsetzt mit Thymian und wildem Lavendel ihren eigenartigen Duft verströmen. In vielerlei Hinsicht ist die Region der Provence ähnlich und daher auch häufig in den entsprechenden Reiseführern zu finden.

Nîmes ist reich an römischen Hinterlassenschaften, allen voran die Maison Carrée sowie das noch heute genutzte Amphitheater. Trotz dieser hehren Vergangenheit hat sich Nîmes in den letzten Jahrzehnten zu einer modernen Stadt entwickelt, zahlreiche renommierte internationale Architekten und Designer wie *Norman Foster* und *Philippe Starck* haben die Stadt im wahrsten Sinne des Wortes „aufgemöbelt". Wer hingegen ein Faible für verträumte Kleinstädte hegt, wird in Uzès oder dem am Ufer des Vidourle gelegenen Sommières viele lauschige, von Arkaden umgebene Plätze entdecken können. Zum Pflichtprogramm gehört natürlich auch der Pont du Gard, zweifellos eines der eindrucksvollsten Bauwerke der Antike. Es empfiehlt sich, den Besuch des Pont du Gard an das Ende einer Rundfahrt durch das Département zu stellen: „Wie freue ich mich, die Amphitheater von Nîmes und Arles vor dem Pont du Gard gesehen zu haben; nach diesem wären sie mir klein und hässlich erschienen", schrieb der Österreicher *Moritz Hartmann* 1851 – er gehörte 1848 dem Frankfurter Parlament in der Paulskirche an – in sein Tagebuch.

Rund um Nîmes und Uzès

Uzès
8400 Einwohner

Uzès ist fraglos eine der reizvollsten Kleinstädte des Languedoc. Das herzogliche Schloss und die elegante Tour Fénestrelle sind die Wahrzeichen von Uzès, doch am schönsten sitzt man auf der von Arkaden eingerahmten Place aux Herbes.

Seine faszinierende Atmosphäre verdankt Uzès vor allem seiner pittoresken Altstadt, deren mittelalterlicher Grundriss noch heute deutlich auszumachen ist: An die Stelle der Stadtmauer sind zwar breite Boulevards und von Platanen beschattete Cafés getreten, doch schmälert dies den Gesamteindruck keineswegs. Uzès ist ein Ort zum Ausspannen, ein paar nette Geschäfte laden zum Einkaufen von Gewürzen oder Keramik ein, bevor man den Bummel mit einem Pastis oder Kaffee beschließt. Der beste Platz hierzu ist die *Place aux Herbes*, die bereits mehrfach als Filmkulisse diente, so für Szenen des „Cyrano de Bergerac" mit Gérard Départdieu in der Hauptrolle. Einzig am Samstagvormittag, wenn Markttag ist, findet man hier keine Ruhe. Bereits in den frühen Morgenstunden bauen die Verkäufer ihre Stände auf und beginnen ihre frischen Waren auf den Verkaufstischen ansprechend zu dekorieren; Salate, Kräuter und Gemüse werden zu bunten Kaskaden aufgebaut. Noch bevor sich der erste Kunde nähert, stapeln sich leere Kisten und Pappkartons im Rinnstein. Der Duft von reifem Rohmilchkäse und frischen Meeresfrüchten lässt einem das Wasser im Mund zusammenlaufen. Glücklicherweise gibt es zahlreiche Restaurants in Uzès, außerdem reiht sich entlang des Altstadtrings ein Café an das andere.

Durch ein 1962 von dem damaligen Kultusminister André Malraux erlassenes Gesetz wurde Uzès zur „Stadt der Künste" erhoben. Weniger diesem Titel als den vom Staat für die Restaurierung zur Verfügung gestellten Finanzmitteln ist es zu verdanken, dass sich Uzès heute wieder von seiner Schokoladenseite präsentieren kann. In der Altstadt lassen sich versteckte Innenhöfe, aber auch klassizistische Häuser sowie prachtvolle Renaissancefassaden entdecken, die vom Reichtum des einstigen Textilhandelszentrums künden.

Typisch für Uzès sind die grün angestrichenen Türen und Fensterläden. Zu den sehenswertesten Häusern gehört das Hôtel Dampmartin, das sich einst ein Tuchhändler errichten ließ. Ein weiteres schmuckes Stadtpalais ist das Hôtel du Baron de Castille aus dem 18. Jahrhundert. Garten- und Naturliebhaber empfiehlt sich noch ein Besuch des kleinen mittelalterlichen Gartens (*Jardin Médiéval*) im Zentrum der Stadt oder ein Abstecher in das Tal der Eure. Die englische Schriftstellerin Antonia S. Byatt lobte den Ort in ihrem Roman *Stillleben*: „Uzès war und ist eine Stadt aus einer anderen Zeit, eine gelbe Stadt auf einem sanft kegelförmigen Hügel, geometrisches Dach auf geometrischem Dach."

Geschichte

Uzès geht auf ein keltisches Oppidum und ein später errichtetes römisches Militärlager zurück, das die Kolonie Nîmes nach Norden hin absicherte. Aus dem auf einer Anhöhe gelegenen *Castrum Ucetiense* entwickelte sich im 5. Jahrhundert eine Stadt, die in den spätantiken Urkunden bereits als Bischofssitz verzeichnet wurde. Der Bischof hatte jahrhundertelang das alleinige Sagen, da er auch die weltliche Gerichtsbarkeit ausüben durfte. Erst allmählich konnten die weltlichen Herren von Uzès an politischem Gewicht gewinnen: König Philip VI. erhob 1328 das Oberhaupt des ortsansässigen Adels in den Stand eines Vicomte (Vizegraf). Im Jahre 1565 wurden die treuen Kronvasallen von Karl IX. gar zur Herzögen ernannt, da sie zum Katholizismus zurückkehrten und dem Bischof Jean de Saint-Gelais, der gemeinsam mit dem gesamten Domkapitel zum Protestantismus konvertiert war, in den Religionskriegen

erfolgreich Paroli boten. Doch nicht genug der Ehre: Seit der Hinrichtung des Herzogs von Montmorency (1572) ist das jeweilige Oberhaupt der Familie erster Herzog und Pair de France. Der Sieg über die Hugenotten ging allerdings nicht spurlos an Uzès vorbei, zahlreiche Gebäude wurden während der heftigen Kämpfe zerstört. Im Jahre 1629 wurden auf Befehl von Kardinal Richelieu die Stadtmauern geschleift. Letztlich führte die Widerrufung des Edikts von Nantes zu einem anhaltenden wirtschaftlichen Niedergang, da die meisten hugenottischen Textilarbeiter und Kaufleute 1685 ins Exil gingen. Die Industrialisierung und der Tourismus hinterließen lange Zeit keine Spuren in der Stadt. Bekannt ist daher André Gides Ausruf geworden: „Oh kleine Stadt Uzès! Lägest du in Umbrien, Touristen aus Paris kämen in Scharen, dich zu sehen." Die Zeiten haben sich gewandelt: Uzès liegt immer noch nicht in Umbrien, aber die Touristen kommen dennoch in Scharen.

Berühmte Dichter in Uzès

Zwei berühmte französische Dichter haben einen Teil ihrer Jugend in Uzès verbracht. Der Dramatiker *Jean Racine* (1639–1699) wurde als 22-Jähriger zu seinem Onkel, dem Generalvikar des Bistums, geschickt, damit dieser ihm die literarischen Flausen austreibt und den jugendlichen Heißsporn für eine kirchliche Karriere gewinnt. Ein – glücklicherweise – vergeblicher Bekehrungsversuch, denn Racine hatte sein Herz längst an die Poesie verloren. Und außerdem sollen die Frauen von Uzès es ihm angetan haben, mit einem provokativen Ton schrieb er nach Paris: „Unsere Nächte sind schöner als eure Tage."

Auch der Schriftsteller *André Gide* (1869–1951) weilte häufig in Uzès, da sein Vater aus dem Ort stammte und seine Großmutter und sein Onkel dort lebten. Gide verbrachte wiederholt seine Sommerferien in Uzès. Seine Familie wohnte in einem Haus an der Place de Sabotier (Nr. 2), zu dem damals noch ein großer Garten gehörte. Oft wandelte Gide durch die Stadt und notierte: „Von den Terrassen der Promenade und vom Stadtgarten aus kann man über die hohen Zürgelbäume des herzoglichen Parks hinweg auf der anderen Seite des Tals einen … ganz zerklüfteten Felsen sehen, dessen Bögen, Zacken und steile Böschungen an Meeresklippen erinnern; und dahinter dann die raue, von der Sonne ausgedörrte Garrigue." Zum Dank für die schönen Zeilen hat die Stadt Uzès eine Tiefgarage (!) nach André Gide benannt …

Basis-Infos

Information Office de Tourisme, Chapelle des Capucins, place Albert 1er, B.P. 129, 30700 Uzès, ✆ 0466226888, www.uzes-tourisme.com. Hier ist auch ein kleiner Führer (*Balades en Uzège*) mit kommentierten Wanderungen rund um Uzès erhältlich. Auch kostenloses WLAN steht zur Verfügung.

Verbindungen Der Busbahnhof liegt im Westen der Altstadt (5 Fußmin.) an der Avenue de la Libération, ✆ 0466220058. Regelmäßige Verbindungen nach Avignon (5-mal tgl.), Nîmes (12-mal tgl.) sowie zum Pont du Gard (6-mal tgl.), zudem zwei Busse tgl. nach Alès und Avignon.

Parken Place de la Cathédrale, place des Marronniers.

Fahrradverleih Laocation Vélo Sanilhacoise, Roue de Nîmes, 30700 Sanilhac ✆ 0466221961.

Veranstaltungen Mitte Juni treffen sich vier Tage lang moderne Tanzformationen zum *Festival Uzès Danse* (www.uzesdanse.fr). In der zweiten Julihälfte finden in der Stadt die *Nuits Musicales* mit Klassik- und Barockmusik statt. Programme und Platzreservierungen über das Office de Tourisme, www.nuitsmusicaleuzes.org.

Stadtführungen Von Ende Juni bis Anfang Sept. Mo–Mi und Sa um 10 Uhr, Mi auch 16 Uhr. Dauer: 2 Std. Kosten 5 €. Treffpunkt Office de Tourisme.

🌿 **Einkaufen** La Boutique Bio Duchè, Ökoladen, 8, rue Jacques d'Uzès. ■

Markt Sa auf der Place aux Herbes und auf den Altstadtboulevards. Von Ende Nov. bis März findet auf der Avenue de la Libération ein Trüffelmarkt statt.

Post Boulevard de la Libération.

Kino Le Capitole mit drei Vorführsälen und gutem Programm. 11, rue Xavier Sigalon, ✆ 0466221391. www.cinemalecapitoleuzes.com.

Sprachkurse Das Institut de Langue Française bietet Französischkurse in individuellen Kleingruppen an. 3, place aux Herbes, ✆ 0466227408, www.uzes-french-school.com.

Schwimmen Städtisches Schwimmbad in der Avenue Maxime Pascal, von Juli bis Mitte Sept. geöffnet. Eintritt 4 €. Ein Freizeitbad (La Bouscarasse) befindet sich 8 km entfernt in Richtung Alès. Von Juni bis Sept. geöffnet. Eintritt ab 13 €, erm. ab 11 €. ✆ 0466225025, www.bouscarasse.fr.

Golf Golf Club d'Uzès, pont des Charettes, 9-Loch-Anlage. ✆ 0466224003, www.golfuzes.fr.

Übernachten & Essen → Karte S. 174/175

Hotels *** Hôtel du Général d'Entraigues **7**, das traditionsreichste Hotel von Uzès soll nach einer Totalrenovierung wieder geöffnet werden. Place de l'Evêche, ✆ 0466223268, www.hoteldentraigues.com.

*** Château Hôtel d'Arpaillargues **10**, ein wunderschönes Landhotel in einem Schloss aus dem 18. Jh., 4 km westl. von Uzès in dem Dorf Arpaillargues. Schöner, parkähnlicher Garten mit großem Pool. Restaurant vorhanden. Je nach Zimmer (große Unterschiede in der Ausstattung) und Saison 130–270 €; Frühstück 16 €. Route d'Anduze, ✆ 0466221448, www.chateaudarpaillargues.com.

»» Mein Tipp: *** Hostellerie Provençale **12**, die alte Herberge gleichen Namens existiert nicht mehr. Doch dies ist kein Verlust: Nach aufwändigen Renovierungen wurde dieses kleine, sehr intime Hotel (neun Zimmer) unter sehr freundlicher Leitung eröffnet. Die Atmosphäre des alten Hauses blieb erhalten, die Zimmer sind ansprechend eingerichtet, ohne auf modernes Design zu verzichten (Flatscreen-TV). Ein Traum sind die großzügigen Bäder. WLAN. Restaurantbetrieb im zugehörigen La Parenthèse **12** – lecker und sehr empfehlenswert. Dachterrasse! Menüs zu 19 und 27 € (mittags), abends 37 und 49 €. Zimmer je nach Reisezeit und Ausstattung: EZ ab 101 €, DZ 121–151 €; Frühstück 14 €; Parkplatz 15 €. 1–3, rue Grande Bourgade, ✆ 0466221106, www.hostellerieprovencale.com. **«««**

*** Hôtel Saint-Géniès **2**, angenehme Unterkunft gut 1 km nördl. der Altstadt, unweit der Ruine der gleichnamigen Kapelle in sehr ruhiger Lage. Die Zimmer im zweiten Stock (Nr. 9, 10 und 11) haben Dachschrägen und wirken sehr gemütlich. Entspannung findet man am Swimmingpool direkt neben dem Hotel. Auch ein kleiner Kinderspielplatz befindet sich vor dem Haus. Kostenloses WLAN. Von Nov. bis Anfang März Betriebsferien. Das Restaurant ist nur im Hochsommer geöffnet. Die gelb getünchten Zimmer kosten je nach Saison und Ausstattung 75–95 € (letzteres mit Balkon oder Terrasse); Frühstück 8,50 €. Quartier Saint-Géniès, route de Saint-Ambroix, ✆ 0466222999, www.hotel-saintgenies.com.

Die Tour Fenestrelle – Uzès Wahrzeichen

*** **Le Patio de Violette** 1, modernes Hotel (Logis) mit 25 ansprechenden, meist großen Zimmern, die ohne provenzalisches Dekor auskommen. Für die heißen Tage gibt es einen Swimmingpool. Kostenloses WLAN. DZ je nach Saison 70 bzw. 80 € ; Frühstück 10 €. Chemin de Trinquelaigues, ✆ 0466010983, www.patiodeviolette.com.

** **La Taverne** 3, in unmittelbarer Nähe des Office de Tourisme bietet das in einem Haus aus dem 18. Jh. untergebrachte Hotel ein ausgezeichnetes Preis-Leistungs-Verhältnis. Kostenloses WLAN. Ein paar Häuser weiter, auf der gegenüberliegenden (autofreien) Straßenseite, befindet sich das zugehörige Restaurant. Zu empfehlen ist die Entenbrust, Menüs 24, 32 und 35,50 €. Ansprechende Zimmer (schöne Holzdecken!) für 105 € inkl. Frühstück. 4, rue Xavier Sigalon, ✆ 0466221310, www.lataverne-uzes.com.

》》 **Mein Tipp: La Maison d'Ulysse**, dieses Chambres d'hôtes in einer ehemaligen Seidenraupenfarm befindet sich in dem Weiler Baron (12 km nordwestl. von Uzès)

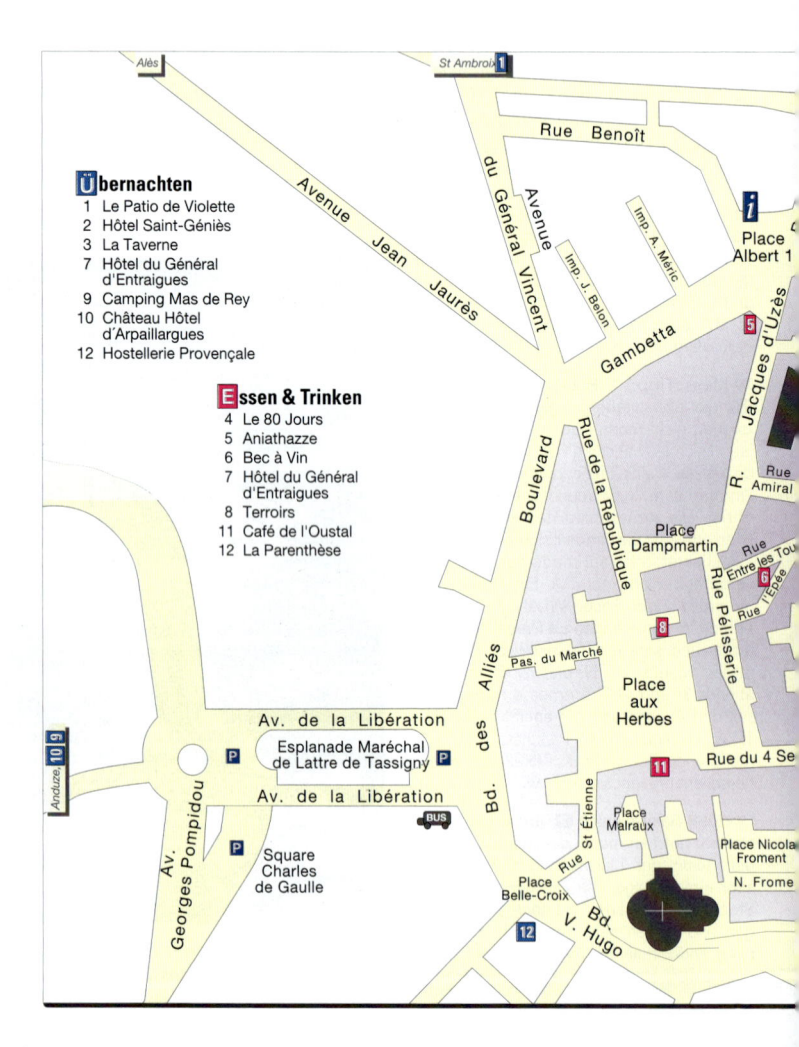

Ü bernachten
1 Le Patio de Violette
2 Hôtel Saint-Géniès
3 La Taverne
7 Hôtel du Général d'Entraigues
9 Camping Mas de Rey
10 Château Hôtel d'Arpaillargues
12 Hostellerie Provençale

E ssen & Trinken
4 Le 80 Jours
5 Aniathazze
6 Bec à Vin
7 Hôtel du Général d'Entraigues
8 Terroirs
11 Café de l'Oustal
12 La Parenthèse

und wurde wegen seiner ebenso herrlichen wie authentischen Ausstattung schon von der Zeitschrift *Schöner Wohnen* mit einer Bildstrecke vorgestellt. Die Räumlichkeiten sind bis 60 qm groß und besitzen teilweise eine eigene Terrasse. Selbstverständlich gibt es auch einen Swimmingpool, der von März bis Okt. beheizt wird. Kostenloses WLAN. Zwei Zimmer und drei Suiten, 180–260 € inkl. Frühstück, Abendessen für 35 € (ohne Getränke) möglich. - Place Ulysse Dumas, ✆ 0466813841, www.lamaisondulysse.com. «

La Buissonnière, das knapp 10 km nordwestl. von Uzès in Aigaliers gelegene Gehöft wurde in ein absolut charmantes Chambre d'hôtes verwandelt. Relaxen kann man am Swimmingpool neben den Olivenbäumen. Für Kinder allerdings eher ungeeignet. Anfahrt von Uzès über die D 981 und die D 115. Die einladenden Zimmer mit Terrasse kosten je nach Größe und Saison zwischen 140 € und 210 € (inkl. Frühstück). Hameau de Foussargues, ✆ 0466030171, www.labuissoniere.com.

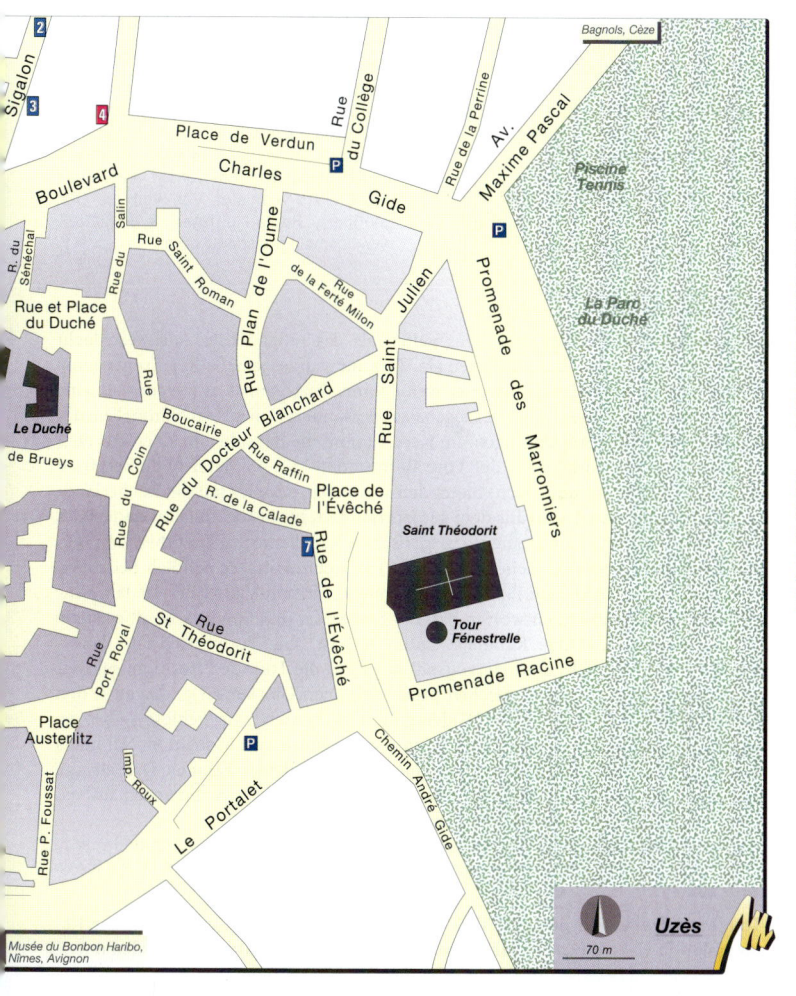

Restaurants ⟫ **Mein Tipp:** Bec à Vin, **6** eine herrliche Adresse, etwas versteckt, aber lohnend. Moderne Küche mit gehobenem gastronomischem Anspruch, so bei einer gegrillten Dorade, Fenchelgemüse und *Risotto milanais*. Traumhafter Innenhof! Mittagsmenüs 15 und 20 €, abends 30 €. Mo Ruhetag. 6, rue Entre-les-Tours, ℡ 0466224120. www.lebecavin.com. ⟪

Terroirs **8**, dies ist die mit Abstand beste Adresse am schönsten Platz von Uzès. Unter den Arkaden werden hier bodenständige Köstlichkeiten wie beispielsweise Tartines zubereitet, wobei wert auf regionale (Bio-)Zutaten gelegt wird. Im zugehörigen Feinkostgeschäft kann man Olivenöl, Wein, Honig oder Gewürze kaufen. Im Winterhalbjahr nur Mi–So von 9.30–18 Uhr geöffnet, im Sommer tgl. bis 22.30 Uhr. 5, place aux Herbes, ℡ 0466034190, www. enviedeterroirs.com. ■

Café de l'Oustal, **11** ebenfalls auf der Place aux Herbes, eine Alternative mit guten Salaten (12–15 €). Nett sitzt man auch unter den Arkaden. 23, place aux Herbes, ℡ 0466224337.

Le 80 Jours **4**, das zünftige Gewölbe erinnert ein wenig an eine Brasserie und ist bekannt für seine ansprechende Küche. Passable Küche, große Straßenterrasse. Menüs zu 19 und 23 € (mittags) sowie zu 29 und 39 €. So und Mo Ruhetag. 2, place Albert 1er, ℡ 0466220989.

Aniathazze **5**, schönes, auf antik getrimmtes Bistro, wobei die Handschrift des Innenarchitekten nicht zu übersehen ist. Mittagsmenü 15 €, Salate 10–15 €, Hauptgerichte etwa 20 €. Straßenterrasse. In der NS Mittwochabend und So geschlossen. Von Allerheiligen bis Ostern komplett geschlossen. 1, boulevard Gambetta, ℡ 0466033680.

Camping *** **Mas de Rey 9** kleiner, angenehmer Campingplatz mit nur 60 Stellplätzen. Rund 3 km westlich des Zentrums, in Richtung Apaillargues. Kleiner Pool und WLAN vorhanden. Es werden auch Zelte und Chalets vermietet. Von April bis Okt. geöffnet. Route d'Uzès, ℡ 0466221827, www.campingmasderey.com.

Sehenswertes

Le Douché: Die Herzöge von Uzès gelten als das ranghöchste Adelsgeschlecht Frankreichs, dementsprechend legen sie Wert auf standesgemäße Repräsentationsformen. Daher weht beispielsweise, wenn seine Durchlaucht anwesend ist, eine Flagge über dem Schloss. Der Herzogspalast präsentiert sich als ein Sammelsurium unterschiedlichster Stilrichtungen. Im Kern stammt die Bausubstanz noch aus dem Mittelalter, die Grundmauern der **Tour Bermonde** – der 43 Meter hohe Bergfried (exakt 148 Stufen bis zum Dach) bietet den schönsten Ausblick auf die Dächerlandschaft der Stadt – stammen aus dem 11. Jahrhundert. Ins Spätmittelalter datiert das Logis de la Vicomté samt seinem spätgotischen Kapellenturm. Zwischen den beiden Bauwerken erstreckt sich im Innenhof ein architekturgeschichtlich bedeutsamer Verbindungstrakt, den Philippe de l'Orme im dritten Viertel des 16. Jahrhunderts im Renaissancestil entworfen hat. Die Säulen der drei Stockwerke zitieren die drei Grundformen antiker Kapitele: Unten dorisch, oben korinthisch und dazwischen ionisch. Ebenfalls zum Herzogspalast gehört die **Tour de l'Horloge**; gekrönt wird der Turm von einem typischen provenzalischen Glockenkäfig, der auch den heftigsten Mistralwinden kaum Widerstand entgegensetzt. Im Schloss selbst erwarten den Besucher reich verzierte Räume, ausgestattet mit Möbeln im Stil Louis XV und Louis XVI sowie Memorabilien der herzoglichen Familie. Das einzige Manko ist der stolze Eintrittspreis – der Herzog muss wohl seine Finanzen aufbessern –, der eventuell in einem Mittagsmenü besser angelegt ist.

Mitte Juni bis Mitte Sept. tgl. 10–18.30 Uhr, sonst tgl. 10–12 und 14–18 Uhr. Eintritt 18 €, erm. 14 €. Es ist auch möglich, nur die Tour Bermonde zu besichtigen (Eintritt 13 €). www. uzes.com.

Tour Fénestrelle: Nur noch die Tour Fénestrelle erinnert an die mittelalterliche Kathedrale von Uzès, die im 17. Jahrhundert durch einen Neubau ersetzt werden muss-

Von Arkaden gesäumt: Place aux Herbes

te. Der 42 Meter hohe romanische Glockenturm ist der einzige runde Campanile in Südfrankreich. Da runde Glockentürme vor allem in Norditalien verbreitet sind, liegt die Vermutung nahe, dass der Turm von einem lombardischen Baumeister errichtet worden ist. Die sechs Geschosse des Turms verjüngen sich nach oben hin und nehmen in der Höhe ab. Eine Besteigung des Turms ist leider nicht möglich.

Saint-Théodorit: Die Kathedrale des 1790 aufgelösten Bistums von Uzès wurde im 17. Jahrhundert an der Stelle eines mittelalterlichen Vorgängerbaus errichtet, der in den Religionskriegen zerstört worden war; die neuromanische Fassade ist ein Produkt des 19. Jahrhunderts. Das Kircheninnere ist relativ nüchtern, da ein Großteil des „Mobiliars" in der Französischen Revolution verloren gegangen ist. Als Schmuckstück des Gotteshauses gilt die Orgel (1685), deren Flügeltüren in original erhaltenen Malereien in Grau- und Goldtönen leuchten.

Musée Municipal Georges Borias: Das städtische Museum ist im einstigen, aus dem 17. Jahrhundert stammenden Bischofspalast (*Ancien Evêché*) untergebracht. Neben der Frühgeschichte und der Stadtgeschichte (schmucke Möbel und Gemälde) widmet sich das Museum den lokalen Bräuchen und der Töpferkunst. Für Literaturfreunde interessant sind die Erinnerungen an die Familie des Schriftstellers André Gide, darunter eine Ahnentafel, Fotografien, Briefe und seltene Erstausgaben.
Juli und Aug. tgl. außer Mo 10–12 und 15–18 Uhr, in der NS tgl. außer Mo 15–18 Uhr. Eintritt 2 €.

Jardin Médiévale: Mitten im Zentrum von Uzès öffnet sich eine kleine Oase. Getreu historischen Aufzeichnungen wurde ein mittelalterlicher Garten angelegt.
Juli und Aug. 10–12.30 und 14–18 Uhr, sonst nur 14–17 Uhr. Eintritt 4,50 €.

Saint-Géniès: Einen guten Kilometer westlich der Altstadt (Straße nach Saint-Ambroix) stehen – umgeben von einem Pinienwäldchen – die Ruinen der kleinen, aus dem 12. Jahrhundert stammenden Kapelle. Ein verträumter Platz, an dem man nett picknicken kann.

Musée du Bonbon Haribo: Ein Besuch des außerhalb der Stadt in Richtung Avignon gelegenen Museums gehört zum Pflichtprogramm aller Gummibären-Freunde, getreu dem Motto: „Haribo macht Kinder froh und Erwachsene ebenso". Auf drei Etagen dreht sich alles um Bonbons und die bunten Gummitiere, die man selbstverständlich auch probieren und in größeren Mengen kaufen kann. Wer sich wundert, warum sich das Museum nicht am Stammsitz in Bonn befindet, dem sei gesagt, dass Haribo schon seit Anfang der siebziger Jahre eine Fabrik in Uzès betreibt, die inzwischen mehr als 300 Mitarbeiter zählt.
Pont des Charrettes. Von Juli bis Aug. tgl. 10–19 Uhr, in der NS tgl. außer Mo 10–13 und 14–18 Uhr. Eintritt 7 €, erm. 4,50 €. www.museeharibo.fr.

Musée 1900: In einer alten Mühle am Ufer der Seynes sind allerlei Gebrauchsgegenstände aus dem frühen 20. Jahrhundert ausgestellt. Neben einem Hochrad kann man auch einen alten Rolls-Royce und einen Renault aus dem Jahre 1907 bewundern.
4 km westlich der Stadt in Richtung Arpaillargues. Tgl. 10–19 Uhr, in der NS 10–12 und 14–18 Uhr. Eintritt 7 €, erm. 5 €. www.musee1900.com.

Umgebung von Uzès

Saint-Quentin-la-Poterie: Das wenige Kilometer nordöstlich von Uzès gelegene 2700-Einwohner-Dorf ist für seine Töpferarbeiten so bekannt, dass darauf der Anhang im Ortsnamen hinweist. Die Tradition ist uralt: Bereits in vorgeschichtlichen Zeiten wurde hier Keramik gefertigt, später orderten dann die Päpste hier die Fliesen für ihren Palast in Avignon. Erst vor gut zwei Jahrzehnten wurde die Töpfertradition des Ortes wieder aufgenommen: Gegenwärtig leben und arbeiten mehr als ein Dutzend Kunsthandwerker in Saint-Quentin.

Ein Töpfermuseum des Ortes, das **Musée de la Poterie Méditerranéenne**, bietet einen ansehnlichen Querschnitt durch die Töpfereikunst des Mittelmeerraumes. Insgesamt sind 250 Exponate aus den letzten 250 Jahren ausgestellt. Zu der hervorragend präsentierten Ausstellung gehören auch zahlreiche zeitgenössische Keramiken.

Veranstaltungen Alljährlich Mitte Juli findet hier „Terralha", eine Töpfermesse, statt, weshalb mehrere tausend Menschen den kleinen Ort besuchen.

Fahrradverleih Village Velo, 371, route d'Uzès, ✆ 0686451310, www.villagevelo.org.

Markt Freitagvormittag.

Musée de la Poterie Méditerranéenne März bis Dez. Mi–So 14–18 Uhr, Juli bis Sept. tgl. 10–13 und 15–19 Uhr. Eintritt 3 €, erm. 2,30 €. www.musee-poterie-mediterranee.com.

Übernachten & Essen *** Le Clos de Pradines, ganz oben im Dorf liegt dieses neu eröffnete Hotel, dessen Zimmer im modernen provenzalischen Stil eingerichtet sind. Schöner, nachts beleuchteter Swimmingpool. Im zugehörigen Restaurant gibt es Menüs zu 28, 34 und 45 €. Zimmer je nach Saison und Ausstattung 96–133 € (Letzteres mit Terrasse); Frühstück 13 €. Place du Pigeonnier, ✆ 0466200489, www.clos-de-pradines.com.

Camping *** Moulin Neuf, netter Campingplatz mit ausreichend Schatten und 130 Stellplätzen. Zwei Pools, Tennis und Minigolf vorhanden. Von April bis Ende Sept. geöffnet. ✆ 0466472721, www.le-moulin-neuf.fr.

Saint-Victor-des-Oules: Ein weiteres verträumtes Dorf, sieben Kilometer nordöstlich von Uzès. Schon seit Urzeiten wurden hier Tonkrüge gefertigt. Markanter Blickfang ist das Schloss, das ein stilvolles Hotel beherbergt.

Pont du Gard

Der Pont du Gard ist eines der prachtvollsten und besterhaltenen römischen Baudenkmäler in ganz Europa, eine Besichtigung sollte man sich daher nicht entgehen lassen. Wer sich nicht an den Touristenhorden stößt, kann sich an heißen Sommertagen im Gardon wundervoll abkühlen.

„Warum wurde ich nicht als Römer geboren", rief der große Philosoph *Jean-Jacques Rousseau* aus, als er 1737 die wohl eindrucksvollste Hinterlassenschaft der Römer in Südfrankreich erblickte. Rousseau, der mehrere Stunden bei dem Bauwerk verbrachte, resümierte später in seinen *Confessions*: „Dieses Werk übertraf alle meine Erwartungen; und dies geschah nur einmal in meinem Leben." Ein ähnliches Erlebnis hatte auch Stendhal. „Die Seele sieht sich in ein langes und tiefes Erstaunen versetzt; ich glaube, nicht einmal vor dem Kolosseum in Rom habe ich so wie hier zu träumen gemeint", notierte der französische Romancier nach einer Besichtigung des Pont du Gard tief beeindruckt in sein Reisetagebuch: „Der Geist wird durch nichts abgelenkt. So richtet sich die ganze Aufmerksamkeit zwangsläufig auf dieses Werk des königlichen Volkes, das da vor einem steht. Es scheint mir, als wirke dieser Bau wie erhabene Musik. Es ist ein Erlebnis für wenige auserwählte Geister; die anderen denken nur voller Bewunderung an die Geldsummen, die er gekostet haben muss." Wie viel der Bau des Pont du Gard verschlungen hat, ist nicht bekannt, überliefert ist nur, dass insgesamt tausend Menschen drei Jahre lang beschäftigt waren, um den Aquädukt zu errichten.

„In Angelegenheiten, um die sich die Griechen nur wenig kümmerten, wie etwa beim Bau von Straßen, Aquädukten und Abwasserkanälen, bewiesen die Römer weise Voraussicht", schrieb der Geograph *Strabon*; Plinius fügte dem gar noch die Behauptung hinzu, in der ganzen Welt gäbe es „nichts Wunderbareres" als Roms Wasserversorgung. Angesichts des Pont du Gard muss man den beiden berühmten Schriftstellern aus römischer Zeit zweifellos zustimmen. Ein eindrucksvolles Zeugnis römischer Zivilisation!

Drei Arkadenreihen, zwei imposante und eine geradezu zierlich wirkende mit 35 Bögen, überspannen in knapp 49 Meter Höhe das Flüsschen Gardon; die bis zu sechs Tonnen schweren Quadersteine wurden dabei so genau zugeschnitten, dass sie durch den gegenseitigen Druck ohne Mörtel zusammengefügt werden konnten. Die unterschiedliche, von der Mitte aus abnehmende Breite der Bögen bewirkt eine größere Stabilität des Bauwerks; zudem beschreibt der Aquädukt einen leichten Bogen, so dass er den im Frühjahr anschwellenden Wassermassen des Gardon besser standhalten konnte.

Genau genommen ist Pont du Gard nur ein Teilstück eines rund 50 Kilometer langen Aquäduktes, der die römische Metropole Nîmes seit der Mitte des 1. Jahrhunderts unserer Zeitrechnung mit frischem Trinkwasser versorgte. Um die einmalige Ingenieursleistung richtig würdigen zu können, muss man wissen, dass die Römer mit Hilfe einfachster Messgeräte ein Gefälle nutzten, das zwischen der Quelle und Nîmes gerade mal 17 Meter beträgt. Das sind umgerechnet nur 34 Zentimeter Gefälle pro Kilometer! Um das Gefälle beizubehalten, mussten nicht nur Berge umgangen und z. T. durchtunnelt werden, es galt auch, insgesamt sieben Flusstäler zu überwinden. Besonders schwierig war es, die Wasserleitung über das tief eingeschnittene Tal des Gardon zu führen. Nach dem Prinzip der kommunizierenden

Röhren wird das Wasser wie in einem überdimensionalen „umgekehrten Siphon" über die Täler geführt, wobei die Wasserrinne mit Steinplatten abgedeckt werden musste, um den nötigen Druck zu erzeugen. Mehr als 20.000 Kubikmeter Wasser konnte damals pro Tag herbeigeführt werden, um Thermen, private Bäder und öffentliche Zisternen zu versorgen; erst Anfang des 20. Jahrhunderts erhielt Nîmes eine ähnlich leistungsstarke Wasserleitung.

Dass der Pont du Gard trotz seines ästhetischen Reizes ein reiner Zweckbau war, beweisen die zahlreichen Steinvorsprünge; sie dienten der Befestigung des Baugerüstes und wurden in weiser Voraussicht zwecks späterer Reparaturmaßnahmen nicht beseitigt. Nach diversen Verzierungen, Friesen und Inschriften hält man ebenfalls vergeblich Ausschau. Eine bauliche Veränderung erfuhr der Aquädukt 1743, als man die untere Etage verbreiterte, um sie als Brücke für Fuhrwerke nutzen zu können. Dieser Umbau hat aber der optischen Wirkung des Pont du Gard glücklicherweise keinen Schaden zufügen können. Goldgelb schimmern die Arkaden in der Nachmittagssonne, gerade so, als hätten die Römer ihr Werk erst vor ein paar Tagen vollendet.

Praktische Hinweise

Obgleich nur am Rande des heutigen Languedoc gelegen, gilt der im Jahre 19 vor unserer Zeitrechnung errichtete Pont du Gard als das charakteristischste römische Bauwerk der Region: Mehr als 1,2 Millionen Touristen werden alljährlich gezählt. Um dem größten Ansturm zu entgehen, empfiehlt es sich, den Pont du Gard entweder zeitig am Morgen oder abends nach 18 Uhr zu besichtigen. Für das leibliche Wohl sorgen Selbstbedienungsrestaurants und ein Café, ein Museumsshop darf selbstverständlich auch nicht fehlen.

Da das einzigartige Monument – es wurde bereits 1985 von der UNESCO zum Weltkulturerbe ernannt – verständlicherweise erheblich unter dem nicht enden - wollenden Besucheransturm leidet (rund eine Million jährlich), hat die französische Regierung 1996 ein Projekt ins Leben gerufen, das von der öffentlichen Hand mit elf Millionen Euro gefördert wurde. Neben umfassenden Restaurierungsarbeiten deckte der Etat auch den Bau verschiedener kultureller Einrichtungen sowie das Anlegen von mehreren Spaziergängen zur antiken Spurensuche ab; zudem wurde ein Steinbruch bei dem Dorf Vers, in dem römische Sklaven die Steine für den Pont du Gard herausschlagen mussten, zugänglich gemacht. Seither kann man folgende Einrichtungen besichtigen:

Musée l'Histoire du Pont du Gard: Das Museum (im Untergeschoss von Le Portal am linken Ufer) ist eine didaktische Meisterleistung, die man sich trotz des hohen Eintrittspreises nicht entgehen lassen sollte. Auf einer Fläche von 2500 Quadratmetern wird auf eine sehr

Kanufahren unter dem Pont du Gard

anregende Weise die Geschichte des Pont du Gard „erzählt" (alles auch in deutscher Sprache). Dem Besucher wird u. a. die Bedeutung des Wassers für den römischen Alltag erklärt, an Modellen werden die Bautechnik und die landschaftlichen Gegebenheiten, die die Römer beim Bau zu überwinden hatten, anschaulich dargestellt. Hinzu kommen künstlerische Darstellungen sowie literarische Dokumente. Problemlos kann man in den klimatisierten Räumen mehr als eine Stunde zubringen, denn ein Besuch des Aquädukts wird erst durch diese Ausstellung abgerundet.

Ciné: Am linken Ufer des Gardon wird jede halbe Stunde ein halb fiktiver, halb dokumentarischer Film über den Aquädukt gezeigt.

Ludo: Kinder können hier spielerisch in die galloromische Vergangenheit eintauchen, sich als Archäologen fühlen, Rätsel lösen und Experimente durchführen. Alle Anleitungen sind auch in Deutsch verfasst, selbst Hörspiele wurden in deutscher Sprache aufgenommen, so dass sich Kinder problemlos alleine in den Räumlichkeiten beschäftigen können. Das Alter ist mit fünf bis zwölf Jahren angegeben, doch langweilen sich die Eltern sicherlich auch nicht (linkes Ufer).

Wandern und Baden am Gardon

Der Gardon besitzt viele reizvolle Stellen, die zum Sonnenbaden und Schwimmen einladen. Wer hierzu etwas Abstand vom Trubel am Pont du Gard sucht, sollte am linken Ufer dem Fernwanderweg GR 6 – er führt von den Alpen bis zum Atlantik – flussaufwärts folgen. Anfangs zweigt der Weg etwas ins Landesinnere ab, um ab dem Weiler Collias direkt am Fluss entlang zu führen. Als Alternative lässt sich die Wanderung auch in umgekehrter Richtung – von West nach Ost – unternehmen. Hierzu empfiehlt sich als Ausgangspunkt der **Pont St-Nicolas**, eine im 13. Jahrhundert errichtete Brücke, die an der D 979 zwischen Uzès und Nîmes liegt. Im Zweiten Weltkrieg befand sich in der Nähe der Brücke eine Art Zeltlager, in dem mehrere Wochen lang „feindliche" Ausländer interniert waren, darunter die berühmten Schriftsteller Lion Feuchtwanger, Alfred Kantorowicz, Franz Hessel und der Publizist Wilhelm Herzog.
Einfache Wegstrecke etwa 15 km.

Mémoires de Garrigue: Auf einer Fläche von 15 Hektar wird hier anhand von Informationstafeln und Bildern die Vielfalt der Garrigue-Landschaft und ihre Nutzung durch den Menschen erklärt. Ein markierter, 1,4 Kilometer langer Weg führt zu Oliven- und Weinkulturen, zu *Bories* (Steinhütten) und einer Köhlerei sowie auf eine Aussichtsplattform.

Eintritt Der Zugang zum Pont du Gard kostet inzwischen auch für Fußgänger und Fahrradfahrer Eintritt (10 €). Eine Tageskarte für bis zu 5 Pers. (Forfait site jour) für alle kulturellen Einrichtungen (Musée, Ludo, Ciné) kostet 18 € (inkl. freier Parkgebühren). Es gibt auch Audio-Guides in deutscher Sprache.

Öffnungszeiten Die Museen etc. sind tgl. 9–17 Uhr, Mai und Okt. bis 18 Uhr, Juni bis Sept. bis 19 Uhr geöffnet. ✆ 0466375099.

Parken Die gebührenpflichtigen Parkplätze (18 € pro Tag inkl. Eintritt für bis zu 5 Pers.) befinden sich auf dem linken wie auf dem rechten Flussufer und lassen sich nur mit einem langen Fußmarsch umgehen. Achtung: Nachts ab 1 Uhr ist das Parken verboten! Der Parkplatz ist von 7–1 Uhr geöffnet.

Verbindungen Busverbindungen mit Uzès und Avignon (ca. 5-mal tgl.).

Internet www.pontdugard.fr.

Camping **** **La Sousta**, schöne, moderne und gepflegte Anlage (400 Stellplätze) auf überwiegend sandigem Gelände am Südufer. Tagsüber sitzt man unter den Schatten spendenden Kiefern oder sonnt sich am steinigen Strand des Flusses. Der Platz befindet sich in unmittelbarer Nähe des Pont du Gard. Letzterer kann bequem zu Fuß erreicht werden. Pool, Laden und WLAN sind vorhanden. Extras: Minigolfplatz, Kanuverleih. Mobilhome-Vermietung. Von März bis Okt. geöffnet. Avenue du Pont du Gard (30210 Remoulins), ✆ 0466 371280, www.lasousta.com.

> 🚶 **Wanderung 1: Zum Pont du Gard** → S. 529
> Leichte Wanderung durch die Garrigue-Landschaft zum berühmten Aquädukt.

Collias

1.000 Einwohner

Das inmitten einer wilden Garrigue-Landschaft am Ufer des Gardon gelegene Dorf ist gewissermaßen das touristische Zentrum zur Erkundung des Gardon, egal ob mit dem Kanu, zu Fuß oder auf dem Rücken eines Pferdes.

Bereits in römischer Zeit besiedelt, hat sich Collias ein altertümliches Aussehen bewahren können. In den 1970er-Jahren entstand eine regelrechte Hippiekolonie in dem Ort, der dadurch den sarkastischen Beinamen „Katmandou-sur-Gard" erhielt. Empfehlenswert ist eine Kanutour auf dem Fluss bis zum Pont du Gardon. Der normalerweise sehr gemächlich dahinfließende Gardon kann nach heftigen Regenfällen allerdings zu einem reißenden Strom anschwellen, der mehr als 2500 Kubikmeter Wasser flussabwärts treibt. Zuletzt stieg der Fluss im Herbst 2002 bei einem Hochwasser mehr als sechs Meter über seinen Normalpegel und richtete verheerende Zerstörungen an. Die Häuser standen teilweise bis zum Dach unter Wasser!

Kanuvermietung Es besteht die Möglichkeit, auf dem Gardon Kanu- oder Kajaktouren auf einer Strecke zwischen 6 und 29 km zu unternehmen. Anschließend wird man vom Vermieter samt Boot wieder zum Ausgangspunkt zurückgebracht. Die Preise richten sich je nach Boot und Streckenlänge. Achtung: Im Hochsommer sind die Touren wegen Niedrigwassers oft nur eingeschränkt möglich. Vermieter: Kajak Vert, Marc Chamboedon, ✆ 0466228076, www.canoe-france.com/gardon; Canoë Collias, ✆ 0466228720, www.canoe-collias.com.

Übernachten & Essen *** **Le Castellas**, stimmungsvolles Hotel mit geschmackvoll eingerichteten Räumlichkeiten. Im Garten gibt es einen kleinen Pool. Zimmer je nach Ausstattung und Saison. Günstigere Preise im Winterhalbjahr. Das ausgezeichnete Restaurant (zwei Michelin-Sterne!) bietet exquisite Menüs ab 45 €, wobei sich auf der Karte auch seltene Köstlichkeiten wie *Sot-l'y-laisse* (Pfaffenschnittchen) finden. Es werden auch Kochkurse angeboten. Kostenloses WLAN. Je nach Saison: EZ 80–139 €, DZ 119–229 €; Frühstück 20 €. Grand Rue, ✆ 0466228888, www.lecastellas.com.

*** **Le Gardon**, einladendes, jüngst renoviertes Logis-Hotel mit großem Swimmingpool und Garten. Von Lesern empfohlen. WLAN. Im zugehörigen Restaurant wird eine leichte regionale Küche serviert, Menüs ab 24 €. Zimmer je nach Saison 74–125 €, die teuersten mit Balkon; Frühstück 10,50 €. Chemin du Gardon, ✆ 0466228054, www.hotel-le-gardon.com.

»» Lesertipp: **L'Enclos**, dieses direkt am Gardon gelegene Restaurant mit seiner herrlicher Terrasse und Blick auf den Fluss ist ein Tipp von Norbert Kraas, der den seit über 20 Jahren existierenden Familienbetrieb wegen seiner guten Küche lobte: „Der Besitzer spricht Deutsch, ist mit einer deutschen Frau verheiratet und hat einen Koch, der eine wirklich exzellente Foie Gras selbst macht. Dazu gibt es eine kleine, feine Weinauswahl mit bezahlbaren Weinen. Sehr zu empfehlen, auch mit Kindern." Bis auf Juli und Aug. ist Mo Ruhetag. Es werden auch zwei Gästezimmer mit Terrasse vermietet. DZ je nach Saison 65–75 €; Frühstück 7,50 €. ✆ 0466228840, www.resto-enclos.com. «

Camping *** **Le Barralet**, gepflegte Anlage (120 Plätze) auf einem Hügel oberhalb des Gardon. Swimmingpool und Restaurant vorhanden. Möglichkeiten zum Wandern und Klettern in unmittelbarer Nähe. Von April bis Sept. geöffnet. Mit 15–20 € für zwei Personen samt Stellplatz vergleichsweise günstig. ✆ 0466228452, www.camping-barralet.com.

Castillon-du-Gard

1.350 Einwohner

Castillon, ganz in der Nähe des Pont du Gard, war lange Zeit eine katholische Enklave im weitgehend protestantischen Département Gard. Große Sehenswürdigkeiten hat das kleine, von Weinbergen umgebene Bergstädtchen nicht zu bieten. Die romanische Kapelle Saint-Caprais – im Süden von Castillon – wird heute vor allem als Konzertsaal genutzt. Dafür laden die kleinen verwinkelten Gässchen regelrecht zu einer Erkundung ein. Unweigerlich wird man anschließend eines der guten Restaurants ansteuern, die in Castillon gleich mehrfach zu finden sind.

Übernachten & Essen **** **Le Vieux Castillon**, das Relais & Châteaux-Hotel ist eine der besten Adressen in der Region. Herrliche Aussicht. Abkühlung findet man im unbeheizten, traumhaft gelegenen Swimmingpool. Das ausgezeichnete Restaurant – ein Michelin-Stern! – bietet Menüs ab 39 € (mittags von Mi–Sa), abends ab 82 €. WLAN. Von Jan. bis Mitte Febr. Betriebsferien. 35 Zimmer für 155–390 €; Frühstück 30 €. Rue Turion Sabatier, ✆ 0466 376161, www.vieuxcastillon.com.

*** **Domaine des Escaunes**, die am Rande des Dorfes Sernhac (ca. 8 km südl. von Castillon) gelegene ehemalige Poststation aus dem 16. Jh. wurde zu einem charmanten Hotel umgebaut. Insgesamt stehen den Gästen 23 sehr geräumige Zimmer in verschiedenen Kategorien zur Verfügung. Entspannung findet man im Garten oder im wunderschönen, in Naturstein gefassten Pool (8 x 18 m). Kostenloses WLAN. Im Restaurant gibt es Menüs zu 43, 55 und 68 €. DZ 150–195 € (Winterhalbjahr ab 115 €); Frühstück 16 €. ✆ 0466374944, www.escaunes.com.

Le Clos des Vignes, mitten im Ort gelegen, versteht sich das Restaurant auf die regionale sowie auf die klassische französische Küche, und das zu vergleichsweise günstigen Preisen. Lecker ist die *Daube provençale*. Menüs zu 19 und 29 €. In der NS Mo und Di Ruhetag. Place du 8 Mai 1945, ✆ 0466370226. http://leclosdesvignes.monsite-orange.fr.

L'Amphitryon, schräg gegenüber und eine weitere Adresse für Liebhaber raffinierter südfranzösischer Küche auf hohem Niveau (eine Gault-Millau-Haube). Modernes Ambiente, im Sommer sitzt man im schattigen Innenhof. Menüs zu 31 € (mittags), 45 und 65 €. Di (nicht im Juli und Aug.) und Mi Ruhetag. Place du 8 Mai 1945, ✆ 0466370504.

Stille Tage in Castillon

Die Bäume am Quai de la Fontaine in Nîmes spenden viel Schatten

Nîmes
145.000 Einwohner

Trotz seiner berühmten antiken Monumente ist Nîmes keine Touristenmetropole, sondern eine lebendige Geschäftsstadt, die in den letzten Jahrzehnten in den Kreis der Hightech-Metropolen Frankreichs aufgestiegen ist.

Das antike *Nemausus* präsentiert sich heute als eine lebendige Stadt mit vielen Straßencafés, großzügigen Boulevards, bunten Märkten und einer verwinkelten Innenstadt mit schmucken Stadtpalästen aus dem 17. und 18. Jahrhundert. In erster Linie kommen die Besucher aber natürlich wegen der zahlreichen römischen Baudenkmäler nach Nîmes. Weltberühmt ist das Amphitheater, das etwas kleiner, aber dafür besser erhalten ist als das von Arles. Rund 24.000 Zuschauer konnten einst die Gladiatorenkämpfe beobachten, später wurde die ovale Arena in eine wehrhafte Burg umfunktioniert, heute dient sie als Veranstaltungsort für Konzerte und als Stierkampfarena. Zur *Feria*-Zeit verwandelt sich die gesamte Innenstadt in ein einziges riesiges Volksfest, in der Arena stehen die berühmtesten spanischen Toreros, die Gassen duften nach Paella und Sangria, während aus den Lokalen Salsa- und Flamenco-Rhythmen dröhnen. Selbst jene, die in den Stierkämpfen einen barbarischen Akt der Tierquälerei sehen, lassen sich die Feierlaune nicht verderben. Wer sein Quartier nicht rechtzeitig vorbestellt hat, wird während der viertägigen Pfingst-Feria im Umkreis von 30 Kilometern kein einziges freies Bett mehr finden. Wer dennoch Glück hat, muss mit einem deutlichen Aufschlag auf den Zimmerpreis rechnen.

Eine ähnlich profane Nutzung wie das Amphitheater musste der wohl schönste römische Tempel überhaupt, die **Maison Carrée**, im Mittelalter über sich ergehen lassen: Zeitweise wurde die Maison Carrée gar als Pferdestall genutzt! Einen faszinierenden Kontrast zu dem antiken Tempel bildet das **Musée Carré d'Art**, ein postmoderner Museumsbau des britischen Stararchitekten Lord *Norman Foster*, der auch dem brachliegenden Platz zwischen den beiden Gebäuden zu neuem Leben verholfen hat. Doch das ist nicht der einzige moderne Akzent, den Nîmes zu bieten hat. Mit der Wahl von *Jean Bousquet* zum Bürgermeister erlebte die Stadt ab 1983 eine wahre Kulturrenaissance, die selbst in den amerikanischen Medien Beachtung fand und Nîmes ein neues Image bescherte. Dem überaus agilen Bousquet gelang es nämlich, mehrere international renommierte Architekten und Designer für seine Pläne zu gewinnen und die Provinzmetropole aus ihrem selbst auferlegten Dornröschenschlaf zu wecken. Was François Mitterand in Paris im großen Stil vorexerzierte, versuchte Bousquet in verkleinerter Form nachzumachen. *Jean Nouvel*, ein französischer Architekturguru – er entwarf in Paris das Institut du Monde Arabe – hat beispielsweise im Süden der Stadt den gläsernen Wohnkomplex Nemausus geschaffen, das futuristisch anmutende Sportstadion Stade des Costières ist ein Werk des Italieners *Vittorio Gregotti* und der Japaner *Kisho Kurokawa* gestaltete einen neuen triumphalen Stadtzugang aus dem Süden (*Le Colisée*). Die Place d'Assas wurde von *Martiel Raysse* vollkommen verändert und mit einem allegorischen Brunnen samt Zuführungen „dekoriert", während Philippe Starcks *Arbibus* Installation mit dem Krokodilsymbol der Stadt spielt. Außerdem hat der Architekt *Jean-Michel Wilmotte* mehrere historische Gebäude, darunter das Musée des Beaux-Arts und das Hôtel du Cheval Blanc, renoviert und dabei bewusst moderne Akzente gesetzt. Auch für die Inneneinrichtung des Rathauses engagierte die Stadt wiederum keinen Geringeren als den Stardesigner *Philippe Starck*.

Sintflut in Nîmes

Der schwärzeste Tag in der jüngsten Geschichte der Stadt war der 3. Oktober 1988, als es in den frühen Morgenstunden zu sintflutartigen Regenfällen kam. Innerhalb weniger Stunden regnete es mehr, als sonst das ganze Jahr über Niederschlag fällt. Hinzu kam, dass die vom Sommer ausgedörrte Garrigue-Landschaft kein Wasser aufnehmen konnte. Die Straßen verwandelten sich in reißende Wildbäche, Kellergeschosse wurden überflutet und das gesamte Inventar mancher Geschäfte fortgeschwemmt, selbst die altehrwürdige Maison Carrée blieb nicht von den Wassermassen verschont. Sämtliche Telefon-, Strom- und Wasserleitungen waren unterbrochen und noch schlimmer: Elf Menschen ertranken in den Fluten und mehrere hundert Häuser waren vollkommen zerstört. Zurück blieb eine entsetzte Bevölkerung, die sich erst allmählich wieder von der schrecklichen Katastrophe erholte.

Geschichte

Die Ursprünge von Nîmes reichen bis in die keltische Vergangenheit zurück, als der Stamm der Volsker hier im 4. Jahrhundert vor unserer Zeitrechnung ein Oppidum namens *Nemausus* gründete. Im Zentrum des sich an die Hänge des Mont Cavalier drückenden Ortes stand eine bis heute fließende Quelle, die von den Kelten als Gottheit verehrt wurde. Auch nachdem die Volsker von den Römern unterworfen worden waren, behielt *Nemausus* eine gewisse Zentrumsfunktion. Einen nachhaltigen Aufschwung erlebte die Stadt, als Caesar die im Kampf um Gallien verdienten Veteranen aus den *Auxiliae*, den nichtrömischen Hilfstruppen, in dem an der Via Domitia gelegenen Nîmes ansiedelte. Unter Kaiser Augustus ließen sich dann erneut Veteranen in der Stadt nieder. Wie Strabo erwähnt, besaß Nîmes das „lateinische Recht", aufgrund dessen die Stadtmagistrate das römische Bürgerrecht erlangen konnten. Da das Stadtwappen von Nîmes ein Krokodil zeigt, das an eine Palme gekettet ist, wird vermutet, dass sich ein großer Teil der Neubürger seine Verdienste bei dem siegreichen Ägyptenfeldzug des Augustus erworben hatte, eventuell wurden auch Gefangene aus Alexandria angesiedelt. Eine andere Theorie besagt, dass das Krokodil im Stadtwappen eine Huldigung an den in Ägypten siegreichen Augustus gewesen sein soll. Wie dem auch immer sei, unter Augustus und seinen Nachfolgern wurde die Stadt mit einer gewaltigen, sieben Kilometer langen Stadtmauer mit zehn Toren und 80 Türmen befestigt (nur noch zwei Türme sind als Ruinen erhalten, die Mauer wurde ab 1786 geschleift und in Boulevards verwandelt) und erhielt eine typische römische Infrastruktur samt Tempeln, Bädern und dem obligatorischen Amphitheater. Einzig das Straßensystem wurde nicht auf einem schachbrettartigen Grundriss errichtet; es orientiert sich an dem Verlauf der vorhandenen Landstraßen, die alle auf das Forum zuführten. Im Jahre 138 bestieg mit Antonius Pius der Enkel eines Senators aus Nîmes den Kaiserthron; elf Jahre später wurde Nîmes zur Hauptstadt der Provinz Gallia Narbonensis ernannt. Die Blütezeit der Stadt setzte sich bis in die Spätantike ungebrochen fort: Mit einer bebauten Fläche von 220 Hektar und einer Einwohnerzahl von 50.000 oder vielleicht sogar 100.000 zählte Nîmes damals zu den fünf größten Städten des Römischen Imperiums. Wie überall im Römischen Reich hielt damals auch in Nîmes das Christentum Einzug, schon für das Jahr 393 ist ein Konzil in der Stadt bezeugt.

Bedingt durch die Kriegswirren der Völkerwanderung verlor Nîmes allerdings wenig später einen großen Teil seiner einstigen Bedeutung. Im Jahre 407 wurde die Stadt von den Vandalen geplündert. Nachdem sich die Westgoten zeitweise angesiedelt hatten, wurden sie von den Franken vertrieben, die dabei einen Teil der römischen Monumente zerstörten. Im 6. Jahrhundert war nur noch ein Siebtel des antiken Stadtgebiets bewohnt, der Rest verkam zu Brachland. Das städtische Leben beschränkte sich auf zwei Bezirke rund um die Kathedrale sowie um die leicht zu verteidigende Arena. Die Situation verbesserte sich auch nicht, als die Mauren von 725 bis 759 ein kurzes Gastspiel gaben. Da die Stadt über keinen Hafen verfügte, verlor sie zusehends an Bedeutung. Erst im Laufe des 12. Jahrhunderts erstarkte das Bürgertum und der ortsansässige Adel – die „Chevaliers des Arènes" – strebte nach Unabhängigkeit von den Grafen von Toulouse. Infolge der Albigenserkriege fiel Nîmes 1226 an die französische Krone, spielte aber auch unter den neuen Herrschaftsverhältnissen im Gegensatz zu Beaucaire, Carcassonne oder Toulouse nur eine untergeordnete Rolle.

Denim – eine amerikanische Karriere

Vor allem in Amerika wurden die Stoffe aus Nîmes (de Nîmes = Denim) hoch geschätzt, waren sie doch so robust, dass man mit ihnen monatelang in Kalifornien Gold schürfen konnte, ohne dass sie kaputt gingen. Levi Strauss, ein aus dem fränkischen Buttenheim eingewanderter Schneider, verstärkte die Taschen noch mit Kupfernieten und „erfand" den Urtypus der Jeans. Der Name Jeans leitet sich übrigens von der Hafenstadt Genua (frz. Gênes) ab, von wo aus die Kaufleute die Stoffe aus Nîmes nach Amerika exportierten.

Die Schrecken der Pest und die Wirren des Hundertjährigen Krieges führten dazu, dass in Nîmes an der Wende zur Neuzeit nur noch etwa 3000 Einwohner gezählt wurden. Doch dann setzte ein steter Aufschwung ein: Im 16. Jahrhundert war Nîmes eine der Hochburgen des Protestantismus, das „Genf des Midi". Trotz der Religionskriege prosperierte die städtische Wirtschaft. Da sich viele Einwohner nicht von ihrem Glauben lossagen wollten, setzte Ludwig XIV. 1685 seine gefürchtete „Dragonade" ein. Die zwangsweise einquartierten königlichen Soldaten sorgten als „gestiefelte Missionare" für Psychoterror und belästigten die Frauen und Töchter ihrer unfreiwilligen Gastgeber. Die Methode hatte unstreitbar Erfolg: Innerhalb von nur drei Tagen wuchs die katholische Bevölkerung um mehr als 10.000 Seelen! Allerdings verließen auch zahlreiche Hugenotten die Stadt und gingen ins Exil. Dies führte zu einem jahrzehntelangen wirtschaftlichen Niedergang, der erst im 18. Jahrhundert gestoppt werden konnte, als eine technische Neuerung in der Baumwollweberei für einen lang anhaltenden Aufschwung sorgte. Die bunten, weichen und dennoch widerstandsfähigen Jeans-Stoffe aus Nîmes waren begehrt und wurden in zahlreiche Länder exportiert. Das architektonische Symbol jener Jahre sind die im barocken Stil neu gestalteten Jardins de la Fontaine, die als erste öffentliche Parkanlage Frankreichs gelten. Im historischen Zentrum lassen sich noch viele stattliche Bürgerhäuser samt schmucken Fassaden ausmachen, die damals mit wunderschönen Friesen und Reliefs verziert worden sind.

Am Vorabend der Französischen Revolution war Nîmes mit 48.360 Einwohnern die neuntgrößte Stadt Frankreichs. 1791 wurde Nîmes zum Verwaltungssitz des neu geschaffenen Départements Gard. Eine lang anhaltende Blütephase setzte ein, bereits 1839 wurde die Eisenbahn Beaucaire-Nîmes-Alès in Betrieb genommen – zwei Jahre später auch eine Linie nach Montpellier – und an der Wende zum 20. Jahrhundert hatte sich die Bevölkerung verdoppelt.

Antike Statuen und moderne Brunnenskulpturen

Basis-Infos

Information Office de Tourisme, 6, rue Auguste, 30020 Nîmes Cédex, ℡ 0466583800, www.ot-nimes.fr. In der Nähe der Maison Carrée gelegen.

Verbindungen Der **SNCF-Bahnhof** liegt 10 Fußmin. südöstl. des Stadtzentrums am Ende der Avenue Feuchères, ℡ 3635. Mit dem TGV gelangt man in sagenhaften 2:50 Std. nach Paris. Zugverbindungen nach Arles, Avignon, Marseille, Alès, Sète und Montpellier. Direkt hinter dem Bahnhof befindet sich auch der **Busbahnhof** (*Gare routière*) in der Rue Sainte-Félicité, ℡ 0466 2385943. Tgl. ca. fünf Busse nach Sommières und Uzès, acht Busse nach Saint-Gilles, 5-mal nach Aigues-Mortes und weiter nach Le Grau-du-Roi und La Grande-Motte, drei Busse in Richtung Sauve, Saint-Hippolyte, Ganges und Le Vigan.

Vom **Flughafen** Nîmes-Garons (8 km südl., Busverbindungen) bestehen u. a. Flugverbindungen nach Brüssel (www.nimes-aeroport.fr). Busverbindungen ins Zentrum (Bahnhof, Hotel Impérator etc.).

Orientierung Das historische Zentrum bildet ein Dreieck begrenzt von dem Boulevard Amiral Courbet, Boulevard Victor Hugo und Boulevard Gambetta. Den südlichen Zipfel nimmt das Amphitheater (Les Arènes) ein.

Parken Die historische Altstadt ist weitgehend verkehrsberuhigt, freie Parkmöglichkeiten sind rar. Entweder man fährt in eines von fünf am Altstadtring gelegenen Parkhäusern oder man sucht sich jenseits der Boulevards einen Parkplatz. Achtung: Vor allem nachts sollte man keine Wertsachen im Auto zurücklassen.

Markt Tgl. findet man in den renovierten Markthallen (Halles Centrales) in der Rue du Général-Perrier einen bunten Querschnitt durch die französische Küche. Ein großer Markt mit Trödel und Kleidern ist montags auf dem Boulevard Jean Jaurès. Hier bieten am Freitagvormittag auch die Bauern aus der Umgebung ihre Produkte feil.

Einkaufen La Coupole, Einkaufszentrum mit vielen Filialen (FNAC) direkt neben den Markthallen. Cafés Nadal, traditionsreiches Geschäft an der Place de Cathédrale, das für seinen Kaffee und gute Olivenöle bekannt ist.

Veranstaltungen *Festival de Jazz* im März/April.

Stierkämpfe Ende Febr. (*feria de primavera*), Pfingsten (viertägige *feria*) sowie zwei Tage Mitte Sept. (*feria des vendages*). Ticketreservierung: Bureau de Location, 4, rue de la Violette, ℡ 0466028080.

Lesetipps Antonia S. Byatt, Geschichten von Feuer und Eis. Insel Verlag, Frankfurt 2002. Die sehr poetische Erzählung „Krokodilstränen" spielt in Nîmes.

Krimifans sollten Alexandra von Grotes Roman „Die Stille im 6. Stock" lesen, der während der Fußballweltmeisterschaft 1998 in einem Krankenhaus in Nîmes spielt. Fischer Taschenbuch, Frankfurt 2002.

Theater Théâtre de Nîmes – Odéon, 1, place de la Calade, ℡ 0466366500, www.theatredenimes.com.

Kino Forum Kinepolis, Kinokomplex mit zwölf Sälen. 130, rue Michel Debré, ℡ 0466 044800, www.kinepolis.com.

Post 1, boulevard de Bruxelles.

Golf Golf Club de Campagne, acht Kilometer südlich, 18-Loch-Anlage mit Reitverein und Schwimmbad. ℡ 0466701737, www.golfnimescampagne.com.

Übernachten → Karte S. 190/191

Hotels **** **Impérator Concorde** 13, traditionell das erste Haus am Platz. Während der Feria wohnen hier die bekannten Matadore. Unweit des Jardin de la Fontaine gelegen. Auch Hemingway, Picasso und Ava Gardner waren hier schon zu Gast und fuhren mit dem sehenswerten, unter Denkmalschutz stehenden Aufzug aus dem Jahr 1929. Literarisch wurde das Hotel von Antonia S. Byatt in der Erzählung „Krokodilstränen" verewigt (s. o., „Lesetipps"). Schöner Garten mit alten Bäumen, gutes Restaurant (s. u. L'Enclos de la Fontaine). Kostenloses WLAN. Die Preise für die Zimmer schwanken stark, mit Glück ab 99 €, meist 155–250 €; Frühstück 15 €. Quai de la Fontaine, ℅ 0466219030, www.hotel-imperator.com.

**** **Marquis de la Baume** 3, mitten in der Altstadt beherbergt dieser Stadtpalast aus dem 17. Jh. ein elegantes Hotel mit einem wunderschönen Innenhof, in dem im Sommer auch das Frühstück serviert wird. Die Zimmer sind in einem zeitlos modernen Stil gehalten. Günstige Internetangebote. DZ je nach Saison, Ausstattung und Buchungstermin 70–250 €; Frühstück 14 €. 21, rue Nationale, ℅ 0466762842, www.bookinnfrance.com.

> **Hinweis:** Während der Feria (Pfingsten und Mitte September) sind die Hotelzimmer in der Regel doppelt so teuer, zudem sind die meisten Hotels schon Wochen zuvor ausgebucht.

»> **Mein Tipp:** *** **Royal** 10 , eine außergewöhnliche Adresse mit viel Flair in absolut zentraler Lage. Die individuell eingerichteten Zimmer heben sich wohltuend von dem üblichen Hotelangebot ab. Ansprechend sind bereits der Mosaikboden des Foyers und das altertümliche Treppenhaus. Überall wird auf das Thema Stierkampf angespielt. Die meisten Zimmer blicken auf die Place d'Assas und sind sehr schlicht und spärlich eingerichtet (alter Steinfußboden, weiß ist die dominierende Farbe). Schön ist das Zimmer 15 mit einem alten, nicht mehr funktionierenden Kamin sowie das Zimmer 5, das über einen Balkon verfügt. Da die Zimmer (mit Klimaanlage, Flat-Screen) unterschiedlich groß sind, sollte man sich zuerst ein Bild machen, sonst gerät man womöglich an eines der sehr kleinen Exemplare. Kostenloses WLAN. EZ ab 70 €, DZ je nach Ausstattung 75–130 €; Frühstück 9 €. 3, boulevard Alphonse-Daudet, ℅ 0466582827, www.royalhotel-nimes.com. «<

*** **Côte Patio** 1, das ein paar Fußminuten nordöstlich der Altstadt gelegene Hotel gehört zu den einfacheren Drei-Sterne-Hotels. Von einer netten und sehr hilfsbereiten Besitzerin geführt, verfügt das Hotel über 17 Zimmer, die auf den namensgebenden Innenhof zeigen, in dem auch das gute Frühstück serviert wird. Allerdings sind die in modernen Farben gehaltenen Zimmer sehr unterschiedlich ausgestattet, die günstigeren sind recht klein. Kostenloses WLAN. EZ ab 59 €, DZ je nach Ausstattung und Saison 69–95 €; Frühstück 10 €; Garage 10 €. 31, rue de Beaucaire, ℅ 0466676017, www.hotel-cote-patio.com.

*** **L'Amphithéâtre** 26, empfehlenswertes, ruhiges Hotel in einem kleinen, alten Stadtpalast (18. Jh.), direkt am Amphitheater. Schöner Frühstücksraum. Die unlängst renovierten Zimmer sind teilweise mit Stuck verziert. DZ je nach Saison und Ausstattung 89–130 €; Frühstück 10 €. 4, rue des Arènes, ℅ 0466672851, www.hoteldelamphitheatre.com.

*** **Central** 8, unlängst renoviertes Hotel mitten im Zentrum. Besonders schön ist die Aussicht von den Zimmern der oberen Etage . Autostellplatz 10 €. Kostenloses WLAN. Zimmer 70–100 €; Frühstück 10 €. 2, place du Château, ℅ 0466672775, www.hotel-central.org.

*** **Hôtel Kyriad** 18 ordentlich geführtes, sympathisches Kettenhotel am Rande der Altstadt. Manche Zimmer sind allerdings so klein, dass Hobbysportler kaum Platz finden, um ein paar Liegestütze zu machen. Kostenloses WLAN. EZ ab 69 €, DZ 75–85 €, ein Zimmer mit Terrasse kostet 90–95 €; Frühstück 9,50 €. 10, rue Roussy, ℅ 0466 761620, www.hotel-kyriad-nimes.com.

** **Majestic** 30, dieses zwischen Bahnhof und Altstadt gelegene Hotel ist wahrscheinlich die beste Wahl im Zwei-Sterne-Bereich. Geboten werden 23 geschmackvoll eingerichtete Zimmer mit viel provenzalischem Farbdekor in einem Bürgerhaus mit Flair. Kostenloses WLAN. EZ ab 60 €, DZ 70–89 €. Angenehm sind auch die Zimmer mit eigener Terrasse für 90–110 €; Frühstück 8 €, Garage 8 €. 10, rue Pradier, ℅ 0466292414, www.hotel-majestic-nimes.com.

** **Hôtel Acanthe du Temple** 6, passable familiäre Unterkunft in einem Haus aus dem 18. Jh. Schon der Teppich auf den Stufen im Treppenhaus stimmt den Gast angenehm ein. Die individuell eingerichteten Zimmer kosten je nach Ausstattung 60 €, mit Bad 70 €; Frühstück 8,50 €; Garage 15 €. 1, rue Charles Babbut, ℅ 0466675461, www.hotel-temple.com.

Concorde 25, ein einfaches, preisgünstiges Hotel mitten im Zentrum für Reisende ohne große Ansprüche, auch wenn sich der

Rund um Nîmes und Uzès

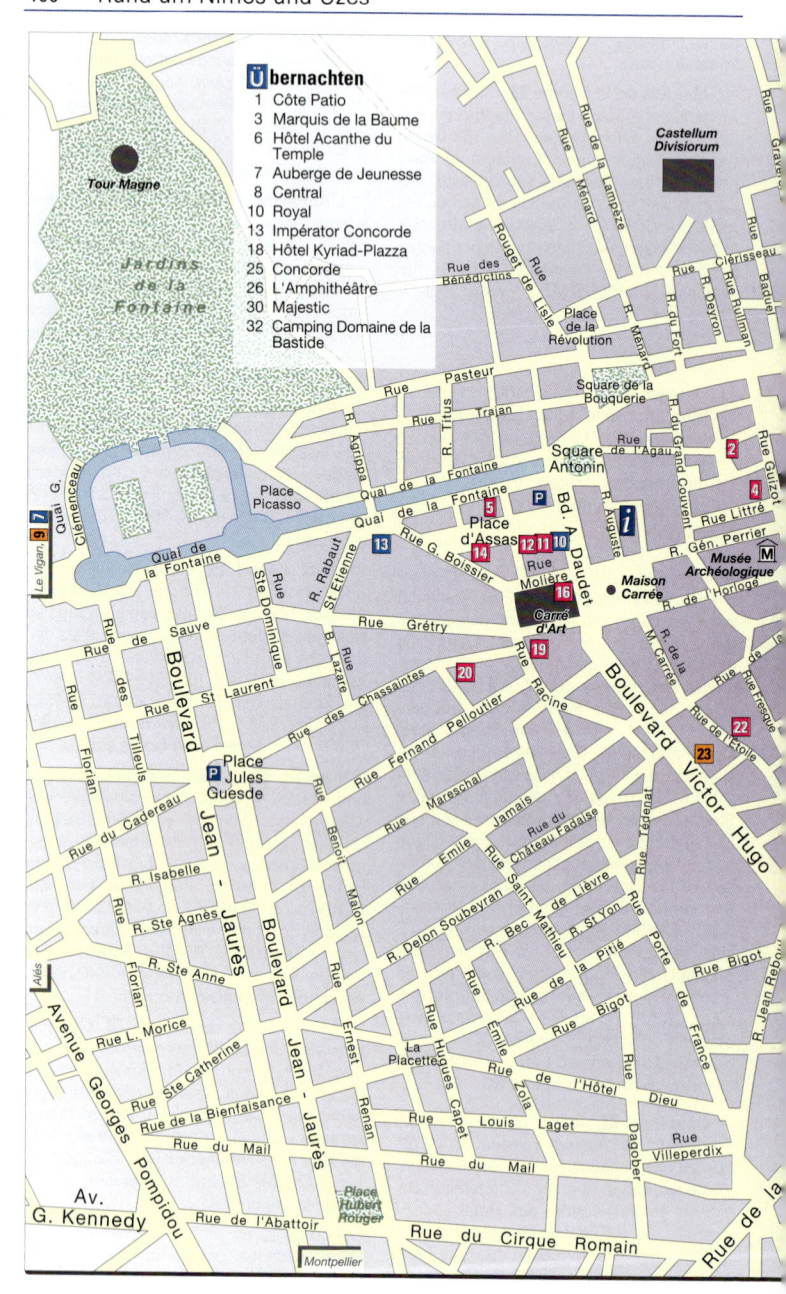

Übernachten

1. Côte Patio
3. Marquis de la Baume
6. Hôtel Acanthe du Temple
7. Auberge de Jeunesse
8. Central
10. Royal
13. Impérator Concorde
18. Hôtel Kyriad-Plazza
25. Concorde
26. L'Amphithéâtre
30. Majestic
32. Camping Domaine de la Bastide

Nîmes 191

Essen & Trinken

- 2 La Marmite
- 4 Aux Plaisirs des Halles
- 5 L'Imprévu
- 11 Bodeguita
- 12 Danieli
- 13 L'Enclos de la Fontaine
- 14 Le Carré d'Art
- 15 Le Bistrot Nîmois
- 16 Le Ciel de Nîmes
- 17 Nicolas
- 19 L'Ancien Théâtre
- 20 Vincent Croizard
- 21 Le Vintage
- 22 Le 9
- 24 Pâtisserie Courtois
- 27 Le Lisita
- 28 Petit Bofinger
- 29 La Grande Bourse
- 31 SKAB

Nachtleben

- 9 Le Joy
- 23 Le Victor Hugo

Rund um Nîmes und Uzès → Karte S. 170/171

deutsche Besitzer ganz liebevoll um sein Hotel kümmert. Kostenloses WLAN. DZ 35–40 € (entweder Etagen-WC oder Etagendusche), sonst 45 €, ein Vier-Bett-Zimmer kostet 55 €; Frühstück 6 €. 3, rue Chapeliers, ✆ 0466679103, www.hotel-concorde-nimes.com.

Jugendherberge Auberge de Jeunesse [7], neue Herberge mitten in einem botanischen Garten, allerdings gut 2 km nordwestl. des Zentrums gelegen. Für 8 € kann man bei der Jugendherberge auch zelten. Fahrradvermietung, kostenloses WLAN. Von Ostern bis Ende Dez. geöffnet. Ab SNCF-Bahnhof mit Bus Nr. 2 in Richtung Alès/Villevert. Übernachtung in Vier-Bett-Zimmern ab 16,10 €. 257, chemin de la Cigale, ✆ 0466680320, www.hinimes.com.

Camping ** Domaine de la Bastide [32], passabler Platz mit Pool und wenig Schatten, 4 km südl. von Nîmes, Richtung Générac. WLAN. Ganzjährig geöffnet. ✆ 04666 20582, www.franceloc.fr.

Essen & Trinken, Nachtleben → Karte S. 190/191

L'Enclos de la Fontaine [13], das Restaurant des Hôtel Impérator Concorde besitzt nicht nur eine schöne Terrasse zum Hinterhof, sondern verwöhnt auch mit einer raffinierten französischen Küche, die von manchen Kennern als beste der Stadt bezeichnet wird. Menüs zu 21 € (mittags), sonst ab 39 €. Quai de la Fontaine, ✆ 0466219030.

Vincent Croizard, [20] einer der drei bekannten Gourmettempel im Zentrum der Stadt. Zeitlos modernes Ambiente, ausgezeichnete Kreationen, so beispielsweise bei einem Rochen mit Kapernbutter. Im Sommer lockt der Garten. Menüs zu 23 und 28 € (mittags), abends 48, 58 oder 70 €. 17, rue des Chassaintes, ✆ 0466670499. www.restaurantcroizard.com.

»» Mein Tipp: SKAB, [31] unweit der Arena werden in den modern eingerichteten Räumlichkeiten selbst anspruchsvolle Gaumen nicht enttäuscht. Seit dem Frühjahr 2014 ist Damien Sanchez für die Küche verantwortlich und wir sind uns sicher, dass seine Kochkünste eines Michelin-Sterns würdig sind. Egal, ob beim Spargel mit pochiertem Ei auf Selleriepüree oder beim Seeteufel mit Frühlingsgemüse: perfekt abgerundete Geschmacksnuance, erstklassige Zubereitung. Ein Traum sind die Desserts. Weiteres Plus: hervorragende Weinkarte, umsichtiger Service. Schöner Innenhof hinter dem Haus. Menüs zu 48 und 76 €, mittags ab 27 €. Samstagmittag, Sonntagabend und Mittwoch geschlossen. 7, rue de la République, ✆ 0466219430. www.restaurant-skab.fr. **««**

Le Lisita [27], das direkt neben dem Amphitheater gelegene Restaurant (ein Michelin-Stern!) bietet anspruchsvolle Küche in einem angenehmen Ambiente, im Sommer sitzt man im lauschigen Innenhof. Menüpreise von 26,60 bis 30,90 €. Vorzüglich mundete der gegrillte Thunfisch auf einem mit Kapern abgeschmeckten Sommergemüse. So und Mo Ruhetag. 2, boulevard des Arènes, ✆ 0466672915, www.lelisita.com.

L'Ancien Théâtre [19], ausgezeichnete mediterrane Küche unter hohen Decken und vor offenen Bruchsteinmauern. Der Schwerpunkt liegt eindeutig auf Fischgerichten. Empfehlenswert ist das *Fricassée des seiches à la tapenade*. Menüs zu 18, 23 und 29 €. Samstagmittag, So und Mo geschlossen. 4, rue Racine, ✆ 0466213075.

Aux Plaisirs des Halles [4], direkt neben den Markthallen wird im modernen Interieur regionale Küche auf hohem Niveau (zwei Gault-Millau-Hauben) serviert, beispielsweise das feine *Brandade Façon Plaisirs des Halles*. Als Spezialität des Kochs gelten auch die gegrillten Fische. Das Tagesmenü zu 23 € bietet ein hervorragendes Preis-Leistungs-Verhältnis, weitere Menüs zu 29 und 47 €. Auf der Weinkarte finden sich zahlreiche regionale Tropfen von renommierten Weingütern. Im Sommer sitzt man im schattigen Innenhof. So und Mo geschlossen. 4, rue Littré, ✆ 0466360102, www.auxplaisirsdeshalles.com.

La Marmite [2], das kleine stimmungsvolle Restaurant ist auch bei den Einheimischen angesagt. Die marktfrischen Gerichte werden auf einer Schiefertafel angepriesen. Menüs zu 13 € (mittags), abends 22 €. So sowie Montag-, Dienstag und Mittwochabend geschlossen. Drei Wochen im Sommer Betriebsferien. 6, rue de l'Agau, ✆ 0466299823.

L'Imprévu [5], neben einem modernen, schlichten Ambiente samt einladender Straßenterrasse begeistert dieses Restaurant vor allem durch seine innovative Küche. Menü 21 €. Montagabend, Dienstagabend und Mi Ruhetag. 6, place d'Assas, ✆ 0466389959, www.nimes-restaurant.com.

Petit Bofinger 28, wie wäre es zur Abwechslung mit diesem im Stil einer Pariser Brasserie gehaltenen Restaurant (eine Filiale des gleichnamigen Pariser Etablissements)? Ein Klassiker ist das *Choucroute de la mer*, Sauerkraut mit Meeresfrüchten. Menüs zu 20 und 28 € (jeweils inkl. einem Glas Wein). Straßenterrasse. 2, boulevard des Arènes, ✆ 0466676869.

Le Bistrot Nîmois, 15 dieses Bistro steht für eine gute Qualität zu angemessenen Preisen. Auf der Karte stehen südfranzösische Klassiker wie *Filet de Merlu* oder *Cuisse de Canard*. Menüs zu 16,90 €, abends 23 und 26 €. Straßenterrasse. So Ruhetag. 22, rue de la Curaterie, ✆ 0466 361575. www.lebistrotnimois.com.

Le Vintage 21, eine angenehme Weinbar mit schönem Tresen. Serviert werden traditionelle Küche und lokale Weine, Menüs von 14 € (mittags) und 26 €. Straßenterrasse. Im Aug. Samstagmittag, So und Mo geschlossen. 7, rue de Bernis, ✆ 0466210445. www.restaurant-levintage-nimes.com.

Bodeguita 11, Köstlichkeiten aus dem nahen Spanien (Hauptgerichte um die 18 €) mit Blick auf die verspielte Place d'Assas. Man sitzt entweder auf der großen Terrasse oder bei schlechtem Wetter im Glaspavillon und genießt *Steak de Thon à la Plancha et sa Persillade*. Place d'Assas, ✆ 0466582829.

Le Danieli, 12, beliebtes italienisches Restaurant direkt nebenan. Es gibt nicht nur sehr gute Pizzen (10–15 €), sondern auch Nudeln und leckere Fischgerichte wie den gegrillten Tintenfisch. Ein weiteres Plus ist die große Straßenterrasse. 1 ter, place d'Assas, ✆ 0466360666.

≫ Mein Tipp: Nicolas 17, traditionsreiche Gaststätte in der Altstadt, die von einer charmanten Madame mit resoluter Hand dirigiert wird. Vor allem die Einheimischen treffen sich gerne in diesem Lokal mit seiner schönen Holzdecke und dem Fliesenboden, um ihren Geburtstag vor der Spiegelwand zu feiern. Serviert wird bodenständige Kost. Lecker ist beispielsweise der Lammbraten mit Kartoffelbrei oder die gegrillte Entenbrust. Ungewöhnlich sind auch die für französische Verhältnisse sehr üppigen Portionen. Menüs zu 14,50, 19,50 und 26,50 €. Eine Karaffe (0,7 l) vom offenen Hauswein kostet 9,50 €. Mo, Samstagmittag und Sonntagabend in der Nebensaison geschlossen, Anfang Juli drei Wochen Betriebsferien. 1, rue Poise, ✆ 0466675047, www.restaurant-nicolas-nimes.com. ≪≪

Pâtisserie Courtois 24, seit 1892 verwöhnt diese Pâtisserie ihre Kunden mit ihren süßen Köstlichkeiten. Gefällig ist auch das verschnörkelte Interieur. Wer will, kann auf der Straßenterrasse direkt auf dem schönen Platz einen kleinen Imbiss zu sich nehmen oder einen Kaffee trinken. Tgl. außer Mo 8–19 Uhr. 8, place du Marché, ✆ 0466672009.

Le Carré d'Art 14, hinter dem bekannten Museum hat sich die Bar-Brasserie zu einem beliebten Treffpunkt entwickelt. Stimmungsvolle Terrasse, kleine Speisen (12–15 €), Menüs ab 19,50 € (mittags), abends ab 32 €. So geschlossen. 2, rue Gaston-Boissier, ✆ 0466675240, www.restaurantlecarredart.fr.

Le Ciel de Nîmes 16, sehr schönes Café auf der Dachterrasse des Carré d'Art. Traumhafter Blick auf den antiken Tempel. Mittagsmenü 15,90 €. Tgl. außer Mo 10–18 Uhr geöffnet, im Sommer auch Freitag- und Samstagabend, ✆ 0466367170, www.lecieldenimes.fr.

La Grande Bourse 29, traditionsreiches Café-Restaurant mit riesiger Straßenterrasse neben der Arena. Im Sommer wird der Terrasse gebrutzelt. Menüs zu 15 und 20 €. 2, boulevard des Arènes, ✆ 0466676869. www.la-grande-bourse.com.

Le 9 22, allein der wunderschöne, beschattete Innenhof dieses etwas versteckten Restaurants ist eine Oase mitten in der Stadt. Zünftiges Interieur. Wechselndes Tagesmenü zu 15 € (mittags). Im Winter nur Fr und Sa geöffnet. 9, rue de l'Etoile, ✆ 0466218077.

Le Victor Hugo 23 beliebte Szenekneipe mit Straßenterrasse am Rande der Altstadt. 38, boulevard Victor Hugo. Ähnliches Angebot und Publikum ein paar Häuser weiter im Café Olive.

Le Joy 9, die Diskothek ist eine feste Adresse im Nachtleben von Nîmes. Gastauftritte von international renommierten DJs. Eintritt 10 €. Nur Fr und Sa ab 23 Uhr geöffnet. 150, route de Sauve, www.le-joy.com.

Sehenswertes

Maison Carrée: Die Maison Carrée zählt zu den am besten erhaltenen Tempelbauten des Römischen Reiches. Seinen guten Zustand verdankt der Tempel dem glücklichen Umstand, dass das Bauwerk über die Jahrhunderte hinweg in verschiedener Form genutzt worden ist. Das wahrscheinlich um das Jahr 5 unserer Zeitrechnung errichtete Heiligtum war dem Kult der kaiserlichen Familie (Augustus, Livia sowie Caius und Lucius, die beiden Söhne Agrippas) geweiht und sollte die Stellung des Kaisers in den neu gewonnenen Provinzen demonstrativ unterstreichen. Einst bildete der Tempel den Mittelpunkt einer weiten, von einer dreiflügeligen Säulenhalle umrahmten Esplanade, die das heute ebenfalls verschwundene Forum begrenzte. Die Maison Carrée selbst ist ein vergleichsweise schlichter, wohlproportionierter Bau, der auf einem 2,65 Meter hohen Podium steht, zu dem eine frontale Freitreppe hinaufführt. Fein gehauene korinthische Kapitele tragen das Gebälk, das mit Rankenwerk und einem Zahnfries geschmückt ist. Die Größe des Peristyls ist im Verhältnis 2:1 festgelegt: Die Länge der Säulenreihe entspricht ihrer doppelten Breite. Sechs knapp neun Meter hohe Säulen tragen das Dach, vier markieren die Ecken der *Cella*, die anderen sind in die Wände eingebunden und täuschen einen Säulenumgang vor (*Pseudoperipteros*). Einzig die Kassettendecke und die Tür zur Cella sind keine Originale mehr. Nach dem Ende des Römischen Reiches sollen die Westgoten den Tempel als Königssitz genutzt haben, später diente er unter anderem als Pferdestall, bevor er 1670 zur Kapelle geweiht wurde. Der Plan der Herzogin von Uzès, den Tempel in ein Mausoleum für ihren verstorbenen Mann umzufunktionieren, scheiterte genauso wie Colberts Vorhaben, das Bauwerk abzutragen und im Park von Versailles wieder aufzubauen. Der spätere amerikanische Präsident Thomas Jefferson soll von den harmonischen Proportionen des Tempels so beeindruckt gewesen sein, dass er die Maison Carrée zum Vorbild für das Kapitol in Richmond (Virginia) bestimmte. Letzteres war übrigens das erste öffentliche Gebäude Amerikas, das im neoklassizistischen Stil errichtet wurde. Nach der Fran-

Vollmond über der Maison Carrée

zösischen Revolution ging die Maison Carrée in den Besitz der Stadt über, wurde restauriert und fand dann nacheinander als Archiv, Gemäldegalerie und Museum Verwendung.

Hinweis: Momentan beherbergt die Maison Carrée eine 3-D-Multivisionsshow, wozu das Innere wie ein modernes Kino gestaltet wurde. Leider bekommt man dadurch überhaupt keinen Eindruck mehr von der einstigen Raumwirkung. Doch nicht nur das: Bei dem knapp halbstündigen Film erfolgen keinerlei Erklärungen über die Baugeschichte und antike Nutzung, stattdessen kann man

Kunsttempel: Carré d'Art

Gladiatorenkämpfe in der Arena sowie ein Ritterturnier und Fechtduell verfolgen, zudem wird gezeigt, wie die Westgoten Nîmes erobern, und die Anfangsphase eines (noch) blutlosen Stierkampfes ist zu sehen – mit diesem Kinospektakel ist der Tempel endgültig „entweiht"! Fazit: Für Kinder ist das Spektakel ganz interessant, ansonsten kann man sich den Eintritt schenken.

Im Sommer 10–20 Uhr, im April, Mai, Juni und Sept. 10–18.30 Uhr, im März und Okt. bis 18 Uhr, im Winter 10–13 und 14–16.30 Uhr. Eintritt 5,50 €, erm. 4,50 €; Kombiticket mit Arènes und Tour Magne 11,50 €, erm. 9 €. www.arenes-nimes.com.

Carré d'Art (Musée d'Art Contemporain): In dem 1993 von dem Architekturguru *Lord Norman Foster* errichteten Carré d'Art fand die Maison Carrée eine kongeniale, moderne Entsprechung. Foster orientierte sich an der Formensprache des antiken Bauwerks und entwarf ein kubisches Gebäude, das von einer auf schlanken Stützen ruhenden Vorhalle dominiert wird. Der gegenüberliegende Tempelbau spiegelt sich in der gläsernen Fassade. Architektonischer Glanzpunkt im Inneren ist eine Treppe mit transparenten Stufen aus Glas, die das gesamte Gebäude durchmisst und zu den verschiedenen Ausstellungsräumen hinaufführt. Zwar gab es anfangs heftige Proteste gegen den postmodernen Bau – es wurde zudem das im Krieg zerstörte alte klassizistische Theater abgerissen –, doch inzwischen sind die Bürger stolz auf ihren Museumsneubau. Hinzu kommt, dass Nîmes um eine Attraktion reicher geworden ist, da der französische Staat im Rahmen einer dezentralen Kulturpolitik dem Museumsfundus zahlreiche hochkarätige Bilder vermachte. Die zeitgenössische Kunst hat nun auch im Languedoc ein neues Standbein gefunden. In den oberen Etagen sind im wechselnden Turnus Werke von Jean Tinguely, Gerhard Richter, Christian Boltanski, Sigmar Polke sowie Martial Raysse zu sehen. Zudem finden pro Jahr drei Sonderausstellungen statt. In den unteren Geschossen befindet sich ein Kulturzentrum samt großer Bibliothek. Auch wer nichts mit moderner Kunst im Sinn hat, sollte sich den Blick von der Terrasse auf dem Dach nicht entgehen lassen. Der Zugang zum Café kostet keinen Eintritt.

Place de la Maison Carrée. Tgl. außer Mo 10–18 Uhr, im Winter ab 11 Uhr. Eintritt 5 €, erm. 4 € für Sonderausstellungen. www.carredart.org.

Jardins de la Fontaine: Bereits die Kelten hatten am Fuße des Mont Cavalier ihren Quellgott Nemausus verehrt, später fügten die Römer ihre eigenen Gottheiten hinzu und bauten den Bezirk um die berühmteste Quelle des Altertums aus. Von der römischen Anlage ist allerdings kaum mehr etwas zu sehen, da sie von 1739 bis 1753 „restauriert" wurde, wobei die Architekten Jacques-Philippe Maréchal und

Barocke Parkanlage: Jardins de la Fontaine

Esprit Dardalhon die noch vorhandenen römischen Bauten nach eigenen Vorstellungen veränderten und in die neu geschaffenen barocken Parkanlagen miteinbezogen. Das Ergebnis ist eine gelungene Kombination aus Bassins, Brücken und Terrassen, die von Balustraden abgegrenzt werden, römisch sind allerdings nur noch die Grundmauern sowie ein paar Säulen. Als öffentlicher Park erfreut sich die Gartenanlage großer Beliebtheit, am Wochenende trifft sich hier die halbe Stadt. Zu Recht: Gibt es etwas Romantischeres, als händchenhaltend durch die Jardins de la Fontaine zu bummeln?

Westlich der Brunnenanlage erhebt sich der **Temple de Diane**, der bei späteren Umbauten der Anlage von den Römern errichtet worden war. Der von einem wuchtigen Tonnengewölbe abgeschlossene Bau war allerdings kein Tempel wie der Name Glauben machen will, sondern diente als Nymphaeum der Huldigung der Quellgöttin, eventuell wurden auch wertvolle Handschriften hier aufbewahrt. Bis ins 16. Jahrhundert hinein wurde das rechteckige Gebäude dann lange Zeit als Kirche eines Benediktinerklosters genutzt, doch in den Religionskriegen stürzte das Gewölbe ein und zurück blieb eine eindrucksvolle antike Bauruine.

Avenue Jean-Jaurès. Tgl. 7.30–22 Uhr, im Winter bis 18.30 Uhr. Eintritt frei!

Tour Magne: Auf einer Anhöhe über den Jardins de la Fontaine thront weithin sichtbar die Tour Magne, ein noch auf die Römer zurückgehender Turm. Wahrscheinlich wurde er als Siegesmonument zur Erinnerung an die Unterwerfung der Kelten errichtet, später dann aus strategischen Überlegungen in die antike Stadtmauer miteinbezogen. Der Turm misst heute eine Höhe von mehr als 30 Metern, allerdings ist ein Sockelgeschoss, das als Plattform diente, verloren gegangen. Hat man die 140 Treppenstufen bis zur Spitze erklommen, so entschädigt ein grandioser Panoramablick für die kurzen Mühen.

Im Sommer 9.30–20 Uhr, im April, Mai, Juni und Sept. 9.30–18.30 Uhr, im März und Okt. 9.30–13 und 14–18 Uhr, im Winter 9.30–13 und 14–16.30 Uhr. Eintritt 3,20 €, erm. 2,70 €. Kombiticket mit Arènes und Maison Carrée 11,50 €, erm. 9 €.

Castellum Divisiorum: Ein weiteres römisches Bauwerk, von dem allerdings für den Unkundigen kaum etwas zu sehen ist, liegt 400 Meter weiter östlich: Das *Castellum Divisiorum* ist ein rundes Verteilerbecken (knapp sechs Meter Durchmesser), von dem aus das über den Pont du Gard nach Nîmes transportierte Wasser durch zehn runde Öffnungen in die einzelnen Stadtteile und öffentlichen Brunnen geleitet wurde. Die drei Löcher in der Bodenplatte dienten Säuberungs- und Wartungsarbeiten. Im Jahre 1687 wurde neben dem Verteilerbecken eine Zitadelle errichtet, in der sich heute Teile der Universität befinden.

Arènes: Ein Amphitheater durfte in keiner größeren Stadt fehlen, demonstrierte es doch wie kein anderes Gebäude allein durch seine schiere Größe die Macht des Imperium Romanum. In verkleinertem Maßstab gleicht das Amphitheater von Nîmes dem Kolosseum in Rom. Es handelt sich um den gleichen Bautyp mit ovalem Grundriss (133 x 101 Meter), übereinander gestellten Arkaden und überwölbten Säulengängen, die direkt zu den Sitzreihen führen. Die untere Arkadenreihe wird durch Pilaster, die obere durch dorische Wandsäulen gegliedert. Auf den 34 Sitzreihen der drei Ränge fanden einst etwa 24.000 Zuschauer Platz, um hier die im Römischen Reich beliebten Tierhetzen und Gladiatorenkämpfe zu verfolgen. An Masten befestigte Sonnensegel sorgten für Schatten (die Steine mit den Löchern sind noch erhalten). Die Kämpfe waren repräsentative Ereignisse, während denen man seine gesellschaftliche Stellung demonstrierte. Inschriften bezeugen, dass für Personen, die sich der öffentlichen Wertschätzung erfreuten, bestimmte Plätze reserviert waren.

Zwar gehört die Arena von Nîmes nicht zu den größten, dafür aber zu den besterhaltenen Amphitheatern der Antike. Die Westgoten nutzten den monumentalen Bau als Festung, wobei sie den wehrhaften Charakter der Arena durch Türme verstärkten und die Arkaden zumauerten. Im Mittelalter verwandelte sich das Innere der Arena Stück für Stück in eine kleine Stadt in der Stadt, selbst eine Kirche, St-Martin-des-Arènes, durfte nicht fehlen. Angeblich lebten dort zeitweise bis zu 2000 Menschen in drangvoller Enge und Armut – *Jean-Jacques Rousseau* jedenfalls

Wuchtiges Monument der Antike: Tour Magne

zeigte sich 1737 entsetzt über die vorgefundenen Zustände: „Dieser riesige und großartige Zirkus ist von hässlichen kleinen Häusern umgeben, und andere, noch kleinere, noch hässlichere, füllen das Innere der Arena aus. Das Ganze ruft einen disparaten und konfusen Eindruck hervor, wobei Schmerz und Entrüstung die Freude und die Überraschung ersticken." Erst zu Beginn des 19. Jahrhunderts, als man die „hehre" Antike wertvoller schätzte als das „dunkle" Mittelalter, wurden die Häuser im Inneren abgebrochen und erste Restaurierungsmaßnahmen in die Wege geleitet. Heute finden in der Arena statt Gladiatorenkämpfen alljährlich mehrere blutrünstige spanische Corridas statt, in den Sommermonaten zusätzlich Konzerte – Sting war auch schon da – und Opernaufführungen. Durch ein abnehmbares Dach mit linsenförmiger Plane kann das Amphitheater seit 1988 auch im Winter als Veranstaltungsort genutzt werden.

Tgl. 9–20 Uhr, im April, Mai, Juni und Sept. bis 18.30 Uhr, im März und Okt. bis 18 Uhr, im Winter 9.30–17 Uhr. Eintritt 9 €, erm. 7 € (inkl. Audio-Guide). Kombiticket mit Tour Magne und Maison Carrée 11,50 €, erm. 9 €. www.arenes-nimes.com.

Musée de la Romanité: Schräg gegenüber der Arena wird ein neuer Museumstempel errichtet, der sich der römischen Vergangenheit widmet. Der von Stararchitekt Christian de Portzamparc geplante Bau wird sicherlich eindrucksvoll. Eröffnung voraussichtlich im Frühsommer 2017.

Porte d'Auguste: Die Porte d'Auguste ist eines der wenigen Überreste der römischen Stadtmauer. Das antike Stadttor ist in mörtelloser Bauweise aus Steinquadern errichtet worden. Zwei große Rundbögen in der Mitte regelten einst den Wagenverkehr, während die zwei flankierenden Durchlässe für die Fußgänger bestimmt waren. Die obere Etage und die beiden halbrunden Flankentürme sind 1793 leider zerstört worden. Die Porte d'Auguste hat heute keinerlei Funktion mehr, der Blick fällt durch die Tore auf einen kleinen Hof, in dem der Bronze-Abguss einer Augustus-Statue steht.

Ein Matador vor der Arena ...

Cathédrale Notre-Dame-et-Saint-Castor:

Die heutige Kathedrale geht auf einen 1096 von Papst Urban II. geweihten Bau zurück, doch wurde das Gotteshaus in den Religionskriegen schwer beschädigt und größtenteils im 17. Jahrhundert durch einen Neubau ersetzt, der wiederum später im romano-byzantinischen Stil umgebaut wurde. Von kunsthistorischem Interesse ist vor allem die romanische Westfront. Der Figurenfries zitiert die biblische Heilsgeschichte. Von den siebzehn Reliefplatten stammen noch sechs aus romanischer Zeit – sie haben Szenen der Genesis zum Thema –, die anderen wurden bei dem Wiederaufbau nach den romanischen Vorbildern ersetzt. Im Inneren der dreischiffigen Bischofskirche verdient vor allem das Grabmal für den Kardinal de Bernis Beachtung (südliches Seitenschiff). Um ein würdevolles Begräbnis des kirchlichen Würdenträgers sicherzustellen, verwendete man einen Sarkophag aus dem 4. Jahrhundert, den man aus dem nahen Arles herbeischaffte.

Ein Sonnenbad in der Arena …

Musée du Vieux Nîmes:

Das Museum befindet sich in dem ehemaligen Bischofspalast aus dem 17. Jahrhundert und vermittelt einen interessanten historischen Einblick in das südfranzösische Alltagsleben. Ausgestellt sind Trachten sowie wertvolle Möbel aus den letzten beiden Jahrhunderten des Ancien Régime, darunter ein Speisesaal und ein Billardzimmer sowie Raucherutensilien. Sehr schön sind auch der frei zugängliche Garten direkt hinter dem Museum und die benachbarte Place du Chapitre.

Place aux Herbes. Tgl. außer Mo 10–18 Uhr. Eintritt frei!

Musée Archéologique:

Das archäologische Museum zeigt Funde aus keltischer und galloromischer Zeit, darunter wertvolle Skulpturen, Grabstelen, Glasarbeiten, Münzen sowie Meilensteine der Via Domitia. Besondere Aufmerksamkeit verdienen die römischen Mosaikfußböden sowie die Büsten keltischer Krieger. Die Sammlung römischer Grabinschriften gilt als die umfangreichste in Frankreich. Allerdings mangelt es an einer ansprechenden Präsentation, das Ganze wirkt etwas lustlos zusammengetragen. Ansehnlich ist auch das Museumsgebäude, handelt es sich doch um das einstige Jesuitenkolleg, das zwischen 1673 und 1678 errichtet worden ist.

18 bis, boulevard Amiral Courbet. Tgl. außer Mo 10–18 Uhr. Eintritt frei!

Musée d'Histoire naturelle et de Préhistoire:

Direkt nebenan im Klostergebäude samt Kapelle befindet sich das naturhistorische Museum mit diversen prähistorischen und völkerkundlichen Exponaten. Rangiert aber unter dem Motto: Muss man nicht gesehen haben.

13 bis, boulevard Amiral Courbet. Tgl. außer Mo 10–18 Uhr. Eintritt frei!

Musée des Beaux-Arts: Auch das Museum der Schönen Künste – es ist das zweitgrößte Kunstmuseum im Languedoc – besitzt einen römischen Mosaikfußboden mit faszinierenden Ornamenten, der im Erdgeschoss zu bewundern ist. Im Zentrum der Dauerausstellung stehen jedoch die Gemälde italienischer, spanischer, französischer und holländischer Meister aus der Zeit vom 16. bis 19. Jahrhundert (Brueghel, Rubens, van Dyck, Ribera, Jordaens, Watteau, Poussin, Lorrain, Greuze, Mignard etc.). Liebhaber der Bildhauerkunst erfreuen sich an jeweils einer Porträtbüste von Auguste Rodin und einer von Emile-Antoine Bourdelle.
Rue de la Cité-Foulc. Tgl. außer Mo 10–18 Uhr, im Juli und Aug. bis 19.30 Uhr. Eintritt frei!

Umgebung von Nîmes

Oppidum de Nages: Ein paar Kilometer südwestlich von Nîmes befinden sich in der Nähe der Ortschaft **Nages** die Ruinen eines keltischen Oppidums (schlecht ausgeschildert). Auf dem 160 Meter hohen Kalkfelsen (tolle Aussicht) wurden die Grundmauern von Häusern, Spuren eines Tempels sowie Teile eines Befestigungswalles ausgegraben, die aus dem 3. Jahrhundert vor unserer Zeitrechnung stammen und zu den bedeutendsten der Region gehören. Da das Plateau nach drei Seiten hin steil abfällt, war es in Kriegszeiten leicht zu verteidigen, eine noch heute vor sich hin sprudelnde Quelle sicherte die Wasserversorgung. Parallel zur Neigung des Plateaus verliefen die Straßen, die von rechteckigen Einraumhäusern gesäumt waren. Während der römischen Herrschaft mit ihren langen Friedensperioden verlor die Höhenlage ihre Funktion. Die Bewohner ließen sich in der Ebene nieder; das Oppidum wurde aufgegeben. Erst in den unruhigen Zeiten der Völkerwanderung zogen die Menschen wieder auf den Hügel.

Bed & Art, in dem zwischen dem Oppidum und Sommières gelegenen Dorf Calvisson vermieten Corinne und Régis Burckel de Tell in ihrem aus dem 15. Jh. stammenden Haus drei Zimmer sowie zwei Suiten. Régis leitet auch Malkurse. 78–70 € inkl. Frühstück. 48, grande Rue, ☏ 0466012391, www.bed-and-art.com.

Source Perrier : Wer schon immer wissen wollte, woher und wie das köstlich sprudelnde Wasser in die bauchigen, grünen Perrier-Flaschen gelangt, sollte sich eine Führung durch die Produktionsstätte samt der computergesteuerten Abfüllanlagen nicht entgehen lassen. Selbstverständlich ist während der einstündigen Führung auch eine „Verkostung" mit inbegriffen.
Mo–Fr 9.30–17 Uhr, in der NS nur Mo–Do 9.30–17 Uhr. Eintritt 4 €. www.visitez-perrier.com.

> ### Wasser ist nicht gleich Wasser
> Noch vor einem guten Jahrzehnt kam das Tafelwasser einfach aus der heimischen Quelle oder dem Wasserhahn, doch mittlerweile hat sich ein regelrechter Kult um das beste Mineralwasser entwickelt. Jedermann kennt Vittel, Volvic oder San Pellegrino. In Paris gibt es sogar eine Bar, die nichts als Wasser ausschenkt, dafür hat man die Wahl zwischen mehr als 50 „edlen Tropfen". Doch unangefochten ist die Source Perrier die Königin der Quellen. Kaum einer weiß allerdings, dass die Quelle, aus der das edle Mineralwasser abgefüllt wird, im Languedoc liegt, und zwar etwa 15 Kilometer südwestlich von Nîmes unweit des Städtchens *Vergèze*. Genau genommen ist das Wasser noch recht jung, denn die Quelle wurde erst im Jahre 1891 von Dr. Perrier entdeckt.

Gewitterwolken über Nîmes

Der von Arkaden gesäumte Marktplatz

Sommières   4500 Einwohner

Sommières ist eine aparte Kleinstadt mit altertümlichem Flair. Enge Gassen, Arkadenhäuser und eine aufgelassene Festung laden zum Stadtbummel ein. Der berühmte englische Romancier Lawrence Durrell war von dem Städtchen so begeistert, dass er hier mehr als zwei Jahrzehnte bis zu seinem Tod lebte.

Der Grundriss von Sommières entspricht dem einer mittelalterlichen Bastide: Geometrisch verlaufende Straßen und Gassen gruppieren sich um einen zentralen rechteckigen Marktplatz (*Marché bas*), der mit teilweise überwölbten Gassen mit einem weiteren Markt (*Marché haut*) verbunden ist, auf dem ein traditionsreicher Kräutermarkt abgehalten wird. Infolge der Religionskriege ging ein großer Teil der mittelalterlichen Bausubstanz verloren, da das protestantische Sommières von den königlichen Truppen geschleift wurde. Wer mit offenen Augen durch die Stadt schlendert, kann dennoch viele mittelalterliche Zeugnisse entdecken, so beispielsweise die gotischen Fenster in der Rue Caudas. Sehenswert sind vor allem das Stadttor mit Glockenturm und die stattlichen Bürgerhäuser in der Rue Taillade. Erholsam geht es auf den Quais am Ufer des Vidourle zu, die als Paradies für Boulespieler gelten. Von den Ruinen der hoch über der Stadt gelegenen Festung (*Château Fort*) bietet sich ein schöner Panoramablick.

Im September 2002 wurde Sommières von einer gigantischen Hochwasserkatastrophe heimgesucht, wobei zahlreiche Gebäude schwer beschädigt wurden. Das Wasser des Vidourle reichte bei manchen Häusern bis zum zweiten Stock hinauf! Anschließend musste die halbe Altstadt renoviert werden.

Sommières 203

Basis-Infos

Information Office de Tourisme, 5, quai Frédéric-Gaussorgues, 30250 Sommières, ✆ 0466809930, www.ot-sommieres.fr. Hier gibt es auch eine kleine Broschüre mit Kurzbeschreibungen von Wanderungen rund um Sommières.

Verbindungen Tgl. ca. fünf Busverbindungen mit Nîmes und Montpellier sowie 1-mal tgl. mit Alès. Die Busse halten an der Place de la République.

Literaturtipp Lawrence Durrell, Das Lächeln des Tao. Dianus-Trikont Verlag 1985.

Einkaufen Alimentation biologique, 14, rue Marx Dormoy. ■

Fahrradverleih Vélorelay Cycling Café, ✆ 0952837523. www.velorelay.com.

Veranstaltungen *Fête médiévale* am ersten Wochenende im April. Im Sommer finden fast immer am Sonntagnachmittag die Courses Camarguaises (unblutiger südfranzösischer Stierkampf) statt.

Markt Samstagvormittag.

Kino Le Venise, 5, rue Compagne, ✆ 0466 809432, www.levenise.com.

Voie Vert Auf einer ehemaligen Eisenbahntrasse kann man von Sommières bis ins 22 km entfernte Caveirac radeln, wandern oder skaten.

Übernachten & Essen → Karte S. 204

Hotels *** Auberge du Pont Romain ❷, das wuchtige Gebäude einer ehemaligen Teppichfabrik am Ufer des Vidourle beherbergt ein vornehmes, traditionelles Hotel mit großem Garten und beheiztem Pool. Mitte Jan. bis Mitte März sowie im Nov. Betriebsferien. Das Restaurant hat Mo Ruhetag, Menüs ab 40 €. Kostenloses WLAN. Zimmer je nach Ausstattung 77–137 €; Frühstück 13 €. 2, avenue Emile Jamais, ✆ 0466800058, www.aubergedupontromain.com.

Chambres d'hôtes Mas Fontclaire ❸, einladendes Chambre d'hôtes in einem charaktervollen Landhaus mit Pool im Innenhof. Leser lobten den herzlichen Empfang durch die Hausherrin und das Frühstück mit selbst gebackenem Brot, frisch gepflückten Kirschen und klassischer Musik. Stimmungsvolle Zimmer und Suiten inkl. Frühstück 80–100 €. 8, avenue Emilie-Jamais, ✆ 0466777869, http://masfontclaire.free.fr.

Restaurants Sansavino ❶, einladendes, in Ockertönen gestrichenes Café-Bistro in einem zünftigen Ambiente. Im Sommer sitzt man auf buntem Metallmobiliar auf der großen Straßenterrasse. Italienische Küche. Menü du Jour 17 € (mittags) und 25 €, der halbe Liter offener Wein 5,70 €. Di und Mi Ruhetag. 6, rue Paulin-Capmal, ✆ 0466800985.

Camping *** Domaine de Gajan, ein etwas günstigerer Platz in Boisseron (3 km südl.) mit Pool (10 x 20 m), Vermietung von Mobilheimen und Chalets. WLAN. Von April bis Sept. geöffnet. ✆ 0466809430, www.campingdomainedegajan.com.

》 Mein Tipp: ***** Domaine de Massereau ❹, hervorragend ausgestatteter Campingplatz ein paar Kilometer südl. von Sommières, inmitten eines Weinguts gelegen. Es gibt ein Restaurant sowie einen Laden und eine große Badelandschaft mit Riesenrutschen und beheiztem Pool. Sauna gegen Gebühr. WLAN. Von Ende März bis Mitte

Restaurant Sansavino

204 Rund um Nîmes und Uzès

Übernachten
- 2 Auberge de Pont Romain
- 3 Mas Fontclaire
- 4 Domaine de Massereau

Essen & Trinken
- 1 Sansavino

Sommières

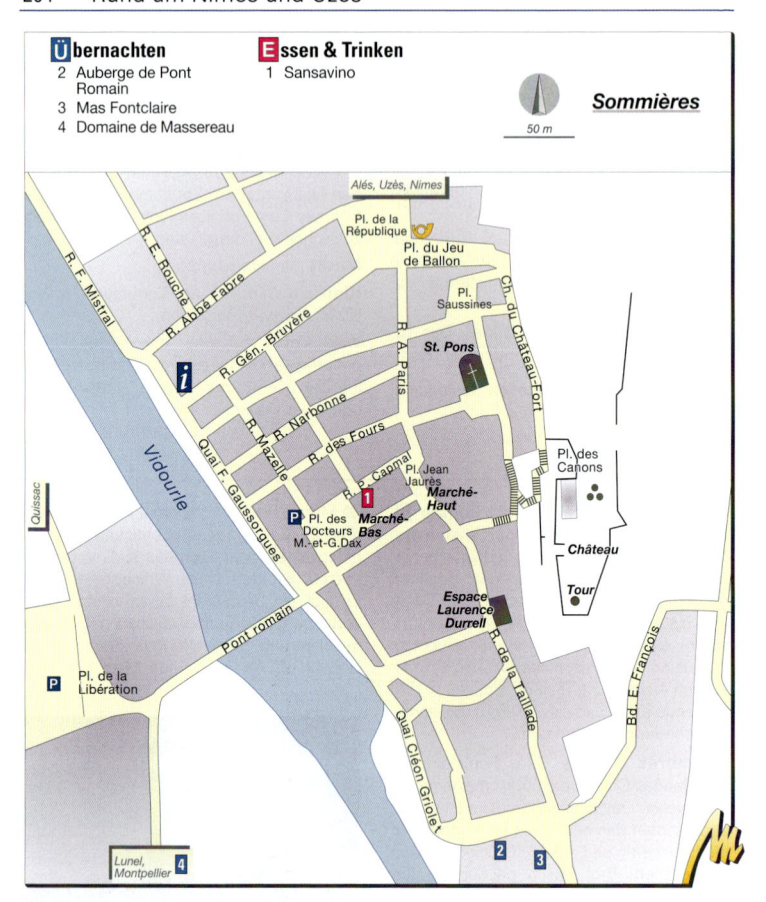

Nov. geöffnet. In der Hochsaison nicht gerade billig: rund 30 € für einen Stellplatz und 2 Personen. Es werden auch Holzchalets und Mobilheime vermietet: je nach Größe und Saison 35–150 € pro Tag. Route d'Aubais, ✆ 0466531120, www.massereau.com. «

** Le Garanel, kleiner städtischer Campingplatz (60 Stellplätze, viel Schatten) etwa 700 m nördl. des Stadtzentrums von Sommières am Ufer des Flusses. Von Ostern bis Ende Sept. geöffnet. Rue Eugène Rouché, ✆ 0466803349.

Sehenswertes

Château Fort: Sommières wird von einer Ruine überragt: Die ins 10. und 11. Jahrhundert datierende Burg wurde 1573 von den Katholiken zerstört, ein Turm (*Tour Bermond*) ist noch gut erhalten. Von seiner 25 Meter hohen Plattform hat man einen schönen Blick über die Stadt.

Pont Romain: Die römische Brücke, die bei Sommières über den Vidourle führt, wurde bereits im 1. Jahrhundert unserer Zeitrechnung während der Herrschaft des Tiberius (19–31) errichtet; die an der wichtigen Straße von Nîmes nach Lodève ge-

Sommières 205

legene Brücke war ausschlaggebend für die spätere Gründung der Stadt. Durch wiederholte Restaurierungsmaßnahmen und architektonische Veränderungen – in der Altstadt sind die Brückenpfeiler mit Häusern überbaut – hat das 190 Meter lange Bauwerk sein antikes Erscheinungsbild weitgehend verloren, doch lässt sich noch an einigen Pfeilern der ursprüngliche Zustand erahnen. Neben dem modernen Autoverkehr ist das Monument vor allem durch die *vidourlades* genannten Überschwemmungen des Vidourle bedroht. Bei der letzten großen Hochwasserkatastrophe 2002 stieg der Wasserstand des Flusses innerhalb einer Minute um acht Zentimeter an.

Lawrence Durrell und die Magie des Südens

Noch heute erinnern sich viele Einheimische an den berühmtesten Bürger ihrer Stadt, den britischen Schriftsteller Lawrence Durrell. Von 1962 bis zu seinem Tod im November 1990 lebte Durrell in einem stattlichen Haus am Rande von Sommières. Zusammen mit D. H. Lawrence und Anthony Burgess gehörte er zu jenen Exilbriten, die der Wärme des Südens erlagen und ein völlig unenglisches Gespür für Rhythmus und Magie der mediterranen Welt entwickelten.

Durrells Weltruhm begründete sich auf seine Alexandria-Romane, eine Tetralogie mit den Titeln „Justine", „Balthazar", „Montolive" und „Clea". Diese „Untersuchung über die moderne Liebe" wurde von Durrell in der ehrgeizigen Absicht konzipiert, eine auf der Relativitätstheorie basierende Prosaform zu entwickeln: „Aus drei Raumebenen und einer Zeitebene wird das Rezept für ein Kontinuum gemischt." In seiner Wahlheimat Südfrankreich sind auch seine letzten von 1974 bis 1985 veröffentlichten Romane angesiedelt, die als Avignonquintett bezeichnet werden. Das mediterrane Klima hatte ihn bis zuletzt in seinen Bann geschlagen: „Wir sind Geschöpfe unserer Landschaft; sie diktiert unser Verhalten und Denken in dem Maße, in dem wir für sie empfänglich sind."

Tour de l'Horloge: Der auf dem sechsten Pfeiler der Brück stehende Turm mit seinem markanten Glockenturm – er führt direkt in die Altstadt – ist eines der Wahrzeichen von Sommières.

Espace Lawrence-Durrell: In einem ehemaligen Kloster wurde im Jahre 2002 eine Dauerausstellung zum Gedenken an Lawrence Durrell eingerichtet. Anhand zahlreicher Fotografien, Bücher und anderer Dokumente kann man sich einen Einblick in das Leben des berühmten Schriftstellers verschaffen.
49, rue Taillade. Di, Mi und Do 15–18 Uhr, Fr 14–18 Uhr, Sa 10–13 und 15–19 Uhr. Eintritt frei!

Château de Villevieille: Das auf einem Felssporn thronende Renaissance-Schloss Villevieille liegt knapp zwei Kilometer östlich von Sommières und ging aus einer mittelalterlichen Burg hervor, die Bernard III d'Anduze im 11. Jahrhundert errichten ließ. Infolge der Albigenserkriege riss der französische König Ludwig der Heilige die Burg und die zugehörigen Ländereien an sich. Wiederholt wohnte er auf der Burg, um den Bau des Kreuzfahrerhafens Aigues-Mortes zu verfolgen. Ein Zimmer mit einem riesigen mittelalterlichen Kamin ist nach Ludwig benannt.
Derzeit keine Besichtigung möglich. www.chateau-de-villevieille.fr

Kanutouren auf dem Tarn

Cevennen

Die Cevennen, die größtenteils im Département Lozère liegen, sind ein geographisch nicht fest umgrenzter Gebirgszug, der sich im Nordwesten der Region Languedoc-Roussillon erstreckt.

Neben mächtigen Granitkuppen und zerklüfteten Schiefergebirgen umfassen die Cevennen auch die steinigen, ausgedörrten Hochplateaus der „Causses", in die sich die „Gorges" genannten Schluchten tief eingegraben haben. Die Cevennen und die Kalkhochebenen der Causses wurden 2011 von der UNESCO zum Weltkulturerbe erklärt, um ihren einzigartigen Charakter als Kulturlandschaft zu würdigen und diesen zu bewahren. Die Cevennen sind keine liebliche, vom Klima verwöhnte Region – im Gegenteil, wer sich hier niedergelassen hat, musste dem kargen Boden seinen Lebensunterhalt mit harter Arbeit abringen. Daher existieren nur wenige Zeugnisse aus der Steinzeit, die menschliches Leben auf den Causses und den anderen Höhenzügen der Cevennen belegen. Besiedelt und urbar gemacht wurden anfangs nur die Täler und klimatisch begünstigte Ausläufer des Gebirges. Auf den Causses sind aber dafür mehrere Dutzend Dolmengräber und Menhire erhalten. Im Rahmen der Kolonisation Frankreichs ließen sich auch die Römer in dieser Gegend im Nordwesten der Provinz Gallia Narbonensis nieder; ein römisches Mausoleum bei Lanuéjols ist allerdings die einzige bedeutende antike Hinterlassenschaft. Der Beginn einer kontinuierlichen Besiedelung der Cevennen datiert ins 9. Jahrhundert, als Mönche anfingen, den Boden zu kultivieren und die Hänge mit mühsam aufgeschichteten Steinmauern (*Bancèls*) zu terrassieren. Aber erst durch

Cevennen

die Anpflanzung von *Esskastanienbäumen* war seit dem Spätmittelalter Nahrung in ausreichendem Maße vorhanden. Der Historiker Emmanuel Le Roy Ladurie schrieb: „Die Menschen des Languedoc im 16. Jahrhundert, sogar in den großen Städten, sind keine besonders starken Weintrinker. Sie sind eher Kastanienliebhaber. Den ganzen Winter über stopfen sich die Mädchen am warmen Herd mit gebratenen Kastanien voll, bis ihnen übel wird." Die Ernte begann traditionell nach Allerheiligen und dauerte drei bis vier Wochen, wobei eine Person am Tag zwischen 100 und 150 Kilogramm sammelte.

Die leicht verderblichen Kastanien wurden alsbald getrocknet, gekocht und geröstet, aus dem Mehl der kalorienreichen Frucht wurde Brot gebacken und ein nahrhafter Brei (*Bajanat*) zubereitet. Die Blätter und Schalen der Kastanie wurden an das Vieh verfüttert, während das Holz beim Hausbau und in der Möbelfabrikation Verwendung fand. Doch die Ernährung war einseitig und brachte gravierende gesundheitliche Schäden mit sich. Die Cevennen blieben ein „Land ohne Brot", ein Mangelgebiet, dessen Bevölkerung an Entbehrungen gewöhnt war.

Die Armut und raue Landschaft nährte aber gleichzeitig die Freiheitsliebe und den Widerstandsgeist der Cevenolen. Wiederholt dienten die abgelegenen, schwer zugänglichen Täler als Rückzugsgebiet für Verfolgte: im 16. Jahrhundert für die Protestanten, im Zweiten Weltkrieg für Juden, deutsche Nazigegner und französische Widerstandskämpfer; zuletzt entdeckten Ende der 1960er-Jahre die Hippies und andere Aussteiger die Vorzüge der menschenarmen Cevennenlandschaft. Verlassene Häuser und Dörfer gab es genug, denn deren Bewohner hatten seit Ende des 19. Jahrhunderts ihr Heil in den prosperierenden Küstenstädten gesucht. Aufgrund der schlechten Zukunftsperspektiven hatte innerhalb weniger Jahrzehnte die Hälfte der Bevölkerung ihrer Heimat den Rücken gekehrt. Terrassenfelder verfielen, Ansiedlungen verschwanden von der Landkarte, Wege wucherten zu. Heute ist das Département Lozère mit knapp 77.500 Einwohnern das am dünnsten besiedelte Département Frankreichs. Statistisch gesehen, leben hier nur 15 Menschen auf einem Quadratkilometer! Verständlich, dass es in der Region nur Kleinstädte wie Mende, Millau und Marvejols gibt.

Die Cevennen – ihre größte Erhebung ist der 1699 Meter hohe Mont Lozère – sind keine Gebirgskette im eigentlichen Sinne; das Zentralmassiv findet in ihnen seinen südöstlichsten Ausläufer. „Weniger dramatisch als die Schweiz, schöner als Italien", urteilte die für ihre unkonventionellen Ansichten bekannte Schriftstellerin George Sand in dem Roman „Jean de la Roche" (1860). Der Wasserarmut auf den Causses steht der Wasserreichtum der Täler gegenüber. In den Cevennen verläuft die Wasserscheide zwischen den dem Atlantik zustrebenden Flüssen (Tarn, Garonne etc.) und dem ins Mittelmeer fließenden Flüssen (Hérault, Vidourle etc.). Die Region verdankt ihre landschaftlichen Reize drei verschiedenen Böden (Schiefer, Granit und Kalkstein), deren Gestein auch beim traditionellen Hausbau Verwendung findet: Flache Granitbauten dominieren rund um den Mont Lozère, während auf den Causses die Gehöfte aus dicken, die Wärme speichernden Kalksteinen errichtet wurden und man in den fruchtbaren Tälern der südlichen Cevennen auf den dort reichlich vorhandenen Schiefer zum Hausbau zurückgriff.

Ähnlich vielfältig ist die von einem Wechsel der Klima- und Vegetationszonen geprägte Pflanzenwelt. Während man in den südlichen Tälern der Cevennen eine mediterrane Flora mit Oliven- und Mandelbäumen, Zypressen und Oleander vorfindet, dominieren in den höheren Lagen vor allem Steineichen und Kastanienbäume, an deren Stelle über 1000 Meter Buchen, Tannen und Kiefern treten. Die subalpinen Bergkämme sind wie am Mont Lozère von einer kargen Grassteppe überzogen und oft bis weit in das Frühjahr hinein schneebedeckt. Botaniker erfreuen sich an Pflanzen wie Türkenbundlilien, Frühlingsadonisröschen und seltenen Orchideen. Zu den charakteristischen Bäumen gehören neben den Edelkastanien vor allem die Maulbeerbäume, welche die Grundlage für die Aufzucht von Seidenraupen bildeten. Die Seidenraupenzucht stellte neben der Schafhaltung lange Zeit den wichtigsten Gelderwerb der Cevenolen dar. In den Seidenspinnereien fanden fast ausschließlich Frauen als Tagelöhnerinnen Arbeit. Erst die Entwicklung der Chemiefaser und die preislich günstigen Importe aus Asien bedingten Ende des 19. Jahrhunderts einen Rückgang der Seidenraupenzucht, der zu wirtschaftlichen Krisen und einem anhaltenden Bevölkerungsrückgang führte. In manchen Gebirgsregionen kam es zu einer regelrechten Entvölkerung, an die noch heute viele verlassene Gehöfte erinnern. Am Beispiel einer Bauernfamilie hat der südfranzösische Schriftsteller *Jean Carrière* in seinem Buch „Der Sperber von Maheux" einfühlsam das archaische, entbehrungsreiche Leben in den kargen Höhen der Cevennen geschildert. Apropos Literatur: Die Cevennen spielen auch im Vereinigungsroman „Ein weites Feld" von *Günter Grass* eine Rolle. Der Protagonist Fonty entzieht sich dem deutschen Schlamassel, in dem immer „Buchenwald neben Weimar liegt", und wandert in ein vormodernes Frankreich aus, das er in den Cevennen findet.

Auf den Spuren von Robert Louis Stevenson durch die Cevennen

Am 22. September 1878 brach der junge schottische Schriftsteller Robert Louis Stevenson – Autor von „Die Schatzinsel" und „Dr. Jeckyll und Mr. Hyde" – in *Monastier sur Gazeille* (Département Haute Loire) auf, um die Cevennen zu Fuß zu durchstreifen. Zwölf Tage lang marschierte Stevenson, begleitet von der Eselin Modestine, durch die menschenleere Bergregion, bis er seine Wanderung in Saint-Jean-du-Gard beendete. Sein Reisetagebuch, das er 1879 unter dem Titel „Reise mit einem Esel durch die Cevennen" veröffentlichte, ist längst zum Klassiker avanciert (derzeit in deutscher Sprache bei www.colombe.de lieferbar). In Gedenken an Stevensons Wanderung lässt sich heute die Strecke auf dem Fernwanderweg GR 70 zurücklegen. Auf Wunsch kann man sogar einen Esel für die Gepäckbeförderung mieten. Weitere Informationen über Eselvermieter und Unterkünfte entlang der Strecke sind bei der *Association Sur le chemin de Robert Louis Stevenson* erhältlich: 48220 Le Pont-de-Montvert, ✆ 0466458631, www.chemin-stevenson.org bzw. www.ane-et-randonnee.fr.

Besonders hart ist das Leben auf den karstigen, kaum besiedelten Hochplateaus wie dem Causse Méjean oder dem Causse Noir. Wegen der Durchlässigkeit der Kalkböden hatten deren Bewohner stets unter Wassermangel zu leiden, da die Niederschläge der sich abregnenden Atlantikwolken sofort einsickerten. Viele Menschen konnte der karge Landstrich nicht ernähren. Die Causses wurden hauptsächlich von genügsamen Schafherden bevölkert, deren Tränken, so genannte *Lavognes*, von den Schäfern erst mühsam mit Lehm abgedichtet werden mussten, damit das Wasser nicht sofort im Boden verschwand. Im Sommer wurden die Schafherden auf die kühlen und saftigen Weiden getrieben, im Herbst kehrten sie den Gesetzen der *Transhumance* folgend auf den uralten, mit kleinen Mauern eingefassten Triftwegen (*Drailles*) wieder in mediterrane Gefilde zurück. Heute sind es weniger als 30.000 Schafe, die im Sommer die abgelegenen Bergregionen bevölkern, so dass die alten Schafswege nun vor allem von unternehmungslustigen Wanderern genützt werden. So auch auf dem nahen Aubrac, das als Weideland für Schafe sowie karamellfarbene Kühe mit glattem Fell und neugierigen Augen bekannt ist.

Aufgrund der kaum vorhandenen Spuren menschlicher Zivilisation sind die Cevennen eine geradezu ideale Wanderregion. Nicht nur der *Parc National des Cévennes* besitzt ein ausgedehntes Wegenetz. Wer die waldreichen Höhenzüge mit offenen Augen erkundet, kann mit etwas Glück Gänse- und Mönchsgeier, Biber, Mufflon, Auerhähne, Hirsche und Rehe beobachten. Seit den Zeiten, als der Schriftsteller Robert Louis Stevenson mit einem Esel durch die Cevennen trottete, hat sich nicht viel verändert: „Gipfel über Gipfel, Hügelkette über Hügelkette verliefen brandend in Richtung Süden, ausgekehrt und modelliert von den Wintergüssen, im Federschmuck der Kastanien von Kopf bis Fuß und hier und da aufbrechend in einer Krone von Felszacken. Eine schöne Landschaft ... so rauh, wie Gott es am Ersten Tag erschaffen hat."

Nordcevennen
3,5 km
Nasbinals
D900
La Baume
Le Moulinet
St-Amans
Rieulort-de-Randon
Parc des Loups du Gévaudan
D809
D 806
Monts d'Aurac
Marvejols
A 75
D808
Mende
Lot
Lanuéjols
Barjac
Mausolée Romain
St-Germain-du-Teil
N 88
Balsièges
N 106
Chanac
D32
St-Martin-de-Lenne
La Canourgue
D202
Campagnac
Col de Montmirat 1046
Lutran
A75
Causse de Sauveterre
N 106
D2
D 998
Ispagnac
Ste-Enimie
Pont Duézac
D32
Cirque de Pougnadoires
Prades
St Chély-du-Tarn
Château de la Caze
Castelbouc
Point Sublime Saint-Hilaire
Cirque de St. Chély
Château Haute-Rive
Sévérac-le-Château
D907
Le Massegros
Pas de Soucy 989
Gorges du
D995
D32
Les Vignes
D 986
Causse Méjan
D 907
Château de Blanquefort
Hures-la-Parade
Villeneuve
Le Tarn
Chaos de Nîmes le Vieux
Aven Armand
Corniches du Causse Méjean
A 75
Gorges de la Jonte
D996
Le Rozier
D 187
D 996
Grotte de Dargilan
Jonte
D18
Peyreleau
Meyrueis
Corniche du Causse Noir
D 29
Roquedols
D986
Mont Aigoual 1567
Chaos de Montpellier-le-Vieux
Lanuéjols
Abime de Bramabiau
Le Tarn
Millau
Canyon de la Dourbie
D992
D991
Trèves
D 48
D809
A 75
Cantobre
D999
Nant
St-Jean-du-Bruel

D 985
Châteauneuf-
de-Randon
Chaudeyrac
N 88
Lac de
Charpal
Laubert
St-Frézal-
d'Albuges
D 6
St-Étienne-
de-Lugdarès
La Borne
St-Laurent-
les-Bains
Col de
Meyrand
1370
Valgorge
Parc Naturel
Régional des
Monts d'Ardèche
D 906
Bagnols-
les-Bains
Le Bleymard
D 901
Lac de
Villefort
La Garde-
Guérin
Thines
Chalet du
Mont-Lozère
Col de Finiels
1541
Villefort
D901
Mont Lozère
Mas
Camargues
Les Vans
Les
Bondons
D51
Le Pont-
de-Montvert
Cocurès
Genolhac
D 998
Florac
St-Maurice-
de-Vertalon
Bessèges
D906
Portes
N 108
Ste-Cécile-
d'Andorge
Parc Naturel
Régional des
Cévennes
Barre-des-
Cevennes
Gardon
St-Germain-
de-Galberte
La Grand-Combe
D 9
D906
D904
Gardon d'Ales
D260
St-André-
de-Valborgne
Gardon de St-Jean
Alès
D6
Grotte de
Trabuc
Saumane
St-Jean-
du-Gard
D 90
Musée du Désert
D981
Le Mas
Soubeyran
D986
Valleraugue
Bambouseraie
de Prafrance
N106
D 910
D57
Anduze
Lasalle
D6110
Tornac
D982
Mandagout
Nîmes

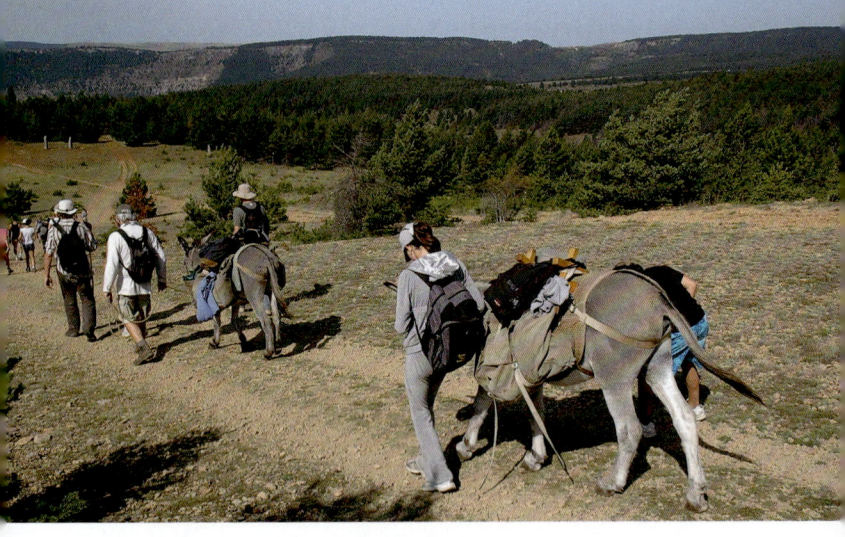

Beliebt sind Wandertouren mit dem Esel

Nordcevennen

Der nördliche Teil der Cevennen ist ein herber und nur spärlich besiedelter Landstrich, geprägt durch die wasserarmen Hochebenen der Causses und den kargen Mont Lozère mit seinem subalpinen Charakter. In touristischer Hinsicht lockt vor allem die Schlucht des Tarn.

Die Départementshauptstadt Mende ist das „urbane Zentrum" der immer noch von Viehwirtschaft geprägten Region. Der Tarn und viele kleinere Flüsse verführen zum Baden, während die Causses oder der Chaos de Montpellier-le-Vieux sich hervorragend zum Wandern eignen. Spektakulär ist das Viaduc de Millau, eine Schrägseilbrücke mit mehr als 300 Meter hohen Stützpfeilern.

Mende

12.600 Einwohner

Mende ist eine attraktive Kleinstadt am nördlichen Rand der Cevennen, deren Größe nicht vermuten lässt, dass es sich um die Hauptstadt des Départements Lozère handelt. Die Altstadt hat sich ihren altertümlichen Charakter bewahrt und wird noch immer von ihrer großen Kathedrale dominiert.

Besonders reizvoll ist auch Mendes Lage im Tal des Lot und die Nähe zum Mont Lozère, den Causses und den Gorges du Tarn. Wer Zeit und Lust hat, sollte unbedingt auf dem südlich der Stadt gelegenen Mont Mimat (1067 Meter) mit der Ermitage Saint-Privat spazieren. Auf dem Gipfel steht eine Orientierungstafel und man hat einen tollen Blick über Mende. Von der Stadtmauer des Ortes ist nur noch die Tour des Pénitents erhalten, doch lässt sich ihr einstiger Verlauf noch leicht auf dem Stadtplan erkennen, da an Stelle der alten Mauern die Altstadt von einem ringförmigen Boulevard umschlossen wird. Das historische Zentrum gefällt mit seinen verwinkelten Gassen und kleinen Plätzen. Schöne Häuser finden sich beispielsweise in der Rue d'Aigues-Passes oder in der Rue d'Angiran. Im Mittelalter besaß Mende auch ein jüdisches Ghetto. In der Rue Notre-Dame steht noch ein Haus aus dem 13. Jahrhundert, das einst als Synagoge benutzt wurde (Nr. 17). Lobend zu erwähnen sind die zahlreichen Informationstafeln, die in der Altstadt Auskunft über die Sehenswürdigkeiten von Mende geben.

Geschichte

Eine Besiedlung des Lot-Ufers fand bereits in vorgeschichtlicher Zeit und dann vor allem im Römischen Reich statt. Rund um *Viculus Mimatensis* lebten reiche Römer in stattlichen Villen am Flussufer. Den eigentlichen Ausschlag zur Gründung einer Stadt gab allerdings der Tod des heiligen Privat, eines frühchristlichen Märtyrers. Das Grab des Heiligen entwickelte sich schnell zu einem beliebten Wallfahrtsort. Im 10. Jahrhundert stieg Mende zum Bischofssitz auf und wurde dadurch zu einer der größten und bedeutendsten Städte in den Cevennen, wenngleich es während des gesamten Mittelalters durch Konflikte zwischen Bischof und Bürgertum geprägt wurde. Der Wohlstand der Stadt gründete sich größtenteils auf den Wollhandel. Erst die Französische Revolution beendete die bischöfliche Vorherrschaft in der Stadt; Mende wurde 1792 zur Hauptstadt des neu geschaffenen Département Lozère bestimmt. Der Niedergang der Seidenherstellung und Absatzschwierigkeiten in der Landwirtschaft führten im 20. Jahrhundert zu erheblichen Krisen, die jedoch überwiegend gemeistert wurden. Ein paar Schatten fallen auf die jüngere Vergangenheit: Kaum bekannt ist, dass sich in **Rieucros**, wenige Kilometer nordöstlich von Mende, zwischen 1939 und 1944 ein Fraueninternierungslager für „feindliche Ausländer" befand, in dem zahlreiche Jüdinnen und deutsche Antifaschistinnen inhaftiert waren.

Hauptmann Merle bevorzugt die Nacht

Mende war im Zeitalter der Religionskriege wiederholt Ausgangspunkt militärischer Auseinandersetzungen, in die vor allem ein hugenottischer Hauptmann namens *Mathieu Merle* verwickelt war. Merle, ein fanatischer Hugenotte, war ein Spezialist für Nachtangriffe und nutzte die Weihnachtsnacht des Jahres 1579 aus, um die nichts ahnenden Einwohner von Mende zu überfallen. Hatte das katholische Mende 1562 einen protestantischen Angriff noch erfolgreich abgewehrt, war die Stadt dem Überraschungscoup nun fast schutzlos ausgeliefert. Als die besiegten Katholiken Mende wenige Monate später zurückerobern wollten und vor den Toren lagerten, schlug sie Hauptmann Merle erneut mit einer nächtlichen Attacke in die Flucht.

Basis-Infos

Information Office de Tourisme, Place du Foirail, 48000 Mende, ✆ 0466940023, www.ot-mende.fr. **Loisirs Accueil en Lozère** bietet Auskünfte über Übernachtungsmöglichkeiten im gesamten Département. 14, boulevard Henri-Bourrillon, ✆ 0466484848, www.lozere-tourisme.com.

Verbindungen Der SNCF-Bahnhof liegt 600 m nördlich der Altstadt, ✆ 3635. Die Busse starten entweder am Bahnhof oder auf der Place du Foirail. Mehrmals tgl. Zug- und Busverbindungen nach Marvejols und La Bastide sowie nach Clermont-Ferrand bzw. über Alès und Nîmes nach Montpellier. Weitere Busverbindungen nach Rodez, Meyrueis, Florac und Sainte-Enimie.

Markt Mittwochvormittag auf der Place Chaptal, Samstagvormittag auf der Place Chaptal sowie auf der benachbarten Place Urbain V.

Kino Cinéma Trianon (drei Kinosäle), Boulevard Lucien Arnault, ✆ 0836680174. http://trianon-mende.cine.allocine.fr.

Post 6, boulevard du Soubeyran.

Schwimmen Piscine Marceau Crespin, städtisches Hallen- und Freibad mit Riesenrutsche. Route du Chapitre.

Kanuverleih Club Mendois, Quai Petite-Roubeyrolle, ✆ 0466492597.

Fahrradverleih Espace Bike, 32, route du Chapitre, ✆ 0466650181.

Übernachten & Essen

Hotels/Restaurants ≫ **Mein Tipp:** ** Le Commerce 6, das kleine, familiäre Hotel mit Patina direkt am Altstadtring (die Bar wird seit 1933 von derselben Familie geführt) wurde unlängst komplett renoviert und begeistert durch sein modernes Flair und die ansprechenden Bäder, sehr großzügig ist das Zimmer Nr. 3 Eine ausgezeichnete Wahl in dieser Preisklasse! Die Zimmer nach hinten sind ruhiger. Kostenloses WLAN. Im April sowie im Okt. jeweils zwei Wochen Betriebsferien. EZ 45 €, DZ 55 €; Frühstück 7 €. 2, boulevard Henri-Bourrillon, ✆ 0466651373, www.lecommerce-mende.com. ≪

≫ **Mein Tipp:** *** Hôtel de France 3, familiäres, gut ausgestattetes Logis-Hotel mit nettem Innenhof und Terrasse, am Altstadtring in einer ehemaligen Postkutschenstation. Großzügige Zimmer (modern, aber mit Flair), die unter dem Dach sind kleiner, aber gemütlich. Sehr schön sind auch die komplett neu renovierten Zimmer in einer benachbarten Dependance, so Nr. 22 und 24 - mit Zugang zu einem kleinen Garten. Die beste Adresse in Mende! Auch das Restaurant ist einen Besuch wert. In stilvollem Rahmen wird regionale Küche serviert, deren Nähe zur Haute Cuisine nicht zu verleugnen ist. Gute Weinauswahl mit vielen Weinen aus dem Languedoc. Menüs zu 28 € (mittags), 31 und 38 und 54 €. WLAN. Im Jan. Betriebsferien, das Restaurant ist Samstagmittag geschlossen. Zimmer 78–110 €; Frühstück 12 €; Garage gegen Gebühr. 9, boulevard Lucien Arnault, ✆ 0466 650004, www.hoteldefrance-mende.com. ≪

** Le Drakkar 5, das Hotel an der Kathedrale bietet sich als ebenfalls als Unterkunft an. WLAN. Zimmer 54–94 €; Frühstück 8,50 €. Place Urbain V., ✆ 0466490404.

≫ **Mein Tipp:** Safranière 2, dieses mit zwei Gault-Millau-Hauben bewertete Restaurant in dem Weiler Chabrits (5 km westl.) ist eines der besten im ganzen Département Lozère. In dem alten Bauernhof wird eine anspruchsvolle ländliche Küche mit mediterranem und asiatischem Einschlag serviert. Mittagsmenü 23 €, abends von 26–47 €. Sonntagabend und Mo Ruhetag. Zwei Wochen im Sept. Betriebsferien. ✆ 0466493154. ≪

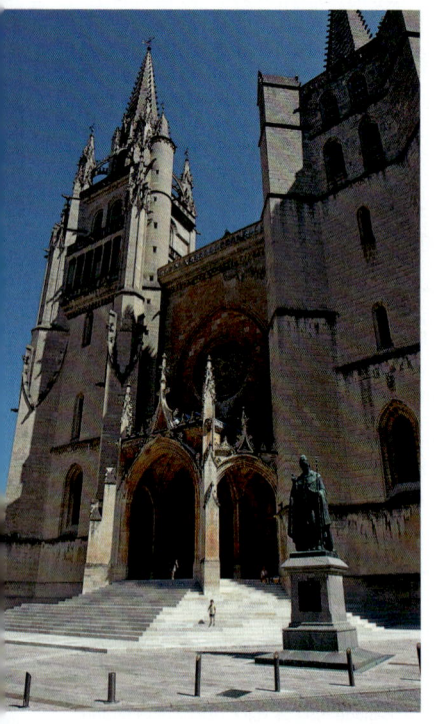

Imposant: Die Kathedrale von Mende

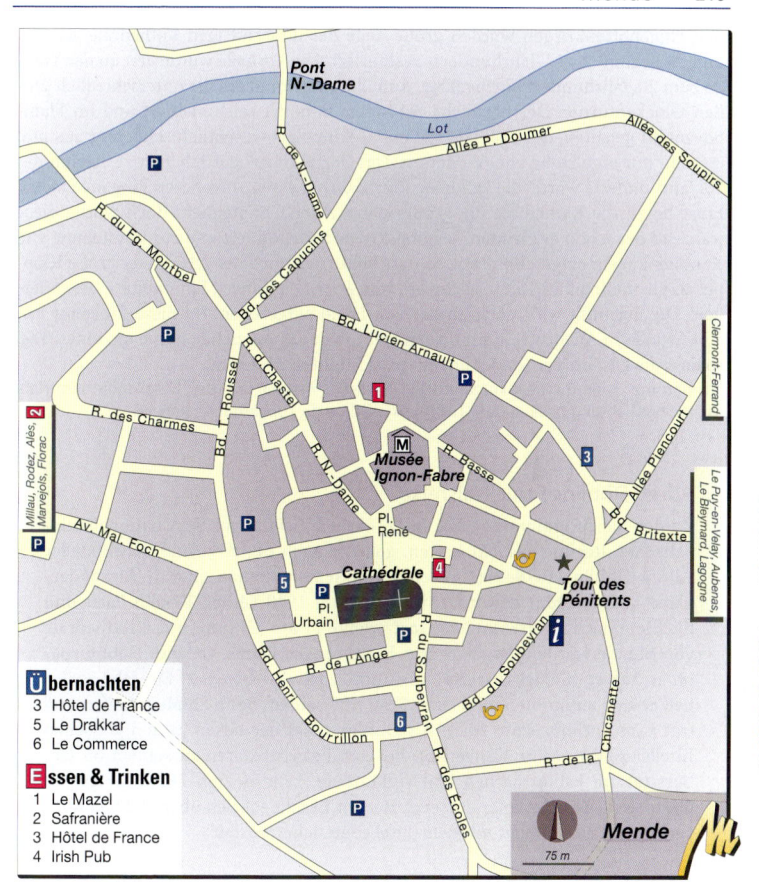

Übernachten
3 Hôtel de France
5 Le Drakkar
6 Le Commerce

Essen & Trinken
1 Le Mazel
2 Safranière
3 Hôtel de France
4 Irish Pub

Le Mazel ❶, seit zig Jahren eine anerkannt gute Adresse in der Altstadt von Mende! Zwar befindet sich das Restaurant in einem gesichtslosen Gebäude in der Altstadt, doch zeigt sich die Küche ganz traditionell. Ausgezeichnet mundet die *Magret de Canard au citron vert*. Gute Desserts! Menüs zu 16,50 € (mittags), 21,50, 23,50 und 28 €. Sonntagabend und Mi Ruhetag. 25, rue du Collège, ✆ 0466650533.

Irish Pub ❹, beliebter Treffpunkt im Herzen der Altstadt. Große Straßenterrasse. Plat du Jour ab 9 €. 12, place de la République, ✆ 0466650460.

Camping *** Le Tivoli, netter, gut ausgestatteter Platz mit beheiztem Pool (Juni bis Aug.), knapp 2 km vom Zentrum entfernt. Kostenloses WLAN. Ganzjährig geöffnet, mit beheizten sanitären Anlagen. ✆ 0466 650038, www.camping-tivoli.com.

Sehenswertes

Cathédrale Saint-Privat: Die imposante Bischofskirche geht auf Papst Urban V. zurück, dessen Statue vor dem Westportal steht. Von den Vorgängerbauten ist bis auf die romanische Krypta mit dem Grab des heiligen Privat nichts mehr erhalten. In den Hugenottenkriegen wurden große Teile der dreischiffigen Kathedrale zerstört und zu Beginn des 17. Jahrhunderts restauriert. Die Vorhalle wurde erst an der Wende zum 20. Jahrhundert hinzugefügt. Auffällig sind vor allem die unterschiedlich großen Glockentürme: Der nördliche, 84 Meter hohe ist reich verziert und im Flamboyantstil gehalten, der südliche fiel aus Geldmangel wesentlich schlichter aus und erreicht nur eine Höhe von 65 Metern. Das Portal ist neogotisch, erst zu Beginn des 20. Jahrhunderts wurde die zu kleine Pforte durch einen stilvolleren Eingang ersetzt. Einst besaß die Kathedrale die größte Glocke der Christenheit, doch wurde diese während der schon erwähnten Religionskriege zertrümmert und zur Herstellung von Kanonenkugeln eingeschmolzen, so dass heute nur noch der 2,15 Meter große Klöppel an die mehr als 20 Tonnen schwere *Non Pareille* erinnert. Eine weitere Besonderheit: Die Turmuhr wird noch immer von Hand aufgezogen. Da diese Prozedur fast eine Stunde in Anspruch nimmt, verschiebt man das Aufziehen gerne um einen Tag, so dass die Uhr immer wieder um ein paar Minuten nachgeht.

Im Sommer kann man werktags um 16 Uhr die Kathedrale und den Glockenturm im Rahmen einer Führung besichtigen. Treffpunkt: Office de Tourisme. Kosten 4 €.

Alfred Döblins Schicksalsreise

Zu den vielen Emigranten, die in Frankreich Schutz vor dem nationalsozialistischen Regime gesucht hatten, gehörte auch der Arzt und Schriftsteller Alfred Döblin (1878–1957), der durch seinen Roman „Berlin Alexanderplatz" weltberühmt geworden war. Im Juni 1940 verließ Döblin Paris und flüchtete nach Südfrankreich. Dort erlebte er am 25. Juni in der Kathedrale von Mende vor dem Kruzifix sein Bekehrungserlebnis, welches Döblin später in seiner „Schicksalsreise" ausführlich beschrieben hat. Ein Jahr später ließ er sich zusammen mit seiner Frau und seinem Sohn Stephan taufen und trat zum Katholizismus über. Als Döblin, einer der bekanntesten jüdischen Intellektuellen, seine Konversion bei den Feierlichkeiten zu seinem 65. Geburtstag im kalifornischen Exil verkündete, kam es zum Eklat. Einige der Gäste verließen die Feier entsetzt, Bertolt Brecht schrieb über Döblins Konversion gar ein Gedicht mit dem Titel „Peinlicher Vorfall".

Pont Notre Dame: Die schmale Brücke, die 200 Meter nördlich der Altstadt über den Lot führt, stammt noch aus dem 13. Jahrhundert und hat im Laufe ihrer Geschichte schon so manches Hochwasser gemeistert. Der optische Fixpunkt ist der 20,3 Meter breite, leicht geschwungene Brückenbogen.

Umgebung von Mende

Langogne   3100 Einwohner

Ganz im nordöstlichen Zipfel des Départements gelegen, passiert man Langogne meist auf der Anreise von Lyon über Saint Etienne. Das lebendige Landstädtchen ist bekannt für seinen schönen Samstagsmarkt und besitzt eine historische Markthalle und eine schmucke romanische Pfarrkirche (Saint-Gervais-Saint-Protais). Einen Abstecher lohnt im Sommer auch der nahe **Lac de Naussac**, der sich hervorragend zum Baden und Surfen eignet.

Information Office de Tourisme, 15, boulevard des Capucins, 48300 Langogne, ✆ 0466479143, www.ot-langogne.com.

Übernachten & Essen *** **Domaine de Barres**, traumhaftes Landhotel in einem Herrensitz aus dem 18. Jh., umgeben von einem 27 ha großen Park mit Golfplatz. Beeindruckend ist die Verbindung zwischen Altem und Modernem, denn die Einrichtung stammt von dem Designer Jean-Michel Wilmotte. Zur Erholung stehen den Gästen ein Hallenbad und eine Sauna zur Verfügung. Gutes Restaurant. Kostenloses WLAN. DZ 85–125 €; Frühstück 13 €; Menüs ab 28 €. Route de Mende, ✆ 0466460837, www.domainedebarres.com.

Châteauneuf-de-Randon

500 Einwohner

Rund 30 Kilometer nordöstlich von Mende liegt Châteauneuf-de-Randon, eines der schönsten Dörfer im Département Lozère. Die Häuser ziehen sich die Kuppe eines 1290 Meter hohen Hügels hinauf. Im Ort erinnert eine Statue an *Bertrand du Guesclin*, der im Hundertjährigen Krieg als Connétable von Frankreich der oberste Heerführer im Kampf gegen die Engländer war und am 13. Juli 1380 in Châteauneuf an den Folgen einer Lungenentzündung verstarb.

Office de Tourisme, 48170 Châteauneuf-de-Randon, Avenue Adrien Durand, ✆ 0466479952, www.chateauneufderandon.com.

Lanuéjols

320 Einwohner

Der kleine, malerische Ort südöstlich von Mende besitzt zwar eine schmucke Kirche samt Glockenturm aus dem 12. Jahrhundert, doch richtet sich das kunsthistorische Interesse auf ein römisches Mausoleum am westlichen Ortsrand. Es ist das einzige Relikt aus römischer Zeit, das sich in dieser Region erhalten hat. Gegen Ende des 3. Jahrhunderts unserer Zeitrechnung ließ das wohlhabende römische Landbesitzerpaar Lucius Julius Bassianus und Pomponia Regola dieses reich verzierte Monument zum Gedenken an ihre beiden früh verstorbenen Söhne Bassulus und Balbinus errichten. Neben demjenigen von Saint-Rémy in der Provence ist dieses

Das römische Mausoleum von Lanuéjols

Monument das einzige römische Mausoleum in Frankreich! Bis 1974 befand sich das Bauwerk in einem sehr schlechten Zustand; erst dann hat die öffentliche Hand Grabungen finanziert, die das Podest vom Erdreich befreiten.

Marvejols
5000 Einwohner

Marvejols ist ein kleines, stolzes Städtchen im Tal des Colagne. Philipp der Schöne erhob den Ort 1307 zur „Königlichen Stadt" und ließ Marvejols befestigen. Während der Hugenottenkriege wurde die Stadt 1586 von den Truppen des Herzogs von Joyeuse zerstört, doch unterstützte Heinrich IV. die Bürger beim Wiederaufbau mit Mitteln aus seiner Privatschatulle. Diese brachten ihre Dankbarkeit mit einer Inschrift an der Porte de Soubeyran, einem der drei wehrhaften Stadttore, zum Ausdruck. Im 20. Jahrhundert kam dann am nördlichen Stadttor noch eine moderne Statue hinzu. Stattlich ist die ehemalige Kollegiatskirche Notre-Dame-de-la-Carce, die im frühen 14. Jahrhundert errichtet und nach den Hugenottenkriegen mit Renaissanceelementen wieder errichtet wurde.

Heute ist Marvejols ein kleines landwirtschaftliches Zentrum, der lokale Handel beruht vor allem auf der Leder- und Holzverarbeitung. Lohnend ist ein Bummel durch die sich quer durch die Altstadt hinziehende Hauptstraße hin zu der von Geschäften eingerahmten Place Henri Cordesse. Cineasten ist Marvejols auch durch Jean-Jacques Beineix' Kultfilm *Betty Blue* bekannt, denn die Szenen rund um das Klaviergeschäft, das die beiden Hauptprotagonisten in der Provinz übernehmen, wurden in den Cevennen gedreht.

Basis-Infos

Information Maison du Tourisme, Porte du Soubeyran, 48100 Marvejols, ✆ 0466 320214, www.ville-marvejols.fr.

Verbindungen Zug- und Busverbindungen nach Mende, Millau, Rodez und weiter nach Béziers (4-mal tgl.), zudem verkehren Züge nach Mende sowie 3-mal tgl. ein Zug nach Paris, ✆ 3635. Der Bahnhof befindet sich einen knappen Kilometer südwestlich des Ortes in der Avenue Pierre-Semard.

Markt Samstagvormittag auf der Place Soubeyran und der Place Henri Cordesse, am Di nur auf der Place Henri Cordesse. Jeden ersten und dritten Mo im Monat wird zudem ein großer Schafmarkt abgehalten.

Veranstaltungen Am vorletzten So im Juli findet der Halbmarathon Marvejols-Mende statt, der jedes Jahr rund 5000 Teilnehmer zählt; www.marvejols-mende.org. Ende Juli ist auch der Termin für das viertägige Kulturfestival *Marvejols en Scène* (Theater, Tanz, Konzerte).

Schwimmen Städtisches Freibad beim Sportplatz 5 Fußmin. nordöstl. der Altstadt. Juni bis Aug. geöffnet. ✆ 0466321458. Eintritt 3 €.

Kino Cinéma Trianon, 4, rue Mendras, ✆ 0466320114.

Übernachten & Essen

Hotels ››› Mein Tipp: *** Chez Camillou, dieses herrliche Hotel-Restaurant liegt knapp 15 km nördlich in dem netten Ort Aumont-Aubrac und eignet sich hervorragend als Etappenstation (unweit der Autobahn A 75). Den Gast erwarten nicht nur geschmackvolle moderne Zimmer, sondern ein empfehlenswertes Gourmetrestaurant. Chefkoch Cyril Attrazic wurde wiederholt mit einem Michelin-Stern ausgezeichnet. Selbst beim günstigsten Menü wird ein wahres kulinarisches Feuerwerk geboten: Texturen und Geschmacksvariationen vereinen sich zu einem kongenialen kulinarischen Erlebnis. Phäno-

Marvejols 219

menal ist auch die Auswahl des Käsewagens. Menüs zu 35, 47, 65 und 85 €. Lohnend ist daher die Halbpension. Etwas günstiger, aber ebenfalls sehr ansprechend speist man in der zugehörigen Brasserie (Menüs zu 17, 25,80 und 34 €). Kostenloses WLAN sowie kleiner Pool hinter dem Haus vorhanden. DZ 89–110 €; Frühstück 11 €, Halbpension 23 oder 40 €. Von Mitte März bis Ende Nov. geöffnet, das Restaurant hat Di und Mi Ruhetag, im Juli und August an beiden Tagen nur mittags geschlossen, die Brasserie hat Sonntag-, Montagabend und Dienstag geschl. 10, route du Languedoc, ✆ 0466428614. www.camillou.com. «

** **De la Gare et des Roches**, wie der Name schon andeutet, liegt dieses Logis-Hotel direkt am Bahnhof. Menüs zu 14,30 € (mittags), sonst 20,50 oder 28,80 €. Passable Zimmer je nach Ausstattung zu 50–65 €; Frühstück 7 €. 27, avenue Pierre Semard, ✆ 0466321058, www.hoteldesrochers.com.

** **Brit Hotel**, modernes Kettenhotel am nördl. Ortseingang. Parkplatz und Restaurant vorhanden. Kostenloses WLAN. DZ 66–73 €; Frühstück 6,90 €. 27 bis, rue Théophil-Roussel, ✆ 0466442023, www.hotel-marvejols.brithotel.fr.

Domaine de Carrière, stilvolles Chambres d'hôtes in einem Schloss aus dem Zeitalter des Absolutismus. Ein großer Park mit Pool verschönert den Aufenthalt. Monsieur und Madame Mialanes vermieten von Ostern bis Sept. fünf stilvolle Zimmer mit Bad ab 100 € inkl. Frühstück. Route de l'Empéry, ✆ 0466 324705, www.domainedecarriere.com.

Restaurants L'Auberge Domaine de Carrière, das anerkanntermaßen beste Restaurant der Stadt mit viel Flair befindet sich abseits des Zentrums. Ambitionierte Küche (mediterran mit spanischen Akzenten) zu angemessenen Preisen. Menüs zu 19 € (nur mittags), 27 und 40 €. Sonntagabend und Mo geschlossen. Quartier de l'Empery, ✆ 0466324705.

Camping ** Le Coulagnet, kleiner, gut ausgestatteter Platz (nur 40 Stellplätze) mit Pool. Keine Hunde. Von Mitte Mai bis Mitte Sept. geöffnet. Quartier de l'Empéry, ✆ 0466320369.

Umgebung

Lac du Moulinet: Netter Badesee mit Wasserrutsche und diversen Freizeiteinrichtungen. Etwa zwölf Kilometer weiter nördlich (RN 9), unweit der gleichnamigen Ortschaft.

Château de la Baume: Das rund zwölf Kilometer nordwestlich von Marjevols gelegene Château de la Baume ist ein repräsentatives Anwesen aus dem 17. Jahrhundert, weshalb es gerne auch als „Versailles du Gévaudan" bezeichnet wird. Das aus Granit errichtete Schloss ist von einem ausgedehnten Park umgeben und begeistert durch sein kostbares Interieur. Da es sich in Privatbesitz befindet, ist eine Besichtigung nur eingeschränkt möglich. Es werden auch drei Zimmer vermietet.

Juli und Aug. tgl. 10–12 und 14–18 Uhr. In der Nebensaison nur nach vorheriger Anmeldung unter ✆ 0466325159. Eintritt 6,50 €, erm. 5,50 €. www.chateaudelabaume.org.

Parc des Loups du Gévaudan: Der 1985 eröffnete Wolfspark mit angegliedertem Informationszentrum (samt Café, Picknickbänken und Kinderspielplatz) liegt rund zehn Kilometer nördlich von Marvejols in der einsamen Bergwelt der Cevennen. In einem (halbwegs) weitläumigen Areal werden *Wölfe* aus Sibirien, Polen, Kanada und der Mongolei in getrennten Gehegen gehalten, die gesamte Population beträgt mehr als hundert Tiere. Interessant ist es, sich einer der mehrmals täglich stattfindenden Führungen anzuschließen, bei denen die Wölfe auch gefüttert werden. Zudem gibt es noch ein 20 Hektar großes Areal, das Besuchern nicht zugänglich ist, da die dortigen Wölfe ausgewildert werden sollen.

Juni bis Aug. tgl. 10–19 Uhr, April, Mai, Sept. und Okt. tgl. 10–18 Uhr, Nov., Dez., Feb. und März tgl. 10–17 Uhr. Im Jan. geschlossen. Führungen um 10.30, 11.45, 14.15 und 15.30 Uhr, im Sommer auch 16.45 Uhr, im Juli und Aug. auch 17.45 Uhr. Eintritt 7,80 €, erm. 4,70 €. www.loupsdugevaudan.com.

Die Bestie des Gévaudan

Wer die Wölfe des Gévaudan friedlich in ihren Gehegen liegen sieht, ahnt nicht, welchen Schrecken die Tiere noch im 18. Jahrhundert verbreitet haben. Von 1764 bis 1767 trieb die so genannte Bestie des Gévaudan ihr Unwesen in der Region und tötete insgesamt sechs Männer, 25 Frauen und 68 Kinder auf grausame Weise. Schon nach den ersten Todesfällen wagte sich kein Bauer mehr aufs Feld, kein Holzfäller ging mehr alleine in den Wald. Die gesamte Region lebte in einem permanenten Ausnahmezustand, das öffentliche Leben brach vollkommen zusammen. Die Kunde von dem Ungeheuer drang bis nach Paris vor: Der französische König Ludwig XV. sandte erst seine Dragoner, dann seine besten Jäger aus, um den Terror zu beenden. Doch vergebens: Die königlichen Jäger erlegten zwar 1765 einen riesigen Wolf, doch das schreckliche Treiben fand kein Ende. Erst als ein gewisser Jean Chastel am 17. Juni 1767 einen weiteren Wolf bei Sangues erschoss, ging die Serie der Todesfälle abrupt zu Ende. Bis heute bleibt umstritten, ob wirklich ein Wolf der Verursacher für die grausame Mordserie war, der fast ausschließlich Kinder und Frauen zum Opfer fielen. Seltsamerweise wurde nämlich in den drei Jahren kein einziges Schaf von einem Wolf gerissen, weswegen spekuliert wird, ob nicht vielleicht irgendein Psychopath am Werk gewesen sein könnte.

La Canourgue

2200 Einwohner

La Canourgue, das „Venedig der Lozère", ist eines der schönsten und geschichtsträchtigsten Städtchen im Tal des Lot. Die Keimzelle des Ortes bildete ein Kloster, um das sich seit dem 8. Jahrhundert ein Dorf entwickelt hat. An die klösterliche Vergangenheit erinnert nur noch die Eglise Saint-Martin. Ihre ältesten Teile stammen noch aus dem 12. Jahrhundert. Nicht versäumen darf man einen Bummel durch das historische Zentrum mit seinen überwölbten Gassen und den alten Steinhäusern, die teilweise mit Fachwerk oder Renaissance-Elementen verziert sind. Einen besonderen Blickfang bietet ein Gebäude mit einem weit vorkragenden Obergeschoss an der Place aux Blé, das eines der ältesten Häuser der Region ist.

Information Office de Tourisme, 24, rue de la Ville, 48500 La Canourgue, ✆ 0466 328367, www.ot-lacanourgue.com. Hier sind auch Faltblätter zu Wanderungen in der Umgebung erhältlich.

Markt Dienstagvormittag.

Golf Golf du Sabot, 18-Loch-Anlage am östlichen Ortsende, ✆ 0466328400, www.golf-gorgesdutarn.com

Schwimmen Ein öffentliches Freibad befindet sich am westlichen Ortseingang.

Übernachten & Essen ** Le Portalou, an einem ruhigen Platz mitten im historischen Zentrum liegt dieser typische Dorfgasthof. Im Restaurant werden Menüs zu 14 und 15,60 € (mittags) und 18,90 € sowie leckere Salate serviert. Als Spezialität des Hauses gelten die gegrillten Schweinsfüße. Der halbe Liter vom offenen Hauswein kostet trinkfreudige 5,50 €. Straßenterrasse. Im Jan. Betriebsferien. Die großzügigen, aber bejahrten Zimmer befinden sich in einem Nebengebäude, einige mit Blümchentapete, andere wie das Zimmer Nr. 1 mit einer herrlichen Wandvertäfelung. DZ je nach Ausstattung und Saison 49–64 €, zum Frühstück (8,50 €) gibt es selbst gemachte Marmelade. Place du Portalou, ✆ 0466 328355, www.hotelleportalou.com.

》》 Mein Tipp: La Vialette, 10 km von La Canourgue entfernt befindet sich diese

La Canourgue

La Canourgue ist ein Ort mit viel Charme

traumhafte Gîte d'Etape inmitten der Causse de Sauveterre. Von mehreren Lesern gelobt! Der Bauernhof – nahe dem Weiler La Capelle gelegen – stammt teilweise noch aus dem 14. Jh. und verfügt über fünf sehr gut ausgestattete Zimmer und ein Haus für 4–5 Pers. Anne-Marie kümmert sich liebevoll um ihre Gäste, die sich abends an der langen Tafel im Haupthaus versammeln (Abendessen: 20 € inkl. Wein), um sich an ihrer ländlichen Küche zu laben. WLAN und Pool vorhanden. DZ 66 €, EZ 54 €, jeweils inkl. Frühstück, Haus je nach Saison ca. 350–500 € pro Woche. ✆ 0466328300, www.gite-sauveterre.com. «

Camping *** Camping du Golf, komfortabler, auch für Rollstuhlfahrer geeigneter Platz mit kleinem Pool. Vermietung von komfortablen Chalets. Kostenloses WLAN. Von Mitte April bis Okt. geöffnet. Route des Gorges du Tarn, ✆ 0466328400, www.golf-gorgesdutarn.com.

Aubrac – menschenleere Einöde

Lohnend ist ein Abstecher zum Aubrac, einem vulkanischen Hochplateau mit kahlen Kuppen, das sich wenige Kilometer westlich von Marvejols erhebt und größtenteils als Rinder- und Schafweide genutzt wird. Die Sennhütten sind steinerne Zeugen dieser Weidewirtschaft. Ende Mai beginnt der traditionelle Viehauftrieb mit der *Fête de la Transhumance* (zumeist am 25. Mai), wobei die Kühe mit Blumengebinden geschmückt und prämiert werden. Mit nur acht Menschen pro Quadratkilometer ist der Aubrac so gut wie unbewohnt. Da der größte Teil des Plateaus zwischen 1300 und 1400 Metern hoch gelegen ist, sollte man auf frostige Temperaturen eingestellt sein. Selbst im April muss man noch damit rechnen, dass Schneestürme die Einöde in eine Eiswüste verwandeln. Im Winter kann man Skilanglauf machen, im Sommer sind die Seen und Bäche des Aubrac ein wahres Angelparadies. Reizvoll ist auch der Ort **Nasbinals** mit seiner romanischen Kirche und dem nahen Déroc-Wasserfall.

Rund um den Mont Lozère

Die mächtige Granitkuppe des Mont Lozère ist mit 1699 Metern die höchste Erhebung der Cevennen. Von West nach Ost erstreckt sich das an ein Hochplateau erinnernde Bergmassiv und reicht bis an die Grands Causses heran.

In der Vergangenheit bildete der Mont Lozère eine natürliche Grenze zwischen den Franken und den Westgoten, später zwischen dem französischen Königreich und den Grafen von Toulouse. Das karge Granitmassiv – bei 1400 Meter liegt die Baumgrenze – wimmelte früher von zahllosen Schafherden, die im Sommer auf die ausgedehnten Weiden hinaufgetrieben wurden. Heute sind es nur noch wenige tausend Tiere, so dass seit dem Niedergang der Weidewirtschaft verstärkt Ginster auf dem Bergrücken wächst. Charakteristische Vegetationsformen sind Heideland und Moore, dazwischen blühen Arnika und Annemonen.

Im Südosten des Mont Lozère trifft man auf mehrere schöne Bergtäler, die zum Wandern einladen. Städte gibt es keine, nur kleine Dörfer wie **Le Pont-de-Montvert** und **Bagnols-les-Bains**, ein Thermalbad, dessen Heilquellen schon die Römer kannten. Ein achteckiges Auffangbecken erinnert noch an die antiken Badeanlagen. In der Nähe des Ortes bietet der Erlebnispark **Vallon du Villaret** zahlreiche Attraktionen für Kinder und Jugendliche. Ein beliebter Ferienort ist **Villefort**, dessen gleichnamiger Stausee in den heißen Sommermonaten für die nötige Abkühlung sorgt.

Erkundungen: Die sich von **Le Bleymard**, einem Gebirgsdorf mit den charakteristischen, schiefergedeckten Bauernhäusern der Cevennen, nach Le Pont-de-Montvert esteckende Straße (D 20) führt nicht über den Gipfel des Mont Lozère, sondern über den 1541 Meter hohen **Col de Finiels**. Von hier aus wandert man rund eine Stunde bis zum Gipfel, dem 1699 Meter hohen **Sommet de Finiels**. Bei klarem Wetter kann man von hier aus bis zum Mittelmeer sehen. Alternativ kann man auch vom etwas weiter nördlich gelegenen Chalet du Mont Lozère starten, um den tollen Panoramablick zu genießen. In der kalten Jahreszeit verwandelt sich der Ort in ein lebhaftes Wintersportzentrum mit Liftbetrieb und einem großen Loipennetz. Abhängig von den Wetterverhältnissen kann auf dem Mont Lozère bis weit in den April hinein Schnee liegen. Bedingt durch seine exponierte Lage verzeichnet der Berg ausgiebige Niederschläge; bei schlechtem Wetter sollte man sich gegen die Orkanstärke der über den Gipfel brausenden Windböen und die Kälte wappnen. Ungefährlich ist der Berg nicht: Im Januar 1984 sind zwei Wanderer nach einem plötzlichen Temperatursturz in der Nähe des Hameau des Laubiens erfroren aufgefunden worden.

Wandern: Wer viel Zeit hat, dem empfiehlt sich eine ausgedehnte Wanderung durch das Gebirge auf dem GR 7. Dieser gut markierte Fernwanderweg folgt den Spuren eines heute kaum mehr frequentierten Herdenwegs (*Draille de la Margeride*). Besonders schön ist der Abschnitt vom Chalet du Mont Lozère bis zum Weiler **L'Aubaret**, der sich als Tagestour bewältigen lässt. Der Weg führt – mit einem Abstecher zum Gipfel – an mehreren Gehöften und Ansiedlungen wie L'Hôpital vorbei. Geologisch auffallend sind die riesigen Granitblöcke, die über das gesamte Gebiet verstreut sind. Für eine ausgedehnte Sechs-Tageswanderung empfiehlt sich der 110 Kilometer lange Fernwanderweg GR 68, der den Mont Lozère in gebührendem Abstand umrundet. Hierzu sollte man allerdings noch vor Ort eine topographische Karte erstehen. Als Ausgangspunkt für diese Tour empfiehlt sich beispielsweise Villefort.

Le Pont-de-Montvert: Die namensgebende Tarnbrücke

Le Pont-de-Montvert
280 Einwohner

Das sich am Südhang des Mont Lozère wie ein Amphitheater hinaufziehende 300-Seelen-Dorf wird gerne als Ausgangspunkt für Wanderungen gewählt. Le Pont-de-Montvert liegt am Oberlauf des Tarn, an dessen Ufern sich ein paar Dutzend Steinhäuser samt einer pittoresken, gekrümmten Brücke als harmonisches Ensemble präsentieren. Der größte Sohn des Ortes ist Papst *Urban V.*, der um das Jahr 1310 als Guillaume de Grimoard in dem zu Le Pont-de-Montvert gehörenden Weiler Grizac das Licht der Welt erblickte. Im Jahre 1362 wurde er in Avignon zum Papst gewählt. Knapp 350 Jahre später wurden am 24. Juli 1702 in Le Pont-de-Montvert die Camisardenkriege ausgelöst, als der Abbé du Chayla in dem Ort weilte, um die Einwohner nach ihrem richtigen Glauben „zu befragen" und dabei seine Opfer wie zu den Zeiten der mittelalterlichen Inquisition grausam foltern ließ. Die von dem Wollkämmerer *Esprit Séguier* angeführten Camisarden überfielen den Abt, lynchten ihn und schleiften seinen Leichnam durch die Gassen. Ein blutiger Auftakt zu einem noch blutigeren Krieg!

Die Attraktion des Ortes ist eine wunderschöne Badestelle im Fluss, die nur fünf Fußminuten (flussaufwärts) vom Zentrum entfernt ist. Der Tarn plätschert als kleiner Wasserfall über die von der Sonne aufgeheizten Felsen und bietet in mehreren Naturpools reichlich Gelegenheit zum Schwimmen und Plantschen, wobei man sich nicht von den kühlen Wassertemperaturen abschrecken lassen sollte. In Richtung Florac erreicht man nach elf Kilometern das **Château de Miral**, das einst den Zugang zum Tarn-Tal beherrschte.

Information Office de Tourisme, Le Quai, 48220 Le Pont-de-Montvert, ✆ 0466458194, www.cevennes-lozere.com.

Markt Mittwochvormittag im Sommer.

Château de Miral Juni bis Sept. tgl. außer So 10–12 und 15–18 Uhr nach telefonischer Vereinbarung unter ✆ 0466451832. Eintritt 5 €, erm. 3 €.

Baden im Tarn bei Le Pont-de-Montvert

Übernachten & Essen Auberge des Cévennes, bereits Robert Louis Stevenson logierte 1878 bei seiner berühmten Wanderung durch die Cevennen in dem kleinen Hotel am Ufer des Tarn. Grund genug, sich hier einzumieten: Die einfachen Zimmer sind ruhig, einige besitzen einen Balkon mit Blick über den Fluss. Die regionale Küche wird von saisonalen Angeboten bestimmt (Menüs zu 17,50, 28 und 38 €). Von Ostern bis Allerheiligen geöffnet. Zimmer mit Dusche und Bad je nach Ausstattung 47–62 €; Frühstück 8,50 €. ✆ 0466458001, www.auberge-des-cevennes.com.

»» Mein Tipp: La Truite Enchantée, diesen wunderschönen, familiär geführten Gasthof könnte man fast übersehen. Keine Karte am Eingang, und über eine Treppe muss man zunächst in den ersten Stock hinauf. Doch dann begeistert nicht nur der Blick von der Veranda oder der einfache quadratische Gastraum, sondern vor allem das Preis-Leistungs-Verhältnis, weshalb man unbedingt reservieren sollte. Die Portionen sind großzügig bemessen. Wir hatten eine ganz fangfrische Forelle „Müllerin Art" und leckere Ente mit Oliven. Absolut magenfüllend war der Eisbecher mit hausgemachtem Maronenmus und Sahne. Menüs zu 16,50, 23,50 und 29,50 €. Geradezu phänomenal sind die Weinpreise! Für den halben Liter vom offenen Hauswein wird nur 1,90 € berechnet. Da muss man fast aufpassen, nicht betrunken nach Hause zu fahren. Achtung: Keine Kreditkarten, zudem ist das Hotel von Nov. bis März geschlossen, das Restaurant hat noch bis Mitte Dez. geöffnet. Die Alternative: Man übernachtet gleich in einem der acht einfachen Zimmer mit Dusche, die für zwei Personen angenehme 42 € kosten. Rue du quai, ✆ 0466458003. ««

** La Remise, dieses passable Logis-Hotel liegt in Le Bleymard auf der anderen Seite des Mont Lozère. Unter den Holzbalken des Restaurants wird beispielsweise eine Mandelforelle serviert. Menüs zu 13,80 € (mittags), 20,50, 22 (vegetarisch), 28,50 und 36,50 €. Von Febr. bis Mitte Dez. geöffnet. Es werden 20 angenehme Zimmer für ab 48 € (EZ) bzw. 54–72 € (DZ) angeboten; Frühstück 8,50 €. ✆ 0466486580, www.hotel-laremise.com.

Le Merlet, ein abgelegenes bäuerliches Chambres d'hôtes, rund 5 km östlich des Ortes. Ansprechende Zimmer, gute Küche mit eigenen Produkten. Halbpension 52,50 € pro Person. Es werden auch vier Ferienwohnungen vermietet. ✆ 0466458292. www.lemerlet.com.

Camping ** Municipal, städtischer Campingplatz (90 Plätze) an einem Hang, unweit des Dorfzentrums. Unterhalb fließt der Tarn mit schönen Badestellen vorbei, die man direkt vom Campingplatz aus erreicht. Von März bis Nov. geöffnet. ✆ 0466458010.

La Barette, wer es absolut ruhig liebt, zeltet 6 km weiter nördl. in dem Ort Finiels auf einem terrassierten Hang mit vielen großen Granitblöcken. Nur 25 Stellplätze, sehr günstig (12 € für 2 Pers.). Von Mai bis Mitte Sept. geöffnet. ✆ 0466458182.

La Garde-Guérin

Wer den Ort besucht hat, wird zustimmen müssen: La Garde-Guérin gehört zu Recht zu den „100 schönsten Dörfern Frankreichs". Ein Bilderbuchdorf mit romanischer Kirche und alten Steinhäusern. Die Siedlung entstand im 10. Jahrhundert auf Weisung der Bischöfe von Mende, um die Straße zwischen dem Languedoc und der Auvergne besser kontrollieren und so Wegzoll erheben zu können. La Garde-Guérin ist noch immer von einem Mauerring umgeben, von der einstigen Burg ist nur noch der 27 Meter hohe Donjon erhalten geblieben. Er kann kostenlos über eine sehr steile (!) Treppe bestiegen werden.

Nach Ende des Mittelalters verlor La Garde-Guérin zunehmend an Bedeutung, später hatte der Ort stark unter der Landflucht zu leiden: Noch in der Mitte des letzten Jahrhunderts waren fast alle Häuser verlassen, erst durch die Eröffnung des Hotels und der Ansiedlung von Kunsthandwerkern ist der Ort wieder zu neuem Leben erwacht. Ruhe herrscht dennoch: Auf den gepflasterten Gassen dürfen sich nur Fußgänger bewegen, der Verkehr wurde aus dem Ort verbannt.

Reizvoll sind auch die nahen **Gorges du Chassezac**, eine tiefe Schlucht, die man auch von dem nördlich des Ortes gelegenen Belvédère du Chassezac aus bewundern kann. Das Flüsschen Chassezac fließt in östlicher Richtung durch teilweise kaum zugängliche Granitschluchten. Von Pied-de-Borne aus kann man flussaufwärts ein paar schöne Badestellen erwandern. Wer von Pied-de-Borne auf der D 113 entlang des Chassezac nach Osten fährt, verlässt die Cevennen und erreicht schließlich die Ardèche.

Blick vom Donjon auf La Garde-Guérin

Übernachten & Essen ** Auberge Régordane**, von zwei Brüdern geführtes, einladendes Logis-Hotel mitten im Ort in einem Haus aus dem 16. Jh. Gutes Restaurant mit ländlicher Küche (eine Gault-Millau-Haube)! Im zünftigen Speisesaal wird beispielsweise Lamm von den Causses oder Aubrac-Rind serviert. Menüs zu 21, 30 und 40 €. Von Ostern bis Ende Sept. geöffnet. Die stimmungsvollen Zimmer kosten je nach Saison 63–74 €, Halbpension 62–70 € pro Person; Frühstück 10 €. ℡ 0466468288, www.regordane.com. ■

Villefort

640 Einwohner

Die kleine Gemeinde am Osthang des Mont Lozère hat sich durch den 1960 beschlossenen Bau des Stausees zu einem beliebten Ferienzentrum entwickelt. Für den See mussten die Schluchten des Altier und mehrere Seitentäler geflutet werden. Campingplätze, Bootsverleiher und Surfschulen haben sich angesiedelt, so dass sich der Marktflecken mit seinen schmucken alten Häusern auch für einen längeren Aufenthalt mit Ausflügen in das Lozère-Massiv eignet. Ein Blickfang ist das auf einer Halbinsel am Ufer des Sees stehende **Château de Castanet**, ein massives Renaissanceschloss mit drei markanten Rundtürmen. Im Ort selbst finden sich in der Rue de l'Eglise mehrere schöne Häuser mit Renaissancefassaden sowie ein altes Waschhaus beim Pont Saint-Jean.

Information Office de Tourisme, Place du Bosquet, 48800 Villefort, ℡ 0466468730, www.villefort-cevennes.com.

Verbindungen Villefort liegt an der Bahnlinie Paris–Nîmes. Daher bestehen gute Anschlüsse in beide Richtungen bzw. nach Alès. ℡ 3635.

Markt Donnerstagvormittag.

Veranstaltungen Foire de la Saint-Loup am 30. Juli.

Übernachten & Essen ** **Hôtel du Lac**, wer lieber inmitten der Natur wohnt, wählt dieses Hotel am Stausee. In nur 100 m Entfernung liegt ein wunderbarer „Strand". Menüs zu 19 und 27 €. Schöne Terrasse. Von Mitte März bis Okt. geöffnet. Komfortable Zimmer für 48–65 €; Frühstück 7,50 €. Route de Langogne, ℡ 0466468120, www.hotel-villefort.com.

≫ Mein Tipp: ** **Hôtel Balme**, charmantes Hotel (Logis) mit Charakter im Herzen von Villefort. Das Restaurant bietet ausgezeichnete internationale Küche zu angemessenen Preisen, so einen Lammbraten vom Mont Lozère oder eine orientalische Ente in Tamarinsaft (zwei Gault-Millau-Hauben). Menüs zu 24 und 39 €. Von Mitte Nov. bis Jan. Betriebsferien. Das Restaurant ist in der Nebensaison Sonntagabend und Mo geschlossen. Zimmer je nach Ausstattung 52–64 €; Frühstück 9 €. Place du Portalet, ℡ 0466468014, http://hotelbalme.free.fr. ≪

Camping *** **La Palhère**, landschaftlich schön gelegener, kleiner Platz (45 Stellplätze) knapp 5 km westl., Pool und Laden vorhanden. Es werden auch Jurten, Chalets und Mobil-Homes vermietet. Kostenloses WLAN. Von Mai bis Mitte Sept. geöffnet. Route du Mas-de-la-Barque, ℡ 0466468063, www.campinglapalhere.com.

Génolhac

900 Einwohner

Obwohl Génolhac nur 20 Kilometer südlicher liegt als Villefort, besitzt der Ort eine spürbar mediterrane Atmosphäre. Der Verkehr wird an der Altstadt vorbeigeleitet, so dass es Spaß macht, durch die engen Straßen im historischen Zentrum zu schlendern. Für Ausflüge eignen sich das **Gardonette-Tal** sowie das in Richtung Le Pont-de-Montvert führende **Luech-Tal** mit seinen vielen Kastanienbäumen. Drei Kilometer westlich von **Vialas** kann man unweit der Straße im Fluss baden.

Übernachten & Essen Chantoiseau, knapp 10 km weiter westl. in dem kleinen Flecken Vialas findet sich diese beschauliche Herberge (Chambres d'hôtes) mit

Patina, eine ehemalige Postkutschenstation aus dem 17. Jh. Zum Relaxen gibt es einen kleinen Pool oberhalb des Hauses. Abends wird ein Menü für 26 € serviert.

Zimmer je nach Saison 60–65 € (inkl. Frühstück). Route du Haut, ☎ 0466410002, www.chantoiseau-vialas.fr.

Florac

2030 Einwohner

Florac, das Tor zu den Causses, ist eine muntere Kleinstadt in unmittelbarer Nähe zum Mont Lozère und den Gorges du Tarn. Obwohl Florac nur knapp über 2000 Einwohner zählt, darf sich der Ort rühmen, die fünftgrößte Stadt des Départements Lozère zu sein.

Florac liegt am Fuße des Causse Méjean, just an der Stelle, an der das Hochplateau zum Flüsschen Tarnon abbricht. Kurz hinter Florac münden Tarnon und Mimente in den Tarn, weshalb das Städtchen auch „Fleur des Eaux" genannt wird. Alle drei Flüsse bieten an vielen Stellen die Gelegenheit für ein kühles Bad (recht nett 300 Meter südlich des Ortseinganges). Zudem sprudelt die **Source du Pêcher**, eine der Hauptkarstquellen des Causse Méjean, unterhalb des Rocher de Rochefort aus dem Felsen, um anschließend munter durch die Altstadt zu plätschern. Florac lebt vor allem vom Tourismus, die nahen Causses, die Gorges du Tarn und der Parc National des Cévennes stehen hoch in der Gunst der Naturliebhaber. Große Attraktionen hat die Stadt zwar nicht zu bieten, doch besitzen die engen Straßen viel Charme, so beispielsweise die schattige Place du Souvenir und die Platanenallee im Zentrum. Das eindrucksvollste Gebäude von Florac ist das weitgehend aus dem 17. Jahrhundert stammende Château, das heute die Verwaltung des Nationalparks der Cevennen beherbergt.

Dorfkirche von Bédouès

Seit mehreren Jahren hat sich rund um Florac eine große Alternativkolonie angesiedelt. In den Cafés sitzen Typen im Rastalook, und um manche Ecke weht gar süßlicher Cannabisduft.

Geschichte

Ursprünglich unterstand der Ort der Lehnshoheit des Bischofs von Mende, doch konnte sich Raymond von Anduze 1215 zum Missfallen der Bürger die Herrschaft über Florac sichern. Diese ertrotzten sich aber 1291 eine gewisse Unabhängigkeit samt kleiner Gerichtsbarkeit. Reich geworden ist der Ort vor allem durch die Viehhändler und die Schafherden, die von den Höhenzügen der Cevennen zu den Weideflächen auf dem Aubrac und Margeride unterwegs waren. Die Stadtmauer wurde nach Ende der Religionskriege geschleift; die Bevölkerung hatte sich damals größtenteils zum Calvinismus bekannt, einige Bürger blieben aber dennoch ihrem katholischen Glauben treu.

Basis-Infos

Information Office de Tourisme, 33, avenue Jean Monestier, 48400 Florac, ✆ 0466 450114, www.ville-florac.fr sowie www.mescevennes.com.

Verbindungen Busverbindungen nach Mende nur im Sommer (dort umsteigen: Bahnhof) sowie tgl. außer So nach Alès.

Markt Donnerstagvormittag auf der Place de la Mairie. Pferdemarkt Ende Sept.

Einkaufen L'Atelier du Miel **5**, regionale Produkte (Konfitüren, Honig, Maronen) in einem netten Ladengeschäft. Tgl. außer Sonntagnachmittag 9–13 und 15–19 Uhr. 64, avenue Jean-Monestier. ■

Einkaufen La Maison du Pays Cévenol kleiner, liebevoll geführter Laden mit regionalen (Bio-)Produkten: Honig, Maronenmus, Marmeladen, Sirup, etc. 3, rue du Pêcher. ■

Nationalpark Parc National des Cévennes. Seit 1975 befindet sich im Schloss von Florac ein Informationszentrum, das die Aufgaben und Funktionen des Nationalparks erläutert. Mo–Fr 9–11.45 und 14–17.45 Uhr, im Sommer tgl. außer So 9–13 und 14–19 Uhr, So nur 9–13 Uhr. 9 B.P. 15, 48400 Florac, ✆ 0466495301, www.cevennes-parcnational.fr.

Veranstaltungen *Festival de la soupe*, Ende Okt. mit Volksmusik und Wanderungen im Beiprogramm. www.festivaldelasoupe.com.

Fahrrad-/Kanuverleih Cévennes Evasion, 5, place Boyer, ✆ 0466451831, www.cevennes-evasion.com. Auch Wander- und Canyoning-Touren. Mountainbike 20 € pro Tag.

Reiten Ecole d'Equitation Pirouette, Mas de Gralhon, Route du Causse Méjean, ✆ 0466452985. Organisierte Reittouren durch die Umgebung. www.tourisme-equestre-lozere.com.

Übernachten & Essen

Hotels/Restaurants *** Grand Hôtel du Parc **3**, stattliches Hotel aus der Zeit um die vorletzte Jahrhundertwende. Schöner, schattiger Park, beheizter Swimmingpool. Zum Hotel gehört ein Restaurant mit Menüs zu 22 und 32 €. Von Mitte März bis Ende Nov. geöffnet. WLAN im Hauptgebäude. Die teilweise etwas plüschigen Zimmer kosten 55–72 €; Frühstück 8,50 €. 47, avenue J. Monestier, ✆ 0466450305, www.grandhotelduparc.fr.

》》 Mein Tipp: ** La Lozerette **1**, das wohl schönste Hotel in der Region liegt nicht direkt in Florac, sondern 5 km in Richtung Le-Pont-de-Montvert in dem Dorf Cocurès. Von außen wirkt das Hotel eher unspektakulär, aber egal ob der geräumige Speisesaal des ausgezeichneten Restaurants (zwei Gault-Millau-Hauben) oder die Zimmer – alles besitzt Charme und zeigt Liebe zum Detail. Ein bisschen rustikal, aber keineswegs kitschig. Fast alle Zimmer

Florac

Ü bernachten
1 La Lozerette
2 Les Tables de la Fontaine
3 Grand Hôtel du Parc
6 Gîte d'Etape La Carline
7 Hôtel Gorges du Tarn

E ssen & Trinken
1 La Lozerette
2 Les Tables de la Fontaine
3 Grand Hôtel du Parc
4 Chez les Paysans
7 Hôtel Gorges du Tarn

E inkaufen
5 L'Atelier du Miel

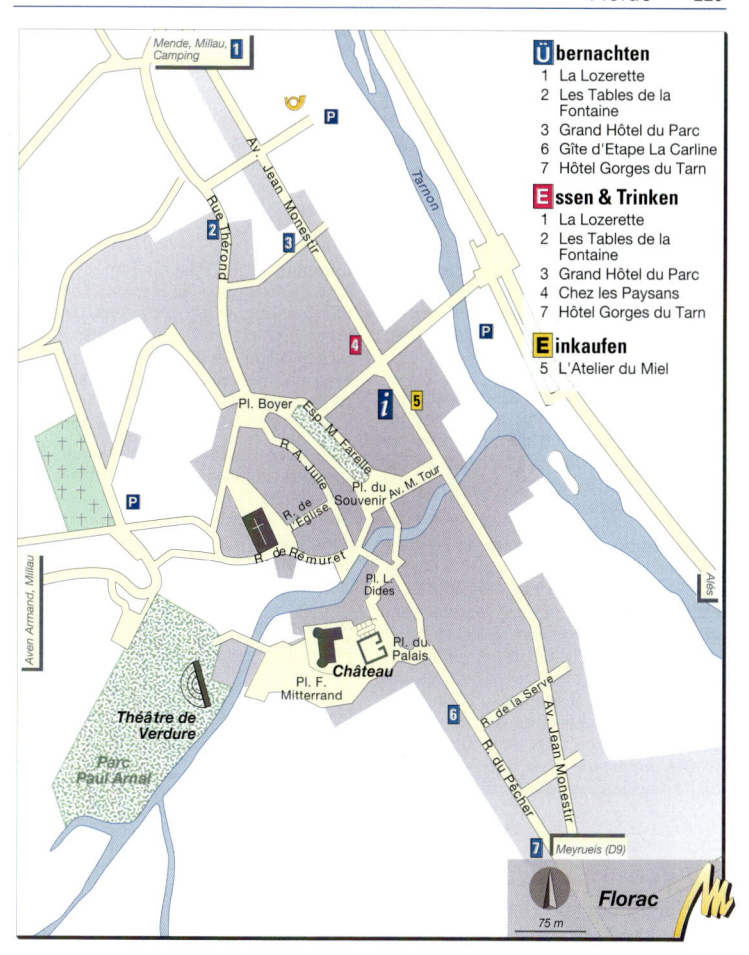

haben einen Balkon und sehr schöne Badezimmer. Auf der gegenüberliegenden Straßenseite kann man sich in einem lauschigen Garten entspannen und abends einen Aperitif trinken. Das Restaurant bietet hervorragende regionale Küche, so beispielsweise bei einer *Assiette des legumes* mit geräuchertem Lachs und einem Melonengazpacho und dem zarten *Selle d'agneau*. Eine große Käseauswahl und traumhafte Desserts runden das Gourmetmenü ab. Riesige Weinkarte, gute lokale Tropfen! Menüs zu 17,80, 25,80 (Tagesmenü), 31, 39,50 und 50 €. Das Restaurant ist Dienstag- und Mittwochmittag geschlossen. Kostenloses WLAN. Je nach Größe, Ausstattung und Saison kosten die Zimmer 62–86 €. Halbpension ab drei Tagen ab 60 € pro Person; Frühstück 9 € (kein Buffet). ✆ 0466450604, www.lalozerette.com. «

*** **Hôtel Gorges du Tarn** 7, nettes Logis-Hotel unweit des Zentrums, in der Region vor allem für sein Gourmetrestaurant **L'Adonis** bekannt (zwei Gault-Millau-Hauben), bietet es doch kulinarische Höhenflüge zu recht günstigen Preisen (sechs Menüs für 22, 27, 30, 40 und 50 €). Sehr lecker der Salat mit Entenbrust, grünem Spargel und Trüffeln sowie die Kaninchenschlegel. Von Allerheiligen bis Ostern geschlossen. Kostenloses WLAN. Die unlängst renovierten Zimmer (besonders schön die Zimmertypen „Cévennes" und „Charme") kosten 64–87 €; Frühstück 9,50 €; Halbpension ab drei Nächten 60–66 € pro Person. 48, rue du Pêcher, ✆ 0466450063, www.hotel-gorgesdutarn.com.

🌿 La Borie en Cevennes, in einer typischen Farm (3 km südöstl. von Florac) mit biologischer Landwirtschaft werden auch einfache Zimmer vermietet. DZ je nach Saison 42–53 € (inkl. Frühstück), Abendessen 17 €. La Salle Prunet, ✆ 0466451090. www.encevennes.com. ■

Gîte d'Etape La Carline **6**, nett geführte, einfache Privatunterkunft mit schlichten Zimmern direkt im Ortszentrum. Ideal für Selbstversorger. Übernachtung 15 € im DZ; Frühstück 6 €. 18, rue du Pêcher, ✆ 0466 452454, www.gite-florac.fr.

»› Lesertipp: Les Tables de la Fontaine einfaches Restaurant mit ländlicher Küche. Monika Neuner lobte die Atmosphäre im historischen Innenhof, die leckeren und phantasievoll zubereiteten Gerichte sowie den als angenehm und nicht aufdringlich empfundenen Service. Der halbe Liter vom Biowein kostet 7 €, Menüs zu 20 und 23 €. Mi und Sonntagabend Ruhetag. Es werden auch viele einfache, aber nette Zimmer von 50–60 € vermietet. Rue Thérond, ✆ 0466 652173. www.tables-de-la-fontaine.com. «‹

🌿 Chez les Paysans **4**, dieses Restaurant mit seiner schönen Terrasse samt schattigen Weinreben hat sich der ländlichen Küche der Cevennen verschrieben. Wie wäre es mit einer *Truite de lozère sur lit de lard fumé*? Menüs zu 12,50, 17, 19 und 23 €. Angrenzend gibt es noch einen Laden mit regionalen Produkten. 3, rue Théophile Roussel, ✆ 0466312207. www.boutiques paysannes-lr.fr. ■

Camping *** Le Pont du Tarn, der städtische Campingplatz (180 Stellplätze) liegt am Ufer des Tarn, knapp 2 km nördl. des Zentrums. Schöne Parzellen mit Bäumen. Baden kann man im Fluss oder im beheizten Swimmingpool. Kinderspielplatz. Kostenloses WLAN. Von April bis Ende Okt. geöffnet. ✆ 0466451826, www.camping-florac.com.

** Le Chon du Tarn, einen weiteren, ähnlich ausgestatteten Campingplatz findet man in Richtung Bédouès am Ufer des Tarn. Ebenfalls mit Swimmingpool sowie mit Kinderspielplatz. WLAN. Von April bis Mitte Okt. geöffnet. ✆ 0466450914, www.camping-chondutarn.com.

»› Lesertipp: ** Chantemerle, der kleine Campingplatz (77 Stellplätze) in Bédouès (3 km nördl.) am Ufer des Tarn mit Strand ist ein Tipp von Andreas von Loewenich und Isolde Vonhausen. Mobilhome-Vermietung, WLAN. Von April bis Mitte Nov. geöffnet. La Ponteze, ✆ 0466451966, www.camping-chantemerle.com.

Parc National des Cévennes

Nordöstlich von Florac, rund um den Mont Lozère, erstreckt sich auf einer 93.500 Hektar großen Kern- und einer 278.000 Hektar großen Randzone der Parc National des Cévennes. Im Jahre 1970 wurde dieses Herzstück der Cevennenlandschaft zum Nationalpark erklärt, um es unzerstört für die Nachwelt zu erhalten. Die Voraussetzungen waren günstig, denn die Kernzone wird nur von etwa 600 Menschen bewohnt. Die Fauna und Flora im Nationalpark sind sehr vielfältig, da hier verschiedene Klimazonen – warm und trocken in den Tälern des Gardon, feucht und kalt am Mont Lozère – zusammentreffen. Insgesamt leben auf 2300 Pflanzen- und 200 verschiedene Vogelarten im Nationalpark. Zudem wurden viele verschwundene Tierarten wie Hirsche, Auerhähne und Biber wieder angesiedelt. Die Verwaltung des Nationalparks ist im Schloss von Florac untergebracht. Ein Informationszentrum beschreibt die Zielsetzungen des Parks, stellt die verschiedenen Landschaften vor und gibt Auskünfte über Wanderungen und Führungen.

Kleine Dörfer schmiegen sich an den Fluss

Gorges du Tarn

Zusammen mit den Gorges de l'Ardèche gelten die Gorges du Tarn als die eindrucksvollste Schluchtenlandschaft in der Region Languedoc-Roussillon. Stellenweise hat sich der Tarn ein teilweise mehrere hundert Meter tiefes Bett in das steinige Hochplateau der Causses gegraben.

Der Tarn entspringt am Mont Lozère in 1575 Metern Höhe als reißender Gebirgsbach. In seinem Unterlauf bildet er die Grenze zwischen der Südflanke des Lozère-Massivs und dem Bougès-Gebirge. Die eigentlichen Gorges du Tarn beginnen erst hinter Ispagnac und trennen die wasserarmen Kalksteinplateaus Causse Méjean und Causse Sauveterre, deren Bewohnern das grüne Tal des Tarn mit seinen Obstbäumen und Weingärten wie eine Oase erscheinen muss. Steil fallen die Causses zu den Gorges ab – in den Felswänden der bis zu 500 Meter tiefen Schlucht sind zahlreiche Grotten und Höhlen auszumachen –, der Ufersaum ist denkbar knapp bemessen. Für die Dörfer selbst scheint kaum Platz zu sein, oft kleben die Häuser mit ihrer Rückwand direkt am Fels. Erst hinter Le Rozier wird die Schlucht breiter, bis Millau ist der Flusslauf dann weniger spektakulär. Der Tarn selbst fließt anschließend weiter nach Albi und mündet schließlich bei Montauban in die Garonne.

In den Gorges du Tarn gibt es viel zu entdecken: Die malerischen Weiler wie Sainte-Enimie haben sich ihren eigenen Charakter bewahrt und lohnen stets eine kurze Pause, Kanuverleiher findet man an allen Orten. Lange Zeit war der Tarn auch der einzige Transportweg der Region. Erst 1905 wurde eine Straßenverbindung von Sainte-Enimie nach Le Rozier fertig gestellt. Die Straße (D 907) verläuft am rechten Flussufer, das linke Flussufer muss man zu Fuß erkunden, wobei der Weg oft direkt unterhalb der Steilhänge verläuft. Besonders intensiv ist das Tarn-

Erlebnis natürlich bei einer Fahrt mit dem Kanu oder Kajak. Wer über ausreichend Zeit verfügt, sollte die Gorges du Tarn in allen drei Variationen erkunden. Noch eine Kuriosität am Rande: Unlängst wurden im Tarn Welse beobachtet und gefilmt, die sich ans Ufer stürzen, um dort Tauben zu erbeuten.

Reisezeit: Im Juli und August herrscht Hochsaison am Tarn. Dies bedeutet nicht nur, dass die Hotels, Campingplätze und Restaurants überfüllt sind, auch auf dem Tarn wird fleißig gepaddelt – es bilden sich sogar „Staus" vor den Stromschnellen – und die wenigen Parkplätze in der engen Schlucht sind schon am frühen Vormittag besetzt. Wer nicht rechtzeitig eine Unterkunft reserviert hat, sollte sein Glück in einem der kleinen Dörfer auf dem Causse de Sauveterre versuchen. Bedingt durch den hohen Bekanntheitsgrad der Gorges du Tarn herrscht auch in der Nebensaison kein Mangel an Gästen, das Preisniveau ist daher höher als in anderen Regionen des Département Lozère.

Kanutouren: Eine Kanutour auf dem glasklaren Fluss gehört gewissermaßen zum Pflichtprogramm. Je nach Wasserstand und Strömung ist eine Fahrt mehr oder weniger beschwerlich. Im Hochsommer fließt der Tarn beispielsweise recht träge dahin und die Boote schaben allzu oft über die Kieselsteine. Nur nach heftigen Gewittern schwillt der Fluss stark an und wird zu einem gefährlichen, Hochwasser mit sich führenden Strom. Am 29. September 1900 reichte der Wasserstand gar bis zum Altar der Kirche von Sainte-Enimie! Als beste Jahreszeit für eine Kanutour gilt das späte Frühjahr, dann ist auch im oberen Flussabschnitt stets ausreichend Wasser unter dem Kanuboden. Die einzige wirkliche Gefahrenstelle ist am Pas de Soucy, wo viele Kanutouren enden. Wer weiterfahren will, muss aussteigen und das Kanu bis zur Brücke von Les Vignes tragen. Etwas anspruchsvoller ist der letzte Abschnitt von Les Vignes nach Le Rozier. Für den Rücktransport zur Abfahrtsstelle sorgen stets die Kanuverleiher.

Preise und Tourvarianten: Die Preise für eine Kanufahrt durch die Gorges du Tarn variieren je nach Streckenlänge. Ein Kurztrip von La Malène bis Cirque des Baumes (8 Kilometer, ca. 2 Stunden) kostet pro Person 14 €. Als Halbtagestour empfiehlt sich die Strecke von Sainte-Enimie nach La Malène (13 Kilometer, 19 € pro Person). Wer einen ganzen Tag Zeit hat, kann von Sainte-Enimie nach Pas de Soucy bzw. Baumes Basses (23 Kilometer, 21 € pro Person) fahren. Interessant ist auch die

Natur pur: Gorges du Tarn

Zweitagestour von Ispagnac nach Pas de Soucy (42 Kilometer, 32 € pro Person), wobei sich eine Übernachtung in Sainte-Enimie (Campingplätze, Hotels) anbietet.

Mit der Barke: Wer sich die Fahrt mit dem Kanu oder Kajak nicht zutraut, kann sich in La Malène auch einem erfahrenen Schiffer anvertrauen, der einen flachen Kahn gekonnt durch die enge Schlucht manövriert. Mehrmals täglich fahren die Barken, die Platz für vier oder fünf Personen bieten, in La Malène los. Die besten Lichtverhältnisse herrschen am Vormittag. Rund eine Stunde später erreicht das Boot sein Ziel am Cirque des Baumes. Von dort erfolgt der Rücktransport mit dem Auto. Kosten pro Person: 22 €.

Wandern: Die Gorges du Tarn lassen sich selbstverständlich auch zu Fuß erkunden. Der markierte Sentier de la Vallée du Tarn verläuft fast durchgängig am linken Flussufer, abseits der Straße. Leider entgeht man dem sommerlichen Rummel nur schwer.

Ispagnac

750 Einwohner

Den Auftakt zu den Gorges du Tarn bildet das kleine, inmitten von Obstbäumen und Weinreben gelegene Ispagnac, das als „Garten" des Département Lozère gepriesen wird. Der Ort war schon in gallorömischer Zeit besiedelt. Von der im Mittelalter errichteten Burg sind bis auf ein Portal keine nennenswerten Spuren mehr erhalten. Sehenswert ist die romanische Kirche mit ihrem achteckigen Glockenturm, der fragilen Vorhalle und der schön gearbeiteten Fensterrose. An den Markttagen werden direkt davor die Stände der Händler aufgebaut.

Information Office de Tourisme, 1, place du Eglise, 48320 Ispagnac, ✆ 0466442089, www.ispagnac.fr.

Verbindungen Busverbindungen mit Florac.

Markt Dienstag- und Samstagvormittag.

Schwimmen Piscine Municipale, öffentliches Freibad (beheizt). Von Mitte Juni bis Aug. tgl. 10–13 und 15–20 Uhr. Eintritt 2,50 €.

Kanuverleih Ispa-Canoë, ✆ 0466442073, www.ispa-canoe.com.

Fahrradverleih Mellow Vélos Chemin du Balut, Prades, ✆ 0466473503. Ganzer Tag 20 €, halber Tag 12 €. www.mellowvelos.com.

Reiten Pierre Amatuzzi, ✆ 0466442221.

Camping *** Le Pré Morjal, gut ausgestatteter städtischer Campingplatz am Ufer des Tarn (kein direkter Zugang). Die Plätze sind weiträumig und ausreichend schattig. Ein weiteres Plus: Gäste haben einen kostenlosen Zugang zum benachbarten städtischen Freibad. Auch Bungalowvermietung (2–6 Pers.). Von April bis Okt. geöffnet. ✆ 0466 442377, www.campingdupremorjal.com.

Umgebung

Quézac: Ein kleines Stück flussabwärts von Ispagnac führt eine hübsche gotische Brücke über den Tarn zu dem kleinen Dorf, das im Mittelalter ein bekannter Wallfahrtsort war und eine schmucke Kirche aus dem 14. Jahrhundert besitzt. Das bekannteste Produkt des Ortes ist ein in blauen Plastikflaschen abgefülltes Mineralwasser. www.eaudequezac.com.

Castelbouc: Auf dem Weg von Ispagnac nach Sainte-Enimie liegt Castelbouc. Der malerische Ort am linken Ufer des Tarn wird von der Ruine einer im 16. Jahrhundert zerstörten Burg überragt. Der Weiler mit seinen zwischen Fels und Fluss eingezwängten Häusern ist zwar schnell erkundet, dennoch lohnt ein Abstecher.

** **Le Site**, die Abzweigung nach Castelbouc teilt den kleinen Platz am Ufer in zwei Teile (66 Stellplätze). Pluspunkte: direkt am Fluss gelegen und sehr schattig. Kanuvermietung. Von Mitte April bis Ende Sept. geöffnet, ✆ 0466485808, www.gorges-du-tarn.fr.

> **Romantischer Zivildienstleistender statt Kreuzritter?**
> Um Castelbouc rankt sich eine Legende, die aus der Zeit der Kreuzzüge stammt. Der einstige Burgherr Raymond de Castelbouc entschloss sich, nicht mit in den Krieg um das Heilige Land zu ziehen. Zu seinem Erstaunen durfte Raymond feststellen, dass er der einzige männliche Adlige in der Region war. Und so kam es, wie es kommen musste: Raymond zog von Burg zu Burg, um den Frauen in ihrem harten Schicksal beizustehen. Doch Raymond war diesem anstrengenden Leben scheinbar nicht gewachsen und verschied, als er wieder einmal eine der einsamen Damen beglückte. Da zum Zeitpunkt seines Todes ein riesiger Ziegenbock (*bouc*) über dem Schloss erschienen sein soll, wurde es fortan Castelbouc genannt.

Prades: Nur zwei Kilometer weiter flussabwärts stößt man auf die nächste Burg, das Château de Prades. Der im 13. Jahrhundert errichtete Bau sollte das Kloster von Sainte-Enimie nach Osten hin absichern, eine Aufgabe, die mit Bravour erledigt wurde. In den Hugenottenkriegen trotzte die Burg sogar den Angriffen des Hauptmanns Mathieu Merle, der bereits das nahe Städtchen Mende eingenommen hatte.

Les Menhirs: Am Westhang des Mont Lozère – zehn Kilometer nördlich von Florac – wurden mehr als 150 Menhire und vier Dolmengräber entdeckt. Es handelt sich damit um die nach der Bretagne zweitbedeutendste Fundstätte von Zeugnissen aus megalithischer Zeit in Frankreich. Ungeklärt ist bis heute die Frage, was die Vorfahren der Franzosen dazu bewogen hat, die Granitblöcke hierher zu transportieren und aufzustellen.

> **Wanderung 2: Auf dem Sentier des Menhirs** → S. 530
> Einfache Rundwanderung, die an frühgeschichtlichen Menhiren vorbeiführt.

Rûnes: Der kleine Weiler liegt an der D 35, die vom Col de Montmirat nach Le Pont-de-Montvert führt. Oberhalb von Rûnes gibt es ein paar pittoresk aufeinander gestapelte Granitblöcke zu bewundern (Chaos de Rûnes), interessanter ist aber ein Wasserfall (**Cascade de Rûnes**) kurz hinter der Ortschaft. Das Auto stellt man an einem ausgeschilderten Parkplatz ab, bevor man auf einem Wanderpfad in zwanzig Minuten den Wasserfall erreicht.

Sainte-Enimie
550 Einwohner

Sainte-Enimie ist gewissermaßen die „Hauptstadt" der Gorges du Tarn und der Ausgangspunkt für die meisten Kanutouren auf dem Fluss. Aber spätestens Ende Oktober senkt sich die Winterruhe auf das Dorf, und die Einheimischen sind wieder unter sich. Das Dorf zieht sich einen steilen Berghang hinauf. Ein Großteil der Terrassenfelder, auf denen einst Obst, Gemüse und sogar Wein angebaut wurden, liegt heute größtenteils brach, da nach dem Zweiten Weltkrieg eine Landflucht einsetzte. Die Arbeit auf den Terrassenfeldern war mühsam und konnte kaum eine Familie ernähren, während die Verlockungen der Städte zu groß erschienen. Von dem einstigen Kloster sind bis auf den Kapitelsaal nur noch Ruinen erhalten, die im romanischen Stil errichtete Dorfkirche stammt aus dem 14. Jahrhundert. Lohnend ist ein Spaziergang durch die ausgesprochen gut erhaltene Altstadt mit ihren mit Flusskieseln gepflasterten Gassen.

Wer ein bisschen wandern will, erreicht in einer guten halben Stunde zu Fuß die Höhle, in welche sich die heilige Enimie zurückgezogen hatte.

> ### Die Legende der heiligen Enimie
> Enimie soll der Legende nach eine merowingische Prinzessin gewesen sein, die mit ihrer Schönheit und Anmut alle Edelmänner am fränkischen Hof faszinierte. Lange hielt Enimie dem Werben ihrer Verehrer stand, da sie ihr Leben nur Gott weihen wollte. Doch ihr Vater Chlothar II. wollte sie einem adligen Gefolgsmann zur Frau geben, um ihn stärker an den Hof zu binden. Die schöne Enimie war zutiefst betrübt und wenige Tage vor der Hochzeit wurde sie vom Aussatz befallen. Die Hochzeit wurde abgesagt. Auf dem Weg zu einer Heilquelle in Südfrankreich wies ihr ein Engel den Weg zur Source de la Burle im Tal des Tarn. Nachdem Enimie ein Bad genommen hatte, war sie von der Lepra geheilt. Doch sobald sie die Gorges du Tarn verließ, befiel sie die Krankheit aufs Neue. Die Prinzessin verstand den göttlichen Hinweis und blieb als Eremitin in dem Ort ihrer wundersamen Heilung. Wenige Jahre später gründete der Bischof von Mende ein Kloster, zu dessen erster Äbtissin die heilige Enimie geweiht wurde.

Information Office de Tourisme, Mairie, 48210 Sainte-Enimie, ✆ 0466485344, www.gorgesdutarn.net.

Verbindungen Busverbindungen nach Mende, Florac sowie nach Millau (nur im Juli und Aug.), ✆ 05650613088.

Markt Donnerstagabend im Juli und Aug.

Kanuverleih Im Ort gibt es mehrere Kajak- und Kanuverleiher, die verschiedene Tourmöglichkeiten offerieren, z. B. Mejean Canoë, ✆ 0466485870, www.canoe-meean.com, oder Canoë La Cazelle, ✆ 0466484605, www.tarn-canoe.com.

Übernachten & Essen *** L'Auberge du Moulin, ein altes, wuchtiges Steinhaus im Zentrum, ordentliche Zimmer und ein gutes Restaurant (schöne Terrasse, Mittagsmenü ab 14,90 €, abends 18, 24, 29 und 36 €), das sich der ländlichen Küche der Lozère verschrieben hat. Falls möglich, sollte man ein Zimmer mit eigener Terrasse und Blick auf den Tarn nehmen (Nr. 5–9). Kostenloses WLAN. Von Mitte Nov. bis März geschlossen. Zimmer 65–75 €, in der Hauptsaison ab 70 €; Frühstück 9 €. ✆ 0466485308, www.aubergedumoulin48.com.

** **Burlatis**, auf der gegenüberliegenden Straßenseite, vergleichbare Ausstattung und Preise. Frühstücksbuffet. Von Ostern bis Allerheiligen geöffnet. Fahrradgarage. Zimmer 54–69 €; Frühstück 7,50 €. ✆ 0466485230.

La Vialette, siehe La Canourgue.

Camping *** Couderc, schöner, schattiger Platz (80 Plätze) am Ufer des Tarn. Extras: Swimmingpool, Bar und Kanuverleih. Von Mitte April bis Mitte Sept. geöffnet. Route de Millau, ✆ 0466485053, www.campingcouderc.fr.

Saint-Chély-du-Tarn 500 Einwohner

Rund fünf Kilometer flussabwärts von Sainte-Enimie bietet sich der kleine, am linken Flussufer gelegene Weiler für eine Rast an. Neben einer romanischen Kirche (12. Jahrhundert) und einem Brotofen besitzt das alte Dorf noch einige ansehnliche

Steinhäuser mit Renaissance-Elementen. Wirklich malerisch sind die beiden Quellen, die als Wasserfall direkt in den Tarn stürzen.

Übernachten & Essen ****** Château de la Caze**, das Château de la Caze (4 km westl.) ist eine imposante Burg aus der zweiten Hälfte des 15. Jh., die heute ein anspruchsvolles Hotel mit ausgezeichnetem Restaurant beherbergt (Jackie Onassis war auch schon zu Gast). Das im 19. Jh. restaurierte Bauwerk bietet viel Komfort für einige erholsame Tage in den Gorges. Netter Garten mit Swimmingpool. Die Zimmer sind großzügig und besitzen viel Flair. Kostenloses WLAN. Im wohlfeilen Restaurant gibt es Menüs ab 38 € (Mi Ruhetag). Von Ende März bis Anfang Nov. geöffnet. Zimmer je nach Saison 134–193 €, Halbpension ab 127 € pro Person; Frühstück 16 €. ✆ 0466 485101, www.chateaudelacaze.com.

** Auberge de la Cascade, ein schönes und vergleichsweise günstiges Hotel mit einer Dependance. Den Gästen steht ein kleiner beheizter Swimmingpool zur Verfügung (bei schlechtem Wetter überdacht). Mitten in Saint-Chély gelegen. WLAN. Im Restaurant gibt es Menüs ab 18 €. Von Mitte März bis Allerheiligen geöffnet. 28 Zimmer von 54 bis 64 € (je nach Saison und Ausstattung), Halbpension ab 52 € pro Person. ✆ 0466485282, www.auberge cascade.com.

La Malène

200 Einwohner

La Malène ist eine traditionelle Station der Transhumance und dient den Schafherden im Frühjahr und Herbst als Verbindung von dem Causse Méjean zum Causse Sauveterre. Der Ort selbst ging aus einer Burg hervor und diente mehreren Adligen aus der Region als Versteck vor den Revolutionstruppen. Doch die Revolutionäre kannten kein Pardon: 39 Einwohner fielen 1793 der Guillotine zum Opfer. Das älteste Bauwerk im Ort ist eine romanische Kirche aus dem 12. Jahrhundert.

Von La Malène aus besteht die Möglichkeit, mit einer Barke zum acht Kilometer entfernten Cirque des Baumes zu fahren. Lohnend ist auch ein Abstecher zum Roc du Serre und Roc des Hourtous. Die auf dem Causse Méjean gelegenen Aussichtspunkte bieten einen grandiosen Blick auf die Gorges du Tarn.

Markt Montagvormittag (nur im Sommer).

Bootsfahrten Batelièrs de la Malène, organisierte Fahrten (8 km) mit einer flachen Barke durch die Schlucht, ✆ 0466485110. Preis pro Person 22 €. Dauer: 1 Std. für die Bootsfahrt. www.gorgesdutarn.com.

Kanuverleih Canoë 2000, ✆ 0466485771, www.canoe2000.fr; Le Moulin de la Malène, ✆ 0466485114, www.canoeblanc. com. Touren von 8, 11, 17 und 20 km, Kosten 28–45 € für 2 Pers. im Kanu.

Herrenhaus in La Malène

Übernachten & Essen 　*** Manoir de Montesquiou**, der zum Hotel umgebaute ehemalige Herrensitz derer von Montesquiou – nicht zu verwechseln mit dem Philosophen Montesquieu – bietet viel Komfort. WLAN. Zum Hotel gehören ein Garten sowie ein gutes Restaurant, abends tafelt man stilvoll auf der Terrasse. Mittagsmenü 16 €, sonst 25, 29 und 42 €. Von April bis Okt. geöffnet. Zimmer je nach Ausstattung und Reisezeit 75–155 €; Frühstück 13,50 €. ☏ 0466 485112, www.manoir-montesquiou.com.

** Les Détroits**, eine preisgünstige Alternative, ein Stück flussabwärts gelegen. Im Restaurant gibt es Menüs ab 16 €. Von Ostern bis Okt. geöffnet. Einfache Zimmer, manche mit Holzdecken, 50–56 €; Frühstück 7 €. ☏ 0466485520, www.hotel-restaurant-lesdetroits.com.

Gîte d'étape communal, einfache städtische Unterkunft im einstigen Pfarrhaus. Es stehen 20 Betten zur Verfügung, Schlafsack mitbringen. Quartiersuchende wenden sich an das Rathaus. Von März bis Okt. geöffnet. Übernachtung 11,70 €. ☏ 0466485855, www.gorgesdutarn-camping.com.

Camping 　** Le Pradet**, städtischer Campingplatz am Flussufer. Schattiges Areal, im Hochsommer oft bis auf den letzten Platz (45 Stellplätze) belegt. Von April bis Ende Sept. geöffnet. ☏ 0466485855, www.gorgesdutarn-camping.com.

Les Vignes
110 Einwohner

Der kleine verträumte Weiler liegt am rechten Ufer des Tarn, dessen Tal flussabwärts nun immer breiter wird. Sehenswürdigkeiten gibt es kaum, sieht man einmal von der kleinen romanischen Dorfkirche ab, deren Wände noch mit Fresken aus der Renaissance verziert sind. Im Sommer 1943 bereiste *Simone de Beauvoir* das Languedoc und wohnte einige Tage in einem Hotel in Les Vignes, das von einer alten Frau geführt wurde. „Die Greisin erzählte uns wehmütig von der Zeit, als es noch keine Fahrstraße und keinen Fremdenverkehr gab, als der Tarn noch ein schöner, geheimnisvoller Fluss war." Tja, was hätte die Hotelbesitzerin gesagt, wenn sie heute aus dem Fenster blicken könnte …

Unter keinen Umständen versäumen sollte man einen Abstecher hinauf zur **Causse de Sauveterre**. Von dem Aussichtspunkt Point Sublime (elf Kilometer entfernt) bietet sich ein überwältigender Blick hinunter in die Schlucht des Tarn: in Richtung der Felsenge **Les Détroits** sowie in Richtung **Pas de Soucy**, wo der Fluss unter riesigen Felsblöcken verschwindet.

Information 　Office de Tourisme, 48210 Les Vignes, ☏ 0466488090. www.officedetourisme-gorgesdutarn.com.

Kanuverleih 　Aqua Loisiers, ☏ 0466488249. Bietet u. a. Kanutouren ins 13 km entfernte Le Rozier an. Pro Person 15 €. www.aqua-loisirs.com.

Übernachten & Essen 　** Hôtel du Gévaudan**, unspektakuläres Hotel-Restaurant mit schöner, schattiger Terrasse. Menüs ab 11,50 € (mittags), sonst 14 und 18,50 €. Von März bis Mitte Nov. geöffnet. WLAN. Sehr einfache Zimmer mit Blümchentapete ab 38 € (Etagendusche) bis 46 €; Frühstück 7,50 €. ☏ 0466488155, www.hotel-restaurant-legevaudan.fr.

》 Mein Tipp: **Les Fleurines**, wunderschönes Gîte d'étape in einem alten, traditionellen Bauerngehöft (18. Jh.), 8 km oberhalb von Les-Vignes in dem Weiler Almières, an der Straße zum Point Sublime. Viele Stammgäste, freundliche Atmosphäre, Kochgelegenheiten vorhanden. Von hier aus gibt es einen herrlichen Wanderweg, der entlang der Abbruchkante in eineinhalb Stunden zum Point Sublime führt, wie uns eine Leserin berichtete. Von Mitte März bis Anfang Nov. geöffnet. Übernachtung im (Gewölbe-) Schlafsaal 15 €, DZ 38 €; Frühstück 8 €, Abends gibt es ein Menü im zünftigen Speiseraum inkl. Wein für 21 €. ☏ 0466488101, www.lesfleurines.fr. 《

Camping 　*** Beldoire**, schöner Platz am Tarnufer mit vielen Laubbäumen und einem Swimmingpool. Laden vorhanden. Mobilhome-Vermietung. Von Mitte Mai bis Anf. Sept. geöffnet. ☏ 0466488279, www.camping-beldoire.com.

Le Rozier/Peyreleau

210 Einwohner

Der Doppelort liegt an der Mündung der Jonte in den Tarn und ist daher ein attraktiver Ausgangspunkt für Mountainbike-, Kanu- und Wandertouren. In Feinschmeckerkreisen weiß man besonders die in der Umgebung gefundenen Trüffel zu schätzen. Bereits in gallorömischer Zeit war Le Rozier außerdem für seine Töpferarbeiten bekannt, wie Ausgrabungen belegen konnten. Das älteste Bauwerk von Le Rozier ist die romanische Kirche, die wahrscheinlich noch ins 11. Jahrhundert datiert und von einer ehemaligen Benediktinerabtei stammt. Die Schäden, die dem Gotteshaus in den Religionskriegen zugefügt wurden, konnten durch eine behutsame Restauration weitgehend behoben werden. Am anderen Ufer der Jonte zieht sich das Dorf Peyreleau einen kleinen Hügel hinauf. Zu den herausragenden Bauwerken in diesem Ortsteil gehört ein Château, das allerdings nicht besichtigt werden kann.

Information Office de Tourisme, 48150 Le Rozier, ✆ 0565626089, www.officedetourisme-gorgesdutarn.com.

Verbindungen Tgl. vier Busverbindungen mit Meyrueis sowie Millau.

Markt Freitag- und Samstagvormittag (nur im Sommer).

Schwimmen Rund 1 km von Le Rozier entfernt gibt es am rechten Flussufer des Tarn eine schöne Badestelle mit glasklarem Wasser.

Dorf mit Charakter: Peyreleau

Übernachten & Essen **** Hôtel Doussière**, dieses schräg gegenüber gelegene Hotel wurde 2011 von der Tochter der bisherigen Besitzerin übernommen, die mit viel Schwung gleich ein Restaurant namens **L'Alicanta** eröffnet hat. Leser lobten die hervorragende Küche sowie die Terrasse mit einem herrlichen Blick auf den Fluss und das pittoreske Peyreleau. Menü zu 19 € (zwei Gänge) bzw. 25 und 34 €. Die Zimmer sind mit schönen alten Möbeln eingerichtet. Weitere Zimmer in einer nahen Dependance. Es gibt auch einen Garten. Von Ostern bis Anfang Nov. geöffnet. Kostenloses WLAN. Die freundlichen und geschmackvoll eingerichteten Zimmer kosten je nach Ausstattung 50–63 €; Frühstück 8,30 €. Route de Meyrueis, ✆ 0565626025, www.hotel-doussiere.com.

** Hôtel de la Jonte, ca. 10 km östlich direkt an der D 996 in dem Miniweiler Les Douzes gefällt dieses einfache Landhotel mit bodenständigem Restaurant (*Tête de veau*, *Truite meunière*). Menüs zu 12,90 € (mittags), 15,90, 19,90 und 23,90 €. Außer Juli und Aug. Mo Ruhetag. Im Sommer lockt auf der gegenüberliegenden Straßenseite noch ein sehr kleiner Pool. DZ 45–58 €. Route des Gorges-de-la-Jonte, ✆ 0565626052.

** Grand Hôtel des Voyageurs, als Ausweichquartier eignet sich noch dieses altertümliche Hotel mitten im Zentrum von Le Rozier. Von Ostern bis Ende Okt. geöffnet. Zimmer je nach Ausstattung 46–56 € (manche haben einen schönen Blick über den Fluss, Mezzanine-Zimmer ab 78 €); Frühstück 8,50 €. Route de Meyrueis, ✆ 0565 626009, www.grandhoteldesvoyageurs.fr.

》 Mein Tipp: ****** Grand Hotel de la Muse et de Rozier**, dieses von außen eher etwas langweilige Hotel begeistert im Inneren durch seine teilweise im Zen-Stil eingerichteten Zimmer und seine herrliche Terrasse mit Blick auf den Fluss (ein Lesertipp von Rainer Thoma). Wem der Tarn zu kalt ist, der kann auch im beheizten Swimmingpool baden (15.6. bis 15.9.). Am Hausstrand kann man herrlich auf den Liegestühlen relaxen und den Kanufahrern zusehen. Im vorzüglichen Restaurant gibt es Menüs zu 35 und 45 €, auf der großen Weinkarte findet sich auch eine große Anzahl von exzellenten Bioweinen. Hervorragende Käseauswahl. Das Frühstück ist großartig, vom frisch gepressten Orangensaft über selbst gemachten Joghurt und Obstsalat bis zu gekochten Eiern, zudem gibt es Isigny-Butter. Von Anfang Nov. bis Anfang April Betriebsferien. Einfache DZ je nach Saison 95–125 €, die komfortableren kosten 115–160 €; Frühstück 15 €. ✆ 0565 626001, www.hotel-delamuse.fr. «

Camping *** Municipal de Brouillet, angenehmer, schattiger Platz am Flussufer mit beheiztem Pool, drei Fußminuten ins Zentrum. Von Anfang April bis Ende Sept. geöffnet. In der Hochsaison ist eine Reservierung ratsam. ✆ 0565626398, www.campinglerozier.com.

Kurzwanderung: Hinter der Kirche von Le Rozier führt ein steil ansteigender Berg hinauf zum Causse Méjean. Nach einer guten halben Stunde erreicht man das verlassene Bergdorf **Capluc**, in dessen Nähe ein toller Aussichtspunkt liegt. Diesen Rocher de Capluc kann man allerdings nur mittels einer schwindelerregenden Metall-Leiter besteigen. Der Blick hinunter auf den Zusammenfluss von Tarn und Jonte ist aber grandios!

> Wanderung 3: Über den Schluchten des Tarn und der Jonte → S. 531
> Eine aussichts- wie abwechslungsreiche Wanderung mit kleiner Kletterpartie.

Chaos de Montpellier-le-Vieux

Es gibt in den Cevennen mehrere bizarr geformte Felsenmeere, die mit etwas Phantasie an eine alte Stadt erinnern. Das eindrucksvollste ist sicherlich das Chaos de Montpellier-le-Vieux, rund 15 Kilometer südlich von Le Rozier bzw. 15 Kilometer nordöstlich von Millau. Es handelt sich dabei um eine Laune der Natur, die den grauen Stein des „Causse Noir" im Laufe der Jahrtausende mit Hilfe von Regen und Wind in skurrile Felsgebilde formte, die Torbögen („Tor von Mykene"), Bergfrieden und verfallenen Häusern ähnlich sehen. Den Bauern war das Terrain früher suspekt, da sie glaubten, in der „verwunschenen Stadt" gehe nachts der Teufel um.

Erkundungen sind entweder zu Fuß (feste Wanderschuhe!) auf mehreren, gut markierten Wegen mit unterschiedlichen Schwierigkeitsgraden oder mit einer Kleinbahn (3 €) möglich, wobei sich auf die Felsen immer wieder tolle Ausblicke bieten. Wer sich Zeit lassen will, kann für das rund 120 Hektar große Areal durchaus einen Tag einplanen (Picknicksachen nicht vergessen). Einen kleinen Wegeplan erhält man am Kassenhäuschen vor dem Parkplatz.

Von April bis Anf. Nov. 9.30–17.30 Uhr, im Juli und Aug. 9–19 Uhr. Eintritt 56,60 €, erm. 5,30 € bzw. 4,65 €. www.montpellierlevieux.com.

> Wanderung 4: Durch das Chaos de Montpellier-le-Vieux → S. 533
> Eine leichte Tour vorbei an zahlreichen skurrilen Felsformationen.

Causse Méjean

Der Causse Méjean ist die wohl eindrucksvollste der für die Cevennen so typischen Hochebenen. Fast nirgendwo in Frankreich gibt es einen ähnlich dünn besiedelten Landstrich: Auf einer Fläche von 33.000 Hektar leben weniger als 500 Menschen! Selbst bei stundenlangen Wanderungen begegnet man oft keiner einzigen menschlichen Seele. Nur wenige kleine Nebenstraßen und die *Drailles*, die traditionellen, von kleinen Trockenmauern eingefassten Herdenwege durchziehen die karge Einöde. In vielerlei Hinsicht erinnert der Causse Méjean – Durchschnittshöhe 1000 Meter – an eine asiatische Steppenlandschaft, nur gelegentlich erscheint ein einzelnes Gehöft oder ein kleiner Weiler am Horizont. Der Wasserarmut auf den Causses steht der Wasserreichtum der Täler gegenüber. An mehreren Stellen, so an der Abbruchkante oberhalb von Florac, finden sich Dolmengräber und Menhire.

Wandern: Die wohl beste Möglichkeit, den Causse Méjean kennen zu lernen, ist eine Wanderung auf dem Fernwanderweg GR 60. Der rot-weiß markierte Wanderweg verläuft ausgehend von Sainte-Enimie von Nord nach Süd quer durch das gesamte Hochplateau und kann – bei Interesse – bis zum Mont Aigoual fortgesetzt werden. Auf der rund 20 Kilometer langen Wanderung über den Causse Méjean kommt man nur an zwei Weilern (**Prunets** und **Nivoliers**) vorbei.

Sehenswertes

Aven Armand: Vor Urzeiten haben unterirdische Flussläufe sowie versickertes Regenwasser diese gigantische Höhle mit den Ausmaßen einer Kathedrale aus dem porösen Kalkstein gewaschen. Am 18. September 1897 stieg der aus Le Rozier stammende Schlosser *Louis Armand* als erster Mensch mit einer Strickleiter in den – heute abgesperrten – Einsturzschacht der Grotte; seit 1927 gibt es einen künstlichen Eingang, durch den die Besucher mit Hilfe einer Zahnradbahn in die Unterwelt gebracht werden. Beeindruckend sind die Dimensionen des riesigen Saals: 45 Meter Höhe über einer Grundfläche von 60 x 100 Metern! Die Tropfsteinschönheiten – darunter ein regelrechter Stalagmitenwald mit phantastischen Gebilden – erklärt ein Führer während der 45-minütigen Führung.

Wandern durch das Chaos de Nîmes-le-Vieux

Achtung: Die Höhle ist einer der beliebtesten Höhlen Frankreichs und wird alljährlich von mehr als 200.000 Menschen (!) besucht. Im Juli und August muss man sich auf längere Wartezeiten einstellen, da nur alle 15 Minuten 50 Passagiere mit der Zahnradbahn befördert werden können. Die Durchschnittstemperatur liegt bei rund 10 °C, so dass man an eine warme Jacke denken sollte.
Ende März bis Anf. Nov. 10–12 und 13.30–17 Uhr, Juli und Aug. tgl. 9.30–18 Uhr. Eintritt 10,50 €, erm. 8,40 € bzw. 7,35 €. www.aven-armand.com.

> **Wanderung 5: Zu den Przewalski-Pferden** → S. 534
> Leichte Tour auf dem kargen Causse Méjean zu einem Wildpferdeareal.

Hyelzas: Gleich in der Nähe des Aven Armand steht ein vorbildlich restaurierter Museumsbauernhof (*Ferme Caussenarde d'Autrefois*) aus dem späten 18. Jahrhundert, der noch bis in die Mitte des letzten Jahrhunderts betrieben worden ist. Typisch ist die Bauweise im Trockenmauersystem, die Inneneinrichtung wurde aus mehreren Höfen zusammengetragen und gibt einen schönen Einblick in das bäuerliche Leben in den Cevennen.
April und Okt. 12.30–18 Uhr, Mai, Juni und Sept. 10–12 und 14–18 Uhr, im Juli und Aug. 10–19 Uhr. Eintritt 6,10 €, erm. 3 €. http://ferme.caussenarde.free.fr.

Mongolische Einwanderer in den Cevennen

Die klimatischen Bedingungen auf dem Causse Méjean ähneln denen in der Mongolei. Daher wurde die steppenartige Landschaft in der Nähe des Weilers Nivoliers als Lebensraum für eine Herde Przewalski-Pferde auserkoren. Die nach ihrem Entdecker benannten Pferde gelten als einzige Unterart des Wildpferds, die in ihrer Wildform bis heute überlebt hat. Auf 13 Pferde, die in Gefangenschaft gehalten wurden, war der Bestand vor knapp hundert Jahren zusammengeschmolzen. Durch Zuchterfolge ist der Bestand wieder deutlich angewachsen. Heute leben ausgewilderte Przewalski-Pferde wieder in der Mongolei sowie seit 1993 in einem 400 Hektar großen, umzäunten Areal auf dem Causse Méjean. Das Informationszentrum im Hameau du Villaret hat im Juli und August täglich außer Sa von 10–13 und 15–19 Uhr geöffnet: www.takh.org.

Chaos de Nîmes-le-Vieux: Nicht so eindrucksvoll wie das Felsenmeer von Montpellier-le-Vieux, doch durch den Erosionsprozess entstand auch am Südrand des Causse Méjean bei den Weilern L'Hom und Gally ein faszinierendes Ensemble skurril verwitterter Gesteinsformationen. Mit dem namensgebenden Nîmes hat das Naturszenario allerdings nichts zu tun. Nur mit viel Phantasie lassen sich zwischen dem Felsenmeer und der alten Römerstadt Ähnlichkeiten ausmachen.

> **Wanderung 6: Durch das Chaos de Nîmes-le-Vieux** → S. 535
> Kurzweilige, kinderfreundliche Tour durch das Felsenmeer.

Der Beffroi von Millau

Millau

21.600 Einwohner

Das am Ende der Gorges du Tarn gelegene Millau ist ein angenehmes Provinzstädtchen. In Frankreich gilt Millau als Synonym für edle Handschuhe. Millau liegt bereits im Département Aveyron und gehört daher im strengen politischen Sinne nicht mehr zu der Region Languedoc-Roussillon.

Bereits in römischer Zeit befand sich zwei Kilometer südlich von Millau in Graufesenque ein Zentrum zur Herstellung von Gebrauchskeramik – die Ausgrabungsstätte kann besichtigt werden –, das weite Teile des Römischen Reiches mit seinen Töpferwaren belieferte. Millau ist außerdem seit dem Mittelalter für seine Handschuhe bekannt, die aus feucht zugeschnittenem Leder hergestellt werden. Der Gewerbezweig, dem die Stadt jahrhundertelang ihren Wohlstand verdankte, kam infolge der Religionskriege fast zum Erliegen, da ein Großteil der protestantischen Handwerker nach der Aufhebung des Edikts von Nantes (1685) nach England, Preußen oder in die Schweiz emigrierte. Erst im 19. Jahrhundert glückte eine Wiederbelebung der Handschuhindustrie, die bis in die 1920er-Jahre ungemein florierte. Die noch heute großteils in Handarbeit gefertigten Einzelstücke haben zwar ihren Preis, doch sind sie sicherlich ein wertvolles Mitbringsel einer Südfrankreichreise. Seit dem Zweiten Weltkrieg werden verstärkt auch andere Accessoires sowie Kleidungstücke für die Modebranche gefertigt. Das historische Zentrum besitzt einige reizvolle Ecken, vor allem natürlich die von wackeligen Arkaden eingerahmte Place du Maréchal Foch. Manche Häuser stammen hier noch aus dem 12. Jahrhundert! Interessante Gassen sind auch die Rue Droite, die Rue de la Peyrollerie und die Rue du Voultre. Wer die Dächerlandschaft von Millau bewundern will, muss den gotischen Beffroi an der Place Emma-Calvé erklimmen, um die schöne Aussicht zu genießen.

Millau 243

Basis-Infos

Information Office de Tourisme, 1, place du Beffroi, B.P. 50331, 12103 Millau Cedex, ☎ 0565600242, www.ot-millau.fr.

Verbindungen Zugverbindungen mit Béziers, Perpignan und Marvejols. Tgl. mehrere Busverbindungen mit Rodez, Le Rozier, Nant, Meyrueis, Lodève, Montpellier und Toulouse. ☎ 0565615666, www.gareroutierede millau.fr. Der Bahnhof wie auch der Busbahnhof liegen 300 m nordwestl. der Altstadt am Ende der Avenue Alfred Merle, ☎ 3635.

Veranstaltungen Tanzfestival *Millau sur scène* in der ersten Julihälfte.

Markt Mittwoch- und Freitagvormittag, im Juli und Aug. auch Montagabend auf der Place du Maréchal Foch. Die Markthallen haben Mi–Sa 7.30–13 Uhr, im Juli und Aug. auch So 7.30–13 Uhr geöffnet.

Maison de la Presse Place de L'Arpajonie.

Einkaufen Maison Fabre, handgenähte Handschuhe aus feinstem Leder verkauft die 1924 gegründete Manufaktur. 9–12 und 14–19 Uhr. 20, boulevard Gambetta, www.mai sonfabre.fr oder www.maisonfabre.com.

Espace Bio de Millau, gut sortierter Bioladen. 9, rue Mandarous. www.espace-bio-millau.com ■

Schwimmen Centre Nautique Municipal, das städtische Freibad besitzt sogar ein olympisches 50-m-Becken. Direkt daneben ist das Hallenbad. 10, rue de la Prise d'eau. Eintritt 4 €.

Kanuverleih Les Bateliers du Viaduc, mit dem Kanu oder der Barke auf dem Tarn unter dem berühmten Viadukt von Millau hindurch. Place du 19 mars, 12100 Creissels, ☎ 0565601791, www.bateliersduviaduc.com.

Fahrradverleih Roc et Canyon, 55, avenue Jean-Jaurès, ☎ 0565611777. www.roc-et-canyon.com.

Drachenfliegen Die thermischen Bedingungen rund um Millau sind geradezu ideal zum Drachen- und Gleitschirmfliegen. Wenden Sie sich an einen der beiden folgenden Anbieter: Cabrières, eine von einem deutschen Paar geleitete Drachenflugschule östlich von Millau bei der Ortschaft Compeyre. ☎ 0565598444, www.cabrieres.net. Horizon (Millau vol libre), 6, place Lucien Grégoire, ☎ 0565608377, www.horizon-millau.com.

Übernachten & Essen → Karte S. 244

Hotels/Restaurants **2**, *** **Hotel des Causes**, ansprechendes, modernes Hotel (Logis) nur 5 Fußminuten vom Zentrum entfernt. Komfortable, geschmackvoll eingerichtete Zimmer. Das Restaurant L'Ardoise genießt einen guten Ruf: Mittagsmenü inkl. einem Glas Wein 16 € (nur Fr und Sa), abends kosten die Menüs 22–42 €. So Ruhetag. Kostenloses WLAN. Zimmer je nach Ausstattung 59–90 €; Frühstück 9,80 €. 2, avenue Jean-Jaurès, ☎ 0565600319, www.hotel-des-causses.com.

››› Mein Tipp: ** **Emma Calvé 3**, unweit der Altstadt gelegen, begeistert dieses in einem Haus aus dem 19. Jh. samt Patio untergebrachte Hotel schon allein durch seinen altertümlichen, holzgetäfelten Frühstücksraum mit Gemälden und offenem Kamin. Bourgeoises Flair. Kostenloses WLAN. DZ je nach Lage und Ausstattung 58–78 €; Frühstück 6 €. 28, avenue Jean-Jaurès, ☎ 0565601349, www.hotelemmacalve.com. ‹‹‹

L'Estaminet 5, leckere Tapas (2–5 €) mitten in den Markthallen von Millau. Mi–Sa 7.30–13 Uhr, im Juli und Aug. auch So 7.30–13 Uhr geöffnet. Les Halles.

››› Mein Tipp: 4, Cake'Thé 4, altertümlicher Teesalon mit Klavier. Im Sommer sitzt man auf der Straßenterrasse mit den einfachen Tischen. Großartige Teeauswahl! 1, rue de la Capelle, ☎ 0565601382. www.cak-t.com. ‹‹‹

Le Bouche à Oreille 6, beliebtes Restaurant mitten in der Altstadt von Millau. Im Inneren ganz modern, alles in Weiß inkl. durchsichtigen Plexiglasstühlen. Im Sommer begeistert die große Straßenterrasse. Auf der Karte finden sich auch ungewöhnliche Gerichte wie ein Hammelkotelett (*Côte de Mouton*). Menüs zu 12 € (mittags), sonst 16,50, 18,90 und 26,90 €. Montag- und Dienstagabend sowie So geschlossen. 26, rue Droite, ☎ 0565476986. www.restaurant-millau-aveyron.fr.

La Braconne 7, nett sitzt man in dem einzigen Restaurant, das sich am arkadengesäumten Marktplatz befindet. Zünftiges Am-

Cevennen → Karte S. 210/211

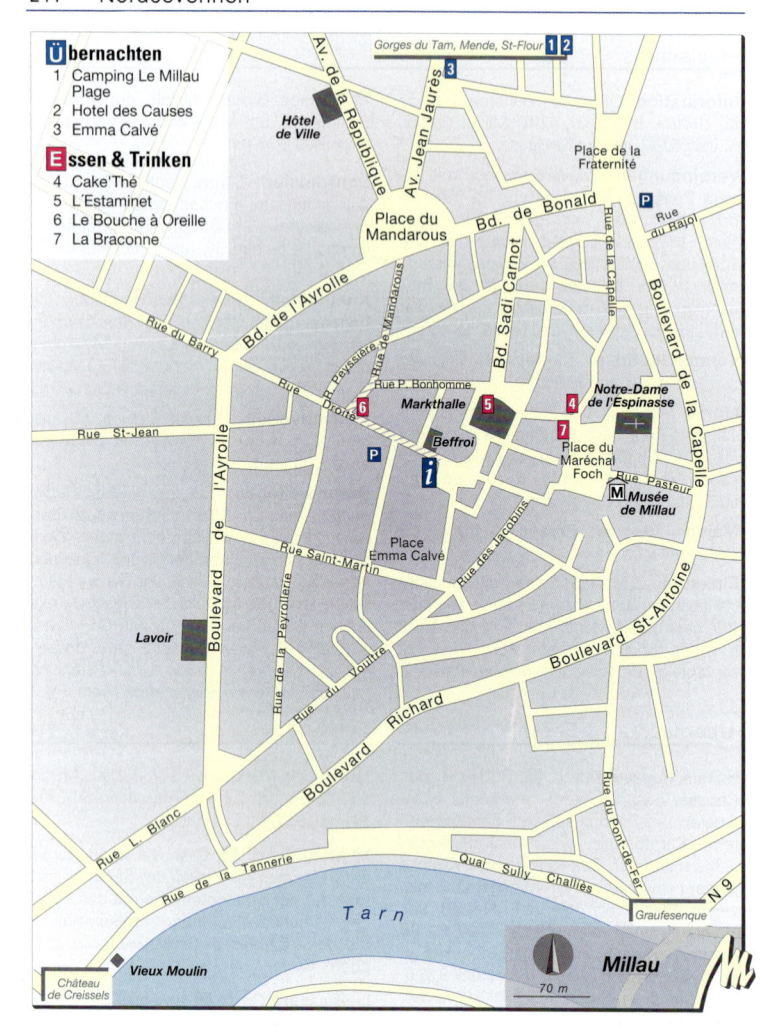

Übernachten
1 Camping Le Millau Plage
2 Hotel des Causes
3 Emma Calvé

Essen & Trinken
4 Cake'Thé
5 L'Estaminet
6 Le Bouche à Oreille
7 La Braconne

biente mit Gewölbe, Terrasse und eine gute Küche mit teilweise bodenständiger Kost (*Cassoulet de rognons de veau*) locken. Menüs zu 14,50 € (mittags), 19, 29 und 39,50 €. Sonntagabend und Mo geschlossen. 7, place du Maréchal Foch, ☎ 0565603093. www.restaurant-la-braconne.fr.

Camping **** Le Millau Plage **1**, komfortable, schattige Anlage direkt am Ufer des Tarn, mit Swimmingpool. WLAN. Von April bis Sept. geöffnet. Route de Millau Plage, ☎ 0565601097, www.campinglemillauplage.com.

Sehenswertes

Musée de Millau: Im Mittelpunkt der Dauerausstellung stehen zwei Themen, die auf den ersten Blick wenig verbindet: Archäologie und Handschuhe. Das in einem

Stadtpalais (Hôtel de Pégayrolles) untergebrachte Museum besitzt zudem eine paläontologische Abteilung, deren eindrucksvollstes Exponat das vollständig erhaltene Skelett eines Plesiosauriers ist. Das vier Meter lange Meeresreptil lebte vor rund 180 Millionen Jahren. In der archäologischen Abteilung stehen die römischen Töpferarbeiten im Mittelpunkt, die bei Ausgrabungen im nahen Graufesenque (s. u.) gefunden wurden. Selbstverständlich darf auch ein Rückblick auf die lokale Tradition der Lederwaren- und Handschuhherstellung nicht fehlen.

Place du Maréchal Foch. Tgl. außer So 10–12 und 14–18 Uhr, Juli und Aug. tgl. 10–18 Uhr, im Winter So geschlossen. Eintritt 5,50 €, erm. 4,10 € (für 6,70 € ist der Zutritt zum Site archéologique de la Graufesenque enthalten). www.museedemillau.fr.

Le Beffroi: Von der 42 Meter hohen Terrasse des ursprünglich im 12. Jahrhundert von den Königen von Aragon errichteten Beffroi hat man einen herrlichen Panoramablick auf die Altstadt von Millau.

Mitte April bis Ende Sept. tgl. 10–12 und 14–18 Uhr. Eintritt 3,70 €, erm. 2,70 €.

Umgebung von Millau

Viaduc de Millau: Bei Nebel oder dichten Wolken ist die Szenerie schon fast surreal, wenn sich die Pylonen des Viadukts scheinbar im Nichts verlieren. Aber auch bei Sonnenschein ist es ein beeindruckendes Erlebnis, über die weltweit höchste Brücke zu fahren, die sich seit dem Sommer 2004 bei Millau über das Tal des Tarn spannt. Der mächtigste der sieben riesigen Stützpfeiler erhebt sich 343 Meter über dem Fluss und ist damit sogar 23 Meter höher als der Eiffelturm! Die gebührenpflichtige Schrägseilbrücke, deren Träger an stählerne Harfen erinnern, soll die allsommerlichen „Monsterstaus" auf der von Paris über Clermont-Ferrand und Béziers nach Barcelona führenden Autobahn A 75 verhindern. Architekt des 2460 Meter langen Bauwerks war *Lord Norman Foster*, dessen filigrane Konstruktion eine Meisterleistung der Ingenieurskunst darstellt. Nördlich und südlich der Brücke gibt es mehrere Aussichtspunkte, ein Rastplatz mit einer kleinen Ausstellung befindet sich rund zwei Kilometer südlich der Mauteinrichtung am nördlichen Ende der Brücke.

Maut: 9,10 € im Juli und Aug., sonst 7,30 € für einen Pkw. www.leviaducdemillau.com.

Viaduc de Millau

Site archéologique de la Graufesenque: Die zwei Kilometer südlich der Altstadt gelegene Ausgrabungsstätte ermöglicht eine gute Vorstellung davon, wie bedeutend das lokale römische Töpferwesen einst gewesen ist. Nicht nur in Pompeji, sondern selbst im Sudan und in Indien haben Archäologen Tonwaren aus Millau gefunden. In der Blütezeit haben mehr als 500 Töpfer in den Werkstätten gearbeitet, in den riesigen Öfen konnten rund 30.000 Teile gleichzeitig gebrannt werden.

Avenue Balsan. Tgl. außer Mo 10–12 und 14–17 Uhr, im Sommer bis 18 Uhr, im Juli und Aug. tgl. außer Mo 10–12.30 und 14–19 Uhr. Eintritt 4 €, erm. 2,70 €. www.graufesenque.com.

Skurrile Felsformationen – Gorges de la Jonte

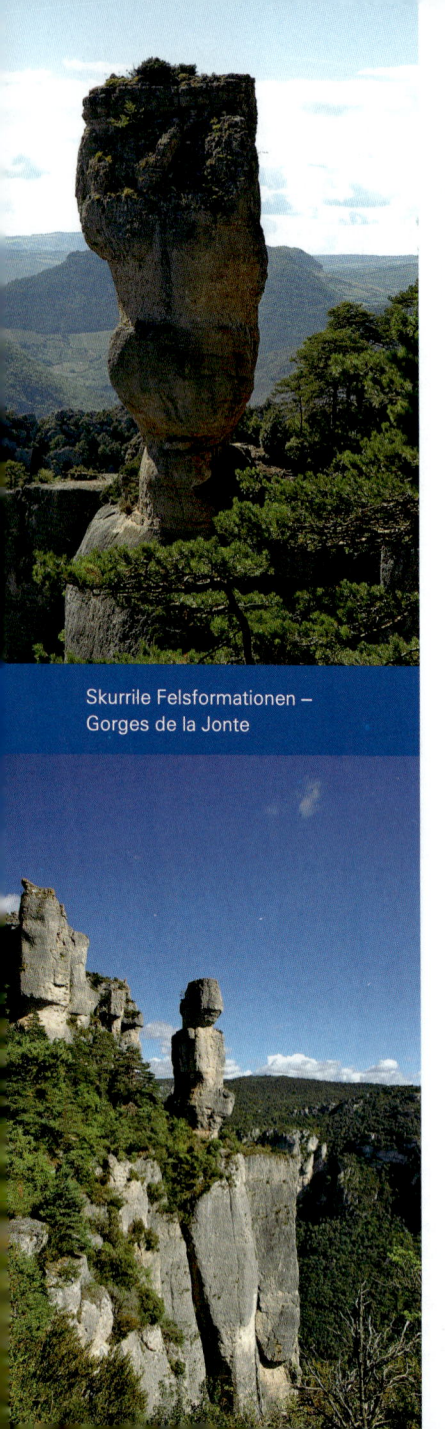

Roquefort-sur-Soulzon

Zusammen mit dem normannischen Camembert ist Roquefort das wohl bekannteste Käsedorf der Welt. In dem 20 Kilometer südlich von Millau gelegenen Straßendorf dreht sich alles um den Käse. Seit Urzeiten wird hier Käse aus der Milch hergestellt, welche die auf den Causses weidenden Schafe im Überfluss geben. Doch erst durch Zufall wurde eine Veredelungsmethode entdeckt: Der Legende nach soll einst ein Schäfer sein schlichtes, aus Käse und Brot bestehendes Mahl in einer Höhle vergessen haben, weil er ein entlaufenes Lamm suchen musste. Als er Monate später an den Ort zurückkehrte, war der Käse mit einer dicken grün-blauen Schimmelschicht überzogen. Da der Schäfer sehr hungrig gewesen sein soll, probierte er vorsichtig von der skurrilen Masse und stellte zu seiner Überraschung fest, dass der Schimmel dem Käse zu einer neuen, intensiveren Geschmacksnote verholfen hatte.

Wann genau dieser Schäfer seinen Käse am westlichen Rand der Causse du Larzac vergessen hat, liegt im Dunkeln der Geschichte, doch überliefert ist, dass der Roquefort bereits zu Zeiten der Römer und auf der königlichen Tafel Karls des Großen als Delikatesse galt. Und damals wie heute durfte der Roquefort nur aus dem kleinen Cevennendorf stammen. Der Käse wird während seines Reifeprozesses mit einem auf Brot gezüchteten Edelpilz, dem *penicillium roqueforti*, „geimpft". Nur ein Gramm des pulverisierten Pilzes reicht aus, um 2000 Liter Schafsmilch in 165 Roqueforts zu verwandeln. Bis der Käse sein volles Aroma entfalten kann, muss er zwischen drei und sechs Monaten in dem natürlich feuchten Mikroklima der Kalksteinhöhlen bei 8 °C reifen. Derzeit werden jährlich 22.000 Tonnen produziert, von denen über 80 Prozent in Frankreich konsumiert werden. Zwei der örtlichen Käsehersteller bieten Besichtigungen ihrer Höhlenlabyrinthe an:

Information Office de Tourisme, avenue de Lauras, ✆ 0565585600, www.roquefort.com.
Caves Société Tgl. 9.30–12 und 13.30–17 Uhr, Mitte Juli bis Aug. keine Mittagspause. Eintritt 5 €, erm. 3 €. ✆ 0565599330, www.roquefort-societe.com.
Caves Papillon Tgl. 9.30–11.30 und 13–17.30 Uhr, im Juli und Aug. tgl. 9.30–18.30 Uhr. Eintritt frei! ✆ 0565585008. www.visite-roquefort-papillon.com.

Gorges de la Jonte

Im Gegensatz zu den Gorges du Tarn kennen nur überzeugte Südfrankreichliebhaber die gewiss ebenso schönen Schluchten der Jonte. Die an der Nordflanke des Mont Aigoual entspringende Jonte hat sich ein tiefes Bett in den Kalkstein zwischen der Causse Méjean und der Causse Noir gegraben. Der schönste Abschnitt der kaum besiedelten Schlucht erstreckt sich zwischen Le Rozier und Meyrueis.

Sehenswertes

Belvédère des Vautours: In den Schluchten der Jonte lebt auch eine größere Population von Geiern. Der bei dem Dorf **Le Truel** gelegene Park Belvédère des Vautours bietet nicht nur Gelegenheit zum Beobachten dieser faszinierenden Raubvögel (mit Fernrohr oder Video), sondern dient zugleich als Informationszentrum über deren Lebensraum. Es ist ein majestätischer Anblick, wenn sich die Aasgeier auf ihren knapp drei Meter breiten Schwingen durch die Thermik nahezu mühelos emporschwingen. Inzwischen ist die Population der vor mehr als 20 Jahren ausgewilderten Vögel auf rund 100 Exemplare angewachsen. Da längst nicht mehr genug Aas vorhanden ist, müssen die Mitarbeiter des Parks tote Tiere an abgelegenen Stellen deponieren. Die *Gänsegeier* sind jedoch nicht die einzigen Raubvögel, die ihre Kreise über den Gorges de la Jonte ziehen. Mit etwas Glück lassen sich auch Königsadler, Wander- und Turmfalken sowie Schlangenadler beobachten.
Mitte März bis Mitte Nov. tgl. 10–18 Uhr, im Hochsommer bis 19 Uhr (letzter Eintritt 18 Uhr). Eintritt 6.70 €, erm. 3 €. www.vautours-lozere.com.

Meyrueis

1100 Einwohner

Eingezwängt zwischen Causse Noir und Causse Méjean liegt Meyrueis im Tal der Jonte, in die hier auch die beiden Gebirgsbäche Brèze und Bétuzon münden. Obwohl es die Landschaft nicht vermuten lässt, sind im lokalen Akzent noch deutlich die Einflüsse des Midi auszumachen.

Das um das Jahr 1000 gegründete Städtchen lebt heute fast ausschließlich vom Tourismus, nachdem die Einwohnerzahl in den letzten 150 Jahren um 80 Prozent zurückgegangen ist. Vor allem in den Sommermonaten werden die Hotels und Restaurants stark von zahllosen Aktivurlaubern verschiedener Couleur frequentiert, da sich Meyrueis (der Name wird *Merues* ausgesprochen) hervorragend als Ausgangspunkt für Streifzüge in die an Naturschönheiten so reiche Umgebung eignet. Nach Norden und Westen grenzen die Causses an, nach Osten hin erstrecken sich die Cevennen. Sehenswert ist der lang gestreckte Marktplatz, an dessen Ecke zum Quai Sully ein Uhrenturm steht, der noch von der mittelalterlichen Befestigung stammt und heute das Office de Tourisme beherbergt. Ein kurzer Spaziergang führt hinauf zur Chapelle de Notre-Dame-du-Rocher (19. Jahrhundert), von der sich ein schöner Blick über die drei Täler bietet.

Nordcevennen

Information Office de Tourisme, Tour de l'Horloge, 48150 Meyrueis, ✆ 0466456033, www.meyrueis-office-tourisme.com.

Verbindungen Fünf Busverbindungen mit Millau sowie Le Rozier.

Markt Mittwoch- und Freitagvormittag (Markthalle).

Einkaufen Aux Saveurs Cévenoles, regionale Produkte (Konfitüren, Honig, Käse, Fruchtsaft, Maronen) in einem netten Ladengeschäft. Juli und Aug. tgl. 9–19 Uhr, im Mai, Juni und Sept. Sa und So 9–19 Uhr. Rue Claude Nogues.

Schwimmen Im Juli und Aug. ist das städtische Freibad im Ortsteil Ayres geöffnet. Eintritt 2,50 €. Route de la Vallée de la Brèze.

Übernachten & Essen **** **Château d'Ayres**, ansprechendes Hotel in einem im 12. Jh. als Kloster gegründeten Landsitz, der in den Religionskriegen zerstört und später wieder aufgebaut wurde. Im Juli und Aug. ist Halbpension Pflicht, glücklicherweise genießt das Restaurant (Menüs ab 22 €) einen guten Ruf. Neben einem 5 ha großen Park und Tennisplätzen gibt es einen Swimmingpool sowie hoteleigene Pferde. Die leicht plüschig eingerichteten Zimmer kosten 99–169 €; Frühstück 16 €; Halbpension ab 88 € im DZ. ✆ 0466456010, www.chateau-d-ayres.com.

*** **Saint Sauveur**, schmuckes, zentral gelegenes Stadtpalais mit herrlicher Freitreppe. Besonders schön sitzt man unter den Ästen eines Bergahorns direkt vor dem Haus. Auch das Foyer begeistert mit viel Patina. Extras: Beheizter Swimmingpool (27 Grad) und WLAN. Die unlängst renovierten Zimmer kosten je nach Saison 47–95 €; Frühstück 9 €. 2, place Jean Sequier, ✆ 0466 454042, www.hotelstsauveur.com.

** **Le Family**, mitten im Ort gelegen, wird dieses Logis-Hotel seit vier Generationen von der Familie Julien geführt. Verteilt auf drei Gebäude besitzt das Hotel 48 ordentliche, aber biedere Zimmer sowie ein Restaurant, das sich der regionalen Küche verschrieben hat. Den Hotelgästen steht im gegenüberliegenden Garten ein Pool zur Verfügung. Menüs ab 14 € (mittags), abends ab 19,50 €, der halbe Liter vom offenen Hauswein kostet 5 €. Von April bis Anfang Nov. geöffnet. WLAN. Zimmer je nach Ausstattung 57–59 €; Frühstück 8 €. Quai d'Orléans, ✆ 0466456002, www.hotel-family.com.

Le Jardin des Glaces, nicht nur eine ideale Adresse zum Eisessen (mehr als drei Dutzend Sorten im Angebot!). Es locken auch ein herrlicher Garten über dem Fluss und ein gutes Restaurant. Menüs zu 15,50, 19,50, 26 und 29,50 €. In der NS Mo Ruhetag. 1, avenue Martel, ✆ 0466454375. www.restaurant-meyrueis-aligot.fr.

Camping **** **Le Capelan**, ansprechender Campingplatz unter einer steil aufragenden Felswand (Klettermöglichkeiten!) am Ufer der Jonte. Beheizter Swimmingpool. Von

Die Markthalle von Meyrueis

Umgebung von Meyrueis 249

Anfang Mai bis Mitte Sept. geöffnet. 2 Pers. 14,50–24 €. ✆ 0466456050, www.campingcapelan.com.

*** **La Cascade**, einfacher Zeltplatz am Ufer der Jonte in Salvinsac, 4 km nordöstl. von Meyrueis, in unmittelbarer Nähe eines Wasserfalls (Bademöglichkeiten). 25 Plätze für Camper sowie mehrere Châlets für bis zu 7 Pers. Von Ostern bis Ende Sept. geöffnet. Châlet ab 295 € pro Woche. ✆ 0466 454545, www.camping-la-cascade.com.

*** **Le Champ d'Ayres**, ein weiterer attraktiver Platz befindet sich nur 500 m vom Ortszentrum entfernt. Leicht geneigtes Wiesengelände. Mit Pool (beheizt) und kleinem Laden. Große Stellplätze. WLAN. Von Mitte April bis Mitte Sept. geöffnet. ✆ 0466456051, www.campinglechampdayres.com.

Wandern: Von Meyrueis führt eine anspruchsvolle Tageswanderung hinauf zum 1567 Meter hohen Mont Aigoual. Der Weg, der im Ortsteil Ayres beginnt, ist anfangs mit dem rot-weiß markierten Fernwanderweg GR 66 identisch, nach dem Col del Bés zweigt der GR 6B ab, der direkt zum Gipfel führt. Wegstrecke: etwa 17 Kilometer, wobei 800 Höhenmeter zu bewältigen sind. Wer kein zweites Fahrzeug besitzt, sollte versuchen, über die D 18 nach Meyrueis zurückzutrampen.

Umgebung von Meyrueis

Grotte de Dargilan: Nicht so imposant wie der Aven Armand und dennoch eine weitere Attraktion für Höhlenliebhaber: Dargilan ist nicht nur die größte Höhle der Cevennen, sondern eine der größten in Frankreich. Gigantisch sind die Ausmaße des größten Saals (*Grande Salle du Chaos*), mit 140 Metern Länge, 50 Metern Breite und 25 Metern Höhe ist er imposanter als ein modernes Sportstadion. Die 1880 entdeckte Grotte – wieder einmal war ein Schäfer am Werk ... – wird wegen ihrer Farbgebung auch als „rosa Höhle" bezeichnet. Neben eindrucksvollen Stalagmiten und Stalaktiten kann man auf dem mehr als einen Kilometer langen Weg durch die Höhle auch einen unterirdischen, kristallklaren See bewundern.
Juli und Aug. 10–18.30 Uhr, April bis Juni und Sept. 10–17.30 Uhr, im Okt. 10–16.30 Uhr. Eintritt 9,30 €, erm. 6 €. www.grotte-dargilan.com.

Château de Roquedols: Das zwei Kilometer südlich von Meyrueis gelegene Schloss stammt größtenteils aus dem 16. Jahrhundert und gehört zu den schönsten im Département Lozère. Das historische Gemäuer ist von einem schönen Park umgeben und beherbergt ein Informationsbüro zum Cevennen-Nationalpark.

Abîme de Bramabiau: Fährt man noch einige Kilometer weiter Richtung Süden, trifft man auf den Abîme de Bramabiau. Der Abgrund von Bramabiau gehört zu den spektakulärsten Naturdenkmälern der Region. Es handelt sich dabei um einen unterirdischen Fluss, den Bonheur, der aus einer Höhe von rund 20 Metern aus einer Kalksteinspalte stürzt. Der Bonheur entspringt im Aigoual-Massiv, durchfließt den Causse de Camprieu, um bei dem gleichnamigen Dorf in einem Sandsteintunnel zu verschwinden. Begleitet von spektakulärem Getöse tritt der Bramabiau („brüllender Ochse") an einer Bruchkante der Causse wieder hervor. Es ist das Verdienst des berühmten Höhlenforschers *Edouard Alfred Martel*, die unterirdischen Verästelungen des Bonheur verfolgt zu haben, so dass seit 1888 fest steht, dass es sich um ein und denselben Fluss handelt. Besucher können im Rahmen einer Führung auf gut gesicherten Wegen in die Bergspalte und die Höhlenwelt vordringen und so das Naturdenkmal bewundern. Vom Parkplatz aus muss man eine gute Viertelstunde zum Eingang des Abîme de Bramabiau laufen. Einen zusätzlichen Pullover sollte man nicht vergessen, denn die Lufttemperatur beträgt nur 8–10° C. Im Juli und August wird der Wasserfall nachts illuminiert.
April bis Nov. tgl. 10–17.30 Uhr, Juli und Aug. 9.30–18.30 Uhr, Okt. 10.30–16.30 Uhr. Eintritt 8,50 €, erm. 6 € bzw. 4,50 €. www.abime-de-bramabiau.com.

Die Vis ist bekannt für ihr glasklares Wasser

Südcevennen

An ihrer Südflanke präsentieren sich die Cevennen als eine karge Landschaft mit jäh abfallenden Steilhängen, die durch den Schiefer ihr typisches „blättriges" Aussehen erhält. Nach Süden hin öffnen sich dann mehrere grüne Täler, die allmählich die weicheren Töne der mediterranen Welt annehmen.

Irgendwann wird die Kraft der Mittagssonne stärker, die Gerüche und Farben verändern sich, der okzitanische Singsang erschallt in den Gassen. Auffällig sind auch die halbrunden *tuiles romanes* auf den Dächern; die von der Sonne ausgebleichten Dachziegel sind ein untrügliches Zeichen für den Midi. Auf den Terrassenfeldern werden Wein und Oliven angebaut, außerdem deuten die zahlreichen Maulbeerbäume auf die ehedem so intensiv betriebene Seidenraupenzucht hin.

Alès   40.000 Einwohner

Obwohl nicht im Gebirge gelegen, ist Alès das administrative Zentrum der südlichen Cevennen-Region. Der Gewerbegürtel samt zahlreicher Ausfallstraßen sowie die Hochhäuser wirken eher abschreckend, doch hat man sich einmal bis zur Altstadt durchgekämpft, gefällt Alès mit seinem gewachsenen Kleinstadtflair.

Die Altstadt, die sich in eine Schleife des Gardon schmiegt, wird heute durch moderne Wohnblöcke vom Fluss abgeschirmt. Das eigentliche historische Zentrum ist geprägt von einer Markthalle, Fußgängerzonen und breiten Boulevards. Die Cathédrale Saint-Jean besitzt noch einen Glockenturm aus dem 15. Jahrhundert, während die eigentliche Kirche im Barockzeitalter erneuert wurde und nur von geringem kunsthistorischem Interesse ist.

Bis ins frühe 19. Jahrhundert gründete sich der Reichtum der Stadt auf den Tuchhandel und Seidenverkauf. Tausende von Tonnen Kokons und Rohseide wechselten in Alès den Besitzer. Erst im Zuge der Industrialisierung und des Eisenbahnbaus trat der Bergbau an die Stelle der Seide: Alès entwickelte sich zu einem der wichtigsten Industriezentren des Languedoc. Noch vor sechzig Jahren arbeiteten mehr als 20.000 Menschen in den Gruben der Umgebung, doch dann setzte ein unaufhaltsamer Niedergang ein, der zur Folge hatte, dass bis auf zwei alle Minen geschlossen wurden und die gesamte Region von einer hohen Arbeitslosenquote gezeichnet war. Die rostigen Fördertürme, die inmitten der mediterranen Landschaft stehen, haben einen geradezu surrealistischen Touch. Trotz der Nähe zu den Cevennen spielt der Tourismus in der zweitgrößten Stadt des Départements Gard bis heute nur eine untergeordnete Rolle. Das Klima ist weitgehend mediterran und auch mental ist die Bevölkerung stark mit dem Languedoc verbunden: Während der Feria fiebert die ganze Stadt mit den Toreros und überall duftet es nach Paella und Sangria.

Geschichte

Wahrscheinlich ist Alès – das bis 1926 noch Alais geschrieben wurde – keltischen Ursprungs. Allerdings haben sich von dem auf einer Anhöhe gelegenen Oppidum keine sichtbaren Spuren erhalten. Aufgrund schwieriger Herrschaftsverhältnisse besaß die Stadt im Mittelalter zwei Burgen – ein Zustand, der erst durch die Französische Revolution abgeschafft wurde. Wie die anderen Städte der Region, so wurde auch Alès 1560 von der Reformation erfasst. Schon wenige Jahre später waren die Hugenotten in der Überzahl. Während der Religionskriege musste sich Alès 1629 nach neuntägiger Belagerung den katholischen Truppen Ludwig XIII. ergeben; Ludwig XIII. ließ zwar Gnade walten, allerdings wurden die Hugenotten durch ein am 27. Juni erlassenes Edikt nicht mehr länger als politische Gruppierung innerhalb des französischen Staates anerkannt. Sein Nachfolger Ludwig XIV. traute dem Frieden nicht und ließ von seinem berühmten Festungsbaumeister Vauban 1686–88 eine trutzige Zitadelle (Fort Vauban) errichten, um so die protestantischen Umtriebe in der Stadt besser kontrollieren zu können.

Basis-Infos

Information Office de Tourisme, Place de l'Hôtel de Ville, BP 345, 30115 Alès, ✆ 0466523215, www.alescevennes.fr.

Verbindungen Der Bahnhof befindet sich im Norden der Stadt an der Place Pierre-Sémard, ✆ 3635. Häufige Zugverbindungen nach Nîmes und Montpellier sowie nach Mende und Clermont-Ferrand. Direkt daneben liegt die Gare routière, ✆ 0466523131. Tgl. eine Busverbindung nach Sommières, 4-mal tgl. nach Saint-Jean-du-Gard sowie zu weiteren Orten der Umgebung (Uzès, Avignon, Nîmes).

Fahrradverleih Run Cycles, Di–Sa geöffnet, 19, rue Guynemer, ✆ 0466866084. http://runcycles.pagesperso-orange.fr.

Markt Jeden Vormittag in den Halles de l'Abbaye, Mo rund um die Cathédrale Saint-Jean-Baptiste sowie am So mit Flohmarkt auf der Avenue Carnot.

Veranstaltungen *Festival du Jeune Théâtre* (Junges Theater) im Juli. *Festival du Cinéma* im Frühjahr (März). *Feria* (Stierkampf) im Mai.

Post Avenue du Général de Gaulle.

Südcevennen

Musée Minéralogique 6, avenue de Clavières. Geöffnet von Mitte Mai bis Mitte Sept. Mo–Fr 14–17 Uhr. Eintritt frei.

Kino Les Arcades, place Gabriel Péri und rue Mandajors, ✆ 0466587810.

Schwimmen Centre Nautique, Hallen-Freibad mit Riesenrutsche. Eintritt 3,50 €. Quai du Gardon.

Übernachten & Essen

** Hôtel Orly 3, hinter einer gelben Fassade befindet sich ein von einem jungen Paar geführtes Logis-Hotels (mitten im Zentrum), dessen Zimmer erst unlängst renoviert worden sind. Passables Preis-Leistungs-Verhältnis. Kostenloses WLAN. Zimmer je nach Ausstattung 67–76 €; Frühstück 9,50 €; Garage 5 €. 10, rue d'Avéjan, ✆ 0466913000, www.orly-hotel.com.

»» Mein Tipp: ** Le Riche 1, faszinierendes Hotel im Stil des frühen 20. Jh. Im renovierten Speisesaal mit den hohen Decken lässt es sich wunderbar vom Glanz vergangener Zeiten träumen. Hier treffen sich auch der örtliche Lions und der Rotary Club. Die Zimmer sind modern mit Flat-Screen eingerichtet und keineswegs übertreuert. Das empfehlenswerte Restaurant bietet Menüs zu 25, 30,50, 44 und 57 €. Kostenloses WLAN. Direkt beim Bahnhof. EZ 62 €, DZ 82–93 €; Frühstück 10 €. 42, place Pierre Sernand, ✆ 0466860033, www.leriche.fr. **«««**

** Hôtel Durand 2, kleines, ordentliches Hotel, das die Reisekasse nicht allzu sehr belastet. Das Frühstück wird bei schönem Wetter im Innenhof serviert, wo es auch einen kleinen Pool gibt. Ebenfalls gleich beim Bahnhof. WLAN. DZ 45–49 €; Frühstück 6 €. 3, boulevard Anatole-France, ✆ 0466862894, www.hotel-durand.fr.

Le Mandajors 4, das Restaurant mit dem altertümlichen Flair ist eine Institution in Alès. Serviert wird eine einfache traditionelle Küche, beispielsweise eine *Cassolette de brandade* oder ein *Fricassée cevenole* mit Schnecken. Menüs 10,70 € (nur mittags), 16 und 26 €. Samstagmittag und So Ruhetag, Anfang Aug. Betriebsferien. 17, rue Mandajors, ✆ 0466526298.

Bodega Los Gallegos 5, auch Alès hat seine Stierkampftradition und feiert alljährlich seine Feria. Und nicht nur das: Mit der Bodega Los Gallegos besitzt die Stadt auch ein vorzügliches Restaurant, das sich den Feinheiten der spanischen Küche (*Paella*) verschrieben hat. Eine Tortilla und zwei Sangria und man fühlt sich wie auf der iberischen Halbinsel. Menüs zu 10 € (mittags) und 17 €, Tapas ab 4 €. Sonntagabend und Mo und Dienstagmittag Ruhetag, Freitagmittag geschlossen. 7, rue des Hortes, ✆ 0466520491.

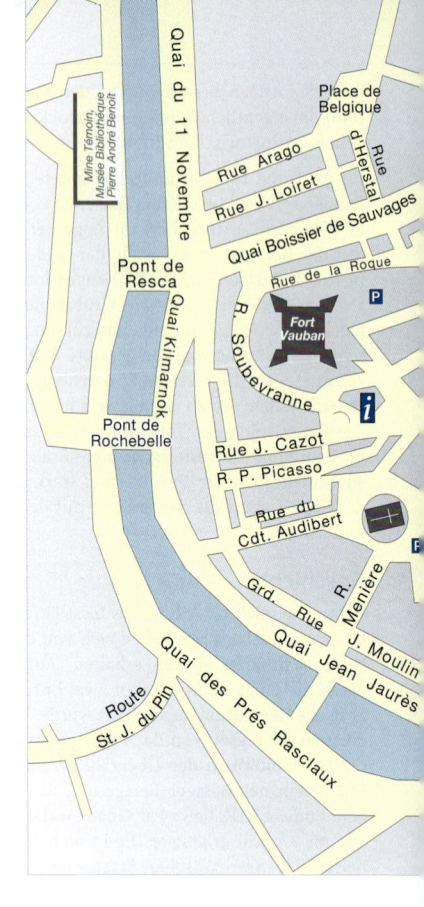

Camping **** La Croix Clémentine, sehr gut ausgestatteter Platz mit großem Pool, 4 km nordwestl. des Zentrums in dem Ort Cendras. Es werden auch komfortable Chalets vermietet. ✆ 0466865269, www.clementine.fr.

Übernachten	**E**ssen & Trinken
1 Le Riche	1 Le Riche
2 Hôtel Durand	4 Le Mandajors
3 Hôtel Orly	5 Bodega Los Gallegos

Sehenswertes

Musée du Colombier: Das in einem Château aus dem 18. Jahrhundert untergebrachte Musée du Colombier vereint genau genommen zwei Museen: ein archäologisches und ein Kunstmuseum. Neben gallorömischen Fundstücken sowie Exponaten aus der Stadtgeschichte (Kunstschmiedearbeiten) gefällt die Sammlung alter Meister aus dem 16., 17. und 18. Jahrhundert.
Juli–Aug. tgl. 14–19 Uhr, Sept.–Juni tgl. außer Mo 14–18 Uhr. Eintritt frei!

Musée Bibliothèque Pierre André Benoît: Der Bildhauer, Verleger und Dichter *Pierre André Benoît* (1921–1993) vermachte 1986 seine hochkarätige Sammlung zeitgenössischer Kunst sowie Briefe und Manuskripte seiner Geburtsstadt Alès, die daraufhin in einer neoklassizistischen Villa ein Museum einrichtete. Ausgestellt sind Zeichnungen, Gemälde und Skulpturen von so bedeutenden Künstlern wie Georges Braque, Arp, Picabia, Miró und Picasso. Hinzu kommen illustrierte Bücher, Manuskripte und Korrespondenzen der Schriftsteller André Breton, René Char, Paul Eluard, Duchamp, Tzara und Paul Valéry.
52, montée des Lauriers. Juli und Aug. tgl. 14–19 Uhr, Sept.–Juni tgl. außer Mo 14–18 Uhr. Eintritt frei!

Südcevennen

4 km

- Sévérac-le-Château
- Lavernhe
- Le Massegros
- Point Sublime Saint-Hilaire
- Château de la Caze
- Castelbouc
- Cirque de St. Chély
- Château Haute-Rive
- Florac
- D995
- Pas de Soucy 989
- Les Vignes
- D32
- D907
- Château de Blanquefort
- Hures-la-Parade
- Causse Méjan
- Chaos de Nîmes le Vieux
- Villeneuve
- A 75
- D 907
- Corniches du Causse Méjan
- Aven Armand
- D996
- D 9
- Le Rozier
- Peyreleau
- Corniche du Causse Noir
- Grotte de Dargilan
- D996
- Meyrueis
- D18
- Chaos de Montpellier-le-Vieux
- Lanuéjols
- D986
- Roquedols
- Abime de Bramabiau
- Mont Aigoual 1567
- Le Tarn
- Canyon de la Dourbie
- Trèves
- Millau
- D992
- Cantobre
- Viaduc de Millau
- D809
- Nant
- St-Jean-du-Bruel
- Mandagout
- La Cavalerie
- Roquefort-sur-Soulzon
- L'Hospitalet-du-Larzac
- Le Vigan
- Ste-Eulalie-de-Cernon
- D 7
- Alzon
- La Couvertoirade
- Cirque de Vissec
- Cornus
- Soibs
- Blandas
- Cirque de Navacelles
- Fondamente
- Canals
- D 1
- Le Caylar
- St-Maurice-Navacelles
- St-Jean-de-Buèges
- St-Felix-de-l'Héras
- Laroque
- D 902
- Roqueredonde
- A75
- D 25
- Réservoir d'Avène
- Prieuré St-Michel-de-Grandmont
- St-Guilhem-le-Désert
- Hérault
- Pont de Diable
- D8
- D35
- Lodève
- Grotte de Clamouse
- Lunas
- Le Bousquet-d'Orb
- D35
- Celles Village ruiné
- Aniane
- St-Gervais-sur-Mare
- Octon
- Lac du Salagou
- Clermont-l'Hérault
- Gignac
- Salasc
- Mourèze
- D908
- Villeneuvette

D 998
St-Maurice-de-Vertalon
Luech
D906
Bessèges
Ste-Cécile-d'Andorge
Portes
St-Ambroix
N 108
Barre-des-Cevennes
St-Victor-de-Malcap
St-Germain-de-Galberte
La Grand-Combe
Château d'Allègre
D906
D904
St-André-de-Valborgne
Alès
D6
Seynes
Saumane
D 90
Grotte de Trabuc
St-Jean-du-Gard
Le Mas Soubeyran
Musée du Désert
D981
N106
Valleraugue
Bambouseraie de Prafrance
D986
Vezénobres
Lasalle
D57
Anduze
D6110
Gardon d'Anduze
Tornac
D907
Lédignan
Sumène
St-Hippolyte-du-Fort
D907
N106
D 999
Ganges
Sauve
La Calmette
Laroque
Nîmes
Grotte des Demoiselles
Quissac
St-Bauzille-de-Putois
St-Mamert-du-Gard
D45
D999
Claret
Vidourle
Ravin des Arcs
Lauret
Causse-de-la-Selle
Grand Arc
St-Martin-de-Londres
Pic Saint-Loup 658
St-Mathieu-de-Tréviers
Sommières
Villevieille
Oppidum Nages
Nîmes
Lac de Cécélès
Gazevieille
Village Préhistorique
Gallargues-le-Montueux
A9
Les Matelles
D 32
Pont romain
D 610
Ambrussum
Vauvert
Aimargues
A9
Lunel
Castries
Le Cailar
Montarnaud
Castelnau-le-Lez
St-Laurent-d'Aigouze
Montpellier
A 750
D 61
D979
Mauguio

Mine Témoin: Bereits im 13. Jahrhundert bauten Benediktinermönche in den Cevennen Kohle ab. Vor allem die Region rund um Alès war ein Zentrum des *Kohlebergbaus*. Daher lag es nahe, hier ein Museum zur Geschichte und Technik des Kohlebergbaus einzurichten, das interessante Einblicke in die Vergangenheit der regionalen Kohleförderung bietet. Auf einem 650 Meter langen unterirdischen Parcours werden die Besucher durch das Schaubergwerk geführt, in dem einst junge Bergleute ausgebildet wurden. Auf einer einstündigen Führung werden u. a. die verschiedenen Abbautechniken und der Stollenbau vorgestellt, die im Bergbau seit 1880 eingesetzt wurden. Da die Temperatur nur 12 bis 16 Grad beträgt, empfiehlt es sich, einen warmen Pullover mitzubringen.

Chemin de la Cité-Sainte-Marie: Juli bis Aug. tgl. 10–19 Uhr, März bis Juni, Sept. bis Mitte Nov. tgl. 9.30–12.30 und 14–18 Uhr. Letzte Führung 90 Min. vor Schließung. Führungen auf Deutsch finden vom 1. Juli bis 15. Aug. statt (ohne Zuschlag) und müssen unter ✆ 0466565377 vereinbart werden. Eintritt 8,70 €, erm. 6,20 bzw. 5,20 €. www.mine-temoin.fr.

Umgebung von Alès

Château de Portes

Das auf einem steilen Felsgrat, nördlich von Alès gelegene Château stammt noch aus dem 12. Jahrhundert und gehört zu den eindrucksvollsten Schlössern der nördlichen Languedoc. Die ursprünglich quadratische Burg wurde im Renaissancezeitalter durch einen markanten Anbau erweitert. Ausgelöst durch Bergbauarbeiten, stürzten Teile der Burg im 19. Jahrhundert zusammen; die seit mehr als zwanzig Jahren währenden Renovierungsarbeiten sind noch immer nicht abgeschlossen. In den Sommermonaten findet im Schloss regelmäßig ein Musikfestival statt.

Tgl. 10–12 und 13–17 Uhr, Mitte Nov. bis März geschlossen. Eintritt 4,80 €, erm. 3,50 €. www.chateau-portes.org.

Übernachten & Essen ✶✶ **Lou Cantre Perdrix**, einladendes Logis-Hotel in einem schmucken Steingebäude aus dem 19. Jh., nordöstlich in dem Weiler La Vernarède gelegen. Hinter dem Haus gibt es noch einen netten Garten mit Pool. Einen ausgezeichneten Ruf genießt das Restaurant, wobei die Zutaten, sei es Lamm oder Forelle, aus der unmittelbaren Region stammen. Menüs zu 20, 29 und 39 €, für 29 € gibt es auch ein vegetarisches Menü. DZ 58–60 €; Frühstück 9 €. Le Château, ✆ 0466615030, www.canteperdrix.fr.

Rousson

Der kleine, zehn Kilometer nördlich von Alès gelegene Weiler wird von einer Burgruine aus dem 12. Jahrhundert gekrönt. Sehenswert ist das im frühen 17. Jahrhundert errichtete Château de Rousson, das von vier wuchtigen Ecktürmen flankiert wird. Da das Schloss von Kriegswirren verschont geblieben ist, gibt es noch einen guten Einblick in die adelige Wohnkultur zur Zeit Ludwigs XIII. Schmuck ist die Küche mit ihrem großen Kamin.

www.chateau-rousson.com.

Vézénobres   1250 Einwohner

Vézénobres liegt verträumt auf einem Hügel rund zehn Kilometer südlich von Alès. Das schmuck herausgeputzte Dorf befindet sich inmitten von Weinfeldern und Olivenhainen und hat sich sein altertümliches Aussehen samt den Resten der

Stadtbefestigung noch weitgehend bewahren können. Man spaziert durch enge Gassen mit romanischen Häusern bis hinauf zu den Ruinen einer Burg. Wer bis zum höchsten Punkt des Dorfes emporgestiegen ist, wird mit einem herrlichen Panoramarundblick bis zu den Cevennen belohnt. Übrigens spielt man in Vézénobres traditionell eine besondere Boule-Variante, die der Hanglage geschuldet ist: Boule carrée. Schließlich können würfelförmige Kugeln nicht den Hang hinunterrollen ...

Information Office de Tourisme, grand rue, 30360 Vézénobres, ✆ 0466836202, www.vezenobres-tourisme.fr.

Parken Großer kostenloser Parkplatz unterhalb der Altstadt (ville médiévale).

Markt Donnerstagvormittag.

Übernachten & Essen ** Le Sarrasin, passables Logis-Hotel unterhalb von Vézénobres mit Restaurant und kleinem Swimmingpool. Die Zimmer zum Garten sind ruhiger, dafür kann man von den zur Straße hinausgehenden Zimmern abends die angestrahlte Stadtmauer bewundern. Jedes Zimmer ist individuell eingerichtet und von einem bestimmten Thema inspiriert (Zen, Afrika, Kino etc.). Kleiner ansprechender Swimmingpool. Kostenloses WLAN. Im Restaurant gibt es ein Mittagsmenü für 15 € inkl. einem Glas Wein, abends zu 28 und 35 €. Das Restaurant ist Samstagmittag, Sonntagabend und Mo geschlossen. EZ ab 49 €, DZ 70–75 €; Frühstücksbuffet 9 €. Route d'Alès, ✆ 0466835555, www.le-relais-sarrasin.com.

Imposant: Château de Portes

Anduze

3200 Einwohner

Eingezwängt zwischen Berg und Fluss nennt sich Anduze selbstbewusst die „Pforte der Cevennen". Die Atmosphäre ist dennoch deutlich mediterran geprägt. Die schmucke Altstadt und viele Straßencafés lohnen auch einen längeren Aufenthalt.

Durch den schmalen Durchbruch des Gardon d'Anduze verlief bereits in keltischer Zeit ein kleiner Handelsweg in Richtung Cevennen. Eine kleine Siedlung namens *Andusia* entstand, die sich im Mittelalter zu einer der bedeutendsten Städte der Region entwickelte, die mehr als 5000 Einwohner zählte. Über Anduze und große Teile der südlichen Cevennen herrschten die Seigneurs von Anduze, die auf der Burg Saint-Julien am rechten Ufer des Gardon residierten und treue Gefolgsleute der Grafen von Toulouse waren. Nach der Reformation wurde Anduze zu einer Hochburg der Hugenotten. Kein Wunder, dass im „Genf der Cevennen" die Generalversammlung der Protestanten des Bas-Languedoc tagte. Während der Glaubenskriege leitete der Herzog von Rohan, der Anführer der Hugenotten, von 1622 bis 1629 von Anduze aus den Widerstand und ließ die Stadtbefestigung erheblich verstärken. Nach dem Gnadenfrieden von Alès (1629) wurden die Befestigungsanlagen geschleift, nur die aus dem frühen 14. Jahrhundert stammende Tour d'Horloge blieb verschont, da man die an dem markanten Turm angebrachte Uhr nicht zerstören wollte. Mehr als die Hälfte der hugenottischen Familien emigrierte ins protestantische Ausland und Anduze verlor erheblich an Bedeutung. Einzig die Herstellung von Seide und die Keramikproduktion trugen noch weiterhin zum Wohlstand bei. Die großen, gelb lasierten Tonvasen aus Anduze sind seit dem 17. Jahrhundert in ganz Frankreich bekannt; sie sind mit grünen und braunen Verzierungen geschmückt und standen schon in der Orangerie von Versailles.

Aufgrund dieses wirtschaftlichen Niedergangs hat sich Anduze sein altertümliches Erscheinungsbild weitgehend bewahren können. Aufbauend auf diesem „Kapital" hat sich das Städtchen seit ein paar Jahrzehnten zum wichtigsten touristischen Zentrum am Südrand der Cevennen entwickelt. Kleine, enge Gassen führen in der Altstadt zu einem Platz, der von einer überdachten Markthalle (*Place Couverte*) und dem daneben stehenden Pagodenbrunnen dominiert wird. Das auffälligste „moderne" Bauwerk ist die protestantische Kirche mit ihrem dorischen Säulenportikus; sie gehört zu den größten reformierten Gotteshäusern in Frankreich und besitzt eine schöne Orgel und die für hugenottische Kirchen typische Sitzordnung. Sehr reizvoll ist auch ein Spaziergang durch den Parc des Cordeliers mit seinen exotischen Gewächsen.

Durch das Hugenottenland nach Saint-Jean-du-Gard

Diese interessante Tageswanderung führt von Anduze über Mas Soubeyran nach Saint-Jean-du-Gard und von dort entweder mit dem Bus oder der Bahn zurück zum Ausgangspunkt. Zuerst muss man in Anduze den Gardon überqueren und in rund 30 Minuten zur Bambouseraie de Prafrance gehen. Bei Montsauve linker Hand bergauf, bevor man zur D 50 gelangt. Dort folgt man fortan dem Fernwanderweg GR 61 (*Tour des Cévennes*) zum Mas Soubeyran. Am Weiler Trabuc vorbei spaziert man am Ufer des Gardon de Mialet nach **Mialet**, überquert dort die Kamisardenbrücke (*Pont des Camisards*). Nach etwa zwei Stunden ist das Ziel Saint-Jean-du-Gard erreicht.
Wegstrecke: Etwa 18 km (als Fahrradrundtour auf kleinen Landstraßen 32 km).

Basis-Infos

Information Office de Tourisme, plan de Brie, 30140 Anduze, 0466619817, www.ot-anduze.fr.

Verbindungen Zug- und Busverbindungen mit Alès und Saint-Jean-du-Gard. Der Bahnhof befindet sich 5 Fußmin. südwestl. des Zentrums.

Veranstaltungen *Fête du Pélardon*, Ende April dreht sich alles um den Ziegenkäse aus den Cevennen.

Post Rue Peyrollerie.

Temple Die Kirche ist Mo–Fr 15.30–18.30 Uhr geöffnet.

Einkaufen Bio Santé, 2, rue Notarié. ■

Markt Donnerstagvormittag. Sonntagvormittag wird ein Trödelmarkt abgehalten.

Töpfereien Poterie de la Madeleine in Tornac, 0466616344, www.poterie.com; Poterie d'Anduze, Les Enfants de Boisset, route de Saint-Jean-du-Gard.

Übernachten & Essen

Hotels/Restaurants Le Moulin de Corbès, in einer ehemaligen Papiermühle in Corbès (3 km nördl.) werden fünf Zimmer mit puristischem Interieur vermietet. Kleiner Swimmingpool. Im zugehörigen Restaurant (wöchentlich wechselnde Karte) werden ansprechende Menüs für 40 und 50 € angeboten. Sonnige Terrasse. Wer Lust hat, kann direkt am Fluss entlang wandern. Außer im Juli und Aug. hat das Restaurant Sonntagabend und Mo geschlossen. Zimmer für 90–100 €; Frühstück 10 €. ✆ 0466616183, www.moulin-corbes.com.

Ferme de Cornadel, dieses ansprechende Restaurant in einem alten Bauernhof unweit der Bambouseraie bietet anspruchsvolle ländliche Küche (in der NS Di Ruhetag). Allerdings werden hier manchmal auch ganze Reisegruppen verköstigt. Schöne Terrasse, Menüs zu 17 € (mittags), 30 und 45 €. Kleiner Pool und WLAN vorhanden. Es werden auch mehrere charmante Zimmer und Suiten für 120–152 € (inkl. Frühstück) vermietet. ✆ 0466617944, www.cornadel.fr.

>>> Mein Tipp: *** La Porte des Cévennes, an der Straße nach Saint-Jean-du-Gard, auf einem Hügel 2 km außerhalb von Anduze, befindet sich dieses komfortable Logis-Hotel, zu dem auch ein gutes Restaurant (nur abends geöffnet, Menüs zu 27,50 und 34 €) gehört. Besonders schön ist der Blick, wenn man auf der Terrasse speist. Ein pompöses beheiztes Hallenbad (mit Sonnenterrasse) verschönert auch verregnete Tage. Am Frühstücksbuffet verblüfft die große Marmeladenauswahl (mehr als zehn selbstgemachte Sorten). Kostenloses WLAN. Von April bis Mitte Okt. geöffnet. Die sehr geräumigen Zimmer mit den neu renovierten Bädern – fast alle besitzen einen Balkon – kosten zwischen 85 und 97 €; Frühstück 11,50 €. Von Anfang April bis Mitte Okt. geöffnet. 2300, route de Saint-Jean-du-Gard, ✆ 0466619944, www.porte-cevennes.com. <<<

>>> **Lesertipp:** Mas des Tours, unweit von Anduze in Tornac (4 km südöstl.) werden zwei ehemalige Wehrtürme aus der Hugenottenzeit als Ferienwohnungen vermietet, wie uns Leserin Claudia Greschkowiak empfahl. Zudem vermieten die deutschen Besitzer im Haupthaus noch drei Gästezimmer. Abends gibt es auf Wunsch Table d'hôtes, Vier-Gänge-Menü inkl. Wein für 19 € pro Pers. Ferienwohnung 190–520 € pro

Anduze besitzt noch Reste seiner Stadtbefestigung

Woche, DZ ab 50 € inkl. Frühstück. Hameau de Laucire, ✆ 0466619462, www.cevennenurlaub.de. ‹‹‹

Mas des Bulles, eine etwas kuriose Unterkunft. Wer will, kann hier inmitten der Natur in halbtransparenten Plastikkugeln schlafen und den Sternenhimmel beobachten. Ansonsten gibt es viel Komfort, sogar einen Pool. Ab 148 € pro Nacht inkl. Frühstück. La Terme, Saint Sébastien d'Aigrefeuille (5 km nordöstl.), ✆ 0466251586. www.masdesbulles.com.

Der Pagodenbrunnen von Anduze

La Rocaille, das Restaurant im Herzen von Anduze ist gewissermaßen eine Institution. Unter der überdachten Markthalle findet im Sommer eine regelrechte Volksspeisung statt, was bei Menüpreisen von 7,40 und 9,80 € auch nicht verwundert. Die hohe Schule der französischen Küche darf man zwar nicht erwarten, aber ein magenfüllendes Erlebnis ist es allemal. Auch an den Salaten als Vorspeise gibt es nichts auszusetzen. Beim teureren Menü hat man die Wahl zwischen vier Fleischgerichten zum Hauptgang, beim günstigeren kann man auch eine Pizza bestellen, hinzu kommen Vorspeise und Dessert. Im Winter nur Freitag- und Sonntagabend geöffnet. Place Couverte, ✆ 0466617323.

Le Triboulet, nur einen Steinwurf vom La Rocaille entfernt. Unter altem Gewölbe kann man in Kneipenatmosphäre lokale Spezialitäten und frische Nudelgerichte probieren. Menüs ab 13,50 €. In der NS nur am Wochenende geöffnet. 11, rue Bouquerie, ✆ 0466616500.

Camping *** **Les Fauvettes**, komfortable, schöne Anlage am Fluss. Wenn der Gardon zu kalt ist, zieht man seine Bahnen im Swimmingpool. Von Ende April bis Sept. geöffnet. Quartier Labahou, ✆ 0466617223, www.lesfauvettes.fr.

››› **Mein Tipp:** **** **L'Arche**, ein Lesertipp der Familie Brenner, die den schattigen und schön parzellierten Platz als „sauber und angenehm" beschreibt und vor allem seine Lage am Fluss und die ausgezeichneten, vielfältigen Bademöglichkeiten lobt: „Tiefe, große Wasserstellen, in denen man gut schwimmen und in die man von unterschiedlich hohen Felsen hineinspringen kann, aber auch tiefere und flachere Abschnitte mit einer stärkeren Strömung, in der man sich treiben lassen oder gegen die man anschwimmen kann. Möglichkeiten zum Sonnenbaden sind auf den Felsen natürlich auch gegeben." Zudem gibt es noch ein beheiztes Hallenfreibad. Restaurant und WLAN vorhanden. Mobilhome-Vermietung. Von Ostern bis Sept. geöffnet. Quartier Labahou, ✆ 0466617408, www.camping-arche.fr. ‹‹‹

*** **Le Pradal**, etwas günstiger und stadtnäher gelegen ist dieser gut ausgestattete Platz. Am begehrtesten sind die Plätze direkt am Ufer des Gardon, mit Swimmingpool. Von Mai bis Sept. geöffnet. Route des Générargues, ✆ 0466617981, www.campinganduze.com.

Sehenswertes

La Pagode: Keine Pagode, sondern ein Brunnen, der in einem für die Cevennen ungewöhnlichen orientalischen Stil errichtet wurde. Ein vermögender Seidenhändler, der auf seinen Reisen die asiatische Architektur kennen gelernt hatte, schenkte seiner Heimatstadt 1649 den mit glasierten Ziegeln gedeckten Ziehbrunnen.

La Bambouseraie de Prafrance

Der einzige europäische Bambuswald liegt nur wenige Kilometer von Anduze entfernt. Wenn man zwischen den mächtigen Stämmen hindurchschlendert, glaubt man sich in subtropische Gefilde versetzt. Ein verwunschener, geradezu magischer Ort. Am Anfang stand der Traum eines besessenen Asienliebhabers: *Eugène Mazel*, der als Gewürzhändler mehrfach durch den Fernen Osten gereist war, wollte das asiatische Flair mit nach Frankreich nehmen und wurde so zum Schöpfer der in Europa einzigartigen Bambussammlung. Das spezielle Mikroklima ausnutzend, pflanzte Mazel 1856 in Prafrance die ersten Bambusstauden und andere exotische Gewächse, die im Laufe der Zeit ein kleines Tal in einen traumhaften Garten verwandelten. Allerdings überschuldete sich Mazel so sehr, dass er den Landsitz 1890 an eine Bank verpfänden musste. Die Buchhalter wussten mit dem exotischen Garten nichts anzufangen und ließen ihn verkommen, bis er 1902 von Gaston Nègre erworben wurde. Seit 1953 ist die Bambouseraie, die sich noch immer im Besitz der Familie Nègre befindet, für die Öffentlichkeit zugänglich.

Auf dem 15 Hektar großen Areal wachsen heute mehr als 150 verschiedene Bambusarten aus Asien und Südamerika sowie zahlreiche andere Pflanzen und Bäume. Besonders spektakulär ist der mehr als 20 Meter hohe Riesenbambuswald, dessen Stämme jeweils einen Durchmesser von rund 20 Zentimetern aufweisen. Ein ausgeklügeltes Bewässerungssystem und rund ein Dutzend Gärtner gewährleisten das Gedeihen des Parks. Die Panda-Bären des Berliner Zoos werden übrigens mit frischen Bambusblättern aus der Bambouseraie gefüttert. Doch der Bambus ist nicht das einzige exotische Gewächs: Neben Ginkgobäumen, Sumpfzypressen, Sicheltannen,

Lotusgewächsen, Palmen und Magnolien kann man auch Azaleen und Sequoiabäume bewundern. Eine weitere Attraktion sind ein japanischer Wassergarten mit Koï-Karpfen sowie ein rekonstruiertes laotisches Dorf. Positiv ist noch hervorzuheben, dass die akustischen Erläuterungen an den verschiedenen Stationen auch auf deutsch zu hören sind.

Die Atmosphäre ist so ungewöhnlich, dass Regisseure den Bambuswald wiederholt als Drehort nutzten: So wurden Szenen aus „Lohn der Angst" von Henri-George Clouzot sowie „Paul und Virgine" und „Die Helden sind müde" hier gefilmt.

<small>März bis Mitte Nov. tgl. 9.30–19 Uhr, in der NS bis 17 Uhr. Von Mitte Nov. bis Feb. geschlossen. Eintritt 9,60 €, erm. 5,60 €. www.bambouseraie.fr.</small>

Mas Soubeyran

In den Cevennen leben noch heute die meisten französischen Protestanten. Und der unscheinbare Weiler **Mas Soubeyran** ist gewissermaßen das Nationalheiligtum der französischen *Protestanten*, zu denen unter anderem auch der Premierminister Lionel Jospin gehört. Am ersten Sonntag im September versammeln sich mehrere Tausend Protestanten, um im kollektiven Gebet der Glaubensstärke ihrer Vorfahren zu gedenken. Der 1900 geborene *André Chamson* – zu Lebzeiten Mitglied der Académie française – hat mehrfach solche Zusammenkünfte miterlebt: „Unter den Kastanienbäumen des Mas Soubeyran, auf dem terrassenförmig ansteigenden Hügel können achtzehn-, zwanzig-, fünfundzwanzig- oder dreißigtausend Menschen Platz finden. In Augenblicken kann von dieser gewaltigen Menge jedoch eine Stille ausgehen, dass man im Hügelrund nichts mehr hört außer dem Säuseln des Windes, dem Rascheln der Blätter und – man ist in den allerersten Septembertagen – dem Knistern der glühend heißen Felsen." Nach dem Besuch des Musée du Désert kann man sich auch in dem nahen Flüsschen, dem Gardon de Mialet, abkühlen und an den tieferen Stellen gut baden.

Übernachten & Essen *** Le Pradinas, angenehmes, ruhiges Logis-Hotel in Mialet. Schöner Garten samt Pool vorhanden. Große Terrasse. Im Restaurant gibt es Menüs

Das Musée du Désert erinnert an die Hugenotten

zu 25 und 30,50 €. Von Mitte März bis Okt. geöffnet, das Restaurant ist bis auf Juli und Aug. nur abends geöffnet. Insgesamt gibt es in dem Anwesen 20 meist helle Zimmer, teilweise mit offenem Bruchsteinmauerwerk für 90–150 €; Frühstück 11 €. ✆ 0466 850134, www.lepradinas.fr.

Camping ** Camping Municipal La Rouquette, der im Ortsteil Luziers gelegene günstige Platz ist ordentlich geführt, schön sind die Naturpools zum Baden für Kinder, die unterhalb des Mas Soubeyran gelegen sind. Kleiner Laden vorhanden. Von April bis Sept. geöffnet. ✆ 0466850095, www.mialet.net/site/larouquette.htm.

Sehenswertes

Musée du Désert: Das im Geburtshaus von *Pierre Laporte* – Laporte war unter dem Decknamen *Roland* ein berüchtigter Anführer der Camisarden, bis er 1704 verhaftet und ermordet wurde – untergebrachte Museum bietet einen Einblick in die Glaubenswelt der Hugenotten. Den Auftakt machen Lebensläufe von Luther, Zwingli und Calvin; Schriftstücke dokumentieren die Grausamkeiten der *Dragonnades*. „Désert" („Wüste") ist ein symbolischer Begriff für die religiösen Zusammenkünfte, zu denen sich die Protestanten heimlich in der Nacht zusammenfanden, da ihnen das Edikt von Fontainebleau (1685) die Ausübung ihrer Religion untersagte. Bei Entdeckung drohte den Priestern der Tod, die Männer mussten als Galeerensklaven dienen – ein zwölf Meter langes Ruder ist im Museum ausgestellt – und die Frauen wurden ohne Gnade ins Gefängnis gesteckt. Eine Tafel listet die Namen der hingerichteten Geistlichen auf.
Juli und Aug. tgl. 9.30–18.30 Uhr, März bis Nov. tgl. 9.30–12 und 14–18 Uhr. Dez. bis Febr. geschlossen. Eintritt 5,50 €, erm. 4 €. www.museedudesert.com.

Grotte de Trabuc: Die zwei Kilometer entfernt bei **Mialet** gelegene Tropfsteinhöhle begeistert durch ihren Farbenreichtum. Ungewöhnlich ist die „Grotte der 100.000 Soldaten", eine Höhle mit zahlreichen, nur Zentimeter hohen Stalagmiten. Der Name der Höhle soll sich von einer Räuberbande ableiten, die die Höhle als Unterschlupf nutzte und dort mit ihren Pistolen (*trabucs*) umherfuchtelte.
März bis Okt. Führungen um 14.30, 15.30, 16.30 und 17.30 Uhr; April bis Sept. auch 10.30 und 11 Uhr; Juli und Aug. um 10.15, 11, 11.45, 12.30, 13.15 und 14 Uhr sowie durchgehend von 14–18 Uhr. Eintritt 9,90 €, erm. 7,60 oder 6,20 €. www.grotte-de-trabuc.com.

Saint-Jean-du-Gard

2700 Einwohner

Das kleine Städtchen am Ufer des Gardon liegt am Ende der Cevennen-Kammstraße. Mit seinen Weinbergen und Obstgärten bildet der Ort einen angenehmen Kontrast zu der teilweise herben Cevennenlandschaft.

Aus einer Priorei hervorgegangen, entwickelte sich Saint-Jean-du-Gard im Spätmittelalter zu einem prosperierenden Landstädtchen. Im Jahre 1560 traten die meisten Bewohner zum Calvinismus über, was dazu führte, dass der Ort immer wieder in die Konflikte der Religionskriege verwickelt war. Während des Camisardenkrieges galt Saint-Jean-du-Gard von 1702 bis 1704 sogar als das Zentrum des protestantischen Widerstands. Berühmt war der Ort auch für seine Seidenspinnerei, so wurde in der reich verzierten *Maison Rouge* von 1838 bis 1964 Seide produziert. In der Hochphase lebten mehr als 1200 Menschen von der Seidenherstellung. In der Grand-Rue stehen noch viele repräsentative Bürgerpalais aus dem 17. und 18. Jahrhundert. Sehenswert sind auch die Tour de l'Horloge, ein romanischer Glockenturm sowie die sechsbogige Steinbrücke über den Gardon, die nach einer verheerenden Flut (1958) wieder originalgetreu aufgebaut worden ist.

Mit der Dampfeisenbahn von Saint-Jean-du-Gard nach Anduze

Ein interessanter Ausflug für Eisenbahnfreunde: Zwischen Saint-Jean-du-Gard und Anduze tuckert eine alte Dampflokomotive durch die Cevennenlandschaft. Mehrmals täglich pendelt der TVC (*Train à vapeur des Cévennes*) zwischen den beiden Orten – ein Zwischenstopp an der Bambouseraie ist möglich – hin und her, wobei er die 13 Kilometer in gemächlichen 40 Minuten zurücklegt.

Von Ostern bis Anfang Nov. Auskunft 0466605900. Hin- und Rückfahrt 15 €, erm. 10 €. Einfaches Ticket 11 €, erm. 8 €. www.trainavapeur.com.

Basis-Infos

Information Office de Tourisme, place Rabaut Saint-Etienne, B.P. 02, 30270 Saint-Jean-du-Gard, 0466853211, www.tourisme-saintjeanandugard.fr.

Verbindungen Mehrmals tgl. Busse über Anduze nach Nîmes sowie nach Alès. Mehrmals tgl. kann man von April bis Nov. auch mit einer alten Dampfeisenbahn nach Anduze fahren. Auskunft 0466851317.

Markt Sehenswerter, großer Markt am Dienstagvormittag in der Grand-Rue. Biomarkt am 3. So im August.

Schwimmen Piscine Municipale, von Juni bis Aug. geöffnet. Eintritt 2 €. Avenue de la Résistance.

Übernachten & Essen

Hotels/Restaurants ** **Les Bellugues**, angenehmes Hotel in einer ehemaligen Seidenspinnerei im Ort. Ruhige Lage, da zurückversetzt am Ende einer Einfahrt. Die 16 hellen Zimmer bieten ein gutes Preis-Leistungs-Verhältnis. Den Gästen stehen ein Garten sowie ein kleiner Swimmingpool (beheizt) zur Verfügung. WLAN und Parkplätze vorhanden. Von Mitte März bis Mitte Nov. geöffnet. Zimmer je nach Saison und Ausstattung 62–65 €; Frühstück 8 €. 13, rue Pelet de la Lozère, 0466851533, www.hotel-bellugues.com.

** **L'Orange**, das in einer ehemaligen Postkutschenstation aus dem 16. Jh. untergebrachte Hotel hat bereits Patina angesetzt, doch wer will schon in einem gesichtslosen Neubau wohnen? Das Restaurant verfügt über eine schöne Terrasse im ersten Stock. Übrigens beendete Stevenson hier seine Reise durch die Cevennen. WLAN. Menüs zu 13,50 € (mittags), 18,90, 26,90 und 37,20 € . Im Jan. Betriebsferien. Die etwas dunklen Zimmer kosten je nach Ausstattung 62–67 €; Frühstück 8,50 €. 103, grand-rue, 0466860552 bzw. 0466853034 (Restaurant), www.lorange.fr.

La Treille, kleines Restaurant mit netter Balkonterrasse im ersten Stock. Viele Salate und Crêpes. Menüs zu 19 und 28,50 €. Mo Ruhetag, in der NS nur am Wochenende geöffnet. 10, rue Olivier-de-Serres, 0466 853893, www.creperie-latreille.com.

Grand Café de la Bourse, mitten im Ort sitzt man unter zwei schattigen Platanen in dem netten Café, in dem auch leckere Salate und kleine Speisen (ab 5 €) serviert werden. 0466853014.

Camping *** **Les Plans**, lauschiger, ruhiger Campingplatz in Mialet am Ufer des Gardon (Bademöglichkeit!). Wer will, kann auch im Swimmingpool ein paar Runden schwimmen. Weiterer Pool mit Riesenrutsche. Restaurant, Minigolf und kleiner Markt vorhanden. Auch Mobilhome- und Zimmervermietung. Von Mitte April bis Mitte Sept. geöffnet. 0466850246, www.camping-les-plans.fr.

Aire Naturelle Le Petit Baigneur, kleiner, liebevoll geführter Platz mit nur 25 Stellplätzen. Am Fluss gelegen. Von Mai bis Mitte Sept. geöffnet. Les 2 Chemins, 0466853205.

Sehenswertes

Château: Direkt gegenüber der Kirche steht das Schloss, dessen älteste Teile noch aus dem Mittelalter stammen. Das weitgehend im 16. Jahrhundert errichtete Herrenhaus befindet sich in Privatbesitz und kann derzeit nicht besichtigt werden.

Musée des Vallées Cévenoles: Das lokalgeschichtliche Museum – es zieht 2015 ins Maison Rouge um – stellt die Zivilisation der Cevennen aus verschiedenen Perspektiven vor. Neben dem Kunsthandwerk, dem Alltag und den Wohnverhältnissen wird ausführlich auf die Bedeutung der Esskastanie und der Seidenraupenzucht eingegangen.

Juli und Aug. tgl. 10–19 Uhr, April, Mai, Juni, Sept., Okt. tgl. 10–12.30 und 14–19 Uhr, im Winter Di, Do und So 14–18 Uhr. Eintritt 6 €, erm. 4 €. www.museedescevennes.com.

Aquarium: Eine gute Autostunde von der Küste entfernt rechnet wohl kaum jemand mit einem tropischen Aquarium. Doch der Besuch ist durchaus lohnend: Insgesamt 55 verschiedene Becken beherbergen die Fauna tropischer Meere, Asiens und des Amazonas. Selbstverständlich dürfen auch Piranhas und Haie nicht fehlen. Eine besondere Attraktion ist die Nachbildung eines tropischen Flusses mit 200 Kubikmetern Wasser.

Avenue de la Résistance. April bis Okt. tgl. außer Mo 11–18 Uhr, Juni bis Aug. tgl. 11–19 Uhr. Eintritt 8 €, erm. 7 bzw. 6 €. www.aquarium-cevennes.fr.

Umgebung von Saint-Jean-du-Gard

Corniche des Cévennes: Diese insgesamt 53 Kilometer lange Panoramastraße (D 260/D 9) von Saint-Jean-du-Gard nach Florac bietet immer wieder eindrucksvolle Ausblicke auf die urwüchsige Landschaft der Cevennen, beispielsweise am **Col de Saint Pierre** (597 Meter), am **Col de l'Exil** (705 Meter) oder in dem Weiler **Le Pompidou** (772 Meter). Unweit des Col de l'Exil erinnert ein Denkmal an die deutschen und französischen Résistancekämpfer, die 1943 und 1944 im Kampf gegen die Nazis gestorben sind. Je höher man hinauf fährt, desto mehr verändert sich die Vegetation. Statt mediterranen Gewächsen dominieren in den höheren Lagen Tannen sowie eine alpin anmutende Flora. Der **Col de Solpérière** (1010 Meter) und der **Col des Faïsses** (1026 Meter) sind die höchstgelegenen Punkte der Panoramastraße.

Saint-Germain-de-Calberte   500 Einwohner

Inmitten von einsamen Kastanien- und Pinienwäldern liegt die kleine Ortschaft Saint-Germain-de-Calberte in einem klimatisch sehr begünstigten Tal. Der Schriftsteller *Robert Louis Stevenson* kam auf seiner Wanderung durch die Cevennen am 2. Oktober 1878 in das Dorf, dessen „Puls so langsam schlägt". Stevenson übernachtete hier und notierte von der Landschaft fasziniert: „Zwischen den Stämmen erfasste das Auge ein Amphitheater von besonnten Hügeln unter grünem Laub ... Selten habe ich einen Erdenfleck tiefer genossen." Nun, der Puls des Lebens schlägt immer noch langsam in Saint-Germain – was aber sicherlich kein Nachteil ist. Mitten im Ort steht eine Kapelle des Templerordens, einen Kilometer nördlich erhebt sich das restaurierte Château de Saint-Pierre, dessen Donjon wohl noch aus dem 12. Jahrhundert stammen dürfte.

Noch zwei Anmerkungen zur Lokalgeschichte: Während der Carmisadenkriege versuchte der für seine Foltermethoden berüchtigte Abbé du Chayla den Ort in ein „Rom der Cevennen" zu verwandeln, indem er ein Priesterseminar einrichtete. Und als besonders mutig erwiesen sich die Einwohner von Saint-Germain im Zweiten Weltkrieg, als sie 25 Juden über Jahre hinweg im Dorf versteckten und so dem Zugriff der Nationalsozialisten entzogen. Vier Helden aus Saint-Germain wurde später die Medaille „Gerechter unter den Völkern" verliehen – die höchste Auszeichnung, die vom Staat Israel an Nichtjuden vergeben wird.

Information Office de Tourisme, Mairie, 48370 Saint-Germain-de-Calberte, ℅ 0466 459366, http://coeur-des-cevennes.com.

Markt Samstagvormittag.

Mont Aigoual

Mit einer Höhe von 1567 Metern ist der Mont Aigoual der höchste Berg der südlichen Cevennen. Das Klima auf der Spitze des oft in Wolken gehüllten Berges ist rau: An manchen Tagen streift der Wind mit einer Geschwindigkeit von bis zu 250 Kilometern pro Stunde über den Gipfel, auf dem alljährlich rund 2000 Millimeter Niederschläge gemessen werden. Im Winter kommt es oft zu heftigen Schneefällen. Mit anderen Worten: ein idealer Ort, um eine Wetterstation zu errichten. Seit dem Jahre 1894 befindet sich auf dem Mont Aigoual ein Observatorium, dessen Bau aufgrund der schwierigen Bedingungen sieben Jahre dauerte. Gute Wetterverhältnisse vorausgesetzt, bietet sich eine grandiose Fernsicht, die vom Mont Blanc bis zu den Pyrenäen und dem rund 80 Kilometer entfernten Mittelmeer reicht. Angeblich kann man von hier oben ein Viertel von ganz Frankreich überblicken. Das Observatorium beherbergt eine interessante Dauerausstellung zu Wettervorhersagen, Wolkenbildungen und der Geschichte der Wetterstation. Da sich hier im Sommer zahllose Touristen und Wanderer tummeln, dürfen auch ein Souvenirshop und ein kleines Café nicht fehlen.

Der Name des Berges soll sich vom lateinischen *aqua* bzw. von dem sich daraus entwickelnden okzitanischen *aiga* ableiten, und tatsächlich, der Mont Aigoual ist ein Berg des Wassers: An seinen Flanken entspringen Jonte, Bétzon, Brèze, Trévezel, Tarnon und Dourbie. Vor rund 200 Jahren war der Berg vollkommen kahl, da die Buchenwälder rigoros zu Brennholz verarbeitet worden waren. Erst dem un-ermüdlichen Einsatz des Forstmeisters *Georges Fabre* (1844– 1911) ist es zu verdanken, dass der Mont Aigoual heute wieder dicht bewaldet ist:

Wetterstation am Mont Aigoual

Fabre hat sich seit dem Ende des 19. Jahrhunderts vehement für eine Wiederaufforstung stark gemacht und ausgedehnte Fichten-, Tannen- und Buchenwälder anpflanzen lassen.

Observatoire du Mont Aigoual Mai bis Sept. tgl. 10–13 und 14–18 Uhr, im Juli und Aug. tgl. 10–18 Uhr. Eintritt frei! www.aigoual.asso.fr.

Wandern: Die klassische Wanderung (*Sentier des 4000 Marches*) auf den Mont Aigoual hat ihren Ausgangspunkt in dem 342 Meter hoch gelegenen Dorf **Valleraugue**, so dass bis zum Gipfel mehr als 1200 Höhenmeter bewältigt werden müssen. Eine professionelle Ausrüstung und eine gute Kondition sind daher Pflicht. Vom Kirchplatz in Valleraugue aus geht es stetig bergan (Markierung: zwei grüne Schuhabdrücke), unterhalb der Passstraße führt der Weg zum **Arboretum L'Hort-de-Dieu**, einer exotischen Pflanzenschule, die auf den Botaniker *Charles Flahault* zurückgeht (auch vom Gipfel in 20 Minuten zu erreichen). Wer will, kann die sehr anstrengende Tageswanderung auch auf einem anderen Rückweg beschließen und von der Passstraße aus nach Osten auf dem GR 6 in einer Schleife nach Valleraugue zurückkehren. Ganz Sportliche können am ersten Sonntag im Juni am *Montée des 4000 Marches* teilnehmen, einem knapp elf Kilometer langen Wettlauf auf den Gipfel. Die Bestzeit liegt bei knapp unter einer Stunde!

Gorges de la Dourbie

Die Dourbie entspringt in den Cevennen südlich des Mont Aigoual; der Fluss, der bei Millau in den Tarn mündet, hat sich ein grünes, teilweise tiefes Bett zwischen die Causses Noir und dem Larzac gegraben, das sich an zwei Stellen zu herrlichen Schluchten verengt. Angler und Feinschmecker wissen den Forellenreichtum des Gewässers zu schätzen.

Nant, der größte und geschichtsträchtigste Ort (850 Einwohner) im Tal der Dourbie, liegt in einer kleinen Senke zwischen den eigentlichen Gorges de la Dourbie. Auch wer sich nur kurz mit Lebensmitteln eindecken will, sollte nicht versäumen,

Frühmorgens ist der Dorfplatz von Nant noch verwaist

die Markthalle aus dem 17. ahrhundert, die mittelalterliche Brücke sowie die romanische Dorfkirche Sainte-Pierre zu besichtigen. Das aus dem 12. Jahrhundert stammende Gotteshaus besitzt wunderschöne Kapitele. Wer ein Faible für kleine Bergdörfer hegt, darf sich freuen: Sehenswert sind **La Roque-Sainte-Marguerite** mit seinen verwinkelten Gassen und seiner Burg, das verträumte **Saint Véran** mit seiner Burgruine und **Cantobre**. Letzteres thront malerisch auf einer Abbruchkante der Causses. Lohnend ist auch ein Halt in der Sommerfrische **Saint-Jean-du-Bruél**. Der Ort besitzt eine überdachte Markthalle aus dem 18. Jahrhundert.

Information Office de Tourisme, Chapelle des Pénitents, 12230 Nant, ☏ 0565622421, www.ot-nant.fr.

Sehenswertes L'Espace de L'Eau (Noria), interessante Dauerausstellung in Saint-Jean-du-Bruél zum Thema Wasser. Auf 1000 qm wird die Bedeutung von Wasser in Vergangenheit und Zukunft beleuchtet. Route du Moulin, April bis Sept. tgl. außer Mo 14–18 Uhr, Juli und Aug tgl. 13.30–19 Uhr. Eintritt 6 €, erm. 5 €. www.noria-maisondeleau.com.

Übernachten & Essen ** Hôtel du Midi-Papillon, die beste Adresse in den Gorges de la Dourbie! Das traditionsreiche Hotel in Saint-Jean-du-Bruél befindet sich seit 1850 in Familienbesitz. Einladende Zimmer (teilweise mit Blick auf die Dourbie), ein ausgezeichnetes Restaurant – zwei Gault-Millau-Hauben, Menüs ab 16 € (mittags), abends 25, 30 und 46 € – sowie ein Garten mit beheiztem Swimmingpool garantieren angenehme Ferientage. Eine Reservierung in der Hauptreisezeit ist ratsam. Von Ostern bis Allerheiligen geöffnet. Die Zimmer kosten je nach Ausstattung 39–72 €; Frühstück 6 €. Place du Manège, ☏ 0565622604. www.hotel-midi-papillon.com.

** **Le Durzon**, einladendes, kleines Hotel am Rand von Nant. Im zugehörigen Restaurant Menüs ab 15 €. Zimmer 51 €; Frühstück 7 €. ☏ 0565622553, www.durzon.fr.

Les Sanglier Hilare, stimmungsvoll sitzt man hier unter den steinernen Arkaden am Markt. Serviert werden Salate und Menüs zu 13,50 € (nur mittags), 16,50, 24 und 27 €. Place Saint-Jacques, ☏ 0565622511.

»» Lesertipp: Hermitage Saint-Pierre, dieses außergewöhnliche Chambres d'hôtes ist ein Tipp von Claudia Horst. Madeleine und Hubert Macq vermieten in ihrem Anwesen („ein altes Mönchskloster, das früher den Tempelrittern als Pfarrkirche diente") vier tolle, mit alten Möbeln geschmackvoll eingerichtete Zimmer. Baden kann man in der Dourbie direkt vor der Haustür. Lieu-dit Saint Pierre-de Revens (10 km von Nant entfernt). DZ 95 € (inkl. Frühstück). ☏ 0565622799, http://hermitage-saint-pierre.fr. ««

Camping **** **Val de Cantobre**, der gut ausgestattete Campingplatz liegt direkt am Fluss, doch gibt es auch einen schönen beheizten Pool mit Riesenrutsche und Wasserspielen. Es werden auch Mobilheime und Chalets vermietet. Restaurant und Lebensmittelladen sind vorhanden. Von Anfang April bis Sept. geöffnet. ☏ 0565584300, www.rcn-campings.fr/valdecantobre.

*** **Le Roc qui Parle**, schön gelegener Campingplatz, der sich terrassenartig zum Fluss hinunter erstreckt. Zwischen Cantobre und Nant gelegen. WLAN. Von April bis Sept. geöffnet. ☏ 0565622205, www.camping-roc-qui-parle-aveyron.fr.

Saint-Pierre in Nant

José Bové, der Asterix von Millau

Die ganze Welt befindet sich im Globalisierungsfieber. Ganz Gallien ist von den Legionen des amerikanischen Imperialismus besetzt. Überall haben sie ihre rotgelben Standarten mit dem arkadenförmig geschwungenen „M" aufgepflanzt. Millionenfach erliegt die Jugend ihrem Bann. Ganz Gallien? Nein, ein kleines Dorf unverzagter Schafzüchter auf der karstigen, von tiefen Schluchten durchzogenen Hochebene des Larzac an den südlichen Ausläufern des Zentralmassivs leistet der Invasion Widerstand. An ihrer Spitze steht ein verschmitztes Männlein, das mit seinem besendicken Schnurrbart, den blauen Augen und Lachfältchen aussieht wie der leibhaftige Asterix: José Bové, der Fluch von McDonald's und der Heerführer aller Globalisierungsgegner.

Am 12. August 1999 inszenierten Bové und vier Mitstreiter kurzerhand eine Teildemolierung der Baustelle der neuen McDonald's-Filiale in Millau und wollten damit, wie sie später verkündeten, „gegen die Vorreiter des Industriefraßes" vorgehen. „Der amerikanische Konzern stopft sich die Taschen voll, indem er weltweit gesundheitsschädliches, hormonbehandeltes Rindfleisch verkauft", begründete Bové seine Aktion vor der Presse. Diese Aktion symbolisierte im besonderen Maße den Protest gegen die Entscheidung der WTO, die wenige Wochen vorher den USA erlaubt hatte, Strafzölle auf europäische Agrarprodukte zu erheben, um die EU zu zwingen, den Import von Hormon-Fleisch zuzulassen. Davon waren insbesondere die französischen Landwirte schwer betroffen, auch in der Umgebung von Millau: Den Roquefort-Käse, der hier produziert wird, belegten die USA mit einem Importzoll von 100 Prozent, worauf das entsprechende US-Marktsegment völlig zusammenbrach.

Der Schafzüchter Bové, der mit seiner Milch nicht viel mehr als 1000 Euro im Monat verdient, ist allerdings kein Nostalgiker des einfachen Lebens auf dem Lande, sondern die späte Fortsetzung der 68er-Bewegung. Als Philosophiestudent in Bordeaux, der sich lieber mit Bakunin und Proudhon als mit Karl Marx beschäftigte, begann er seine Protestkarriere, indem er den Wehrdienst verweigerte. Auf der Flucht vor den Gendarmen verdingte er sich bei Bauern in den Pyrenäen. 1973 zog es ihn auf das Larzac, wo Schafzüchter und frühe Umweltschützer sich gegen ein militärisches Übungsgelände wehrten („Schafe statt Kanonen"). Mit seiner Frau Alice bezog der städtische Intellektuelle Bové einen verlassenen Hof des Weilers Montredon, ohne Zugangsstraßen, ohne fließendes Wasser, Strom und Telefon. Nachts studierte er im Schein der Petroleumlampe die Geschichte der internationalen Arbeiterbewegung und Bauernrevolten. Trotz seines jahrzehntelangen politischen Engagements wurde der Bauernführer erst durch die Aktion gegen McDonald's überregional bekannt. Der fröhlich in Handschellen fotografierte Landwirt avancierte zur Leitfigur der Globalisierungsgegner. Nur das Gericht in Millau hatte kein Einsehen und verurteilte Bové zu einer dreimonatigen Haftstrafe ohne Bewährung. Doch Bové funktionierte seinen Haftantritt zum Triumphzug um: Mit seinem Traktor fuhr er von seinem Bauernhof direkt zum Gefängnis, 100.000 Unterstützer protestierten am Straßenrand gegen seine Inhaftierung.

Das nächste Mal sorgte der Staat vor, um einen neuerlichen Triumphzug zu verhindern: Als Bové im Juni 2003 ein genmanipuliertes Maisfeld zerstört hatte, wurde er von einem Antiterrorkommando abgeholt, Hubschrauber kreisten über seinem Bauernhof, Türen wurden eingetreten, und Bové wurde in Handschellen gelegt und sofort in Untersuchungshaft gesteckt. Kopfschüttelnd meinte der berühmte Regisseur Claude Chabrol hierzu: „Das war die dümmste Aktion, seit Ludwig XVI. nach Varennes geflohen ist. So schafft man sich revolutionäre Volkshelden."

Umgebung

Gorges du Trèvezel: Die Gorges du Trèvezel sind zwar kleiner als die nahen Gorges de la Dourbie, doch gewiss nicht ohne Reiz. An ihrer engsten Stelle, dem Pas de l'Ase, verengt sich die Schlucht auf rund 30 Meter. Der Hauptort ist der kleine Ort **Trèves**, am Ende des Canyon gelegen.

Randals Bison: Der Wilde Westen ist nicht weit! Statt Aubrac-Rindern kann man auf diesem Bauernhof bei Lanuéjols echte nordamerikanische Bisons bewundern. April bis Okt. 10–17 Uhr, im Juli und Aug. bis 22 Uhr. Eintritt 7 €, erm. 4,20 €. www.randals-bison.com.

Causse du Larzac

Der Causse du Larzac, der sich zwischen Millau und Lodève erhebt, ist eine mächtige, dürre Kalksteinhochebene, die von ein paar grünen Tälern durchzogen wird. Die meisten Reisenden durchqueren den Larzac in wenigen Minuten auf der Autobahn (A 75) und versäumen so einen intensiveren Kontakt mit einer Landschaft, deren Reiz sich erst auf den zweiten Blick erschließt. Bedingt durch die Unwirtlichkeit der Böden und den Wassermangel war der Causse du Larzac stets eine arme Region, einzig die Schafzucht und die Käseherstellung bieten ein gewisses Auskommen. Meist bläst ein heftiger Wind über die Hochebene, und während es im Frühjahr bunt blüht, versengt die Sonne im Sommer das karge Gras zu einem strohgelben Teppich. Um die einzigartige Natur der Region besser zu schützen, wurde der Causse du Larzac 1995 zusammen mit den benachbarten Regionen zum Parc Naturel Régional des Grands Causses erklärt.

Die Geschichte des Causse du Larzac ist eng mit dem Templerorden verbunden, der im Mittelalter hier mehrere Dörfer gründete, die der Komturei Sainte-Eulalie-sur-Cernon unterstanden. Nachdem der französische König Philipp der Schöne 1307 den Templerorden gewaltsam aufgelöst hatte, gingen die meisten Besitztümer an den Johanniterorden über, so auch das verschlafene La Couvertoirade. Zu Beginn des 20. Jahrhunderts wurde die militärische Tradition des Larzac von der französischen Armee fortgeführt, die bei La Cavalerie eine Militärbasis einrichtete. Überregional bekannt wurde der Larzac durch die Proteste der Bevölkerung gegen eine in den 1970er-Jahren geplante Vergrößerung des Militärgeländes. Jahrelang kämpften die Bauern erbittert gegen die Pläne, selbst der Bischof von Millau reihte sich in die Reihen der Demonstranten ein. Erst als François Mitterrand 1981 zum Präsidenten gewählt wurde, verschwanden die Pläne auf seine Intervention hin in der Schublade.

www.ot-larzac-vallees.fr; www.parc-grands-causses.fr.

Sainte-Eulalie-de-Cernon 240 Einwohner

Das im Tal des Cernon gelegene Städtchen war ehedem Sitz der Komturei des Templerordens und gehört bereits zum benachbarten Département Aveyron. Mit seinen hohen Festungsmauern samt Türmen und Toren, dem malerischen Dorfplatz mit Brunnen und seinen überwölbten Passagen ist Sainte-Eulalie-de-Cernon sicherlich einer der reizvollsten Orte auf dem Causse du Lazarc. Interessant ist eine Besichtigung der Kommandantur.

Information Office de Tourisme, Place de l'Eglise, 12230 Sainte-Eulalie-de-Cernon, ✆ 0565627998, www.ste-eulalie-larzac.com.

Öffnungszeiten der Kommandantur März bis Okt. tgl.10–12 und 14–18 Uhr, im Juli und Aug. 10–19 Uhr. Eintritt 3 €.

La Cavalerie
1000 Einwohner

Das Städtchen auf dem Larzac hat eine lange militärische Tradition, die sich bis in die Gegenwart fortsetzt. Ursprünglich von den Tempelrittern gegründet, besitzt die einstige Vizekomturei noch eine gut erhaltene Stadtmauer, auf der man über 220 Meter entlanglaufen kann (2 €). Später herrschten die Johanniter über den Ort, an dessen östlichem Rand sich heute ein Truppenübungsplatz befindet.
www.lacavalerie.fr.

La Couvertoirade
250 Einwohner

Inmitten der einsamen, verwitterten Hochebene des Larzac liegt La Couvertoirade, ein im 12. Jahrhundert von den Tempelrittern gegründetes Städtchen mit einer Burganlage. Der Templerorden besaß zahlreiche Ländereien in der Umgebung, die ihm durch Schenkungen vermacht worden waren. Der Bau der größtenteils aus dem 15. Jahrhundert stammenden Mauern geht auf den Johanniterorden zurück, der die Nachfolge der Templer antrat. Die Atmosphäre des Städtchens ist faszinierend: Wer in der Nebensaison und vielleicht auch noch bei schlechtem Wetter durch die alten Gassen streift, könnte glauben, eine Zeitreise unternommen zu haben. Schon Simone de Beauvoir begeisterte sich für die von „Brennnesseln und Glaskraut überwucherten alten Häuser" und irrte zusammen mit Sartre durch die geisterhaften Straßen. Die vierzig innerhalb der Stadtmauern verbliebenen Einwohner von La Couvertoirade leben fast ausschließlich vom Tourismus, insbesondere vom Verkauf von Kunsthandwerk. Ganz oben befinden sich das Château, die Kirche und der Friedhof. Achtung: Eine Erkundung der Wehranlagen ist nur gegen Eintritt möglich.

Information Office de Tourisme, Maison de la Scipione, 12230 La Couvertoirade, 0565585559, www.lacouvertoirade.com.

Öffnungszeiten der Wehranlagen Mitte März bis Mitte Nov. tgl. 10–12 und 14–17 Uhr, Juli und Aug. tgl. 10–18.30 Uhr. Eintritt 5 € (inkl. audiovisueller Vorführung).

Parken An den gebührenpflichtigen (3 €) Parkplätzen am Ortsrand führt kein Weg vorbei.

Templerstädtchen La Couvertoirade

Le Caylar

400 Einwohner

Das 750 Meter hoch gelegene Dorf wird von einer bizarren, mächtigen Felsformation überragt; es befindet sich unweit der Autobahn und ist daher leicht zu erreichen. Le Caylar mit seinen alten Häusern ist kein spektakulärer Ort, aber im Aussehen und Aufbau typisch für die Dörfer auf dem Larzac.

Le Vigan

4500 Einwohner

Das im Tal der Arre an den südlichen Ausläufern der Cevennen gelegene Städtchen besitzt bereits eine mediterrane Atmosphäre. Le Vigan ist Unterpräfektur des Département Gard und daher das wirtschaftliche und verwaltungstechnische Zentrum der Region.

Vor allem ist Le Vigan aber ein charmanter, beschaulicher Ort mit einem reizvollen Zentrum. Die Rentner spielen Boule oder sitzen unter Lindenbäumen auf der Place du Quai. Nebenan auf der Place de Bonald und der Place d'Assas plätschern zwei alte Brunnen munter vor sich hin. Das Mittelmeer ist nicht weit: Im grünen Tal der Arre wachsen Äpfel, Pfirsiche, Oliven, Weintrauben und Zypressen, selbst im tiefsten Winter fällt das Thermometer nicht unter null Grad Celsius. Sieht man einmal von einer grazil geschwungenen mittelalterlichen Brücke ab, die seit dem 12. Jahrhundert über die Arre führt, so lassen sich zwar nur wenige herausragende historische Monumente ausmachen, doch mindert dies den Gesamteindruck nicht. Sehr lohnend ist ein Spaziergang auf der Promenade des Châtaigniers, einer von uralten Kastanien beschatteten Allee.

Basis-Infos

Information Office de Tourisme, place du Marché, B.P. 21001, 30123 Le Vigan, ✆ 0467 810172, www.cevennes-meridionales.com.

Verbindungen Regelmäßige Busverbindungen (mindestens 7-mal tgl.) mit Ganges und weiter nach Montpellier. Tgl. drei Verbindungen nach Nîmes über Saint-Hippolyte und Sauve. Im Hochsommer auch 2-mal tgl. nach Nant.

Veranstaltungen *Festival des Artistes du Rire* im Juli; *Fête d'Isis* Anfang Aug.; *Foire de la Pomme et de l'Oignon* (Fest des Apfels und der Zwiebel) am dritten So im Okt.

Markt Samstagvormittag.

Einkaufen Maison du Pays Viganais, place Triaire; breites Angebot an regionalen Produkten (Honig, Fruchtsäfte, Wein etc.)

Schwimmen Städtisches Freibad in der Rue de la Carrierrasse. Von Juni bis Aug. geöffnet. Eintritt 2,50 €.

Übernachten & Essen

Hotels/Restaurants ** Château du Rey, die 5 km westl. gelegene Burg aus dem 13. Jh. ist ideal für ein paar entspannte Tage. Ein schöner Park sowie Pool tragen zum angenehmen Flair bei. Im Restaurant im Gewölbe gibt es Menüs ab 19 €. Die teilweise zeitgenössisch eingerichteten Zimmer kosten 79–99 €; Frühstück 11 €. Route de Ganges, ✆ 0467824006, www.chateaudurey.fr.

** Mas de la Prairie, dieses am Ortsrand gelegene Logis-Hotel bietet einen kleinen Pool und Menüs zu 14, 18 und 28 €. Ordentliche Zimmer für 53–85 €. Avenue du Sergant Triare, ✆ 0467818080, www.masdelaprairie.fr.

*** Auberge du Cocagne, das nette, kleine Hotel (Logis) liegt 2 km südl. von Le Vigan in dem Weiler Avèze. Das Restaurant hat nur

Mo bis Sa am Abend geöffnet. Menüs ab 24 €. Kostenloses WLAN. Von Weihnachten bis Febr. Betriebsferien. Die Zimmer kosten 55–69 €; Frühstück 8,50 €; Halbpension 25 €. Place du Château, ✆ 0467810270, www.auberge-cocagne-cevennes.com.

* **Hôtel du Commerce**, auf den ersten Blick wenig einladend, doch die Zimmer sind sehr sauber und ausgesprochen günstig, zudem mitten im Zentrum von Le Vigan gelegen. Bei den billigsten Zimmer muss man über den Flur zum Duschen. Zimmer je nach Ausstattung von 25 € (nur mit Waschbecken) bis 45 €. 26, rue des Barris, ✆ 0467810328.

Les Caves du Chandelier, nette Weinbar mit Stehtischen und einer großen Straßenterrasse. Zahlreiche offene Weine im Ausschank, das Glas ab 2,70 €. Serviert werden kleine Häppchen. 19, place du Quai, ✆ 0467811704.

Camping *** **Le Val de l'Arre**, recht großer (180 Stellplätze) und komfortabel ausgestatteter Platz am Fluss mit viel Schatten. Restaurant, Laden und Swimmingpool sind ebenfalls vorhanden. Zum Zentrum sind es knapp 2 km. WLAN. Von April bis Sept. geöffnet. Route de Ganges, ✆ 0467810277, www.valdelarre.com.

Sehenswertes

Musée Cévenol: Eine einstige Seidenspinnerei und spätere Handschuhfabrik beherbergt auf drei Etagen ein Museum zur Kultur und Geschichte der Cevennen. Neben Darstellungen des Weinbaus, der Schafzucht und der Seidenspinnerei ist eine Ausstellung dem Schriftsteller *André Chamson* (1900–1983), der längere Zeit in Le Vigan gelebt hat, gewidmet. Ein anderer Raum stellt *Coco Chanel* in den Mittelpunkt, da Chanels Familie aus der Region stammte – ihr Bruder lebte in Valleraugue – und sich die Modemacherin in ihren Kreationen von den traditionellen Stoffen der Cevennen inspirieren ließ. Wer sich für die Seidenherstellung interessiert, kann nachverfolgen, wie die Stoffe gewebt und Strickwaren gewirkt wurden.

1, rue des Calquières. April bis Okt. tgl. außer Mo und Di 10–12 und 14–18 Uhr, im Juli und Aug. tgl. außer Di 10–13 und 15–18.30 Uhr. Eintritt 5 €, erm. 3 €.

Ganges

3900 Einwohner

Ganges, die einstige „Hauptstadt der Seidenstrümpfe", liegt inmitten eines weiten Talkessels, der von hellen Kalksteinfelsen eingegrenzt wird. Der Ort, der bereits in der Antike als Aganticum bekannt war, ist ein beliebter Ausgangspunkt für Touren durch die südlichen Cevennen.

Die Seidenstrumpfherstellung hatte das protestantische Ganges zu einer reichen Stadt gemacht. Zur Zeit Ludwigs XIV. wurden jährlich mehr als 80.000 Paar hergestellt. An diese wirtschaftliche Glanzzeit erinnern noch die herrschaftlichen Bürgerhäuser – beispielsweise das Hôtel de Maisonneuve – im Zentrum. Damals lebte die ganze Stadt direkt oder indirekt von der Seide. Später verlagerte sich die Produktion in die großen Fabriken am Ufer des Hérault, der hier mit der Sumène zusammenfließt. Infolge wirtschaftlicher Krisen und der Seidenraupenkrankheit kam die Herstellung von Seidenstrümpfen in der zweiten Hälfte des 19. Jahrhunderts weitgehend zum Erliegen, so dass ein großer Teil der Bevölkerung in den aufstrebenden Industriestädten des Südens nach Arbeit suchte. Die letzten größeren Strumpffabriken stellten in den 1970er-Jahren ihre Produktion ein. Bedeutende Sehenswürdigkeiten hat Ganges nicht zu bieten, doch aufgrund seiner zentralen Lage im oberen Tal des Hérault machen viele Touristen einen Zwischenstopp in dem weiträumig gebauten Ort, wobei jeder unweigerlich auf dem großen, von Platanen beschatteten Plan de l'Ormeau landet.

Blick von der Domaine de Blancardy auf den Talkessel von Ganges

Basis-Infos

Information Service Tourisme, plan de l'Ormeau, 34190 Ganges, ✆ 0467730056, www.ot-cevennes.com.

Verbindungen Der Busbahnhof befindet sich auf der Rue Jules-Ferry, am westl. Ende der Plan de l'Ormeau. Busverbindungen nach Montpellier (10-mal tgl.), Nîmes (3-mal tgl.), Saint-Hippolyte (3-mal tgl.) sowie in Richtung Le Vigan (7-mal tgl.) und Nant (2-mal tgl. nur im Sommer).

Markt Dienstag- und Freitagvormittag.

Literatur „La Marquise de Ganges", fast vergessener historischer Roman vom berühmt-berüchtigten Marquis de Sade.

Kanuverleih 5 km südl. in Saint-Bauzille-de-Putois kann man von April bis Okt. Kanus ausleihen und den Hérault 7, 8 oder 15 km hinabfahren. Vermietung: Canoë Montana, ✆ 0467733676, www.canoe-cevennes.com; Canoë le Pont Suspendu, ✆ 0467 731111, www.canoe34.com.

Übernachten & Essen

Hotels *** Les Norias, das an der Straße zum Cirque des Navacelles gelegene Logis-Hotel – eine mit wildem Wein bewachsene, ehemalige Seidenspinnerei im Ortsteil Cazilhac – gefällt nicht nur wegen seines schönen Parks. Eine ideale Adresse für alle, die ein paar Tage geruhsam ausspannen wollen. Den Gast erwarten elf ansprechende Zimmer, das Restaurant (Menüs zu 21, 29, 35 und 41 €) steht dem nicht nach. Wie wäre es mit einer Forelle (*Truite*) *à la cévenole*? EZ ab 63 €, DZ 69–83 €; Frühstück 9 €. 254, avenue des Deux Ponts, ✆ 0467735590, www.les-norias.fr.

»› Mein Tipp: *** Domaine de Blancardy, dieses imposante Weingut (22 Hektar) liegt ein paar Kilometer östlich von Ganges in herrlicher Alleinlage. Die einladenden Zimmer, die zumeist in einem Nebengebäude untergebracht sind, besitzen eine Terrasse und bieten ein gutes Preis-Leistungs-Verhältnis. Ein schöner Garten samt Panoramapool gehören zu dem Anwesen. Im Haupthaus, das aus dem Spätmittelalter stammt, befindet sich das ansprechende Restaurant (Menü zu 19 €), wobei man im Sommer in dem herrlichen Innenhof sitzt. Zum Essen trinkt man die leckeren Weine der Domaine, die man auch im zugehörigen Laden erwerben kann. WLAN. DZ 70 €; das Frühstück (9 €) wird im Nebengebäude serviert. Moules-et-Bucels, ✆ 0467739494, www.blancardy.fr. ⋘

** De la Poste, günstige, nicht nur bei Radfahrern beliebte Herberge mitten im Zentrum von Ganges. Falls man die Wahl hat, sind die in gelben Tönen gehaltenen Zimmer im ersten Stock vorzuziehen, da sie über einen netten Balkon verfügen. Im Jan. Betriebsferien. Kostenloses WLAN. Zimmer mit Waschbecken kosten 37 €, mit Bad und WC 44–54 €; Frühstück 6,50 €. 8, rue des Anciens Combattants, ✆ 0467738588, www.hoteldelaposteganges.com.

⋙ Lesertipp: **Chambres d'hôtes Auberge de la Filature**, diese wenige Kilometer südlich in Saint-Bauzille-de-Putois gelegene Unterkunft ist ein Lesertipp von Nadin Klomke: „Eine umgebaute Seidenspinnereifabrik bietet nun Übernachtungsmöglichkeiten für Individualreisende und Gruppen. Sehr idyllisch ist der große Garten im Hinterhof, in dem das Frühstück und Dinner serviert werden. Angeschlossen ist ein Restaurant, das mit den Gerichten überaus überzeugen konnte (Menü 19 €). Die Zimmer sind einfach, aber jedes originell und individuell eingerichtet sowie sehr sauber." Zimmer ab 40 €; Frühstück 6 €. 57, rue de l'Agantic, ✆ 0467737418, http://aubergedelafilature.com. ⋘

Camping * **Ises en Cevennes**, günstiger Campingplatz am Flussufer, rund 6 km nördl. von Ganges (an der D 999). Swimmingpool. Von April bis Okt. geöffnet. Domaine de Saint-Julien, ✆ 0467738028, www.isisencevennes.com.

Umgebung von Ganges

Laroque: Das mittelalterliche Dorf liegt rund zwei Kilometer südlich von Ganges am Ufer des Hérault. Es wird von Touristen wenig besucht, obwohl die mittelalterlichen Gassen von einer Burgruine aus dem 12. Jahrhundert samt Kapelle gekrönt werden. Direkt im Ort gibt es an einem Flusswehr eine nette Badestelle mit „Strand".

Grotte des Demoiselles: Der Name der fünf Kilometer südöstlich von Ganges gelegenen Grotte leitet sich von einem Stalagmiten ab, der einer Madonnenfigur ähnelt. Mit einer oben offenen Drahtseilbahn geht es hinab in die 1780 entdeckte

Laroque mit Dorfkirche und Burg

Höhle, die nur im Rahmen einer einstündigen Führung besichtigt werden kann. Besonders beeindruckend ist der große Saal, der aufgrund seiner Dimensionen (120 Meter Länge, 80 Meter Breite und 50 Meter Höhe) als Kathedrale bezeichnet wird. Zudem gibt es zahlreiche imposante Stalagmiten und Stalaktiten zu bewundern, die auf phantasievolle Namen („Königsmantel", „Orgelbuffet" etc.) getauft wurden. Einer außergewöhnlichen Laune der Natur ist auch die steinerne „Madonna" zu verdanken.

April bis Sept. tgl. 10–19 Uhr, im März und Okt. tgl. 14–18 Uhr, im Winter 14–17 Uhr. Eintritt 10,20 €, erm. 8,30 € oder 7,80 €. www.demoiselles.com.

Gorges de la Vis

Die D 25 führt durch das kaum besiedelte Tal der Vis bis nach Saint-Maurice-de-Navacelles. Eine schöne Badestelle mit Wasserfall und vielen Felsen zum Sonnenbaden findet sich bei **Saint-Laurent-le-Minier** sowie südlich von **Gorniès**. Einen weiteren Wasserfall findet man bei Pont Vieux, zwei Kilometer hinter der Ortschaft **Gorniès**.

Cirque de Navacelles

Von Gorniès führt eine kleine Landstraße weiter bis zu einem Aussichtspunkt an der Südseite (La Baume-Auriol) des Cirque de Navacelles, wo sich ein Informationszentrum sowie ein Café befinden. Der Blick von der **Causse de Blandas** hinunter in den Felskessel des Cirque de Navacelles ist berauschend: Fast 400 Meter tief hat sich die kleine Vis in den Kalk gegraben. Inmitten des Felskessels liegt der kleine Ort **Navacelles**, ein verwunschenes Dorf mit einem Wasserfall. Bereits die Straße zum Cirque de Navacelles – 26 Kilometer westlich von Ganges – ist eindrucksvoll.

Ursprünglich mäanderte die Vis durch das Tal in einer weiten Schleife; vor ein paar tausend Jahren änderte der Fluss seinen Lauf und hinterließ einen überaus fruchtba-

Cirque de Navacelles: Ausgetrocknete Flussschleife

ren Schwemmboden, der letztlich zur Gründung von Navacelles führte. Einzig der große Touristenansturm trübt die Magie des Ortes. Es empfiehlt sich daher, den Besuch entweder auf den frühen Morgen oder die späten Abendstunden zu legen.

Literaturfreunde kennen die Gegend aus Ian McEwans Roman „Schwarze Hunde", dessen Schlüsselszene auf den Causses rund um Saint-Maurice-de-Navacelles spielt.

** Auberge de la Cascade, die einzige Herberge des Ortes. Es werden nur fünf Zimmer ohne viel Komfort vermietet. Kein Restaurantbetrieb. WLAN. Von April bis Nov. geöffnet. DZ 38 € mit Etagen-WC bis zu 55 €; Frühstück 8 €. ✆ 0467815095, www.auberge-de-la-cascade.fr.

Auberge du Causse, geeigneter ist diese einfache, ländliche Herberge in Blandas. Nettes, bodenständiges Restaurant (Menü 16 €) mit Straßenterrasse. Es werden auch drei Zimmer für 38 € vermietet. ✆ 0467 815155, www.auberge-du-causse-de-blandas-cirque-navacelles.com.

Wandern: Von dem kleinen Dorf **Saint-Maurice-de-Navacelles** führt der gut ausgeschilderte Fernwanderweg GR 7 (Markierung rot-weiß) hinunter in das Tal der Vis und dann flussaufwärts zum Cirque de Navacelles.

Einfache Entfernung 9 km, Gesamtwanderzeit (hin und zurück) 7–8 Std.

> 🚶 Wanderung 7: Zur Quelle der Vis → S. 536
> Erfrischende Wanderung am Fluss zu einer über der Quelle errichteten Mühle.

Sauve

1860 Einwohner

Von Nîmes kommend, die Garrigue-Landschaft hinter sich lassend, ist Sauve der erste lohnenswerte Ort auf dem Weg in die Cevennen. Das mittelalterliche Städtchen zieht sich wie ein Amphitheater auf einer felsigen Anhöhe hinauf. Mit ihren noch erhaltenen Wehranlagen, Türmen und der aus dem 11. Jahrhundert stammenden Brücke – sie führt über die für ihre Hochwasser berüchtigte Vidourle – ist Sauve so pittoresk, dass an manchen Tagen ganze Malerklassen mit der Staffelei in den verwinkelten Gassen unterwegs sind. Die wuchtige Dorfkirche ging aus einer aufgelösten Benediktinerabtei hervor.

Noch ein Hinweis zu einem lokalen Handwerkszweig: In der Umgebung von Sauve werden Zürgelbäume (*micocoulier*) speziell für die Herstellung von Holzgabeln gepflanzt. Die Äste werden so beschnitten, dass oberhalb der Blattansätze natürliche Gabeln mit drei Ästen heranwachsen. Diese werden nach etwa sieben Jahren abgeschnitten, geschält, erhitzt und in die richtige Form gewölbt. An die 700 Jahre alte Tradition der Heugabelherstellung erinnert das *Conservatoire de la Fourche*.

Information Office de Tourisme, place René Isouard, 30160 Sauve, ✆ 0466775751, www.vallee-vidourle.com bzw. www.ville-de-sauve.fr.

Verbindungen Busverbindungen (3-mal tgl.) mit Nîmes sowie Saint-Hippolyte, Ganges und Le Vigan. Die Busse halten am Ortsende.

Markt Am Donnerstagvormittag wird ein bunter, großer Blumenmarkt abgehalten. Weiterer Markttag ist Samstagvormittag.

Conservatoire de la Fourche Das Heugabelmuseum hat geöffnet: Di–Sa 14–18 Uhr. Eintritt 4 €. Rue des Boisseliers, http://fourchedesauve.free.fr.

Veranstaltungen Afrikanisches Musikfestival Ende Juli mit afrokubanischen und Reggae-Konzerten.

Übernachten & Essen ** **La Magnanerie**, einladendes Logis-Hotel in einem alten Gemäuer aus dem 17. Jh., 2 km vor den Toren von Sauve. Schöne Frühstücksterrasse mit Blick auf den Park. Mit Swimmingpool. Das hervorragende Restaurant bietet leckere Menüs ab 14 € (mittags) sowie 28, 38 und 50 €. Zu loben war das Kaninchen mit Thymian und Polenta. Mo und Di bleibt die Küche kalt. Zimmer 61–70 €; Frühstück 7 €. Quartier l'Evesque, ✆ 0466775744, www.lamagnanerie.fr.

Chambres d'hôtes La Pousaranque, direkt nebenan findet man ein gut ausgestattetes Chambre d'hôtes in einer ehemaligen Scheune. Ebenfalls mit Swimmingpool. Die vier Zimmer kosten je nach Saison ab 55 € (inkl. Frühstück). Auch Restaurantbetrieb. Domaine de l'Evesque, ✆ 0466775197, www.lapousaranque.com.

》》 Lesertipp: La Traversière, diese Unterkunft ist ein Lesertipp von Dirk Lange: „Im Herzen von Sauve findet man hinter der abblätternden Fassade eines der alten Stadthäuser unvermutet ein Paradies in Form von zwei individuell und sehr geschmackvoll gestalteten Chambres d'hôtes. Die großen bis sehr großen Zimmer strahlen durch stilvolle Verknüpfung von Antik und Modern fast etwas Majestätisches aus, das aber nie zuviel wird. Alle Zimmer haben ein eigenes schönes Duschbad (und auch TV) und sind trotz ihrer Lage ‚mitten in der City' ruhig." Geführt wird die Unterkunft von den sympathischen Gastgebern Katy und Jérôme Romieu. DZ 70–95 € (inkl. Frühstück auf der Terrasse). 5, Grand' Rue, ✆ 0466771540, http://latraversiere.monsite.orange.fr. 《《

Restaurant La Tour de Mole, mitten im Ort mit einem zünftigen Gewölbe und schöner Terrasse. Der Koch legt Wert darauf, dass seine Zutaten aus der Region stammen. Menüs zu 14,50 und 17 € (mittags) sowie 24 € mit einer halben Magret de Canard. Mi und Donnerstagmittag sowie Freitagmittag und So geschlossen. Grande Rue, ✆ 0466770245. http://latourdemole.com.

Beim Dorffest werden die Brunnen geschmückt

Saint-Hippolyte-du-Fort

3600 Einwohner

Das beschauliche Saint-Hippolyte-du-Fort schmiegt sich in einen Bogen des Flusses Vidourle. Obwohl an den hügeligen Ausläufern der Cevennen gelegen, besitzt das Städtchen in vielerlei Hinsicht den Charme des Midi: Boulespieler, platanenbestandene Alleen und flache romanische Ziegeldächer (*tuiles romaines*). Wer mit offenen Augen durch die Straßen läuft, kann knapp zwei Dutzend Sonnenuhren und viele friedlich vor sich hin plätschernde Brunnen bewundern. Historisch ist Saint-Hippolyte ein typisches protestantisches Cevennenstädtchen: Reich geworden ist der Ort im 18. Jahrhundert durch seine Seidenproduktion, an die noch das *Musée de la Soie* erinnert.

Seide – der Goldfaden der Cevennen

Noch in der Mitte des 19. Jahrhunderts gehörten die Cevennen zusammen mit dem italienischen Piemont zu den größten Seide produzierenden Regionen der Welt. Im Jahre 1853 betrug die Gesamtproduktion über 26.000 Tonnen, so dass jeder zweite in Frankreich hergestellte Kokon aus den Cevennen stammte. Das größte Problem war, die gefräßigen Raupen zu ernähren: Innerhalb von wenigen Wochen verzehntausendfachen die Tierchen nämlich ihr Gewicht. Kurz vor ihrem Tod erhöht sich der Nahrungsbedarf auf 20 Gramm pro Tag, wobei die sich in einen 2000 Meter langen Faden einwickelnden Raupen stündlich mit Maulbeerblättern gefüttert werden wollen. Jeder Ort der Region besaß im 19. Jahrhundert eine *Filiature* (Seidenweberei), doch durch den Bau des Suezkanals (1869), der billige Importe ermöglichte, und einen Schädlingsbefall der Maulbeerbäume kam die Seidenraupenzucht fast vollkommen zum Erliegen. Nur wenige Betriebe überstanden diese Krisenzeit, die letzte Seidenweberei in den Cevennen wurde 1965 geschlossen.

Wirtschaftlich besonders bedeutend war die Seidenproduktion am Südrand der Cevennen, beispielsweise in Ganges, Le Vigan oder Saint-Hippolyte-du-Fort entstanden damals viele Textilbetriebe, die jedoch im Laufe des 20. Jahrhunderts alle aufgelöst wurden. Erst in den 1970er-Jahren wurde in dem nördlich von Saint-Hippolyte-du-Fort gelegenen *Monoblet* diese Tradition neu belebt, 4000 Maulbeerbäume gepflanzt, Raupen aufgepäppelt und Rohseide produziert. Mittlerweile gibt es wieder mehr als 20 Seidenraupenzüchter in den Cevennen.

Information Office de Tourisme, Les Casernes, 30170 Saint-Hippolyte-du-Fort, ℡ 0466 779165, www.cevennes-garrigue-tourisme.com/st-hippolyte-du-fort.php.

Verbindungen Die Busse halten auf der Place de la Canourgue. Busverbindungen (3-mal tgl.) mit Nîmes sowie Sauve, Ganges und Le Vigan. Zudem 4-mal tgl. nach Montpellier.

Markt Dienstag- und Freitagvormittag.

Übernachten & Essen ** Auberge Cigaloise, preisgünstige, familiäre Unterkunft direkt am Ortseingang. Entspannung bieten die sonnige Terrasse und der Swimmingpool. Gutes Restaurant mit rustikalem Ambiente und offenem Kamin, Menüs zu 13,50 € (mittags mit einem Viertel Wein), sonst 20,50 und 28 €. Das Restaurant ist Mo und Dienstagabend geschlossen. Die traditionell eingerichteten Zimmer in der aus Bruchsteinen errichteten Herberge kosten je nach Saison 58–87 € (Frühstück 8 €); die teureren besitzen auch einen eigenen Balkon. Route de Nîmes, ℡ 0466776459, www.aubergecigaloise.fr.

Camping ** De Granièr, kleiner, familiärer Zeltplatz (80 Stellplätze) mit Pool. Von Mitte Juni bis Anfang Sept. geöffnet. 4 km nördl. des Ortes an der Route de Monoblet, ℡ 0466852144, www.camping-graniers.com.

* Le Figaret, etwas kleiner, ebenfalls mit Pool, aber etwas günstiger. Von April bis Sept. geöffnet. Route de Lasalle, ℡ 0466 772634, www.camping-figaret.com.

Sehenswertes

Musée de la Soie: Das örtliche Seidenmuseum – es befindet sich in den Räumen einer ehemaligen Kaserne – gibt Einblicke (Videofilme etc.) in die Tradition und Gegenwart der Seidenraupenzucht vom Ei über den Maulbeerbaum bis zur Spinnerei. Interessant sind die verschiedenen Stadien: Am Anfang stehen die einen Millimeter kleinen, befruchteten Eier des haarigen, weißen und flugunfähigen Seidenspinnerschmetterlings *Bombyx mori*, später fressen die Raupen in den Holzetagen eifrig Maulbeerblätter und zuletzt spinnen die Raupen den Kokon in speziell errichteten Gerüsten. Angeschlossen an die Ausstellung ist auch der Verkauf von regionalen Seidenprodukten.

Place du 8 Mai. April bis Anfang Nov. Di–So 10–12.30 und 14–18.30 Uhr, Juli und Aug. Di–So 10–19 Uhr. Eintritt 5,50 €, erm. 3,50 €. www.museedelasoie-cevennes.com.

Saint-Martin-de-Londres
1900 Einwohner

Saint-Martin-de-Londres wurde im 11. Jahrhundert von den Mönchen aus dem nahen Saint-Guilhelm gegründet. Um das kleine, dem heiligen Martin geweihte Kloster entwickelte sich schnell ein kleines Dorf, das mit Mauern befestigt wurde. Diesen altertümlichen Charakter hat sich das Städtchen bis heute weitgehend bewahren können. Bei einem kurzen Bummel durch die krummen Gassen sind schattige Arkadengänge und stattliche Häuser zu entdecken. Kunsthistorisch Interessierte sollten unbedingt die einstige Klosterkirche besichtigen; sie ist ein schönes Beispiel für die Frühromanik im Basse Languedoc. Eine Pause sollte man sich unter der riesigen Platane am Dorfplatz gönnen, wo neben dem Brunnen zahlreiche Cafétische stehen.

Information Office de Tourisme, Maison de Pays, 34380 Saint-Martin-de-Londres, ☎ 0467550959, www.tourisme-picsaintloup.fr.

Verbindungen Häufig Busverbindungen mit Montpellier.

Markt Dienstagvormittag.

Sehenswertes

Eglise Saint-Martin-de-Londres: Das aus dem frühen 11. Jahrhundert stammende Gotteshaus ist ein romanisches Kleinod. Versteckt in der Altstadt, kündet sie von den künstlerischen Fähigkeiten ihrer unbekannten Baumeister. Das Kirchlein hat einen kleeblattförmigen Grundriss, kühl ist die Formensprache des schlichten zweijochigen Langhauses. Kunsthistoriker glauben, an den drei halbkreisförmigen Apsiden lombardische Stilelemente ausmachen zu können.

Umgebung

Cambous: Drei Kilometer südlich von Saint-Martin-de-Londres kann man sich davon überzeugen, dass die Region schon vor mehr als 4000 Jahren besiedelt war. Das rekonstruierte prähistorische Dorf – hier wurden 1967 historische Überreste entdeckt – gibt einen Einblick in die damalige Lebens- und Arbeitswelt. In den kleinen steinernen Hütten lebten Mensch und Vieh noch auf engstem Raum zusammen.

Juli bis Mitte Sept. tgl. außer Mo und Do 14–19 Uhr, Mai und Juni Sa und So 14–18 Uhr, Mitte Sept. bis April So 14–18 Uhr. Eintritt 4 €, erm. 2 €.

Romanische Kirche in Saint-Martin-de-Londres

Ravin des Arcs: Unweit der D 986, die von Saint-Martin nach Ganges führt, befindet sich beim Weiler **Mascla** ein ausgeschilderter Parkplatz. Von dort wandert man etwa eine gute halbe Stunde nach Westen durch die Garrigue (rot-weiß markiert als Fernwanderweg GR 60), bevor man noch 15 Minuten steil hinunter in die Schlucht (Ravin) des Flüsschens Lamalou hinabsteigt, das sich sein Bett durch Felsen gegraben hat. In Serpentinen geht es hinunter zu den namensgebenden Felsbögen. Es locken klares Wasser und eine beeindruckende Naturszenerie. Im Hochsommer und nach längeren Trockenperioden verschwindet der Fluss und nur etwas Wasser bleibt in den Wasserlöchern zurück.

Lac de Cécéles: Ein paar Kilometer süd-östlich vom Pic de Loup findet sich nahe der Ortschaft Saint-Mathieu-de-Tréviers ein kleiner Badesee, dessen

Kapelle auf dem Pic Saint-Loup

Wasser türkis schimmert. Am Ufer gibt es das Restaurant La Guinguette des Amoureux (www.laguinguettedesamoureux.com).

Pic Saint-Loup: Der Höhenkamm des Pic Saint-Loup ist schon von weitem auszumachen. Markant ragt das Kalksteinmassiv über die Garrigue-Ebene empor. Mit seinen 658 Metern ist er die höchste Erhebung in der Umgebung von Montpellier. Auf dem Gipfel bietet sich, gute Wetterverhältnisse vorausgesetzt, ein grandioser Panoramablick, der vom Mittelmeer bis zu den Cevennen reicht.

> **Wanderung 8: Auf den Pic Saint-Loup** → S. 538
> Der Klassiker unter den Kurzwanderungen

Information www.loupic.com.

Übernachten & Essen »» **Lesertipp: Auberge du Cèdre**, die nordöstlich des Pic Saint-Loup in Lauret gelegene Herberge ist ein Lesertipp von Mechthild Gunkel. Stilvoll renovierte Zimmer inmitten von Weinbergen. Zudem gibt es noch einen netten Garten samt Pool. Ein Lob verdient auch das anspruchsvolle Restaurant. Mittags gibt es nur ein Salatbuffet. Menüs zu 28 und 42 €. Von Mitte Nov. bis Mitte März geschlossen. DZ je nach Ausstattung und Saison 62–164 € (inkl. Frühstück). Domaine de Cazenauve, ☏ 0467590202, www.auberge-du-cedre.com. ««

Les Matelles: Der pittoreske Weiler an der Südseite des Pic Saint-Loup gehört zu den ältesten Dörfer in der Region und war schon im Neolithikum besiedelt, worüber ein prähistorisches Museum informiert (Juni bis Sept. tgl. außer Di und Fr 15–18 Uhr). Es lohnt sich, durch die gepflasterten Gassen des Dorfes zu spazieren, dessen Stadtmauer mitsamt dem befestigten Kirchturm noch gut erhalten sind.

Causse-de-la-Selle: Siehe Hérault.

Béziers Schokoladenseite samt Cathedrale und Pont Vieux

Hérault

Das Département Hérault ist ein Département der Gegensätze: Strände und Badetrubel an der Küste kontrastieren mit der Einsamkeit des Haut Languedoc. Dazwischen erstrecken sich über Tausende von Hektar Weinreben. Lange Zeit als charakterloser Massenwein verschrien, hat der Rebensaft längst wieder an Renommee gewonnen. Den westlichsten Teil des Départements markiert der Haut Languedoc, ein spärlich besiedelter gebirgiger Landstrich, dessen größter Teil zum Regionalpark erklärt wurde.

Die „violette Erde des Hérault", wie Simone de Beauvoir einmal schrieb, bildet die geographische Mitte der Region Languedoc-Roussillon. Wirtschaftlich durch das überaus dynamische Montpellier dominiert, sind vor allem die Küste und das unmittelbare Hinterland sehr dicht besiedelt. Wichtige Städte sind außerdem die traditionsreiche Weinhandelsstadt Béziers sowie Sète. Letztere fällt durch ihre besondere Lage auf: Die Stadt liegt mitten im Hafen und der Hafen liegt mitten in der Stadt. Typisch sind auch die zahlreichen Strandseen (Etangs), die im Fall des Bassin de Thau nur in ihren Ausmaßen fast an ein kleines Meer erinnern. Es gibt lang gestreckte, allerdings nur in der Nebensaison relativ einsame Sandstrände ebenso wie die gigantische künstliche Ferienwelt von Cap d'Agde. Der Norden des Départements wird durch den namensgebenden Fluss Hérault geprägt, an dessen schönstem Abschnitt das Kloster Saint-Guilhem-le-Désert in einer kargen, von weißen Kalksteinfelsen eingerahmten Schlucht liegt. Eine außergewöhnliche kulturhistorische Sehenswürdigkeit ist der Canal du Midi, der von Toulouse kommend, bei Sète ins Mittelmeer mündet.

Hérault

Montpellier 260.000 Einwohner

Montpellier ist die Hightech-Metropole des Midi und zugleich die Hauptstadt des Département Hérault und der Region Languedoc-Roussillon. Die Stadt hat ein charmantes historisches Zentrum, das vom Treiben der 80.000 Studenten spürbar belebt wird. Der Tourismus hingegen spielt nur eine eher untergeordnete Rolle.

Montpellier gilt als Boomtown des Midi: In den letzten 25 Jahren stieg sie von der zwanzigsten zur achtgrößten Stadt Frankreichs auf. Mit derzeit 260.000 Einwohnern ist Montpellier die mit Abstand bevölkerungsreichste Stadt der Region Languedoc-Roussillon. Zählt man die Nachbargemeinden hinzu, so hat der Großraum mehr als 450.000 Einwohner. Zwei Ereignisse haben Montpellier aus dem verschlafenen Alltag einer Provinzhauptstadt herauskatapultiert: Nach 1962 ließen sich zahlreiche Algerien-Franzosen – die verächtlich *Pieds-Noirs* („Schwarzfüße") genannt wurden – in der Stadt nieder und sorgten mit ihrer Geschäftstüchtigkeit für einen ersten wirtschaftlichen Aufschwung. Hinzu kam, dass mehrere große Firmen wie IBM in Montpellier eine Niederlassung gründeten – die von IBM hat heute 1100 Beschäftigte – und die Stadt zu einer französischen Variante des Silicon Valley heranwuchs. Eine Trabantenstadt wurde errichtet, der Flughafen modernisiert und mit „Polygone" erhielt die Stadt ein modernes Einkaufszentrum amerikanischen Stils. Fast wäre Montpellier im monotonen urbanen Architektur-Einerlei der 1970er-Jahre versunken, doch seine Einwohner zeigten 1977 Mut und wählten einen jungen, linken, auch städtebaulich ambitionierten Juraprofessor namens *Georges Frêche* zum Bürgermeister. Ein Glücksgriff, wie sich schnell herausstellen sollte, denn Frêche war und ist (auch wenn er jetzt nicht mehr als Bürgermeister, sondern als Präsident des Regionalrates von Languedoc-Roussillon fungiert) ein Mann der Visionen und der Tat. Gleich nach seinem Amtsantritt beauftragte das sozialistische Stadtoberhaupt den katalanischen Stararchitekten *Ricardo Bofill*, auf einem stadtnahen, verlassenen Militärgelände einen neuen Stadtteil zu errichteten. Bofill nahm die Herausforderung begeistert an und entwarf „Antigone", ein Neubauviertel, dessen postmoderne Architektur mit antiken Elementen spielt. Doch nicht genug: Frêche, der bis 2004 an der Stadtspitze stand, forcierte auch die Altstadtsanierung und ließ von dem Architekten *Claude Vasconi* ein gigantisches Kongresszentrum – das drittgrößte Frankreichs! – namens „Le Corum" entwerfen. Es liegt aber auch ein Schatten auf der Karriere von Georges Frêche: Im Jahre 2006 wurde er aus den sozialistischen Parteigremien ausgeschlossen, weil er Franzosen nordafrikanischer Abstammung mit „Untermenschen" verglichen hatte. Auch nach der Ära Frêche bekennt sich Montpellier weiter entschieden zur modernen Architektur: Mit den renommierten Architekten *Christian de Portzamprac*, *Jean Nouvel*, *Zaha Hadid* und *Richard Meier* haben in den letzten Jahren vier Pritzker-Preisträger („Nobelpreis" für Architektur) in Montpellier Gebäude errichtet, darunter auch das hypermoderne, blau schimmernde *Hôtel de Ville* (Rathaus), und *Philippe Starck* plante ein riesiges Fittnes- und Wellnesscenter namens „Le Nuage". Ein weiterer hehrer Zukunftsplan des agilen Bürgermeisters ist auch schon umgesetzt: Das moderne Montpellier erstreckt sich inzwischen bis an das Mittelmeer (Port Marianne) und ist so zur Hafenstadt mutiert.

Montpellier ist relativ überschaubar und kann bequem zu Fuß erkundet werden. Die zentrale Place de la Comédie, die vom Opernhaus und zahlreichen Terrassencafés eingerahmt wird, ist die Schnittstelle zwischen dem modernen und dem mittelalterlichen Montpellier. Die Straßenterrassen der Cafés sind der beste Ort für das beliebte Gesellschaftsspiel Sehen und Gesehen werden. Nach Osten hin gelangt man durch das Einkaufszentrum Polygone hindurch in das neue Stadtviertel Antigone. Beinahe planlos lässt sich die Altstadt mit ihren vielen Fußgängerzonen durchstreifen; immer wieder wird man dabei auf lauschige Plätze sowie schmucke Stadtpaläste wie das Hôtel Saint-Côme treffen, die von den glanzvollen Zeiten des Ancien Regime künden. Die Tore zu den pompösen Innenhöfen sind in der Regel verschlossen, doch sollte man, wann immer sich eine Möglichkeit zur Besichtigung bietet, davon Gebrauch machen. Besonders sehenswert ist die Rue de l'Ancien-Courrier. Wer nach den neuesten Modetrends sucht, wird in den Boutiquen der Rue Saint Guilhem fündig. Das historische Zentrum mit seinen engen, schattigen Gassen ist noch immer recht verwinkelt; eine Ausnahme bildet die Rue Foch; sie wurde Ende des 19. Jahrhunderts, als sich ganz Frankreich im Haussmannschen Boulevardfieber befand, ohne Rücksicht auf die alte Bausubstanz mitten ins Zentrum von Montpellier getrieben.

Montpelliers schöne Frauen

Männer sollten mit offenen Augen durch die Straßen von Montpellier gehen, denn der französische Kultregisseur *François Truffaut* soll behauptet haben, Montpellier sei die Stadt mit den schönsten Frauen Frankreichs, weshalb er hier auch 1975 seinen Kinofilm „Der Mann, der die Frauen liebte" drehte. Truffauts Hauptdarsteller *Charles Denner* verbringt in der Rolle als Bertrand Morand seine Zeit damit, durch die Straßen und Gassen von Montpellier zu wandern, Frauen zu beobachten, sich ihnen zu nähern und sie schließlich zu erobern.

Dass Truffaut Johann Heinrich Zeidlers „Grosses vollständiges Universal-Lexicon Aller Wissenschaften und Künste" aus dem Jahre 1739 gekannt hat, ist unwahrscheinlich, doch hätte er dort im 21. Band nachlesen können, dass Montpellier „schertzweise" auch „Mahomeds Paradies" genannt wird, „weil daselbst vor allen andern Orten Franckreichs, ja in gantz Europa eine grosse Menge von schönen, geschickten, verständigen und geschwätzigen Frauenzimmern angetroffen wird".

Dass Montpellier eine Universitätsstadt ist, lässt sich nicht übersehen. Jeder vierte Einwohner ist an der Hochschule immatrikuliert. In der Altstadt existiert eine typische studentische Infrastruktur mit Buchhandlungen, Fotokopiershops, Waschsalons und billigen Imbissbuden. Einzig an attraktiven Studentenkneipen mangelt es aus unerfindlichen Gründen etwas. Vielleicht liegt dies auch daran, dass sich die meisten Fakultäten am Stadtrand befinden. Nichtsdestotrotz findet in Montpellier ein attraktives Nachtleben mit Bars und Clubs statt. Nach Paris gilt Montpellier als die zweitbeliebteste „Gay City" Frankreichs. Daher verwundert es auch nicht, dass im Rathaus von Montpellier das erste homosexuelle Paar Frankreichs getraut wurde.

Place de la Comédie mit dem Theater

Vorbildlich ist auch das Kulturleben: Keine andere Stadt der Region Languedoc-Roussillon hat ein derart vielfältiges Spektrum zu bieten. Angefangen mit den beiden Opern bis hin zu renommierten Festivals wie dem *Montpellier Danse*, dem *Festival von Radio France* (Jazz und klassische Musik) und dem *Festival International du Cinéma méditerranéen*.

Geschichte

Im Gegensatz zu vielen anderen bedeutenden Städten Südfrankreichs geht Montpellier nicht auf eine römische Gründung zurück. Die Wurzeln der Stadt reichen nur bis ins frühe 9. Jahrhundert zurück, als der Bischof von Maguelone eine Kirche auf dem Berg *Montiperet* errichten ließ und 985 auf einem benachbarten Hügel ein Dorf unter Oberhoheit des Grafen von Mauguio entstand. Innerhalb weniger Jahrzehnte wuchsen die beiden Ansiedlungen zusammen und Montpellier entwickelte sich in diesem Machtvakuum zu einer prosperierenden Handelsstadt, die vor allem im Gewürz- und Orienthandel engagiert war. Dadurch entstand fast zwangsläufig eine bedeutende jüdische Gemeinde (eine Mikwe aus dem 12. Jahrhundert ist noch erhalten), deren Gelehrte später auch an der Universität wirkten. Ein zeitgenössischer Reisender berichtete von einem bunten Völkergemisch in den Straßen: Lombardische Händler trafen auf Sarazenen und Araber aus dem Maghreb, die wiederum mit Griechen und Genuesen feilschten. Das Bürgertum wurde immer mächtiger und bestimmte de facto die Geschicke Montpelliers; die Adelsdynastie der Guilhem hatte nur wenig Einfluss auf die von den Konsuln geführte Stadt. Mit diplomatischem Geschick konnte sich Montpellier aus den Wirren der Katharerkriege heraushalten, da sie auch unter dem Schutz des Papstes stand. Wirtschaftlich ging es weiterhin steil bergauf; die Gründung einer Universität markierte den Aufschwung auf dem geistigen Sektor.

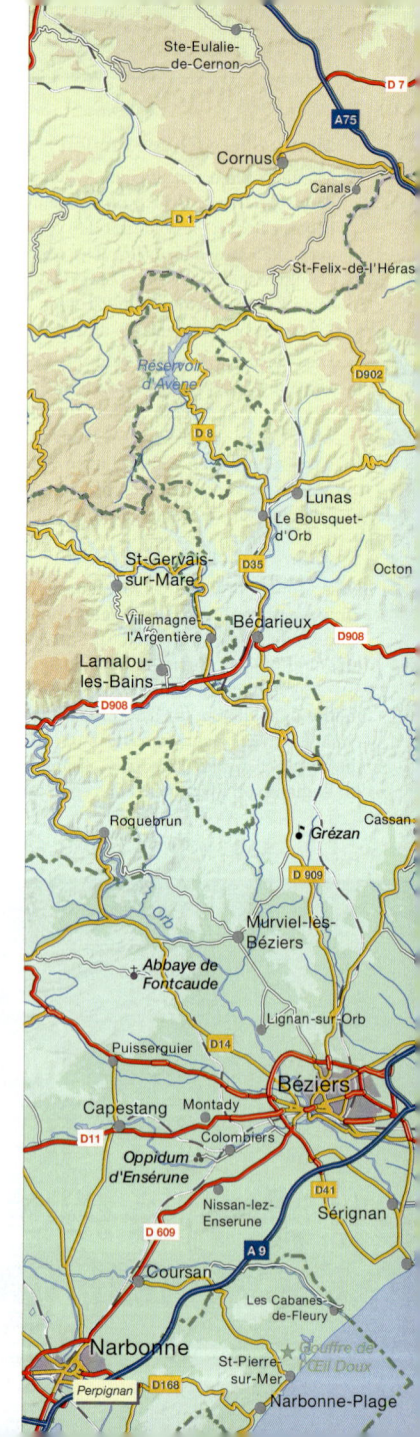

Alzon
Sumène
St-Hippolyte-du-Fort
D 999
Ganges
Laroque
Sauve
La Couvertoirade
Cirque de Vissec
Blandas
Grotte des Demoiselles
Quissac
Soibs
Cirque de Navacelles
St-Bauzille-de-Putois
Le Caylar
Claret
St-Maurice-Navacelles
Ravin des Arcs
Lauret
St-Jean-de-Buèges
Causse-de-la-Selle
Grand Arc
D 25
St-Martin-de-Londres
Pic Saint-Loup 658
St-Mathieu-de-Tréviers
Hérault
Village Prehistorique
Lac de Cécélès
Gazevieille
Prieuré St-Michel-de-Grandmont
Les Matelles
St-Guilhem-le-Désert
Pont de Diable
D 32
Lodève
Grotte de Clamouse
Castries
Aniane
Celles Village ruiné
Castelnau-le-Lez
Nîmes
Gignac
Lac du Salagou
Clermont-l'Hérault
Montpellier
A 750
Salasc
Mourèze
Villeneuvette
Pignan
Cabrières
A 75
D15
Lattes
Palavas-les-Flots
Roujan
Caux
Canal du Rhône
Maguelone
Abbaye de Valmagne
Gigean
Margon
Abbaye St-Félix-de-Montceau
Montagnac
Pézenas
Loupian
Bouzigues
Frontignan
Villa Gallo-romain
Balaruc-les-Bains
Servian
Hérault
Mèze
A 9
Sète
Etang de Thau
Florensac
Marseillan
D 51
Marseillan-Plage
D612
Agde
Canal du Midi
Le Cap-d'Agde
Portiragnes-Plage
Vias Plage
Le Grau-d'Agde
Sórignan-Plage
Valras-Plage
4,5 km
Hérault

Die wirtschaftliche und politische Bedeutung der Stadt lässt sich auch an dem Umstand ermessen, dass Montpellier bereits damals von einer rund drei Kilometer langen Stadtmauer mit 25 Türmen und acht Toren umgeben war. Im Jahre 1204 fiel die Stadt als „Mitgift" an die Könige von Aragon, da Marie, die einzige Tochter und Erbin Guilhem VIII., Peter II. von Aragon geheiratet hatte. Jahrzehnte später wurde Montpellier infolge der unglücklichen Teilung des Königreichs von Aragon dem Königreich Mallorca zugeschlagen.

Eine Universitätsstadt mit 800-jähriger Tradition

Zu Beginn des 13. Jahrhunderts entstand in Montpellier die nach Paris und Toulouse drittälteste Universität Frankreichs. Den Anfang machten die Mediziner, deren Fakultät 1220 ihre ersten Statuten erhielt; wenige Jahre später zogen die Juristen und die Philosophen mit der Gründung einer eigenen Fakultät nach: Die Universität Montpellier hatte sich konstituiert. Die universitäre „Ausbildung" setzte sich schnell durch, so galt seit 1240 die Ablegung einer Universitätsprüfung als selbstverständliche Voraussetzung für die Ausübung des ärztlichen Berufs. Und dies, obwohl – aus heutiger Sicht – die Medizin noch sehr stark von magischen Vorstellungen, religiösem Aberglauben, Astrologie und Alchimie durchdrungen war. 1289 folgte auch noch die Bestätigung durch eine Bulle von Papst Nicolas IV. Zu den berühmtesten Studenten der medizinischen Fakultät gehörten *Francesco Petrarca*, der Mystiker *Nostradamus*, *François Rabelais* und *Lapeyronie*, der Leibarzt Ludwigs XV. Rabelais muss von der Alma Mater wenig angetan gewesen sein, denn sein Romanheld Pantagruel befand verächtlich, dass „die Ärzte nach Klistieren stanken, wie der Teufel selbst".

Mit fast 80.000 Studenten ist Montpellier heute eine der größten Universitätsstädte Frankreichs. Nach wie vor existieren die berühmte juristische und die medizinische Fakultät, doch haben sich in den letzten Jahrzehnten die wissenschaftlichen Schwerpunkte auf die Betriebswirtschaft, die Datenverarbeitung, die Agrarwissenschaften und -technologien sowie auf die Elektronik und Computertechnologie verlagert. Inzwischen ist die Universität Montpellier besonders für ihre Forschungen auf den folgenden Gebieten bekannt: Euromédicine (Fortsetzung der medizinischen Tradition der Universität mit einer großen Sektion, die sich der Genforschung widmet), Agropolis (Biotechnologie und Wassertechnik), Communicatique (Informatik) und Tourismus.

Im Jahre 1359 kam Montpellier schließlich zu Frankreich. Nicht durch Krieg, aber für einen stolzen Preis: 120.000 Goldstücke musste der französische König auf den Tisch legen, damit er die Stadt von Jakob III. von Mallorca erwerben konnte. Es war allerdings eine wichtige Erwerbung, um das französische Territorium im Süden des Landes zu arrondieren. Neben dem Gewürzhandel wurde der Leder- und Tuchhandel nun zu einem zweiten wichtigen Standbein, doch dann sorgten Pest und Hungersnöte für eine Rezession, die erst durch das Engagement des Kaufmanns Jacques Cœur überwunden werden konnte. Kaum erholt, musste Montpellier Ende des 15. Jahrhunderts weitere Rückschläge verkraften: Da die Provence ab 1481 an Frankreich gefallen war, wurde Marseille zum Haupteinfuhrhafen des Orienthandels.

Zudem blieben die Religionskriege nicht folgenlos. Nach heftigen Auseinandersetzungen wurde Montpellier zur Hochburg des Protestantismus, Kirchen und Klöster wurden zerstört oder aufgelöst. Doch die französische Krone holte zum Gegenschlag aus: 1622 belagerten die königlichen Truppen die Stadt, bis diese nach zwei Monaten kapitulierte. Um jeden zukünftigen Widerstand im Keim zu ersticken, ließ Kardinal Richelieu eine gewaltige Zitadelle direkt vor den Toren der Stadt errichten. Montpellier schwenkte auf die königstreue Linie ein und wurde von Ludwig XIV. zur Hauptstadt des Bas Languedoc ernannt; die letzten überzeugten Hugenotten suchten ihren Glaubensfrieden im Ausland.

Wenig später kamen die ersten „Touristen" nach Montpellier, um den Winter dort zu verbringen, das sich neben einem sehr milden Klima auch einer ausgezeichneten medizinischen Fakultät rühmen konnte. Die ersten englischen Adligen und Gelehrten reisten Ende des 17. Jahrhunderts nach Südfrankreich. Zu den „Kurgästen" gehörte unter anderem der englische Philosoph *John Locke* (1632–1704), der bei seinem Montpellieraufenthalt die Bekanntschaft des Lord Pembroke machte, dem er später

Cathédrale Saint-Pierre

seinen berühmten „Essay Concerning Human Understanding" widmete. Gleichzeitig erfuhr die Wirtschaft durch die von *Nicolas de Lamoignon de Basville* – er wurde 1685 vom König zum Intendanten des Languedoc ernannt und mit besonderen Vollmachten ausgestattet – eingeleiteten Maßnahmen einen deutlichen Aufschwung. Während Basvilles bis 1718 andauernder Amtszeit wurden zahlreiche Manufakturen gegründet, Straßen und öffentliche Gebäude errichtet und der Wollhandel angekurbelt, das Wirtschaftsleben begann zu florieren.

Mit einer Einwohnerzahl von 35.000 bis 40.000 gehörte Montpellier im 18. Jahrhundert zu den drei größten Städten Frankreichs! In jenen Jahren erhielt Montpellier auch das Gepräge einer Provinzhauptstadt. Die Sitzungen der Provinzialstände (*pays d'état*) fanden in einem eigens dafür vorgesehenen Saal im Rathaus statt. Der Erzbischof von Narbonne hatte den Vorsitz inne und präsidierte unter einem mit Wappen geschmückten Baldachin. Zu seiner Rechten saßen die 22 Bischöfe, zu seiner Linken die 24 Barone des Languedoc, während sich die Vertreter des Dritten Standes hinter einem Tisch mit blauer Decke zusammenfanden. In der zweiten Hälfte des 18. Jahrhunderts setzte ein erster wirtschaftlicher Niedergang ein, so dass in Montpellier zum Zeitpunkt der Revolution nur noch 32.000 Menschen lebten.

Die Entwicklung im 19. Jahrhundert verlief unspektakulär und typisch für eine französische Provinzhauptstadt. Der Einfluss von Paris wurde im Kaiserreich deutlicher, Boulevards im Haussmann'schen Stil entstanden und beim Bau der Markthallen wurden Baltards Hallen kopiert. Schriftsteller, die die Stadt damals besuchten, äußerten sich verhalten positiv: „Montpellier ist eine sehr hübsche Stadt auf einem Hügel, demzufolge sind viele Straßen dort steil. Ich finde, das hat einen großen Vorteil: aus vier oder fünf Meilen Entfernung sieht man das Meer am Horizont", notierte der berühmte Romancier Stendhal 1837 anlässlich eines Besuchs. Und Henry James meinte ein paar Jahrzehnte später ebenso lapidar: „Es gibt Orte, die einem gefallen, ohne dass man sagen könnte, weshalb, und Montpellier gehört zu diesen."

Basis-Infos

Information Office de Tourisme, 30, allée Jean de Lattre de Tassigny, 34000 Montpellier, ✆ 0467606060, www.ot-montpellier.fr. Auf dieser Website kann man deutsche Broschüren herunterladen. Im Sommer ist auch eine Filiale im SNCF-Bahnhof geöffnet.

Konsulate Deutsches Konsulat, Maison des Relations Internationales, esplanade Charles-de-Gaulle, ✆ 0467607546. Schweizer Konsulat, 66, allée Marc Laren, ✆ 0467549818.

Stadtführungen Es gibt fast tgl. themenorientierte Führungen durch das historische Zentrum. Dabei hat man auch Zugang zu sonst verschlossenen Innenhöfen und zur Mikwe, einem rituellen jüdischen Bad aus dem 12. Jh. Teilnahmegebühr 7–10 €. Anmeldung im Office de Tourisme (hier gibt es im Sommer auch ein Programm zu thematischen Rundgängen). Hier gibt es auch Audio-Guides in deutscher Sprache.

Verbindungen Das innerstädtische Hauptverbindungsmittel ist neben den Bussen die im Juli 2000 eröffnete Tramway (www.tam-way.com). Die auffällig angestrichenen Wagen der Straßenbahn durchqueren auf vier Strecken die Stadt zum Südosten und halten auch im neuen Stadtteil Antigone. Die letzten beiden Linien wurden gar vom Modedesigner Christian Lacroix designt. Linie 3 hält nur 3 km vom Meer entfernt. Auch das städtische Busnetz ist sehr gut ausgebaut. Eine Tageskarte für Bus und Tram kostet 4 €, ein Einzelticket 1,50 €, ein 10er-Ticket 10 €. www.tam-voyages.com.

Zug: Der **SNCF-Bahnhof** (✆ 3635) liegt an der Place Auguste Gilbert, nur drei Fußminuten von der Altstadt entfernt. Von hier aus gibt es Zugverbindungen in alle größeren Städte der Region sowie mit dem TGV in gut 3:15 Std. nach Paris, 4:10 Std. nach Lille. Fast stündl. Zugverbindungen nach Millau, Agde, Béziers, Narbonne, Nîmes und Sète sowie ca. 4-mal tgl. nach Carcassonne und Lunel.

Montpellier City Card

Mit der City Card kann man ein, zwei oder drei Tage Montpellier erkunden. Die City Card beinhaltet die Benutzung der öffentlichen Verkehrsmittel und gewährt freien Eintritt zu zahlreichen Museen (Musée Fabre, Musée Languedocien etc.) sowie weitere Vergünstigungen. Sie ist im Office de Tourisme erhältlich. Kosten: ab 13,50, 19,80 oder 25,20 €.

Bus: Der Busbahnhof (*Gare Routière*) befindet sich in der Rue du Grand-Saint-Jean in unmittelbarer Nähe des Bahnhofs. Regelmäßige Busverbindungen nach Clermont-l'Hérault, Bédarieux, Lamalou-les-Bains und Millau. Internationale Busverbindungen nach Figueres und Barcelona. Regelmäßige Busverbindungen nach Palavas (Ligne 131) sowie Carnon-Plage und La Grande-Motte ab Tramstation Port Marianne.

Städte der Montpellier Agglomeration werden mit TaM-Bussen bedient (✆ 0467228787, www.tam-way.com), Städte des Département Hérault mit den Hérault-Bussen, ✆ 0467677474, www.herault-transport.fr.

Montpellier

Vom **Flughafen** Montpellier (✆ 0467208500, www.montpellier.aeroport.fr) gibt es tgl. mehrere Verbindungen nach Paris (Air France) sowie über Nizza nach München (Air Littoral). Ryanair fliegt tgl. nach Frankfurt-Hahn (www.ryanair.com). Stdl. Busverbindungen (Linie 120) vom Flughafen zur Place de l'Europe für 5 €.

Parken Da Parkplätze absolut rar sind, empfiehlt es sich, eines der zahlreichen Parkhäuser oder die Tiefgarage unter der Place de la Comédie anzusteuern. Ein Lesertipp von Barbara Granderath: Parken Sie an der Endstation der Tramway und fahren Sie in der klimatisierten Straßenbahn zur Place de la Comédie. Kosten: 4,50 € inkl. Parkgebühren.

Fahrradverleih TaM Vélo, 27, rue Maguelone (unweit des Bahnhofs), 2 € pro Tag. ✆ 0467228782.

Autovermietung ADA Location, 58 bis, avenue Georges Clémenceau, ✆ 0467 583435, www.ada.fr.

Le Petit Train Tgl. ab 11 Uhr kann man mit einem kleinen Bummelzug die Altstadt und Antigone erkunden. Kosten: 7 €, erm. 5 € bzw. 3 €. www.petit-train-demontpellier.com.

Post Place du Marché-aux-Fleurs; Place Rondolet; Place de la Comédie.

Märkte Tgl. außer So 7–13 Uhr auf der Allée Jean de Lattre de Tassigny; Marché Salengro, tgl. 7–13 Uhr auf der Place Salengro. Jeden Mi gibt es einen Bauernmarkt in Antigone (Place du Nombre d'Or). Zudem wird tgl. ein überdachter Markt in den denkmalgeschützten Halles Castellanes im historischen Zentrum abgehalten.

Veranstaltungen Seit 1980 treffen sich die renommiertesten Vertreter des zeitgenössischen Tanztheaters Ende Juni für zwei Wochen zum *Festival Montpellier Danse* (www.montpellierdanse.com). Für viele Tänzer hat sich ein Auftritt als Sprungbrett zu einer internationalen Karriere erwiesen. Ebenfalls im Juni geben die Komödianten beim *Printemps des Comédiens* im Parc du Château d'O den Ton an (www.printempsdescomediens.com), bevor sich von Mitte Juli bis Anfang Aug. das *Festival de Radio France et de Montpellier* mit einer Reihe von Klassik- und Jazzkonzerten anschließt. Zuletzt findet Ende Okt. das *Festival International du Cinéma méditerranéen* statt..

Sprachkurse Institut Linguistique Adenet (ILA), 33, grand rue Jean Moulin, 34000 Montpellier, ✆ 0467606783, www.ila-france.com. Langues Sans Frontières (LSF), 3, impasse Barnabé, 34000 Montpellier, ✆ 0467 913160, www.lsf.fr.

Oper Opéra Berlioz im Corum, esplanade Charles-de-Gaulle, ✆ 0467616616; Opéra Comédie, place de la Comédie, ✆ 0467601999, www.operamontpellier.com.

Kino Gaumont Multiplexe, Le Millénaire, 235, rue Georges Méliès, ✆ 0499523300, www.gaumont.fr.

Zoo Parc Zoologique de Montpellier, mit Pantern, Geparden, Zebras, Pelikanen und weiteren 116 Tierarten. Lage: etwa 6 km nördl. der Stadt (Bus Nr. 5). Tgl. 9–19 Uhr geöffnet, im Winter bis 17 Uhr. Eintritt frei! Kostenpflichtig (6,50 €) ist allerdings das zugehörige *Serre amazonienne*, das auf knapp 3000 Quadratmetern die Flora und Fauna des Amazonas zeigt. www.zoo.montpellier.fr.

Schwimmen Piscine Olympique d'Antigone, Avenue Jacques-Quartier. Das mit viel Glas und Stahl errichtete Hallenbad mit angrenzendem Erlebnisbad samt Riesenrutsche stammt von Ricardo Bofill. Bei warmen Temperaturen verwandelt sich das Bad dank beweglichem Dach in ein Freibad, ✆ 0467156300. Kernzeiten tgl. 9–19 Uhr. Eintritt 4,90 €. Zu erreichen mit der Tram bis Station Léon Blum. Wer ans Meer will, fährt mit der Tram zur Station „Port Marianne" und nimmt dann den Bus Nr. 17 nach Palavas-les-Flots.

Tennis ATC Pierre Rouge, 7, avenue Saint Lazare, ✆ 0467722208.

Übernachten → Karte S. 292/293

Hotels ***** **Domaine de Verchant 2**, herrliches Designhotel in einem wunderschönen Anwesen, etwas außerhalb in Castelnau-le-Lez (nordöstl. von Montpellier). Beeindruckender Wellnessbereich, Pool und diverse weitere Annehmlichkeiten. Dies belastet die Reisekasse im Sommer mit mindestens 360 € pro Nacht; Frühstück 27 €, dafür gibt es dann auch kostenloses WLAN … ✆ 0467072600, www.verchant.com.

Essen & Trinken

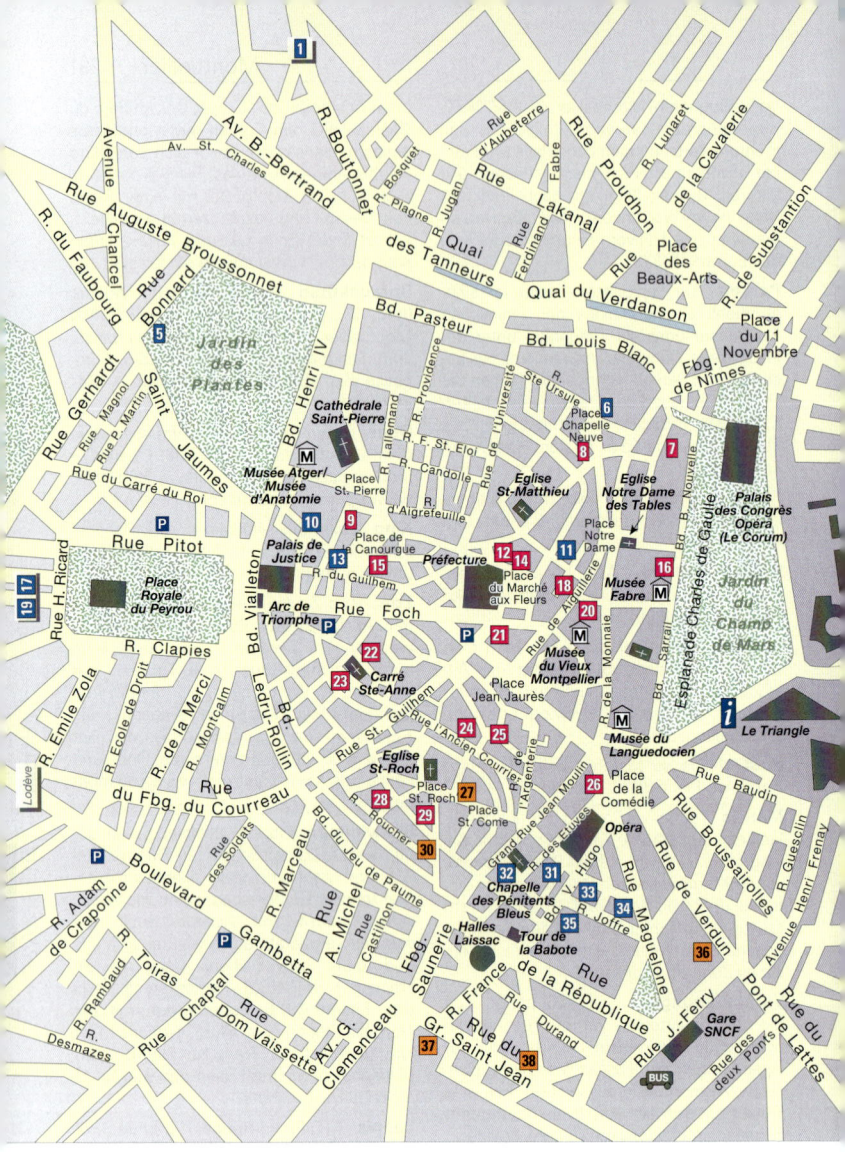

- 3 Le Jardin des Sens
- 7 Morceau de Lune
- 8 Duo
- 9 Le Latitude
- 12 Tamarillos
- 14 Café de la Mer
- 15 Comptoir de l'Arc
- 16 L'Insensé
- 18 La Maison de la Lozère
- 20 Chez Boris
- 21 Ma Première Cantine
- 22 La Bistrote
- 23 Le Pré Vert
- 24 L'Ancien Courrier
- 25 La Place
- 26 Grand Café Riche
- 28 La Tomate
- 29 Le Petit Mickey

Übernachten
1. Hôtel du Parc
2. Domaine de Verchant
3. Le Jardin des Sens
4. La Maison Blanche
5. Les Fauvettes
6. Auberge de Jeunesse
10. Le Guilhem
11. Baudon de Mauny
13. Hôtel du Palais
17. Hôtel des Arceaux
19. Les 4 Etoiles
31. Hôtel des Etuves
32. Majestic
33. Grand Hôtel du Midi
34. Royal Hôtel
35. Hotel des Arts

Nachtleben
27. Saint Fitzpatricks
30. Le Saint-Roche
36. Le Rockstore
37. Mix Koffee
38. JAM

Montpellier

100 m

**** **Le Jardin des Sens** 3, das zur Relais-&-Châteaux-Vereinigung gehörende Hotel bietet höchsten Komfort. Die Zimmer sind modern mit flammenden Farben eingerichtet. Entspannung findet man im Garten, wo auch ein kleiner Pool wartet. Im Jan. Betriebsferien. Fabelhaftes Restaurant (Le Jardin des Sens), s. u. Zimmer ab 185 € in der NS; Frühstück 18 bzw. 29 €. 11, avenue Saint-Lazare, ✆ 0499583838, www.jardin-des-sens.com.

>>> **Mein Tipp:** *** **La Maison Blanche** 4, das im Stil einer Südstaatenvilla aus Louisiana errichtete Hotel ist eine traumhafte Oase am Rande der Stadt (3 km vom Zentrum entfernt): ein weißes Holzhaus mit umlaufender, verschnörkelter Veranda, dazu ein Park mit Volieren und ein kleiner Swimmingpool. Gute Voraussetzungen also, um ein paar entspannte Tage zu verbringen. Das Hotel war einst auch in Prominentenkreisen recht beliebt (Alain Delon, Miguel Indurain und Franz Beckenbauer waren schon da …), doch liegt dies schon ein wenig zurück und eine Renovierung wäre allmählich an der Zeit. Das Frühstück ist leider recht dürftig. Alle Zimmer haben eine Klimaanlage. Ein Lob verdient auch das zugehörige Restaurant (Samstagmittag und So Ruhetag) mit dem schönen Garten. Das Menü zu 32 € bietet durchaus anspruchsvolle Kost, das gilt besonders für die Vorspeisen. Kostenloses WLAN. Anfahrt: Nordöstl. des Zentrums in Richtung Castelnau-le-Lez fahren, unweit des Hyper U (ein Supermarkt) gelegen. Selbst die Preise zeigen sich von ihrer freundlichen Seite: EZ ab 79 €, DZ ab 89 € (Erdgeschoss) bzw. ab 109 € im ersten und zweiten Stock, Suite zu 175 €; Frühstück 12 €. 1796, avenue de la Pompignane, ✆ 0499582070, www.hotel-maison-blanche.com. <<<

*** **Le Guilhem** 10, dieses Best-Western-Hotel umfasst mehrere Häuser aus dem späten 16. und 17. Jh., die unlängst renovierten Zimmer sind in Pastelltönen gehalten. Besonders schön, aber etwas teurer sind die Zimmer mit Blick auf den Garten und die Kathedrale. Sehr stimmungsvoll ist die Suite im historischen Gewölbe. Das Frühstück wird auf einer sonnigen Terrasse serviert. Kostenloses WLAN. DZ ab 96 €, große Zimmer für 184 €; Frühstück 12 €. 18, rue Jean-Jacques-Rousseau, ✆ 0467529090, www.leguilhem.com.

*** **Grand Hôtel du Midi** 33, dieses absolut zentral gelegene Hotel begeistert durch sein zeitgenössisch-modernes Ambiente. Tolle Bäder! Kostenloses WLAN. EZ 140 €, DZ ab 160 €; Frühstück 12 €. 22, boulevard Victor Hugo, ✆ 0467926961, www.new-hotel.com.

*** **Royal Hôtel** 34, zentrale Lage, in einem stattlichen Haus mitten im Zentrum. Jüngst renoviert und für den gebotenen Standard keineswegs übertreuert. Besonders ruhig schläft man zum Innenhof hinaus. Kostenloses WLAN. Zimmer je nach Ausstattung ab 99 €; Frühstück 8 €. 8, rue Maguelone, ✆ 0467921336, http://www.royalhotelmontpellier.com.

>>> **Mein Tipp:** ** **Hôtel du Palais** 13, stilvolles, schön möbliertes Hotel in einem alten Stadtpalais, unweit der Place de la Canourgue. Familiäres Flair. Die meisten der individuell in Pastellfarben gehaltenen Zimmer (alle klimatisiert) haben Zugang zu einem kleinen französischen Balkon mit Blick auf einen lauschigen Platz. Kostenloses WLAN. Zimmer mit Dusche 82 €, mit Bad 85–97 €; Frühstück 8 €. 3, rue du Palais-des-Guilhem, ✆ 0467604738, www.hoteldupalais-montpellier.fr. <<<

** **Hôtel des Arceaux** 17, dieses ein paar hundert Meter westlich der Promenade du Peyrou (und damit auch westlich der Altstadt) gelegene Hotel gefällt mit seinen schlichten, aber ansprechenden Zimmern im zeitgenössischen Stil (teilweise mit Balkon). Kostenloses WLAN. EZ ab 59 €, DZ je nach Ausstattung 80–150 €; Frühstück 10 €. 33–35, boulevard des Arceaux, ✆ 0467920303, www.hoteldesarceaux.com.

** **Hôtel du Parc** 1, ruhiges, geschmackvoll eingerichtetes (Nichtraucher-)Hotel in einem Stadtpalast aus dem 18. Jh., etwa zehn Fußminuten nördl. der Kathedrale. Parkplatz im Hof. Kostenloses WLAN. Die in Orange und Ocker gehaltenen Zimmer kosten je nach Ausstattung 59–110 € (Klimaanlage); Frühstück 10 €. 8, rue Achille Bege, ✆ 0467411649, www.hotelduparc-montpellier.com.

** **Hotel des Arts** 35, zentrales, ordentlich geführtes Hotel mit Preisen je nach Ausstattung von 72 bis 97 € für das Doppelzimmer (EZ 59 €); Frühstück 8,90 €. Kostenloses WLAN. 6, boulevard Victor Hugo, ✆ 0467586920, www.hotel-des-arts.fr.

* **Les Fauvettes** 5, kleines, familiäres Hotel hinter dem Jardin des Plantes. Die ruhigen und sauberen Zimmer (die meisten

Montpellier

blicken auf einen lauschigen Innenhof) kosten 42–54 €, wobei man bei den günstigsten zum Duschen über den Flur huschen muss; Frühstücksbuffet 7,95 €. 8, rue Bonnard, ✆ 0467631760, www.hotel-lesfauvettes.fr.

Majestic 32, einfaches, aber ordentliches Hotel in einer kleinen Gasse inmitten des Zentrums. Von Lesern gelobt. Kostenloses WLAN. Zimmer mit Dusche 40–60 €, 76 € für ein 4-Bett-Zimmer, EZ ab 30 €; Frühstück 5,50 €. 4, rue du Cheval-Blanc, ✆ 0467662685, www.hotelmajestic.hostel.com.

Hôtel des Etuves 31, nur einen Steinwurf weit entfernt, unter freundlicher Leitung. Einfache Unterkunft, über eine enge Treppe erreicht man rund ein Dutzend saubere Zimmer (teilweise etwas klein). Kostenloses WLAN. DZ von 54 bis 58 €; Frühstück 8 €. 24, rue des Etuves, ✆ 0467607819, www.hoteldesetuves.fr.

Chambres d'hôtes Les 4 Etoiles 19, eine sehr stilvolle Privatunterkunft, ein paar Fußminuten westl. der Altstadt. Insgesamt werden vier Gästezimmer vermietet, die mit viel Liebe bis ins Detail ausgestattet wurden. Terrasse und kostenloses WLAN vorhanden. DZ 125 bzw. 135 € (inkl. Frühstück), Okt.–April 94–105 €. 3, rue Delmas, ✆ 0467024769, www.les4etoiles.com.

Baudon de Mauny 11, eine traumhafte Herberge in einem Stadtpalast aus dem 18. Jh. mit acht im Boutique-Stil eingerichteten Zimmern, die schlichtweg begeistern. DZ 165–240 €. 1, rue de la Carbonnerie, ✆ 0467022177. www.baudondemauny.com.

Jugendherberge Auberge de Jeunesse 6, in einem historischen Gebäude (ehem. Ursulinenkloster) im Norden der Altstadt, insgesamt 20 Zimmer mit 90 Betten. Vom Bahnhof mit den Bussen 2, 3, 5, 6, 7 und 16 zu erreichen (Haltestelle Ursulines), Alternativ: 20 Min. Fußmarsch. Schattige Terrasse sowie Bar, Billardraum und WLAN vorhanden. Sperrstunde 2 Uhr. In den Weihnachtsferien geschlossen. Übernachtung ab 20,50 € pro Pers. (inkl. Frühstück). Rue des Ecoles Laïques Impasse Petite Corraterie, ✆ 0467603222, www.fuaj.org/Montpellier.

Camping Es empfiehlt sich, im nahen Palavas-les-Flots (siehe dort) nach einem Platz an der Küste zu suchen.

Essen & Trinken, Nachtleben → Karte S. 292/293

Restaurants Le Jardin des Sens 3, tatsächlich ein Garten der Sinne! Das von den Zwillingsbrüdern Pourcel geführte Restaurant bietet kulinarische Höhenflüge der Extraklasse, die selbst den Testessern von Gault Millau vier von fünf möglichen Hauben wert waren. Der Guide Rouge von Michelin verlieh ebenfalls zwei Sterne! Auch das moderne Design mit den drei abgestuften Restaurantebenen gefällt. Nicht nur, weil die unterste Reihe des Glasbaus direkt an ein Wasserbecken grenzt, erinnert es an einen Ozeandampfer. Dass im Weinkeller einige vorzügliche, nicht nur regionale Weine lagern, versteht sich fast schon von selbst. Der einzige Wermutstropfen: Man muss mindestens 49 € (nur Dienstag-, Donnerstag- und Freitagmittag mit einem Glas Wein, lohnend!) für ein Menü einplanen, Montag- bis Freitagabend sowie Samstagmittag ab 90 € inkl. korrespondierende Weine. Das teuerste Abendmenü kostet sogar stolze 184 €. Sonntag, Montag- und Mittwochmittag geschlossen. Außerhalb des Stadtzentrums im Nordosten gelegen. 11, avenue Saint-Lazare, ✆ 0499583838, www.jardindessens.com.

≫ Mein Tipp: L'Insensé 16, auch dieses Restaurant neben dem Musée Fabre steht unter der Leitung der Zwillingsbrüder Pourcel – ein Umstand, der für die hohe gastronomische Qualität bürgt. Egal, ob bei den Vorspeisen (Rohkostsalat mit porchiertem Ei sowie grüner Spargel mit marinierten Jakobsmuscheln) wie auch bei den Hauptgerichten (Kabeljau auf einem Tomaten-Auberginen-Ricotta-Beet sowie Lammkarree mit Kartoffelknoblauchbrei) und dem Dessert (*Fondant au chocolat*). Fazit: Das Preis-Leistungs-Verhältnis ist kaum zu schlagen! Gefällig ist auch das moderne Design, im Inneren in dunklen Tönen gehalten. Tolle Straßenterrasse. Menüs zu 26 und 32 €. Angeschlossen ist noch ein günstigeres Café, in dem Salate, Suppen und Sandwiches angeboten werden. Mo Ruhetag. 39, boulevard Bonne-Nouvelle, ✆ 0467589778. ≪

Morceau de Lune 7, vor dem unverputzten Mauerwerk wird eine bodenständige französische Küche serviert. An dem Kabeljaufilet mit Frühlingsgemüse war nichts auszusetzen. Kleine Straßenterrasse. Menüs zu 12 und 15 € (mittags), abends 25 und

31 €. So und Mo Ruhetag. 14, rue du Pila-Saint-Gély, ℅ 0467528059, www.restaurant-morceau-de-lune.fr.

》》 Mein Tipp: Le Petit Mickey **29**, eines der ältesten und günstigsten Restaurants der Stadt. Mit seinem blau-weißen Interieur und den Fotos erinnert das Lokal an eine zünftige Hafenkneipe. Geboten wird mediterrane Küche mit beispielsweise *Gardiannes de taureau* oder *Seiches et filets de poissons à la planche*. Das üppige Mittagsmenü kostet nur 9,50 €, abends gibt es mehrere Menüs zwischen 10 und 20 €. Günstig und gut ist auch der offene Hauswein. Dienstagabend und So geschlossen. Ende Juli und im Aug. jeweils eine Woche Betriebsferien. 15, rue du Petit-Saint-Jean, ℅ 0467606041. 《《

La Tomate 28, das kleine, fast unscheinbare Restaurant mit den rot-weiß karierten Tischdecken und holzgetäfelten Wänden ist eine Institution in Montpellier. Zu empfehlen ist beispielsweise das *Cassoulet au confit de canard*. Mittagsmenü für 10,50 €, abends 15,50, 18,50, 23,20 und 27,50 €. So und Mo Ruhetag, im Aug. Betriebsferien. 6, rue du Four-des-Flammes, ℅ 0467604938. www.la-tomate.fr.

La Maison de la Lozère (Cellier & Morel) 18, eine ideale Möglichkeit, um die ländliche, teilweise sehr rafinierte Küche des Lozère auf höchstem Niveau kennen zu lernen (drei Gaul-Millau-Hauben). Hervorragende Käseauswahl! Schönes Ambiente unter einem Gewölbe. Menüs 33 € (mittags), 57, 67 und 87 €. So sowie Montag-, Mittwoch- und Samstagmittag geschlossen. 27, rue de l'Aiguillerie, ℅ 0467664636. www.celliermorel.com

Duo, 8 einladendes Restaurantmit modernem Ambiente, aber besonders schön ist die Straßenterasse. Gute Salatauswahl, lecker war das Schwertfischcarpaccio. Menüs zu 14,90 und 17,90 € (mittags), abends 24, 28 und 36 €. So Ruhetag. Place de la Chapelle Neuve, ℅ 0467663944. www.restaurantduo.fr.

Ma Première Cantine, 21, mitten im Herzen der Alstadt gefällt dieses moderne Bistro mit seiner Einrichtung: viel Holz und große Tische. Serviert werden auch Kleinigkeiten wie Salate, kalte und warme Tartines, teilweise Bioprodukte. Menüs zu 9,90 €, abends 22 €. Straßenterrasse, 4, place Jean Jaurés, ℅ 0467602435. www.mapremierecantine.com.

La Place 25, das Café-Restaurant liegt an einem versteckten, kleinen Platz und hat seine Stühle und Tische rund um den Brunnen aufgestellt. Menüs zu 13 € (mittags), abends 26 €. So Ruhetag. 2, place Saint-Ravy, ℅ 0467662286.

Tamarillos 12, im farbenfrohen, modernen Interieur bietet dieses Restaurant eine Küche, die sich stark an saisonalem Angebot orientiert und die durch die Verwendung von Obst und Blüten ihre spezielle Note erhält. Nichtsdestotrotz erscheint das Preisniveau etwas übertrieben. Mittagsmenü 13 €, abends von 47 bis 94 €. Kein Ruhetag. 2, place du marché aux fleurs, ℅ 0467600600, www.tamarillos.biz.

L'Ancien Courrier 24, stilvolles Restaurant in einem Stadtpalais aus dem 17. Jh., an warmen Tagen sitzt man im schönen Innenhof. Ambitionierte französische Küche, lecker ist das Filet von der Scholle. Das Mittagsmenü für 10,90 € ist eine gute Wahl, abends Menüs zu 19,50, 26 und 36 €. So Ruhetag. 3, rue L'Ancienne Courrier, ℅ 0467 609846, www.bistrot-ancien-courrier.fr.

Comptoir de l'Arc 15, schönes Café-Restaurant mit großer Terrasse ebenfalls an der Place de la Canourgue, weiterer Gastraum im ersten Stock. Viel junges Publikum, unkonventionelles Flair. Die Küche präsentiert sich international mit asiatischen wie auch spanischen Einschlägen, aber es gibt auch Burger. Wer will, kann auch nur Tapas (ab 7 €) ordern. Sonntagsbrunch für 20 €. Kein Ruhetag. Place de la Canourgue, ℅ 0467603079.

Le Pré Vert 23, beliebter Teesalon (farbenfroh und leicht alternativ) im Schatten der Sainte-Anne-Kirche. Verspieltes Interieur, leckere Salate (15 €) und eine bunt möblierte Terrasse. Menü zu 16 €. Tgl. 10–18.30 Uhr. 10, rue Sainte-Anne, ℅ 0467027281.

La Bistrote 22, nettes Restaurant hinter der Kirche Sainte-Anne. Jüngeres Publikum. Schattige Terrasse. Plat du Jour 10 €, Menü zu 26 €. Mi Ruhetag. 4, rue Philippy, ℅ 0467661417,.

》》 Mein Tipp: Chez Boris **20**, eine angenehme Mischung zwischen Restaurant und Weinbar mit einem dominierenden, lang gestreckten Tresen. Wer will, kann auch nur einfach einen Apéritif trinken. Die Küche ist international, es gibt auch Gerichte aus dem Wok. Im Sommer sitzt man auf der Terrasse rund um eine Palme. Hauptgerichte 18–23 €. Sonntagmittag geschlossen. WLAN. 20, rue de l'Aiguillerie, ✆ 0467021322, www.chezboris.com. «««

Cafés Grand Café Riche 26, das 1893 eröffnete Café genießt in Montpellier den Status eines Klassikers. Sehen und gesehen werden, auch bei älteren einheimischen Semestern beliebt. Große Straßenterrasse. Place de la Comédie, ✆ 0467 607576.

Le Latitude 9, sehr ansprechendes Tagescafé im minimalistischen Design. Schöne Straßenterrasse, von Platanen beschattet. Ideal zum Zeitunglesen und Plaudern. Von Lesern empfohlen wurde auch das benachbarte Café Gourmand. Tgl. außer So und Mo 8–19.30 Uhr. Place de la Canourge.

Le Saint-Roche 30, eine lockere Eckkneipe mit beliebter Terrasse, auf der sich vor allem Einheimische tummeln. Zudem sind die Preise sehr trinkfreundlich … 22, rue du Petit Saint-Jean.

Café de la Mer 14, beliebter Schwulentreff, tgl. 8–1 Uhr, am Wochenende erst ab 15 Uhr geöffnet. 5, place du Marché aux Fleurs, ✆ 0467607965.

Nachtleben In der Altstadt von Montpellier herrscht kein Mangel an attraktiven Cafés, Bars und Clubs. Viele Kneipen und Cafés mit großer Terrasse findet man auf der Place Jean-Jaurès. Im Sommer verlagert sich das Nachtleben in Richtung Meer. Beliebt ist die Diskothek **La Villa Rouge** (ab 23 Uhr, Mo und Di Ruhetag), Route de Palavas in Lattes.

Saint Fitzpatricks 27, Freunde der Pubkultur werden von diesem schönen Irish Pub geradezu magisch angezogen. Tgl. 14–2 Uhr, Sa ab 12, So ab 13 Uhr. Place Saint-Côme, ✆ 0467605830. www.fitzpatricksirishpub.com.

Le Rockstore 36, der Club in einer alten protestantischen Kirche ist seit Jahren eine der beliebtesten Adressen im städtischen Nachtleben. Über dem Eingang prangt das Heck eines abgeschnittenen Cadillac. Regelmäßige Konzerte (Eintritt!). Mo–Sa 18–4 Uhr, im Sommer bis 6 Uhr morgens geöffnet. 20, rue Verdun (Bahnhofsnähe), ✆ 0467 068000, www.rockstore.fr.

JAM (Jazz Action Montpellier) 38, attraktive Jazz-Bar. Von Juli bis Sept. geschlossen. 100, rue Ferdinand de Lesseps, ✆ 0467583030, www.lejam.com.

Mix Koffee 37, eine weitere gute Adresse im hiesigen Nachtleben. Techno und Deep House sorgen für eine lockere Stimmung. Viele Konzerte. Mi–Sa 23–5 Uhr geöffnet. Im Aug. geschlossen. 13, rue du Grand-Saint-Jean, ✆ 0467585335.

Montpellier ist bekannt für sein Nachtleben

Sehenswertes

Cathédrale Saint-Pierre: Mit ihren vor das Portal gesetzten Türmen und dem steinernen Baldachin könnte die Kathedrale von Montpellier einem Handbuch für mittelalterliche Architektur entsprungen sein. Hinter den hohen, abweisenden Mauern verbirgt sich ein imposantes, 27 Meter hohes Langhaus mit gotischem Rippengewölbe; der neugotische Chor stammt aus dem 19. Jahrhundert. Ursprünglich handelte es sich bei dem saalartigen Gotteshaus um die Kollegiatskirche einer Benediktinerabtei. Erst als 1536 der Bischofssitz von Maguelone nach Montpellier verlegt wurde, wurde Saint-Pierre zur Kathedrale geweiht. Während der Religionskriege wurde die Kathedrale als einziges Gotteshaus der Stadt nicht zerstört.
Tgl. 9–12 und 14.30–19 Uhr, So nur 9–12 Uhr.

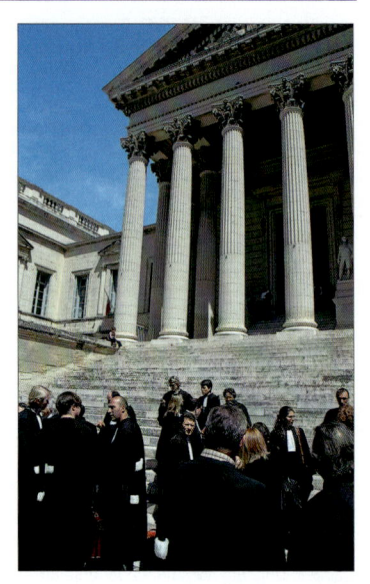

Der Justizpalast – wie ein antiker Tempel

Collège Saint-Benoît: Direkt an die Kathedrale grenzt das Collège Saint-Benoît an. In dem aus dem 14. Jahrhundert stammenden Gebäude sind die medizinische Fakultät und zwei Museen (Musée Atger und Musée d'Anatomie) untergebracht.

Musée Atger: Das nach seinem Stifter *Xavier Atger* benannte „Museum" – groß ist es fürwahr nicht – beherbergt mehr als tausend wertvolle Stiche und Zeichnungen aus der Zeit von der Renaissance bis zum 19. Jahrhundert. Zu dem Museumsfundus gehören Werke italienischer, deutscher, französischer und flämischer Meister (Tiepolo, Rubens, Rigaud, Puget, Fragonard, Watteau etc.).
2, rue école de Médecine. Mo, Mi, Fr 13.30–17.45 Uhr. Im Aug. und während der Weihnachtsferien geschlossen. Eintritt frei!

Musée d'Anatomie: Zart besaitete Naturen sollten von einem Besuch des zur Universität gehörenden Anatomischen Museums eher Abstand nehmen. Die in Formalin konservierten Körperteile und missgebildeten Embryos ersetzen jedes Horrorkabinett. Hinzu kommen zahllose Skelette, mumifizierte Köpfe sowie Wachsmodelle erkrankter Organe und Gliedmaßen. Der einzige Sinn der skurrilen Exponate scheint zu sein, die Bandbreite menschlicher Anomalien vorzustellen.
2, rue école de Médecine. Führungen (13 €) vermittelt das Office de Tourisme.

Place de la Canourgue: Die Place de la Canourgue ist der wohl schönste Platz der Stadt. Eingerahmt von stattlichen Bürgerhäusern kann man sich an der Ruhe der Grünanlage erfreuen. Zudem bietet sich ein Blick zu der tiefer gelegenen Kathedrale. Ursprünglich stand auf dem Platz eine mittelalterliche Kirche, die 1626 abgetragen wurde, um eine neue Kathedrale errichten zu können. Doch als man gerade mit den Grundmauern begonnen hatte, verfügte Kardinal Richelieu einen Baustopp, zurück blieb die Place de la Canourgue.

Le Jardin des Plantes: Der 1593 auf Geheiß von Heinrich IV. gegründete Botanische Garten von Montpellier ist der älteste Frankreichs und sollte den Studenten das Studium einheimischer und fremder Pflanzen ermöglichen. Die Heilpflanzen und -kräuter wurden dabei nicht nach ihren Wirkungen, sondern gemäß ihrer geographischen und klimatologischen Herkunft angepflanzt. Auf einer Fläche von 4,5 Hektar gedeihen heute mehr als 3000, teilweise exotische Pflanzen. Der Garten beherbergt auch Gewächshäuser sowie mediterrane Baumarten (Steineiche, Zürgelbaum etc.) und einen Ableger vom ersten nach Frankreich eingeführten Ginkgobaum. Literaturfreunde können noch eine Gedenkminute am Denkmal von Rabelais einlegen. Der Schriftsteller Paul Valéry liebte „diesen antiken Garten, in dem die Menschen ihren Träumen nachhängen, Monologe führen und sich in den Abend treiben lassen können".

Boulevard Henri IV. Tgl. 12–20 Uhr, im Winter bis 18 Uhr. Eintritt frei!

Arc de Triomphe: Um die Verdienste Ludwigs XIV. zu würdigen, errichtete man dem „Sonnenkönig" Ende des 17. Jahrhunderts einen römischen Vorbildern nachempfundenen Triumphbogen als Verbindung zwischen der Altstadt und dem zeitgleich entstandenen Parc Peyrou. Die Ikonographie des Denkmals hat selbstverständlich eine politische Aussage: Auf den insgesamt vier Medaillons in den Blendbögen wird auf der zur Stadt gewandten Seite der Sieg über den Protestantismus durch die Aufhebung des Edikts von Nantes gefeiert, zum anderen der Bau des Canal du Midi glorifiziert; auf der zum Park gerichteten Seite wird Ludwig in einer Allegorie zum heldenhaften Kämpfer gegen das Heilige Römische Reich Deutscher Nation (Adler) und das englische Königreich (Löwe) stilisiert. Das benachbarte Reiterstandbild des Sonnenkönigs ist allerdings nur eine Kopie, da die Revolutionäre 1789 das Original vom Sockel beförderten. Einen Blick wert ist auch der in Form eines römischen Tempels in unmittelbarer Nähe des Triumphbogens errichtete Justizpalast (*Palais de Justice*).

Parc Peyrou: Der vielfach als schönste Promenade Frankreichs gepriesene Park wurde während der Regierungszeit Ludwig XIV. angelegt und 50 Jahre später von Jean-Antoine Giral ausgebaut. Auf zwei Ebenen bietet sich viel Platz zum gemütlichen Schlendern durch schattige Alleen. Beeindruckend ist außerdem die Aussicht

Eine Wasserleitung führt zum Parc Peyrou

von der oberen Terrasse des Parks: Der Blick reicht vom Meer bis zu den Cevennen, bei besonders günstigen Wetterbedingungen lassen sich sogar die schneebedeckten Gipfel der Pyrenäen ausmachen. Einem noch immer gültigen königlichen Erlass nach ist bis heute die Errichtung von Bauten verboten, die das Panorama beeinträchtigen. Als man den Bau eines Aquädukts in Angriff nahm, um die Wasserversorgung der Stadt zu verbessern, wurde der Park erweitert. Die von der Quelle des Lez herangeführte Wasserleitung endet in einem als Tempel kaschierten Wasserturm (Château d'Eau). Eine Meisterleistung der Ingenieurskunst ist der 880 Meter lange, sich über das Tal spannende Aquädukt; er wurde von Henri Pitot zwischen 1753 und 1766 entworfen, wobei der Pont du Gard Pate stand.

Place de la Comédie: Der im Volksmund wegen seiner elliptischen Form als *L'Œuf*, „das Ei", bezeichnete Platz ist mit seinen Cafés der beliebteste Treffpunkt der Stadt. Zentral zwischen der Altstadt und dem Einkaufszentrum Polygone gelegen, erinnern die Belle-Epoque-Fassaden an das Flair der Pariser Boulevards. Markanter Blickfang des seit 1985 zur Fußgängerzone erklärten Platzes sind die 1888 von dem Architekten J. M. Cassien-Bernard errichtete Oper und der Brunnen der drei Grazien (*Fontaine des Trois Grâces*), den der Bildhauer Etienne d'Antoine aus Carrara-Marmor schuf.

Musée Fabre: Das nach seinem Initiator, dem Maler *François-Xavier Fabre* (1766–1837), benannte Museum gehört zu den bedeutendsten Kunstsammlungen in der französischen Provinz; besonders umfangreich und hochkarätig ist die Sammlung zur Kunst des 19. Jahrhunderts. Fabres Beispiel folgend, stifteten reiche Bürger, insbesondere der Bankierssohn A. Bruyas, dem städtischen Museum ihre Sammlungen. Der Fundus ist so groß, dass die 9000 Quadratmeter kaum ausreichen, um die Werke bedeutender europäischer Malerschulen des 17. und 18. Jahrhunderts (Breughel, Rubens, Veronese, Poussin, Zurbaran etc.) sowie Gemälde von Matisse, van Dongen, Dufy, Delacroix, Ingres, Delaunay, Corot, Rousseau, Degas, Manet und Courbet zu präsentieren. Häufig vertreten ist auch der aus Montpellier stammende *Frédéric Bazille* (1841–1870). Teilweise besitzen die Bilder auch einen lokalen Bezug, so das 1854 von Gustave Courbet gemalte „Der Strand von Palavas". In den letzten Jahren wurde die Sammlung noch um Keramiken, Skulpturen sowie zeitgenössische Werke, beispielsweise von Aristide Maillol und Claude Viallat, ergänzt. Nach umfangreichern Renovierungs- und Erweiterungsarbeiten für über 60 Millionen Euro wurde die Ausstellungsfläche des Museums verdoppelt und eine vollkommene Neupräsentation der Bestände arrangiert. Faszinierend ist bereits der von Daniel Buren entworfene Zugang zur Eingangshalle. Zudem wurde ein attraktives Museumsrestaurant sowie eine hervorragend bestückte Museumsbuchhandlung eröffnet.
39, boulevard Bonne Nouvelle. Tgl. außer Mo 10–18 Uhr, Mi 13–21 Uhr, Sa 11–18 Uhr. Eintritt 6 €, erm. 4 € (Sonderausstellungen 9 €, erm. 7 €). Am ersten So im Monat ist der Eintritt frei! www.museefabre.fr.

Esplanade Charles de Gaulle und Jardin du Champs-du-Mars: Direkt am östlichen Rand der Altstadt erstreckt sich eine der wenigen großen Grünanlagen von Montpellier. Selbst in der größten Sommerhitze sorgen die Bäume für kühlen Schatten auf der Promenade. Kunstfreunde besuchen dort die **Galerie Photo**. Die von dem Fotografen Roland Laboye geleitete Galerie zeigt Wechselausstellungen berühmter wie auch unbekannter Künstler.
Esplande Charles de Gaulle. Di–Sa 13–19 Uhr. Eintritt frei!

Musée du Vieux Montpellier: Das in einem repräsentativen Stadtpalast (Hôtel de Varennes) aus dem 18. Jahrhundert untergebrachte Museum widmet sich der gro-

ßen Vergangenheit von Montpellier. Ausgestellt sind Möbel, Porträts, Stiche, Keramiken und diverse sakrale Gegenstände, welche die Stadtgeschichte von der mittelalterlichen Gründung bis zur Revolution anschaulich dokumentieren.
2, place Pétrarque. Di–Sa 9.30–12 und 13.30–17 Uhr. Eintritt frei!

Musée Languedocien: Die umfangreiche Sammlung des Museums lohnt sich in erster Linie für Liebhaber der Archäologie. Das Spektrum reicht von prähistorischen Fundstücken über griechische Vasen bis hin zu romanischen Skulpturen aus dem Kloster Saint-Guilhem-le-Désert, flämischen Tapisserien und Fayencen aus dem 17. Jahrhundert. Genauso sehenswert wie die Ausstellung ist das als Museumsgebäude dienende Hôtel des Trésoriers de France, in dem einst der königliche Finanzier Jacques Cœur wohnte.
7, rue Jacques Cœur. Mo–Sa 14.30–17.30 Uhr, im Juli und Aug. 15–18 Uhr. Eintritt 7 €, erm. 5 €. www.musee-languedocien.com.

St Roch: Die nach einem aus Montpellier stammenden Heiligen benannte Kirche ist eine beliebte Station auf dem Jakobsweg. Sie wurde in Gedenken an den heiligen Rochus nach dem Ende einer Cholera-Epidemie im neogotischen Stil errichtet.

Tour de la Babote: Der im unteren Teil noch aus dem 12. Jahrhundert stammende Eckturm ist nicht nur eines der wenigen Zeugnisse der mittelalterlichen Stadtbefestigung, sondern war am 29. Dezember 1783 Schauplatz für ein gewagtes Experiment: Der aus Montpellier stammende *Louis Sébastien Lenormand* sprang vor einem großen Publikum – unter dem sich auch der Ballonfahrer Joseph de Montgolfier befand – mit einem selbst konstruierten Fallschirm vom Turm und landete sicher auf dem Boden!

Antigone: An dem ab 1979 von dem katalanischen Stararchitekten *Ricardo Bofill* errichteten modernen Stadtteil scheiden sich bis heute die Geister: Entweder man ist von dem futuristischen Wohn- und Verwaltungsviertel fasziniert oder man lehnt die der Gigantomanie huldigende Architektur vehement ab, dazwischen gibt es nichts. Die Dimensionen sind gewaltig: Der vom Zentrum hinaus zum Triumphbogen-Hochhaus der Regionaladministration führende Boulevard ist so lang wie die

Futuristische Architektur prägt das moderne Montpellier

Champs-Elysées. Antike Riesensäulen und allerlei neoklassizistisches Dekor rahmen schattenlose Plätze ein, die für Gladiatorenkämpfe geeignet erscheinen. Bofill versteht seinen neoklassizistischen Entwurf als Musterbeispiel für eine zeitgenössische Stadtplanung, getreu dem Motto: *Changer la ville pour changer la vie*. Bei allem Futurismus war Bofill bestrebt, dass seine Entwürfe von Harmonie geprägt sind, was besonders beim Place du Nombre-d'Or zum Ausdruck kommt. Da er im Auftrag eines sozialistischen Bürgermeisters handelte, sind keine Paläste für griechische Halbgötter oder Renaissancefürsten entstanden; im Gegenteil: Die mit viel Sandstein, Glas und Marmor verkleideten Betonwaben beherbergen sogar mehr als 1200 Sozialwohnungen. Die Bauarbeiten auf dem 40 Hektar großen Areal zogen sich über Jahrzehnte hin: Zuletzt wurde ein Schwimmbad (*Piscine Olympique d'Antigone*) errichtet, dem im Frühjahr 2000 der von den Architekten Paul Chemetov und Borja Huidobro entworfene Neubau der Stadtbibliothek folgte.

Umgebung von Montpellier

Will man der Hektik der Stadt für eine Weile entkommen, dann findet man in der Umgebung von Montpellier einige schöne kleine Orte, die zum Ausruhen einladen. Im Schatten der Metropole kann man sogar einen richtigen Strandurlaub verbringen. Allerdings nutzen auch die Bewohner von Montpellier die Gegend als Naherholungsgebiet ...

Aufstieg und Fall des Jacques Cœur

Der wirtschaftliche Aufschwung, den Montpellier im 15. Jahrhundert erlebte, ist untrennbar mit einem Namen verbunden. Die Rede ist von *Jacques Cœur* (1395–1456), dem Waffenhändler und Finanzier von König Karl VII. Der Selfmademan, der als Sohn eines Kürschners in Bourges geboren wurde, spekulierte mit Edelmetallen, rüstete eine eigene Galeerenflotte aus und verdiente sich im Orienthandel eine goldene Nase. Durch seinen enormen Reichtum und seine weitreichenden Handelsbeziehungen verfügte Cœur auch über einen großen politischen Einfluss. Cœur, der sein Imperium von Montpellier aus verwaltete, wurde im Jahre 1442 außerdem zum Schatzmeister und Ratgeber des Königs ernannt und nahm damit eine Schlüsselfunktion im Königreich ein. Da halb Frankreich bei ihm Schulden hatte – darunter auch der König –, war es nur eine Frage der Zeit, dass er dem Neid seiner Feinde zum Opfer fiel. Aus fadenscheinigen Gründen wurde er im Jahre 1451 mit Billigung des Königs wegen Hochverrats und Majestätsbeleidigung angeklagt und daraufhin inhaftiert. Doch Cœur konnte drei Jahre später aus Beaucaire fliehen und trat in päpstliche Dienste ein. Als Oberbefehlshaber einer Flotte, die den neunten Kreuzzug vorbereitete, verstarb Cœur 1456 auf der griechischen Insel Chios überraschenderweise eines natürlichen Todes.

Palavas-les-Flots   5200 Einwohner

Ursprünglich ein Fischerdorf, hat sich Palavas-les-Flots im frühen 20. Jahrhundert zum Badeort der Montpelliérains entwickelt. Noch bis in die 1960er-Jahre verbrachten die Bürgerfamilien die Sommermonate in einfachen Chalets hinter dem

Strand. Der Name des Ortes soll übrigens vom dunklen Teint der Fischer abgeleitet sein, die wie ungewaschen (*pas lavas*) aussahen. Längst sind die Fischerhütten fast vollkommen verschwunden, und Palavas-les-Flots präsentiert sich als mäßig ansprechender Küstenort. Nichtsdestotrotz: Mit dem Auto oder dem öffentlichen Buslinien sind es von Montpellier nur wenige Minuten, bis man seine Füße im Mittelmeer kühlen kann. Dementsprechend voll wird es im Hochsommer und an den Wochenenden, wenn sich die Einwohnerzahl des Ortes verzehnfacht. In den Restaurants am Kai ist dann kaum ein Platz mehr frei – *moules frites* scheinen das Standardessen zu sein –, Inlineskater tummeln sich auf der Promenade, die Sonnenhungrigen drängen sich am Strand zusammen, und wer ein Surfbrett besitzt, führt seine Kunststücke möglichst in Küstennähe vor. Und ein Casino darf selbstverständlich auch nicht fehlen. Da sich Palavas-les-Flots links und rechts des durch einen Kanal geführten Flusses Lez erstreckt (am

Palavas-les-Flots: Mit dem Lift über den Fluss

Meer kann man den Kanal mit einem Sessellift überqueren), muss man sich für einen der beiden Strandabschnitte entscheiden: Richtung Carnon sind die feinsandigen Strände mehr auf Familien und Trubel ausgerichtet, Sonnenanbeter aus dem studentischen Milieu bevorzugen den weiter westlich Richtung Maguelone gelegenen Strandabschnitt, der wilder und weniger besucht ist, zudem über ein gutes Sportangebot (Segeln, Beach-Volleyball) verfügt. Hier ist auch Nacktbaden möglich.

Die größte Sehenswürdigkeit sind ein zum Kongresszentrum mit Aussichtsplattform umgebauter Wasserturm (*Phare de la Méditerranée*) sowie ein Museum, das dem aus Montpellier stammenden Künstler *Albert Dubout* (1905–1976) gewidmet ist. Dubout hat in zahlreichen sarkastischen Karikaturen das Strandleben von Palavas-les-Flots aufs Korn genommen. Das Museum, das einen großen Teil seiner Arbeiten besitzt, ist in der Redoute de Ballestras, einem Fort aus dem 18. Jahrhundert, untergebracht.

Basis-Infos

Information Office de Tourisme, Le Phare de la Méditerranée, 34250 Palavas-les-Flots, ✆ 0467077334, www.palavaslesflots.com.

Verbindungen Die Buslinie 131 pendelt etwa halbstündl. zwischen Palavas und Montpellier. Die Busse halten in Montpellier an der Tramstation Port Marianne.

Parken Mitte Juni bis Mitte Sept. kommt man nicht umhin, das Auto auf dem ausgeschilderten Parkplatz abzustellen.

Fahrradverleih Cycoloc, 49, rue Sire de Joinville, ✆ 0467685584.

Führungen zu den Etangs Von Mo–Fr bietet das Office de Tourisme für 5 € eine dreistündige Führung zur Flora und Fauna der Strandseen an. Weitere Infos im Office de Tourisme.

Markt Von Ostern bis Allerheiligen findet jeden So ein großer Markt auf dem Parkplatz des Arènes statt. Montagvormittag an gleicher Stelle ein Lebensmittelmarkt.

Museum Musée Albert Dubout. Juli und Aug. tgl. 16–23 Uhr; April bis Juni und Sept. Mi–So 14–19 Uhr; März, Okt. und Nov. Mi–So 14–18 Uhr; Jan. und Dez. Sa und So 14–18 Uhr. Eintritt 5 €, erm. 3,50 €. www.dubout.fr.

Phare de la Méditerranée Tgl. 10–24 Uhr geöffnet. Die Fahrt mit dem Aufzug zur 34 m hohen Aussichtsplattform kostet 2 €.

Veranstaltungen Fête de la Mer am 2. So im Aug.

Segeln Centre Nautique Pierre Ligneuil, Boulevard Joffre, ✆ 0467077333.

Übernachten/Essen

Hotels *** **Amérique**, das moderne Hotel (47 Zimmer) mit Pool liegt knapp 200 m vom Strand entfernt (rive droîte). Kostenloses WLAN. Moderne, geräumige Zimmer je nach Saison und Ausstattung für 92–126 €; Frühstück 9 €. 7, avenue Frédéric Fabrèges, ✆ 0467680439, www.hotelamerique.com.

*** **Alizés**, als Ausweichquartier bietet sich diese passable Unterkunft direkt an der Strandpromenade (rive gauche) an. WLAN. Zimmer je nach Saison für 69–102 € (die teureren mit Meerblick, aber ohne Balkon); Frühstück 6 bzw. 8 €. 6, avenue Maréchal Joffre, ✆ 0467680180, www.lesalizeshotel.com.

L'Escale, direkt am Meer gelegen, liegt der Schwerpunkt dieses auch von Restaurantführern empfohlenen Lokals (zwei Gault Millau-Hauben) auf der Fischküche, so bei der leckeren *Bourride de baudroie*. Mittagsmenüs zu 19 und 23 €, abends zu 30 und 48 €. 5, boulevard, ✆ 0467682417. www.restaurant-escale-palavas-les-flots.com.

Camping ***** **Palavas Camping**, große Anlage (450 Stellplätze) in unmittelbarer Strandnähe westl. des Ortes (rive droîte). Gute Ausstattung, aber wenig Schatten, zudem gibt es eine große Badelandschaft, Lebensmittelladen und Bar, relativ günstig. Von Mitte April bis Mitte Sept. geöffnet. Route de Maguelone, ✆ 0467680128, www.palavas-camping.fr.

**** **Les Roquilles**, im östl. Stadtteil (rive gauche), ein kleines Stück vom Meer entfernt (man muss die Küstenstraße überqueren), dafür bietet der Platz mit Pool und Riesenrutsche, Tennisplätzen, Lebensmittelladen viel Komfort. WLAN. Mitte April bis Mitte Sept. geöffnet. 267, avenue Saint-Maurice, ✆ 0467680347, www.camping-les-roquilles.fr.

Maguelone

Es ist schwer vorstellbar, dass Maguelone einst ein bedeutender Bischofssitz war. Nur noch die einsam hinter dem Strand auf einer Landzunge stehende **Kathedrale** erinnert an das einstige Städtchen. Damals noch auf einer Insel gelegen, wurde das seit der Spätantike besiedelte Maguelone gegen Ende des 6. Jahrhunderts zum Bischofssitz, weshalb die Kathedrale eine der geschichtsträchtigsten in der Region ist. Karl Martell eroberte 737 die Stadt von den Mauren zurück und zerstörte sie, damit diese sich nicht länger dort verschanzen konnten. Wegen der anhaltenden Sarazenengefahr verlegte man den Bischofssitz dann ins Landesinnere; erst der Bischof Arnaud zog im 11. Jahrhundert wieder nach Maguelone zurück. Unter seinen Nachfolgern erfolgte ein Neubau im Stil einer Wehrkirche mit dicken Mauern, befestigtem Innenhof, Pechnasen und Zinnen, da die südfranzösische Küste noch immer von Piraten bedroht war. Die Bedeutung von Maguelone lässt sich auch an dem Umstand ablesen, dass Papst Urban II. hier seine Reise durch Okzitanien begann, auf der er die Christenheit zum ersten Kreuzzug aufrief. Zudem wurde im 12. Jahrhundert mehreren Päpsten, die aus diversen Gründen zeitweise aus Italien fliehen mussten, auf der Insel von Maguelone Asyl gewährt. Letztlich leitete der Aufstieg von Montpellier das Ende von Maguelone ein: 1536 wurde der Bischofssitz in die große Nachbarstadt verlegt; 1622 ließ Kardinal Richelieu im Kampf gegen den Protestantismus die Mauern schleifen und gab Maguelone dem Verfall preis.

Heute besteht Maguelone nur noch aus seiner Cathédrale, die sich einsam auf einer kleinen Anhöhe hinter dem **Etang de Prévost** erhebt. In den frühen Morgenstunden leisten dem mächtigen Bau nur ein paar rosa Flamingos Gesellschaft. Die zahlreichen Binnenseen lassen sich auf einer Wanderung umrunden. Kunsthistorisch bedeutend ist das romanische Portal mit einer Christusdarstellung im Tympanon, auf den Flachreliefs der Wandpfeiler sind die Apostel Petrus und Paulus abgebildet, als Türsturz fand ein alter römischer Meilenstein Verwendung. Die schlichte, einschiffige Innere wird von einem Spitztonnengewölbe abgeschlossen und besticht durch seine harmonischen Proportionen. Ein signifikantes Beispiel für den Einfluss der katalanischen Architektur ist die Doppelempore, die sich auch in Serrabone findet. Sehenswert sind außerdem die Gräber der Bischöfe und ein Marmorsarkophag aus dem 7. Jahrhundert.

Die Kirche ist tgl. von 9–19 Uhr geöffnet. Autos müssen im Sommer auf dem gebührenpflichtigen Parkplatz (4 €) abgestellt werden. Die Kirche ist dann nur nach einer kurzen Wanderung oder mit dem Petit Train zu erreichen. Eintritt frei! www.compagnons-de-maguelone.org.

Essen ≫ Mein Tipp: Le Carré Mer, direkt am Strand von Maguelone betreiben die Brüder Pourcel einen tollen Strandclub mit Bar und einem hervorragenden, aber nicht billigen Restaurant. Sonnenliegen kann man für 10 € pro Tag mieten, abends gibt es coole Events mit DJ. Nur im Sommer geöffnet. ✆ 0467420696, www.carre-mer.fr. ≪

Carnon-Plage

Carnon-Plage ist ein weiterer stark frequentierter Badeort mit familiärem Flair. Verglichen mit La Grande-Motte oder Palavas-les-Flots ist hier alles ein, zwei Nummern bescheidener – was ja auch kein Nachteil sein muss. Beliebt ist Carnon auch als Ausgangsbasis für Bootstouren auf dem Canal du Rhône. Die ausgedehnten Sandstrände sind in der Nebensaison besonders reizvoll. Dies gilt insbesondere für den sich in nördlicher Richtung bis nach **Le Grand Travers** erstreckenden breiten, unverbauten Dünenstrand. Ganz anders im Hochsommer: Die zahlreichen Autos, die links und rechts der Küstenstraße parken, sind ein deutliches Zeichen für die Beliebtheit des Strandes.

Castries

5500 Einwohner

Wer sich weniger für Sonne und Meer als für Kultur interessiert, sollte einen Abstecher in das zwölf Kilometer nordöstlich von Montpellier gelegene Hügeldorf unternehmen. Das markante **Château de Castries** stammt aus dem 17. Jahrhundert und gehört zu den prachtvollsten Renaissance-Schlössern im Languedoc. Schön sind der repräsentative Innenhof und die von Le Nôtre entworfenen Gärten. Seit 1985 gehört das Château der Académie française und ist daher nur von außen zu besichtigen.

Übernachten & Essen **** Disini, ein wunderschönes Boutique-Hotel mit nur 16 Zimmern, deren Einrichtung durch ausgefallene Materialien begeistert. Entspannung findet man im hauseigenen Spa oder am Pool. Gutes Restaurant, Menüs ab 29 €. Kostenloses WLAN. DZ 130–210 €, im Winterhalbjahr 30 € günstiger; Frühstück 15 €. 1, rue des Carrières, ✆ 0467419786, www.disini-hotel.com.

Sète: Canal Royal

Sète

43.500 Einwohner

Sète ist ein Hafen, ein Hafen, ein Hafen – ließe sich in Anlehnung an Gertrude Stein dichten; zweifellos ist die Stadt einer der lebendigsten Fischereihäfen am Mittelmeer. Den ganzen Tag herrscht ein buntes Treiben auf den Kanälen und in den Hafenbecken. Berühmt ist vor allem das traditionelle Fischerstechen.

„Ein kleines, aber sehr lebendiges Venedig ohne jede historische Größe", urteilte der Schriftsteller Wolfgang Koeppen in den 1960er-Jahren über Sète. In gewisser Hinsicht hat Koeppen recht: Die Stadt ist von zahlreichen Kanälen durchzogen, die man auf Stein-, Klapp- und Drehbrücken überqueren kann. Was an historischer Größe fehlt, wird aber durch die Geschäftstüchtigkeit des Hafenstädtchens wettgemacht. Überall liegen Frachter, Trawler und Segelboote vor Anker, insektenartige Kräne löschen die Ladung der Transportschiffe, und jeden Tag am späten Nachmittag wird der Fang lautstark auf der Fischauktion *La Criée* angepriesen. Dort türmen sich ganze Berge von Schalentieren in den verschiedensten Formen und Größen, daneben liegen glitschige Tintenfische sowie Doraden, Makrelen und Barsche mit ihren silbrig glänzenden Bäuchen. Mit anderen Worten: Poseidon hat sein Füllhorn ausgeschüttet. Von seiner Größe ist Sète natürlich nicht mit Marseille zu vergleichen. Dennoch ist Sète der zweitgrößte französische Mittelmeerhafen und am Güterumschlag gemessen, liegt Sète landesweit sogar an neunter Stelle. Geradezu selbstverständlich ist es da, dass sich zahlreiche Industriebetriebe angesiedelt haben. Wer von Osten her in die Stadt fährt, wird die Ölraffinerien nicht übersehen können.

Der größte touristische Aktivposten ist der Canal Royal, auch Canal de Sète genannt. Die Kanalufer, der Quai de la Résistance und der Quai Général Durand, werden von zahlreichen Restaurants und Cafés gesäumt. Zudem finden hier mehrmals im Jahr die farbenprächtigen Fischerstecher-Wettbewerbe statt. Nur einen Steinwurf weit entfernt liegt unterhalb des Mont Saint Clair die Altstadt mit ihrer Fußgängerzone, einer überdachten Markthalle und stattlichen Bürgerhäusern.

Die bekanntesten Söhne der Stadt sind der Theaterregisseur *Jean Villar*, *Georges Brassens* (1921–1981) und *Paul Valéry* (1871–1945). Während Brassens, der vom Volk verehrte Meister des französischen Chanson, seine letzte Ruhestätte auf dem städtischen Friedhof *Le Py* gefunden hat, ließ sich der große Poet Paul Valéry auf dem *Cimetière Marin* begraben: „Meinem Geburtshafen habe ich die höchsten Empfindungen meines Geistes zu verdanken, die Liebe zum romanischen Meer und den unvergleichlichen Kulturen, die an seinen Ufern begründet wurde. Mir scheint, dass in all meinen Werken meine Herkunft zu spüren ist ..." Und eine berühmte Tochter gibt es auch noch zu preisen: die Regisseurin *Agnès Varda*, die 1956 in Sète ihren ersten Film drehte.

Georges Brassens – ein Volksheld aus Sète

Während Georges Brassens (1921–1981) aus Frankreich nicht wegzudenken ist und einige seiner Chansons als moderne Volks-, Trink- oder Schmählieder zum Allgemeingut geworden sind, ist er hierzulande nur wenig bekannt. Diese fest im Französischen wurzelnden Lieder mit ihrem hintergründigen, mitunter schwarzen, nie böswilligen Humor spiegeln eine bodenständige und erdverbundene Sicht auf die menschliche Existenz wider. Sie sind getragen von einer nuancen- und pointenreichen, stets lyrisch-dichten Sprache, die vom Derben bis zum Poetischen, vom Trivialen bis zum Erhabenen alle Register zieht.

Georges Brassens wurde 1921 in Sète geboren. Nach einer Kindheit unter dem doppelten Einfluss einer sehr katholischen Mutter (italienischer Herkunft) und eines antiklerikalen Vaters geriet er im Wirrwarr des Krieges als Zwangsarbeiter nach Deutschland. Nach dem Krieg ging er nach Paris, wo er sich in der Autoindustrie verdingte. Sein musikalisches Talent gab er zumeist auf kleinen Bühnen zum Besten, erst 1952 gelang dem Liedermacher mit seiner ersten Platte der Durchbruch. Vor allem das Lied *Le Gorille* sorgte für einen Skandal, der Erfolg war so groß, dass eine Zensur unterblieb. Brassens vertritt, ohne zu predigen, einen toleranten Anarchismus. Durch gewagte Lieder wie *Mysogynie à part* oder andere, die das Leid der Prostituierten beklagen, wird dem Liedermacher Frauenfeindlichkeit nachgesagt. Doch in dem Lied *Quatre vingt quinze fois sur cent* denunziert er kompromisslos jegliche Form von Machismo.

Brassens Eintreten für die am Rand der Gesellschaft Lebenden korrespondiert mit seinem scharfen Spott gegenüber Amtsärschen, Polizisten, Geldsäcken und Spießern. Anfangs verpönt, fand er in den 60er-Jahren mit seinen ironischen, sozialkritischen und zuweilen derb-aggressiven Balladen Anhänger in allen Schichten der französischen Gesellschaft. Auffallend ist die gleich bleibende hohe sprachliche Qualität seiner Chansons. 1967 erhielt er als erster Sänger den Poesie-Preis der *Académie française*; Georges Brassens starb am 30. Oktober 1981 in seiner Geburtsstadt.

Auch in der Gegenwart spielt die Kultur eine wichtige Rolle im Stadtleben: Seit den 1980erer-Jahren gilt Sète als eines der kreativsten Zentren für moderne Kunst in Südfrankreich. Als Wegbereiter gilt eine Gruppe um Robert Combas und die Brüder Di Rosa, die sich von akademischen Zwängen befreien wollten, um der Malerei ihre ursprüngliche Freiheit wiederzugeben. Wer mit offenen Augen durch die Stadt schlendert, wird zahlreiche Skulpturen und Keramiken entdecken können.

Geschichte

Noch vor ein paar Jahrhunderten war der Berg *Setius* eine bewaldete Felseninsel, die nur von wenigen Fischern bewohnt war, die nebenher ein wenig Landwirtschaft betrieben. Selbst in römischer Zeit standen nur ein paar Villen auf der Halbinsel Le Barrou. Im Mittelalter stritt man sich um die Insel, da die Besitzverhältnisse nicht eindeutig geklärt waren. Schließlich sprach 1229 der französische König Ludwig IX. ein Machtwort und wies das Streitobjekt den Bischöfen von Agde zu. Für mehr als vier Jahrhunderte fiel der Landstrich wieder der Vergessenheit anheim, doch dann ging alles ganz schnell.

> Lange Zeit existierte keine einheitliche Schreibweise des Stadtnamens, fast wahlweise finden sich in alten Urkunden und Büchern die Bezeichnungen *Cette, Seete, Septe, Cète* und *Cept*. Berühmt ist beispielsweise die 1892 entstandene pointillistische Hafenszene *Port de Cette* des belgischen Malers Théo van Rysselberghe. Erst 1928 wurde per ministeriellem Dekret die offizielle Schreibweise „Sète" festgelegt.

Sète verdankt seine Entstehung einer königlichen Anordnung: Ludwig XIV. ließ auf Betreiben seines Ministers Colbert an der Küste des Languedoc einen neuen Hafen errichten, da die bestehenden Häfen von Aigues-Mortes und Agde allmählich versandeten und er die Region zum Mittelmeer öffnen und wirtschaftlich stärken wollte. Die Wahl des mit den Planungen beauftragten Chevalier Nicolas de Clerville fiel auf die kleine Erhebung direkt am Meer, die er mit einem Kanal (Canal du Royal) mit dem Bassin de Thau verbinden ließ, so dass der Hafen von den Verkehrsachsen Canal du Midi und Canal du Rhône profitieren konnte. Inmitten der Dünen und des Schwemmlandes wurde im Juli 1666 der Grundstein zur Mole gelegt, drei Jahre später erfolgte die feierliche Einweihung des neuen Hafens von Sète, der kurz darauf den Status eines Freihafens erhielt. Um die Entwicklung voranzutreiben, gewährte Ludwig XIV. dem Ort zahlreiche Privilegien, darunter auch das Recht „Häuser zu bauen und steuerfrei jegliche Art Waren zu verkaufen". Als Ausfuhrhafen für regionale Produkte wuchs Sète innerhalb weniger Jahrzehnte zu einer Stadt mit mehr als 6000 Einwohnern heran. Zu Beginn des 19. Jahrhunderts wanderten noch zahlreiche Fischerfamilien aus Cetara, einem Ort an der Amalfi-Küste, ein. Die große Zeit von Sète war das 19. Jahrhundert: 1839 erhielt die Stadt eine Anbindung an das Eisenbahnnetz und entwickelte sich zu einem wichtigen Ex- und Importhafen für Wein, Getreide, Gemüse, Muscheln und Fisch; wichtigstes Standbein war der Algerienhandel. Traditionell setzen die französischen Fähren noch heute von Sète nach Tanger über. Auch das berühmte Schiff *Exodus*, das 1947 insgesamt 4550 Holocaust-Überlebende nach Palästina bringen sollte, legte in Sète ab.

Sète

Basis-Infos

Information Service Tourisme Ville de Sète, 60, grand-rue Mario Roustan, ✆ 0467 747171, www.ot-sete.fr oder www.ville-sete.fr. Hier sind kostenlos mehrere sehr gute Broschüren in deutscher Sprache erhältlich.

Verbindungen SNCF-Bahnhof an der Place de la Gare, ✆ 0467465100, etwa 1,5 km nördl. des Zentrums. Häufige Verbindungen mit Montpellier, Béziers, Avignon, Narbonne, Toulouse und Marseille. Der Busbahnhof (*Gare routière*) befindet sich am Quai de la République, ein Stück weiter stadteinwärts (zum Stadtzentrum sind es etwa 20 Fußmin.), ✆ 0467433705. Verbindungen mit Montpellier, Frontignan, Balaruc, Mèze und Pézenas, zudem Busse zu den Stränden am Cap du Sète. Fähren nach Marokko, Algerien und Mallorca legen am Quai d'Alger ab. www.herault-transport.fr.

Parken Im Zentrum ist es schwer, einen Parkplatz zu finden, entweder man orientiert sich in Richtung Musée Paul Valéry oder fährt in das Parkhaus Canal (ab 1,50 € pro Stunde, ab 10 € pro Tag).

Bootsausflüge Mehrere Anbieter bieten Fahrten auf dem Kanal an.

Fahrradverleih Flying Cat, 8/13, quai Aspirant Herbert, ✆ 0960461820. Mountainbike ab 19 € pro Tag.

Veranstaltungen Mehrmals im Jahr finden die berühmten *Fischerstecherturniere* auf dem Canal du Royal statt. Genaue Termine im Office de Tourisme. Drei Tage im Juli feiert ganz Sète das *Petrusfest*. Am abschließenden So fahren die Boote aufs Meer hinaus, um eine Andacht für die verschollenen Fischer zu halten. Am letzten Do vor dem 25. Aug. *Fête Saint Louis* mit zahlreichen Veranstaltungen. Alle zwei Jahre (2016, 2018 etc.) werden Mitte April bei der *Escale à Sète* die maritimen Traditionen des Hafenortes mit als 100 historischen Segelbooten in Erinnerung gerufen. www.escaleasete.com.

Markt Mittwochvormittag auf der Place A. Briand (Blumen und Kleidung) und der Rue Gambetta (Lebensmittel); Freitagvormittag auf der Avenue Victor Hugo. Am Sonntagvormittag wird zudem ein Trödelmarkt auf der Place de la République abgehalten. Tgl. außer Mo haben auch die überdachten Markthallen geöffnet.

Post Boulevard Daniéle Casanova.

Ausstellungen Centre Régional d'Art Contemporain, quai Aspirant Herbert, ✆ 0467749437. Mi–Fr 12.30–19, Sa und So 14–18 Uhr. Eintritt frei! http://crac.languedocroussillon.fr.

Espace Georges-Brassens Interessante Dauerausstellung über den berühmten Chansonnier. Boulevard Camille Blanc, ✆ 0467533277. Tgl. außer Mo 10–12 und 14–18 Uhr geöffnet, im Juni und Sept. tgl. 10–18 Uhr. Eintritt 5 €, erm. 3 €. www.espace-brassens.fr.

Theater Théâtre Molière, Avenue Victor Hugo, ✆ 0467743252. Anspruchsvolle Aufführungen im historischen Ambiente, da das Theater seit 1993 den Status einer Nationalbühne genießt. www.theatredesete.com.

Kino Le Comoedia, rue du 8 Mai, ✆ 0892687535.

Spielcasino Casino de Sète, Place Edouard Herriot. Tgl. bis 3 Uhr morgens (4 Uhr am Wochenende) geöffnet. Maison de la Presse 1, rue Général de Gaulle.

Fitness Forme et Loisirs Sportifs, auch wochenweise Mitgliedschaften (möglich. 8, rue Frédéric Mistral, ✆ 0467460219.

Schwimmen Hallenfreizeitbad Raoul Fonquerne, 1, chemin de la poule d'eau, ✆ 0467539454.

Tennis Tennis Club du Barrou, rue des Gerfauts, ✆ 0467534378, www.setetmatch.com. 12 Rasenplätze.

Tauchen Ecole de Plongée Sètoise, 341, chemin des Quilles, ✆ 0680026198, www.epsetoise.com.

Minigolf Exotic Mini-Golf, avenue Jean Monnet.

Übernachten

→ Karte S. 311

Hotels *** Le Grand Hôtel **1**, stilvolles Hotel aus dem späten 19. Jh. mit viel Flair. Die geschmackvoll möblierten Zimmer sind um einen glasüberdachten, lichtdurchfluteten Patio gruppiert, der von Balustraden eingerahmt wird. Sehr schön sind auch die

Zimmer mit Kanalblick. Zimmer je nach Saison und Ausstattung 105–145 €; Frühstück 11 €, Garage 10 €. 17, quai de Lattre de Tassigny, ℘ 0467747177, www.legrand hotelsete.com.

》》 Mein Tipp: *** Hôtel de Paris **5**, dieses moderne Hotel ist gewissermaßen der Gegenentwurf zum Grand Hôtel. Die in verschiedenen Farben gehaltenen Zimmer gefallen durch ihr modernes Interieur. Tolle Bäder. Wunderschöner Innenhof mit Designermöbeln. Kostenloses WLAN. Zimmer je nach Ausstattung 100–139 €; Frühstück 9 €. 2, rue Fréderic Mistral, ℘ 0467180018, www.hoteldeparis-sete.com. 《《

*** L'Orque Bleue **9**, ein wunderschönes Hotel mit viel Stuck und antiken Säulen in der Eingangshalle. Direkt im Zentrum. Eine herrliche Aussicht über die Stadt besitzen die Zimmer, die zum Canal hinausgehen, ruhiger schläft man zum Innenhof hin. Kostenloses WLAN. 94–130 € (wie immer kosten die Zimmer mit Kanalblick mehr); Frühstück 9 €. 10, quai Aspirant Herber, ℘ 0467747213, www.hotel-orquebleue-sete.com.

** Venezia **14**, unweit des Strandes bietet dieses unlängst renovierte Hotel auf drei Etagen 18 komfortable Zimmer mit einem modernen Touch. Freundliche Leitung.

WLAN und kostenlose Parkplätze. DZ je nach Saison 72–86 € inkl. Frühstück. 20, corniche de Neuburg, ℘ 0467513938. www.hotel-sete.com.

La Tramontane 7, mitten in der Innenstadt, zwischen dem Quai und den Markthallen. Nichts Weltbewegendes, aber mit je nach Saison 45–55 € für das DZ fast auf Jugendherbergsniveau; Frühstück 5,50 €. 5, rue Frédéric Mistral, ℘ 0467743792.

Camping **** Le Castellas **13**, mit 800 Stellplätzen riesiger, aber sehr gut ausgestatteter Platz, 8 km westl. des Zentrums an der Straße nach Agde. Nur einen Katzensprung vom Meer getrennt, aber es gibt auch einen großen Pool. Von Anfang April bis Ende Sept. geöffnet. Ab 20 € (NS) für 2 Pers. Für Wohnmobile gibt es auch einen Stellplatz an der Küstenstraße in Richtung Sète. Route Nationale 112, ℘ 0467516300, www.village-center.com.

Jugendherberge Auberge de Jeunesse **12**, am Mont Saint Clair in einem Haus aus dem frühen 20. Jh. mit schönem, schattigem Garten inkl. Campingmöglichkeit. Zum Strand sind es allerdings 3 km. Von Nov. bis Anf. März. geschlossen. Übernachtung ab 21 € (inkl. Frühstück). Rue Général Revest, ℘ 0467534668, www.fuaj.org/Sete.

Essen & Trinken

Es gibt entlang der Hafenkais mehrere gute Restaurants, die sich vor allem auf die Zubereitung von Fischgerichten verstehen, wobei einige auch in die Kategorie Touristennepp fallen.

La Palangrotte 11, einladend klassisch eingerichtetes Fischrestaurant, das dank seiner guten Reputation sogar auf eine Terrasse verzichten kann. Wer sich den Kochkünsten von Alain Gémignani anvertraut, wird selbst bei einer Bouillabaisse keine Enttäuschungen erleben. Unser Tipp: Gegrillter Loup de mer mit Anissauce und Polenta. Menüs zu 16,50 € (mittags), 25 und 35 €. Mo und Di geschlossen. 1, rampe Paul Valéry, ℘ 0467748035.

Paris Méditerranée 2, etwas abseits gelegen, aber in den im modernen Bistrostil eingerichteten, lang gestreckten Räumlichkeiten wird eine anspruchsvolle mediterrane Küche geboten. Samstagmittag, So und Mo Ruhetag. Menü zu 28, 34 und 45 €. 47, rue Pierre-Sémard, ℘ 0467749773. ∎

The Marcel 4, einladend wirken das offene Bruchsteinmauerwerk und der dominierende Tresen. Serviert wird eine gehobene Fischküche, es gibt aber auch Nudelgerichte. Hauptgerichte 20–28 €. Kleine Straßenterrasse. Samstagmittag und So Ruhetag, zwei Wochen Ende Juni/Anfang Juli Betriebsferien. 5, rue Lazare-Carnot, ℘ 0467742089.

》》 Lesertipp: Au Feu de Bois **6**, ein Tipp von Stephan Winiger, der vom Service („herzliches Auftreten") sowie von der Küche begeistert war: „Sensationell ist das Barbecue! Köstlich mariniert werden die Stücke (in meinem Fall ganzer Tintenfisch, anschließend Wildschwein) auf dem großen Holzkohlengrill gegart, und auch die Beilagen sind vom Feinsten." Modernes

Sète

Übernachten
1. Le Grand Hôtel
5. Hôtel de Paris
7. La Tramontane
9. L'Orque Bleue
12. Jugendherberge Auberge de Jeunesse
13. Camping Le Castellas
14. Venezia

Essen & Trinken
2. Paris Méditerranée
3. La Bodega
4. The Marcel
6. Au Feu de Bois
8. L'Entonnoir
10. Le Bistrot du Port
11. La Palangrotte

Bistroambiente, keine Terrasse, Menüs zu 12,80 € (mittags), 17,50 und 21 €. So und Montagmittag Ruhetag (außer im Juli und Aug). 8 bis, rue Frédéric Mistral, ✆ 0467 747756. «

Le Bistrot du Port 🔟, kulinarisch nicht herausragend, aber sehr schönes Retrodesign mit „altem Mobiliar" am Hafenkanal. Mittagsmenü 17 € mit einem Glas Wein. 31, quai Général Durand, ✆ 0899230263.

🍃 **L'Entonnoir** 8, mitten in den Hallen von Sète werden an einfachen Holztischen leckere Gerichte serviert, darunter viele Fischgerichte. Unter den Gästen sind auch zahlreiche Setoiser. Eine Reservierung ist ratsam. Hauptgerichte um die 15 €, Glas Wein 2 €. Nur mittags geöffnet, Mo und Di Ruhetag. Rue Gambetta, ✆ 0467745867. ■

La Bodega 3, die angesagteste Adresse im Nachtleben von Sète. Mi–Sa von 23–5 Uhr geöffnet. 21, quai Noël-Guignon, ✆ 0467744750.

Sehenswertes

Musée International des Arts Modestes (MIAM): Das internationale Museum für „Bescheidene Kunst" (der Begriff geht auf den Maler, Bildhauer und Sammler Hervé Di Rosa zurück) präsentiert kleine Alltagsobjekte sowie naive Kunst und Volkskunst. Ausgestellt sind Tausende kleiner Figuren, Schlüsselanhänger, Gratisgeschenke und selbst gebastelte Spielzeuge. Ein Museum voller Spaß und Nostalgie! Wechselausstellungen.
23 quai Maréchal de Lattre de Tassigny. April bis Sept. tgl. 9.30–19 Uhr, Okt. bis März tgl. außer Mo 10–12 und 14–18 Uhr. Eintritt 5 €, erm. 3 €. www.miam.org.

Musée Paul Valéry: Zehn Fußminuten vom Zentrum entfernt, liegt dieses sehenswerte, 1970 eröffnete Kunstmuseum. Im Mittelpunkt der Sammlung steht die moderne Kunst, die u. a. durch Werke von Desnoyer, Sarthou, Fusaro und Roux vertreten wird. Zudem beherbergt das Museum eine kleine archäologische Sammlung sowie eine Darstellung der Geschichte des Fischerstechens im Languedoc und in Sète – letztere wird ebenfalls durch moderne Kunst aufgepeppt. In einem eigenen Raum kann man sich anhand von Dokumenten, Büchern und literarischen Arbei

Sète: Palais Consulaire

ten mit dem Schaffen von Paul Valéry auseinandersetzen. Interessant sind auch die regelmäßigen Wechselausstellungen.

Rue François Desnoyer. April bis Okt. tgl. 9.30–19 Uhr, sonst tgl. außer Mo 10–18 Uhr. Eintritt 5,50 €, erm. 3 € (im Juli und Aug. sowie bei Sonderausstellungen 8 €, erm. 4 €). www.museepaulvalery-sete.fr.

Musée de la Mer: Eine interessante Dauerausstellung zur maritimen Geschichte der Stadt. Mit Photographien, Schiffsmodellen und historischen Exponaten wird die lokale Seefahrt vom 18. bis zum 20. Jahrhundert dokumentiert.

Rue Jean Vilar. Juni bis Sept.. tgl. außer Mo 12–19 Uhr, sonst tgl. außer Mo 10–17 Uhr. Eintritt 3 €.

Mont Saint Clair: Der 182 Meter hohe Kalksteinberg überragt die Stadt und das Umland weithin. Wegen seiner großen Steigung (teilweise über 20 Prozent) ist der Berg ein beliebtes Etappenziel bei verschiedenen Radrennen, so bei der *Tour de France* und der *Midi Libre*. Oben auf dem Gipfel bietet sich ein Panoramarundblick über Sète, die Küste und das Bassin de Thau (Orientierungstafel), bei guter Sicht sogar bis zu den Pyrenäen. Der ebenfalls auf dem Berg befindliche 30 Hektar große Park *Pierre Blanches* mit seinen 700 verschiedenen Pflanzenarten, die teilweise aus Südamerika oder Afrika stammen, ist die grüne Lunge von Sète.

Strände: Die Strände liegen westlich des Cap de Sète im Ortsteil La Corniche und ziehen sich über zehn Kilometer bis nach Marseillan-Plage hin. Der größte Teil des goldgelben Sandstrandes ist ohne jegliche Infrastruktur und in der Nebensaison weitgehend menschenleer. Etwas weniger besucht in der Hauptsaison sind die Strände nordöstlich der Stadt, beispielsweise die *Plage des Aresquiers*, an der sich auch zahlreiche Nudisten tummeln.

Cimetière Marin: Nur zwei Fußminuten vom Museum Paul Valéry entfernt, in der Rue François Desnoyer, liegt dieser Friedhof in schöner Lage über dem Meer. Neben Paul Valéry fand hier auch Jean Vilar seine letzte Ruhestätte. Ein Plan, der zu den jeweiligen Gräbern führt, ist am Eingang erhältlich. Paul Valéry hat den Friedhof bereits 1922 in einem Gedichtband *Charmes* („Zaubersprüche") poetisch verewigt:

> „Dieses stille Dach, auf dem sich Tauben finden,
> scheint Grab und Pinie schwingend zu verbinden.
> Gerechter Mittag überflammt es nun.
> Das Meer, das Meer, ein immer neues Schenken!
> Oh, die Belohnung, nach dem langen Denken
> ein langes Hinschaun auf der Götter Ruhn!"

Bassin de Thau

Der „Strandsee" von Thau ist mit einer Fläche von 7500 Hektar ein kleines Binnenmeer, das zusätzlich von einer 21 Grad Celsius warmen Süßwasserquelle gespeist wird. Ungewöhnlich ist vor allem seine Tiefe: durchschnittlich vier Meter, an manchen Stellen sogar 30 Meter! Im Frühling kommen die Fische zum Laichen in das Bassin, bevor sie im Herbst wieder ins Meer zurückkehren. In der nährstoffreichen Lagune, deren Salzgehalt dem Mittelmeer ähnelt, werden Seewolf, Meeräsche, Goldbrasse, Aal und anderes Meeresgetier gefangen sowie seit 1904 Austern und Miesmuscheln gezüchtet. Mit einem Ertrag von 13.500 Tonnen stammt ein Zehntel der französischen Muschelproduktion aus dem Bassin de Thau. Feinschmecker behaupteten immer, dass die gute Wasserqualität für den hervorragenden Geschmack der Austern aus Bouzigues verantwortlich ist. Dementsprechend entsetzt waren Umweltschützer und Gourmets, als sich im Sommer 2001 herausstellte, dass das Wasser stark mit giftigen Rückständen belastet war. Die Austern landeten mit dem Prädikat „ungenießbar" auf der Müllkippe. Inzwischen scheint man das Problem wieder in den Griff bekommen zu haben, worüber sich vor allem rund 700 *Paysans de la mer* (Bauern des Meeres) freuen, wie die Austernzüchter genannt werden.

Die größten Orte am Bassin, das man auf der *Route de l'huître* umrunden kann, sind **Balaruc-les-Bains**, ein auf Rheumakranke spezialisiertes Heilbad, das schon in gallorömischer Zeit besiedelt war und mit einem *Jardin antique méditerranéen* lockt (tgl. außer Mo 9.30–12.30 und 15–19 Uhr, in der NS 9.30–12 und 14–17 Uhr, Eintritt 4,50 €) sowie **Mèze**, das auf griechische Wurzeln zurückblicken kann und noch Reste einer mittelalterlichen Stadtmauer und eine schöne Altstadt besitzt (Donnerstag und Sonntag schöner Markt in der Markthalle). Das von Touristen kaum frequentierte Städtchen gefällt durch seine Uferpromenade und den kleinen Hafen. Wer in einem der Restaurants einkehrt, kommt an frischen Austern nicht vorbei (eine Leserin lobte das am Hafen gelegene „Chez Fady"). Einen Abstecher lohnt auch das Fischerdorf **Bouzigues**, zu dem ein ausgedehnter Austernpark und ein großer Strand gehören. An der Seepromenade bieten mehrere Lokale fangfrische Austern und andere Meereskost an. Hoch her geht es alljährlich Anfang August, wenn die *Foire aux huîtres* gefeiert wird und innerhalb von zwei Tagen bis zu sieben Tonnen Austern verzehrt werden. Gerne wird das Bassin de Thau auch im Spätherbst zum Baden aufgesucht, da die Wassertemperaturen hier noch spürbar über denen des Mittelmeers liegen. Ein Strand am Ufer des Bassin de Thau befindet sich beispielsweise auch im Norden von Sète im Ortsteil Saint Joseph oder in Balaruc-les-Bains.

Jardin antique méditerranéen in Balaruc-les-Bains

Übernachten & Essen in Bouzigues

*** **La Côte Bleue**, der Name steht seit 1925 für ein Austernlokal, dem in den 1970er-Jahren ein Hotel angefügt wurde. Bemerkenswert ist der große Swimmingpool. Im Restaurant gibt es Menüs zu 23 € (mittags), 29, 34 und 44 €, lohnend ist beispielsweise ein Meeresfrüchteteller mit Austern, Miesmuscheln, Venusmuscheln, Meeresschnecken und Garnelen für 15 €. WLAN. Zimmer je nach Saison und Ausstattung (im ersten Stock mit Balkon) 88–99 €; Frühstück 11 €. Avenue Louis Tudesq, ☎ 0467783087, www.la-cote-bleue.fr.

*** **A la Voile Blanche**, dieses von einem jungen Paar geführte Hotel an der etwas lauten Promenade ist eine nette Adresse für einen Zwischenstopp. Es gibt nur eine Suite und sieben Zimmer, die aber in einem attraktiven modernen Design (teilweise mit asiatischem Touch) eingerichtet sind. Lohnend ist es, eines der teureren Zimmer zu beziehen, da sie über eine Terrasse zum

Am Quai von Bouzigues

Bassin de Thau verfügen. Allerdings gibt es gelegentlich Sturmwinde. Zum Hotel gehört auch ein gutes Restaurant (Mittagsmenüs zu 15 € mit einem Glas Wein, abends 25 €), in dem selbstverständlich allerlei Meeresfrüchte angeboten werden. DZ je nach Saison 75–85 €, mit Terrasse 90–110 €; Frühstück 9 €. 1, quai du port, ☏ 0467783577, www.alavoileblanche.fr.

Übernachten in Mèze *** De la Pyramide, angenehmes, am Ufer des Etang de Thau gelegenes Hotel mit mediterranem Ambiente (von Lesern gelobt). Moderne Zimmer entweder mit Balkon oder Terrasse. Swimmingpool (Juni bis Sept.) und netter Garten vorhanden. Das Zentrum ist über eine Promenade am Etang in zehn Minuten zu Fuß erreichbar. Kostenloses WLAN. Fahrradvermietung. DZ 75–95 €; Frühstück 9 €. 8, promenade Sgt. Jlouis Navarro, ☏ 0467466150, www.hoteldelapyramide.fr.

Sehenswertes/Umgebung

Musée de l'Etang de Thau: In dem kleinen Ort Bouzigues bietet das Museum einen Einblick in die Geschichte und die Fischerei am Bassin de Thau. Mit multimedialer Hilfe werden beispielsweise traditionelle Fischfangtechniken und die *Austernzucht* vom Aussetzen der Winzlinge über die Aufzucht bis zum Klären erläutert. Seit 1925 betreiben die „Bauern des Meeres" die kommerzielle Austernzucht, die derzeit rund 4000 Arbeitsplätze am Bassin de Thau sichert. Da es keine Ebbe und Flut gibt, werden die Austernseile an einem der 3000 „Tische" verankert. An jedem dieser 15 mal 50 Meter großen Gerüste hängen tausend Seile, an denen die Austern mit Zement befestigt werden. Lobenswert ist, dass die Informationstafeln im Museum dreisprachig (auch deutsch) sind.

Quai du Port de Pêche. Tgl. 10–12 und 14.30–19 Uhr, im Herbst und Frühjahr bis 18 Uhr, im Winter bis 17 Uhr. Eintritt 4 €, erm. 3 €. www.bouzigues.fr/musee.

Loupian: Das kleine, unweit der Via Domitia gelegene Städtchen begeistert durch sein mittelalterliches Stadtbild mit Mauern, Türmen und zwei alten Kirchen. Während die romanische Kirche Saint-Hippolyte mit ihrem schönen Portal aus dem 12. Jahrhundert stammt, ist die außerhalb stehende Kirche Sainte-Cécile ein schlichter gotischer Bau mit hohen, abweisenden Mauern.

Villa gallo-romain de Loupian: Südlich des Städtchens Loupian wurde eine galloromanische Villa ausgegraben, die ein beredtes Zeugnis vom hohen Stand der Wohnkultur an der Wende vom 4. zum 5. Jahrhundert ablegt. Zu dem repräsentativen Landsitz gehörten rund 20 Räume mit teilweise kostbaren Bodenmosaiken sowie heizbaren Bädern. Die durch ein modernes Gebäude geschützte Ausgrabungsstätte ist nur im Rahmen einer Führung zu besichtigen, zudem gibt es ein kleines erläuterndes Museum.

Im Sommer tgl. außer Di Führungen um 14, 15, 16 und 17 Uhr, im Juli und Aug. auch Di sowie um 18 Uhr. Eintritt 4,60 €, erm. 3,50 €. http://villaloupian.free.fr.

Abbaye Saint-Félix de Montceau: Malerisch zieren die erhabenen Ruinen der Abtei Saint-Félix einen kleinen Hügel des Massif de la Gardiole (Anfahrt über Gigean). Die Ende des 11. Jahrhunderts von den Benediktinern gegründete Abtei wurde später von den Zisterziensern übernommen und im Stil der Gotik erweitert und umgebaut. Aus Angst vor marodierenden Söldnertruppen wurde die Abtei ins nahe Gigean verlegt, das Kloster verfiel weitgehend, so dass bis auf die Kirche nur die Grundmauern erhalten geblieben sind. Seit 1970 kümmert sich ein Verein liebevoll um den Erhalt der Ruinen, mit viel Initiative wurde auch der ehemalige Klostergarten wieder angelegt.

www.saintfelix-abbaye.fr.

Marseillan-Village: Das direkt am Bassin de Thau gelegene Marseillan ist eine typische südfranzösische Kleinstadt (7700 Einwohner) mit „Fischerdorfatmosphäre" und ist bei Bootstouristen beliebt. Der ehemalige Handelshafen ist daher längst zum Yachthafen mutiert. Doch auch abseits des Hafens hat sich Marseillan noch viel Flair bewahrt hat. Aus Marseillan kommt der vor allem in Amerika und Frankreich bekannte *Noilly Prat*, ein aromatischer Wermut, der von Spitzenköchen gerne zum Verfeinern verwendet wird. Die Räumlichkeiten der 1813 gegründeten Destillerie können besucht werden.

Information Maison du Tourisme, Avenue de la Méditerranée, ℡ 0467218243, www.marseillan.com.

Markt Dienstag- und Samstagvormittag, im Juli und Aug. findet an jedem Freitagabend von 19 Uhr bis Mitternacht der „Marché artisanal nocturne" statt.

Veranstaltungen Am 14. Juli findet im Stadthafen *„Lo Capelet"* statt, ein Volksbrauch, bei dem die Einheimischen versuchen, auf einen glitschigen, schief ins Hafenbecken ragenden Schiffsmast zu klettern. Im Juli findet auch das *Festival de Thau* statt, das in den verschieden Gemeinden rund um das Bassin de Thau abgehalten wird. www.festivaldethau.com.

Les Chais Noilly Prat Führungen durch die Weinkeller von Mai bis Sept. tgl. 10–12 und 14.30–19 Uhr, im März, April, Okt und Nov. tgl. 10–11 und 14.30–16.30 Uhr. Eintritt 3,50 €, erm. 2 €. Angeschlossen ist auch eine Boutique, in der man Noilly Prat kaufen kann. www.noillyprat.com.

Essen & Trinken Chez Philippe, das ausgezeichnete Restaurant hat sich auf die mediterrane Küche spezialisiert. Unweit des Etang de Thau gelegen. Menüs zu 19 € (mittags) und 28 €. Straßenterrasse. Mo Ruhetag, in der NS auch Di. 20, rue de Suffren, ℡ 0467017062. http://chezphilippe-marseillan.fr.

Marseillan-Plage: Am Ende des langen Strandabschnitts, der sich von Sète in Richtung Südwesten erstreckt, liegt Marseillan-Plage, ein unspektakulärer Ferienort. Wer mit Baden nichts im Sinn hat, sollte am besten gleich weiter nach Agde fahren, denn mit der Fischerdorfatmosphäre ist es nicht weit her. Vom Südende des Ortes erreicht man zu Fuß in wenigen Minuten die Nudistenstrände von Cap d'Agde.

Markt Donnerstagvormittag.

Camping **** **Nouvelle Floride**, großer, komfortabel ausgestatteter Platz (Restaurant, Laden, Pool etc.). Von April bis Sept. geöffnet. Av. des Campings, ℡ 0467219449.

Agde und Cap d'Agde

20.500 Einwohner

Agde ist eine Stadt mit einem großen Traditionsbewusstsein: Vor 2500 Jahren von griechischen Kolonisten gegründet, besitzt sie eine schmucke Altstadt mit viel Flair. Ganz anders Cap d'Agde: Die künstliche Ferienstadt mit 100.000 Betten ist die unangefochtene Welthauptstadt der Nudisten.

Agde ist fraglos die historisch interessanteste unter den Küstenstädten der Region. *Agathé Tyché* („das große Glück") nannten die Griechen ihre im 6. Jahrhundert vor unserer Zeitrechnung gegründete Kolonie. In der gesamten Antike war Agde ein florierender Handelsstützpunkt, der seine Attraktivität auch durch das Ende des Römischen Reiches nicht verlor. Bereits im frühen Mittelalter wurde die Stadt urkundlich als Bischofssitz erwähnt. Nach einem kurzen Gastspiel der Westgoten und der Araber sorgte Karl Martell 737 wieder dafür, dass Agde in den fränkischen Einflussbereich „zurückkehrte". Lange Zeit regierten die Herren von Trencavel über den Ort, bevor Agde 1187 unter die Herrschaft des Bischofs geriet. Im Krieg mit dem Königreich Aragon wurde die Stadt 1286 erneut zerstört, doch konnte dies der Bedeutung von Agde keinen Schaden zufügen. Positiv auf die Entwicklung der Wirtschaft wirkte sich auch der Bau des Canal du Midi aus.

Agde ist eine dreigeteilte Stadt: Die Quartier de la Glacière genannte Altstadt, der sich außerhalb der – im 19. Jahrhundert großteils abgetragenen – Stadtmauern erstreckende „Vorort" Le Bourg und das an der Küste gelegene Cap d'Agde. Touristisch besonders attraktiv ist die Altstadt mit ihren engen Gassen. Auffallend ist das dunkelgraue Basaltgestein, aus dem viele Gebäude der Stadt, so auch die Kathedrale, errichtet wurden. Die Erklärung ist einfach: Das Gestein, dem Agde den Beinamen „Schwarze Perle des Languedoc" verdankt, erinnert an einen urzeitlichen Vulkan, dessen Krater sich südöstlich der Stadt befindet und dessen Lavasteine als Baumaterial Verwendung fanden. In den letzten Jahren wurden einige Fassaden mit bunten – vorzugsweise gelb, blau und türkis – Farben angemalt. Die Place Jean Jaurès im Zentrum der Altstadt haben mehrere Cafés mit ihren Stühlen okkupiert.

Ein völlig anderes Flair strahlt Cap d'Agde aus. Obwohl versucht wurde, Rücksicht auf die lokalen Bautraditionen zu nehmen, ist der in den 1970er-Jahren entstandene Ort ein gigantisches Ferienzentrum mit Straßencafés, Discotheken und Boutiquen sowie allerlei Freizeitangeboten, darunter ein Yachthafen mit 1750 Liegeplät-

Moderne Kunst am Hérault

zen, das riesige Aqualand und ein Spielcasino. Der schönste Strand befindet sich an den schwarzen Lavaklippen am Vieux Cap. Berühmt ist Cap d'Agde für seine Nudistenkolonie, der der Ort („Cap Akt") seinen zweifelhaften Ruf als zügellose Hauptstadt des Hedonismus verdankt. In den Sommermonaten tummeln sich mehr als 40.000 FKK-Fans in dem hüllenlosen Paradies, das nicht nur für Tagesbesucher eintrittspflichtig ist. Das Spektrum der Unterkünfte reicht vom FKK-Hotel über Appartements bis zum Campingplatz. Das *Quartier Naturiste* ist vollkommen autonom mit einem Einkaufszentrum, Restaurants, Bars, Apotheken, Ärzten und einem zwei Kilometer langen Sandstrand, an dessen abgelegeneren Bereichen es oft zu nicht ganz jugendfreien Spielchen kommt.

> „Ich weiß, was wir machen", sagte sie nach einem weiteren Moment des Schweigens. „Wir fahren zum Cap d'Agde und feiern Sexparties in der Nudistenkolonie. Da kommen holländische Krankenschwestern und deutsche Beamte hin, alles sehr korrekte Typen, ziemlich bürgerlich, im Stil der nordischen Länder oder der Beneluxstaaten. Warum sollen wir nicht mit luxemburgischen Polizisten Sexparties feiern?"
>
> *Michel Houellebecq, Elementarteilchen*

Basis-Infos

Information Office de Tourisme, espace Molière, B.P. 137, 34302 Agde, ℡ 0467942968. Oder: 34305 Cap d'Agde, Bulle d'Accueil, ℡ 0467010404, www.capdagde.com. Hier ist auch eine kostenlose Broschüre mit Wandervorschlägen (*Guide des balades*) erhältlich.

Verbindungen Der SNCF-Bahnhof liegt in der Avenue Victor Hugo in Agde am gegenüberliegenden Ufer des Hérault, ℡ 083-6353535. Regelmäßige Zugverbindungen mit Perpignan, Narbonne, Béziers, Sète, Montpellier, Nîmes, Tarascon und Avignon. Im Sommer häufige Busverbindungen zwischen Agde und Cap d'Agde. www.herault-transport.fr.

Fahrradverleih Tomasport, Boulevard René Cassin, Agde, ℡ 0467941925. www.velo-oxygen.fr.

Veranstaltungen März: *Carneval; Les joutes nautiques* am 14. Juli und 15. Aug. mit buntem „Fischerstechen" im Hafen.

Markt Jeden Vormittag überdachter Markt auf der Place Gambetta, Donnerstagvormittag finden ein großer Markt auf der Promenade und ein Blumenmarkt auf der Rue J.-J. Rousseau statt; Mi und Sa Trödelmarkt auf der Promenade.

Literaturtipp Michel Houellebecq, Elementarteilchen, List Taschenbuch. Zwar spielt nur ein Kapitel des Skandalromans in Cap d'Agde, doch eignet sich die frivole Stimmung des Buches als ideale Strandlektüre. Houellebecq bezeichnet die Atmosphäre am Strand als eine Form der „sozialdemokratischen Sexualität".

Tauchen Bei der Plage La Plaguette gibt es einen 400 m langen Unterwasserpfad (*Sentier sous-marin*).

Bootstouren Bootstouren auf dem Canal du Midi organisiert Bateaux du Soleil, 6, rue Chassefières, ℡ 0467940879, www.bateaux-du-soleil.com.

Aquarium Aquarium du Cap d'Agde, 11, rue des 2 Frères.. In der Hochsaison 10–23 Uhr, sonst bis 19 Uhr. Eintritt 7,80 €, erm. 5,70 €. www.aquarium-agde.com.

Aqualand Gigantischer Wasser-Vergnügungspark mit vielen Attraktionen (Wellenbäder, Riesenrutschen etc.). in Cap d'Agde. Nur von Anfang Juni bis Anfang Sept. geöffnet. Happiger Eintritt 26 €, erm. 18,50 €. www.aqualand.fr.

Kino Le Richelieu, Agde, 15, rue Mirabeau, ℡ 0467211472, www.cineagde.com; Le Festival, Cap d'Agde, Île des Loisirs, ℡ 0467267166.

Agde und Cap d'Agde

Übernachten
- 3 Le Donjon
- 4 Les Rivages de Rochelongue
- 7 Capao

Essen & Trinken
- 1 La Guinguette
- 2 Le Scampio
- 5 Bistro d'Hervé
- 6 La Marina

Post 1, avenue du 8-Mai-1945.

Hallenbad Centre L'archipel, chemin de Notre Dame, www.centre-larchipel.com.

Tennis Club Agathois, avenue Paul Balmigère, ✆ 0467940502. http://tcagathois.free.fr.

Segeln Centre Nautique, plage Richelieu Est, ✆ 0467014646. www.centrenautique-capdagde.com.

Golf Golf du Parc, 18-Loch-Anlage. www.golfcapdagde.com.

Übernachten & Essen

Hotels **** **Les Rivages de Rochelongue** 4, die Ferienresidenz von Maeva in Cap d'Agde liegt nur 50 m vom Meer entfernt (am westlichen Ortsrand). Swimmingpool vorhanden. Je nach Saison und Wohnungsgröße (4–8 Pers.) ca. 260–1800 € pro Woche. 3, rue J. P. Poumayrac, in Deutschland buchbar über ✆ 01805/344444, www.pv-holidays.de.

*** **Capao** 7, modernes, komfortables Hotel in Cap d'Agde, nur 100 m hinter dem Strand. Wer will, kann sich auch in einem der beiden Swimmingpools vergnügen (einer ist beheizt). Von April bis Anf. Okt geöffnet. Die Zimmer kosten je nach Lage und Saison 80–165 €; Frühstück 12 €. 3, rue des Corsaires, ✆ 0467269944, www.capao.com.

** **Le Donjon** 3, unweit der Kathedrale, freundliche, helle Zimmer, teilweise jüngst renoviert. Kostenloses WLAN. Je nach Zimmer und Saison 45 € (Etagen-WC) sowie 65–85 €; Frühstück 8 €. Place Jean Jaurès, ✆ 0467941232, www.hotelagde.com.

Camping Es gibt zwischen Agde und Cap d'Agde mehr als zwei Dutzend Campingplätze. Die attraktivsten finden sich in der Nähe von Grau d'Agde: **** Neptune, schattiges Areal mit Pool, von April bis Sept. geöffnet. Route du Grau d'Agde, ℰ 0467942394, www.campingleneptune.com.

»> Lesertipp: ***** Les Sablons, der Campingplatz – ein Tipp von Britta Baumann – befindet sich mehrere Kilometer weiter westl. in Portiragnes Plage: „Direkt am Strand, sehr gut ausgestattet und für Kinder ausgezeichnet geeignet (tolles Schwimmbad mit mehreren beheizten Pools und Rutschen, Kinderclub, drei Spielplätze)". Auch Vermietung von Mobilheimen und Chalets (Holzhütten). Von April bis Sept. geöffnet. ℰ 0467909055, www.les-sablons.com. «

Restaurants **»> Mein Tipp:** Bistro d'Hervé ▣, fünf Fußminuten außerhalb der Altstadt liegt das beste Restaurant von Agde. Geboten werden eine kreative Regionalküche, leckere Desserts, gute Weinauswahl. Im Sommer lockt der beschirmte Terrasseninnenhof. *Plat du Jour* 11 €, Menüs zu 16 € (mittags), abends 32 €. Samstag und Sonntagmittag geschlossen. 47, rue Brescaou, ℰ 0467623069. www.bistroherve.com. «

»> Lesertipp: Le Scampio ▣, Axel Holst empfiehlt das im Zentrum von Agde neben der Kathedrale, in dem er „hervorragend und zu normalen Preisen" gegessen hat. Straßenterrasse. Es gibt auch Pizzen und Salate, Menüs ab 14,90 €. Seitenstraße zum Quai du Chapitre, ℰ 0467944942. «

La Marina ▣, am Hérault gibt es zahlreiche Ponton-Restaurants, die sich allerdings in Aufmachung und Angebot ähneln, am besten gefällt noch das La Marina, das von der einzigen aktiven Fischerfamilie von Agde betrieben wird. Mittagsmenü 16,80 € sowie Menüs zu 29,80 und 39,80 €. Von Okt. bis Mai Di Ruhetag. 26, rue Chassefières, ℰ 0467909392.

»> Mein Tipp: La Guinguette ▣, dieses nette, unter alten Bäumen direkt am Kanal gelegene Ausflugslokal an einer Schleuse ist ein Tipp von Dieter Vogel, der das ausgezeichnete Preis-Leistungs-Verhältnis lobte, was inzwischen durch weitere Leser bestätigt wurde: „Das Tagesmenü zu einem Preis von 14,50 € beinhaltete mehrere Vorspeisen, Hauptgerichte und Nachspeisen zur Auswahl. Wir genehmigten uns zu diesem Preis neun Austern (mit Muscheln und Crevetten garniert), Lotte mit viel Gemüse und Reis und zum Abschluss eine Crème Caramel." Unter den Gästen sind viele Einheimische. Der Wirt ist ein Unikum, aus den Boxen plätschern Chansons von anno dazumal und manche Gäste schwingen sogar das Tanzbein, wie der Autor bei seinem letzten Besuch feststellen konnte. Man bekommt eine ganze Flasche Wein auf den Tisch gestellt, später wird nach „Verbrauch" abgerechnet. Weiteres Menü zu 23,80 €. Anfahrt: knapp 2 km außerhalb an der Straße von Agde nach Marseillan (nicht Marseillan-Plage) kurz hinter dem Bahnübergang und der anschließenden Brücke über den Canal du Midi auf der linken Seite, nach einem kurzen Stück Schotterpiste. Von April bis Sept. tgl. geöffnet. Route de Marseillan-Ville, ℰ 0467212411. «

Sehenswertes

Cathédrale Saint-Etienne: Wie ein gewaltiger, schwarzer Felsblock ruht die im 12. Jahrhundert als Wehrkirche errichtete Kathedrale im Zentrum der Altstadt. Ein schnörkelloser Bau, dessen Architektur in erster Linie dem Schutz der Bevölkerung dienen sollte, wie an den Zinnen und Wurfschächten unschwer zu erkennen ist. Der 35 Meter hohe Turm (14. Jahrhundert) erinnert an einen Bergfried samt Pechnasen.
  Von 12–14 Uhr geschlossen.

Musée Agathois: Ein Renaissance-Haus im Quartier du Bourg beherbergt auf drei Etagen eine sehenswerte Ausstellung zum Alltagsleben der Bewohner von Agde. Weitere Schwerpunkte sind die lokale Fischereigeschichte, das Kunsthandwerk sowie eine Rekonstruktion der Ursprünge des traditionellen Fischerstechens *Joutes Nautiques*.
  5, rue de la Fraternité. Di–Sa 10–17 Uhr. Eintritt 4,80 €, erm. 1,80 €.

Musée de l'Ephèbe: Das am Cap d'Agde gelegene archäologische Museum bietet einen Einblick in die antike Vergangenheit. Das Prunkstück des Museums ist die hellenistische Bronzestatue eines Epheben, den Taucher 1964 im Meer entdeckten.
Mas de la Clape. Tgl. 10–12 und 14–18 Uhr, Sa und So 9–12 und 14–17 Uhr. Eintritt 4,80 €, erm. 1,80 €. www.museecapdagde.com.

Mont Saint-Loup: Der Mont Saint-Loup ist vulkanischen Ursprungs und gehört zu einer Vulkankette, die von der Auvergne ihren Ausgang nahm und hier ihren südlichsten Ausläufer fand. Durch einen diesen hohen Berg herabgeflossenen Lavastrom wurde vor 750.000 Jahren das Cap d'Agde gebildet. Herrlicher Panoramablick, zudem steht auf dem Gipfel des 115 Meter hohen Berges ein alter Leuchtturm.

Strände: Rund um das Cap d'Agde erstrecken sich von Le Grau d'Agde bis zum Centre Naturiste 14 Kilometer feinste Sandstrände, die allesamt über eine gute Infrastruktur verfügen. Besonders schön ist La Grande Conque, eine von schwarzen Lavaklippen eingerahmte Bucht in Cap d'Agde.

Die Cathédrale von Agde

Umgebung von Agde

Le Grau d'Agde An der Mündung des Hérault liegt Le Grau d'Agde, ein lebendiger Fischereihafen mit kleinen bunten Häusern im landestypischen Stil. Hier geht es etwas gemächlicher zu als in Cap d'Agde. Auf der gegenüberliegenden Seite des Hérault liegt **La Tamarissière**, ein weiteres ruhiges Fischerdorf. Noch weiter westlich erstreckt sich der **Vias-Plage** sowie die abgeschiedenere und sehr schöne **Portiragnes-Plage**, der über keine touristische Infrastruktur verfügt.
Office Municipal du Tourisme, 34305 Le Grau d'Agde, ✆ 0467943341, www.de.capdagde.com.

Pézenas

7800 Einwohner

Pézenas ist eine beschauliche Kleinstadt mit großer Geschichte. Prachtvolle Stadtpaläste und vornehme Bürgerhäuser zeugen noch heute vom Glanz früherer Zeiten, als beispielsweise Molière mit seinen Schauspielern hier gastierte. Umgeben ist der Ort von einer flachen Landschaft mit Weinbergen.

Pézenas – man spricht das „s" am Wortende aus – geht auf das römische *Piscenae* zurück, das bereits Plinius der Jüngere in seiner „Naturgeschichte" erwähnte. Nach dem Untergang des Weströmischen Kaiserreichs fiel der Ort für ein paar

Jahrhunderte der Bedeutungslosigkeit anheim. Erst im Spätmittelalter entwickelte sich der Ort zu einem beliebten Marktplatz, an dem vor allem die hier produzierten Tuche gehandelt wurden. Einen erheblichen Aufstieg nahm Pézenas, seit sich 1456 erstmals die Generalstände des Languedoc in der Stadt versammelten. Das gesamte 16. und 17. Jahrhundert hindurch war Pézenas der Sitz der Regierung und die Residenz des Gouverneurs der Region Languedoc, weswegen es auch häufig als das „Versailles des Languedoc" bezeichnet wurde. Die Altstadt und deren südliche Erweiterung („Neustadt") weisen daher ein sehenswertes Häuserensemble auf, das in jenen Jahren entstand und einen Einblick in die damalige Lebens- und Wohnkultur ermöglicht.

Molière in Pézenas

Molière (1622–1673), der berühmteste Dichter von Lustspielkomödien, gab mit seinem Illustre Théâtre wiederholt Gastspiele in Pézenas. Im Herbst 1647 trat er das erste Mal während einer Sitzungsperiode der Provinzstände in der Stadt auf und feierte einen großen Erfolg. Molière wiederholte seine Besuche in den folgenden Jahren, wobei er auch die Bekanntschaft des damaligen Gouverneurs, des Prinzen Arnaud de Bourbon-Conti, machte. Als der adlige Literaturfreund eines Tages Frömmigkeitsanwandlungen bekam, ließ er seinen Bußeifer an den Schauspielern aus, besonders an dem gegenüber der Geistlichkeit kritisch eingestellten Molière. Dieser musste mit seinem Ensemble in Privathäuser und das Ballspielhaus ausweichen. Im Jahre 1657 kam es zum endgültigen Bruch mit dem Prinzen, woraufhin Molière, der mit bürgerlichem Namen Jean-Baptiste Poquelin hieß, nie mehr nach Pézenas zurückkehrte. Während seiner zahlreichen Aufenthalte besuchte Molière täglich seinen Freund, den Barbier Gély, um in dessen Laden Charakterstudien zu betreiben. Gélys Haus an der Place Gambetta beherbergt heute übrigens das Office de Tourisme. Vor mehr als hundert Jahren ist der große Dichter schließlich doch noch nach Pézenas zurückgekehrt: Sein Denkmal steht auf der Place du 14 Juillet.

Wer sich Zeit lässt und mit offenen Augen durch die Straßen von Pézenas schlendert, kann zahlreiche imposante Stadtpaläste mit offenen Treppenhäusern, Loggien und reizvollen Innenhöfen entdecken, beispielsweise das Hôtel de Lacoste (6, rue F. Oustrin) oder das Hôtel d'Alfonce (36, rue Conti). Der Verlauf der einstigen Stadtmauer wird noch durch den an deren Stelle angelegten Cours Jean Jaurès, den Boulevard Dr. Cambescure und den Boulevard Voltaire markiert. Nachdem im Jahre 1692 die Generalstände ein letztes Mal in Pézenas zusammengetreten waren, setzte eine lang anhaltende Phase des Niedergangs ein, so dass die Bausubstanz kaum verändert wurde. Im nordwestlichen Teil der Altstadt, hinter der Porte de la Prison Consulaire, befindet sich in der Rue des Litanies und der Rue de la Juiverie das einstige jüdische Ghetto, das noch weitgehend in seiner ursprünglichen Form erhalten geblieben ist. An vielen Gebäuden sind sehr informative Hinweisschilder angebracht, die auch Erklärungen in deutscher Sprache geben. Die schmucke Altstadt ist ziemlich herausgeputzt, überall gibt es Galerien, Boutiquen, Kunsthandwerker, Cafés und Feinkostgeschäfte, so dass das Ambiente inzwischen etwas zu touristisch anmutet.

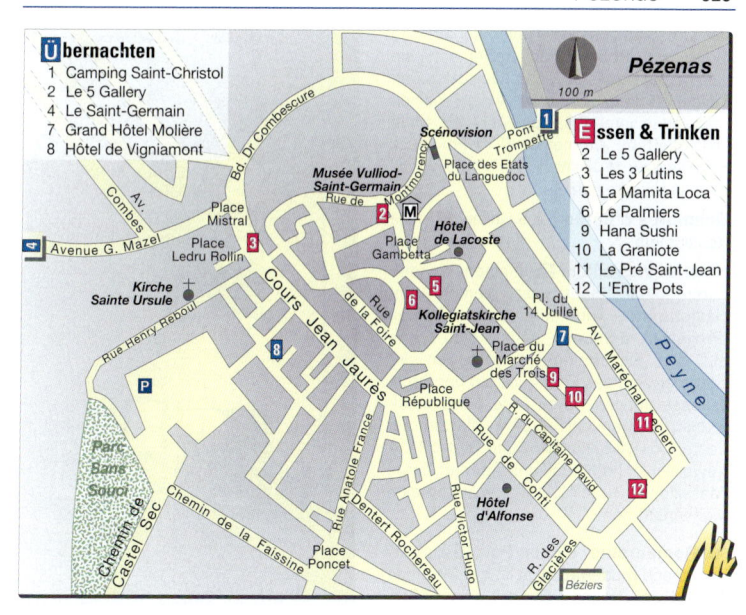

Pézenas

Übernachten
1. Camping Saint-Christol
2. Le 5 Gallery
4. Le Saint-Germain
7. Grand Hôtel Molière
8. Hôtel de Vigniamont

Essen & Trinken
2. Le 5 Gallery
3. Les 3 Lutins
5. La Mamita Loca
6. Le Palmiers
9. Hana Sushi
10. La Graniote
11. Le Pré Saint-Jean
12. L'Entre Pots

Basis-Infos

Information Office de Tourisme du Pays de Pézenas, Place des États du Languedoc, B.P. 10, 34120 Pézenas, 0467983640, www.ot-pezenas-valdherault.com, bzw. www.ville-pezenas.fr.

Verbindungen Zugverbindungen mit Agde (1-mal tgl.) sowie Béziers (2-mal tgl.). Zahlreiche Busverbindungen nach Montpellier bzw. Béziers, Agde und Clermont l'Hérault. Die Busse halten auf der Place Molière. www.herault-transport.fr.

Markt Jeden Samstagvormittag wird ein großer Markt auf dem Cours Jean-Jaurès abgehalten.

Stadtführungen Im Juli und Aug. Mo, Di und Do um 11 Uhr sowie Mi–Fr um 17 Uhr. Kosten 6 €.

Post Place du 14 Juillet.

Veranstaltungen Am Fastnachtsdienstag findet der traditionelle Umzug mit dem *Poulain* (Fohlen), dem Wappentier von Pézenas, statt. Am zweiten Sonntag im Mai und im Oktober wird ein riesiger Antiquitäten- und Trödelmarkt mit mehr als 150 Ausstellern abgehalten.

Maison de la Presse Place de la République.

Fahrradverleih Planète Vélo, 15 € pro Tag, 31, avenue E. Combes-Pézenas, 0467983404.

Reiten Reiterverein Clos St. Pierre, 0467 094361, www.centre-equestre-pezenas.com.

Übernachten & Essen

Hotels *** Le Saint-Germain 4, angenehmes Hotel, etwa fünf Fußminuten vom Zentrum entfernt. Mit kleinem Pool. Im zugehörigen Restaurant gibt es Menüs ab 12,90 €. WLAN. Die hellen Zimmer kosten je nach Ausstattung 54–100 €; Frühstück 7,50 €. 6, avenue Vidal de la Blanche, 0467 097575, www.hotel-saintgermain.com.

*** **Grand Hôtel Molière** 7, das Hotel mit seiner altertümlich-verspielten Lobby ist ein Ort für Traditionalisten, und nicht nur der Umstand, dass sich hier der örtliche Lions und Rotary Club treffen, ist ein Garant für eine gewisse Qualitätsstufe. Einige Zimmer besitzen einen kleinen schmiedeeisernen Balkon. April bis Mitte Okt. geöffnet. Zimmer ab 89 €; Frühstück 8 €. Place du 14 Juillet, ℅ 0467981400, www.hotel-le-moliere.com.

Chambres d'hôtes Le 5 Gallery **2** siehe Restaurants

Hôtel de Vigniamont 8, in einem wunderbaren alten Stadtpalast werden fünf Gästezimmer vermietet, deren Namen (Provençal, Burgundy, Alsace etc.) schon auf den Einrichtungsstil hindeuten. Im Sommer wird das Frühstück auf der Dachterrasse serviert. Zwei Tage Mindestaufenthalt. Kostenloses WLAN. Die Zimmer kosten 95–120 €, nur die Suite kostet 140 € (jeweils inkl. Frühstück und Aperitif). 5, rue Massillon, ℅ 0467351488, www.hoteldevigniamont.com.

Restaurants L'Entre Pots **12**, das ansprechend moderne Lokal ist der Gourmettempel von Pézenas. Der mit einem Michelin-Stern und zwei Gault-Millau-Hauben bewertete Küchenchef Lionel Albano weiß in seinem stimmungsvollen Restaurant auch andere Köstlichkeiten der südfranzösischen Küche zuzubereiten. Ausgezeichnete Weinauswahl! Menüs zu 28 €. So und Mo geschlossen. 8, avenue Louis-Montagne, ℅ 046 7900000. www.restaurantentrepots.com. ∎

Le Pré Saint-Jean 11, die andere Adresse für kulinarisch verwöhnte Gaumen. In einem nüchternen, modernen Ambiente werden beispielsweise Spezialiäten wie *Sot-l'y-laisse* (Pfaffenschnittchen) mit Morcheln und grünem Spargel serviert. Diese kleinen, filetartigen Rückenstückchen gelten als das beste Fleisch vom Huhn! Menüs zu 19,50 und 27 € (mittags), abends für 39 und 51 €. Sonntagabend, Mo und Donnerstagabend geschlossen. 18, avenue du Maréchal-Leclerc, ℅ 0467981531, www.restaurant-leprestjean.fr.

Le Palmiers 6, hinter einem wuchtigen Metalltor verbirgt sich ein Restaurant im überdachten Innenhof mit lockerer Atmosphäre. Internationale Küche, Mittagsmenü 15 €. Von Okt. bis April Betriebsferien. So Ruhetag. 10 bis, rue Merciere, ℅ 0467094256.

Hana Sushi 9, Sushi in Pézenas? Warum nicht: Die Köstlichkeiten von Yumi Matsui sind auch bei den Einheimischen sehr beliebt! Wie wäre es mit einem *Menu Bento* (14 €) oder Nudeln *Niko Udon* (9 €)? Mo und So Ruhetag. 2, rue Aristide Rouzière, ℅ 0467373951. www.hanasushipezenas.com.

La Graniote 10, ein kleines Biolokal kombiniert mit einem Lebensmittelgeschäft. So Ruhetag. 10, rue Aristide Rouzière. ∎

La Mamita Loca 5, eine nette Bodega im spanischen Stil, serviert werden Tapas und Grillgerichte. In der NS Mo geschlossen. 10, rue Mercière, ℅ 0467934975.

»» Mein Tipp: Le 5 Gallery **2**, ein nettes Café-Restaurant in einem stimmungsvollen Gewölbe aus dem 15. Jh. Es wird von der gebürtigen Deutschen Anja und dem Franzosen Carlos betrieben, die der Pariser Modewelt den Rücken gekehrt haben, um sich im Languedoc niederzulassen. Im Gewölbe sowie auch auf der Terrasse werden ganztags leckere Salate sowie kleinere Häppchen wie Käseteller oder Carpaccio serviert. Wer will, bekommt hier sogar als Aperitif einen Aperol-Sprizz – was in Frankreich ziemlich ungewöhnlich ist! Mo Ruhetag. Es werden auch zwei Zimmer, die

Altstadtimpressionen

komfortable Suite Montmorency und die Suite Belvédère (jeweils 40 qm), vermietet, deren Ausstattung einem Vier-Sterne-Hotel nicht nachsteht. Kostenloses WLAN. Als DZ je nach Saison 95–130 € inkl. Frühstück und Willkommensaperitif, eine weitere Person kostet 30 €, Abendessen nach Reservierung 25 €. 5, rue Canabasserie, ✆ 0467 395441 bzw. ✆ 0607230537 für die Zimmervermietung, http://sites.google.com/site/le5gallerypezenas. ⟪

Les 3 Lutins **3**, liebenswerter Teesalon mit Flair. Serviert werden kleine Speisen. Große Auswahl an hervoragenden Tee- und Kaffeesorten (Kusmi Tea!). Nette Straßenterrasse. 8, place Ledru Rollin, ✆ 0467900539.

Camping ** Saint-Christol **1**, überschaubare Anlage (98 Stellplätze) mit kleinem Laden; Tennis und Pool. Wohnwagenverleih möglich. Von Mitte April bis Mitte Sept. geöffnet. Chemin de Saint-Christol, ✆ 0467980 900, www.campingsaintchristol.com.

Sehenswertes

Musée de Vulliod-Saint-Germain: Das in einem Stadtpalast aus dem 17. Jahrhundert untergebrachte Museum besitzt einen anspruchsvollen Fundus mit Wandteppichen aus Aubusson sowie Möbel, Geschirr, Waffen, Fayencen und Bildern aus der Zeit des Ancien Regime. Neben Dokumenten zur Stadtgeschichte und einer historischen Küche ist es beinahe selbstverständlich, dass ein Saal dem Andenken an Molière gewidmet ist.
3, rue Albert-Paul-Alliès. Im Sommer tgl. außer Mo 10–12 und 15–19 Uhr, im Winter Di–Sa 10–12 und 14–17.30 Uhr, So nur 14–17 Uhr. Eintritt 1 €.

Scénovision Molière: Im prachtvollen Hôtel de Peyrat wird die Geschichte des Jean-Baptiste Poquelin, genannt „Molière", mit Hilfe von modernster Ton- und Bildtechnik (3 D) lebendig nacherzählt. Auf den Besucher warten fünf verschiedene szenarische Darstellungen, so in den Gassen von Pézenas, auf dem mittelalterlichen Jahrmarkt, in den Theaterkulissen sowie die letzte Vorstellung Molières.
7, place des Etats du Languedoc. Tgl. 9–12 und 14–18 Uhr (So ab 10 Uhr), im Juli und Aug. tgl. 9–19 Uhr. Eintritt 7 €, erm. 6 € bzw. 4 €. www.scenovisionmoliere.com.

Molière wird in Pézenas bis heute verehrt

Umgebung von Pézenas

Abbaye de Valmagne

Die Abtei wurde im Jahre 1138 auf Betreiben von Raymond Trencavel, dem Vizegrafen von Béziers, von einigen Mönchen aus dem Kloster Ardorel gegründet. Bereits sieben Jahre später schloss sich Valmagne dem aufstrebenden Zisterzienserorden an. In der Hochzeit lebten wohl rund 300 Mönche im Kloster. Da die Abtei zu den reichsten in Südfrankreich gehörte und über große finanzielle Mittel verfügte, entschloss man sich zu einem Neubau. Die Mönche rissen 1257 die alte romanische Kirche ab und warben Baumeister aus Nordfrankreich an, um am selben Ort eine „Kathedrale" zu errichten. Mit Valmagne zog die Hochgotik im Languedoc ein. Mit ihren hohen Türmen, die die Fassade einrahmen, ist die dreischiffige Kirche allerdings kein typisches Beispiel für die Baukunst des Zisterzienserordens. Den ästhetischen Prinzipien des Ordens folgend, ist das Innere des dreischiffigen Gotteshauses – es besitzt eine Länge von 83 Metern und eine Breite von 23 Metern – weitgehend schlicht gehalten. An die Kirche schließen sich die Konventsgebäude sowie ein Kreuzgang aus dem 14. Jahrhundert samt Brunnenhaus an.

Stattlich: Abbaye de Valmagne

Als sich der Abt in den Religionskriegen dem Protestantismus zuwandte und mit den Einkünften des Klosters protestantische Truppen finanzierte, verfiel das Kloster zusehends und wurde schließlich aufgegeben. Erst zu Beginn des 17. Jahrhunderts kehrten die Mönche nach Valmagne zurück und setzten die Gebäude wieder instand. Während der Französischen Revolution wurde das Kloster von den Bauern der Umgebung geplündert und später an einen Privatmann verkauft. Dieser nutzte die Kirche als kühlen Lagerraum für Weinfässer, so dass das Gotteshaus von dem weiteren Verfall verschont blieb. Auch als 1838 der Comte de Turenne das Anwesen erwarb, wurde Valmagne weiterhin als Weingut geführt. Die Kirche diente als Weinkeller, riesige Weinfässer stehen noch immer in den Nischen und Seitenkapellen. Erst seit 1975 sind Restaurierungsarbeiten im Gange, die Klosterkirche wurde wieder für die Öffentlichkeit zugänglich gemacht und kann zusammen mit dem angrenzenden mittelalterlichen Garten besichtigt werden.

Mitte Juni bis Sept. tgl. 10–18 Uhr, sonst tgl. 14–18 Uhr, im Sommerhalbjahr am Wochenende ab 10 Uhr. Eintritt 7,80 €, erm. 5,50 €. www.valmagne.com.

Saint-Pons-de-Mauchiens

Das kleine Dorf thront auf einem Hügel und ist daher schon von weitem auszumachen. Bereits im Neolithikum war hier eine kleine Ansiedlung entstanden, doch erfolgte erst im Mittelalter eine planmäßige Bebauung. Saint-Pons-de-Mauchiens wurde im Stil einer für das Languedoc typischen *Circulade*, d. h. kreisförmig angelegt. Bei einem kurzen Spaziergang durch das Dorf kann man Reste der Stadtmauern, eine Kirche aus dem 11. Jahrhundert sowie eine Burg bewundern, die einst den Bischöfen von Agde als Sommerresidenz diente.

Paulhan

Paulhan ist ein weiteres Beispiel für die kreisförmig angelegten Dörfer (*Circulade*), die Eindringlingen eine Eroberung erschweren sollten. Meist im 11. und 12. Jahrhundert angelegt, sind Dörfer wie Paulhan eine Frühform des mittelalterlichen Städtebaus, was von der Forschung aber erst 1992 als solche erkannt wurde.

Montagnac

Mit seinen 3000 Einwohnern ist Montagnac kein Dorf, sondern ein kleines Städtchen mit schmucken Bürgerhäusern. Überragt wird das Zentrum von dem 54,50 Meter hohen Glockenturm der Pfarrkirche Notre Dame de la Peyrière, die weitgehend aus dem 14. Jahrhundert stammt.
Markt Freitagvormittag.

Caux

Nordwestlich von Pézenas liegen mehrere Dörfer und Kleinstädte, die auf eine ansehnliche mittelalterliche Vergangenheit zurückblicken können. Ein Beispiel hierfür ist Caux mit seiner romanischen Kirche samt 45 Meter hohem Glockenturm und den aus dem 12. Jahrhundert stammenden Toren seiner Stadtbefestigung. Caux ist ebenfalls als *Circulade* errichtet worden.
Markt Freitagvormittag.

Château-Abbaye de Cassan

Das bei dem Städtchen **Roujan** gelegene Château de Cassan ging aus einer im 11. Jahrhundert gegründeten Abtei hervor. Mehrfach umgebaut und verändert, zählt das Ensemble zu den attraktivsten Landsitzen in der Region. Die romanische Kapelle gehört zu den ältesten im Languedoc und ist nur im Rahmen einer Führung zu besichtigen.
Juli und Aug. tgl. 11–19 Uhr, April bis Juni und Sept. tgl. 14–19 Uhr. Eintritt 7,10 €, erm. 4,60 €. www.chateau-cassan.com.

Château de Grézan

Die zwischen **Autignac** und **Laurens** gelegene Burg wird auch gerne als „kleines Carcassonne" gerühmt. Ohne große Umbauten könnte man in der einstigen Komturei des Templerordens einen Ritterfilm drehen. Das stattliche, von Weinreben umgebene Anwesen befindet sich heute in Privatbesitz und produziert einen guten Tropfen.

Margon

Margon ist ein kleines Dorf, das sich auf einer Hügelkuppe erhebt. Auf dem höchsten Punkt des Hügels steht ein Bilderbuchschloss aus dem 13. Jahrhundert. Da es sich in Privatbesitz befindet, ist das Schloss leider nicht zu besichtigen. Doch lohnt es sich, zumindest ein wenig durch die kleinen verschlafenen Gassen des Ortes zu streifen.

Béziers

72.000 Einwohner

Vom Ufer des Orb betrachtet, ist die Silhouette von Béziers ein Traum: Hinter einer steinernen Bogenbrücke präsentiert sich die Cathédrale Saint-Nazaire auf dem höchsten Punkt eines steil aufragenden Plateaus als mittelalterliches Postkartenmotiv. Doch der Schein trügt: Das Zentrum strahlt die Atmosphäre einer modernen Handelsstadt aus.

Béziers ist eine der attraktivsten Städte des Languedoc, die fast jeder Franzose mit Rugby assoziiert. Kein Wunder: Das städtische Rugbyteam *l'ASB-H* hat bis dato elf französische Meistertitel gewonnen und ist damit das mit Abstand erfolgreichste Team des Landes. Hinzu kommt der Stierkampf, der Béziers den Ruf eines französischen Sevillas eingebracht hat. Wenn möglich, sollte man Mitte August nach Béziers kommen, denn die Woche um den 15. gehört der *Feria*! Dann finden nicht nur Stierkämpfe – die blutigen spanischen *Corridas* muss man sich nicht unbedingt antun – statt, sondern es wird ein attraktives Begleitprogramm mit Reitveranstaltungen, Konzerten und speziellen Kinovorführungen geboten. Bis in die frühen Morgenstunden ist (fast) die ganze Bevölkerung auf den Beinen, um ausgiebig zu feiern und zu tanzen.

Die zentrale städtische Achse und der Mittelpunkt des öffentlichen Lebens sind die Allées Paul Riquet: Fast jeder *Biterrois* – so werden die Einwohner von Béziers genannt – kommt irgendwann im Laufe des Tages an dem breiten Prachtboulevard mit seinen Cafés, Restaurants und Geschäften vorbei. Unter den schattigen Platanenreihen wird Pétanque gespielt, finden Märkte statt, werden Ehen angebahnt. Über einen Kilometer hinweg erstreckt sich der Boulevard von dem schmucken, aus dem 19. Jahrhundert stammenden Théâtre Municipal im Norden bis zum Plateau des Poètes – einer verspielten Gartenanlage – im Süden. Benannt sind die *Allées* nach Paul Riquet, dem „Erfinder" des Canal du Midi. Als Bronzestatue „weilt" Riquet noch immer mitten im Ort. Eine weitere berühmte Persönlichkeit hat in Béziers das Licht der Welt erblickt: *Jean Moulin*, der wohl bekannteste Anführer der Résistance. Auch Jean Moulin zu Ehren wurde auf dem Plateau des Poètes ein Denkmal errichtet. Zwischen den Allées Paul Riquet und der Cathédrale Saint-Nazaire öffnet sich ein verwirrendes Netz von kleinen Altstadtgassen, in denen immer wieder repräsentative Stadtpaläste stehen. Mehrfach stößt man unvermittelt auf beschauliche Plätze wie die Place de la Révolution oder die Place de Bons-Amis. Abgesehen von den historischen Markthallen sollte man seine Schritte auf alle Fälle bis zur Cathédrale lenken, von deren Vorplatz sich ein toller Blick über das Tal des Orb bietet.

Geschichte

Die exponierte Lage des über dem Fluss Orb aufragenden Felsens begünstigte schon den Bau eines keltischen Oppidum namens *Beterra*. Der Ort wurde zu einem wichtigen Handelsplatz, der von Griechen genauso wie von Kelten aus Nordfrankreich und Iberern lebhaft frequentiert wurde. Doch dann kam Caesar und siedelte im Jahre 48 vor unserer Zeitrechnung die Veteranen seiner im Kampf um Gallien verdienten VII. Legion (*Legio spetima*) in der *Colonia Victrix Julia Septimanorum Baetarae* (Béziers) an, weshalb der Landstrich noch Jahrhunderte später als „Septimanien" bezeichnet wurde. Innerhalb weniger Jahrzehnte errichteten die Römer auf dem markanten Hügel eine Stadt mit Forum, Amphitheater und Tempeln, von denen allerdings nur wenige Überreste – so vom Amphitheater – erhalten geblieben sind.

Das Theater von Béziers

Der zeitgenössische Geograph Strabon bezeichnete das vom Handel an der Via Domitia lebende Béziers als „gut befestigte" Stadt (der genaue Mauerverlauf ist allerdings bis heute umstritten). Die Bewohner genossen den für römische Städte typischen Komfort: Frisches Trinkwasser wurde über einen 37 Kilometer langen Aquädukt herangeführt. Béziers herausgehobene Stellung blieb auch in der Spätantike erhalten. Als sich das Christentum in Gallien ausbreitete, wurde die Stadt im 4. Jahrhundert zum Bistum ernannt. Während der Völkerwanderungszeit verwüsteten Vandalen, Westgoten und Franken die Stadt und brannten sie nieder. Doch glücklicherweise überstand Béziers auch diese Schicksalsschläge. Im Zuge der maurischen Invasion geriet Béziers vollkommen unter arabischen Einfluss; erst Karl Martells Sohn Pippin konnte die Stadt im 8. Jahrhundert zurückerobern. Im Mittelalter konnte neben dem Bischof und den Vizegrafen das Bürgertum immer mehr Einfluss gewinnen. Im Jahre 1131 entstand ein Konsulat, später wurde ein kommunaler Gerichtshof eingerichtet und die bischöfliche Gewalt Stück um Stück beschnitten.

Den schwärzesten Tag seiner Geschichte erlebte Béziers am 22. Juli 1209 während der Katharerfeldzüge. Ein Heer lagerte vor den Mauern der Stadt und verlangte die Auslieferung der häretischen Bevölkerung. Doch Béziers weigerte sich, seine 223 (!) andersgläubigen Mitbürger auszuliefern, und die Katastrophe nahm ihren Lauf: Nachdem die Kreuzfahrer die Festungsmauern gestürmt und die Stadt erobert hatten, jagten sie die Bewohner durch die Gassen und statuierten ein grausames Exempel. Sämtliche Einwohner der Stadt, auch jene 7000, die in der Kirche Sainte-Madeleine Schutz gesucht hatten, wurden zusammengetrieben und von den Kreuzfahrern wie Tiere abgeschlachtet, egal ob Katharer oder Katholik, ob Mann, Frau oder Kind. Dem Kölner Zisterziensermönch Cäsarius von Heisterbach zufolge soll der Abt Arnaud-Amaury das Massaker mit den Worten „Tötet sie, denn der Herr kennt die Seinen" (*Caedite eos, novit enim Dominus qui sunt eius*) eingeleitet haben. Der Papst dankte dem Abt auf seine Art und ernannte den treuen Schlächter wenig später zum Erzbischof von Narbonne.

Von diesem schweren Schlag erholte sich Béziers erst allmählich wieder. Wie in den meisten Städten des Languedoc wandte sich im Reformationszeitalter auch in Béziers die Mehrheit der Bevölkerung dem Protestantismus zu; seit 1562 wurden in allen Kirchen nur noch protestantische Gottesdienste abgehalten. Nachdem Béziers mit Hilfe diverser Repressionen wieder zum katholischen Glauben zurückgekehrt war, erlebte die Stadt im 17. Jahrhundert einen lang anhaltenden wirtschaftlichen Aufstieg, der hauptsächlich auf dem Wein-, Getreide- und Olivenölhandel basierte. Eine rege Bautätigkeit ist bezeugt, neben öffentlichen Gebäuden ließ sich die Bourgeoisie zahlreiche repräsentative Stadtpaläste errichten. Als wirtschaftlicher Höhepunkt der Stadtgeschichte gilt das 19. Jahrhundert, die Bevölkerung vervierfachte sich in gerade mal 80 Jahren. Verantwortlich für die Blütezeit waren die florierenden Weinmonokulturen in der Region; sie machten Béziers zur reichsten Stadt des Languedoc! Erst die landesweite Krise des Weinbaus rief zu Beginn des 20. Jahrhunderts eine wirtschaftliche Stagnation hervor.

Basis-Infos

Information Palais de Congrès, Office de Tourisme (Maison du Tourisme et des Vins), 1, boulevard Wilson, 34500 Béziers, ✆ 0467762020, www.beziers-mediterranee.com, www.ville-beziers.fr.

Verbindungen Zug: Der SNCF-Bahnhof liegt südlich der Altstadt am Boulevard de Verdon, 10 Fußmin. vom Zentrum entfernt. Zugverbindungen mit Paris (1-mal tgl.), Narbonne (15-mal tgl.) und weiter nach Perpignan sowie in Richtung Nîmes über Montpellier, Sète und Agde (15-mal tgl.). Nach Millau, Rodez und Marvejols (4-mal tgl.). Zudem 2-mal tgl. nach Pézenas, ✆ 3635.

Bus: Der Busbahnhof (*Gare routière*) befindet sich auf der Place Général de Gaulle, 100 m östl. vom nördlichen Ende der Allées Paul Riquet. Busverbindungen nach Montpellier (5-mal tgl.), Narbonne (2-mal tgl.), Pézenas (6-mal tgl.) und Saint-Pons (5-mal tgl.). Zudem Anschlüsse zu den kleineren Orten der Umgebung, beispielsweise Capestang. ✆ 0467494965, www.herault-transport.fr.

Flughafen: Vom Aéroport de Béziers-Agde-Villa gibt es Flüge nach Paris, Düsseldorf sowie mit Ryan-Air nach England, ✆ 0467 809909, www.beziers.aeroport.fr.

Parken Tiefgarage an der Place Garibaldi.

Fahrradverleih Relax Rentals, 70, allées Paul-Riquet, ✆ 0638123282.

Hausbootvermietung Péniche Carabosse, ✆ 0467112162, www.canalmidi.com; Béziers Croisières, ✆ 0467490823.

Markt Tgl. außer Mo findet in der historischen Markthalle ein hervorragender Lebensmittelmarkt mit regionalen Produkten statt. Zudem wird Freitagvormittag ein großer Markt (Lebensmittel, Blumen etc.) auf den Allées Paul Riquet abgehalten, Klamotten auf der Place du 14 Juillet. Trödelmarkt am ersten Sa im Monat, ebenfalls auf den Allées Paul Riquet.

🌿 Biokost-Freunde gehen am Sa auf die Place de la Madeleine. ■

Béziers: Blick von der Kathedrale

Béziers

Veranstaltungen *Festival de Béziers*, klassische Musik und Operetten in der dritten Juliwoche. *Mon royaume pour un canal*, historisches Bühnenstück zur Entstehungsgeschichte des Canal du Midi (letzte Juli- und erste Augustwoche). *Fête de Saint-Aphrodise*, Ende April zu Ehren des Ortsheiligen.

Post 106, avenue Georges-Clemenceau oder place Gabriel Péri.

Maison de la Presse Kiosque du Théâtre, allées Paul Riquet.

Kino Le Palace, 5, avenue Saint-Saens, ✆ 0467775276.

Rugby Stade de la Méditerrannée (im Osten der Stadt), ✆ 0467118090.

Stierkämpfe In den *Nouvelles Arénes* (ein wuchtiger Ziegelbau aus dem 19. Jh.) findet alljährlich Mitte Aug. die Feria statt. Avenue Emile Claparède, www.arenes-de-beziers.com.

Golf Saint-Thomas, 18-Loch-Platz, zehn Fahrminuten von Béziers entfernt, ✆ 0467 986201, www.golfsaintthomas.com.

Einkaufen Eine lokale Spezialität ist der *Cataroise*, ein süßer Likörwein. www.cataroise.com.

Übernachten → Karte S. 332/333

Hotels **** Château de Lignan **14**, dieses etwas außerhalb von Béziers in Lignan sur Orb (5 km nordwestl.) gelegene Schlosshotel bietet 48 ansprechende Zimmer und Suiten, denen es allerdings an historischem Charme fehlt. Schöne Hotellobby, Bar und eine einladende Frühstücksterrasse. Besonders reizvoll ist der direkt an den Fluss grenzende, sieben Hektar große, wunderschöne Park, in dem sich auch ein Swimmingpool befindet. Gutes Restaurant (L'Orangeraie) vorhanden, Menüs zu 22 € (mittags), 32, 46 und 65 €. Kostenloses WLAN. DZ 115–143 € (in der NS günstiger); Frühstück 13 €. ✆ 0467379147, www.chateaulignan.fr.

»» Mein Tipp: ** Hôtel des Poètes **12**, dieses ruhig am Ende einer Sackgasse gelegene Hotel mit Blick auf den Park bietet ein erstklassiges Preis-Leistungs-Verhältnis. Die liebevoll eingerichteten Zimmer (teilweise Sisalboden) sind in freundlichen Tönen gehalten, wobei moderne Akzente (z. B. Flat-Screen) gesetzt wurden. Ansprechende, manchmal allerdings recht kleine Bäder. Schöner Frühstücksraum. Unsere Lieblingsadresse in Béziers! Kostenloses WLAN und kostenlose Fahrräder, um beispielsweise den Canal du Midi erkunden zu können. DZ 70–88 €, im vierten Stock gibt es noch Zimmer für 55 €; Frühstück 10,50 €. 80, allées Paul-Riquet, ✆ 0467763866, www.hotelsdespoetes.net. **««**

*** Impérator **7**, alteingesessenes Hotel – seit 1910 im Besitz der Familie Planès – mit gut ausgestatteten Räumlichkeiten, mitten im Zentrum gelegen. Wer einen leichten Schlaf hat, sollte eines der durchaus geschmackvoll eingerichteten Zimmer zum Garten wählen. Garage ab 12 €. Kostenloses WLAN. Zimmer je nach Saison und Ausstattung 83–125 € (EZ ab 69 €); das Frühstück (11 €) wird im Sommer im lauschigen Garten hinter dem Haus serviert. 28, allées Paul Riquet, ✆ 0467490225, www.hotel-imperator.fr.

** Hôtel Résidence **13**, angenehmes, charmantes Landhotel (Logis) 10 km südwestl. in Nissan-lez-Ensérune. Netter Garten mit Pool vorhanden. WLAN. Empfehlenswert ist auch das zugehörige Restaurant, beispielsweise mit einer 48 Stunden auf Niedrigtemperatur gegarten Lammkeule. Mittagsmenü zu 14,90 und 19,90 €, abends 25 und 29,90 €. Freitag- und Samstagmittag bleibt die Küche kalt. Ansprechende Zimmer je nach Saison und Ausstattung 61–112 €; Frühstück 12 €. ✆ 0467370063, www.hotel-residence.com.

** Hôtel de France **6**, etwas älteres, aber erst kürzlich renoviertes Hotel in einer Seitenstraße der Allées Paul-Riquet. Positiv sind die sehr ordentlichen, meist in Pastelltönen gehaltenen Zimmer. Die guten Matratzen und das schöne Bad verdienen ebenfalls ein Lob. Freundlicher Empfang. Nur das Frühstück ist dürftig wie bei fast allen französischen Hotels in dieser Preisklasse. WLAN. DZ je nach Ausstattung 55–64 € (die billigen nur mit Etagen-WC); Frühstück 7 €. 36, rue Boïeldieu, ✆ 0467284471, www.hotel-2-france.com.

L'Appart des Anges 15, eine der ungewöhnlichsten Unterkünfte im Languedoc findet man auf dem Canal du Midi bei Cers, rund 5 km südöstl. von Béziers. Christophe und Jeanfi haben einen alten Lastkahn zu einer absolut charmanten Herberge mit nur drei Zimmern umgebaut. Es gibt ein Sonnendeck mit Minipool, zudem stehen den Gästen vier Fahrräder und kostenloses WLAN zur Verfügung. DZ mit Frühstück ab 138 €. ℡ 0467260557, www.appartdesanges.com.

Camping Außer einem ganz kleinen, simplen Platz (**Domaine de Clairac**) an der Straße nach Pézenas gibt es keine Campingplätze in Béziers. Es empfiehlt sich, nach Valras-Plage auszuweichen, wenn man mehr Komfort wünscht. Übernachtung 17 € für 2 Pers. inkl. Stellplatz. Von April bis Sept. geöffnet. Route de Bessan, ℡ 0467767897, www.campingclairac.com.

Essen & Trinken, Nachtleben

L'Ambassade 16, wenn ein Restaurant stets mit dem Namen seines Kochs in einem Atemzug genannt wird, dann geht es in Frankreich um wirklich exquisite Küche. In diesem Fall heißt der von den Testessern von Gault Millau und Michelin gerühmte Chef Patrick Olry. Im zeitlos modernen Ambiente wird klassische französische Küche zelebriert. Vorzüglich waren das im Ofen zubereitete Milchlamm oder der Seeteufel auf Frühlingsgemüse. Menüs zu 30 € (werktags), 45, 70 und 120 €. So und Mo geschlossen, Reservierung empfohlen. Ab Ende Mai drei Wochen Betriebsferien. Das Restaurant liegt schräg gegenüber des Bahnhofs in einem unscheinbaren Haus. 22, boulevard de Verdun, ℡ 0467760624. www.restaurant-lambassade.com.

»» **Mein Tipp:** Octopus 8, eine weitere empfehlenswerte Adresse für die Freunde anspruchsvoller Gaumenfreuden (ein Michelin-Stern). In modernen Räumlichkeiten mit deutlichen Farbakzenten (im Sommer auch im lauschigen Innenhof) wird eine kreative Küche zelebriert, die wie beim Risotto mit Meeresfrüchten oder einem *Filet de Canette* mit warmer Mango und Spinat ungewöhnliche Geschmacksakzente setzt. Mittagsmenü zu 22 € (zwei Gänge mit einem Glas Wein und Café), abends zu 30, 40, 45 und 75 €. So und Mo Ruhetag, ab 15.8. drei Wochen Betriebsferien. 12, rue Boïeldieu, ℡ 0467499000. www.restaurant-octopus.fr. ««

Übernachten
- 6 Hôtel de France
- 7 Impérator
- 12 Hôtel des Poètes
- 13 Hôtel Résidence
- 14 Château de Lignan
- 15 L'Appart des Anges

Essen & Trinken
- 1 Au Soleil
- 2 Le Petit Montmartre
- 3 Le Patio
- 4 Massilia
- 8 Octopus
- 9 Au Pif Rouge
- 10 L'Autremont
- 11 Le Chameau Ivre
- 16 L'Ambassade

Béziers 333

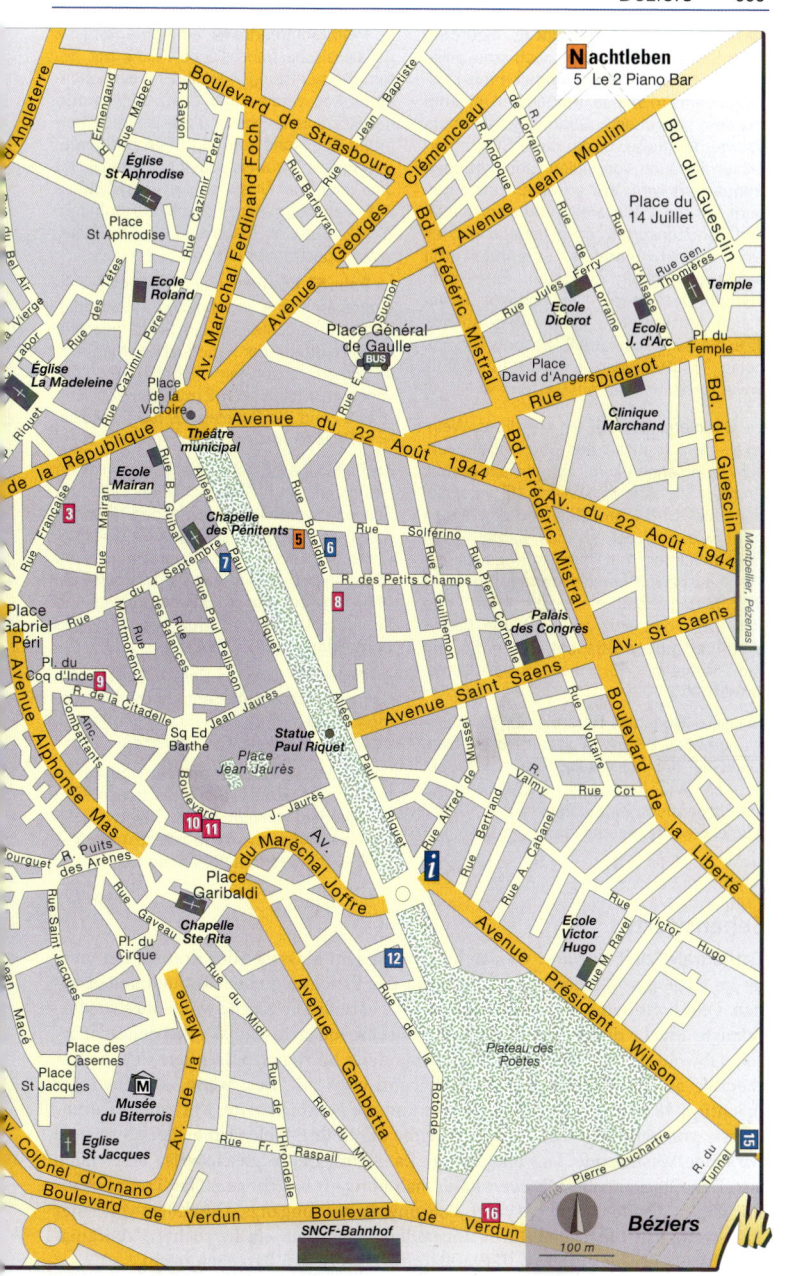

Nachtleben
5 Le 2 Piano Bar

Héraut → Karte S. 286/287

Béziers
100 m

》》 Mein Tipp: L'Autremont 🔟, Gourmetkoch Patrick Olry betreibt noch eine „Filiale" mit einem hervorragenden Preis-Leistungs-Verhältnis. Das moderne Ambiente mit dem herrlichen Fußboden gefällt ebenso wie die große, beschattete Straßenterrasse, die auch von vielen Einheimischen frequentiert wird. Wir erfreuten uns an einem Salat mit Mozarella und verschiedenen Tomatensorten, anschließend gab es eine perfekt gebratete Entenbrust mit selbst gemachten Kroketten. Ein Traum war das Dessert mit einer Schokoladenvariation. Mittagsmenü 18 oder 25 €, abends 35 €. Kostenloses WLAN. So und Mo Ruhetag. 15, place Jean-Jaurès, ✆ 0467803510. www.restaurant-lautrement.com. 《《

Le Chameau Ivre 🔟, ein trendiges Weinlokal – wie man an den Weinregalen unschwer erkennen kann. Es gibt ein großes Angebot an offenen Weinen (15 verschiedene für 2,50–6 € pro Glas) und damit man nicht wie ein „betrunkenes Kamel" nach Hause taumelt, hat man zum Essen die Wahl aus zwölf verschiedenen Tapas (3–6 €). Mittagsmenü mit einem Glas Wein 15 €. Sehr nett sitzt man auf den Barhockern der großen Straßenterrasse. So und Mo Ruhetag. 16, place Jean-Jaurès, ✆ 0467802020.

Massilia (Bouchon Bitterois) 🔟, ein stimmungsvolles Bistrot mit alten Holzstühlen, direkt bei der Markthalle. Straßenterrasse. Mittagsmenü 16 €, sonst 20 €. Abens nur Do–Sa geöffent. 28, rue Paul Riquet, ✆ 0467 483055. www.restaurant-lemassilia.fr.

Le Petit Montmartre 🔟, eine gute Adresse für klassische französische Küche mit gutem Preis-Leistungs-Verhältnis – ein besonderes Lob verdient der *Loup*. Zum Motto des Restaurants passend, rieseln im Hintergrund Chansons von Edith Piaf und anderen Pariser Größen. Gayfriendly. Plat du Jour mit einem Glas Wein für 13 €, Menü zu 27 €. Samstagmittag, So und Mo Ruhetag. 2, place de la Madeleine, ✆ 0467285654, www.lepetitmontmartre.net.

Le Patio 🔟, das Restaurant hat sich der mediterranen Küche verschrieben, wobei auch deftigere Gerichte wie ein Spieß grillter Kalbsnieren auf der Karte stehen. Man sitzt in einem lauschigen Innenhof mit Olivenbaum. Menüs zu 17 € (mittags), 22,50 und 28 €. So und Mo Ruhetag. 21, rue Française, ✆ 0467490945, www.restaurant-patio.fr.

Au Pif Rouge 🔟, nette Mischung zwischen Restaurant und Weinbar in der Altstadt. Serviert werden an einfachen Tischen meist kleinere, aber sehr leckere Gerichte. Unter den Gästen viel jüngeres Publikum. Mittagsmenü 15,50 €, abends à la carte ca. 18 €. Straßenterrasse. Samstagmittag und So geschlossen. 23, rue des Anciens Combattants, ✆ 0467772619.

Au Soleil 🔟, schönes Café mit einer großen, einladenden Straßenterrasse. Mittagsmenü zu 19,50 €. Di–Sa 9–19 Uhr geöffnet. 1, place de la Madeleine, ✆ 0467285426.

Le 2 Piano Bar 🔟, der derzeit angesagteste Club von Béziers. Bis in die frühen Morgenstunden herrscht reges Treiben, gelegentlich wird auch Live-Musik gespielt. Mi–Sa 22–6 Uhr geöffnet. Rue Solférino.

Sehenswertes

Cathédrale Saint Nazaire: Wenige Jahre nach dem Massaker der Kreuzfahrer wurde im Zuge des Wiederaufbaus auch mit der Errichtung einer Kathedrale begonnen. Dies hatte symbolhaften Charakter: Die katholische Kirche wollte ihre wiedererlangte Macht durch den Bau einer eindrucksvollen Bischofskirche demonstrieren. Obwohl sich die Arbeiten über Jahrhunderte hinzogen, präsentiert sich die Kathedrale als einheitliches Ensemble im gotischen Stil. Beachtung verdienen der mächtige, 48 Meter hohe Glockenturm und die Fensterrosette: Mit einem Durchmesser von zehn Metern dominiert sie die durch ihre Wehrtürme eher abweisend wirkende Westfassade. Das einschiffige Langschiff fiel vergleichsweise bescheiden aus. Den Glockenturm (*Clocher*) kann man übrigens besichtigen: Das Treppenhaus mit enger Wendeltreppe befindet sich unweit des Eingangs. Geschützt von einer Balustrade kann man den Turm umrunden, wobei sich ein herrlicher Panoramablick bietet, der bei guten Wetterverhältnissen bis zu den Pyrenäen reicht.

Zum Kathedralenkomplex gehören auch noch der Bischofspalast und ein aus dem 14. Jahrhundert stammendes Kloster; es besitzt einen schönen, aber nicht vollendeten gotischen Kreuzgang mit seinen Wasserspeiern. Über eine Treppe gelangt man hinunter in den bischöflichen Garten (*Jardin des Evêches*).
Tgl. 9–12 und 14.30–17.30 Uhr, Juni bis Aug. 9–19 Uhr. Kloster und Jardin des Evêches: im Sommer tgl. 10–19 Uhr, Okt. bis April tgl. 10–12 und 14–17.30 Uhr. Eintritt frei!

Sainte-Madeleine: Die im Grundriss einer Basilika ähnelnde Kirche ist als Schauplatz jener Tragödie, bei der 7000 Menschen von einem Heer religiöser Fanatiker ermordet wurden, in die Geschichte eingegangen. Eine Gedenkplakette mit einem Kreuzritter erinnert an das Massaker. Einige Partien wie der Chor und das Kirchenschiff stammen noch von dem im romanischen Stil erbauten Vorgängerbau, andere Teile sind gotisch, der auffällige 40 Meter hohe Glockenturm, der von einem schlanken Treppenturm flankiert wird, datiert ins 15. Jahrhundert. Der Innenraum der stimmungsvollen, aber schlichten Kirche wird von einem Holzgewölbe abgeschlossen.
Tgl. 10.30–12.30 und 16–18 Uhr.

Sainte Aphrodise: Sainte Aphrodise ist die älteste Kirche der Stadt und nach dem Ortsheiligen Aphrodisius benannt. Wahrscheinlich schon im 4. Jahrhundert haben sich die Christen hier zum Gottesdienst versammelt. Sieht man einmal von einem romanischen Sarkophag ab – er dient seit dem 18. Jahrhundert als Taufbecken –, so ist nichts aus dieser Anfangsphase erhalten geblieben. Die kleine Krypta der Basilika dürfte noch aus karolingischer Zeit stammen, das düstere Kirchenschiff aus dem 10. Jahrhundert, während der gotische Chor fast ein halbes Jahrtausend später angebaut wurde. Bis zum Ende der anstehenden Renovierungsarbeiten (2016) ist die Kirche nicht zu besichtigen.

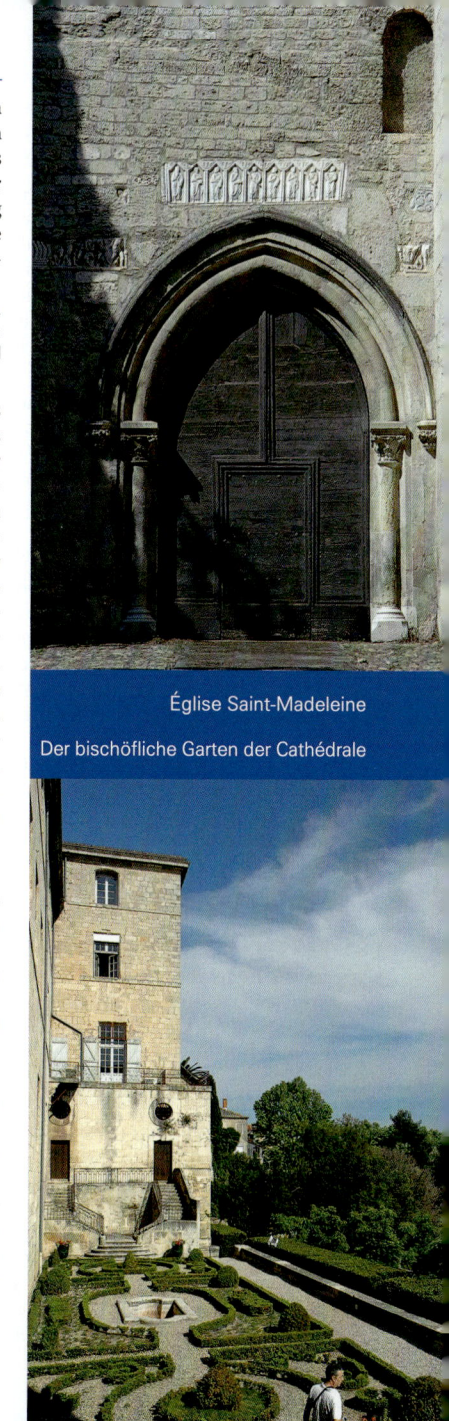

Église Saint-Madeleine

Der bischöfliche Garten der Cathédrale

Bei Interesse lohnt sich anschließend noch ein Spaziergang über die Rue Ermengaud zum nostalgischen Vieux Cimetière mit seinen verzierten Grabmälern (10 Minuten zu Fuß, tgl. 10–19 Uhr geöffnet).

Musée du Biterrois: Das städtische Museum – es ist in einer Kaserne aus dem 18. Jahrhundert untergebracht – ist glücklicherweise kein dröges Heimatmuseum, sondern bietet auf seinen 3000 Quadratmetern einen guten Einblick in die regionale Architektur, Ethnologie und Naturgeschichte. Die in ansprechender Weise ausgestellten Exponate widmen sich vor allem Themen wie religiöses und intellektuelles Leben, Fischfang, Weinbau und Städtebau.

Rampe du 96. Juli und Aug. tgl. außer Mo 10–18 Uhr, Sept. bis Juni Di–Fr 9–17, Sa und So 10–18 Uhr. Eintritt 3 €, erm. 2 €. Kombiticket für alle drei Museen 4 €, erm. 3 €.

Eglise Saint Jacques: Das in unmittelbarer Nähe zum Musée du Biterrois stehende Gotteshaus ist ein wohlproportioniertes romanisches Kleinod. Kunsthistorisch besonders bedeutsam ist die fünfeckige Apside (12. Jahrhundert) der ehedem zu einem Augustinerkloster gehörenden Kirche. Wie der Name bereits andeutet, gehörte die Kirche zu jenen Stationen, die die Pilger auf ihrem Weg nach Santiago de Compostela aufsuchten.

Place Saint-Jacques. Die Kirche ist nur So von 9.30–11 Uhr zu besichtigen.

Musée des Beaux-Arts (Musée Fabregat): Das im Haus des einstigen Bürgermeisters Auguste Fabregat untergebrachte Museum präsentiert einen recht bunten, aber qualitativ hochwertigen Querschnitt zum Thema „Schöne Künste". Der Bogen spannt sich von griechischen Keramiken (Amphoren etc.) bis hin zu Zeichnungen des Résistance-Helden Jean Moulin, die dessen Schwester Laure dem Museum vermachte. Der Schwerpunkt liegt aber eindeutig auf der bildenden Kunst. Ausgestellt sind beispielsweise Gemälde von Hans Holbein und aus dem 19. Jahrhundert (Delacroix, Corot, Daubigny etc.). Besonders gut bestückt ist die Sammlung moderner und zeitgenössischer Kunst, darunter Werke von Chirico, Utrillo, Kisling, Dufy und Signac.

Place de la Révolution. Juli und Aug. tgl. außer Mo 10–18 Uhr, Sept. bis Juni Di–Fr 9–17, Sa und So 10–18 Uhr. Eintritt 3 €, erm. 2 €. Kombiticket für alle drei Museen 4 €, erm. 3 €.

Held der Résistance: Jean Moulin

Der aus Béziers stammende Jean Moulin (1883–1943) hatte maßgeblichen Anteil am Erfolg der französischen Résistance gegen die deutschen Besatzer. Moulin war im Januar 1942 mit dem Fallschirm über den Alpilles abgesprungen, um im Auftrag von Charles de Gaulles die Aktionen der verschiedenen Widerstandsgruppen zu koordinieren und um im Mai 1943 das *Conseil National de la Résistance* (CNR) zu gründen; die Schlagkraft des aktiven Widerstands verbesserte sich dadurch erheblich. Politisch orientierte sich der CNR an den Programmen der Sozialisten und Kommunisten. Moulin geriet am 21. Juni 1943 in Caluire bei Lyon in die Hände der Nazis, die ihn schrecklich folterten, ohne ihm jedoch ein Wort über seine Verbindungsmänner entlocken zu können. Wenige Wochen später starb Moulin nach erneuten schweren Misshandlungen in einem Zug, der ihn nach Deutschland bringen sollte. Eine besondere Ehre wurde Jean Moulin 1964 zuteil: Auf Betreiben von Präsident de Gaulle wurden seine sterblichen Überreste in das Pariser Panthéon, den Ruhmestempel der französischen Nation, überführt.

Musée Fayet: Ein repräsentativer Stadtpalast aus dem 17. Jahrhundert dient als Domizil für eine Zweigstelle des Musée des Beaux-Arts. Im Mittelpunkt der Dauerausstellung stehen zahlreiche Werke des aus Béziers stammenden Bildhauers *Jean-Antoine Injalbert* (1845–1933) sowie Gemälde regionaler Künstler (Alfred Casile, Emile Lagier, Alexandre Cabanel und Ponson) aus den Jahren 1830–1930.

9, rue Campus. Juli und Aug. tgl. außer Mo 10–18 Uhr, Sept. bis Juni Di–Fr 9–17, Sa und So 10–18 Uhr. Eintritt 3 €, erm. 2 €. Kombiticket für alle drei Museen 4 €, erm. 3 €.

Plateau des Poètes: Das Plateau des Poètes wurde 1865 von den Gebrüdern Denis und Eugène Bülher als Gartenanlage im englischen Stil konzipiert, um den Bahnhof mit den Allées Paul Riquet zu verbinden. Aufmerksamkeit verdienen die seltenen Baumarten.

Tgl. 7–20 Uhr, im Winter bis 18 Uhr. Eintritt frei!

Pont Vieux: Mit ihren sechzehn Bögen spannt sich die 240 Meter lange, steinerne Brücke zu Füßen der Cathédrale über den Fluss Orb. Urkundlich erstmals im Jahre 1134 erwähnt, ist die Brücke wahrscheinlich auf den Pfeilern eines römischen Vorgängerbaus errichtet worden. Diese Vermutung stützt sich auch auf die Tatsache, dass die Brücke direkt auf der Trasse der Via Domitia liegt.

Les Ecluses de Fonséranes: Der Canal du Midi wurde 1996 von der UNESCO zum „Weltkulturerbe" erklärt. Als das in technischer Hinsicht bedeutendste Bauwerk gelten dabei die neun Schleusen von Fonséranes, die sich etwa einen Kilometer südwestlich des Zentrums befinden. Mit ihrer Hilfe können die Schiffe auf einer Länge von 312 Metern einen Höhenunterschied von 21,50 Metern überwinden, wobei sie pro Staustufe in jeweils 30 Meter langen, ovalen Becken kurz rasten. Auch für Nichtbootsfahrer lohnt es, sich ein geruhsames Plätzchen zu suchen und zu beobachten, dass die Benutzung einer Schleuse doch einiges an Geschick und Erfahrung erfordert. Möglichkeiten gibt es genug: Zählungen zufolge werden alljährlich 8000 Passagiere an den Schleusen von Fonséranes registriert.

Imposant: Les Ecluses de Fonséranes

Die Vision des Paul Riquet

Am Anfang stand ein Mann und eine Vision: Der aus Béziers stammende Pierre Paul de Riquet (1604–1680) träumte von einem Kanal, der den Atlantik mit dem Mittelmeer verbindet. Als Eintreiber der königlichen Salzsteuer hatte Riquet, der auch den Titel eines Baron de Bonnepas führte, ein Vermögen verdient, doch ihn interessierte eigentlich nur sein Kanalprojekt. Jahrzehntelang widmete er sich geologischen und ingenieurstechnischen Studien, um die technische Machbarkeit seines *Canal de Deux Meres* zu überprüfen, waren doch schon die Römer und mehrere Könige beim Kanalbau gescheitert.

Erst im Jahre 1663 konnte Riquet mit Unterstützung des Erzbischofs von Toulouse den mächtigen Minister Colbert für seinen gigantischen Plan gewinnen: Riquet beabsichtigte, eine 240 Kilometer lange Wasserstraße zwischen Toulouse und dem Mittelmeer zu bauen, um so den langen und gefährlichen Seeweg durch die Straße von Gibraltar zu umgehen. Die hohen Kosten von 20 Millionen Livres verschreckten zwar Colbert, doch Ludwig XIV. war fasziniert von der Idee, seinen Ruhm mit dem Bau eines Kanals zu mehren. Königlich war der Kanal allemal: Betrachtet man die Kosten und den Arbeitsaufwand, war der Canal du Midi das größte und kühnste Bauprojekt des *Grand Siècle*. Allerdings dauerte dem „Sonnenkönig" der Kanalbau zu lange. Da auch das Schloss von Versailles die königlichen Finanzen stark in Anspruch nahm, flossen die Mittel aus Paris immer spärlicher. Riquet blieb also nichts anderes übrig, als sein gesamtes Vermögen und die Mitgift seiner Frau für seinen Kanaltraum einzusetzen. Doch letztlich war es ihm nicht vergönnt, die Fertigstellung seiner Wasserstraße zu erleben: Sieben Monate zuvor starb Riquet hoch verschuldet – angeblich an gebrochenem Herzen. Zumindest erhielt er auf Staatskosten ein Grabmal in der Kathedrale von Toulouse.

Der „Vater" des Canal du Midi:
Paul Riquet

Glücklich konnten sich hingegen seine Nachkommen schätzen: Sie erbten das Recht, Schiffszölle auf dem Canal du Midi erheben zu dürften, und verdienten sich damit eine goldene Nase – zuvor mussten sie allerdings noch 44 Jahre lang die Schulden ihres Ahnen abbezahlen. Erst die Revolution erklärte den Kanal zum Staatseigentum, so dass die Einnahmen fortan der Republik zugute kommen sollten. Nachdem die Familie Riquet in der Restauration wieder ihre alten Rechte erhalten hatte, verkauften sie diese 1897 schließlich an den französischen Staat. Der Ruhm für Paul Riquet kam postum: Béziers hat seinen größten Sohn mit der Errichtung eines Denkmals geehrt; es steht auf den nach ihm benannten Allées Paul Riquet.

Valras-Plage 339

Umgebung von Béziers

Auch rund um Béziers gibt es einiges zu entdecken und zu unternehmen. Die Möglichkeiten reichen vom Baden im Meer über Wanderungen am Canal du Midi bis hin zu Besichtigungen von beschaulichen Dörfern mit zahlreichen interessanten historischen Bauwerken.

Sérignan
6600 Einwohner

Die am rechten Ufer des Orbs gelegene Kleinstadt wird von der Kollegiatskirche Notre-Dame-de-Grâce mit ihrem mächtigen, 30 Meter hohen Glockenturm dominiert. Die Bausubstanz des erstmals im Jahr 990 erwähnten Gotteshauses datiert ins 12. und 13. Jahrhundert. Aber auch für Freunde moderner Kunst hat Sérignan etwas zu bieten: Das Regionalmuseum für Zeitgenössische Kunst im Languedoc-Roussillon zeigt auf 2500 Quadratmetern anspruchsvolle Wechselausstellungen. Ein ansprechender moderner Bau ist auch die Médiathèque Samuel Beckett. Zum Baden fährt man ein paar Kilometer nach Osten, wo man bei **Sérignan-Plage** einen sehr schönen Sandstrand findet.

Information Office de Tourisme, Halle de la Cigalière, 1, avenue de Béziers, 34410 Sérignan, ✆ 0467324221, www.ville-serignan.fr. bzw. www.beziers-mediterranee.com.

Markt Montag-, Mittwoch- und Freitagvormittag.

Museum Musée Régional d'Art Contemporain Languedoc-Roussillon, 146, avenue de la Plage. Di–Fr 10–18 Uhr, Sa und So 13–18 Uhr. Eintritt 5 €, erm. 3 €. http://mrac.languedocroussillon.fr.

Übernachten & Essen »› Lesertipp: **Domaine des Layres**, ein älteres Gutshaus mit Garten und Pool (Chambres d'hôtes). Insgesamt werden drei Zimmer und zwei Suiten vermietet. WLAN. DZ je nach Saison 80–105 € (inkl. Frühstück). 30, rue Hérail, ✆ 0467261627, www.domainedeslayres.com. ‹‹‹

››› **Lesertipp:** L'Harmonie, „ein ausgesprochen gutes und geschmackvolles Restaurant in zentraler Lage. Schöne Terrasse." Leser Ronald in der Stroth lobte auch das gute Preis-Leistungs-Verhältnis des inzwischen auch von Michelin und Gault Millau empfohlenen Lokals. Menüs ab 18 €. Montag, Samstagmittag und Sonntagabend Ruhetag. Chemin de la Barque, ✆ 0467323930. www.lharmonie.fr. ‹‹‹

Valras-Plage
3650 Einwohner

Valras-Plage ist der beliebteste Badeort in der Umgebung von Béziers. An der Mündung des Orb gelegen, hat sich das Fischerstädtchen das Prädikat „familienfreundlich" erworben. Als großer Aktivposten gilt abgesehen von dem Yachthafen ein sechs Kilometer langer Sandstrand, der sich bis zur Mündung der Aude erstreckt und in seinen südlichen Abschnitten für Naturisten (FKK) ausgewiesen ist. Die Dünenstreifen (*Conservatoire du Littoral*) stehen unter Naturschutz.

Information Office de Tourisme, place René Cassin, 34350 Valras-Plage, ✆ 0467 323604, www.ville-valrasplage.fr.

Markt Montag- und Freitagvormittag.

Veranstaltungen Fischerfest am 1. Juli.

Casino Rue des Elysées, ✆ 0467326060.

Camping **** Les Vagues, sehr komfortable Anlage – es gibt auch einen Drei-Sterne-Ableger – mit großem Freizeitangebot (Tischtennis, Volleyball und Minigolf), die größte Attraktion ist das Freizeitbad mit Riesenrutsche und Wellenbad. Selbstverständlich sind auch ein Restaurant und ein Supermarkt vorhanden. Etwa 300 m vom Meer entfernt. Von Mitte April bis Sept. geöffnet. Chemin des Montilles, ✆ 0467373312, www.lesvagues.net.

Hérault → Karte S. 286/287

Canal du Midi

Der Canal du Midi gilt noch heute als ein „Wunderwerk der Technik". Nur fünfzehn Jahre vergingen seit dem ersten Spatenstich im April 1667 bis zur Einweihung des Kanals. Diese rekordverdächtige Bauzeit ist vor allem dem großen Heer an Arbeitskräften zu verdanken: Bis zu 12.000 Frauen und Männer – als *gens de l'eau* bezeichnet – waren gleichzeitig beschäftigt, um den zwischen 2,20 Meter und 2,50 Meter tiefen und bis zu 19 Meter breiten Kanal auszuheben sowie Schleusen und Brücken zu errichten. Riquet bezahlte seine Arbeiter für die damalige Zeit ungewöhnlich gut – selbst eine Lohnfortzahlung im Krankheitsfall war gewährleistet –, diese wiederum dankten ihrem Arbeitgeber für seine Sozialleistungen mit einem vorbildhaften Arbeitseinsatz. Entlang der 240 Kilometer langen Wasserstraße entstanden insgesamt 64 ovale Schleusen, zahlreiche Aquädukte und knapp hundert Brücken, um den Höhenunterschied und die geographischen Hindernisse zu überbrücken. Das größte technische Problem war, das ganze Jahr hindurch einen gleichmäßigen Wasserstand zu gewährleisten, obwohl der Kanal an seinem Scheitelpunkt eine Höhe von 194 Metern überwinden musste. Dies löste der geniale Paul Riquet, indem er an der Wasserscheide zwischen Mittelmeer und Atlantik in der Montagne Noir eine Quelle anzapfte und die Talsperren von Saint-Ferréol und Lampy anlegen ließ – nach Belieben konnte so ausreichend Wasser in den Kanal geleitet werden.

Der *Canal du Midi* revolutionierte das südfranzösische Transportwesen und brachte einen enormen wirtschaftlichen Aufschwung mit sich (einzig auf dem militärischen Sektor erwies er sich als bedeutungslos). Ein von drei Pferden gezogenes Schnellboot konnte die Strecke von Sète nach Toulouse in nur fünf Tagen bewältigen. Kohle, Holz, Wein, Getreide, Oliven – es gab kaum ein Produkt, das nicht auf dem Kanal transportiert wurde. Außerdem dienten die Fähren dem Transport von Briefen und Paketen. Über zwei Jahrhunderte stieg der Warenumsatz stetig an. In der Mitte des 19. Jahrhunderts wurden jährlich knapp 100.000 Passagiere und mehr als 100 Millionen Tonnen Fracht befördert. Erst die Eröffnung der von Toulouse nach Sète führenden Eisenbahnlinie ließ den Kanaltransport wirtschaftlich uninteressant werden. In puncto Geschwindigkeit und Transportvolumen war der Canal du Midi nun nicht mehr konkurrenzfähig. Quasi von einem Tag auf den anderen brach der Frachtverkehr zusammen und nur noch ein paar Angler bevölkerten die Uferwege. Erst vor mehr als zwei Jahrzehnten erlebte der Canal du Midi durch den Hausboot-Tourismus eine kleine Renaissance.

Traurige Nachrichten: In den nächsten Jahren müssen sukzessive alle 42.000 Platanen entlang des Canal du Midi gefällt werden, da die Bäume vom Platanenkrebs, einem Pilz (Ceratocytis platani), befallen sind und absterben. Mit der Neubepflanzung von 160 gegen den Pilz resistenter Platanen wurde 2011 in Trèbes begonnen, aber es werden Jahrzehnte vergehen, bis das alte Landschaftsbild wieder entsteht. Die Kosten von 200 Millionen Euro sollen teilweise über Spenden gedeckt werden.

Malpas-Tunnel

Oppidum d'Ensérune

Der hoch aufragende Hügel von Ensérune schien wie geschaffen für die Errichtung eines keltischen Oppidum. Mit ihren abfallenden Hängen ließ sich die 120 Meter hohe Erhebung im Kriegsfall leicht verteidigen, zudem bot sie ausreichend Platz für Mensch und Vieh. Archäologischen Grabungen zufolge dürfte eine Besiedlung mit Holzhütten ins 6. Jahrhundert vor unserer Zeitrechnung datieren. Zwei Jahrhunderte später war eine kleine keltische Stadt mit Straßen, Steinhäusern, Getreidesilos, Zisternen, Grabstätten und Befestigungsanlagen entstanden. Mit den in Agde und Marseille lebenden Griechen bestanden rege Handelskontakte, wie zahlreiche Keramikfunde belegen. Als die Römer nach Südfrankreich kamen, dürfte das Oppidum d'Ensérune etwa 7500 Einwohner gezählt haben. Indirekt waren die Römer auch für die Aufgabe des Oppidum verantwortlich: In den langen Friedensperioden zogen die Bewohner hinunter in die Ebene; Ende des 1. Jahrhunderts unserer Zeitrechnung war Ensérune dann ein verlassener Ort. Verschiedene Funde (Keramiken aus Kleinasien und Iberien, Bronzefiguren, Urnen etc.) sind in einem kleinen Museum ausgestellt.

Mai und Aug. 10–19 Uhr, April und Sept. bis Juni 10–12.30 und 14–18 Uhr, im Winter tgl. außer Mo 9.30–12.30 und 14–17.30 Uhr. Eintritt 7,50 €, erm. 4,50 €. Für EU-Bürger unter 26 Jahre ist der Eintritt frei! http://enserune.monuments-nationaux.fr.

Vom Hügel des Oppidum d'Ensérune aus bietet sich noch ein weiteres Schauspiel dar: Von hier aus hat man den besten Blick auf den nahe gelegenen **Etang de Montady**. Die Größe des 1247 trocken gelegten Sees lässt sich noch deutlich ausmachen. Da die Felder aus entwässerungstechnischen Gründen strahlenförmig angeordnet wurden, erinnert der Etang de Montady an ein überdimensionales Wagenrad.

Hinweis: Direkt unter dem Ensérune-Hügel wird der Canal du Midi durch den Malpas-Tunnel geführt. Der 173 Meter lange Tunnel – er wurde in nur sechs Tagen gegraben – war der erste unterirdische Schiffstunnel der Welt!

Capestang

2800 Einwohner

In dem am Canal du Midi gelegenen Örtchen besteht ein offensichtliches Missverhältnis zwischen der Kirche und dem sie umgebenden Dorf. Von ihren Ausmaßen her könnte die gotische Kollegiatskirche Saint-Etienne mit ihrem 44 Meter hohen Glockenturm leicht in einer Großstadt stehen. Das Kirchenschiff erreicht eine beachtliche Höhe von 26,70 Metern! In unmittelbarer Nachbarschaft der Kirche steht noch ein im 14. Jahrhundert für den Erzbischof von Narbonne errichtetes Château.

Verbindungen Busverbindungen mit Béziers.

Markt Mittwoch- und Sonntagvormittag.

Übernachten & Essen »> Lesertipp: Le Mûrier Platane, dieses ansprechende Chambres d'hôtes ist ein Lesertipp von Ildiko Weiss. Unweit des Canal du Midi werden hier vier Zimmer vermietet. Netter Garten mit kleinem Pool. Kostenloses WLAN. DZ 70 € inkl. Frühstück. 4 bis, rue Voltaire, ✆ 0467937845, www.lemurierplatane.fr. «<

Wandern am Canal du Midi

Der Canal du Midi eignet sich nicht nur für Flussbootfahrten, sondern auch für mehr oder weniger ausgedehnte Wanderungen, wobei die schon von Riquet gepflanzten Platanen für viel Schatten sorgen. Wanderfreaks können die 126 Kilometer lange Strecke von Agde bis Carcassonne leicht in vier oder fünf Tagen zurücklegen. Wer nur eine entspannte Tagestour machen will, dem empfiehlt sich, auf den Treidelpfaden von Béziers nach Capestang zu wandern. Die 19 Kilometer sind sehr abwechslungsreich, da man an den Schleusen von Fonséranes sowie am Oppidum d'Ensérune vorbeikommt. Surrende Libellen und quakende Frösche sorgen für die entsprechende Begleitmusik. Zurück geht es mit dem Bus oder man versucht auf der D 11 zum Ausgangspunkt zu trampen.

Quarante

1570 Einwohner

Das wahrscheinlich aus einem keltischen Oppidum hervorgegangene Dorf leitet seinen ungewöhnlichen Namen von vierzig (= quarante) frühchristlichen Märtyrern ab, die einst an dem Ort ihr Leben ließen. Die ehemalige Abteikirche Sainte-Marie-de-Quarante gehört zu den ältesten im romanischen Stil errichteten Kirchen im Languedoc und wurde an der Wende zum 11. Jahrhundert errichtet. Besondere Beachtung verdient die Apsis mit ihren lombardischen Streifenbändern. Zu den Prunkstücken im Inneren des dreischiffigen Gotteshauses zählen zwei romanische Marmoraltäre und ein spätantiker Sarkophag. Wer Lust hat, kann hinter der Kirche durch die engen Straßen der Altstadt mit teilweise überwölbten Gassen spazieren.

Übernachten Château Les Carrasses, in dem herrlichen Landsitz aus dem 19. Jh. werden 28 Suiten und Appartements vermietet. Allerdings sind die Ferien in der traumhaften Anlage samt beheiztem Pool (20x8 m), Tennis und Brasserie nicht ganz billig. Preise ab 200 € pro Nacht. ✆ 0467 000067, www.lescarrasses.com.

Abbaye de Fontcaude

Die 1154 gegründete Prämonstratenserabtei liegt einsam in den Hügeln nordwestlich von Béziers. Wie der Name andeutet, wurde das Kloster in der Nähe einer war-

Abbaye de Fontcaude: Schlichte romanische Formen

men Quelle errichtet; es diente lange Zeit als Etappenstation auf dem Pilgerweg nach Santiago de Compostela. Doch seit den Religionskriegen ging es mit dem klösterlichen Glanz spürbar bergab, die endgültige Auflösung leitete dann die Französische Revolution ein. Heute beherbergt die Abtei ein ansehnliches Weingut, in der Klosterkirche werden gelegentlich Konzerte abgehalten.

Juni bis Sept. Mo–Sa 10–12 und 14.30–19 Uhr, So nur 14.30–19 Uhr, im Winter nur bis 17.30 Uhr. Eintritt 4 €, erm. 2 €. www.abbaye-de-fontcaude.com.

Murviel-lès-Béziers

2800 Einwohner

Murviel-lès-Béziers ist ein altes, vertrautes Dorf, das sich an eine weithin sichtbare Hügelkuppe schmiegt und von einer nahezu kreisrunden Stadtmauer umschlossen wird. Ganz oben steht ein Château (15.–17. Jahrhundert), das teilweise als Rathaus dient, optisch ergänzt durch die schmucke Dorfkirche. Lohnend ist ein Abstecher auf der D 36 nach Westen zum Fluss Orb: Links und rechts der Brücke Réals finden sich mehrere schöne Badeplätze.

Information Office de Tourisme, 10bis, rue Georges Durand, 34490 Murviel-lès-Béziers, ✆ 0467378773. www.tourisme-despechs.com

Markt Dienstag- und Samstagvormittag auf der Place Parech.

Übernachten Château de Murviel, im Schloss von Murviel werden sehr stilvolle Zimmer (Himmelbetten!) vermietet. Zwei Tage Mindestaufenthalt. DZ 85–110 € (inkl. Frühstück). 1, place de Pulmisson, ✆ 04673 23545, www.chateau-de-murviel.com.

Camping * Municipal, einfacher, sehr kleiner Platz am westlichen Ortsrand. Von Juli bis Mitte Sept. geöffnet. ✆ 0467378497.

Essen Le Garde Manger, „romantisch, chic und gutes Essen" war das Résumé einer Leserin zu diesem erst kürzlich eröffneten Lokal. In den modernen Räumlichkeiten werden Köstlichkeiten wie Kalbsnierenspießchen oder Entenfilet mit Chorizo serviert. Mittagsmenü 14 und 18 €, abends 29 und 40 €. Montag und Dienstagmittag Ruhetag. ✆ 0467940958, 5, rue Pounchon, www.le-gardemanger.com.

Lodève

7800 Einwohner

Lodève gehört zu den schönsten Kleinstädten der Region. Die ehemalige Bischofsstadt liegt zu Füßen des Plateau du Larzac am Zusammenfluss von Soulondres und Lergue. Alte Häuser und eine mächtige gotische Kathedrale machen den Reiz des Ortes aus.

Lodève liegt inmitten einer schönen Hügellandschaft unweit der viel befahrenen Autobahn (A 75), die nach Norden durch das Zentralmassiv bis Clermont-Ferrand führt. Einen Zwischenstopp lohnt die Stadt auf jeden Fall. Obwohl wirtschaftlich seit jeher nach Norden ausgerichtet, besitzt Lodève eindeutig ein mediterranes Erscheinungsbild. Die Altstadt mit ihrer verkehrsberuhigten Grand-Rue offenbart immer wieder reizvolle Details, sei es ein schönes Portal oder eine malerisch geschwungene Brücke. Doch viele Indizien wie verlassene Geschäfte und bröckelnde Fassaden weisen darauf hin, dass Lodève viel von seiner einstigen Bedeutung verloren hat.

Geschichte

Lodève kann auf eine mehr als zweitausendjährige Vergangenheit zurückblicken. Bereits in gallischer Zeit befand sich hier eine prosperierende Ortschaft namens *Luteva*. Später wechselten sich dann Römer, Westgoten und Mauren in kurzer Folge ab. Die einstige wirkliche Konstante war – von kurzen Unterbrechungen abgesehen – das Christentum. Seit dem 4. Jahrhundert war Lodève Sitz eines Bistums. Alle 84 Bischöfe, die von 506 bis 1790 den Krummstab hielten, sind namentlich bekannt. Erst durch die Französische Revolution wurde der Bischofssitz aufgelöst. Bedeutendster Wirtschaftszweig war seit dem Mittelalter der Tuchhandel. Unter der Ägide Ludwigs XIV. wurde die Stadt durch die Vermittlung des Kardinal Fleury zum Hauptstofflieferanten für Uniformen der königlichen Armee. Seit 1975 ist der Uranabbau mit 800 Beschäftigten neben der Textil- und Holzindustrie die wichtigste Erwerbsquelle der Stadt. Ein Viertel des französischen Uranvorkommens wird in der Umgebung von Lodève vermutet.

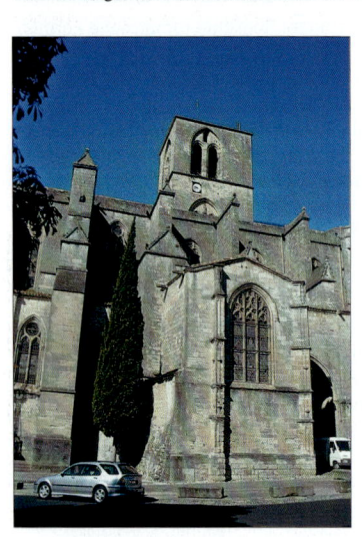

Cathédrale Saint-Fulcran

Basis-Infos

Information Office de Tourisme, 7, place de la République, 34700 Lodève, ✆ 0467 888644, www.lodevoisetlarzac.fr

Verbindungen Der Busbahnhof (gare routière) befindet sich am östlichen Rand der Altstadt auf der Place de la République. Tgl. ca. sechs Busverbindungen nach Millau sowie nach Montpellier. Über Clermont-l'Hérault und Pézenas 4-mal tgl. nach Béziers. www.herault-transport.fr.

Lodève

Veranstaltungen *Festival de Poésie*, in der zweiten Julihälfte. www.voixdelamediterranee.com.

Fahrradvermietung Club House, ☏ 0467964648.

Markt Samstagvormittag sowie Dienstagnachmittag (nur im Sommer) im Stadtzentrum. Zudem findet traditionell ein großer Markt am 13. Febr., am 25 Aug. und 8. Nov. statt.

Post Place Alsace-Lorraine.

Schwimmen Nautilia, städtisches Freibad im Westen der Stadt. Von Mitte Mai bis Anf. Sept. geöffnet. Avenue Joseph Vallot.

Kino Les Cinemas Luteva, boulevard Joseph Maury, ☏ 0467964023.

Übernachten & Essen

*** **Hôtel de la Païx** 3, unlängst großteils renoviertes Logis-Hotel in zentraler Lage. Es wird seit mehr als 125 Jahren von der gleichen Familie geführt. Hinter dem Hotel befindet sich ein kleiner, aber schön gestalteter Swimmingpool. Das Restaurant – etwas distinguiertes Ambiente, Terrasse hinter dem Haus – bietet anspruchsvolle bürgerliche Küche und hat Donnerstagabend und So in der NS geschlossen. Menüs zu 25 und 52 €. WLAN. Im Febr. Betriebsferien. Zimmer je nach Größe und Ausstattung 60–80 € (EZ ab 45 €); Frühstück und Garage jeweils 8 €. 11, boulevard Montalangue, ☏ 0467440746, www.hotel-dela-paix.com.

** **Hôtel du Nord** 1, unlängst renovierte Herberge in einem charmanten Haus mit U-förmigem Grundriss. Angenehm luftig wirken die bodentiefen Fenster mit französischen Balkonen. Freundliche Leitung, kostenloses WLAN. Die gut ausgestatteten Zimmer mit schönen Bädern (vier sogar mit einer kleinen Küche) werden ab 45 € (EZ) bzw. ab 55 € (DZ) angeboten; Frühstück 7,50 €. 18, boulevard de la Liberté, ☏ 0467 44100, www.hoteldunord-lodeve.fr.

Le Petit Sommelier 2, das am Rande der Altstadt gelegene Restaurant verkörpert den kulinarischen Höhepunkt in Lodève. Serviert werden Fischgerichte, darunter auch bodenständiges wie *Cervelle d'Agneau aux capres* oder eine *Pavé de Thon* zu fairen Preisen. Im Sommer sitzt man auf der Terrasse vor dem Haus. Die Menüs zu 18 € (mittags), 28 und 33 € sind auch preislich in Ordnung. So und Mo Ruhetag. 3, place de la République, ☏ 0467440539.

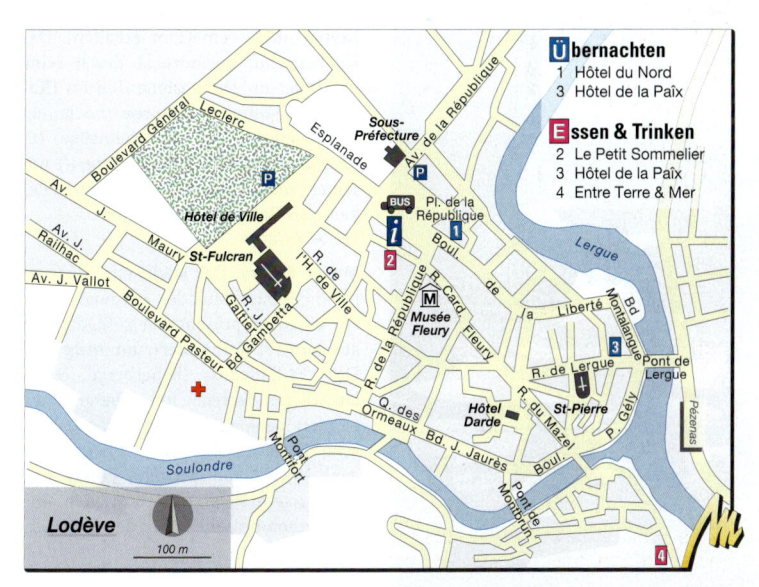

Romanisch: Saint-Michel-de-Garndmont

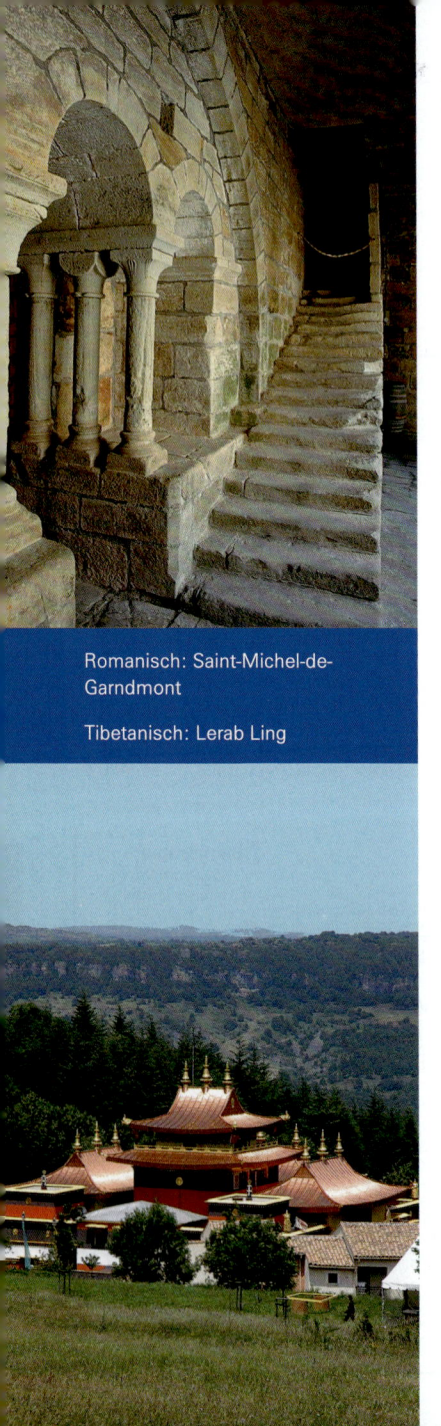

Tibetanisch: Lerab Ling

>>> **Lesertipp:** Entre Terre & Mer 4, das von einem jüngeren Paar betriebene Restaurant ist ein Tipp von Claudia Lindner: „Die Portionen sind ziemlich groß, nett angerichtet, frisch und wohlschmeckend. Es gibt auch immer einen ‚Vorschlag aus der Küche' mit Zutaten, die der Koch frisch vom Markt geholt hat. Menüs zu 20,50 € (darunter auch ein vegetarisches Menü, was in Frankreich sehr selten ist!) und 27,50 €, dazu viele Vor- und Hauptspeisen von der Karte bzw. von der Tafel." Im Juli und Aug. Mo Ruhetag, sonst Di und Mittwochmittag. 4, avenue Paul Teisserenc, ✆ 0467960198. «<

Sehenswertes

Cathédrale Saint-Fulcran: Die ehemalige Kathedrale von Lodève ist ein stattlicher gotischer Bau, der Ende des 13. Jahrhunderts eine im 10. Jahrhundert vom heiligen Fulcran errichtete Kirche ersetzte (Fulcran, der von 949 bis 1006 dem Bistum vorstand, gilt als der bedeutendste Geistliche, der in Lodève beheimatet war). Entstanden ist ein wehrhaftes Gotteshaus mit einem imposanten, 57 Meter hohen Glockenturm (von dem ursprünglichen Gotteshaus ist nur noch die vorromanische, nicht zugängliche Krypta unter dem Chor erhalten). Das Kirchenschiff beeindruckt durch seine beachtlichen Dimensionen. Zum Kathedralenkomplex gehören noch ein Kreuzgang sowie der ehemalige bischöfliche Palast (*Palais Episcopal*) mit seiner monumentalen Freitreppe, der heute als Rathaus genutzt wird.
Tgl. 9–18 Uhr.

Musée Fleury: Das städtische Museum ist im Geburtshaus des Kardinals Fleury, einem repräsentativen Stadtpalast aus dem 17. ahrhundert, untergebracht. Das Erdgeschoss beherbergt einige christliche Stelen. Im Obergeschoss werden geologische und paläontologische Funde (zahlreiche Versteinerungen) sowie prähistorische Funde und Zeugnisse aus der galloromischen Vergangenheit präsentiert. In den Sommermonaten finden im ersten Stockwerk regelmäßig ansprechende Kunstausstellungen statt, beispielsweise über Utrillo oder Derrain und Vlaminck. Hinweis: Wegen Umbauarbeiten wird das Museum ab Januar 2015 für voraussichtlich 18 Monate geschlossen sein.

Square Georges-Auric. Tgl. außer Mo 9.30–12 und 14–18 Uhr (im Sommer tgl. außer Mo 10–18 Uhr). Eintritt 4,50 €, erm. 3 €, bei Sonderausstellungen 7 €, erm. 5,50 €.

Hôtel Dardé: Die 1817 im klassizistischen Stil konstruierte Halle ist dem Bildhauer *Paul Dardé* (1888–1963) gewidmet. Zu sehen ist eine Dauerausstellung mit den Werken *L'Homme de Néandertal*, *Christ aux Outrages* etc. In einem Park gegenüber der Kathedrale steht auch noch ein ungewöhnliches Kriegerdenkmal von Dardé, das den Gefallenen des Ersten Weltkriegs gewidmet ist; es zeigt vier in zeitgenössischer Kleidung trauernde Witwen.

Place du Marché. Tgl. 9–19 Uhr. Eintritt frei!

Umgebung von Lodève

Saint-Michel-de-Grandmont

Einsam liegt die Abtei in den Wäldern, knapp zehn Kilometer östlich von Lodève. Im Jahre 1128 gegründet, präsentiert sich die Prieuré als einheitlicher romanischer Sakralbau mit einschiffigem tonnengewölbtem Langhaus. Sehenswert sind auch die übrigen Klostergebäude, vor allem der kleine Kreuzgang. Das Kloster gehörte zum Orden von Grandmont, eine der strengsten mönchischen Gemeinschaften. In der unmittelbaren Umgebung sind mehrere Dolmengräber zu finden.

Tgl. 10–18 Uhr, im Hochsommer bis 19 Uhr. Führungen von Juni bis Sept. tgl. 10.30, 15, 16 und 17 Uhr, sonst tgl. um 15 Uhr. Eintritt 5,40 €, erm. 2,50 €, mit Führung 6,20 €, erm. 4,80 €. www.prieure-grandmont.fr.

Lunas

Das 14 Kilometer westlich von Lodève gelegene Lunas gefällt vor allem durch sein harmonisches, von Felsen umrahmtes Ortsbild. Eine altertümliche Brücke führt über einen Nebenfluss der Orb zu einer Kirche, deren Ursprünge bis ins 5. Jahrhundert zurückreichen sollen. Schmuck ist auch das direkt am Ufer stehende Château (17. Jahrhundert), in dem sich heute ein Feinschmeckerrestaurant befindet. Mit anderen Worten: Lunas ist ein typisches okzitanisches 650-Einwohner-Dorf, unspektakulär, aber sehenswert!

Lerab Ling

Wer zufällig 25 Kilometer nordwestlich von Lodève zur Lazarc Hochebene fährt, wird sich verwundert die Augen reiben: Mitten in der weltabgeschiedenen Region östlich der Ortschaft Roqueredonde steht ein großer, dreistöckiger tibetischer Tempel! Im Jahre 1991 von Sogyal Rinpoche gegründet, ist hier eines der bedeutendsten Zentren für die Verbreitung der buddhistische Lehre in Europa entstanden, das im Jahre 2000 auch vom Dalai Lama besucht wurde. Am Wochenende werden auch Meditationskurse angeboten.

April bis Okt. nur So 14–18 Uhr. Das Besucherzentrum ist tgl. 10–18 Uhr, Sa und So 11–19 Uhr geöffnet. Eintritt 6,50 €, erm. 4,50 €. www.ripga.org bzw. www.lerabling.org.

Saint-Guilhem-le-Désert: Romanik pur

Saint-Guilhem-le-Désert

240 Einwohner

Saint-Guilhem-le-Désert ist nicht nur ein Kloster, sondern eines der schönsten Dörfer im Languedoc. Die breit gelagerte Chorapsis vor dem kargen Felsmassiv ist eine traumhafte Kulisse. Doch die Schönheit hat ihren Preis: Im Sommer wird das Dorf regelrecht unter dem Ansturm der Touristen begraben.

Saint-Guilhem-le-Désert liegt in einem Seitental der Gorges de l'Hérault, wobei das zugehörige Dorf das gesamte Tal des Verdus in seiner Breite einnimmt. Umgeben von der kargen Hügellandschaft bilden Kloster und Dorf ein überaus harmonisches Gesamtensemble. Selbst ein kleiner Wasserfall fehlt nicht. Im Dorf stehen viele gut erhaltene, prächtig herausgeputzte mittelalterliche Häuser mit gotischen Fensterstürzen; am Dorfplatz plätschert ein Brunnen, während eine stattliche Platane müden Wanderern Schatten spendet. Das in der perfekten Bilderbuchwelt – ein authentisches Dorfleben wird man allerdings vergeblich suchen – auch zahlreiche Kunsthandwerk- und Souvenirgeschäfte zu finden sind, lässt sich wohl nicht vermeiden. In architektonischer Hinsicht frönt man mit der von Rudy Riciotti entworfenen modernen Fußgängerbrucke Passerelle des Anges hingegen dem Zeitgeist.

Ein Tipp: Um dem Touristenansturm zu entgehen, sollte man den Besuch in die frühen Morgenstunden oder auf den Abend legen. Im Hochsommer sind die Parkplätze spätestens um 11 Uhr restlos überfüllt, da 650.000 Besucher pro Jahr gezählt werden! Vom Parkplatz am Pont du Diable gibt es einen kostenlosen Shuttle-Service zum Kloster. Für Hobby-Fotografen eignet sich der Morgen am besten, da der Chor der Abtei dann von der Sonne in ein besonders schönes Licht gehüllt wird.

Saint-Guilhem-le-Désert 349

Geschichte

Seinen Namen erhielt das Kloster von Guilhem (im deutschen *Wilhelm*, im okzitanischen *Guillaume*). Der Cousin von Karl dem Großen war von dem Frankenkönig zum Herzog von Aquitanien und Toulouse ernannt worden und somit einer der mächtigsten Fürsten Südfrankreichs. Für seine Tapferkeit berühmt, hatte „Guilhem der Kurznasige" das fränkische Heer im Kampf gegen die Mauren zu zahlreichen Siegen geführt. Doch der Tod seiner geliebten Frau führte zu einem Gesinnungswandel: Guilhem wandte sich vom weltlichen Leben ab und gründete in der „Wüste" (*Désert*) des Hérault ein Kloster namens *Gellone*. Karl der Große schenkte seinem treuen Vasallen einen Holzsplitter des „Wahren Kreuzes". Als der hochgeschätzte Guilhem im Jahre 812 verstarb, hatte sich das Kloster bereits als Pilgerstation auf dem Weg nach Santiago de Compostela etabliert. Alle Gläubigen, die den *Chemin d'Arles* wählten, versammelten sich an der berühmten Kreuz-Reliquie zum Gebet, schließlich waren sie um ihr Seelenheil besorgt. Später wurde der Ort nach dem heilig gesprochenen Abteigründer Saint-Guilhem-le-Désert benannt.

Rund um das Benediktinerkloster entstand seit dem 11. Jahrhundert ein kleines Dorf, dessen Häuser sich aus Platzmangel eng aneinanderdrücken, sowie eine Burg, die heute nur noch eine Ruine ist. Im 15. Jahrhundert setzte ein lang anhaltender Niedergang ein, der seinen Höhepunkt in den Zerstörungen der Religionskriege fand; wenige Jahre vor Ausbruch der Französischen Revolution war die klösterliche Gemeinschaft von über hundert auf sechs Mönche geschrumpft und der Bischof von Lodève hob das Kloster auf. Zeitweise wurden die Gebäude von einer Baumwollspinnerei genutzt. Erst im Jahre 1978 wurde die klösterliche Tradition durch den Karmeliterinnenorden wieder aufgenommen. Ein Großteil des Dorfes bestand damals aus heruntergekommen Häusern, die mit viel Liebe wieder aufgebaut wurden. Eine nette Geschichte schrieb uns ein Leser: „Als ich 1957/58 in Montpellier studierte, war Saint Guilhem ein Ruinendorf. Weil die Preise für eine Ruine gerade von 300 auf 1000 DM angestiegen waren (einige Pariser Künstler hatten sich dort und in der Umgebung romantisch eingerichtet), fand ich das übertheuert und verwarf einen Kauf. Es wäre eine vorzügliche Investition gewesen ..."

Information Office de Tourisme, 2, place de la Liberté, 34150 Saint-Guilhem-le-Désert, ℡ 0467564197, www.saint-guilhem-le-desert.com. bzw. www.saintguilhem-valleeherault.fr.

Verbindungen Tgl. eine Busverbindung (Linie 160) mit Gignac, Aniane und Montpellier. Vom 15. Juni bis 4. Sept. erhöht sich die Frequenz auf 5 Verbindungen. ℡ 0467922740.

Parken Obligatorischer Parkplatz, 7 € für einen unbegrenzten Aufenthalt, an der Straße 4 €. Shuttle Service vom Pont du Diable.

Post Square Jean Moulin.

Kanuverleih Kayapuna, Kanuverleih für Touren auf dem Hérault. Distanz: 3–12 km. Dauer: mind. 1–4 Std. Kosten: für zwei Personen inklusive Ausrüstung und Rücktransport: 44 € Dieser Verleih hat den Vorteil, dass man auf dem eigenen Parkplatz kostenlos parken kann und sich somit die Parkgebühr spart, wenn man auch noch den Ort besichtigen möchte. ℡ 0467573025, www.canoe-kayapuna.com.

Canoë Montana, Kanuverleih für Touren auf dem Hérault. Distanz: 7–15 km. Dauer: mind. 1–4 Std. Kosten: für zwei Personen inklusive Ausrüstung und Rücktransport: je nach Strecke ab 40 €. Abfahrt zumeist 9.30 und 13.30 Uhr. Es empfiehlt sich, im Hochsommer rechtzeitig vorher anzurufen: ℡ 0467733676, www.canoe-cevennes.com.

Übernachten & Essen Le Guilhaume d'Orange, dieses kleine 2005 eröffnete Hotel liegt direkt am Ortseingang und bietet zehn geräumige Zimmer mit modernen Bädern. Speisen kann man im angeschlossenen Restaurant La Table d'Aurore, im Sommer auf der schönen Terrasse (Menüs zu 23,50 und 33,50 €). DZ 70,50–101,50 €; Frühstück 8 €. 2, avenue Guillaume d'Orange, ℡ 0467572453, www.guilhaumedorange.com.

Hérault → Karte S. 286/287

Mas Cambounet, dieses wunderschöne Chambres d'hôtes befindet sich auf einem abgelegenen Gehöft rund 15 km südl. von Saint-Guilhem. Fabienne Perret und ihr Mann vermieten in ihrem Anwesen fünf großzügige Gästezimmer mit Bad (im Anbau teilweise mit eigener Terrasse). Es gibt auch einen Swimmingpool. Wer will, kann sich beim Abendessen mit leckerer mediterraner Küche verwöhnen lassen. Die Entenbrust, die man uns vorsetzte, mundete wahrlich köstlich. Anfahrt: Von Aniane nach Gignac fahren und dort auf die RN 109 in Richtung Montpellier einbiegen. Nach etwa 3 km führt eine kleine Straße zu dem Gehöft. Mas Cambounet ist ausgeschildert. WLAN. Die Übernachtung im DZ kostet für zwei Personen 80–100 €, das Frühstück mit selbst gemachter Marmelade pro Person 8 €, das Abendessen kostet 29 €. ✆ 0467 575503, www.mas-cambounet.com.

Restaurants Restaurant de Lauzan, das in Gignac gelegene Restaurant ist eine empfehlenswerte Adresse für alle Gourmets unter den Reisenden. Der junge Küchenchef Matthieu de Lauzun hat sich bereits einen Michelin-Stern erkocht und begeistert mit seiner kreativen Kochkunst. Übrigens: Schon Mitterrand war hier im Vorgängerrestaurant, dem legendären Capion, Stammgast. Menüs zu 26,50 € (zwei Gänge, nur mittags außer So), sonst zu 46,50 und 64,50 €. Samstagmittag, Sonntagabend und Mo geschlossen, im März Betriebsferien. Reservierung empfohlen! 3, boulevard de l'Esplanade, ✆ 0467575083, www.restaurant-delauzun.com.

Sehenswertes

Abbaye de Gellone: Der Eingang zur Abteikirche liegt auf dem idyllischen Dorfplatz. Durch ein im 12. Jahrhundert angefügtes **Portal** mit Vorhalle gelangt man ins Innere des streng romanischen Sakralbaus. Der Entstehungszeit des Sakralbaus (11. Jahrhundert) entsprechend, ist das dreischiffige Langhaus relativ klein und dunkel, als Decke dient ein Tonnengewölbe. Die **Krypta** unter der Apsis – sie barg ehemals das Grabmal des heiligen Guilhem – stammt noch von einem Vorgängerbau aus der Entstehungszeit des Klosters. Der eigentliche architektonische Höhepunkt ist jedoch die Außenfassade des Chorhaupts, die von zwei kleineren Apsiskapellen flankiert wird. Gegliedert mit Blendarkaden, Lisenen und Zahnfriesen lässt die Außenfassade lombardische Einflüsse erkennen.

Vom dem ursprünglich zweistöckigen **Kreuzgang** zeugen nur noch die Erdgeschossgalerien des Nord- und Westflügels. Bereits in den Religionskriegen verwüstet, wurden die romanischen Kapitelle nach der Revolution abgebrochen und an Sammler verkauft; Teile sind im Musée du Languedocien in Montpellier ausgestellt, der mit 140 Skulpturen größte Teil gilt als das Glanzstück des auf Kreuzgänge spezialisierten Cloister Museum in New York. Das westlich an den Kreuzgang anschließende Refektorium beherbergt das **Musée lapidaire** mit sakralen Gegenständen, darunter auch der Marmorsarkophag des heiligen Guilhem sowie ein weiterer Sarkophag, der die Gebeine von Guilhems Schwestern Albana und Bertana beherbergte.

Tgl. 8–18.10 Uhr, So 10.45–12 Uhr geschlossen, im Winter nur bis 17.40 Uhr. Eintritt für das Museum 2,50 €.

Vallée au Bout-du-Monde: Eine Kurzwanderung führt – anfangs dem rot-weiß markierten Fernwanderweg GR 74 folgend – vom Dorf durch das „Tal am Ende der Welt". Die kurze Anstrengung wird mit einem schönen Blick auf Saint-Guilhem-le-Désert belohnt.

Wanderung 9: Durch den Cirque de l'Infernet zur Eremitage Notre-Dame-de-Grâce → S. 538
Vielfältige Wanderung über einen Serpentinenpfad zu einer Einsiedelei.

Umgebung von Saint-Guilhem-le-Désert

Gorges de l'Hérault: Der **Pont du Diable** bildet einen famosen Auftakt zur Erkundung der Gorges de l'Hérault. Die sich südlich der heutigen Straße über den Fluss spannende Brücke stammt aus dem frühen 11. Jahrhundert. Die Äbte von Saint-Guilhem und dem Kloster von Aniane ließen den Pont du Diable errichten, um die Verbindung zwischen den beiden Abteien zu erleichtern. In einem Info-Häuschen finden sich Erklärungen zur Brücke. Eindrucksvoll ist der Blick auf das zwischen mächtigen Steinen hindurch verlaufende grün schillernde Flussbett. Die Felsen rund um die Brücke sind eine beliebte, aber nicht ungefährliche Badestelle. Im flacheren Bereich ist eine offizielle Badestelle („Plage") ausgewiesen. Hier gibt es auch eine Kanuvermietung. Seit 2012 ist die Schlucht als Grand Site ausgewiesen (Infozentrum, Weinverkostung). Der Parkplatz ist gebührenpflichtig (4 €), dafür kann der kostenlose Shuttle Service zum Kloster Saint-Guilhem genutzt werden.

Wer will, kann auf der D 4 den landschaftlich sehr reizvollen Gorges de l'Hérault weiter flussaufwärts bis zu dem am Südrand der Cevennen gelegenen Städtchen Ganges folgen.

Grotte de Clamouse: In unmittelbarer Nähe zum Pont du Diable befindet sich die berühmte, 1945 entdeckte Tropfsteinhöhle von Clamouse. Seit 1964 ist die von unterirdischen Wasserläufen gebildete Grotte für die Öffentlichkeit zugänglich, auf einer Führung erhält man einen guten Eindruck von der Formenvielfalt der Tropfsteingebilde samt Muren und Faltenwürfen. Die *Salle à manger* ist mit einer Größe von 50 mal 70 Metern die geräumigste Halle des unterirdischen Komplexes. Auf einer Tour durch die Höhle ertönt klassische Klaviermusik, am Haltepunkt 4 bekommt man sogar eine musikalisch untermalte Lightshow zu sehen, die Leserin Britta Baumann „superklasse und einmalig" fand.

Tgl. 10.30–16.20 Uhr, Juli und Aug. bis 18.20 Uhr, Juni und Sept. bis 17.20 Uhr, Dez. und Jan. geschlossen. Dauer der Besichtigung: 50 Min. Eintritt 9,80 €, erm. 8,30 € bzw. 5,70 € (günstiger im Internet). www.clamouse.com.

Causse-de-la-Selle: Das kleine 300-Seelendorf, dessen Einwohner Caussenards genannt werden, liegt reizvoll auf einer Anhöhe an der Straße (D 4) von Saint-Guilhem-le-Désert nach Ganges beziehungsweise Saint-Martin-de-Londres und eignet sich gut als Etappenstation.

Gorges de l'Hérault

Übernachten & Essen ››› Mein Tipp: ** Le Vieux Chêne, diese in einem netten Steinhaus am Marktplatz gelegene Herberge (Logis) ist ein Lesertipp von Heidrun und Herbert Jansen, die das Essen im zugehörigen Restaurant (eine Gault-Millau-Haube) lobten. Auch die fünf Zimmer des Hotels bieten ein gutes Preis-Leistungs-Verhältnis, entspannen kann man im Garten am nierenförmigen Pool. Wir waren von der ambitionierten ländlichen Küche von Monsieur Vallazza begeistert. Nicht nur die *Salade Vieux Chêne* sowie das geschmorte Rindfleisch und das Lamm im Blätterteig sind einen Umweg wert. In den Sommermonaten speist man unter der überdachten Terrasse hinter dem Haus. Menüs zu 15 € (mittags) sowie 25, 31, 39 und 53 €. EZ 71 €, DZ 77 €; Frühstück 10 €. Plan du Lac, ✆ 0467731100, www.hotel-restaurant-vieuxchene.com. ‹‹‹

Gorges de la Buèges: Rund 20 Kilometer nördlich von Saint-Guilhem-le-Désert (D 122 zweigt in Causse de la Selle ab) erstreckt sich diese enge Schlucht parallel zum Hérault. Im Zentrum des Vallée de la Buèges liegt **Saint-Jean-de-Buèges**, ein kleines, von einer Burgruine überragtes Dorf, das ehedem von der Seidenraupenzucht lebte. Von Saint-Jean kann man die Gorges de la Buèges auf einer Wanderung bis zum Pont de Vareilles erkunden.

Clermont-l'Hérault

6500 Einwohner

Das verschlafene Kleinstädtchen ist für seinen Wein- und Olivenanbau bekannt. Zudem besitzt Clermont-l'Hérault eine schmucke Altstadt mit den Resten der mittelalterlichen Stadtbefestigung. Allerdings kennen die meisten Clermont nur als Wegstation zum nahen Lac Salagou.

Zwischen den Bergen und der Ebene gelegen, kann Clermont-l'Hérault auf eine lange Vergangenheit zurückblicken. Breits die Phönizier siedelten hier. Der eigentliche Aufstieg zur Stadt erfolgte im Mittelalter, als das mächtige Adelsgeschlecht der Guilhem eine Burg errichtete, dessen Ruine noch heute über dem Ort thront. Die größte Sehenswürdigkeit der Stadt ist die Kollegiatskirche Saint-Paul, die im Hundertjährigen Krieg in die Stadtbefestigung einbezogen wurde. Das Gotteshaus ist das eindrucksvollste Zeugnis der Gotik im Département Hérault. Bei einem Bummel durch die Altstadt lassen sich noch stattliche Stadtpaläste aus der Zeit des Ancien Régime entdecken, beispielsweise das Hôtel de Martin.

Einst war der Ort für seinen Tuchhandel berühmt, heute lebt die Stadt in erster Linie vom Weinbau und dem Export von Weintrauben – ein Siebtel der französischen Ernte! In Feinschmeckerkreisen ist Clermont-l'Hérault zudem bekannt für sein ausgezeichnetes Olivenöl, *La Clermontaise* genannt.

Information Office de Tourisme, Place Jean-Jaurès, 34800 Clermont-l'Hérault, ✆ 0467962386, www.clermontais-tourisme.fr.

Verbindungen Busse halten am alten SNCF-Bahnhof am Place Frédéric Mistral, nur 5 Fußmin. südl. der Altstadt. Häufige Busverbindungen mit Montpellier sowie 4-mal tgl. nach Lodève und Pézenas. www.herault-transport.fr.

Fahrradverleih Ozone VTT, 1, avenue du Lac du Salagou, ✆ 0467962717. www.vtt-salagou.com.

Markt Mittwoch- und Samstagvormittag. Besonders groß und reizvoll ist der Mittwochsmarkt.

Einkaufen Huilerie Coopérative, seit 1921 verkauft die Kooperative ausgezeichnetes Olivenöl, der Liter kostet rund 15 €. 13, avenue du Président-Wilson, ✆ 0467 961036. Mo–Sa 9–12 und 14–18.30 Uhr. www.olidoc.com. ■

Post Rue Roger-Salengro.

Übernachten & Essen ** Le Terminus, einfaches Logis-Hotel in Bahnhofsnähe mit Restaurant. Menüs 16 € (mittags), 21,50 und

29 €, im Sommer werden sie auf der großen Straßenterrasse serviert. Kostenloses WLAN. Zimmer 55–68 €, Letztere für bis zu 4 Pers.; Frühstück 8 €. 11, allée Salengro, ✆ 0467884500, www.leterminus-clermont.fr.

Le Tournesol, dieses im ersten Stock direkt am Cours gelegene Restaurant begeistert mit seinem sommerlichen Flair ebenso wie mit der guten Küche. Es gibt sogar einen Swimmingpool ... Menüs zu 12,50 € (mittags), sonst zu 15, 17, 24, 29, 32 und 39 €. In der NS Sonntagabend und Mo Ruhetag. 2, allée Roger-Salerno, ✆ 0467969922, www.le tournesol.fr.

»› Lesertipp: Mas des Oiseaux, die Ferienwohnungen in dem rund 1,5 km vom Zentrum entfernten Landhaus – es wird von Marlies Potschka, einer Deutschen, geführt – sind ein Lesertipp von Hildegard und Hans-Dietrich Münstermann, die sich in dem großen Garten mit Schwimmbad, Tennisplatz und vielen schattigen Sitzmöglichkeiten sehr wohl gefühlt haben. Die günstigen Preise variieren stark nach Größe und Saison. 290–400 € pro Woche. Route de Canet, ✆ 0667963119, masdesoiseaux@ waika9.com. «‹

Camping ** Le Salagou Municipal, großer Zeltplatz, der sich in Terrassen einen Hang hinaufzieht. Nordwestl. der Stadt am gleichnamigen Stausee. Betonharter roter Lehmboden, der bei Regen allgegenwärtig ist, wie uns Rainer Winkler schrieb. Ganzjährig geöffnet. ✆ 0467961313, www.le-salagou.fr.

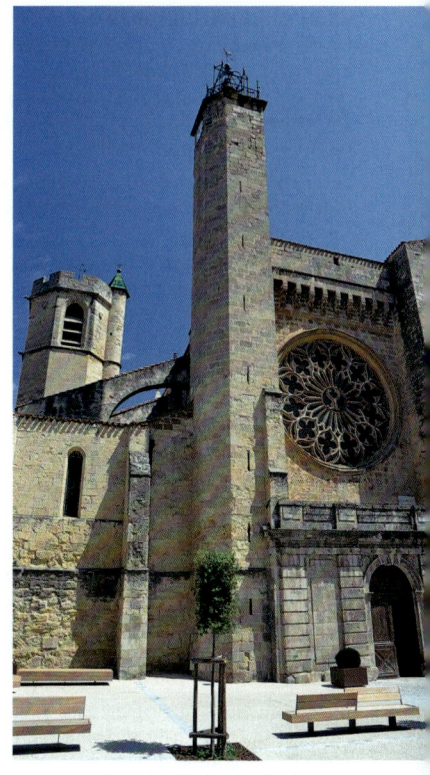

Clérmont-l'Hérault: Saint-Paul

Villeneuvette
20 Einwohner

Mit seinem rechteckigen Grundriss ist Villeneuvette das Ebenbild eines idyllischen Reißbrett-Dorfes. Im Jahre 1670 erwarb hier Pierre Baille, ein Tuchfabrikant aus Clermont-l'Hérault, eine Mühle am Ufer der Dourbie und begann mit der Produktion. Als der französische Finanzminister Colbert davon hörte, unterstützte er das Unternehmen und betrieb den Ausbau zur Textilmanufaktur, da er hoffte, die englische und holländische Monopolstellung auf diesem Sektor brechen zu können. Innerhalb weniger Jahre entstand ein richtiges Dorf. Neben den Werkstätten, Lagerhallen und Wohnungen dachte man sogar an eine Kirche für die Arbeiterschaft. In der Hochzeit waren rund 800 Weber und Färber in der *Manufacture Royale* beschäftigt, knapp die Hälfte von ihnen wohnte in Villeneuvette. *Honneur au Travail* steht noch heute mit drohender Symbolik über dem Eingangstor ...

Die Produktion war überaus erfolgreich; das feine Tuch aus Villeneuvette wurde sogar mit Karawanen bis nach Persien und Armenien exportiert. In Frankreich selbst fanden die Stoffe zur Herstellung von Uniformen Verwendung. Diese „Absatzpolitik" wurde noch ausgebaut, als nach der Revolution die Industriellenfamilie Maistre die Fabrik weiterführte. Ein hohes Ansehen genoss der sehr christlich eingestellte Firmenchef Casimir Maistre, der sich mit viel Enthusiasmus für die soziale Absicherung seiner Arbeiter und die Ausbildung ihrer Kinder engagierte. Erst 1958 erfolgte die Schließung der Fabrik. Heute leben in der kleinen Gemeinde 85 Einwohner, darunter viele Kunsthandwerker.

Noch ein Ausflugstipp: fünf Kilometer südlich von Villeneuvette können bei der Ortschaft **Cabrières** noch die Überreste einer neolithischen Kupfermine bewundert werden.

Übernachten & Essen *** La Source, wunderschönes Landhotel (Logis) direkt in Villeneuvette. Das Restaurant mit Menüs zu 24,50 € (mittags), 28, 34 und 42 € besitzt eine lauschige Terrasse, die von einem Bambushain abgegrenzt wird. Der Schwerpunkt der Küche liegt auf regionalen Köstlichkeiten. Extras: Swimmingpool, Garten und ein Tennisplatz, an dessen Zustand Boris Becker allerdings verzweifeln würde. Nov. bis März Betriebsferien, im Restaurant bleibt am Montag- und Dienstagmittag die Küche kalt. Mittags werden nur Hotelgäste im Restaurant bewirtet. Kostenloses WLAN. Zimmer je nach Ausstattung 70–95 €; Frühstück 12 €. ✆ 0467960507, www.hoteldelasource.com.

Cirque de Mourèze

Das kleine Dorf Mourèze steht ganz im Schatten seines Naturwunders. Auf einer Fläche von 340 Hektar hat die Erosion einen „Talzirkus" mit bizarren Felsskulpturen, die Menschen und Tieren, aber auch Ungeheuern und Fabelwesen ähneln, in den Dolomitfelsen gefressen. Ganz nach Lust und Laune kann man durch den zerklüfteten Felskessel streifen. Besonders faszinierend ist das morgend- und abendliche Spiel von Licht und Schatten.

Interessant ist ein archäologischer und botanischer Lehrpfad namens *Les Courtinals*, der in einer knappen Stunde an rekonstruierten prähistorischen Siedlungen sowie schönen Aussichtspunkten vorbeiführt.

Übernachten & Essen *** Auberge de Val Mourèze, Logis-Hotel verteilt auf mehrere moderne Gebäude mit Restaurant (schöne Terrasse, Menüs ab 23 €) und Pool, 300 m westl. des Dorfes. Zimmer mit Terrasse ab 90 €. Im Aug. besteht Halbpensionspflicht (ab 75 € pro Person im DZ). ✆ 0467960626, www.aubergedevalmoureze.com.

** Les Hauts de Mourèze, eine etwas günstigere Alternative (ein Bau aus den 1970er-Jahren) ohne Restaurant in unmittelbarer Nähe des Dorfes. Tagsüber relaxt man am nierenförmigen Pool. Von Ostern bis Mitte Okt. geöffnet. DZ 68–85 €; Frühstück 8 €. ✆ 0467960484. www.hotelmoureze.fr.

Salasc

Um die Erwartungen nicht allzu hoch zu stecken: Das wenige Kilometer westlich von Mourèze gelegene Salasc ist ein unbedeutender 200-Seelen-Weiler ohne große Sehenswürdigkeiten. Nichtsdestotrotz gehört Salsac zu den schönsten Dörfern im Département Hérault. Der natürliche Ortskern besteht aus einem beschaulichen Dorfplatz samt Springbrunnen und dem obligatorischen Rathaus. Abgesehen von einem kleinen Restaurant gibt es keine Möglichkeit zur Einkehr. Im Juli und August findet am Sonntagvormittag ein bunter Markt statt.

Lac du Salagou

Ein blauer Farbklecks inmitten einer schroffen, rötlich schimmernden Felslandschaft – optisch hat der Lac du Salagou einiges zu bieten. Doch dies war nicht immer so: Bis 1958 gab es im Nordwesten von Clermont-l'Hérault nur Garrigue, ein paar Vulkankegel und magere Weinstöcke. Um die regionale Wirtschaft anzutreiben, beschloss der Conseil Général de l'Hérault den Bau eines Stausees, um statt der unrentablen Weinberge Obstplantagen anlegen und bewässern zu können. Doch das Projekt zerschlug sich wegen anhaltender Absatzschwierigkeiten auf dem Obstmarkt. Der Staudamm wurde trotzdem gebaut und 1968 fertig gestellt. Die Bestimmungspläne wurden allerdings geändert: Statt Pfirsiche und Birnen zu bewässern, wollte man nun mit dem Wasser des aufgestauten Salagou den Trinkwasserbedarf der Regionalhauptstadt Montpellier ergänzen. Aus Wasserschutzgründen untersagten die Behörden eine Bebauung und Besiedelung des Seeufers, parken darf man inzwischen nur auf ausgewiesenen Parkplätzen. Selbstverständlich sind Motorboote verboten, so dass der 800 Hektar große See ausschließlich den Surfern, Kanuten und Seglern gehört. Am Ufer tummeln sich außerdem zahlreiche Badegäste, da der Lac du Salagou sehr angenehme Temperaturen (im Hochsommer bis 28 Grad!) besitzt. Allerdings ist der Uferbereich an manchen Stellen sehr verkrautet, an anderen ist der Untergrund sehr steinig. Beliebt ist der See auch bei den Anglern, die hier nach Hechten, Barschen, Zander und vor allem Karpfen fischen.

Reizvoll sind die als *ruffes* bezeichneten Furchen mit Kalksteinrotlehm, die der Landschaft rund um den See durch den Kontrast mit dem grünen Gras ihr typisches Gepräge geben und ein wenig an eine Mondlandschaft erinnern. Ein markanter Blickfang am Ufer ist zudem das verlassene Dorf **Celles**. Es fiel beim Bau des Stausees einem Vermessungsfehler zum Opfer. Die Verantwortlichen ließen das Dorf auflösen, da man glaubte, es würde unter den Fluten begraben werden; die Bewohner wurden entschädigt und umgesiedelt. Der fatale Fehler des Vermessungsingenieurs ließ sich nach der Flutung nicht mehr leugnen. Celles blieb als mahnendes Ruinendorf samt Kirche zurück. Der einzige größere Ort in Seenähe ist das Weinbauerndorf **Octon**, das sich rühmt ein „Village des Arts et Métiers du Livre" zu sein und begrenzte Einkaufsmöglichkeiten bietet.

Lohnend ist auch eine Kurzwanderung von dem Dorf **Liausson** hinauf zu dem gleichnamigen, 535 Meter hohen Berg (3 Std., gelbe Markierung). Toller Panoramablick über den Cirque de Mourèze ist garantiert!

Information Service Tourisme, Mairie, 34800 Octon, ✆ 0467960852 oder 0467962279, www.octon.fr.

Markt Vom 15. Juni bis 15. Sept. wird donnerstagvormittags in Octon ein Markt mit regionalen Produkten abgehalten.

Le Centre de Loisirs du Lodèvois Am nördlichen Seeufer mit Verleih von Segelbooten, Kanus, Kajaks und Mountainbikes. ✆ 0467443101.

Übernachten & Essen La Palombe, 4 km von Octon entfernt in einem 300 Jahre alten Gehöft. Das Hotel befindet sich unter Schweizer Leitung. Großzügige Zimmer mit sehr schönen Bädern! Ein Pool und ein Tennisplatz stehen den Gästen zur Verfügung, Restaurant vorhanden. Von April bis Okt. geöffnet. DZ je nach Saison und Ausstattung 72–140 €; Frühstück 10 €. Hameau de Basse, ✆ 0467954007, www.lapalombe.com.

Camping ** Le Salagou Municipal, siehe Clermont-l'Hérault.

Bardou: ein besonderes Dorf mit einer besonderen Atmosphäre

Haut Languedoc

Der Haut Languedoc gehört zu den touristisch weniger bekannten Landstrichen Südfrankreichs. Geologisch betrachtet, handelt es sich um die südlichsten Ausläufer des Massif Central; die Gipfel des Granitgebirges erheben sich über 1000 Meter hoch.

Die Wasserscheide zwischen dem Mittelmeer und dem Atlantik verläuft mitten durch die einsamen Gebirgslandschaften der **Montagne Noire** und der **Monts de l'Espinouse**. Mit einer Fläche von 145.000 Hektar wurde der größte Teil der Region 1973 zum **Parc Régional du Haut Languedoc** erklärt. Der Regionalpark erstreckt sich auf den Nordwesten des Départements Hérault sowie – zu einem kleineren Bereich – auf das angrenzende Département Tarn und bietet ausgezeichnete Möglichkeiten zum Wandern, Klettern und Kanufahren, Stauseen laden zum Baden ein. Landschaftlich besonders attraktiv sind die wilden Schluchten, allen voran die Gorges d'Héric, hinzu kommen kleine verträumte Bergdörfer wie Olargues oder La Salvetat-sur-Agout. Im Tal des Orb überrascht die Fruchtbarkeit der Böden. Neben Weinfeldern und Obstgärten begeistern die nicht enden wollenden Alleen mit Kirschbäumen.

Parc Régional du Haut Languedoc, Siège du Parc, 13, rue du Cloître, B.P. 9, 34220 Saint-Pons-de-Thomières, ℡ 0467973822, www.parc-haut-languedoc.fr.

Bédarieux
6400 Einwohner

Das alte Minen- und Färberstädtchen am Oberlauf des Orb versucht seit längerem, seine Wirtschaft mit Hilfe des Tourismus anzukurbeln. Mit seinen knapp 7000 Einwohnern hat sich der Ort zu einem administrativen Zentrum der Region entwickelt. Ursprünglich waren in Bédarieux hauptsächlich Weber- und Färbereien angesiedelt, im 19. Jahrhundert erlebte die Stadt einen wirtschaftlichen Aufschwung, der sich auf die zahlreichen Kohlebergwerke – das letzte schloss 1960 – der Umgebung gründete. Recht ansehnlich ist die Altstadt, die sich auf der linken Seite des Flusses erstreckt und einige schöne Winkel besitzt. Wer will, kann auf einer aufgelassenen ehemaligen Bahnlinie eine 75 Kilometer lange Strecke bis nach Mazamet radeln.

Information Office de Tourisme, 1, rue de la République, 34600 Bédarieux, ✆ 0467 950879, www.bedarieux.fr. Hier ist auch eine kleine Broschüre (*Bédarieux à pied*) mit Wandertipps für die Umgebung erhältlich.

Verbindungen Der SNCF-Bahnhof liegt eine gute Viertelstunde nordwestlich der Altstadt am Ende der Avenue Jean-Jaurès, der Busbahnhof (Gare routière) ist zentraler auf der Place Auguste Cot. Tgl. 8-mal Busverbindungen mit Lamalou-les-Bains sowie nach Saint-Pons-de-Thomières, 1-mal tgl. nach Montpellier, 4-mal tgl. nach Béziers. Zugverbindungen 4-mal tgl. mit Montpellier, Béziers sowie Millau.

Markt Montagvormittag, Lebensmittel auf der Place de la Vierge sowie Textilien auf der Place A. Thomas.

Schwimmen Öffentliches Schwimmbad (Piscine Municipale) im Juli und Aug. tgl. außer So geöffnet. Boulevard Jean Moulin (beim Campingplatz). Eintritt 2 €.

Übernachten & Essen **** De l'Orb**, modernes Hotel am westlichen Ortsrand, das ein wenig an ein Kettenhotel erinnert. WLAN. Zimmer je nach Ausstattung 53 € oder 86 €; Frühstück 8 €. Route de Saint-Pons, ✆ 0467233590, www.hotel-orb.com.

Campotel des Trois Vallées, Campotel ist eine „Kette" von kleinen Feriendörfern, die es nur im Département Hérault gibt. Am Ortsrand von Bédarieux werden insgesamt zwölf einfache, aber funktionale Appartements vermietet (4–5 Pers.). Heizung und Bettwäsche werden extra berechnet. Ein Appartement für 4 Pers. kostet je nach Saison zwischen 266 € und 385 € pro Woche, Vermietung auch tageweise (je nach Saison 50–67 €) möglich. Boulevard Jean Moulin, ✆ 0467233005.

Sehenswertes

Maison des Arts: Seit 1977 dient das ehemalige Armenhospiz als „Haus der Künste". Das Museum bietet einen Einblick in die Stadtgeschichte und die Kunst der Region. Neben der Geologie, Paläontologie, Zoologie und regionalen Botanik widmet sich die Dauerausstellung auch der Volkskunst und bekannten ortsansässigen Persönlichkeiten, darunter auch dem Maler Pierre Auguste Cot, dem Schriftsteller Ferdinand Fabre und der Bildhauerin Francisque Duret.

19, avenue Abbé Tarroux. Mi–Fr 15–17 Uhr. Eintritt 3 €, erm. 1,80 €.

Villemagne-l'Argentière

Die drei Kilometer nördlich von Hérépian gelegene Ortschaft ist aus einer im 7. Jahrhundert gegründeten Benediktinerabtei hervorgegangen. Die Reste der Abtei, eine romanische und eine gotische Kirche sowie die alten Stadtmauern machen Villemagne zu einem stimmungsvollen Ausflugsziel.

Hérépian

1500 Einwohner

Hérépian ist ein unspektakuläres Dorf, das für seine Glockengießerei bekannt ist. Das ehemalige Kloster wurde in ein komfortables Hotel verwandelt.

Übernachten ****** Le Couvent d'Hérépian**, herrliches Klosterhotel mit tollem Garten, Spa und kleinem Swimmingpool. Sehr stimmiges Ambiente. Auf Vorbestellung gibt es abends Table d'hôtes. WLAN. Allerdings kostet die Nacht in einer der 13 komfortablen Suiten, die mit einer Küchenzeile ausgestattet sind, 164–225 €; Frühstück 16 €. ✆ 0467118715, www.dghotels.com.

Lamalou-les-Bains

Ende des 19. Jahrhunderts war Lamalou-les-Bains einer der bedeutendsten Kurorte in Südfrankreich. Das im Belle-Epoque-Stil errichtete Casino und viele andere herrschaftliche Gebäude erinnern daran, dass sich damals die Bourgeoisie zur Kur in Lamalou versammelte. Zu den Kurgästen gehörten Alexandre Dumas der Ältere, Alphonse Daudet, der spanische König Alphonse XII. sowie der Sultan von Marokko. *André Gide*, der zusammen mit seiner Mutter und Marie, dem Kindermädchen, mehrere Monate des Jahres 1882 in Lamalou verbrachte, hat den Ort später in *Si le grain ne meurt* („Stirb und werde") beschrieben. Gide war damals an einem nervösen Leiden erkrankt, das er auf seine Angst vor dem Gymnasium in Montpellier zurückführte. Die Wanderungen durch die Umgebung müssen ihm gefallen haben, denn dort sei, seinen Worten zufolge, „selbst die Luft schön". Ein prachtvolles Ambiente erwartete die Kurgäste: Ein festes Orchester mit 90 Musikern, Sängern und Tänzern sorgte in jenen Jahren für ein anspruchsvolles Programm für die alljährlich mehr als 10.000 Kurgäste. Spätestens in den 1930er-Jahren hatte Lamalou-les-Bains seine Bedeutung als Kurort für die vornehmere Gesellschaft verloren.

Heute versucht der Ort ein wenig an den Glanz seiner goldenen Zeiten anzuknüpfen, für das Jahr 2015 ist die Wiedereröffnung eines Grand Hôtels anvisiert. Wie auch immer: Das Kurstädtchen besitzt noch immer viel Charme und die 1634 entdeckten Quellen sprudeln wie eh und je. Bekannt sind die Thermalquelle *Uscalade* (52 °C) und die Heilquelle *Ancienne* (28 °C), deren miteinander vermischtes Wasser eine ideale Badetemperatur ergibt. Hilfreich sind die Bäder vor allem bei rheumatischen Beschwerden sowie bei Erkrankungen des Nervensystems.

Camarès
D902
Fayet
Cenomes
Laroque
Taurisc-de-Camares
Brusque
Mélagues
Arnac-Dourdou
Boissezon-de-Masviel
D622
Castanet-le-Haut
D922
St-Geniès-de-Vsrensal
St-Gervais-sur-Mare
Salvergues
Rosis
Douch
Bardou
Mauroul
St-Martin-de-l'Aron
Mons
D14
Olargues
Tarassac
Vieussan
Le-Pin
Escagnès
Ceps
D14
Berlou
Ferrières-Poussarou
Le Priou
D612
Babeau-Bouldoux
D20
St-Chinian
Assignan
Villespassans
Cruzy
Montouliers
D5
Argeliers
Mirepeisset
D 607
Le Somail
Romiguières
Les Sièges
A75
Ceilhes-et-Rocozels
D 902
Roqueredonde
Pégairolles-de-l'Escalette
D8
Réservoir d'Avène
Avène
Vinas
D 8
Truseas
Joncels
Servies
Lauroux
Soubès
Poujols
Les Plans
Fozières
Lodève
Soumont
Cazilhac
D35
Lunas
Olmet-et-Villeoun
A75
Lavalette
Le Puech
Le Bousquet-d'Orb
Graissessac
Camplong
D35
Castanet-le-Bas
St-Étienne-Estréchoux
Dio-et-Valquières
St-Martin-des-Combes
Brenas
Octon
Lac du Salagou
La Tour-sur-Orb
D922
Mérifons
Liausson
Callencas-et-Levas
Taussac-la-Billière
Le Pradal
Bédarieux
Salasc
Mourèze
D 908
Lamalou-les-Bains
Villemagne-l'Argentière
Pézènes-les-Mines
Valmascle
Colombières-sur-Orb
Herepian
Sournartre
Cabrières
D908
Le-Poujol-sur-Orb
Les Aires
Faugères
Fos
Mas-Rolland
Vailhan
D15
Plaussenous
Roquessels
Gabrerolles
Neffiès
Laurens
Lentheric
D13
Gabian
D 909
St Nazaire-de-Ladarez
Autignac
Fouzilhon
Cassan
Roujan
Caux
Roquebrun
D15
Margon
D13
Pouzolles
Causses-et-Veyran
Lugné
D 909
Alignan-du-Vent
St-Geniès-de-Fontedit
Prades-sur-Vemazobre
Cessenon-sur-Orb
Coulobres
Abeilhan
Murviel-lès-Béziers
Puimisson
Espondeilhan
Cazedarnes
Pailhès
Pierrerue
Thézan-lès-Béziers
Lieuran-lès-Béziers
Servian
Valros
Bassan
Cébazan
Milhau
Corneilhan
Montblanc
Cazouls-lès-Beziers
Lignan-sur-Orb
Boujan-sur-Libron
D 612
A75
Montpellier
Creissan
Puisserguier
D14
Maureilhan
Béziers
A9
Quarante
Capestang
Montady
Cers
D11
Colombiers
La Croisade
Poilhes
Canal du Midi
D612
Ouveillan
Montels
Sauvian
Portiragnes
Nissan-lez-Enserune
D 609
Lespignan
Narbonne
3 km
Haut Languedoc

Das Casino von Lamalou-les-Bains

Information Office de Tourisme, 1, avenue Capus, 34240 Lamalou-les-Bains, ✆ 0467 957091, www.ot-lamaloulesbains.fr. Hier gibt es auch Informationen zu Wanderungen in der Umgebung.

Verbindungen Tgl. vier Busverbindungen mit Montpellier sowie 8-mal tgl. mit Bédarieux und Saint-Pons-de-Thomières.

Markt Dienstagvormittag.

Veranstaltungen *Festival National de l'Operette*, Operettenfestspiele von Juli bis Ende Aug. Jeden Donnerstagabend gibt es im Sommer Live-Musik in der Hauptstraße.

Post Place de l'Eglise.

Thermen Thermes de Lamalou-les-Bains, avenue Clémenceau, B.P. 13, ✆ 0467233140.

Schwimmen Städtisches Freibad mit zwei Becken, von Mitte Juni bis Ende Sept. geöffnet, ✆ 0467956394. 10, boulevard Saint Michel. Eintritt 3 €.

Golf 9-Loch-Anlage unweit des Ortes, ✆ 0467950847. www.golf-lamalou-les-bains.com.

Reiten Centre Equestre Les Frênes, route de Poujol-sur-Orb, ✆ 0467956936.

Casino Zahlreiche Spielautomaten und Piano-Bar. Tgl. ab 11 Uhr geöffnet.

Kino Cinèma L'Impèrial, ✆ 0467958724.

Übernachten & Essen *** **L'Arbousier**, altertümliches Logis-Hotel mit schöner Gartenterrasse, ein kleines Stück oberhalb der Hauptstraße. Restaurant vorhanden. DZ je nach Saison und Ausstattung 56–92 €; Frühstück 8,70 €. 18, rue Alphonse Daudet, ✆ 0467956311. www.arbousierhotel.com.

** **Hôtel Belleville**, seit mehr als hundert Jahren ist dieses von einer Familie geführte Hotel eine traditionelle Adresse im Kurort, wobei die Räumlichkeiten inzwischen durchaus etwas abgewohnt sind. Wenn möglich, sollte man ein Zimmer zum Garten wählen. Ein Lob verdient das Restaurant (schöner antiquierter Speisesaal!) für seine gute regionale Küche und großen Portionen, beispielsweise bei einem *Faux Filet* und Steinpilzen. Menüs ab 19 €. Kostenloses WLAN. Die Preise variieren je nach Ausstattung von 58,50 € bis 79,50 €, wobei beim günstigsten Tarif Bad und Toilette nur mit einem Vorhang abgetrennt sind, beim teureren hat man eine eigene Terrasse; Frühstück 8,20 €. 1, avenue Charcot, ✆ 0467955700, www.hotel-lamalou.com.

Maison Bersane, dieses ein Stück von der Durchgangsstraße in Le Poujol sur Orb zurückversetzte Chambres d'hôtes gefällt durch seine charmante Ausstattung, im Garten lockt noch ein kleiner Pool. DZ je nach Saison 77–95 € (inkl. Frühstück). Abendessen 24 €. 18, rue des Pountils, ℡ 0960513848. www.maisonbersane.fr.

>>> **Mein Tipp:** Auberge des Combes, ein traumhafter Landgasthof in dem Miniweiler Combes, der einen Umweg lohnt (zwei Gault-Millau-Hauben). Auf einer herrlichen Panoramaterrasse werden mediterrane Köstlichkeiten kredenzt. Mittagsmenü 25 €, abends Menüs zu 31, 45, 55 und 75 €. Sonntagabend und Mo geschlossen, in der NS auch Di. Es wird auch ein Zimmer vermietet (80 € inkl. Frühstück). ℡ 0467956655. www.aubergedescombes.fr. <<<

Camping *** Le Gatinié, etwa 2 km von Lamalou entfernt, in unmittelbarer Flussnähe. Swimmingpool vorhanden. Von April bis Okt. geöffnet. Route de Gatiné, ℡ 0467 957195, www.domainegatinie.com.

Gorges de Colombières

Etwa fünf Kilometer westlich von Lamalou-les-Bains weist in der Ortschaft Colombières-sur-Orb ein Hinweisschild zu einem Wanderparkplatz (2 €), der sich zur Erkundung einer reizvollen Schlucht, den Gorges de Colombières, eignet. Auf einem ausgeschilderten Wanderweg (fünf Stunden) kann man die Schlucht mit ihren felsigen Pools, die zahlreiche Bademöglichkeiten bieten, durchstreifen und zum Ausgangspunkt zurückkehren.

Gorges d'Héric

Die Gorges d'Héric gehören zu den schönsten Schluchten des Haut Languedoc und können bequem zu Fuß erkundet werden. Dies ist relativ problemlos auf der Straße möglich. Wer es vorzieht, direkt entlang des Flussbetts zu wandern, benötigt wegen des felsigen Untergrunds unbedingt festes Schuhwerk. Zu beiden Seiten der Schlucht erstreckt sich eine üppige Vegetation mit Buchen und Eichen, Botaniker können Kartäusernelken, Glockenblumen, Witwenblumen und Clematis entdecken. Bereits nach wenigen Minuten stößt man auf die ersten Wasserbecken des Héric, die sich wie Perlen auf einer Kette bergaufwärts aneinander reihen und durch kleine Kaskaden miteinander verbunden sind. Das größte der Granitbecken ist der Gouffre du Cerisier.

Das glasklare Wasser des Gebirgsbachs – es gibt zahllose kleine Bademöglichkeiten in der Schlucht – lädt zum Schwimmen ein, auf den umliegenden Felsen kann man anschließend ein Sonnenbad nehmen. Die Wassertemperaturen sind recht angenehm, und dies obwohl der Héric auf einer Strecke von nur acht Kilometern ein Gefälle von 800 Metern überwindet. Nach einer reinen Wanderzeit von zwei Stunden und 300 Höhenmetern erreicht man den (fast) verlas-

Viele Badeplätze: Gorges d'Héric

senen Weiler **Héric**, der aus einer Ansammlung schiefergedeckter Häuser besteht. Wanderer können sich auf einer mit einem Feigenbaum bestandenen Terrasse bewirten lassen und „ins Paradies zurückversetzt" fühlen, wie ein Leser schrieb.

Wer noch weiter will, kann von Héric über den Col de l'Ourtigas zum 1124 Meter hohen **Sommet de l'Espinouse** gehen. Die Tour gilt als eine der schönsten im Haut Languedoc.

In der Saison gebührenpflichtiger Parkplatz: 3 €. Wer in Mons kostenlos parkt, muss etwa eine Viertelstunde hierher wandern. Seit kurzem betreibt die Familie Clavel in Héric ein Café mit angegliederter Herberge (in der NS Mi Ruhetag, acht Betten, ✆ 0467 977729, guylhaine.clavel@wanadoo.fr).

Umgebung

Mons-la-Trivalle: Das kleine, am Fuß des Mont Caroux gelegene 500-Einwohner-Dorf besteht nur aus ein paar Häusern, einem Café-Restaurant namens L'Auberge du Caroux und einem kleinen Tante-Emma-Laden. Mit anderen Worten: Ein recht praktischer Ort für Wanderer, um sich mit Vorräten einzudecken oder sich nach einer Tour durch die Gorges d'Héric zu erholen. Die gesamte Region, die sich rund um die Mündung des Jaur in den Orb erstreckt, ist ein bekanntes Kirschenanbaugebiet. Zur Erntezeit werden die süßen Früchte auch entlang der Straße angeboten.

Information Office de Tourisme, avenue de la Gare, 34390 Mons-la-Trivalle, ✆ 0467 230221. www.monslatrivalle.fr bzw. www.ot-caroux.fr.

Verbindungen Tgl. acht Busverbindungen nach Bédarieux bzw. nach Saint-Pons-de-Thomières.

Markt Im Juli und Aug. am Sonntagvormittag.

Kanu- und Kajakverleih Atelier Rivière Randonnée, Moulin de Tarassac, ✆ 0467 977464, www.canoe-tarassac.com. Verleih von Booten für Fahrten auf der Orb bis Roquebrun oder Cessenon.

Übernachten & Essen 》》》 Lesertipp: **La Trivalle**, dieses von einem holländischen Paar geführte Chambres d'hôtes ist ein Lesertipp von Nadin Klomke: „Die Terrasse, auf der das Frühstück und bei Interesse auch das Abendessen (22 €) serviert werden, bildet den Mittelpunkt eines sehr großen und schönen Gartens mit vielen gemütlichen Sitzmöglichkeiten. Ein Swimmingpool sorgt für angenehme Erfrischung." DZ 55–60 € (inkl. Frühstück). Es wird auch eine Ferienwohnung vermietet (je nach Saison 460–530 € pro Woche). Route des Gorges d'Héric, ✆ 0467978556, www.monslatrivalle.com. 《《《

》》》 **Lesertipp**: **Domaine de Recoules**, „die Domaine befindet sich in Mons oben am Hang, im sehr ruhigen und stimmungsvollen alten Dorf. Man hat dort eine großartige Aussicht ins Tal, kann direkt zum Gorges d'Héric laufen", schrieb uns Uwe Schmidt über das von zwei Belgiern geführte Chambres d'hôtes. DZ 50–55 € inkl. Frühstück, Abendessen 20 € inkl. Wein. Chemin des Luttes, ✆ 0467954273. www.domainederecoules.com. 《《《

Lézard Bleu, nettes Café mit guten Snacks, etwa 6 km südl. in der Ortschaft Vieussan. Menüs ab 13,50 €. WLAN. Dienstagabend Ruhetag, in der NS Di und Mi geschlossen. ✆ 0467971021.

Camping ** Municipal de Tarassac, schöner städtischer Campingplatz am Flussufer, 2 km östl. von Mons. Gute Badegelegenheiten, viel Schatten. Ganzjährig geöffnet. ✆ 0467977264.

Wandern: Jüngst wurde mit Mitteln der Europäischen Union eine aufgelassene Eisenbahntrasse von Mons la-Trivalle bis nach Courniou als „La Piste Verte" in einen Wander- und Fahrradweg umgewandelt. Die Trasse beginnt direkt neben dem Bahnhof der 1889 in Betrieb genommenen Strecke. Für die 32 Kilometer benötigt man zu Fuß etwa sieben Stunden (einfach), mit dem Rad zwei bis drei Stunden. Wer will, kann auch nur einen Teilabschnitt bewältigen.

Bardou

Bardou ist kein „normales" Dorf; Bardou ist der in Erfüllung gegangene Traum zweier Aussteiger. Die Rede ist von *Klaus* und seiner aus Amerika stammenden Frau *Jean Erhardt*, die den verlassenen Weiler 1965 „entdeckt" und sich sofort in den verwunschenen Ort verliebt haben. Hier wollten sie leben und arbeiten! Doch es vergingen noch zwei Jahre, bis die Erhardts das am Ende eines engen Tals liegende Bergdorf 1967 kaufen konnten, da man sich erst mit zwölf verschiedenen Besitzern beziehungsweise Erbengemeinschaften arrangieren musste. Die Einheimischen schüttelten den Kopf, da sie nicht nachvollziehen konnten, dass jemand freiwillig auf Strom und andere Annehmlichkeiten des modernen Lebens verzichtete, um in dieser Einöde zu leben: „Als wir 1965 nach Bardou kamen, war der Verfall schon weit fortgeschritten. Die Häuser wurden ja aus rohen, kaum zugeschnittenen Steinen gebaut, Erde diente als Bindemittel. Als Dächer dienten grobe Steinplatten, auch diese in Erde gebettet."

Klaus Erhardt hat sich mit der Dorfgeschichte beschäftigt und herausgefunden, dass Bardou in seiner jetzigen Form schon im 16. Jahrhundert bestanden hat, der Name aber vermutlich aus dem Westgotischen stammt: „Seit 1880 nahm die einst knapp 100 Seelen zählende Bevölkerung stark ab, da die Menschen in die Ebene abwanderten; zu Beginn des Ersten Weltkriegs lebten nur noch etwa 50, meist alte Menschen in Bardou. Erst 1923 wurde ein Wirtschaftsweg von Mons nach Bardou angelegt, der die alten Maultierpfade ersetzte. Doch der Niedergang ließ sich nicht aufhalten: Bis auf einen einzigen Mann war das Dorf zu Beginn der 1960er-Jahre ausgestorben." Inzwischen wurde das Dorf mehrfach wissenschaftlich untersucht: Die Dorfstruktur wurde vom geographischen Institut der Universität Erlangen vermessen, während die Entvölkerung des Ortes bereits Thema einer ethnologischen Magisterarbeit war. Zuletzt erschien ein Artikel über Bardou im *National Geographic Traveller Magazin*.

Doch zurück zu den Anfängen: Das 570 Meter hoch gelegene Bardou war in den 1960er-Jahren ein Ruinenfeld, zu dem mehrere hundert Hektar Land – Felsen, Bergweiden und Äcker, Eichen- und Kastanienwald – gehörten. Allerdings war alles mit Gestrüpp und Dornen zugewachsen. Die Häuser und Ruinen mussten mühsam vom Gestrüpp befreit werden, bevor die ganze Schönheit des alten Dorfes zu Tage trat. Jean und Klaus gaben nicht auf: Im Zuge der Renovierung wurde in den Häusern Platz für die ersten Freunde und Reisenden geschaffen, die in das abgeschiedene Bergdorf kamen. Dies war notwendig, denn wenn die Häuser nicht bewohnt und nur halbjährlich repariert werden, setzt der Verfall sehr schnell ein. Bardou wurde zur Lebensaufgabe. Im Herbst 1968 waren die ersten vier Häuser notdürftig hergerichtet, so dass sie bewohnt werden konnten. Bald kamen Gäste aus aller Welt, um ihre Ferien hier zu verbringen, andere blieben mehrere Monate, um bei den Arbeiten zu helfen: Dachstühle aufrichten, Fußböden verlegen, Fenster und Türen anpassen und einsetzen. Die Mieteinnahmen halfen zur Beschaffung von Baumaterialien. In jahrzehntelanger Arbeit wurden auf diese Weise alle Häuser des Ruinendorfs behutsam renoviert, ohne dass die vorgefundenen dörflichen Strukturen zerstört wurden. Ganz „nebenbei" zogen die beiden in Bardou noch drei Kinder groß, die sie anfangs selbst unterrichteten. Um ein eigenständiges wirtschaftliches Standbein zu haben, betrieb Klaus eine Schafzucht mit fast 200 Muttertieren, die er erst vor wenigen Jahren aus Altersgründen aufgab.

Die Häuser sind nach wie vor recht spartanisch eingerichtet: Weißgekalkte Wände, nur wenige Möbel, ein einfaches Bett, ein Tisch und Stühle, gekocht wird auf einem Gaskocher. Erst in den letzten Jahren verbesserte sich der Komfort durch ein paar entscheidende Details – seit 1996 gibt es Strom und warme Gemeinschaftsduschen –, doch die einzigartige Atmosphäre blieb bestehen. Informeller Treffpunkt ist der „Dorfplatz", der aufgrund seiner geringen Größe zugleich als Terrasse des Erhardtschen Hauses genutzt wird. Pfaue und Gänse streifen durch die gepflasterten Gassen, kein Fernseher stört die Idylle. Der einzige „Lärm", der die friedliche Stille durchbricht, kommt von den Proben eines von mehreren Kammerorchestern, die sich seit Jahren hier im Sommer zusammenfinden und in den Kirchen der Umgebung Konzerte geben. Bardou besitzt viele Stammgäste, die Jahr für Jahr die Einsamkeit des Haut Languedoc suchen, daher ist es im Hochsommer und während der deutschen Schulferien ohne rechtzeitige Reservierung schwer, ein freies Haus zu bekommen. Neben Musikern kommen Maler und Theatergruppen – Klaus und Jean waren von dieser kulturellen Belebung ihres Dorfalltags begeistert: „Wir waren lange Weltreisende – jetzt laden wir die Welt zu uns ein." Seit dem Tod von Klaus (2009) führt Jean Bardou (mit Unterstützung ihrer Tochter Betsy) alleine weiter.

Anfahrt Über Les Pradels.

Literaturtipp Klaus Erhardt hat mit Hilfe von Werner Friedl ein Buch über Bardou und seine Anfänge geschrieben: Bardou. Ein Pionierleben in Südfrankreich. Anabas Verlag 2005.

Videotipp Der Bayerische Rundfunk hat über Klaus Erhardt 2008 den Dokumentarfilm „Der Dorfbesitzer" in der Reihe „Lebenslinien" gedreht.

Vermietung Die Häuser für 2 Pers. kosten je nach Ausstattung zwischen 30 € pro Nacht. Größere Häuser für 4 Pers. kosten geringfügig mehr (50 €). Wichtiger Hinweis: Es gibt zwar in den meisten Häusern Stromstecker, allerdings besitzen sie kein elektrisches Licht. Bettwäsche, Decken oder ein Campingschlafsack müssen ebenfalls mitgebracht werden. Die Toiletten und Duschen befinden sich in einem speziellen Badehaus.

Postadresse: Jean Erhardt, Bardou, Mons-la-Trivalle, 34390 Olargues, ☎ 0467977243. Infos: www.bardou.de.

Wandern: Von Bardou aus bieten sich zahlreiche Wandermöglichkeiten an: beispielsweise auf dem rot-weiß markierten Fernwanderweg GR 7 nach Héric und von dort aus weiter zu dem kleinen Weiler **Douch**. Die Strecke lässt sich in zwei Stunden (einfach) zurücklegen, wobei der Anstieg nach Douch eine gewisse Kondition erfordert (es müssen 400 Höhenmeter bewältigt werden!). Eine Variante ist es, von Héric durch die Gorges d'Héric hinunter nach Mons zu wandern. Von dort kann man entweder zurücktrampen oder über den Col de Coupiac und den Col du Renard wieder hinauf nach Bardou steigen (knapp zwölf Kilometer, etwa 6,5 Stunden).

Digitale Wandertipps Mehrere Wandertouren rund um Bardou hat Christoph Schneider erkundet und in einem kleinen Wanderführer zusammengefasst. Eine digitale Version im PDF-Format kann unter folgender Adresse bestellt werden: christoph.schneider@geo.rwth-aachen.de.

Olargues

600 Einwohner

Kleines, malerisches Dorf, dessen gepflasterte Gassen und eng aneinander stehenden Häuser sich einen Hügel hinaufziehen. Auf dem höchsten Punkt steht ein Glockenturm, der von einer nicht mehr erhaltenen Abtei stammt. Olargues selbst ist stolz auf seine Vergangenheit, denn der Ort war im frühen Mittelalter einer der

Olargues: Pont du Diable

Hauptstützpunkte der Westgoten. Mitten im Ort gibt es noch eine einstige Kommandantur des Ordens des Hospitaliers de Saint-Jean de Jérusalem mit Minikirche.

Besonders farbenprächtig ist das Tal des Jaur im Frühjahr, wenn die Kirschbäume blühen. Und wer im Sommer oder Herbst kommt, kann sich zumindest an dem schön geschwungenen *Pont du Diable*, einer im 13. Jahrhundert errichteten Brücke, erfreuen. Wer sich abkühlen möchte, sollte eine „Frejo" genannte Badestelle aufsuchen. Sie liegt etwa eineinhalb Kilometer vom Ortsausgang von Olargues in Richtung Saint-Pons entfernt. In einer Rechtskurve befindet sich links ein Parkplatz, von dem aus ein kleiner Fußweg (etwa 250 Meter) zunächst über eine Brücke und dann direkt zu dem kleinen Strand am Jaur führt.

Information Office de Tourisme, avenue de la Gare, 34390 Olargues, ✆ 0467230221, www.ot-caroux.fr.

Verbindungen Tgl. acht Busverbindungen nach Bédarieux bzw. nach Saint-Pons-de-Thomières.

Markt Sonntagvormittag auf der Avenue de la Gare.

Veranstaltungen *Fête du marron et du vin nouveau*, am ersten Novemberwochenende werden die neuen Weine verkostet und eine Tonne Maronen gegrillt.

Übernachten & Essen Laissac-Speiser, gegenüber dem ehemaligen Bahnhofsgebäude findet sich dieses alteingesessene Hotel-Restaurant. Serviert wird eine bodenständige Küche ohne Schnörkel. Straßenterrasse. Menüs zu 13,80 und 23 €. Es werden auch einfache Zimmer vermietet. WLAN. DZ je nach Ausstattung 39–49 € (die günstigsten mit Etagen-WC); Frühstück 6,30 €. Avenue de la Gare, ✆ 0467977089. www.restaurant-laissac.com.

》》 Lesertipp: Fleurs d'Olargues, das von einem dänischen Paar geführte Restaurant mit seiner kreativen Küche ist ein Tipp von Lisa Walch. Wunderschöne Terrasse mit Blick auf den Ort und den Pont du Diable. Menüs zu 22 € (mittags) sowie ab 39 €. Mi Ruhetag, in der NS auch Mo und Di. In einem benachbarten Gebäude werden auch fünf ansprechende Zimmer mit Blümchendekor und stilvollem Mobiliar vermietet (60–70 € inkl. Frühstück). Pont du Diable, ✆ 0467 972704, www.fleurs-de-olargues.com. **《《**

Camping ** La Baous, sehr schöner Zeltplatz direkt am Ufer des Jaur. Fahrradverleih. Von Mai bis Mitte Sept. geöffnet. ✆ 0467977150. www.campingolargues.com.

Roquebrun

600 Einwohner

Das von einer Burgruine gekrönte Roquebrun ist fraglos der schönste Ort im Tal des Orb. Mit zahlreichen Schleifen mäandert der Fluss hinunter bis nach Béziers. Roquebrun hat den Beinamen „Petit Nice de l'Hérault". Vom mediterranen Klima verwöhnt, gedeihen in dem Tal nicht nur Orangen und Zitronen, sondern auch mehr als 400 Kakteenarten, die man im *Jardin Méditerranéen* bewundern kann. Zudem eignet sich der Ort gut zum Baden – am Ufer des Orb findet sich ein schöner „Strand" – und zum Kanufahren. Bei dem acht Kilometer südlich gelegenen Dorf **Cessenon-sur-Orb** gibt es einen Kinderbauernhof namens La Ferme Zoo.

Information Office de Tourisme, avenue des Orangers, 34460 Roquebrun, ✆ 0467 897997, www.roquebrun.org.

Markt Dienstag- und Freitagvormittag.

Jardin Méditerranéen Juli und Aug. tgl. 9–19 Uhr, sonst 9–12 und 13.30–17.30 Uhr. Eintritt 5,50 €, erm. 3 €. www.jardin-mediterraneen.fr.

Kanu- und Kajakvermietung Grandeur Nature, Verleih von Kanus und Kajaks für Touren zwischen 5 und 38 km. ✆ 0467895290, www.canoeroquebrun.com.

Übernachten & Essen Le Petit Nice, das Restaurant besitzt eine schöne sonnige Terrasse über dem Orb, fangfrisch war die Mandelforelle. Pizzen für 10 €, Menüs zu 22 € (wochentags), 29 und 42 €. Nur mittags geöffnet, Di Ruhetag. ✆ 0467896427. www. restaurant-petit-nice.fr.

Camping *** Camping Campotel Le Nice, auf einer Anhöhe mit Blick auf den Fluss und das Dorf. Schöne Anlage. Es werden auch mehrere Châlets und Gîtes vermietet. Mitte März bis Anf. Nov. geöffnet. Ca. 50 € pro Nacht. Rue du Temps Libre, ✆ 04678 96199, www.camping-lenice.com.

Wie aus dem Bilderbuch: Roquebrun

Saint-Pons-de-Thomières

2500 Einwohner

Saint-Pons-de-Thomières ist ein beliebtes Ziel für die Sommerfrische an den südlichen Ausläufern der Montagne Noire und eignet sich gut für Ausflüge in den *Parc Régional du Haut Languedoc*. Aus diesem Grunde wurde hier auch ein Informationszentrum für den Park (*Maison du Parc*) eingerichtet. Zwar ist Saint-Pons nur eine Kleinstadt, doch nimmt sie in der spärlich besiedelten Region einen gewissen Zentrumscharakter ein, was durch eine viel befahrene Nationalstraße, die mitten durch den Ort führt, noch unterstrichen wird.

Der an der Quelle des Jaur liegende Ort ging aus einer Benediktinerabtei hervor, deren geradezu überdimensional anmutende Kirche noch heute das Stadtbild dominiert. Im Jahre 936 wurde die Abtei von Raymond III, dem Grafen von Toulouse, gestiftet. Raymond wollte nach dem Ende der arabischen Bedrohung, ein Zeichen setzen und zudem die klösterlichen Reformen im Languedoc vorantreiben. Nach einer langen Blütezeit – 1316 wurde Saint-Pons sogar zum Bischofssitz erhoben – wurden die Abtei und Teile der Kirche 1567 in den Religions-

Saint-Pons-de-Thomières 367

kriegen zerstört; Bischofssitz blieb die Stadt bis zur Französischen Revolution. Von der einstigen Bedeutung zeugen heute noch die Überreste der mittelalterlichen Stadtbefestigung.

Information Office de Tourisme, place du Forail, 34220 Saint-Pons-de-Thomières, ✆ 0467 970665, www.saint-pons-tourisme.com.

Verbindungen Busverbindung mit Béziers und La Salvetat-sur-Agout sowie 8-mal tgl. über Orlagues, Mons und Lamalou-les-Bains nach Bédarieux.

Veranstaltungen *Fête de la Châtaigne*, Kastanienfest, Ende Okt.

Markt Mittwochvormittag. Zudem findet am ersten und dritten So im Monat ein Trödelmarkt statt.

Schwimmen Das städtische Freibad (beheizt) liegt an der Straße nach Narbonne. Mitte Juni bis Mitte Sept. geöffnet. Eintritt 2,50 €.

Maison du Parc 13, rue du Cloître, ✆ 0467 973822, www.parc-haut-languedoc.fr.

Übernachten & Essen Les Bergeries de Pondérach, das in einer ehemaligen Schäferei aus dem 17. Jh. untergebrachte Chambres d'hôtes ist eine empfehlenswerte Adresse. Kleiner Pool vorhanden. Die großzügigen, individuell eingerichteten Zimmer mit Terrasse kosten je nach Saison 65–95 € (inkl. Frühstück). Etwa 1 km außerhalb der Stadt an der Straße nach Narbonne, ✆ 0467970257, www.bergeries-ponderach.fr.

Campotel du Jaur, am Ortsrand werden in dem kleinen Feriendorf insgesamt 18 einfache, aber funktionale Appartements vermietet (4–6 Pers.). Heizung und Bettwäsche werden zusätzlich berechnet. Pool vorhanden. Ein Appartement für 4 Pers. kostet je nach Saison 45–60 € pro Tag bzw. 200–340 € pro Woche. ✆ 0467971476, www.campotel-du-jaur-les-gites-d-artenac.advertory.com.

Camping *** Les Cerises du Jaur, etwa 1,5 km östl. des Stadtzentrums gelegene, kleine Anlage mit mäßigem Schatten. Swimmingpool. Parzellen mit eigener Sanitärhütte. Ganzjährig geöffnet. Route de Bédarieux, ✆ 0467973485, www.cerisierdujaur.com.

Sehenswertes

Ehemalige Kathedrale: Die aus einem Kloster hervorgegangene einstige Kathedrale präsentiert sich, bedingt durch zahlreiche Umbauten, als ein buntes Stilgemisch aus Romanik, Barock und Klassik. Im Mittelalter als romanische Kirche mit Wehrcharakter errichtet, wurde die Kathedrale im 18. Jahrhundert barockisiert. Besonders eindrucksvoll ist das reich verzierte romanische Nordportal, das einst zum Friedhof führende „Porte des Morts".

Musée Municipal de Préhistoire Régionale: Das prähistorische Museum mit seinem modernen Anbau präsentiert einen guten Einblick in die regionale Frühgeschichte. Die Funde stammen größtenteils aus den Höhlen des Haut Languedoc (man spricht sogar von einer *Civilisation Saint Ponienne*), sehenswert sind auch die Menhir-Statuen.

Rue du Barry. März bis Mitte und Mitte Sept. bis Okt. Di–So 14–18 Uhr, Mi auch 10–12 Uhr, 15. Juni bis 14. Sept. Di–So 10–12 und 15–18 Uhr. Eintritt 3,50 €, erm. 2 €.

Grotte de la Devèze et Musée français de la Spéléologie: Die fünf Kilometer westlich von Saint-Pons liegende Höhle wurde Ende des 19. Jahrhunderts zufällig beim Eisenbahnbau entdeckt. Der schönste Raum der „Unterwelt" ist eine spektakuläre Grotte, die „Palast der Glasspinnerinnen" genannt wird. Am Eingang ist auch das Museum zur Höhlenkunde untergebracht, das anhand zahlreicher Exponate und Dokumente die Entdeckung der unterirdischen Welt erläutert.

Führungen Juli und Aug. tgl. 10.30–18 Uhr, April bis Juni und Sept. tgl. 14.30, 15.30 und 16.30 Uhr, Okt., Nov. und Febr., März So 14.30 und 16 Uhr, Dez. und Jan. geschlossen. Eintritt 8 €, erm. 5,50 €. www.courniouslesgrottes.fr.

La Salvetat-sur-Agout

1100 Einwohner

Die kurvenreiche D 907 führt von Saint-Pons-de-Thomières über den Cabaretou-Pass (Col du Cabaretou, 949 Meter hoch) hinüber nach La Salvetat-sur-Agout. Das am Jakobsweg gelegene Städtchen wird in den heißen Sommermonaten für sein angenehmes Klima geschätzt. Im Gegensatz zu Saint-Pons ist die Architektur schon nicht mehr mediterran geprägt, die sich einen Hügel hinaufziehenden Häuser sind mit Schindeln verkleidet. Dennoch ergibt sich ein überaus malerisches Bild: Salvetat darf sich mit der Auszeichnung, „eines der schönsten Dörfer Frankreichs" zu sein, schmücken. Bekannt ist der im 11.Jahrhundert gegründete Ort vor allem durch sein Mineralwasser: „La Salvetat" findet man auf vielen Restauranttischen im Languedoc.

Reizvoll sind Ausflüge zum **Lac de la Ravière** oder **Lac du Laouzas**. Besonders der Lac de la Ravière mit seinem klaren Wasser eignet sich gut zum Baden, Kanufahren oder Segeln, ist allerdings im Sommer am Wochenende häufig überlaufen.

Information Office de Tourisme, place des Archers, 34330 La Salvetat-sur-Agout, ✆ 0467976444, www.salvetat-tourisme.fr.

Verbindungen Busverbindungen mit Saint-Pons-de-Thomières und weiter nach Béziers.

Markt Donnerstag- und Sonntagvormittag. Zudem wird jeweils am 19. eines Monats ein großer Markt abgehalten.

Schwimmen Abgesehen vom See gibt es an seinem Ufer noch ein städtisches Schwimmbad. Nur Juli und Aug. Eintritt 1,50 €.

Übernachten & Essen ** Hôtel La Plage, etwas gesichtsloses Logis-Hotel direkt am Seeufer des Lac de la Ravière (1 km westl. des Ortes). Unbedingt mit Seeblick reservieren! Im stimmungsvollen Restaurant gibt es Menüs zu 13,50, 24, 29 und 39 €, die ein ausgezeichnetes Preis-Leistungs-Verhältnis bieten – vor allem das Tagesmenü für 13,50 € samt seiner Käseauswahl ist unschlagbar günstig! Serviert wird deftige Regionalküche, hinzu kommen eine sehr gute Weinauswahl zu zivilen Preisen und ein ausgesprochen freundlicher Service. Im Febr. Betriebsferien. Das Restaurant hat Sonntagabend sowie Mo in der NS geschlossen. Die sehr sauberen Zimmer kosten 42 € (EZ) bzw. 55 € (DZ) und erinnern leider etwas an ein Kettenhotel. Route du Lac, ✆ 0467976987, www.pageloisirs.com/hotel-la-plage.

Belaman, nördlich von Fraisse-sur-Agoût werden von Markus Kreitner in einem Gästehaus aus dem 19. Jh. drei Zimmer (54–60 €) und eine Suite (ab 78 €) vermietet (jeweils inkl. Frühstück). Abendessen 20 €. Es besteht auch die Möglichkeit zum Campen. Belaman, ✆ 0467975954, www.belaman.de.

Camping *** Les Bouldouires, ebenfalls direkt am Seeufer, mit schönen, durch Hecken abgegrenzten Parzellen. Von Juni bis Sept. geöffnet. Route du Lac, ✆ 0467973691, www.campingbouldouires.fr.

Minerve

110 Einwohner

Ganz im Südwesten des Département Hérault liegt das uralte Weinbauerndorf Minerve auf einem steil abfallenden Felsvorsprung über dem Zusammenfluss von Cesse und Briant. Eine Brücke spannt sich über die tiefe Schlucht und führt zu dem Dorf mit seinen verwinkelten Gassen und schmucken Steinhäusern. Mit anderen Worten: Minerve ist ein Bilderbuchdorf, wären da nicht die zahllosen Touristen, die alljährlich im Hochsommer wie ein Heuschreckenschwarm einfallen. Minerve kann auf eine lange Geschichte zurückblicken, sogar mehr als 50 Dolmengräber wurden bis dato in der Umgebung gefunden. Im Mittelalter wurde der Ort zum Stammsitz eines bedeutenden Adelsgeschlechtes, den Vicomtes de Minerve. Bis heute wird die gesamte Region als *Minervois* bezeichnet – ein Name, der unter Weinliebhabern einen guten Klang hat.

Minerve

Das bedeutendste Bauwerk ist die romanische Kirche Saint-Etienne, die einen frühchristlichen Marmoraltar aus dem Jahre 456 besitzt, der zu den ältesten Europas gehört. Fast unterhalb der Brücke (südwestlich des Dorfes und zu Fuß bequem zu erreichen) befinden sich die *Ponts Naturels*, ein außergewöhnliches Naturdenkmal: Das Flüsschen Cesse hat sich im Laufe der Jahrtausende zwei riesige Tunnel durch den Kalkstein gebahnt. Lohnend sind auch ein kurzer Spaziergang auf einem Weg, der unterhalb des Dorfes entlang der steilen Felswände rund um Minerve führt, und ein Abstecher in die Gorges du Briant, wo man auch baden kann.

Information Office de Tourisme, 9, rue des Martyrs, 34210 Minerve, ✆ 0468918143, www.minerve-tourisme.com.

Parken Im Ort selbst gibt es keinerlei Parkmöglichkeiten, daher sollte man unbedingt den ausgeschilderten Parkplatz ansteuern (3 € inkl. Eintritt ins archäologische Museum, 200 m Fußweg zum Dorf).

Musée d'archéologie et de paléontologie Kleines archäologisches Museum an der Place du Monument aux Morts. Von März bis Mitte Nov. tgl. 10–13 und 14–18 Uhr, im Hochsommer ab 10.30 Uhr. Eintritt 3 €, erm. 1,50 €.

Musée Hurepel Das Museum gewährt einen Einblick in die Geschichte der Katharerkriege. Place du Monument aux Morts. April bis Okt. tgl. 10.30–14 und 14–18 Uhr. Eintritt 3 €.

Übernachten & Essen ** Relais Chantovent, eine wunderbare Adresse mitten im Ort mit einladenden Zimmern zu annehmbaren Preisen. Das Restaurant, wo auch das Frühstück serviert wird, befindet sich auf der anderen Straßenseite und bietet einen herrlichen Blick über die Schlucht. Die Küche hat spürbar rustikale Einschläge, ausgezeichnet ist das Kaninchen. Freundlicher, zuvorkommender Service. Menüs zu 21, 31, 39 und 45 €. Mitte Dez. bis Mitte März geschlossen, im Restaurant bleibt Sonntagabend, Di und Mi die Küche kalt (Mitte Juli bis Mitte Aug. nur Mi). WLAN. Auch Zimmervermietung, einfache DZ 55 €; EZ ab 45 €; Frühstück 8 €. Günstige Halbpension! 17, grand Rue, ✆ 04-68911418, www.relaischantovent-minerve.fr.

La Bastide des Aliberts, stattliches Anwesen in absolut ruhiger Lage auf einem Hügel etwa 1 km südl. in Richtung Azillanet. Die schöne Aussicht kann man auch vom zugehörigen Pool genießen. Vermietet werden fünf komfortable, stilvoll möblierte Doppelzimmer zu 120 € inkl. Frühstück sowie Appartements, deren Preis stark von der Größe und der Saison abhängig ist (ab 800 € pro Woche). ✆ 0468918172, www.aliberts.com.

La Table des Troubadours, das Gewölbe oder bei schönem Wetter die Terrasse über dem Fluss laden zum Verweilen ein, aber auch an der Küche (*Cuise de Pintade à la forestière*) mit viele nGrillgerichten gibt es nichts auszusetzen. Menüs von 14,90 € (werktags), 18, 25 und 30 €. April bis Okt. mittags geöffnet, im Juli und Aug. auch abends. 1, rue Porche, ✆ 0468912761. www.troubadours.fr.

Camping *** Le Mas de Lignières, kleiner, schön versteckter Platz mit Pool. Allerdings nur für FKK-Freunde. Von Mai bis Ende Sept. geöffnet. Montcélèbre, ✆ 0468912486, www.lemasdelignieres.fr.

Abschwören oder Scheiterhaufen

In der Ortschronik ragt ein schreckliches Ereignis heraus, das als unheilvoller Auftakt zu den Katharerkriegen in die Geschichte einging: Am 22. Juli 1210 wurden der Ort und die zugehörige Burg nach einer siebenwöchigen Belagerung – die Bewohner kapitulierten aufgrund von Wassermangel – von den von Simon de Montfort angeführten Kreuzfahrern eingenommen und bis auf die Grundmauern zerstört. Simon de Montfort stellte die „Ketzer" vor die Wahl: Entweder sie schwören ihrem Glauben ab und konvertieren zum Katholizismus oder sie landen auf dem Scheiterhaufen! Insgesamt 180 Katharer blieben standhaft und entschieden sich für den Flammentod. Ein Gedenkstein an der Kirche erinnert noch heute an die tragischen Ereignisse.

Gruissan: Rudern im Hafenbecken

Aude – im Katharerland

Carcassonne, Katharerburgen und Weinbau – auf diesen kleinen Nenner lassen sich die großen Attraktionen des Départements Aude bringen. Da kaum Industrie vorhanden ist, leben die Menschen hauptsächlich von der Landwirtschaft und dem Tourismus.

Das Département Aude ist relativ dünn besiedelt. Die Einwohnerzahl beträgt etwa 300.000, und sieht man einmal von Carcassonne und Narbonne ab, so gibt es nur Kleinstädte und ein paar Marktflecken. Wer zum Einkaufen oder Studieren in eine größere Stadt fahren oder ziehen will, orientiert sich nach Montpellier oder gleich nach Toulouse. Die altehrwürdige Bischofsstadt Narbonne, die der ersten römischen Kolonie außerhalb Italiens ihren Namen gab, begeistert vor allem durch das Kathedralenviertel, während Carcassonne als die mittelalterliche Traumstadt schlechthin gilt und seine Silhouette fast auf der ganzen Welt bekannt ist. Daher ist es auch kein Wunder, dass in dem UNESCO-Weltkulturerbe Jahr für Jahr knapp drei Millionen Besucher gezählt werden. Weitaus ruhiger verläuft da schon eine Rundfahrt auf den Spuren der Katharer zu den einzigartig gelegenen Burgen, wie beispielsweise Quéribus und Peyrepertuse.

Im Ganzen betrachtet, zeichnet sich das Département Aude durch ein sehr unterschiedliches Landschaftsprofil aus: Da ist einmal die im Sommer glühend heiße Ebene, die sich von Castelnaudary bis hin nach Narbonne erstreckt und von dem Canal du Midi und der Aude durchflossen wird. Im Norden ragen die Montagne

Aude – im Katharerland

Noire und die Berge des Minervois empor, südlich der Aude erheben sich die steinigen Berge der Corbières bis auf über 1200 Meter. Die Corbières genießen als Weinregion einen ausgezeichneten Ruf, in kultureller Hinsicht sind hingegen die Katharerburgen von größerem Interesse. Teilweise kleben sie wie Adlerhorste auf den Felsen. Noch weiter nach Süden hin werden die Wälder dichter, die Berge schroffer: Die Pyrenäen kündigen sich an. Besonders eindrucksvoll ist es, diesen Übergang auf einer Fahrt entlang des Oberlaufs der Aude zu erleben. Während Limoux noch eine ausgesprochen mediterrane Atmosphäre besitzt, wandelt sich dieses Bild spätestens ab Quillan; die Gorges de l'Aude sind dann die Eingangspforte zum Hochgebirge.

Wandern durch das Katharerland

Eine der interessantesten Möglichkeiten, das Département Aude auf den Spuren der Katharer zu erkunden, ist eine Wanderung auf dem *Sentier Cathare*. Der gut ausgeschilderte Fernwanderweg beginnt in Port-la-Nouvelle am Mittelmeer und führt in zwölf empfohlenen Etappen (zwischen 11 und 26 Kilometer) durch Katharerland bis in das 218 Kilometer entfernte Foix. Die Landschaft ist traumhaft, zudem wird fast kein Ort ausgelassen, der mit der Geschichte der Katharer verbunden ist. Weitere Informationen erteilt das Comité Départemental de l'Aude, F-11855 Carcassonne Cédex 09, ✆ 0033/0468116600, www.audetourisme.com.

Dourgne
Cessales
Vaux
D 622
Revel
Sorèze
Bassin de Lampy
Les Martys
Villefranche-de-Lauragais
La Pomarède
D 629
D 118
Cuxac-Cabardès
Avignonet-Lauragais
D 624
Canal du Midi
Villemagne
Saissac
A 61
Castelnaudary
St-Papoul
Abbaye de Villelongue
Retenue de l'Estrade
Montolieu
Aragon
Salles-sur-l'Hers
D 624
Fresquel
Moussoulens
D 6113
Alzonne
D 625
Bram
D 119
Belpech
Fanjeaux
Montréal
Plaigne
Ribouisse
Cailhau
D 118
Vals
Mirepoix
Alaigne
D 623
Aude
St-Hilaire
Tourtrol
La Bastide-de-Bousignac
Limoux
St-Polycarpe
La Digne-d'Aval
D 625
Etroit d'Alot
Lac de Montbel
Chalabre
Bouriège
Alet-les-Bains
Carla-de-Roquefort
Laroque-d'Olmes
Terroles
Lavelanet
Couiza
Puivert
D 117
D 117
Rennes-le-Château
Rennes-les-Bains
Bugarach
Montségur
Quillan
Cascade
Plateau de Sault
Belfort-s-Rebenly
Belcaire
D613
Axat
Gorges de St-Georges
La Fajolle
D 118
Grotte de l'Agnzou
Aude

St-Amans-Valtoret
St-Pons-de-Thomières
Parc Naturel Régional du Haut-Languedoc
D 612
Labastide-Rouairoux
Grotte de La Devèze
D612
D 920
St-Chinian
D 907
Lespinassière
Mas-Cabardes
Minerve
Quarante
Lastours
Caunes-Minervois
Centeilles
Aigues-Vives
Bize-Minervois
Villeneuve-Minervois
D910
D13
Peyriac-Minervois
Olonzac
Conques-sur-Orbiel
Rieux-Minervois
Homps
D11
Ginestas
Le Somail
D 607
La Redorte
Aude
St-Marcel-s-Aude
Carcassonne
Lézignan-Corbières
Canal du Midi
Aude
Narbonne
Capendu
D6113
Montirat
Lac de la Cavayere
Fontcouverte
Béziers
Fabrezan
D 613
Abbaye de Fontfroide
Bages
A9
Etang du Doui
Rieux-en-Val
Lagrasse
Réserve africaine
Mayronnes
D6009
Cascade
Talairan
Fontjoncouse
Sigean
Caunette-s-Lauquet
Villerouge-Termenès
Durban-Corbières
A 9
Col de Bedos 485
Parc Naturel de la Narbonnaiseen Méditerranée
Arques
Mouthoumet
Davejoan
D 613
Villeneuve-Les-Corbières
D611
Maisons
Massac
Tuchan
Fitou
Château de Peyrepertuse
Château d'Aguilar
Soulatgé
Padern
Pic de Bugarach 1231
Gorges de Galamus
Duilhac-sous-Peyrepertuse
Cucugnan
Vingrau
Fort de Salses
Château de Quéribus
St-Paul-de-Fenouillet
Centre européen de Prehistoire
Salses-le-Château
Maury
Tautavel
D117
Agly
Serre de Aquedue
Latour-de-France
D 117
Ansignan
Estagel
4 km
Aude

> **Passeport des Sites du Pays Cathare**
> Mit dem Passeport des Sites du Pays Cathare (2 €) erhält man 1 € Ermäßigung auf den Eintrittspreis von 20 Sehenswürdigkeiten im Katharerland. Zudem erhält ein Kind freien Eintritt! Erhältlich ist die Karte bei den beteiligten Sehenswürdigkeiten. www.payscathare.org.

Narbonne

46.500 Einwohner

Am eindrucksvollsten ist Narbonne aus der Ferne: Es ist ein majestätischer Anblick, die weit über die Dächer der Stadt hinausragende Kathedrale zu sehen. Narbonne selbst ist nicht mehr als ein verschlafenes Provinzstädtchen. Idyllisch ist der Canal de la Robine, der mitten durch die Altstadt führt und zum Promenieren einlädt.

Narbonne ist zwar die größte Stadt des Départements Aude, doch der Verwaltungssitz ist in Carcassonne, Narbonne genießt nur den Status einer Unterpräfektur. Zu viel darf man sich nicht erwarten: Narbonne ist trotz seines großen Namens eine Kleinstadt mit einem überschaubaren historischen Zentrum, das in eine Bürger- und eine bischöfliche Stadt geteilt ist. Die Grenzen werden durch den Canal de la Robine markiert; der mittelalterliche, mit Häusern bebaute Pont des Marchands stellte einst die Verbindung zwischen den beiden Stadtteilen dar.

Leider sind die Stadtväter bis in die jüngste Vergangenheit hinein oft allzu sorglos mit der historischen Bausubstanz umgegangen, die Abrissbirne wütete an vielen Stellen. Auch da gibt es eine gewisse Tradition: 1867 wurde die Stadtmauer geschleift, wodurch Narbonne sein mittelalterliches Flair abhanden kam. Von dem mittelalterlichen Kathedralenkomplex samt erzbischöflichem Palais abgesehen hält die Stadt nur wenige Sehenswürdigkeiten bereit, die sich fast alle am Nordufer befinden. Doch es gibt auch Positives zu berichten: Das 1994 eröffnete neue Theater ist mit seinen 900 Plätzen ein architektonischer Lichtblick. Zudem gilt Narbonne als die sonnenreichste Stadt Frankreichs, selbst das sizilianische Catánia hat nur unwesentlich mehr Sonnenstunden pro Jahr zu bieten.

Geschichte

Narbonne, die älteste römische Kolonie außerhalb Italiens, war der namensgebende Hauptort der römischen Provinz Gallia Narbonensis. Im Jahre 118 vor unserer Zeitrechnung als Bürgerkolonie *Narbo Martius* gegründet, stand das Hafenstädtchen in der Gunst der römischen Notabeln. Caesar siedelte ein paar Jahrzehnte später die Veteranen seiner X. Legion in Narbonne an. Schnell wuchs die Kolonie zu einer der größten römischen Provinzstädte heran und wurde aufgrund ihrer günstigen Lage als Verkehrsknotenpunkt an der Kreuzung der *Via Domitia* und *Via Aquitania* zu einem Verwaltungszentrum für die neu gegründete gallische Provinz. Narbonne muss eine ansehnliche Stadt gewesen sein: Der römische Dichter *Martial* (40–104) schrieb seinem Freund Artanus Epigramme, wobei er dem „hübschen Narbonne an den Ufern der Aude" gedachte. Und auch sein Dichterkollege Ausonius pries die Stadt in *Clara Urbis* in den höchsten Tönen: „Du richtest als erste in Gallien den römischen Namen auf ... Wer wird deine Häfen, deine Berge, deine Seen ins Gedächtnis zurückrufen? ... Und den alten Marmortempel des

Eine Pause am Canal de Robine

Paros? In deinem Schoß ergießen die Meere des Orients und der Ozean Iberiens ihre Waren und ihre Schätze ..."

Im 2. Jahrhundert, als Narbonne rund 40.000 Einwohner gezählt haben dürfte, gehörte die Stadt zu den stärksten Rivalen von Arles und Nîmes. Trotz dieser großen Bedeutung erinnert bis auf das *Horreum* kein Bauwerk mehr an die römische Vergangenheit. Auch von der berühmten Via Domitia wurde 1997 auf dem Rathausplatz vor der Kathedrale nur ein Teilstück ausgegraben. Im 3. Jahrhundert breitete sich das Christentum in der Stadt aus. Als Constantin 328 das Christentum zur Staatsreligion erhob, wurde Narbonne wie alle Provinzhauptstädte zum Sitz eines Erzbischofs bestimmt. Letztlich endete die antike Blüte mit Schrecken: Die Westgoten zogen plündernd und brandschatzend durch die Lande, bevor ihre Könige Narbonne zur Residenz der Provinz *Septimanien* bestimmten; zwei Jahrhunderte später hielten die Mauren in der Stadt Hof. Erst die Karolinger führten Narbonne wieder in den Schoß des christlichen Abendlandes zurück. Dann ging es stetig bergauf: Bereits zu Beginn des 11. Jahrhunderts hatte sich Narbonne zu einem der bedeutendsten Wirtschaftszentren Südfrankreichs entwickelt.

Im Mittelalter war Narbonne lange Zeit ein eigenständiges Herzogtum, bevor es 1088 der übermächtige Graf von Toulouse seinem Herrschaftsbereich einverleibte. Die Stadtregierung teilten sich fortan der Erzbischof, der in der *Cité* am linken Ufer des heutigen Canal de la Robine residierte, und die Vizegrafen, die in dem *Bourg* genannten Stadtteil die weltliche Macht ausübten. Eine belebende Konkurrenzsituation: Im 13. und 14. Jahrhundert erlebte Narbonne – damals noch ein wichtiger Einfuhrhafen – eine lang anhaltende Periode des Wohlstands. Handel und Wirtschaft florierten und fanden ihren Widerhall in prächtigen gotischen Bauwerken, so in dem gewagten Chor der Kathedrale Saint-Just und den Türmen des erzbischöflichen Palastes. Die Erzbischöfe von Narbonne gehörten zu den bedeutendsten Kirchenfürsten in Südfrankreich. Zwei von ihnen stiegen auf der Karriereleiter sogar zum *Pontifex Maximus* auf: Guy Foulques wurde 1261 als Clemens IV. zum Papst gewählt, für den gleichen Namen entschied sich Julius von Medici, als er 1523 als Clemens VII. den Heiligen Stuhl erklomm. Doch die Blütezeit fand ein Ende, als die Aude versandete und Narbonne seinen Status als Hafenstadt verlor; die Sümpfe von Bages und Sigean zeugen von der Veränderung der Küstenlandschaft. In einem gewissen Umfang gelang es, den Bedeutungsverlust durch den Weinhandel zu kompensieren. Der Hundertjährige Krieg und die Pest sorgten dann für einen heftigen Aderlass und als Narbonne durch den Pyrenäenvertrag von 1659 seine Bedeutung als Grenzstadt einbüsste, konnte das Schicksal einer Provinzstadt nicht mehr abgewendet werden; schließlich plante auch Paul Riquet den Verlauf des Canal du Midi mehrere Kilometer nördlich von Narbonne. Heute lebt die Stadt in erster Linie vom Wein und Tourismus.

Proteste einer unerwünschten Minderheit

In Narbonne lebt eine relativ große algerische Minderheit, die 1991 und 1997 landesweit mit Protesten auf ihre teilweise desolate Lage aufmerksam gemacht hat. Es handelt sich dabei um die Nachkommen der so genannten *Harkis*, also jener Algerier, die in den späten 1950er-Jahren auf Seiten der Franzosen gegen ihre Landsleute gekämpft hatten und nach der Unabhängigkeit Algeriens um ihr Leben fürchteten. Nach Frankreich emigriert, mussten sie feststellen, dass sie dort nicht erwünscht waren: Keiner dankte ihnen ihre Dienste, im Gegensatz: Sie wurde in ghettoähnliche Vororte abgeschoben. Arbeitslosigkeit und Alkoholismus gehörten zum Alltag, nur die wenigsten Kinder kamen in den Genuss einer guten Schul bzw. Ausbildung, der Anteil der Analphabeten beträgt beispielsweise immer noch ein Vielfaches des Landesdurchschnitts. Doch im Unterschied zu ihren Eltern und Großeltern sind sie nicht länger gewillt, ihr Leid still hinzunehmen: Im Winter 1997 fand vor dem Rathaus von Narbonne ein friedliches Sit-in statt, um die Öffentlichkeit für die noch immer schlechten Lebensumstände der Franzosen algerischer Abstammung zu sensibilisieren. Auf eine Anerkennung oder eine Entschädigung für ihren Einsatz im Algerienkrieg warten die Harkis bis heute vergeblich.

Basis-Infos

Information Office de Tourisme, 31, rue Jean Jaurès, 11100 Narbonne, ℅ 0468651560, www.narbonne-tourisme.de bzw. www.mairie-narbonne.fr. Hier gibt es auch WLAN.

Verbindungen Der SNCF-Bahnhof liegt am Boulevard Frédéric Mistral, etwa 10 Fußmin. nordwestl. vom Zentrum. Narbonne ist ein Verkehrsknotenpunkt und bietet täglich mehr als zehn Verbindungen zu folgenden Städten: Toulouse, Carcassonne, Salses, Perpignan, Montpellier, Béziers, Nîmes, Nizza, Sète, Agde, Lézignan, Port-la-Nouvelle sowie 6-mal tgl. nach Paris. Direkt nebenan befindet sich der Busbahnhof (*Gare routière*) mit Verbindungen nach Gruissan (3-mal tgl.), Perpignan und Salses (jeweils 1-mal tgl.). Narbonne selbst besitzt ein gutes städtisches Busnetz (Einzeltickets ca. 1 €).

Markt Jeden Morgen von 7 bis 13 Uhr werden in der alten, im Baltard-Stil errichteten Markthalle Obst, Gemüse, Käse und andere Delikatessen angeboten, zudem gibt es auch leckere Imbissstände. Hochwertige Produkte! Adresse: Boulevard du Dr. Ferroul. Zudem findet am Do in der Innenstadt am Canal de la Robine und gleichzeitig auf

Narbonne

dem Plan Saint Paul ein Lebensmittelmarkt statt, auf der Place Voltaire wird ein richtiger Flohmarkt abgehalten und am Quai Vallière werden Pflanzen und Blumen verkauft.

Fahrradvermietung Languedoc VTT Evasion, 1, quai Victor Hugo, ✆ 0674897598.

Kanalfahrten Les Coches d'Eau du patrimoine, am Cours Mirabeau starten tgl. die Ausflugsboote zu Kanalfahrten bis nach Port-la-Nouvelle.

Theater Le Théâtre, 2, avenue Domitius, ✆ 0468909000. www.letheatrenarbonne.com.

Kino Vox Cinéma, 42, quai Vallière. Programmansage: ✆ 0836688113.

Veranstaltungen Festival National du Théâtre Amateur, das alljährlich von Ende Juni bis Anfang Juli stattfindende Festival bietet viel Kunst für nichts, denn der Eintritt ist frei! Etwas schräg geht es vier Tage Ende Aug. bei der Bayerischen Woche (Semaine Bavaroise) zu, der Rathausplatz verwandelt sich in ein kleines Oktoberfest mit viel Bier und Lederhosen.

Schwimmen Espace Liberté, Freizeitbad mit Riesenrutsche, route de Perpignan, ✆ 0468421789. Erreichbar mit dem Bus Nr. 3 bis Roches Grises. www.espaceliberte.com.

Bowling Ebenfalls im Espace Liberté, ✆ 0468421789.

Übernachten/Essen/Nachtleben → Karte S. 378/379

Hotels *** La Résidence **3**, das stattliche Bürgerpalais aus dem 19. Jh. liegt in einer sehr ruhigen Seitenstraße inmitten der Altstadt. Es hat neue Besitzer, die einiges in die Renovierung investiert haben. Individuell eingerichtete Zimmer mit über vier Meter hohen Wänden, teilweise mit Blick auf die Kathedrale. Besonders schön ist das Zimmer Nr. 17 mit einem offenen Kamin, zwei französischen Fenstern und einem schmiedeeisernen Balkon. Gegen Gebühr (9 €) kann man sein Auto in der Hotelgarage abstellen. Kostenloses WLAN. Zimmer je nach Ausstattung 97–135 €; Frühstück 12 €. 6, rue du 1er Mai, ✆ 0468321941, www.hotelresidence.fr.

»» Mein Tipp: ** Hôtel de France **10**, in einer ruhigen Seitenstraße unweit der Hallen. Passable Zimmer mit modernen, großzügigen Bädern. Wer die Reisekasse schonen will, kann auch für 40 € im dritten Stock mit Etagendusche und -WC absteigen. WLAN. DZ 61–82 €; Frühstück 9 €. 6, rue Rossini, ✆ 0468320975, www.hotelnarbonne.com. **«««**

** **Le Régent **6**, kleines, unspektakuläres Hotel mit günstigen Preisen und unlängst renovierten Zimmern, die mit ihrem Zugang zu einer Dachterrasse gefallen. WLAN. DZ 45–60 €; Frühstück 6 €. 13, rue Suffren, ✆ 0468320241, www.leregentnarbonne.com.

MJC Centre International de Séjour 2, einfache, günstige Unterkunft, mitten im Zentrum beim Office de Tourisme gelegen. Ein Bett in einer der drei Schlafräume kostet ab 28,30 € inkl. HP. Place Salengro, ✆ 0468320100, www.cis-narbonne.com.

Restaurants L'Estagnol **8**, in Narbonne gibt es nicht viele gute Restaurants, die traditionsreiche Brasserie mit den hohen Fenstern – einen schönen Blick hat man auch von der ersten Etage – und der großen Straßenterrasse macht da eine wohltuende Ausnahme. Ein Lob verdienen die frischen Meeresfrüchte (Austern etc.). Menüs zu 16,50 € (nur mittags), 20, 25 und 32 €. So geschlossen. 5 bis, cours Mirabeau, ✆ 0468 650927, www.lestagnol.fr.

Le Centaurée 7, auf demselben Platz, mit schöner Straßenterrasse. Serviert werden Salate, aber auch ein Menu du Jour für 14,90 €. Abends Kneipenatmosphäre. 9, cours Mirabeau.

»» Lesertipp: La Table des Cuisiniers Cavistes **9**, dieses Restaurant direkt hinter der Markthalle ist ein Tipp von Bruno Bartscher. Geboten wird eine ansprechende, marktfrische mediterrane Küche. So und Mo Ruhetag. 1-5, place Lamourguier, ✆ 0468 329645. www.cuisiniers-cavistes.com. **«««**

Le Petit Comptoir 1, kleines Bistro mit guter, wöchentlich wechselnder Küche. Angenehme Räumlichkeiten mit einem dominierenden Tresen. Menüs zu 16 und 19 € (mittags), 29 und 39 €. Sehr gute, umfangreiche Weinkarte, die günstigste Flasche kostet 14 €. So und Mo Ruhetag, zwei Wochen im Juni Betriebsferien. 4, boulevard du Maréchal Joffre, ✆ 0468423035, www.petitcomptoir.com.

Übernachten
- 2 MJC Centre International de Séjour
- 3 La Résidence
- 6 Le Régent
- 10 Hôtel de France
- 11 Camping Les Mimosas
- 12 Camping Les Floralys

Essen & Trinken
- 1 Le Petit Comptoir
- 4 Le Petit Moka
- 5 Le Table Saint-Crescent
- 7 Le Centaureé
- 8 L'Estagnol
- 9 La Table des Cuisiniers Cavistes

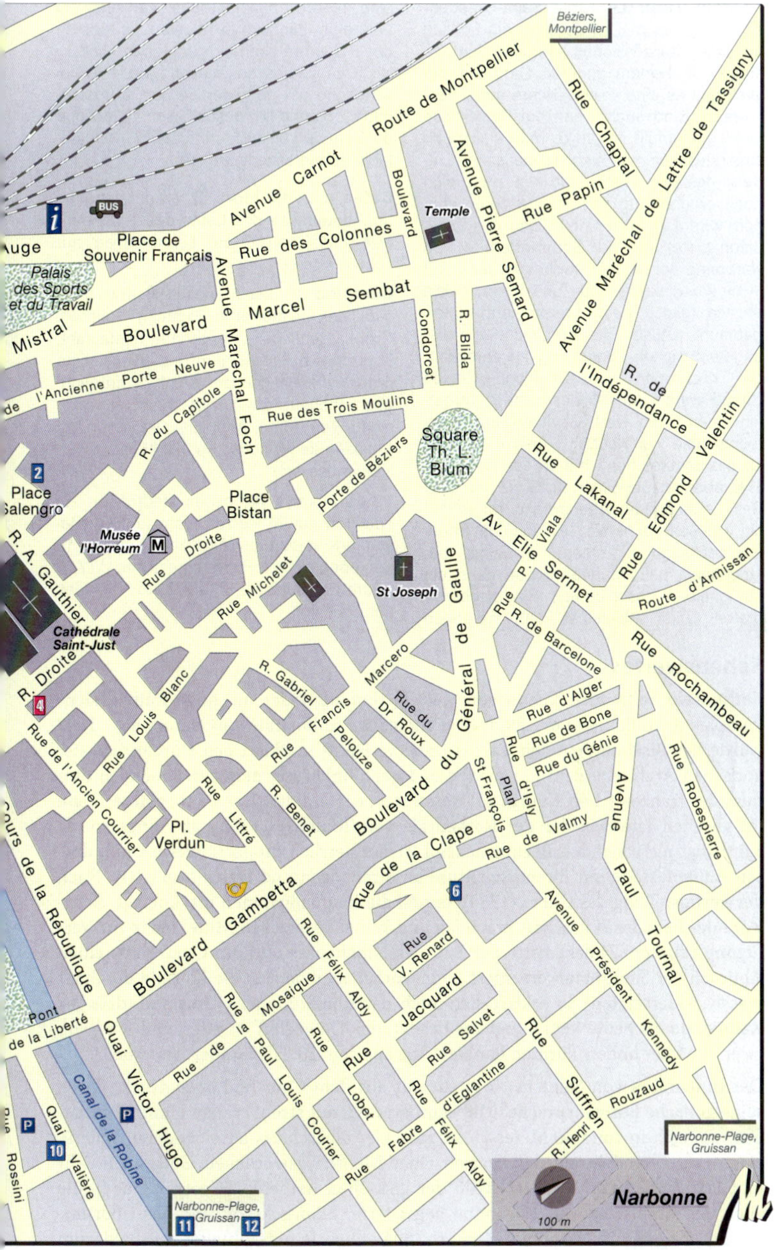

Aude → Karten S. 372/373 und 387

>>> **Mein Tipp: Le Table Saint-Crescent** ◻5, hier ist es mal an der Zeit, ein Loblied auf die französischen Tafelfreuden zu singen. In keinem anderen Land auf der Welt gibt es eine solche Dichte guter Restaurants. Und auch wenn die Reisekasse nicht gut gefüllt ist, sollte man sich doch zumindest einmal eine kulinarische Entdeckungsreise leisten, an die man sich noch wochenlang mit Freude zurückerinnern wird. Für solch eine kulinarische Expedition bietet sich der Gourmettempel von Narbonne an; er liegt außerhalb der Stadt in einem Einkaufsviertel und ist im Palais du Vin (gleich beim Kreisverkehr) untergebracht. Lassen Sie sich nicht von der ungewöhnlichen Umgebung abschrecken: Die Kreationen von Chefkoch Claude Giraud waren den Michelintestern immerhin einen Stern wert, Gault Millau vergab respektable vier Hauben! Absolut lohnend ist das Mittagsmenü mit einem Kaffee zu 31 €, abends speist man für 57, 72 und 87 €. Beim günstigeren Abendmenü folgte auf ein Amuse Bouche ein Gazpacho mit Thunfischcarpaccio auf einem mit Rührei bestrichenen, hauchdünnen Toast, dann ein in Scheiben geschichteter Rinderschmorbraten. Zum Abschluss gab es noch eine riesige, phantastische Käseauswahl und eine Pannacotta-Trilogie, die uns in den Gourmethimmel schweben ließ ... Nicht zu vergessen: hervorragende Weinkarte und ein perfekter Service. Samstagmittag, So und Mo geschlossen. 68, avenue du Général Léclerc, ✆ 0468413737, www.latable-saint-crescent.com. «««

Cafés Le Petit Moka ◻4, an der schönen Straßenterrasse des Cafés direkt vor dem erzbischöflichen Palast kommt man nur schwer vorbei. 1, rue Droite.

Camping **** Les Mimosas ◻11, etwa 6 km südl. des Zentrums in Richtung Gruissan. Große, gepflegte Anlage mit Restaurant, Supermarkt, Fitnessraum und Sauna. Eine große Badelandschaft samt Swimmingpools (beheizt) sowie Rutschen fehlt auch nicht. Von Mitte April bis Okt. geöffnet. Chausée de Mandirac, ✆ 0468490372, www.lesmimosas.com.

** Les Floralys ◻12, etwas stadtnäher, zudem mit nur 30 Plätzen recht familiär. Restaurant vorhanden. März bis Nov. geöffnet, ebenfalls mit Pool, kostenloses WLAN. Route de Gruissan, ✆ 0468326565, www.lesfloralys.com.

Sehenswertes

Cathédrale Saint-Just: Schon von weitem dominiert der mächtige Kathedralenkomplex die Silhouette der Stadt. Die ehemalige Kathedrale von Narbonne – 1802 wurde der Bischofssitz nach Carcassonne verlegt – markiert den Durchbruch der gotischen Architektur im Languedoc und geht einher mit dem zunehmenden Einfluss des französischen Königs auf den Süden des Landes. Der Baubeginn erfolgte im gleichen Jahr wie der der Kathedrale von Toulouse (1273), allerdings wurde Saint-Just nie vollendet. Beeindruckend ist der herrlich proportionierte Chor, dessen Außenfassade mit ihrem Reichtum an Strebbögen und Fialen begeistert. Nach der Fertigstellung des Chors (1354) kamen die Baumaßnahmen ins Stocken, da infolge der Pest die Wirtschaft brach lag und keine finanziellen Mittel mehr zur Verfügung standen. Zudem hätte der Bau des Langhauses und des Querschiffs einen Abbruch der Stadtmauer erfordert – ein Vorhaben, dem sich die Konsuln der Stadt massiv widersetzten. So erklärt sich auch der ungewöhnliche Umstand, dass die Kathedrale bis heute kein Langhaus besitzt; das Querschiff ist offen und wird von zwei 71 Meter hohen Türmen flankiert, die aus dem 15. Jahrhundert stammen.

Der Innenraum von Saint-Just besteht nur aus dem Chor und beeindruckt durch seine gotische Formensprache. Mit sichtbarer Anmut strebt er dem Himmel entgegen, um sich in rund 40 Meter Höhe zum Gewölbeschluss auseinanderzufächern. „Licht, das Wandeln auf den Spuren eines Mensch gewordenen Gottes, Einsicht und Logik: dies sind die Merkmale der gotischen Ästhetik" (Georges Duby), die auch den Erzbischof von Narbonne begeisterte. Eindrucksvoll sind der Chorumgang sowie der von Hardouin-Mansart 1694 entworfene Hauptaltar mit Baldachin und korinthischen Säulen.

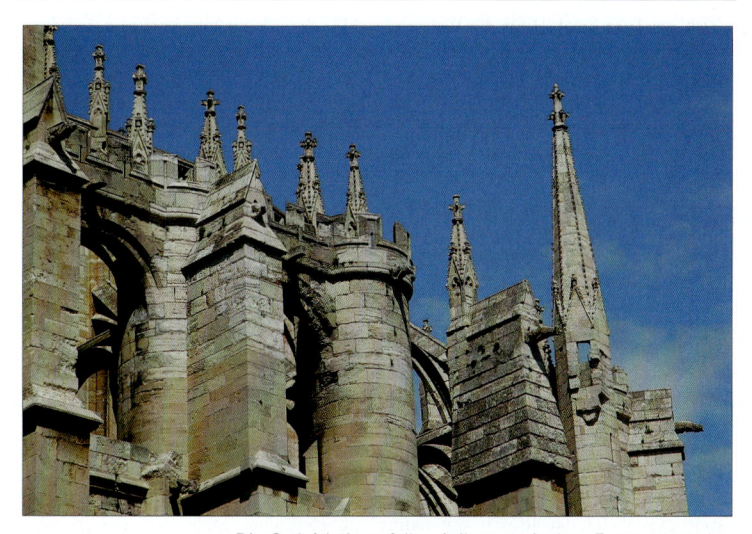

Die Cathédrale gefällt mit ihrer gotischen Formensprache

Wer sich für sakrale Kunst interessiert, sollte noch einen Blick in die Schatzkammer werfen. Das Prunkstück der Sammlung ist ein aus dem 15. Jahrhundert stammender flämischer Wandteppich, der die Dreifaltigkeit thematisiert, sowie andere religiöse Devotionalien (Goldschmiedearbeiten, Reliquienschreine).

April bis Sept. tgl. 10–12 und 14–18 Uhr; Okt. bis März 10–12 und 14–17 Uhr. Eintritt für den Domschatz 4 € (Kombiticket 9 €, erm. 6 €).

Palais des Archevêques: „Der Palast des Bischofs gleicht einem Gefängnis mit hohen Räumen", lästerte der Schriftsteller Wolfgang Koeppen in seinem Buch „Reisen durch Frankreich". Und richtig, genau genommen ähnelt der Palast mit seinem wuchtigen Donjon mehr einer Festung als der Residenz eines hohen geistlichen Würdenträgers und erinnert an den Papstpalast von Avignon. Es ist ein verschachtelter Bau, der im Mittelalter immer wieder durch An- und Umbauten verändert wurde. Im Laufe der Jahrhunderte entstand ein Labyrinth von Durchgängen, Treppen, Innenhöfen, Galerien und Gärten. Zur Orientierung: Die erzbischöfliche Residenz besteht zum einen aus einem älteren Palast (*Palais Vieux*), der durch eine enge mittelalterliche Wehrgasse (*Passage de l'Ancre*) von dem neueren Palast (*Palais Neuf*) getrennt wird. Beide Gebäudetrakte rahmen zwei Innenhöfe ein; die Passage de l'Ancre führt zu dem nie vollendeten Kreuzgang (*Cloître*) aus dem 14. Jahrhundert und von dort zur Kathedrale sowie zum *Jardin des Archevêques*.

Der ältere, größtenteils aus dem Hochmittelalter stammende **Palais Vieux** grenzt direkt an den Chor der Kathedrale an. Der *Cour de la Madeleine* kann betreten werden; er vermittelt einen Eindruck von den verschiedenen Gebäudetrakten mit romanischen und gotischen Stilelementen sowie von der Apsis der in den Hof hineinragenden *Chapelle de l'Annonciade*. Der untere Teil des in der südwestlichen Ecke stehenden Glockenturms stammt sogar noch aus karolingischer Zeit. Größer ist der Komplex des sich um einen Ehrenhof (*Cour d'honneur*) gruppierenden Palais Neuf. Eindrucksvoll ist der wuchtige, 42 Meter hohe *Donjon Gilles-Aycelin*; er ist ein schönes Beispiel für die Wehrarchitektur des 13. Jahrhunderts und demonstriert eindrucksvoll die bischöfliche Macht. Von der Terrasse des Turms bietet sich ein guter Blick auf die Kathedrale und das umliegende Viertel bis hinüber zur Montagne de la Clape. Die Fassade des Palais Neuf ist ein Werk aus dem 19. Jahrhundert: Kein Geringerer als Frankreichs Oberrestaurator Viollet-le-Duc hat die Pläne für den neugotischen Verbindungstrakt entworfen, der seither das Rathaus (*Hôtel de Ville*) beherbergt. Neben dem Rathaus sind im erzbischöflichen Palast auch noch zwei Museen untergebracht: das *Musée Archéologique* (s. u.) und das *Musée d'Art et d'Histoire de Narbonne* (s. u.).

Mitte Juli bis Okt. tgl. 10–13 und 14–18 Uhr, April bis Mitte Juli tgl. außer Di 10–12 und 14–17 Uhr, im Winterhalbjahr tgl. außer Di 14–17 Uhr. Eintritt Museen je 4 € (9 € Kombiticket für alle Sehenswürdigkeiten, s. auch unten). Der Donjon hat die gleichen Öffnungszeiten. Eintritt 4 € (9 € Kombiticket).

Musée Archéologique: Lohnend ist ein Besuch des archäologischen Museums, das Funde aus neolithischer, griechischer und gallorömischer Zeit in ansprechender Weise präsentiert. Der Schwerpunkt liegt auf der römischen Vergangenheit. Zum Fundus gehört ein Meilenstein der Via Domitia sowie antike Mosaike, Sarkophage und ein in Port-la-Nautique gefundener Anker aus Holz und Blei. Beachtung verdient auch die älteste lateinische Inschrift (117 v. u. Z.), die aus Gallien stammt. Am eindrucksvollsten ist jedoch die Sammlung römischer Malereien, die in ganz Frankreich einzigartig ist. Die Wandfresken, beispielsweise ein lorbeerbekränzter Apollo, geben eine Vorstellung von dem hohen Wohnstandard, der zu einem römischen Bürgerhaus gehörte.

Musée d'Art et d'Histoire de Narbonne: Nicht so interessant wie das archäologische Museum, gibt das in den einstigen Gemächern der Erzbischöfe untergebrachte historische Museum für Kunst und Geschichte einen Einblick in die Vergangenheit des Bistums. Präsentiert werden Fayencen, Wandteppiche aus Beauvais sowie Gemälde italienischer und flämischer Meister (Breughel etc.). Außerdem sind in der Salle Hippolyte Lazerges Kunstwerke ausgestellt, die sich mit orientalischen Themen auseinandersetzen.

Musée de l'Horreum: Das Horreum ist das einzige Bauwerk aus der Römerzeit, das noch in Narbonne zu besichtigen ist. Es handelt sich dabei um unterirdische Galerien, die als Lagerräume genutzt wurden und eine Vorstellung davon geben, wie die Römer ihr Getreide und andere Lebensmittel aufbewahrten. Die Existenz der Räume war lange in Vergessenheit geraten; sie wurden teilweise als Privatkeller genutzt und erst 1838 nur durch Zufall „entdeckt", ihre wissenschaftliche Erkundung begann sogar erst in der Mitte des 20. Jahrhunderts. Recht imposant ist die Größe mit 50 Metern Länge für den Westflügel und 37,70 Metern für den Nordflügel. Ausgestellt sind ein paar Skulpturen und Reliefs sowie eine respektable Amphorensammlung, die 1990 in Narbonne gefunden wurde.

7, rue Rouget de Lisle. Mitte Juli bis Okt. tgl. 10–13 und 14–18 Uhr, April bis Mitte Juli tgl. außer Di 10–12 und 14–17 Uhr, im Winterhalbjahr tgl. außer Di 14–17 Uhr. Eintritt 4 € (9 € Kombiticket, s. o.).

Musée Lapidaire: Ähnlich wie das archäologische Museum widmet sich auch das Musée Lapidaire der gallorömischen Vergangenheit von Narbonne. Mehr als tausend antike Statuen, Inschriften, Türstürze, Grabsteine und Sarkophage wurden in der ehemaligen Eglise Notre-Dame-de-la-Mourguié zusammengetragen. Allerdings fasziniert eher die Fülle als die kunsthistorische Bedeutung der Exponate.

Rue Armand Gauthier

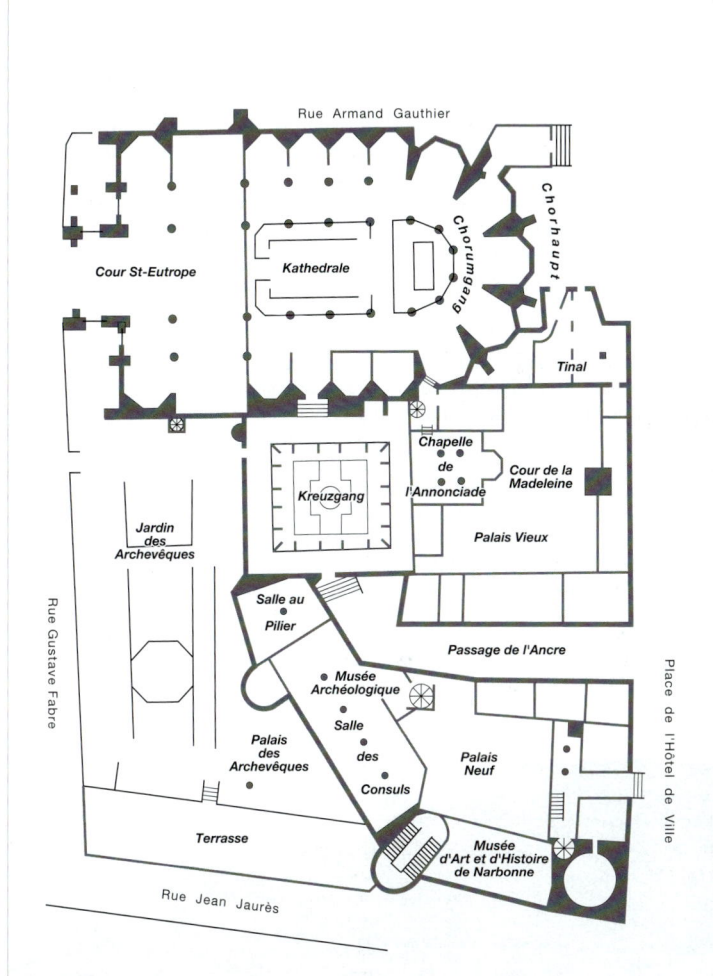

Chorumgang

Chorhaupt

Cour St-Eutrope

Kathedrale

Tinal

Chapelle de l'Annonciade

Cour de la Madeleine

Kreuzgang

Jardin des Archevêques

Palais Vieux

Rue Gustave Fabre

Salle au Pilier

Passage de l'Ancre

Place de l'Hôtel de Ville

Musée Archéologique

Palais des Archevêques

Salle des Consuls

Palais Neuf

Terrasse

Musée d'Art et d'Histoire de Narbonne

Rue Jean Jaurès

15 m

Kathedrale von Narbonne

Aude → Karten S. 372/373 und 387

Die wertvolleren antiken Zeugnisse sind in dem schon beschriebenen archäologischen Museum ausgestellt.

Place Lamourguier. Mitte Juli bis Okt. tgl. 10–13 und 14–18 Uhr, April bis Mitte Juli tgl. außer Di 10–12 und 14–17 Uhr, im Winterhalbjahr tgl. außer Di 14–17 Uhr. Eintritt 4 € (9 € Kombiticket, s. o.).

Saint-Paul-Serge: Die südlich des Canal de la Robine gelegene Basilika ist der zweitbedeutendste Sakralbau von Narbonne und anstelle einer frühchristlichen Begräbnisstätte errichtet worden. Im Mittelalter, als Narbonne in eine bürgerliche und eine weltliche Stadt geteilt war, fungierte Saint-Paul-Serge als Pfarrkirche der Bürgerstadt. Der heutige Bau wurde im späten 12. und frühen 13. Jahrhundert erbaut und verbindet sehr harmonisch romanische mit gotischen Stilelementen; nur der Glockenturm stammt aus dem 16. Jahrhundert. Sehenswert ist auch die zur Krypta umfunktionierte frühchristliche Nekropole mit antiken Sarkophagen. Der angrenzende Kreuzgang wurde zerstört; nur noch eine Galerie blieb als Sakristei erhalten.

Rue de l'Hôtel Dieu. Tgl. 9–12 und 14–18 Uhr.

Canal de la Robine: Der Canal de la Robine mit seinen breiten Uferstreifen und den Platanen ist gewissermaßen das grüne Herz von Narbonne. Hier treffen sich Einheimische und Fremde zum gemütlichen Stadtbummel und flanieren an den vor Anker liegenden Hausbooten vorbei. Ursprünglich bestand die Aude aus zwei Flussarmen, von denen einer versandete und 1789 durch den Canal de la Robine ersetzt wurde. Mehr als hundert Jahre zu spät erhielt Narbonne dadurch eine Verbindung zum wirtschaftlich wichtigen Canal du Midi. Unter seinen verschiedenen Schleusen ist die südlich von Narbonne gelegene Mandirac-Schleuse ein klassisches Bauwerk, durch das der Kanal seine Schiffbarkeit bis in die Gegenwart bewahren konnte. Neben Hausbooten sind heute mehrere Ausflugsschiffe auf dem Kanal unterwegs. Da auf beiden Seiten des Kanals Pfade verlaufen, kann man dort auch herrlich spazieren gehen. Läufer finden eine ideale, von Bäumen beschattete Trainingsstrecke. Besonders ruhig und verträumt ist die nach Norden verlaufende Route.

Beschaulich: Canal de la Robine

Betty-Blue-Drehort: Gruissan-Plage

Die Küste vor Narbonne

Nur einige Kilometer von Narbonne entfernt findet man sehr schöne Strände, die den Stadtbewohnern – zumindest denen, die es sich leisten konnten – schon seit dem 19. Jahrhundert als Naherholungsgebiete dienten. Aber die Region hat landschaftlich noch weit mehr zu bieten, etwa den Etang de Bages oder die unter Naturschutz stehende Montagne de la Clape. Neben den typischen Wasser- und Strandsportarten kann man also auch abwechslungsreiche Wanderungen unternehmen.

Gruissan

4600 Einwohner

Gruissan ist ein uraltes Fischerdorf, dessen Häuser sich in konzentrischen Kreisen rund um einen Felsen samt Burgruine aus dem 12. Jahrhundert drängen. Genau genommen steht allerdings nur noch der Tour Barberousse aufrecht, der einst die Zufahrt zum Hafen von Narbonne sichern sollte. Der Schriftsteller *Victor Hugo* ließ sich in Gruissan zu einer Darstellung des Felsennests inspirieren, das in seinem Roman *L'Homme qui rit* („Die lachende Maske") vorkommt. Später wurde noch ein moderner Yachthafen errichtet, der sich, von Narbonne kommend, nach links erstreckt. Ein paar hundert Meter vom alten Ortskern entfernt wird in den Salins de l'Ile Saint-Martin Meersalz gewonnen. Über den Prozess der Salzgewinnung kann man sich auf einer Führung informieren.

Sehenswert ist das benachbarte **Gruissan-Plage** mit seinen gegen Überschwemmungen gewappneten Stelzenhäusern, die in dieser Form einzigartig an der Küste sind. Seit der Mitte des 19. Jahrhunderts errichteten sich hier die Narbonnais ihre „Ferienhäuser", um den Sommer am Meer zu verbringen. Im Jahre 1899 wurden die bescheidenen Holzhäuschen von einer Sturmflut zerstört, doch umgehend erfolgte der Wiederaufbau – diesmal auf Stelzen. Auch durch die Zerstörung im Zweiten Weltkrieg ließen sich die Hausbesitzer nicht entmutigen. Heute stehen mehr als 1300 Häuser in Gruissan-Plage, wobei inzwischen alle Holzhäuser Strom und einen Wasseranschluss besitzen. Da die meist schlichten Bauten sehr schnell altern, liegt über dem Ort stets ein Hauch von sommerlicher Tristesse. Beliebt ist Gruissan-Plage auch bei Windsurfern, die sich hier alljährlich zum *Championnat de France de Funboard* treffen.

37,2° am Morgen

Cineasten haben Gruissan-Plage schon einmal im Kino gesehen, denn der Regisseur *Jean-Jacques Beinex* drehte hier Teile des Kultfilms *Betty Blue – 37,2° am Morgen* nach einem Roman von *Philippe Djian*. Die beiden Protagonisten – mit der traumhaften *Béatrice Dalle* in der Hauptrolle – leben in einem der Stelzenhäuser und sollen die Fassaden der anderen Häuser renovieren und streichen, pflegen aber den Müßiggang: „Ich ging raus auf die Terrasse, ein kühles Bier in der Hand, und hielt meinen Kopf eine Zeitlang in die pralle Sonne ... Ich dankte dem Himmel zum wiederholten Mal und langte mit leicht vergnügtem Grinsen nach meinem Liegestuhl." Nun, das Ganze musste ein schlimmes Ende nehmen: Betty, die schöne Irre, fackelt den Bungalow ab, weil sie keine Lust hat, an einem Ort zu arbeiten, wo andere Urlaub machen ...

Der Film genießt in Frankreich inzwischen den Status eines Klassikers, allerdings kennt niemand den deutschen Titel *Betty Blue*. Béatrice Dalle heißt im französischen Original nur Betty, und der Film lief unter dem Titel *37,2° Le Matin*.

Basis-Infos

Information Office Municipal de Tourisme, boulevard du Pech Maynaud, 11430 Gruissan, ℡ 0468490900, www.ville-gruissan.fr oder www.gruissan-mediterranee.com. Hier gibt es auch Kurzbeschreibungen für Wanderungen durch die Montagne de la Clape.

Verbindungen Tgl. 3–5 Busverbindungen nach Narbonne.

Veranstaltungen *Fête des Pêcheurs du Languedoc*, am 29. Juli mit Bootssegnungen und Prozessionen.

Post Place Gilbert.

Markt Montag-, Mittwoch- und Samstagvormittag.

Windsurfen und Segelschule Pôle Nautique, 50, avenue de la Jetée, ℡ 0468 493333, www.polenautique-gruissan.com.

Tennis Les Tennis de Gruissan, boulevard du Pech Maynaud, ℡ 0468492425. www.tennisclubdegruissan.fr.

Casino Tgl. von 10–24 Uhr. Boulevard de la Sagne, ℡ 0468490252. www.gruissan.casinos-sfc.fr.

Bootsausflüge Mit dem Katamaran „Port Grusan" eine Stunde über das Meer. Kosten: 8 €, erm. 6 €. ℡ 0629901634. www.portgrusan.fr.

Salinen Bei den Salinen gibt es ein Ecomusée mit Boutique (Salzverkauf!), das tgl. 10.30–12.30 und 14.30–20.30 Uhr geöffnet ist. Zudem finden vom 15. Juni bis 15. Sept. tgl., von April bis 15. Juni nur Mi, Sa und So Führungen statt (11, 15, 16.30 und 18 Uhr). ℡ 0468495997. Teilnahmegebühr 7,60 €, erm. 4,50 €. Weitere Infos über die Termine im Office de Tourisme. Route de l'Ayrolle. www.lesalindegruissan.fr.

In Erinnerung an Betty Blue

Küste von Narbonne

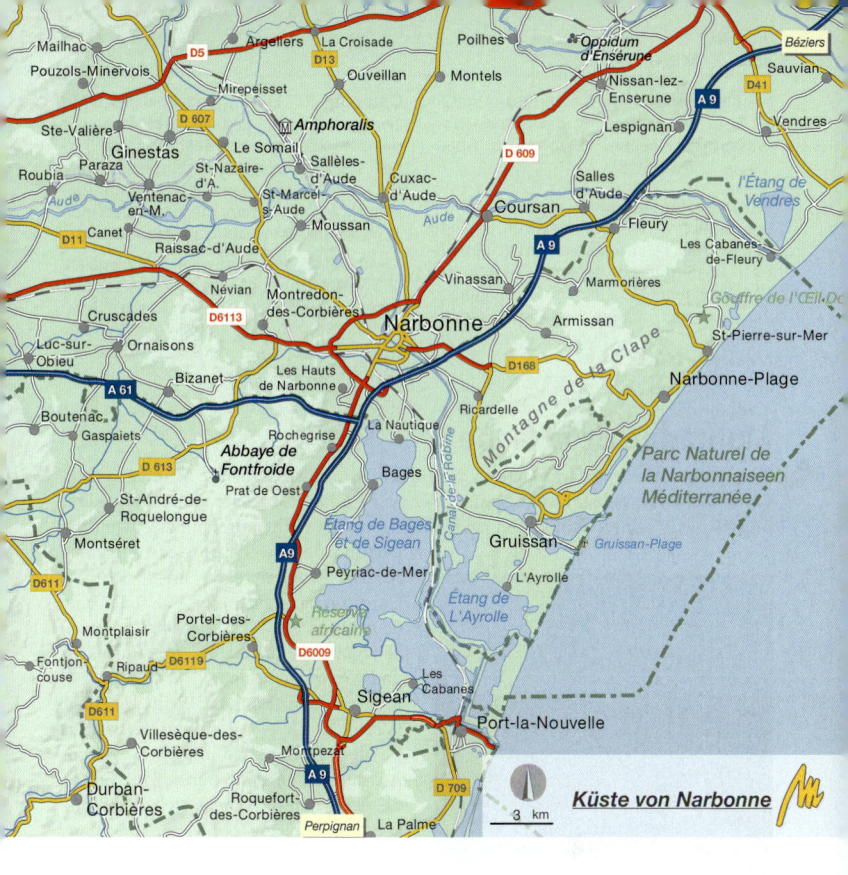

Übernachten & Essen

Hotels/Restaurants >>> **Lesertipp:** *** **Port Beach**, das Hotel ist ein Lesertipp von Stephan Winiger, der die komfortablen, modernen Zimmer mit Blick auf den Hafen und den zugehörigen Balkon (bzw. Veranda ab 99 €) lobte. Hier logierte übrigens das Filmteam von Jean-Jacques Beneix bei den Dreharbeiten zu Betty Blue. Kostenloses WLAN. Von April bis Anfang Nov. geöffnet. DZ ab 75 €. Quai du Ponant, ☎ 0468754251, www.port-beach.com. <<<

L'Estagnol, sehr beliebtes Restaurant in einer alten Scheune am Dorfrand mit vorzüglichem Service und exzellenter Küche. Der Küchenchef hat sich verständlicherweise auf Fischgerichte spezialisiert, die fangfrisch serviert werden. Nette Straßenterrasse mit Blickauf den Etang. Menüs zu 14 € (mittags), 25 und 32 €. Nur von April bis Sept. geöffnet. Sonntagabend und Mo Ruhetag. Avenue de Narbonne, ☎ 0468490127.

>>> **Lesertipp:** **Le Lamparo**, dieses im alten Dorf gelegene Restaurant mit seinen holzverschalten, klimatisierten Galsträumen hat sich ebenfalls auf Fischgerichte spezialisiert und ist ein Lesertipp von Dorothea Cattarius. Als Spezialität des Chefs gilt das gegrillte Doradenfilet mit Olivertapenade. Menüs zu 25, 32 und 45 €. Sonntagabend und Mo geschlossen. 4, rue Amiral Courbet, ☎ 0468499365. <<<

La Cranquette, die marktfrischen Menüs (20 €) werden täglich auf eine Schiefertafel geschrieben, ein Lob verdienen die gegrillten Fischgerichte sowie die Meeresfrüchte. Schöne Straßenterrasse mitten im Ort. Mo, Mittwoch- und Samstagvormittag geschlossen. 10, rue de la République, ✆ 0468751207.

🌿 **Cambuse du Saunier**, dieses Lokal bei den Salinen ist ein Lesertipp von Gerlinde Petrelli. Hier kann man die vor Ort gezüchteten Austern direkt verkosten. Zudem werden Fischgerichte (auch ein Fleischgericht) dem Rahmen entsprechend in Salzkruste angeboten. Kein Ruhetag. Route de l'Ayrolle, ✆ 0484251324. ■

Camping **** **Les Ayguades**, an der D 168 zwischen Gruissan und Narbonne-Plage mit direktem Zugang zum Meer. Nachteil: karger, steiniger Sandboden mit wenig Schatten, aber es wurden junge Bäume gepflanzt … Von Ostern bis Sept. geöffnet. ✆ 0468498159, www.camping-soleilmer.com.

** **Municipal**, der städtische Campingplatz (215 Stellplätze) ist günstiger und bietet ausreichend Sanitärkomfort. Von Mai bis Sept. geöffnet. Nur wenige Fußminuten vom historischen Dorfkern entfernt. Route de l'Ayrolle, ✆ 0468490102.

Montagne de la Clape

Als richtiges Gebirge darf man sich die unter Naturschutz stehende Montagne de la Clape nicht vorstellen. Dennoch stellt der sich parallel zur Küste erstreckende Gebirgszug mit seinen Schluchten und Abhängen eine nicht nur für das Auge sehr wohltuende Abwechslung dar. Auf zahlreichen Wanderwegen lässt sich die Garrigue-Landschaft zu Fuß oder mit dem Mountain-Bike durchstreifen, wobei man von dem Duft von Rosmarin und Thymian begleitet wird. Teilweise wird an den Hängen Wein angebaut (*Vin de la Clape*), Pinienwälder sorgen für den im Sommer nötigen Schatten. An ihrem höchsten Punkt, der **Coffre de Pech Redon**, erhebt sich die Montagne de la Clape 214 Meter über dem Meeresspiegel. Der Gebirgszug ist auch bei Free-Climbern sehr beliebt; es gibt einen Klettergarten und mehr als 300 Kletterrouten durch das Felsmassiv.

Inmitten der Montagne de la Clape gibt es außerdem ein geologisches Rätsel zu besichtigen, den **Gouffre de l'Œil Doux**, also den „Abgrund des sanften Auges". Dabei handelt es sich um einen kleinen, grün schimmernden Salzsee (Durchmesser 100 Meter), der mit Meerwasser gespeist wird, obwohl er ein paar Meter über dem Meeresspiegel liegt! Vom ausgeschilderten Parkplatz mit Picknickmöglichkeiten sind es 800 Meter zu Fuß (an der Kreuzung dem rechten Pfad folgen), bis man auf den Felsen steht, die den See umrahmen. Noch ein Hinweis: Vom Baden sollte man Abstand nehmen.

Smaragdgrüner Salzsee

Lohnend ist ebenfalls ein Abstecher zur oberhalb von Gruissan gelegenen **Chapelle Notre-Dames-des-Auzils** – im Inneren gibt es zahlreiche Votivbilder – und zu ihrem benachbarten Friedhof. Wenn schon bis in alle Ewigkeit ruhen, dann hier …

Narbonne-Plage

Narbonne-Plage ist der traditionelle Badeort der Narbonnais. Im Hochsommer scheint der Ort mehr Einwohner zu haben als Narbonne. Vom Surfen über Segeln und Beach-Volleyball sind allerlei Aktivitäten auf dem mehr als hundert Meter breiten Sandstrand geboten. Allein der Yachthafen verfügt über 600 Liegeplätze. Einen ruhigen Urlaub kann man hier allerdings nur in der absoluten Nebensaison verbringen. In Narbonne-Plage gibt es einen sehr schön angelegten Radweg, der von der Küste über Gruissan nach Narbonne führt.

Zwei Kilometer weiter nördlich schließt sich das familiäre **Saint-Pierre-sur-Mer** an; es besitzt ebenfalls einen breiten Sandstrand, lässt aber jegliche Atmosphäre vermissen. Entlang des Strandes kann man am Etang de Pissevaches nach Nordosten bis zu dem kleinen Dorf **Les Cabanes de Fleury** an der Mündung der Aude laufen.

Information Office de Tourisme, avenue des Vacances, www.narbonne-plage.com.

Markt Dienstag-, Donnerstag- und Samstagvormittag.

Übernachten *** Château l'Hospitalet, in Hinterland an der nach Narbonne führenden D 168 liegt dieses Weingut. Ansprechende, zeitlos moderne Zimmer, Swimmingpool. Empfehlenswertes Restaurant, in der NS Sonntagabend und Mo Ruhetag. Am Freitag im Sommer oft Jazz. WLAN. DZ je nach Ausstattung ab 100 €; Frühstück 14 €. Route de Narbonne Plage, ✆ 0468 452850. www.chateau-hospitalet.com.

Restaurants L'Effet Mer, das Restaurant in Fleury ist bekannt für seine hervorragenden Fischgerichte – grillte Dorade, Loup de Mer, Thunfischfilet und Austern. Für das Gebotene nicht zu teuer. Junge Leute, netter Service. 21, boulevard des Embruns, ✆ 0468497303.

»» **Lesertipp:** Lou Cabanaire, das direkt an der Mündung der Aude in Les Cabanes e Fleury gelegene Restaurant mit seinem schönen schattigen Garten ist ein Tipp von Dorothea und Reiner Cattarius, die das gute Preis-Leistungs-Verhältnis lobten. Menüs zu 15, 22 und 26 €. Beim günstigsten Menü gibt es als Hauptgang nur Moules frites, beim Menü für 20 € beispielsweise ein Filet de rascasse en papillote. 4, avenue de la Mer, ✆ 0468337431, www.lou cabanaire.com. «««

Camping ** Municipal la Falaise, familiärer Platz in Narbonne-Plage, etwa 400 m vom Meer entfernt. Wenig Schatten. Beliebter abendlicher Treffpunkt ist die Außenterrasse der Bar. Von April bis Sept. geöffnet. Association Pronaplage, ✆ 0468 498077, www.campinglafalaise.fr.

**** La Grande Cosse, ein beliebter FKK-Platz am Etang de Pissevache, rund 2 km nördl. von Saint-Pierre-sur-Mer mit direktem Zugang zum Strand. Mit beheiztem Pool, Restaurant und Laden. Auch Vermietung von Mobile-Homes. Von April bis Sept. geöffnet. ✆ 0468336187, www.grande cosse.com.

Hinterland von Narbonne

Bize-Minervois

1000 Einwohner

Der Ortsname deutet bereits an, dass man sich hier schon im Minervois befindet, doch ist das Weinbauerndorf von Narbonne aus mit dem Auto in rund zwanzig Minuten zu erreichen. Bize-Minervois besitzt noch viel alte Bausubstanz, zudem sind noch Reste der Stadtmauer erhalten. Im Sommer kann man im Flüsschen Cesse sogar mitten im Ort herrlich baden. Eine weitere gute Badestelle findet sich rund einen Kilometer flussaufwärts.

Information Office de Tourisme du Sud Minervois, ✆ 0468415570, www.bizeminervois.fr.

Übernachten & Essen *** **La Bastide Cabezac**, die ehemalige Postkutschenstation unweit des Dorfes wurde zu einem reizvollen Landhotel (Logis) mit gutem Restaurant umgebaut. Menüs zu 27,90, 33 und 44 €. Netter Swimmingpool. Von Anfang Nov. bis Mitte Dez. Betriebsferien. DZ 98–142 €; Frühstück 12 €. Hameau de Cabezac, ✆ 0468466610, www.la-bastide-cabezac.com.

Le Somail

450 Einwohner

Das beschauliche Dorf am Canal du Midi ist seit mehr als 300 Jahren ein beliebter Zwischenstopp am Kanal und viele Bootstouristen behaupten, Le Somail mit seiner steinernen Brücke und der Kapelle für die Flussschiffer sei der schönste Haltepunkt zwischen Béziers und Carcassonne. Im Ort gibt es nette Restaurants (*L'O à la Bouche* bzw. *Le Comptoir Nature*) und Cafés, private Zimmervermietungen, einen kleinen Laden sowie ein ungewöhnlich gut sortiertes Antiquariat: die Librairie Ancienne mit ihren rund 50.000 Büchern. Man kann von hier aus auch herrliche Spaziergänge entlang des Canal du Midi unternehmen.

Information Office de Tourisme, Chemin des Patiasses, 11120 Le Somail, ✆ 0468 415570, www.lesomail.fr.

Elektroboote Im Ort kann man sich Elektroboote für einen (nicht gerade günstigen) Kurztrip auf dem Kanal mieten.

Librairie Ancienne 28, allée de la Glacière, ✆ 0468462164, Tgl. außer Di 10–12 und 14.30–18.30 Uhr geöffnet, im Juli und Aug. auch Di. www.le-trouve-tout-du-livre.fr.

Übernachten **Chez Pierrette Bernabeu**, dieses direkt bei der Brücke am Canal gelegene Chambres d'hôtes (fünf Gästezimmer) ist ein Lesertipp von Eva Stöckerl, die das Ambiente in dem von wildem Wein bewachsenen Haus und die freundliche Gastgeberin lobte. Pierrette Bernabeu verwöhnt ihre Gäste zum Frühstück mit selbst gemachter Marmelade. Es werden auch Ferienwohnungen für bis zu 6 Pers. vermietet. Von März bis Okt. geöffnet. DZ 65 € (inkl. Frühstück). Ferienwohnungen nach Saison 570–690 € pro Woche. 21, pont du Somail, ✆ 0468461602, www.canalmidi.com/bernabeu.htm.

»» Lesertipp: Château de Massignan, etwa 5 km südöstl. in Saint Marcel sur Aude. „Das ehemalige Weingut liegt idyllisch auf einem kleinen Hügel am Rande des mittelalterlichen Dorfes im Naturpark Languedoc", schrieb uns Heike Raestrup. Swimmingpool, Fahrradverleih, zudem wird der gesamte Komplex mit regenerativer Stromenergie versorgt. Die großzügigen Appartements mit eigener Terrasse kosten je nach Saison und Größe 427–1722 € pro Woche. ✆ 0468935403. www.chateau-de-massignan.com. **««**

Le Somail: Canal du Midi

Klösterliche Ruhe im Kreuzgang von Fontfroide

Die heilige Kunst der Zisterzienser

Die Zisterzienser waren die bedeutendste Ordensgründung des Hochmittelalters. Getreu dem Wortlaut der benediktinischen Klosterregeln wollten sie in der weltabgeschiedenen Einsamkeit eine hohe Vollkommenheit erreichen. Hierzu schlossen sich die Mönche hinter den dicken Klostermauern vom Lärm und Geschrei der Welt ab. Vor allem die alles dominierende Leitfigur des Zisterzienserordens, der heilige *Bernhard von Clairvaux*, hatte in den wenigen Jahren seit seinem Eintritt in den Zisterzienserorden (1112) eine gewaltige Neuorientierung des abendländischen Klosterwesens in die Wege geleitet, die auch eine Erneuerung der klösterlichen Baukunst nach sich ziehen sollte. Schon die Organisation der Klöster zielte auf Wachstum ab. Nie mehr als zwölf Brüder und ein Abt mit etwa der gleichen Anzahl Laienbrüder sollten in einem Kloster leben. Wurde diese Zahl überschritten, sandte man die Überzähligen aus, sich einen neuen Ort zu suchen. Durch diese Selbstbeschränkung auf die Zahl der Apostel entstanden zahllose Tochtergründungen, die den jeweiligen Mutterklöstern unterstellt waren; die stammbaumartige Verästelung führte schließlich zurück zum Urkloster von Cîteaux, von dem der Orden auch seinen Namen hat. Bis ins 13. Jahrhundert hinein verbreiteten die Ordensbrüder den Typus des Zisterzienserklosters in der gesamten westlichen Christenheit. Das Prinzip des „Alleinseins mit sich selbst", die in der Einsamkeit der Meditation sich entfaltende Kraft des Glaubens spiegelt sich auch in der Weltabgeschiedenheit der Klöster wider; die Mönche erinnerten mit der asketischen Einfachheit ihrer Bauten an die Armut und Anspruchslosigkeit des frühen Christentums; das Verständnis von körperlicher Arbeit als Teilnahme an Gottes Werk zeigt sich im Funktionalismus der Anlagen. Klöster wie Fontfroide und Valmagne wurden geschaffen von „Mönchen, deren Stimmen im Chorgesang miteinander verschmolzen und die ohne Grabinschrift in der bloßen Erde bestattet wurden – am Ort ihres Schaffens, mitten unter den Steinen der Baustelle" (Georges Duby). Der betörenden Wirkung der Zisterzienserarchitektur kann man sich auch heute nur schwer entziehen, ungewollt hält man den Atem an.

Abbaye de Fontfroide

Abgeschieden von der Welt, liegt die Abtei Fontfroide inmitten einer Senke in den Corbières. Schwer vorstellbar, dass das friedvolle Ensemble im Kampf gegen die Katharer zu den wichtigsten Bastionen des katholischen Glaubens zählte.

Bereits gegen Ende des 11. Jahrhunderts ließen sich in Fontfroide die ersten Einsiedler nieder, die sich 1118 zu einer klösterlichen Gemeinschaft zusammenschlossen, die sich an den Regeln des heiligen Benedikt orientierte. Als Bernhard von Clairvaux durch das Languedoc zog, unterstellten sich zahlreiche Klöster dem von ihm geleiteten Zisterzienserorden, und so kam auch Fontfroide 1146 als Filiation von Grandselve zum aufstrebenden Zisterzienserorden. Schnell entwickelte sich Fontfroide zu einer der reichsten Abteien des Ordens. Seinen Wohlstand verdankte das Kloster in erster Linie der Viehzucht: Im Jahre 1341 verzeichnen die Chroniken einen Bestand von annähernd 20.000 Stück Vieh! Die Bedeutung von Fontfroide wuchs weiter, als Jacques Fournier, ein ehemaliger Abt, unter dem Namen Benedikt XII. als Papst in Avignon residierte. Wie alle Klöster, so wurde auch Fontfroide während der Französischen Revolution aufgelöst, doch blieben die Gebäude von Zerstörungen verschont, da die Stadt Narbonne hier ein Krankenhaus einrichtete. Prosper Mérimée und Viollet-le-Duc erwirkten 1843, dass der Staat die Anlage unter Denkmalschutz stellte. Nach einem kurzen Zwischenspiel der Zisterzienser wurde das Kloster von zwei Kunstliebhabern aus dem Languedoc erworben, die Fontfroide in ein Kunstzentrum für Maler und Musiker verwandelten.

Rundgang: Der Rundgang beginnt im Ehrenhof (*Cour d'Honneur*) und führt anschließend durch den Wachensaal – schönes Kreuzrippengewölbe aus dem 13. Jahrhundert! – hindurch in den Cour Louis XIV. Dieser nach dem Sonnenkönig benannte Hof beherbergte einst verschiedene Werkstätten, die das Kloster benötigte. Ein architektonisches Schmuckstück ist der sich nach Westen hin anschließende spätromanische **Kreuzgang**. Die Bogenfelder, die auf Doppelsäulen mit fein gearbeiteten Kapitellen ruhen, werden durch ein großes Rundfenster und Marmorsäulen gestützt wird, sowie in die **Abteikirche**. Letztere besticht durch ihre schlichte und formvollendete Architektur. Die schmucklose Ausstattung ist eine mehrere kleine Okuli aufgelockert. Der Kreuzgang führt zum stimmungsvollen Kapitelsaal, dessen wuchtiges Kreuzrippengewölbe von schlanken Folge der bei der Ordensgründung proklamierten Grundgedanken: Im Gegensatz zu den prunkvollen Gebäuden des Kluniazenserordens lehnten die Zisterzienser jedes überflüssige Beiwerk ab, die Inbrunst der Gebete sollte weder durch Fresken noch durch Skulpturen abgelenkt werden. Die bunten Glasfenster – ein Werk von *Richard Burgsthal* – stammen aus dem frühen 20. Jahrhundert, als Fontfroide ein bekanntes Kunstzentrum war. Beeindruckend ist das Mittelschiff, das von einer Spitztonne überwölbt wird. Im Westen wird der Kreuzgang von dem Vorratsraum und dem darüber liegenden Schlafsaal (*Dormitorium*) der Mönche eingerahmt. Die Führung endet hinter der Kirche im Rosengarten. Unter den mehr als 2000 Blumen darf selbstverständlich die Zisterzienserrose nicht fehlen. Tipp: Wer nicht Französisch spricht, sollte nach einer Beschreibung auf Deutsch fragen.

Öffnungszeiten Die Abtei ist im Rahmen einer sehr informativen, einstündigen Führung zu besichtigen, die aber nur auf Französisch stattfindet. Diese beginnen um 10 Uhr und finden alle 45 Min., in der Hochsaison alle 30 Min. statt: 10. Juli bis Aug. 9.30–

18 Uhr, April bis 9. Juli sowie Sept. 10–12.15 und 13.45–17.30 Uhr, Nov. bis März 10–12 und 14–16 Uhr. Eintritt 10 €, erm. 6,50 €. www.fontfroide.com.

Essen & Trinken La Table de Fontfroide, das Restaurant im alten Schafstall der Abtei bietet ansprechende Menüs mit regionalen Köstlichkeiten ab 19,50 €. Tgl. 11–17 Uhr, im Juli und Aug. Mi–Sa auch abends geöffnet, im Winter und am Mo geschlossen. ☎ 0468410226, www.fontfroide.com/restaurant.

Südlich von Narbonne

Sigean

4100 Einwohner

Das Städtchen, das dem nahen Safaripark (s. u.) seinen Namen gab, wird von den meisten Reisenden links liegen gelassen. Ein Fehler, denn der Ort mit seinem schönen Marktplatz hat sein mediterranes Flair weitgehend bewahrt. Reste der mittelalterlichen Befestigungsmauern sind auch noch vorhanden, zudem gibt es im Zeitschriftenladen sogar deutsche Tageszeitungen!

Einst war Sigean eine Etappenstation der Via Domitia auf dem Weg von Spanien nach Italien. Archäologen interessieren sich für das 1913 entdeckte vorrömische Oppidum de Pech-Maho, das etwa drei Kilometer weiter westlich zu finden ist. Zum Baden fährt man am besten in das nahe Port-la-Nouvelle.

Information Office de Tourisme, Place de la Libération, 11130 Sigean, ☎ 0468481481, ww.tourisme-sigean.fr.

Verbindungen Busverbindungen mit Perpignan, Narbonne und Port-la-Nouvelle. Die Busse halten an der Place de la Libération.

Markt Dienstag- und Freitagvormittag.

Museum Musée des Corbières, Place de la Libération. Lokalgeschichtliche Ausstellung mit Funden aus dem Oppidum de Pech-Maho. Di–Fr 9.30–12.30 und 14–18 Uhr.

Essen & Trinken Café la Rotonde, mitten im Ort an der Durchgangsstraße gelegen. Altertümliches Café mit schön verzierter Decke und den allgegenwärtigen Flippern. Besonders auf der Terrasse lässt sich das Dorfleben wunderbar verfolgen. 1, avenue de Narbonne, ☎ 0468482029.

Afrikanische Impressionen: Réserve africaine

Umgebung

Réserve africaine de Sigean

Die Besichtigung der Abbaye de Fontfroide wird die meisten Kinder nur wenig begeistern. Zum Ausgleich könnte man einen Besuch in der Réserve africaine de Sigean anschließen, der nur wenige Kilometer südlich der Abtei liegt. Allein beim Wort „Safaripark" beginnen die Augen schon zu leuchten. Nördlich von Sigean wurde 1974 auf einem 300 Hektar großen Gelände ein wirklich außergewöhnlicher Tierpark angelegt, dessen Vegetation mit steppen- und savannenähnlichen Arealen an eine afrikanische Landschaft erinnert, sogar Wasserflächen wurden integriert. Auf dem Gelände tummeln sich Löwen und Geparden, Elefanten, Nashörner, Alligatoren, Bären, Dromedare, Strauße, Schimpansen, Zebras und Giraffen sowie mehr als 1200 Vogel- und 150 Reptilienarten. Es gibt mehrere durchfahrbare Tiergehege (Fenster schließen!) sowie eine zooartige Anlage, die man zu Fuß durchstreifen kann. Je nach Interesse kann die Besichtigung durchaus als Tagesausflug geplant werden kann, Restaurants sind vorhanden. Der Safaripark ist eine der Hauptattraktionen im Languedoc: Alljährlich werden mehr als 300.000 Besucher gezählt.

Tgl. 9–20 Uhr. Achtung: Die Kassen schließen um 18.30 Uhr, im Winterhalbjahr um 16 Uhr. Eintritt 31 €, erm. 22 €. www.reserveafricainesigean.fr.

Port-la-Nouvelle   5000 Einwohner

Der Name führt in die Irre – neu ist der Hafen nicht. Schon in römischer Zeit mussten die Schiffe in Port-la-Nouvelle über eine Fahrrinne (Grau de la Nouvelle) in den 5500 Hektar großen **Etang de Bages et de Sigean** einbiegen, um nach Narbonne zu gelangen. Nachdem der Wasserweg versandet war, übernahm Ende des 18. Jahrhunderts der Canal de la Robine diese Aufgabe. Das kleine Fischerdorf verwandelte sich nun in einen lebhaften Handelsplatz, der später im Bombenhagel des Zweiten Weltkriegs unterging. Doch der Wiederaufbau wurde umgehend in Angriff genommen, und Port-la-Nouvelle entwickelte sich schnell zu einem der bedeutendsten französischen Handelshäfen am Mittelmeer. Am Ortsrand steht ein Zementwerk und nördlich des Städtchens dehnen sich die Salinen von Sainte-Lucie aus, von der Port-la-Nouvelle bis heute wirtschaftlich profitiert. Der Tourismus hingegen kam nur langsam in Schwung, obwohl sich nach Süden hin ein breiter, mehr als zehn Kilometer langer Sandstrand erstreckt. Interessant ist auch ein Abstecher zur unter Naturschutz stehenden Insel **Île de Sainte-Lucie**, die man bequem zu Fuß oder mit dem Fahrrad erreichen kann.

Information Office de Tourisme, Place Paul Valéry, 11210 Port-la-Nouvelle, ✆ 0468 480051, www.portlanouvelle.com.

Verbindungen Busverbindungen mit Sigean.

Markt Mittwoch- und Samstagvormittag.

Camping Le Clapotis, dieser schöne FKK-Campingplatz, der auch von vielen deutschen Gästen besucht wird, liegt auf einem baumbestandenen Hügel beim Etang de Lapalme, rund 8 km südwestl. von Port-la-Nouvelle. Für Bade- und Sonnenfreunde gibt es einen eigenen Strand am Etang sowie ein Schwimmbecken (25 x 10 m). Viele Sportmöglichkeiten (Tennis, Volleyball, Boule), Restaurant und Laden vorhanden, zudem Vermietung von Wohnwägen und Wohnmobilen. Stellplatz 20–27 €. Von Mitte April bis Mitte Okt. geöffnet. Cabanes de Lapalme, ✆ 0468 481540, www.leclapotis.com.

Peyriac-de-Mer
850 Einwohner

Das kleine Dorf liegt verträumt am Westufer des Etang de Bages et de Sigean. Der kleine Fischerhafen ist vom Trubel des Küstentourismus verschont geblieben und gefällt durch seine authentische Atmosphäre. Schmuck ist die mit Pechnasen und Schießscharten versehene Wehrkirche aus dem 14. Jahrhundert, in deren Inneren eine verzierte Kassettendecke hervorsticht. Im Ort gibt es einen *Sentier mémoire d'Etang*, der teilweise auf Holzstegen fünf Kilometer lang als Rundwanderweg um die Salinen führt. Landschaftlich sehr reizvoll ist die Straße (D 105), die von Peyriac nach Norden in das fünf Kilometer entfernte Bages (s. u.) führt. Immer wieder sieht man rosa Flamingos auf der Suche nach Nahrung in den in verschiedenen Farben schillernden Gewässern.

Übernachten & Essen Auberge de la Garrigue, das direkt an der N 9 in einer wenig ansprechenden Gegend gelegene Restaurant ist ein Lesertipp von Philiomena Desax-Simeon, die voll des Lobes war: „Monsieur Breem ist ein ausgezeichneter Koch und seine Frau eine ebenso charmante Gastgeberin. Das Preis-Leistungs-Verhältnis ist gut, das Interieur ansprechend." Mittagsmenü 17 € inkl. einem Viertel Wein und Café, sonst 27 €. Nur mittags sowie am Freitag- und Samstagabend geöffnet, Mi Ruhetag. ℡ 0468428249.

》》 Lesertipp: Le Moulin de Peyriac, Uwe Schumacher begeisterte sich für das Chambres d'Hôtes du Moulin: „Eine hervorragende Unterkunft in einem unverfälschtem Dorf inmitten der Salzgärten." Vier Zimmer mit Küchenbenutzung, 50–75 € inkl. Frühstück, drei Zimmer mit Terrasse zum großen Garten. 26, bis rue du Moulin, ℡ 0468412491. www.lemoulindepeyriac.fr. 《《

Bages
700 Einwohner

Genauso reizvoll wie Peyriac-de-Mer ist das kleine, auf einen Felsen gekauerte Bages. Traditionell leben die Einwohner vom Fischfang und dem Weinbau. Hinzugekommen sind im 19. Jahrhundert ein paar Villen rund um den Ort. Einen Besuch lohnt der liebevoll eingerichtete Tante-Emma-Laden, der auch leckeren Käse verkauft. Die Umgebung von Bages erfreut sich auch bei Wohnmobilisten großer Beliebtheit, da sich am Etang zahlreiche leicht zugängliche Stellplätze finden.

Erkundungen rund um Peyriac-de-Mer

Essen & Trinken Le Portanel, das in einem einstigen Fischerhaus (tolle Aussicht!) untergebrachte Restaurant von Didier Marty und seiner Frau Rose-Marie ist ein beliebter Treffpunkt für Feinschmecker. Viele Fischgerichte, die wie beim Seewolf mit Trüffelöl raffiniert verfeinert werden. Menüs zu 21 € (nur mittags inkl. einem Glas Wein) sowie 31 €. Sonntagabend und Mo geschlossen. La Placette, ℡ 0468428166, www.leportanel.net.

Mittelalter pur: Cité von Carcassonne

Carcassonne

46.250 Einwohner

Schöner als jede Filmkulisse blicken die zinnen- und turmbewehrten Mauern der Cité des alten Carcassonne über das Tal der Aude. „Wenn man allein vor den festen Türmen steht, mag man sich als Troubadour fühlen, auch an Rapunzel denken, dass sie ihr Haar herunterlasse", spöttelte der Schriftsteller Wolfgang Koeppen.

Auch fünfzig Jahre später muss man Koeppen beipflichten: Angesichts der stolzen Festungsmauern von Carcassonne, die schon die Troubadoure in dem Lied von der heldenhaften und – natürlich – sehr schönen Dame Carcas besangen, glaubt man sich ins Mittelalter versetzt. Selbst die Kulissenbauer in den Hollywoodstudios hätten keine fantastischere Burganlage entwerfen können! Und so verwundert es auch nicht, dass Walt Disney sich hier inspirieren ließ und auch viele Szenen von „Robin Hood" mit Kevin Costner in Carcassonne und nicht etwa in Nottingham gedreht worden sind. Zuletzt mutierte die Stadt auch noch zum Gesellschaftsspiel.

Die 1997 zum UNESCO-Weltkulturerbe ernannte Cité von Carcassonne ist Europas größte und besterhaltene mittelalterliche Festungsanlage. Mit annähernd drei Millionen Besuchern jährlich ist sie zudem die größte touristische Sehenswürdigkeit im Languedoc. Zwei zinnenbekrönte Mauerringe mit insgesamt 38 Türmen umschließen dieses gewaltige Bauwerk. Carcassonne weiß sein historisches Erbe in Szene zu setzen: Abends werden die Cité und der Vieux Pont prachtvoll illuminiert. Nichts wird dem Zufall überlassen: Jeden Morgen werden die Gassen gefegt und geschrubbt. Wer durch die ausladenden Tore die Cité betritt, begibt sich gewissermaßen auf eine Zeitreise – wären da nicht die vielen Touristen, Souvenirläden, Kunstgalerien, Restaurants und Cafés. Besonders schön sitzt man an der Place Marcou. Nur spät am Abend oder in den frühen Morgenstunden finden die Gassen zu ihrem ursprünglichen Reiz zurück. Schwer vorstellbar, dass Henry James noch 1884 schreiben konnte: „Die Bewohner des älteren Carcassonne sind allesamt ärmlich; denn das Herz der Cité ist geschrumpft und verrottet, und es herrscht nur noch wenig Leben in den Ruinen." Ein paar Jahrzehnte später rümpfte auch Simone de Beauvoir entsetzt die Nase: „Die Festungsanlage von Carcassonne ist scheußlich."

Wenn man über Carcassonne spricht, vergisst man fast, die eigentliche Stadt zu erwähnen. Denn Carcassonne besteht nicht nur aus der Cité, sondern auch aus einer später, am anderen Ufer der Aude entstandenen Unterstadt, *Ville Basse* genannt, sowie einigen modernen Stadtvierteln, die rund um die Ville Basse angeordnet sind. Da sich die Besucher weitgehend auf die Cité konzentrieren, findet hier das Alltagsleben von Carcassonne statt. Neben dem Bahnhof und einer kleinen Fußgängerzone gibt es auch mehrere Verwaltungsgebäude, die daran erinnern, dass Carcassonne die Hauptstadt des Département Aude ist. Wirtschaftlich lebt die Stadt abgesehen vom Tourismus vom Weinhandel, der Textilindustrie, der Feinwerktechnik sowie von Zulieferungen für die Autoindustrie. Eine Universität existiert nicht, so dass die Jugend oft nach Toulouse oder Montpellier abwandert.

Geschichte

Aufgrund seiner exponierten Lage wurde der Hügel von Carcassonne schon seit dem Paläolithikum besiedelt, die Kelten errichteten ein Oppidum, das von den Römern dann als *Colonia Julia Carcasso* bezeichnet wurde. Teile der Befestigungsmauern aus römischer Zeit sind noch erhalten. Im 5. Jahrhundert eroberten die Westgoten die Region und bauten die Stadt zu einer mächtigen Festung aus. Nach einem kurzen arabischen Zwischenspiel eroberte Pippin der Kleine im Jahre 759 Carcassonne und erweiterte das Frankenreich damit nach Süden zu den Pyrenäen hin.

Der erste bekannte Graf von Carcassonne war ein gewisser Arnald, der auch als Stammvater der Grafen von Foix in die Geschichtsbücher eingegangen ist. Nachdem das Geschlecht der Grafen von Carcassonne 1057 ausgestorben war, konnten die Grafen von Barcelona ihren Machtanspruch durchsetzen und gaben Carcassonne den ihnen treu ergebenen Trencevals zum Lehen. Seine Blütezeit erlebte Carcassonne im 12. Jahrhundert. Die Herren von Trencavel, die zu dieser Zeit auch schon als Vizegrafen über Teile des Languedoc herrschten, ließen den Burghügel systematisch ausbauen, der Bau der Kathedrale Saint-Nazaire wurde begonnen und das prächtige Château Comtal, eine regelrechte Festung in der Festung, entstand.

Die Dame Carcas und das Schwein

Die Sage, wie Carcassonne zu seinem Namen kam, würde sich sicherlich auch als Grundlage für ein Drehbuch eignen: Soll doch die mit dem Sarazenenkönig Balaack liierte Dame Carcas während einer monatelangen Belagerung durch Karl den Großen die filmreife Idee gehabt haben, das letzte verbliebene Schwein mit Getreide zu mästen und es dann den Feinden von der Burgmauer aus vor die Füße zu werfen. Der Bauch des Schweins platzte auf und den Belagerern quoll eine riesige Menge Korn entgegen. Angesichts der scheinbar unerschöpflichen Lebensmittelvorräte des Burgherrn wollte Karl schon entnervt von dannen ziehen, doch da signalisierte die Dame Carcas Verhandlungsbereitschaft und ließ die Trompeten ertönen (frz. *sonner*): *Carcas sonne.* Bleibt nur noch ein Problem: Karl der Große hat die Stadt niemals belagert, aber die Sage hält sich hartnäckig ...

Trotz dieses mächtigen Mauerwerks mussten sich die Einwohner von Carcassonne in den Albigenserkriegen im August 1209 nach nur zwölftägiger Belagerung den Kreuzfahrern ergeben. Wasserknappheit, die sengende Sommerhitze und die dadurch ausbrechenden Seuchen waren die besten Verbündeten der Angreifer. Als Schutzherr der ketzerischen Katharer zog sich der junge Burgherr Raymond-Roger aus dem mächtigen Geschlecht der Trencavels den Zorn der katholischen Kirche zu. Der Vizegraf, der zu Verhandlungen im feindlichen Lager weilte, wurde gefangen genommen und in einem Burgverlies eingekerkert. Die Bewohner von Carcassonne ergaben sich daraufhin. Nur mit einem Hemd bekleidet durften sie die Stadt verlassen. Raymond-Roger selbst kam wenige Monate später unter mysteriösen Umständen ums Leben ...

Austreten mit Henry Miller

„Fast immer haben die Franzosen den richtigen Platz für ihre Pissoirs gewählt. Mir fällt eines in Carcassonne ein, das mir, wenn ich die richtige Stunde wählte, eine unvergleichliche Aussicht auf die Zitadelle bot. Es ist so gut hingestellt, dass einen, wenn man nicht gerade bedrückt oder zerstreut ist, derselbe Stolz, dasselbe Staunen und dieselbe Ehrfurcht, dieselbe heiße Liebe zu dem Ort ergreift, die der müde Ritter oder der Mönch fühlten, wenn sie am Fuß des Berges rastend, wo jetzt der Fluss fließt, der einst die Epidemien hinwegspülte, aufblickten und ihre Augen auf den grimmigen, heiß umkämpften Mauertürmchen ruhen ließen, die gegen einen vom Wind durchtosten Himmel standen." *Henry Miller, Schwarzer Frühling*

Carcassonne wurde glücklicherweise nur geplündert und nicht gebrandschatzt, da der siegreiche Feldherr Graf Simon de Montfort Carcassonne zu seiner Hauptstadt erkoren hatte. Jahrzehnte später ließ der französische König Ludwig der Heilige einen zweiten Mauerring um die Stadt ziehen, wodurch Carcassonne seine endgültige, charakteristische Silhouette erhielt. Mehrere Dörfer, die sich um die Cité schmiegten, wurden zerstört, die Bevölkerung siedelte man in der neu gegründeten Unterstadt (*Ville Basse*) am anderen Ufer der Aude an. Die in Form einer Bastide angelegte Unterstadt wurde ebenfalls mit einer Stadtmauer befestigt, die allerdings im 18. Jahrhundert geschleift und durch breite Boulevards ersetzt wurde. Die Cité wurde mehr und mehr zu einer königlichen Militärgarnison. Erst nachdem Carcassonne 1659 durch den Pyrenäenvertrag seine strategische Bedeutung als Grenzfestung zu Katalonien verloren hatte, begann der langsame, aber stete Verfall der Festungsanlagen. Der größte Teil der Bevölkerung lebte damals längst in der Ville Basse. Nur noch einige Tagelöhner und deren Familien lebten in den ruinösen Häusern.

In der Mitte des 19. Jahrhunderts liebäugelte man gar mit einem Abriss der Cité, doch gerade noch rechtzeitig gebot Prosper Mérimée, der französische Generalinspektor für historische Monumente, diesen Plänen Einhalt. Unterstützt vom berühmten Architekten und Restaurateur Eugène Emmanuel Viollet-le-Duc erreichte schließlich ein ortsansässiger Archäologe namens Cros-Mayrevieille, dass die Cité wieder in schönstem gotischem Glanz erstrahlen konnte. Dass die Restaurateure, die zuerst nur mit der Instandsetzung der Kathedrale beauftragt waren, gelegentlich ihrer romantischen Phantasie freien Lauf ließen und Spitztürme, Schießscharten und Zinnen hinzufügten, wo im Mittelalter keine waren, tut ihrer Leistung allerdings

Carcassonne

keinen Abbruch. Vielmehr zeugt die Restaurierung von Carcassonne vom erwachenden Bewusstsein der Europäer für ihre kulturellen Wurzeln, deren Glanzzeit Violletle-Duc und seine Mitstreiter in der Carcassonn'schen Gotik verkörpert sahen.

Basis-Infos

Information Office Municipal du Tourisme, 28, rue de Verdun, 11890 Carcassonne Cédex, ℡ 0468102430, www.carcassonne-tourisme.com.

Verbindungen Flugzeug: Vom Aéroport de Carcassonne Salvaza tgl. 2-mal nach London und Brüssel (Ryan Air), ℡ 0468 719646. Der Flughafen liegt westlich der Stadt und ist mit dem Bus Navette Aeroport in 15 Min. zu erreichen (5 €). www.aeroport-carcassonne.com.

Zug: Sehr zentral am nördlichen Rand der Ville Basse kommen die Züge an (℡ 3635), nur zur Cité ist es ein 20-minütiger Fußmarsch. Häufige Zugverbindungen nach Toulouse, Montpellier, Nîmes, Perpignan, Castelnaudary, Alet-les-Bains, Quillan und Limoux.

Bus: Der Busbahnhof (*gare routière*) ist auf dem Boulevard de Varsovie im Nordwesten der Ville Basse, etwa 5 Fußmin. vom SNCF-Bahnhof entfernt. Busverbindungen nach Castelnaudary, Albi, Axat und Quillan. Weitere Infos über Trans Aude, ℡ 0468251374. Zwischen Ville Basse (Place Gambetta) und der Cité existieren regelmäßige Pendelbusverbindungen.

Parken Mehrere gebührenpflichtige Plätze (je nach Dauer ab 5 €, erste Stunde kostenlos) rund um die Cité.

Fahrradverleih Génération VTT, Port du Canal du Midi, ℡ 0609593085, www.generation-vtt.com.

Markt Dienstag-, Donnerstag- und Samstagvormittag auf der Place Carnot (Gemüse, Früchte, Blumen) bzw. in der Halle aux Grains (Textilien), zudem werden tgl. außer So in der Markthalle (Les Halles) Fisch und Gemüse verkauft.

Veranstaltungen *Festival de Carcassonne* mit Tanz, Theater, Jazz- und Klassikkonzerten im Juli (www.festivaldecarcassonne.com). *Médiévales* (Anfang Aug.) mit mittelalterlichen Inszenierungen. Der Nationalfeiertag (14. Juli) wird zwar in ganz Frankreich gefeiert, doch besonders hoch her geht es an diesem Tag in der Cité (Feuerwerk!).

Post 40, rue Jean Bringer.

Maison de la Presse Rue Courtejaire.

Einkaufen Ein großer, gutsortierter Biosupermarkt. Tgl. außer So 9–19.30 Uhr. 104, rue de Verdun.

Theater Théâtre Municipal „Jean Alary", 6, rue Courtejaire, ℡ 0468253313.

Kino Cap'Cinema, Zone industrielle du Pont Rouge, ℡ 0892686910, www.capcine.fr/carcassonne; Odéum, 64, rue Antoine Marty, ℡ 0468250735.

Schwimmen Piscine du Païcherou, Freibad, gleich beim Friedhof: Berges de l'Aude, ℡ 0468720236. Mitte Juni bis Aug. geöffnet. Eintritt 2,30 €.

Tennis L'Acacia, 14, avenue Général Sarrail, ℡ 0468252157.

Golf Golf Club de Carcassonne, 18-Loch-Anlage, route de Saint-Hilaire, ℡ 0613208543, www.golf-de-carcassonne.com.

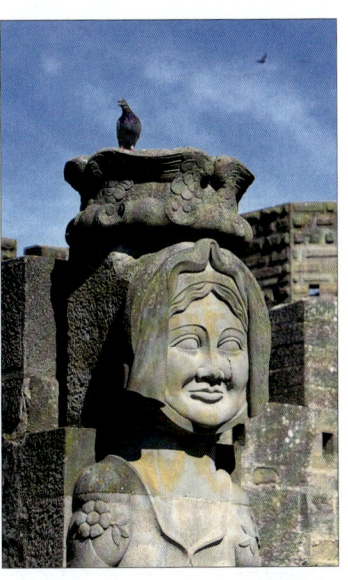

Skulpturenschmuck

Aude → Karten S. 372/373 und 387

Aude

Übernachten → Karte S. 402/403

Hotels ***** **Hôtel de la Cité** 22, der einstige bischöfliche Palast direkt neben der Kathedrale beherbergt heute ein Luxushotel. Die Eingangshalle im neugotischen Stil stimmt auf die Atmosphäre des Hauses ein. Ein privater Garten samt Pool sowie ein Restaurant der Extraklasse (**La Barbacane** 22, ein Michelin-Stern, Mittagsmenü 38 €, abends Menüs ab 85 €) gehören ebenfalls zum Angebot. Übrigens: Auch Kevin Costner wohnte hier während der Dreharbeiten zu „Robin Hood". Von Dez. bis Mitte Jan. geschlossen. Für Hotelgäste gibt es Parkmöglichkeiten im Burggraben mit Shuttle-Service zur Rezeption. Zimmer je nach Saison 229–590 €. Place Saint-Nazaire, ☏ 0468719871, www.hoteldelacite.com.

**** **Grand Hôtel Terminus** 2, riesiges Hotel im Belle-Epoque-Stil, am Bahnhof von Carcassonne. Der alte Glanz ist zwar dahin, doch die Atmosphäre ist noch immer beeindruckend! Die mehr als 6 m hohen Decken der Eingangshalle sind auf jeden Fall einen Blick wert und dienten schon als Filmkulisse. Das Restaurant wurde leider unlängst modernisiert. Die Räumlichkeiten und Flure erinnern noch an den Glanz des einstigen Grand Hotels. Von Nov. bis März. Betriebsferien. EZ ab 69 €, DZ 89–139 € (je nach Saison und Ausstattung); Frühstück 15 €. 2, avenue Maréchal Foch, ☏ 0468252500, www.hotels-du-soleil.com.

**** **Le Donjon** 23, das sich über drei Gebäude verteilende Best Western Hotel ist die zweite Möglichkeit, um direkt in der Cité zu übernachten (das Haupthaus ist am schönsten, Maison des Remparts zur Straßenseite laut). In diesem Fall bewegen sich die Zimmerpreise glücklicherweise in einem halbwegs erschwinglichen Rahmen. Ausgezeichnet ist das Frühstücksbuffet. Von der zugehörigen Brasserie ist abzuraten, da hier häufig japanische und englische Gruppenreisende einfallen. Sehr häufig ausgebucht. Kostenloses WLAN. Für Hotelgäste gibt es Parkmöglichkeiten im Burggraben mit Shuttle-Service zur Rezeption. DZ 105–210 €, luxuriöse Zimmer mit Bad ab 149 €; Frühstücksbuffet 13,50 bzw. 7 €. 2–4, rue du Comte Roger, ☏ 0468112300, www.hotel-donjon.fr.

**** **Hôtel Mercure Porte de La Cité** 14, komfortables Kettenhotel zu Füßen der Cité. Die Zimmer wurden unlängst inklusive der Bäder renoviert und mit zeitlosem Mobiliar bestückt. Zwischen den Ausflügen ins Mittelalter kann man sich am Swimmingpool (Juni bis Aug.) mit Blick auf die Cité entspannen. Das Restaurant versteht sich auf eine vorzügliche Mousse au Chocolat. Schöne Frühstücksterrasse. Kostenlose Parkplätze sowie WLAN. Zimmer 139–180 €; Frühstück 15 €. 18, rue Camille Saint-Saens, ☏ 0468119282, www.mercure-carcassonne.fr.

**** **Hôtel du Château** 15, sehr geschmackvoll-modern eingerichtetes Hotel mit viel Komfort. Direkt unterhalb der Cité. Der zugehörige Pool ist von Ostern bis Allerheiligen auf 28 Grad beheizt, der Whirlpool ist das ganze Jahr geöffnet. Schöne Gartenterrasse mit Lounge-Atmosphäre. Kostenloses WLAN. Zimmer je nach Saison und Ausstattung 130–235 €; Frühstück 15 €; Parkplatz in der HS 10 €. 2, rue Camille Saint-Saëns, ☏ 0468113838, www.hotelduchateau.net.

》》》 Mein Tipp: *** **Hôtel Montmorency** 17, etwas einfacher, aber dennoch nett (gleiche Rezeption wie das Hôtel du Château). Das Hotel mit dem besten Preis-Leistungs-Verhältnis in dieser Preisklasse! Die meisten der charmanten Zimmer verfügen über einen kleinen Garten oder eine Terrasse. Ebenfalls direkt unterhalb der Cité gelegen und mit Zugang zum Pool. Kostenloses WLAN. Zimmer je nach Ausstattung und Reisezeit 85–155 €; Frühstück 15 €. 2, rue Camille Saint-Saïns, ☏ 0468119670, www.lemontmorency.com. **《《《**

** **Hôtel Central** 5, die Fassade blättert, doch die Zimmer des einfachen Hotels gegenüber dem Palais de Justice sind in Ordnung. WLAN. Im Febr. Betriebsferien. Zimmer 62–73 € (die günstigeren nur mit Etagenbad); Frühstück 8 €. 27, boulevard Jean-Jaurès, ☏ 0468250384, www.hotel-carcassonne-11.com.

** **Astoria** 1, ein weiteres günstiges Hotel in der Unterstadt, verteilt über zwei Gebäude, wobei die Räume in der Dependance neuer sind. WLAN. Zimmer für 39–49 € (Etagendusche), sonst 52 und 72 €; Frühstück 8 €. 18, rue Tourtel, ☏ 0468253138, www.astoriacarcassonne.com.

Carcassonne

Chambres d'hôtes Les Grands Puits [16], mitten in der historischen Cité vermietet Nicole Cordonnier-Trucco drei traumhafte Gästezimmer mit Kochmöglichkeiten und Frühstück. Besonders schön ist das Chambre orange (bis 4 Pers.) im zweiten Stock mit einer tollen Terrasse oder das Chambre bleue (bis 5 Pers.) mit einem Innenhof. Ab 75 € für 2 Pers. (je nach Saison bis 75 €). 8, place du grand puits, ✆ 0468251667, http://legrandpuits.free.fr.

»› Mein Tipp: Bloc G [10], eine herrliche Privatunterkunft zu Füßen der Cité. Es werden fünf moderne und großzügige Designerzimmer sowie ein Appartement (150 €) vermietet. Nichts für Rustikalfreunde, denn die Zimmer sind in unterkühlten weißen Tönen gehalten. Tolle Bäder, kostenloses WLAN. DZ je nach Ausstattung 100–120 € inkl. Frühstück. 112, rue Barbacane, ✆ 0468 485820, www.bloc-g.com. «

42 [6], drei traumhafte Zimmer im Boutique-Stil, in einem Stadtpalast im Zentrum von Carcassonne. Bezüglich Komfort und Atmosphäre jedem Hotel überlegen. Es werden auch Kochkurse angeboten. Kostenloses WLAN. DZ inkl. Frühstück 145–180 €, zwei Tage Mindestaufenthalt. 42, rue Victor Hugo, ✆ 0786103359, www.42ruevictorhugo.com.

Côte Cité [11], direkt unterhalb der Cité findet sich ein weiteres Chambres d'hôtes mit einem deutlich verspielteren Ambiente. DZ 85–92 € (inkl. Frühstück). 81, rue Trivaille, ✆ 0689356151. www.cotecite.com.

Jugendherberge Auberge de Jeunesse [19], komfortable, moderne Herberge im Herzen der historischen Altstadt. Viel internationales Publikum. Eine rechtzeitige Reservierung ist dringend zu empfehlen. Mitte Dez. bis Ende Jan. geschlossen. Übernachtung in 4- bis 6-Bett-Zimmern ab 18 € pro Pers. (inkl. Frühstück). Rue du Vicomte Trencavel „La Cité Médiévale", ✆ 0468 252316, www.fuaj.org/carcassonne.

Camping **** Camping de la Cité [25], der einzige Campingplatz in Carcassonne ist mit seinen 200 Plätzen in der Hochsaison schnell ausgebucht. Abkühlung findet man im Swimmingpool (15.6. bis 15.9.). Ausreichend Schatten, schön parzellierte Anlage. 20 Fußminuten zur Cité oder Bus Nr. 8. Extras: Tennis, Bungalowvermietung. Von Mitte März bis Anfang Okt. geöffnet. Route de Saint-Hilaire, ✆ 0468251177, www.campingcitecarcassonne.com.

Ein Hinweis für Besitzer von **Wohnmobilen:** Für 10 € kann man 24 Std. auf einem speziellen Parkplatz direkt unterhalb der Cité parken.

Essen & Trinken/Nachtleben → Karte S. 402/403

Comte Roger [20], irgendwann steht man vor der schönsten Restaurantterrasse der Cité und muss sich entscheiden. Und der Optik zu folgen, ist in diesem Fall kein Fehler. Serviert wird anspruchsvolle französische Küche mit einem leichten regionalen Einschlag. Sieht man einmal vom Restaurant Barbacane ab (Hôtel de la Cité), das in einer adäneren Preisklasse spielt, so ist dies die beste Wahl in der Altstadt. Selbst viele Einheimische kommen abends auf die Cité, um hier zu speisen. Auf ein Auberginenmus mit Spargelspitzen folgt beispielsweise eine gebratene Taube mit Kartoffelpüree. Menüs zu 21 € (mittags), abends 29 und 40 €. Sonntagmittag sowie in der NS Mo Ruhetag. 14, rue Saint-Louis, ✆ 0468119340, www.comteroger.com.

Auberge de Dame Carcas [18], gute regionale Küche zu ansprechenden Preis-Leistungs-Verhältnis und das mitten im Trubel der Cité (mit Straßenterrasse). Menüs zu 16,50, 19,50 und 28 €. Mo geschlossen. 3, place du Château, ✆ 0468712323, www.damecarcas.com.

»› Mein Tipp: Bloc G [10], zu Füßen der Cité betreiben drei Schwestern ein innovatives Restaurant, das allein aufgrund seiner minimalistischen Einrichtung begeistert. Doch auch die Küche enttäuscht nicht: Es werden hochwertige Produkte verwendet, so dass die Qualität wie beim *Entrecôte „simplement grillée"* im Vordergrund steht. Stark saisonal ausgerichtete Küche. Sonnige Straßenterrasse. In der NS So, Mo und Dienstagmittag geschlossen. Menü zu 15 €, die Flasche Wein ab 13 €. 112, rue Barbacane, ✆ 0468485820, www.bloc-g.com. «

»› Mein Tipp: L'Ecurie [9], in einem rustikalen Ambiente (ehedem ein Stall) samt herrlichem Garten wird in der Unterstadt eine ansprechende bodenständige Kost serviert, wobei selbstverständlich auch ein *Cassoulet languedocien* nicht auf der Karte fehlen darf. Lecker ist auch das Spanferkel (*Cochon de lait*) oder *Bavette de bœuf*. Menüs zu 16,90 € (mittags), sonst 26, 28 und 35 €. Kein Ruhetag. 43, boulevard Barbès, ℡ 0468720404, www.restaurant-lecurie.fr. 《《《

Chez Fred 4, einladendes Restaurant in einem kleinen Innenhof in Bahnhofsnähe. Menüs zu 20 € (mittags), 25, 35 und 40 €, wobei beim günstigsten Menü die Auswahl mit einem halben *Poulet rôti* als Hauptgang nicht gerade berauschend ist. Samstagmittag, So und Mo geschlossen. 31, boulevard Omar-Sarraut, ℡ 0468720223, www.chez-fred.fr.

L'Amandier 7, ein Biorestaurant mit einfachem Ambiente. Serviert wird eine asiatisch-indisch inspirierte Küche. Menüs zu 14 und 17,50 €. So und Montagabend Ruhetag. 104, rue de Verdun, ℡ 0434589589. ■

Le Saint-Jean 13, dieses von jungen Leuten betriebene Restaurant gefällt vor allem wegen des traumhaften Blickes, der sich von der Terrasse auf die einstige Burg der Grafen von Carcassonne bietet. In der Hochsaison manchmal mit abendlicher Livemusik. Abwechslungsreiche Küche (auch von Lesern gelobt), Menüs zu 11 € (mittags mit Salat, *Cassoulet* und einem Eis) bzw. 16, 19,50 und 25 €. Kostenloses WLAN. Tgl. 9–2 Uhr geöffnet, in der NS Di Ruhetag. 1, place Saint-Jean, ℡ 0468474243, www.le-saint-jean.eu.

Le Bar à Vins 24, in dem lauschigen Garten an der Stadtmauer werden Sandwichs und Tapas serviert. Wer will, kann aber auch nur einfach ein Glas Wein trinken, während im Hintergrund Lounge-Musik plätschert. Relativ ungezwungene Atmosphäre. Nach all dem Lob muss noch ein bisschen Kritik an der Küche sein: Die „Tapas" bestehen nur aus diversen belegten Broten und rechtfertigen den stolzen Preis von 13 € in keinerlei Weise. Tgl. bis 2 Uhr geöffnet. Von Mitte Nov. bis Anfang. Febr. Betriebsferien. 6, rue du Plô, ℡ 0466473838.

La Table d'Alaïs 21, eine der empfehlenswerteren Adressen in der Cité mit modernem Flair. Lecker ist das Kabeljaufilet mit Risotto oder die gegrillte Wachtel. Schöne Gartenterrasse. Menüs zu 15 € (mittags), 17,90, 24,90, 32 und 42 €. Mi Ruhetag. 32, rue Plô, ℡ 0468716063. www. latabledalais.fr.

Übernachten
1 Astoria
2 Grand Hôtel Terminus
5 Hôtel Central
6 42
10 Bloc G
11 Côte Cité
14 Hôtel Mercure Porte de La Cité
15 Hôtel du Château
16 Les Grands Puits
17 Hôtel Montmorency
19 Auberge de Jeunesse
22 Hôtel de la Cité
23 Le Donjon
25 Camping de la Cité

Nachtleben
3 Le Café de Nuit
8 Bistro Florian/Longchamp
12 La Bulle

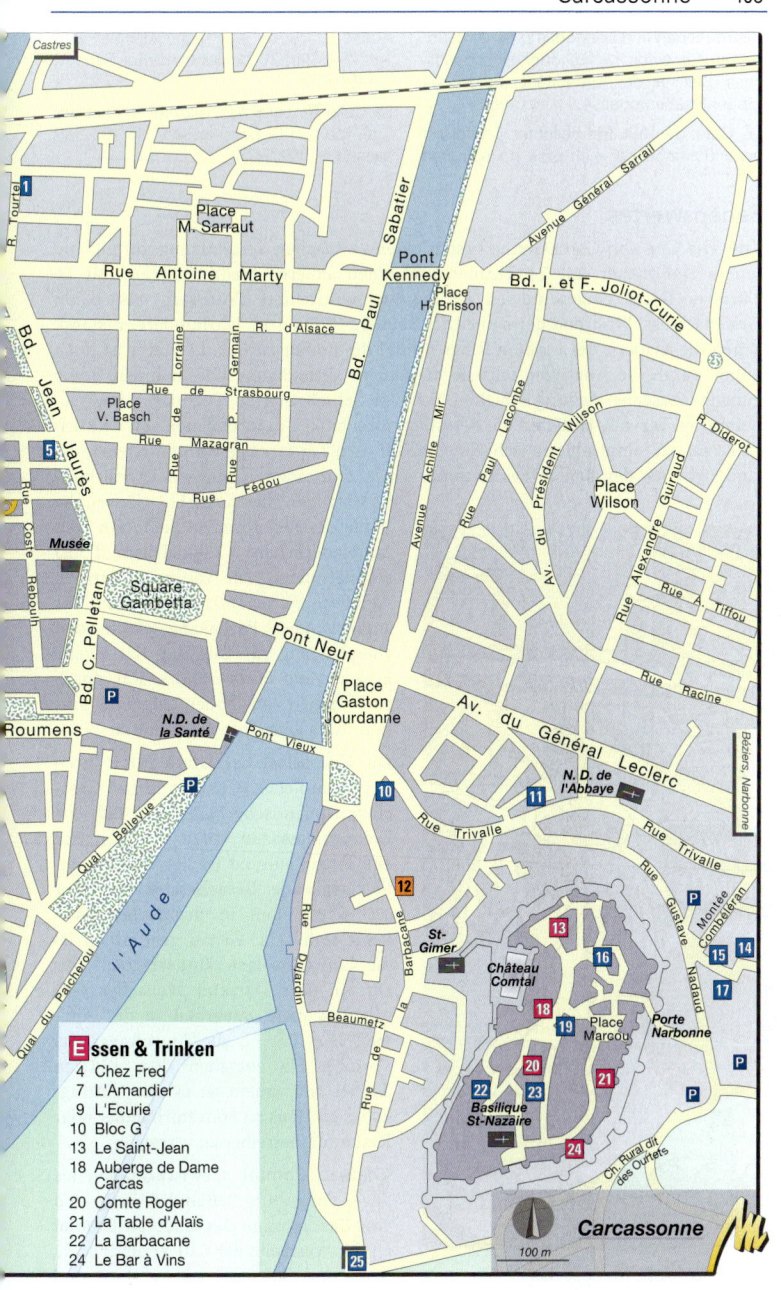

Carcassonne 403

Aude → Karten S. 372/373 und 387

E ssen & Trinken
- 4 Chez Fred
- 7 L'Amandier
- 9 L'Ecurie
- 10 Bloc G
- 13 Le Saint-Jean
- 18 Auberge de Dame Carcas
- 20 Comte Roger
- 21 La Table d'Alaïs
- 22 La Barbacane
- 24 Le Bar à Vins

Carcassonne

100 m

Bistro Florian und Longchamp **8**, zwei Adressen für einen Kaffee oder ein abendliches Bier in der Unterstadt, beide mit großer Straßenterrasse. Place Carnot.

Le Café de Nuit **3**, beliebter Treffpunkt beim Bahnhof, der sich erst am späteren Abend zu House- und Technoklängen füllt. Tgl. 21–3 Uhr. 31, boulevard Omer Sarraut, ✆ 0468259026.

La Bulle **12**, beliebte Diskothek unweit der Cité. Mo und Di geschlossen. 115, rue Barbacana, ✆ 0468724770.

Sehenswertes

Cité: Die Cité von Carcassonne besitzt einen zweifachen Verteidigungsgürtel, eine innere Stadtmauer mit 24 Türmen und einen äußeren Stadtmauerring mit 14 Türmen. Darin eingeschlossen ist das zur wehrhaften Trutzburg ausgebaute Grafenschloss. Während der einheitliche äußere Ring im 13. Jahrhundert entstand, gehen die Mauern des inneren Rings bis auf die Römer zurück. Letzterer ist auch höher, damit die Angreifer, falls sie die äußere Verteidigungslinie nahmen, keine günstige Ausgangsstellung erhielten. Schmale Schießscharten, Pechnasen und Geheimtüren vervollständigten die Befestigungstechnik. Um ihre Dimension wirklich zu ermessen, empfiehlt es sich, die Cité auf dem *Les Lices* genannten Niemandsland zwischen den beiden Festungsmauern zu umrunden. Im frühen 19. Jahrhundert standen hier noch 112 Häuser, die Viollet-le-Duc abreißen ließ, um den mittelalterlichen Originalzustand zu rekonstruieren. Die von zwei Türmen flankierte *Porte Narbonnaise* mit der angrenzenden Barbakane stellte den Hauptzugang zur Cité dar; der zweite Eingang, die *Porte d'Aude*, war durch eine lange, von hohen Mauern umsäumte Zugangsrampe geschützt.

Die Cité selbst begeistert durch ihren mittelalterlichen Charme: Enge Gässchen, romantische Plätze und hübsche Fachwerkfassaden laden zur Zeitreise ein. Einzig störend ist der nicht abreißen wollende Besucheransturm. Nur am Abend und in der Nebensaison kehrt Ruhe ein. Genau genommen ist die Cité dann fast „ausgestorben". Bis auf ein paar Dutzend Menschen lebt niemand mehr dauerhaft in der Altstadt. Dies hat für die Anwohner zwei Vorteile: Sie entgehen dem lästigen Trubel und zudem ist es sehr einträglich, sein Haus an Souvenirhändler oder Restaurantbetreiber zu vermieten.

Château Comtal: Gewissermaßen als letzte Fluchtburg ließen die Vizegrafen von Carcassonne das Château Comtal an der Westseite der Cité errichten. Zu dem von einem Trockengraben und

Auch für Kreuzritter gilt das Halteverbot

einer halbkreisförmigen Barbakane abgeschirmten Verteidigungsbollwerk gehören zwei große Wohntrakte und zwei Höfe. Grabungen haben ergeben, dass bereits in römischer Zeit an dieser Stelle eine Festung stand, die später mehrfach verändert wurde. Selbst in jüngster Vergangenheit wurde das Château noch einmal militärisch genutzt: Im Ersten Weltkrieg wurden hier 300 deutsche Soldaten inhaftiert, im Zweiten Weltkrieg richteten sich die Nazis hier eine Operationsbasis ein.

Das historische Gemäuer beherbergt das Musée Lapidaire mit Funden aus gallorömischer Zeit, darunter ein Marmorsarkophag aus dem 5. Jahrhundert, sowie mittelalterlichen Steinmetzarbeiten. Interessanter ist die Darstellung der Restaurierung der Cité, wobei natürlich Eugène Emmanuel Viollet-le-Duc und seine Zeichnungen im Mittelpunkt stehen. Für Kinder ist allerdings die Filmshow viel spannender, in der Szenen aus zahlreichen in Carcassonne gedrehten Filmen zusammengeschnitten wurden. Mit mehr als 360.000 Besuchern ist die Burg übrigens die beliebteste Sehenswürdigkeit im Département Aude.

April bis Sept. tgl. 10–18.30 Uhr, sonst 9.30–17 Uhr. Eintritt 8,50 €, erm. 5,50 €. Für EU-Bürger unter 26 Jahre ist der Eintritt frei! http://carcassonne.monuments-nationaux.fr.

Viollet-le-Duc – der Prophet der Gotik

So wie sich die Cité heute präsentiert, ist sie weniger ein Produkt des Mittelalters als ein Werk von *Eugène Emmanuel Viollet-le-Duc*, dem einflussreichsten französischen Restaurateur und Architekten des 19. Jahrhunderts. Der 1814 in Paris geborene Viollet-le-Duc studierte Geschichte an der Sorbonne, bevor er sich auf ausgedehnten Reisen durch Frankreich und Italien mit der Architekturgeschichte vertraut machte. Nach Paris zurückgekehrt, wirkte er erfolgreich an der Restaurierung der Glasfenster von Sainte-Chapelle mit; weitere Sakralbauten folgten und mehrten seinen Ruf. Schließlich übertrug ihm Kaiser Napoléon III. 1853 die Verantwortung für die Restaurierung aller mittelalterlichen Bauten in Frankreich. In dieser Funktion hat er unzählige französische Kirchen und Klöster vor ihrer Zerstörung bewahrt, darunter die Pariser Kathedralen Notre-Dame und Saint-Denis sowie die Kathedralen von Amiens und Saint-Just in Narbonne. Getrieben von einer rigiden Arbeitsdisziplin reiste er bis zu seinem Tod im Jahre 1879 durch Frankreich und entwarf Spitzbögen, Pechnasen und andere Attribute. Als sein Meisterwerk gilt der Wiederaufbau der Cité von Carcassonne.

Schon unter seinen Zeitgenossen war Viollet-le-Duc wegen seiner architektonischen Prinzipien umstritten. Sein ganzes Schaffen stand unter der Devise, restaurierend den kompletten Zustand eines historischen Bauwerks wiederherzustellen und damit die Vergangenheit sichtbar zu machen. Seine Arbeit betrachtete er als geschichtliche Selbstvergewisserung eines liberalen Bürgertums. Viollet-le-Duc war kein Konservativer, sondern ein antiklerikal eingestellter Sympathisant der Juli-Revolution von 1830. Vor diesem Hintergrund verstand Viollet-le-Duc die Gotik auch als Inbegriff einer neuen technischen Rationalität und Ausdruck demokratischer Vernunft. Dass er sich dabei gelegentlich irrte, so bei den spitzen Türmen der Stadtmauer von Carcassonne – sie waren einst flach und mit Ziegeln gedeckt –, sei Viollet-le-Duc in Anbetracht seiner Lebensleistung verziehen.

Basilique Sainte-Nazaire: Bis zum Jahr 1803, als der Bischofssitz in die Unterstadt verlegt wurde, war die Basilique Sainte-Nazaire die Kathedrale von Carcassonne. Bereits im 6. Jahrhundert stand an dieser Stelle ein Gotteshaus, von dem allerdings nichts erhalten geblieben ist. Die Vizegrafen von Trencavel errichteten in der ersten Hälfte des 12. Jahrhunderts eine imposante romanische Kirche, von der noch das Langhaus und die Krypta zeugen. Nachdem Carcassonne von den Kreuzfahrern erobert worden war, erfolgte um 1280 ein Neubau von Chor und Querschiff im gotischen Stil der Ile de France. Die unbekannten Baumeister aus Nordfrankreich schufen eine lichtdurchflutete Hallenkirche, die nicht nur zufällig der Pariser Sainte-Chapelle ähnelt. Da nur wenig Platz zur Verfügung stand, verband man den Chor mit einer Reihe von Kapellen, um die Raumwirkung zu erhöhen. Der filigrane Chor wirkt wie ein gläserner Schrein und musste aus statischen Gründen mit einem komplizierten System von Zugankern stabilisiert werden. Berühmt sind die bunten gotischen Glasfenster sowie die Rosette, die ihr ganzes Farbenspektrum vor allem in den Morgenstunden entfalten.

Juli bis Sept. tgl. 9–19 Uhr, im April, Mai und Okt. tgl. 9.30–18 Uhr, im Winter 9.30–17 Uhr.

Musée de l'École: Etwas versteckt in der Cité liegt dieses anschauliche Schulmuseum, das mit einem rekonstruierten Klassenzimmer an Schulpädagogik zwischen 1880 bis 1960 erinnert.

3, rue du Plô. Tgl. 10–19 Uhr. Eintritt 3,50 €, unter 12 Jahren frei!

Pont Vieux: Die im 14. Jahrhundert als Verbindung zwischen Cité und Ville Basse errichtete Brücke spannt sich über die Aude. Das 200 Meter lange Bauwerk mit seinen acht Bögen wird nachts illuminiert und ist noch immer voll funktionstüchtig, wenngleich der Verkehr schon seit langem über die benachbarte moderne Brücke rollt.

Ville Basse: Die im 13. Jahrhundert von Ludwig dem Heiligen errichtete Unterstadt besitzt einen schachbrettartigen Grundriss (*Bastide*). Dieser war damals für Neugründungen typisch und findet sich auch in Aigues-Mortes oder den provenzalischen Städten Valbonne und Vallauris. Die erste Unterstadt – auch Bastide Saint-Louis genannt – wurde im Hundertjährigen Krieg mit England von Eduard dem Schwarzen Prinzen in Brand gesteckt, doch sofort begann man mit dem Wiederaufbau, den man mit noch stärkeren Mauern befestigte. Im Zentrum der Ville Basse befindet sich die Place Carnot, auf der dreimal in der Woche ein Obst- und Gemüsemarkt abgehalten wird, während die Cathédrale am Rand errichtet wurde. Für einen lauschigen Spaziergang empfehlen sich die Treidelpfade des an der Ville Basse vorbei geführten Canal du Midi.

Musée des Beaux Arts: Das Museum der Schönen Künste befindet sich in der Ville Basse und zeigt neben Keramiken vor allem holländische und flämische Meister des 17. und 18. Jahrhunderts. Zudem werden Wechselausstellungen gezeigt.

1, rue de Verdun. Von Mitte Juni bis Mitte Sept. Mi–So 10–12 und 14–18 Uhr, sonst Di–Sa 10–12 und 14–17.30 Uhr. Eintritt frei!

Cathédrale Saint-Michel: Erst im Jahre 1803, als sich das Leben von der Cité längst in die Unterstadt verlagert hatte, wurde auch der Bischofsstuhl hierher verlegt und Saint-Michel zur Kathedrale erhoben. Die Bischofskirche stammt aus dem 13. Jahrhundert, sie ist allerdings nur von geringem kunsthistorischem Interesse.

Lac de la Cavayère: Wer Lust auf Baden hat, sollte zu diesem drei Kilometer südöstlich der Stadt gelegenen Stausee fahren, dessen Wasser klar und sauber ist. Ein künstlicher Sandstrand und Spielplätze machen den Abstecher auch für Kinder interessant. Mitten im See befindet sich eine kleine Vogelinsel. Um den Lac de la Cavayère einmal zu umrunden, benötigt man etwa eine Stunde.

Nördlich von Carcassonne

Conques-sur-Orbiel
2300 Einwohner

Das wenige Kilometer nördlich von Carcassonne gelegene Städtchen besitzt eine charmante Altstadt mit engen, verwinkelten Gassen. Bereits im 13. Jahrhundert war der Ort mit einer Stadtmauer befestigt, die noch teilweise erhalten ist. Für einen kurzen wirtschaftlichen Aufschwung sorgte Colbert, der Finanzminister des Sonnenkönigs, indem er eine Tuchmanufaktur (heute Gendarmerie) im Ort errichten ließ. Ein markantes Bauwerk ist die Pfarrkirche mit ihrer gotischen Apsis und einer Passage, die unter dem Glockenturm hindurchführt.

Übernachten & Essen 》》》 **Mein Tipp:** ***** La Bergerie d'Aragon**, am Rande des kleinen Bilderbuchdorfs Aragon (6 km nordwestl.) befindet sich dieses traumhafte Landhotel mit seinen acht einladenden Zimmern und dem schön angelegten Swimmingpool. Fast alle Zimmer – große Bäder! – haben eine Terrasse, Balkon oder Zugang zum Garten. Zudem begeistert das mit einem Michelin-Stern ausgezeichnete Restaurant (Di und Mi in der NS Ruhetag), das beispielsweise ein vorzügliches Lamm mit Polenta und Oliven serviert. Ein Lob verdient auch die lockere ungezwungene Atmosphäre. Erlesene Weinkarte mit regionalen Tropfen. Menüs zu 29 € (mittags), 45 und 80 €. DZ je nach Saison 90–135 €; Frühstück 10 €. Lohnend ist die Halbpension. ✆ 0468261065, www.labergeriearagon.com. 《《《

Les Cabanes dans les Bois, eine traumhafte Adresse für all jene, die schon mal in einem Baumhaus wohnen wollten! Den modernen, perfekt ausgestatteten Baumhäusern für 2–5 Pers. mangelt es an keinem Komfort. Und einen Swimmingpool gibt es auch. Übernachtung 85–182 €. Ca. 5 km nordöstl. von Carcassonne: Domaine de Fourtou, Villalier, ✆ 0970759900. www.lescabanesdanslesbois.fr.

Villeneuve-Minervois
850 Einwohner

Villeneuve liegt schon inmitten der ausgedehnten Weinberge des Minervois. Das beschauliche Landstädtchen besitzt noch eine gut erhaltene mittelalterliche Bausubstanz mit den Resten der Stadtmauer und einer mächtigen Burgruine samt Rundturm.

Übernachten & Essen **Auberge de la Clamoux**, freundliches Hotel in einem auffallend gestrichenen Haus mit blauen Fensterläden. Straßenterrasse, Menüs zu 13 € (mittags), 18,50 und 25,50 €. Do und Fr geschlossen. Von Jan. bis Mitte März Betriebsferien. Einfache, ebenfalls farbenfrohe DZ ab 42 €, jede weitere Person 20 €; Frühstück 6 €. ✆ 0468261569, www.aubergedelaclamoux.com.

Gorges du Clamoux

Wer ein Faible für wilde Schluchten hegt, sollte auf der D 12 von Villeneuve-Minervois nach Norden durch die Gorges du Clamoux in Richtung Montagne Noire fahren. Die D 87 führt weiter zum 1211 Meter hohen **Pic de Nore**. Auf dem Gipfel steht eine Orientierungstafel und der Blick reicht, gute Wetterverhältnisse vorausgesetzt, bis zu den Pyrenäen.

Gouffre Géant de Cabrespine

Das Languedoc ist reich an Höhlen und Grotten. Der Gouffre Géant de Cabrespine ist mit 80 Metern Durchmesser und einer Höhe von rund 200 Metern eine der größten Höhlen der Welt. Ein Teil des weit verzweigten Höhlensystems ist im Rahmen einer Führung zugänglich. Dabei eröffnet sich eine faszinierende Welt mit Stalaktiten und Stalagmiten.

Im Juli und Aug. um 10.15, 11, 11.45, 12.30, 13.15 sowie 14–18 Uhr durchgehend, sonst 10.30, 11.30, 14.30, 15.30, 16.30 und 17.30 Uhr. Eintritt 9,90 €, erm. 6,20 €. www.grottes-de-france.com.

Lastours

160 Einwohner

Lastours besitzt nicht nur eine, sondern gleich vier Burgruinen! Die sich auf einem schmalen Felsgrat aneinanderreihenden Burgen Cabaret, Tour Régine, Surdespine und Quertinheux bildeten zusammen eine mächtige Festung und thronen hoch über dem Dorf. Alle vier Burgen gehörten einst den Herren von Cabaret, deren Reichtum sich auf die Eisenbergwerke gründete (bereits die Römer schürften hier nach Erz), und konnten 1210 in den Katharerkriegen dem Ansturm der Kreuzritter zunächst widerstehen; erst ein Jahr später kapitulierte Pierre-Roger de Cabaret vor der von Simon de Montfort angeführten Übermacht. Allerdings erst, nachdem ihm zuvor Straffreiheit zugesichert worden war. Zwei Jahrzehnte später wurden die Burgen und das Dorf erneut belagert und zerstört. Anschließend wurde die Tour Régine mit ihrem charakteristischen Rundturm im Auftrag des Königs errichtet.

Der Aufstieg zu den vier Burgruinen ist kurz, aber schweißtreibend und vermittelt einen guten Einblick in die mittelalterliche Wehrarchitektur. Den schönsten Blick auf die Burgen hat man von einem gegenüberliegen Berg, wo sich ein eintrittspflichtiger Belvédère befindet.

Juli und Aug. tgl. 9–20 Uhr, April bis Juni und Sept. tgl. 10–18 Uhr, Feb., März und Okt. 10–17 Uhr, Nov. und Dez. nur am Wochenende 10–17 Uhr. Eintritt 5 €, erm. 2 €. www.chateauxdelastours.fr.

Essen/Trinken Puits du Trésor, das mit einem Michelin-Stern ausgezeichnete Restaurant von Jean Marc Boyer ist das kulinarische Highlight des Ortes. Menüs zu 47, 67 und 93 € (bzw. 67, 98 und 134 € mit korrespondierenden Weinen). Günstiger und fast ebenso lecker ist die ebenfalls von Boyer betriebene, nebenan gelegene Auberge du Diable au Thym mit Menüs für 18 und 27 €, wobei man in der Bistrovariante jeweils aus vier Vorspeisen, vier Hauptgerichten und vier Desserts wählen darf. Mo und Di Ruhetag (gilt im Juli und Aug. nicht für die Auberge), Ende Okt und Anfang März Betriebsferien. Route des Châteaux, ℡ 0468 775024, www.lepuitsdutresor.fr.

Mas-Cabardès

200 Einwohner

Mas-Cabardès besitzt zwar nur eine Burgruine, dafür ist der liebevoll verschachtelte Ort an sich wesentlich attraktiver als Lastours. Rund um die Dorfkirche Saint-Etienne gibt es einige mit Schieferplatten gedeckte Häuser, eine Bauweise, die weiter nördlich im Gebiet der Montagne Noire immer mehr das Bild der Städte und Dörfer prägt.

Übernachten für Künstler La Muse, diese Herberge in Labastide Esparbairenque (5 km nordöstl.) ist keine normale Unterkunft, sondern ein Rückzugsrefugium für Künstler aller Sparten, die in der Abgeschiedenheit an einem Projekt arbeiten wollen. Ein Atelier, eine Bibliothek und kostenloses WLAN gibt es auch. Die sechs Zimmer werden monatsweise ab 725 € vermietet. WLAN vorhanden. ℡ 0468263393, www.lamuseinn.com.

Cascade de Cupserviès

Der nördlich von Mas-Cabardès bei **Cupserviès** gelegene Wasserfall lohnt einen Abstecher. Er hat immerhin eine Fallhöhe von 75 Metern und zählt damit schon zu den höheren innerhalb Europas. Und Kulturfreunde werden mit Saint-Sernin, einer Kapelle aus dem 10. Jahrhundert, ebenfalls glücklich.

Caunes-Minervois   1550 Einwohner

Das sympathische Landstädtchen ist vor allem wegen seiner Marmorsteinbrüche bekannt. Der in Caunes-Minervois gebrochene Marmor fand genauso beim Bau des Petit Trianon und Grand Trianon von Versailles Verwendung wie beim Bau der Pariser Oper. Einige stattliche Bürgerhäuser zeugen vom Wohlstand, der im Ancien Régime in der Stadt Einzug gehalten hatte, als sich der Transport durch den Canal du Midi wesentlich vereinfachte. Caunes selbst ging aus einer Ende des 8. Jahrhunderts gegründeten Abtei hervor, die während der Französischen Revolution aufgelöst wurde. Die gut restaurierte Abteikirche Saint-Pierre-et-Saint-Paul lohnt eine Besichtigung, da das Chorhaupt noch ins 11. Jahrhundert datiert und man dieses am besten vom Klostergarten aus sehen kann. Zudem ist es die einzige Abteikirche im Département Aude, deren Krypta besichtigt werden kann. Der Kreuzgang wiederum stammt erst aus dem 18. Jahrhundert.

Information Office de Tourisme, 1, ruelle du Monestier, 0468780944, 11160 Caunes-Minervois. www.tourisme-haut-minervois.fr.

Öffnungszeiten der Abtei Juli und Aug. tgl. 10–19 Uhr, Mai, Juni und Sept. tgl. 10–12 und 14–18 Uhr, Okt. bis April 10–12 und 14–17 Uhr. Eintritt 5 €, erm. 2,50 €.

Markt Dienstag-, Donnerstag- und Samstagvormittag.

Übernachten & Essen ** Hôtel d'Alibert, schmuckes altertümliches Haus (16. Jh.) inmitten der Altstadt, direkt am Rathaus. Im Restaurant wird eine gute ländliche Küche serviert (große Portionen). Menü zu 29 €. Da es nur sieben Zimmer gibt, empfiehlt sich eine Reservierung. Sonntagabend und Mo Ruhetag, von Nov. bis März geschlossen. Die charmanten Zimmer des Hotels (seit mehr als hundert Jahren in Familien-

Abtei von Caunes-Minervois

besitz) kosten je nach Größe und Ausstattung 70–85 €. Place de la Marie, ℅ 0468 780054, www.hoteldalibert.com.

*** **La Marbrerie**, ein liebevoll altertümliches Logis-Hotel am Rande der Altstadt. Die Zimmer teilweise mit Blümchenapete, das Essen wird in der alten Polierwerkstatt serviert. Herrlich ist auch Garten mit den Platanen. WLAN. Menüs zu 20 und 25 €. Mi in der NS Ruhetag. DZ ab 50 €. 3, place de la République, ℅ 0468792874. www.la-marbrerie.fr.

Camping ** Camping Municipal les Courtals, kleiner städtischer Zeltplatz (nur 30 Stellplätze). Ganzjährig geöffnet. 5bis, avenue du Stade, ℅ 0468240477.

Rieux-Minervois

2100 Einwohner

An sich ist Rieux-Minervois nichts weiter als ein weiteres Weinbauerndorf mit Burgruine. Zwei Bäcker, ein Hotel, ein kleiner Laden und was man eben sonst noch so zum Leben in der französischen Provinz braucht. Doch es gibt einen Grund, warum man den Ort auf jeden Fall besuchen sollte: Die romanische Pfarrkirche Sainte-Marie innerhalb der einstigen Stadtmauern ist ein absolutes kunsthistorisches Kleinod. Es handelt sich dabei nämlich um einen ungewöhnlichen siebeneckigen Zentralbau – die meisten sind als Oktogon (achteckig) ausgeführt.

Das von außen höchst unscheinbare Gotteshaus – es stammt aus dem 12. Jahrhundert – wurde als Rotunde mit Glockenturm errichtet, an die mehrere Kapellen und Sakristeien angebaut wurden. Eine besondere Aufmerksamkeit verdienen die 14 reich verzierten Kapitelle; sie sind ein Werk des unbekannten Meisters von Cabestany.

Information Office de Tourisme, Place de l'Eglise, ℅ 0468763474. www.tourisme-haut-minervois.fr bzw. www.rieuxminervois.info.

Markt Dienstag-, Donnerstag- und Samstagvormittag.

Öffnungszeiten der Kirche Tgl. außer So 9–12.30 und 14–18 Uhr. Eintritt 2 €.

Übernachten Château de Puichéric, rund 10 km südlich vermieten Dominica Teuschl und Philippe Gouze in ihrem schmucken Schloss drei Gästezimmer für 80–100 € inkl. Frühstück. 2 rue de l'église, Tel. 0602337429, 11700 Puichéric.

Siran

600 Einwohner

Das traditionsreiche Weinbauerndorf (6 km westlich von Olonzac) im Minervois besitzt noch viel mittelalterliches Flair. Siran wurde auf einem für viele Dörfer des Languedoc typischen Grundriss einer „Circulade" errichtet, das bedeutet, die Gassen wurden kreisförmig um eine Burg errichtet, wobei der äußerste Häuserring als Befestigungswall diente.

Übernachten & Essen *** Château de Siran, eine charmante Herberge (Logis) in einem Herrenhaus aus dem 16. Jh. Seit April 2010 von neuen Besitzern geführt, gefallen die stilvollen Zimmer mit den großzügigen Bädern. Netter Garten, beheizter Pool und Restaurant vorhanden. Kostenloses WLAN. DZ je nach Ausstattung 119–183 €. Avenue du Château, ℅ 0468915598, www.chateau-de-siran.com.

》》 Lesertipp: ** Auberge de l'Arbousier, in dem Dorf Homps (3 km westl. von Olonzac) direkt am Kanal gelegen ist ein Tipp von Angelika Orth: „Die Zimmer und Bäder sind alle ganz neu und geschmackvoll eingerichtet und auch das dazugehörige Restaurant bietet sehr gute französische Küche und leckere Weine, auch offene qualitativ hochwertige bezahlbare Rot- und Weißweine." Viele Radfahrer, schöne Terrasse, Menüs zu 21, 27 und 36 €. Mittagsmenü 15 €. Mo und Dienstagmittag Ruhetag, in der NS auch Sonntagabend. Es werden elf Zimmer vermietet (50 €). 50, avenue de Carcassonne, 0468911124. www.auberge-canaldumidi.com. 《《

Grand Bassin von Castelnaudary

Castelnaudary

11.800 Einwohner

Kein Zweifel: Castelnaudary lebt in erster Linie vom und durch den Canal du Midi. Mit dem sieben Hektar großen Grand Bassin besitzt der Ort den größten Hafen am Kanal. Ohne den Canal du Midi wäre Castelnaudary wahrscheinlich nicht mehr als ein Dorf geblieben.

Schon die Kelten siedelten auf dem kleinen Hügel, der aus dem Flachland des Lauragais herausragt, später ließen sich dann die Römer in der Ebene nieder. Im Mittelalter wurde Castelnaudary wiederholt in kriegerische Auseinandersetzungen verwickelt. Die französischen Geschichtsbücher verbinden mit der Stadt vor allem die im Jahre 1211 geschlagene Schlacht von Castelnaudary. Damals stand vor den Toren der Stadt das Kreuzfahrerheer von Simon de Montfort einer zahlenmäßig überlegenen Allianz südfranzösischer Ritter gegenüber. Trotz hartem Ringen ging der Kampf unentschieden aus. Simon de Montfort verließ jedoch letztlich als Sieger das Feld, da seine vereinten Feinde über ihre verpassten Chancen in Streit gerieten. Auch im Hundertjährigen Krieg nahm die Stadt schweren Schaden: Die Burg wurde 1355 von den Engländern unter Führung des Schwarzen Prinzen geschleift.

Erst durch den Canal du Midi stieg das in der Mitte von Toulouse und Carcassonne gelegene Castelnaudary zu einem Binnenhafen mit überregionaler Bedeutung auf. Seinen Status als Unterpräfektur des Département Aude verlor das Städtchen allerdings 1926, seither schlagen die Uhren wieder im gemächlichen Takt der Provinz. Ein Tipp: Besucher sollten auch durch die Gassen der Altstadt streifen und nicht nur am Grand Bassin verweilen. Zum Baden bietet sich der zehn Kilometer westlich gelegene Stausee **Lac de la Ganguise** an.

Basis-Infos

Information Office de Tourisme, place de la République, 11400 Castelnaudary, ✆ 0468 230573, www.castelnaudary-tourisme.com.

Verbindungen Der SNCF-Bahnhof (✆ 3635) befindet sich am Südufer des Canal du Midi, am Ende der Avenue de la

Gare. Rund zehn Verbindungen tgl. nach Carcassonne sowie nach Toulouse. Der Busbahnhof (*Gare routière*) liegt im Norden der Stadt an der Avenue Frédéric Mistral. Busse nach Carcassonne (2- bis 4-mal tgl.), Barm (1- bis 2-mal tgl.) sowie Limoux (1- bis 2-mal tgl.), ℅ 0468251374.

Markt Die Tradition des großen Montagsmarktes geht bis auf das Jahr 1268 zurück.

Post 18, cours de la République.

Bootsfahrten auf dem Canal du Mit dem Ausflugsboot Saint-Roch kann man vom Quai du Port tgl. Touren zwischen 60 Min. und 120 Min. auf dem Kanal unternehmen. Kosten 7–10 €. ℅ 0468234940, www.saintroch11.com. Ähnliche Touren bieten die Bootseigner der Cathy an, die vom Grand Bassin aus startet. ℅ 0609331596.

Veranstaltungen *Fête du Cassoulet*, am letzten Augustwochenende; Mastgeflügelmarkt am 15. Dez. In allen Restaurants der Stadt gibt es an diesem Tag ein Einheitsmenü zum Einheitspreis.

Fahrradverleih Sport 2000, 113, route Nationale, ℅ 0468230977. www.sport2000.fr.

Schwimmen Piscine Municipale im Complex Sportif, Hallen- und Freibad (50-m-Becken). Avenue Maréchal Leclerc, ℅ 0468231123.

Übernachten & Essen

Hotels/Restaurants ** Hôtel du Centre et du Lauragais **4**, stattliches Haus (Logis) aus dem 19. Jh., mitten im Zentrum an einer lauten Straße. Traditionelle Küche mit leckerem *Cassoulet*. Die Menüs im stilvoll renovierten Restaurant kosten ab 20 € (mittags), abends zu 25, 28 und 38 €. Schöne Straßenterrasse! Die großzügigen, aber wenig charmanten Zimmer kosten 50–70 €; Frühstück 8 €. 31, cours de la République, ℅ 0468 232595, www.hotel-centre-lauragais.com.

»› Mein Tipp: **** Hostellerie de la Pomarède **2**, dieses herrliche Burghotel mit Restaurant ist ein Lesertipp von Déirdre Mahkorn: „Bei Castelnaudary gibt es in La Pomarède einen jungen Koch (Gérald Garcia), der in einer alten Katharerburg ein schnuckeliges Hotel mit einer Handvoll schönen Zimmern (herrlicher Blick ins Tal auf Sonnenblumenfelder) eingerichtet hat. Viel interessanter als die geschmackvolle Zimmereinrichtung sind jedoch die Abende im Restaurant – Monsieur Garcia ist im Besitz eines Michelinsterns, und das seit Jahren. Es gibt interessante Weinmenüs, ein unschlagbares Mittagsmenü zu 25 und 29 €, abends 37, 47, 72 und 78 €." Leser kritisierten allerdings die schlechte Beleuchtung in den Zimmern sowie die Qualität des Service im Restaurant. Sonntagabend und Mo Ruhetag. Ein schöner, lang gestreckter Pool (200 m vom Haupthaus entfernt) und ein Spa runden das Angebot ab. Zimmer 99–180 €; Frühstück (langweilig) 18 €. Anfahrt: Der kleine Ort La Pomarède

Castelnaudary 413

Übernachten
1. Camping Municipal de la Giraille
2. Hostellerie de la Pomarède
4. Hôtel du Centre et du Lauragais
5. Hôtel du Canal
6. Camping Domaine de la Capelle

Essen & Trinken
3. Le Petit Gazouillis
4. Hôtel du Centre et du Lauragais
7. Le Tirou

---

liegt 11 km nördl. von Castelnaudary, ☏ 0468 604969, www.hostellerie-lapomarede.fr. «

** Hôtel du Canal 5, das wenige Meter südlich des Canal du Midi gelegene Hotel ist eine sehr ruhige Adresse, ein Parkplatz befindet sich direkt vor dem Haus. Die modernen Zimmer bieten ein gutes Preis-Leistungs-Verhältnis. Kostenloses WLAN. DZ 65–79 € je nach Ausstattung und Saison; Frühstück 7 €. 2 ter, avenue Arnaut Vidal, ☏ 0468940505, www.hotelducanal.com.

Le Tirou 7, etwas außerhalb am Stadtrand versteckt sich dieses Restaurant. Und die Einheimischen sind sich sicher: Hier gibt es das beste *Cassoulet* der Stadt! Menüs zu 24, 32 und 44 €. Samstagabend und Mo Ruhetag, in der NS auch Donnerstag- und Freitagabend. 90, avenue Mgr-Delangle, ☏ 0468941595. www.letirou.com.

Le Petit Gazouillis 3, wenn nicht in Castelnaudary, wo sollte man dann das legendäre *cassoulet* versuchen? Menüs zu 14, 17,50, 18 und 22,50 €. In der NS Mi und Do geschlossen. Ende Juni zwei Wochen Betriebsferien. 5, rue de l'Arcade, ℡ 0468230818.

Camping * Municipal de la Giraille **1**, der einfache städtische Zeltplatz liegt im Westen von Castelnaudary am Canal du Midi, ins Zentrum läuft man eine knappe Viertelstunde und das Freibad ist auch nicht weit. Von Mitte Juni bis Aug. geöffnet. Chemin du Perié, ℡ 0468941128.

»» **Lesertipp:** Domaine de la Capelle **6**, der kleine Campingplatz (Camping à la ferme) wenige Kilometer östl. der Stadt (zwischen Saint-Papoul und Saint-Martin-Lalande) ist ein Tpp von Toralf Laue, der hier auch in der absoluten Hauptsaison noch einen Stellplatz fand: „Ein netter, ruhiger Campingplatz mit Schatten spendenden Baumreihen, der von einem netten Franzosen betrieben wird. Die Sanitäranlagen sind super." Von April bis Okt. geöffnet. Preislich sehr günstig mit 14 € für 2 Pers. inkl. Stellplatz. Es werden auch Appartements und vier Gästezimmer vermietet (80–123 € inkl. Frühstück) sowie eine Table d'hôtes nach Vorbestellung für 40–50 € inkl. Wein und Kaffee. Saint-Martin-Lalande, ℡ 0468949190, www.domainedelacapelle.fr. ««

Picknick am Canal du Midi

Sehenswertes

Saint-Michel: Der auffällige, 56 Meter hohe Glockenturm der gotischen Kollegiatskirche überragt Castelnaudary und ist schon von weitem zu erkennen. Imposant ist auch die Nordfassade mit einem gotischen sowie einem Renaissance-Portal. Schmuckstück des einschiffigen Innenraums ist eine Orgel, die Cavaillé-Coll im 18. Jahrhundert baute.
Tgl. 14–18 Uhr.

Ein Klassiker: Cassoulet aus Castelnaudary

Castelnaudary rühmt sich als die Hauptstadt des Cassoulet, eines der beliebtesten Gerichte Südfrankreichs. Zwar besitzen auch andere Städte – beispielsweise Toulouse – ihr eigenes Cassoulet-Rezept, doch behauptet Castelnaudary, das Gericht erfunden zu haben. Der Legende nach geschah dies im Hundertjährigen Krieg. Als die Stadt von den Engländern belagert wurde, legten sie alle ihre verbliebenen Vorräte zusammen: Dicke Bohnen brachte der eine, Speck, Würstchen, Schweinefleisch und Gänseconfit die anderen. Das Ganze wurde zusammen mit Knoblauch und diversen Gewürzen (Pfeffer, Thymian, Lorbeerblätter etc.) in einen *cassole* gegeben und beim Bäcker in den Backofen geschoben. Das Cassoulet war geboren. Nicht nur in den Restaurants, auch im Familienkreis wird die Zubereitung des Cassoulet geradezu zelebriert. Die Vorbereitungen sind aufwendig und beginnen bereits am Vortag, Freunde werden eingeladen und riesige Portionen aufgefahren – gerade so, als müsste man danach wochenlang hungern. Zuletzt noch eine Warnung: Cassoulet ist alles andere als ein leichtes Sommergericht; es liegt noch stundenlang schwer im Magen und wird von den Einheimischen vorzugsweise in den Wintermonaten zubereitet.

Umgebung von Castelnaudary

Saint-Papoul
700 Einwohner

Saint-Papoul ist ein kleines, schmuckes Dorf im Nordosten von Castelnaudary, das gemeinhin mit seiner Benediktinerabtei gleichgesetzt wird. Die von Karl dem Großen gegründete Abtei – einer der ältesten in der Region – war von 1319 bis zur Französischen Revolution sogar ein eigenständiges Bistum! Die einstige Kathedrale wurde im 14. Jahrhundert unter Einbeziehung des romanischen Chors errichtet. Kunsthistorisch bedeutsam sind die Kapitelle an der Fassade der Apsis; sie sind ein Werk des unbekannten „Meisters von Cabestany" und stellen u. a. den von sieben Löwen umgebenen Daniel in der Grube dar. An das einschiffige Gotteshaus schließt sich noch ein gut erhaltener Kreuzgang samt Kapitelsaal aus dem frühen 14. Jahrhundert an. Letzterer wird heute als Sakristei genutzt. Die Kapitelle auf den gemeißelten Zwillingssäulen im Kreuzgang sind mit fein gearbeiteten Pflanzen- und Tierdarstellung verziert. Das Dorf ist noch von einer Stadtmauer umgeben, das zeitweise auch als Gefängnis genutzte Osttor ist noch erhalten. Auffällig sind die Vorbauten, die die schönen Fachwerkhäuser zieren.

April, Mai und Sept. 10–11.30 und 14–17.30 Uhr, Juni und Aug. 10–18.30 Uhr, im Okt. bis 16.30 Uhr, im Winter nur Sa und So 10–11.30 und 14–16.30 Uhr. Eintritt 4 €, erm. 2 €. http://abbaye-saint-papoul.fr.

Bram
3150 Einwohner

Bram mit seinem mittelalterlichen Zentrum ist der einzige interessante Ort zwischen Carcassonne und Castelnaudary. Die Häuser und Gassen sind in konzentrischen Kreisen um die gotische, aus dem 14. Jahrhundert stammende Kirche Saint-Julien et Sainte-Basilisse angeordnet. Schon in gallorömischer Zeit besiedelt, gilt der Ort als eines der bedeutendsten Keramikzentren im Languedoc-Roussillon. Wegen seines ungewöhnlichen Grundriss gehört Bram zum erlauchten Kreis der „100 schönsten Dörfer Frankreichs".

Die Ortschronik berichtet von einem tragischen Ereignis: Im Jahre 1210 ließ Simon de Montfort hundert Einwohner blenden und verstümmeln, da sie dem falschen Glauben anhingen. Anschließend wurden die Geschundenen mit ihren abgeschlagenen Körperteilen (Ohren, Nasen, Lippen) zu der noch Widerstand leistenden Katharerburg von Lastours geschickt – geführt von dem einzigen Mann, dem die Kreuzritter ein Auge gelassen hatten …

Markt Mittwochvormittag.

Essen/Trinken 》》 **Lesertipp:** L'Île aux Oiseaux, ca. 2 km nördlich von Bram direkt am Canal du Midi findet sich dieses beliebte Ausflugslokal mit schöner, schattiger Terrasse, das uns Angelika Orth empfahl: „Die Moules frites waren die besten und trotzdem preiswertesten der ganzen Reise." Serviert werden auch Salate, aber auch frische Austern. Mo Ruhetag, abends nur nach Reservierung geöffnet. ✆ 0468245366. 《《

Fanjeaux
855 Einwohner

In leicht exponierter Lage thront Fanjeaux auf einem Felssporn über dem Tal der Aude. Wer durch das liebevoll verschlafene Dorf spaziert, ahnt nichts von der großen Vergangenheit des Ortes: Den Römer galt *Fanum Jovis* („Tempel des Jupiter") als heilige Stätte, und auch im Mittelalter war Fanjeaux die geistige und religiöse Hochburg des Lauragais. Die berühmtesten Troubadoure des Languedoc trafen sich in dem einst von einer Mauer mit 14 Türmen umgebenen Städtchen. Der heilige Dominique de Gúzman lebte und wirkte neun Jahre lang in Fanjeaux, engagierte sich im religiösen Disput mit den Katharern, bevor er 1215 in Toulouse den nach ihm benannten Orden gründete. Wer sich für Kirchen und Klöster interessiert, sollte neben der gotischen Pfarrkirche Notre-Dame-de-l'Assomption auch dem **Monastère Notre-Dame de Prouille** (1,5 Kilometer nordöstlich) einen Besuch abstatten.

Information Office de Tourisme, Place du Treil, 11270 Fanyeaux, ℡ 0468247545, www.fanjeaux.com.

Markt Donnerstag- und Samstagvormittag auf der Place du Treil.

Montolieu

800 Einwohner

Seit 1989 ist Montolieu das Mekka der bibliophilen Zeitgenossen. Damals hat der Buchbinder *Michel Braibant* beschlossen, sich an zwei englischen und belgischen Vorbildern zu orientieren und den an den südlichen Ausläufern der Montagne Noire gelegenen Ort in ein Bücherdorf zu verwandeln. Inzwischen haben sich zwölf Antiquariate, Buchbindereien, Graveure, eine Papiermühle und ein Büchercafé angesiedelt. Buchliebhaber finden neben französischen Büchern selbstverständlich auch englische, deutsche und spanische Titel sowie die verschiedensten Genres von der Belletristik bis zur religiösen Erbauungsliteratur. Manche Häuser sind bis unters Dach voll gestopft mit alten Zeitungen und Broschüren. Wer Glück hat, entdeckt prunkvolle Erstausgaben aus früheren Jahrhunderten. Besonders viel Trubel herrscht am Markttag, der jeden dritten Sonntag im Monat abgehalten wird.

Montolieu: Bücher und Cafés

Selbst wer mit Büchern nicht viel anfangen kann, wird zumindest von der sonnigen Lage des Dorfes begeistert sein. Am Ortsrand kann man neben einer imposanten Brücke zum Fluss hinabsteigen, wo sich auch ein paar nette Badestellen finden. Der Name des am Zusammenfluss von Dure und Alzeau gelegenen Ortes leitet sich übrigens vom okzitanischen *Mont a Ouliou*, dem Olivenberg, ab. Bekannt war Montolieu im 18. Jahrhundert für seine königliche Tuchmanufaktur, doch im Zeitalter der Industrialisierung wanderten mehr als zwei Drittel der Bevölkerung in die größeren Städte des Landes ab.

Information Office de Tourisme, Place Jean-Guéhenno, 11170 Montolieu, ✆ 0468 248080, www.montolieu.fr. bzw. www.tourisme-cabardes.fr.

Einkaufen Direkt am unteren Dorfende gibt es einen ungewöhnlichen Automaten, an dem man Biogemüse kaufen kann. ■

Musée Michel Braibant Interessante Ausstellung zum Thema Buchkunst. Von April bis Dez. tgl. außer Samstag- und Sonntagvormittag 10–12 und 14–18 Uhr. Eintritt 2,50 €, erm. 1,50 €.

Übernachten & Essen Les Anges au Plafond, mitten im Ort in einer kleinen Gasse gelegen, begeistert dieses Restaurant nicht nur durch seinen luftigen, wunderschönen Speisesaal und eine Straßenterrasse, sondern auch durch seine kreative Küche. Täglich wechselnde Menüs zu 17 und 22 €. Es werden auch drei mit Liebe ausgestattete - Zimmer vermietet. Das Restaurant ist tgl. außer Mi von März bis Nov. geöffnet, Do–So auch abends. Zimmer 55–70 € inkl. Frühstück. Rue de la Marie, ✆ 0468249719, www.lesangesauplafond.com.

L'Apostrophe Bar, eine chillige Adresse in einer ehemaligen Fabrik unterhalb des Dorfes. Serviert werden kleine Tapas sowie regionale Weine. Von Sept. bis Ostern nur Fr–Sa geöffnet. WLAN. Es werde auch ein paar Zimmer vermietet: 80–90 € (inkl. Frühstück). Impasse de la Manufacture, ✆ 0468 248018. www.apostrophe-hotel.fr.

》》 Mein Tipp: La Rougeanne, es gibt diese französischen Landsitze, von denen man schon immer geträumt hat, wenn man sich ein Leben im Midi vorgestellt hat. La Rougeanne gehört dazu. Knapp 4 km südl. von Montolieu werden in dem kleinen Dorf Moussoulens in einem schmucken Anwesen fünf stilvoll eingerichtete Zimmer vermietet, die über viel Komfort und Flair verfügen. Zudem kümmern sich Monique und Paul André Glorieux hervorragend um ihre Gäste. Zu dem „Landsitz" gehören noch eine Orangerie, eine tolle Terrasse und ein wunderschöner Garten samt Pool. WLAN vorhanden. DZ 100–120 € (inkl. Frühstück). 8, allée du Parc, ✆ 0468244630, www.larougeanne.com. 《《

*** **Camping de Montelieu**, passabler städtischer Platz mit Pool am Ortsrand Richtung Moussoulens. WLAN. Von Mitte März bis Okt. geöffnet. ✆ 0468769501. www.camping-de-montolieu.com.

Saissac

980 Einwohner

Das am Ufer des Flüsschens Vernassonne gelegene Dorf mit seinen schmucken Fachwerkhäusern ist sicherlich einen Abstecher wert. Einst residierte hier Bertrand de Saissac, ein überzeugter Katharer und Pate von Raymond-Roger Trenceval. Vom Mittelalter sind nur die imposanten Ruinen einer Burg aus dem 14. Jahrhundert geblieben. In einem Stadtmauerturm ist ein Heimatmuseum (*Musée des vieux métiers*) untergebracht. Darin wird auch an die lokale Textilindustrie erinnert, dank der Saissac in der Frühen Neuzeit letztmals eine Epoche wirtschaftlicher Prosperität erlebte.

Information Office de Tourisme, 1, place des Tours, 11310 Saissac, ✆ 0468244780, www.saissac.fr.

Markt Sonntag- und Donnerstagvormittag.

Öffnungszeiten des Château Juli und Aug. 9–20 Uhr, April bis Juni und Sept. 10–18 Uhr, im Winter 10–17 Uhr. Eintritt 5 €, erm. 3 €.

Umgebung

Rund zehn Autominuten nordwestlich von Saissac befinden sich die beiden für den Wasserhaushalt des Canal du Midi so wichtigen Staubecken, das **Bassin du Lampy** und – weitere zehn Kilometer weiter westlich – das **Bassin de Saint-Ferréol**. Letzteres ist rund 70 Hektar groß und eignet sich auch zum Baden und Surfen.

Abbaye de Villelongue

Die Zisterzienserabtei von Villelongue liegt – den Ordensregeln getreu – abgeschieden im Tal der Vernassonne. Das Kloster, eine Gründung des späten 12. Jahrhunderts, wurde teilweise zerstört und befindet sich heute in Privatbesitz. Die Kirche selbst ist nur noch eine Ruine, begeistert aber dennoch durch ihre eindrucksvollen Dimensionen. Vom Kreuzgang (14. Jahrhundert) sind nur noch die Reste von zwei Flügeln mit schön gearbeiteten Kapitellen sowie der Kapitelsaal erhalten. Idyllisch ist der Garten; er ist samt historischem Fischbecken noch von den ursprünglichen Klostermauern umgeben.

Öffnungszeiten April bis Okt. 10–12 und 14–18.30 Uhr, Juli und Aug. bis 19 Uhr. Eintritt 5 €, erm. frei. www.abbaye-de-villelongue.com.

Übernachten Abbaye de Villelongue, mitten in der alten Zisterzienserabtei werden vier geschmackvoll eingerichtete Zimmer vermietet. Eine traumhafte Adresse für ein paar erholsame Tage. Zum Ausspannen stehen den Gästen der Kreuzgang sowie der gesamte Garten des einstigen Klosters zur Verfügung. 15 Tage im Okt. Betriebsferien. Zimmer für 70 € inkl. Frühstück. ✆ 0468 769258, www.abbaye-de-villelongue.com.

Limoux

10.300 Einwohner

Im Tal der Aude zwischen den Pyrenäen und der Ebene des Languedoc gelegen, besitzt Limoux viel Kleinstadtcharme. Ein Grund dafür: Der Verkehr wird weiträumig um das historische Ortszentrum herumgeführt.

Wie die meisten Städte im Département Aude kann auch Limoux auf römische Wurzeln zurückblicken und war schon damals ein wichtiger Umschlagplatz für den Handel mit den Pyrenäendörfern und Spanien. Später gehörte die Stadt zum Territorium der Vizegrafen von Carcassonne. Da die Stadt sowohl in den Katharerkriegen von den Kreuzfahrern als auch im Hundertjährigen Krieg von den Engländern geplündert und zerstört wurde, stammen die ältesten Bauwerke aus dem 14. Jahrhundert, so die Brücke über die Aude und die Reste der Stadtbefestigung. Die stattliche Place de la République mit ihren steinernen Arkaden und schmucken Fachwerkhäusern wird von Restaurants und Cafés gesäumt und erinnert daran, das Limoux einst durch den Tuchhandel und seine Färbereien reich geworden ist. Heute ist die Schuhfabrik Myrys der größte Arbeitgeber des Ortes.

Eine lokale Spezialität ist die *Blanquette de Limoux*, ein moussierender Schaumwein, der während seiner Reifezeit ähnlich dem Champagner gerüttelt werden muss. Die Erträge sind begrenzt, die Qualität daher relativ hoch. Außerdem ist die Blanquette keine billige Kopie des Champagners, sondern wird bereits seit dem 16. Jahrhundert produziert. Überregional bekannt ist Limoux in erster Linie für seinen Karneval, der Ende Januar beginnt. Bis Ende März ziehen bunte Harlekins oder skurrile Hexen durch die Stadt, um das herannahende Frühjahr zu feiern. Jedes Wochenende findet auf dem zentralen Marktplatz das gleiche Ritual statt; 24

Die gotische Pfarrkirche von Limoux

lokale Karnevalsgruppen ziehen zu den Klängen einer okzitanischen Musikgruppe dreimal um den Platz. Morgens mit schnellen Rhythmen und politischer Thematik, nachmittags zu Ehren des „Pierrot Limouxin", am späten Abend folgt dann ein geheimnisvoller Umzug im Schein hunderter Fackeln. Am letzten Sonntag im März endet das sonntägliche Spektakel mit der Verbrennung des Karnevals: Eine Puppe geht symbolisch in Flammen auf.

Basis-Infos

Information Office de Tourisme, Avenue du Pon-de-france, 11303 Limoux, ✆ 0468 311182, www.limoux.fr.

Verbindungen Der SNCF-Bahnhof (✆ 3635) liegt im Osten der Stadt in der Avenue de la Gare, etwa 15 Fußmin. vom Zentrum entfernt. Zugverbindungen mit Carcassonne (5-mal tgl.) sowie Quillan (4-mal tgl.). Der Busbahnhof befindet sich in der Allée des Marronniers (✆ 0468310964) beim Kino. Tgl. 3 Busse nach Castelnaudary.

Markt Freitagvormittag auf der Place de la République, im Sommer auch am Dienstagabend.

Musée du Piano Ancienne Eglise Saint-Jacques. Von Mitte Juni bis Sept. tgl. außer Mo 10–12 und 14–18 Uhr. Eintritt 2,50 €. www.musee-piano-limoux.sitew.fr.

Veranstaltungen Karneval an allen Sonntagen im März.

Maison de la Presse 50, rue Jean Jaurès.

Fahrradverleih Cycles Déjean, route de Pieusse, ✆ 0468312984.

Kino Cinema l'Elysee, 9, allée des Marronniers, ✆ 0468310369.

Weinverkauf Coopérative Aimery Sieur d'Arques, avenue du Mauzac, ✆ 0468746300. Tgl. 9–12 und 14–19 Uhr. www.sieurdarques.com.

L'Atelier des Vignerons, traumhafte Weinhandlung im Zentrum. Tgl. 10–12.30 und 14–19.30 Uhr. 2, place de la République. www.atelier-des-vignerons.com.

Post Place du Général Leclerc.

Schwimmen Hallen- und Freibad in der Avenue Salvador Allende. Freibad im Juli und Aug. tgl. außer Mo geöffnet.

Mini Golf Von Ende Juni bis 9. Sept. am Chemin de Monté Cristo von 15–20 Uhr.

Kanu- und Kajakvermietung Am Campingplatz.

Übernachten & Essen

Hotels/Restaurants *** **Grand Hôtel Moderne et Pigeon**, nur einen Steinwurf weit vom Marktplatz entfernt, bietet das traditionsreiche Logis-Hotel viel Komfort in einem pompösen Palais, das ehedem ein Kloster beherbergte. Ein Traum ist die Haupttreppe mit ihren original erhaltenen Wand- und Deckengemälden im Rokokostil aus dem 18. Jh. Das mit viel Nippes eingerichtete Restaurant (Menüs zu 39,50, 55 und 85 €) bietet klassische französische Küche auf gehobenem Niveau (zwei Gault-Millau-Hauben). Ein Lob verdient die gute Auswahl an regionalen Weinen. Günstiger speist man im zugehörigen Bistrot L'Annexe (Menü zu 19 €). Von Mitte Jan. bis Nov. geöffnet. Das Restaurant ist von Sonntagabend bis Dienstagmittag geschlossen. Kostenloses WLAN. Zimmer je nach Ausstattung von 92–145 €; Frühstück 12,50 bzw. 17,40 €; HP 43 € pro Pers. 1, place Général Leclerc, ✆ 0468310025, www.grandhotelmodernepigeon.fr.

** **Les Arcades**, sehr einfache, mitten im Zentrum nahe der Place de la République gelegene Unterkunft (Logis). WLAN. Ebenfalls mit Restaurant. Zimmer 46–49 €; Frühstück 7 €. 96, rue Saint-Martin, ✆ 0468310257, 📠 0468316642.

Domaine le Rec d'al Four, zwei Ferienwohnungen (für bis zu acht Pers.) bei einem von einer deutsch-französischen Familie betriebenen Biobauernhof. Je nach Saison und Wohnung 325–600 € pro Woche. Castelreng (8 km westl. von Lioux), ✆ 0468 315038, gundisweg@hotmail.com.

🌿 **La Goûtine**, in einer Seitenstraße vom Marktplatz findet sich dieses vegetarische Biorestaurant. Schlichte Einrichtung mit einfachen Holztischte. Wechselnde Gerichte, die Besitzerin Yvane kümmert sich liebevoll um ihre Gäste. Menüs zu 15 € (mittags), abends 19,80 und 23,80 €. Der halbe Liter vom Biowein kostet 8 €. So Ruhetag. 10, rue de la Goûtine, ✆ 0468743407. ■

Camping ** **Municipal Le Breil**, der städtische Campingplatz befindet sich im Süden der Stadt am Ufer der Aude, schattiges Areal, zudem recht preisgünstig. Das Freibad liegt gleich um die Ecke. Von Juni bis Ende Sept. geöffnet. Avenue Salvador Allende, ✆ 0468311363, www.limoux.fr.

Sehenswertes

Saint-Martin: Das romanische Portal der Pfarrkirche von Limoux ragt zur Place de la République hin. Doch der erste Eindruck täuscht: Saint-Martin wurde im 14. Jahrhundert errichtet und ist somit ein gotischer Bau. Neben dem achteckigen Glockenturm verdient der hölzerne Altaraufsatz Beachtung – er stammt aus dem 17. Jahrhundert.

Tgl. außer So 9–12 und 15–18 Uhr.

Musée Petiet: Das Kunstmuseum ist nach der jung verstorbenen Malerin Marie Petiet benannt, die ihre Werke der Stadt gestiftet hat. Ausgestellt sind weitgehend Arbeiten aus dem 19. Jahrhundert von relativ wenig bekannten Künstlern wie Etienne Dujardin-Beaumetz, Jean-Paul Laurens, Xavier Prinet, Archille Laugé etc.

Promenade du Tivoli. Di–Sa 9.30–12 und 14–18 Uhr. Eintritt 3,50 €, erm. 2,50 €. www.musee-petiet-limoux.sitew.fr.

Umgebung von Limoux

Saint-Polycarpe: Die knapp zehn Kilometer südöstlich von Limoux gelegene Abtei geht auf eine karolingische Gründung zurück. Vom einstigen Kloster zeugt heute nur noch die im 11. Jahrhundert errichtete Kirche, deren Gewölbe teilweise mit Szenen der Apokalypse ausgeschmückt ist. Die beiden Altäre in den Seitenkapellen stammen wahrscheinlich noch aus der Gründungszeit.

Tgl. 8–12 und 14–18 Uhr. Eintritt frei!

Saint-Hilaire: Das kleine, inmitten von Weinbergen gelegene Dorf Saint-Hilaire zwölf Kilometer nordöstlich von Limoux ist vor allem wegen seiner gleichnamigen

Abtei einen Abstecher wert. Ebenfalls bereits in karolingischer Zeit gegründet, gehört Saint-Hilaire zu den ältesten Klöstern Südfrankreichs. Seit den Religionskriegen ging es mit der Bedeutung der Benediktinerabtei stetig bergab, im 18. Jahrhundert wurde Saint-Hilaire von den letzten sieben Mönchen aufgegeben und verfiel. Sehenswert sind vor allem der frei zugängliche gotische Kreuzgang aus dem frühen 14. Jahrhundert mit seinen schönen Doppelsäulen sowie der Sarkophag des heiligen Saturnin, der als eines der Spätwerke des Meisters von Cabestany gilt.

Kloster Juli und Aug. tgl. 10–19 Uhr, April bis Juni sowie im Sept. und Okt. 10–18 Uhr, im Winter bis 17 Uhr. Eintritt 5 €, erm. 2 €.

Alet-les-Bains

520 Einwohner

Das kleine Kurbad hat schon bessere Zeiten gesehen. Dies ist keine Kritik, denn Alet-les-Bains ist ein mittelalterliches Dorf mit viel Flair – einen größeren Touristenansturm würde Alet gar nicht verkraften. Der Ort am Ufer der Aude wurde bereits in galloromischer Zeit wegen seiner warmen Thermalquellen geschätzt. Doch die eigentliche Geburtsstunde von Alet war die Gründung einer Benediktinerabtei, die im frühen 9. Jahrhundert auf eine Initiative des Vizegrafen von Razès erfolgte. Die Klosterbrüder kamen schnell zu Wohlstand, und Alet wuchs zu einem kleinen Städtchen heran. Ein großer Teil der Stadtbefestigung aus dem 12. Jahrhundert sowie zwei Tore (Porte Calvière und Porte Cadène) sind bis heute erhalten. Fast unvorstellbar ist, dass der Ort 1318 aufgrund eines päpstlichen Edikts sogar zum Bistum erhoben wurde. Mehr als zwei Jahrhunderte währte die Blütezeit, doch dann wurden Kloster und Ort 1557 in den Religionskriegen von den Hugenotten zerstört. Von der romanischen Abteikirche und späteren Kathedrale Saint-Marie d'Alet zeugen seither nur noch Ruinen. Doch die sind beachtlich: Die mit Skulpturen versehenen Kapitelle und die romanischen Fensterbögen erinnern an die einstige Pracht. Nicht versäumen sollte man einen Spaziergang durch den Ort: Die Place de la République bildet das Zentrum von Alet. Von ihr zweigen sternenförmig enge schattige Gassen ab, die von weit auskragenden Fachwerkhäusern gesäumt werden. Mit der gotischen Pfarrkirche Saint-André besitzt Alet ein weiteres kunsthistorisch interessantes Gotteshaus. Südlich des Ortes steht ein modernes, optisch wenig ansprechendes Casino.

Kathedrale von Alet-les-Bains

Information Office de Tourisme, avenue Nicolas Pavillon, 11580 Alet-les-Bains, ✆ 0468699356, www.aletlesbains.com.

Verbindungen Zugverbindungen mit Carcassonne (5-mal tgl.). Busverbindungen mit Limoux und Quillan.

Thermalbad Etablissement Thermal, ✆ 0468699027.

Casino Tgl. 11–4 Uhr.

Schwimmen Freibad mit mineralhaltigem Wasser (24° C) und Sprungturm. Von Mitte Juni bis Aug. tgl. außer Do 11–13 und 15–19 Uhr geöffnet. Eintritt 2 €.

Fahrradvermietung Beim Campingplatz, 15 € pro Tag.

Kanu- und Kajakvermietung Alet Eau Vivre, verschieden lange „Abfahrten" und Rafting-Touren auf der Aude. ✆ 0468699267. www.aleteauvivre.fr.

Öffnungszeiten der Abtei Tgl. außer So 10–12 und 14.30–18 Uhr. Eintritt 3,50 €, erm. 2 €.

Übernachten & Essen ** **Hostellerie de l'Evêché**, traumhaftes Logis-Hotel im einstigen Bischofspalast! Zum Ausspannen stehen den Gästen der schöne Garten sowie eine Wiese neben dem Fluss zur Verfügung. Über allem liegt ein wenig der Charme des bröckelnden Niedergangs. Leider hält die Einrichtung der 30 (teilweise recht geräumigen) Zimmer nicht, was die historischen Räumlichkeiten versprechen: Man hat das Gefühl, im Gästezimmer von Tante Erna zu wohnen. Aufgrund der deutlich größeren Fenster empfiehlt es sich, ein Zimmer im ersten Stock zu nehmen. Zum Hotel gehört auch ein Restaurant mit stimmungsvollem Ambiente. Menüs zu 19, 24, 31 und 47 €. Im Sommer tafelt man auf grünen Metallstühlen unter einer großen, schattigen Blutbuche. Von April bis Okt. geöffnet. Kostenloses WLAN. Je nach Ausstattung zahlt man zwischen 75 und 88 €, Frühstück 11,50 €. ✆ 0468699025, www.hotel-eveche.com.

Camping ** **Du Val d'Aleth**, netter, schattiger Platz (37 Stellplätze) direkt am Ufer der Aude unweit der Abtei. Ganzjährig geöffnet, familiäres Flair. Zudem werden ein paar Zimmer vermietet. Kostenloses WLAN. Fahrradvermietung 15 €. DZ 58–60 € (inkl. Frühstück). Chemin de la Paoulette, ✆ 0468699040, www.valdaleth.com.

Lagrasse

600 Einwohner

Lagrasse, die alte Hauptstadt der Corbières, führt seit Jahrhunderten gewissermaßen einen Dornröschenschlaf. Und über allem wachen seit jeher die stattlichen Gemäuer der Abtei Sainte-Marie d'Orbieu.

Die Einwohnerzahl ist seit der Revolution nicht mehr gewachsen und die Katzen schleichen wie ihre Urahnen ungestört durch das mittelalterliche Zentrum des Ortes. Eine Zersiedelung hat glücklicherweise nicht stattgefunden, so dass die mittelalterliche Bausubstanz noch fast vollständig erhalten geblieben ist. Lagrasse ist einer der schönsten Orte im Languedoc! Eine Stadtmauer, stattliche Bürgerhäuser, holprige, gepflasterte Gassen und eine außergewöhnliche steinerne Markthalle, die aus dem frühen 14. Jahrhundert stammt – alles wie aus dem Bilderbuch. Man kann ziellos durch den Ort streifen, aber irgendwann sollte der Weg über den mittelalterlichen Pont Vieux zur Abtei Sainte-Marie d'Orbieu eingeschlagen werden. Im Hochsommer lockt der unter der Abtei vorbei fließende Orbieu zu einem kühlen Bad im Fluss. Die schönsten Badestellen finden sich allerdings zwei Kilometer nordöstlich bei Ribaute.

Information Office de Tourisme, Maison du Patrimoine, 16, rue Paul Vergnes, 11220 Lagrasse, ✆ 0468431156, www.lagrasse.com.

Veranstaltungen Töpfermarkt Ende Juli.

Markt Samstagvormittag auf der Place de la Halle.

Wohnmobile Kostenloser Wohnmobilstellplatz im Ort.

Baden Im Sommer kann man im Flüsschen Orbieu mitten im Ort baden, da der Fluss aufgestaut wird.

Fahrradverleih L'Olive Bleue, Mountainbikes (V.T.T) 15 € pro Tag. 25, avenue des Corbières, Pradelles en Val, ✆ 0468240303, www.olivebleue.fr.

Übernachten & Essen ** **Le Clos des Souquets**, 8 km nordöstl. in Fabrezan gelegen, ist dieses nette Logis-Hotel mehr als

Lagrasse: Fernab der großen Verkehrsströme

ein Ausweichquartier. Es gibt nur fünf Zimmer, dafür aber gleich zwei Swimmingpools. Das Restaurant versteht sich auch auf die Zubereitung von herzhaften Gerichten wie einem *Cassoulet Lauragaise.* WLAN. Von Ende März bis Okt. geöffnet. Das Restaurant hat So Ruhetag. Zimmer je nach Ausstattung und Saison 70–90 €; Frühstück 9 €. Avenue de Lagrasse, ✆ 0468 435261, www.le-clos-des-souquets.com.

》》 Mein Tipp: **Hostellerie des Corbières**, das einzige Hotel (Logis) in Lagrasse hat nur sechs Zimmer und liegt am Rand der Altstadt. Seit 2007 wird es von einem jungen Paar geführt. Sie haben neuen Schwung in die altehrwürdige Herberge gebracht. Die Zimmer mit altem Dielenholzboden besitzen viel Charme. Schöne Bäder. In jedem Zimmer gibt es – typisch englisch – die Möglichkeit, sich selbst Tee oder Kaffee zuzubereiten. Im zugehörigen Restaurant wird anspruchsvolle französische Küche (Menüs zu 17 € mittags), 21 € (vegetarisch), 25, 34 und 39 € geboten. Serviert wird in einem charaktervollen Speisesaal oder bei schönem Wetter auf der nach hinten zu den Weinfeldern hinausgehenden Terrasse. Im Dez. und Jan. Betriebsferien. Do sowie Mi im Winter Ruhetag. WLAN. Zimmer je nach Größe 70 € bis 95 €; Frühstück 8 €. 9, boulevard de la Promenade, ✆ 0468431522, www.hostellerie-des-corbieres.com. 《《

Les Trois Grâces, stimmungsvolles Restaurant im Zentrum von Lagrasse. Man sitzt vor einem alten offenen Kamin unter einer hohen Balkendecke, bei schönem Wetter im Innenhof. Geboten werden meist orientalisch zubereitete Spezialitäten. Menüs zu 19 € (zwei Gänge, nur mittags), 22 € und ein wechselndes Tagesmenü zu 28 €. Mi Ruhetag, nur am Wochenende mittags geöffnet. Im Winter geschlossen. Es werden auch vier passable DZ ab 50 € (inkl. Frühstück) vermietet. 5, rue de Quai, ✆ 0468431817, http://lestroisgraces.pagesperso-orange.fr.

🌿 **Le Temps des Courges**, das ebenfalls mitten in Lagrasse gelegene Restaurant ist ein Lesertipp von Kuno Gurtner: „Gekocht wird hier fantasievoll (also nicht einfach das übliche Stück Lammfleisch auf dem Teller), teilweise mit biologischen Produkten; erhältlich ist auch eine schöne Auswahl an originellen Salattellern, zudem führt das Lokal eine kleine, aber spannende Weinkarte." Menüs zu 22, 25 und 31 €. Di und Mittwochmittag geschlossen. 3, rue des Mazels, ✆ 0468431018, www.lestempsdes courges.com. ■

Café la Promenade, frische Hausmannskost (Menüs ab 12,90 €) wird auf der schönen, sonnigen Straßenterrasse serviert. 3, boulevard de la Promenade, ✆ 0468431659.

Lesertipp: Les Glycines, Sonja Meschede empfiehlt dieses Gîtes/Chambres d'Hotes, das "von außen sehr unspektakulär ist, aber spätestens beim Betreten des liebevoll gestalteten Innenhofs wird man verzaubert. Nicole und Jean-Hugues Guillot sind sehr herzliche Gastgeber, die sowohl zwei großzügige Ferienwohnungen (in der HS ab 650 €/Woche) als auch mehrere Zimmer mit Frühstück anbieten (DZ ab 60 €)." WLAN. 11, rue des Cancans, ✆ 0468431454, www.gites-les-glycines.fr.

Camping * Municipal Boucucers Bachandres, kleiner Platz auf einer Anhöhe über dem Ort. Der Blick ist fantastisch, die Preise günstig, die Lage ruhig – was will der Camper mehr? Von Mitte März bis Okt. geöffnet. ✆ 0468431005, www.lagrasse.fr.

Sehenswertes

Abbaye Sainte-Marie d'Orbieu: Die unter den Karolingern gegründete Benediktinerabtei gehört zu den ältesten Klöstern des Languedoc. Während der Französischen Revolution aufgelöst, sind heute viele Teile der Abtei in einem ruinösen Zustand. Zeitweise war sogar geplant, die Abtei in ein Luxushotel zu verwandeln, doch dann siegten jene Stimmen, die das lokale Erbe angemessen bewahren wollten. Im Jahre 2004 wurde das Kloster von dem Orden Chanoines réguliers de la Mère de Dieu erworben. Seither kann das Kloster wieder besichtigt werden. Allerdings sind die Räume zweigeteilt und man muss daher zweimal Eintritt bezahlen:

Logis Abbatial e Dortoir: Die ehemalige Abtwohnung und der Hof, der von zwei mittelalterlichen Galerien eingerahmt wird, können besichtigt werden. Sehenswert sind die mit Fresken verzierte Abtkapelle und das Dormitorium (Schlafsaal) der Mönche.

Juli bis Sept. tgl. 10–19 Uhr, April bis Juni und Okt. tgl. 10–18 Uhr, im Winter 10–17 Uhr. Eintritt 4 €, erm. 1 €. www.abbayedelagrasse.com.

La Monastère: Das eigentlich Kloster mitsamt seiner gotischen Kirche und dem Kreuzgang steht ebenfalls für Besucher offen. Die meist klassizistischen Gebäude gruppieren sich um einen Ehrenhof. Lohnend ist auch der im Rahmen einer Führung mögliche Aufstieg auf den 42 Meter hohen Glockenturm, da sich von dort eine schöne Aussicht bietet.

Juni bis Sept. tgl. außer Do 15.30–17.30 Uhr, Okt. bis Mai So 15.30–17.30 Uhr. Eintritt 4 €, erm. 2,50 €. www.chanoines-lagrasse.eu.

> ### Sentier Sculpturel Mayronnes
>
> Eine herrliche Möglichkeit, durch die Corbières zu wandern und dabei Kultur und Natur zu verbinden, bietet der gut ausgeschilderte *Sentier Sculpturel*. Der Ausgangspunkt samt Wanderparkplatz befindet sich etwa 500 Meter vor dem kleinen Ort Mayronnes aus Richtung Lagrasse kommend (10 Kilometer südwestlich von Lagrasse). Entlang eines rund fünf Kilometer langen Rundkurses können jährlich wechselnde Skulpturen zeitgenössischer Künstler bewundert werden. Wanderschuhe und Getränke sollte man dabei haben, als Wegzeit sind etwa 2–2:30 Stunden einzuplanen. Der Eintritt ist frei, geöffnet etwa von Mitte April bis Ende September ganztägig. Infos: www.sentiersculpturel.com.
>
> Noch ein Hinweis: Einen Kilometer vor Mayronnes gibt es einen herrlichen Wasserfall.

Umgebung von Lagrasse

Lézignan-Corbières: Eigentlich dürfte man Lézignan-Corbières nicht unter dem Punkt Umgebung von Lagrasse subsumieren, denn das traditionsreiche Weinbauernstädtchen mit 8500 Einwohnern ist mehr als zehnmal so groß. Außerdem ist Lézignan ein wichtiger Verkehrsknotenpunkt und verfügt über gute Einkaufsmöglichkeiten. Im Gegenzug mangelt es aber bis auf die ursprünglich romanische Kirche Saint-Félix weitgehend an historisch bedeutsamen Bauten, so dass die Einteilung dennoch gerechtfertigt erscheint.

Information Office de Tourisme, 9, place de la République, 11200 Lézignan-Corbières, ☏ 0468270542, www.lezignan-corbieres.fr/tourisme.

Verbindungen Vom SNCF-Bahnhof in der Rue Turgot hat man gute Verbindungen nach Narbonne sowie Carcassonne.

Markt Mittwochvormittag.

Talairan: Am schönsten ist Talairan aus der Vogelperspektive: Im Ortszentrum steht eine dem heiligen Vincent geweihte Kirche, darum herum drücken sich die Häuser eng aneinander und bilden einen festungsähnlichen Kreis. Das zehn Kilometer südöstlich von Lagrasse gelegene 350-Einwohner-Dorf kann auf eine mehr als tausendjährige Vergangenheit zurückblicken, große Sehenswürdigkeit hat Talairan zwar nicht zu bieten, aber was zählt, ist der Gesamteindruck eines natürlich gewachsenen Dorfes in den Corbières.

Villerouge-Termenès

200 Einwohner

Villerouge-Termenès steht ganz im Schatten seiner mächtigen wehrhaften Burg. Dorf und Burg wurden wahrscheinlich im 11. Jahrhundert gegründet und gehörten zum Erzbistum Narbonne – allerdings stritten sich die Bischöfe mit den benachbarten Herren von Termes um die Vorherrschaft über den mit einer Stadtmauer befestigten Ort. Das Dorf ist eng mit dem Kampf gegen den Katharismus verbunden: Im Jahre 1321 wurde ein gewisser Guillaume Bélibaste als letzter „Vollkommener" in Villerouge-Termenès öffentlich bei lebendigem Leib verbrannt.

Die Burg ist ein trutziger Bau auf einem annähernd quadratischen Grundriss, die vier Ecken sind von imposanten Rundtürmen geschützt. Beeindruckend ist der Bergfried mit seinem mehr als 2,50 Meter dicken Mauern. Der Innenhof ist frei zugänglich, den einstigen Prunksaal und die benachbarten Räume des Ostflügels kann man im Rahmen einer Audioführung besichtigen. Die Ausstellung behandelt die Themen Essen und Tischetikette sowie Katharismus und die Erzbischöfe von Narbonne.

Information Mairie, 11330 Villerouge-Termenès, ☏ 0468700699.

Markt Mittwochvormittag.

Veranstaltungen Alljährlich im Aug. wird in der Burg ein großes mittelalterliches Fest inszeniert.

Öffnungszeiten der Burg April und Mai 10–13 und 14–18 Uhr, Juni bis Aug. tgl. 10–19.30 Uhr, im Winter außer Jan. und Feb. an den Wochenenden 10–17 Uhr. Eintritt 6 €, erm. 2 €.

Essen & Trinken La Rôtisserie Médiévale, passend zur Ausstellung im Château – oder umgekehrt? – bietet die Rôtisserie authentische mittelalterliche Kost im ersten Stock des Château. Die Bedienung serviert die zünftigen Mahlzeiten in mittelalterlicher Tracht. Menüs ab 35 €. Sonntagabend und Mo geschlossen. ☏ 0468700606, www.restaurant-medieval.com.

Umgebung

Termes: Wenige Kilometer westlich von Villerouge-Termenès liegt das Dorf Termes, das von seinem gleichnamigen Château überragt wird. Gemächlich fließt der Sou an dem Weiler vorbei, dessen Einwohnerzahl bei nur noch 43 Personen liegt!

Der Burgherr *Raymond de Termes* war ein überzeugter Katharer und gehörte zu den großen Widersachern von Simon de Montfort. Letzterer ließ die Burg im Jahre 1210 über mehr als vier Monate hinweg belagern, bevor die durch Hunger und Krankheiten geschwächten Verteidiger versuchten, heimlich zu fliehen. Der größte Teil der Katharer wurde niedergemetzelt, auch Raymond fiel den Kreuzrittern in die Hände. Er wurde verschont und musste die letzten drei Jahre seines Lebens in den Verliesen von Carcassonne verbringen. Die Burg selbst entging der Zerstörung für ein paar Jahrhunderte, bis Ludwig XIV. die Sprengung anordnete, damit vermeintliche Feinde hier keinen Unterschlupf finden konnten. Seither sind von der Burg (steiler Aufstieg!) nur noch Reste des Bergfrieds und eine Kapelle samt Tonnengewölbe erhalten.

Juli und Aug. tgl. 10–19.30 Uhr, Sept. tgl. 10–18 Uhr, April bis Juni und Okt. 10–17 Uhr, im Winter nur am Wochenende 10–17 Uhr. Eintritt 4 €, erm. 2 €. www.chateau-termes.com.

Cucugnan
135 Einwohner

Cucugnan liegt ganz im Süden des Département Aude und wird aufgrund seiner zwei kleinen Hotels gerne als Ausgangspunkt zur Erkundung der benachbarten Katharerburgen von Quéribus und Peyrepertuse gewählt. Alphonse Daudet hat den, sich auf einem kleinen Hügel erhebenden Ort in seinem berühmten „Briefen aus meiner Mühle" literarisch verewigt. An Sehenswürdigkeiten mangelt es zwar, aber die Panoramaaussicht auf die umliegenden Bergrücken und die Olivenhänge ist eindrucksvoll. Von der einstigen Burg von Cucugnan haben nur noch wenige Mauerreste die Jahrhunderte überdauert. In der Dorfkirche steht eine hölzerne Madonna, die ungewöhnlicherweise Maria in anderen Umständen zeigt.

Information Office de Tourisme, Route de Padern, 11350 Cucugnan, ☏ 0468456940, www.corbieres-sauvages.com bzw. www.cucugnan.fr.

Théâtre Archille Mir Audiovisuelle Vorführung der berühmten Predigt des Pfarrers von Cucugnan, frei nach Alphonse Daudets *Le Curé du Cucugnan*. Tgl. 10–20 Uhr. Eintritt 4,50 €, erm. 3,50 €.

Blick von Quéribus

Übernachten & Essen ** **Auberge du Vigneron**, erst 2014 komplett renoviert und damit das modernste Hotel (Logis) im Dorf. Großzügige Bäder mit bodenebenen Duschen! Ausgezeichnetes Restaurant (Mo Ruhetag, Menüs zu 16,50 und 19,50 € (mittags), abends 28,50 und 39,50 €), die Terrasse bietet einen herrlichen Blick über die hügelige Landschaft. Lecker ist die Entenkeule in Rotweinsauce. Mo Ruhetag. WLAN. Von Mitte Feb. bis Mitte Dez. geöffnet. Zimmer 89–120 €; Frühstück 12 €. 2, rue Archille Mir, ✆ 0468450300, www.auberge-vigneron.com.

** **Auberge du Cucugnan**, mitten im Dorf, ebenfalls Logis. Die Zimmer im älteren Teil sind etwas klein, besser sind die im moderneren Anbau, da haben zwei sogar Zugang zu einem Innenhof. Das stimmungsvolle Restaurant ist auch empfehlenswert, Menüs zu 14 € (mittags), 19,50, 28 und 36 €. Kostenloses WLAN. Zimmer 58–80 €; Frühstück 8 €; Halbpension 56 €. 2, place de la Fontaine, ✆ 0468454084, www.auberge-de-cucugnan.com.

»› Lesertipp: La Table du Curé, ein angenehmes Hotel-Restaurant (Menüs zu 13,50 € am Mittag, sonst zu 18, 23,50 und 39,50 €) mit schöner Gartenterrasse, direkt am Ortseingang, das auch drei ansprechende Zimmer mit Klimaanlage vermietet (ein Tipp von Ildiko Weiss). In dem guten Restaurant wird Bodenständiges wie Kalbsnieren-Fricassée, aber auch ein halbgebratener Thunfisch mit Gemüse aus dem Wok gekonnt zubereitet. Mi Ruhetag außer Juli und Aug. WLAN. Zimmer 60–70 €; Frühstück 8 €. 25, rue Alphonse de Daudet, ✆ 0468450146, www.auberge-la-table-du-cure.com. ‹‹‹

Château de Quéribus

Das Château de Quéribus, eines der „fünf Söhne von Carcassonne", thront auf einem lang gestreckten Felskamm. Vom Parkplatz aus ist ein viertelstündiger Aufstieg bis zum Eingang der 708 Meter hoch gelegenen Burg notwendig. Ein lieblicher Ort ist Quéribus, dessen erste urkundliche Erwähnung ins Jahr 1020 datiert, nicht: Wenn der Wind heftig über den Berg fegt, sehnt man sich schnell nach einem beschaulicheren Ort. Davon darf man sich allerdings nicht schrecken lassen: Schließlich war Quéribus nicht als Erholungsheim für alte Ritter geplant, sondern als uneinnehmbare Trutzburg. In den Katharerkriegen stellte Quéribus zusammen mit Puilaurens den letzten Rückzugsposten dar: Erst 1255, also elf Jahre nach dem Fall von Montségur, ergab sich der katharische Befehlshaber Chabert de Barbaira, nachdem ihm zuvor freies Geleit zugesichert worden war. Quéribus wurde nicht zerstört, sondern mehrfach umgebaut.

> 🥾 Wanderung 10: Auf dem Sentier Cathare zum Château de Quéribus → S. 540
> Halbtageswanderung mit Burgbesichtigung.

Teilweise mussten die Räume beim Bau aus dem Kalkstein herausgeschlagen werden. Dies war praktisch, da die Steine als Baumaterial für die Mauern verwendet werden konnten. Mehrere Befestigungsringe schützen den auf dem höchsten Punkt errichteten Bergfried. Eindrucksvoll ist der gotische Säulensaal (*Salle du pilier*), dessen Gewölbe auf einem einzigen zentralen Stützpfeiler ruht. Von mehren Stellen bietet sich ein toller Blick über die Weinberge von Maury bis hin zum Mittelmeer und dem schneebedeckten Mont Canigou in den Pyrenäen.

Juli und Aug. tgl. 9–20 Uhr, April bis Juni und Sept. tgl. 9.30–19.30 Uhr, März und Okt. 10–18 Uhr, im Winter nur am Wochenende 10–17 Uhr, Jan. geschlossen. Eintritt 6 €, erm. 3,50 €. www.queribus.fr.

Raubvogelshow am Château de Peyrepertuse

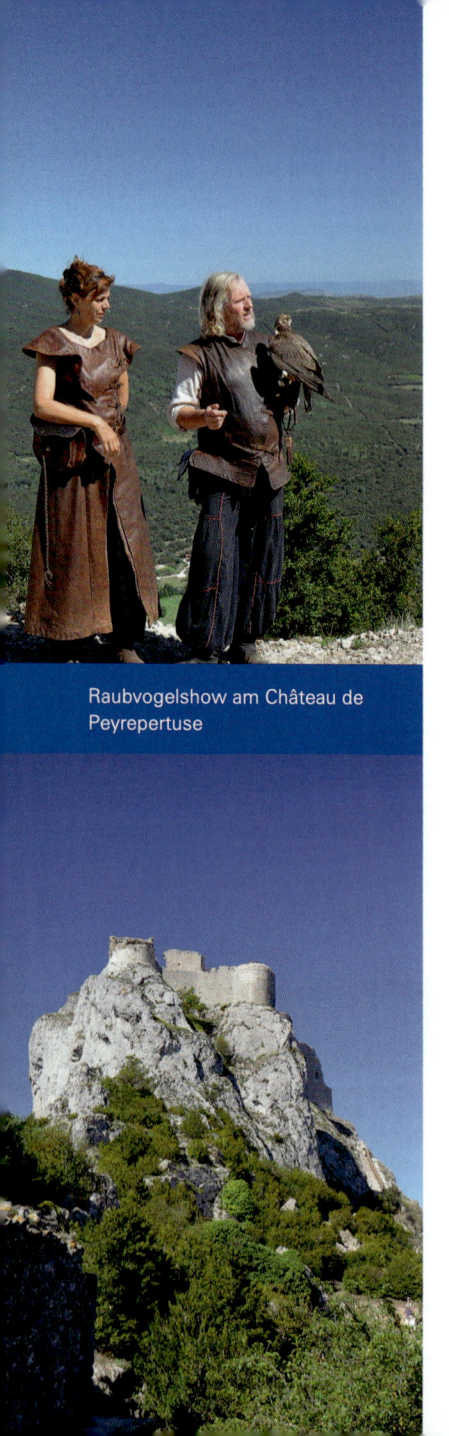

Château de Peyrepertuse

Das Château de Peyrepertuse gehört zu den eindrucksvollsten Katharerburgen. Ihr Bild ziert viele Bücher über die Region und die Katharer. Von weitem ist die Burg nur schwer auszumachen. Fast unsichtbar scheint sie auf dem weißen Kalksteinmassiv zu kleben, da gewachsener Fels und gemauertes Gestein kaum zu unterscheiden sind. Peyrepertuse wurde in den Katharerkriegen niemals erobert, da sich Guilhem de Peyrepertuse 1240 entschied, sich der Herrschaft des französischen Königs zu unterwerfen. Dieser integrierte die Festung in seinen gegen Spanien gerichteten Verteidigungsgürtel. Allerdings war die feste Besatzung mit einer Stärke von zwölf Mann nicht gerade beeindruckend. Durch den Pyrenäenfrieden verlor Peyrepertuse 1659 endgültig seine militärische Bedeutung.

Von dem Dorf Duilhac führt eine asphaltierte Straße zu einem Parkplatz, an dem auch der Eintritt zu entrichten ist. Der anschließende Aufstieg durch ein kleines, schattiges Wäldchen mit Buchsbäumen nimmt etwa zwanzig Minuten in Anspruch, bevor das von Steilwänden begrenzte Plateau von Peyrepertuse erreicht ist. Auf dem kargen Stein wächst nicht viel, nur ein paar Zistrosen und Orchideen finden Halt. Doch die leicht zu verteidigende Lage hat schon die Kelten dazu bewegt, hier ein Oppidum zu errichten.

Die Burg erstreckt sich auf einer Länge von 300 Metern und nimmt fast den gesamten Bergrücken ein. Doch genau genommen handelt es sich um zwei Burgen: Eine untere ältere Festung und die erhöht gelegene Burg San Jordi, die im Belagerungsfall als letzte Zufluchtsstätte diente und nur durch schmale, in den Stein gemeißelte Stufen zu erreichen war. Zuerst betritt man das tiefer gelegene **Château Bas**, dessen Mauern nach Osten hin zusammenlaufen und an einen Schiffsbug erinnern. Gut erkennbar sind noch der Vieux Donjon, die angrenzende Kapelle und ein Wohntrakt. Über eine so genannte Esplanade gelangt man hinüber zum 60 Meter höher gelegenen **Château San Jordi** (Saint-Georges); sie wurde erst unter der französischen Herrschaft errichtet und besitzt ebenfalls eine Kapelle und einen Bergfried. Die Aussicht – auch auf die untere Burg – ist grandios!

Noch ein Hinweis: Um auf den steilen, schlüpfrigen Treppen nicht ins Strauchin zu geraten, empfiehlt sich festes Schuhwerk. Bei starken Windböen ist ebenfalls größte Vorsicht angeraten!

Öffnungszeiten Juli und Aug. tgl. 9–20 Uhr, April bis Juni und Sept. tgl. 9–19 Uhr, März und Okt. 10–18 Uhr, im Winter 10–17 Uhr, Jan. geschlossen. Eintritt 9 € (Juli und Aug.), sonst 6,50 €, erm. 3,50 €. Am modernen Kassenhäuschen sind auch Audioführungen in Französisch und Englisch erhältlich. Im Juli und Aug. gibt es zudem um 11.30, 14.30 und 16.30 Greifvogelvorführungen. Mitte April findet jedes Jahr ein großes mittelalterliches Fest statt. www.chateau-peyrepertuse.com.

Umgebung

Duilhac

Duilhac-sous-Peyrepertuse ist der offizielle Name für das kleine Dorf unterhalb der Katharerburg. Weniger einige Mauerreste als vielmehr der Grundriss mit den um die Kirche versamimelten Häusern erinnert noch an den mittelalterlichen Ursprung von Duilhac. Unbedingt probieren sollte man das direkt neben der Auberge du Vieux Moulin aus dem Fels sprudelnde Wasser der Quelle von Duilhac. Ein Spruch besagt, dass man sich alsbald verlieben wird, wenn man von der Quelle trinkt.

Übernachten & Essen ** Auberge du Vieux Moulin, die Zimmer des Hotels sind schlicht eingerichtet (Wände mit offenem Bruchstein) und keineswegs überteuert. Die Vermietung erfolgt allerdings über die Auberge du Vigneron in Cucugnan. DZ 59–64 €; Frühstück 8 €. Rue de la Fontaine, ☏ 0468450300, www.auberge-vigneron.com.

Auberge du Moulin, das Restaurant in der unterhalb eines großen Felsens gelegenen einstigen Ölmühle von Duilhac beherbergt ein nettes, freundlich geführtes Restaurant. Der große Reiz ist die schattige Terrasse, auf der man unter einer Trauerweide sitzt, während im Hintergrund das Quellwasser plätschert. Beim teuersten Menü darf man sich über ein 350 g schweres *Entrecôte charolaise grillée* als Hauptgang freuen. Menüs zu 18, 26 und 35 €. 9, rue de la Fontaine, ☏ 0468489534.

L'Aouzine, ansprechender, kleiner Imbiss in einem schattigen Areal an der Straße zum Château. In der Saison tgl. 10–18 Uhr.

Les 3 Cathares, mitten in dem Weiler Rouffiac-des-Corbières eine nette, kleine Kneipe mit Kleinkunstflair. Zweigängiges Mittagsmenü mit einem Viertel Wein 13 €. Übernachtung im Schlafsaal 15 €; Frühstück 5 €. Avenue Saint-Félix, ☏ 0468584031. www.les3cathares.fr.

> 🚶 **Wanderung 11: Circuit du Moulin de Ribaute** → S. 541
> Kinderfreundliche Kurzwanderung mit Bademöglichkeiten.

Gorges du Verdouble

Inmitten des Anayrac-Massivs hat sich der Verdouble einen traumhaften Flusslauf gegraben, dessen Wasserfälle und Becken zu den schönsten Bademöglichkeit der Region zählen. Direkt hinter der verfallenen Mühle von Ribaute führt ein Weg in wenigen

Gorges du Verdouble: Glasklares Wasser

Minuten zu den Felsbecken mit ihrem glasklaren Wasser – ein Anblick, der geradezu paradiesisch anmutet. Hinweis: Man erreicht die Gorges du Verdouble entweder im Rahmen der oben beschriebenen Wanderung oder mit dem Auto, indem man am östlichen Ortsausgang von Duilhac (Richtung Cucugnan) auf der ersten unbeschilderten Straße nach links abbiegt und ihr gut zwei Kilometer bis zu einem großen, im Sommer gebührenpflichtigen Parkplatz (4 €) in Sichtweite der Mühle folgt.

Gorges de Galamus

Die Schluchten von Galamus sind eine beeindruckende Naturszenerie, die auf jeden Fall einen Abstecher wert ist. An manchen Stellen stehen die steil abfallenden Felswände sich so eng gegenüber, dass ein Durchkommen kaum möglich scheint. Ein geeignetes Ziel für eine Kurzwanderung gibt es auch: Versteckt liegt die **Eremitage von Saint-Antoine** tief in der Schlucht. Über einen stellenweise dicht am Abgrund vorbeiführenden Serpentinenweg kann man in einer knappen halben Stunde zu der in den Fels gebauten Einsiedelei hinuntersteigen, das Auto lässt sich auf einem großen Parkplatz abstellen. Der durch die Schlucht fließende Fluss namens Agly bietet sich für ein erfrischendes Bad an, eine tolle Badestelle mit einem großen Naturpool findet sich am Nordrand der Schlucht, einen Kilometer südlich der Vieux Moulin (Einkehrmöglichkeit). Weiter nördlich in Cubières-sur-Cinoble gibt es eine mittelalterliche Kirche mit einem ungewöhnlichen dreieckigen Grundriss.

Achtung: Die D 7 ist nur für Pkws und Kleinbusse befahrbar, für Wohnwagen und Wohnmobile sind die Engstellen nicht passierbar! Zudem will die Gemeinde Cubières Autofahrer bewegen, ihr Auto stehen zu lassen und mit einem Elektrobus zur Schlucht zu fahren.

Übernachten & Essen ** Le Châtelet, nüchternes Logis-Hotel 2 km westl. von Saint-Paul-de-Fenouillet. Mit sonnigem Swimmingpool. Leser lobten den freundlichen Empfang und das gute Preis-Leistungs-Verhältnis im Restaurant (Menü 14–24 €). Kostenloses WLAN. Einfache, saubere Zimmer, je nach Saison 64–76 €; Frühstück 10 €. Route de Caudiès, ✆ 0468590120, www.hotel-lechatelet.com.

** **Relais des Corbières**, eine Alternative direkt an der östlichen Ortsausfahrt. Im Restaurant gibt es regionale Kost. Menüs ab 16 €. WLAN kostenlos. DZ 49–55 €. 10, avenue Jean Moulin, ✆ 0468592389, www.lerelaisdescorbieres.com.

Chambres d'hôtes Chez la Mère Michelle, die Privatzimmer von Madame Michèlle Fabre in Saint-Paul-de-Fenouillet wurden von zwei Lesern wärmstens empfohlen. DZ 38 €. 10, rue du Pech, ✆ 0468592154.

Camping Vieux Moulin, am Nordrand der Gorges de Galamus findet sich dieser kleine, sympathische Campingplatz neben einer Ausflugsgaststätte. ✆ 0468698149. www.moulin-de-galamus.com.

Pic de Bugarach

Wenige Kilometer westlich der Gorges de Galamus erhebt sich der 1230 Meter hohe Pic de Bugarach. Der weithin sichtbare, markante Felsklotz ist nicht nur der höchste Berg der Corbières, sondern gilt in Esoterikerkreisen auch als „magischer" Gipfel. Zuletzt litt die Gemeinde unter dem Ansturm von Apokalyptikern, die glaubten, dass am 21. Dezember 2012 die Welt untergehe und nur dieser Ort verschont bliebe. Wer will, kann nach der Wanderung noch das nahe gelegene 200-Seelen-Dorf **Bugarach** erkunden.

> 🚶 Wanderung 12: Auf den Pic de Bugarach → S. 543
> Besteigung eines „magischen" Gipfels.

Padern

140 Einwohner

Der kleine Ort liegt fünf Kilometer östlich von Cucugnan am Zusammenfluss von Verdouble und Torgan. Hoch über dem Dorf (15 Minuten zu Fuß) erheben sich die Ruinen einer Katharerburg, die im 17. Jahrhundert teilweise wieder aufgebaut wurde. Nördlich von Padern hat sich der Torgan seinen Weg durch eine enge Schlucht, die **Gorges du Torgan**, gegraben. Da die D 123 direkt durch die Gorges führt, ist es leicht, eine geeignete Badestelle zu finden.

Tuchan

800 Einwohner

Das inmitten des Fitou-Weinanbaugebiets gelegene Tuchan besitzt ein nettes altertümliches Zentrum ohne herausragende Sehenswürdigkeiten. Nur aus der Vogelperspektive ist der kreisrunde Grundriss auszumachen, der an die mittelalterliche Festung erinnert. Interessanter ist ein Abstecher zum **Château d'Aguilar**, das vier Kilometer östlich des Dorfs liegt. Die Burg, die ebenfalls zum Einflussbereich der Herren von Termes gehörte, wurde in den Katharerkriegen 1210 von Simon de Montfort erobert, aber nicht zerstört. Später wurde Aguilar als einer der „fünf Söhne von Carcassonne" Teil des damaligen Verteidigungsnetzes. Der Verfall setzte erst ein, als das Château gegen Ende des 16. Jahrhunderts aufgegeben wurde. Markant ist der zentrale, von einer sechseckigen Umwallung umgebene Bergfried.

Markt Dienstag-, Donnerstag- und Samstagvormittag.

Öffnungszeiten der Burg 16. Juni bis 15. Sept. tgl. 9–19 Uhr, April bis 15. Juni tgl. 10–18 Uhr, 16. Sept. bis Okt. tgl. 11–17 Uhr. Eintritt 3,50 €, erm. 1,50 €.

Camping ** **La Peirière**, kleiner Campingplatz auf einem relativ steinigen Gelände an der Straße nach Paziols. Gut beschattet. Extras: Swimmingpool, Bar und Restaurant. Von April bis Mitte Sept. geöffnet. ✆ 0468454650, www.lapeiriere.com.

Durban-Corbières
650 Einwohner

Wie zahlreiche Dörfer der Umgebung besitzt auch Durban-Corbières eine mächtige Burgruine, die das Ortsbild beherrscht. Die im 11. Jahrhundert von den Baronen von Durban errichtete Burg wurde 1390 teilweise zerstört, dann noch einmal in der Renaissance genutzt, bevor sie endgültig verfiel. Die leeren Fensteröffnungen gähnen nun pittoresk ins Tal. Heute lebt die Gemeinde in erster Linie vom Weinbau.

Übernachten & Essen ** L'Amandier, nettes, kleines Hotel (neun Zimmer) direkt an der Durchgangsstraße mit gutem Restaurant (*Menu du Terroir* 17 €), das sich auf die ländliche Küche versteht. Die Zimmer sind geräumig und großzügig, WLAN. DZ je nach Saison 48–56 €; Frühstück 5 €. Avenue des Corbières, ✆ 0468458948, www.hotel-restaurant-aude.com.

»» Mein Tipp: Auberge du Vieux Puits, dieses 14 km nordwestl. in dem kleinen Weiler Fontjoncousse gelegene Hotel-Restaurant ist ein Lesertipp von Déirdre Mahkorn, die die Unterkunft vor allem Feinschmeckern ans Herz legt (drei Michelin-Sterne, fünf Gault-Millau-Hauben!): „Klasse Zimmer, super Frühstück (Honig vom Imker gegenüber). Das Essen übrigens incroyable." Einen Swimmingpool gibt es selbstverständlich auch noch. Menüs zu 98 € (mittags), 160 und 190 €. Das Restaurant von Gilles Goujon (www.gilles-goujon.fr) ist in der Hauptsaison nur Montagmittag, in der NS Sonntagabend, Mo und Di geschlossen. DZ je nach Ausstattung 165–255 €, die günstigeren in einer Dependance; Frühstück 26 €. 5, avenue Saint-Victor, ✆ 0468440737, www.aubergeduvieuxpuits.fr. ««

Haut Gléon, ein paar herrliche Zimmer in einem Weingut nordöstlich von Durban in dem Weiler Villesèque des Corbières. Relaxen kann man am Pool. DZ je nach Ausstattung und Saison 85–175 €. ✆ 0468 488595. www.hautgleon.com.

Camping ** Municipal, 30 einfache Stellplätze, von Mitte Juni bis Mitte Sept. geöffnet. ✆ 0468450681.

Quillan
3750 Einwohner

Quillan, im Zentrum eines fruchtbaren Talkessels am Oberlauf der Aude gelegen, ist ein verträumtes Kleinstädtchen, das nur an den beiden Markttagen zum Leben erwacht. Verkehrsgünstig am Schnittpunkt wichtiger Straßen gelegen, eignet sich der Ort als Ausgangsbasis für Streifzüge durch die Umgebung.

Die „Hauptstadt der Pyrénées audoises" kann auf eine lange Geschichte zurückblicken, die bis zu den Römern und Westgoten zurückreicht. Als strategisch bedeutsamer Ort spielte Quillan auch in den Katharerkriegen eine wichtige Rolle. Am rechten Ufer der Aude steht noch die Ruine einer mittelalterlichen Burg, die allerdings erst 1575 in den Religionskriegen von den Hugenotten niedergebrannt wurde. Nach der Revolution wurde der wehrhafte Bau jahrzehntelang als Steinbruch genutzt, bevor die Stadt 1950 das zerfallene Château erwarb. Eine Besichtigung lohnt sich vor allem wegen des Panoramablicks auf Quillan und die bis zu 1200 Meter hohen Berge der Umgebung.

In Quillan gehen die Uhren etwas langsamer – doch ist dies kein Nachteil: In der Altstadt stehen viele Häuser mit bröckelndem Putz, statt in Nobelcafés sitzt man auf einfachen Plastikstühlen auf der Caféterrasse oder beobachtet bei einem Spaziergang vom Pont Vieux aus die Kajakfahrer und Kanuten auf der Aude. Wirtschaftlich bedeutsam ist die holzverarbeitende Industrie, hinzu kommt noch das Textilgewerbe.

Ein Ausflugstipp: Südlich von Quillan führt die D 117 durch eine Schlucht in Richtung Pyrenäen. Atemberaubend ist die **Défilé de Pierre-Lys** genannte engste Stelle mit ihren Steilwänden: Vor zwei Jahrhunderten endete die Straße hier, ein Weiterkommen war nicht möglich. Erst durch das unermüdliche Engagement von Félix Armand, der als Pfarrer das Dörfchen **Saint-Martin-Lys** betreute, konnte nach jahrzehntelanger Arbeit ein Durchbruch in die Felsen geschlagen und die Straße zwischen Quillan und Axat angelegt werden.

Basis-Infos

Information Office de Tourisme Aude en Pyrénées, square André Tricoire, 11500 Quillan, ✆ 0468200778, www.aude-pyrenees.fr.

Verbindungen Der SNCF-Bahnhof liegt am Boulevard Charles de Gaulle. Zugverbindungen nach Carcassonne und Limoux (jeweils 3- bis 4-mal tgl.). Vom benachbarten Busbahnhof (*gare routière*) fahren tgl. drei Busse nach Axat, Lapradelle, Tautavel, Perpignan und Quérigut (nur im Sommer).

Markt Mittwoch- und Samstagvormittag.

Schwimmen Städtisches Freibad in der Rue Baptiste Marcet. Eintritt 3,20 €.

Rafting etc. Zwischen Quillan und Puilaurens bieten zahlreiche Veranstalter mehrmals täglich Rafting- oder Hydrospeedtouren auf der Aude an. Die Touren dauern rund 2 Std., man muss sich nicht voranmelden. Kosten: ab 28 €. www.laforgedequillan.fr.

Kanu- und Kajak Centre International de Séjour Sports Nature, route de Perpignan, ✆ 0468202379. Auch Höhlentouren und Canyoning. www.laforgedequillan.fr.

Übernachten & Essen

Hotels *** **Hôtel Cartier**, professionell geführtes Hotel im Zentrum des Ortes. Die teuren Zimmer haben schon fast die Größe einer Suite. Gutes Restaurant, nur das Dessertangebot ist leider enttäuschend. Vor dem köstlichen, mit viel Knoblauch zubereiteten Kaninchen sei allerdings gewarnt: Entweder essen beide das gleiche Gericht oder man erkundigt sich nach einem zweiten Zimmer. Menüs zu 19,50, 24,50 und 29,50 €. Ein Lob verdient auch das für französische Verhältnisse reichhaltige Frühstücksbuffet. Von Mitte März bis Mitte Dez. geöffnet. Kostenloses WLAN. Zimmer mit Dusche 56–76 €; Frühstücksbuffet 9 €; Halbpension ab 58 € pro Pers. 31, boulevard Charles de Gaulle, ✆ 0468200514, www.hotelcartier.com.

》》 Mein Tipp: *** **La Chaumière**, dieses traditionsreiche Logis-Hotel mit dem Grundriss eines Halbkreises wurde unlängst komplett renoviert und erhielt ein modernes, zeitgenössisches Ambiente mit wunderschönen Bädern. Die Zimmer haben einen kleinen Balkon, den man aber aufgrund seiner geringen Größe kaum nutzen kann. Schöne Terrasse im ersten Stock hinter dem Haus, auf der im Sommer auch das Frühstück serviert wird. Gutes Restaurant, Menüs ab 24 €. WLAN und Garage vorhanden. Fazit: Vom Komfort her das beste Hotel im ganzen Tal! Zimmer je nach Saison 83–100 € (Halbpension 31 €); Frühstück 10,50 €. 25, boulevard Charles-de-Gaulle, ✆ 0468200200, www.pyren.fr. 《《

*** **Domaine de l'Espinet**, großes Feriendorf (2 km nördl. von Quillan) mit großem Freizeit- und Sportangebot: Tennis, Frei- und Hallenbad, Sauna und Massage. Vermietet werden kleine Appartements sowie Ferienhäuser. Ideal für Familien. Viele holländische Gäste. Die Preise sind stark von der Größe und der Saison abhängig, aber nicht übertrüert. Restaurant vorhanden. ✆ 0468321941, www.lespinet.com.

Jugendherberge Jugendherberge, unlängst eröffnete, komfortable Jugendherberge. Von April bis Mitte Sept. geöffnet. Übernachtung mit Frühstück ab 19 €. La Forge de Quillan, Route de Perpignan, ✆ 0468201379, www.fuaj.org/quillan.

Camping *** **La Sapinette**, komfortabler, schattiger Platz (Wiesengelände) westlich des Zentrums. Die Plätze sind mit Hecken voneinander abgegrenzt. Von April bis Okt. geöffnet. ✆ 0468201352, www.campingquillan.fr.

Lapradelle/Puilaurens

Lapradelle ist ein unspektakuläres Dorf, das zumeist nur auf dem Weg zum **Château de Puilaurens** passiert wird. Für Wanderer interessant ist der sich rund um Lapradelle erstreckende **Fôret des Fanges**; der dunkle Tannenforst ist ein kleiner „Rest" der dicht bewaldeten Höhenzüge, die noch bis ins 18. Jahrhundert den südlichen Teil des Département Aude bedeckten. Nach Süden hin heißt der Wald **Forêt de Boucheville** und ist nicht nur bei den Einheimischen für seinen Pilz- und Beerenreichtum bekannt.

Übernachten & Essen

》》 Mein Tipp: ***** Hostellerie du Grand Duc**, stattliches Hotel (Logis) in dem 6 km südl. gelegenen Weiler Gincla, umgeben von dem dichten Forêt de Boucheville. Die Zimmer sind rustikal-bourgeois eingerichtet, netter Garten mit Springbrunnen vor dem Haus. Das Restaurant bietet klassische französische Küche, Menüs zu 30, 35, 39,50, 46 und 52 €. Die Qualität des Gebotenen war den Testessern des Gault Millau immerhin schon zwei Hauben wert. Von Mitte April bis Mitte Nov. geöffnet. Zimmer 85–95 €; Frühstück 12 €; Halbpension 43 €. ✆ 0468205502, www.host-du-grand-duc.com. 《《

Sehenswertes

Château de Puilaurens: Mit ihren Zinnen, Schießscharten und Türmen bietet die auf einem 697 Meter hohen Felskegel errichtete Burg von Puilaurens bis heute einen majestätischen Anblick. Keine Frage, wer über Puilaurens herrschte, hatte das Hochtal von Fenouillèdes unter seiner Kontrolle. Vor der uneinnehmbaren Festung musste selbst Simon de Montfort kapitulieren und unverrichteter Dinge wieder abziehen. Nach dem Fall von Montségur (1244) bildete Puilaurens neben Quéribus den letzten Rückzugshort, der den Katharer in Südfrankreich geblieben war. Erst 1256 gaben die Verteidiger unter ungeklärten Umständen auf; seither wehten die königlichen Farben über dem Berg.

Zusammen mit Aigular, Termes, Quéribus und Peyrepertuse gehörte Puilaurens zu den „fünf Söhnen von Carcassonne", deren Aufgabe in erster Linie die Grenzsicherung zu dem mächtigen spanischen Nachbarn war. Mit dem Pyrenäenfrieden von 1659 verlor Puilaurens seine strategische Bedeutung, eine Zeitlang wurden die Gemäuer noch als Gefängnis genutzt, bevor die Burg dem Verfall preisgegeben wurde.

Puilaurens ist ein Musterbeispiel mittelalterlicher Wehrarchitektur. Der ursprüngliche Zustand der Burg lässt sich nicht mehr rekonstruieren, da wiederholt Umbauten und Veränderungen vorgenommen wurden. Verblüffend ist der ausgeklügelte Zugang mit dem gut geschützten Haupttor; dahinter öffnet sich ein großzügiger Innenhof. Zu den ältesten Teilen gehört der Donjon, der wohl noch aus katharischer Zeit stammt. Vom Parkplatz erreicht man die Burg in einer Viertelstunde, wobei der Weg durch einen Waldlehrpfad führt.

Juli und Aug. tgl. 9–20 Uhr, Juni und Sept. tgl. 10–19 Uhr, Mai 10–18 Uhr, April und Okt. tgl. 10–17 Uhr, im Winter nur am Wochenende 10–17 Uhr, im Jan. geschlossen. Eintritt 5 €, erm. 3 €.

Axat

900 Einwohner

Das lang gezogene Dorf ist der einzige größere Ort im südlichen Teil der *Pyrénées audoises*. Bei Bedarf gibt es ein paar Einkaufsmöglichkeiten, sonst ist nur noch eine alte Steinbrücke erwähnenswert, die sich in einem malerischen Bogen über die Aude spannt. Die sich südlich von Axat erstreckenden **Gorges de Saint-Georges** und ihre Verlängerung, die **Gorges de l'Aude**, sind reizvolle Schluchtenlandschaften, die sich teilweise bis auf 20 Meter verengen. Das dort befindliche Elektrizitätswerk war Weihnachten 1900 das erste in Frankreich, das Wasserenergie in Strom umwandeln konnte. Wer will, kann noch weiter in Richtung Pyrenäen bis Mont-Louis fahren oder in **Quérigut** das Château du Donézan besichtigen. Für Höhlenfans lohnt sich eine Erkundung der in den Gorges de l'Aude gelegenen **Grottes de l'Aguzou**.

Mit dem Zug durch das Katharerland

Ein schönes Erlebnis ist es, mit dem *Train du Pays Cathare et du Fenouillèdes* von Axat bis nach Riversaltes zu fahren. Die Züge verkehren von Ostern bis Dezember, allerdings nur im Juli und August täglich. Wegen des unregelmäßigen Fahrplans und der verschiedenen Routen (z. B. „Viadukte und Tunnels um Axat") ist es empfehlenswert, sich vorher in einem Office de Tourisme oder anderweitig zu erkundigen. Die Kosten für eine Hin- und Rückfahrt betragen 20,80 €, erm. 14,50 €. Die Abfahrt in Riversaltes ist um 10 Uhr. ✆ 0468599902, www.tpcf.fr.

Verbindungen 3-mal tgl. fahren Busse nach Quillan und weiter nach Carcassonne.

Schwimmen Es gibt ein großes städtisches Freibad (beheizt) mit Riesenrutsche. Von Anfang Juni bis Aug. geöffnet. Mitte Juni bis Aug. geöffnet. Place de la Gare.

Camping *** Moulin du Pont d'Aliès, der direkt am Ufer der Aude gelegene Platz ist gut ausgestattet (Swimmingpool, kleiner Laden etc.) und bietet diverse Freizeitaktivitäten rund um das Thema Wasser an. Von Mitte März bis Mitte Nov. geöffnet. ✆ 0468 205327, www.alies.fr.

»› Lesertipp: ** La Crémade, dieser im Wald gelegene Campingplatz ist ein Tipp von Gudrun Friedrichs und Michael Konrad. Das Terrain ist schattig, die Parzellen sind durch Hecken voneinander getrennt. Man kann auch Mobilheime oder Holzhütten mieten. Anfahrt: Von Axat der D 117 in Richtung Saint Paul-de-Fenouillet folgen. Scharf rechts abbiegen und den Weg in den Wald hochfahren und der Beschilderung folgen. Von Mitte April bis Ende Sept. geöffnet. ✆ 0468205064, www.lacremade.com. ««

Grottes de l'Aguzou Eine Besichtigung auf eigene Faust ist nicht möglich. Halbtages- und Tagestouren organisiert Philippe Moreno nach vorheriger Anmeldung, ✆ 0468204538, www.grotte-aguzou.com. Kosten: 50 € bzw. 30 € pro Person.

Umgebung

Plateau de Sault: Das Plateau de Sault ist eine Hochebene, die sich 20 Kilometer westlich von Axat und Quillan erstreckt, und bildet einen vollkommenen Gegensatz zu den tiefen Schluchten der *Pyrénées audoises*. Das über 1000 Meter hoch gelegene **Belcaire** ist die Hauptstadt dieser für ihre Schaf- und Rinderzucht bekannten Region.

Puivert

410 Einwohner

In einer breiten Senke zu Füßen einer Burg liegt Puivert, ein wenig spektakuläres Dorf, das neben dem weitgehend zerstörten Château de Puivert noch ein sehenswertes Museum zur Regionalgeschichte besitzt. Die große Attraktion im Sommer ist ein am Dorfrand angrenzender See – oder besser ein Weiher –, der mit überraschend warmen Wassertemperaturen aufwartet. Apropos Wasser: Durch Puivert verläuft die Wasserscheide zwischen Atlantik und Mittelmeer.

** **Municipale de Fontclaire**, schöne, parzellierte Anlage am Seeufer, nur fünf Fußminuten vom Ortszentrum entfernt. Sehr ordentliche Sanitäranlagen. In der NS sind oft nur zwei oder drei Stellplätze belegt. Von Mitte Mai bis Sept. geöffnet. ✆ 0468200058.

Sehenswertes

Château de Puivert: Ursprünglich war die Burg durch eine über einen Trockengraben führende Zugbrücke gesichert. Um in den 80 Meter mal 40 Meter großen Ehrenhof zu gelangen, musste anschließend noch ein quadratischer Turm passiert werden. Der Ehrenhof, in dem im Kriegsfall die Untertanen Zuflucht fanden, war trotz der ihn umgebenden Mauer keinen größeren Angriffen gewachsen. So fiel die Burg 1210 im Katharerkrieg nach nur dreitägiger Belagerung durch das Kreuzfahrerheer des Simon de Montfort. Bei einer derart großen Streitmacht half auch der 35 Meter hohe, mächtige Bergfried wenig. Mit seinen vier übereinander liegenden Sälen samt Kapelle gibt er einen Eindruck vom dem bescheidenen Komfort, der einem Burgherrn zur Verfügung stand. Ein Wohntrakt, der sich ebenfalls im Westteil der Burg befand, ist nicht mehr erhalten. Von der Terrasse des Donjon bietet sich ein herrlicher Blick über die Quercorb genannte Region.

Tgl. 9–19 Uhr, im Winter 10–17 Uhr. Eintritt 5 €, erm. 3 €. www.chateau-de-puivert.com.

Musée du Quercorb: Keine Sorge, das Musée du Quercorb ist kein langweiliges Heimatmuseum. Die Ausstellung ist ansprechend konzipiert und spannt einen Bogen vom Mittelalter bis in die Gegenwart, wobei der Wandel der traditionsreichen Handwerke (Böttcher, Stuhl-, Kuhglocken- und Kammmacher etc.) bis zu ihrem Ende dokumentiert wird. Interessant ist vor allem auch die Sammlung historischer Musikinstrumente. Des Weiteren gibt es noch eine ländliche Küche von anno dazumal zu bewundern.

16, rue Barry-du-Lion. April bis Sept. tgl. 10.30–12.30 und 14–18 Uhr, im Juli und Aug. 10.30–19 Uhr. Eintritt 4 €, erm. 1,60 €. www.quercorb.com.

Chalabre

1200 Einwohner

Chalabre ist die Hauptstadt des **Quercorb** – manchmal auch *Kercorb* geschrieben. Der 1032 erstmals urkundlich erwähnte Ort liegt verkehrstechnisch günstig am Schnittpunkt dreier Täler. Das charmante Ortsbild wird von dem Château dominiert, das allerdings nicht besichtigt werden kann. Nicht versäumen sollte man, die Schokoladenseite von Chalabre kurz in Augenschein zu nehmen: Die pittoresken Häuser am rechten Ufer des Flusses Blau besitzen schöne Erkerverzierungen.

Zum Relaxen empfiehlt sich ein Abstecher zum nahen **Lac de Montbel**, an dem man baden, angeln und Tretboot fahren kann. Hinzu kommt, dass der Stausee glücklicherweise kaum touristisch erschlossen ist.

Baden Syndicat d'Initiative, cours Colbert, 11230 Chalabre, ✆ 0468692628.

Markt Samstagvormittag sowie am 2 Mittwoch in jedem Monat.

Übernachten ⟫ Lesertipp: Santa Colomba, nette Privatunterkunft (Chambres d'hôtes) in Sainte Colombe sur l'Hers (4 km südwestl.) mit deutsch-französischen Besitzern (ein Tipp von Katrin und Jens Thomas). Es werden fünf Zimmer vermietet. DZ 70–90 € pro Nacht (inkl. Frühstück). 22, grand rue, ✆ 0468748964. www.santa-colomba.fr. ⟪

Montségur

Weltentrückt liegt eine der letzten Bastionen der Katharer auf einem Bergkegel, der von weitem an die Meteoraklöster in Griechenland erinnert. Zuvor muss man allerdings die Grenzen des Département Aude verlassen, da Montségur im Département Ariège liegt und damit genau genommen nicht mehr zur Region Languedoc-Roussillon gehört. Am Anfang des 13. Jahrhunderts, also noch vor den Albigenserkriegen, zogen sich die Katharer auf die 1207 Meter hohe *Pog* genannte Bergkuppe zurück, nachdem Raymond de Pereille seine Unterstützung beim Bau einer Burg zugesichert hatte. Bedeutungsvoll nannten die Katharer ihre Burg *Mont ségur*, den „sicheren Berg". Historische Dokumente und Ausgrabungen haben ergeben, dass die Burg damals den Mittelpunkt einer befestigten Siedlung gebildet haben muss, die sich über den gesamten Gipfel des Bergkegels erstreckte. Wahrscheinlich dürften in dem wehrhaften Dorf mehrere hundert Menschen gelebt haben, darunter natürlich auch Kinder, einfache Knechte und andere Bedienstete. Wer nach einem zwanzigminütigen Aufstieg zwischen den Ruinen steht, wird allerdings wahrscheinlich enttäuscht sein; die Mauern und die Reste des Donjon sind alles andere als eindrucksvoll, zudem stammen viele Teile der Burg erst aus der Zeit nach den Katharerkriegen (Montségur war bis ins frühe 16. Jahrhundert bewohnt).

> ### Die Endura – freiwillig auf den Weg zu Gott
>
> Ein bedeutendes religiöses Moment des Katharismus war die Endura – der Name leitet sich vom Lateinischen *durare* („aushalten") ab. Die Endura war der freiwillig ersehnte Tod in die Geisteswelt und galt als das erstrebte Ziel im Leben der „Vollkommenen"(*perfecti*). Diese „Vollkommenen" genossen in den katharischen Gemeinden die höchste Autorität, da sie ein von Askese gezeichnetes Leben ohne jegliche materiellen Bindungen führten und dadurch den katharischen Glauben lebten. Sie allein waren befugt, aus ihrer Mitte einen Vertreter, den Bischof, zu wählen.
>
> Um aus der unvollkommenen Welt ins reine Licht zu Gott zu gelangen, ließen die „Vollkommenen" nichts unversucht. Sie verschmähten Fleisch und Eier, dreimal in der Woche begnügten sie sich gar mit Wasser und Brot. Zudem fasteten die „Vollkommenen" dreimal im Jahr vier Wochen lang, oft in der ödesten Einsamkeit der Gebirge oder in ihren Männerhäusern, einer Art Laienkloster. Konsequent weitergedacht, sahen es daher viele Katharer als ihr selbstverständliches Recht an, „sich selbst sterben lassen zu dürfen", indem sie die Nahrung völlig verweigerten oder „sich erfrieren ließen". Dieser Form der passiven Selbsttötung entsprach auch der Tod auf dem Scheiterhaufen. Statt den eigenen Glaubensinhalten abzuschwören, zogen 200 „Vollkommene" in Montségur den direkten Weg zu Gott vor, denn „es gibt keinen schöneren Tod als durch das Feuer".

Montségur gehört zum Pflichtprogramm einer Reise auf den Spuren der Katharer, denn hier fand eines der tragischsten Ereignisse im Rahmen der jahrzehntelangen Ketzerverfolgungen statt. Der Belagerung von Montségur ging eine offene Provokation durch die Katharer voraus: Über die anhaltende religiöse

Unterdrückung erbost, wurden zwei Inquisitoren sowie der Archidiakon von Toulouse während eines nächtlichen Überfalls im Avignonnais ermodert. Als Gegenmaßnahme ordnete 1243 das Konzil von Béziers die Zerstörung der Katharerburg Montségur an. Unter Führung von Hugues des Arcis zog das Kreuzritterheer in Richtung Pyrenäen. Monatelang verlief die Belagerung erfolglos, obwohl die Kreuzfahrer zahlenmäßig vollkommen überlegen waren. Zu den Katharern, die sich im Sommer 1243 nach Montségur geflüchtet hatten, gehörte übrigens auch der Bischof Bertran en Marti. Die Verteidiger von Montségur verfügten nicht nur über ausreichende Wasser- und Essensvorräte, sie wurden auf Schleichwegen sogar mit Obst und Waffen versorgt. Erst Ende September wendete sich das Kriegsgeschehen, als einige Söldner aus der Gascogne den Berg nachts erklimmen und sich am Ende des Gipfelgrats verschanzen konnten. Doch bis zur endgültigen Entscheidung mussten noch Monate ins Land gehen. Im März 1244 waren die Belagerten schließlich zur Aufgabe bereit. Fünfzehn Tage wurden den Katharern gewährt, um sich zu entscheiden: Entweder sie schwören ihrem Glauben ab oder sie enden auf dem Scheiterhaufen. Nach Ende der Frist, deren Einräumung zu manchen Spekulationen Anlass gegeben hat, entschieden sich 205 Katharer freiwillig für den Tod – Montségur stieg zur okzitanischen Ikone auf. Zahlreiche Mythen ranken sich zudem um einen vermuteten Schatz der dortigen Kirche, den die Katharer angeblich noch verstecken konnten. Eine Stele auf dem „Feld der Verbrannten" (*Prat dels Cremats*) soll an den Scheiterhaufen erinnern. Dies ist allerdings historisch nicht richtig, denn die Ketzerverbrennung hat aller Wahrscheinlichkeit nach in Bram stattgefunden.

Montségur: letzte Katharerfestung

Das heutige Dorf Montségur entstand erst nach dem Fall der Katharerburg am Fuße des Berges; es lebt heute größtenteils vom Katharertourismus. Letzterer ist ein weit gefasster Begriff und speist sich aus Esoterikern und Mystikern genauso wie aus glühenden Verehrern der okzitanischen Kultur und Wanderfreaks. In einem kleinen Museum sind Funde ausgestellt, die bei Ausgrabungen gemacht wurden.

Hinweis: Auf dem Weg nach Montségur lohnt ein kurzer Zwischenstopp an der **Fontaine des Fontestorbes**. Aus der Karstquelle sprudeln pro Sekunde bis zu 1800 Liter Wasser. Direkt nebenan lädt ein kleiner Imbiss zur Rast ein.

Information Office de Tourisme, ✆ 05 61030303, www.montsegur.fr.
Öffnungszeiten von Montségur Tgl. 10–17 Uhr, im Mai bis Sept. tgl. 9.30–19.30 Uhr. Eintritt 5 €, erm. 2,50 €.
Museum Mai bis Sept. tgl. 10–13 und 14–19 Uhr, im Winter tgl. außer Mo 14–17 Uhr. Eintritt frei!

Eindrucksvolle Arkaden am Marktplatz von Mirepoix

Mirepoix

3000 Einwohner

Bekanntlich sollte man mit Superlativen vorsichtig umgehen, doch ist es sicherlich kein Fehler, den Marktplatz von Mirepoix als einen der schönsten in ganz Südfrankreich zu loben. Die gesamte *Place principale* ist von reich verzierten Fachwerkhäusern umrahmt, deren Laubenerdgeschosse als überdachter Rundgang genutzt werden können. An den hölzernen Lauben lassen sich zahlreiche geschnitzte Köpfe oder Figuren aus der Tierwelt entdecken. Der geometrische Grundriss deutet bereits an, dass es sich bei Mirepoix um eine Ende des 13. Jahrhunderts errichtete Bastide, also eine mittelalterliche Planstadt, handelt. Vorausgegangen war eine Katastrophe: Das alte Mirepoix, das damals auf dem rechten Ufer des Hers lag, war 1289 durch eine Überschwemmung vollkommen zerstört worden, so dass ein Wiederaufbau unmöglich war.

Im Zentrum der Planstadt liegt der schon beschriebene rechteckige Marktplatz mit seinen fürstlichen Ausmaßen (112 x 55 Meter). Südlich der *Place principale* erhebt sich die breit gelagerte einschiffige Cathédrale Saint-Maurice. Die Bauarbeiten zogen sich über mehrere Jahrhunderte hin. Der Architekt hat sicher nicht geahnt, dass sein gotisches Gotteshaus erst 1865 mit einem Kreuzrippengewölbe abgeschlossen sein würde. Besonders lohnend ist ein Besuch am Montagvormittag, denn der berühmte Montagsmarkt der Stadt erstreckt sich über die gesamte *Place principale*; selbst lebendes Geflügel und Kaninchen werden verkauft.

Information Office de Tourisme, 09500 Mirepoix, 0561688376, www.ot.mirepoix.fr.

Verbindungen Busverbindungen mit Toulouse.

Markt Montagvormittag (großer Markt), Donnerstagvormittag (kleiner Markt). Jeden zweiten Sa im Monat gibt es zudem einen Trödelmarkt.

Veranstaltungen *Fêtes médiévales* am dritten Juliwochenende.

Übernachten & Essen ****** Relais Royal**, in einer Seitenstraße des historischen Marktplatzes ist dieses Hotel (Relais & Châteaux) in einem Stadtpalais aus dem 17. Jh. untergebracht. Komfortable Zimmer, der Swimmingpool ist allerdings recht klein und taugt wohl nur als Ersatz für die Badewanne. Hervorragendes Restaurant (Le Ciel d'Or) mit traumhaftem Innenhof, Menüs zu 49 und 59 €. WLAN. Zimmer 257–308 € (in der NS günstiger), Frühstück 22 €. 8, rue Maréchal Clauzel, ✆ 0561601919, www.relaisroyal.com.

*** Les Remparts, das am Rande der Altstadt gelegene Hotel-Restaurant ist eine angenehme Adresse. Sehr stilvoll ist auch das rustikale Ambiente. Menüs zu 16, 29, 39 und 59 €. Sonntag, Montag und Dienstagmittag geschlossen. Es werden sieben moderne, sehr ansprechende Zimmer vermietet. DZ je nach Saison und Ausstattung 68–140 €; Frühstück 9,50 €; Halbpension 35 €. Cours Pons Tande, ✆ 0561681215, www.hotelremparts.com.

»» Mein Tipp: ***** Maison des Consuls**, wenn man hier ein Zimmer bucht, muss man nicht mehr nach dem schönsten Haus von Mirepoix suchen: Man wohnt schon darin! Das mittelalterliche Bauwerk steht direkt am Marktplatz und fasziniert durch sein mit unzähligen Figuren verziertes Fachwerk. Die jeweils mit einer eigenen Note eingerichteten Zimmer verfügen über großzügige Bäder. Je nach Saison und Ausstattung 95–154 €; Frühstück 12,50 oder 16 €. 6, place du Maréchal Leclerc, ✆ 0561688181, www.maisondesconsuls.com. «««

** Hôtel du Commerce, dieses seit Generationen in Familienbesitz befindliche Hotel (Logis) ist die preiswertere Alternative zur Maison des Consuls. Im Restaurant mit Innenhof gibt es Menüs zu 13,50 € (mittags), 18, 23,50, 29,50 und 34,50 €. Die etwas biederen Zimmer in der einstigen Postkutschenstation (Logis) sind meist geräumig und kosten je nach Ausstattung 49–64 €; Frühstück 7 €. 8, rue de l'Evêché, ✆ 0561 681029, http://lecommerce.chez.com.

Café Castignolles, altertümliches Café mit Patina. Auf den alten Lederbänken kann man sich den Tag selbst bei Regen schön denken und die Atmosphäre genießen. An heißen Tagen sitzt man unter den schattigen Arkaden. Zum Essen gibt es Salate und Pizzen (rund 10 €). Kostenloses WLAN.

Rennes-le-Château
120 Einwohner

Das kleine Bergdorf war bereits während der westgotischen Herrschaft besiedelt. Später nutzten verschiedene Völker die strategische Lage des Hügels. Historiker vermuten, dass sich hier eines der bedeutendsten westgotischen Zentren namens *Rhedae* mit 20.000 bis 30.000 Einwohnern befunden hat. Die einzige Sehenswürdigkeit, die Esoteriker und Touristen anzieht, ist die Dorfkirche und das angrenzende Pfarrhaus samt Bibliotheksturm.

Interessant ist noch ein Abstecher ins nahe **Rennes-les-Bains**, ein kleiner Kurort im weiter östlich gelegenen Tal der Blanque. Bereits die Römer wussten um die Heilkraft des sulfat- und chlorhaltigen Wassers, das vor allem bei Rheumakrankheiten empfohlen wird. Zu den erlauchten Kurgästen gehörte schon Blanche, die Königin von Kastilien. Unweit des Ortes in Richtung Arques finden sich auch die *Bains Doux*, die sich kostenlos direkt in den Fluss ergießen.

Information Service Tourisme, 11190 Rennes-le-Château, ✆ 0468747268, www.rennes-le-chateau.com.

Le Domain de l'Abbé Saunière Tgl. 10.30–18 Uhr, im Winter bis 17 Uhr. Eintritt 4,50 €, erm. 3,20 €.

Thermen Das Außenbecken der Thermes de la Haute Vallée ist von Febr. bis Nov. von 10–13 und 14–20 Uhr geöffnet. Grand rue des Termes, ✆ 0468747101. Eintritt 5,50 €. www.rennneslesbains.com.

Übernachten & Essen Château des Ducs de Joyeuse, in Couiza, zu Füßen von Rennes, findet sich dieses aus dem 16. Jh.stammende Château, das vor ein paar Jahrzehnten in ein charmantes Hotel verwandelt wurde. Schöner Innenhof! Ausgezeichnet ist auch das Restaurant (Menüs ab 35 €). Pool und Tennisplatz vorhanden.

Von Nov. bis März Betriebsferien. Die einladenden, traditionell eingerichteten Zimmer kosten je nach Ausstattung 108–150 €; Frühstück 16 €; Halbpension 47 €. ✆ 0468 742350, www.chateau-des-ducs.com.

★★ Hotel de France, unspektakuläres, traditionsreiches Kurhotel in Rennes-les-Bains. Von April bis Nov. geöffnet. Zimmer 45–52 €; Frühstück 6 €. Grand Rue des Thermes, ✆ 0468698703, www.hotel-rennes-les-bains.com.

Le Dragon de Rhedae, das Restaurant mit seiner netten Terrasse ist genießt einen guten Ruf. Mittagsmenüs zu 16 und 25 €, beispielsweise mit einem Lachscarpaccio und einem Confit de Canard. ✆ 0468742898.

Auf der Suche nach dem verlorenen Schatz

Um Rennes-le-Château rankt sich eine Legende um einen sagenhaften Schatz, den die Westgoten einst versteckt haben sollen. So weit, so gut, doch fand die Legende in jüngster Vergangenheit eine Fortsetzung. Im Mittelpunkt dieser ominösen Geschichte steht der Priester *Béranger Saunière*, der im Jahre 1885 die Gemeinde übernommen hatte. Saunière beschloss, die marode Dorfkirche Sainte-Madeleine zu restaurieren. Bescheiden legte er selbst Hand an, doch nach ein paar Jahren wurden die Arbeiten immer üppiger und die Kirche erhielt eine neue glanzvolle Ausstattung mit neogotischen Gemälden. Manches Dekor mutet recht skurril an, so ein Teufel mit grüner Toga, der das Weihwasserbecken stützt. Doch dies war nicht alles: Saunière ließ ein Haus im Renaissancestil, einen neogotischen Bibliotheksturm namens „Magdala" sowie eine luxuriöse Orangerie errichten. Er unternahm außerdem Reisen nach Paris und in ferne Länder.

Längst wunderte sich das ganze Dorf, mit welchen Mitteln der Abbé seine aufwendige Bautätigkeit finanzierte. Nach langen, hitzigen Diskussionen setzte sich die Vermutung durch, „der Alte" habe historische Dokumente gefunden, durch die er auf das Versteck des Schatzes gestoßen sei. Selbst dem Bischof von Carcassonne kamen angesichts des plötzlichen Reichtums so seine Zweifel: Als der von ihm zur Offenlegung seiner Finanzen aufgeforderte Saunière dieser Anordnung nicht nachkam, enthob er ihn 1910 kurzerhand seines Amtes. Den Spekulationen war damit erst Tür und Tor geöffnet, doch Saunière und seine Haushälterin Marie schwiegen eisern. Als der lebenslustige Priester 1917 das Zeitliche segnete, stürmten die Schatzsucher durch Saunières Garten und die Umgebung – allerdings vergeblich, denn die Frage, aus welcher Quelle die Gelder für die zahlreichen Bauvorhaben stammten, ist bist heute unbeantwortet geblieben.

Ein Teufel stützt das Weihwasserbecken

Musée des Dinosaures

Dieses ein paar Kilometer westlich in **Espéraza** gelegene Museum, ein moderner Glasbau, zeigt anschaulich Funde und Rekonstruktionen (Tyrannosaurus Rex, Quetzalcoatlus etc.) der einstigen Giganten der Erde sowie Einblicke in die Grabungsarbeiten.

Juli und Aug. 10–19 Uhr, sonst 10.30–12.30 und 13.30–17.30 Uhr. Eintritt 8,70 €, erm. 6,20 €. www.dinosauria.org.

Arques

Auf den Spuren der Katharer wandelt man in Arques nur begrenzt, denn die Errichtung des Château von Arques datiert ins frühe 14. Jahrhundert. Vom Vorgängerbau haben sich keine Spuren erhalten. Als Bauherr trat die Familie de Voisins auf, ein Adelsgeschlecht, das sich nach den Albigenserkriegen in der Gegend niedergelassen hatte. Der Urahn Pierre de Voisins war ein Vasall von Simon de Montfort, der seinem erprobten Kampfgefährten mit diesem Landgut für seine treuen Dienste dankte. Das benachbarte 200-Seelen-Dorf gleichen Namens entstand etwa zur gleichen Zeit im Dunstkreis der Burg.

Das **Château d'Arques** selbst ist bis auf den Donjon nicht mehr vollständig erhalten. Von der quadratischen Einfriedung ist nur der südliche Teil samt einem kleinen zweistöckigen Wohnturm vor den Zerstörungen (1575) in den Hugenottenkriegen bewahrt worden. Die Aufmerksamkeit richtet sich aber vor allem auf den 25 Meter hohen Donjon mit seinen vier Ecktürmchen, der im Zentrum der Anlage steht. Der aus gelbem Sandstein errichtete Bergfried besteht aus insgesamt vier Stockwerken, die mit schmucken Kaminen und anderem steinernen Zierrat ausgestattet sind. Zahlreiche Schießscharten erinnern an die militärische Funktion des stattlichen Bauwerks.

Nahe des Ortes gibt es noch einen schönen Badesee, den unsere Leser Gudrun Friedrichs und Michael Konrad empfehlen: „Kurz vor dem Ortsende zweigt eine kleine, unbefestigte Straße ab. Ausgeschildert sind „Camping du Lac" und „Centre Equestre". Man folgt der Piste etwa einen Kilometer. Die Zufahrt zum Campingplatz ist eine Sackgasse. Vorher zweigt aber links ein unbefestigter Weg ab. Diesem folgt man ca. 600 Meter und biegt noch mal rechts ab. Er endet an einer schattigen Wendestelle, wo man gut parken kann. Es gibt Picknicktische und eine Liegewiese."

Noch ein Tipp: Landschaftlich sehr reizvoll ist es, von Arques über **Valmigère** und **Terroles** hinunter zum Tal der Aude zu fahren (20 Kilometer). Eine sehr ursprüngliche waldreiche Gegend, in der sich leicht ein Picknickplatz finden lässt.

Tgl. 10–13 und 14–17 Uhr, April bis Juni und Sept. bis 18 Uhr, Juli und Aug. 10–19 Uhr. Eintritt 5 €, erm. 2 €. www.chateau-arques.fr.

Château d'Arques

Der Bibliotheksturm von Rennes-le-Château

Pic Carlit: letzte Kletterpartie kurz vor dem Gipfel

Roussillon und Pyrenäen

Die Pyrénées-Orientales sind das südöstlichste französische Département und eines der jüngsten Gebiete des französischen Hexagons. Die katalanische Vergangenheit ist bis heute nicht zu leugnen und das Markenzeichen der Region. Landschaftlich wartet das Département mit einem abwechslungsreichen Küstenstreifen und zwei breiten Tälern auf.

Das Roussillon – der Name leitet sich von *Ruscino* ab, einer römischen Siedlung, die sich unweit des heutigen Perpignan befand – gehörte bis zum Pyrenäenfrieden von 1659 zu Spanien. Dies ist noch heute spürbar: Die Bewohner sind stolz auf ihre katalanischen Wurzeln, doch fühlen sie sich zutiefst ihrer französischen Heimat verbunden: „Nous sommes des Catalans français", wird einem kurz und bündig erklärt. Fahnen und Aufkleber mit den blutroten *quatre barres* (vier Streifen) und einem „C" für *Catalunya* unterstreichen die Verbundenheit mit dem spanischen Nachbarn. Dies wird auch von der Verwaltung des Département unterstützt: Unter den französischen Ortsschildern ist auch der katalanische Name angegeben: *Perpignan* und *Perpinya*, *Elne* und *Elna*, *Collioure* und *Cotliure*. Schätzungen gehen davon aus, dass jeder zweite Einwohner des Départements Pyrénées-Orientales – auch kurz P.O. genannt – des Katalanischen mächtig ist.

Die dominierende Landschaft sind natürlich die Pyrenäen, über die *Kurt Tucholsky* in den 1930er-Jahren in seinem Pyrenäenbuch anmerkte: „Pyre-näen – das war so eine rostbraune Sache auf der sonst grünen und schwarzen Karte, darin ein paar Bergkleckse standen, rechts und links gefiel sich die Karte in Blau, das war das Meer …

Roussillon und Pyrenäen

Ja, und sie trennten Spanien und Frankreich. Auch musste man jedes Mal ein bisschen nachdenken, bevor man den Namen schrieb." Der markanteste Gipfel der *Pyrénées Roussillon* ist der 2785 Meter hohe Canigou, der dem ganzen Gebirge seinen Namen gab; die Griechen nannten ihn *Pyrene*, weil seine Silhouette an eine Pyramide erinnert. Überragt wird der Canigou allerdings noch von dem Pic Carlit, der mit 2921 Metern der höchste Berg der *Pyrénées Roussillon* ist. Besonders schöne Jahreszeiten sind hier das Frühjahr und der Spätherbst, wenn hinter den sattgrünen Feldern die schneegezuckerten Gipfel kontrastreich aufragen. Botaniker haben mehr als 2000 verschiedene Pflanzenarten gezählt. Neben den Pyrenäen wird die Region noch von der Cerdagne, einer sehr fruchtbaren Hochebene, sowie den Tälern der Têt und des Tech geprägt, in denen mehrere Heilbäder wie zum Beispiel La Preste zu finden sind. Zusammen mit dem Capcir, dem Haut-Conflent bildet die Cerdagne seit 2004 den 138.000 Hektar großen *Parc Naturel Régional des Pyrénées Catalanes*.

Pass inter-sites

Bei den Fremdenverkehrsämtern im Roussillon ist der *Pass inter-sites* kostenlos erhältlich. Wer sich für das kulturelle Erbe der Region interessiert, spart damit viel Geld. Mit dem Pass bekommt man ab der zweiten Besichtigung bis zu 50 Prozent Rabatt auf den Eintrittspreis von Museen, Klöstern und anderen Sehenswürdigkeiten.

Zum Mittelmeer hin dehnt sich eine breite Ebene aus, in deren Zentrum Perpignan, die traditionsreiche Hauptstadt des Département liegt. Wegen ihrer

Fruchtbarkeit wurde die *Plaine du Roussillon* seit alters her als „Katalanischer Garten" gerühmt. An der Küste selbst findet man lange ausgedehnte Sandstrände vor, die erst hinter Argelès steinigeren Buchten weichen. Dieser landschaftlich sehr attraktive Küstenabschnitt, Côte Vermeille genannt, gefällt durch seine bis ans Meer heranreichenden Gebirgsausläufer. Begeistert teilte George Sand, als sie 1838 zusammen mit ihren Kindern und Chopin hier Station machte, einer Freundin in Paris mit: „Ich schreibe Ihnen vom Ufer des blauesten, klarsten und glattesten Meers; man denkt an die Küsten Griechenlands oder an einen Schweizer See bei herrlichstem Wetter."

Für Kunstliebhaber hält das Roussillon eine Fülle romanischer Kunstschätze bereit. Unter den Klöstern ragen die bekannten Abteien Saint-Michel-de-Cuxa und Saint-Martin-du-Canigou heraus, doch gilt es auch zahllose interessante Kleinode zu entdecken, so das Kloster von Serrabone und die ehemalige Prioratskirche in Corneilla-de-Conflent.

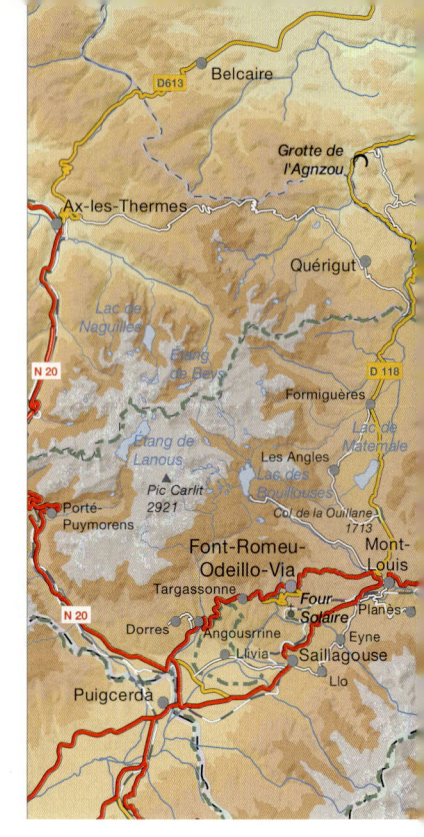

Wer sich für Bioprodukte im Département interessiert, findet Produzenten von Gemüse, Obst, Käse, Fleisch oder Wein mit Direktverkauf im Internet: www.bio66.com.

Vallée de la Têt

Das Tal der Têt ist die traditionelle Hauptverbindungsader im Roussillon. Fast der gesamte Handel zwischen dem Mittelmeer und der Pyrenäenregion verläuft durch das landschaftlich sehr reizvolle Tal, das in seinem unterem Abschnitt von dem mächtigen Pic du Canigou dominiert wird. Die Têt selbst entspringt in den Pyrenäen am Pic Carlit in über 2000 Meter Höhe und fließt über Mont-Louis und Prades nach Perpignan, bevor sie ins Mittelmeer mündet.

Ille-sur-Têt   5300 Einwohner

Das Landstädtchen Ille-sur-Têt liegt am Unterlauf des namensgebenden Flusses, umgeben von ausgedehnten Obstplantagen – vor allem Pfirsiche und Aprikosen. Das historische Zentrum mit seinen engen Gassen und den Resten der Stadtbefestigung besitzt noch viel mittelalterliches Flair. Dominiert wird das Ortsbild von dem mächtigen Glockenturm der Pfarrkirche Saint-Etienne-del-Pradaguet (nachts illuminiert). Das ursprünglich aus dem 10. Jahrhundert stammende Gotteshaus wurde im 17. Jahrhundert durch einen Neubau samt schmucker Barockfassade ersetzt.

Information Office de Tourisme, square de la Poste, B.P. 14, 66130 Ille-sur-Têt, ✆ 0468840262, www.ille-sur-tet.com.

Verbindungen Tgl. etwa zwölf Busverbindungen mit Perpignan sowie mehrmals täglich mit den anderen Orten im Vallée de la Têt. Der SNCF-Bahnhof (✆ 3635) liegt 5 Fußmin. südlich der Altstadt.

Markt Jeden Mittwoch- und Freitagvormittag auf der Place de la République.

Schwimmen Städtisches Freibad am westlichen Ortsrand. Nur Juli und Aug. geöffnet. Eintritt 3 €. Route Prades.

Sehenswertes

Centre d'Art Sacré: Untergebracht in dem aus dem 17. Jahrhundert stammenden Hospice d'Illà sind hier zahlreiche sakrale Kunstwerke ausgestellt. Größtenteils stammen die Exponate aus dem Barockzeitalter (Kreuze, Hochaltäre, Reliquienschreine etc.), doch gehören auch frühromanische Fresken aus Casenoves zum Museumsfundus. Interessant ist auch eine alljährlich neu konzipierte Wechselausstellung, die sechs Monate lang gezeigt wird.

Mitte Juni bis Sept. tgl. 10–12 und 14–19 Uhr, Okt. bis Mitte Juni Di–Fr 10–12 und 15–18 Uhr, Sa und So nur 15–18 Uhr. Eintritt 4 €, erm. 3 €.

Musée Départemental du Sapeur-Pompier: Das Feuerwehrmuseum bietet einen Einblick in die lokale Tradition der Brandlöschung (alte Fahrzeuge, historische Spritzen etc.).
116, avenue Pasteur. Juli und Aug. tgl. außer Do 10–12 und 14–19 Uhr. Eintritt 2,40 €, erm. 1,60 €.

Les Orgues: Diese in der Region einzigartige Felsformation kann man an dem Ille-sur-Têt gegenüberliegenden Flussufer bewundern. Die Erosion hat in fünf Millionen Jahren aus den tonerdenen Schwemmlandböden ein an gigantische Orgelpfeifen erinnerndes Szenario geschaffen. Die Bezeichnung „Grand Canyon Catalan" ist zwar etwas hoch gegriffen, doch lohnt es sich, das Areal auf einem der zahlreichen Wanderpfade zu durchstreifen.
Juli und Aug. 9.30–20 Uhr, Mitte Juni bis Ende Juni und Sept. tgl. 9.30–18.30 Uhr, von Okt. bis Mitte Juni tgl. 10–12.30 und 14–17 Uhr. Eintritt 3,70 €, erm. 2,50 €.

Das traurige Schicksal der schönen Königstochter Pyrène

Der antiken Sagenwelt zufolge, hat im heutigen Roussillon einst ein König namens Bebryx geherrscht. Als Herakles, der strahlende Held der griechischen Antike, zu Gast am Königshof des Bebryx weilte, wurde er der wunderschönen Tochter des Königs, Pyrène, vorgestellt. Es kam wie es kommen musste: Pyrène verliebte sich unsterblich in den tapferen Herakles. Und auch Herakles war den Liebesbeteuerungen der Königstochter nicht abgeneigt; doch letztlich war der Wunsch größer, wieder in seine griechische Heimat zurückzukehren. Warum Herakles Pyrène nicht mitgenommen hat, ist nicht überliefert, berichtet wird dafür, dass sich die zurückgewiesene Braut in die nahen Berge flüchtete und auf einen selbst entfachten Scheiterhaufen stürzte. Der König und seine Untertanen waren zutiefst betrübt und nannten ihre Hauptstadt nun Pyrène und auch die Berge hießen fortan *Pyrénées*.

Umgebung

Vinça: Vinça ist ein vergleichsweise unspektakuläres Dorf am Ufer der Têt, den Gesamteindruck schönen auch einige mittelalterliche Zeugnisse nicht. Vieles ging zu Bruch als in der Nacht zum 22. Oktober 1592 mehr als 500 Hugenotten den Ort angriffen und verwüsteten. Die fraglos größte Attraktion von Vinça ist der Stausee mit einem großzügigen „Strand", der sich hervorragend zum Baden und Windsurfen eignet. An heißen Sommertagen geht es dementsprechend hoch her, doch der große Parkplatz kann zahlreiche Badefreunde aufnehmen.
** Lac de Vinça, günstiger Zeltplatz mit Zugang zum See, am Ortsende. WLAN. Von Mai bis Okt. geöffnet. Rue des Escoumes, ✆ 0468058478.

Prieuré de Marcevol: Ein paar Häuser und Scheunen – viel mehr hat Marcevol auf den ersten Blick nicht zu bieten. Aber eben nur auf den ersten Blick, denn die einsam auf einem Plateau stehende Prieuré de Marcevol ist durchaus einen Besuch wert. Die dreischiffige romanische Klosterkirche stammt sogar noch aus dem 12. Jahrhundert, bemerkenswert ist vor allem die Glockenmauer. In der Apsis des rechten Seitenschiffs zeigt eine Freske Christus als Pantokrator.
Juli bis Sept. tgl. 10–12.30 und 14–19 Uhr, sonst tgl. außer Mo 10.30–12.30 und 14–18 Uhr; Jan. bis März nur nach Voranmeldung, Dez. geschlossen. Eintritt 3,50 €, erm. 1,50 €. www.prieure-de-marcevol.fr.

Les Orgues: Skurrile Felsformation

Bélesta: Das sechs Kilometer nördlich von Ille-sur-Têt auf einem Felsen gelegene Dorf ist wegen der hier gemachten prähistorischen Funde vor allem in Archäologenkreisen ein Begriff. Im archäologischen Museum (Château-Musée) kann man den Nachbau des ältesten Höhlengrabs Frankreichs samt Töpfer- und Schmuckarbeiten besichtigen. Lohnend ist auch ein Abstecher zum malerischen Nachbardorf Montalba-le-Château, das von der namensgebenden Burg gekrönt wird.

15. Juni bis 15. Sept. tgl. 14–19 Uhr, sonst tgl. außer Di und Sa 14–17.30 Uhr. Eintritt 4.50 €, erm. 3,50 €. www.belesta.fr.

Übernachten & Essen »» Mein Tipp: **** **Riberach**, in einer alten Weinkellerei in Bélesta wurde im Jahr 2011 ein Designer-Hotel mit Restaurant eröffnet, wobei man sich bei der Renovierung energietechnisch mit Geotherme und Solarzellen an den neuesten Umweltstandards orientierte, zudem sind die Zimmer behindertengerecht (Dank an Leser Rainer Thoma für seinen Hoteltipp, den wir selbst begeistert getestet haben!). Den Gast erwarten 18 sehr geräumige Zimmer und Suiten mit tollen Bädern, wobei bei der Einrichtung nur edelste Materialien verwendet wurden. Das rundum gelungene Ambiente wird von einer Sonnenterrasse und einem Garten samt Kinderspielplatz und Biopool abgerundet. Keinesfalls sollte man versäumen, abends im zugehörigen Restaurant La Coopérative (es steht auch Nicht-Hotelgästen offen und wurde 2014 erstmals mit einem Michelin-Stern ausgezeichnet) einen Tisch zu reservieren: Im stilvollen Rahmen wird eine anspruchsvolle Gourmetküche serviert, die sich auf Fisch- wie Fleischvariationen gleichermaßen versteht. Zum krönenden Abschluss darf man sich etwas vom mit regionalen Sorten bestückten Käsewagen aussuchen. Bei der Weinauswahl sollte man unbedingt die lokalen Riberach-Weine probieren, die auch erworben werden können. Unser Tipp ist der Grenache. Menüs zu 34, 59, 74 und 88 €. Di Ruhetag, in der NS auch Mo. Es gibt auch Themenwochenenden mit Kochkurs, Weinverkostung etc. Kostenloses WLAN. Die komfortablen Doppelzimmer mit Balkon oder Terrasse kosten je nach Saison 130–200 €; Frühstück 18 € (herrliche Kuchenauswahl). Von Januar bis März Betriebsferien. 2a, route de Caladroy, ☏ 0468503010, www.riberach.com. «««

>>> **Mein Tipp:** L'Auberge du Cellier, dieses Hotel ist eine traumhafte Adresse in Montner (5 km nordöstlich). Landleben kombiniert mit hervorragender Küche, denn das Restaurant von Pierre Louis Marin ist mit einem Michelin-Stern ausgezeichnet. Genial ist das Preis-Leistungs-Verhältnis, beispielsweise beim Mittagsmenü für 19 (!) € (Mo, Do und Fr), abends kosten die kreativen Menüs 32, 46, 55 und 69 €. Di und Mi bleibt die Küche kalt, im Winterhalbjahr auch Mo. Kostenloses WLAN. DZ 75 €; Frühstück 9 €. DZ inkl. Halbpension 143 €. 1, rue de Sainte-Eugénie, ☏ 0468290978. www.aubergeducellier.com. «

Aqueduc de Ansignan: Unterhalb von Ansignan, einem kleinen Dorf 20 Kilometer nordwestlich von Ille-sur-Têt, haben die Römer einen Aquädukt hinterlassen, der von ihrer meisterhaften architektonischen Fähigkeiten kündet. Wenn auch nicht mit dem Pont-du Gard zu vergleichen, fasziniert die Wölbungstechnik des in zwei Etagen errichteten Bauwerks bis heute.

Prades
6400 Einwohner

Prades ist seit alters her ein bedeutendes Marktzentrum zu Füßen des Mont Canigou. Ein Eindruck von der reichen Ernte der Obstplantagen bietet sich auf dem großen Dienstagsmarkt. An allen anderen Wochentagen macht die Unterpräfektur des Département Pyrénées-Orientales einen eher verschlafenen Eindruck.

Verkehrstechnisch leicht zu erreichen, kommen fast alle Reisenden auf dem Weg zum Massif du Canigou oder bei einem Abstecher zur nahen Abbaye de Saint-Martin-du-Canigou durch Prades. Mit seinen Hotels und Restaurants eignet sich der Ort als Zwischenstation – zudem kann man sich in den Supermärkten am Ortsrand oder im großen Bioladen prima mit Proviant eindecken. Das historische Ortszentrum, in dem auch der Markt abgehalten wird, erstreckt sich um die Pfarrkirche Saint-Pierre. Wer mit offenen Augen durch Prades läuft, wird nicht übersehen können, dass das Städtchen schon bessere Zeiten gesehen hat.

Einen kulturellen Aufschwung erlebte Prades durch *Pablo Casals* (1876–1973), der 1937 in dem kleinen Ort Zuflucht suchte, um dem drückenden Geist der Franco-Ära in seiner spanischen Heimat zu entkommen. Der überzeugte Pazifist weigerte sich aus Protest jahrelang, öffentlich aufzutreten, bevor er 1950 das Bach-Festival – heute *Festival Pablo Casals* – ins Leben rief, bei dem schon so berühmte Musiker wie Yehudi Menuhin, David Oistrach und Isaac Stern auftraten. Seither ist der im **Conflent** gelegene Ort Musikenthusiasten aus der ganzen Welt ein Begriff.

Prades liegt zu Füßen des Pic du Canigou

Prades

Basis-Infos

Information Office de Tourisme, 10, place de la République, 66500 Prades, ✆ 0468 054102, www.prades.com bzw. www.prades-tourisme.fr.

Verbindungen Der SNCF-Bahnhof (✆ 3635) liegt 14 Fußmin. südl. des Zentrums. Etwa sechs Zugverbindungen nach Perpignan bzw. in Richtung Villefranche-de-Conflent, zudem zwölf Zugverbindungen tgl. mit Perpignan. Die Busse halten im Ortszentrum an der Avenue Général de Gaulle. Circa fünf Verbindungen tgl. mit Perpignan, ✆ 0468960496.

Markt Großer Markt Dienstagvormittag, kleiner Bauernmarkt Samstagvormittag.

Einkaufen Biocoop La Plantula, großer Bioladen am Rand des Zentrums. 7, rue de la Basse. ■

Post Rue J. Rous.

Veranstaltungen Mitte Juli finden die *Journées Romanes* statt, Ende Juli bis Mitte Aug. das *Festival Pablo Casals* mit Kammermusik, ✆ 0468963307, www.prades-festival-casals.com. Cineasten kommen in der zweiten Julihälfte zu den themenorientierten *Rencontres cinématographiques*, www.cine-rencontres.org.

Fahrradverleih Cycles Cerda, Espace Cial La Grande Rocade, ✆ 0468965451.

Schwimmen Städtisches Freibad von Juni bis Sept. geöffnet.

Kino Lido, ✆ 0468965581.

Übernachten & Essen

Hotels *** Pradotel, das Hotel am Ortsrand bietet modernen Komfort ohne Charme. Im Sommer lockt ein Pool im Garten. Kostenloses WLAN. EZ ab 56 €, DZ je nach Lage und Saison 56–78,50 €; Frühstück 9 €. 17, avenue du Festival, ✆ 0468052266, www.hotel-prades.com.

Chambres d'hôtes/Appartements Villa du Parc, in einem am westlichen Ortsrand gelegenen Anwesen vermieten Mireike und Oliver Zehner mehrere charmante Studios und Appartements mit Sat-TV und kostenlosem WLAN. Im großzügigen Park mit traumhaftem Blick auf den Mont Canigou gibt es einen Swimmingpool, Sauna, Whirlpool, Sonnenliegen sowie Grill- und Spielplatz. Die Preise für die Studios (2 Pers.) und Appartements (3–7 Pers.) sowie für ein separates Haus variieren je nach Saison und Größe von 434–952 € pro Woche. Die Zimmerpreise liegen je nach Saison inkl. Frühstück bei 60–86 € im DZ (inkl. Frühstück). 49, route de Ria, ✆ 0468053679, www.villa-du-parc.com.

Maison 225, ein elegantes Bürgerhaus im Ort, in dem ein irisches Paar vier Zimmer vermietet. Schöner Garten mit Blick auf den Canigou. Besonders nett ist die Suite mit eigenem Balkon. Kostenloses WLAN. DZ je nach Saison 60–100 € (inkl. Frühstück). 225, avenue du Général-de-Gaulle, ✆ 0468 055279, www.225prades.com.

»> Mein Tipp: Domaine de la Tannerie, unweit des Stadtzentrums findet man in dieser ehemaligen Gerberei fünf tolle Gästezimmer, die in unterschiedlichen Stilen (Indisch, Marokkanisch, Afrikanisch etc.) eingerichtet sind. Zudem wird noch ein Gîte mit zwei Zimmern vermietet (700–1200 € pro Woche). Zum Entspannen gibt es einen herrlichen Garten mit beheiztem Swimmingpool. Kostenloses WLAN. DZ je nach Saison 90–115 €. (inkl. Frühstück). Keine Hunde. 6, rue Saint-Martin, ✆ 0468971676, www.domainedelatannerie.com. «<

Restaurants **»> Lesertipp:** Le Galie, das am westlichen Ortsrand gelegene Lokal gilt als das beste der Stadt. Auch Gourmets werden von Gerichten wie den Medaillons vom Seeteufel mit Chorizo nicht enttäuscht sein. Leider keine Terrasse. Menüs zu 17 und 21 € (mittags), 31, 41 und 55 €. Montag- sowie Dienstagabend und Mittwoch geschlossen. 3, avenue Général de Gaulle, ✆ 0468055376. www.restaurantlegalie.fr. «<

Loges du Jardin d'Aymerie, das 6 km nördl. in Clara gelegene Restaurant ist die beste Adresse für Gourmets (eine Gault-Millau-Haube). Küchenchef Gilles Bascou versteht sich auf eine kreative regionale Küche und verwendet teilweise Bioprodukte. Unser Tipp: *Filet mignon du cochon* *noir de Bigorre*. Menüs zu 20 € (mittags), 38 und 58 €. Extras: Kochkurse. Dienstagabend und Mi in der NS Ruhetag. Es werden auch drei Gästezimmer inkl. Frühstück vermietet (Pool vorhanden): Je nach Saison 75–85 €, wobei sich die Halbpension für 140–150 € anbietet. 7, rue du Canigou, ℡ 0468960872, www.logesaymeric.com. ∎

Camping ** Municipal Plaine Saint Martin, der städtische Zeltplatz ist eine sehr gepflegte, schattige Anlage, nur 5 Fußmin. vom Zentrum entfernt. Freundliche Leitung, günstigerer Eintritt ins städtische Freibad. Von April bis Sept. geöffnet. Übernachtung 14 €, es werden auch insgesamt 18 Chalets ab 50 € vermietet. ℡ 0468962983, www.camping-prades.sitew.com.

Sehenswertes

Saint-Pierre: Die Pfarrkirche von Prades wurde zu Beginn des 17. Jahrhunderts anstelle einer romanischen Klosterkirche errichtet, von der nur noch der quadratische Glockenturm zeugt. Im Inneren der Kirche fällt das Augenmerk sofort auf den monumentalen, von *Josep Sunyer* geschnitzten Altaraufsatz. Der filigrane Barockaltar mit seinen mehr als hundert Figuren ist ein Meisterwerk der katalanischen Kunst. Beachtung verdient auch im nördlichen Querschiff ein Kruzifix, der so genannte „schwarze" Christus.
Tgl. 9–12 und 14.30–18 Uhr. Kostenlose Führungen im Juni, Juli und Aug. Mo–Fr um 15.30 Uhr.

Umgebung

Eus: Das auf einer kleinen Bergkuppe im Tal der Têt gelegene 400-Seelen-Dorf Eus – *eouss* ausgesprochen – bietet schon von weitem einen malerischen Anblick. Die mittelalterlichen Häuser ziehen sich in Terrassen den Hügel bis zu einer im 18. Jahrhundert errichteten Kirche Saint-Vincent hinauf. Lohnend ist auch der Ausblick über das breite Tal bis zum nahen Mont Canigou.

Molitg-les-Bains

200 Einwohner

Molitg-les-Bains, ein beschaulicher Kurort im Tal der Castellane, wird vor allem bei Haut- und Rheumaerkrankungen aufgesucht. Im Winter, wenn die Hotels Betriebsferien machen, ist der Ort so gut wie ausgestorben, nur im höher gelegenen Dorf Molitg – hier gibt es eine romanische Kirche aus dem 12. Jahrhundert – herrscht dann noch ein wenig Leben. Doch auch im Sommer geht es eher beschaulich zu, auf den in der Castellane-Schlucht angelegten Kurwegen grüsst man sich mit einem fröhlichen *Bonjour*.

Ein Ausflugstipp: Wer dem Lauf der Castellane weiter bergan nach **Mosset** folgt, kann eine Landschaft mit vielen Kühen und einer ausgeprägten Weidewirtschaft entdecken, die an den Schwarzwald erinnert. Mosset selbst ist ein attraktives Dorf mit viel mittelalterlicher Bausubstanz und einem schmucken Glockenturm. Von den 300 Häusern werden mehr als die Hälfte als Zweitwohnsitz genutzt.

Information Office de Tourisme, route des Bains, 66500 Molitg-les-Bains, ℡ 0468050328, www.molitg.com.

Verbindungen Mehrere Busverbindungen tgl. mit Prades.

Markt Mittwochvormittag.

Thermen Thermes de Molitg-les-Bains, ℡ 0468050050, www.molitg.com/les-thermes.

Übernachten & Essen **** Château de Riell, eine der interessantesten Adressen in der Region! Das verspielte, zur Relais-et-Châteaux-Vereinigung gehörende Hotel bietet ausgesuchten Komfort auf hohem Niveau. Abkühlung findet man im Swimmingpool, im ausgezeichneten Restaurant werden delikate Menüs ab 65 € serviert. WLAN. Von April bis Okt. geöffnet. Die Übernachtungspreise von 150 € bis 330 € im Doppelzimmer sind zwar stattlich, aber gerechtfertigt. Zudem werden drei Suiten ab 370 € pro Nacht vermietet; Frühstück 25 €. ℡ 0468050440, www.chateauderiell.com.

*** **Grand Hôtel Thermal**, traditionsreiches Thermalhotel mit schönem Garten samt Promenade sowie Swimmingpool und Hallenbad. Das Restaurant bietet Menüs ab 32 €. Von April bis Mitte Nov. geöffnet. WLAN. Die Zimmer kosten 110–220 € (je nah Reisezeit, Lage und Ausstattung; die billigsten Zimmer blicken ins Hinterland); Frühstück 13 €. ✆ 0468050050, www.grandhotelmolitg.com.

* **L'Oasis**, einfaches Hotel an der Straße nach Mosset. Von April bis Okt. geöffnet. Zimmer 44–50 €; Frühstück 6 €. Route de Mosset, ✆ 0468050092, @ 0468050162.

Chambres d'hôtes Escapade à Molitg, eine sehr angenehme Privatunterkunft. Es werden drei Zimmer vermietet, besonders schön das Chambre verte mit eigener Terrasse. DZ je nach Saison 40–70 € (inkl. Frühstück). 8, carrer d'amunt, ✆ 0468052332, www.escapade-a-molitg.fr.

Camping * **Municipal**, terrassiertes Areal (mäßig Schatten) am Rand von Molitg, nur 19 Stellplätze. Sehr günstig! Von April bis Nov. geöffnet. Cami de Cruells, ✆ 0468050212.

Abbaye de Saint-Michel-de-Cuxa

Das zu Füßen des Pic du Canigou gelegene Saint-Michel-de-Cuxa war bereits im Mittelalter eine der bedeutendsten Abteien im Roussillon. Es ist schon von weitem an seinem wehrhaften, von Zinnen bekrönten Glockenturm auszumachen. Im Sommer finden hier im Rahmen des Festival Pablo Casals klassische Konzerte statt.

Die Gründungsgeschichte von Saint-Michel-de-Cuxa ist von großem Leid geprägt: Ursprünglich stand das Kloster im Tal der Têt – es hieß damals noch Saint-André in Eixalada –, doch wurde es im Jahre 878 durch eine verheerende Überschwemmung, bei der auch mehrere Mönche ums Leben kamen, zerstört. Die Mönche nahmen das Angebot der Grafen der Cerdagne an und ließen sich am Nordhang des Pic du Canigou nieder. Das neue, dem Erzengel Michael geweihte Kloster kam durch zahlreiche Schenkungen schnell zu beachtlichem Reichtum. Als geistiges und kulturelles Zentrum übte die Benediktinerabtei über die Grenzen des Roussillon hinaus einen großen Einfluss aus. Selbst Pietro Orseolo, seines Zeichens Doge von Venedig, zog sich im Alter hierher zurück, um seine verbleibenden Jahre fortan Gott zu widmen.

Erst nach den Religionskriegen setzte ein steter Verfall der klösterlichen Disziplin ein: In einer französischen Reisebeschreibung aus dem spätern 18. Jahrhundert wurde angemahnt, dass „die Geistlichen kaum mehr das Gemeinschaftsleben beachten; jeder hat seinen Anteil an den Pfründen des Kapitels, besitzt sein eigenes Haus, Hausstand und

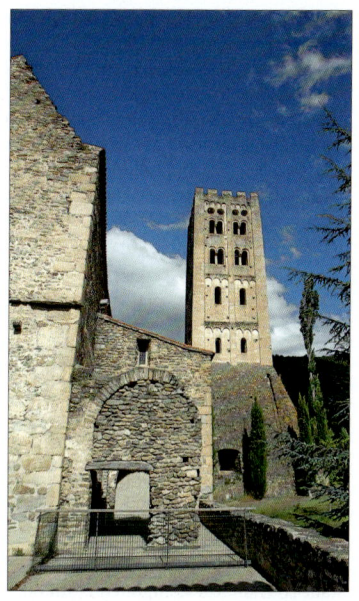

Vom Glockenturm überragt: Abbaye de Saint-Michel-de-Cuxa

Bedienstete und lebt nach seinem Geschmack in völliger Unabhängigkeit. Sie kleiden sich wie weltliche Priester und unterscheiden sich von diesen nur durch ein sehr kleines Skapulier ..." Den endgültigen Niedergang besiegelte die Französische Revolution: Als 1793 das Kloster aufgelöst und verwüstet wurde, störten sich daran nur die wenigsten. Die leeren Abteigebäude gingen in Privatbesitz über, was deren Verfall noch weiter beschleunigte; Teile des Kreuzgangs wurden sogar abgerissen, die Kapitelle bis nach Amerika verkauft. Es vergingen noch Jahrzehnte, bis 1919 wieder Mönche – in diesem Fall aus dem Zisterzienserorden – in Saint-Michel-de-Cuxa einzogen. Seit 1965 wird das Kloster von einer kleinen Gemeinschaft von Benediktinermönchen geführt, die aus dem südkatalanischen Montserrat stammen, und Saint-Michel-de-Cuxa zu seiner ursprünglichen Bestimmung zurückgeführt haben.

Besichtigung: Optisch wird die Abtei von ihrem mächtigen, vierstöckigen Glockenturm mit seinen Zwillingsfenstern und Zinnen dominiert. Sein wehrhafter Charakter hat sich bis heute erhalten, diente er doch in Krisenzeiten als letzte Rückzugsmöglichkeit. In kunsthistorischer Richtung wegweisend war der Bau des aus dem 12. Jahrhundert stammenden Kreuzgangs, mit hielt ihm die romanische Skulptur ihren Einzug im Roussillon. In seiner heutigen Form besteht der Kreuzgang allerdings großteils nur aus Fragmenten und Rekonstruktionen, da ein großer Teil der Kapitelle an den Amerikaner *George Grey Barnard* verkauft wurde, der mit diesem und anderen in Südfrankreich erworbenen Kreuzgängen, beispielsweise Saint-Guilhem-le-Désert, das New Yorker Cloisters Museum gründete. Die noch erhaltenen Teile wurden in der Mitte des 20. Jahrhunderts wieder zum Süd- und Westflügel zusammengefügt und lassen die einstige Wirkung gut erahnen. Südlich des Kreuzgangs schließt sich die Klosterkirche an. Sie ist ein sehenswertes Beispiel für die präromanische Kunst im Roussillon. Die ältesten Mauern stammen noch aus dem 10. Jahrhundert, die hufeisenförmigen Bögen sind ein Stilmerkmal der westgotischen Architektur. Unter der Ägide des charismatischen Abtes Oliba erfolgten knapp ein Jahrhundert später mehrere Umbauten, so wurde ein tunnelartiger Umgang mit drei halbkreisförmigen Apsiden geschaffen. Ein architektonisches Meisterstück ist die runde, schmucklose Crypte de la Crèche, die ebenfalls auf Oliba zurückgeht und auf einem einzigen zentralen Pfeiler ruht.

Mo–Sa 9.30–11.50 und 14–18 Uhr, So nur 14–18 Uhr. Im Winterhalbjahr jeweils nur bis 17 Uhr. Eintritt 5 €, erm. 3 €. www.abbaye-cuxa.com.

Villefranche-de-Conflent 250 Einwohner

„Villefranche ist von alters her befestigt und hats schwer, sich auszudehnen; das Tal ist an dieser Stelle sehr schmal. Oben, hundertachtzig Meter über der Stadt, liegt das Fort." (Kurt Tucholsky)

Villefranche-de-Conflent ist der strategisch bedeutsamste Ort in den französischen Pyrenäen. Dies erkannte schon Guillaume Raymond, ein Graf der Cerdagne, der an der Stelle, wo sich das Tal der Têt bis auf 100 Meter verengt, im Jahre 1092 eine „freie Stadt" gründete, die er mit besonderen Privilegien wie einem weitreichenden Marktrecht ausstattete. So wie sich Villefranche-de-Conflent heute präsentiert, ist es ein Werk von Vauban, dem Festungsbaumeister des Sonnenkönigs. Nachdem die Stadt 1659 an das Königreich Frankreich gefallen war, baute Vauban Villefranche zu einer regelrechten Festungsstadt mit rechteckigem Grundriss aus und sicherte die Stadt zusätzlich durch das hoch gelegene Fort Libéria ab. Verlaufen kann man sich

Villefranche-de-Conflent

nicht: Zwei Stadttore führen zu zwei parallel verlaufenden Straßen, die von mittelalterlichen Häusern gesäumt werden, die teilweise noch ihre gotischen Portale besitzen. Keine Frage: Villefranche ist überaus pittoresk, doch leider auch ziemlich leblos. Ein authentisches Dorfleben findet nicht statt; Villefranche ist eine einzige große Fußgängerzone, die sich fest in der Hand von Töpfern, Holzschnitzern und diversen Souvenirhändlern befindet, ein paar Restaurants und Imbissbuden inbegriffen. Auch Villefranche-de-Conflent gehört zusammen mit anderen Bauten von Vauban seit 2008 zum Weltkulturerbe der UNESCO.

Der Festungsbaumeister des Sonnenkönigs

Mit *Sébastien le Prestre de Vauban* (1633–1707) verfügte Ludwig XIV. über einen der genialsten Baumeister des absolutistischen Zeitalters. Vauban, der auch Straßen, Brücken, Kanäle und Aquädukte entworfen hatte, schuf im Auftrag des Sonnenkönigs ein wahres Festungsnetz zur Sicherung der französischen Grenzen und erwies sich so als hochbegabter militärischer Stratege. Ganz „nebenbei" betätigte sich Vauban auch als Volkswirtschaftler; außerdem gehörte er zu den Begründern der modernen Statistik. Ungewöhnlich war Vaubans Fähigkeit, anhand von Karten und schriftlichen Anweisungen den Bau zahlreicher Festungsanlagen aus der Ferne zu planen und zu überwachen. Nur so lässt sich seine unverkennbare Handschrift bei weit mehr als 300 militärischen Bauwerken erklären. Vauban verstand es zudem meisterhaft, diese Befestigungsanlagen mit einer ästhetischen Komponente auszustatten und sie in die landschaftlichen Gegebenheiten einzubinden. In Vaubans Fortifikationswesen wurde die praktische Umsetzung von Geometrie zum Staatszweck erhoben. Durch das von ihm im Osten und Südosten Frankreichs geschaffene Befestigungsnetz sicherte Vauban erstmals die territoriale Integrität eines Staates militärisch ab. Nicht zufällig ist die Fortifikationslehre daher zu einer der großen „Schlüsselwissenschaften" des Absolutismus geworden.

Information Office de Tourisme, 2, rue Saint-Jean, 66500 Villefranche-de-Conflent, ✆ 0468962296, www.villefranchedeconflent.fr.

Verbindungen Der Bahnhof befindet sich ein paar hundert Meter nordöstl. des Zentrums. Tgl. sechs Zugverbindungen mit Prades und Perpignan bzw. mit dem *Petit Train Jaune* nach Mont-Louis. ✆ 0468965662. Tgl. ca. zehn Busverbindungen mit Perpignan, Prades, Vernet-les-Bains sowie Mont-Louis und Font-Romeu (jeweils 1- bis 4-mal tgl.).

Markt Um den 18. Okt. wird ein großer Markt abgehalten.

Restaurants La Senyera, ein Restaurant für Liebhaber von Spitzendecken und rustikalem Interieur. Neben deftigen und leckeren Grillspezialitäten – sind auch Klassiker wie Entenbrust im Angebot. Teilweise auch Biofleisch. Menüs zu 19, 27 und 39 €, ein halber Liter vom offenen Hauswein kostet nur 7 €. Mi Ruhetag, in der NS zudem Dienstag- und Donnerstagabend geschlossen, im Nov. Betriebsferien. 81, rue Saint-Jean, ✆ 0468961765. www.lasenyera.fr. ∎

»» Mein Tipp: Auberge Saint-Paul, an einem einladenden Platz befindet sich der Gourmettempel des Ortes und des ganzen Tals (zwei Gault-Millau-Hauben). Die am Herd stehende Autodidaktin Patricia Gomez hat sich den regionalen Zutaten verschrieben, die sie gekonnt zu verfeinern versteht, so beim Kaninchen auf einem Bett von Zwiebeln und Koriander. Ein wenig verstaubte Atmosphäre, wie in alten Zeiten kommen nur die Herren der Karte mit den Preisen, die Damen die Karte ohne Preise. Schöne schattige Terrasse. Menüs zu 19,50 € (mittags), 27, 54 und 60 €. Mo Ruhetag, zwischen Allerheiligen und Ostern zusätzlich Sonntagabend und Di geschlossen. 7, place de l'Eglise, ✆ 0468963095. »»

»» Lesertipp: Le Relais de Villefranche, dieses Restaurant mit seinem zünftigen Gewölbe ist ein Lesertipp von Sandy Zurikoglu, die vor allem das kinderfreundliche Klima lobte, denn es gibt Malstifte und Unterlagen für die kleinen Gäste. Schattige Terrasse.

Pizzen ab 8,60 €, Menüs ab 16,80 €. Mo Ruhetag. 39, rue Saint-Jean, ✆ 0468963163, www.lerelaisdevillefranche.fr. »»

Camping *** Le Mas de Lastourg, knapp 2 km südwestl. des Ortes an der N 116. Wiesengelände mit vielen Laubbäumen. Kleiner, unbeheizter Swimmingpool. Von Mitte April bis Mitte Okt. geöffnet. ✆ 0468 053525, www.camping-lastourg.com.

Sehenswertes

Saint Jacques: Die Pfarrkirche von Villefranche stammt größtenteils aus dem 12. Jahrhundert; sie besitzt zwei schöne romanische Portale und einen gotischen Glockenturm. An dem größeren und älteren Portal faszinieren die fein gearbeiteten Kapitelle, die mit Blattwerk und Löwendarstellungen verziert sind. Im Gegensatz dazu sind die Proportionen des kleineren Portals ausgewogener; die Kapitelle weisen Ähnlichkeiten mit denen von Serrabone auf. Im Inneren der Kirche sticht vor allem ein großes Marmoraufbecken ins Auge (im linken Seitenschiff).

Les Remparts: Den besten Einblick in das Verteidigungssystem der Stadt verschafft eine Besichtigung der historischen Stadtmauern, die im 13. und 17. Jahrhundert durch Wachtürme und Bastionen verstärkt wurden. Der Wehrgang mit seinen Schießscharten geht selbstverständlich auch auf Vauban zurück.
32 bis, rue Saint-Jacques. Juli und Aug. tgl. 10–20 Uhr, im Juni und Sept. tgl. 10–19 Uhr, im Okt., März und April tgl. 10.30–12.30 und 14–18 Uhr, Nov., Dez. und Feb. nur am Wochenende 10–12.30 und 14–17 Uhr. Eintritt 4 €, erm. 3 €.

Le Petit Train Jaune

Eine der eindrucksvollsten Möglichkeiten das Vallée de la Têt zu erkunden, ist eine Fahrt mit dem Petit Train Jaune. Die im frühen 20. Jahrhundert eröffnete einspurige Bahnlinie verbindet Villefranche-de-Conflent mit dem 63 Kilometer entfernten **Latour-de-Carol** und sollte ursprünglich das Wirtschaftsleben in den strukturschwachen Regionen der Pyrenäen fördern. Allerdings wurde der Güterverkehr schon 1974 eingestellt; seither werden nur noch Personenzüge eingesetzt, die im Sommer vor allem von den zahlreichen Touristen frequentiert werden. Es ist ein Erlebnis, mit der gemütlich vor sich hin zockelnden Schmalspurbahn durch 19 Tunnel und über 22 Brücken, die sich teilweise in schwindelerregender Höhe über dem Talgrund erstrecken, zu fahren. Besonders eindrucksvoll ist eine Fahrt im offenen Anhänger über den Pont Gisclard, eine mehr als 80 Meter hohe Hängebrücke.

Fahrzeit 5 Std. Hin- und Rückfahrt 40,20 €, nur nach Mont-Louis und zurück 19,80 €. Achtung: Im Sommer ist in Villefranche oft schon eine halbe Stunde vor der Abfahrt kein Platz mehr zu bekommen. In der Hochsaison finden tgl. sieben Fahrten statt. Auskunft: ✆ 0468 965662, www.traintouristiques-ter.com.

Fort Libéria: Um die Verteidigungslinien der Stadt zu verbessern, entschied sich Vauban 1679 zum Bau eines mächtigen Forts. Bauliche Veränderungen erfolgten im 19. Jahrhundert unter Napoléon III., als das Fort als Garnison und Gefängnis genutzt wurde. Heute ist u. a. ein Museum für Archäologie und Höhlenforschung untergebracht. Recht eindrucksvoll ist auch die tolle Aussicht auf das im Tal gelegene Villefranche. Ein Kuriosum ist der unterirdische Tunnelgang: Eine Treppe mit 734 Stufen verbindet die Festung mit der Stadt. Tipp: Wer den anstrengenden Fußmarsch scheut, kann auch mit einem Mini-Bus, der vor der Porte de France hält, hinauffahren und anschließend die Treppen hinunterlaufen.

Juni bis Sept. tgl. 9–20 Uhr, Okt. bis Mai tgl. 9–18 Uhr. Eintritt 7 €, erm. 6 bzw. 3,80 €. www.fort-liberia.com.

Grotte des Grandes Canalettes: Das Höhlensystem – es liegt an der Straße nach Corneilla-de-Conflent – gehört zu den schönsten Tropfsteinhöhlen in den französischen Pyrenäen. Neben einem unterirdischen See (*Lac aux Atolls*) gilt es zahlreiche Stalaktiten- und Stalagmitenformationen wie in der *Salle Blanche* oder den imposanten *Temple d'Angkor* zu bewundern.

Juli und Aug. tgl. 10–19.30 Uhr, April bis Juni 10–18 Uhr, Sept. und Okt. tgl. 10–17.30 Uhr, im Winter nur So 11–17 Uhr. Eintritt 10 €, erm. 6 €. www.3grottes.com.

Villefranche-de-Conflent: Saint Jacques

Olette
350 Einwohner

Olette ist ein Bergdorf im Vallée de la Têt, das nach Westen hin steil zur Cerdagne ansteigt. Bereits die Römer hatten an dieser Stelle eine Brücke über die Têt errichtet, die erste urkundliche Erwähnung des Dorfes datiert aus dem Jahr 875. Allerdings leidet das im Haut Conflent gelegene Städtchen stark unter dem Durchgangsverkehr. Selbst auf dem großen schattigen Marktplatz stört das stete Rauschen des Verkehrs. In die aus dem 17. Jahrhundert stammende Dorfkirche Saint-André wurden noch Teile eines romanischen Vorgängerbaus integriert.

Information Syndicat d'Initiative, Maison du Haut Conflent, Place de la Victoire, 66360 Olette, ✆ 0468970862. www.haut-conflent.com.

Verbindungen Zugverbindungen mit Mont-Louis und Villefranche-de-Conflent.

Markt Donnerstagvormittag.

Übernachten & Essen La Fontaine, das kleine Haus mit seiner bonbonroten Fassade beherbergte ehedem ein kleines Landhotel. Doch dann machten Janet und Hugo Redford, ein englisches Paar, ein nettes Chambres d'hôtes daraus. An einem kleinen Platz unweit der Durchgangsstraße gelegen, bietet die Herberge fünf nette Zimmer sowie den Zugang zu den Gemeinschaftsräumen. In dem liebevoll eingerichteten Speisesaal im ersten Stock (im Sommer auch auf der Terrasse) wird abends für 25 € eine table d'hôtes inkl. Wein und Café aufgetischt. Mit diesem Reiseführer bekommen Sie anschließend einen Digéstif gratis angeboten. Kostenloses WLAN. Zimmer 74–84 € (inkl. Frühstück). 3, rue de la Fiustiere, ✆ 0468 970367, www.olette66.com.

Umgebung

Evol: Das drei Kilometer nördlich von Olette gelegene Bergdorf mit seiner Chapelle Saint-Etienne gilt als eines der „100 schönsten Dörfer Frankreichs". Überragt wird der Ort mit seinen dunklen alten Steinhäusern von der Ruine einer Burg, die größteils aus dem 13. Jahrhundert stammt. Direkt hinter dem Dorf befindet sich die mittelalterliche Kapelle Saint-André, die von einem kleinen Friedhof umgeben ist. Evol ist der Geburtsort des Schriftstellers *Ludovic Massé*; das erste Kapitel seines bekanntesten Romans „Katalanischer Wein" spielt in „Evolette", einem Ort, der unschwer als Olette zu erkennen ist.

Gorges de la Carança: Die Schluchten der **Carança** befinden sich fünf Kilometer westlich von Olette. Ein großer ausgeschilderter Parkplatz (2 €) deutet bereits an, dass die Gorges ein beliebtes Ausflugsziel sind. Auf mehreren ausgeschilderten Wanderwegen und über Hängebrücken kann man durch die enge Schlucht streifen. Wer will, kann den achtstündigen Aufstieg zum 2264 Meter hohen **Lac de la Carança** in Angriff nehmen.

> **Wanderung 13: Durch die Gorges de la Carança** →S. 543
> Schluchtenerlebnis pur: steile Abgründe und wackelige Hängebrücken.

Bains de Saint-Thomas: Noch einmal fünf Kilometer bergaufwärts zweigt eine kleine Straße zu den Thermalquellen von Saint-Thomas ab (nicht zu verwechseln mit Thuès-les-Bains). Das natrium-, alkinen- und schwefelreiche Wasser hilft vor allem bei Rheuma und Atemwegserkrankungen. Aber auch für alle „Gesunden" ist es an kalten Tagen ein wahres Vergnügen, sich in den drei Freibecken bei steten 34–38 Grad Celsius Wassertemperatur zu erholen. Ein Hamam und Whirlpools sind ebenfalls vorhanden. Angesichts von 150.000 Besuchern jährlich geht es zumeist sehr hektisch zu.
Tgl. 10–19.40 Uhr, im Juli und Aug. bis 20.40 Uhr. Eintritt 6,50 €, erm. 5 €. www.bains-saint-thomas.fr.

Corneilla-de-Conflent

Corneilla-de-Conflent war im Hochmittelalter eine Residenz des Grafen Guillaume Raymund I. (1067–1095) von der Cerdagne. Die Wahl war nicht zufällig auf Corneilla gefallen, gehörte der Ort doch aufgrund des Eisenerzabbaus zu den wohlhabendsten im Conflent. Von der gräflichen Burg haben sich nur wenige Zeugnisse erhalten; die herausragende Sehenswürdigkeit des Ortes ist fraglos die romanische Kirche Sainte Marie, die von einem mächtigen quadratischen Glockenturm im lombardischen Stil flankiert wird. Kunsthistorisch bedeutsam ist das Stufenportal mit seinen sechs schlanken Säulen; es besitzt ein Tympanon mit einem für das Roussillon seltenen Figurenrelief, das die von zwei Engeln eingerahmte Jungfrau Maria zeigt. Das gesamte Kirchenschiff der einstigen Prioratskirche datiert noch ins 11. Jahrhundert. Aus der reichen Innenausstattung sind fünf Altäre aus farbigem Marmor und drei romanische Marienstatuen hervorzuheben. Eine genaue Betrachtung verdient auch die Außenfassade der Apsis mit ihren romanischen Fenstern samt Säulen.

Öffnungszeiten der Kirche Tgl. außer Di 10–13 und 15–19 Uhr. Eintritt 2,50 €.

Camping ** **Las Closes**, der ein paar hundert Meter außerhalb des Ortszentrums gelegene Platz ist einer der angenehmsten in der Region. Fürs Freizeitvergnügen sind ein Bouleplatz und ein Swimmingpool vorhanden. Mobilheim-Vermietung. Geöffnet von April bis Sept. 2 Pers. mit Stellplatz und Auto ab 12 €. Route de Fillols, ℡ 0468056648, www.las-closes.fr.

Vernet-les-Bains

1500 Einwohner

Die Beliebtheit von Vernet-les-Bains ruht auf zwei Säulen: Da ist einmal das traditionsreiche Heilbad und zum anderen die einzigartige Lage an der Nordwestflanke des Pic du Canigou.

Vernet-les-Bains ist ein zweigeteiltes Dorf. Am rechten Ufer des Gebirgsbachs Cady schmiegen die Häuser der Altstadt sich an einen kleinen Hügel, auf dessen „Gipfel" die romanische Kirche Saint-Saturnin und die Ruinen einer mittelalterlichen Burg stehen, während das rechte Ufer hauptsächlich von den Einrichtungen des in 650 Meter über dem Meer gelegenen Thermalbads samt Casino und *Complexe Sportif* (Sportzentrum) dominiert wird. Letzteres hat eine bis ins späte 19. Jahrhundert zurückreichende Tradition; zu den Kurgästen gehörten schon der Dschungelbuch-Autor *Rudyard Kipling*, der Maler *Oskar Kokoschka* und eine Prinzessin von Battenberg. Kipling nannte Vernet gar „Das Paradies der Pyrenäen". Die Kurgäste, die nach Vernet kommen, hoffen vor allem auf eine Verbesserung ihrer rheumatischen Leiden. Zum Müßiggang laden ein paar Cafés ein, die sich rund um den historischen Marktplatz gruppieren (allerdings hat man den Eindruck, dass das Dorf von Mitte September bis Pfingsten in eine Art Winterstarre verfällt). Lohnend ist zudem eine Wanderung zu dem drei Kilometer entfernten Wasserfall *Cascade des Anglais*, der auf einem ausgeschilderten Wanderpfad zu erreichen ist.

Corneilla-de-Conflent: Sainte-Marie

Ein glücklicher Wanderer

Auf seiner berühmten Pyrenäenreise wanderte *Kurt Tucholsky* von Vernetles-Bains aus auf den Gipfel des Canigou: „Das war ein Gebirgsmarsch wie aus dem Bilderbuch. Der Nachtportier schließt frühmorgens das Hotel auf, im Rucksack ist das Frühstückspaket, weil ich nicht weiß, wann ich wieder herunterkommen werde, und kaum sind acht Stunden vergangen, bin ich oben. Mir war das Meer versprochen worden, doch dick verhängt lag das Land. Aber darauf kam es ja gar nicht an. Unterwegs war es viel schöner als oben.

Unterwegs gab es lange Grashalme, die absonderlich schmeckten, aber ohne Grasstängel im Mund kann man nicht marschieren. Unterwegs war eine Rinderherde mit Kühen, Ochsen und Ochsen mit Gebommel. ... Unterwegs waren drei Quellen, eine immer frischer als die andre. Ich füllte die Thermosflasche in der obersten und trank noch unten im Tal das eisige Quellwasser. Unterwegs war ich allein, und daher sang ich schöne Lieder. ... Und alle Sträucher riefen: ‚Nochmal!' wenn ich vorbeikam, und dann sang ich es nochmal und nochmal, unten lagen die kleinen Städte im Tal, Prades und die Eisenbahn. Und weil ich wusste, dass dies der letzte Marsch in den Pyrenäen sein würde, deshalb presste ich das letzte Glückströpfchen aus allen Wangen und trank mein Eiswasser und zerbrach beinah meinen Stock und war sehr glücklich."

Basis-Infos

Information Office de Tourisme, 2, rue de la Chapelle, 66820 Vernet-les-Bains, ℡ 0468055535, www.ot-vernet-les-bains.fr.

Verbindungen Die Züge nach Perpignan fahren ab Villefranche. Tgl. mehr als zehn Busverbindungen nach Villefranche sowie nach Prades (8-mal tgl.) und Perpignan (6-mal tgl.). Der Bus hält vor der Post und auf dem Parkplatz des Restaurants Borsalino.

Jeep-Taxi Jeep-Taxi zum Pic du Canigou organisiert Jean-Paul Bouzan, ℡ 0468059989. Ab 28 € pro Person.

Markt Montag-, Donnerstag- und Samstagvormittag.

Veranstaltungen *Fête de la Saint Jean* am 23. Juni mit Johannisfeuer. Am ersten So im Aug. findet das *Championnat du Canigou* statt, ein überaus beschwerlicher Geländelauf. Startgebühr: 30 €. Anmeldung: www.courseducanigou.com. Am dritten Oktoberwochenende dreht sich bei der *Fête de la Châtaigne* alles um die Kastanie.

Post Promenade du Cady.

Schwimmen Hallenbad im Parc des Sports, von Mitte Sept. bis Mitte Juni Di–Fr 18–20.30 Uhr, Mi 14.30–18 Uhr geöffnet; das Freibad im Parc des Sports ist von Mitte Juni bis Mitte Sept. tgl. von 10–13 und 15–19 Uhr geöffnet.

Etablissement Thermal Tageskarte 20 €. ℡ 0468055284, www.thermes-vernet.com.

Casino Allée du Parc. Täglich von 15–3 Uhr geöffnet. www.casino-vernet.com.

Tennis Parc des Sports, ℡ 0468055905.

Reiten Centre Equestre, Poney Club, La Clapette, ℡ 0492321439, http://equitationvernet.free.fr.

Übernachten & Essen

Hotels *** Le Mas Fleuri, das wohl beste Hotel des Ortes (Logis) „residiert" allerdings in einem langweiligen 1960er-Jahre-Bau. Dafür besitzt es geräumige, komfortable Zimmer (im ersten Stock mit Balkon, im Erdgeschoss mit Terrasse) und ist umgeben von einem parkähnlichen Gelände mit Swimmingpool. Der Blümchentapetenstil im Badezimmer wirkt allerdings schon ziemlich antiquiert. Obwohl: Wo findet man heute noch eine Wandbespannung mit Paisleymotiven? Ausgezeichnete Matratzen. Von Mitte April bis Mitte Okt. geöffnet. Zimmer je nach Ausstattung und Saison 80–120 €; Frühstück 12 €. 25, boulevard Clémenceau, ✆ 0468055194, www.hotellemasfleuri.com.

*** **Princess**, gut geführtes Logis-Hotel. Die komfortablen, farbenfrohen Zimmer kosten je nach Ausstattung (teilweise mit Balkon und herrlicher Aussicht) und Saison 64–88 €; Halbpension 27 €, wobei auf der ansprechenden Karte auch viele lokale und katalanische Spezialitäten stehen; Frühstück 10,50 €. Rue des Lavandières, ✆ 0468 055622, www.hotel-princess.fr.

Chambres d'hôtes Les 2 Lions, schöne Privatzimmer in einem schmucken Haus mitten im Ort. Netter Garten, kostenloses WLAN. Zimmer ab 60 € inkl. Frühstück. 18, boulevard Clémenceau, ✆ 0468055542, www.chambres-hotes-66.com.

>>> **Lesertipp:** La Grange Fleurie, „ein einzeln stehendes Landhaus etwas außerhalb von Vernet, mit riesiger Liegewiese unter Obstbäumen, großem und tadellos sauberem Schwimmbad mit Salzwasser (statt Chlor), drei großen und sehr praktisch eingerichteten Zimmern sowie einer Familien-Suite. Die Krönung aber ist die abendliche Table d'hotes: Jean Pierre hat als Koch in Brüssel gelernt und beglückte uns jeden Abend mit anderen sehr ausgewogenen und köstlichen Kreationen" (Lesertipp von Katrin und Fabian von Laffert). DZ 55–70 €, Abendessen inkl. Wein und Apéritif 25 €. 15, route de Filols, ✆ 0468970117. www.lagrangefleurie.com. <<<

Restaurants Le Cortal, eine empfehlenswerte Adresse für Grillfreunde. Egal ob Lammspießchen oder Entenschlegel – von dem mit Holz angefeuerten Grill schmeckt es phantastisch. Am stimmungsvollsten sitzt man auf der Aussichtsterrasse. Menüs zu 19,50 und 24,50 €. Di geschlossen. Mittleres Preisniveau. 13, rue du Château, ✆ 0468055579. www.bistrot-lecortal.fr.

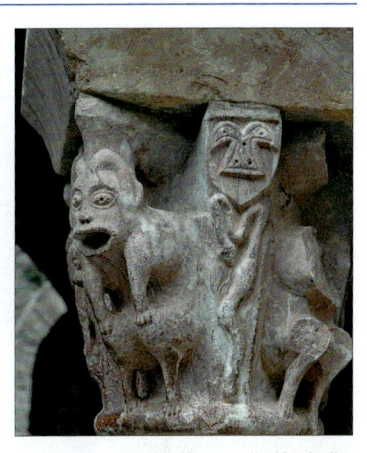

Kunstvolle Kapitelle

Le Temps des Cerises, über den Namen der Pizzeria sollte man sich nicht wundern, es gibt keine Kirschpizza, dafür zitiert der Name eine Strophe eines bekannten Kinderliedes. Der Service ist freundlich und die Pizzen sind lecker. Menü ab 19,50 €. Der halbe Liter vom offenen Hauswein kostet zudem nur 5 €. Straßenterrasse. In der NS Mo–Mi Ruhetag. 17, boulevard Clémenceau, ✆ 0468055203, http://restotempsdescerises.free.fr.

Camping ** Les Sauterelles, 5 km weiter östl. bei dem Weiler Fillols. Einladender, weiträumiger Zeltplatz mit ausreichend Schatten. Das große Plus ist der Swimmingpool. Von Juni bis Sept. geöffnet. ✆ 0468056372, http://campingsauterelles.over-blog.com.

🌿 *** L'Eau de Vive, passable Anlage etwa 1 km nordwestl. des Ortszentrums. Die große Attraktion ist der neuangelegte Biopool. Mobilheim-Vermietung. Von Mai bis Sept. geöffnet. Chemin Saint-Saturin, ✆ 0468055414, www.leauvive-camping.com. ∎

„Vernet machte im Allgemeinen den Eindruck, unter den Badeorten sich noch in einer Art Unschuldszustand zu befinden; nur im Schreiben von Rechnungen, das erzählten mir die Gäste sogleich, habe der Direktor das Kurhotel auf eine Stufe mit den größten in Europa zu heben gewusst."

Hans Christian Andersen, 1855

Die Terrasse der Abbaye de Saint-Martin-du-Canigou

Abbaye de Saint-Martin-du-Canigou

Wie ein Adlerhorst thront die Abbaye de Saint-Martin-du-Canigou auf einem kleinen Ausläufer des Canigou-Massivs. Kein anderes Kloster im Roussillon verfügt über eine ähnlich weltentrückte Lage und verbreitet eine vergleichbare meditative Stimmung.

Das im Jahre 1007 von Guifred, dem Grafen der Cerdagne, auf einem 1100 Meter hohen Felsen gegründete Kloster gehört zu den schönsten Südfrankreichs. Der Klostergründer Guifred beschloss im Jahre 1035, sich nunmehr einzig dem Glauben zu widmen. Er verfasste sein Testament und trennte sich von seiner Frau, um sich nach Saint-Martin zurückzuziehen, wo er bis zu seinem Tod am 31. Juli 1049 als einfacher Mönch lebte und den Bau der Abtei mitverfolgen konnte.

Durch ein heftiges Erdbeben wurden die Abteigebäude und die Klosterkirche 1428 stark beschädigt, zudem stürzte der obere Teil des Glockenturms ein. Diese Naturkatastrophe läutete den endgültigen Niedergang ein, Saint-Martin-du-Canigou verlor über die Jahrhunderte hinweg zusehends an Bedeutung, bis 1781 mit der Klosterauflösung per päpstlicher Bulle ein endgültiger Schlussstrich gezogen wurde. Die letzten fünf Mönche und der Abt verließen zwei Jahre später das Kloster, das den umliegenden Dörfern alsbald als „Steinbruch" diente. Erst zu Beginn des 20. Jahrhunderts, nachdem der Bischof von Perpignan die Ruinen gekauft hatte, begann man mit der recht freizügigen Restaurierung des Klosters. Nicht immer wurde beim Wiederaufbau die einstige Architektur berücksichtigt, so war beispielsweise der südliche Kreuzgangflügel geschlossen und nicht wie heute galerieartig zum Canigou-Massiv geöffnet. Behutsam wurde das Kloster vergrößert, um Platz für die Mitglieder der Fraternité de Saint-Martin-du-Canigou zuschaffen; Mitglieder der katholischen Bruderschaft leiten auch die Führungen.

Die **Besichtigung** der Abtei ist nur im Rahmen einer Führung möglich und beginnt im – ehemals – zweistöckigen Kreuzgang. Dieser Raum, der an eine Loggia erinnert, ist heute das optische Schmuckstück der Abtei. Da der Kreuzgang fast vollkommen zerstört war, erfolgte die Restaurierung sehr freizügig. Als Baumasse dienten die Kapitelle und Säulen, die zwischenzeitlich in Vernet-les-Bains und Casteil beim Bau von Privathäusern Verwendung gefunden hatten. Diese zumeist mit Tierdarstellungen verzierten Kapitelle sind kleine Meisterwerke der romanischen Steinmetzkunst. Wer genau hinsieht, wird geflügelte Löwen, aber auch dämonische Gestalten und halb nackte Tänzerinnen entdecken können. Die dreischiffige, höhlenartige Unterkirche mit ihren massiven Pfeilern dürfte noch ins frühe 11. Jahrhundert datieren und ist daher geringfügig älter als die schön proportionierte Oberkirche. Letztere besitzt schön gearbeitete Kapitelle und ist ebenfalls fensterlos, ein für frühe romanische Kirchen typischer Baustil. Kunsthistoriker gehen davon aus, dass es sich bei der Kirche um einen der ersten größeren überwölbten Räume der abendländischen Romanik handelt. Der Glockenturm, der an einen lombardischen Campanile erinnert und nicht mit den Kirchengebäuden verbunden ist, erhielt nach dem Erdbeben von 1428 einen Zinnenkranz.

Anfahrt: Um zur Abbaye de Saint-Martin-du-Canigou zu gelangen, fährt man von Vernet-les-Bains zwei Kilometer auf einer kleinen Landstraße (D 116) zu dem kleinen Dorf **Casteil**. Nach einer halbstündigen „Bergwanderung" auf einem gewundenen Pfad und durch einen Mischwald hindurch trifft man zuerst auf die kleine Kapelle Saint-Martin-le-Vieux (herrlicher Blick!), bevor nach weiteren zehn Minuten der Klostereingang erreicht ist. Um den schönsten Panoramablick auf das Kloster genießen zu können, muss man nochmals fünf Minuten bergan zu einem Aussichtspunkt hinaufsteigen.

Führungen Juni bis Sept. tgl. 10, 11 und 12 Uhr (So nicht um 11 Uhr), 14, 15, 16 und 17 Uhr. Von Mitte Sept. bis Mitte Juni tgl. zu den gleichen Uhrzeiten, nur die Führungen um 12 und um 17 Uhr entfallen. Im Winterhalbjahr (Okt. bis Ostern) Mo geschlossen. Eintritt 6 €, erm. 4 oder 2 €. http://stmartinducanigou.org.

Übernachten & Essen ** Le Molière, direkt im Dorf Casteil bietet dieses unlängst renovierte Logis-Hotel in einem schmucken Steinhaus acht ebenso schöne wie farbenfrohe Zimmer. Einladendes Restaurant und Garten vorhanden. Von April bis Okt. geöffnet. DZ je nach Saison 75–85 € inkl. Frühstück. ✆ 0468050907, www.lemoliere.com.

Camping ⟫ Lesertipp: *** **Domaine St. Martin**, ein Tipp von Klaus Reiß: „Es ist ein kleiner Platz (45 Stellplätze) oberhalb des Dorfes in einem Esskastanienwäldchen mit Schwimmbad, sehr gut geführt von Holländern, und in den Sommermonaten bis Mitte September kocht die Schwester des Besitzers fünf Mal in der Woche ein günstiges und absolut fantastisches Drei-Gänge-Menü." Von April bis Mitte Okt. geöffnet. ✆ 0468055209, www.domainestmartin.com. ⟪

Pic du Canigou

Der Pic du Canigou ist mehr als ein Berg, er ist ein Symbol Kataloniens: In der Nacht zum 24. Juni – nicht am 21. Juni! – entfachen die französischen und spanischen Katalanen auf dem Gipfel gemeinsam das Johannisfeuer (Feux de la Saint-Jean).

Fälschlicherweise hielt man den Pic du Canigou lange Zeit für den höchsten Gipfel der Pyrenäen. Erst in der Neuzeit mussten die Einheimischen zur Kenntnis nehmen, dass der Pic du Canigou trotz seiner majestätischen Silhouette mit einer

Höhe von 2784 Metern nur der dritthöchste Gipfel der Ostpyrenäen ist. Nichtsdestotrotz genießt er den heiligen Status eines katalanischen Fujiyamas, zu dem jeder einmal im Leben hinaufpilgern muss.

Anfahrt: Es gibt zwei Möglichkeiten, sich dem Gipfel des Canigou-Massivs mit dem Auto zu nähern. Fast alle wählen allerdings die Anfahrt von Prades über die D 24, da die Tour von Vernet-les-Bains über Fillols nur mit einem Geländewagen zu meistern ist. Die D 24 zweigt östlich von Prades ab und führt über Villerach zum 2055 Meter hohen *Ras dels Cortalets* hinauf. Die insgesamt 25 Kilometer lange Strecke ist nur in den Sommermonaten bei trockenem Wetter befahrbar und präsentiert sich als eine größtenteils ungeteerte Forststraße, die ab der Llech-Schlucht zunehmend holpriger wird (Fahrzeit mindestens zwei Stunden). Als Alternative empfiehlt sich auch hier eine Tour mit dem Geländewagen.

Die Straße von Fillols ist nur geübten Fahrern eines Geländewagens mit Allradantrieb anzuraten, da zahllose Kehren und eine Steigung von 21 Prozent überwunden werden müssen. Außerdem ist die Fahrbahn sehr schmal und in einem schlechten Zustand.

Taillades Fluidaltheorie

Patrick Süskind lässt eine Episode seines Megabestsellers „Das Parfüm" auf dem Pic du Canigou spielen. Der an der Schwelle zum Greisenalter stehende Marquis de la Taillade-Epinasse steigt im Dezember auf den Gipfel des Berges, um „sich dort drei Wochen lang der schiersten, frischesten Vitalluft auszusetzen" und dann „pünktlich am Heiligen Abend als kregler Jüngling von zwanzig Jahren wieder herabzusteigen." Doch das Selbstexperiment von Taillades Fluidaltheorie scheitert „und das letzte, was von ihm gesehen wurde, war seine Silhouette, die mit ekstatisch zum Himmel erhobenen Händen und singend im Schneesturm verschwand".

Wandern: Wer auf den Gipfel des Canigou wandern will, bewegt sich auf historisch bedeutsamen Pfaden. Einer allerdings nicht vollkommen gesicherten Überlieferung nach soll König Peter III. von Katalonien 1285 als erster Mensch den Gipfel bestiegen haben. Ein Kavallerieleutnant gelangte dann 1907 als erster mit einem Pferd auf den Gipfel, ohne ein einziges Mal den Boden berührt zu haben.

Die beste Wanderzeit sind die Sommermonate von Juni bis September, wenn die Wanderwege frei von Schnee und Eis sind. Die Fauna verdient genauso Beachtung wie die *Orris* genannten Hirtenunterkünfte am Wegesrand. Es gibt verschiedene Routen, um den Gipfel zu erklimmen, von denen die wichtigsten hier kurz vorgestellt werden sollen:

Chalet des Cortalets – Canigou: Am einfachsten und schnellsten ist der Aufstieg vom 2150 Meter hoch gelegenen Chalet des Cortalets aus zu bewältigen. Der rotweiß markierte Fernwanderweg GR 10 führt zum Pic Joffre (2362 Meter), wo dann linker Hand ein fortan etwas steilerer, gelb markierter Weg zum Gipfel abzweigt. Einfach: 1:30 bis 2 Stunden.

Casteil (Col de Jou) – Canigou: Von Casteil fährt man zum 1125 Meter hoch gelegenen Col de Jau (Wanderparkplatz). Wer einen Geländewagen besitzt, kann bis zum Chalet de Mariailles (1730 Meter) weiter fahren, alle anderen folgen dem

Pic du Canigou 465

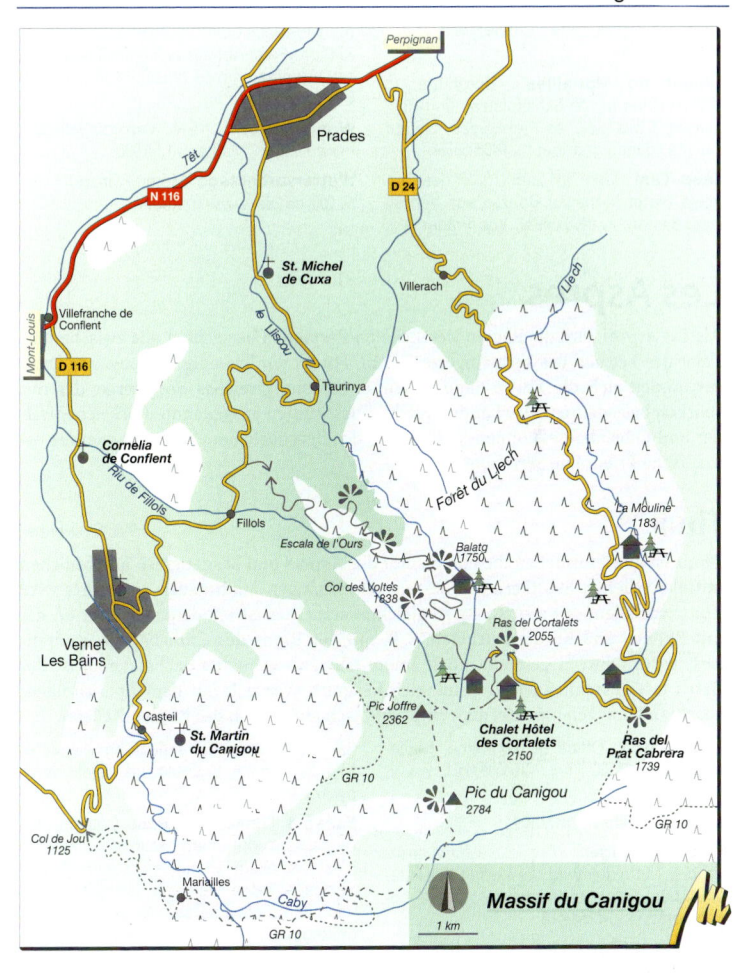

Fernwanderweg GR 10, der in eineinhalb Stunden zur Berghütte und in weiteren knapp vier Stunden hinauf zum Gipfel führt. Also eine anstrengende Tagestour, die nur geübten Wanderern zu empfehlen ist.

Gipfel: Auf dem Gipfel, auf dem ein Kreuz und die Reste einer Steinhütte stehen, bietet sich – gute Wetterverhältnisse vorausgesetzt – das eindrucksvollste Panorama der gesamten Ostpyrenäen. Der Blick reicht über die Ebene des Roussillon bis zur Mittelmeerküste, im Norden bis zu der Montagne Noir und im Westen zu den anderen Gipfeln der Pyrenäen.

Chalet des Cortalets Berghütte, in der 2200 m hoch gelegenen Berghütte werden vom 15. Mai bis zum 15. Okt. insgesamt 85 Schlafplätze (in zwölf Zimmern und Schlafsälen) angeboten. Eine rechtzeitige Reservierung ist dennoch ratsam. Restaurant vorhanden (Menüs ab 16,50 €). Übernachtung (Hüttenschlafsack mitbringen!) 15,50 € pro

Pers.; Frühstück 5,50 €. ✆ 0468963619, www.cortalets.com.

Chalet de Mariailles Berghütte, in 1730 m Höhe mit 55 Schlafplätzen und Restaurant. Etwa gleiches Preisniveau, bis auf Jan. ganzjährig geöffnet. ✆ 0468055799.

Jeep-Taxi Jeep-Taxi zum *Chalet des Cortalets* bietet Monsieur Bonzan aus Vernet-les-Bains an, ✆ 0468059989. Von Prades aus mit Monsieur Colas (✆ 0468052708). Kosten: 28 € pro Pers. Abfahrt zwischen 8 und 9 Uhr am Vormittag sowie zwischen 13 und 13.30 Uhr am Nachmittag.

Wanderkarte IGN Canigou/Vallespir/Fenouillèdes. Maßstab 1:50.000.

Wettervorhersage Météo France, ✆ 0836680266, www.meteo.fr.

Les Aspres

Als *Les Aspres* wird die Region westlich von Perpignan bezeichnet, die zwischen die Täler der Têt und des Tech eingezwängt ist. Hinter der lebendigen Kleinstadt Thuir verwandelt sich die Ebene dann in ein abwechslungsreiches Vorgebirge, das nur spärlich besiedelt ist. Das Landschaftsbild bestimmen ausgedehnte Korkeichenwälder und Olivenhaine. Lohnende Ziele sind das Bergdörfchen Castelnou oder die romanische Prieuré de Serrabone.

Thuir   7400 Einwohner

Thuir ist gewissermaßen die Hauptstadt der Aspres und besitzt einen ansehnlichen mittelalterlichen Stadtkern mit Resten der einstigen Stadtmauer. Vielerorts wird Thuir vor allem mit seinem *Byrrh* gleichgesetzt. Dies ist ein delikater Aperitif, der mit Blüten- und Kräuterextrakten, z. B. mit der Rinde des Chinabaums, aromatisiert wird. Obwohl geschmacklich einem Cinzano in nichts nachstehend, ist der Byrrh fast ausschließlich in Frankreich bekannt. Wer sich mit dem Aperitif näher auseinandersetzen möchte, dem empfiehlt sich ein Besuch der lokalen Kellerei.

Information Office de Tourisme, Boulevard Violet, 66300 Thuir, ✆ 0468534586, www.aspres-thuir.com.

Markt Samstagvormittag.

Veranstaltungen *Tuïr la Catalana*, eine Woche Mitte Juli wird die Vielfalt der katalanischen Kultur mit einem Volksfest beschworen, ✆ 0468534586.

Les Caves Byrrh Von April bis Okt. tgl. 9–11.45 und 14.30–17.45 Uhr, im Juli und Aug. bis 18.45 Uhr, im April So und im Okt. Sa geschlossen. Eine Führung dauert 45 Min. Kosten 3 €. 6, boulevard Violet, www.byrrh.com.

Essen & Trinken Le Patio Catalan, das Restaurant mit dem schönen Innenhof lockt vor allem an heißen Sommertagen. Serviert werden regionale Spezialitäten, ab und an auch Paella. Menüs zu 14,50 € (mittags), 23, 29, 39 und 49 €. Mi und Do geschlossen. 4, place du Général-de-Gaulle, ✆ 0468535728.

Castelnou   330 Einwohner

Castelnou ist ein mittelalterliches Bilderbuchdorf, das sich einen Hügel bis zu einer schmucken Burg hinaufzieht. Und das ist auch das Problem von Castelnou: Der Ort ist irgendwie zu sauber, zu geleckt, als dass man sich dort richtig wohl fühlen könnte. Vielleicht mag dieses Urteil übertrieben sein, denn zigtausend Besucher pro Jahr können sich ja nicht irren …

Im 10. Jahrhundert gegründet, besitzt Castelnou noch heute seine mittelalterliche Aura. Ein schmuckes Stadttor, die stattlichen Reste eines Ringwalls und das alles überragende Château der Grafen des Roussillon tragen zu diesem Gesamteindruck bei.

Information Office de Tourisme, am Ortseingang, ℘ 0468283238, www.castelnou.com.

Parken Großer, ausgeschilderter Parkplatz ein Stück außerhalb des Dorfes (kostenlos).

Markt Jeden Di von Mitte Juni bis Mitte Sept.

Öffnungszeiten Das Château ist von Mitte Juni bis Mitte Sept. tgl. 10–19 Uhr, von März bis Mitte Juni und von Mitte Sept. bis Okt. tgl. 11–19 Uhr, im Winter 11–17 Uhr geöffnet. Eintritt 5,50 €, erm. 4 €.

Übernachten & Essen La Figuera, die einzige, aber sicherlich nicht die schlechteste Möglichkeit, mitten in Castelnou zu wohnen. Die alten Gemäuer sind geschmackvoll modern eingerichtet. Möglichkeit zum Abendessen für 25 € inkl. Wein. WLAN. Nicole und Michel Desprez vermieten fünf komfortable Zimmer mit Bad und TV für 75–100 € (jeweils inkl. Frühstück). 3, carrer de la Font d'Avall, ℘ 0468531842, www.la-figuera.com.

L'Hostal, die große Terrasse ist genial und bietet einen schönen Blick über die Hügel der Umgebung. Serviert werden vor allem Grillspezialitäten, die im Freien auf dem offenen Rost zubereitet werden. Menüs zu 20,50 und 24,90 €. In der Nebensaison Sonntagabend und Mo Ruhetag. 13, carrer de na Patora, ℘ 0468534542, www.lhostal.com.

D'Ici et d'Ailleurs, ausgezeichnetes Restaurant mitten im Dorf (eine Gault-Millau-Haube). Ein Tipp ist die gegrillte Wachtel in Calvados. Menüs zu 25 €. Tgl. außer Mi 12–14 Uhr. 9, carrer del Mitg, ℘ 0468532330.

Bilderbuchdorf Castelnou

Prieuré de Serrabone

Das einsam auf einem schieferhaltigen Hügel gelegene Kloster besitzt einige der schönsten romanischen Skulpturen, die im Roussillon bewundert werden können. Das 1082 im Zuge der Georgianischen Kirchenreform gegründete Priorat erhielt seinen Namen von dem – warum auch immer? – „guten Berg" (*serra bona*). Die abgeschiedene Lage, die zur inneren Einkehr anhält, wurde Serrabone zum Verhängnis. Durch den pestbedingten Rückgang (ab 1349) der Bevölkerung wurde das umliegende Dorf aufgegeben; der Prior und die Chorherren – sie lebten getreu der Regel des heiligen Augustinus, bekleideten aber gleichzeitig ein pastorales Amt – sehnten sich nach mehr Abwechslung und hielten sich deshalb die meiste Zeit des Jahres in Perpignan auf. Im 17. Jahrhundert wurde Serrabone endgültig verlassen, die Hirten der Umgebung nutzten die Kirche bei schlechter Witterung gar als Unterschlupf für ihre Herden. Verworrene Eigentumsverhältnisse führten dazu, dass erst zu Beginn des 20. Jahrhunderts mit einer umfassenden Restaurierung des Klosters begonnen wurde.

Neben dem wuchtigen quadratischen Glockenturm wirkt die Kirche auf den ersten Blick vergleichsweise klein und gedrückt. Sobald sich die Augen an die Dunkelheit gewöhnt haben, fällt der Blick im kühlen Kirchenschiff sofort auf die auf einem Kreuzrippengewölbe ruhende Empore. Dieses herausragende Architekturmerkmal wird von Kunsthistorikern als der größte künstlerische Beitrag zur Marmorbildhauerei gewertet, den das Roussillon besitzt. Das Gewölbe wird von schlanken Säulen mit fein gearbeiteten Zwillingskapitellen getragen. Die Westfassade der Empore ist mit rosafarbenen Marmorplatten verziert, die eine wunderschöne Bildfolge romanischer Ornamentik darstellen.

Zum Abschluss kann man sich auf der Terrasse vor den Arkaden der Südgalerie in die Sonne setzen und den Blick über die Hügel der Aspres schweifen lassen. Zuvor sollte man den mit Tiermotiven (Adler, Löwe etc.) verzierten Kapitellen seine Aufmerksamkeit widmen. Bei Interesse kann man noch auf dem angrenzenden botanischen Parcours die mediterrane Pflanzenwelt erkunden.

Kloster Tgl. 10–17.45 Uhr. Eintritt 4 €, erm. 3 €.

Essen & Trinken Le Relais de Serrabona, der kleine Gasthof direkt an der Landstraße unterhalb der Prieuré eröffnet Einblicke in die regionale Kochkunst. Von Ostern bis Ende Okt. tgl. außer Di 11–19 Uhr. ✆ 0468842624.

Prieuré de Serrabone

Umgebung

Boule-d'Amont: Boule-d'Amont ist ein kleiner Weiler, ein paar Kilometer südlich von Serrabone. Viel gibt es dort nicht zu tun: Doch die romanische Kirche Saint-Saturin verdient eine Besichtigung.

Prunet-et-Belpuig: Der unscheinbare Weiler – die nächste Station auf dem Weg hinunter nach Amélie-les-Bains – lohnt vor allem wegen der **Chapelle de la Trinité** einen kurzen Zwischenstopp. Das romanische Gotteshaus beherbergt ein Holzkruzifix aus dem 12. Jahrhundert. Wer Lust hat, kann noch zu den Ruinen des Château de Belpuig hinaufsteigen.

Cerdagne

Die Cerdagne ist mehr als eine sehr fruchtbare Hochebene, im Mittelalter war das Gebiet eine mächtige Grafschaft. Heute ist die durchschnittlich 1200 Meter hoch gelegene Ebene eine beliebte Urlaubsregion für Wintersportler und Wanderfreaks. Auffallend sind die skurril anmutenden Ortsnamen wie Llo, Ur, Hix oder Err.

Bedingt durch den königlichen Machtverlust konnten im 10. Jahrhundert in vielen Teilen Frankreichs regionale Würdenträger eine weitgehend autonome Herrschaft begründen, so auch in der Cerdagne. Die abgeschiedene Hochebene entwickelte sich zu einem politischen Machtfaktor, da sie leicht vor feindlichen Übergriffen verteidigt werden konnte. Die Grafen der Cerdagne gehörten zu den mächtigsten

Adelsgeschlechtern Südfrankreichs und herrschten auch über das Conflent, das obere Tal der Têt sowie den Oberlauf der Aude samt dem Capcir. Die Basis für den wirtschaftlichen und kulturellen Reichtum der Cerdagne liegt in ihrer geographisch geschützten Lage begründet. Selbst Weinstöcke gedeihen auf der Hochebene. Mit jährlich mehr als 3000 Sonnenstunden gehört die Cerdagne zu den vom Klima verwöhntesten Regionen Frankreichs. Kein Wunder, dass hier 1953 das erste Solarkraftwerk der Welt in Betrieb genommen wurde.

Mont-Louis

380 Einwohner

Mont-Louis ist die höchst gelegene Stadt Europas, die von Wallanlagen geschützt ist. Militärisch als Grenzstadt zu Spanien bedeutend, baute Vauban, der Festungsbaumeister des Sonnenkönigs, Mont-Louis zu einem militärischen Bollwerk aus.

In Anbetracht der Tatsache, dass das Roussillon erst 1659 an Frankreich fiel, mussten die neuen Grenzen zu Spanien gesichert werden und die teilweise aufständische Bevölkerung in Schach gehalten werden. Wenig später schlug auch die Geburtsstunde von Mont-Louis. Die Gründung des Ortes (1679) erfolgte aus rein militärischen Überlegungen, da die kleine Anhöhe am Schnittpunkt dreier Täler und einer Passstrasse liegt. Und wieder einmal war Vauban am Werke, als es darum ging, Mont-Louis sein bis heute prägendes Stadtbild zu geben. Sein Auftraggeber Ludwig XIV. (frz. *Louis*) wird die Namenswahl sicherlich mit Genugtuung registriert haben.

Wehrhaft ist Mont-Louis noch heute: Die Porte de France ist seit mehr als 300 Jahren das markante Eingangstor zu der im schachbrettartigen Grundriss angelegten Stadt. Etwas über dem Ort erhöht liegt die eigentliche Zitadelle, die nicht besichtigt werden kann, da sie noch immer vom französischen Militär genutzt wird. Ansons-

Mont-Louis: eindrucksvolle Festungsmauern

ten sind die Mauern und Wälle für die zivile Nutzung freigegeben: Im Burggraben wurde gar ein Tennisplatz angelegt. Zusammen mit anderen Bauten von Vauban wurde Mont-Louis im Jahre 2008 von der UNESCO zum Weltkulturerbe erklärt.

Information Office de Tourisme du Mont-Louis, 3, rue Lieutenant-Pruneta, 66210 Mont-Louis, ✆ 0468042197, www.mont-louis.net.

Verbindungen Mont-Louis ist eine Station des *Petit Train Jaune*; es bestehen daher regelmäßige Verbindungen mit Villefranche-de-Conflent. Achtung: Der Bahnhof liegt 1 km südl. der Stadt. Zudem bestehen tgl. drei Busverbindungen nach Perpignan.

Markt Dienstag- und Donnerstagvormittag.

Zitadelle Führungen tgl. 10.30, 11.30, 14, 15 und 16 Uhr, Mo–Fr auch 17 Uhr. Kosten 5,50 €, erm. 2,50 €. Tickets gibt es im Office de Tourisme.

Übernachten & Essen **** Le Clos Cerdan**, das große, an der Route Nationale außerhalb des historischen Stadtkerns gelegene Hotel ist sicherlich nicht die schönste Adresse – obwohl man von den Zimmern in den oberen Stockwerken eine herrliche Aussicht über die Cerdagne hat, doch bekommt man hier in der Hochsaison noch am leichtesten ein Zimmer. Der Eintritt in das moderne Hallenbad mit diversen Attraktionen (Sauna, Dampfbad) und Sonnenterrasse ist im Preis inbegriffen. Das viergängige Tagesmenü zu 15,90 € bietet zwar keine hohe Kochkunst, doch sind die Portionen üppig. Weitere Menüs ab 21 €. Kostenloses WLAN. Ganzjährig geöffnet. Zimmer von unterschiedlicher Ausstattung kosten je nach Saison 120–148 € als DZ inkl. Halbpension. Die teureren haben einen Balkon, die teuersten einen Balkon zur Cerdagne. Es gibt aber auch Appartements. RN 116, ✆ 0468042329, www.lecloscerdan.com.

La Volute, in einem traumhaften Privathaus aus dem 17. Jh., das sich am Ortseingang direkt über der Stadtmauer befindet, vermietet Martine Schaff fünf Zimmer (Chambres d'hôtes für 1–5 Pers.) mit eigenem Bad. Ab 55 € als EZ oder ab 65 € als DZ, jeweils inkl. Frühstück. 1, place d'armes, ✆ 0468042721, http://lavolute.monsite.wanadoo.fr.

Camping **** Pla des Barrès**, dieser einfache, aber sehr schön mitten im Wald gelegene, große Campingplatz liegt 3 km außerhalb, an der Straße zum Lac des Bouilloses. Ideal für alle, die durch das Hochgebirge wandern wollen. Man sollte, um gegen die Mücken gewappnet zu sein, Autan o. Ä. nicht vergessen. Von Mitte Juni bis Sept. geöffnet. Die Preise sind günstig (rund 14 €). Route des Bouillouses, ✆ 0468 042604, www.mont-louis.net/camping.htm.

Gigantischer Sonnenofen

Sehenswertes

Four Solaire: Seit 1953 ragt in Mont-Louis ein überdimensionaler „Sonnenofen" gen Himmel. Das von Professor *Felix Trombe* entwickelte Solarkraftwerk ist das älteste der Welt! Im Auftrag des *CNRS* (Nationales wissenschaftliches Forschungszentrum) konstruierte Trombe diesen Doppelwiderspiegelungsofen. Je nach Sonneneinstrahlung können Temperaturen von bis zu 3500 Grad Celsius erreicht werden.

Im Sommer tgl. 10, 11, 14, 15, 16 und 17 Uhr, im Juli und Aug. auch um 10.30, 11.30, 14.30, 15.30, 16.30 und 17.30 Uhr, im Winter bis 16 Uhr. Eintritt 6,50 €, erm. 5,50 bzw. 5 €. www.four-solaire.fr.

Font-Romeu
2200 Einwohner

Der mit Abstand beliebteste Winter- und Sommerferienort der Cerdagne liegt an einem Südhang mit grandiosem Panorama. Beschaulich und schön ist Font-Romeu allerdings nicht: Bedingt durch den jahrzehntelangen Touristenansturm wurde der Ort systematisch mit gesichtslosen Bauten verschandelt.

Seitdem 1910 das Grand Hôtel – heute in Appartements aufgeteilt – seine Pforten öffnete, ist das von Almwiesen und Kiefernwäldern umgebene Font-Romeu eine beliebte Sommerfrische. Landesweit bekannt wurde Font-Romeu im Jahre 1968, als sich die französische Olympiaauswahl in dem 1600 Meter hoch gelegenen Ort auf die Olympischen Spiele von Mexiko vorbereitete. Dank seiner knapp zwei Dutzend Skilifte und herrlichen Abfahrten, die sich rund um den 2213 Meter hohen *Roc de la Calme* erstrecken, gilt Font-Romeu als das Mekka des Wintertourismus im Département Pyrénées-Orientales.

Information Office de Tourisme, avenue Emmanuel Brousse, B.P. 55, 66122 Font-Romeu, ✆ 0468306830, www.font-romeu.fr.

Verbindungen Der Bahnhof liegt südlich der Stadt bei dem Dorf Via (Pendelbusverkehr ins Zentrum). Der *Petit Train Jaune* fährt mehrmals tgl. nach Mont-Louis und weiter nach Villefranche-de-Conflent.

Markt Mittwochvormittag.

Veranstaltungen An drei Tagen Mitte Juli findet das *Festival international du livre de montagne et de randonnée* statt.

Übernachten & Essen ∗∗∗ **Hôtel Carlit**, von außen wenig attraktives, preislich aber annehmbares Hotel im Stil der späten 1970er-Jahre. In einem nur wenige Meter entfernten Garten kann man in den Sommer sogar am Pool liegen. In den Ferien ist Halbpension Pflicht. Zum Hotel gehören noch zwei Restaurants, das vornehmere La Cerdagne und eine Brasserie. Im Okt. und Nov. Betriebsferien. Zimmer je nach Ausstattung und Saison 85–112 €, bei längerem Aufenthalt günstiger; Frühstück 15 €. Rue du Docteur-Capelle, ✆ 0468308030, www.carlit-hotel.fr.

∗∗ **Les Pyrénées**, ein wuchtiges Steinhaus (Logis) mit schöner Aussicht über die Cerdagne. Viele Zimmer haben einen Balkon. Überdachter Pool und kostenloses WLAN vorhanden. Von Juni bis Mitte Okt. und von Mitte Dez. bis Ostern geöffnet. WLAN. Die Zimmer kosten je nach Lage und Ausstattung 56–69 € (die teureren mit Terrasse); Frühstück 8 €; Halbpension ab 53 € pro Person. 7, place des Pyrénées, ✆ 0468300149, www.pyrenees-hotel.fr.

∗∗ **Hôtel de la Poste**, mitten im Ort gefällt dieses Hotel im alpenländischen Stil. Die Zimmer sind teilweise holzverkleidet, manche besitzen einen Balkon mit Talblick. Das Restaurant bietet beispielsweise ein *Fondue savoyarde* für 18 €. DZ je nach Saison 49–57 €; Frühstück 7 €. 2, avenue Emmanuel Brousse, ✆ 0468300188, http://hoteldelaposte.free.fr.

》》 Mein Tipp: ∗∗ **L'Oustalet**, das angenehme familiäre Hotel im alpenländischen Stil befindet sich 5 km südl. in dem Weiler Via, inmitten ländlicher Ruhe. Den größten Lärm machen die Gäste beim Springen in den hauseigenen Pool (beheizt). Kinderspielplatz vorhanden. Abends gibt es im Speisesaal leckere ländliche Kost, wobei es nur ein Menü gibt. Das Ganze geht ziemlich zügig, spätestens um 21.30 Uhr wird das Licht heruntergedreht. Kostenloses WLAN in der Lobby. Von Mitte Mai bis Mitte Okt. geöffnet. Die Übernachtung in dem im 1970er-Jahre-Stil eingerichteten Zimmern kostet 52–62 € (je nach Lage und Balkon); Frühstück 7,50 €; Halbpension 21 €. Rue des Violettes-Via, ✆ 0468301132, www.hotel loustalet.com. ⋘

Camping * Le Menhir, angenehmes großes Terrain mit ausreichend Schatten. Von Juni bis Sept. geöffnet. Route de Mont-Louis, ✆ 0468300932.

Sehenswertes

Ermitage Notre-Dame-de-Font-Romeu: Die rund 300 Jahre alte Kapelle ist ein lohnendes Ziel für eine Kurzwanderung. Der bedeutendste Schatz des Kirchleins ist eine Madonnenstatue aus dem 12. Jahrhundert, die der Legende zufolge ein Stier aus dem Erdreich gescharrt haben soll.

La Four Solaire: Zwei Kilometer südlich von Font-Romeu steht in unmittelbarer Nähe des Dorfes **Odeillo** ein riesiger konvexer Parabolspiegel inmitten der Cerdagne-Ebene. Im Brennpunkt des 40 Meter hohen und 3000 Quadratmeter großen Parabolspiegels werden Temperaturen von 3500 Grad Celsius erreicht. Die Four Solaire kann jederzeit von Außen besichtigt werden. Eintrittspflichtig ist nur eine interessante Dauerausstellung mit diversen Modellen und Filmen zu den Themen Energie, Sonne und Licht.
Im Sommer tgl. 10–19.30 Uhr, im Winter tgl. 10–12.30 und 14–18 Uhr. Eintritt 7 €, erm. 6 €. www.foursolaire-fontromeu.fr.

Umgebung

Targassonne: Im Nachbarort Targassonne wurde 1983 das erste kommerzielle französische Sonnenkraftwerk Thémis in Betrieb genommen. Es produzierte 2,5 Megawatt Strom und konnte damit rund 3000 Haushalte mit Energie versorgen. Vor ein paar Jahren wurde der Betrieb des Renommierprojektes allerdings aus nur schwer nachvollziehbaren Gründen eingestellt. Sehr skurril ist die Granitlandschaft **Chaos de Targassonne** unterhalb des Ortes.

Llívia

900 Einwohner

Llívia ist eine zwölf Quadratkilometer große spanische Enklave inmitten der Cerdagne und verdankt ihre Existenz einer Unaufmerksamkeit der französischen Unterhändler: Als 1659 der Pyrenäenvertrag zwischen Spanien und Frankreich geschlossen wurde, erhielt Frankreich die Cerdagne mit den „zugehörigen 33 Dörfern" zugesprochen. Diese Vereinbarung galt somit nicht für Llívia, denn der kleine Ort besaß damals die Stadtrechte und gehörte somit weiterhin zum spanischen Territorium. Mit seinen altertümlichen Altstadtgassen und der durch starke Mauern geschützten Kirche (17. Jahrhundert) ist Llívia fraglos eine der schönsten Ortschaften – Entschuldigung, Städte – in der Cerdagne. Mehrere zünftige Restaurants und Tapas-Bars verführen zur Einkehr.

Information Oficina de información turística, Tour Bernat de So, ✆ 0034/972/896313.

Veranstaltungen Mitte Juni wird das Fest zu Ehren des Stadtpatrons, des heiligen Guillaume, begangen.

Essen & Trinken Can Ventura, in einem wuchtigen, alten Steinhaus mit schönen Balkonen kann man sich den Freuden der katalanischen Küche hingeben. Straßenterrasse, Hauptgerichte zwischen 18 € und 25 €. Plaza Mayor, www.canventura.com.

Dorres

165 Einwohner

Das kleine Dorf – es liegt in über 1400 Metern Höhe – ist vor allem wegen seiner schon in römischer Zeit bekannten Bäder, **Les Bains de Dorres**, ein beliebtes Ausflugsziel. Vor allem im Winter oder nach einer anstrengenden Wanderung macht es Spaß, sich in dem 38–41 °Celsius warmen, schwefelreichen Wasser zu tummeln. Die ältesten Teile des schmucken Kirchleins Saint-Jean stammen noch aus dem 11. Jahrhundert. Die Kirche, die übrigens eine ebenso alte Schwarze Madonna birgt, ist meist leider verschlossen.

Les Bains de Dorres Die Bäder sind tgl. von 8.45–20 Uhr geöffnet, Juni bis Okt. sogar bis 21 Uhr. Eintritt 4,80 €, erm. 4 €. www.bains-de-dorres.com.

Übernachten & Essen ** Hôtel Marty, das einzige Hotel des Ortes ist sicherlich keine schlechte Wahl. Bei schönem Wetter sitzt man auf der Terrasse und erfreut sich an einem delikaten *Filet de morue*. Tagesmenüs 16 €, 27 und 32 €. Von Ende Okt. bis Jahresende geschlossen. An den Zimmern (je nach Ausstattung 51–58 €, teilweise mit Balkon oder Loggia) ist nichts auszusetzen; Frühstück 7,50 €. Lohnend ist die HP für 112 € (2 Pers.). Kostenloses WLAN. 3, carrer Major, ☎ 0468300752, www.hotelmarty.com.

Cal Xandera, alter Bauernhof mit schönen blauen Fensterläden, 3 km östl. von Dorres entfernt an der Straße nach Font-Romeu. Einfache, aber nette Zimmer. Schöne Restaurantterrasse. Mittagsmenü 15 €. Die Halbpension ist ein Schnäppchen: 50 € pro Pers. ☎ 0468046167, www.calxandera.com.

Llo

150 Einwohner

Das sich einen Berghang hinaufziehende Llo ist ebenfalls für seine schwefelhaltigen Quellen bekannt. Das Thermalbad befindet sich in den Schluchten des Sègre, etwa einen Kilometer westlich des Ortes (gut ausgeschildert). Für Wanderfreunde ist es empfehlenswert, die **Gorges du Sègre** auf dem Fernwanderweg GR 36 zu erkunden, während sich Kunstliebhaber der romanischen, unterhalb des Dorfes stehenden Kirche Saint-Fructeux widmen können, die ein sehr schönes Portal besitzt. Ein weiteres reizvolles Bergdorf ist außerdem das fünf Kilometer nordöstlich gelegene **Eyne**, das durch mehrere altertümliche Bauten begeistert.

Bains de Llo Das 35 °C warme Thermalbad besitzt ein Freibecken, ein überdachtes Becken und Whirlpools. Tgl. 10–19.30 Uhr geöffnet (Juli und Aug. bis 20 Uhr). Eintritt 12 €, erm. 9 €. http://lesbainsde.llo.free.fr.

Einkaufen Die Charcuterie Bonzom in Saillagousse ist bekannt für ihren selbst gemachten, ein Jahr gereiften Schinken aus der eigenen Schweinezucht. Route Nationale. www.charcuterie-catalane-bonzom.com. ■

Übernachten & Essen Auberge Atalaya, am Rand des Ortes befindet sich diese empfehlenswerte Adresse für Reisende mit etwas höheren Ansprüchen. Eine tolle Aussicht samt Garten und kleinem Swimmingpool versprechen angenehme Tage. Von April bis Okt. und von Mitte Dez. bis Mitte Jan. geöffnet. Zimmer 95–115 €, Gîtes ab 100 € pro Woche. ☎ 0468047 004, www.atalaya66.com.

*** Hôtel Planes (La Vieille Maison Cerdagne), mitten im zwei Kilometer westlich gelegenen Saillagousse befindet sich dieses alteingesessene Hotel. Die meist großzügigen Zimmer besitzen durchaus Charme, manche verfügen über einen sonnigen Balkon, die Bäder stammen aber aus den 1980er-Jahren. Eine bodenständige und gute Küche bietet das zugehörige Restaurant Vieille Maison Cerdagne. Umgeben von allerlei ausgestopftem Getier erfreut man sich an einem gegrillten Lamm oder Kalbsbäckchen. Menüs zu 24, 34 und 45 €. In der zugehörigen Brasserie Chez Planes isst man für 16 €. Sonntagabend und Montag bleibt die Küche in der Nebensaison kalt. Es gibt noch eine Dependance (Planotel) mit schönem Garten und einem beheizten, überdachten Pool, der auch von den Gästen des Hotel Planes genutzt werden kann. Kostenloses WLAN. DZ 68–85 €; Frühstück 9 €. 6, place de Cerdagne, ✆ 0468 047208. www.bienvenuechezplanes.com.

Sehenswertes

Musée de la Cerdagne: Bei dem kleinen Weiler **Sainte-Léocardie** südwestlich von Llo wurde ein historischer Bauernhof aus dem 17. Jahrhundert zu einem Museum ausgebaut, das sich den verschiedenen Facetten des ländlichen Lebens in der Cerdagne widmet.
 Mitte Juli bis Sept. 14–18 Uhr. Eintritt 3,50 €, erm. 2,50 €.

Umgebung

Planès: Wer sich für die romanische Kunst interessiert, sollte einen Abstecher zu dem kleinen 30-Einwohner-Bergdorf nicht versäumen. Die in ihren ältesten Teilen noch aus dem 11. Jahrhundert stammende Kirche weist einen seltenen Grundriss in Form eines Kleeblatts mit drei halbrunden Apsiden auf. Ältere Thesen, arabische Baumeister seien am Werk gewesen, wurden inzwischen verworfen, wahrscheinlicher ist, dass es sich bei dem Zentralbau um eine architektonische Umsetzung des Dreieinigkeitssymbols handelt.

Capcir

Nördlich von Mont-Louis erstreckt sich der Capcir, eine faszinierende Gebirgslandschaft mit vielen Seen, weiten Wäldern und Almen. Während im Winter vor allem der Skitourismus boomt, lässt sich die Region im Sommer besonders gut mit dem Mountainbike oder auf Schusters Rappen durchstreifen.

Der alte Dorfkern von Les Angles

Formiguères

450 Einwohner

Formiguères ist gewissermaßen die „Hauptstadt" des Capcir. Schon die Könige von Mallorca kurierten hier im Mittelalter ihr Asthma. Im einstigen Château starb 1324 König Sanche. Das Ortsbild wird von schiefergedeckten Häusern geprägt, der einzige kunsthistorisch bedeutsame Bau ist die romanische Pfarrkirche Sainte-Marie.

Im benachbarten Wintersportort **Les Angles**, der durch große Appartementhäuser verbaut ist, steht noch eine schmucke Kirche. Die Pisten des Skigebiets erstrecken sich unterhalb des 2377 Meter hohen **Roc d'Aude**. Unterhalb des Gipfels entspringt ein kleiner Gebirgsbach, der sich bis zu seiner Mündung 223 Kilometer durch das Languedoc schlängt und dem Département Aude seinen Namen gab. Im Sommer tummeln sich die Touristen und Surfer lieber am Ufer des 200 Hektar großen **Lac de Matemale**. Unweit des Sees liegt auch der **Parc Animalier des Angles**, der als schönster Tierpark der Pyrenäen gilt. Die gesamte Fauna der Pyrenäen – angefangen von Braunbären über Wölfe bis hin zu Murmeltieren und Gämsen – ist hier links und rechts der beiden Rundwege zu bewundern.

Information Office de Tourisme, place de l'Eglise, 66210 Formiguères, ✆ 0468044735, www.formigueres.fr bzw. www.lesangles.com.

Fahrradverleih Fugues VTT, Lac de Matemale, ✆ 0468044206.

Markt Samstagvormittag.

Schwimmen In Matemale gibt es ein beheiztes Freibad. Juli und Aug. 10–20 Uhr geöffnet.

Parc Animalier des Angles Tgl. 9–17 Uhr, im Sommer bis 18 Uhr. Eintritt 14 €, erm. 12 €. www.faune-pyreneenne.fr.

Übernachten & Essen ** Hôtel Picheyre, das charmante Logis-Hotel ist eines der ältesten in der Region (zu den ersten Gästen gehörte ehedem der Fürst von Monaco). Das offene Bruchsteinmauerwerk sorgt für eine gemütliche Atmosphäre. Seit 2007 gibt es einen neuen Besitzer, der das traditionsreiche Hotel mit viel Liebe renoviert hat. WLAN. Im gemütlichen Restaurant gibt es Menüs zu 14,80 und 27 €. Zimmer je nach Saison und Ausstattung 50–76 €; Frühstück 9 €; Halbpension 54–70 € pro Pers. 2, place de l'Eglise, ✆ 0468044007, www.picheyre.com.

** **La Belle Aude**, dieses mitten in Matemale gelegene Logis-Hotel mit seiner schmucken Fassade bietet ein gutes Preis-Leistungs-Verhältnis. Zudem gibt es sogar ein Hallenbad und eine Sauna. Schöner Speisesaal, Menüs zu 21 und 30 €. WLAN. DZ 75 €; Frühstück 9 €. 2, rue San-Pere-Viel, ✆ 0468 044011, www.hotel-capcir.com.

** **Le Coq d'Or**, das im Zentrum von Les Angles gelegene Hotel empfiehlt sich als Alternative zum Hôtel Picheyre. Kostenloses WLAN. Menüs 14,80–31,50 €. Die Zimmer kosten je nach Saison 23–76 €; Frühstück 8 €; Halbpension ab 52,50 € pro Pers. im DZ. 2, place du Coq d'Or, ✆ 0468044217, www.hotel-lecoqdor.com.

*** **Corrieu**, alteingesessenes Logis-Hotel in La Lagonne (zwischen Mont-Louis und Formiguères). Modernes Ambiente, nur die Zimmer im dritten Stock sind recht klein.

Menüs ab 21,60 €. Es gibt sogar ein vegetarisches Menü! Im Sommer nur von Mitte Juni bis Mitte Sept. geöffnet. An den kalten Tagen lockt das Spa mit Hamam und Jacuzzi. Zimmer je nach Ausstattung 64–135 €; Frühstück 9 €. ✆ 0468042204, www.hotel-corrieu.fr.

Camping *** Camping du Lac, wie der Name schon andeutet, zwischen Bäumen direkt am Ufer des Lac de Matemale, 6 km südl. von Formiguères auf 1500 m Höhe. Ganzjährig geöffnet. Route des Carriolettes, ✆ 0468309449, www.camping-lac-matemale.com.

Lac des Bouillouses

Das lohnenswerteste Ausflugsziel ist der 2000 Meter hoch gelegene Lac des Bouillouses, von dem aus sich auch Wanderungen zum Pic Carlit unternehmen lassen. Von Mont-Louis aus führt die D 60 zu dem 1902 angelegten Stausee. Allerdings muss das Auto seit dem Jahre 2001 in der Hochsaison auf einem großen Parkplatz abgestellt werden, mit Pendelbussen geht es dann durch den Forêt de Barrès zum Seeufer hinauf. Alternativ gibt es im Juli und August auch die Möglichkeit, von Font-Romeu mit dem Skilift „anzureisen". Einsamkeit wird man nur schwer finden, doch die grüne Almlandschaft mit ihren mehr als ein Dutzend kleineren Gletscherseen begeistert mit ihrem herrlichen Landschaftsszenario. Rund um den Lac des Bouillouses (2017 Meter Höhe) gibt es zudem mehrere tolle Wandermöglichkeiten. Beispielsweise auf dem gut ausgeschilderten Fernwanderweg GR 10 (Markierung rot-weiss) in rund vier Stunden zum **Etang de Lanoux**, wobei nur ein größerer Aufstieg zur 2426 Meter hohen Porteille de la Grave bewältigt werden muss. Sportlichere Naturen können vorbei an mehreren Gletscherseen den Aufstieg zum 2921 Meter hohen **Pic Carlit** in Angriff nehmen. Eine gute Kondition und die entsprechende Ausrüstung sind nötig, um diese Hochgebirgstour in einem Tag bewältigen zu können.

Ideale Wanderregion:
Lac des Bouillouses

Übernachten Auberge du Carlit, einfache Herberge direkt am Lac des Bouillouses. Zimmer 45 € pro Pers. mit Halbpension, im Schlafsaal ab 16 € pro Pers. (HP 36 €). ✆ 0468042223, http://aubergeducarlit.free.fr.

Camping Pla des Barrès (s. Mont-Louis).

Navettes Die Pendelbusse verkehren vom 1. Juli bis 31. Aug. von 7–19 Uhr im 15-Minuten-Takt und kosten 5 €, erm. 3,50 € bzw. 2 €.

Internet www.cg66.fr (mit Wetterbericht und Webcam).

🚶 Wanderung 14: Vom Lac des Bouillouses zum Pic Carlit → S. 545
Grandiose Hochgebirgswanderung mit Gipfelbesteigung..

Vallée du Tech

Das auch als Vallespir bezeichnete Tal der Tech fasziniert durch seine landschaftlichen Reize sowie mehrere schöne Städte und Dörfer, allen voran Céret und Prats-de-Mollo. Beschaulich ist das Treiben in den Kurorten Amélie-les-Bains und La Preste.

Céret
7600 Einwohner

Céret gilt als das Mekka des Kubismus. Matisse, Braque, Chagall, Picasso – alle haben das kleine, am Fuße der Pyrenäen gelegene Städtchen schon besucht. Geblieben sind Erinnerungen und ein hochkarätiges Kunstmuseum.

Im Winter 1909 wurde Céret „entdeckt". Die ersten Künstler, die sich in dem Pyrenäenstädtchen niederließen, waren der katalanische Bildhauer Manolo Hugué und der Maler Franck Burty Haviland, wenig später kamen auch die Kubisten Juan Gris, Georges Braque, Pablo Picasso und Max Jacob nach Céret. Doch auch ohne seine Bedeutung als Brutstätte der modernen Kunst würde sich ein Abstecher nach Céret lohnen. Das muntere Landstädtchen mit seinen von Platanen beschatteten Boulevards, der imposanten Kirche Saint-Pierre (12. Jahrhundert) sowie der verspielten Place des Neufs-Jets mit dem namensgebenden Brunnen mit neun Strahlen wissen zu gefallen. Die skandalumwitterte Schriftstellerin Catherine Millet notierte mit Wohlwollen: „In einem Land, das seine Urwüchsigkeit bewahrt hat, ist Céret eine Stadt von Eleganz."

Unter den historischen Monumenten ragt der aus dem 14. Jahrhundert stammende Pont du Diable heraus, der sich in einem steilen Bogen über den Tech spannt; an der höchsten Stelle ist die Brücke 22 Meter hoch und bietet eine reizvolle Aussicht.

Die Altstadt ist von einem Platanenboulevard umgeben

Von der einstigen Stadtmauer sind noch die Porte de France und die Porte d'Espagne erhalten, zudem ist das örtliche Gefallenendenkmal ein Werk von Aristide Maillol. Landesweit berühmt ist Céret auch für seine Kirschen, die dank der klimatisch geschützten Lage des Vallespir im Frühjahr stets als erste auf den französischen Markt kommen. Alljährlich werden im April und Mai 4000 Tonnen der köstlichen roten Früchte geerntet.

Basis-Infos

Information Office de Tourisme, 1, avenue Clémenceau, 66400 Céret, ✆ 0468870053, www.ot-ceret.fr. bzw. www.valespir.com.

Verbindungen Tgl. rund zehn Busverbindungen mit Perpignan sowie mit Amélie-les-Bains, Arles-sur-Tech und Prats-de-Mollo sowie 3-mal tgl. mit Argelès. ✆ 0468352902.

Parken Großer Parkplatz am Ortsrand, im Zentrum gibt es kaum Parkmöglichkeiten.

Canyoning Fabrice Oms organisiert Touren auf verschiedenem Niveau, ✆ 0681 299721. www.canyoning66.com.

Fahrradverleih VTT 66, Verleih von Mountainbikes. 27, rue des Mimosas, ✆ 0468 874416. www.vtt66.fr.

Post 14, avenue Clémenceau.

Maison de la Presse Boulevard du Maréchal Joffre.

Markt Samstagvormittag auf dem Boulevard du Maréchal Joffre.

Veranstaltungen Die Kirsche steht im Mittelpunkt der *Fête de la Cerise* (letztes Maiwochenende). Beim *Festival de Sardane* wird am vorletzten So im Aug. katalanische Folklore gezeigt. Ende Sept./Anfang Okt. bieten auf dem Festival *Les Méditerranéennes* renommierte Musiker Kostproben ihres Könnens.

Kino Cinéma *Le Cérétan*, 13, avenue Clémenceau.

Übernachten

Hotels *** Le Mas Trilles **1**, dieses prächtige Anwesen – ein katalanisches Mas (Bauernhof) aus dem 17. Jh. – liegt 2 km westl. von Céret. Nicht nur Kinder sind von dem großen, parkähnlichen Garten samt beheiztem Swimmingpool begeistert. WLAN. Von Anfang Okt. bis Ostern geschlossen. Die zwölf individuell eingerichteten Zimmer kosten je nach Saison und Ausstattung 95–199 €; Frühstück 13 €. Le Pont de Reynès, ✆ 0468873837, www.le-mas-trilles.com.

** Des Arcades **7**, durchschnittliches Zwei-Sterne-Hotel am Altstadtring, direkt beim Museum. Wochenweise Vermietung von Studios mit Küche. Für 6 € kann man sein Auto in der Garage abstellen. Kostenloses WLAN. Zimmer 52–78 €; Frühstück 7 €. 1, place Picasso, ✆ 0468871230, www.hotel-arcades-ceret.com.

»» Mein Tipp: * Hôtel Vidal **6**, das in der einstigen Residenz des Erzbischofs (18. Jh.) untergebrachte Hotel besitzt in dieser Preisklasse mit Abstand den größten Charme im Vallée du Tech. Der Gast wird bereits von der großen, stimmungsvollen Terrasse im Innenhof eingestimmt. Reservierung empfohlen. Das **Restaurant Del Bisbe 6** bietet ein gutes Preis-Leistungs-Verhältnis, die Menüs kosten 15 € (mittags), 28 und 35 €. Mo–Mi nur abends geöffnet. Die großzügigen Zimmer für 50–55 € sind geräumig und gepflegt; Frühstück 8 €. 4, place du 4 Septembre, ✆ 0468870085, www.hotel ceret.com. **«««**

Verwitterte Schokoladenwerbung

Céret 479

Übernachten

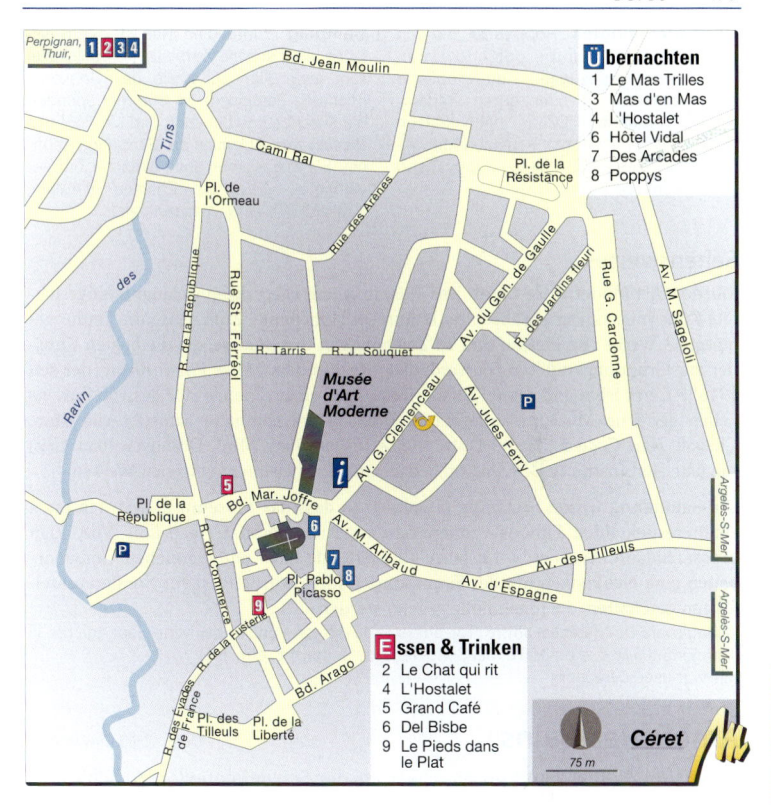

1. Le Mas Trilles
3. Mas d'en Mas
4. L'Hostalet
6. Hôtel Vidal
7. Des Arcades
8. Poppys

Essen & Trinken

2. Le Chat qui rit
4. L'Hostalet
5. Grand Café
6. Del Bisbe
9. Le Pieds dans le Plat

L'Hostalet **4**, traditionelle Herberge mit Gewölbe mitten in dem kleinen Ort Vivès (5 km nördl.). Im Sommer sitzt man auf der Straßenterrasse vor dem Haus und erfreut sich an der guten katalanischen Küche, so bei einem Lapin à l'Aioli. Menüs zu 28,50 und 34 €. Es werden auch drei einfache Zimmer bzw. Studios vermietet. DZ 89–99 €; Frühstück 12,50 €. ✆ 0468830552. www.hostalet-vives.com.

Restaurants Le Pieds dans le Plat **9**, das Restaurant lohnt einen Besuch nicht zuletzt wegen seiner großen Straßenterrasse auf dem schönsten Platz der Stadt (direkt nebenan ist die Pizzeria Quatrocentro), im Inneren schönes Bruchsteinmauerwerk. Menüs zu 13 € (mittags), 19 und 28 €. Ein Viertel Wein kostet 3,50 €. Sonntag- und Montagmittag geschlossen. Place des Neufs-Jets.

Grand Café **5**, wer auf den Spuren von Picasso & Co. wandeln will, sollte in dem traditionsreichen Café eine Gedenkminute einlegen. Boulevard du Maréchal Joffre.

»» Mein Tipp: La Praline, ein wunderbares kleines Café am Altstadtrand. Hier gibt es sogar einen leckeren Latte Macchiato. Lohnend ist der *Café gourmand* mit drei Minidesserts. Straßenterrasse. Di_Fr 10–18 Uhr, Sa 9–15 Uhr, Juli 15. boulevard Joffre. www.lapraline.net **«««**

Le Chat qui rit **2**, dieses 2 km außerhalb an der Straße nach Amélie-les-Bains gelegene Restaurant bietet ein hervorragendes Preis-Leistungs-Verhältnis. Chefkoch Hervé Montoyo versteht sich auf eine gehobene regionale Küche (zwei Gault-Millau-Hauben). Straßenterrasse. Menüs zu 15, 18, 28 und 44 €. Montag- sowie Dienstag- und Sonntagabend in der NS geschlossen. 1, route de Céret, ✆ 0468870222, www.restaurant-le-chat-qui-rit.fr. ∎

Chambres d'hôtes Poppys 8, die von einer englischen Familie geführte Unterkunft bietet großzügige, neu möblierte Doppelzimmer mit sehr guten Bädern. WLAN vorhanden. DZ je nach Saison 65–80 € (inkl. Frühstück). 7, place Pablo Picasso, ✆ 0468371782, www.poppysbandbceret.com.

Camping ** Mas d'en Mas 3, dieser einfache, aber schöne Zeltplatz (160 Stellplätze) liegt etwa 3 km außerhalb des Ortskerns (Richtung Perpignan). Im Sommer spenden die Kirschbäume Schatten und ein Pool bietet sich zum Abkühlen an. Ganzjährig geöffnet. Für 25 € werden auch einfache Zimmer vermietet. Allée du Château d'Aubiry, ✆ 0468834601. www.masdenmas.fr.

Sehenswertes

Musée d'Art Moderne de Céret: Das 1950 in einem ehemaligen Gefängnis eingerichtete Kunstmuseum ist ein absoluter kultureller Höhepunkt. Zum Museumsfundus gehören 53 Werke von Picasso und 14 Zeichnungen von Matisse, die die beiden Künstler zur Gründung stifteten. Zu verdanken ist dies dem Maler *Pierre Brune*, der seit 1916 in Céret lebte und seine Künstlerfreunde zu einer „Spende" für das von ihm ins Leben gerufene Museum aufforderte. Auch andere namhafte Künstler wie Marc Chagall, Jean Cocteau, Raoul Dufy, Moïse Kisling, Juan Miró, Desnoyer, Juan Gris, Auguste Herbin und André Masson bedachten das Museum mit eigenen Werken.

Die Sammlung wurde beständig erweitert, so dass das Museum inzwischen auch einen respektablen Fundus zeitgenössischer Kunst besitzt (Jean-Luis Vila, Joan Brossa, Solano, Ayats etc.). Im Jahre 1993 erfolgte nach umfangreichen Umbauarbeiten die Neukonzeption der Sammlung. Zudem wurde Platz für Sonderausstellungen geschaffen, die regelmäßig gezeigt werden.

8, boulevard du Maréchal Joffre. Tgl. außer Di 10–18 Uhr, von Juli bis Mitte Sept. tgl. bis 19 Uhr. Eintritt 5,50 €, erm. 3,50 € (bei Sonderausstellungen 8 €, erm. 6 €). www.musee-ceret.com.

Amélie-les-Bains

3500 Einwohner

Bereits die Römer wussten die Heilkraft der Schwefelquellen zu schätzen. Amélie-les-Bains ist das südlichste Thermalbad Frankreichs – sieht man von La Réunion ab – und erfreut sich unter Asthma- und Rheumakranken großer Beliebtheit.

Amélie hat als Kurort eine große Tradition: Bereits die Römer kurten an den 15 Heilquellen von *Aquae Calidae*, die mit Temperaturen von 44 bis 63 Grad Celsius aus der Erde sprudeln. Noch heute sind in den Thermes Romains Teile der römischen Badeanlagen zu sehen, so auch das Schwimmbecken. Des Weiteren existieren zwei später errichtete Heilbäder, von denen eines den Militärangehörigen vorbehalten ist. Bis 1840 hieß der Kurort noch *Bains-d'Arles*, doch dann wurde er zu Ehren von Amélie, der Gemahlin des Bürgerkönigs Louis-Philippe, in Amélieles-Bains umbenannt. Die mediterrane Landschaft mit ihrer üppigen Vegetation versüßt den nordfranzösischen Rentnern ihren Winteraufenthalt. Dank der windgeschützten Lage gedeihen Mimosen, Palmen, Oleander und Kakteen. Alles in allem betrachtet, besitzt Amélie-les-Bains das typische Flair und die typische Infrastruktur eines in die Jahre gekommenen Kurbads: Es gibt kaum moderne Geschäfte, alte Männer sitzen auf Parkbänken und in der Mittagszeit wirkt der Ort mehr als ausgestorben. Interessant ist ein Spaziergang hinüber nach **Palalda**, einem Ortsteil, der seinen mittelalterlichen Charakter weitgehend bewahren konnte und in dem noch eine ansehnliche Burg und ein uraltes Kirchlein stehen. Leider ist das

Schluchtenszenario der Gorges du Mondony nach einem Felssturz aus Sicherheitsgründen auf unbestimmte Zeit nicht begehbar.

Information Office de Tourisme et du Thérmalisme, 22, avenue du Vallespir, B.P. 13, 66112 Amélie-les-Bains, ✆ 0468390198, www.amelie-les-bains.com.

Verbindungen Tgl. rund zehn Busverbindungen mit Perpignan und Céret sowie mit Arles-sur-Tech und Prats-de-Mollo, ✆ 0468 352902. Pendelbusverkehr mit dem Ortsteil Palalda.

Markt Im Sommer tgl. auf der Place de la République.

Veranstaltungen Karfreitagsprozession.

Thermen Place Arago, ✆ 0825826666. www.thermes-amelie.com.

Übernachten & Essen ** Les Bains et les Gorges, direkt neben den Thermalbädern am Eingang zu den Gorges du Mondony. Einfacher Standard mit vorwiegend älterem Publikum wie fast überall in Amélie. Kostenloses WLAN. Zimmer 46–53 € (mit Balkon); Frühstück 6 €. Place Arago, ✆ 0468392902, www.hotel-restaurant-bains-gorges.com.

Au Fin Gourmet, das Schönste an diesem Hotel ist wahrscheinlich die geschwungene Freitreppe mit der großen Terrasse. Bei den Zimmerpreisen von 28 bis 33 € sollte man die Messlatte nicht zu hoch legen. Zusammen mit den älteren Kurgästen kann man hier in eine ganz eigenen Welt eintauchen. Doch wo bekommt man in Frankreich heute noch ein Frühstück für 4 €? 28, rue des Thermes, ✆ 0468390608.

Au Poivre Vert, das Restaurant mit seiner schattigen Terrasse über dem Fluss gehört zu den beliebtesten Adressen in Amélie-les-Bains. Im Sommer sollte man sich einen Platz auf der Terrasse reservieren! Menüs zu 13,90 (mittags) und 25,50 €. Bis auf die Monate Juli und Aug. ist Sonntagabend und Mo geschlossen. Place de la République, ✆ 0468390545.

Arles-sur-Tech

2800 Einwohner

Das aus einem Kloster hervorgegangene Arles-sur-Tech ist ein verträumtes Städtchen mit verwinkelten Gassen und viel historischer Bausubstanz. Wer mit offenen Augen durch die schmucke Altstadt läuft, wird so manchen gotischen Fenstersturz entdecken.

Die Geschichte von Arles-sur-Tech ist eng mit Amélie-les-Bains verbunden: Nachdem die Thermen von Bains-d'Arles von den arabischen Invasoren zerstört worden waren, ließen sich dort im 8. Jahrhundert ein paar aus Spanien geflüchtete Mönche mit ihrem Abt Castellanus nieder und gründeten ein der Jungfrau Maria geweihtes Kloster. Infolge einer Überschwemmung und verunsichert aufgrund der Plünderung durch normannische Seefahrer, beschlossen die Mönche im Jahre 934, ihr Kloster vier Kilometer talaufwärts zu verlegen. Rund um die Abtei, die sich zur zweitreichsten des Roussillon entwickelte, entstand im Laufe der Zeit ein lebhaftes kleines Dorf, dessen Bewohner ab dem 14. Jahrhundert zumeist im Bergbau tätig waren.

Information Office de Tourisme, rue Barjau, 66150 Arles-sur-Tech, ✆ 0468391199, www.ville-arles-sur-tech.fr bzw. www.tourisme-haut-vallespir.com.

Verbindungen Tgl. rund zehn Busverbindungen mit Perpignan, Céret und Amélie-les-Bains sowie Prats-de-Mollo, ✆ 0468 352902. Die Busse halten in der Rue Barjou.

Markt Mittwochvormittag.

Veranstaltungen Am Karfreitag wird die *Procession de la Sanch* abgehalten. Am 30.

Juni beginnt die *Festa Major* und Arles steht drei Tage lang Kopf. Am vorletzten Augustwochenende finden die *Fêtes Médiévales* mit 550 verkleideten Akteuren statt.

Übernachten & Essen ** Les Glycines, das einzige Hotel (Logis) in Arles-sur-Tech – seit über hundert Jahren in Familienbesitz – ist nicht die schlechteste Wahl. Das Restaurant mit seiner herrlichen namensgebenden Glyzinie, die die große Terrasse überrankt, versteht sich auf Grillspezialitäten (*Côte de*

Taureau, Grillée à l'Espagnole), die Menüs kosten 18 und 25 €. Sonntag- und Montagabend geschlossen, im Dez. und Jan. Betriebsferien. Zimmer ab 53 €. 7, rue du Jeu du Paume, ✆ 0468391009, ✆ 0468398302.

Camping ** Le Riuferrer, ein paar hundert Meter außerhalb an der Straße nach Prats-de-Mollo erstreckt sich dieser Platz in schöner Lage direkt am Flussufer. Ganzjährig geöffnet. Mas d'En Plume, ✆ 0468391106, www.campingduriuferrer.com.

Sehenswertes

L'Abbaye Sainte-Marie: Die einstige Abtei ist vollkommen in das Häusermeer eingezwängt. Die Klosterkirche, die man auch über den Kreuzgang betreten kann, besitzt eine schön strukturierte Fassade mit dem thronenden Christus im Tympanon. Die Kirche wurde im 11. und 12. Jahrhundert in Form einer großen Basilika mit Seitenschiffen errichtet. Der luftige Eindruck wird mit durch das hohe Steintonnengewölbe hervorgerufen. Ungewöhnlich ist die Ausrichtung der Kirche: Der Chor zeigt nach Westen! Ein schönes Ensemble stellt auch der Kreuzgang dar, dessen Galerien ein unregelmäßiges Viereck bilden; es handelt sich um den ersten gotischen Kreuzgang im Roussillon. Die Kapitelle sind mit stilisiertem Blattwerk verziert.
Juli und Aug. tgl. 9–19 Uhr, sonst 9–12 und 14–18 Uhr. Achtung: So nur 14–17 Uhr! Eintritt 4 €, erm. 3 €.

Sainte-Tombe: Neben dem Eingang zur Abteikirche steht ein Sarkophag aus Kalkstein, der noch aus westgotischer Zeit (4./5. Jahrhundert) stammt. Er steht im Mittelpunkt eines lokalen Wunders: Aus bis dato unerklärlichen Gründen sammeln sich in dem geschlossenen Sarkophag jedes Jahr mehrere hundert Liter glasklares Wasser, das während des Fest Major an die Bevölkerung verteilt wird.

Umgebung

Gorges de la Fou: Die erst 1928 erforschten Gorges de la Fou gehören zu den spektakulärsten Schluchten im Roussillon. Bis zu 150 Meter ragen die Felswände hoch und lassen an manchen Stellen nur einen extrem schmalen Durchgang frei. Da der Grund fast immer im Schatten liegt, ist ein Spaziergang selbst im Hochsommer eine erfrischende Abwechslung. Einziges Manko: Eine Besichtigung ist nur gegen happigen Eintritt möglich. Mit einem bunten Schutzhelm ausstaffiert, darf man nach Entrichtung des Obolus auf einem befestigten Metallsteg die Gorges de la Fou erkunden.
April bis Sept. tgl. 10–18 Uhr, Okt. und Nov. tgl. 10–17 Uhr. Eintritt 9,50 €, erm. 5 €. www.les-gorges-de-la-fou.com.

Corsavy: Das mittelalterliche Dorf Corsavy trägt den stolzen Beinamen *Balcon du Canigou*. Im Gegensatz zu den Orten im Tal ist Corsavy vom Tourismus noch so gut wie unberührt. Der romanischen Dorfkirche Saint-Martin wurde im 17. Jahrhundert eine zeitgenössische Fassade vorgeblendet.

Montferrer: Eine sehr schöne, eng gewundene Panoramastraße (D 44) führt von Corsavy in das acht Kilometer entfernte Montferrer, wo es gleich drei romanische Kirchen zu bewundern gilt.

Serralongue: Das zu Füßen des Mont-Nègre gelegene Serralongue liegt ebenfalls abseits der Touristenströme. Selbst in der Hochsaison verirren sich nur wenige Fremde in den 200-Seelen-Weiler. Etwas außerhalb des Dorfes steht das schön proportionierte Kirchlein Sainte-Maire, ein einschiffiger romanischer Bau mit Spitztonnengewölbe.

Formvollendeter Kreuzgang: Arles-sur-Tech

Saint-Laurent-de-Cerdans: Dank ihrer ausgedehnten Wälder gilt die Region rund um den 1300-Einwohner-Ort Saint-Laurent-de-Cerdans als Paradies für Pilzsucher. Saint-Laurent selbst liegt am Oberlauf des Quéra, der sich ein schönes grünes Tal geschaffen hat. Wirtschaftlich war neben der Eisenherstellung vor allem die Nähe zu Spanien bedeutend: Teile der Bevölkerung lebten vom Schmuggel über die Pyrenäen. In den 1930er-Jahren kamen dann zunächst zahlreiche Spanier, die vor Francos faschistischem Regime in den Norden flohen, bei Saint-Laurent über die Grenze. Wenig später, im Zweiten Weltkrieg, flüchteten dann die von den Nationalsozialisten Verfolgten in die entgegengesetzte Richtung nach Spanien.

Apropos Spanien: Von den Spaniern kopierte man auch die Herstellung der *Espadrilles*, jener beliebten, aus Hanf und Tuch gefertigten Sommerschuhe. Noch in den 1950er-Jahren arbeiteten in Saint-Laurent-de-Cerdans mehr als tausend Menschen in zehn Fabriken an der Produktion dieser Schuhe. Ein beim Bureau de Tourisme eingerichtetes *Musée de l'Espadrille* informiert über dieser Tradition (auch Verkauf von Espadrilles). Zuletzt noch ein Hinweis für Wasserratten: Der Ort besitzt eines der am schönsten gelegenen öffentlichen Schwimmbäder im gesamten Roussillon. Golfer freuen sich über einen 18-Loch-Platz mit Hotel, das auch Nicht-Golfern offen steht (www.falgos.com)

Bureau Municipal d'Information Touristique, 7, rue Joseph Nivet, 66260 Saint Laurent de Cerdans, ✆ 0468395575, www.ville-saint-laurent-de-cerdans.fr. Markt Samstagvormittag.

Coustouges: Vier Kilometer südöstlich von Saint-Laurent-de-Cerdans liegt dieser kleine Weiler, der vor allem wegen seiner aus dem 12. Jahrhundert stammenden Wehrkirche einen Abstecher lohnt. Wahrscheinlich wurde hier erstmals im Roussillon ein Sakralraum mit einem Kreuzrippengewölbe abgeschlossen. Kunsthistorisch bedeutsam ist auch das aus Travertin gefertigte Westportal in der Vorhalle, welches mit Tier- und Menschenköpfen sowie mit ineinander geschlungenen Blättern und Blumen verziert ist.

Prats-de-Mollo

1100 Einwohner

Prats-de-Mollo begeistert durch seine hervorragend erhaltene Altstadt, die noch gänzlich von einer Stadtmauer umschlossen ist. Hoch über dem mittelalterlichen Marktflecken erhebt sich außerdem eine stattliche Militärfestung.

Einen Spaziergang durch die wunderschöne Altstadt – sie wurde bereits 1987 verkehrsberuhigt und zur Fußgängerzone umfunktioniert – sollte man sich keinesfalls entgehen lassen. Eingerahmt von wehrhaften Stadttoren präsentiert sich der 878 als *Pratis in Vallis Asperis* bezeichnete Ort als ein historisches Gesamtensemble. Prats-de-Mollo geht wahrscheinlich auf eine westgotische Gründung zurück. *Prat* (*pratum*) ist lateinisch und bedeutet „Wiese". Den höchsten Punkt der Stadt markiert die aus dem 17. Jahrhundert stammende Wehrkirche Sainte-Juste-et-Sainte-Ruffine, die noch einen romanischen Glockenturm besitzt.

Wer weiter das Tal der Tech hinauffährt, stößt unweigerlich auf **La Preste**, einen relativ unattraktiven Kurort, der bereits im Jahre 1308 erstmals urkundlich Erwähnung fand. Das aus fünf Quellen sprudelnde 44 Grad Celsius warme Heilwasser verspricht vor allem bei Harnwegs- und Stoffwechselerkrankungen Erfolg. Wer will, kann auch nach Les Estables hinauffahren und den Pic du Canigou von seiner Südflanke aus bezwingen. Die Tour auf der Forststraße hinauf zur Schäferhütte (herrliche Aussicht!) ist allerdings mit einem normalen PKW nicht zu empfehlen.

Information Office de Tourisme, place le Foiral, 66230 Prats-de-Mollo, ℡ 0468397083, www.pratsdemollolapreste.com.

Verbindungen Tgl. rund fünf Busverbindungen mit Arles-sur-Tech und von dort weiter nach Perpignan, Céret und Amélie-les-Bains. Zudem tgl. rund 20 Verbindungen zwischen Prats-de-Mollo und den Kureinrichtungen von La Preste sowie nach Saint-Laurent-de-Cerdans (3-mal tgl.), ℡ 0468352902.

Markt Mittwoch- und Freitagvormittag (Lebensmittel) auf der Place Le Foiral.

Veranstaltungen Beim ersten Vollmond im Februar wird die *Fête de l'Ours* begangen, deren Ursprünge in die graue Vorzeit datieren. Sommerfestspiele am 15. Aug.; *Fête de Transhumance* am 15. Okt.

Post Caserne Mangin.

Lesetipp Soler, Jordi: Das Bärenfest. Knaus Verlag, München 2011. Historisch-literarische Spurensuche in den französischen Pyrenäen, die ihren Ausgang in den Vertreibungen des Spanischen Bürgerkrieges hat.

Schwimmen Schönes öffentliches Freibad direkt unterhalb des Ortes. Nur im Juli und Aug. geöffnet.

Baumkletterzentrum Monto Z'Arbres, faszinierender Kletterparcours zwischen den Bäumen, zudem gibt es eine Via Ferrata und einen adrenalinreichen Space Jump an einer Seilwinde. Nette Bar. Eintritt 22,50 €, Space Jump 5,50 €. Le Galliné Route d'Espagne, ℡ 0468224355, www.montozarbres.com.

Thermen Thermes de La Preste, ℡ 0468 875500, www.laprestelesbains.com.

Übernachten & Essen ** Le Bellevue **1**, dieses Logis-Hotel vor den Toren der Altstadt ist das beste am Ort. Das Restaurant **Bellavista** **1** ist bekannt für eine ansprechende ländliche Küche, so das *Pa amb tomaquet*. Von Restaurantführern gelobt. Gute Weinkarte, Straßenterrasse. Menüs zu 20, 31 und 41 €. Di und Mi Ruhetag. Von Nov. bis Anfang Febr. Betriebsferien. Nette Zimmer für 56–82 € (die teureren Preise beziehen sich auf die vier Zimmer mit Loggia); Frühstück 10 €. Place le Foiral, ℡ 0468397248, www.lebellevue.fr.st.

** Le Costabonne **2**, etwas günstiger und mit vergleichbarem Angebot. Gute katalanische Küche sowie große Salatauswahl, Straßenterrasse. Menüs 13 € (mittags), sonst 15,50, 18,50 und 25 €, ein Viertel offener Hauswein kostet 2,50 €. Ganzjährig geöffnet. Zimmer mit nach Ausstattung 52–55 €; Frühstück 6 €. Place le Foiral, ℡ 0468 397024, http://hotel.lecostabonne.free.fr.

Prats-de-Mollo

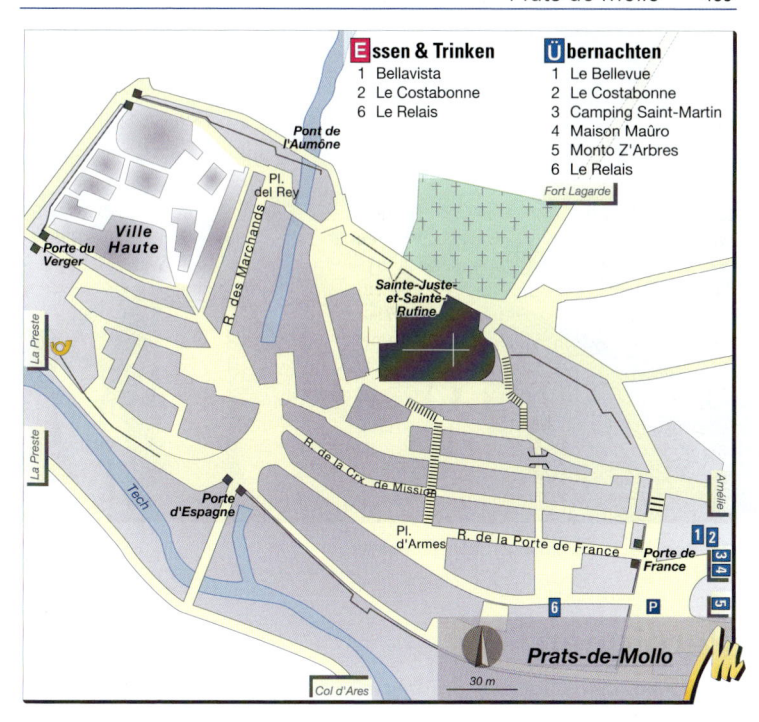

Essen & Trinken
1 Bellavista
2 Le Costabonne
6 Le Relais

Übernachten
1 Le Bellevue
2 Le Costabonne
3 Camping Saint-Martin
4 Maison Maûro
5 Monto Z'Arbres
6 Le Relais

* **Le Relais** 6, mitten im Herzen der Altstadt. Das Restaurant besitzt einen altertümlichen Speisesaal und eine beschauliche Terrasse an einem stimmungsvollen Platz. Serviert werden durchschnittliche Menüs zu 16 € (mittags), 20, 24 und 26 €. WLAN. Eines der unspektakulären Zimmer kostet 51,40 €, EZ ab 40 €. Place de la Marie, ☎ 0468397130, www.hostellerielerelais.com.

Maison Maûro 4, am Rande der Altstadt werden in einem schmucken Haus mit Garten drei Zimmer und eine Suite vermietet. Charmant und mit viel Flair. DZ 85–120 € inkl. Frühstück. Abendessen ab 30 €. 1, rue du Jardin d'enfants, ☎ 0614626321, www.maisonmauro.fr.

Monto Z'Arbres 5, die Betreiber eines Kletterparcours vermieten ein Baumhaus für bis zu 4 Pers. Toll eingerichtet mit Terrasse, allerdings ohne Bad oder WC (5 Fußmin. entfernt). Als DZ 100 € inkl. Frühstück. Route d'Espagne, ☎ 0468224355, www.montozarbres.com.

Camping ** **Saint-Martin** 3, netter Platz linker Hand vor dem Ortseingang. Mit viel Schatten, Tennis und Pool. Von April bis Okt. geöffnet. Avenue du Haut Vallespir, ☎ 0468397740, www.camping-saintmartin.fr.

Sehenswertes

Fort Lagarde: Wie könnte es anders sein? Auch diese mächtige Festung wurde Ende des 17. Jahrhunderts von Vauban geplant und diente der Sicherung der französischen Grenze zu Spanien. Von der im Norden der Stadt gelegenen Porte de la Fabrique gelangt man zu Fuß in einer knappen halben Stunde hinauf zum Fort.
Juli und Aug. tgl. 10–13 und 14–17.30 Uhr, April bis Juni sowie Sept. und Okt. tgl. 14–17.30 Uhr. Eintritt 3,50 €, erm. 2,50 €.

Auf dem Dach des einstigen Königspalastes

Perpignan

118.000 Einwohner

Perpignan, die Hauptstadt des Département Pyrénées-Orientales, ist mit 118.000 Einwohnern die südlichste Großstadt Frankreichs. In den Gassen und Cafés ist das katalanische Flair allgegenwärtig – kein Wunder gehört doch Perpignan erst seit knapp 350 Jahren zu Frankreich.

Perpignan ist neben Barcelona bis heute das wichtigste Zentrum Kataloniens. Die mentalen und kulturellen Gemeinsamkeiten, die sich über Jahrhunderte hinweg entwickelt haben, sind in der Sprache und im Alltag noch immer zu spüren, beispielsweise wenn der *Sardana*, ein katalanischer Volkstanz, an warmen Sommerabenden in der Altstadt getanzt wird. Die Nähe zu Spanien wird auch an den Temperaturen deutlich: Perpignan ist nicht nur die heißeste Stadt Frankreichs, sondern auch diejenige mit den geringsten Niederschlägen.

Aufgrund der Nähe zu Spanien ist Perpignan außerdem ein wichtiges Einkaufs- und Verwaltungszentrum sowie ein bedeutender Umschlagplatz für Obst, Gemüse und Wein. In den letzten hundert Jahren hat sich die Bevölkerung vervierfacht. Vor allem die Spanier, die nach dem Bürgerkrieg vor Francos Diktatur in den Norden flohen, haben entschieden zu dem Aufstieg Perpignans beigetragen. In den 1960er-Jahren kamen bedingt durch den Algerienkrieg noch Tausende von nordafrikanischen Einwanderern hinzu. Diese Zuwanderung sprengte auch das traditionelle Stadtgefüge. Westlich des historischen Zentrums entstanden neue Wohnviertel, das vermögende alteingesessene Bürgertum zog in die Neustadt, während die wenig komfortablen Wohnungen im östlichen Teil des historischen Zentrums den Immigranten und sozial Schwachen „überlassen" wurden. Einen satten Farbakzent setzen die begrünten Ufer, die sich zu beiden Seiten des Kanals der Basse – ein kleiner

Zufluss der Têt – hinziehen. Positiv auf das städtische Leben ausgewirkt haben sich mehrere Neubaumaßnahmen, darunter die Umgestaltung der Place Catalogne. Zwischen dem Boulevard Georges Clemençeau und der Altstadt haben sich edle Möbel- und Einrichtungsgeschäfte wie Bulthaupt-Küchen und Bang & Olufson niedergelassen. Auch das hässliche Parkhaus auf der Place de la République wurde 2004 abgerissen und durch eine Tiefgarage ersetzt, um dem Platz sein ursprüngliches Aussehen wiederzugeben.

Das touristische und geschäftliche Treiben spielt sich in dem imaginären Dreieck zwischen der Place Arago, Le Castillet und der Kathedrale – Letztere ist übrigens ein typisches Beispiel für die südfranzösische Gotik – ab, das sich bequem zu Fuß erkunden lässt. Eine Besichtigung der Altstadt sollte am alten Stadttor, Castillet genannt, beginnen. Das Grand Café de la Poste auf der Place de Verdun bietet sich an, um erst mal in Ruhe einen Kaffee zu trinken, bevor man in Richtung Loge de Mer durch Perpignan schlendert. Die zahlreichen Cafés und Restaurants weisen bereits daraufhin, dass hier abends auch ein großer Teil des Nachtlebens stattfindet. Beachtung verdient auch die Bautradition: Es wurde bevorzugt mit rund geschliffenen Kieseln und roten Backsteinen gearbeitet, wobei sich beide Materialien schichtweise abwechseln, wie bei der Kathedrale deutlich zu sehen ist.

Das auf einer kleinen Anhöhe gelegene Quartier Saint-Jacques bietet ein deutliches „Kontrastprogramm" zur touristischen Altstadt: Zahlreiche Algerier, Tunesier sowie Sinti und Roma leben in den Gassen rund um die Kirche Saint-Jacques: Männer trinken ihren *thé à la menthe* im „Café Tanger" aus gläsernen Tassen, daneben sitzen alte Frauen vor offenen Haustüren, aus denen der Fernseher schallt, während Kinder und Hunde ausgelassen durch die Straßen tollen. Die heruntergekommene Place de Puig ist der informelle Treffpunkt des Viertels. Wer sich einen Gesamteindruck von Perpignan verschaffen will, darf diesen Blick in den Hinterhof der katalanischen Metropole nicht aussparen. Für viele Einheimische sind die Zustände hier ein Dorn im Auge: Die Rattenfänger von Jean-Marie Le Pens Partei Front National gewinnen in Perpignan deutlich mehr Stimmen als im Landesdurchschnitt.

Noch ein Lesetipp: Der Nobelpreisträger *Claude Simon* hat als Schüler in Perpignan gelebt. In seinem im hohen Alter geschriebenen Roman „Le Tramway" (dt. „Die Trambahn") erinnert er sich an seinen Schulweg mit der Straßenbahn von der Küste bis zum Stadtzentrum und vollzieht dabei im erzählerischen Pendelverkehr eine Synthese zwischen Jugend und Todeserwartung.

Geschichte

Perpignans Ursprünge waren sehr bescheiden: In der Römerzeit stand am Südufer des Têt nur ein Landsitz, die *Villa Perpinianum*. Die eigentliche Geburtsstunde schlug im frühen 10. Jahrhundert, als die von den Karolingern eingesetzten Grafen von Roussillon auf der Anhöhe eine Burg errichteten. Eine kleine Ansiedlung entstand, die sich im Laufe der nächsten Jahrhunderte zu einem regionalen Marktplatz entwickelte, dessen Maße und Gewichte zum Eichmaß für die gesamte Region werden sollten. Der bescheidene wirtschaftliche Wohlstand basierte vor allem auf dem Stoffhandel mit Flandern. In Ermangelung eines Nachfolgers fiel die Stadt 1172 an Alfons II., seines Zeichens Graf von Barcelona und König von Aragon – damit waren die Weichen gestellt. Die große Blütezeit setzte im letzten Viertel des 13. Jahrhunderts ein: Von 1276 bis 1344 war Perpignan die Hauptstadt des Königreichs Mallorcas. Jakob der Eroberer, hatte sein Königreich Aragon unter seinen beiden Söhnen aufgeteilt: Jakob II. erhielt Mallorca und das Roussillon. Auf der

Mit religiöser Inbrunst: Die Karfreitagsprozession von Perpignan

Zu keinem anderen Zeitpunkt sind die spanischen Wurzeln Perpignans deutlicher als während der Karwoche. Am Karfreitag findet ein wahrhaft mittelalterliches Szenario statt. Eine faszinierende Atmosphäre herrscht, wenn der *Regidor* genannte Anführer der Prozession um 15 Uhr an der Eglise Saint-Jacques seine Eisenglocke schlägt und drei kräftige Trommelwirbel den Beginn des Marsches ankündigen. Männer mit scharlachroten oder schwarzen Kutten und spitzen Kapuzenhüten tragen den *Devôt Christ* mit den Leidenswerkzeugen durch die Straßen. Nur ihre Pupillen funkeln durch die Sehschlitze. Die Frauen, die den Zug begleiten, tragen schwarze Kopftücher und Gewänder. Frömmigkeit und Lebenslust, diszipliniertes Schweigen und spontane Fröhlichkeit liegen nahe beieinander. Untermalt von den *Goigs*, religiösen Klageliedern, sowie Handglocken und Trommelschlägen werden die lebensgroßen *Misteri* durch die Straßen getragen. Das Ziel der von Tausenden von Schaulustigen verfolgten Prozession ist eine kleine Seitenkapelle der Kathedrale, in der die Holzskulptur *Devôt Christ* aufbewahrt wird. Anschließend kehrt die Prozession in einer weiten Schleife wieder zu ihrem Ausgangspunkt zurück.

Eindrucksvolle Prozession

Die Anfänge der Karfreitagsprozession datieren ins Jahr 1417: Angeregt von der Heiligblutbruderschaft *La Sanch*, die sich um das Seelenheil der Gefangenen und der zum Tode Verurteilten kümmerte, fand erstmals ein Bußumgang statt. Die Prozessionsteilnehmer wollten die Leiden Christi am eigenen Leib erfahren und nacherleben, indem sie sich blutigen Ritualen der Selbstgeißelung unterwarfen. Die spitzen Mützen der Mäntel, die das Gesicht der Büßer bis auf zwei Augenschlitze vermummen, waren übrigens eine Reaktion der Gläubigen auf ein Verbot des Papstes im 14. Jahrhundert. Das Kirchenoberhaupt hatte damals die öffentliche Sühne verboten. Mit der Vermummung versuchte man dies zu umgehen. Im Barockzeitalter entwickelte sich der Umzug zu einer glanzvoll inszenierten Schauprozession, erst der Geist der Aufklärung setzte dem Treiben ein vorläufiges Ende. Die heutige Prozession wurde im Jahre 1950 von der Sanch-Bruderschaft – sie engagiert sich inzwischen für Kranke, Alte und Gefangene – erneut ins Leben gerufen und ist inzwischen längst wieder ein fester Bestandteil der örtlichen Kultur geworden, der natürlich auch touristisch ausgeschlachtet wird.

Perpignan

Suche nach einer Hauptstadt auf dem Festland, fiel sein Blick auf das kleine Perpignan, das sich innerhalb weniger Jahrzehnte in eine prachtvolle Residenzstadt verwandelte. Ein standesgemäßer Königspalast wurde errichtet und eine neue Mauer um die sich stetig vergrößernde Stadt gezogen. Einen schmerzlichen Einschnitt erlebte Perpignan, als das Königreich Mallorca am 15. Juli 1344 durch politisch-militärischen Druck wieder an das Stammhaus Aragon zurückfiel und nun nur noch als zweite königliche Hauptstadt fungierte. Gewissermaßen als Ausgleich erhielt Perpignan 1349 sogar eine Universität, die ihren Lehrbetrieb bis zur Französischen Revolution ausführte. Der Glanz war dennoch gebrochen: Während sich die spanischen Könige immer weniger um das Roussillon kümmerten, wuchs das französische Interesse: Die Eroberung und Besetzung durch die Truppen Ludwig XI. währte 1475 zwar nur für zwei Jahrzehnte, doch nahm das Ereignis die politischen Veränderungen in gewisser Weise vorweg. Innerspanische Konflikte ausnützend, belagerten die Franzosen in den letzten Jahren der Regierungszeit Ludwig XIII. 1641 Perpignan erneut erfolgreich. Nicht nur die Stadt Perpignan, sondern der gesamte nördlich der Pyrenäen gelegene Teil Kataloniens wurde nun von den Franzosen besetzt. Mehrfach kam es anschließend zu kriegerischen Auseinandersetzungen, bis durch den Pyrenäenfrieden von 1659 schließlich Fakten geschaffen wurden: Perpignan und das Roussillon fielen an die französische Krone, die Pyrenäen waren zur „natürlichen" Grenze des Königreichs geworden. Als nach der Französischen Revolution eine Verwaltungsreform umgesetzt und das Land in Départements aufgeteilt wurde, erhielt Perpignan den Titel einer Hauptstadt des Département Pyrénées-Orientales.

Basis-Infos

Information Office de Tourisme et des Congrès, Palais des Congrès, place Armand Lanoux, B.P. 215, 66002 Perpignan Cédex, ✆ 0468663030, www.perpignantourisme.com.

Konsulat Deutsches Honorar-Konsulat, 3, avenue des Palmiers, ✆ 0468356084.

Verbindungen Flugzeug: Von dem kleinen, 6 km nördl. der Stadt gelegenen Flughafen Perpignan-Rivesaltes (✆ 0468526070) bestehen tgl. Flugmöglichkeiten nach Paris, Lyon und Strasbourg. **Zug:** Der SNCF-Bahnhof liegt am Ende der Avenue du Général de Gaulle, etwa 20 Fußmin. westl. der Altstadt, ✆ 3635. Zugverbindungen mit Spanien, Montpellier, Narbonne, Nîmes und Avignon (jeweils mind. 10-mal tgl.) sowie in die nähere Umgebung nach Salses, Argelès, Banyuls, Elne, Cerbère (ebenfalls mind. 10-mal tgl.), nach Carcassonne (5-mal tgl.), Toulouse (1-mal tgl.) sowie nach Ille-sur-Têt, Prades und Villefranche-de-Conflent (ca. 6-mal tgl.). **Bus:** Der Busbahnhof (*Gare routière*) liegt an der Avenue Général-Leclerc, 5 Min. nördlich des Zentrums, ✆ 0468808080. Busverbindungen mit Ille-sur-Têt (12-mal tgl.) und weiter nach Prades, Villefranche und Vernet-les-Bains (ebenfalls 12-mal tgl.), nach Mont-Louis und Font-Romeu (1- bis 4-mal tgl.), nach Arles-sur-Tech und Amélie-les-Bains (10-mal tgl.) und Prats-de-Mollo (8-mal tgl.), nach Céret (stündl.), Banyuls, Collioure und Port-Vendres (jeweils 8-mal tgl.) sowie nach Salses (4-mal tgl.) und Tautavel (2-mal tgl.). Zudem existiert ein dichtes Netz städtischer Buslinien (Tickets ab 0,99 €), beispielsweise halbstündl. mit Canet Plage.

Parken Es gibt rund um die Altstadt mehrere gut ausgeschilderte Parkplätze und Parkhäuser, so am Place Arago.

Fahrradverleih Véloland, Chemin de la Fauceille, ✆ 0468081999, veloland66.over-blog.com. Cycles Mercier, 20, avenue Gilbert Brutus, ✆ 0468850271, www.bouticycle.com.

Autoverleih Sixt, 48, avenue du Général de Gaulle, ✆ 0468356284. www.sixt.fr.

Stadtführungen Über das vielseitige Programm informiert das Office de Tourisme.

Veranstaltungen Nicht versäumen sollte man an Ostern während der *Semaine Sainte* die berühmte Karfreitagsprozession sowie das ebenfalls in der Karwoche stattfindende *Festival de musique sacrée*. Ebenfalls recht farbenprächtig wird alljährlich der Karneval gefeiert. Am 23. April hat der katalanische Nationalheilige San Jordi seinen großen Tag. *Estivales*: Der Juli ist der Monat des Tanzes und der Musik (über das Programm von Estivales kann man sich auch im Internet informieren: www.estivales.com). Zudem werden im Juli und Aug. jeden Donnerstagabend Tänze in der Altstadt aufgeführt, ein musikalisches Beiprogramm darf ebenfalls nicht fehlen. Ab Ende August findet zwei Wochen lang das Internationale Festival der Fotoreportage (*Visa pour l Image*) mit zahlreichen kostenlosen (!) Ausstellungen und weiterem Rahmenprogramm statt, wobei man auch Zutritt zu sonst verschlossenen historischen Gebäuden hat (www.visapourlimage.com). An den letzten beiden Oktoberwochenenden geben Jazzmusiker beim *Jazzebre* Kostproben ihres Könnens. Wer Weihnachten in der Stadt weilt, kann erleben, dass das Fest gemäß der katalanischen Tradition begangen wird.

Märkte Tgl. außer Mo von 7.30–13.30 Uhr auf der Place de la République sowie auf der Place Cassanyes/Boulevard Anatole France.

Zudem wird Samstagvormittag ein Biomarkt auf der Place Rigaud abgehalten. ■

Am Sa findet ein Trödelmarkt auf den Allées Maillol sowie im Parc des Expositions statt.

Einkaufen Bio-Lebensmittel gibt es in der Epicerie Bio, 1, rue Amiral Barrera. ■

Don Jamon 27, ein Paradies für Liebhaber von exklusivem Schinken. Zahlreiche traditionelle, hochwertige Ibérico-de-Bellota-Schinken werden hier auch in kleinen Portionen verkauft. Di–Sa 10–19 Uhr. 2, rue des Augustins, 0411649026, www.donjamonbellota.com. ■

》》 Mein Tipp: Maison Quinta 6, auf drei Etagen gibt es allerlei katalanisches Dekor sowie Einrichtungsgegenstände und einige Delikatessen. Di–Sa 9.45–12 und 14.15–19 Uhr. 3, rue Grande des Fabriques. www.maison-quinta.com. 《《

Kino Castillet, 1, boulevard Wilson, das angeblich älteste erhaltene Kino Frankreichs wurde zu einem modernen Komplex mit acht Sälen (0468512547) ausgebaut; Centre Ville (0468511384) sowie Rive Gauche (0468510500), beide am Quai Vauban. www.cine-movida.com/castillet.

Schwimmen Espace Aquatique mit 50-Meter-Bahn, Parc des Sports in der Avenue de Villeneuve, 0468662460, www.espace-aquatique.com.

Rollmops oder Stockfisch?

Perpignan

Übernachten → Karte S. 492/493

Perpignan besitzt ein großes Angebot an preiswerten Unterkünften. Sieht man einmal von den zahlreichen an den Autobahnen und Landstraßenzufahrten gelegenen Billighotelketten ab, so finden sich rund ein Dutzend günstiger Hotels im Zentrum. Deren einziges Problem ist der Mangel an Parkplätzen.

Hotels **** La Villa Duflot **30**, das an einer Ausfallstraße im Süden der Stadt gelegene Hotel ist die einzige Vier-Sterne-Herberge von Perpignan. Die großzügigen modernen Zimmer sind mit ausgesuchtem Mobiliar bestückt (Pool und Garten vorhanden). Gourmetrestaurant. Menüs ab 31 €. WLAN. Geräumige Zimmer ab 165 €; Frühstück 15 €. Rond-Point Albert Donnezan, ✆ 0468 566767, www.villa-duflot.com.

*** **Park Hôtel** **15**, am Rande der Altstadt gegenüber einem Park (Square Bir-Hakeim) gelegen, bietet das moderne Hotel recht komfortable Zimmer, die im Stil der katalanischen Renaissance eingerichtet sind. Zudem ist jedes Zimmer mit einem Teekocher samt Tee und löslichem Kaffee ausgestattet. Kostenloses WLAN. DZ je nach Größe 56–110 €; Frühstücksbuffet 8,50 €. 18, boulevard Jean-Bourrat, ✆ 0468351414, www.parkhotel-fr.com.

»» Mein Tipp: *** **Château La Tour Apollinaire** **1**, diese traumhafte Belle-Epoque-Villa rund 15 Fußminuten nördlich des Zentrums eignet sich auch für einen längeren Aufenthalt, da die Appartements und Zimmer – sie sind in verschiedenen Stilrichtungen von traditionell bis modern eingerichtet – über eine voll ausgestattete Küche verfügen. Die Besitzerin kümmert sich liebevoll um ihre Gäste und hilft auch gerne mit Essentipps weiter. Umgeben ist das Anwesen von einem herrlichen Garten samt Pool. Kostenlos: WLAN und Parkplätze. Die sechs Appartements und 13 Zimmer kosten je nach Saison und Aufenthaltszeit zwischen 90 und 150 € (Zimmer) bzw. 230–390 € (Appartement); Frühstück auf Wunsch 15 €. 15, rue Guillaume Apollinaire, ✆ 0468 644572. www.latourapollinaire.com. **«**

**** **Mercure** **3**, am Rande der Altstadt wird hinter einer bunten Fassade standardisierter Komfort zu annehmbaren Preisen geboten. WLAN. EZ ab 111 €, DZ 124–140 €; Frühstück 14,50 €. 5 bis, cours Palmarole, ✆ 0468356766, www.mercure-perpignan-centre.com.

** **Le Mondial** **5**, angenehmes, sehr freundlich geführtes Hotel zwischen Busbahnhof und historischem Zentrum. Im Treppenhaus dominieren blaue und gelbe Töne. Allen Gästen steht eine Sonnenterrasse im fünften Stock zur Verfügung. Die Zimmer zitieren exotische Motive, ruhig, aber im Sommer leider sehr heiß, sind diejenigen zum Hinterhof, Nr. 48 und 56 besitzen sogar einen kleinen Balkon. Kostenloses WLAN. DZ je nach Ausstattung 52–72 €; Frühstück 6 €. 40, boulevard Clémenceau, ✆ 0468342345, www.hotel-mondial-perpignan.com.

** **Hôtel de la Loge** **11**, absolut empfehlenswerte Adresse im Herzen der Altstadt: in einer schmalen Gasse, nur einen Steinwurf von der Place de la Loge entfernt. Inmitten der Eingangshalle des aus dem 16. Jh. stammenden Bürgerhauses steht ein kleiner Springbrunnen. Es fällt schwer, in dieser Preisklasse in Perpignan ein besseres Hotel zu finden. WLAN. DZ 65–85 €; Frühstück 8 €. 1, rue Fabriques d'en Nabot, ✆ 0468344102, www.hoteldelaloge.fr.

** **La Cigale** **29**, am Altstadtring unterhalb des Saint-Jacques-Viertels. Kostenloses WLAN. Mit 58–69 € für das Doppelzimmer je nach Ausstattung und Saison keine schlechte Wahl; Frühstück 6,80 €. 78, boulevard Jean Bourrat, ✆ 0468502014, www.hotel-cigale-perpignan.com.

Chambres d'hôtes Le Crocodile Rouge **18**, mitten in der Altstadt, am Ende einer Sackgasse, werden vier modern eingerichtete Gästezimmer vermietet. Zimmer für 75–90 € inkl. Frühstück. 14, impasse des Cardeurs, ✆ 0971297759.

Jugendherberge Auberge de Jeunesse **4**, kleine Herberge – eine der ältesten Jugendherbergen Frankreichs – mit 49 Betten, die sich zumeist in 4- bzw. 8-Bett-Zimmern befinden. Von Nov. bis März geschlossen. Übernachtung mit Frühstück ab 18,50 €. Parc de la Pépinière, avenue de La Grande-Bretagne, ✆ 0468346332, www.fuaj.org/perpignan.

Übernachten
1. Château La Tour Apollinaire
3. Mercure
4. Jugendherberge
5. Le Mondial
11. Hôtel de la Loge
15. Park Hôtel
18. Le Crocodile Rouge
29. La Cigale
30. La Villa Duflot

Nachtleben
21. Républic Café

Einkaufen
6. Maison Quinta
27. Don Jamon

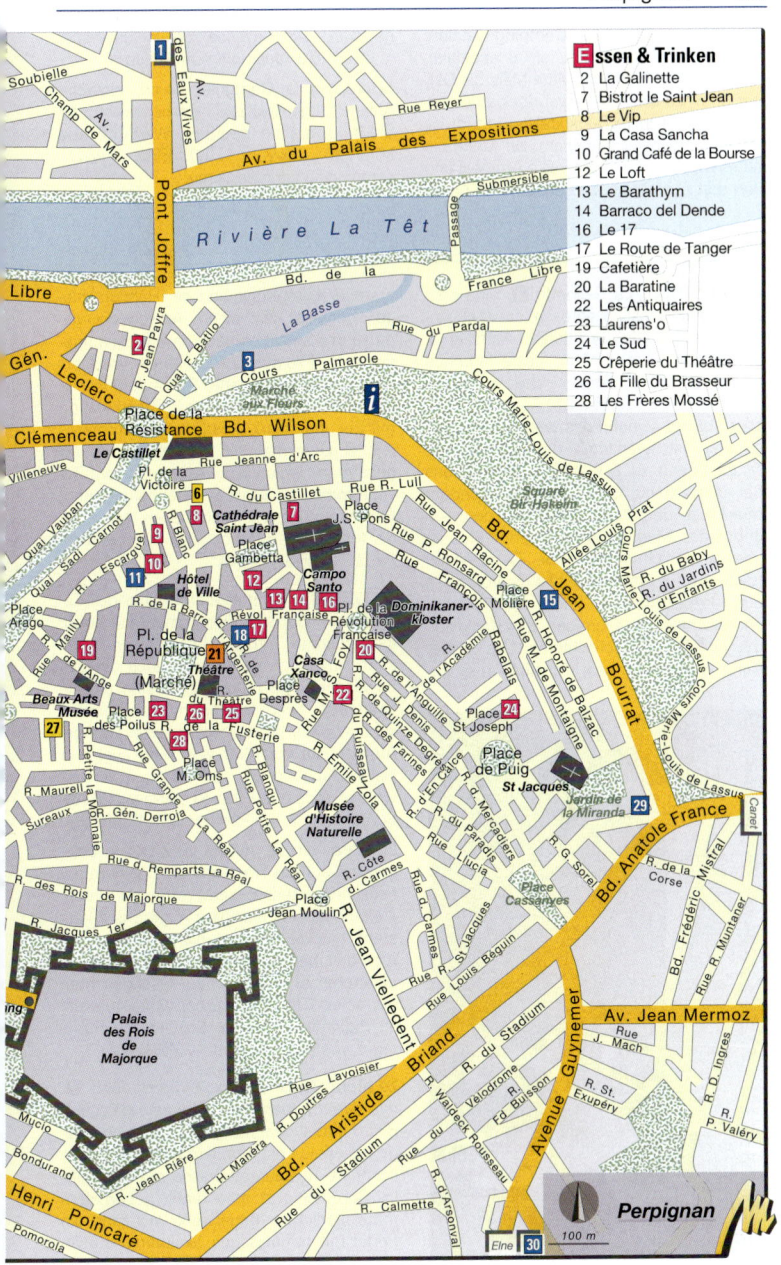

Essen & Trinken

2 La Galinette
7 Bistrot le Saint Jean
8 Le Vip
9 La Casa Sancha
10 Grand Café de la Bourse
12 Le Loft
13 Le Barathym
14 Barraco del Dende
16 Le 17
17 Le Route de Tanger
19 Cafetière
20 La Baratine
22 Les Antiquaires
23 Laurens'o
24 Le Sud
25 Crêperie du Théâtre
26 La Fille du Brasseur
28 Les Frères Mossé

Perpignan

Roussillon und Pyrenäen → Karten S. 446/447 und 501

Camping ** Roussillon Camping Catalan**, 8 km nordöstl. der Stadt, ein unspektakulärer Platz mit Pool, von Mitte März bis Okt. geöffnet. Es existieren zwar noch zwei einfache Zeltplätze im Dunstkreis der Stadt, allerdings erscheint es ratsam, zur Küste hin auszuweichen (beispielsweise Argelès) und von dort Ausflüge nach Perpignan zu unternehmen. 3252, avenue de la Salanque, ℡ 0468621692, wcamping-catalan.com.

* **Camping la Garrigole**, kleine, einfache Anlage (21 Stellplätze), 5 km nordwestl. der Stadt, ganzjährig geöffnet. WLAN. 2, rue Maurice Lévy, ℡ 0468546610. www.camping-la-garrigole.zz.mu.

Essen & Trinken   → Karte S. 492/493

>>> **Mein Tipp: La Galinette** 2, eine erstklassige kulinarische Adresse (ein Michelin-Stern!) am Rande der Altstadt. Auffällig ist bereits, dass in dem großen, pastellfarbenen Speisesaal viele Einheimische zu finden sind. Das Menü zu 68 € ist zwar nicht billig, aber absolut seinen Preis wert (spektakulär günstig ist werktags das dreigängige Mittagsmenü zu 23 €)! Man hat übrigens bei dem Menü keine Auswahl, sondern muss sich dem Küchenchef und dem Angebot des Marktes anvertrauen – dies ist aber sicherlich kein Fehler. Beim Menü folgte ich dem Amuse Bouche die Vorspeise mit Gazpacho und einem gedünsteten Thunfischfilet, danach gab es Stockfisch mit gefüllten Zucchiniblüten. Als dritter Gang wurden ein paar Scheiben rosa gebratener Entenbrust und ein Hühnerschlegel, begleitet von einem Artischockengemüse und selbst gemachten Ravioli, aufgetischt. Und zu guter Letzt gab es zwei Desserts: eine traumhafte Schokoladenvariation und anschließend eine Erdbeerkreation mit Eis und Quark. Köstlicher und umfangreicher kann man für diesen Preis in der gesamten Region wohl kaum speisen! Zuvorkommender Service, Reservierung empfohlen. So und Mo geschlossen. Mitte Juli bis Mitte Aug. Betriebsferien. 23, rue Jean-Payre, ℡ 0468530090. <<<

Le Loft 12, in unmittelbarer Nähe der Cathédrale findet sich dieses moderne Lokal, die schattige Terrasse bietet einen herrlichen Ausblick – das wissen auch die Einheimischen, die unter den Gästen glücklicherweise noch immer in der Mehrheit sind. Abends herrscht im Inneren Lounge-Atmosphäre vor. Wer will, kann auch nur kleine Häppchen zu sich nehmen: Serviert werden Pizza und Pasta. Kostenloses WLAN. So Ruhetag. 2, rue Fontfroide, ℡ 0468668874.

Le Barathym 13, mitten im Zentrum gelegen, erfreut das Restaurant mit seinem puristischen Interieur samt offenem Bruchsteinmauerwerk auch das Auge. Die Küche steht glücklicherweise nicht dahinter zurück und begeistert mit einer raffiniert zubereiteten Entenbrust oder Fischgerichten wie einem Steinbutt (*Turbot*). Gute Auswahl an regionalen Weinen. So und Mo Ruhetag. 7, rue des Cardeurs, ℡ 0468344840.

>>> **Mein Tipp: Bistrot le Saint Jean** 7, das direkt neben der Cathédrale gelegene Bistro bietet nicht nur gute und preisgünstige regionale Kost, sondern besitzt auch die schönste Restaurantterrasse in Perpignan: Im Sommer sitzt man direkt neben dem mittelalterlichen Mauerwerk und kann ein Portal mit romanischen Skulpturen studieren. Serviert werden katalanische Spezialitäten, lecker ist die Vorspeise *Grande*

Bistro in Saint Jean

ardoise Catalane mit Serranoschinken und Manchegokäse, magenfüllend das 500 g schwere *Côte de Veau des Pyrénées*. So Ruhetag, in der NS auch Mo geschlossen. 1, cité Bartissol, ℅ 0468512225. www.lesaintjean.com. ⋘

La Casa Sancha 9, das in einer engen Gasse – die Architektur ist typisch für das mittelalterliche Perpignan – gelegene Restaurant wurde 1846 eröffnet und genießt längst einen Klassikerstatus. Mit anderen Worten: der ideale Ort, um sich mit der katalanischen Küche vertraut zu machen. Die mit bunten Stierkampfplakaten tapezierten Räumlichkeiten haben viel Flair und auch die kleinen, eng aneinander stehenden Tische sorgen für eine angenehme Atmosphäre. Im Sommer sitzt man an einfachen Metalltischen inmitten der einstigen Handwerkergasse. Zur lukullischen Einstimmung wird stets ein ausgesprochen leckeres *Aïoli* gereicht. Gut ist der Stockfisch (*Morue catalane*). Preisgünstig ist das Mittagsmenü (14,90 €, andere Menüs ab 24,90 €), für ein durchschnittliches Hauptgericht muss man mindestens 20 € veranschlagen. Der Service ist allerdings etwas nachlässig. So und Mo Ruhetag. 3, rue Fabriques d'en Nadal bzw. Fabriques couvertes, ℅ 0468342184.

Le Sud 24, im Herzen des von Arabern und Romas dominierten Viertels gelegen, werden hier mediterrane Köstlichkeiten zubereitet und in einem aparten Innenhof mit Bäumen serviert. Die Gäste – häufig eine Art Szenepublikum – haben die Qual der Wahl zwischen orientalischen und katalanischen Spezialitäten. A la carte kostet ein Hauptgang, beispielsweise *Tajine de poulet au citron confit* mit Polenta, ab 15 € aufwärts. Im Angebot auch zahlreiche vegetarische Gerichte. Achtung: Das Restaurant hat nur Mi bis Sa geöffnet, von Okt. bis März ist es ganz geschlossen (Betriebsferien). 12, rue Louis-Bausil, ℅ 0468345571.

Le Route de Tanger 17, eine gute Adresse für Liebhaber der marokkanischen Küche. Unterstrichen durch das arabische Dekor werden traditionelle Gerichte wie *Couscous* oder *Tajines* serviert. Unser Tipp: *Couscous royal*e mit Lamm und Hühnchen. Hauptgerichte um die 20 €. So und Montagmittag geschlossen. 1, rue du Four Saint-Jean, ℅ 0468510757.

Les Antiquaires 22, seit mehr als drei Jahrzehnten gehört das Restaurant zum kulinarischen Inventar der Stadt. Geboten wird klassische französische Küche mit regionalen Akzenten. Man tafelt mit Silberbesteck. Ein Beispiel: *Medaillons de lotte à la crème de gambas*. Leser lobten den Nachtisch. Menüs zu 25, 35 und 45 €. Sonntagabend und Mo Ruhetag, zwei Wochen Anf. Juli Betriebsferien. Place Després, ℅ 0468 340658, www.lesantiquairesperpignan.fr.gd.

Les Frères Mossé 28, altertümliches Bistroambiente mit einfachen Holztischen. Serviert wird traditionelle französische Küche, als Spezialität des Hauses gilt das *Poulet Mossé* mit Karamellsoße und Rosinen. Abends gelegentlich Konzerte. Mittagsmenü 15 €, Hauptgerichte 15–20 €, ein Viertel Wein 5 €. So und Mo Ruhetag. 14, rue de la Fusterie, ℅ 0468806331.

Le 17 16, beliebtes Bistro in einem rot getünchten Haus. Angenehmes Ambiente mit Straßenterrasse mitten in der viel frequentierten Rue de la Revolution Française. *Plat du Jour* 9 €. So Ruhetag. 17, rue de la Revolution Française, ℅ 0468385682.

Le Vip 8, eine vor allem auch bei Einheimischen beliebte Adresse, die sich hier an einer *Lotte rôti* oder *Sauris d'agneau* erfreuen. Große Straßenterrasse. Menü zu 27 €. Samstagmittag, Sonntag und Montagabend geschlossen. 4, rue Grande des Fabriques, ℅ 0468510230.

⋙ Mein Tipp: **La Baratine** 20, ein einfaches Bistro an einem wunderschönen Platz mit Brunnen. Das Ambiente ist eher einfach, bei schönem Wetter stehen sowieso alle Stühle auf der Straßenterrasse, die dann zum Wohnzimmer wird. Zu Essen gibt es neben Menüs (17 €, abends 21 €) auch einfache Häppchen wie Manchegokäse oder Gazpacho. 1, place de la Revolution Française, ℅ 0468628327. ⋘

Barraco del Dende 14, beliebte brasilianische Restaurantkneipe mit vielen Einheimischen. Zu trinken gibt es Cocktails und Weine in einem lockeren Ambiente. Mittagsmenü 15 €. Samstagabend, So und Mo Ruhetag. 1, rue Four St Jean, ℅ 0468510757.

Laurens'o 23, der Besitzer hat sich mit einer Pizzeria in Canet-Plage einen guten Ruf erworben. Darauf aufbauend hat er nun im Stadtzentrum ein Restaurant mit Schwerpunkt auf italienischen Nudelgerichten eröffnet. Preislich besonders attraktiv ist das Mittagsmenü zu 17 €, abends 32 €. Buntes Interieur, kleine Straßenterrasse. So und Mo Ruhetag. In den Sommermonaten ist auch eine Pizzeria in Canet-Plage geöffnet. 5, place Poilus, ℡ 0468346666, www.laurenso.com.

🌿 **Crêperie du Théâtre** 25, diese kleine Crêperie bietet ausschließlich Produkte aus biologischem Anbau und Fair Trade an. Mittags gibt es für 12,50 € ein Menü mit Galette, Crêpe und einem Getränk. Ministraßenterrasse. So und Mo Ruhetag. 12, rue du Théâtre, ℡ 0468342906, www.creperie-du-theatre.fr. ∎

La Fille du Brasseur 26, sehr ansprechende moderne Konditorei mit tollem Gebäck, Sandwiches und Salaten. 10, place de la République.

Cafés/Nachtleben → Karte S. 492/493

Grand Café de la Bourse 10, stadtbekannte Adresse mit großer Terrasse auf der Place de la Loge. Ideal zum Sehen und Gesehenwerden.

Cafetière 19, die Kaffeerösterei in der Fußgängerzone ist nette Adresse. Günstiger Kaffee sowie Damman Frères Thé. Mo 13.30–19, Di–Sa 8–19 Uhr. 17, rue de l'Ange, www.lacafetiere66.com.

Républic Café 21, das Nachtleben Perpignans ist nicht gerade berauschend, ein sicherer Anlaufpunkt ist dieses beim Theater gelegene Café, von den Einheimischen „le Rép" genannt. Tgl. außer Mo bis 2 Uhr geöffnet. Im Juli oder Aug. häufig zwei Wochen Betriebsferien. 2, place de la République.

Im Hochsommer trifft sich die Jugend vorzugsweise in Canet-Plage.

Sehenswertes

Palais des Rois de Majorque: Der Palast der mallorquinischen Könige ist auf den ersten Blick eher eine wuchtige Zitadelle als ein repräsentatives Schloss. Mit seinem maurischen Innenhof erinnert es gar an ein Wüstenfort in der Sahara. Im 17. Jahrhundert verwandelte Sébastien le Prestre Vauban, der Festungsbaumeister des Sonnenkönigs, den „Palau dels Reis de Mallorca" in ein mächtiges Bollwerk, das von einem tiefen Graben und – inzwischen abgetragenen – Bastionen zusätzlich geschützt war. Durch diesen Verteidigungsgürtel muss auch der heutige Besucher

Perpignan: Place de la République

hindurch, bevor er das *Plateau des Puit des Reyes* mit dem Palasteingang erreicht. Ein Hinweis vorweg, um eventuellen Enttäuschungen vorzubeugen: Der Palast diente jahrhundertelang nur militärischen Zwecken und ist daher seiner gesamten Einrichtung und Dekoration beraubt, die Räumlichkeiten sind nüchtern und kahl, werden aber in den Sommermonaten für wechselnde Kunstausstellungen genutzt.

Ursprünglich wurde der einen quadratischen Innenhof umschließende Palast 1274 als Residenz für die Könige von Mallorca konzipiert. Einen ersten Eindruck davon, wie der Palast damals ausgesehen hat, bekommt man, wenn man durch die Eingangshalle kommt und die Cour d'Honneur erblickt. Der Ehrenhof mit seinen Galerien, doppelstöckigen Arkaden und monumentalen Treppenaufgängen ist repräsentativ und eines Königs würdig. Zuerst führt der Weg allerdings zum so genannten „Ehrerbietungsturm" hinauf, von dessen Aussichts-

Stadttor Le Castillet

plattform sich ein tolles Panorama bis hin zum Canigou eröffnet. Beeindruckend sind die Dimensionen des Salle de Majorque: Der einstige Thronsaal, der von drei offenen Kaminen geheizt wurde, nimmt die gesamte Südseite des Palastes ein. Angesichts des kargen, 32 Meter langen Raums ist es schwer vorstellbar, dass hier einst wichtige Empfänge und opulente Bankette abgehalten wurden. Eine zentrale Rolle im architektonischen Aufbau des Palastes nimmt die Doppelkapelle Chapelle Sainte-Croix ein. Nach Süden hin grenzen die Gemächer des Königs an, nach Norden die der Königin; beiden stand jeweils noch ein wesentlich kleinerer, privater Innenhof zur Verfügung. Besonders aufwendig war die Ausstattung der Oberkirche, bereits das romanische Marmorportal lässt die einstige Bedeutung der Kirche erahnen. Bis auf das Wasserbecken ist allerdings nichts mehr erhalten. Im Vergleich zur Oberkirche mutet die Unterkirche wegen ihrer geringen Raumhöhe eher wie eine Krypta an.

Im Sommer tgl. 10–18 Uhr, im Winter tgl. 9–17 Uhr. Eintritt 4 €, erm. 2 €.

Le Castillet: Das doppeltürmige Stadttor ist das Wahrzeichen Perpignans und erinnert an die zu Beginn des 20. Jahrhunderts abgerissene Stadtmauer. Das Tor wurde in der zweiten Hälfte des 14. Jahrhunderts von den aragonesischen Königen errichtet, um die Stadt nach Norden hin abzusichern, wobei sich die unbekannten Baumeister wahrscheinlich an den Stadttoren von Carcassonne und Villeneuve-lès-Avignon orientierten. Zinnen und Pechnasen unterstreichen den wehrhaften Charakter, als Blickfang zur Altstadtseite dient eine neugotische Muttergottesstatue.

Seiner militärischen Funktion beraubt, diente das Bauwerk später eine Zeit lang als Gefängnis, bevor es einer friedvolleren Nutzung zugeführt wurde: Seit 1963 beherbergt Le Castillet das Musée des Arts et Traditions Populaires.

Musée des Arts et Traditions Populaires (Casa Pairal): Wer das Stadttor erkunden will, muss zwangsläufig das Volkskundemuseum besichtigen. Die Sammlung besteht aus Möbeln und anderen Gebrauchsgegenständen, Trachten, Keramik, Instrumente, Schmuck und diverse Kuriosa. Leider gibt das Museum keine tieferen Einblicke in die katalanische Kultur, so dass man in spätestens einer halben Stunde auf der Dachterrasse angelangt ist und den Ausblick über die Stadt genießen kann.
Tgl. außer Di 10.30–17.30 Uhr. Eintritt 4 €, erm. 2 €.

Cathédrale Saint-Jean Baptiste: Als Kathedrale einer königlichen Residenzstadt konzipiert, sollte Saint-Jean Baptiste alle Kirchen des Roussillon um ein Vielfaches an Pracht und Größe übertreffen. Doch nach dem jähen Ende des mallorquinischen Königreichs wurden die Arbeiten nur noch mit dem halben Ehrgeiz zu Ende geführt. Von den drei Kirchenschiffen kam nur das Mittlere zur Ausführung; statt von großen, lichtdurchfluteten Seitenschiffen wird der lang gestreckte Raum von mehreren Seitenkapellen eingerahmt, Details bleiben im Dunkeln verborgen. Insgesamt sieben Joche tragen ein gotisches Kreuzrippengewölbe, die Apsis ist auch eher klein ausgefallen. Ein ähnliches Schicksal war auch der Westfassade beschieden, die trotz des vorgelagerten Platzes ebenfalls keinen erhabenen oder gar prachtvollen Anblick bietet. Die sich abwechselnde Verwendung von Flusskieseln und Ziegeln ist typisch für die örtliche Bautradition. Das Portal und die oberen Abschnitte des Glockenturms samt Glockenkäfig wurden im 18. Jahrhundert errichtet. Das Glockenspiel stammt aus dem Jahre 1885 und gilt als das älteste Frankreichs. Am Ostersamstag und Ostersonntag findet ein Glockenspielkonzert mit klassischer Musik statt.

Diese Mängel werden glücklicherweise durch die kostbare Ausstattung der Bischofskirche wettgemacht. Neben drei Hochaltären, darunter der Hauptaltar mit seiner Marmorretabel aus dem 16. Jahrhundert sowie ein westgotisches Marmortaufbecken (wahrscheinlich 7. Jahrhundert) und die Grablege des mallorquinischen Königs Sancho. Ein – vor allem in religiöser Hinsicht – bedeutendes Einzelstück ist die Holzskulptur *Devôt Christ*, die in der gleichnamigen Chapelle du Christ aufbewahrt wird (Zugang durch das rechte Seitenportal). Dieses Werk eines rheinischen Künstlers (frühes 14. Jahrhundert) zeigt jene ausgemergelte und ausgezehrte Christusfigur, die am Karfreitag in einer feierlichen Prozession durch die Stadt getragen wird.
Place Gambetta. Tgl. 8–18, So nur 14–18 Uhr.

Campo Santo: Direkt an die Kathedrale grenzt einer der ältesten mittelalterlichen Friedhöfe Frankreichs. Der aus dem frühen 14. Jahrhundert stammende Gottesacker wird von drei Galerien eines einstigen Kreuzgangs eingerahmt. Ein stiller, meditativer Ort.
Rue Amiral Ribeil. Tgl. 11–17.30 Uhr. Im Juli und Aug. häufig wegen Veranstaltungen geschlossen. Eintritt frei!

Eglise Saint-Jean-le Vieux: Ebenfalls an die Kathedrale schließt sich die älteste Kirche von Perpignan an; sie wurde bereits zu Beginn des 11. Jahrhunderts erstmals urkundlich erwähnt. Der heutige Bau dürfte wahrscheinlich an der Wende zum 12. Jahrhundert entstanden sein.

La Loge de Mer: Die einstige Seehandelsbörse, auch *Lonja* genannt, ist mit ihren Arkaden und Spitzbögen ein eindrucksvolles Beispiel für den spätgotischen Flamboyant-Stil. Der Kern des unlängst renovierten Gebäudes stammt hingegen noch aus dem frühen 14. Jahrhundert. Nach den unlängst abgeschlossenen Renovierungsarbeiten erstrahlt das Gebäude endlich wieder in seiner alten Pracht. Einen

optischen Glanzpunkt stellen auch die romanischen Arkaden im Innenhof dar. Der kleine, unregelmäßige Platz vor der Loge de Mer ist der gesellschaftliche Nabel der Stadt – als markanter Blickfang dient die Bronzestatue einer *Venus* von Aristide Maillol. Die umliegenden Cafés sind ein beliebter Treffpunkt der Perpingnesen, an manchen Sommerabenden werden Sardenga-Tänze aufgeführt. Direkt an die Loge de Mer grenzt das Rathaus (*Hôtel de Ville*) an, ein mehrfach veränderter Bau, in dessen Innenhof sich mit *La Pensée* eine zweite Bronzeskulptur von Maillol befindet.
Place de la Loge.

Musée des Beaux-Arts Hyacinthe Rigaud: Das nach dem aus Perpignan stammenden Porträtmaler Ludwigs XIV. benannte Kunstmuseum bietet einen respektablen Überblick über die europäische Malerei von den holländischen Meistern bis hin zur klassischen Moderne. Das Museum ist in einem Stadtpalais aus dem 18. Jahrhundert untergebracht und besitzt zahlreiche Zeichnungen und Gemälde von Raoul Dufy, der in den 1940er-Jahren in Perpignan gelebt hat, sowie Werke von Aristide Maillol, Appel, Calder, Alechinsky, Clavé, Miró und Picasso. Selbstverständlich sind auch Porträts von Hyacinthe Rigaud (1659–1743) ausgestellt; der für seine Verdienste vom Sonnenkönig zum „Hofmaler" ernannte Rigaud porträtierte zahlreiche Kardinäle und weltliche Fürsten.
16, rue de l'Ange. Tgl. außer Mo 10–18.30 Uhr. Eintritt 4 €, erm. 2 €.

„Geistige Ejakulationen" im Bahnhof von Perpignan

Der Bahnhof von Perpignan hinterlässt bei den meisten Reisenden auf den ersten Blick keinen bleibenden Eindruck. Eine ganz andere Erfahrung machte da *Salvador Dalí*, als er im Jahre 1969 in der Bahnhofshalle von Perpignan stand und begeistert ausrief: *C'est le centre du monde!* („Dies ist das Zentrum der Welt!") Angeblich sind Dalí im Bahnhof von Perpignan stets die genialsten Ideen gekommen. In seinem „Journal d'un Génie" rühmte er die „geistigen Ejakulationen", die ihm hier widerfahren sind. Wer auf der Suche nach den „Quellen der Erleuchtung" und den „Kathedralen der Eingebung" ist, sollte sich daher unverzüglich auf den Weg zum Bahnhof machen.

Musée Histoire Naturelle: Das schmucke Patrizierhaus Hôtel de Cagarriga stellt den Rahmen für diese Sammlung an südfranzösischer Flora und Fauna (Vögel, Mineralien, Fossilien etc.).
12, Fontaine Neuve. Tgl. außer So 11–17.30 Uhr. Eintritt 2 €.

Casa Xanco: In dem historischen Bürgerpalais – es wurde im frühen 16. Jahrhundert von einer reichen Weberfamilie errichtet – werden häufig Ausstellungen zur Stadtgeschichte gezeigt. Interessant ist vor allem, den Aufbau und das Innenleben eines solchen Palais zu studieren.
Rue Main de Fer. Tgl. außer Mo 12–19 Uhr, im Winter 11–17.30 Uhr. Eintritt frei!

Eglise Saint-Jacques: Die beachtlichen Dimensionen des als Stadtpfarrkirche konzipierten Baus erinnern an die rege Bautätigkeit, die einsetzte, als Perpignan zur Residenzstadt auserkoren worden war. Die im 14. Jahrhundert errichtete Kirche mit ihrer auffälligen Vorhalle ist der Ausgangspunkt der berühmten Karfreitagsprozession; in einer Seitenkapelle ist die Sanch-Bruderschaft „beheimatet", die alljährlich die farbenprächtige Prozession ausrichtet. Sehenswert sind die Altarbilder im katalanischen Stil.

Der direkt hinter der Kirche auf den Befestigungsmauern angelegte botanische Garten **Jardins de la Mirande** besitzt einen ansehnlichen alten Baumbestand und lädt zum geruhsamen Verweilen ein. Die grüne Oase mit ihren mediterranen und exotischen Gewächsen hat täglich von 14.30 bis 17.30 Uhr geöffnet.

Rund um Perpignan

Auch rund um Perpignan bewegt man sich auf höchst geschichtsträchtigem Terrain. In dem kleinen Ort Tautavel, einige Kilometer nordwestlich von Perpignan, wurde beispielsweise der älteste menschliche Schädel Europas gefunden. Insgesamt überwiegen natürlich auch in dieser Region die historischen Überreste aus dem Mittelalter und der Frühen Neuzeit, so einige schöne Kirche und Festungsanlagen.

Südlich von Perpignan

Cabestany   8600 Einwohner

Die Kleinstadt im Südosten von Perpignan ist vor allem in Kunsthistorikerkreisen durch den so genannten „Meister von Cabestany" bekannt. Dieser namentlich unbekannte Bildhauer wirkte in der zweiten Hälfte des 12. Jahrhunderts im Südosten der Region Languedoc-Roussillon, im benachbarten Katalonien, aber auch in Italien. Benannt wurde er nach einem Tympanon, das man in den 1930er-Jahren bei Bauarbeiten an der Pfarrkirche Notre-Dame-des-Anges in Cabestany entdeckte. Auffallende stilistische Gemeinsamkeiten zu anderen sakralen Kunstwerken in der Region bestätigten die Vermutung, dass diese alle von dem gleichen Künstler oder aus der gleichen Bildhauerwerkstatt stammen müssen. Das in einem ehemaligen Weinkeller eingerichtete Forschungszentrum **Centre de Sculpture Romane** widmet sich mit einer interessanten Dauerausstellung dem Werk des unbekannten Künstlers.
Parc Guilhelm. Tgl. außer Mo 10–12.30 und 13.30–18.30 Uhr (im Juli und Aug. auch Mo), im Winter bis 18 Uhr. Eintritt 3 €, erm. 1 €. www.maitre-de-cabestany.com.

Narbonne
Ségure
D611
Château d'Aguilar
Tuchan
Verdouble
Montoulié de Périllou 707
Feuilla
Treilles
La Franqui
Cap Leucate
Leucate
Leucate-Plage
Fitou
Les Cabanes-de-Fitou
Parc Naturel de la Narbonnaiseen Méditerranée
Opoul-Périllos
Paziols
D611
Vingrau
A9
Fort de Salses
Étang de Leucate
D 627
Port Leucate
Salses-le-Château
Centre européen de Prehistoire
Tautavel
D 12
Montpins
Port-Barcarès
D900
Cases-de-Pene
Espira-de-l'Agly
Le Barcarès
St-Hippolyte
Estagel
D 117
Rivesaltes
D83
St-Laurent-de-la-Salanque
Calce
Agly
Claira
Torreilles-Plage
Baixas
Torreilles
Peyrestortes
Bompas
Col de la Dona 200
D 614
Ste-Marie-Plage
Villelongue-de-la-Salanque
Ste-Marie
Têt
St-Estève
Canet-en-Roussillon
Pézilla-la-Rivière
Millas
Baho
Perpignan
D617
Canet-Plage
N116
St-Felio-d'Amont
Le Soler
Cabestany
Toulouges
Mas Palégry
Étang de Canet et de St-Nazaire
St-Nazaire
Canohès
D612
D 914
Saleilles
D 615
Pollestres
Thuir
Villeneuve-de-la-Raho
Corneilla-del-Vercol
D 81
St-Cyprien-Plage
Llupia
Castelnou
D900
St-Cyprien
Montescot
Tenats
Trouillas
Mas Sabole
Elne
Latour-Bas-Elne
Villemorague
A9
St-Jean-Lasseillo
Fourques
Tech
Ortaffa
Montauriol
Passa
D 615
Palau-del-Vidre
Brouilla
Tordercs
Tresserre
Argelès-Plage
Llauro
Col de Llauro 380
St Génis-de-Fortaines
St-André
Argelès-s-Mer
D 618
Racou-Plage
Vivès
Le Boulou
Sorède
Collioure
D 115
Laroque-des-Allères
Port-Vendres
St-Jean-Pla-de-Corts
Montesquieu-des-Albères
D914
Pont
Pic Neulos 1256
Pic des 4 Termes 1157
Tour Madeloc
Reynès
Céret
L'Albère
Maureillas-les-Illas
Banyuls-sur-Mer
D900
Pallagourdy
Le Perthus
Col du Perthus 250
Pic des 3 Termes 945
Puig-Del-Mas
Col de Brousse 860
Fort de Bellegarde
Pic de Fontfrède 1098
Roc de France 1443
Las-Illas
Cantallops
Port Bou
La Jonquera
Spanien
La Vajol
Macanet de Cabrenys
Agullana
Tàpis
Capmany
Darnius
AP 7
3 km
Küste von Perpignan

Elne

6200 Einwohner

Elne ist eine der geschichtsträchtigsten Städte Südfrankreichs. Die altehrwürdige Kathedrale überragt die Altstadt und ist selbst vom Meer aus zu erkennen. Doch schon längst ist Elne zu einem einfachen Landstädtchen herabgesunken, das in erster Linie vom Ertrag seiner ausgedehnten Obstplantagen und Gemüsefelder lebt.

Elne ist die älteste, kontinuierlich besiedelte Stadt im Roussillon. Hervorgegangen aus dem iberischen Oppidum *Illiberis*, vor dessen Mauern schon Hannibal lagerte, entwickelte sich der Ort in römischer Zeit zu einem lebhaften Marktflecken; die Römer benannten das Städtchen angeblich nach der Mutter des Kaisers Konstantin *Castrum Helenae*. Aufgrund seiner strategisch günstigen Hügellage wurde Elne in der Völkerwanderungszeit zu einem befestigten Castrum ausgebaut. Hoch oben auf dem Hügel beherrschte es den Landweg zwischen dem Languedoc und Katalonien; der Ort befand sich zudem nahe genug am Meer, um die Küstenseefahrt kontrollieren zu können, ohne gleichzeitig einen Überraschungsangriff fürchten zu müssen. Als sich im 4. Jahrhundert in Gallien hohe Zivilbeamte gegen den römischen Kaiser Constans verschworen, konnte dieser zunächst entkommen, wurde aber in Elne gestellt und getötet.

Elnes herausragende Stellung blieb auch im Zeitalter der Völkerwanderung bestehen; das Ende des 6. Jahrhunderts von den Westgoten gegründete Bistum erwies sich gar als wegweisend für die Ausbreitung des Christentums im Roussillon. Im Mittelalter war Elne mehrfach in kriegerische Auseinandersetzungen verwickelt, seiner Bedeutung tat dies keinen Abbruch. Erst als im Jahre 1602 der Bischofssitz ins größere und mächtige Perpignan verlegt wurde, fiel der Ort der Provinzialität anheim. Das muss aus heutiger Sicht kein Nachteil sein: Zweigeteilt in eine Ober- und Unterstadt, deren Mauern noch größtenteils erhalten sind, lädt Elne zum gemütlichen Schlendern und Kunstgenuss ein; Trubel gibt es an der Küste schließlich mehr als genug.

Information Office de Tourisme, Place Sant Jordi, B.P. 3, 66201 Elne Cédex, ✆ 0468 220507, www.ot-elne.fr.

Verbindungen Tgl. ca. acht Busverbindungen mit Villeneuve-de-la-Raho, Perpignan, Argelès, Collioure, Port-Vendres und Banyuls. Der SNCF-Bahnhof liegt 10 Fußmin. westl. der Altstadt. Stündl. Zugverbindungen mit Perpignan, ✆ 0468220615.

Markt Montag-, Mittwoch- und Freitagvormittag auf der Place de la République.

Schwimmen Das städtische Freibad (*Piscine municipale*) ist nur im Juli und Aug. tgl. außer So 10–13 und 15–19 Uhr geöffnet. Eintritt 2,80 €. 40, avenue Paul Reig, ✆ 0468221216.

Übernachten & Essen Au Remp'arts, nettes Restaurant mit großer, schattiger eingewachsener Straßenterrasse, auf der Karte finden sich auch viele frische Fischgerichte. Von Lesern gelobt. Menüs zu 15,50, 19,90 und 27 €. Kostenloses WLAN. Zimmer 59–79 €; Frühstück 9 €. 3–5, place Colonel Roger, ✆ 0468223195, www.remparts.fr.

》》 Mein Tipp: *** **Cara Sol**, dieses direkt an der Stadtmauer gelegene Logis-Hotel ist ein Lesertipp von Silvia Schwer. Den Gast erwartet keine verstaubte, alte Landherberge, sondern ein sehr zeitgenössisches und modernes Hotel mit viel Komfort und tollen Bädern. Schöner Speisesaal sowie eine sonnige Restaurantterrasse, Menüs zu 15 € (mittags), abends ab 29 €. Kostenloses WLAN. Zimmer je nach Ausstattung 83–100 € (inkl. Frühstück!). 10, boulevard Illiberis, ✆ 0468221042, www.hotelcarasol.com. 《《

Chambres d'hôtes Can Oliba, mitten im Zentrum von Elne und nur einen Steinwurf weit von der Kathedrale entfernt liegt dieses wunderschöne Chambres d'hôtes. Blaue Fensterläden geben dem alten Haus mit seinem aus Kiesel und Ziegel errichteten Sichtmauerwerk eine freundliche, charmante Note. Ein weiteres Plus ist der kleine Garten mit Pool. Kostenloses WLAN. Die vier Zimmer (70 € für 2 Pers. inkl. Frühstück) sind geräumig und geschmackvoll eingerichtet. 24, rue de la Paix, ✆ 0468221109, www.can-oliba.fr.

》》 **Lesertipp:** Le Chai Catalan, dieses 6 km südwestl. von Elne in Ortaffa gelegene Chambres d'hôtes ist ein Lesertipp von Rainer Thoma. Die jüngst renovierte Herberge begeistert mit ihrem modernen Flair und ihren hellen, freundlichen Räumlichkeiten. Schöner Garten und Pool vorhanden. DZ inkl. Frühstück 90–110 €. 14, rue du Château, ✆ 0468871913, www.chaicatalan.fr. 《《

L'Orangerie, im ehemaligen Hotel Week-End werden heute vier Gästezimmer vermietet. Abendessen 22 €. Übernachtung mit Frühstück 60–67 €. 29, avenue Paul Reig, ✆ 0468822279, http://orangeraieallemand.perso.sfr.fr.

Elne: Cathédrale

Sehenswertes

Cathédrale et Cloître: Die Kathedrale Sainte-Eulalie ist aufgrund ihrer langen Bauzeit kein architektonisch geschlossenes Ensemble. Mit dem Bau wurde bereits im 11. Jahrhundert begonnen, doch sollten mehr als 400 Jahre bis zur Fertigstellung vergehen; zuletzt errichtete man den südlichen Glockenturm. Für einen zweiten waren keine Mittel mehr vorhanden, erst viel später wurde der kleinere nördlichere Turm angefügt, um ein optisches Gleichgewicht herzustellen. Die Kathedrale selbst hat den Grundriss einer dreischiffigen Basilika ohne Querschiff.

Noch eindrucksvoller als die Kathedrale ist der sich nach Norden hin anschließende Kreuzgang (*Cloître*), dessen Skulpturen einen Eindruck von der hohen Kunst der romanischen Bildhauer des Roussillon geben. Der älteste Teil ist der südliche Trakt; er stammt – bis auf das Dach – noch aus dem 12. Jahrhundert und ist rein romanisch, während die drei anderen im 13. beziehungsweise im 14. Jahrhundert errichtet wurden, als sich die gotischen Elemente – wie in der Nordgalerie zu sehen – immer mehr durchsetzten. Ursprünglich war der Kreuzgang sogar doppelstöckig, leider wurden die renovierungsbedürftigen oberen Galerien 1808 abgetragen. Besondere Aufmerksamkeit verdienen die mit Tier- und Pflanzenmotiven verzierten Kapitelle der Doppelsäulen.

Aufgrund der tollen Aussicht auf die Stadt sowie auf den Kreuzgang lohnt es sich, über eine Wendeltreppe auf die Terrasse des oberen Umgangs zu steigen. Angegliedert ist noch ein kleines archäologisches Museum, das in der ehemaligen Laurentius-Kapelle untergebracht ist und Funde aus der näheren Umgebung präsentiert.
Mai bis Sept. tgl. 10–19 Uhr, April und Okt. tgl. außer Mo 10–18 Uhr, Nov. bis März tgl. außer Mo 10–12 und 14–18 Uhr. Eintritt 4,50 €, erm. 3,50 €.

Musée Etienne Terrus: Das kleine Kunstmuseum ist vor allem dem aus Elne stammenden Landschaftsmaler *Etienne Terrus* (1857–1922) gewidmet. Der mit Aristide Maillol befreundete Terrus hatte zwar Kontakt zu den Fauvisten, doch verfolgte er einen eigenen Stil. Gezeigt werden auch Wechselausstellungen moderner und zeitgenössischer Kunst.
Mai bis Sept. tgl. 10–19 Uhr, sonst tgl. außer Mo 10–12 und 14–18 Uhr. Eintritt 2,50 €, erm. 2 €.

Umgebung

Villeneuve-de-la-Raho: Das zwischen Perpignan und Elne gelegene Dorf wird weniger wegen seinem romanischen Kirchlein Saint-Julien als wegen dem benachbarten See aufgesucht. Der Etang de Villeneuve wurde im Mittelalter von den Tempelrittern angelegt, dann ließ man ihn aber austrocknen. Erst vor ein paar Jahrzehnten wurde der 200 Hektar große See wieder mit Wasser gefüllt und in ein richtiges Freizeitzentrum samt eigenem „Strand" verwandelt. Segeln ist genauso wie Baden und Angeln erlaubt.
Donnerstagvormittag.

Corneilla-del-Vercol: Gewissermaßen ein Schattendasein fristet diese kleine Ortschaft im Osten von Villeneuve-de-la-Raho. Dabei besitzt Corneilla mit seinem aus dem 14. Jahrhundert stammenden Château ein überaus reizvolles historisches Bauwerk. Die auf die Tempelritter zurückgehende Burg gehört der Familie Jonquères d'Oriola, einem der ältesten Adelsgeschlechter des Roussillon.

Les Albères

Zwischen Céret und der Küste erheben sich die Albères, ein Pyrenäenvorgebirge mit ausgedehnten Korkeichenwäldern, dessen Gipfel zumeist auf knapp über 1000 Meter ansteigen. Die höchste Erhebung des Gebirgsmassivs ist der 1256 Meter hohe **Pic Neulos**, der einen grandiosen Panoramablick über Frankreich, Spanien und das Mittelmeer bietet. Die Täler öffnen sich im Osten zum Meer und im Norden zur Ebene hin.

Saint-Génis-des-Fontaines   2700 Einwohner

Nur zehn Kilometer von der Küste entfernt liegt das verträumte Saint-Génis-des-Fontaines am Nordrand der **Albères**. Das Dorf ging aus einer im frühen 9. Jahrhundert gegründeten Benediktinerabtei hervor. Die einschiffige Kirche Saint-Michel gefällt durch ihre Schlichtheit und besitzt ein breites Querhaus mit drei Apsiden. Der Türsturz über dem Eingang gilt als das älteste Zeugnis romanischer Bildhauerkunst im Roussillon und stammt aus dem Jahre 1019/20. Er zeigt Jesus Christus in der Mandorla, eingerahmt von Engeln und drei Figuren unter hufeisenförmig geschlossenen Arkaden, die arabische Einflüsse andeuten. Der nordwestlich an die Kirche angrenzende Kreuzgang wurde 1924 teilweise an einen Antiquitätenhändler verkauft und abgebrochen. In den 1980er-Jahren wollte man diesen „Frevel" wieder gutmachen und konnte die Galerien und Pfeiler weitgehend zurückerwerben.
Kirche Rue Georges-Clémenceau. April bis Sept. tgl. 9.30–12 und 14–18 Uhr, Juli und Aug. 9.30–12.30 und 15–19 Uhr, Okt. bis März tgl. 9.30–12 und 14–17 Uhr. Eintritt 2 €, erm. 1 €.
Markt Dienstag- und Freitagvormittag.

Saint-André-de-Sorède

Vier Kilometer weiter östlich können Kunstliebhaber eine weitere Kirche aus dem 12. Jahrhundert bewundern. Der beschaulich am Rande des Zentrums gelegene Sakralbau geht auf eine einstige Klosterkirche zurück und besitzt einen romanischen Türsturz aus weißem Marmor. Deutlich sind die Ähnlichkeiten zum Türsturz von Saint-Génis-des-Fontaines, der fraglos als Vorbild gedient hat. Die Figuren sind plastischer, jedoch weniger detailfreudig herausgearbeitet. Ob eventuell der gleiche Künstler am Werk war, ist nicht geklärt.

Als Ziel eines lohnenswerten Abstechers empfehlen sich Naturfreunden die sich fünf Kilometer südlich von Saint-André öffnenden **Gorges de Lavall**, die man je nach Lust und Laune in Richtung Tour de la Massane hinaufwandern kann.

Sorède
2700 Einwohner

Das kleine Städtchen war im 19. Jahrhundert in ganz Frankreich für seine aus Zürgelbäumen hergestellten Reitpeitschen (*Cavache d'or*) bekannt. Rund 130 Arbeiter waren mit der Herstellung beschäftigt. Heute passieren die meisten Reisenden den Ort auf dem Weg zur Schildkrötenfarm **La Vallée des Tortues**. Dort ist das Augenmerk in erster Linie auf die Aufzucht und den Schutz von knapp 50 verschiedenen Schildkrötenarten gerichtet – allerdings ist die Anlage recht lieblos gestaltet, wie Leser bemängelten. Im Rahmen einer Führung (auch auf Englisch) werden unter anderem Riesenschildkröten von den Seychellen, französische Landschildkröten, Alligatorschildkröten oder eine wunderschöne Radiata aus Madagaskar gezeigt.

Öffnungszeiten der Schildkrötenfarm März bis Anfang Nov. tgl. 10–18 Uhr, Juni bis Aug. tgl. 9–19 Uhr. Eintritt 12 €, erm. 9 oder 8 €. www.lavalleedestortues.com.

Markt Dienstag- und Freitagvormittag

Saint-Martin-de-Fenollar

Die kleine, unscheinbare Kapelle mit ihrem trapezförmigen Chorhaupt liegt zwei Kilometer südlich von **Le Boulou** und ist ein wahres Kleinod der romanischen Kunst. Im 9. Jahrhundert von den Benediktinern aus dem nahen Arles-sur-Tech errichtet, begeistern vor allem die Wandmalereien (12. Jahrhundert), die unter anderem die Geburt Christi und die Heiligen Drei Könige darstellen. Die Maltechnik ist die der wahren Freskomalerei; sie wurde direkt auf den feuchten Putz aufgetragen und später mit Temperafarben retuschiert, wobei der unbekannte „Meister von Fenollar" hauptsächlich kräftige ockergelbe und rote Farbtöne verwendet hat. Picasso und Braque sollen 1910 bei einer Besichtigung der Kirche tief beeindruckt gewesen sein.

Mitte Juni bis Mitte Sept. tgl. 10.30–12 und 15.30–19 Uhr, Mitte Sept. bis Mitte Juni tgl. außer Di 14–17 Uhr. Eintritt 3 €.

Prieuré Santa Maria del Vilar

Das einstige Augustinerkloster (zwei Kilometer südlich von Villelongue-dels-Monts gelegen) aus dem 11. Jahrhundert wurde von freiwilligen Helfern in den letzten Jahren aufwendig restauriert, wobei auch wertvolle mittelalterliche Fresken unter dem Putz entdeckt wurden und freigelegt werden konnten.

Tgl. 15–18 Uhr, im Winter 14.30–17.30 Uhr. Eintritt 4 €, erm. 2 €. www.prieureduvilar.free.fr.

Le Perthus

Le Perthus ist ein typischer Grenzposten. Schon in römischer Zeit verlief die Via Domitia durch das Tal der Rome hinauf zum einen Kilometer weiter westlich gelegenen Col de Panissars. Am 5. Februar 1939 überquerten bei Le Perthus 20.000 spanische Republikaner auf der Flucht vor den Truppen Francos die Grenze ins rettende Frankreich. Obwohl seit 1976 die Autobahn nach Barcelona am Ort vorbeiführt, erfreut sich Le Perthus am kleinen Grenzverkehr.

Fort de Bellegarde

Zur Sicherung der Grenzen seines Königreiches beauftragte Ludwig XIV. 1679 seinen Festungsbaumeister Vauban, oberhalb von Le Perthus eine Zitadelle zu errichten. Das von einer Zugbrücke gesicherte Fort bietet einen tollen Panoramablick und kann besichtigt werden.

Juni bis Sept. tgl. 10.30–18.30 Uhr. Eintritt 3 €, erm. 2 €.

Nördlich von Perpignan

Salses-le-Château   2700 Einwohner

Das Städtchen Salses bezeichnet sich als „Porte des Pays Catalans"; dies ist eine friedvolle Umschreibung der von Krieg geprägten Ortsgeschichte. Bedingt durch seine Lage an der Grenze zwischen Frankreich und Spanien war Salses über Jahrhunderte hinweg ein heftig umkämpfter Ort. Bereits die Römer hatten hier ein Fort zur Überwachung der *Via Domitia* errichtet, doch seine eigentliche „Bedeutung" erhielt Salses in den schon oben beschriebenen Grenzstreitigkeiten. In strategischer Hinsicht war Salses eminent wichtig, da das Wasser der Salzseen einst bis fast an die Ausläufer Corbières heranreichte und der Verkehr nur einen schmalen Landstreifen nutzen konnte. Nachdem das Dorf Salses und seine zugehörige Burg 1496 von den Franzosen in Schutt und Asche gelegt worden waren, entschloss sich Ferdinand von Aragon zum Bau einer Festung nach den damals modernsten verteidigungstechnischen Überlegungen. Erst 1642 fällt Salses nach dreimaliger Belagerung und muss sich den Franzosen ergeben. Seine Bedeutung als Grenzfestung verlor Salses durch den Pyrenäenfrieden von 1659; das Roussillon wurde französisch und die Pyrenäen zur „natürlichen" Grenze zu Spanien. Noch ein Hinweis für Literaturliebhaber: Der Vater des Schriftstellers *Claude Simon* stammte aus Salses-le-Château. Und auch der spätere Nobelpreisträger (1985) Claude Simon verbrachte viele Sommer in dem Eckhaus Nr. 10 auf der Place Commandant Fernand Puig.

Office de Tourisme, place de la République, 66600 Salses-le-Château, ✆ 0468386613.

Markt Mittwochvormittag.

Forteresse de Salses: Keine Frage: Die Festung von Salses ist ein wahres Bollwerk. Verantwortlich für den 1497 begonnenen Bau war der Ingenieur *Francisco Ramirez*, der damit ein Meisterwerk der Festungsbaukunst abgeliefert hat, das auch unter ästhetischen Gesichtspunkten begeistert. Imposant sind allein die bis zu 15 Meter dicken Außenmauern, die von breiten Gräben zusätzlich gesichert wurden. Die auf einem nahezu quadratischen Grundriss (90 x 100 Meter) errichtete Festung mit ihrem vorgelagerten Eingangstor konnte im Kriegsfall bis zu tausend Soldaten und 300 Pferde aufnehmen. Neben den eine Dauerausstellung bergenden ehemaligen

Ställen und einer Kapelle richtet sich die Aufmerksamkeit vor allem auf den Donjon, der dem Festungskommandanten als Wohnhaus und Kommandozentrale diente. Baugeschichtlich markiert Salses den Übergang von der mittelalterlichen Burg zur frühneuzeitlichen Festungsbastion.

Nachdem das Roussillon an Frankreich gefallen war, veränderte der fleißige Vauban 1691 die Festung so, dass sie gegen Artillerieangriff besser gewappnet war. Kriegerische Auseinandersetzungen hat Salses seither nicht mehr erlebt, zeitweise wurde die Festung zum Pulvermagazin und Staatsgefängnis umfunktioniert, bevor man sie 1886 unter Denkmalschutz stellte. Ohne Führung sind nur der Innenhof sowie einige Kellerräume zugänglich.

April bis Sept. tgl. 10–18.30 Uhr, Okt. bis März 10–12.15 und 14–17 Uhr. Eintritt 7,50 €, erm. 4,50 €. Für EU-Bürger unter 26 Jahren ist der Eintritt frei! http://salses.monuments-nationaux.fr.

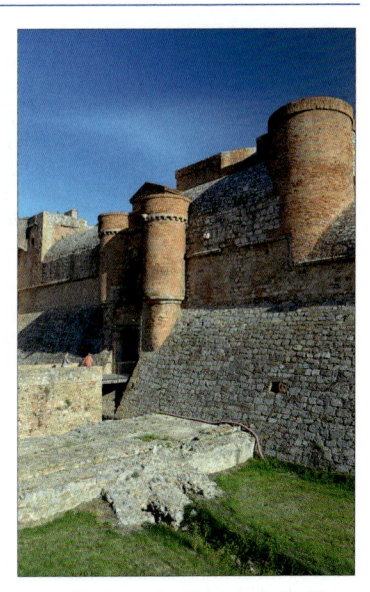

Festungsstadt Salses-le-Château

Fitou

Der rund zehn Kilometer nördlich von Salses gelegene Ort ist vor allem Weinliebhabern ein Begriff. Am Rande des Dorfes steht eine gut erhaltene Burgruine, deren älteste Teile bis ins 10. Jahrhundert datieren. Die Dorfkirche besitzt noch ein schönes romanisches Portal.

Tautavel   790 Einwohner

Die Einwohner von Tautavel, einem kleinen Winzerort in den Corbières, lebten lange Zeit in einem provinziellen Dornröschenschlaf; dies ändert sich, als am 22. Juli 1971 in der Höhle *Caune de l'Arago* – zwei Kilometer nordöstlich von Tautavel – der älteste bis dahin in Europa gefundene Menschenschädel ausgegraben wurde. Quasi über Nacht verwandelte sich Tautavel in ein Zentrum der prähistorischen Forschung. Weitere Funde kamen hinzu, die belegen, dass das Roussillon zu den ersten europäischen Siedlungsräumen der Menschheit gehört hat.

Information Office de Tourisme, Mairie, 66720 Tautavel, ✆ 0468290776, www.tautavel.com.

Verbindungen Tgl. drei Busverbindungen mit Axat, Quillan und Perpignan.

Markt Dienstag- und Donnerstagvormittag.

Camping ** Le Priourat, der kleine Platz liegt südlich der Verdouble, ein paar hundert Meter vom Ortszentrum entfernt. Passable Anlage mit mäßigem Schatten und Swimmingpool. Von April bis Sept. geöffnet. Route d'Estagel, ✆ 0468294145.

Musée de la Préhistoire: Das Museum liegt an einem kleinen Hang ein kleines Stück oberhalb des Ortes. Selbstverständlich dreht sich hier alles um den berühmten *Homme de Tautavel*, der vor 450.000 Jahren in der Region gelebt hat und entwicklungsgeschichtlich zwischen dem afrikanischen *Homo habilis* und dem modernen *Homo sapiens* angesiedelt wird. Seine Beute muss der Jäger allerdings roh verzehrt haben, da bis dato kein einziger Fund auf eine wie auch immer genutzte Feuerstelle hinweist. Mit Hilfe einer gut konzipierten Audioführung schlendert man durch die Dauerausstellung, in der zahlreiche vorgeschichtliche Funde präsentiert werden, Dioramen geben Einblicke in die Lebenswelt unserer Urahnen (Jagdszenen etc.). Eine Nachbildung der *Caune de l'Arago* darf selbstverständlich nicht fehlen. Juli und Aug. tgl. 10–19 Uhr, April bis Juni und Sept. tgl. 10–12.30 und 14–18 Uhr. Eintritt 8 €, erm. 4 €. www.450000ans.com.

Cirque de Vingrau

Der Cirque de Vingrau ist ein breiter Talkessel, in dessen Mitte der 400-Seelen-Ort **Vingrau** liegt. Der Großteil der Einwohner lebt vom Weinbau, doch hofft man darauf, durch die bei Kletterern beliebten Felswände des Kessels in Zukunft ein wenig vom Tourismus profitieren zu können.

Côte Radieuse

Der Perpignan vorgelagerte Küstenabschnitt, der sich von Cap Leucate bis nach Saint-Cyprien-Plage erstreckt, besitzt zwar schöne Sandstrände, doch die meisten Ferienorte sind gesichtslose Ansammlungen von mehr oder weniger großen Feriendomizilen. Im Norden liegen die Orte auf einer schmalen Landzunge, eingezwängt zwischen dem Meer und dem Etang de Leucate.

Leucate
3800 Einwohner

Der Name Leucate erinnert noch an die griechischen Seefahrer, die von der Insel *Leucade* stammten und sich hier niedergelassen hatten. Genau genommen besteht die Gemeinde aus mehreren Ortsteilen: Da ist einmal das alte Dorf Leucate mit seinen schönen Gassen und einer Burgruine, dessen Bewohner noch heute großteils von der Austern- und Muschelzucht sowie dem Weinbau leben. Im Norden des Dorfes erstreckt sich **La Franqui**, dessen schöne, in einem Pinienwäldchen gelegenen Belle-Epoque-Villen eine lange Tradition als Sommerfrische dokumentieren. Der schöne Strand ist aufgrund der ausgezeichneten Windverhältnisse bei Surfern sehr beliebt. Jedes Jahr Ende April findet hier der Mondial du Vent statt, ein vielbesuchter Wettbewerb im Kite-Surfen (www.mondial-du-vent.com). Von La Franqui aus kann man am Strand entlang zum **Cap Leucate** wandern, wo sich ein reizvoller, von einer hohen Steinklippe abgeschirmter Strandabschnitt befindet, an dem auch hüllenlos gebadet wird, dessen Zugang aber nicht ungefährlich ist. Wer will, kann zum Aussichtspunkt Sémaphore du Cap hinaufsteigen. Südlich von Cap Leucate dehnt sich das relativ unverbaute Leucate-Plage aus. Im Zentrum der Freizeitaktivitäten stehen Tauchen, Surfen, Segeln und andere Wassersportarten.

Markt Dienstag- und Freitagvormittag in Leucate Village.

Essen & Trinken **Klim & Ko**, nicht nur die Aussicht von dem auf einem Felsen gelegenen Restaurant auf den Strand von Leucate ist ein Traum, auch die Küche von Alexandre Klimenko ist mehr als hervorragend (ein Michelin Stern!). Modernes Ambiente, sehr schöne Terrasse. Mittagsmenü 32 oder 39 € (inkl. Wein, Wasser und Café!), abends 59 oder 94 €. Mi Ruhetag, So–Di nur abends geöffnet. Chemin du Phare, ✆ 0468 700684. www.klimenko.fr.

Port-Leucate

Port-Leucate ist ein großer, unattraktiver Ferienort, der in den Sommermonaten von bis zu 50.000 Urlaubern frequentiert wird. Dominiert wird das Ortsbild von großen Betonburgen, die einen Ferienaufenthalt alles andere als romantisch erscheinen lassen. Ach ja, fast hätten wir es vergessen: Einen Yachthafen und einen Strand – mit großem, extra ausgewiesenem FKK-Abschnitt (*Centre Naturaliste*) – gibt es selbstverständlich auch.
 Office de Tourisme, Espace Culturel, 11370 Port-Leucate, ✆ 0468409131, www.tourisme-leucate.fr.

Port-Barcarès

Fast nahtlos geht Port-Leucate in das südlich gelegene Port-Barcarès über. Kaum zu glauben, das hier vor ein paar Jahrzehnten nur wenige Fischerhütten am Strand gestanden haben. In den 70er-Jahren wurde die gesamte Küste systematisch zubetoniert, dazwischen ist Platz für ein paar Campingplätze. Die größte Attraktion ist der 1967 aufs Land gesetzte griechische Dampfer namens *Lydia*, der heute eine Diskothek sowie ein Spielcasino beherbergt. Ein kleines Dorf mit einer eigenen, erkennbaren Struktur ist lediglich das südlich gelegene **Le Barcarès**. Unweit von Le Barcarès mündet das Flüsschen Agly ins Meer. Südlich der Mündung erstreckt sich über zwei Kilometer die unverbaute **Torreilles-Plage** ein schöner Sandstrand, der auch bei Nudisten beliebt ist.

Camping **** Les Tropiques, komfortabler Campingplatz (450 Stellplätze) in Toreilles-Plage, dessen Attraktion eine große Badelandschaft mit Riesenrutschen ist. Und zum Meer sind es auch nur ein paar Minuten. Es werden auch Mobilheime vermietet. WLAN. Boulevard de la Méditerranée, ✆ 0468280509, www.camping-les-tropiques.com.

Canet Plage

Canet Plage ist der Hausstrand der Perpignesen. Zwischen der Hauptstadt des Départements und dem Küstenort verkehren halbstündlich Pendelbusse, mit dem eigenen Fahrzeug geht es auf der Schnellstraße in einer Viertelstunde an den lang gestreckten Strand. Nicht wenige sind gleich ans Meer gezogen und fahren zur Arbeit jeden Tag nach Perpignan hinein. Im Gegensatz zu den anderen Badeorten an der Côte Radieuse ist Canet im Winter nicht ausgestorben. Um Canet touristisch attraktiver zu machen, wurde unlängst ein Aquarium mit Haien, Piranhas und Muränen eröffnet. Interessanter als der Ort ist ein Abstecher zum **Etang de Canet**. Am Ufer des knapp tausend Hektar großen Strandsees (Naturschutzgebiet mit seltenen Vogelarten!) hat man eine kleine Schilfhüttensiedlung im traditionellen Stil errichtet.

Schilfhüttensiedlung bei Canet Plage

Übernachten & Essen **** Les Flamants Roses, ein sehr komfortables, modernes Hotel in unmittelbarer Strandnähe. Swimmingpool, Spa und Hallenbad sowie Restaurant vorhanden. Herrlicher Garten. DZ 145–285 €; Frühstück 19 €. 1, voie des

Flamants Roses, ✆ 0468516060, www.hotel-flamants-roses.com.

Camping ››› Lesertipp: ***** **Brasilia**, der im Norden von Canet gelegene Campingplatz ist ein Lesertipp von Evelyn Kröger: „Trotz Hauptsaison und ausgebuchtem Platz ein Musterexemplar an Sauberkeit und Freundlichkeit. Sehr gute Führung, Ruhe, schattige, große Plätze, neue Mobilheime und Lage direkt am Strand." Es gibt außerdem einen großen Pool sowie einen Supermarkt, Restaurant und Bar. Von Ende April bis Ende Sept. geöffnet. ✆ 0468802382, www.brasilia.fr. ‹‹‹

*** **Mar Estang**, große Anlage (600 Stellplätze) unweit des Strandes. Wem der Weg ans Meer zu weit ist, der kann sich in der Badelandschaft samt Riesenrutsche tummeln. Von Mitte April bis Mitte Sept. geöffnet. Route de Saint-Cyprien, ✆ 0468803553, www.marestang.com.

Saint-Cyprien-Plage

Neun Kilometer südlich von Canet-Plage liegt mit Saint-Cyprien-Plage ein weiteres Feriendorf aus der Retorte. Der Ort hat als Aktivposten einen der größten Yachthäfen am Mittelmeer (mit 2200 Ankerplätzen) sowie ein bei Kindern und Jugendlichen beliebtes Aqualand (drei Kilometer südlich) zu bieten. Künstlerischer Höhepunkt ist „La Baigneuse drapée", eine weibliche Statue von Aristide Maillol, die verträumt aufs Meer hinausblickt. An das Internierungslager, in dem im Zweiten Weltkrieg mehr als tausend Emigranten und Flüchtlinge, darunter der Maler *Felix Nussbaum*, gefangen gehalten wurden, erinnert heute nichts mehr. Der Kommunist Otto Niebergall, einer damals dort Inhaftierten, notiert dazu: „Saint-Cyprien, heute ein mondäner Badeort, war damals ein kleines Fischerdorf. Das mit dreifachem Stacheldrahtzaun – der mittlere war mit 1000 Volt geladen – umzäunte Lager erstreckte sich über etwa zwei Kilometer Sandküste. Es war ursprünglich für Flüchtlinge aus Spanien errichtet worden. Nun beherbergte es belgische Kommunisten, Emigranten aus Deutschland, Österreich, Polen und anderen Ländern. Dieses Lager war eine Hölle. Wir mußten in miserablen, fast zerfallenen Baracken leben, bekamen Schweinefraß als Essen. Ruhr und Typhus forderten Hunderte von Opfern."

Information Office de Tourisme, quai Arthur Rimbaud, 66751 Saint-Cyprien, ✆ 0468 210133, www.tourisme-saint-cyprien.com.

Übernachten & Essen ***** **L'Île de la Lagune**, kleines Nobelhotel mit 24 Zimmern auf einer Insel. Zeitlos moderne Zimmer mit viel Komfort. Schöner Pool, WLAN. DZ ab 170 €. Boulevard de L'Almandin, ✆ 0468 210102. www.hotel-ile-lagune.com.

**** **Le Mas d'Huston**, nicht nur für Golfspieler (der Platz befindet sich nebenan) ist dieses moderne zweistöckige Hotel am Nordrand von Saint-Cyprien mit seinem Garten samt großem Pool eine gute Adresse. Gutes Restaurant. Ein Spa mit Fitness und Sauna ist vorhanden und der Strand ist nur einen knappen Kilometer entfernt. Kostenloses WLAN. Die sehr geräumigen und komfortablen DZ kosten 12–190 €; Frühstück 16 €. Rue Jouy d'Arnaud, ✆ 0468376363, www.fr.hotel-mas-huston.com.

Sol I Ven, angenehmer Strandclub mit einem Restaurant, das ein gutes Preis-Leistungs-Verhältnis bietet. Hier kann man abends gewissermaßen mit den Füßen im Sand essen. Große Portionen, bei den Salaten wie auch bei den Hauptgerichten. Plage Nord, Lot N3, ✆ 0468825237.

Côte Vermeille

Als Côte Vermeille bezeichnet man den schönsten Küstenabschnitt des Roussillon. Kurz hinter Argelès wird die Küste schroffer, die Pyrenäen schieben sich bis an das Meer heran. Die rostroten Felsen (daher auch der Name) fallen teilweise steil ins Meer ab und lassen nur an wenigen Stellen Platz für eine Badebucht oder einen Hafen. Besonders schön ist Collioure in das bergige Panorama gebettet.

Argelès-sur-Mer

9000 Einwohner

Argelès-Plage, der Badeort von Argelès-sur-Mer, ist einer der beliebtesten Ferienorte an der französischen Mittelmeerküste. Mit über 50 Zeltplätzen gilt Argelès als die Campinghauptstadt Europas.

Argelès-sur-Mer ist eine uralte Ansiedlung, die erste urkundliche Erwähnung datiert ins 4. Jahrhundert. Der Ortsname Argelès erinnert noch an die Zeit, als in der Umgebung Tonerde (*argile*) abgebaut wurde. Die imposante gotische Kirche Notre-Dame del Prats mit ihrem romanischen, 34 Meter hohen Glockenturm sowie Reste der mittelalterlichen Stadtmauer sind noch vorhanden, so dass sich ein Ausflug nicht nur an den Markttagen lohnt.

Mit historischen Bauwerken kann Argelès-Plage nicht dienen, die Anfänge datieren in die zweite Hälfte des 19. Jahrhunderts. Damals errichteten sich reiche Familien aus Perpignan kleine Hütten am Strand, um dort den Sommer zu verbringen. Seit den 1960er-Jahren entwickelte sich Argelès-Plage zu einem der größten Ferienorte der Region Languedoc-Roussillon, ein Yachthafen wurde gebaut und eine touristische Infrastruktur geschaffen. Da sich der Großteil der bis zu 100.000 Urlauber im Sommer auf einem der Zeltplätze tummelt, ist Argelès-Plage weitgehend von großen monotonen Ferienbunkern verschont geblieben. Wer allerdings am Abend hinter der Strandpromenade durch die Geschäftsstraßen schlendert, wird von der Monotonie des Angebots entsetzt sein: eine Pizzeria, daneben eine Boutique mit Bademoden und Taucherbrillen, danach folgen eine Eisdiele sowie ein Spielsalon. Anschließend steht man wieder vor einer Pizzeria ... Aber zurück zum Positiven: Das große Kapital ist der ausgedehnte grobkörnige Sandstrand mit den dahinter liegenden Pinienbäumen, dessen schönes Panorama durch die am Horizont aufragende Hügelkette der Albères gebildet wird.

Notre-Dame del Prat

Basis-Infos

Information Office de Tourisme, place de l'Europe, 66700 Argelès-sur-Mer, ✆ 0468 811585, www.argeles-sur-mer.com.

Verbindungen Tgl. drei Busverbindungen mit Axat und Quillan sowie 3-mal tgl. mit Céret und 8-mal tgl. nach Banyuls, Collioure, Argelès, Elne und Perpignan. Die Busse halten vor dem Hôtel de Ville. Zudem Zugverbindungen mit Perpignan. Der SNCF-Bahnhof liegt in der Avenue de la Gare, 5 Fußmin. westl. des Zentrums, ✆ 3635. Im Sommer existiert ein Pendelbusverkehr zwischen dem Bahnhof, dem Stadtzentrum von Argelès und der Plage-Nord.

Markt Mittwoch- und Samstagvormittag.

Fahrradverleih Velocation, Central Beach, 187, avenue du Tech, ✆ 0468816161. www.velocation.fr.

Segeln Direkt am Hafen von Argelès, Boote mit und ohne Führerschein, ✆ 0613 213437. www.sailingway.com.

Tauchen Neptune Plongee66, Quai Jacques Cartier, ✆ 0683899690. www.neptuneplongee.com.

Tennis Club Argelèsien, avenue Molière, ✆ 0468813329.

Minigolf Tropical Golf, avenue du 8 Mai 45, ✆ 0468959492. Große, schöne, aber teure Anlage in Argelès-Plage.

Konzentrationslager im sonnigen Süden

Nach dem Sieg der Faschisten über die Republikaner flohen im Frühjahr 1939 annähernd eine halbe Million Spanier aus Angst vor den Repressalien von General Francos faschistischem Regime über die Pyrenäengrenze nach Frankreich. Die Franzosen wurden von dieser gewaltigen Fluchtwelle regelrecht überrannt, zudem standen sie den Kommunisten und Anarchisten, die freiwillig gekämpft hatten („Wir sind Milizionäre, keine Soldaten"), skeptisch gegenüber. Die Flüchtlinge sammelte man in so genannten *Camps de Concentration*, die notdürftig hinter den Stränden von Argelès und Saint-Cyprien zusammengezimmert und mit Stacheldraht abgesperrt wurden. Unter teilweise erbärmlichen Lebensbedingungen mussten die Spanier bis 1941 in den Konzentrationslagern ausharren, Krankheiten und Epidemien forderten zahlreiche Todesopfer.

Übernachten & Essen

Die Angebotsvielfalt an Zeltplätzen ist schier unüberschaubar, im Hochsommer empfiehlt sich eine rechtzeitige Reservierung. Plätze mit mehr Atmosphäre finden sich wenige Kilometer südlich zwischen Argelès-sur-Mer und Collioure. Trotzdem sind die Zeltplätze genauso wie die Hotels in der Hochsaison restlos überfüllt.

Hotels/Restaurants Château de Valmy, das markante Gebäude im Süden von Argelès ist eines der bekanntesten Weingüter der Region. Die edlen Rebensäfte können vor Ort oder im Internet erworben werden. Sehr lecker ist der Premier de Valmy! Zudem werden auch fünf ansprechende Zimmer vermietet, deren moderne Einrichtung mit Möbeln aus dem 19. Jh. kombiniert ist. Und einen Pool gibt es auch. Kostenloses WLAN. DZ je nach Ausstattung und Saison 160–370 € (inkl. Frühstück). Von Dez. bis März geschl. ✆ 0468 812570. www.chateau-valmy.com.

*** Auberge du Roua, das in einem historischen Mas aus dem 17. Jh. untergebrachte Hotel (mit Restaurant) unterscheidet sich deutlich von den langweiligen Neubauten.

Argelès-sur-Mer

Schönes Ambiente mit Swimmingpool. Einziger Nachteil: etwa 2,5 km vom Strand entfernt im Norden von Argelès-sur-Mer. Gutes Restaurant! Die Zimmer, teilweise mit offenen Bruchsteinmauern, haben schöne Bäder. Von Nov. bis Febr. Betriebsferien. Kostenloses WLAN. DZ je nach Saison und Ausstattung 72–139 €; Frühstück 11 €. Chemin du Roua, ℡ 0468958585, www.aubergeduroua.com.

》》 Lesertipp: *** Les Mouettes, dieses etwa 3 km südlich von Argelès gelegene Hotel (Logis) mit Swimmingpool ist ein Lesertipp von Brigitta Derenthal, die vor allem die großen Zimmer und das reichhaltige Abendmenü lobte. Und zum Meer ist es auch nicht allzu weit. Auch im Angebot verschiedener Reiseveranstalter. Von Mitte April bis Mitte Okt. geöffnet. Zimmer je nach Saison und Lage 109–259 €; Frühstück 13,50 €. Route de Collioure, ℡ 0468818283, www.hotel-lesmouettes.com. 《《

*** Les Charmettes, das einladende Logis-Hotel liegt nur 200 m vom Strand entfernt am Anfang der viel befahrenen Straße zwischen Argelès-Plage nach Saint-Cyprien. WLAN. Menüs ab 15 €. Die unlängst renovierten Zimmer verfügen über einen Balkon und kosten 66–96 € (je nach Saison und Ausstattung); Frühstück 9,50 €. 30, avenue du Tech, ℡ 0468810984, www.lescharmettes.com.

Camping ***** Les Criques de Porteils, der zwischen Argelès-Plage und Collioure gelegene Platz mit viel Charme zieht sich auf mehreren Terrassen zum Meer hinunter. Die Ausstattung ist recht gut, der große Reiz des Platzes sind die kleinen, von Felsen gesäumten Badebuchten. Zudem gibt es zwei kleine beheizte Swimmingpools. Mobilheim-Vermietung, Restaurant sowie kleiner Laden vorhanden. Von April bis Ende Okt. geöffnet. Route de Collioure, ℡ 0468811273, www.lescriques.com.

》》 Mein Tipp: ***** Le Soleil, der am nördlichen Rand von Argelès-Plage direkt hinter dem Strand (eigener Zugang) gelegene Platz gehört mit 850 Stellplätzen weder zu den kleinsten noch zu den günstigsten Campingplätzen, doch sind die Stellplätze schön parzelliert und besitzen größtenteils viel Schatten. Die sanitäre Ausstattung ist phantastisch und wird hervorragend gepflegt, ein Restaurant (ausgezeichnete Pizza!), Stranddisco und ein großer Supermarkt vervollständigen das Angebot. Für Kinder gibt es einen eigenen Spielplatz und tagsüber tummeln sich alle Wasserratten in der riesigen Badelandschaft. Mobilhome-Vermietung. Kostenloses WLAN. Von Mitte Mai bis Mitte Sept. geöffnet. In der Hochsaison muss man durchaus mit 40 € für 2 Pers. in einem Zelt rechnen. Route du littoral, ℡ 0468811448, www.campmed.com. 《《

**** La Marende, gewissermaßen der Nachbarplatz, etwas weiter vom Meer entfernt. Die meisten Plätze verfügen über ausreichend Schatten. Kleiner Laden, Pizzeria und schöner Swimmingpool sind ebenfalls vorhanden. Von Mai bis Sept. geöffnet. Route du littoral, ℡ 0468811209, www.marende.com.

》》 Lesertipp: **** Le Front de Mer, der Campingplatz ist ein Lesertipp von Harald Bittner, der den freundlich geführten Platz auch für seine Sauberkeit lobte. Große Badelandschaft mit zwei Rutschen, der Strand ist fünf Fußminuten entfernt. Vermietung von Mobilehomes. Avenue du Grau, ℡ 0468810870, www.camping-frontmer.com. 《《

**** Les Marsouins, der großzügige Platz mit viel Schatten liegt im Norden des Ortes. Das große Plus ist die schöne, von einer Liegewiese umgebene Badelandschaft mit Sportpool. Zum Strand sind es 800 m. Von Mitte April bis Ende Sept. geöffnet. Avenue de la Retirada, ℡ 0468811481, www.campmed.com.

*** Le Flamenco, einer der günstigsten und kleinsten Plätze von Argelès (nördl. des Ortszentrums). Mit nur 106 Stellplätzen ist die Atmosphäre geradezu intim. Ebenfalls mit beheiztem Pool, allerdings 3 km vom Meer entfernt. WLAN. Ganzjährig geöffnet. Route de Taxo à la Mer, ℡ 0468813316, www.auflamenco.com.

Restaurants 》》 Lesertipp: La Gamate, die Pizzeria ist ein Lesertipp von Dominik Krill: „Das kleine, gemütliche Restaurant in der Altstadt bietet günstige und sehr gute Pizzen (8–10,50 €), aber auch ein günstiges Menü zu 19,50 €. Außerordentlich zuvorkommende Bedienung." Straßenterrasse. 46, route Nationale, ℡ 0468811758. 《《

Collioure   3000 Einwohner

Collioure ist der schönste Ort an der Côte Vermeille. Eine reizvolle Altstadt und mehrere zentrale Strände machen den Reiz des Städtchens aus. Im Schatten der Templerburg malten bereits Henri Matisse und die Fauves ihre Bilder in wilden Farben.

Nach den langweiligen Küstenstädten des nördlichen Roussillon ist Collioure mehr als ein Lichtblick, „malerisch" ist er im wahrsten Sinne des Wortes: Eine Wehrkirche und eine trutzige Festung ragen weit in den Hafen, wo bunte Fischerboote mit den Wellen schaukeln; Cafés säumen die Uferpromenade, dahinter erstreckt sich eine verwinkelte Altstadt mit blumengeschmückten Balkonen. Der an einer natürlichen Bucht gelegene Ort wurde bereits von den Phöniziern, Griechen, Römern, Westgoten und Arabern als Hafenstadt genutzt und kann somit auf eine mehr als 2500-jährige Vergangenheit zurückblicken. Eine überregionale Bedeutung konnte Collioure allerdings nie erreichen, im 17. Jahrhundert wurde die Stadt zudem von dem benachbarten Port-Vendres überflügelt. Collioure lebte in erster Linie vom Sardinenfang und der Herstellung von in Salzlake eingelegten Anchovis (heute gibt es nur noch zwei kleine Familienbetriebe); dies änderte sich erst zu Beginn des 20. Jahrhunderts, als sich zahlreiche Maler für den Reiz des Küstenortes begeisterten. Henri Matisse schwärmte über alle Maßen: „Es gibt in Frankreich keinen blaueren Himmel als den von Collioure. Ich brauche nur die Fensterläden zu öffnen, und schon habe ich alle Farben des Mittelmeers bei mir." Einen Eindruck vom Schaffen der Künstler bietet die Hostellerie des Templiers sowie das Musée d'Art Moderne; zudem wurde ein Chemin du Fauvisme angelegt, der auf 20 Etappen wetterfeste Reproduktionen von bedeutenden, in Collioure entstandenen Bildern zeigt und erläutert. Vom Ruf eines Künstlerdorfs hoffen auch zahlreiche Maler zu profitieren, die im Sommer rund um den Hafen ihre Staffelei aufstellen und ihre Werke zu happigen Preisen feilbieten. Potenzielle Käufer gibt es genug, denn Collioure und seine Strände gehören zu den beliebtesten Zielen des Roussillon. Es ist heute schwer vorstellbar, dass noch vor zwanzig Jahren am Hauptstrand Plage

Collioure besitzt mehrere stadtnahe Strände

Boramar neben der Kirche Notre-Dame-des-Anges die Fischerboote auf dem Kiessand lagen. Im Ort selbst gibt es noch zwei weitere Strände, hinzu kommen im Norden die Plage de l'Ouille und die Plage de la Balette im Süden von Collioure.

Raubtiere in Collioure

Auf der Suche nach einem Ort, an dem sich die Farben und Linien der Landschaft zu dekorativen Mustern fügen, kam *Henri Matisse* erstmals im Sommer 1905 nach Collioure, da seine Frau in der Gegend Verwandte hatte. Schnell entdeckte Matisse einen neuen Zugang zur Malerei für sich. Seine in dem Fischerdorf gemalten Bilder zeigen geschlossene Formen und heftig aneinander stoßende Kontraste, die sich entlang der wichtigsten Umrisslinien zu glutvollen Komplementärkontrasten steigern, um die Form aus der Farbe entstehen zu lassen. Von dem im Herbstsalon in Paris ausgestellten Ergebnis dieses Farbenrausches waren die Kritiker so entsetzt („Ein Topf Farbe, dem Betrachter ins Gesicht geschüttet"), dass Matisse und die ihm nahe stehenden Maler wie André Dérain, Maurice de Vlaminck und Raoul Dufy als *Fauves*, „wilde Tiere" bezeichnet wurden.

Dass die intensive Farbigkeit in reinen Buntfarben zum Hauptangriffspunkt wurde, war kein Zufall. Noch immer galt die Farbe als „animalische Zutat" und als der „geistvollen" Zeichnung untergeordnet. Auf dem Weg, die Farbe aus den Fesseln der Tradition zu befreien, waren den Malern des „Fauvismus" die Impressionisten und die Nachimpressionisten vorangegangen. Die Blütezeit des Fauvismus währte nur bis 1907. Danach trennten sich die Maler und gingen eigene Wege. Während Derain, Marquet und Friesz sich wieder der traditionellen Malerei zuwandten, van Dongen und Vlaminck Elemente des Fauvismus in eine gepflegte Salonkunst einbauten, verfolgte Matisse konsequent einen eigenen Stil, der die reinen Farbflächen des Fauvismus mit einer neuen Kraft der Linie und ornamentalen Flächen verband.

Basis-Infos → Karte S. 516/517

Information Office de Tourisme, place du 18 Juin, 66190 Collioure, ✆ 0468821547, www.collioure.com.

Verbindungen Der SNCF-Bahnhof liegt 10 Fußmin. vom Hafen entfernt, am Ende der Avenue Aristide Maillol. Zugverbindungen gibt es stdl. nach Perpignan. Zudem mehrere Busverbindungen nach Perpignan sowie 8-mal tgl. nach Banyuls, Argelès und Elne, ✆ 3635. Die Busse halten beim großen Parkplatz an der Avenue Général de Gaulle.

Parken Trotz eines großen Parkplatzes am Alten Hafen fällt es im Hochsommer schwer, einen Platz für das eigene Fahrzeug zu finden.

Veranstaltungen Alljährlich am Karfreitag findet die farbenprächtige *Procession de la Sanch* statt. Während der *Festa Major de Collioure* steht der gesamte Ort vier Tage Mitte Aug. kopf. Der Höhepunkt sind die Feiern am 16. Aug. (samt Corrida und Feuerwerk).

Markt Mittwoch- und Sonntagvormittag auf der Place du Maréchal Leclerc.

Einkaufen Anchovis bei **Roque** 15, verarbeitet werden nur Mittelmeersardellen, die in heimischen Gewässern gefischt wurden. Tgl. 9.30–19.30, So 12.30–15 Uhr geschl. 40, rue Démocratie, ✆ 0468820499, www.anchois-roque.com. ∎

Moulin de la Cortina Restaurierte Mühle oberhalb des Kunstmuseums, im Mi und So von 10–12 Uhr geöffnet, dann werden auch die Segel bespannt. www.moulindecortina.com

Map: Banyuls-sur-Mer (area around Bahnhof)

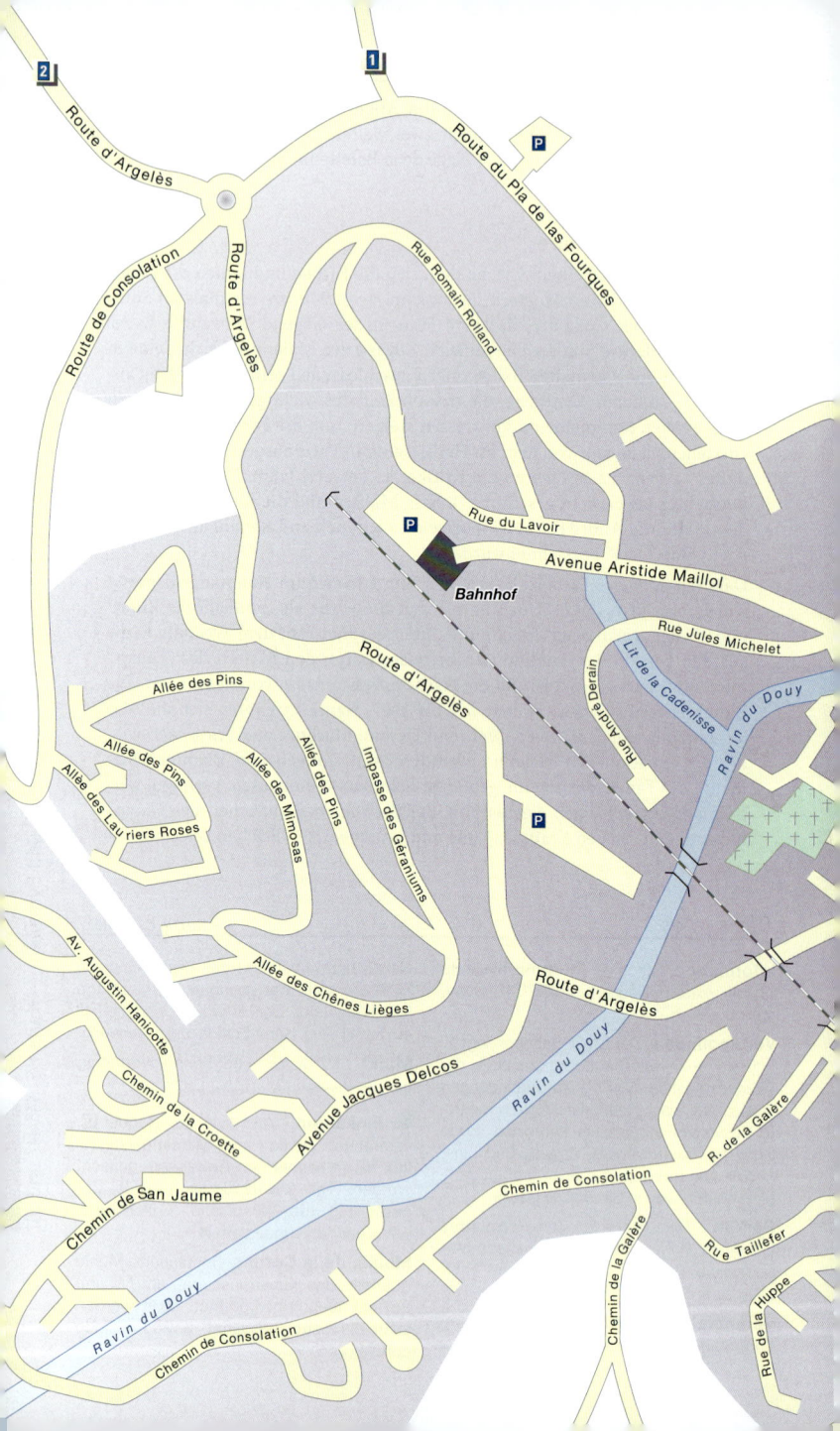

Streets and features labeled:

- Route d'Argelès
- Route du Pla de las Fourques
- Route de Consolation
- Rue Romain Rolland
- Rue du Lavoir
- Avenue Aristide Maillol
- Bahnhof
- Rue Jules Michelet
- Rue André Derain
- Lit de la Cadenisse
- Ravin du Douy
- Allée des Pins
- Allée des Mimosas
- Allée des Lauriers Roses
- Impasse des Géraniums
- Av. Augustin Hanicotte
- Allée des Chênes Lièges
- Chemin de la Croette
- Chemin de San Jaume
- Avenue Jacques Delcos
- Chemin de Consolation
- Chemin de la Galère
- R. de la Galère
- Rue Taillefer
- Rue de la Huppe

Markers: [1], [2], P (parking)

Übernachten

1. Camping La Girelle
2. Camping Les Amandiers
5. Hostellerie des Templiers
6. Princes de Catalogne
7. La Casa Pairal
8. Relais des Trois Mas
10. Les Caranques
11. Madeloc
13. Le Triton
14. Le Boramar

Essen & Trinken

3. Le Trémail
4. Le 5e Péché
8. La Balette
9. La Voile du Neptune
12. Can Pla

Einkaufen

15. Roque

Collioure

100 m

Roussillon und Pyrenäen

Fahrradverleih X Trem Bike, ✆ 0468 825977, www.xtrembike.net.

Bootstouren Im Hochsommer tuckern vom Hafen Ausflugsboote entlang der Küste.

Tauchen C.I.P. Collioure, Tauchkurse und Segelbootverleih. 15, rue de la Tour d'Auvergne, ✆ 0468820716, www.cip-collioure.com.

Übernachten & Essen → Karte S. 516/517

Hotels ⟫ **Mein Tipp:** **** **Relais des Trois Mas 8**, günstig ist das Hotel leider nicht, selbst in der Nebensaison kostet das einfachste Zimmer 100 €, aber die Lage direkt an der Küste und der einzigartige Blick auf Collioure sind dieses Geld sicher wert. Die 23 Zimmer des Hotels sind nach Malern und den mit ihnen verbundenen Aufenthaltsjahren bezeichnet und schmiegen sich an einen Felsen, über ein paar Steinstufen geht es hinunter zu einem kleinen öffentlichen Strand. Zudem gibt es einen beheizten Pool und einen Whirlpool mit Meerblick. Das zugehörige Restaurant La Balette 8 wurde mit einem Michelin-Stern ausgezeichnet und bietet eine hervorragende mediterrane Küche, die auf frischen Zutaten basiert (auch für Nicht-Hotelgäste). Menüs zu 30 € (mittags), 48, 70 und 105 €, das günstigste Menü gibt es auch in einer vegetarischen Variante. Unser Tipp ist das Menü Cap Béar (48 €), dessen Hauptgang Anfang September aus einem perfekt gegarten Kabeljau mit einer Variation aus unterschiedlichen Steinpilzzubereitungen bestand. Kostenloses WLAN, kostenlose Parkplätze für Hotelgäste. DZ je nach Ausstattung und Saison 150–315 €, die teureren mit Balkon; Frühstück 18 € (frisch gepresster Orangensaft!). Route de Port-Vendres, ✆ 0468820507. www.relaisdestroismas.com. ⟪

*** **La Casa Pairal 7**, ein wunderschöner Stadtpalast aus der Zeit Ende des 19. Jh. Bereits der üppig begrünte Innenhof mit seinem Brunnen vermittelt eine zauberhafte Atmosphäre, relaxen kann man am hoteleigenen, beheizten Pool. Von April bis Okt. geöffnet. Die individuell eingerichteten Zimmer kosten je nach Ausstattung und Saison 99–299 €, entsprechen allerdings nicht den Erwartungen und machen einen ungepflegten Eindruck, wie Leser bemängelten. Frühstück 16 €. Impasse des Palmiers, ✆ 0468 820581, www.hotel-casa-pairal.com.

*** **Princes de Catalogne 6**, da die Casa Pairal oft ausgebucht ist, kann man es auch im benachbarten Hotel versuchen, das unlängst ansprechend in einem modernen Stil renoviert wurde. Besonders ruhig sind die Zimmer im vierten Stock, die in Richtung Pyrenäen blicken. Ein Lob verdienen die ausgezeichneten Matratzen. Die Zimmer sind mit Preisen je nach Saison von 70–93 € günstiger und recht geräumig; Frühstück 8 €. Impasse des Palmiers, ✆ 0468983000, www.hotel-princescatalogne.com.

*** **Madeloc 11**, schönes Hotel mit Pool, direkt an der Küste. Die Zimmer sind in einem zeitlos modernen Stil eingerichtet, viele mit Terrasse oder Balkon. DZ je nach Saison 95–189 €; Frühstück 11,50 €; Parken ab 10 €. 24, rue Romain Rolland, ✆ 0468 820756, www.madeloc.com.

** **Hostellerie des Templiers 5**, das traditionsreichste und ungewöhnlichste Hotel des Ortes. Bereits Picasso, Matisse, Maillol, Dalí, Dufy sowie zahlreiche weniger bekannte Künstler nächtigten in der Hostellerie. Anstatt mit Geld bezahlten sie ihre Unterkunft mit Zeichnungen und Gemälden, so dass der damalige Patron René Pous im Laufe der Jahrzehnte eine respektable Kunstsammlung anhäufte. Zahlreiche Werke kann man noch heute in den Gasträumen und in den Zimmern bewundern, darunter aus Schutz vor Diebstählen viele Reproduktionen und zweitrangige Bilder. Achtung: Das Hotel ist häufig ausgebucht, doch kann man auch einfach im zugehörigen Bistro einkehren und sich an den Bildern erfreuen. WLAN. Zimmer im katalanischen Stil je nach Saison 63–130 €; Frühstück 6,50 €. 12, quai de l'Amirauté, ✆ 0468983110, www.hotel-templiers.com.

⟫ **Mein Tipp:** ** **Les Caranques 10**, dieses familiäre Hotel ist ein Lesertipp von Roswitha Och und Jochen Eberle und ist wahrscheinlich die ideale Adresse, um ein paar Tage in Collioure zu verbringen. Wunderschön direkt an der Steilküste gelegen, hat man einen herrlichen Blick auf den Ort und über die Felsen sogar Zugang zum Meer. Schöne Sonnenterrasse. Das Hotel ist sehr gepflegt und liebevoll eingerichtet – ein angenehmer Familienbetrieb mit moderaten Preisen. Absolut ruhig gelegen, Parkplätze vorhanden. WLAN. DZ meist mit Meerblick 130–150 € (teilweise recht klein); Frühstück 13 €. Ab Ortsausgang an der Route de Port-Vendres, ✆ 0468820668, www.les-caranques.com. «

Le Boramar 14, schönes, gepflegtes Hotel mit Blick auf den Hafen, die Einrichtung ist etwas altertümlich, aber die Lage phänomenal! Wer will, kann vor dem Frühstück eine Runde im Meer schwimmen gehen. WLAN. Nur von Mai bis Okt. geöffnet. DZ mit kleinem Balkon 85 € oder 65 € (ohne Meerblick); Frühstück 7 €. 19, rue Jean Bart, ✆ 0468820706, www.hotel-boramar.fr.

** **Le Triton** 13, ein paar Schritte weiter, in einem rosafarbenen Haus. Die nach hinten hinausgehenden Zimmer sind günstiger und wegen einer Straße deutlich lauter (ab 64 €). Wer auf dem eigenen Balkon mit Blick zum Hafen sitzen will, muss dann schon 88 € investieren; Frühstück 9 €. 1, rue Jean Bart, ✆ 0468983939, www.hotel-triton-collioure.com.

Restaurants Can Pla 12, ansprechendes Restaurant mit dem Schwerpunkt Fisch, direkt hinter der Festung im Stadtteil Faubourg gelegen. Menüs zu 18,50 € (mit gegrilltem Fisch) sowie 25, 27,80 und 35,80 €, Tapas von 5,20 bis 6,90 €. Lecker ist die *Dorade à la planxa*. Straßenterrasse vorhanden. In der NS Mo geschlossen. 7, rue Voltaire, ✆ 0468821000.

» **Mein Tipp:** Le 5ème Péché 4, in einem kleinen Haus in der Altstadt hat sich Iijima Masashi einer Fusionsküche verschrieben, wobei er traditionelle französische und katalanische Gerichte neu interpretiert. Die Tester von Gault Millau bewerteten seine Kreationen mit zwei Hauben. Menüs zu 18 und 24 € (mittags), abends zu 37 und 59 €. Sonntagabend, Mo und Mittwochmittag geschlossen. 16, rue Fraternité, ✆ 0468 980976, www.le5peche.com. «

Le Trémail 3, zählt zu den beliebtesten Restaurants der Altstadt, aufgetischt wird selbstverständlich katalanische Küche. Menüs ab 26,50 €, mittags 14,50 €. Sonntagabend Ruhetag. 16 bis, rue Mailly, ✆ 0468821610.

La Voile du Neptune 9, eine Brasserie in herrlicher Lage am Meer, was sich allerdings auch auf das Preisniveau auswirkt. Nichtsdestotrotz genießt die Fischküche einen ausgezeichneten Ruf. Mittagsmenü mit einem Glas Wein 29 €, weitere Menüs zu 39 und 59 €. 9, route de Port-Vendres, ✆ 0468 820227. www.leneptune-collioure.com.

Camping ** Les Amandiers 2, wer mit dem Wohnwagen oder Wohnmobil unterwegs ist, muss mit diesem, ein paar hundert Meter oberhalb gelegenen Platz mit seinen staubtrockenen Terrassen vorlieb nehmen. Zum Baden trifft man sich dann wieder am gleichen Strand. Störend ist allerdings die nahe Bahnlinie. Von April bis Sept. geöffnet. Lieu-dit L'Ouille, ✆ 0468811 469, www.camping-les-amandiers.com.

» **Mein Tipp:** ** La Girelle 1, ein kleines Stück nördlich von Collioure liegt dieser kleine, nur für Zelte geeignete Platz an einer sehr schönen Bucht (Plage de l'Ouille), so dass man den ganzen Tag das Meer rauschen hört. Stimmungsvolles terrassiertes Areal mit internationalem Publikum. Bar, Restaurant und WLAN vorhanden. Von April bis Ende Sept. geöffnet. Plage de l'Ouille, ✆ 0468812556, http://campinglagirelle.unblog.fr. «

Nacht über dem Hafen von Collioure

Sehenswertes

Château-Royal: Die imposante Festung, die den Hafen und das Städtchen gleichermaßen dominiert, geht noch auf eine im 12. Jahrhundert von den Tempelrittern errichtete Burg zurück. Die mallorquinischen Könige nutzten Collioure später als Sommerresidenz. Allerdings wurde das Château im 15. und zuletzt durch Vauban im 17. Jahrhundert noch einmal erheblich umgebaut, um den südlich gelegenen Port d'Avall und den nördlich gelegenen Port d'Amont besser vor feindlichen Angriffen schützen zu können. Leider wurde auch ein Teil der historischen Altstadt abgerissen und durch mächtige Schutzwälle mit unterirdischen Gängen ersetzt. Heute finden in dem alten Gemäuer (Ehrenhof, Kapelle etc.) in erster Linie Kunstausstellungen statt. Der herrliche Blick auf den Hafen lohnt die Besichtigung allemal.
Juni bis Sept. tgl. 10–17.15 Uhr, Okt. bis Mai tgl. 9–16.15 Uhr. Eintritt 4 €, erm. 2 €.

Musée d'Art Moderne: Das kleine, an der Straße nach Pont-Vendres gelegene Kunstmuseum – auch Musée Peske genannt – zeigt vor allem zeitgenössische Werke regionaler Künstler, aber auch Werke von Cocteau und Camoin.
Juli und Aug. tgl. 10–12 und 14–19 Uhr, Sept. bis Juni tgl. außer Di 10–12 und 14–18 Uhr. Eintritt 2 €, erm. 1,50 €.

Fort Saint-Elme: Auf einem Hügel zwischen Collioure und Port-Vendres wurde die Festung Saint-Elme errichtet. Sie geht auf eine maurische Burg aus dem 8. Jahrhundert zurück, die später mehrfach erweitert und in ihrem heutigen Aussehen deutlich die Handschrift von Vauban, dem Festungsbaumeister Ludwig XIV. verrät. Ein beeindruckender Panoramablick von den Pyrenäen bis zum Mittelmeer ist garantiert.
April–Sept. tgl. 14.30–19 Uhr, Okt. bis Mitte Nov. tgl. 14.30–17 Uhr. Eintritt 6 €, erm. 4 bzw. 3 €. www.fortsaintelme.fr.

Port-Vendres

6000 Einwohner

Port-Vendres ist ein traditionsreiches Hafenstädtchen, das noch heute zu einem großen Teil vom Fischfang lebt. Am späten Nachmittag findet eine Fischauktion statt, auf der der Tagesfang meistbietend verkauft wird. Was nicht sofort im Kochtopf oder der Pfanne landet, wird in der lokalen Fischfabrik weiterverarbeitet.

Der „Venushafen" (*Portus Veneris*) war bereits in römischer Zeit ein wichtiger Handelsort, stand dann aber lange Zeit im Schatten von Collioure. Erst im 18. Jahrhundert erlebte Port-Vendres eine neue Blüte als Kriegshafen, die sich ab 1830 größtenteils auf die Verbindungen nach Algerien stützte. Apropos Algerien: Port-Vendres ist jener Hafenort, in dem der durch „Tee im Harem des Archimedes" bekannt gewordene *Mehdi Charef* ein Kapitel seines Romans „Harki" spielen lässt. Die als Verräter (*Harki*) gebrandmarkten Algerier betreten hier 1962 erstmals französischen Boden und werden von hier aus mit Militärlastwagen auf die verschiedenen Durchgangslager verteilt: „Sie waren in Massen gekommen, die Neugierigen, die auf die Schiffe aus Algerien warteten. Franzosen zeigen sich belustigt über andere Franzosen, die die Gangway herunterkamen. ,Pieds-noirs'. Sie verfolgten sie mit den Blicken, als seien sie vom Planeten Mars gelandet."

Unter touristischen Gesichtspunkten ist der Ort relativ uninteressant. Die Uferpromenade und der kleine Yachthafen sind schnell erkundet. Sieht man von einem 29 Meter hohen, klassizistischen Obelisken – vier Bronzereliefs verherrlichen die Taten des Sonnenkönigs – ab, so fehlt es an Sehenswürdigkeiten. Verträumte Gassen sucht man ebenso vergeblich wie schöne Strände. Am attraktivsten ist noch die südlich an den Hafen angrenzende *Plage de Tamarins*. Ein lohnendes Badeziel ist die drei Kilometer südlich gelegene Bucht von Paulilles. Das saubere Wasser dort begeistert nicht nur die Schnorchler.

Information Office de Tourisme, 1, quai François Joly, 66660 Port-Vendres, ☏ 0468 820754, www.port-vendres.com.

Verbindungen Es bestehen tgl. drei Busverbindungen mit Axat und Quillan sowie 8-mal tgl. nach Banyuls, Collioure, Argelès, Elne, Perpignan und weiter nach Narbonne, ☏ 0468352902. Der SNCF-Bahnhof liegt 5 Fußmin. südwestl. des Hafens. Häufige Zugverbindungen mit Perpignan.

Markt Samstagvormittag auf der Place de l'Obélisque und am Quai Pierre Forgas. Direktverkauf von Fischen findet morgens zwischen 8 und 10 Uhr an der Ecke des Quai Piere Forgas statt.

Kino Cinéma Vauban, Place Castellane, ☏ 0468821157.

Schwimmen Der südlichste französische FKK-Strand liegt unweit von Cap Béar (3 km südöstl. von Port Vendres). Etwa 10 Fußmin. vom Leuchtturm entfernt liegt unterhalb der Felsen eine kleine, windgeschützte Bucht, die über einen schmalen Weg zu erreichen ist.

Tauchen Sport Pulsion Plongée, Quai de la République, ☏ 046825555, www.plongeepulsion.com.

Übernachten & Essen ** Saint-Elme, direkt am Hafen und recht billig, aber ohne Charme. Die Rauputzwände und die Einrichtung wären eine Zumutung für jeden Innenarchitekten. Garage 6 €. Zimmer je nach Lage 53–69 €, nur mit Waschbecken 43 €; Frühstück 7,50 €. Quai Forgas, ☏ 0468820107.

Gîte d'étape du Swan, ein Quartier für Backpacker und Wanderer, mit Kochmöglichkeit und nettem Innenhof. Übernachtung im Schlafsaal 16 €, DZ 42 € für 2 Pers. 11, rue du 4 Septembre, ☏ 0468822575.

》》 Mein Tipp: *** Les Jardins du Cèdre, das attraktivste Hotel der Stadt (Logis) liegt westl. der Bahnlinie, wenige Fußminuten vom Hafen entfernt. Ein wirklich gutes Restaurant (Mittagsmenü 19 €, abends ab 39 €) sowie ein netter beheizter Swimmingpool gehören ebenfalls zum Hotel. Kostenloses WLAN. Die Zimmer sind ruhig, geschmackvoll und modern eingerichtet und kosten je nach Ausstattung ab 86 € in der NS, sonst 88–116 €. Mitte Juli bis Ende Aug. ist Halbpension (ab 169 € für 2 Pers.) Pflicht. 29, route de Banyuls, ☏ 0468820105, www.lesjardinsducedre.com. 《《

La Côte Vermeille, die Lage direkt am Fischerhafen verpflichtet: ausgezeichnete Fischküche auf gehobenem Preisniveau. Von Restaurantführern gelobt: Zwei Hauben bei Gault Millau! Maritimes Ambiente, von der Terrasse im ersten Stock hat man einen tollen Blick auf das Hafenbecken. Ein Dutzend Austern für 28 €. Menüs zu 32, 40 und 56 €. In der NS So und Mo Ruhetag. Quai du Fanal, ☏ 0468820571. www.restaurantlacotevermeille.com.

Sehenswertes

Site de l'Anse de Paulilles: In der südlich von Port-Vendres gelegenen Bucht von Paulilles hat man die Möglichkeit, einen Badeausflug zu einem herrlichen Strand mit einer kleinen Besichtigung zu verbinden. Schon von weitem erinnert ein 35 Meter hoher Schornstein und die benachbarten Gebäude an eine Dynamitfabrik, die hier von 1870 bis 1984 in Betrieb war. Von dem großen kostenlosen Besucherparkplatz läuft man ein paar Minuten zu einem Dokumentationszentrum, das die sozialgeschichtlichen Hintergründe der Fabrik beleuchtet. Durch gepflegte Gärten und Picknickareale gelangt man zu einem netten Sandstrand mit Duschmöglichkeiten. www.cg66.fr/60-le-site-de-paulilles.htm.

Banyuls-sur-Mer

4600 Einwohner

Banyuls-sur-Mer ist der letzte größere Badeort vor der spanischen Grenze. Ein breiter Kieselstrand und ein belebter Yachthafen unterstreichen die mediterrane Atmosphäre. Der Charme der dahinter liegenden Uferpromenade leidet allerdings unter dem Durchgangsverkehr.

Direkt hinter der Promenade erstreckt sich eine schmucke Altstadt, die sich zum Bummeln anbietet. Wem der Strand zu belebt ist, findet einsamere Badebuchten weiter südlich, so die Plage de Troc und die Plage de Taillelauque beim Cap l'Abreille. Banyuls ist berühmt für seinen schweren Süßwein, der als Aperitif genauso gerne getrunken wird wie zum Käse.

Der mit Abstand berühmteste Sohn der Stadt ist der Bildhauer *Aristide Maillol* (1861–1944), der in Banyuls geboren wurde und als Zwanzigjähriger nach Paris ging, wo er Kontakt zur internationalen Künstleravantgarde fand. Maillol, der vor allem für seine drallen Frauenakte bekannt ist, kehrte bis an sein Lebensende im Sommer und Winter für mehrere Monate nach Banyuls zurück. Sein einstiges Wohnhaus ist heute als Museum zugänglich.

Information Office de Tourisme, avenue de la République, 66650 Banyuls-sur-Mer, ✆ 0468883158, www.banyuls-sur-mer.com.

Verbindungen Die Busse halten an der Küstenpromenade. Tgl. acht Busverbindungen nach Port-Vendres, Collioure, Argelès, Elne und Perpignan, ✆ 0468352902. Regelmäßige Zugverbindungen vom SNCF-Bahnhof nach Perpignan, ✆ 3635. Der Bahnhof liegt landeinwärts, ganz im Westen der Stadt.

Markt Donnerstag- und Sonntagvormittag auf der Place du Marché.

Veranstaltungen *Fête des Vendanges*, am dritten Oktoberwochenende feiern die Winzer ihr traditionelles Weinfest.

Kajak Kajakausflüge auf dem Meer bietet Aleoutes Kayak Mer an. Halbtagestouren 30 €. 13, rue Jules Ferry, ✆ 0468883425, www.kayakmer.net.

Hafenpromenade von Banyuls-sur-Mer

Banyuls-sur-Mer

Post Place Dina Vierny.

Kino Cinéma ABC, Rue Jean Bourra.

Wein Cellier des Templiers, eines der besten und größten Weingüter der Region. Degustation tgl. 10–19 Uhr. Route du Mas-Reig, ✆ 0468983692, www.templers.com.

Übernachten & Essen *** Les Elmes, schmuckes (Logis-)Hotel direkt am – von Port-Vendres kommend – ersten Strand von Banyuls. Es gibt auch eine Sauna und einen kleinen, beheizten Pool. Lohnend ist die Halbpension, da das Hotelrestaurant La Littorine einen guten Ruf genießt. Die katalanische Küche von Jean-Marie Patrouix lohnt auch einen weiten Umweg, die Tester von Gault Millau honorierten die Kochkünste mit zwei Hauben. Besonders die Fischgerichte, die aus fangfrischem Meeresgetier zubereitet werden, sind zu empfehlen. Auch preislich sprengen die Menüs zu 24 € (mittags), 31, 39 und 49 € nicht den Rahmen. Sonntagabend sowie im Winter Mo geschlossen. Kostenloses WLAN. Die Zimmer sind von ihrer Lage und Ausstattung recht unterschiedlich, was sich auch in der großen saisonalen Preisspanne von 71 bis 229 € widerspiegelt (am teuersten mit Balkon und Meerblick); Frühstück 10 €. Halbpension für 150–229 € (für 2 Pers.). Plage des Elmes, ✆ 0468880312, www.hotel-des-elmes.com.

Hôtel Canal, einfaches, altertümliches Hotel (Baujahr 1860) mit schmiedeeisernen Balkonen, nur einen Steinwurf weit vom Meer entfernt. Die verschachtelte Herberge hat Patina angesetzt, doch an den günstigen Zimmern gibt es nichts auszusetzen. Nur die teureren Zimmer besitzen ein eigenes Bad sowie Toilette. DZ je nach Ausstattung 43–50 €; Frühstück 6,90 €; Halbpension 25 €. 9, rue Dugommier, ✆ 0468880075.

》》 Mein Tipp: Le Fanal, das kulinarische Highlight von Banyuls (ein Michelin-Stern)! Zudem besitzt das Lokal ein phantastisches Preis-Leistungs-Verhältnis. Wo kann man für 19 € (zwei Gänge) oder 29 € (drei Gänge) so herrlich tafeln? Wir durften uns an einem delikat marinierten Gemüsesalat mit feinen Zucchini-, Gurken- und Karottenstreifen, anschließend gab es einen Kabeljau mit weißen Bohnen in einer süßen Knoblauchsauce bzw. einen perfekt geschmorten Kalbsbraten mit Minikarotten. Das Restaurant von Pascal Borrell gefällt zudem mit seinem modernen Interieur und der Straßenterrasse mit Meerblick. Einziges Manko: Wenn es voll ist, muss man durchaus viel Zeit einplanen – aber es lohnt sich! Menüs zu 19 oder 29 €, weitere Menüs zu 50 und 70 €. Sonntag-, Montagabend sowie Mi geschlossen. 18, avenue de Fontaulé, ✆ 0468986588. www.pascal-borrell.com. 《《

Le Jardin de Saint-Sébastien, direkt an der Uferpromenade (angenehme Straßenterrasse) gelegen, gehört zu diesem auf Meeresfrüchte spezialisierten Restaurant auch ein Wein- und Delikatessengeschäft. Ausgeschenkt werden die Tropfen der Domaine de Saint-Sébastien. Mittagsmenü zu 16,50 und 22,90 €, sonst 28 und 36,50 € und für 59 € (mit fünf korrespondierenden Weinen). 10, avenue du Fontaulé, ✆ 0468552264, www.restaurant-saint-sebastien.com.

Sehenswertes

L'Aquarium: Das schon 1883 gegründete Seewasseraquarium von Banyuls ist eines der ältesten in Frankreich. In insgesamt 39 Becken wird die Vielfalt der Unterseeflora und -fauna des Golfe du Lion präsentiert. Besonders faszinierend sind immer wieder die scheuen Seepferdchen.
Avenue du Fontaulé. Tgl. 9–12 und 14–18.30 Uhr, Juli und Aug. bis 20 Uhr. Eintritt 5 €, erm. 2,50 €. www.biodiversarium.fr.

Musée d'Aristide Maillol: Das vier Kilometer südwestlich im Roume-Tal gelegene Anwesen gehört zum Pflichtprogramm vom Maillol-Verehrern. Der große Bildhauer ruht im Garten seines museal genutzten Bauernhauses unter der Skulptur *La Méditerranée*. Das beschauliche Museum gibt einen privaten Einblick in Maillols künstlerisches Schaffen und zeigt Zeichnungen, Skizzen, Skulpturen und Gemälde.
Route des Mas. Tgl. 10–12 und 16–19 Uhr, im Winterhalbjahr tgl. 10–12 und 14–17 Uhr. Eintritt 5 €, erm. 4 €. www.museemaillol.com.

Umgebung

Tour Madeloc: Der einstige Wach- und Signalturm der Könige von Mallorca liegt auf 652 Meter Höhe im Hinterland von Banyuls. Doch lohnt weniger der aus dem 14. Jahrhundert stammende Turm als die Aussicht über die Küste und die Fahrt auf der *Route des Crêtes* (D 86) einen Abstecher. Wer Lust hat, kann auch auf dem Fernwanderweg GR 10 hinunter nach Banyuls wandern.

Chemin Walter Benjamin: Der nach dem Schriftsteller und Kulturphilosophen Walter Benjamin benannte Wanderpfad verläuft über 17 Kilometer exakt auf der Route, die Benjamin am 24. September 1940 nahm, um über die Berge ins spanische Port Bou zu gelangen. Der Weg ist gut ausgeschildert und beginnt direkt an der Ecke der Strandpromenade und der Avenue Général de Gaulle. Von dort geht es landeinwärts, später links über den Fluss ins Stadtviertel Puig des Mas, dann an Weinstöcken vorbei hinauf in die Berge bis über 550 Meter Höhe und anschließend auf steilen Pfaden wieder hinunter nach Port Bou. Der Weg ist in Frankreich gelb, in Spanien bordeauxrot markiert. Man sollte einen Tag dafür einplanen und genügend Wasser mit sich führen. Zurück nach Banyuls geht es entweder mit dem Taxi (rund 50 €) oder mit dem Zug.

Cerbère
1400 Einwohner

Cerbère ist ein weitgehend unspektakuläres Grenzstädtchen, einige Kilometer südlich von Banyuls, mit einem riesigen Bahnhof. Die Häuser im Zentrum schmiegen sich eng an eine Felswand, so, als würden sie Schutz vor der stürmischen See suchen. Seine Bedeutung verdankte der Ort der unterschiedlichen Spurbreite der spanischen und der französischen Eisenbahn, die ein Umladen und Umsteigen erforderlich machen. Drohend schwebt die Angleichung der spanischen Spurbreite an die europäische Norm über dem Ort, da dies den Verlust zahlreicher Arbeitsplätze nach sich ziehen würde. Das klare Wasser und der Fischreichtum der Felsküste sind vor allem bei Tauchern beliebt. An der Plage de Peyrefite gibt es sogar einen 500 Meter langen ausgeschilderten „Unterwasserwanderpfad" (*Sentier sous-marin*). Der Ortsstrand ist allerdings nicht sonderlich attraktiv.

Information Office de Tourisme, B.P. 6, Front de Mer, 66290 Cerbère, ✆ 0468884236, www.cerbere-village.com.

Verbindungen Zahllose Zugverbindungen mit Spanien und Frankreich.

Markt Dienstagvormittag auf der Place de la République.

Tauchen Centre de plongée Cap Cerbère, route d'Espagne, ✆ 0468884100, www.capcerbere.com.

Übernachten & Essen ** La Dorade, ein annehmbares Ausweichquartier an der Uferpromenade ist dieses sich seit 1929 in Familienbesitz befindende Hotel. Von Ostern bis Mitte Okt. geöffnet. Die Zimmerpreise von 65 bis 78 € (mit Meerblick) sind passabel, günstiger schläft man in einer Dependance ab 59 €; Frühstück 8 €. Avenue Général de Gaulle, ✆ 0468884193, www.hotel-ladorade.com.

》》 **Mein Tipp:** ** La Vigie, das angenehme, erst 2011 renovierte Hotel in exponierter Lage auf einer Klippe über dem Meer befindet sich im vorletzten Haus des Ortes, wenn man in Richtung Spanien fährt. Abends wird man von den Wellen in den Schlaf gewiegt. Fast alle Zimmer mit Meerblick, die teureren besitzen einen Balkon. Herrliche Frühstücksterrasse. DZ 81–92 €; Frühstück 9 €. 3, route d'Espagne, ✆ 0468 884184, www.hotel-lavigie.fr. 《《

Le Café de la Plage, direkt an der Uferpromenade und mit seinen blauen Stühlen nicht zu übersehen. Die Küche ist auf Fisch spezialisiert, wer will, kann aber auch nur einen Kaffee trinken. Menüs zu 21 und 36 €. WLAN. In der NS Dienstagabend und Mi geschlossen. ✆ 0468884003.

Camping * Cap Peyrefite, der wenige Kilometer nördl. von Cerbère auf einer Landzunge gelegene städtische Zeltplatz bietet zwar wenig Komfort, dafür besticht er durch seine Lage über dem Meer. Ganzjährig geöffnet. Peyrefite Plage, ☏ 0468884117.

* **L'Atlantis**, mit nur 26 Stellplätzen wesentlich kleiner und familiärer. Von Mitte Juni bis Mitte Sept. geöffnet. Plage del Saurell (RN 114), ☏ 025110758.

Port Bou

1300 Einwohner

Richtig: Port Bou liegt trotz seines französisch klingenden Namens bereits in Spanien. Doch es gibt einen Grund hinüberzufahren, und der heißt *Walter Benjamin*. Benjamin, einer der bedeutendsten deutschen Schriftsteller der ersten Hälfte des 20. Jahrhunderts, floh mit Hilfe der aus Berlin stammenden Antifaschistin *Lisa Fittko* über die Pyrenäen aus Frankreich, da er eine Auslieferung an die Nazis befürchtete. Die Tour über unbefestigte Pfade war für den herzkranken Benjamin mehr als beschwerlich. Zudem schleppte er eine schwere Aktentasche mit einem neuen Manuskript mit sich, dessen Rettung ihm wichtiger war als das eigene Leben. Schließlich kam Benjamin glücklich in Spanien an, das sichere Exil vor Augen. Ein Trugschluss – aus Angst, dass er von den spanischen Behörden wegen eines nicht mehr gültigen Ausreisestempels zurück nach Frankreich geschickt werden würde, nahm er sich in der Nacht auf den 27. September 1940 mit einer Überdosis Morphium das Leben.

Der israelische Künstler *Dani Karavan* hat 1994 – unmittelbar neben dem Friedhof – einen in den Fels getriebenen Tunnel als Denkmal („Passagen") für Walter Benjamin geschaffen. Das Meer wird so als Symbol für die Hoffnung auf eine Flucht über das Wasser. Wer von dort aus auf das Meer blickt, kann sich an die Worte Benjamins erinnern: „Man kann sich zum Meer sehr verschieden verhalten. Zum Beispiel an den Strand legen, der Brandung zuhören und die Muscheln, die sie anspült, sammeln. Das tut der Epiker. Man kann das Meer auch befahren. Zu vielen Zwecken und zwecklos. Man kann eine Meerfahrt machen und dann dort draußen, ringsum kein Landstrich, Meer und Himmel kreuzen. Das tut der Romancier. Er ist der wirklich Einsame, Stumme. Der epische Mensch ruht sich nur aus."

Markt Freitagvormittag.

Walter-Benjamin-Denkmal

Aufstieg zum Pic de Bugarach

Wanderung 1	Zum Pont du Gard	→ S. 529
Wanderung 2	Auf dem Sentier des Menhirs	→ S. 530
Wanderung 3	Über den Schluchten des Tarn und der Jonte	→ S. 531
Wanderung 4	Durch das Chaos de Montpellier-le-Vieux	→ S. 533
Wanderung 5	Zu den Przewalski-Pferden	→ S. 534
Wanderung 6	Durch das Chaos de Nîmes-le-Vieux	→ S. 535
Wanderung 7	Zur Quelle der Vis	→ S. 536

Kleiner Wanderführer

Wanderung 8	Auf den Pic Saint-Loup	→ S. 538
Wanderung 9	Durch den Cirque de l'Infernet zur Eremitage Notre-Dame-de-Grâce	→ S. 538
Wanderung 10	Auf dem Sentier Cathare zum Château de Quéribus	→ S. 540
Wanderung 11	Circuit du Moulin de Ribaute	→ S. 541
Wanderung 12	Auf den Pic de Bugarach	→ S. 543
Wanderung 13	Durch die Gorges de la Carança	→ S. 543
Wanderung 14	Vom Lac des Bouillouses zum Pic Carlit	→ S. 545

Nicht nur die Cevennen sind eine herrliche Wanderregion

Kleiner Wanderführer für Languedoc-Roussillon

Die Region Languedoc-Roussillon ist mit ihrem abwechslungsreichen Profil ein geradezu ideales Wandergebiet. Von einfachen Touren über die Causses bis hin zu Hochgebirgstouren in den Pyrenäen bietet die Region etwas für jeden Geschmack.

Mit den Cevennen und den Pyrenäen besitzt das Languedoc-Roussillon zwei herrliche Wandergebiete, deren Höhenprofile ein Paradies für Wanderer mit guter Kondition darstellen. Es locken herrliche Gipfel wie der Pic du Canigou und der Pic Carlit, der mit seinen 2921 Metern nicht nur der höchste Berg der Region Languedoc-Roussillon ist, sondern auch der katalanischen Pyrenäen. Spektakulär ist eine Tour durch Schluchten wie die Gorges de la Carança, wo Hängebrückenüberquerungen auch Kinder sofort begeistern. In den Cevennen kann man auf den Causses hoch über den Schluchten des Tarn und der Jonte wandern, das Felsenmeer Chaos de Vieux-Montpellier erkunden sowie zu frühgeschichtlichen Menhiren und Przewalski-Pferden wandern. Hier und da kann man auch die Besichtigung einer Sehenswürdigkeit wie des Pont du Gard und des Château de Quéribus in eine Wanderung einbinden.

Zumeist sind die Touren gut ausgeschildert, die jeweiligen farbigen Markierungen sind bei den Touren angegeben. Die Wanderungen in diesem Reiseführer decken zudem alle Schwierigkeitsgrade ab, von der einfachen Rundwanderung bis hin zur anstrengenden Bergtour mit einer Dauer von 1:30 Stunden bis zu 7 Stunden. Fast alle Wanderungen sind ganzjährig möglich, einzig die Besteigung des Pic Carlit ist auf die Sommermonate beschränkt.

Bei ausgedehnten Tagestouren darf das Risiko eines Wetterumschwungs nicht unterschätzt werden. Vor allem im Hochgebirge kann es bei Nebel und Regen sehr schnell zu drastischen Temperatureinbrüchen kommen, die lebensbedrohlich sein können. Wichtig sind daher richtige Kleidung und Ausrüstung. Es empfiehlt sich auch, die aktuellen Wettervorhersagen zu erfragen. Neben regenfester und warmer Kleidung ist auch festes Schuhwerk unerlässlich. Zudem sollte man in seinem Rucksack Verpflegung und Getränke mitführen. Gutes Kartenmaterial ist ebenfalls unverzichtbar. Sehr praktisch zum Wandern ist die blaue Serie des Nationalen Geographischen Instituts (IGN), dank des Maßstabs von 1:25.000 sind auch die kleinsten Wege eingezeichnet. Ein Fernglas erleichtert das Beobachten der alpinen Tierwelt. Zuletzt sollte man auch seine eigenen Leistungsgrenzen nicht überschätzen. Als Richtschnur bei Bergtouren gelten bei trainierten Wanderern 300 Höhenmeter pro Stunde.

Die Zeitangaben sind reine Gehzeiten, Pausen nicht mitgerechnet, und natürlich nur als Richtwerte zu verstehen. Die Karten wurden mit Hilfe von GPS (Global Positioning System) erstellt.

Zusätzlich zu den hier ausführlich vorgestellten Wanderungen finden Sie im Buch an mehreren Stellen Tipps für kürzere Wanderungen.

Wanderung 1: Zum Pont du Gard

Charakteristik: Die einfache Streckenwanderung mit geringen Anstiegen bietet einen guten Eindruck von der Garrigue-Landschaft und wird mit einem Abstecher zum Pont du Gard gekrönt. Dort sollte man sich viel Zeit nehmen, um das einzigartige Bauwerk zu bestaunen. Interessant ist auch ein Besuch des Musée l'Histoire du Pont du Gard, zudem bietet sich im Sommer die Möglichkeit, im Gardon zu baden. **Ausgangspunkt**: Saint-Bonnet-du-Gard, Wanderparkplatz am nördlichen Ortsrand. **Länge/Dauer**: 9,5 km, 3 Std. **Höhenmeter**: 100 m. **Markierung**: rot-weiß und gelb. **Einkehr**: Restaurant und Kiosk am Pont du Gard 7. **Anfahrt**: Saint-Bonnet-du-Gard liegt an der N 86, 20 km nordöstlich von Nîmes.

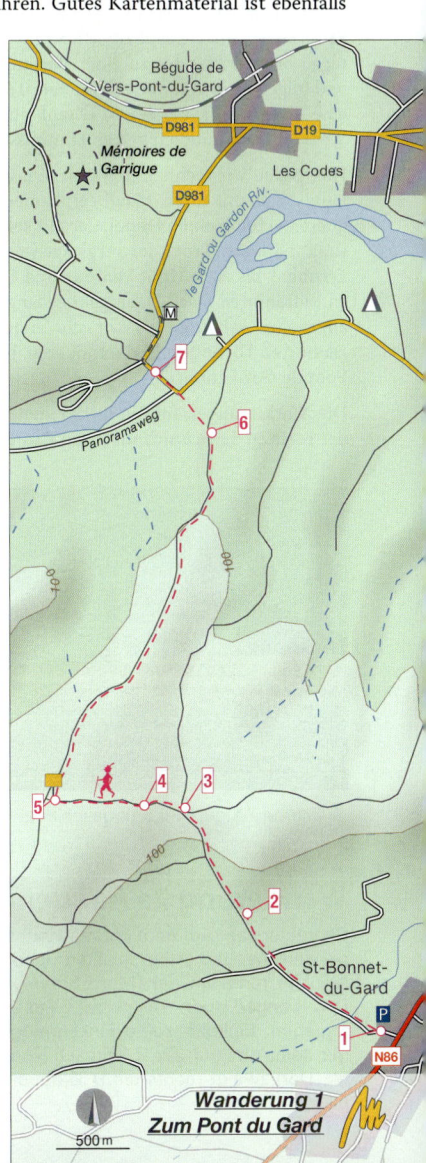

Wegbeschreibung: Wer von Saint-Bonnet-du-Gard zum Pont du Gard wandert, spart sich auf alle Fälle die hohen Parkgebühren, denn der **Wanderparkplatz** ❶ am nördlichen Ortsrand ist kostenlos. Normalerweise wird von Wanderern auch kein Eintritt erhoben.

Wir gehen in nordwestlicher Richtung auf einer kleinen asphaltierten Straße, die zwischen Weinreben leicht ansteigt. Der Weg ist gelb und rot-weiß markiert und leicht zu finden, da er mit dem Fernwanderweg GR 6 identisch ist. In einer Kurve ❷ verlassen wir die asphaltierte Straße und gehen weiter geradeaus auf einem steinigen breiten Pfad bis zu einer Wegkreuzung ❸. Hier wenden wir uns nach links und folgen dem Wegweiser „Valmale 0.6 km". Nach wenigen Minuten passieren wir eine **Zisterne** ❹, die einem Öltank ähnelt, und gelangen dann zu einer weiteren Wegkreuzung mit dem gelben Hinweisschild „Pont du Gard 2.2. km" ❺.

Hier gehen wir rechts und wandern in nordöstlicher Richtung durch die Garrigue-Landschaft mit ihren Maulbeerbäumen sowie Stein- und Flaumeichen und überqueren einen kleinen **Hügel**, der mit seinen 132 m den höchsten Punkt der Wanderung markiert. Trotz der vergleichsweise geringen Höhe bietet sich ein herrlicher Fernblick bis zum Mont Ventoux und Castillon-du-Gard, einem von grünen Hängen umrahmten Dorf. Dann geht es langsam bergab, erst weiter in der Sonne, dann angenehm schattig, bis wir die ersten antiken Mauern erreichen und einen zerstörten **Torbogen** ❻ durchqueren. Jetzt ist man nur noch wenige Minuten vom Pont du Gard entfernt.

Die Markierungen führen links einen Hang hinauf zu einem Tunnel, den wir auf der rechten Seite umrunden, um dann direkt vor der obersten Etage des **Pont du Gard** ❼ zu stehen. An dieser Stelle kreuzen sich zahlreiche Wege und jeder kann den Pont du Gard auf eigene Faust erkunden.

Wer will, kann noch einen kleinen Spaziergang durch die **Mémoires de Garrigue** unternehmen, ein Areal, das über die Garrigue-Landschaft informiert. Wenn man Badesachen dabei hat, bietet sich ein Sprung in die Fluten des **Gardon** an. Anschließend gehen wir zurück zu dem zerstörten Torbogen ❻ und lassen die Besuchermassen hinter uns.

Steinerne Zeugen der Frühgeschichte

Der Rückweg ist mit dem Hinweg identisch.

Wanderung 2: Auf dem Sentier des Menhirs

Charakteristik: Auf dem gut markierten und breit angelegten Sentier des Menhirs passiert man bei dieser leichten Rundwanderung rund 25 liegende und stehende Menhire rund um den Mont Lozère. **Ausgangspunkt:** Wanderparkplatz an der D 35. **Länge/Dauer:** 5,6 km, ca. 2 Std. **Höhenmeter:** 200 m. **Markierung:** Stein-Piktogramm. **Einkehr:** keine Einkehrmöglichkeiten. **Anfahrt:** Von Florac fährt man mit dem Auto auf der N 106 nach Norden zum 17 km entfernten Col de Montmirat. Dort zweigt rechts die D 35 ab, die nach 4 km direkt an einem Wanderparkplatz vorbeiführt.

Wegbeschreibung: Wir wenden uns am **Wanderparkplatz** 1 nach Westen und folgen dem mit einem Stein-Piktogramm markierten Rundwanderweg entgegen dem Uhrzeigersinn. Der Pfad führt anfangs über eine Kuhweide mit Elektrozaun, dann bergab durch ein lichtes Kiefernwäldchen zu einem Feld, an dessen Ende 2 wir nun linker Hand einem breiten Feldweg folgen.

Der anfangs steinige Weg geht leicht bergab, bis wir nach rund 0:20 Std. auf den ersten markanten **Menhir** 3 treffen, der aus dem Granitgestein des Mont Lozère geschlagen wurde. Am Wegrand lassen sich Wolfsmilchgewächse, Weißdorn, Glockenblumen, Heckenrosen, blaue Kugeldisteln sowie Silberdisteln entdecken. Nach weiteren 0:30 Std., meist bergab auf dem jetzt sandigen Feldweg (einmal geht es nach einem Brücklein kurz bergauf), erreichen wir den Einsiedlerhof **Les Combettes** 4. Im alten Dorfbackhaus ist eine interessante kleine Ausstellung über die Menhire eingerichtet worden, die man sich ansehen sollte.

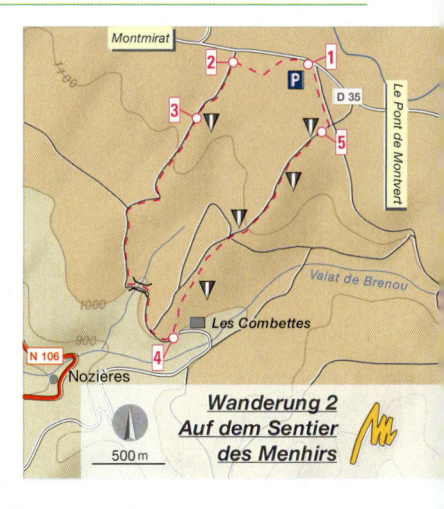

Jetzt beginnt der Rückweg: Auf dem nun ansteigenden schmaleren Pfad gelangt man schon bald an mehreren sehr markanten **Menhiren** vorbei. Da keine Bäume mehr die Sicht versperren, genießt man eine herrliche Panoramasicht über kaum bewachsene Kuppen und Hügel. Kurz hinter dem letzten markanten Menhir, dem **Pierre des trois Paroisses** 5, wenden wir uns nach links und gehen in wenigen Minuten über eine asphaltierte Straße zum Ausgangspunkt 1 zurück.

Wanderung 3:
Über den Schluchten des Tarn und der Jonte

Charakteristik: Die aussichtsreiche, mittelschwere Rundwanderung führt hinauf auf die Hochebene Causse Méjean, von wo aus sich spektakuläre Ausblicke auf die Gorges du Tarn und die Gorges de la Jonte eröffnen. Der Weg verläuft teilweise direkt an der Abbruchkante. **Ausgangspunkt:** hinter dem Chor der Dorfkirche von Le Rozier. **Länge/Dauer:** 10,5 km, 4 Std. **Höhenmeter:** 550 m. **Markierung:** 1 bis 6 rot-weiß, 6 bis 8 gelb-rot. **Einkehr:** keine Einkehrmöglichkeit, unbedingt ausreichend Wasser mitnehmen. **Tipp:** Ein Fernglas ist zur Beobachtung der Raubvögel nützlich.

Wegbeschreibung: Zur leichteren Orientierung beginnen wir die Wanderung an der Straße hinter dem Chor der **Dorfkirche**. Zuerst gehen wir 50 m nach links in nördliche Richtung, dort zweigt rechter Hand der rot-weiß markierte Fernwanderweg GR 6A 1 ab. Der Weg führt über 20 Steinstufen zu einem steil ansteigenden Pfad, dem wir bergauf in Richtung Causse Méjean folgen. Zweimal berührt der Weg eine Straße, dann mündet er in einen breiten Feldweg, der anfangs mäßig, dann wieder steiler und grob asphaltiert zum verlassenen Bergdorf **Capluc** 2 hinaufführt, das wir nach rund 0:20 Std. erreichen. (Wer will, kann einen

Abstecher zum **Rocher de Capluc** unternehmen, den man mit Hilfe einer Metall-Leiter erklimmen kann.)

Wir bleiben auf dem Fernwanderweg, der weiter moderat zum Causse Méjean ansteigt. Am Wegrand wachsen Wacholder, Johanniskraut, Glockenblumen, Ginster und Nelken. Nach einer knappen Stunde Gesamtwanderzeit gelangen wir zu einer Wegkreuzung **3**, wenden uns nach links (am Rückweg stoßen wir aus der anderen Richtung kommend wieder auf diese Kreuzung) und stehen 5 Min. später vor einem **Denkmal** **4** für einen Widerstandskämpfer namens René Blanc, der hier 1940 gefallen ist.

Unser Fernwanderweg GR 6A führt jetzt auf einem aussichtsreichen Weg hoch über den **Gorges du Tarn** nach Nordosten, bis wir rund 0:45 Std. später zu einer Wegkreuzung **5** gelangen, an der wir nach rechts in einen breiten Feldweg durch ein Kiefernwäldchen einbiegen. Nach gut 200 m verlassen wir den Fernwanderweg GR 6A **6** und orientieren uns nun an dem gelb-rot markierten GRP. An der nächsten Gabelung **7** halten wir uns links und folgen dem GRP und dem Schild „Le Rozier 5,7 km" weiter leicht bergab bis zum Aussichtspunkt **Balcon du Vertige** über den **Gorges de la Jonte**. Hoch in der Luft ziehen Gänsegeier und Falken ihre Kreise, mit etwas Glück kann man auch einen Königsadler entdecken.

Jetzt folgt der spektakulärste Teil der Wanderung, da der Weg meist nahe der **Abbruchkante** verläuft, die sich bis zu 300 m über der Schlucht erhebt. Bei einer kuren **Kletterpassage** in einem Kamin muss man sogar die Hände zu Hilfe nehmen, doch gefährlich ist die Wanderung nicht. Der Pfad führt entlang der Jonte-Schlucht an mehreren spektakulären Felsformationen vorbei, erst an der **Vase de Chine**, dann an der **Vase de Sèvres**, bis wir zu der uns bereits bekannten Wegkreuzung ❸ gelangen. Der nun folgende Abstieg ist mit dem Hinweg identisch und führt wieder durch das Ruinendorf **Capluc** ❷ hinunter nach **Le Rozier** ❶.

Wanderung 4:
Durch das Chaos de Montpellier-le-Vieux

Charakteristik: Es gibt verschiedene Wanderwege durch das Felsenlabyrinth von Montpellier-le-Vieux, das durch Korrosion des Dolomitgesteins entstanden ist. Auf dieser leichten Wanderung haben wir die Wege so kombiniert, dass man auf einem ausgedehnten Rundkurs durch das Areal läuft. Die einzelnen Abschnitte sind farblich deutlich markiert. **Ausgangspunkt**: Besucherparkplatz am Chaos de Montpellier-le-Vieux. **Länge/Dauer**: 4,1 km, 1:30 Std. **Höhenmeter**: 200 m. **Markierung**: ❶ bis ❷ rot und blau, ❷ bis ❸ rot, ❸ bis ❹ violett, ❹ bis ❺ gelb, ❺ bis ❶ orange. **Einkehr**: keine Einkehrmöglichkeiten. **Hinweis**: Eintritt zum Chaos 5,70 €, erm. 4,60 € bzw. 4,05 €. **Anfahrt**: Das Chaos de Montpellier-le-Vieux liegt rund 15 km südlich von Le Rozier bzw. 15 km nordöstlich von Millau und ist über eine Stichstraße von der D 110 aus zu erreichen.

Wegbeschreibung: Wir starten am **Parkplatz** ❶ und gehen direkt nach Süden, vorbei an den ersten Felsgebilden bis zum **Belvédère** ❷, den man über eine kleine Eisenbrücke erreicht.

Zurück geht es wieder über die **Brücke**, dann biegen wir nach rechts ab und folgen den roten Markierungen zumeist zwischen einer Felswand und einer asphaltierten Straße entlang, bis zum Wendepunkt des **Petit Train**. Dieser Abschnitt ist vor allem im Hochsommer sehr überlaufen, aber sobald man hinter der Wendeschleife ❸ den violetten Markierungen folgt, werden es merklich weniger Wanderer.

An einer gewölbten **Felswand** kann man toll picknicken, später wenden wir uns landeinwärts und erreichen den Beginn der gelben Markierungen ❹. Wenige Minuten danach stoßen wir auf den imposanten **Roc Camparolié**, dessen oberer Teil wie aufgesetzt wirkt. 10 Min. später passieren wir einen beeindruckenden Steinbogen (**Arc de Triomphe**). Bei einem **Sphinx** ❺ genannten Felsgebilde gehen wir geradeaus und orientieren uns fortan an den orangenen Markierungen.

Jetzt geht es noch ein paar Mal auf und ab mit kleinen Kletterpartien. Rund

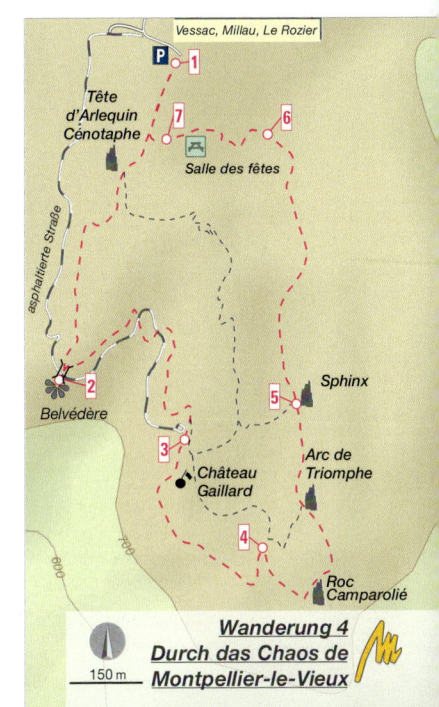

0:20 Std. später wenden wir uns nach links **6** und folgen dem Hinweisschild „Parking 500 m" bis zu einem großen Picknickgelände **7**, der *Salle des fêtes*. Kurz danach treffen wir wieder auf den rot-blau markierten Weg, der uns in 3 Min. zum **Parkplatz 1** zurückbringt.

Wanderung 5: Zu den Przewalski-Pferden

Charakteristik: Die kurze, leichte Streckenwanderung führt zu einem weitläufigen Gehege der Przewalski-Pferde, die seit 1993 auf dem Causse Mèjean eine neue „Heimat" gefunden haben. **Ausgangspunkt**: Parkplatz 150 m oberhalb von Nivoliers. **Länge/Dauer**: 4,7 km, 1:30 Std. **Höhenmeter**: 180 m. **Markierung**: **9** bis **11** keine, **11** bis **13** rot-weiß. **Einkehr**: Auberge du Chanet in Nivoliers (www.aubergeduchanet.com). **Hinweis**: Ein Fernglas ist zur Beobachtung der Pferde hilfreich. **Anfahrt**: Nivoliers liegt rund 20 km südwestlich von Florac an der D 63 und ist von Florac aus über die D 16 zu erreichen.

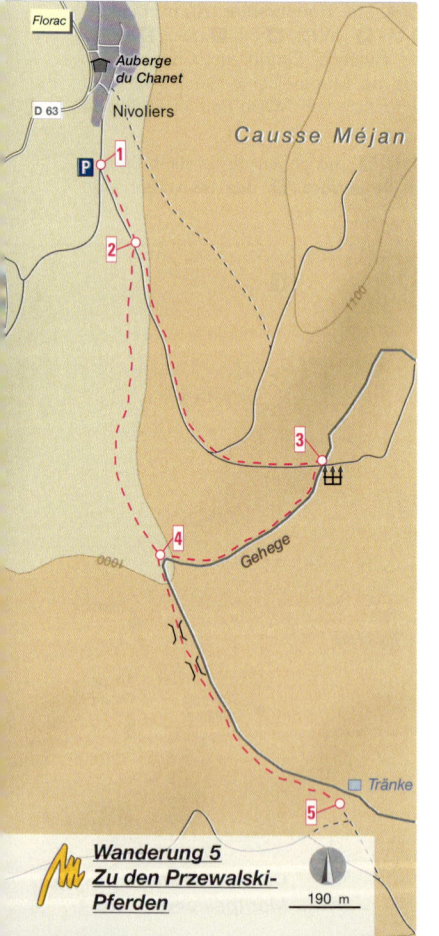

Wegbeschreibung: Wir beginnen die Tour an einem ausgeschilderten **Parkplatz 1**, rund 150 m oberhalb des Dorfes Nivoliers. Anfangs folgt man einem breiten, unmarkierten Feldweg, der leicht bergan steigt. Wir passieren einen schmalen nach rechts abzweigenden Pfad **2**, auf dem wir später zurückkehren.

Nach knapp 0:30 Std. erreichen wir das **Gatter 3** eines großräumig eingezäunten Areals, in dem die rund 30 Pferde in mehreren Herden leben. Wenn man Pech hat, sind die Pferde allerdings sehr weit entfernt oder in einer Bodensenke versteckt. Die karge Landschaft ist übrigens typisch für den Causse Méjean. Nun ist der Weg kaum auszumachen, wir gehen mehr oder weniger direkt am Zaun entlang, wobei es schon bald ziemlich holprig oberhalb einer Schlucht bergab geht. Hier wächst sogar wilder Lavendel! Nach knapp 0:30 Std. treffen wir auf den rotweiß markierten **Fernwanderweg** GR 60 **4**. Wir biegen links ab und folgen ihm nach Südosten. Der Weg führt wieder steil bergauf, wir passieren im Abstand von 100 m zwei **Holzbrücken** zwischen zwei Gehegen und gehen anschließend erst mäßig ansteigend, dann leicht bergab noch knapp 500 m zu einer **Tränke** (*abreuvoir*) **5**, die nur 50 m vom Zaun entfernt ist. Hier besteht die beste Möglichkeit, die Przewalski-Pferde aus nächster Nähe beobachten zu können. Aber wie schon angedeutet: Wenn man Pech hat …

Anschließend machen wir uns auf den Rückweg. Auf dem Fernwanderweg gelangt man neben dem Zaun zurück zum Abzweig ■. Wir gehen nun geradeaus weiter und stoßen unweit des Parkplatzes wieder auf den uns bekannten breiten Feldweg ■ und sind kurz darauf am Ausgangspunkt■.

Wanderung 6:
Durch das Chaos de Nîmes-le-Vieux

Charakteristik: Die einfache Rundwanderung führt durch ein skurriles Felsenmeer, das glücklicherweise deutlich weniger Besucher anlockt als das touristisch vermarktete Chaos de Montpellier-le-Vieux. Mehrere nummerierte Infotafeln erläutern auf Französisch die Flora und Lebenswelt auf dem Causse Méjean. **Ausgangspunkt:** Parkplatz in L'Hom. **Länge/Dauer:** 4,2 km, 1:30 Std. **Höhenmeter:** 150 m. **Markierung:** gelb-rot (allerdings nicht konsequent). **Einkehr:** keine Einkehrmöglichkeiten. **Anfahrt:** L'Hom liegt 15 km nordöstlich von Meyrueis. Von der D 986, die von Meyrueis in Richtung Florac führt, zweigt am Col de Pejuret nach Norden eine Straße ab, die nach 3 km nach L'Hom führt. Das Chaos de Nîmes-le-Vieux ist ausgeschildert.

Wegbeschreibung: Wir starten am **Parkplatz** ■ in **L'Hom** und gehen durch den kleinen Weiler, dann biegen wir an einer Straßenkreuzung ■ nach links ab und folgen dem „Sentier de Nîmes le Vieux". Schon nach 50 m verlassen wir die Straße. Wir wenden uns nach links ■, wandern auf einem steinigen Pfad und orientieren uns an dem Hinweisschild „Nîmes le Vieux".

Schon bald kommen wir an eine kleine **Kreuzung** ■, wo wir dem kleineren oberen Pfad rechts folgen (am Rückweg treffen wir, aus der anderen Richtung kommend, wieder auf diese Gabelung). Der Pfad ist anfangs gelb-rot markiert (später nicht konsequent). Der Weg schlägt immer wieder kleine Haken, ist aber in dem steinigen Gelände stets gut auszumachen. Nach etwa 0:20 Std. passieren wir einen Zaun ■, gehen weiter in Richtung Westen und treffen wenig später erneut auf einen Zaun ■.

Chaos de Nîmes-le-Vieux

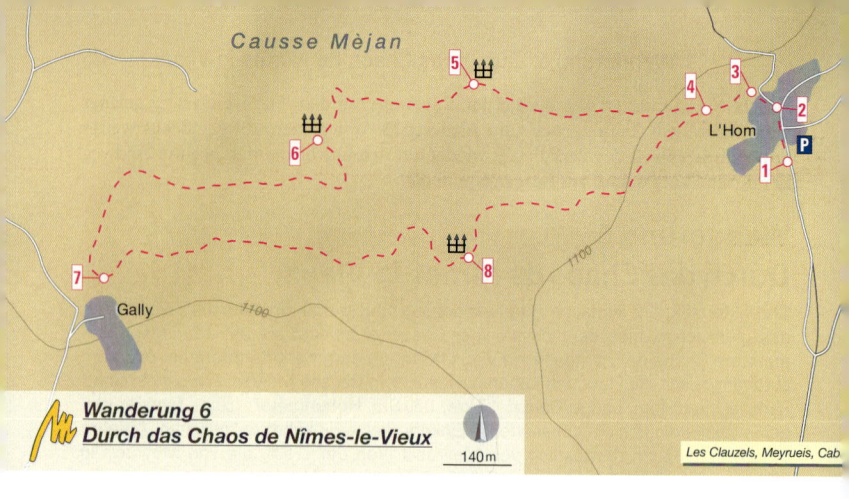

Munter geht es weiter durch das abwechslungsreiche Terrain, schließlich beginnt der Rückweg oberhalb des Weilers **Gally** **7**. Nachdem man sich genug an den Steinformationen der Kalk-Hochfläche erfreut hat, sollte man den Blick auf die vielfältige Vegetation richten: Links und rechts des Pfades sind Glockenblumen, Wolfsmilchgewächse, Kalkfelsen-Fingerkraut, Nelken, Spitzwegerich, Silberdisteln, Johanniskraut und Hahnenfuß auszumachen. Ungefähr auf der Hälfte des Rückwegs passieren wir nochmals einen Zaun **8** und erreichen schließlich in unmittelbarer Nähe von L'Hom die **Wegkreuzung** **4**, die wir bereits kennen. Das letzte Stück zum **Parkplatz** **1** ist mit dem Hinweg identisch.

Wanderung 7: Zur Quelle der Vis

Charakteristik: Die Quelle der Vis lässt sich von Navacelles im Rahmen einer sehr schönen mittelschweren Halbtageswanderung erreichen. Der Hinweg führt entlang des Flusses zu einer über der Quelle errichteten Mühle. **Ausgangspunkt**: Auberge de la Cascade in Navacelles. **Länge/Dauer**: 11,6 km (hin und zurück am Fluss 13,6 km), 3:30–4 Std. **Höhenmeter**: 200 m. **Markierung**: gelb bzw. gelb-rot von **1** bis **6**, **6** bis **10** ohne, **10** bis **1** gelb bzw. gelb-rot. **Einkehr**: nur in Navacelles.

Wegbeschreibung: Wir starten an der **Auberge de la Cascade** **1** und gehen flussaufwärts bis zu einer **Brücke** **2**. Wir bleiben auf dem südlichen Flussufer (in Gehrichtung links des Flusslaufs) und folgen den gelben Markierungen etwa 10 Min. durch das schattige Unterholz. Dann passieren wir eine kleine Lichtung und gelangen zu einer asphaltierten Straße **3** (auf unserem Rückweg stoßen wir wieder auf diese Abzweigung).

Jetzt wenden wir uns nach links und gehen 300 m bergan entlang der asphaltierten Straße bis zu jener Stelle **4**, an der die D 130 links hinauf nach Saint-Maurice und die D 130 D geradeaus in Richtung Blandas führen. Dort zweigt rechts unser gelb markierter Wanderweg ab, der in rund 1 Std. zur Quelle der Vis führt.

Anfangs verläuft der Weg direkt entlang einer **Felswand**, später geht es immer wieder durch das schattige Unterholz, einmal ist ein kurzer, **mit Seil gesicherter Abstieg** zu bewältigen. Mehrfach verläuft der Weg dicht am Flussufer, wo herrliche Rastplätze locken. Nachdem der Weg eine Flussschleife abkürzt **5**, dauert es noch rund 0:15 Std., bis man rechter Hand etwa 100 m zur **Quelle der Vis** **6** hinabsteigen muss, die mit Wucht aus einer verfallenen Mühle (**Moulins de la Foux**) hervortritt.

Wanderung 7: Zur Quelle der Vis — 537

In den restaurierten Mühlengebäuden ist eine kleine Ausstellung zur Geschichte der Mühle untergebracht: Die Quelle ist fünfmal in der Geschichte schon kurzeitig versiegt, 1876 sogar für ganze acht Tage! Am Ufer der glasklaren Vis kann man die Füße herrlich im eiskalten Flusswasser kühlen.

Für den **Rückweg** hat man zwei Möglichkeiten: Entweder man läuft den gleichen Weg (6,8 km) zurück (dies ist die längere und schönere Variante), oder man wählt eine kürzere und schnellere Route (4,8 km), die die Tour zu einer Rundtour macht, jedoch ein langweiliges Straßenstück beinhaltet. Hierzu überquert man die Vis-Quelle und steigt am gegenüberliegenden Ufer etwa 50 m bergan. An einer **Weggabelung** **7**, an der es links zu einem Parkplatz geht, folgen wir geradeaus einem unmarkierten Wanderweg. Nach knapp 0:20 Std. treffen wir in einer Kehre auf einen geschotterten Feldweg **8**, dem wir bergauf folgen. Schließlich erreichen wir eine kaum befahrene **asphaltierte Straße** **9**, an deren Rand wir knapp 0:30 Std. bis zu einer Brücke **10** marschieren.

Wenige Meter hinter der Brücke stoßen wir auf jene Abzweigung **3**, die wir bereits kennen. Auf dem uns bereits bekannten Weg gelangen wir in etwa 0:15 Std. zur Ortschaft **Navacelles** **1** zurück.

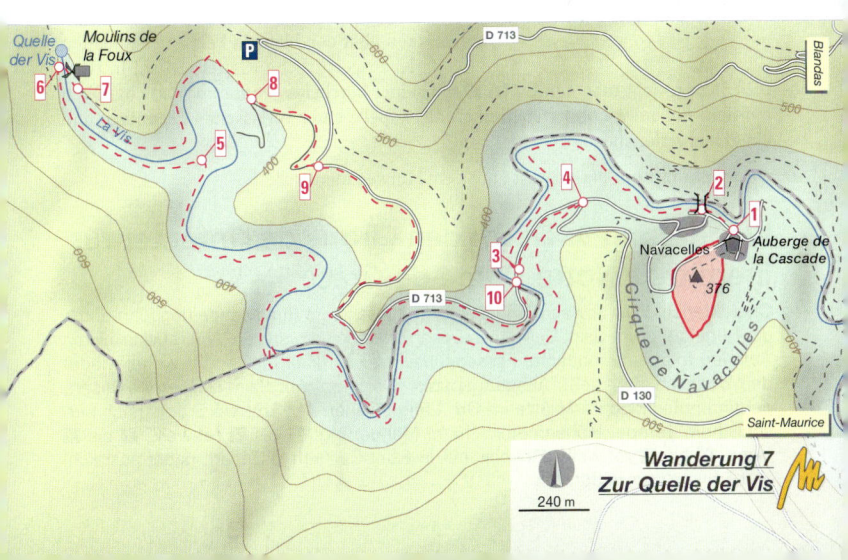

Quelle der Vis

Wanderung 7
Zur Quelle der Vis
240 m

Wanderung 8: Auf den Pic Saint-Loup

Charakteristik: Die anstrengende, mittelschwere Kurzwanderung führt auf einem holprigen Pfad zum Gipfel des Pic Saint-Loup. **Ausgangspunkt:** großer Parkplatz bei einer Ferienhaussiedlung östlich von Cazevieille. **Länge/Dauer:** 5 km, 2:30 Std. **Höhenmeter:** 370 m. **Markierung:** **1** bis **2** rot-weiß, **2** bis **3** orangefarbener Punkt. **Einkehr:** keine Einkehrmöglichkeiten, ausreichend Trinkwasser mitnehmen! **Anfahrt:** Cazevieille liegt 3 km östlich der D 986, die von Montpellier nach Saint-Martin-de-Londres führt.

Wegbeschreibung: Die klassische Besteigung des Pic Saint-Loup beginnt auf dem **Wanderparkplatz** **1**. Links neben der Abfallsammelstation stößt man bereits auf die rot-weißen Markierungen des Fernwanderwegs GR 60, die uns die erste Stunde begleiten werden.

Wir beginnen mit dem Aufstieg, der bald ein wenig steiler wird. Der Weg führt über sehr steiniges und holpriges Terrain, sodass sich feste Wanderschuhe dringend empfehlen! Wir wandern in östlicher Richtung schräg den Berg hinauf, oft in unmittelbarer Nähe eines Drahtzaunes. Je höher man steigt, desto besser lassen sich die Küste des Mittelmeers und die Konturen von Montpellier am Horizont ausmachen. Schließlich gelangt man zu einer **Abzweigung** **2**, an der man sich links nach Norden wendet und die letzte Etappe der **Gipfelbesteigung** in Angriff nimmt.

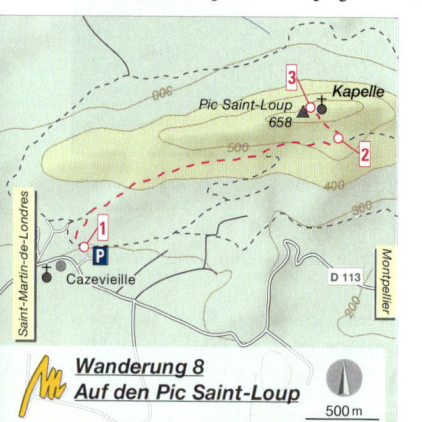

Es geht knapp 10 m hinauf über die Felsen, danach werden die Markierungen spärlicher. Man muss sich an den orangen Farbklecksen orientieren und nicht an den grünen. Die grünen Punkte führen über den blanken Fels und beinhalten lebensgefährliche Kletterpartien! In rund 0:20 Std. erreicht man den **Gipfel** **3** mit seiner herrlichen Panoramaaussicht. Oben auf dem **Pic Saint-Loup** stehen noch die Kapelle einer verlassenen Eremitage und ein Observationsposten.

Der Rückweg zum Parkplatz ist mit dem Hinweg identisch.

Wanderung 9: Durch den Cirque de l'Infernet zur Eremitage Notre-Dame-de-Grâce

Charakteristik: Die abwechslungsreiche, mittelschwere Rundwanderung führt durch die Hügel rund um Saint-Guilhem-le-Désert. Nach einem steilen, aber spektakulären Aufstieg folgt eine moderate Passage, bevor es an einer Einsiedelei vorbei wieder den Berg hinunter geht. **Ausgangspunkt:** Dorfplatz von Saint-Guilhem-le-Désert, gebührenpflichtige Parkplätze im Ort. **Länge/Dauer:** 14,9 km, 4–5 Std. je nach persönlichem Tempo. **Höhenmeter:** 370 m. **Markierung:** **3** bis **7** rot-weiß, **7** bis **9** keine, **9** bis **2** rot-weiß. **Einkehr:** nur in Saint-Guilhem-le-Désert, daher ausreichend Trinkwasser mitführen!

Wanderung 9
Durch den Cirque de l'Infernet
zur Eremitage Notre-Dame-de-Grâce

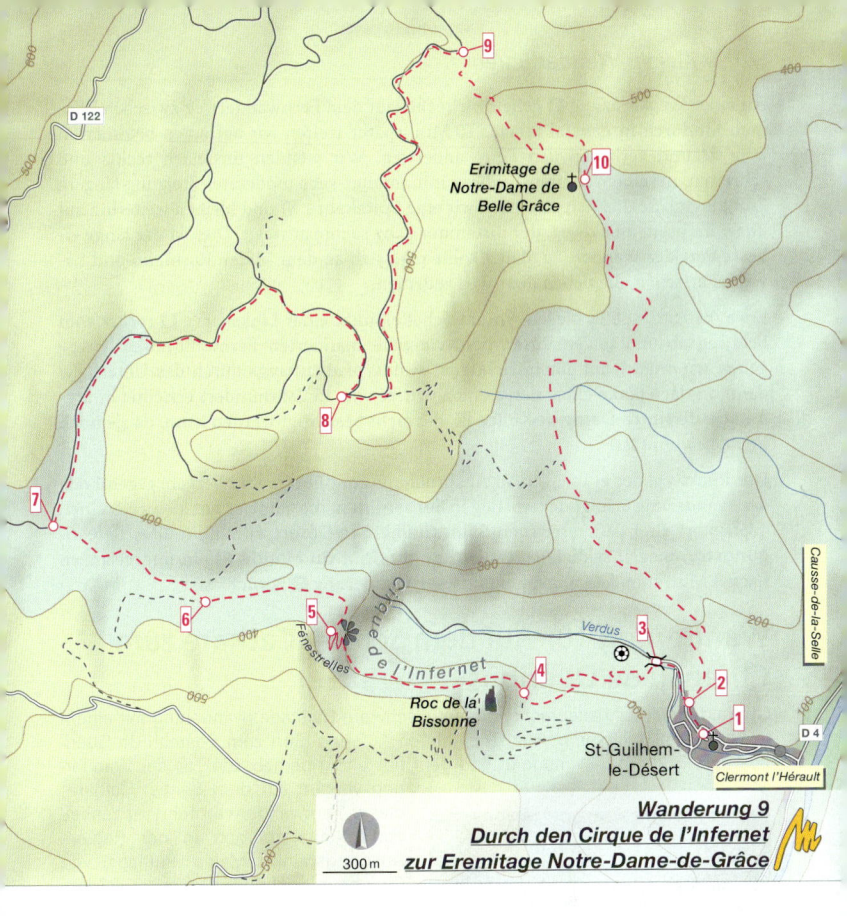

Wegbeschreibung: Die Wanderung beginnt auf dem **Dorfplatz** 1 von **Saint-Guilhem-le-Désert** mit seiner dominanten Platane. Wir orientieren uns in Richtung Tal und gehen die Rue du Bout du Monde bis zum Ortsausgang, wobei wir auch an jener Stelle 2 vorbeilaufen, an der wir später den Berg herunterkommen.

Nach dem Ende der asphaltierten Straße überqueren wir eine **Minibrücke** 3, wenden uns nach links und folgen den rot-weißen Markierungen, die uns anfangs entlang einer **Felswand** führen. Rechts unterhalb lässt sich schon bald ein Fußballplatz im Tal ausmachen. Schließlich erreichen wir nach rund 0:40 Std. eine Wegkreuzung 4, an der der Fernwanderweg links abzweigt. Wir aber nehmen den rechten Abzweig und gehen auf einer Variante des Fernwanderwegs geradeaus weiter. Der Weg verläuft direkt unterhalb einer mächtigen Felswand des **Roc de la Bissonne** (am Morgen schön schattig). Am Ende des Tales beim **Cirque de l'Infernet** gelangt man nach 0:20 Std. zu den **Fénestrelles**, einem von Mönchen angelegten, in Serpentinen die Felswand hinaufführenden Weg. Oben 5 angekommen, hat man nochmals einen schönen Blick ins Tal, dann wird die Vegetation dichter, links und rechts des Pfades kann man Schleifenblumen, Spornblumen, Wolfsmilchgewächse und Erika entdecken.

An einer Wegkreuzung **6** gehen wir rechts auf dem Fernwanderweg zwischen Bäumen hindurch in das Tal hinein. 10 Min. später treffen wir auf einen betonierten Weg **7** und verlassen den Fernwanderweg. Wir wenden uns nach rechts und schreiten auf einem breiten Feldweg mit anfangs sehr moderater Steigung längere Zeit bergan. Schließlich erreichen wir eine **Spitzkehre 8** und bleiben weiterhin auf unserem breiten Feldweg, der fortan nur ganz sachte ansteigt. Dies ist der langweiligste Part der Wanderung, daher sollte man sich an dem wilden Rosmarin und Lavendel erfreuen, die neben dem Weg gedeihen.

Etwa 0:40 Std. später biegen wir am Scheitelpunkt einer Linkskurve **9** rechts vom Feldweg ab und folgen fortan dem rot-weiß markierten Fernwanderweg. Jetzt gehen wir wieder auf einem richtigen Wanderpfad, anfangs durch das Unterholz, dann an der Flanke eines Berges hinab zu der im 15. Jahrhundert errichteten **Eremitage de Notre-Dame-de-Grâce 10**, die nicht besichtigt werden kann, da sie noch heute bewohnt ist.

Der Rückweg, der etwa 1 Std. in Anspruch nimmt, führt weiter bergab, gegen Ende der Wanderung erfolgt der Abstieg in **Serpentinen**, die zumeist mit kleinen Steinen gepflastert sind. Wir erreichen **Saint-Guilhem-le-Désert** durch ein altes **Befestigungstor**, biegen schließlich in die **Rue du Bout du Monde 2** ein und gelangen nach 3 Min. zum Ausgangspunkt unserer Wanderung **1** zurück.

Wanderung 10: Auf dem Sentier Cathare zum Château de Quéribus

Charakteristik: Die ansprechende, mittelschwere Halbtageswanderung mit einem vor allem im Hochsommer anstrengenden Aufstieg führt zum Château de Quéribus. Der Rückweg ist moderat und geht beständig bergab. Ein Teil der Wanderung verläuft auf dem Sentier Cathare; dieser Fernwanderweg führt zu zahlreichen Katharerburgen in der Region. **Ausgangspunkt**: Mairie (Rathaus) von Cucugnan. **Länge/Dauer**: 9,7 km, 3:30 Std. **Höhenmeter**: 520 m. **Markierung**: **1** bis **8** gelb-blau, **8** bis **3** orange bzw. gelb. **Einkehr**: Kiosk am Château de Quéribus **7**, ausreichend Trinkwasser mitführen.

Wegbeschreibung: Mitten in **Cucugnan** beginnen wir unsere Wanderung an der **Mairie 1**, gehen in östlicher Richtung durch das Dorf hindurch, an einem Stromhäuschen vorbei und hinunter zur Landstraße D 14 **2**, die wir überqueren.

Nach 100 m geht es nach rechts **3** auf einem asphaltierten Weg in Richtung Quéribus, der schließlich in einen breiten **Feldweg 4** mündet. Nach wenigen Minuten verlassen wir den Feldweg **5** und gehen links über befestigte Stufen einen steilen Wanderweg bergauf. Die

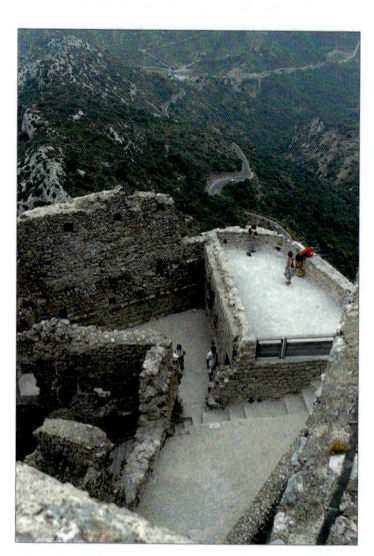

Ein Adlerhorst: Château de Quéribus

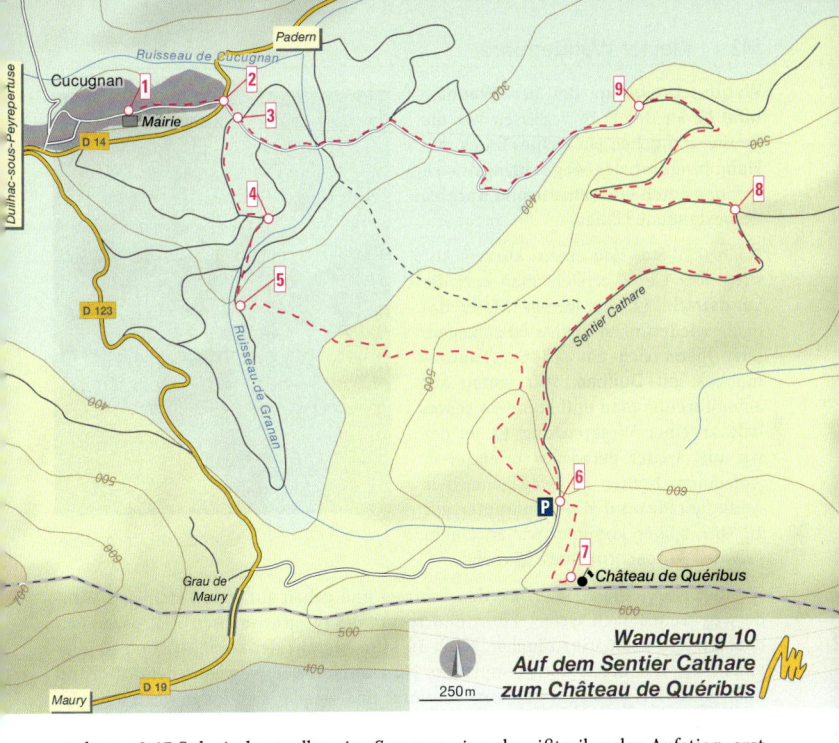

nächsten 0:45 Std. sind vor allem im Sommer ein schweißtreibender Aufstieg, erst die letzten Meter zum Parkplatz und **Kassenhäuschen** 6 hinunter sind wieder etwas erholsamer. Hier treffen wir dann auf die zahlreichen Burgbesucher.

Zusammen mit diesen geht es gleich danach wieder 0:15 Std. hinauf zum **Château de Quéribus** 7. Nach der Besichtigung der Burgruine gehen wir zurück zum Kassenhäuschen 6 und schräg gegenüber rechts vom Parkplatz auf einem breiten Feldweg über ein **Viehgatter** in Richtung Norden. In einer Kurve 8 etwa 0:30 Std. nach dem Kassenhäuschen verlassen wir den **Sentier Cathare**, wenden uns nach links und gehen erneut über ein Viehgatter.

Wir bleiben auf dem breiten Feldweg, der in Serpentinen abwärts führt und schließlich linker Hand zu einem asphaltierten Weg 9 mutiert. Cucugnan ist jetzt schon deutlich auszumachen, allerdings liegen noch mehr als 0:30 Std. Wanderzeit vor uns. Wir erreichen den vom Hinweg bekannten **Pfad** 3 und steigen in wenigen Minuten hinauf ins Dorf zum Ausgangspunkt an der **Mairie** 1 von **Cucugnan**.

Wanderung 11: Circuit du Moulin de Ribaute

Charakteristik: Der Circuit du Moulin de Ribaute ist ein schöner, gut ausgeschilderter und leichter Rundwanderweg, der von Duilhac zur ehemaligen Weizenmühle von Ribaute und den Gorges du Verdouble führt. **Badesachen** nicht vergessen! **Ausgangspunkt**: Die Tour beginnt an einer Wandertafel, die direkt an der D 14 etwa 100 m unterhalb der Auberge du Vieux Moulin in Duilhac steht. **Länge/Dauer**: 5,8 km, 2 Std. **Höhenmeter**: 170 m. **Markierung**: gelber Querstrich. **Einkehr**: keine Einkehrmöglichkeiten unterwegs.

Wegbeschreibung: Bei der **Wandertafel** ❶ an der D 14 verlassen wir die Straße und gehen ein kleines Stück den Hang hinunter, der Weg schlängelt sich anfangs durch Olivenhaine und wacholderbestandene Hänge.

Nach 0:20 Std. und einem kurzen Anstieg über Geröll erreicht man kurz die **Landstraße** ❷, um wenige Meter danach wieder nach rechts abzubiegen. Jetzt bietet sich ein schöner Panoramablick auf **Duilhac**. Wir laufen auf einem breiten Pfad und kommen schon bald zu einer Wegkreuzung ❸, an der wir uns weiter geradeaus orientieren. Auf einem breiten Feldweg gehen wir weiter geradeaus den Berg hinunter, gut 10 Min. später kommen wir an einem privaten **Autoschrottplatz** ❹ vorbei.

Gorges du Verdouble

In einer Kurve ❺ verlassen wir den Feldweg und gehen auf einem steinigen Wanderweg weiter nach Osten. Links und rechts des Weges wachsen Zistrosen, Wacholder und Rosmarinsträucher. Nach 10 Min. beginnt der **steile Abstieg** ❻ über einen Weg mit Geröll und Steinplatten. Nun verläuft der Weg nahe dem **Abgrund** über ein holpriges Kalksteinmassiv hinunter und wendet sich unten nach links ❼. Wir gelangen zu einem kleinen Stausee ❽, daneben liegt eine ehemalige **Mühle**, die Moulin de Ribaute, die nach etwa 1:15 Std. Gesamtwanderzeit erreicht ist. In dem Stausee mit seinem smaragdgrünen Wasser ist das Baden offiziell verboten, dahinter öffnen sich die **Gorges du Verdouble** (Bachlauf überqueren), deren Wasserbecken aber geradezu zum **Baden** verlocken.

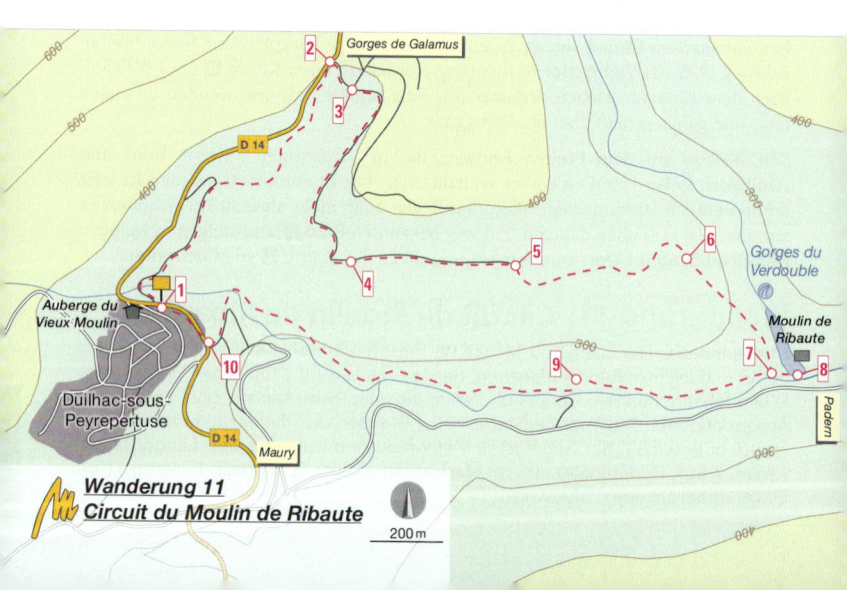

Wanderung 11
Circuit du Moulin de Ribaute

Der Rückweg führt zum Ende des Abstiegs **7** zurück und weiter neben einem Bächlein geradeaus. Der gelb markierte Pfad verläuft weitgehend ohne Steigungen bis zu einem verlassenen **Weinberg**. Kurz vor dessen Ende **9** durchqueren wir ihn und gehen wieder 10 m hinunter zum Bachlauf. Unter schattigen Bäumen und an schönen Feigenbäumen wandern wir zurück nach **Duilhac**, das wir nach einem kurzen Anstieg in weiteren 0:45 Std. an der Landstraße **10** erreichen. Nun sind es noch 2 Min. bergauf zum **Ausgangspunkt 1**.

Wanderung 12: Auf den Pic de Bugarach

Charakteristik: Die kurze, aber anstrengende Gipfelbesteigung ist leicht zu bewältigen. Vom 667 m hohen Col du Linas führt ein gut markierter Wanderpfad bis zum Gipfel hinauf. **Ausgangspunkt**: Parkplatz am Col du Linas. **Länge/Dauer**: ca. 7 km, 3 Std. **Höhenmeter**: 620 m. **Markierung**: gelber Querstrich. **Einkehr**: keine Einkehrmöglichkeit. **Anfahrt**: Der Col du Linas liegt 3,5 km östlich von Bugarach an der D 14.

Wegbeschreibung: Vom **Col du Linas** geht es die ersten 10 Min. auf einem breiten **Landwirtschaftsweg** bergauf, dann zweigt der Weg rechts ab und führt nach ein paar Minuten oberhalb einer umzäunten Weide entlang.

Dann wandern wir durch einen idyllischen **Buchenhain**, wo es nach Regenfällen sehr glitschig werden kann, anschließend geht es ein kurzes Stück bergab, dann biegt der Pfad links ab und der Weg steigt fortan steil bergan.

Nach etwa 1 Std. ist der 1078 m hohe **Berggrat** erreicht. Fortan kann es in den letzten 0:20 Std. auf der grasigen Westflanke bis zum Gipfel auch ungemütlich windig werden. Doch wird man für den schweißtreibenden, anstrengenden Aufstieg auf dem weiß leuchtenden Kalksteinfels mit einer wundervollen Aussicht vom Mittelmeer bis hin zu den Pyrenäen belohnt. Nach einer kurzen Rast auf dem **Pic de Bugarach** beginnt der Abstieg, der mit dem Hinweg identisch ist.

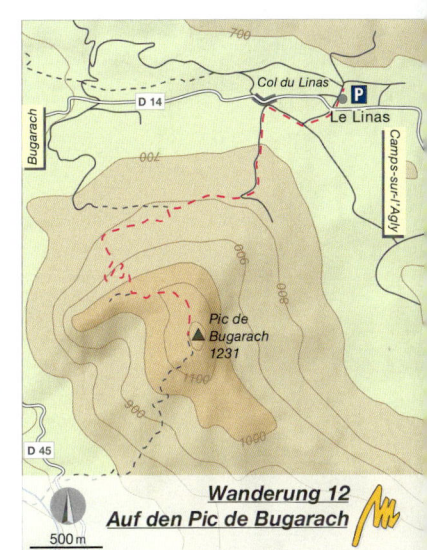

Wanderung 13: Durch die Gorges de la Carança

Charakteristik: Für diese herrliche, mittelschwere Schluchtenwanderung mit Hängebrücken und delikaten Passagen mit Metallleitern und direkt am Fels befestigten Stiegen sollte man **schwindelfrei** sein! **Ausgangspunkt**: Wanderparkplatz Gorges de la Carança. **Länge/Dauer**: 9,3 km, 3 Std. **Höhenmeter**: 320 m. **Markierung**: gelber Querstrich. **Einkehr**: keine Einkehrmöglichkeiten. **Anfahrt**: An der N 116 zwischen Prades und Mont-Louis beim Weiler Thuès-Entre-Valls biegt man zum ausgeschilderten Wanderparkplatz ab.

Wegbeschreibung: Wir beginnen die Wanderung an einer **Hinweistafel 1** oberhalb des **Parkplatzes**. Jetzt geht es direkt unter einer Brücke hindurch in die

Schlucht hinein, wobei wir am rechten Ufer des Baches laufen (in Gehrichtung auf der linken Seite des Bachlaufs) und anfangs mit der linken Hand die Felswände berühren können.

Nach rund 0:20 Std. erreichen wir eine **Brücke** **2**, über die wir später zurückkommen werden. Wir bleiben auf dieser Uferseite, der Weg steigt jetzt stetig an und schraubt sich unterhalb des **Roc de la Madrieu** mächtig in die Höhe, später durchschreiten wir einen Felsbogen. Der Hinweg ist der konditionell anstrengendere Teil der Wanderung, bietet aber immer wieder Aussichtspunkte auf die gegenüberliegende Felswand, an der wir zurücklaufen werden.

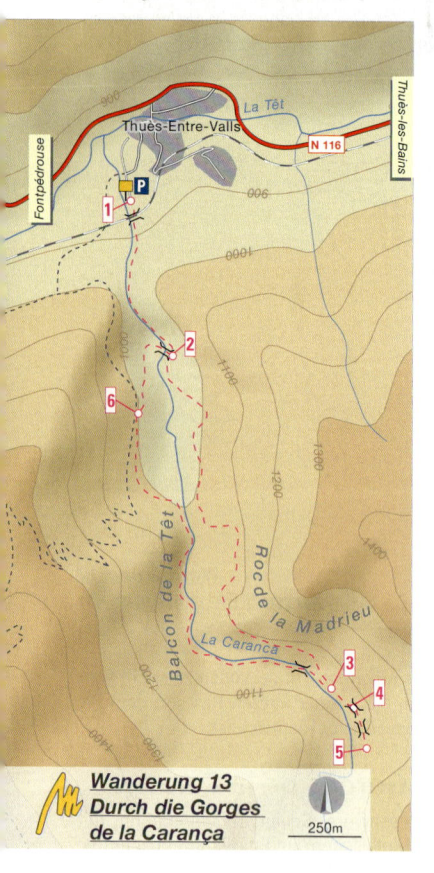

Nach einem Abstieg erreichen wir 0:50 Std. nach der Brücke den **Fluss** **3**. Wer jetzt scharf nach rechts abbiegt, könnte sich sofort auf den Rückweg machen. Wir gehen aber noch weiter in die Schlucht hinein und überqueren kurz darauf eine erste **Metallbrücke** **4**.

Jetzt wird der Weg schnell abenteuerlich: Die Schlucht verengt sich und wir müssen den Bach im Indiana-Jones-Stil auf zwei **Hängebrücken** überqueren, über **Metallleitern** klettern und uns an direkt am Fels befestigten **Metallstiegen** entlanghangeln. Nun bleibt es jedem selbst überlassen, wie weit er noch in die Schlucht vordringen will **5**, da man auf dem gleichen Weg wieder zurück zum Fluss bei **3** gehen muss.

Für den Rückweg schlagen wir eine andere Route ein. An der Stelle **3**, an der wir erstmals den Fluss erreicht haben, wandern wir noch ein kleines Stück am rechten Ufer flussabwärts zu einer **Hängebrücke**, die wir bisher noch nicht überquert hatten. Wir gelangen an das andere Ufer, wo uns der Pfad schon bald zu einem spektakulären, in den Fels geschlagenen Hangweg bringt, dem **Balcon de la Têt**.

Wer nicht **schwindelfrei** ist, sollte sich mit der linken Hand an einem **Sicherungsseil** festhalten, da es rechts mehr als 100 m tief senkrecht in den Schluchtgrund geht. An der ersten Weggabelung **6** wenden wir uns nach rechts und beginnen mit dem rund zehnminütigen Abstieg in Serpentinen zu der uns bereits bekannten **Brücke** **2**. Abschließend sollte man sich noch einmal für die vielfältige Vegetation begeistern: Brombeeren, Nelken, Baldrian, Johanniskraut, Storchschnabel und Glockenblumen konnten wir in der Schlucht entdecken.

Das letzte kleine Stück zum **Parkplatz** **1** ist mit dem Hinweg identisch.

Auf eisernen Stiegen durch die Gorges de la Carança

Wanderung 14:
Vom Lac des Bouillouses zum Pic Carlit

Charakteristik: Die herrliche, aber schwere Hochgebirgstour, die nur **konditionsstarken** Wanderern zu empfehlen ist, führt vom Lac des Bouillouses zum Pic Carlit, dem mit 2921 m höchsten Berg der Region Languedoc-Roussillon. **Ausgangspunkt**: Bushaltestelle am Lac des Bouillouses. **Länge/Dauer**: 16,1 km, 6–7 Std. je nach persönlichem Tempo. **Höhenmeter**: 1084 m (930 m vom tiefsten bis zum höchsten Punkt). **Markierung**: **1** bis **7** gelb, **7** bis **4** gelb und blau. **Einkehr**: nur am Ausgangspunkt am Lac des Bouillouses (Auberge du Carlit, **1**). **Ausrüstung**: unbedingt festes Schuhwerk sowie ausreichend Wasser und Verpflegung mitführen. Achtung vor Wetterumschwüngen, auf dem Gipfel kann es empfindlich windig und kalt werden, daher unbedingt warme Kleidung mitnehmen. **Wanderzeit**: Juni bis Okt. **Anfahrt**: von Mont-Louis über die D 60. Vom 1. Juli bis 31. Aug. verkehren von 7–19 Uhr Pendelbusse im 15-Minuten-Takt von einem großen Parkplatz am Anfang der D 60. Kosten 5 €, erm. 3,50 € bzw. 2 €.

Wegbeschreibung: Von der **Bushaltestelle** am Lac des Bouillouses gehen wir eine Minute bergauf zur **Auberge du Carlit** **1**. Direkt neben der kleinen Herberge erstreckt sich der große Stausee, den wir an seiner **Staumauer** überqueren.

Auf der gegenüberliegenden Seite wenden wir uns unterhalb des **Refuges le Bones Hores** **2** in Richtung Nordwesten und stoßen kurz darauf auf ein Schild **3**, das uns den Weg zum „3.30 h" entfernten Gipfel des Carlit weist. Es folgt ein leichter Anstieg entlang der vielen gelben Markierungen durch ein lichtes Wäldchen mit vielen großen Steinen, dann entlang eines Bachlaufs, bis wir nach 0:30 Std. zu einer **Wegkreuzung** **4** gelangen.

Auf dem rechten Weg kommen wir später zurück, wir wenden uns aber nach links und folgen weiter den gelben Markierungen. Schließlich führt uns der Weg zwischen zwei **Seen** hindurch, die sich an der schmalsten Stelle **5** bis auf 20 m nähern. Der Wanderpfad steigt moderat an, am Wegrand sieht man Glockenblumen, Erika und Zwergwacholder, schließlich überquert man eine kleine **Holzbrücke 6**, um nun in westlicher Richtung direkt auf den Pic Carlit zuzulaufen.

Nach einer Gesamtwanderzeit von bis jetzt knapp 2 Std. erreichen wir eine **Wegkreuzung 7**, an der wir später abbiegen, um auf einem anderen Pfad zurück durch die Seenlandschaft zu wandern.

Wer den beschwerlichen Gipfelanstieg vermeiden will, kann gleich spitz nach rechts abbiegen. Für alle anderen beginnt nun der beschwerliche **Gipfelanstieg**, auf den man allerdings bei schlechtem Wetter verzichten sollte. Geschützte Pflanzen wie Eisenhut, Enzian und Teufelskralle lassen sich nun entdecken. Der Gipfelweg ist anfangs blau markiert, später verschwinden die Markierungen, aber der geröllige Weg ist dennoch gut im Gelände auszumachen, zudem sind viele, vor allem spanische Wanderer unterwegs.

Nach 0:30 Std. erreichen wir noch einen kleinen, kreisrunden **See 8**. Der weitere Anstieg über 300 Höhenmeter ist sehr steil, teilweise windig und knapp 100 m unterhalb des Gipfels muss man in einer **Steilrinne** 5 Min. lang mit Händen und Füßen nach oben klettern. Diese Stelle erfordert **Trittsicherheit** und **Schwindelfreiheit**, alpine Erfahrung ist aber nicht nötig, sie kann auch von 10- bis 12-Jährigen bewältigt werden. Schließlich erreicht man den Bergsattel, wo man sich nach links wendet, um nach einer weiteren Minute auf dem **Gipfel 9** des Pic Carlit zu stehen, von wo aus sich ein herrlicher Panoramablick bietet.

Auf dem Rückweg sollte man vorsichtig bis zur Gabelung **7** abwärtssteigen, wo wir uns nach links wenden und direkt am Ufer des **Estany de Trebens** vorbeilaufen und diesen an seiner schmalsten Stelle über zwei **Holzbrücken 10** überqueren.

Beim **Estany de les Dugues** geht es erneut über eine **Holzbrücke 11** und anschließend leicht bergab durch traumhafte Pyrenäenlandschaft bis zur uns schon bekannten **Wegkreuzung 4**. In etwa 0:30 Std. wandern wir wieder zum **Stausee** hinunter, wo wir uns eine Stärkung in der **Auberge du Carlit 1** mehr als verdient haben.

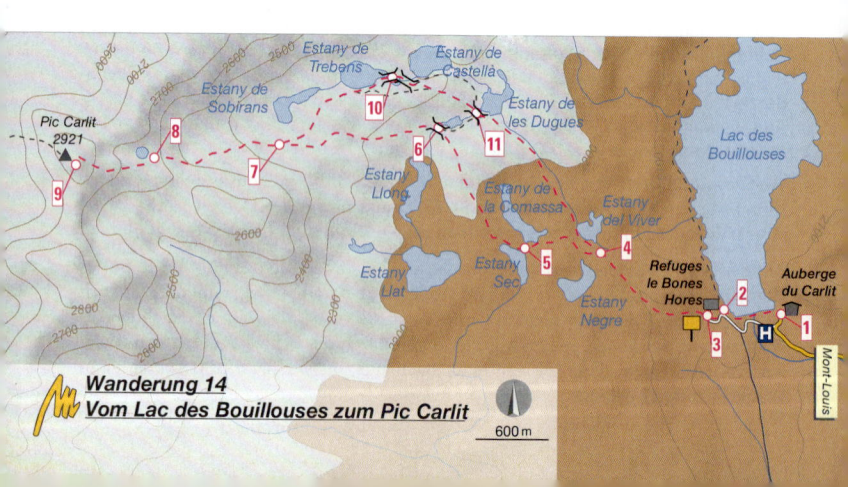

Wanderung 14
Vom Lac des Bouillouses zum Pic Carlit

MM-Wandern
informativ und punktgenau durch GPS

PIEMONT **MADEIRA** **GARDASEE** **KRETA**

- für Familien, Einsteiger und Fortgeschrittene
- ausklappbare Übersichtskarte für die Anfahrt
- genaue Weg-Zeit-Höhen-Diagramme
- GPS-kartierte Touren (inkl. Download-Option für GPS-Tracks)
- Ausschnittswanderkarten mit Wegpunkten
- Konkretes zu Wetter, Ausrüstung und Einkehr

Übrigens: Unsere Wanderführer gibt es auch als App für iPhone™, WindowsPhone™ und Android™

- Allgäuer Alpen
- Andalusien
- Bayerischer Wald
- Chiemgauer Alpen
- Eifel
- Elsass
- Fränkische Schweiz
- Gardasee
- Gomera
- Korsika
- Korsika Fernwanderwege
- Kreta
- La Palma
- Ligurien
- Madeira
- Mallorca
- Münchner Ausflugsberge
- Östliche Allgäuer Alpen
- Pfälzerwald
- Piemont
- Provence
- Rund um Meran
- Sächsische Schweiz
- Sardinien
- Schwarzwald Mitte/Nord
- Schwarzwald Süd
- Sizilien
- Spanischer Jakobsweg
- Teneriffa
- Toscana
- Westliche Allgäuer Alpen
- Zentrale Allgäuer Alpen

Speiselexikon

Allgemeines

S'il vous plaît, Madame! (Monsieur!)	Bedienung!
La carte, s'il vous plaît!	Die Speisekarte, bitte!
Je voudrais bien ...	Ich hätte gerne ...
Est-ce que vous avez ....?	Haben Sie ...?
L'addition, s'il vous plaît!	Die Rechnung bitte!
l'assiette	Teller
l'addition	Rechnung
l'auberge	Landgasthof
bien cuit	gut durchgebraten
bleu	bei großer Hitze nur wenige Sekunden angebraten
boire	trinken
la brasserie	eigentlich Brauhaus; heute v. a. Bezeichnung für Cafés mit Mittags- und Abendtisch
la carte	Speisekarte
... des vins	Weinkarte
... du jour	Tageskarte
le cendrier	Aschenbecher
chaud(e)	heiß
la commande	Bestellung
compris(e)	inbegriffen
le couteau	Messer
la cuillère	Löffel
cuit(e)	gekocht
le déjeuner	Mittagessen
demi-anglais	fast durchgebraten (rosafarbener Kern)
dur(e)	hart, zäh
l'entrée	Vorspeise
l'épice	Gewürz
la fourchette	Gabel
froid(e)	kalt
fumé(e)	geräuchert
le garçon	Kellner, Ober
en gelée	gesülzt
la glace	Eis
le glaçon	Eiswürfel
la goutte	Tropfen
le gratin	Auflauf, Überbackenes
les grillades	Gegrilltes
grillé(e)	gegrillt
les herbes de Provence	Kräuter der Provence
l'hors-d'œuvre	Vorspeise
l'huile	Öl
libre-service	Selbstbedienung
maigre	mager
manger	essen
mijoté(e)	geschmort
moulin à poivre	Pfeffermühle
la note	Rechnung
l'ouvre-bouteilles	Flaschenöffner
la peau	Haut, Schale
le petit déjeuner	Frühstück
le pichet	Weinkaraffe
la pincée	Prise
plat	Gericht, Platte
... du jour	Tagesgericht
poêlé	in der Pfanne gebraten
à point	auf den Punkt gebraten (außen knusprig, innen gerade noch rosa)
le pot	Topf
le pourboire	Trinkgeld
prêt(e)	bereit, angerichtet
quart	ein Viertel
quelle cuisson?	wie gebraten?
les quenelles	Klößchen, Röllchen
râpé(e)	geraspelt, gerieben
réchauffer	aufwärmen
recommandé(e)	empfohlen, empfehlenswert

le relais	Landgasthof	le sel	Salz
la rouille	scharfe rote Soße	la soupe	Suppe
saignant	nur kurz angebraten (blutig)	tendre	zart
salé(e)	gesalzen	la terrine maison	Pastete nach Art des Hauses
le salon de thé	Teesalon	le thym	Thymian
service (non) compris	Bedienung (nicht) inbegriffen	tiède	lauwarm
servir	bedienen, auftragen	la tranche	Schnitte, Scheibe

Fleisch, Wild und Geflügel

l'agneau	Lamm	l'entrecôte	Zwischenrippenstück
les aiguillettes du canard	Fleischstreifen von der Ente	l'épaule d'agneau	Lammschulter
l'andouillette	Kuttelwurst	l'escalope	Schnitzel
l'assiette anglaise	kalte Platte	les escargots	Weinbergschnecken
la bavette	Lendenstück	le faisan	Fasan
le bifteck	Beefsteak	le filet	Lendenstück
la blanquette de veau	weißes Kalbsfrikassee	le filet mignon	kleines Steak aus dem schmalen Teil des Rinderfilets
le bœuf	Ochse oder Rind		
le boudin	Blutwurst	le foie	Leber
la brochette	Spießchen	le gibier	Wild
la caille	Wachtel	le gigot	Keule
le canard	Ente	la goulache	Gulasch
le carré d'agneau	Lammrückenstück	la grenouille	Frosch
le cerf	Hirsch	le jambon	Schinken
la charcuterie	Wurstaufschnitt	le jambonneau	Schweinshaxe
le cheval	Pferd	le jarret	Haxe
la chèvre	Ziege	la joue de bœuf	Ochsenwange
le chevreuil	Reh	la langue de bœuf	Ochsenzunge
le cochon	Schwein	le lièvre	Hase
le confit de canard	in Entenschmalz eingelegtes Entenfleisch	le lapin	Kaninchen
		le magret de canard	Entenbrust
le coq	Hahn	le mouton	Hammel, Schaf
le coq au vin	Hähnchen in Rotweinsoße	la noisette d'agneau	Lammnüsschen
le coquelet	Brathähnchen	l'oie	Gans
la côte	Rippenstück	l'onglet	Zwerchfell- oder Nierenzapfenstück vom Rind
... d'agneau	Lammkotelett		
... de veau	Kalbskotelett	l'os	Knochen
la cuisse de canard	Entenschlegel	le paleron braisé	Geschmortes Bugschauffelstück (Rindsschulter)
la dinde	Pute		
le dindon	Truthahn	la paupiette	Roulade

le perdreau	junges Rebhuhn	le porcelet	Spanferkel
la perdrix	Rebhuhn	la poularde	Masthuhn
les pieds de cochon	Schweinsfüße	le poulet	Brathähnchen
le pigeon	Taube	la queue	Schwanz
le pintadeau	Perlhuhn	les rognons	Nieren
la poitrine	Brust	le rôti	Braten
le porc	Schwein		

Meeresfrüchte / Fische

l'anchois	Sardelle (Anchovis)	le maquereau	Makrele
l'anguille	Aal	la morue	Stockfisch
le bar	Barsch	les moules	Muscheln
le barbeau (barbillon)	Barbe	les noix de Saint Jacques	Jabobsmuscheln
la bargue	Meerbutt	le perche	Seebarsch
la baudroie	Seeteufel	la plie	Scholle
la bouillabaisse	kräftige Fischsuppe mit mehreren Fischarten	le poisson	Fisch
		... de rivière	Flussfisch
la brandade de morue	pürierter Stockfisch	le poulpe	Tintenfisch
		la praire	Venusmuschel
le cabillaud	Kabeljau	la raie	Rochen
la carpe	Karpfen	la rascasse	Drachenkopf
le congre	Meer- bzw. Seeaal	le rouget	Rotbarbe
les coquillages	Muscheln	le sandre	Zander
les crevettes	Garnelen	les sardines à l'huile	Ölsardinen
le denté	Zahnbrasse	le saumon	Lachs
les écrevisses	Flusskrebse	la seiche	Tintenfisch
le flétan	Heilbutt	les seiches farcies	mit Gemüse und Hackfleisch gefüllte Tintenfische
le gambas	Garnelen, Krabben		
le grondin	Knurrhahn		
le homard	Hummer	la sole	Seezunge
les huîtres	Austern	le st-pierre	St.-Petersfisch
la lotte de mer	Seeteufel	la tanche	Schleie
le loup de mer	Wolfsbarsch	le thon	Thunfisch

Gemüse/Beilagen

les artichauts	Artischocken	les chanterelles	Pfifferlinge
les asperges	Spargel	les pois chiches	Kichererbsen
le béchamel	weiße Sahnesoße	le chou	Kohl
la blette	Mangold	le chou-fleur	Blumenkohl
les cèpes	Steinpilze	le chou vert	Grünkohl

la choucroute	Sauerkraut	le millet	Hirse
le concombre	Gurke	les nouilles	Nudeln
les courgettes	Zucchini	les oignons	Zwiebeln
les crudités	Rohkost	la pâte	Teig
l'échalote	Schalotte	les pâtes	Nudeln
les épinards	Spinat	le pain	Brot
le fenouil	Fenchel	les petits pois	Erbsen
les fleurs de courge	Zucchini-Blüten	le poireau	Lauch, Porree
la garniture	Beilage	la poirée	Mangold
le gingembre	Ingwer	les pommes de terre	Kartoffeln
les girolles	Pfifferlinge	le radis	Rettich
les haricots verts	grüne Bohnen	la ratatouille	geschmortes Gemüseallerlei zumeist aus Auberginen, Zucchini, Paprika und Tomaten
la laitue	Kopfsalat		
les légumes	Gemüse		
les lentilles	Linsen		
la mâche	Feldsalat	la salade	Salat
le mesclun	Salatmix (Chicorree, Rucola, Kerbel, Portulak)	la sauge	Salbei
		la semoule	Grieß

Obst, Dessert, Gebäck und Käse

l'abricot	Aprikose	la noix	Walnuss
les amandes	Mandeln	la pâtisserie	Konditorei, Gebäck
le beignet	Krapfen	la pêche	Pfirsich
la brioche	Hefegebäck	le pélardon	Ziegenkäse
la confiserie	Süßwaren	le petit gâteau	Teegebäck
la crème brûlée	Vanillecreme mit flambierter Karamellkruste	le pignon	Pinienkern
		la poire	Birne
		la pomme	Apfel
doux, douce	süß	les primeurs	Obst und Gemüse
le flan	Pudding		
la figue	Feige	le pruneau	Back- oder Dörrpflaume
le fromage	Käse		
la framboise	Himbeere	la pulpe	Mark, Fruchtfleisch
les fruits	Früchte, Obst		
le gâteau	Kuchen	les raisins	Weintrauben
l'île flottante	Eischnee in einer crème anglaise schwimmend	le ramequin	kleiner Käsekuchen
		le plateau de fromage	Käseplatte
la macédoine de fruits	Obstsalat		
		le sablé	Sandgebäck
les myrtilles	Heidelbeeren	le sorbet aux fruits	Früchtesorbet
la noisette	Haselnuss	le soufflé	Eierauflauf

le sucre	Zucker	la tarte	Kuchen
	(sucré: gesüßt)	la tartelette	Törtchen
le sirop	Sirup		

Diverses

l'aïoli	Knoblauch-Mayonnaise	le potage	Suppe
le beurre	Butter	la potée	Eintopf
la ficelle	sehr dünnes, langes Weißbrot	les rillettes d'oie	Gänsepastete
la graisse d'oie	Gänseschmalz	la soupe au pistou	mit Basilikum, Knoblauch und Olivenöl verfeinerte Gemüsesuppe
le jaune d'œuf	Eigelb		
la menthe	Pfefferminz	la tapenade	ein mit Anchovis und Kapern verfeinertes Olivenpüree (Brotaufstrich)
le miel	Honig		
la moutarde	Senf		
l'œuf brouillé	Rührei		
l'œuf dur	hart gekochtes Ei	les truffes	Trüffel
le persil	Petersilie	le velouté	Crèmesuppe
la poivrade	Pfeffersoße	le vinaigre	Essig
la pissaladière	mit schwarzen Oliven, Zwiebelscheiben und Sardellen bedeckter Brotteig	le yaourt	Joghurt

Getränke

l'alcool	Alkohol	le lait	Milch
la bière (brune) blonde	helles (dunkles) Bier	... entier	Vollmilch
		le pastis	Anisschnaps, der mit Wasser zu einer gelblichen Flüssigkeit verdünnt wird
(la biere à) la pression	Bier vom Fass		
la boisson	Getränk		
la bouteille	Flasche	les rafraîchissements	Sammelbegriff für Erfrischungsgetränke
le café	Kaffee		
... crème (au lait)	Milchkaffee		
le digéstif	Verdauungsschnaps	le thé	Tee
demi	halb	le verre	(Trink-)Glas
demi-sec	halbtrocken	le vermouth	Wermut
l'eau	Wasser	le vin	Wein
... gazeuse	Mit Kohlensäure	... blanc	Weißwein
... naturelle	natürliches Mineralwasser	... de pays	Landwein
... de vie	Branntwein	... de table	Tischwein
le génépy	Kräuterlikör	... du pays	einheimischer Wein
l'infusion	Kräutertee	... rouge	Rotwein
le jus	Saft		

Etwas Französisch

Zahlen

1	un	15	quinze	90	quatre-vingt-dix
2	deux	16	seize	100	cent
3	trois	17	dix-sept	200	deux cents
4	quatre	18	dix-huit	1000	mille
5	cinq	19	dix-neuf	einmal	une fois
6	six	20	vingt	zweimal	deux fois
7	sept	21	vingt et un	der erste	le premier
8	huit	22	vingt-deux		(la première)
9	neuf	30	trente	der zweite	le deuxième
10	dix	40	quarante	die Hälfte von ...	la moitié de ...
11	onze	50	cinquante	ein Drittel	un tiers
12	douze	60	soixante	ein Viertel	un quart
13	treize	70	soixante-dix	ein Paar...	une pair de...
14	quatorze	80	quatre-vingt		

Konversation

Grüsse

guten Tag	bonjour
guten Abend	bonsoir
gute Nacht	bonne nuit
auf Wiedersehen	au revoir
bis bald	à bientôt
bis gleich	à toute à l`heure

Minimalwortschatz

danke	merci
bitte(!)	s`il vous plaît
Entschuldigung	pardon
ja	oui
nein	non
vielleicht	peut-être
und	et
oder	ou
schön	beau (bel, belle)
groß/klein	grand(e)/ petit(e)
viel	beaucoup de
wenig	peu de
es gibt/es gibt nicht	il y a/il n'y a pas
wo/wohin	où
wann	quand
wie viel/wie viele	combien
warum	pourquoi
..., bitte! (Aufforderung)	..., s'il vous plaît!

Fragen und Antworten

Wie geht es dir?	Comment vas-tu?
Wie geht es Ihnen?	Comment allez-vous?
Mir geht es gut, und dir (Ihnen)?	Je vais bien, et toi (vous)?
Wie heißen Sie?	Comment vous appelez-vous?
Wie heißt das auf Französisch?	Comment cela se dit en français?
Ich bin ...	Je suis ...
Deutsche/r	Allemand/Allemande

Österreicher/in	Autrichien/Autrichienne
Schweizer	Suisse/Suissesse
Deutschland/deutsch	l'Allemagne/allemand/e
Sprechen Sie Deutsch?	Parlez-vous allemand?
(Englisch, Italienisch)?	(anglais, italien)?
Kennen Sie...?	Connaissez-vous...?
Ich habe nicht verstanden	Je n'ai pas compris
Ich weiß (es) nicht	Je ne (le) sais pas
Ich suche	Je cherche
Geben Sie mir ..., bitte!	Donnez-moi ..., s'il vous plaît!
einverstanden! o.k.!	d'accord!

Unterwegs

Ich suche ...	Je cherche ...
Wo ist ... ?	Où est ...?
Ich möchte ...	Je voudrais ...
Ich möchte nach ... gehen	Je voudrais aller à ...
Wann kommt ... an?	A quelle heure arrive ... ?
Wann fährt/fliegt ... nach ... ?	A quelle heure il y a-t-il... pour ...?
Um wie viel Uhr ?	A quelle heure ?
um (4) Uhr	à (quatre) heures
Weg	le chemin
Straße	la rue
Überlandstraße	la route
Autobahn	l'autoroute
Kreuzung	le carrefour
Kreisel	le rond-point
Ampel	les feux, le feu rouge
abbiegen	tourner
links	à gauche
rechts	à droite
geradeaus	tout droit
Abfahrt, Abflug	le départ
Ankunft	l'arrivée
Information	l'information
Fahrkarte	le billet
einfach	aller simple
hin und zurück	aller retour
Flughafen	l'aéroport
Flugzeug	l'avion
Hafen	le port
Schiff	le bateau
Fährschiff	le ferry-boat
Bahnhof	la gare
Zug	le train
Bus	le bus
Busbahnhof	la gare routière

Unterkunft

Haben Sie ...?	Avez-vous ...?
ein Zimmer reservieren	réserver une chambre
Doppelzimmer	la chambre double
Einzelzimmer	la chambre single
Wie viel kostet das?	Combien ça coûte?
Das ist zu teuer.	C'est trop cher.
ein billigeres Zimmer	une chambre moins cher
mit Dusche/mit Bad	avec douche/avec salle de bain
für eine Nacht	pour une nuit
für (3) Tage	pour (trois) jours
voll (alle Zimmer belegt)	complet
Vollpension	pension complète
Halbpension	demi-pension
Frühstück	le petit déjeuner
Ich nehme es (das Zimmer).	Je la prends.
Zeltplatz	le camping
Zelt	la tente
im Schatten	à l'ombre
elektrischer Anschluss	le branchement électrique
Dusche	la douche
Waschmaschine	le lave-linge

Abruzzen • Ägypten • Algarve • Allgäu • Allgäuer Alpen • Altmühltal & Fränk. Seenland • Amsterdam • Andalusien • Andalusien • Apulien • Australien – der Osten • Auvergne & Limousin • Azoren • Bali & Lombok • Barcelona • Bayerischer Wald • Bayerischer Wald • Berlin • Bodensee • Bornholm • Bretagne • Brüssel • Budapest • Chalkidiki • Chiemgauer Alpen • Chios • Cilento • Comer See • Cornwall & Devon • Costa Brava • Costa de la Luz • Côte d'Azur • Cuba • Dolomiten – Südtirol Ost • Dominikanische Republik • Dresden • Dublin • Ecuador • Eifel • Elba • Elsass • Elsass • England • Fehmarn • Föhr & Amrum • Franken • Fränkische Schweiz • Fränkische Schweiz • Friaul-Julisch Venetien • Gardasee • Gardasee • Genferseeregion • Golf von Neapel • Gomera • Gran Canaria • Graubünden • Hamburg • Harz • Haute-Provence • Ibiza • Irland • Island • Istanbul • Istrien • Italien • Span. Jakobsweg • Kalabrien & Basilikata • Kanada – Atlantische Provinzen • Karpathos • Kärnten • Katalonien • Kefalonia & Ithaka • Köln • Kopenhagen • Korfu • Korsika • Korsika Fernwanderwege • Korsika • Kos • Krakau • Kreta • Kreta • Kroatische Inseln & Küstenstädte • Kykladen • Lago Maggiore • La Palma • La Palma • Languedoc-Roussillon • Lanzarote • Lesbos • Ligurien – Italienische Riviera, Genua, Cinque Terre • Ligurien & Cinque Terre • Limnos • Liparische Inseln • Lissabon & Umgebung • Lissabon • London • Lübeck • Madeira • Madeira • Madrid • Mainfranken • Mainz • Mallorca • Mallorca • Malta, Gozo, Comino • Marken • Mecklenburgische Seenplatte • Mecklenburg-Vorpommern • Menorca • Rund um Meran • Midi-Pyrénées • Mittel- und Süddalmatien • Montenegro • Moskau • München • Münchner Ausflugsberge • Naxos • Neuseeland • New York • Niederlande • Norddalmatien • Norderney • Nord- u. Mittelengland • Nord- u. Mittelgriechenland • Nordkroatien – Zagreb & Kvarner Bucht • Nördliche Sporaden – Skiathos, Skopelos, Alonnisos, Skyros • Nordportugal • Nordspanien • Normandie • Norwegen • Nürnberg, Fürth, Erlangen • Oberbayerische Seen • Oberitalien • Oberitalienische Seen • Odenwald mit Bergstraße, Darmstadt, Heidelberg • Ostfriesland & Ostfriesische Inseln • Ostseeküste – Mecklenburg-Vorpommern • Ostseeküste – von Lübeck bis Kiel • Östliche Allgäuer Alpen • Paris • Peloponnes • Pfalz • Pfälzer Wald • Piemont & Aostatal • Piemont • Polnische Ostseeküste • Portugal • Prag • Provence & Côte d'Azur • Provence • Rhodos • Rom • Rügen, Stralsund, Hiddensee • Rumänien • Sächsische Schweiz • Salzburg & Salzkammergut • Samos • Santorini • Sardinien • Sardinien • Schottland • Schwarzwald Mitte/Nord • Schwarzwald Süd • Shanghai • Sinai & Rotes Meer • Sizilien • Sizilien • Slowakei • Slowenien • Spanien • St. Petersburg • Steiermark • Südböhmen • Südengland • Südfrankreich • Südmarokko • Südnorwegen • Südschwarzwald • Südschweden • Südtirol • Südtoscana • Südwestfrankreich • Sylt • Teneriffa • Teneriffa • Tessin • Thassos & Samothraki • Toscana • Toscana • Tschechien • Türkei • Türkei – Lykische Küste • Türkei – Mittelmeerküste • Türkei – Südägäis • Türkische Riviera – Kappadokien • Umbrien • Usedom • Venedig • Venetien • Wachau, Wald- u. Weinviertel • Wales • Warschau • Westböhmen & Bäderdreieck • Westliche Allgäuer Alpen und Kleinwalsertal • Wien • Zakynthos • Zentrale Allgäuer Alpen • Zypern

Reisehandbuch   MM-City   MM-Wandern

Register

Die (in Klammern gesetzten) Koordinaten verweisen auf die beigefügte Languedoc-Roussillon-Karte.

Abbaye de Fontcaude (E9) 342
Abbaye de Fontfroide (E9) 392
Abbaye de Gellone 350
Abbaye de Saint-Martin-du-Canigou (C12) 462
Abbaye de Saint-Michel-de-Cuxa (C11) 453
Abbaye de St-Roman (J6) 148
Abbaye de Valmagne (G7) 326
Abbaye Saint-Félix de Montceau (G7) 316
Abîme de Bramabiau (F4) 249
Abraham ben David 157
Absolutismus 50
Adressen 98
Agde (F8) 317
Agly (D10) 430
Ahenobarbus, Domitius 156
Aigaliers (I5) 175
Aigoual (Mont) 266
Aigues-Mortes (I7) 159
Aiguèze (J4) 124
Albères (Les) 504
Albigenserkriege 46
Aleppokiefer 25
Alès (H4) 250
Alet-les-Bains 421
Aligot 84
Allègre 131
Alliierte Landung 1944 57
Ambrussum (Oppidum de) 156
Amélie-les-Bains (D12) 480
Andersen, Hans Christian 461
André, Albert 126
Anduze (H5) 257
Anfahrt
 via Frankreich 66
 via Italien 68
 via Schweiz 66
Anfahrtsrouten 65
Angeln 92

Anreise 63
 mit dem Auto oder Motorrad 63
 mit dem Flugzeug 69
 mit dem Zug 68
Ansignan (C11) 450
Aqueduc de Ansignan 450
Aragon (J5) 407
Arboretum L'Hort-de-Dieu 267
Ardèche (J3) 112, 113
Argelès-Plage (E11) 511
Argelès-sur-Mer (E11) 511
Arles-sur-Tech (D12) 481
Armand, Louis 240
Arques (C10) 442
Aspres (Les) 466
Atger, Xavier 298
Aubrac (E2) 221
Aude (C2) 370, 371
Augustus, röm. Kaiser 38
Aumont-Aubrac (F2) 218
Auslandskrankenversicherung 100
Austernzucht 315
Autan 23
Autignac 327
Autobahngebühren 63
Autoreparaturen 65
Autoverleih 72
Aven Armand (F4) 240
Aven d'Orgnac (I3) 133
Aven de Marzal (J3) 123
Aveyron (Département) 242
Avèze 272
Axat (B10) 434

Baden 93
Bages (D4) 395
Bagnols-les-Bains (G3) 222
Bagnols-sur-Cèze (J4) 125
Balaruc-les-Bains (E7) 314
Balladur, Jean 163
Bambus 261
Banyuls-sur-Mer (E12) 522
Bardou (D10) 363
Barjac (Gard) (i3/i4) 131
Barnard, George Grey 454
Baron 174
Bartholomäusnacht 49
Bassin de Saint-Ferréol 418

Bassin de Thau (G8) 313
Bassin du Lampy (B8) 418
Basville, Nicolas de Lamoignon de 289
Baume (Château de la) 219
Bazille, Frédéric 300
Beaucaire (A10) 145
Beauvoir, Simone de 114, 160, 237
Bédarieux (E7) 356
Bédouès (G3) 230
Behinderung, Menschen mit 103
Beinex, Jean-Jacques 386
Belcaire (A10) 435
Bélesta (D11) 449
Belvédère des Vautours 247
Benjamin, Walter 56, 525
Benoît, Pierre André 253
Benzin 64
Bergsteigen 97
Bernas 130
Bernhard von Clairvaux 391
Betty Blue (Film) 386
Bevölkerung 28
Bevölkerungsdichte 30
Béziers (F8) 328
Bize-Minervois (D8) 389
Blandas (G5) 277
Bofill, Ricardo 284, 301
Boule 95
Boule-d'Amont 468
Boules de Picolat 85
Boulou (Le) (D12) 505
Bousquet, Jean 185
Bouzigues (G7) 314
Bové, José 269
Braibant, Michel 416
Bram (B8) 415
Bramabiau (Abîme de) 249
Brandade de Morue 84
Brassens, Georges 307
Brauchtum 32
Braudel, Fernand 21
Breitscheid, Rudolf 55
Brune, Pierre 480
Bugarach (C10) 431, 543
Burgsthal, Richard 392
Bußgelder 64

Cabestany 500
Cabrières (F7) 354
Calvisson 200
Camargue 150
Cambous 280
Camisardenkriege 51
Camping 82
Canal de la Robine (K7) 384
Canal du Midi 74, 340
Canet Plage (E11) 509
Canigou (Pic du) 463
Cantobre (F5) 268
Canyoning 93
Cap Béar 521
Cap d'Agde (G8) 317
Cap Leucate (E10) 508
Capcir (B11) 474
Capestang (E8) 342
Capluc 239, 531
Carança (Gorges de la) 458
Carcassonne (B8) 396
Cargolade 85
Carnon-Plage (E11) 305
Carnon-Plage (H7) 164
Carrière, Jean 208
Carrington, Leonora 123
Casals, Pablo 450
Cascade de Cupserviès 409
Cascade de Rûnes 234
Cascades du Sautadet (J4) 128
Cassan (Château de) 327
Cassoulet 85, 414
Casteil (C12) 463
Castelbouc (D11) 233
Castelnaudary (A8) 411
Castelnau-le-Lez (H7) 291
Castelnou (D11) 466
Castillon-du-Gard (J5) 183
Castries (H6) 305
Caunes-Minervois (C8) 409
Causse de Blandas 276
Causse de Sauveterre 237
Causse du Larzac 270
Causse Méjean (F4) 240
Causse-de-la-Selle (G6) 351
Causses 206
Caux (A7) 327
Cazevieille 538
Cazilhac 274
Celles 355
Cendras 252
Cerbère (E12) 524
Cerdagne (A12) 468
Céret (D12) 477
Cers 331

Cessenon-sur-Orb 366
Cevennen 206
Cèze (H3) 112
Chabrits 214
Chalabre (B9) 436
Chambre d'hôtes 80
Chamson, André 262, 273
Chanel, Coco 273
Chaos de Montpellier-le-Vieux (F4) 239, 533
Chaos de Nîmes-le-Vieux (G4) 241
Chaos de Targassonne 472
Charef, Mehdi 520
Chartreuse de Valbonne (J14) 127
Château d'Aguilar 431
Château d'Allègre (I4) 131
Château d'Arques 442
Château de Cassan 327
Château de Castanet 226
Château de la Baume (J6) 219
Château de la Caze (F3) 236
Château de Miral 223
Château de Peyrepertuse (C10) 428
Château de Portes (H4) 256
Château de Puilaurens (C10) 434
Château de Roquedols 249
Château de Villevieille (K3) 205
Château-Abbaye de Cassan (F7) 327
Châteauneuf-de-Randon (K5) 217
Chauvet (Grotte) 121
Chayla, Abbé du 51
Christentum 40
Cirque de Mourèze 354
Cirque de Navacelles (G5) 276
Cirque de Vingrau 508
Clara 451
Clermont-l'Hérault (F7) 352
Cocurès 228
Cœur, Jacques 302
Coffre de Pech Redon 388
Col de Cabaretou (D7) 368
Col de l'Exil 265
Col de Montmirat 530
Col de Saint Pierre 265
Col de Solpérière 265
Col des Faïsses 265
Col du Linas 543

Colbert, Jean-Baptiste (Finanzminister Ludwig XIV.) 50
Collias (J5) 182
Collioure (E12) 514
Combes (E7) 361
Concluses (Les) 131
Conflent 450
Conques-sur-Orbiel (C8) 407
Corbières 392
Corneilla-de-Conflent (C11) 458
Corneilla-del-Vercol (E11) 504
Corniche des Cévennes 265
Cornillon (J4) 129
Corsavy (C12) 482
Côte Radieuse 508
Côte Vermeille (E11) 510
Couiza (B10) 440
Course Camarguaise 165
Coustouges (D12) 483
Couvertoirade (La) 271
Cubières-sur-Cinoble (C10) 430
Cucugnan (D10) 426, 540
Cupserviès 409

Dahlem, Franz 55
Dalí, Salvador 499
Dalle, Béatrice 386
Dampfeisenbahn 264
Dardé, Paul 347
Denim 186
Denner, Charles 285
Départements 31
Djian, Philippe 386
Döblin, Alfred 216
Dokumente 98
Dolmengräber 36, 234
Dorres (A12) 473
Douch 364
Dourbie (Gorges de la) 267
Drachenfliegen 93
Dragonade 50, 187
Dubout, Albert 303
Duby, Georges 43
Duilhac (C10) 429, 541
Durand, Marie 52, 161
Durban-Corbières (D9) 432
Durrell, Lawrence 205

Edikt von Fontainebleau 51
Elne (B12) 502
Emigranten 55

Endura 437
Enimie, heilige 235
Erhardt, Klaus und Jean 363
Ernst, Max 123
Espéraza (B10) 442
Essen und Trinken 84
Essgewohnheiten 87
Etang de Bages et de Sigean (E9) 394
Etang de Canet (E11) 509
Etang de Lanoux 476
Etang de Montady 341
Etang de Pissevaches (F9) 389
Etang de Prévost 305
Etang de Thau 313
Etangs 20
Eus (C11) 452
Evol (B11) 458
Exilliteratur (deutsche) 55
Eyne (B12) 473

Fabre, François-Xavier 300
Fabre, Georges 266
Fabregat, Auguste 336
Fabrezan (D9) 422
Fahrradmitnahme 69
Fahrzeugpapiere 64
Fanjeaux (B9) 414, 415
Fauna 25
Fauves 515
Fauvismus 515
Feiertage 99
Ferienhäuser und -wohnungen 80
Feste 32
Feuchtwanger, Lion 55
Fillols 461
Finiels 225
Fischen 92
Fischerei 28
Fitou (E10) 507
Fittko, Lisa 56, 525
FKK 93
Flahault, Charles 267
Fleury 389
Flora 25
Florac (G3) 227
Fontaine des Fontestorbes 438
Fontfroide (Abbaye de) 392
Fontjoncousse (D9) 432
Font-Romeu (B12) 471
Fôret de Boucheville 434
Fôret des Fanges 434
Formiguères (B11) 475

Fort de Bellegarde (D12) 506
Fort Saint-Elme 520
Forteresse de Salses 506
Foster, Norman, Lord 184, 245
Fotografieren 99
Fraisse-sur-Agoût (D7) 368
Franken 41
Franquevaux (I6) 157
Französische Revolution 52
Frêche, Georges 283
Fremdenverkehrsämter 101
Fry, Varian 55
Fünfte Republik 57

Gallargues-le-Montueux (I6) 156
Gallican (I7) 157
Gally 536
Ganges (G5) 273
Gänsegeier 247
Gard (J4) 168
Gardon 181
Garrigue 25
Gas 64
Gastronomie 84
Gaulle, Charles de 57
Geld 99
Génolhac (H3) 226
Geographie 20
Geschichte 35
Gesundheit 99
Gévaudan 220
Gide, André 172, 358
Gigean (G7) 316
Gignac (C3) 350
Gincla (C11) 434
Giono, Jean 150
Giovanetti, Matteo 143
Gîte d'étape 80
Glaubenskriege 49
Gleitschirmfliegen 93
Golf 94
Gorges de Colombières (E7) 361
Gorges de Galamus (C10) 430
Gorges de l'Ardèche 113
Gorges de la Buèges (F4) 352
Gorges de la Carança 543
Gorges de la Carança (B12) 458
Gorges de la Cèze (F4) 125
Gorges de la Dourbie (F5) 267

Gorges de la Fou (F4) 482
Gorges de la Jonte (F4) 247
Gorges de la Vis (F5) 276
Gorges de l'Aiguillon 131
Gorges de l'Aude 435
Gorges de Lavall 505
Gorges de le Clamoux 407
Gorges de l'Hérault (G6) 351
Gorges de Saint-Georges (B10) 435
Gorges d'Héric (E7) 361
Gorges du Chassezac 225
Gorges du Mondony 481
Gorges du Sègre 473
Gorges du Tarn (F34) 231
Gorges du Torgan 431
Gorges du Trèvezel 270
Gorges du Verdouble (C10) 429
Gorniès 276
Goudargues (J4) 128
Gouffre de l'Œil Doux (F9) 388
Gouffre Géant de Cabrespine (E11) 408
GR (Sentiers de Grande Randonée) 71
Grande Compagnie 48
Grass, Günter 208
Graufesenque (Site archéologique) 245
Griechen 37
Grotte Chauvet (Grotte ornée) (I3) 121
Grotte de Clamouse (G6) 351
Grotte de Dargilan (F4) 249
Grotte de la Cocalière 131
Grotte de la Devèze (D7) 367
Grotte de la Madeleine (J3) 122
Grotte de Saint-Marcel (J4) 122
Grotte de Trabuc (H4) 263
Grotte des Demoiselles (G5) 275
Grotte des Grandes Canalettes (C11) 457
Grotte ornée (Grotte Chauvet) (I3) 121
Grottes de l'Aguzou (B11) 435
Gruissan (E9) 385
Gruissan-Plage (E9) 385, 386
Guesclin, Bertrand du 217

Register

Harkis 58, 376
Hartmann, Moritz 168
Hausboot 74
Haustiere 100
Haut Languedoc (D6) 356
Heißluftballons 100
Hemingway, Ernest 164
Hérault (G45) 282
Hérépian (E7) 357
Héric 361
Herzog, Wilhelm 55
Hessel, Franz 55
Hightech-Industrie 29
Höhlen 122
Höhlenmalereien 35
Homps (D8) 410
Hotelketten und -vereinigungen 78
Hotels 76
Hugenotten 48
Hugo, Victor 385
Hyelzas (F4) 241

Iberer 37
Ille-sur-Têt (D11) 446
Information 101
Injalbert, Jean-Antoine 337
Innozenz VI., Papst 140, 142
Inquisition 47
Internet 101
Ispagnac (G3) 233

Jagd 102
Jakob I., König von Arágon 47
Joly, Robert de 133
Jugendherbergen 82
Jungpaläolithikum 36

K

Kajaksport 94
Kantorowicz, Alfred 56
Kanu- und Wildwassersport 94
Karavan, Dani 525
Karfreitagsprozession (Perpignan) 488
Karl der Große 42
Karl Martell 42
Kartäuser 143
Käse 86
Kastanie 25, 207
Katharer 44, 48, 369, 426, 437
Kelten 37
Kiefer, Anselm 131
Kinder 17
Kipling, Rudyard 459

Klettern 94
Klima 22
Kohlebergbau 256
Kokoschka, Oskar 459
Kolonisation, griechische 37
Kreditkarten 99
Kreisverkehr 64
Kriminalität 102
Kühne, Otto 56
Kurokawa, Kisho 185

L'Hom 241, 535
La Bambouseraie de Prafrance (H5) 261
La Canourgue (F3) 220
La Cavalerie (E5) 271
La Couvertoirade (F5) 271
La Franqui (E10) 508
La Garde-Guérin (H3) 225
La Grande-Motte (H7) 163
La Lagonnne 475
La Malène 236
La Pomarède (A8) 412
La Preste (C12) 484
La Roque-Sainte-Marguerite 268
La Roque-sur-Cèze (J4) 128
La Salvetat-sur-Agout (D7) 368
La Tamarissière 321
La Vernarède (H4) 256
Labastide Esparbairenque 408
Labastide-de-Virac (I3) 132
Labeaume (I3) 122
Lac de Cécèles (H6) 281
Lac de la Carança (B12) 458
Lac de la Cavayère (D7) 406
Lac de la Ganguise 411
Lac de la Ravièges (D7) 368
Lac de Matemale (B11) 475
Lac de Montbel (A10) 436
Lac de Naussac (G1/G2/H3) 216
Lac des Bouillouses (B11) 476, 527, 543, 544, 545
Lac du Laouzas (D7) 368
Lac du Moulinet (F2) 219
Lac du Salagou (F6) 355
Lagrasse (B5) 422
Lamalou-les-Bains (E7) 358
Landkarten 103
Landwirtschaft 28
Langogne (H2) 216
Lanuéjols, Gard (F5) 270
Lanuéjols, Lozère (F4) 217

Lapeyronie, François de 288
Laporte, Pierre (genannt Roland) 263
Lapradelle (C10) 434
Laroque (E6) 275
Lastours (C8) 408
Latour-de-Carol (A12) 456
L'Aubaret 222
Laurens 327
Lauret (H6) 281
Le Barcarès (E10) 509
Le Bleymard (I1) 222
Le Cailar (F6) 157
Le Caylar (I1) 272
Le Grand Travers (H7) 305
Le Grau d'Agde (F8) 321
Le Grau-du-Roi (I7) 164
Le Pompidou 265
Le Pont-de-Montvert (G3) 222, 223
Le Rozier (F4) 238, 531
Le Somail (E8) 390
Le Truel 247
Le Vigan (G5) 272
Lenormand, Louis Sébastien 301
Lerab Ling (F6) 347
Les Albères 504
Les Anglés (B11) 475
Les Angles (F4) 139
Les Aspres 466
Les Cabanes de Fleury (F8) 389
Les Douzes (F4) 238
Les Estables (I1) 484
Les Matelles (H6) 281
Les Menhirs (G1) 234
Les Vignes (F4) 237
Leucate (E10) 508
Lézignan-Corbières (D9) 425
Liausson (F7) 355
Lignan sur Orb (E8) 331
Ligurer 37
Limoux (B9) 418
Literaturtipps 59
Llívia (A12) 472
Llo (B12) 473
Locke, John 289
Lodève (F6) 344
Loupian (Villa gallo-romain) 315
Lozère (Dèpartement) 206
Lozère (Mont) 222
Ludwig IX., franz. König 46, 47, 159
Ludwig VIII., franz. König 46

Ludwig VIII.,
franz. König. 140
Ludwig XIV.,
franz. König. 50
Lunas (F6) 347
Lunel (I6) 157
Lussan (I4) 130
Luziers 263
Lyon 67

Maguelone (H7) 304
Maillol, Aristide 522
Mann, Heinrich 56
Marcevol (C11) 448
Margon (F7) 327
Marius, Caius 38
Märkte 103
Marseillan-Plage (G8) 316
Marseillan-Village (G8) 316
Martel, Edouard Alfred 249
Martial 374
Marvejols (F2) 218
Mas Soubeyran (H4) 262
Mas-Carbardès (C8) 408
Mascla 281
Massaker von Aigues-
Mortes 162
Massé, Ludovic 458
Matemale 475
Matisse, Henri 515
Maulbeerbaum 25
Mauren 42
Mayronnes (C9) 424
Mazarin, Jules (Kardinal) 50
Mazel, Eugène 261
Mende (F3) 212
Menhire 36, 234
Mérimée, Prosper 143
Merle, Mathieu 213
Meyrueis (F4) 247
Mèze (E4) 314
Mialet 258, 263
Mietwagen 72
Millau (E4) 242
Miller, Henry 398
Mineralwasser 86
Minerve (D8) 368
Minervois 368
Mirepoix (A9) 438, 439
Mistral 23
Mittelalter 41, 43
Mittelmeer 21
Molière (eigentl. Jean-
Baptiste Poquelin) 322
Molitg-les-Bains (C11) 452
Monastier sur Gazeille
(H1) 209

Monoblet 279
Mons-la-Trivalle (E7) 362
Mont Aigoual (G4) 247, 266
Mont Canigou (C12) 463
Mont Lozère (G3) 208, 222
Mont Saint-Loup (H6) 321
Montagnac (F7) 327
Montagne de la Clape
(E9) 388
Montagne Noire 356
Montalba-le-Château
(C11) 449
Montclus (I4) 129
Montferrer (C12) 482
Montfort, Simon de 45, 369
Montfrin (J5) 149
Mont-Louis (B12) 469
Montner (D11) 450
Montolieu (B8) 416
Montpellier (H7) 283
Montpellier-le-Vieux
(Chaos de) 239
Monts de l'Espinouse 356
Montségur (A10) 437
Mosset 452
Moules-et-Bucels (G5) 275
Moulin, Jean 56, 336
Moulins de la Foux 536
Mourèze (F7) 354
Moussoulens (B8) 417
Murviel-lès-Béziers
(E7) 343

Nachkriegszeit 57
Nages (D6) 200
Nant (F5) 267
Napoléon I.,
franz. Kaiser 52
Narbonne (E9) 374
Narbonne-Plage (E9) 389
Nasbinals (E2) 221
Naturschutz 25
Naturschutzgebiete 27
Navacelles 276, 536
Nègre, Gaston 261
Niebergall, Otto 510
Nîmes (I6) 184
Nîmes-le-Vieux
(Chaos de) 241
Nissan-lez-Ensérune
(E8) 331
Nivoliers 240, 241, 534
Nordcevennen 212
Notre-Dame-de-Grâce 540
Notruf 103
Nouvel, Jean 185
Nussbaum, Felix 55, 510

Octon (F6) 355
Odeillo (B12) 472
Öffnungszeiten 104
Okzitanisch 106
Olargues (A1) 364
Olette (B11) 457
Olivenbaum 28
Oppidum de Nages (I6) 200
Oppidum de
Pech-Maho 393
Oppidum d'Ensérune
(E8) 341
Orgnac l'Aven (J4) 133
Ortaffa 503

Padern (D10) 431
Palalda (D12) 480
Palavas-les-Flots (H7) 302
Pannenhilfe 64
Parc Animalier des
Angles 475
Parc des Loups du
Gévaudan (F2) 219
Parc National des
Cévennes 230
Parc Régional du Haut
Languedoc (E7) 356
Parken 65
Pas de Soucy (F4) 237
Paulhan (G7) 327
Paulilles (Site de l'Anse de)
521
Pedro (Peter) II., König von
Arágon 46
Perpignan (E11) 486
Perrier 200
Perthus (Le) (D12) 506
Pest 52
Pétanque 95
Petit Train Jaune 73, 456
Petite Camargue 150
Peyreleau (F4) 238
Peyrepertuse, Château de
(C10) 428
Peyriac-de-Mer 395
Pézenas (F7) 321
Philipp der Schöne, franz.
König 140
Pic Carlit (A11) 476, 545
Pic de Bugarach (C10) 431
Pic de Nore 407
Pic du Canigou (C12) 463
Pic Neulos (E12) 504
Pic Saint Loup (H6) 281, 538
Pied-de-Borne 225
Pieds-Noirs 58, 283
Pippin der Kleine 42

Plage de l'Espiguette (I7) 167
Plage de Paulilles 521
Plage de Tamarins 521
Planès (B12) 474
Plat du jour 87
Plateau de Sault (B10) 435
Politik 30
Pont de Vareilles (D3) 352
Pont du Diable (G6) 351
Pont du Gard (J5) 179, 529
Pont St-Nicolas (I5) 181
Pont-Saint-Esprit (J4) 135
Port Bou (E12) 525
Port-Barcarès (E10) 509
Port-Camargue (I7) 167
Portes, Château de 256
Portiragnes-Plage (F8) 321
Port-la-Nouvelle (E9) 394
Port-Leucate (E10) 509
Port-Vendres (E12) 520
Post 104
Prades (Lozère) 234
Prades (Pyrénées-Orientales) (C11) 450
Prats-de-Mollo (C12) 484
Prieuré de Marcevol (C11) 448
Prieuré de Serrabone (D11) 467
Prieuré Santa Maria del Vilar 505
Promillegrenze 63
Protestanten 262
Prouille, Monastère Notre-Dame de 416
Provincia Gallia Narbonensis 38
Provinz, römische 37
Prunet-et-Belpuig (D11) 468
Prunets 240
Przewalski-Pferde 241
Puilaurens (C10) 434
Puilaurens, Château de 434
Puivert (B10) 435
Pyrenäen 444
Pyrenäenvertrag 50
Pyrène (Königstochter) 448

Quarante (E8) 342
Quarton, Enguerrand 145
Quercorb 436
Quéribus, Château de 427
Quérigut (B11) 435
Quézac 233
Quillan (B10) 432

Rabelais, François 67, 288
Racine, Jean 172
Radio 104
Rafting 94
Rahn, Otto 48
Raimund VI., Graf von Toulouse 45, 152
Raimund VII., Graf von Toulouse 46
Ramirez, Francisco 506
Randals Bison 270
Ratatouille 85
Rauchen 105
Ravin des Arcs (G6) 281
Raysse, Martiel 185
Rechtsradikalismus 31
Regler, Gustav 55
Reisegepäck-versicherung 105
Reisezeit 22
Reiten 96
Rennes-le-Château (E10) 440
Rennes-les-Bains (C11) 440
Réserve africaine de Sigean 394
Résistance 56
Rhône 134
Ribaute (D9) 422
Rieucros 213
Rieux-Minervois (D8) 410
Rigaud, Hyacinthe 499
Riquet, Paul 338
Rivarol, Antoine Comte de 127
Roc d'Aude 475
Römer 37
Rona (rapatriés d'origine nord-africaine) 31
Roquebrun (E7) 366
Roquedols, Château de 249
Roquefort-sur-Soulzon (E5) 246
Roqueredonde (F6) 347
Rosaflamingo 26
Rouffiac-des-Corbières (C10) 429
Roujan (F7) 327
Rousseau, Jean-Jacques 158, 179, 197
Roussillon 444, 445
Rousson (I4) 256
Route des Gorges de l'Ardèche (I3) 122
Rugby 105
Rûnes 234

Sabran (J4) 126
Saillagousse (B12) 473
Saint Marcel sur Aude (E8) 390
Saint Véran 268
Saint-Ambroix (I4) 131
Saint-André-de-Sorède (E12) 505
Saint-Bauzille-de-Putois (G5) 275
Saint-Bonnet-du-Gard 529
Saint-Chély-du-Tarn (F3) 235
Saint-Cyprien-Plage (E11) 510
Sainte-Enimie (F3) 234
Sainte-Eulalie-de-Cernon (E5) 270
Sainte-Léocardie 474
Saint-Génis-des-Fontaines (E11) 504
Saint-Germain-de-Calberte (H4) 265
Saint-Gilles (J6) 152
Saint-Guilhem-le-Désert (G6) 348, 538
Saint-Hilaire (C9) 420
Saint-Hippolyte-du-Fort (H5) 278
Saint-Jean-de-Buèges (G6) 352
Saint-Jean-du-Bruél (F5) 268
Saint-Jean-du-Gard (H4) 263
Saint-Laurent d'Aigouze (I7) 158
Saint-Laurent-de-Cerdans (D12) 483
Saint-Laurent-des-Arbres (J5) 139
Saint-Laurent-le-Minier 276
Saint-Martin-d'Ardèche (J4) 123
Saint-Martin-de-Fenollar (D12) 505
Saint-Martin-de-Londres (G6) 280
Saint-Martin-du-Canigou, Kloster 462
Saint-Martin-Lys 433
Saint-Maurice-de-Navacelles (G6) 277
Saint-Michel-de-Cuxa 453
Saint-Michel-de-Grandmont (F6) 347
Saint-Papoul (B8) 415

562 Register

Saint-Paul-de-Fenouillet (C10) 430
Saint-Pierre-sur-Mer (F9) 389
Saint-Polycarpe (C9) 420
Saint-Pons-de-Mauchiens 326
Saint-Pons-de-Thomières (D7) 366
Saint-Privat-de-Champclos 132
Saint-Quentin-la-Poterie (J5) 178
Saint-Thomas (Bains de) (B12) 458
Saint-Victor-de-Malcap (I4) 131
Saint-Victor-des-Oules (J5) 178
Saissac (B8) 417
Salasc (F7) 354
Salinenfelder 162
Salins du Midi (I7) 162
Salses-le-Château (E10) 506
Salvinsac 249
Sarazenen 42
Sardana 486
Saunière, Béranger 441
Sauve (A7) 277
Schildkröten 505
Segeln 96
Séguier, Esprit 223
Seide 279
Sentier des Menhirs 530
Sentiers de Grande Randonée (GR) 71
Sérignan (F8) 339
Sérignan-Plage (F8) 339
Sernhac (J5) 183
Serrabone, Prieuré de 467
Serralongue (C12) 482
Sète (G8) 306
Sicherheitsweste 65
Sigean (E9) 393
Simon, Claude 487, 506
Siran (D8) 410
Skifahren 96
Somail (Le) 390
Sommet de l'Espinouse 362
Sommières (H6) 202
Sorède (B7) 505
Soubeyran (Mas) 262
Source Perrier (I6) 200
Spätantike 41
Sperrnummer für Bank- und Kreditkarten 99

Sport 19, 92
Sprache 105
Sprachkurse 105
Starck, Philippe 185
Stendhal (Henri Beyle) 146
Stevenson, Robert Louis 209, 265
Stierkampf 107, 165
Strabon 156, 179
Strände 96
Strom 107
Südcevennen 250
Sunyer, Josep 452
Surfen 96
Süskind, Patrick 464

Talairan (D9) 425
Tapenade 84
Targassonne (B8) 472
Tarn (Gorges du) 231
Tauchen 97
Tautavel (D10) 507
Taxi 73
Telefonieren 107
Tempolimit 65
Tennis 97
Termes 426
Termes, Raymond de 426
Terroles (C10) 442
Terrus, Etienne 504
TGV (Train à Grande Vitesse) 69
Thalassotherapie 107
Thuès-Entre-Valls 543
Thuir (D11) 466
Toreilles-Plage (E11) 509
Tornac (H5) 259
Tour Madeloc (E12) 524
Tourismus 29
Traboules 67
Tramontane 23
Trampen 70
Trèves (F5) 270
Trinkgeld 89, 108
Trinxat 85
Trombe, Felix 471
Troubadours 44
Truffaut, François 285
Tuchan (D10) 430, 431
Tuchins 49
Tucholsky, Kurt 444, 460

Übernachten 76
Umweltschutz 27
Universität (Montpellier) 288

Unterwegs
  in der Region 70
  mit dem Bus 73
  mit dem eigenen Fahrzeug 71
  mit dem Fahrrad 75
  mit dem Schiff 74
  mit der Bahn 72
Urban V. (Papst) 223
Uzès (J5) 169

Vagnas (J3) 132
Valbonne, Chartreuse de 127
Valéry, Paul 307, 313
Vallée de la Têt (D11) 446
Vallée du Tech (D12) 477
Valleraugue (G5) 267
Vallespir 477
Vallon-Pont-d'Arc (I3) 118
Valmagne (Abbaye de) 326
Valmigère 442
Valras-Plage (F8) 339
Varda, Agnès 307
Vasconi, Claude 284
Vauban, Sébastien le Prestre de 455
Vauvert (I6) 156
Vénéjan (J4) 138
Veranstaltungen 32
Verfeuil 130
Vergèze (I6) 200
Verkehrshinweise 63
Vernet-les-Bains (C11) 459
Vertretungen, diplomatische 98
Verwaltung 31
Vézénobres (I5) 256
Via (D6) 471
Via Domitia 156
Viaduc de Millau (E5) 245
Vialas 226
Vias-Plage (F8) 321
Vichy (1940) 56
Vieussan 362
Vigan (Le) 272
Villalier (J5) 407
Villar, Jean 307
Villaret 241
Villefort (H3) 222, 226
Villefranche-de-Conflent (B3) 454
Villelongue, Abbaye de (B8) 418
Villelongue-dels-Monts 505
Villemagne-l'Argentière (E7) 357

Villeneuve-de-la-Raho (E11) 504
Villeneuve-lès-Avignon (K5) 139
Villeneuve-Minervois (C8) 407
Villeneuvette (F7) 353
Villerouge-Termenès (D9) 425
Villesèque des Corbières (D9) 432
Villetelle 158
Vinça (C11) 448
Vingrau (D10) 508
Viollet-le-Duc, Eugène Emmanuel 405
Vivès (D12) 479
Völkerwanderung 41
Volksfront 54
Vorwahlen 107

Waldbrände 108
Waldbrandgefahr 27
Wandern 71, 96, 97
Wein 89
Werfel, Franz 56
Westgoten 41
Wildwasserschwimmen 94
Wildzelten 82
Wilmotte, Jean-Michel 185
Wirtschaft 28
WLAN 101
Wölfe 219, 220

Zeitschriften 108
Zeitungen 108
Zigaretten 105
Zisterzienser 391
Zollbestimmungen 109
Zweiter Weltkrieg 56

Die in diesem Reisebuch enthaltenen Informationen wurden vom Autor nach bestem Wissen erstellt und von ihm und dem Verlag mit größtmöglicher Sorgfalt überprüft. Dennoch sind, wie wir im Sinne des Produkthaftungsrechts betonen müssen, inhaltliche Fehler nicht mit letzter Gewissheit auszuschließen. Daher erfolgen die Angaben ohne jegliche Verpflichtung oder Garantie des Autors bzw. des Verlags. Autor und Verlag übernehmen keinerlei Verantwortung bzw. Haftung für mögliche Unstimmigkeiten. Wir bitten um Verständnis und sind jederzeit für Anregungen und Verbesserungsvorschläge dankbar.

ISBN 978-3-89953-997-4

© Copyright Michael Müller Verlag GmbH, Erlangen 2002–2015. Alle Rechte vorbehalten. Alle Angaben ohne Gewähr. Druck: Stürtz GmbH, Würzburg.

Aktuelle Infos zu unseren Titeln, Hintergrundgeschichten zu unseren Reisezielen sowie brandneue Tipps erhalten Sie in unserem regelmäßig erscheinenden Newsletter, den Sie im Internet unter **www.michael-mueller-verlag.de** kostenlos abonnieren können.

Was haben Sie entdeckt?

Haben Sie eine schöne Wanderung, ein nettes Restaurant oder eine idyllische Herberge entdeckt? Wenn Sie Ergänzungen, Verbesserungen oder neue Tipps zum Buch haben, lassen Sie es uns bitte wissen!

Schreiben Sie an: Ralf Nestmeyer, Stichwort „Languedoc-Roussillon"
c/o Michael Müller Verlag GmbH | Gerberei 19, D – 91054 Erlangen
ralf.nestmeyer@michael-mueller-verlag.de

Mit dem grünen Blatt haben unsere Autoren Betriebe hervorgehoben, die sich bemühen, regionalen und nachhaltig erzeugten Produkten den Vorzug zu geben.

myclimate
Protect our planet

Klimaschutz geht uns alle an.

Der Michael Müller Verlag verweist in seinen Reiseführern auf Betriebe, die regionale und nachhaltig erzeugte Produkte bevorzugen. Ab Januar 2015 gehen wir noch einen großen Schritt weiter und produzieren unsere Bücher klimaneutral. Dies bedeutet: Alle Treibhausgasemissionen, die bei der Produktion der Bücher entstehen, werden durch die Ausgleichszahlung an ein Klimaprojekt von myclimate kompensiert.

Der Michael Müller Verlag unterstützt das Projekt »Kommunales Wiederaufforsten in Nicaragua«. Bis Ende 2016 wird der Verlag in einem 7 ha großen Gebiet (entspricht ca. 10 Fußballfeldern) die Wiederaufforstung ermöglichen. Dadurch werden nicht nur dauerhaft über 2.000 t CO_2 gebunden. Vielmehr werden auch die Lebensbedingungen der lokalen Bevölkerung deutlich verbessert.

Plan Vivo
Carbon management and rural livelihoods

In diesem Projekt arbeiten kleinbäuerliche Familien zusammen und forsten ungenutzte Teile ihres Landes wieder auf. Eine vergrößerte Waldfläche wird Wasser durch die trockene Jahreszeit speichern und Überschwemmungen in der Regenzeit minimieren. Bodenerosion wird vorgebeugt, die Erde bleibt fruchtbarer. Mehr über das Projekt unter **www.myclimate.org**

myclimate ist einer der weltweit führenden Anbieter im Bereich der freiwilligen CO_2-Kompensation. myclimate Klimaschutzprojekte erfüllen höchste Qualitätsstandards und vermeiden Treibhausgase, indem fossile Treibstoffe durch alternative Energiequellen ersetzt werden. Das Projekt »Kommunales Wiederaufforsten in Nicaragua« ist zertifiziert von Plan Vivo, einer gemeinnützigen Stiftung, die schon seit über 20 Jahren im Bereich Walderhalt und Wiederaufforstung tätig ist und für höchste Qualitätsstandards sorgt.

www.michael-mueller-verlag.de/klima

myclimate neutral
Drucksache
© myclimate – The Climate Protection Partnership